FIFTH EDITION

# 글로벌 전략
# GLOBAL STRATEGY

Mike W. Peng 지음 김종원·원성권 공역

Cengage

*Global Strategy, 5th Edition*

**Mike W. Peng**


*Global Strategy, 5th Mike W. Peng*
ISBN: 9780357512364



ISBN-13: 9791188425297

**Cengage Learning Korea Ltd.**
14F YTN Newsquare 76 Sangamsan-ro
Mapo-gu Seoul 03926 Korea
Tel: (82) 1533 7053
Fax: (82) 2 330 7001



Printed in Korea
Print Number: 1 Print Year: 2024

FIFTH EDITION

# 글로벌 전략

# GLOBAL STRATEGY

Mike W. Peng 지음　　김종원·원성권 공역

초아출판사

Cengage

Australia • Brazil • Canada • Mexico • Singapore • United Kingdom • United States

## 역자 소개

**김종원** 동의대학교 경영정보학과 교수

인하대학교에서 경영학 학사, 미국 네브래스카 주립대학교에서 MBA(경영학석사)와 경영학 박사학위를 취득하였다. 현재 동의대학교 경영정보학과 교수로서 글로벌 경영전략, 경영학입문, 기업경영의 이해, 서비스운영관리, 경영과학의 이해, 경영지원시스템 등을 강의하고 있다.
주요 경력사항으로 동의대학교 상경대학 학장(2017~2019), 경영대학원 원장(2017~2019), 한국산업정보학회 편집위원장(2015~2018), 한국정보시스템학회 회장(2018), 한국산업정보학회 회장(2019), 한국인터넷전자상거래학회 회장(2020년)을 역임했으며, 2023년 한국경영정보학회 회장을 맡고 있다.
주요 수상내역으로 한국경영정보학회 춘계학술대회 최우수논문상(2021), 한국산업정보학회 춘추계학술대회 (최)우수논문상(2009-2021, 7회), 한국정보시스템학회 춘추계학술대회 우수논문상(2017, 2회), 한국정보시스템학회 지도자상(2016), 한국인터넷전자상거래학회 지도자상(2017), 마르퀴즈 세계인명사전 등재(2018 & 2019, 2회), 앨버트 넬슨 마르퀴즈 평생공로상(2018), 대한민국 인물대상(2016), 대한민국 이슈메이커 대상(2013), 동의대학교 best teaching award(2013) 등을 수상하였다.
연구 활동으로 SSCI, SCOPUS 저널 포함 70편 이상의 논문을 국내외 유명 학회지에 게재하였으며, 저술 활동으로 <경영의 이해, 초아출판사>, <경영학의 이해, 초아출판사>, <서비스경영, 도서출판 청람>, <서비스운영관리, 도서출판 청람>, <경영전략과 기업혁신, 도서출판 청람>, <경영과학의 이해, 센게이지 러닝 코리아>, <생산운영관리, 한경사>, <생산운영관리, 교보문고> 등 경영학 관련 역저서를 공동집필하였다.

---

**원성권** 가톨릭관동대학교 경영학과 교수

한양대학교 경영학 박사학위를 취득 후 2009년부터 가톨릭관동대학교 경영학과 교수로 재직중이며 글로벌경영, 전략경영, 글로벌전략, 중소기업론 등을 강의하고 있다.
경력사항으로 가톨릭관동대 경영학과장, 성과관리센터장, 대학혁신사업 부단장, 사회적경제연구센터장 등을 역임했으며 KISTI, KDI, 한국은행, 창업진흥원 등 자문심사위원 등으로 활동중이다.
연구활동으로 국제경영, 전략경영, 전략벤처 등에 논문을 발표하고 있으며 글로벌경영 관련 역저서를 공동 집필하고 특허등록 3건 및 기술이전 5건 등의 대학기술경영 등 관심을 갖고 연구수행 중이다.

---

This Work was supported by Dong-eui University Foundation Grant(2022)

## 글로벌 전략 제5판

발행일 2024년 3월 1일 5판 1쇄
지은이 Mike W. Peng
옮긴이 김종원, 원성권
발행인 송자영
발행처 초아출판사
주소 서울시 성북구 정릉로 36길 41
대표전화 070-8739-0036
팩스 0504-178-5627
E-mail choapublish@hanmail.net
디자인 에이팩토리 bikoon73@daum.net

ISBN 979-11-88425-29-7
정가 35,000원

# BRIEF CONTENTS

# CONTENTS

# PART 1
# 글로벌 전략의 기초

## CHAPTER 1
## 전 세계 전략 구축 2



## CHAPTER 2
## 산업 경쟁 관리 40

## CHAPTER 3
## 자원과 역량의 활용 72



## CHAPTER 4
## 제도, 문화,윤리의 강조 106

# PART 2
# 사업부 수준 전략

## CHAPTER 5
## 기업가적 기업의 성장과 국제화 146



## CHAPTER 6
## 해외 시장 진출 180

# CHAPTER 7
# 전략적 제휴와 네트워크 218



# CHAPTER 8
# 경쟁 역학의 관리 252

# PART 3
# 기업 수준 전략

## CHAPTER 9
## 글로벌 다각화와인수 경영 292



## CHAPTER 10
## 전 세계적인 전략, 구조, 혁신 334

## CHAPTER 11
## 전 세계 기업 지배구조 368



## CHAPTER 12
## 기업의 사회적 책임 전략 408

# PART 4
# 통합사례

# PART 1

# 글로벌 전략의 기초

CHAPTER 1

# 전 세계 전략 구축

## 학습목표

이 장을 학습한 후, 당신은 다음의 내용을 수행할 수 있다.

1. 협의의 전통적인 "글로벌 전략"의 비판
2. 글로벌 전략을 연구하는 배경에 있는 이론적 근거 설명
3. 무엇이 전략이고 무엇이 글로벌 전략인지 정의
4. 전략의 4가지 기본 질문 개요
5. 세계화와 부분적 세계화의 본질 이해
6. 세계화 및 글로벌 전략에 관한 세 가지 토론 참여

OPENING CASE **Emerging Markets Ethical Dilemma**

## 줌(Zoom)

2020년은 가장 잊을 수 없는 해 중 하나로 역사에 남을 운명이다. 코로나바이러스-19(COVID-19) 때문에 경제가 줄줄이 마비되었고, 수백만명의 사람들이 병에 걸렸고, 많은 사람들이 죽었으며, 고통은 어마어마했다. 중요하지 않은 모든 사업이 폐업했고, 주식시장은 폭락했고, 유가는 마이너스로 곤두박질쳤고, 실업률은 치솟았고, 많은 기업이 속속 파산했다. 이러한 절망적인 환경 속에서 어떤 기업이 성장할 수 있을까? 이러한 위기 동안 화상 회의 소프트웨어 회사 줌은 급성장을 경험한 것으로 알려졌다.

줌(Zoom)은 2011년 중국인 이민자 에릭 위안(Eric Yuan)에 의해 설립되었다. 1997년 위안은 화상 회의 스타트업인 웹엑스(Webex)에서 일하기 시작했다. 2007년 시스코(Cisco)는 32억 달러에 웹엑스를 인수하였는데, 시스코의 엔지니어링 부사장인 위안은 시스코가 개인 컴퓨터뿐만 아니라 휴대전화에서도 작동하는 제품을 개발할 것을 제안했다. 시스코는 그의 제안을 거절하였고, 좌절했지만 완강했던 위안은, 2011년에 줌을 시작하기 위해 회사를 떠났다. 2017년에 캘리포니아주 산호세(San José) 소재의 줌은 10억 달러 이상의 가치를 지닌 사기업 유니콘(Unicorn)이 되었고, 2019년 4월 나스닥에서 기업공개(IPO)를 거쳤다. 거래 첫날 종가 기준으로 주가가 72% 이상 상승하여 주당 62달러에 달하고 시가총액은 160억 달러를 기록했다. 2019년 12월 말, 줌의 주가는 68달러에 거래되었고, 2020년 4월 22일에는 169달러의 주가를 달성, 시가총액 460억 달러를 기록했다.

편리한 실시간 비디오를 통한 소통은 오랫동안 공상과학 분야의 꿈이었다. 기업공개 설명에 따르면 줌의 미션은 “영상 통신을 매끄럽게 만드는 것”이었다. 줌의 본원적인 전략은 화상 회의 기업들의 선도 기업, 구체적으로는 계정을 설정하고 최종 소비자를 지원할 수 있는 IT(정보 기술) 부서와 일하는 기업이 되는 것이었다. 줌은 시스코 웹엑스, 마이크로소프트 팀 두 거인과 더불어 스카이프(Skype), 구글 미트(Google Meet), 구글 행아웃(Google Hangouts)과 같은 상대적으로 작은 라이벌들과도 경쟁하였다. 줌은 이메일이나 스마트폰을 클릭 한 번으로 쉽게 사용할 수 있는 소프트웨어에서 뛰어났다. 줌은 한 번에 인원 100명 미만, 회의 시간 40분 미만이면 무료로 회의할 수 있고, 월 19.99달러의 수수료를 지불한 고객들은 한 번의 화상 통화로 1,000명의 참가자들을 초대할 수 있다. 줌의 다른 매력적인 특징은 국가적으로 차별이 없는 중립적인 플랫폼이라는 것이다. 줌은 또 비디오, 오디오, 그리고 화면 공유를 윈도우즈(Windows), 매킨토시(Mac), 리눅스(Linux), 안드로이드, 블랙베리(BlackBerry), 줌 룸즈(Zoom Rooms) 모두에서 제공한다. 기업공개 설명에는 (1)비디오 우선 플랫폼, (2)클라우드 네이티브 아키텍처, (3)기능 및 확장성, (4)사용 편의성과 안정성, (5)기존의 이어진 인프라 활용능력, (6) 낮은 총 소유 비용 등 6가지 주요 경쟁 우위 요소가 명시되어 있다.

COVID-19의 맹공격으로 줌은 유명해졌다. 줌의 경영진이 2020년 4월 23일 웹사이트에 올린 고객들에게 보낸 편지에 따르면:

> *우리는 학교(25개국 100,000명)부터 대학(대부분의 미국 주요 기관), 정부(예: 미국 정부, 영국 의회 및 전 세계의 여러 정부), 모든 규모, 산업, 지리(241개 국가 및 영토 중 226개)와 Fortune 500(미국의 500개의 최대 기업)에 모두 배치된 기업들을 포함한 폭넓은 고객을 서포트할 기회를 얻을 수 있음을 겸허히 느끼고 있다. 우리는 2019년 12월 일일 참석자 1,000만명에서, 2020년 4월 현재 일일 회의 참석자 3억 명 이상으로 성장하고 있다..*

2020년 3월과 4월 동안 줌의 사용자 수는 매일 새로운 기록을 깼다. 줌의 본원적인 전략은 분명히 빠르게 적응하고 즉흥적으로 하는 것이었지만, 그것은 더 이상 선도하는 화상 회의 공급자인 기업이 되려는 것이 중요한 게 아니었다. 중요한 것은 그 행동이 대중 시장에서의 서비스 제공자로서 서비스에 대해 급증하는 수요를 어떻게 충족시키느냐였다. 2월 말에서 3월 초, 이탈리아와 일본의 학교가 문을 닫자, 줌은 이들 국가의 교육기관을 위한 무료 제품의 시간제한을 없앴고, 이제 이 관행은 학교가 문을 닫은 다른 나라들까지 확장되었다. 줌 회의는 전 세계 17개의 데이터센터 중 하나에 고정되어있게 설계하였는데, 만약 한 데이터센터에서 문제가 발생한 경우, 회의는 다음으로 가장 가까운 데이터 센터로 넘어간다. 위기의 가운데에서, 줌은 데이터센터를 2개 더 추가하고 오라클(Oracle)과 아마존 웹 서비스(Amazon Web Services)으로부터 서지(Surge) 보호를 위해 더 많은 클라우드 스토리지 용량을 구입했다.

비록 짧았지만 줌이 유명해지기까지 고난이 없었던 것은 아니다. 줌은 중국과의 연계로 발생한 COVID-19의 잠재적 피해를 인식하게 되어, 직원들을 보호하기 위해 산타클라라(Santa Clara) 카운티가 시민들에게 대피령을 내리기 2주 전에 산호세 본사를 먼저 폐쇄했다. 그 결과, 위안과 그의 경영진은 집에서 일하는 수백만 명의 다른 사람들과 마찬가지로 매일 긴 일련의 줌 미팅을 거쳐야 했다. 위안은 기자에게 "나는 줌회의가 싫다"고 시인했는데 이것이 최근에 세계적으로 "줌 피로(Zoom Fatigue)"로 불린 감정이다.

유저들의 서비스 이용에 급증에 따른 서버 과부화와 더불어 또 다른 주요 골칫거리는 보안이었다. 단순성과 보안(복잡성)은 항상 IT 내의 긴장의 요인이었다. 줌이 성공한 바로 그 이유인 단순함도 보안 문제에 대한 씨앗을 품고 있었다. 따라서 줌의 보안을 강화하면서 사용자편의성을 유지하는 방법은 딜레마가 되었다. "줌 폭격(Zoombombing)"은 보안 사고의 심각성과 빈도를 나타내는 새로운 영어 단어 중 하나가 되었다. 이에 줌은 빠르게 일부 문제를 해결하고(예: 4월 4일 이후 모든 줌미팅에 비밀번호 요구), 앞으로 더욱 어려운 보안 취약점 중 일부를 해결하기 위해 노력했다.

빠르게 주요 사회 기반 시설의 일부가 되어버린 줌에 대해, "줌은 이제 전 세계의 소유이다."라고 위안은 인터뷰에서 언급했다. 그는 계속해서 줌은 "돌아설 수 없다... 이제 우리는 이 새로운 패러다임을 수용하고 그것을 작동시키는 방법을 알아내야 한다"고 주장했다.

Sources: (1) Bloomberg Businessweek, 2020, The accidental social network, April 13: 45–49; (2) CNBC, 2020, Zoom Video Communications Inc., April 27: www.cnbc.com; (3) Economist, 2020, Zoom diplomacy, April 11: 44; (4) Guardian, 2020, Worried about Zoom's privacy problems? April 9: theguardian.com; (5) National Geographic, 2020, "Zoom fatigue" is taxing the brain, April: www.nationalgeographic.com; (6) Zoom, 2019, Amendment No. 2 to Form S-1 Registration Statement, April 16, Washington: SEC; (7) Zoom, 2020, A letter from Zoom's management team to our customers, April 23: zoom.us.

줌(Zoom)과 같은 회사는 전 세계에서 어떻게 경쟁하는가? 무엇이 그들의 성공과 실패를 결정하는가? 전략은 곧 경쟁하고 이기는 것에 관한 것이므로, 이 책은 현재와 미래의 전략가들이 이 질문 및 다른 중요한 질문들에 대답하는 데 도움이 될 것이다. 간단히 말해, 이 책에서 "글로벌 전략"은 크고 작은 전 세계의 기업에 의해 실행되는 전략에 대한 것이다. 다시 말해서, 이 책은 전 세계적으로 표준화된 제품과 서비스의 생산과 유통을 특징으로 하는 국제적인(국경을 넘는) 전략의 특정 형태에 초점을 맞추고 있지 않다. 30년이 넘는 기간 동안, 더 나은 용어가 없어 흔히 글로벌 전략으로 불려 온 이 전략은 전통적인 글로벌-전략 서적에서 자주 사용되었다. 그러나 이처럼 상대적으로 협의의 "글로벌 전략"은 항상 실행하기가 어려웠기 때문에, 앞으로 탈세계화 되고 있는 세계에서 유용하지 않을 가능성이 크다.

**해외직접투자(foreign direct investment, FDI)** 해외 생산 및서비스 활동에 대한 회사의 직접 투자.

**다국적 기업 (multinational enterprise, MNE)** 다른 국가에서 부가가치 활동을 직접 통제하고 관리함으로써 해외직접투자(FDI)에 종사하는 기업.

상대적으로 협의의 "글로벌 전략"은 일부 다국적 기업(MNE)에 의해 실행되어 왔으며, 이는 다른 국가에서 부가가치있는 활동들을 직접적으로 통제하거나 관리함으로써 해외직접투자(FDI)에 종사하는 기업으로 정의된다. 줌이 젊은 기업임에도 불구하고, 여러 국가들에 **해외직접투자(foreign direct investment, FDI)**를 하는 **다국적 기업(multinational enterprise, MNEs)**이 되었다.실제로, 다국적 기업은 종종 진출지역 시장을 위해 그들의 전략, 제품, 서비스를 조정해야 한다. 자동차 산업에서, "월드카"는 없다. 한 지역에서 인기 있는 자동차는 종종 다른 지역의 고객으로부터 거부되기도 한다. 폭스바겐(Volkswagen) 골프(Golf)와 포드(Ford) 몬데오(Mondeo)(미국에서 Contour로 판매)는 유럽에서 인기가 있지만, 아시아와 북미의 거리에서는 거의 눈에 띄지 않는다. 소위 월드 드링크인 코크 클래식(Coke Classic)은 실제로 전 세계적으로 맛이 다르다(설탕 함유량을 달리함으로써). 북극곰 만화 캐릭터를 중심으로 한 일련의 "세계적인 광고"를 추진하려는 코카콜라(Coca-Colar)의 노력은 아마도 세계적인 가치와 관심에 호소하는 것으로 추정되지만, 세계의 많은 시청자들로부터 환영받지 못했다. 따뜻한 지역의 시청자들은 털복숭이 곰에 대해 힘들어했다. 이에 대응하여, 코카콜라는 더 비싸지만 더 효과적인 국가별 광고로 전환했다. 예를 들어, 인도 법인은 코크(Coke)를 "춥다"라는 뜻의 힌두어인 thanda와 동일시하는 광고 캠페인을 시작했다. 독일 법인은 일련의 "숨겨진" 에로티시즘(!) 같은 것을 보여주는 일련의 광고를 개발했다. 요약하자면, 한 사이즈가 모두에게 맞지는 않는다.

협의의 "글로벌 전략"(즉 "획일적 전략)은 소수의 MNE에게 유용한 반면, 종종 불완전하고 불균형적임이 분명하다 대부분의 MNE에게조차, 합리적인 접근 방식은 "세계적으로 생각하고, 지역적으로 행동"하는 것처럼 보인다. 줌의 경우, 호주, 브라질, 캐나다, 중국, 독일, 인도, 일본, 네덜란드, 미국 등에 데이터센터를 운영하고 있다. 기업이 비즈니스를 수행하고 가치를 창출하고 포착하는 방법인 "글로벌" **비즈니스 모델(business model)**은, 가장 원활하고 최고의 성능을 제공할 수 있는 전 세계 어느 곳으로든 데이터센터로 화상 회의 트래픽을 보내는 것이다. 언제든지 일부 지역의 데이터센터는 다른 지역보다 더 혼잡할 수 있다. 줌 미팅 내용의 민감한 특성을 고려할 때 일부 사용자는 잠재적인 사이버 보안 문제가 있는 지역의 데이터센터로 미팅이 송출되는 것에 대해 우려를 표명했다. 이에 줌은 사용자가 특정 지역의 데이터센터 영역에서 벗어나 특정 지역의 데이터센터 영역으로 들어갈 수 있도록 선택하게 함으로써 "로컬" 솔루션을 제공했다. 이는 고객이 그들의 데이터에 대해 더 큰 통제권을 갖게 한다. 요약하자면, 단순하게 "글로벌" 솔루션을 추진하는 것은 역효과를 초래할 가능성이 크며, "글로벌"과 "로컬"의 합리적인 조합이 불가능하다.

**비즈니스 모델 (business model)**
기업이 비즈니스를 수행하고 가치를 창출하고 포착하는 방식.

## 왜 글로벌 전략을 연구하는가?

일반적으로 전략 과정-특히 글로벌 전략 과정-은 비즈니스 스쿨에서 가장 가치 있는 과정이다. 왜 글로벌 전략을 공부하는가? 비즈니스 스쿨 졸업생(MBA 및 학부 모두) 중 가장 수요가 많고 연봉이 높은 졸업생들은 일반적으로 글로벌 전략 전문지식을 갖춘 전략 컨설턴트이다. 당신도 그들 중 하나가 될 수 있다. 컨설팅 업계 이외에 만약 당신이 대기업 상위권에 진입하고 싶다면, 글로벌 전략의 전문지식은 대개 필수조건인 경우가 많다. 그러므로 당신이 이 전략적으로 중요한 과정을 공부했다는 사실을 이력서에 반드시 추가하는 것을 잊지 말라.

컨설팅 산업에 종사하는 것에 관심이 없고 최고의 직업을 얻기 위해 경쟁하려는 열망이 없는 대기업의 졸업생들뿐만 아니라 중소기업에서 일하거나 자영업자인 개인들까지도, 외국의 제품과 서비스(줌 미팅과 같은)를 사용하며, 국내 시장에서 외국인 투자 기업과 심지어 해외에 판매 및 투자를 하는 자신을 발견할 수 있다. 또는 외국인 소유 기업이나 이전에 외국 기업이 인수한 국내 기업 또는 글로벌 통합을 위해 폐쇄 명령을 받은 부서에서 일하는 자신을 발견할지도 모른다. 7백만 명의 미국인, 1백만 명의 영국인 및 1천 8백만 명의 중국인을 포함하여 전 세계적으로 약 8천만 명의 사람들이 외국인 소유 기업에 직접 고용되어 있다. 예를 들어, 아프리카에서는 가장 큰 민간-부문 고용주는 6만 5천여 명의 직원을 보유한 코카콜라이다. 영국에서는 가장 큰 민간-부문 고용주는 6만 명의 직원을 보유한 타타 그룹(Tata Group)이다. 전략적 의사 결정 방법이 어떻게 이루어지는지를 이해하는 것이 이런 외국 조직에서 당신의 경력을 쌓는 데 도움이 될 수 있다. 당신의 조직을 축소되기 위한 전략적 근거가 있다면, 가능한 최대한 빨리 이 사실을 파악하여 첫 해고 통지서의 수령인이 되는 대신 온라인에 이력서를 제일 처음 올리기 바란다. 다시 말해, 당신이 더욱 전략적이기 원한다. 결국, 당신의 경력이 위태롭다. 가장 나중에 아는 사람이 되지 말라!

# 전략이란 무엇인가?

## 기원

고대의 그리스어인 strategos라는 단어에서 유래한, 전략이라는 단어는 원래 "장군의 기술" 혹은 "장군직"을 의미했다. 전략은 강한 군사적 뿌리를 가지고 있다. 가장 오래된 전략책인 '전쟁의 기술'은 기원전 500년경으로 거슬러 올라간다. 이 책은 중국의 군사 전략가인 손자(Sun Tzu)에 의해 집필되었다. 손자의 가장 유명한 가르침은 "지피지기 백전백승"이라는 말이다. **전략적 경영(strategic management)**또는 간단히 **전략(strategy)**으로 알려진 군사 전략의 원리를 비즈니스 경쟁에 적용하는 것은 1960년대 이래 발전된 더욱 새로운 현상이다.

**전략적 경영(strategic management)**
전략적 관점에서 기업을 경영하는 것.

**전략(strategy)**
성공적으로 경쟁하는 방법에 관한 기업의 이론.

## 계획과 행동

비즈니스 전략은 (군사 전략에 오랜 뿌리를 두고 있음에도 불구하고) 상대적으로 새로운 분야이기 때문에, 전략을 정의하는 것은 격렬한 논쟁의 대상이 되어왔다. 세 개의 사고 학파가 등장했다. (표 1.1 참조). 첫 번째 "**계획으로서의 전략(Strategy as Plan)**"학파는 가장 오래된 학파이다. 19세기 프로이센(독일)의 군사 전략가인 칼 폰 클라우제비츠(Carl von Clausewitz)의 연구를 바탕으로, 이 학파는 전략은 군대에서와 같은 명시적이고 엄격한 공식적인 계획에서 구체화되었다고 주장한다.

**계획으로서의 전략(Strate-gy as Plan)**
군대에서와같이 명시적이고, 엄격한 공식적 계획 하에 조직에 체화된 전략.

### 표 1.1 전략이란 무엇인가?

**계획으로서의 전략(Strategy as Plan)**

- 전쟁 계획 수립 및 개별 캠페인 형성, 그리고 여기에서의 개인의 역할을 결정하는 것과 관한 것.
- 조직의 목표달성에 도움을 주는 일련의 구체적인 계획.

**행동으로서의 전략(Strategy as Action)**

- 정책의 목적을 달성하기 위해 군사적 수단을 보급하고 적용하는 기술.
- 행동이나 의사결정의 흐름에서 나타나는 패턴.
- 경쟁에 있어 균형을 만들어내며, 기업의 활동 간에 적합성을 형성하는 일련의 활동과 관련된, 독특하고 가치있는 지위의 창출.

**통합으로서의 전략(Strategy as Integration)**

- 기업의 기본적인 장기적인 목표에 대한 결정, 그리고 이러한 목표를 달성하기 위해 필요한 행동 강령 및 자원 배분의 채택.
- 외부 환경에서 기업 성과를 향상시키기 위한 자원의 활용을 포함하여 소유주를 대신하여 경영자가 수행하는 의도되었거나 비의도된 계획들.
- 기업이 성공하도록 만드는 아이디어, 의사결정, 행동들.

Sources: Based on (1) C. von Clausewitz, 1976, On War, vol. 1 (p. 177), London: Kegan Paul; (2) S. Oster, 1994, Modern Competitive Analysis, 2nd ed. (p. 4), New York: Oxford University Press; (3) B. Liddell Hart, 1967, Strategy, 2nd rev. ed. (p. 321), New York: Meridian; (4) H. Mintzberg, 1978, Patterns in strategy formulation (p. 934), Management Science 24: 934–948; (5) M. Porter, 1996, What is strategy? (pp. 68, 70, 75), Harvard Business Review 74: 61–78; (6) A. Chandler, 1962, Strategy and Structure (p. 13), Cambridge, MA: MIT Press; (7) R. Nag, D. Hambrick, & M. Chen, 2007, What is strategic management, really? Strategic Management Journal 28: 935–955; (8) G. Dess, G. McNamara, A. Eisner, & S. Lee, 2019, Strategic Management, 9th ed. (p. 6), Chicago: McGraw-Hill.

그러나, 계획학파는 20세기 영국의 군사전략가인 리델 하트(Liddell Hart)와 같이, 전략의 핵심은 일련의 유연한 목표 지향적 행동이라고 주장하는 사람들에 의해 도전받고 있다. 하트는 상대방과의 정면충돌을 피하기 위해 빠르고 유연한 행동을 추구하는 간접적인 접근법을 선호했다. 비즈니스 전략의 분야에서, 캐나다의 학자인 헨리 민츠버그(Henry Mintzberg)는 "**행동으로서의 전략(strategy as action)**"학파를 주창했다. 민츠버그는 계획 학파가 강조하는 **의도된 전략(intended strategy)** 외에도 "하향식" 계획에서 유래하지 않고 "상향식"의 소규모 결정들의 흐름에서 유래한 새로운 전략(**창발적 전략 emergent strategy**)이 있을 수 있다고 주장했다. 페이스북(Facebook)이 좋은 본보기이다. 페이스북의 설립자, 마크 주커버그(Mark Zuckerberg)는 언론과의 인터뷰에서 다음과 같이 말했다.

**행동으로서의 전략(strategy as action)**
기업의 행동 양식이 반영된 전략.

**의도된 전략(intended strategy)**
의도적으로 계획된 전략.

**창발적 전략 (emergent strategy)**
"상향식"의 소규모 결정들의 흐름에서 유래한 새로운 전략.

> *우리는 물건을 빨리 만들고 배송한다. 그리고 그것에 대해 피드백을 얻는다. 그리고 우리는 그것을 반복하고, 반복하고, 또 반복한다. 우리는 주변에 이렇게 표시해 놓고 있*

*다. "완성된 것이 완벽한 것보다 낫다."*

행동으로서의 전략 학파의 실행자들이, 페이스북과 같이 빠르게 움직이는 첨단 기술 회사들만은 아니다. 월마트(Walmart)와 같은 전통적인 회사의 CEO 덕 맥밀론(Doug McMillon)은 기자에게 이렇게 말했다.

*전에는, 우리와 같은 회사는 일년에 한 번, 또는 분기별로 큰 결정을 내렸다. 오늘날 전략은 매일의 것인다.*

이 두 학파 모두는 각각 장단점이 있다. 실행전략 1.1은 1914년 독일과 프랑스의 군대가 사용 했던 실제 전략을 그려봄으로써 그들을 비교하고 대조한다. 독일은 계획 학파의 전략을 받아들였고, 프랑스는 행동 학파의 전략을 실천했다. 결국, 두 군대 모두 비참하게 실패했다. 중요한 교훈은 이기는 전략은 약점을 최소화하면서 장점을 활용해 가며, 이 두 가지 사고를 조합해야 한다는 것이다.

## 이론으로서의 전략

오프닝 케이스에서 알 수 있듯이, 줌은 선도적인 기업 화상 회의의 공급자가 되겠다는 계획을 가지고 있었다. 하지만, 코로나바이러스 발생의 한가운데에서, 줌은 결국 훨씬 더 큰 규모의 대중 시장 제공자가 되었다. 급증하는 수요를 충족할 수 있는 충분한 클라우드 용량이 있는지 확인하는 것부터 운영을 대폭 확장하는 도중에 보안 조치를 개선하는 것까지, 이러한 새로운 수요에 맞게 조정해야 했다. 줌의 관리자들과 마찬가지로, 많은 관리자들과 학자들은 전략의 본질은 실제로 계획된 의도적인 행동과 계획되지 않은 새로운 활동의 조합일 가능성이 크다는 것을 깨달았고, 따라서 "**통합으로서의 전략(strategy as integration)**" 학파가 생겨나게 되었다(표 1-1).

**통합으로서의 전략(strategy as integration)**
전략은 단순히 계획이나 행동에 관한 것이 아니라 학파적 사고 방식을 통합하는 경험을 시사하는 관점.

미국의 경영사학자 알프레드 챈들러(Alfred Chandler)에 의해 최초로 주창된, 이러한 보다 균형 잡힌 통합 학파의전략은 많은 교과서들에서 채택되었다. 그것이 여기에서 받아들이는 관점이다. 오스트리아계 미국인 경영 전문가인 피터 드러커(Peter Drucker)에 이어, 성공적으로 경쟁하는 방법에 대한 조직의 이론으로 전략을 정의함으로써 통합 학파의 전략을 확장한다. 다시 말해서, 우리가 한 단어로 전략을 정의해야 한다면, 그것은 계획도 아니고 행동도 아니다. 그것은 이론이다.

드러커에 따르면, "명확하고, 일관되며, 초점에 맞는 타당한 이론은 엄청나게 강력하다." 비즈니스 맥락에서의 이론은 비즈니스를 수행하는 방법으로 볼 수 있다. 예를 들어 "영상통신을 마찰 없이 만들기 위한" 줌의 이론은 명확하고 일관적이며 집중되어 있어, 이를 실현하기 위해 에너지를 전달하는 데 도움이 된다(오프닝 케이스 참조).

표 1.2는 정의와 관련된 네 가지 이점을 설명한다. 첫째, 그것은 계획 및 행동 학파 모두의 통찰력을 활용한다. 이것은 경쟁하는 방법에 대한 기업의 이론은 행동으로 옮겨질 때까지는 단

## 실행 전략 1.1 1914년 독일과 프랑스의 군사 전략

독일과 프랑스는 현재 유럽연합 내에서 가장 친한 국가이지만 그들은 수백 년간 싸워왔다. 그들이 맞부딪친 마지막 전투는 2차 대전이었다. 1914년 8월 제1차 세계 대전이 시작되기 전에 양측은 중대한 충돌을 계획했었다.

Schlieffen Plan으로 알려진 독일의 계획은 세심했다. 독일군은 우익에 초점을 맞추어 벨기에를 공격했다. 매일의 전투 계획은 사전계획되어 있었다. 브뤼셀은 19일째, 벨기에-프랑스 국경은 22일째, 파리를 정복하고 결정적인 승리 달성은 39일째로 예정했다. 예상치 못한 일이 발생할 수 있는 여지를 남기는 군사계획은 재앙을 초래할 수 있다는 Carl von Clausewitz의 경고를 독일은 주의 깊게 받아들였고 단 한 가지 유연성을 제외하고 모든 우발적인 상황에 대해 계획을 세웠다.

프랑스군은 행동 학파로서 전략의 실천가들이었다. Plan 17로 알려진 프랑스의 계획은 철저히 독일의 계획과 반대였다. 1870년 보불전쟁에서 프랑스는 패배의 굴욕을 맛보았고 당시 잃어버린 2개 주의 영토를 되찾기로 결심했다. 그러나 프랑스군은 적은 인구로 인해 그 수가 상당히 적었다. 또한 프랑스군은 독일군과 싸워서 이길만한 전투력을 가지고 있지도 않았다. 프랑스군은 개인의 신념과 행동, 그리고 용기를 강조하였다. Plan 17은 총 5개의 문장으로 이루어져 수백만의 병사를 이끌 장군에게 하달 되었다. 첫 번째 문장은 "목표는 베를린", 두 번째 문장은 "Alsace와 Lorraine을 탈환"이었으며, 마지막 문장은 "프랑스여 영원하라!"였다.

결국, 끔찍한 인명피해에도 불구하고 승리는 보여주지 못한 채, 양쪽 작전 모두 처참하게 실패했다.

Sources: Condensed from B. Tuchman, 1962, The Guns of August, New York: Macmillan.

순히 아이디어로 남아있을 것이기 때문이다. 따라서 이론을 공식화하는 것(**계획학파에 의해 전략 수립(strategy formulation)**으로 주창된)은 단지 첫 번째 단계에 불과하다. 일련의 행동을 통해 그것을 실행하는 것(**전략학파에 의해 전략구현(strategy implementation)**으로 알려진)이 바로 두 번째로 필요한 부분이다. 그림 1.1의 만화는 유머러스하게 이 두 가지 활동을 별개의 노력으로 묘사하지만, 실제로는 좋은 전략가는 두 가지 모두를 실행한다.

**계획학파에 의해 전략 수립 (strategy form-ulation)** 회사의 전략을 만드는 것.

**전략학파에 의해 전략구현 (strategy implementa-tion)** 회사의 전략을 만드는 것.

### 표 1.2 "이론으로서의 전략" 개념의 네 가지 장점

- 계획과 행동학파 둘 모두를 통합
- 두 가지 목적을 수행하는 '이론'의 개념 강화(설명과 예측)
- 복제와 실험을 필요로 함
- 전략적 변화의 어려움 이해

그림 1.2에서 볼 수 있듯이, 전략은 A 지점에서 기업의 강점(S)과 약점(W)을, B 지점에서 기업이 바라는 성과 수준, 환경에서의 기회(O)와 위협(T)에 대한 평가를 수반한다. 이러한 **SWOT 분석(SWOT analysis)**은 '자신'과 '상대'를 아는 것의 중요성에 대한 가르치는 것과 매우 잘 맞는다. 이러한 평가 후에 기업은 지점 A와 B를 가장 잘 연결하는 방법에 대한 이론을 공

**SWOT 분석 (SWOT analysis)** 기업의 내부 강점(S)과 약점(W), 환경의 외부 기회(O)와 위협(T)에 대한 전략적 분석.

## 그림 1.1 전략형성과 전략 실행

Source: Harvard Business Review, October 2011 (p. 40).

식화한다. 다시 말해서, 넓은 화살표는 의도된 전략이 된다. 그러나 지나치게 많은 불확실성이 주어지면, 의도된 모든 전략 성공적이지 않을 수 있고, 일부는 실현되지 않는 전략이 될 수도 있다. 반면, 다른 의도하지 않은 행동은 B 지점을 향한 추진력과 함께 새로운 전략이 될 수도 있다. 전반적으로, 이론으로서의 전략의 정의는 우리가 (1) 보다 정통적인 논리적 접근으로 계획

## 그림 1.2 전략의 본질

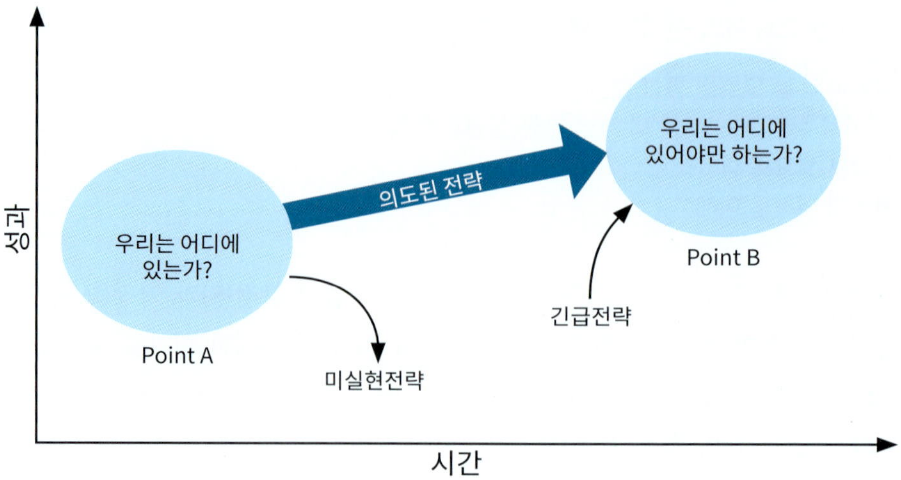

학파의 우아함을 유지하게 하는 동시에 (2) 보다 역동적인 실험적 특성으로 행동 학파의 유연성을 즐길 수 있도록 한다.

둘째, 이 새로운 정의는 간단하지만 강력한 개념인 "이론"의 개념에 기초한다. 이론이라는 단어는 종종 "추상적"이며 "비현실적"이라는 이미지를 내포하기 때문에 종종 학생들과 관리자들을 두렵게 한다. 하지만 그래서는 안 된다. 이론은 단순히 두 현상 사이의 관계에 대한 진술일 뿐이다. 그 핵심에는, 이론은 과거를 설명하는 미래를 예측하는 두 가지의 목적을 제공한다. 예를 들어, 중력 이론은 왜 자살하는 많은 사람들이 고층 건물이나 높은 절벽에서 뛰어내림으로써 "성공적"이었는지를 설명한다. 또한 개인들이 (가설적으로) 그러한 위험한 경향을 보이고 있다면, 그들은 같은 행동을 함으로써 똑같이 "성공적일" 것이라고 예측한다. 모든 기업은 사업을 하는 독특한 이론(방식)을 가지고 있다. 월마트(Walmart)의 "매일 낮은 가격"이라는 이론은 과거에 월마트가 왜 성공했는지를 설명한다. 결국에는, 누가 매일 낮은 가격을 좋아하지 않겠는가? 이 이론은 또한 월마트가 낮은 가격에 집중함으로써 계속해서 잘할 것이라고 예측한다.

셋째, 한 때 일정 상황 하에서 성공적인 것으로 증명된 이론이 다른 곳이나 다른 기간에도 반드시 성공할 수 있다는 것을 의미하지는 않는다. 이론의 구축과 발전의 특징은 **복제(replication)**인데, 이론의 경계를 확립하기 위해 다양한 조건 하에서 반복적으로 시험하는 것이다. 자연 과학에서는 이것을 연속 실험이라고 한다. 예를 들어, 우주 공간에서 수십 년 동안의 실험 후에, 우리는 이제 우주 비행사들이 우주선 안에 떨어뜨린 물체들이 떨어지지 않으리라는 것을 알고 있다. 대신에 그들은 떠다닌다. 다시 말해, 복제는 중력 이론이 지구로 묶여 있고 우주 공간에는 적용되지 않는다는 것을 이해하는 데 도움이 된다. 이러한 복제가 비즈니스 전략의 핵심인 것 같다. 하나의 제품이나 지리적 시장에서 성공한 기업들, 즉 그들의 이론의 장점을 한때 입증한 기업들은 끊임없이 새로운 시장으로 확장하고, 그들의 성공을 복제하려고 한다. 각각의 새로운 진입은 새로운 실험으로 볼 수 있다. 새로운 시장에서, 기업들은 때로는 성공하고 때로는 실패한다. 결과적으로, 기업들은 성공적으로 경쟁하는 방법에 대한 그들의 특정 이론의 한계를 점 차 확립할 수 있다. 예를 들어, 월마트의 이론은 독일과 한국에서 실패했고, 회사는 그 시장에서 철수해야 했다. 중력 이론의 한계를 아는 것이 과학 학계에 도움이 되듯이, 비즈니스 이론의 한계를 아는 것은 비록 관련된 관리자들에게는 고통스럽지만, 회사에는 이롭다. 월마트의 기업 실적은 독일과 한국에서 적자를 내는 사업을 그만둔 후 실제로 개선되었다.

**복제(replication)**
적용 가능한 경계를 설정하기 위해 다양한 조건에서 이론을 반복적으로 테스트.

마지막으로, 이론으로서의 전략의 정의는 전략을 변경하는 것이 종종 어려운 이유를 이해하는 데 도움이 된다. 확립된 이론을 변경하는 것이 얼마나 어려운지 상상해보라. 특정 이론이 널리 받아들여지는 이유는 그들의 과거의 성공 때문이다. 그러나 과거의 성공은 미래의 성공을 보장하지는 않는다. 비록 과학자가 아무리 객관적이어야 하지만 그들 또한 인간이다. 많은 과학자들은 심지어 반복적으로 실패한 실험에 직면함에도 불구하고 그들이 좋아하는 이론의 실패를 인정하지 않으려 할 수도 있다. 갈릴레오, 코페르니쿠스, 아인슈타인이 초기에 직면해야 했던 과학적 기득권층의 저항이 얼마나 컸을지 생각해 보라. 전략가들 또한 마찬가지다. 상사들이 현 직책으로 승진한 것은 과거 낡은 이론들을 개발하고 실행하는 데 성공했기 때문이다. 국가 유산, 조직 정치, 개인 경력의 고려사항은 많은 상사들이 기존 전략의 실패를 인정하는 것을 방해할 수도 있다. 그러나 과학적 진보의 역사는 비록 처음에는 어려울 수 있지만, 확립된 이론을 변경하는 것이 가능하다는 것을 보여준다. 특정 이론에 대하여 실험의 실패가 충분히 보고되고 충분한 연구자들이 의문을 제기한다면, 처음에는 지엽적일 수 있는 그들의 견해는 점차 실패한 이론을 몰아내고 더 나은 이론을 이끌어낸다. 많은 기업에서 전략적 변화의 고통스러운 과정은 비슷하다. 보통 젊은 관리자 그룹이 현재의 전략에 도전한다. 그들은 어떻게 하면

## 실행 전략 1.2 스타워즈를 레고 탑 매니지먼트에 판매하다

1932년 설립된 레고는 덴마크어인 leg godt("잘 놀다")에서 유래되었다. 레고의 사업 이론은 창의력을 발전시켜 항상 훌륭한 장난감 벽돌들을 만들어 내는 것이었다. 1997년, 레고 북미 사장인 Peter Eio는 레고 그룹 덴마크 본사의 고위 경영진들에게 스타워즈의 캐릭터들을 레고에 라이센싱하는 아이디어를 제안하였다. 이것은 레고에게 The Phantom Menace(보이지 않는 위험)로 시작하는 새로운 스타워즈 3부작의 발매를 이용하는 것을 가능하게 하였다. 코네티컷 엔필드에 있는 북미 본사의 Eio는 미국 장난감 시장이 라이센스 기반이 될 것이라고 확신하였다. 디즈니 영화의 동화 캐릭터들 그리고 토이 스토리의 버즈 라이트이어와 같은 라이센스 장난감들은 미국에서 판매되는 장난감들의 절반을 차지하고 있다. 이러한 성공에도 불구하고, 레고의 홀로 서기(go-it-alone) 문화는 그 어떤 라이센스 제품들도 이 정도 수준까지 되지 못하도록 막아 왔었다.

레고의 팬이면서, 레고와의 파트너를 원했던 Lucasfilm 경영진의 격려를 받은 Eio는 그가 이기는 전략을 제시하면 그것이 레고를 수익성이 좋은 라이센스 시장에 뛰어들게 할 수 있다고 생각하였다. 불행하게도, 레고 고위 경영진의 첫 반응은, Eio 자신에 따르면, "충격과 공포였다. 이것은 레고의 길이 아니였다."특별히, 본사 경영진들은 레고가 다른 회사로부터 지적 재산을 라이센스 할 필요가 없다고 느꼈다. 게다가, 전쟁과 폭력에 초점을 맞춘 특정 캐릭터들은 레고의 설립자 Ole Kirk Christiansen의 핵심 가치들 중 하나를 훼손할 수 있었다: 절대로 전쟁이 아이들의 놀이처럼 보이게 하지 말 것.비평가들에 따르면, 스타워즈라는 바로 그 제목이 레고의 평화로운 정체성을 위협할 수 있었다. 열띤 토론이 벌어졌다. 본사의 한 임원은 심지어 "레고가 스타워즈를 출시하려면 내 시체를 넘고 가라" 고 주장했다.

다음 라운드 동안, Eio와 그의 팀은 미국에 있는 부모들에게 설문 조사를 하였다. 그는 또한 레고의 가장 크고 보수적인 시장인 독일을 담당하는 그의 동료에게 비슷한 설문 조사를 하도록 설득하였다. 미국의 부모들이 강력하게 스타워즈 아이디어를 지지했고, 역시 독일의 부모들도 열광적이었다. 강력한 지지 소비자들의 데이터로 무장한 Eio는 이 계획을 추진했고 계속해서 기업 본사와의 저항과 반발에 맞섰다. 결국, 그 당시 창립자의 손자이자 사장 그리고 레고 그룹의 최고경영자이며 스타워즈의 팬이었던 Kjeld Kirk Kristiansen은 그의 보수적인 경영진들을 제지하고 라이센스 계약에 축복을 내렸다.

1999년, 레고 스타워즈 제품들은 블록버스터인 The Phantom Menace의 바람을 타고 발매되었으며, 레고에서 뿐만이 아니라 글로벌 장난감 산업에서도 가장 성공적인 상품 출시로 여겨지고 있다. 2000년대의 레고 그룹의 수입의 6분의 1 이상이 스타워즈 라인에서 나왔다.

Sources: (1) The author's interviews of LEGO customers and LEGO store personnel in Copenhagen and Dallas; (2) M. W. Peng, 2022, LEGO's secrets, in Global Strategy, 5th ed., Boston: Cengage; (3) D. Robertson, 2013, Brick by Brick: How LEGO Rewrote the Rules of Innovation and Conquered the Global Toy Industry, New York: Crown Business.

더 효과적으로 경쟁할 수 있는지에 대한 새로운 이론을 제안하는데, 처음에는 종종 최고경영자에 의해 소외되는 경우가 많다. 그러나 결국 새로운 이론의 모멘텀이 이전 전략의 저항을 능가하여 약간의 전략적 변화를 불러일으킬 수 있다. (실행전략 1.2 참조) 월마트는 최근 "매일 낮은 가격"과 관련된 무자비한 비용 절감이라는 바람직하지 않은 이미지를 누그러뜨리기 위해 "매일 낮은 가격"에서 "돈을 아끼자, 더 잘살자"로 전략을 변경하였다.

전반적으로, 전략은 규정집, 청사진, 또는 프로그램된 일련의 지침들의 집합이 아니다. 오히려 그것은 어떻게 성공적으로 경쟁할 것인가에 대한 기업의 이론이며, 그들의 다양한 행동에 일관성을 부여하는 통일된 테마이다. 전략은 또한 표현하고 소통하는 것에 대한 것이다. 만약 이론이 이해되어야 한다면, 강력하면서도 효과적인 방법으로 전달되어야 한다. 단어가 너무 많으면 관리자와 직원들은 기억하지 못할 것이다. 그러면 그들이 매일 하는 일을 전략과 연관시킬 수 있는 방법이 없다. 이러한 이유로 이 책의 전략에 대한 정의는 앞의 각 정의에서 파생된 십여 개의 단어를 넘어선다(표 1.1 참조). 우리는 이론이라는 단 하나의 단어의 힘을 활용한다.

임원들을 대상으로 교육을 하거나 컨설팅을 할 때 종종 가장 먼저 묻는 질문중 하나는 "당

### 표 1.3 MTR 상사를 위한 명확한 전략

| 공식 미션 | 표현 |
|---|---|
| **우리는** | **우리는** |
| • 우리의 홍콩 기업 시민으로서의 평판을 강화한다 | • 평판을 강화한다 |
| • 우리의 홍콩의 핵심 사업을 성장시키고 강화한다 | • 홍콩에서 성장한다 |
| • 본토 및 국제적 성공을 가속화한다 | • 세계로 진출한다. |
| [합계 : 23단어] | [합계: 8단어] |

Sources: Source: MTR Corporation is a publicly listed company headquartered in Hong Kong, where it builds and operates transit railways that carry five million passengers every weekday. It also develops residential and commercial real estate property. In addition to Hong Kong, it operates in six cities worldwide: Beijing, Hangzhou, and Shenzhen, China; London, United Kingdom; Melbourne, Australia; and Stockholm, Sweden. Globally, it carries 1.36 billion passengers every year. "Official Mission" is adapted from MTR Corporation, 2015, Vision, mission, values, www.mtr.com.hk (accessed February 1, 2015). "Articulation" is from the author's consulting engagements with MTR executives, July 2013 and July 2014.

### 표 1.4 오직 CEO만이 할 수 있는 전략적 업무

- 중요한 외부를 찾아내고 그것을 내부 조직과 연계한다.
- 기업이 어떤 사업을 할지 혹은 하지 않을지 정의한다.
- 현재와 미래의 균형을 맞춘다.
- 가치관과 표준을 만든다

**비전(vision)**
기업의 미래 구상의 표현.

**미션(mission)**
기업의 목적에 대한 선언.

신 회사의 전략은 무엇입니까?"이다. 내가 얻는 가장 전형적인 답변 중 하나는 "무슨 뜻인가요? 비전? 미션?"이다. **비전(vision**: 기업의 미래 구상의 표현)과 **미션(mission**: 기업의 목적에 관한 선언)에 대해 어느 정도 막연한 감각을 가지고 있지만, 그들 대부분은 "전략"에 대해 무지하다. 그러고 나서 처음의 혼란을 극복하고 회사 웹사이트에 접속한 후, 그들은 보통 나에게 수십 개의 (때로는 수 백 개의) 단어를 준다. "구글을 사용하지 않고 이 단어들을 암송하고 부하 직원들에게 이 단어들이 무엇인지 말해 줄 수 있나요?"라고 물어보고 싶다. "비전"이든 "미션"이든 어떻게 분류하는가와 관계없이, 기억하기 어려운 전략 선언들은 정의상 의사소통하기 어렵고, 따라서 이해하기 어렵다. 성공적인 전략은 짧아야 하지만, 사업 수행에 대한 특정 이론의 고유성을 전달하는 지점에 도달해야 한다. 월마트의 "매일 낮은 가격"과 "돈을 아끼자, 더 잘살자" 그리고 줌의 "영상통신을 끊어짐 없이 만드는 것"이 그 예이다. 표 1.3은 MTR 상사(MTR Corporation)의 경영진들이 (상대적으로) 잘 만들어진 미션을 23개의 단어에서 3분의 2(!)나 줄인, 단지 8개의 단어로 압축하도록 한 나의 노력을 보여 준다.

## 전략, 전략가, 전략적 리더십

**최고경영진(top management team: TMT)**
CEO가 이끄는 회사의 최고 경영진으로 구성된 팀.

**최고경영자(chief executive officer: CEO)**
회사의 전략 및 운영을 담당하는 최고경영자.

**리더십(leadership)**
조직을 현재 상태에서 리더가 바라는 조직으로 변화시킴.

**전략적 리더십(strategic leadership)**
경쟁 우위를 창출하기 위해 조직의 전략 수립 및 구현 프로세스를 가장 효과적으로 관리하는 방법.

**미시적 토대(microfoundation)**
현상 자체보다 낮은 분석 수준에서 주어진 전략적 현상의 주원인.

군사 전략과 장군들을 동시에 연구해야 하는 것처럼, 최고경영자들이 전략가로서 수행하는 역할에 대한 인식이 없다면 전 세계의 사업 전략에 대한 이해는 불완전할 것이다. 중간 및 하위 경영자들은 전략을 이해해야 하지만, 그들은 일반적으로 전략 수립에 대한 관점과 자신감이 부족하다. 그리고 기업 차원의 전략을 실행한다. **최고경영자(chief executive officer, CEO)**가 이끄는 **최고경영진(top management team, TMT)**은 전략적 선택을 통해 전략적 리더십을 발휘해야 한다. **리더십(leadership)**은 조직을 있는 그대로에서 리더가 원하는 대로 변화시키는 것이기 때문에 **전략적 리더십(strategic leadership)**은 조직의 전략 수립 및 구현 프로세스를 가장 효과적으로 관리하여 경쟁 우위를 창출하는 방법으로 정의할 수 있다.

회사의 방향과 운영은 일반적으로 최고경영자들의 영향을 받게 되는데, 그들의 문화, 배경, 경험에 근거한 개인적 선호들은 기업 전략에 영향을 미친다. 다시 말해서, 기본 전략과 전략적 리더십은 **미시적 토대(microfoundation)**이며, 이는 현상 자체보다 낮은 분석 수준에서 주어진 전략적 현상의 주원인이다. 예를 들어, 해외 확장을 위한 전략은 종종 중요한 국제적 경험과 글로벌 마인드를 가진 경영자들에 의해 옹호된다. 이 책은 확고한 전략에 초점을 맞추고 있지만, 그것은 또한 그들의 회사들을 새로운 수준으로 끌어올리기 위해 전략적인 리더십을 발휘하는 전략가들에 관한 것이다.

정의상, 전략적 업무는 비 전략적(전술적) 업무와 다르다. 프록터 앤 갬블(P&G)의 전 회장 겸 CEO인 A. G 라플리(Lafley)의 지혜를 바탕으로, 표 1.4는 CEO만이 할 수 있는 최고 수준의 전략적 작업의 성격을 개략적으로 보여준다. 간단히 말해서, CEO는 전략을 구체화하고, 다듬고, 소통하며, 사람들이 그것을 얻을 수 있도록 도와주어야 한다.

전략적 업무와 비 전략적 업무를 구분하는 엄격히 구분하는 경계선은 존재하지 않는다. CEO는 최고경영팀 구성원(예: 최고 재무 책임자, 최고 운영 책임자)에게 중요한 업무를 위임할 수 있지만, 일부 CEO는 실무적인 관리를 즐긴다. 그러나 종종 마이크로 매니지먼트로 알려진 하위 수준의 작업에 너무 많은 간섭은 전략적 리더십을 비효율적으로 만들게 될 것이다. 군대는 최근 이러한 도전과 씨름하고 있다. 전통적인 전쟁터에서 "전쟁의 안개"는 고위 지휘관들에게 불충분한 정보를 주었고, 그들은 미션를 수행하기 위해 전술 지휘관들에게 의존해야 했다. 그러나 현대 전쟁터에서는 위성, 센서, 무인 항공기(UAVs)들이 너무 많은 정보를 제공하는 "정보의 안개"를 보여준다. 이렇게 풍부한(그러나 여전히 왜곡된) 정보로 무장한 일부 고위 지휘관들은 하급 부대에 직접 명령을 내려 사실상 "4성급 중대 지휘관"이 되는 것을 대담하게 느낀다. 전술 지휘관들은 위험한 결정에 직면했을 때 고위 지휘관들이 지휘를 맡도록 하는 것을 꺼리지 않는다. 결과는? 낮은 유연성과 이니셔티브는 물론, 전반적인 조직 효율성이 저하될 수 있다.

## 전략의 근본적인 질문들

전 세계의 전략은 광대한 영역이지만, 우리는 한 분야를 정의하고 학생, 실무자 및 학자들의 관심을 특정 방향으로 이끄는 가장 근본적인 문제에만 집중할 것이다. 구체적으로, 우리는 다음과 같은 네 가지 근본적인 질문들을 다룰 것이다.

- 기업들은 왜 다른가?
- 기업은 어떻게 행동하는가?
- 무엇이 기업의 범위를 결정하는가?
- 무엇이 전 세계 기업의 성공과 실패를 결정하는가?

### 기업들은 왜 다른가?

모든 현대 경제에서 개인과 마찬가지로 기업도 모두 다르다. 경제 전반에 걸쳐 기업 간의 다양성이 두드러진다. 그림 1.3은 전 세계적으로 관리 품질이 어떻게 변화하는지를 보여준다. 미국, 영국, 독일이 주도하는 선진국 기업들은 대체로 브라질, 중국, 인도 등 신흥국 기업들보다 질 높은 경영을 하고 있다. 모든 경제 내에는 잘 관리되고 잘 관리되지 않는 기업이 분포되어 있어 종 곡선을 그린다. 그림 1.4의 기업 분포는 그림 1.3에서 각 국가의 기업에 대한 단일 점수보다 훨씬 풍부한 정보를 제공한다. 브라질, 중국, 인도에 우수한 기업들이 존재하는 것으로 나타났다. 이러한 예외적인 기업의 예로는 브라질의 엠브라에르(Embraer)와 3G 캐피탈(3G Capital), 중국의 알리바바(Alibaba)와 화웨이(Huawei), 인도의 타타(Tata)와 인포시스

## 그림 1.3 전 세계적으로 다양한 경영의 품질

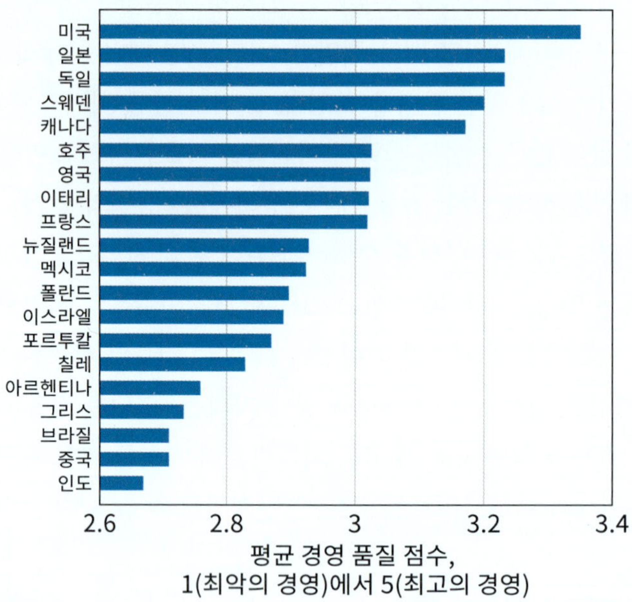


Source: Adapted from N. Bloom, C. Genakos, R. Sadun, & J. Van Reenen, 2012, Management practices across firms and countries (p. 18), Academy of Management Perspectives February: 12–33. Averages taken across all firms within each country. A total of 9,079 observations. Firms were randomly sam-pled from the population of all manufacturing firms with 100 to 5,000 employees. The median firm is privately owned, has approximately 350 employees, and operates two production plants.

## 그림 1.4 기업의 분포

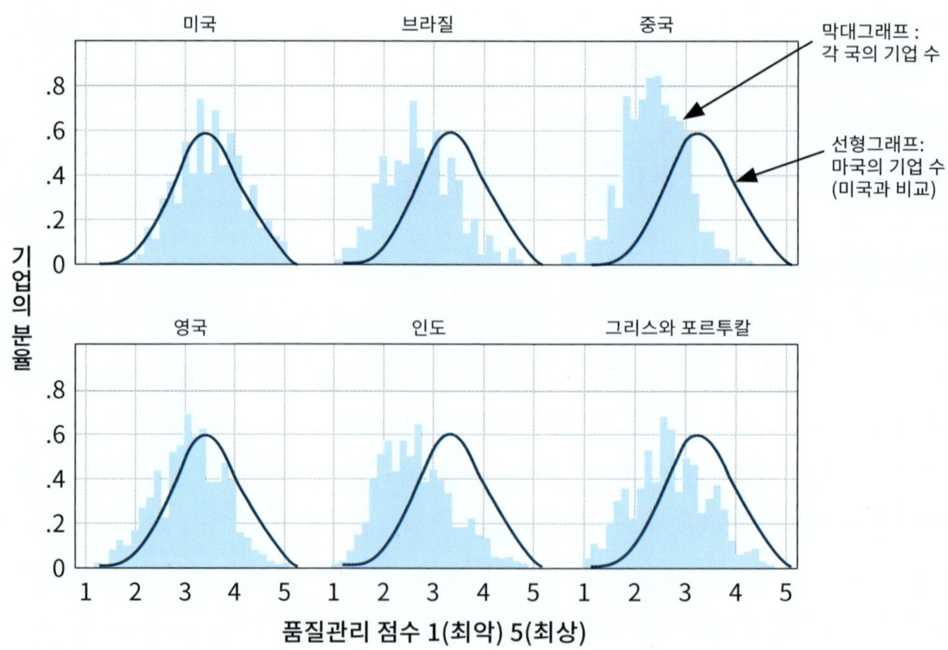


Source: Adapted from N. Bloom, C. Genakos, R. Sadun, & J. Van Reenen, 2012, Management practices across firms and countries (p. 20). Academy of Management Perspectives February: 12–33. A total of 4,930 observations. See footnote to Figure 1.3 for details of the survey.

(Infosys)가 있다. 하지만 미국과 영국 기업의 분포에 비해 그리스와 포르투갈은 물론 브라질, 중국, 인도도 부실 경영 기업들로부터 크게 시달리고 있다.

신흥 경제국의 기업들이 평균적으로 낮은 품질의 경영의 시달리는 이유와, 만약 그러한 경우라면 그들이 어떻게 따라잡을 수 있는지는 수수께끼이다. 어떤 이들은 제도적 차이를 지적한다. 신흥 경제국에서 확고한 성장을 촉진할 있는 시장을 가능하게 하는 제도의 부족이 한 역할을 할 수 있다. 그러나, 이러한 견해는 신흥 경제국의 기업들이 지난 30년 동안 일반적으로 훨씬 더 빠른 속도로 성장하고 있다는 견해와 조화를 이룰 필요가 있다. 그 결과, 기업이 왜 다른가의 질문은 여전히 전략상 흥미로운 질문으로 남아있다.

## 기업은 어떻게 행동하는가?

이 질문은 기업이 어떻게 경쟁하는지에 대한 기업의 이론을 결정하는 것에 초점을 맞춘다. 그림 1.5에서 볼 수 있듯이, 기업이 어떻게 행동하는지 이해하는 데 도움이 되는 한 가지 방법은 전략 삼각대이며 이 삼각대는 세 가지 주요 관점으로 구성된 전략에 대한 포괄적인 관점이다. 산업 기반 관점은 전략적인 과제가 산업에 영향을 미치는 경쟁 세력들을 조사하고 이러한 세력에 비해 덜 취약한 위치를 확보하기 위한 것임을 시사한다. 산업 기반 관점이 주로 외부로부터의 기회와 위협들(SWOT 분석에서 O와 T)에 집중하지만, 자원 기반 관점은 주로 기업의 내부 강점과 약점(S와 W)에 집중한다. 이러한 관점들은 실패한 기업과 달리 성공한 기업을 차별화하는 것이 기업-고유의 역량이라고 상정한다.

최근에는 기업 전략의 차이점을 설명하기 위해 제도 기반 관점이 등장했다. 이 관점은 산업 수준 및 기업 수준의 조건 외에도 기업은 게임의 공식 및 비공식적 규칙의 영향도 고려해야 한다고 주장한다. 게임의 공식 및 비공식적 규칙에 대한 이해는 전 세계의 수많은 회사들의 성공과 실패 뒤에 있는 많은 것들을 설명한다.

총체적으로 전략 삼각대로 간주되는 이 세 가지 관점은 이 책의 첫 부분인 글로벌 전략의 기초(1, 2, 3, 4장)의 중추를 구성한다. 그것들은 “기업들이 어떻게 행동하는가?”라는 질문을 해결하는데 상당히 도움이 된다. 이 책의 두 번째와 세 번째 부분에서는, 다양한 전략 문제들을 해결하기 위하여 이러한 세 가지 관점을 가지고 전략 삼각대 위에 반복적으로 그림을 그리게 될 것이다.

## 무엇이 기업의 범위를 결정하는가?

이 질문은 먼저 기업의 성장에 초점을 맞추고 있다. 대부분의 기업은 성장에 대한 오랜 애정이 있는 것처럼 보인다. 성장 동기는 그러한 성장에 관련한 흥분에 의해 가속된다. 그러나 장기적인 성장이 역효과를 가져올 수 있는 한계가 있다. 그때, 규모축소, 범위축소, 그리고 철수가 종종 필요하다.

■ 그림 1.5 전략 삼각대(Strategy Tripod): 전략에 관한 가지 주도적 관점들

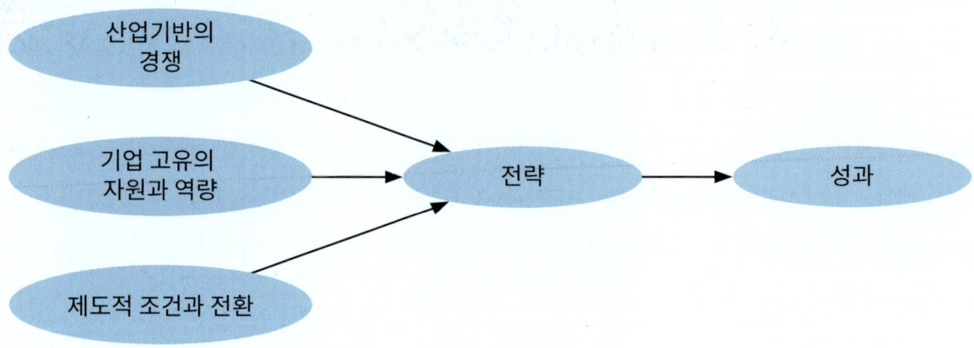


선진국에서는, 1960년대와 1970년대에 유행했던 제품과 무관한 다양화를 특징으로 하는 복합 전략이 가치를 파괴하는 것으로 밝혀졌으며, 1980년대와 1990년대에는 그 가치를 잃고 크게 신뢰받지 못했다. 얼마나 많은 기업들이 서구에서 아직도 사업을 중단하고 규모를 축소하는지를  보라. 그러나 이러한 전략은 많은 신흥 경제국에서 잘 살아 있는 것처럼 보인다. 어리둥절해진 서구의 언론과 컨설턴트들은 종종 대기업이 가치를 파괴하고 있고, 신흥 경제에 해체 되어야 한다고 제안하지만, 경험적 증거는 그렇지 않다는 시사하고 있다. 최근 신흥 경제국의 연구에 따르면, 일부 대기업 계열사(전부는 아니지만)는 독립적인 기업보다 높은 수익성을 내고, 복합화와 관련된 일부 눈에 띄는 성과의 이점을 지적했다. 이러한 대조를 이루는 한 가지 이유는 선진국과 신흥국 간의 제도적 차이에서 찾을 수 있다. 제도적 관점에서 볼 때, 이 전략과 성과와의 비교적 긍정적인 연관성이 이들 국가의 제도적(하위) 발전 수준의 함수일 수 있기 때문에, 신흥 경제국에서 복합화는 (적어도 어느 정도까지는) 타당할 수 있다.

제품의 범위 외에도, 지리적 범위에 대한 신중한 검토가 중요하다. 글로벌 리더가 되고자 하는 기업들에게는 북미, 유럽, 일본 등 세 개의 주요 선진국에서 강력한 지위가 필요한 경우가 많다. 주요 신흥 경제국에서 시장 지위를 확대하는 것도 또한 바람직할 수 있다. 그러나, 모든 기업이 "글로벌화" 할 수 있거나 그래야만 한다는 것은 현실적이지 않다. 많은 기업들이 너무나 많은 국가에 너무 빨리 진입하고 나중에 철수해야 할 수도 있다. 더욱이, 해외에서 꽤 좋은 경쟁을 한 많은 기업들이 이제 "덜 글로벌한" 세계에서 지리적 범위를 줄이는 것에 대해 진지하게 생각하고 있다있다(클로징 케이스 참고).

## 무엇이 전 세계 기업의 성공과 실패를 결정하는가?

기업 성과에 대한 초점은 무엇보다도 전략적 경영 및 국제 비즈니스의 분야에 대해 정의한다. 전략 삼각대를 형성하는 세 가지 주요 관점 모두는 궁극적으로 이 중요한 성과 질문에 대

한 답을 모색한다. 우리는 (경쟁자 대비 성과 우월성으로 정의되는) **경쟁 우위(competitive advantage)**를 획득하고 이를 활용하는 것뿐만 아니라, 동시에 시간과 지역에 걸쳐 이러한 우위를 유지하는 데에도 관심을 두고 있다. 경쟁 우위를 유지한다고 해서 우수한 성능을 영원히 유지할 수 있는 것은 아니다(실행전략 1.3 참조). 이는 단지 가능한 한 높은 수준의 성능을 유지하기 위한 노력을 의미한다.

**경쟁 우위(competitive advantage)** 경쟁사 대비 성능 우위.

기업의 성과란 무엇인가? 의견이 일치하지 않는다. 만약 당신이 10개국에서 10명의 관리자들을 대상으로 설문 조사를 한다면, 당신은 10개의 다른 대답을 얻을 수 있을 것이다. 장기 또는 단기 성과? 재무 수익 또는 시장 점유율? 주주에게 최대화된 이익 또는 (조직의 목표 달성에 영향을 미치거나 영향을 받을 수 있는 그룹 및 개인인) **이해 관계자(stakeholder)**에게 최대화된 이익? 성과지표에 대한 공감대 없이는 무엇이 확고한 성과를 이끌어내는지에 대한 질문에 대한 쉬운 대답을 찾기가 어렵다. 일부 기업들은 단일한 재무적인 또는 경제적인 수익에 초점을 맞추는 대신 수익-사람-지구(PPP)라고 알려진 경제적, 사회적, 환경적 차원으로 구성된 **세 가지 핵심(triple bottom line)**을 채택한다.

**이해관계자(stakeholder)** 조직의 목표 달성에 영향을 미치거나 영향을 받는 모든 그룹 또는 개인.

**세 가지 핵심 (triple bottom line)** 경제적, 사회적, 환경적 차원으로 구성된 성과 척도.

고객, 내부, 혁신과 학습, 재무적 관점에서의 성과 평가 방식인 **균형성과표(balanced scorecard)**가 한 가지 해결책이다. 표 1.5에 약술된 균형성과표는 비행 조정석의 다이얼로 생각할 수 있다. 항공기를 조종하기 위해 조종사들은 비행속도, 고도, 방위와 같은 많은 정보들을 동시에 필요로 한다. 기업을 경영하기 위해 전략가들도 비슷한 요구를 한다. 그러나 조종사들과 전략가들은 너무 많은 정보, 즉 **정보 과부하(information overload)**를 감당할 수 없다. 균형성과표는 많은 양의 정보를 요약하고 상대적으로 적은 수의 중요한 차원으로 전달한다.

**균형성과표 (balanced scorecard)** 고객, 내부, 혁신 및 학습, 재무적 관점에서의 성과 평가 방법.

**정보 과부하 (information overload)** 처리할 정보가 너무 많은 상태.

요약하면, 이 네 가지 질문들은 전략에서 가장 중요한 퍼즐 중 일부를 나타낸다. 다른 질문들이 제기될 수 있지만, 그것들은 모두 어떤 식으로든 이 네 가지 질문들과 관련이 있다. 따라서, 이 네 가지 질문들에 대한 대답이 이 책의 주요 초점이 될 것이고 모든 장에서 다루어질 것이다.

### 표 1.5 균형 성과표의 성과 목표 및 측정

- 고객의 관점에서: 고객은 우리를 어떻게 보는가?
- 내부 비즈니스적 관점에서: 우리가 해야 할 일은 무엇인가?
- 혁신과 학습의 관점에서: 우리는 계속 개선되어지고 가치 창출을 이어나갈 수 있는가?
- 재무적 관점에서: 주주들에게는 어떻게 보이는가?

Source: Adapted from R. Kaplan & D. Norton, 2005, The balanced scorecard: Measures that drive performance, Harvard Business Review July: 172–180.

## 실행 전략 1.3 이 책의 저자의 고백

글로벌 전략의 초판은 2003~2004년에 쓰여졌으며, 2005년에 처음 마킹되었으며, 2006년에 저작권이 부여되었다. 이 책의 지속적인 관심은 지속 가능한 경쟁 우위이다. 제가 독자들에게 고백할 수 있는 한 가지 비밀은 제가 항상 전 전 세계의 다양한 고성과 기업들을 예로 들려고 노력하지만, 나는 만일을 위한 예비책으로 작은 목록을 유지해왔다. 다른 예시들이 효과가 없을 때, 나는 이 훌륭한 회사들에게 의지할 것인다. 지금 제5판을 작업하는 동안 돌이켜보면, 나는 이러한 '훌륭한' 기업들 중 많은 회사들이 곤경에 처했다는 것을 알게 되어 실망스럽다. 그러나 이러한 기업 혼란이 핵심 사항을 생생하게 설명할 수 있다는 것이 (은밀하게) 기쁘다. 우수한 기업에서도 경쟁 우위는 영원히 지속되지 않는다.

제1판에서, 노키아는 그러한 인기 있는 회사들 중 하나였다. 사실, 그것은 9개 중 유일한 '가장 글로벌한' 다국적 기업 중 하나로 기록되었고, 수많은 등장을 했다. 그러나, 휴대폰의 세계적인 리더는 애플과 삼성에 의해 이 사업에서 완전히 제외되었다. 이 회사는 2007년 제2판이 작성될 무렵에 처음으로 스마트폰을 출시했다. 2012년에 노키아는 마이크로소프트에 휴대전화 사업을 70억 달러에 매각하고 통신사업자들에게 서버와 라우터를 판매하는 데 주력했다. '노키아를 기억하는가?'는 내가 5판을 작업할 때 찾은 향수를 불러일으키는 미디어 기사의 제목이다. 오늘날, 노키아는 여전히 사업을 하고 있지만, 그것은 더 이상 널리 알려진 이름이 아니다.

초판에서 또 다른 사례는 지멘스였다. 그러나 제2판(2009년 판권)에서는 제4장 "스캔들의 바닷속의 시멘스"의 종결 사례로 제시되었다. 지멘스는 2000~2006년 전 세계적으로 수백 건의 계약을 따내기 위해 19억 달러의 뇌물을 주었을 뿐 아니라 그 비용을 세금 공제항목으로 기록했다. 그것은 독일에서 가장 존경받는 회사 중 하나에서 가장 존경받지 못하는 회사 중 하나가 되었다. 그것의 등장 회수는 초판 11회에서 4판에는 2회로 줄었다.

제1판에서 제4판까지 중 가장  인기 있었던 것은 제너럴 일렉트릭(GE)이었다. 제1판 12회, 제2판 31회, 제3판 19회, 제4판 8회 등 여러 차례 긍정적으로 언급됐다. 그러나 GE는 제4판(2017년 판권)과 제5판(2022년 판권, 2020년 집필) 사이에 가장 화려하고 빠른 기업 붕괴를 겪었다. 그것은 가장 권위 있는 회사 중 하나에서 2018년 다우존스 산업 평균 지수에서 퇴출되었다(1986년 창립 멤버였으며 1907년에서 2018년까지 계속해서 멤버였었다). 제5판을 개정할 때 나는 블룸버그 비즈니스위크가 다음과 같이 매우 특이한 제목을 사용한 것을 발견했다. "도대체 GE가 왜 이러는 거지?" 포천지는 "도대체 어떻게 된 거야?"라는 제목으로 이 제목을 확실하게 모방했다. 결국, 나의 영원한 사랑이었던 GE는 제5판에서는 부럽지 않은 사례로 전락했다. 실행전략 9.2 "GE-Alstom: 거래가 너무 지나치다고?"를 참조하라.

챕터1의 가장 중요한 오프닝케이스로 독자들의 관심을 끌며 글로벌 전략에 처음 등장한 줌은 나의 새로운 사랑이다. 줌은 의심할 여지 없이 훌륭한 회사이지만, 비밀리에 코로나바이러스에 감사하고 있을 것이다.

그렇다. 상대적으로 잘 알려지지 않은 이 기업의 화상 회의 회사를 유명하게 만든 치명적인 바이러스는 "줌폭격"(한 단어), "줌 외교" 그리고 "줌 피로"와 같은 새로운 용어를 만들어 냈다. 그것이 글로벌 전략 제10판에서 그 관련성을 유지할 것인가?

Sources: Sources: (1) Bloomberg Businessweek, 2017, Remember Nokia? July 3: 66–69; (2) Bloomberg Businessweek, 2018, What the hell is wrong with GE? February 5: 42–49; (3) Fortune, 2018, What the hell happened? June 1: 149–156; (4) M. W. Peng, 2006, 2009, 2014, 2017, Global Strategy, 1st–4th ed., Boston: Cengage.

## 글로벌 전략은 무엇인가?

"글로벌 전략"에는 적어도 두 가지 의미가 있다. 첫째, 앞서 언급했듯이 글로벌 전략의 전통적인 협의의 개념은 어떻게 경쟁하는가에 대한 특정한 이론을 의미하며, 전 세계적으로 표준화된 제품과 서비스를 제공하는 데 중점을 두고 있다. 이 전략은 많은 국가에서 활동하는 비교적 소수의 다국적기업들에만 해당된다. 이러한 글로벌 전략을 채택하지 않은 많은 다국적 기업을 포함한 전 세계 대부분의 기업들은 이러한 정의를 거의 사용하지 않는다.

둘째, 글로벌 전략은 국제적인 전략을 나타내는 것일 수 있다. 미국인들은 특히 글로벌이라는 단어를 이러한 방식으로 사용하는 것을 좋아한다. 예를 들어, 1991년 월마트의 첫 번째 미국 밖으로의 진출은 월마트가 "글로벌하게" 되었다는 증거로서 널리 환영받았다. 사실, 월마트는 단지 멕시코로 진출했을 뿐이다. 이것은 월마트의 훌륭한 첫 걸음이었지만, 말레이시아에서 사업을 하는 싱가포르 기업이나 오스트리아에 투자하고 있는 독일 기업과 비슷한 행동이다. 국제적으로 활동이 많은 아시아와 유럽 기업들에게 이웃 국가에서의 이러한 활동에서 글로벌한 것은 아무것도 없다. 그렇다면 왜 글로벌이라는 단어에 대한 과대명성이 있을까? 역사적으로, 광대한 미국 국내 시장은 많은 기업들이 해외 시장을 찾는 것을 불필요하게 만들었다. 많은 미국 기업들은 멕시코와 같은 가까운 해외로 사업 진출할 때조차 그들은 스스로 "세계 시장을 발견"한다는 사실에 매료될 가능성이 높다. 평범한 표현인 국제적인 전략보다는 더욱 흥미진진한 **글로벌 전략(global strategy)**을 원하는 것처럼 보이기 때문에, 비-미국(또는 비국내) 시장을 "글로벌"시장이라고 부르는 것은 진부한 표현이 되었다.

**글로벌 전략 (global strategy)**
(1) 전 세계 기업의 전략.
(2) 전 세계적으로 표준화된 제품 및 서비스의 생산 및 유통을 특징으로 하는 특정 형태의 국제 전략.

그렇다면 이 책에서 글로벌 전략이란 무엇을 의미하는가? 앞에서 정의한 것 중 어느 것도 해당되지 않는다. 글로벌 전략은 단순히 전 세계 기업의 전략, 즉 본질적으로 성공적인 경쟁 방법에 대한 기업의 이론들로 정의된다. 이 책은 다국적 기업의 전략(그 중 일부는 전통적인 협의의 글로벌 전략에 맞을 수 있다)과 중소기업의 전략(그중 일부는 국제적인 입지를 가지고 있고, 다른 일부는 순수하게 국내에서만 활동할 수 있다)에 대해 다룰 것이다. 우리는 글로벌 전략 서적의 전통적인 영역인 해외에서 사업을 하는 기업에만 집중하지 않을 것이다. 국제적인 기업이 국내 기업과 외국 진출기업 둘 다를 포함하는 한, 외국 진출기업에 대한 편향적인 연구는 한 측면만을 포함하므로 부분적인 그림만을 그리게 된다. 국내 기업들은 그들의 시장이 외국인 진입자에 의해 침략당하도록 기다리며 앉아 있지만은 않는다. 국내 기업들 역시 적극적으로 전략을 짜고 있다. 전 세계에 걸친 기업들을 다루기 위해 노력하는 진정한 글로벌-전략 교과서는 균형 잡힌 커버리지를 제공하는 것이 필요하다. 이것이 이 책 전반을 통해서 우리가 받게 될 도전이다.

# 세계화와 부분적 세계화

**세계화**
**(globalization)**
전 세계의 국가와 사람들의 긴밀한 통합.

**세계화(globalization)**는, 넓게 말하면는, 넓게 말하면, 세계의 국가들과 사람들의 긴밀한 통합이다. 이 추상적인 단어는 이제 자주 들리고 논의되고 있다. 이 절에서는 (1)세계화에 대한 세 가지 관점을 요약하고 (2) 진자의 움직임을 검토하며 (3)위험 관리의 중요성을 강조하고 (4)부분적 세계화의 전략적 함의에 대해 논의한다.

## 세계화란 무엇인가?

세계화는 경제적 세계화의 축소판이다-아무도 정치적 세계화에 대해 진지하게 생각하지 않는다. 어떤 자료를 읽느냐에 따라 세계화는 다음과 같다:

- 최근 세계를 휩쓸고 있는 새로운 세력
- 인류 역사가 시작된 여명기 이후 장기적인 역사적 진화 또는
- 때때로 한 극단에서 다른 극단으로 움직이는 진자

이러한 세 가지 관점의 이해는 세계화에 대한 논쟁을 시야에 넣는 것을 도와준다. 첫째, 세계화의 반대자들은 그것이 20세기 후반부터 시작된 새로운 현상이라고 말한다. 세계화에 반대하는 주장에서는 저소득 국가의 환경 오염과 노동 착취와, 고소득 국가의 제조업 쇠퇴, 일자리 감소, 소득 불평등에 초점을 맞춘다.

두 번째 견해는 세계화는 항상 인류 역사의 본질적인 부분이었다고 주장한다. 역사학자들은 그것이 2,000년 전 혹은 8000년 전에 시작되었는지에 대해 논쟁한다. 최초의 다국적기업들의 흔적은 아시리아, 페니키아, 로마 시대에서 발견되었다. 저비용 국가로부터의 국제적 경쟁은 새로운 일이 아니다. 기원후 1세기에 로마 황제 티베리우스는 값싼 중국산 비단의 엄청난 수입 물량에 너무나 우려하여, 세계 최초로 알려진 직물 수입 할당을 도입하였다. 간단히 말해서, 세계화는 새로운 것이 아니며 언제나 존재할 것이다.

세 번째 견해는 세계화는 "교통과 통신 비용의 엄청난 감소와 상품, 자본, 지식, 그리고 (더 작게는) 사람들의 흐름에 대한 인위적인 장벽의 붕괴로 인해 초래된 세계의 국가들과 국민들간의 더 긴밀한 통합"이라고 주장한다. 세계화는 최근의 일도 아니고 단순히 한 방향의 것도 아니다. 더 정확하게는 진자의 움직임과 비슷한 과정이다.

## 진자의 움직임

진자의 관점은 더 현실적이고 더 균형적이며, 따라서 세계화의 기복을 이해하는 데에 도움을 준다는 점에서 가장 이치에 맞다. 세계화는 결코 한 방향으로 간 적이 없었으며, 항상 긴장과 모순의 힘에 의해 좌우될 것이다.

오늘날의 세계화는 주요 서방국가들이 세계 무역과 투자에 전념했던 제2차 세계 대전의 여파로부터 유래되었다. 그러나, 1950년대와 1970년대 사이에는 이러한 견해는 널리 공유되지 않았다. 중국과 소비에트연방과 같은 공산주의 국가들은 자급자족 발전을 추구했다. 브라질, 인도, 멕시코와 같은 많은 비공산주의 개발도상국들은 국내 산업을 보호하는 데 초점을 맞췄다. 그러나 글로벌 무역과 투자에 참여하는 것을 거부하는 것은 경쟁력 없는 국내 산업들만 키우게 되었다. 반면, 아시아의 홍콩, 싱가포르, 한국, 대만과 같은 네 개의 개발도상국들은 세계 경제에 참여함으로써 "네 마리 호랑이"로 자리매김했다. 이 국가들은 세계은행에 의해 한때 저개발(저소득)국가로 분류되었으나, 후에 개발국(고소득)으로 발전한 유일한 국가들이 되었다.

네 마리 호랑이에 영감을 받아, 1970년대 중국, 1980년대 중남미와 동유럽, 그리고 1990년대 인도와 러시아 같은 더 많은 국가와 지역들이 세계 경제에 참여하는 것이 필수적이라는 것을 깨달았다. 세계 경제의 새로운 주체로 부상하기 시작하면서, 이들 국가들은 급성장하는 개발도상국을 의미하는 **신흥 경제국(emerging economy)** 또는 **신흥 시장(emerging market)**으로 통칭하게 되었다. 전통적으로 소득이 낮았기 때문에 이들은 서구의 다국적기업들에 의해 대부분 무시되어 온 세계 경제의 **피라미드의 밑면(base of the pyramid, BOP)**에 있었다.. 이제 그러한 피라미드의 밑면이었던 시장은 처음에는 방대한 저 비용 노동 시장으로 부상했고, 점차 신흥 중산층 소비자 시장으로 부상했다. 더 많은 신흥 경제국을 대상으로 범위를 확장하면서 세계화는 빠르게 가속화되었다.

**신흥 경제국 (emerging market)**
**신흥 시장 (emerging market)**
1990년대 이후 빠르게 성장하는 개발도상국을 설명하는 레이블.

**피라미드 밑면(base of the pyramid, BoP)**
소득이 낮은 사람들(연간 2,000달러 미만을 버는 세계의 50억 명의 인구).

그러나, 세계화는 진자처럼 한 방향으로 계속 갈 수 없다. 1990년대와 2000년대의 급속한 세계화는 상당한 반발이 일으켰다. 첫째, 세계화의 급속한 성장은 세계화가 전혀 새로운 것이라는 역사적으로 부정확한 견해를 이끌었다. 둘째, 그것은 선진국의 많은 사람들이 일자리를 잃을 수도 있다는 두려움에 떨게 만들었다. 마지막으로, 신흥 경제국의 일부 파벌은 다국적 기업의 맹공격에 대해 불평하며, 다국적 기업이 그 지역의 기업뿐만 아니라 지역 문화, 가치 및 환경을 파괴한다고 주장했다. 2001년 9월 뉴욕과 워싱턴에서의 테러 공격은 의심할 여지 없이 부분적 세계화 세력의 가장 가시적이고 극단적인 행동의 일부였다. 그 결과, 국제 여행이 축소되었고, 2000년대 초반 세계 무역과 투자 흐름이 둔화되었다.

그러나 2000년대 중반까지 전 세계 국내총생산(GDP), 국경 간 무역, 1인당 GDP는 모두 역사적으로 높은 수준으로 치솟았다. 이 기간 동안 브라질, 러시아, 인도, 중국 등 네 개의 주요 신흥국가들의 약자인 **BRIC**이 유행어가 되었다. 몇 년 후 남아프리카 공화국(South Africa)가 추가되면서 **BRICS**로 불리게 되었다. 한 가지 흥미로운 발전은 신흥 경제국에서 먼저 채택된 다음 전 세계로 확산되는 **역혁신(reverse innovation)** 또는 **검소한 혁신(frugal innovation)**이다. 전통적인 혁신의 흐름은 선진국에서부터 개발도상국으로 가는 것이다. 반면, 제너럴 일렉트릭(GE)은 처음부터 중국에서 기초 초음파 스캐너를 개발했다. 존 디어(John Deere)는 35마력

**BRIC**
브라질,러시아,인도,중국.

**BRICS**
브라질,러시아,인도,중국, 남아프리카

**역혁신(reverse innovation), 검소한 혁신(frugal innovation)**
선진국에서 잠재력을 가진 신흥 경제국의 저비용 혁신.

의 트랙터를 처음부터 인도에서 개발했다. 이 두 경우 모두에서 새로운 혁신의 기원은 피라미드의 최하층(BoP)에서 비롯되었으며, 그 비용은 선진국에서 개발되었다면 들었을 비용의 약 10%이다. 이 두 다국적 대기업은 중국과 인도에서 이 제품들을 판매했을 뿐만 아니라, 그것들을 국내로 가지고 왔다. 다시 말해서, 혁신의 흐름이 이제 역전되었다. 신흥국 내에서 다국적기업들이 활발하게 경쟁하는 가운데, 신흥국도 새로운 클래스의 글로벌 경쟁자들의 온상이 되었다.

불행하게도, 2008년 파티는 갑자기 끝났다. 2009-2009년의 대공황은 금융위기는 (1929~1933년) 이후 세계가 보아왔던 그 어느 것과도 같지 않았다. 위기는 세계 경제가 얼마나 상호 연결되었는지를 보여주었다. 지속이 불가능한 서브프라임 대출 관행으로 인해 미국의 주택 시장이 악화되면서, 실패한 기업에 대한 정부의 대규모 구제금융이 이루어졌다. 위기는 빠르게 전 세계로 퍼져나갔다. 세계 생산, 무역, 투자는 급락한 반면 실업률은 하늘 높이 치솟았다.

선진국들 내에서 전례 없는 정부의 개입 이후, 세계 경제는 고비를 넘겼다. 그러나, 2010년부터 그리스 부채 위기와 그 후 더 광범위한 PIGS("PIGS"는 포르투갈, 아일랜드 또는 이태리, 그리스, 스페인을 지칭한다) 부채 위기가 발발했다. 따라서 유럽의 이미 늦은 회복은 더욱 늦어졌고, 실업률은 매우 높은 수준에서 맴돌았다. 2016년, 더딘 성장, 높은 실업률, 곤경에 빠진 국가들에 대한 끊임없는 구제 요구, 그리고 이민자 유입 쇄도에 의해 좌절된 영국의 대다수 시민들은 유럽연합(EU)을 탈퇴하는 브렉시트(Brexit)를 위해 투표했다.

또한 2016년 미국인들은 도널드 트럼프(Donald Trump)에게 투표했다. 그는 세계화와 자유무역에 대한 이전 대통령들의 관심에서 벗어났다. 트럼프 대통령은 미국의 환태평양경제동반자협정(Trans-Pacific Partnersip: TPP) 참여를 철회하였고, 북미자유무역협정(North America Free Trade Agreement: NAFTA)(결국 재협상을 통해 미-멕시코-캐나다 협정(USMCA)이 되었다)를 파기하겠다고 위협했으며, 중국뿐 아니라 유럽연합(EU), 캐나다, 일본, 멕시코 등과도 무역 전쟁을 벌이며 이민과 국경통제를 엄격하게 했다. 반면, 중국의 지도자들은 세계화의 옹호자가 되었고, "경제적 개방은 모두에게 더 나은 서비스를 제공한다"라고 주장했다. 세계 공산주의 지도자들이 자신들을 세계화와 개방된 시장의 챔피언으로 내세운 것은 큰 아이러니다. 1980년대에 고립주의를 버리고 세계 경제에 합류하는 것의 장점에 대해 미국 정치인들에게 강의받은 것은 중국의 지도자들이다. 하지만, 이것이 바로 세계화에 대한 진자(pendulum)의 관점이 매우 강력하고 통찰력 있는 이유인 것이다.

## 블랙 스완과 리스크 관리

미국과 중국이 2020년 1월 무역 전쟁에서 휴전을 위한 1단계 합의에 도달한 직후 코로나바이러스(COVID19)가 중국을 먼저 강타했다. 그 후, 그것은 2020년 3월까지 세계의 나머지 지역을 강타했다. 전 세계적으로 유례없는 규모로 국경이 폐쇄되었고 경제가 차례로 마비되는 상황을 야기했다. 모든 필수적이지 않은 사업들은 문을 닫았고, 주식 시장은 최저치로 추락했고, 유가는 마이너스로 곤두박질쳤고, 실업률은 치솟았고, 다수의 기업들이 파산했다. 회복은 더디고 고통스럽다.

코로나바이러스는 모든 기업과 관리자들에게 **위험 관리(risk management)**의 중요성에 대한 파악과 평가, 그리고 고위험의 불행한 사건의 영향을 최소화하기 위한 준비의 중요성을 상기시킨다. 특히 무서운 것은 **블랙 스완 사건(black swan event)**이다. 공학 교수 나심 탈렙(Nassim Taleb)에 따르면, 블랙 스완은 그것은 통상적으로 기대되는 것을 넘어서서 심각한 결과를 초래하는 예측 불가능한 사건이다. 1차 세계 대전(실행 전략 1.1 참고), 1991년 소련 해체, 2001년 9월 공격, 2020년 코로나바이러스 발생 등이 블랙 스완 사건의 예이다. 여러 시나리오를 준비하고 계획하는 기술로서, 특히 블랙 스완 사건에 대처하기 위하여, **시나리오 계획(scenario planning)**이 현재 광범위하게 사용되고 있다(클로징 케이스 참고).

**위험 관리 (risk management)** 위험의 식별 및 평가와 고위험의 불행한 사건의 영향을 최소화하기 위한 준비.

**블랙 스완 사건 (black swan event)** 일반적으로 예상되는 것 이상이며 심각한 결과를 초래하는 예측할 수 없는 사건.

**시나리오 계획 (scenario planning)** 여러 시나리오(높거나 낮은 위험)를 준비하고 계획.

속담에 나오는 코끼리처럼, 세계화는 모든 사람에게 보이지만 좀처럼 이해되지 않는다. 코로나바이러스의 갑작스러운 맹렬함은 모두를 놀라게 했다. 많은 사람들이 세계화의 확산에 대해 세계화를 비난했고, 해결책으로 탈세계화에 대한 요구가 포함되었다(논쟁과 확장 참조). 우리가 코끼리의 모양과 형태를 알아내려 애쓰는 한 무리의 시각장애인들의 이야기를 읽었을 때, 우리가 모두 안타깝게 느꼈던 것을 기억하라. 우리는 정말 그래서는 안 된다. 비록 우리가 시각장애인은 아니지만, 우리의 업무는 제자리에 서 있는 동물을 연구하는 시각장애인들의 업무보다 더욱 어렵다. 우리의 야수-세계화-는 그 자리에 가만히 있지 않고 계속 여기저기로 빠르게 움직인다. 그러나 우리는 그것과 함께 살아가려 하고, 그것에 의해 짓밟히는 것을 피하며, 심지어는 그 움직임으로부터 이익을 얻기 위해 노력한다.

## 부분적 세계화

과대 선전에도 불구하고 세계화는 최고조에 달했음에도 불구하고 아직 완전하지 않다. 최근 "탈세계화"를 위한 운동이 일어나기 전에도, 우리는 진정 세계화된 세상에서 살았을까? 해외에서 판매하고, 투자하고, 살아가는 것이 국내에서만큼 쉬운가? 분명히 그렇지 않다. 무역 및 해외직접투자(FDI)와 같은 시장 통합 조치는 최근 새로운 고점에 도달했지만, 여전히 하나의, 전 세계적으로 통합된 시장을 가리키기에는 턱없이 부족하다. 다시 말해서, 이는 완전한 고립과 완전한 세계화의 양극단 사이에 있는 더 복잡한, **부분적 세계화(semiglobalization)**라고 분류할 수 있다. 부분적 세계화는 국경에서의 시장 통합에 대한 장벽이 높지만 국가를 서로 완전히 분리시킬 만큼 장벽이 높지는 않다는 것을 시사한다.

**부분적 세계화 (semiglobalization)** 시장 통합에 대한 장벽이 높지만 서로를 완전히 격리시킬 정도로는 할 만큼 높지 않다는 관점.

부분적 세계화는 전 세계적으로 전략들 중 하나 이상의 방법을 요구한다. 국가 기준에서의 완전한 고립(또는 완전한 탈세계화)은 각 국가별로 고유한 다른 시장으로 취급하는 현지화 전략을 제안할 것이다. 100개국을 대상으로 하는 다국적 기업의 마케팅 제품은 100가지 버전을 내놓아야 한다. 이 전략은 분명히 너무 비용이 많이 들고 너무 비현실적이다. 세계화에 대한 가장 강력한 비판자들도 각국이 자급자족하는 은둔자가 되는 그러한 후퇴를 옹호하고 있지 않다. 반면, 총체적 세계화는 언론인 토마스 프리드먼(Thomas Friedman)의 영향력 있는 2005년 책의 제목인 "세계는 평평하다"를 암시할 것이다. 만약 이것이 실제로 그렇다면, 그러한 평평한 세계는 (앞서 논의한 바와 같이) 전 세계를 하나의 시장으로 취급하는 전통적인 "글로벌 전략"을 표준화할 것이다. 다국적기업들은 "세계 자동차"나 "세계 음료" 같은 한 버전의 제품만을 판매할 수 있다. 그러나 세상은 분명히 그렇게 간단하지 않다.

요약하면, (부분적)세계화는 안전한 고립과 완전한 세계화 사이의 연속체로 볼 수 있다. 최근 높아진 무역장벽을 감안할 때, 세계는 분명 평평하지 않다. 그것은 스파이키하다. 그러나 세계는 또한 완전한 고립을 향해 가고 있지는 않다. 맥도날드(McDonald's)가 독일에서는 맥주, 인도에서는 카레 치킨, 인도네시아에서는 맥라이스, 뉴질랜드에서는 미트 파이 등을 판매하지만, 이러한 현지 다양성의 내면에는 햄버거와 감자튀김과 같은 글로벌 인기 품목뿐만 아니라 세계적으로 일관된 관리 시스템 측면과 같은 많은 글로벌 요소가 있다. 전반적으로, 부분적 세계화의 세계에서는 단 하나의 올바른 전략이 없기 때문에 맥도날드와 같은 회사는 다양한 실험에 참여할 수밖에 없다.

## 논쟁과 확장

글로벌 전략 분야를 다른 분야와 구별하는 한 가지는 논쟁의 빈도와 규모이다. 이 책에서는 모든 장에서 알찬 논쟁과 확장 섹션을 특징으로 한다. 하나의 시나리오, 장밋빛 견해를 가지고 있고, 블랙 스완에 충격을 받는 광범위한 경향과 싸우기 위해서는 전략가들이 이러한 토론에 주의를 많은 주의를 기울이는 것이 필수적이다. 이 단원은 세 가지 중요한 것들을 요약한다.

### 토론 1: 세계화와 탈세계화

경제적 세계화-이후 간단히 "세계화"는 항상 논란이 되고 있다. 세계화의 지지자들은 세계화의 기여가 더 큰 경제 성장, 더 높은 생활 수준, 더 많은 기술 공유, 더 광범위한 문화 통합을 포함한다고 생각한다. 비평가들은, 세계화가 부유한 국가의 일자리를 파괴하고, 가난한 국가의 노동자들을 착취하며, 다국적 기업에 너무 많은 권한을 부여하고 환경을 악화시키며, 불평등을 조장한다고 주장한다.

세계화를 비판하는 사람들은 세계화가 절정에 달했고, 어려움에 처해 있으며, 후퇴하고 있다고 주장한다. 그리고 탈세계화는 미래의 물결이라고 주장한다. 세계주의는 끝났다. 국가주의는 트럼프 대통령의 “미국 우선주의(America First)” 정책으로 의인화된다. 무역 전쟁. 투자에 대한 정밀한 조사. 출입국 통제. 코로나바이러스로 인한 경제 폐쇄. 증거는 어디에나 있는 것 같다.

어떤 사람들은 세계화에 대한 반발이 냉전 종식과 대공황으로 구분되는 역사적 시기인 1991년에서 2008년 사이에 “초 세계주의자”들이 초 세계화를 일방적으로 추진하는 데서 촉발되었다고 말한다. 빌 클린턴(Bill Clinton) 대통령(1993~2001년 재임)에 따르면 세계화는, “바람이나 물과 같은 자연의 힘과 경제적 등가” 이다. 세계화에 대해 토론하는 것? 토니 블레어(Tony Blair) 영국 총리(1997~2007 재임)는 “그렇다면 당신은 가을이 여름을 따라와야 하는지를 논쟁하는 것이 좋을 것”이라고 말하며 웃어넘겼다.

그러나, 세계화에 대한 토론을 부정한다고 해서 그것이 사라지는 것은 아니다. 그러한 부정(또는 오만)은 많은 정책 입안자들과 기업 전략가들로 하여금 세계화의 이익에만 초점을 맞추고 그것의 단점을 인식하지 못하게 만들었다. 세계화의 힘에 의해 깊은 영향을 받은 지역사회와 개인에게 일자리, 기업, 기회의 측면에서 손실은 상당할 수 있다. 그러한 단점을 무시한 채, 많은 정책 입안자들과 기업 전략가들은 주요 세계 무역 기구를 탈선시킨 부분적 세계화 시위로 인해 반복적으로 놀랐다. 1999년 시애틀에서 열린 회의에서 2010년 후반 브라질, 영국, 헝가리, 폴란드, 터키, 미국과 같은 국가의 민족주의 정치인들이 부상했다.

어떤 사람들은 세계화가 후퇴하고 있지 않다고 주장한다. 세계 무역이 2010년대 중반 정점에 도달한 이후 크게 성장하지는 않았지만, 세계화는 이제 “디지털 기술에 의해 주도되고 있다.” 최근 (코로나 19 이전) 세계 무역 증가세가 주춤했던 이유는 두 가지이다. 첫째, 무역에서 얻는 대부분의 효율성 이득(중국의 낮은 인건비 등)이 실현되었다. 중국이 주도하는 신흥국들은 이제 부품 등 중간재를 자체 생산할 수 있게 되면서 중간재 무역에 대한 수요가 줄어들고 있다. 물론 두 번째 이유는 무역 전쟁에서 높아진 보호무역주의 장벽이다. 그러나 서비스 무역, 특히 디지털 서비스 무역은 비약적으로 성장하고 있다. 국경 간 대역폭 사용의 성장은 2005년부터 2016년까지 90배 증가했으며, 2023년에는 13배 증가할 것으로 보인다. 전 세계 서비스 무역의 절반이 현재 디지털 기술에 의존하고 있다. 3D 프린팅된 아디다스 운동화 한 켤레는 미국에서 제작(인쇄)될 수 있으므로 베트남에서 제작하여 태평양을 건너 배송할 필요가 없다. 일부 전통적인 상품 무역을 대체한 디지털 서비스 무역의 예로, 미국의 3D 프린터는 독일의 아디다스에 로열티를 지급해야 할 것이다. 이러한 기술 기반 자동화는 지적 재산 소유권자(이 경우는 아디다스)와 3D 프린터 생산자 및 운영자에게는 희소식이지만 신발 공장에서 일하는 수천 명의 직원과 전 세계 공급망에 관여하는 수백 명의 직원들에게는 끔찍한 소식이다. 일부 정치인들의 요구(그리고 강요) 덕분에, 일부 공장들은 선진국으로 되돌릴 수도 있다. 그러나, 디지털 기술 탓으로, 그들은 많은 일자리를 만들 수 있을 것 같지는 않다.

결국, 논쟁은 국가들이 어떻게든 더 잘살게 되는지로 귀결된다. 세계화에 대한 일부 비평가들은 탈세계화의 주요 징후는 중국으로부터 "분리"하는 것이다. 그러나 세계 상위 2개 경제국의 그러한 "디커플"이 미국을 더 좋게 만들 것인가? 미국에서보다 중국에서 더 많은 차를 파는 제너럴모터스(GM)가 최대 시장 포기에 열을 올리지 않을 것으로 보인다. 마찬가지로, 애플은 자사의 모든 스마트폰을 조립하고 최대 해외 시장인 국가로부터의 연결을 끊는 것을 달가워하지 않을 것 같다. (매출기준) 세계 최대 기업이자 최대 중국산 제품 수입업체인 월마트의 CEO인 덕 맥밀론(Doug McMillon)은 다음과 같이 말한다:

> *세계는 글로벌 시장이다. 당신은 덜 참여하는 것을 선택할 수 있지만, 다른 국가들은 여전히 서로 무역을 할 것이다. 그리고 시간이 지남에 따라 무역이 총 GDP 성장, 사람들의 돈을 절약하는 것, 사람들이 살고 싶은 삶을 사는 것이라는 측면에서 미국에 좋은 것이다.*

글로벌 전략 초판(2006년) 이후, 현재와 미래의 전략가들은 세계화 논쟁에 대해 진지하게 임할 것을 권고받았다. 기업들, 특히 큰 다국적기업들은 종종 세계화의 매개체로 지목되어 반발을 불러 왔다. 따라서 전략가들은 "세계화가 갈림길에 서 있다" 그리고 "정점을 넘었을 수도 있다"라는 것을 깨닫는 것이 필수적이다. 개별기업의 경우, 초 세계화와는 반대로 "더 나은 세계화"를 추구하는 것은 "더 나은 세계화"가 역효과를 낼 수 있다는 견해를 찾아가는 것이다. 월마트는 독일과 한국에서 철수하는 방식으로, 구글과 우버는 중국에서 철수하는 방식으로, 도이치방크와 DHL은 미국에서 철수하는 방식으로 기업 실적을 개선했다. 전반적으로, 탈세계화에 대한 세계화와 관련된 불확실성에 직면하여(클로징 케이스 참조), 정치적 및 운영 위험에 대한 노출을 최소화하고, 특정 금전적 손실을 초래하는 활동에서 철수하며, 회사의 제품 및 지리적 범위를 줄이는 것이 바람직할 수 있다.

## 토론 2: 전략적 산업과 비 전략적 산업

전략적인 것과 전략적이지 않은 것을 구분하는 경계선은 항상 논쟁의 대상이 되어왔다. 코로나바이러스 덕분에, 이 논쟁은 최근 더욱 중요해 지고 있다. "전략적"으로 지정된 산업은 좋을 때는 정부 보조금에 나쁠 때는 구제금융에 의존할 수 있다. 정부는 또한 관세 장벽을 세우고 외국인 인수를 차단함으로써 도와줄 수 있다. "전략적" 지위를 잡지 못한 산업은 스스로 방어할 수밖에 없게 된다.

국방 관련 업계가 "전략적" 지정을 따내기 위해 종종 국가 안보 논쟁을 불러일으킬 수 있었던 것은 놀라운 일이 아니다. 놀랍게도, 2006년에 요구르트 생산자인 다농(Danone)은 프랑스 정부의 팔을 비틀어 요구르트 산업을 외국의 인수로부터 보호되어야 하는 전략적 산업으로 지정할 수 있었다. 2008~2009년의 대공황에서, 월가 기업들로 알려진 은행과 금융서비스 회사들은 막대한 구제금융 자금을 손에 넣을 수 있었고, 반면 수 천 개의 메인 스트리트 기업들은 침몰하거나 헤엄칠 수밖에 없게 되었다. 2020년 코로나바이러스 사태 당시 2조 2000억 달러 규모의 산업 구제금융을 위한 경기 부양책 논의에서 미국 우정사업본부(US Postal Service)는 "전략적" 지위를 얻지 못했고, 공짜 돈은 한 푼도 받지 못했으며 단지 100억 달러를 빌리는 것만 허락되었다. "전략적" 지위를 획득할 수 있는 능력은 대체로 본질적인 전략적 중요성 외에도 기업이 사건에 대한 로비를 얼마나 잘하느냐로 귀결되는 것으로 보인다.

이 논쟁의 가장 최근 단계 중 하나는 마스크 산업을 "전략적"으로 지정해야 하는지에 대한 것이다. 마스크는 가격이 저렴하고, 손쉽게 해외 위탁 생산에 이상적인 품목이다. 2019년, 중국은 세계 마스크의 절반을 만들었다. 2020년 1월과 2월 중국에서 코로나바이러스가 발생하자 마스크에 대한 수요가 급증했다. 중국 정부는 3M 등 외국 기업을 포함한 모든 자국 내 생산자들에게 수출을 중단할 것을 지시했다. 그 바이러스가 3월에 다른 국가들에 도달했을 때, 세계적으로 마스크의 심각한 부족이 있었다. 3M과 허니웰(Honeywell)은 제한된 잔여 미국 생산량을 생산능력을 급증시켜" 늘렸지만, 국내에서의 급증하는 수요를 따라잡기 어려웠다. "비 전략적인" 것처럼 보이는 작은 마스크가 더욱 "전략적"이 되었다. 미국이 마스크와 다른 의료용품을 생산 및 비축해야 한다는 요구가 자주 들려왔다. 그러나, 만일 마스크 산업이 "전략적"이게 된다면, 팬데믹 기간 동안 패닉 바잉 대상이 되었던 장갑, 소독제, 화장지는 어떠한가?

## 토론 3: 적시 관리와 만일의 경우를 대비한 관리

스마트폰에서 제트 여객기 및 그 구성 요소에 이르는 많은 제품의 생산이 종종 전 세계적으로 분산되기 때문에, 글로벌 공급망은 21세기 세계화의 특징이다. 글로벌 가치사슬은 제품 또는 서비스의 생산과 공급 및 유통 활동들과 관련된 지리적으로 분산되고 조정된 활동들의 사슬이다. **글로벌 가치사슬(global value chain)**은 글로벌 공급사슬에 의해 뒷받침된다. 한때 잘 알려지지 않은 물류 기능이었던 공급망 관리는 이제 전략적으로 중요성을 갖게 되었다. 아마존(Amazon), DHL, 페덱스(FedEx), UPS와 같은 공급망 관리 회사가 누구나 아는 이름들이 되었다. 어느 날이든지, 세계 GDP의 2%는 UPS 트럭과 항공기에서 찾을 수 있다. "페덱스(FedEx)"는 동사가 되었고, 전하는 바에 따르면 심지어 살아 있는 고래도 "페덱스 되었다(FedExed)"고 한다. 현대의 공급망은 "항상 적절한 시기에 적절한 제품을 적절한 장소에 공급하는 것"을 목표로 한다.

**글로벌 가치 사슬(global value chain)**
지리적으로 분산되고 조정된 활동의 사슬 상품 또는 서비스의 생산과 그 공급 및 유통 활동에 관여.

더 높은 효율성을 추구하기 위해 적시 관리가 종종 실행된다. 제품 및 구성 요소의 대규모 인벤토리를 유지 관리하면 상당한 스토리지, 자산 및 자본을 묶어 놓을 수 있다. 적시에(때로는 직접 매장 선반과 조립될 자동차 및 항공기로) 제공하기 위해 신뢰할 수 있는 공급망 관리에 의존하는 것은 많은 비용 절감을 제공할 수 있다. 그 결과로, 자산 유연화 및 린(Lean) 생산이 유행어가 되었고, 많은 공장의 재고 수준은 현재 며칠 또는 심지어 몇 시간에 해당한다.

그러나, 공급망은 단지 가장 약한 고리인 만큼만 강하다. 하나의 링크가 끊어질 때, 사슬 전체가 삐걱거려서 멈출 수도 있다. 2011년 3월 11일 일본은 중대한 지진으로 고통을 받았는데, 많은 자동차 부품 공장의 생산에 차질을 빚게 되었다. 3월 17일, GM은 일본으로부터 도착하는 부품들의 부족으로 인해, 미국 내 공장 두 곳의 문을 닫아야 했다. 2020년 1월, 코로나바이러스는 중국 대부분의 공장들을 폐쇄했고, 빠르게 다른 많은 국가들의 자동차, 전자 및 기타 공장들이 폐쇄해야 했다-처음에는 바이러스 때문이 아니라, 중국으로부터의 공급물들이 올 수 없었기 때문이다. 제조업뿐만 아니라, 코로나바이러스 발생은 의료, 소매, 은행 및 기타 많은 서비스 산업에서, 마스크에서부터 발전기까지 이르는 공급품들을 보관하는 것이 필수적이라는 것을 가르쳐주었다. 전반적으로 2011년 일본 대지진과 코로나바이러스의 한 가지 교훈은 만일의 사태에 대비한 관리에 가치가 있다는 것이다.

**조직의 슬랙 (organizational slack)**
조직이 압력에 성공적으로 적응할 수 있도록 하는 리소스 쿠션.

더욱 광범위한 논쟁은 조직이 압력에 성공적으로 적응할 수 있도록 하는 자원들을 쿠셔닝하는 것으로 정의되는 **조직의 슬랙(organizational slack)**의 가치에 관한 것이다. 느슨해진 조직은 비대해지고 비효율적일 수 있으며, 적시경영 운동은 느슨해진 것을 줄이고 효율성을 높이기 위한 노력으로 개념화될 수 있다. 그러나, 부족함이 작은 조직은 외부로부터의 충격, 특히 블랙 스완 이벤트들에 대해 취약해질 수 있다. 슬랙은 분명히 전략적 중요성이 있지만, 다양한 슬랙 자원의 최적 수준과 분포를 명시하는 것은 논쟁의 근원으로 남아있다. 많은 정부는 "만일의 경우를 대비해서" 연료, 식료품, 무기를 비축한다. 코로나바이러스는 그들에게 의료 물품과 개인 보호 장비를 비축하도록 가르쳤다. 개별기업들의 경우, 팬데믹 기간 동안의 공급망 붕괴와 공황 구매는 적시 공급에 의존하는 것이 위험할 수 있다는 것을 가르쳐 주었다. 진자의 움직임이 적시경영에서 만일을 대비한 경영으로 옮겨가면서, 얼마나 많이 느슨한 것이 너무 많은 것이며, 얼마나 적은 것이 너무 적은 것인가에 대한 논란이 일고 있다.

## 토론을 통한 비판적 전략적 사고 기르기

대학 교육이 비판적 사고를 육성하는 한, 글로벌 전략 과정은 비판적 전략적 사고를 육성해야 한다. 세계화를 재설정하는 것이 순서이기 때문에, 세 가지 논쟁 중 어느 것도 쉬운 해결책을 가지고 있지 않다. 만약 당신이 경험이 없는 전략가 지망생으로서 이러한 논쟁을 다루는 데 불편함을 느낀다면, 더 많은 경험이 있는 전략가들 또한 그것에 대처하기 위해 고군분투한다. 그러나, 전략적인 사고력을 배양하고, 선택지를 명확히 하고, 결정을 내리는 것은 토론을 통해서이다. 간단히 말해서, 토론은 실천과 연구를 진전시킨다. 따라서, 글로벌 전략은 모든 장에는 논쟁과 확장 섹션이 있다. 직업이라는 과점에서 볼 때, 관세, 공급망, 위험 관리에 대한 전문지식과 같은 역설과 모호성을 처리할 수 있는 능력은 위기 상황에서 특히 중요하다.

## 이 책의 구성

글로벌 전략의 세 파트로 되어 있다. 첫 번째 파트는 기초에 관한 것이다. 이 장에 이어 2, 3, 4장에서는 산업 기반, 자원 기반, 기관 기반 관점의 세 가지 주요 관점으로 구성된 전략의 삼각대를 소개한다. 두 번째 파트에서는 비즈니스 수준 전략(특정 업종에서 어떻게 경쟁해야 하는가?)에 대해 다룬다. 거대 다국적 기업에 초점을 맞춘 대부분의 글로벌 전략 책과 달리, 우리는 소규모 기업가 기업(5장)에서 시작하여 해외 시장 진출 방법(6장), 제휴 및 네트워크 활용 방법(7장), 경쟁 역학 관리(8장)를 차례로 다룬다. 마지막으로 세 번째 파트에서는 기업 차원의 전략(어떤 사업을 해야 하는가?)을 다룬다. 다변화 및 합병에 관한 9장으로부터 시장하여, 구조화 및 혁신 전략(10장), 전 세계 기업에 대한 지배 전략(11장), 사회적 책임을 다루기 위한 전략(12장)을 다룬다.

특이한 구성의 원칙은 전략 삼각대와 모든 장의 네 가지 기분 질문에 일관되게 초점을 맞추는 것이다. 신흥 시장에서의 기회와 도전이 부각되었다. "윤리적 딜레마"로 표시된 특징과 "윤리에 관한" 것을 표시된 토론 질문들에서, 윤리가 책 전체에 걸쳐 강조되었다. 2장부터 시작하여 "현명한 전략가" 섹션은 모든 장의 결론으로, 중요한 요점을 정리한 "행동을 위한 전략적 시사점"으로 마무리한다.

## Closing Case 신흥 시장

# 2050년 세계 경제의 두 가지 시나리오

2050년 세계 경제의 미래에 대한 두 가지 시나리오가 등장했다. "지속적인 세계화"로 알려진 첫 번째 시나리오는 (상대적으로) 장밋빛 시나리오이다. 20여 년 전, 자산 관리 사업부 회장인 Jim O'Neil이 "BRIC"이라는 용어를 만들며 골드만 삭스가 주도하는 이 시나리오는, 중국, 미국, 인도, 브질, 러시아가 차례로 2050년까지 최대 경제국이 될 것이라는 시나리오를 제시한다(그림 1.6). BRIC 국가들는 함께 2025년까지 미국을 추월할 수도 있으며, 2032년까지 G-7 그룹(영국, 캐나다, 프랑스, 독일, 이탈리아, 일본, 미국)을 추월할 수도 있고, 중국 단독으로도 2026년까지 미국의 지위를 차지할 수도 있다. 구매력평가(PPP) 기준으로 2001년 18%에서 현재 25%로 증가한 BRIC의 글로벌 GDP 점유율은 2050년에는 40%에 이를 수 있다. 또한 2050년까지 Next Eleven(N-11)은 이 그룹은 미국보다 훨씬 더 커지고 유로 지역의 거의 두 배 크기가 될 수 있다.

골드만 삭스의 예측은 다른 영향력 있는 예측 연구에서 크게 뒷받침되었다. 예를 들어, 경제협력개발기구(OECD)는 2060년까지 중국, 인도, 미국이 3대 경제가 될 것이라고 예측했다. 중국과 인도의 GDP를 합친 것은 OECD 전체 지역의 GDP보다 클 것이다. 2011년 중국과 인도는 G-7 국가 GDP의 1/2 미만을 차지했다. 2060년까지 중국과 인도의 GDP를 합하면 G-7보다 1.5배 더 커질 수 있다. 인도의 GDP는 미국보다 약간 더 크고 중국은 훨씬 더 클 것이다.

이러한 극적인 변화에도 불구하고 흥미로운 상수 중 하나는 1인당 소득의 상대적 순위이다. 골드만 삭스는 2050년까지 미국, 캐나다, 영국이 이끄는 G7 국가들이 여전히 가장 부유한 국가가 될 것이라고 예측했다(그림 1.7). 세계 8위($63,486—이 경우 모든 달러 수치는 2010년 미국 달러 기준)인 러시아는 1인당 소득이 한국에 근접하여 BRIC 그룹에서 1위를 차지할 수 있다. 2050년까지 중국($40,614)과 인도($14,766)의 1인당 소득은 미국 수준($85,791)의 각각 47%와 17%로 선진국보다 계속 뒤처질 것이다. OECD는 2060년까지 중국인과 인도인의 1인당 소득이 각각 미국 수준의 59%와 27%에 이를 것이라고 언급하면서 이러한 예측을 뒷받침했다.

"지속적인 세계화" 시나리오를 뒷받침하는 세 가지 가정은 다음과 같다. (2) 지정학적 사건 및 자연 재해(예: 기후 변화)가 심각한 혼란을 일으키지 않을 것이다. (3) 지역, 국제 및 초

**그림 1.6 BRIC와 미국은 2050년까지 최대 경제국이 될 것이다.**

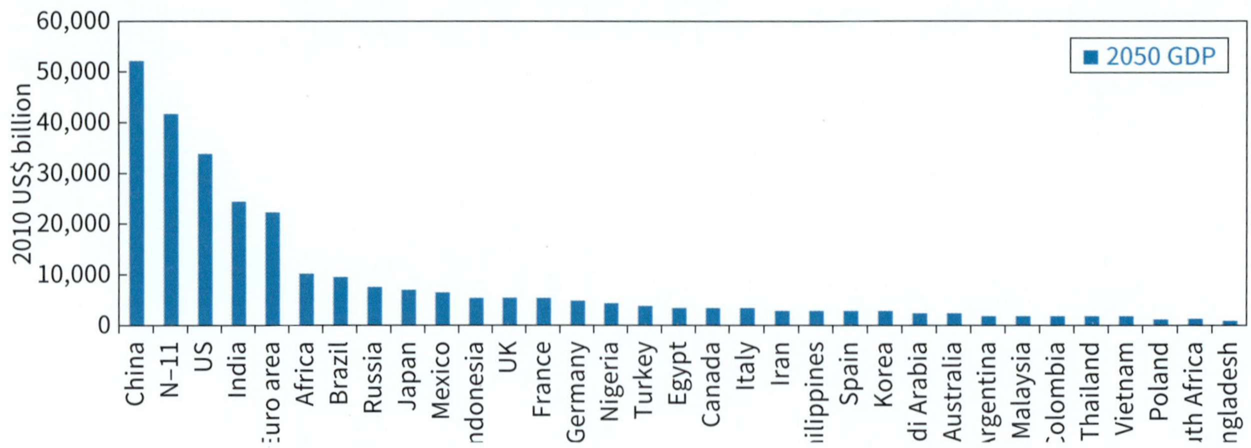


Source: Goldman Sachs, 2012, An update on the long-term outlook for the BRICs and beyond, Monthly Insights from the Office of the Chairman, Goldman Sachs Asset Management, January: 3. "N-11" refers to the Next Eleven identified by Goldman Sachs: Bangladesh, Egypt, Indonesia, Iran, Korea, Mexico, Nigeria, Pakistan, Philippines, Turkey, and Vietnam.

## Closing Case *(Continued)*

국가적 기관은 계속해서 합리적으로 기능할 것이다. 세계화는 불평등과 혼란을 증폭시키며, 이 시나리오는 21세기의 처음 20년보다 변동성이 더 큰 성장 경로를 구상하고 있다. 그러나 궁극적으로 이 시나리오는 오늘날 신흥 경제국으로 알려진 국가에서 훨씬 더 높은 수준의 경제 통합과 훨씬 더 높은 수준의 소득으로 이어진다.

두 번째 시나리오는 "탈세계화"라고 할 수 있다. 그것은 (1) 한편으로는 전염병, 경기 침체, 높은 실업, 가뭄, 기후 충격, 식량 공급 중단, 에너지 분쟁(예: 물 전쟁), 그리고 (2) 반면에 우리가 당연하게 여겼던 특정 기관(예: EU 및 NAFTA/USMCA)의 대중 불안, 보호주의 정책 및 해체가 특징이다. 보호무역주의가 고조되면서 글로벌 경제 통합이 어려워지고 있다. 가치 사슬은 더 지역적이고 덜 글로벌해진다. 해외 사업에서 철수하고 귀국하는 것이 선도적 인 기업 운동이된다. 미국과 중국 경제의 "연결 해제"는 2020년 코로나바이러스 이후 본격적으로 진행된다. 중국의 수많은 외국인 투자 공장이 동남아시아, 아프리카, 멕시코 및 기타 지역으로 이전할 것이다. 미국은 제트 여객기뿐만 아니라 안면 마스크도 만들기 위해 노력할 것이다. 완전히 미국에서 만들어진 Apple 스마트폰은 2,000달러 이상이다.

결론은? 전 세계적으로 약한 경제 성장이다. 2020년 봉쇄 기간 동안 사람들은 여행을 하지 않았고, 식당에서 식사도 하지 않았고, 차도 사지 않았다. 재량 지출이 40~50% 감소하면 GDP가 최소 10% 감소할 수 있다. 코로나바이러스로 인한 경기 침체의 영향은 2008-2009년의 대공황보다 더 심하고 회복 속도도 더뎠다. 글로벌 해체는 전 세계 경제에 해를 끼치는 반면, 지역 해체는 유럽 국가에 해를 끼칠 것이다. 브렉시트는 영국을 더 약한 경제로 만들 것이다. 지속 가능한 성장을 지속할 수 없는 BRICS는 "깨진 벽돌"이 되어 과장된 잠재력에 도달하

**그림 1.7 1인당 소득 순위는 상대적으로 변하지 않음**

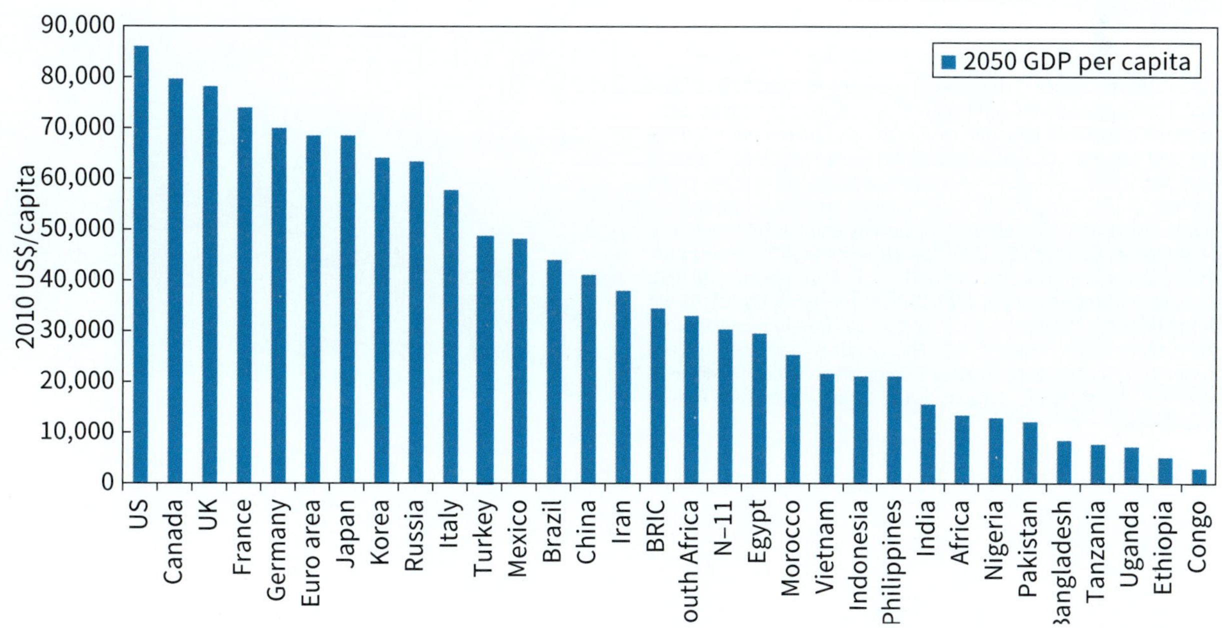


Source: Goldman Sachs, 2012, An update on the long-term outlook for the BRICs and beyond (p. 4), Monthly Insights from the Office of the Chairman, Goldman Sachs Asset Management January: 4. See footnote to Figure 1.6 for N-11.

## Closing Case *(Continued)*

지 못할 수 있다. 1950년대와 1960년대에 러시아의 경제 성장도 매우 인상적이었고, 결국 지지할 수 없는 것으로 판명된 소련의 지정학적 야심에 불을 붙였다. 1960년대에 버마(현재 미얀마), 필리핀, 스리랑카가 차기 아시안 타이거가 될 것으로 널리 예상되었지만 심하게 흔들렸다. 오랜 역사를 통해 10년이 넘는 기간 동안 많은 국가에서 강력한 성장을 지속하는 경우는 드물다. 21세기의 첫 10년(2008-2009년 금융위기 이전)에 BRIC 및 기타 많은 신흥 경제국에서 눈부신 성장을 목격한 것은 사실이다. 그러나 비관적 전문가에 따르면 "성장을 유지하지 못하는 것은 역사적으로 일반적인 규칙이었다."

두 시나리오 모두에서 한 가지 공통된 예측은 글로벌 경쟁이 가열될 것이라는 것이다. "탈세계화" 시나리오 하에서의 경쟁은 특히 잔인할 것이다. "파이"의 전체 크기는 충분히 증가하지 않는다(줄어들지는 않더라도). 동시에 기업은 부분적으로 보호된 시장에서 영업을 하게 되어 시장 침투에 추가 비용이 발생한다. "지속적인 세계화" 시나리오에서 경쟁도 치열할 것이지만 방식은 다르다. 희망은 새로운 "물결"이 "모든 배들"을 들어 올릴 수도 있다는 것이다.

Sources: (1) A. Cuervo-Cazurra, J. Ganitsky, Y. Luo, & J. Mezias, 2016, Global strategy and emerging markets, AIB Insights 16: 1–6; (2) Economist, 2017, The retreat of the global company, January 28: 18–22; (3) Economist, 2019, A new kind of cold war, May 18: special report; (4) Economist, 2020, Goodbye globalization, May 16: 7; (5) Foresight Horizon Scanning Centre, 2009, World Trade: Possible Futures, London: UK Government Office for Science; (6) C. Layne, 2012, This time it's real: The end of unipolarity and the Pax Americana, International Studies Quarterly 56: 203–213; (7) McKinsey Global Institute, 2019, Globalization in Transition, January; (8) OECD, 2012, Looking to 2060, November; (9) M. W. Peng & K. Meyer, 2013, Winning the Future Markets for UK Manufacturing Output, consulting report, London: UK Government Office for Science; (10) R. Sharma, 2012, Broken BRICS, Foreign Affairs November: 2–7; (11) S. Smit, M. Hirt, & K. Buchler, 2020, Safeguarding our lives and our livelihoods, McKinsey Quarterly March; (12) F. Zakaria, 2020, The new China scare, Foreign Affairs January: 52–69.

### 사례 토론 질문

1. 2050년의 세계 경제에 대해 두 가지 시나리오 중 어느 것이 더 그럴듯한가? 이유는?
2. 자원 기반 관점에서 기업은 두 가지 시나리오에 더 잘 대비하기 위해 무엇을 해야 하는가?
3. 윤리: 기관 기반의 관점에서 기업은 두 가지 시나리오에 더 잘 대비하기 위해 무엇을 해야 하는가? (힌트: 예를 들어 "지속적인 세계화"를 믿는다면 무역 장벽을 낮추기 위해 로비하는 데 더 관심을 가질 수 있지만 "탈세계화"를 믿는다면 더 높은 무역 장벽을 위해 로비할 수 있다.)

# 참고문헌

**[Journal Acronyms]** ***AER****—American Economic Review;* ***AMJ****—Academy of Management Journal;* ***AMLE****—Academy of Management Learning and Education;* ***AMP****—Academy of Management Perspectives;* ***AMR****—Academy of Management Review;* ***APJM****—Asia Pacific Journal of Management;* ***BJM****—British Journal of Management;* ***BW****—Bloomberg Businessweek;* ***B&S****—Business & Society;* ***ETP****—Entrepreneurship Theory and Practice;* ***FA****—Foreign Affairs;* ***GSJ****—Global Strategy Journal;* ***HBR****—Harvard Business Review;* ***IBR****—International Business Review;* ***ICC****—Industrial and Corporate Change;* ***IJMR****— International Journal of Management Reviews;* ***JEL****—Journal of Economic Literature;* ***JIBP****—Journal of International Business Policy;* ***JIBS****—Journal of International Business Studies;* ***JIM****—Journal of International Management;* ***JIMktg****—Journal of International Marketing;* ***JM****—Journal of Management;* ***JMS****—Journal of Management Studies;* ***JWB****—Journal of World Business;* ***MBR****—Multinational Business Review;* **MIR***—Management International Review;* ***OSc****—Organization Science;* ***S+B****—Strategy + Business;* ***SEJ****—Strategic Entrepreneurship Journal;* ***SMJ****—Strategic Management Journal;* ***SO****—Strategic Organization;* ***SS****—Strategy Science;* ***WSJ****— Wall Street Journal*

V. Govindarajan & A. Gupta, 2001, *The Quest for Global Dominance,* San Francisco: Jossey-Bass; S. Tallman, 2009, *Global Strategy,* West Sussex, UK: Wiley; G. Yip, 2003, *Total Global Strategy II,* Upper Saddle River, NJ: Pearson Prentice Hall.

J. Dunning, 1993, *Multinational Enterprises and the Global Economy* (p. 30), Reading, MA: Addison-Wesley. Other terms are multinational corporation (MNC) and transnational corporation (TNC), which are often used interchangeably with MNE. To avoid confusion, we will use MNE throughout this book.

K. Macharzina, 2001, The end of pure global strategies? (p. 106), *MIR* 41: 105–108.

*Time*, 2020, Foreign spies are targeting Americans on Zoom and other video chat platforms, April 9: time.com.

Zoom, 2020, Coming April 18: Control your Zoom data routing, April 13: zoom.us.

R. Barker, 2010, No, management is not a profession (p. 58), *HBR* July: 52–60; G. Bell, I. Filatotchev, R. Krause, & M. Hitt, 2018, Opportunities and challenges for advancing strategic management education (p. 235), *AMLE* 17: 233–240.

McKinsey Global Institute, 2019, *Globalization in Transition*, report; S. Smit, M. Hirt, & K. Buchler, 2020, Safeguarding our lives and our livelihoods, *McKinsey Quarterly* March.

D. Ahlstrom, D. Lamond, & Z. Ding, 2009, Reexamining some management lessons from military history, *APJM* 26: 617–642; A. Carmeli & G. Markman, 2011, Capture, governance, and resilience: Strategy implications from the history of Rome, *SMJ* 32: 322–341; L. Freedman, 2013, *Strategy: A History,* New York: Oxford University Press.

Sun Tzu, 1963, *The Art of War,* translation by S. Griffith, Oxford: Oxford University Press.

I. Ansoff, 1965, *Corporate Strategy,* New York: McGraw- Hill; D. Schendel & C. Hofer, 1979, *Strategic Management,* Boston: Little, Brown. For history of the strategic management field, see D. Hambrick & M. Chen, 2008, New academic fields as admittance-seeking social movements, *AMR* 33: 32–54; C. Summer, R. Bettis, I. Duhaime, J. Grant, D. Hambrick, C. Snow, & C. Zeithaml, 1990, Doctoral education in the field of business policy and strategy, *JM* 16: 361–398.

R. Burt & G. Soda, 2017, Social origins of great strategies, *SS* 2: 226–233; A. Brandenburger, 2019, Strategy needs creativity, *HBR* March: 59–65; S. Paroutis & L. Heracleous, 2013, Discourse revisited, *SMJ* 34: 935–956.

K. von Clausewitz, 1976, *On War,* London: Kegan Paul.

B. Liddell Hart, 1967, *Strategy,* New York: Meridian.

H. Mintzberg, 1994, *The Rise and Fall of Strategic Planning,* New York: Free Press. See also R. Thietart, 2016, Strategy dynamics, *SMJ* 37: 774–792.

*BW*, 2011, Charlie Rose talks to Mark Zuckerberg, November 14: 50.

D. McMillon, 2017, We need people to lean into the future (p. 99), interview, *HBR* March: 94–100.

A. Chandler, 1962, *Strategy and Structure,* Cambridge, MA: MIT Press.

O. de Oliveira & S. Forte, 2018, *Pentágono da Estratégia Empresarial* (*The Corporate Strategy Pentagon*, in Portuguese), Curitiba, Brazil: Appris Editora; G. Li, 2019, *Zhan Lue Guan Li* (*Strategic Management*, in Chinese), Beijing, China: Science Press.

P. Drucker, 1994, The theory of the business (p. 96), *HBR* September: 95–105. See also F. Brahm & J. Tarzijan, 2016, Toward an integrated theory of the firm, *SMJ* 37: 2481–2502; T. Felin & T. Zenger, 2017, The theory-based view, *SS* 2: 258–271; T. Zenger, 2013, What is the theory of your firm? *HBR* June: 73–78.

S. Tallman, Y. Luo, & P. Buckley, 2018, Business models in global competition, *GSJ* 8: 517–535.

T. Ott, K. Eisenhardt, & C. Bingham, 2017, Strategy formation in entrepreneurial settings, *SEJ* 11: 306–325.

E. Lee & P. Puranam, 2016, The implementation imperative, *SMJ* 37: 1529–1546.

S. Julian & J. Ofori-Dankwa, 2008, Toward an integrative cartography of two strategic issue diagnosis frameworks, *SMJ* 29: 93–114.

C. Christensen & M. Raynor, 2003, Why hard-nosed executives should care about management theory, *HBR* September: 67–74.

T. Zenger, 2013, Strategy: The uniqueness challenge, *HBR* November: 52–58.

A. Gupta, D. Hoopes, & A. Knott, 2015, Redesigning routines for replication, *SMJ* 36: 851–871.

E. Anderson & D. Simester, 2011, A step-by-step guide to smart business experiments, *HBR* March: 98–105.

M. Friesl & W. Kwon, 2017, The strategic importance of top management resistance, *SO* 15: 100–112; S. Karim, T. Carroll, & C. Long, 2015, Delaying change, *AMJ* 59: 791–817; S. Finkelstein, 2019, Don't be blinded by your own experience, *HBR* May: 153–158.

T. Malnight, I. Buche, & C. Dhanaraj, 2019, Put purpose at the core of your strategy, *HBR* September: 70–79; R. Rumelt, 2011, *Good Strategy, Bad Strategy*, New York: Crown Business.

C. Galunic & I. Hermreck, 2012, How to help employees "get" strategy, *HBR* December: 24.

T. Powell, D. Lovallo, & C. Fox, 2011, Behavioral strategy, *SMJ* 32: 1369–386.

C. Hill, M. Schilling, & G. Jones, 2017, *Strategic Management*, 12th ed., Boston: Cengage.

D. Hambrick & P. Mason, 1984, Upper echelons, *AMR* 9: 193–206. See also Y. S. Bermiss & J. Murmann, 2015, Who matters more, *SMJ* 36: 1697–1716; S. Kunisch, M. Menz, & A. Cannella, 2019, The CEO as a key microfoundation of global strategy, *GSJ* 9: 19–41; D. Lange, S. Boivie, & J. Westphal, 2015, Predicting organizational identification at the CEO level, *SMJ* 36: 1224–1244; O. Richard, J. Wu, L. Markoczy, & Y. Chung, 2019, Top management team demographic-faultline strength and strategic change, *SMJ* 40: 987–1009.

F. Contractor, N. Foss, S. Kundu, & S. Lahiri, 2019, Viewing global strategy through a microfoundations lens (p. 7), *GSJ* 9: 3–18. See also M. Baer, K. Dirks, & J. Nickerson, 2013, Microfoundations of strategic problem formulation, *SMJ* 34: 197–214; J. Barney & T. Felin, 2013, What are microfoundations? *AMP* 27: 138–155; N. Foss & S. Lindenberg, 2013, Microfoundations for strategy, *AMP* 27: 85–102; H. Greve, 2013, Microfoundations of management, *AMP* 27: 103–119; G. Hodgkinson & E. Sadler-Smith, 2018, The dynamics of intuition and analysis in managerial and organizational decision making, *AMP* 32: 473–492; A. Van de Ven & A. Lifschitz, 2013, Rational and reasonable microfoundations of markets and institutions, *AMP* 27: 156–172.

M. Chen, 2014, Becoming ambicultural, *AMR* 39: 119–137; R. Chittoor, P. Aulakh, & S. Ray, 2019, Microfoundations of firm internationalization, *GSJ* 9: 42–65; F. Godart, W. Maddux, A. Shipilov, & A. Galinsky, 2015, Fashion with a foreign flair, *AMJ* 58: 195–220; O. Levy, S. Beechler, S. Taylor, & N. Boyacigiller, 2007, What we talk about when we talk about "global mindset," *JIBS* 38: 231–258; N. Nuruzzaman, A. Gaur, & R. Sambharya, 2019, A microfoundations approach to studying innovation in multinational subsisidiaries, *GSJ* 9: 92–116; D. O'Brien, P. Scott, U. Andersson, T. Ambos, & N. Fu, 2019, The microfoundations of subsidiary initiatives, *GSJ* 9: 66–91.

A. G. Lafley, 2009, What only the CEO can do, *HBR* May: 54–62. See also A. G. Lafley & R. Martin, 2013, *Playing to Win*, Boston: Harvard Business Review Press; M. Porter & N. Nohria, 2018, How CEOs manage time, *HBR* July: 42–51; P. Rosenzweig, 2013, What makes strategic decisions different, *HBR* November: 89–93.

M. Augier, T. Knudsen, & R. McNab, 2014, Advancing the field of organizations through the study of military organizations (p. 1433), *ICC* 23: 1417–1444.

R. Rumelt, D. Schendel, & D. Teece (eds), 1994, *Fundamental Issues in Strategy* (p. 564), Boston: Harvard Business School Press.

McKinsey Global Institute, 2018, *Outperformers,* report.

M. W. Peng & P. Heath, 1996, The growth of the firm in planned economies in transition, *AMR* 21: 492–528. See also K. Meyer & M. W. Peng, 2016, Theoretical foundations of emerging economy business research, *JIBS* 47: 3–22; M. W. Peng, S. Lebedev, C. Vlas, J. Wang, & J. Shay, 2018, The growth of the firm in (and out of) emerging economies, *APJM* 35: 829–851.

M. W. Peng, S. Sun, B. Pinkham, & H. Chen, 2009, The institution-based view as the third leg for a strategy tripod, *AMP* 23: 63–81. See also G. Gao, J. Murray, M. Kotabe, & J. Lu, 2010, A "strategy tripod" perspective on export behaviors, *JIBS* 41: 377–396; A. Gaur, X. Ma, & Z. Ding, 2018, Home country supportiveness/unfavorableness and outward foreign direct investment from China, *JIBS* 49: 324–345; M. Ju, H. Zhao, & T. Wang, 2014, The boundary conditions of export relational governance: A "strategy tripod" perspective, *JIMktg* 22: 89–106; S. Lahiri, D. Mukherjee, & M. W. Peng, 2020, Behind the internationalization of SMEs: A strategy tripod synthesis, *GSJ* (in press); Z. Su, M. W. Peng, & E. Xie, 2016, A strategy tripod perspective on knowledge creation capability, *BJM* 27: 58–76; Y. Xie, H. Zhao, Q. Xie, & M. Arnold, 2011, On the determinants of post-entry strategic positioning of foreign firms in a host market: A "strategy tripod" perspective, *IBR* 20: 477–490; Y. Yamakawa, M. W. Peng, & D. Deeds, 2008, What drives new ventures to internationalize from emerging to developed economies? *ETP* 32: 59–82.

M. W. Peng, D. Wang, & Y. Jiang, 2008, An institutionbased view of international business strategy, *JIBS* 39: 920–936. See also G. Ahuja & S. Yayavaram, 2011, Explaining influence rents, *OSc* 22: 1631–1652; K. Meyer, S. Estrin, S. Bhaumik, & M. W. Peng, 2009, Institutions, resources, and entry strategies in emerging economies, *SMJ* 30: 61–80; W. Ritchie & S. Melnyk, 2011, The impact of emerging institutional norms on adoption timing decisions, *SMJ* 32: 860–870; G. Shinkle & A. Kriauciunas, 2012, The impact of current and founding institutions on strength of competitive aspirations in transition economies, *SMJ* 33: 448–458.

M. W. Peng, H. Nguyen, J. Wang, M. Hasenhuttl, & J. Shay, 2018, Bringing institutions into strategy teaching, *AMLE* 17: 259–273; C. Stevens, E. Xie, & M. W. Peng, 2016, Toward a legitimacy-based view of political risk, *SMJ* 37: 945–963; D. Zoogah, M. W. Peng, & H. Woldu, 2015, Institutions, resources, and organizational effectiveness in Africa, *AMP* 29: 7–31.

T. Khanna & Y. Yafeh, 2007, Business groups in emerging markets, *JEL* 45: 331–372; M. W. Peng, S. Lee, & D. Wang, 2005, What determines the scope of the firm over time? *AMR* 30: 622–633.

Y. Li, M. W. Peng, & C. Macaulay, 2013, Market-political ambidexterity during institutional transitions, *SO* 11: 205–213; M. W. Peng, W. Sun, C. Vlas, A. Minichilli, & G. Corbetta, 2018, An institution-based view of large family firms, *ETP* 42: 187–205.

G. Qian, T. Khoury, M. W. Peng, & Z. Qian, 2010, The performance implications of intra- and inter-regional geographic diversification, *SMJ* 31: 1018–1030.

M. W. Peng, 2004, Identifying the big question in international business research, *JIBS* 25: 99–108.

K. Brouthers, L. Brouthers, & S. Werner, 2008, Resourcebased advantage in an international context, *JM* 34: 189–217; C. Chan, T. Isobe, & S. Makino, 2008, Which country matters? *SMJ* 29: 1179–1205; G. Markman, T. Waldron, & A. Panagopoulos, 2016, Organizational hostility, *AMP* 30: 74–92.

C. Chen, M. Delmas, & M. Lieberman, 2015, Production frontier methodologies and efficiency as a performance measure in strategic management research, *SMJ* 36: 19–36.

Y. Luo, J. Sun, & S. Wang, 2011, Comparative strategic management, *JIM* 17: 190–200; G. White, O. Gudiken, T. Hemphill, W. He, & M. Khoobdeh, 2016, Trends in international strategic management research from 2000 to 2013, *MIR* 56: 35–65.

S. Tallman & T. Pedersen, 2015, What is international strategy research and what is not? *GSJ* 5: 273–277.

K. Moore & D. Lewis, 2009, *The Origins of Globalization,* New York: Routledge.

D. Yergin & J. Stanislaw, 2002, *The Commanding Heights* (p. 385), New York: Simon & Schuster.

J. Stiglitz, 2002, *Globalization and Its Discontents* (p. 9), New York: Norton.

R. Hoskisson, M. Hitt, W. Pan, & D. Yiu, 1999, Theory and research in strategic management: Swings of a pendulum, *JM* 25: 417–456.

M. Wright, I. Filatotchev, R. Hoskisson, & M. W. Peng, 2005, Strategy research in emerging economies, *JMS* 42: 1–33. See also C. Christensen, E. Ojomo, & K. Dillon, 2019, Cracking frontier markets, *HBR* January: 90–101; A. Musacchio & E. Werker, 2016, Mapping frontier economies, *HBR* December: 40–48.

C. K. Prahalad & S. Hart, 2002, The fortune at the bottom of the pyramid, *S+B* 26: 54–67; L. Christensen, E. Siemsen, & S. Balasubramanian, 2015, Consumer behavior change at the base of the pyramid, *SMJ* 36: 307–317.

R. Hoskisson, M. Wright, I. Filtotchev, & M. W. Peng, 2013, Emerging multinationals from mid-range economies, *JMS* 50: 1295–1321; M. W. Peng, 2012, The global strategy of emerging multinationals from China, *GSJ* 2: 97–107.

V. Govindarajan & C. Trimble, 2012, *Reverse Innovation* (p. 4), Boston: Harvard Business Review Press. See also S. Bradley, J. McMullen, K. Artz, & E. Smimiyu, 2012, Capital is not enough, *JMS* 49: 684–717; C. Christensen, E. Ojomo, & D. van Bever, 2017, Africa's new generation of innovators, *HBR* January: 119–136; A. Winter & V. Govindarajan, 2015, Engineering reverse innovations, *HBR* July: 81–89.

L. Casanova & A. Miroux, 2020, *The Era of Chinese Multinationals*, San Diego: Academic Press; A. Cuervo-Cazurra, A. Inkpen, A. Musacchio, & K. Ramaswamy, 2014, Governments as owners, *JIBS* 45: 919–942; P. Deng, A. Delios, & M. W. Peng, 2020, A geographic relational perspective on the internationalization of emerging market firms, *JIBS* 51: 50–71; J. Duanmu, 2014, State-owned MNCs and host country expropriation risk, *JIBS* 45: 1044–1060; M. McCormick & D. Somaya, 2020, Born globals from emerging economies, *GSJ* 10: 251–281; S. Lebedev, M. W. Peng, E. Xie, & C. Stevens, 2015, Mergers and acquisitions in and out of emerging economies, *JWB* 50: 651–662.

M. W. Peng, R. Bhagat, & S. Chang, 2010, Asia and global business, *JIBS* 41: 373–376.

K. Li, 2017, Economic openness serves everyone better, *BW* February 2: 8. Li Keqiang is the premier in President Xi Jinping's administration, and this is the first time that a sitting Chinese politician contributed an article to *Bloomberg Businessweek*, the most widely circulated weekly business and economic magazine in the United States.

*Economist*, 2020, After the disease, the debt, April 25: 7.

T. Andersen & R. Bettis, 2015, Exploring longitudinal risk-return relationships, *SMJ* 36: 1135–1145; A. Chakrabarti, 2015, Organizational adaptation in an economic shock, *SMJ* 36: 1717–1738; D. De Carolis, Y. Yang, D. Deeds, & E. Nelling, 2009, Weathering the storm, *SEJ* 3: 147–160; S. Li & S. Tallman, 2011, MNC strategies, exogenous shocks, and performance outcomes, *SMJ* 32: 1119–1127; C. Oh & J. Oetzel, 2011, Multinationals' response to major disasters, *SMJ* 32: 658–681; V. Pereira, Y. Tamouri, S. Patnaik, & K. Mellahi, 2020, Managing and preparing for emerging infectious diseases, *AMP* (in press); C. Rice & A. Zegart, 2018, Managing 21st-century political risk, *HBR* May: 130–138.

The origin of the term "black swan" dates to ancient Rome, which meant a "rare bird" that was presumed not to exist. This term used to mean impossibility. However, it played an important role in the development of scientific thought, because a scientific theory such as "all swans are white" could be refuted by the discovery of a single black swan. In the 1700s, black swans were indeed discovered in Western Australia, falsifying the previous theory that all swans were white. See N. Taleb, 2007, *Black Swan*, London: Penguin.

H. Courtney, D. Lovallo, & C. Clarke, 2013, Deciding how to decide, *HBR* November: 63–70; S. Phadnis, C. Caplice, Y. Sheffi, & M. Singh, 2015, Effect of scenario planning on field experts' judgment of long-range investment decisions, *SMJ* 36: 1401–1411; P. Schoemaker & P.

Tetlock, 2016, Superforecasting, *HBR* May: 73–78; G. Stalk & A. Iyer, 2016, How to hedge your strategic bets, *HBR* May: 81–86.

P. Ghemawat, 2003, Semiglobalization and international business strategy, *JIBS* 34: 138–152.

T. Friedman, 2005, *The World is Flat*, New York: Farrar, Straus, & Giroux.

J. Kim & R. Aguilera, 2015, The world is spiky, *GSJ* 5: 113–132.

M. W. Peng & E. Pleggenkuhle-Miles, 2009, Current debates in global strategy, *IJMR* 11: 51–68.

Clinton and Blair's words are quoted in D. Rodrik, 2019, Globalization's wrong turn (p. 27), *FA* July: 26–33.

D. Autor, D. Dorn, & G. Hanson, 2003, The China syndrome, *AER* 103: 2121–2168.

T. Devinney & C. Hartwell, 2020, Varieties of populism, *GSJ* 10: 32–66; D. Rodrik, 2018, Populism and the economics of globalization, *JIBP* 1: 12–33; M. Witt, 2019, De-globalization, *JIBS* 50: 1053–1077.

S. Lund & L. Tyson, 2018, Globalization is not in retreat, *FA* May: 130–140.

*Economist*, 2020, Globalization under quarantine, February 29: 35.

McMillon, 2017, We need people to lean into the future (p. 99), op. cit.

O. Butzbach, D. Fuller, & G. Schnyder, 2020, Manufacturing discontent, *GSJ* 10: 67–93; V. Marano, S. Tallman, & H. Teegen, 2020, The liability of disruption, *GSJ* 10: 174–209.

M. W. Peng, 2006, *Global Strategy* (p. 29), Boston: Cengage.

Rodrik, 2019, Globalization's wrong turn (p. 30), op. cit.

T. Ambos, B. Cesinger, F. Eggers, & S. Kraus, 2020, How does de-globalization affect location decisions? *GSJ* 10: 210–236; A. Cuervo-Cazurra, Y. Doz, & A. Gaur, 2020, Skepticism of globalization and global strategy, *GSJ* 10: 3–31; L. Dai, L. Eden, & P. Beamish, 2017, Caught in the crossfire, *SMJ* 38: 1478–1498; R. de Figueiredo, E. Feldman, & E. Rawley, 2019, The costs of refocusing, *SMJ* 40: 1268–1290; K. Meyer, 2017, International business in an era of anti-globalization, *MBR* 25: 78–90; O. Petricevic & D. Teece, 2019, The structural reshaping of globalization, *JIBS* 50: 1487–1512; A. Verbeke, R. Coeurderoy, & T. Matt, 2018, The future of international business research on corporate globalization that never was . . . *JIBS* 49: 1101–1112.

*Economist*, 2020, Strategic pile-up, April 11: 52. 82. *BW*, 2020, The US Postal Service has never been more important—or more endangered, April 20: 46–51.

*BW*, 2020, 3M meets the crisis it's been preparing for, March 30: 39–41; *BW*, 2020, Swabs, stat! March 30: 42–47.

Benito, G., Petersen, B., & Welch, L. 2019, The global value chain and internalization theory, *JIBS* 50: 1414–1423; F. Fortanier, G. Miao, A. Kolk, & N. Pisani, 2020, Accounting for firm heterogeneity in global value chains, *JIBS* 51: 432–453; G. Gereffi, 2019, Global value chains and international development policy, *JIBP* 2: 195–210; L. Kano, E. Tsang, & H. Yeung, 2020, Global value chains, *JIBS* (in press).

R. Stone, 2004, Leading a supply chain turnaround (p. 116), *HBR* October: 114–121.

T. Choi, D. Rogers, & B. Vakil, 2020, Coronavirus is a wake-up call for supply chain management, *HBR* (in press); Y. Kim & G. Davis, 2016, Challenges for global supply chain sustainability, *AMJ* 59: 1896–1916.

C. Stan, M. W. Peng, & G. Bruton, 2014, Slack and the performance of state-owned enterprises, *APJM* 31: 473–495; J. Tan & M. W. Peng, 2003, Organizational slack and firm performance during economic transitions, *SMJ* 24: 1249–1263; W. Wan & D. Yiu, 2009, From crisis to opportunity, *SMJ* 30: 791–801.

H. Bapuji, F. de Bakker, J. Brown, C. Higgins, K. Rehbein, & A. Spicer, 2020, Business and society research in times of the corona crisis, *B&S* (in press); G. George, J. Howard-Grenville, A. Joshi, & L. Tihanyi, 2016, Understanding and tackling societal grand challenges through management research, *AMJ* 59: 1880–1895; K. Miller & S. Lin, 2015, Analogical reasoning for diagnosing strategic issues in dynamic and complex environments, *SMJ* 36: 2000–2020; R. Priem, 2018, Toward becoming a complete teacher of strategic management, *AMLE* 17: 374–388.

*BW*, 2020, Wanted: More risk managers, April 20: 36–37; W. Frick, 2019, How to survive a recession and thrive afterward, *HBR* May: 98–105; *WSJ*, 2019, Trade skills are hot commodity, October 3: B6.

CHAPTER 2

# 산업 경쟁 관리

**학습목표**

이 장을 학습한 후, 당신은 다음의 내용을 수행할 수 있다.

1. 산업 경쟁의 정의
2. 5요인 체계를 사용하여 산업분석
3. 3가지 일반 전략 설명
4. 산업 기반 관점에 관한 여섯 가지 주요 논쟁 이해
5. 행동을 위한 전략적 함의 도출

OPENING CASE Emerging Markets

## 크루즈 산업의 글로벌 경쟁

크루즈 산업은 원양 정기선 산업의 제2의 인생이다. 제트기에 가려져 마지막 원양 정기선은 1980년대를 마지막으로 운항을 중단했다. 노르웨지안, 카니발, 로열 캐리비안 등 마이애미에 본부를 둔 빅 3가 1960년대 출범하면서 현대의 크루즈 산업은 교통수단이 아닌 휴가 전용 크루즈로 시작되었다. 1977년, ABC는 주간 텔레비전 시리즈인 러브 보트(Love Boat)를 시작했는데, 이 드라마는 신생 산업을 위해 10년 동안 무상 광고를 제공하였다. 재미와 낭만이 어우러진 모습으로 묘사된 크루즈 산업은 1980년대를 시작으로 점차 인기를 얻었다.

지리적으로 경쟁은 말 그대로 세계적, 글로벌이다. 주요시장은 카리브해, 알라스카, 멕시코, 유럽이다. 가장 뜨겁게 떠오르는 새로운 시장은 아시아, 그중에서도 특히 중국인데, 당신이 이 사례를 읽는 동안 크루즈 승객이 미국에 이어 두 번째로 큰 시장이 되었을 수도 있다.

대부분의 크루즈선은 여러 국가의 항구에 정박하는 국제선이다. 하와이 섬 주변과 같은 일부의 크루즈만 국내선이다. 크고 현대적인 유람선은 본질적으로 호텔, 여러 레스토랑과 바, 수영장, 쇼핑센터, 카지노, 극장, 스포츠센터, 미술관, 키즈센터, 여행사가 하나로 합쳐진 것이다.

항만 당국, 여행사, 전 세계의 직원(일반적으로 수십 개의 국적으로 고용됨)을 다루는 작업 처리의 복잡성은 정말 놀라운 수준이다. 가장 먼저 진출한 세 개의 기업들은 카니발이 이끄는 빅 3의 기존기업으로 승객의 80%를 끌어 모으며 여전히 경쟁에서 우위를 점하고 있다. '육식동물'이라는 별명이 붙은 카니발은 Costa, Cunard, Holland America, P&O, Princess와 같은 많은 소규모 업체를 인수했다. 카니발의 브랜드를 합치면 승객 시장 점유율은 47%에 달한다. 로열 캐리비안은 두 번째로 큰 크루즈 운영사(23%)이며, 노르웨지안(10%)이 그 뒤를 잇고 있다.

처음에 이 산업은 불필요한 원양 정기선선들에 의해 서비스되었다. 1990년대에 이르러, 특수 제작된 초대형 선박이 점점 더 들어오기 시작했다. 2001년 이후 매년 9척 이상의 새로운 유람선이 출항한다. 각각 10억 달러 이상의 비용이 든 이 초대형 선박들은 대부분 니미츠급 항공모함보다 10만 톤 이상 크다. 새로운 선박들은 계속해서 커진다. 세계에서 가장 큰 크루즈선은 로열 캐리비안의 오아시스(Oasis of the Seas)와 바다의 매력(Allure of the Seas)으로 225,000톤급에 2,700개의 선실과 5,400명의 승객을 수용할 수 있다. 초대형 선박은 크루즈 라인이 더 많은 고객들에게 고정비용을 분산할 수 있게 하기 때문에 수익성이 더 높다.

이 산업의 매력은 많은 진입자들을 끌어들였다. 그러나 진입장벽은 높고 성공은 드물다. 1966년에서 2008년 사이에 88개 기업이 미국 시장에 진출했지만 77개의 기업이 중도 포기하거나 사라졌다. 1989년 이래로 새로 들어온 스위스에 본사를 둔 MSC 크루즈는 설립하는 데 10년이 걸렸고 궁극적으로 세계에서 네 번째로 큰 크루즈 사업자가 되었다. MSC 크루즈가 이렇게 할 수 있었던 것은, 그들의 모회사인 Mediterranean Shipping Company(MSC)가 초기에 금전적 손실을 감수할 용의가 있었기 때문이다.

크루즈 산업의 공급자는 조선업체들과 그 공급업체들이다. 중국, 한국, 일본이 세계 3대 조선국(모든 종류의 선박에서)임에도 불구하고, 유럽 조선업체들은 떠다니는 휴양지를 건설하고 서비스하는데 탁월함을 유지해 왔다. 주문된 32척의 유람선 중 30척이 유럽, 특히 핀란드, 프랑스, 독일, 이탈리아에서 만들어지고 있다. 조선업체들이 크루즈선 계약 입찰에 열을 올리는 것은 2008~2009년 글로벌 금융 위기로, 최근에는 2018~2019년 무역 전쟁으로 다른 원양 화물선에 대한 수요가 줄었기 때문이다.

크루즈 구매자는 매년 약 2,200만 명으로 미국에서 1,200만 명, 유럽에서 600만 명이 그 뒤를 이었다. 이코노미스트(Economist) 지의 다채로운 언어에 따르면, 전형적인 승객들은 "갓 결혼한, 거의 죽어가는, 과식하는" 사람들이다. 크루즈 라인은 세계적 수준의 목적지, 다양한 음식, 가족 친화적인 요소뿐만 아니라 엔터테인먼트, 도박, 쇼핑, 스포츠와 같은 다양한 선상 활동으로 이들을 매료시킨다. 매년 미국과 호주 인구의 약 3.5%가 크루즈를 이용한다. 중국 인구의 60분의 1에 불과한(매년 100만 명 미만) 크루즈 선박의 수는 최근 두 자릿수로 증가하고 있다.

휴가 서비스 제공자로서 크루즈 선박은 제트기, 기차 및 장거리 버스와 같은 다양한 운송 대체품은 물론 호텔, 레스토랑 및 관광 명소와 같은 시설 대체품과 경쟁한다. 그러나 크루즈선은 모방할 수 없는 이점을 제공한다. 호텔(선박)은 승객과 함께 편리하게 이동하며 밤에 잠을 자면서 다음 도시로 이동한다. 세계의 특정 해안 지역은 이러한 해상 관광에 가장 이상적이다. 예를 들어, 발트해(코펜하겐, 로스토크[독일], 탈린, 상트페테르부르크, 헬싱키, 스톡홀름에서 정박하는) 또는 말라카 해협(싱가포르, 페낭, 랑카위, 푸켓에서 정차하는)을 생각해 보라. 출발 몇 시간 전에 공항이나 기차역으로 이동하여, 비행기를 타거나 기차를 타고 많은 곳으로 이동하여, 현지 교통편을 찾고, 여러 호텔에 체크인하고(모든 짐을 꾸리고 짐을 풀고) 한 도시를 여행하면서 현지 교통 체증 속에서 고군분투하는 번거로움을 상상해 보라. 이에 비해 크루즈 승객은 항해하며, 숙면을 취한 후 각 장소에 아침 일찍 도착하여 여유롭게 배에서 내려 스트레스 없이 명소를 즐기고 저녁 식사 전에 배에 돌아온다. 배는 다음 항구로 항해를 시작한다. 더 많은 휴가객이 이 방식에 매료되는 것은 놀라운 일이 아니다.

화려함에도 불구하고, 이 업계의 선장은 사랑의 보트로 들끓는, 사실 너무나 많은, 바다를 항해하기 위해 강철로 된 위장이 필요하다는 것을 알고 있고 실제로는 너무 많다. 두 가지 문제가 크게 떠오른다. 첫째, 생존자들 사이의 경쟁은 이제 누가 더 크고 멋진 함대를 채울 수 있는지에 초점을 맞춘다. 그러나 대규모 관광에는 한계가 있다. 한 승객에 따르면 '카페테리아에서 테이블을 찾거나 선상 수영장 근처에서 "해변 의자"를 놓고 싸우는 사람들로 붐비는 것을 감안할 때 로열 캐리비안은 실제로는 "(왕실이 아닌) 평민들의" 캐리비안"이라고 말한다. 많은 승객이 2020년 코로나바이러스 발생 기간 동안 다이아몬드 프린세스와 그랜드 프린세스 승객들의 시련으로 인해 상처를 입을 수 있다. 배에 근접한 덕분에 코로나바이러스 한 건이 수백 명의 승객에게 퍼졌고 당국은 2주 동안 배의 객실에 있는 모든 승객을 격리해야 했다. 그 결과, 많은 크루즈 라인이 2020년에 크루즈를 중단해야 했다. 둘째, 빅 3는 기본적으로 전 세계적으로 영어 기반 크루즈를 제공하며 일부 현지에 맞춘다(아시아 태평양 크루즈의 경우 중국어를 구사하는 직원이 더 많아짐). 차별화의 부족은 Hapag-Lloyd의 단일 언어(독일어) 선박이 독일에서 시장 점유율을 확보할 수 있는 여지를 만들고 있다. 빅 3의 시장을 잠식하는 것을 목표로, 중국어와 일본어를 단일 언어로 사용하는 선박도 아시아에서 등장하고 있다. 업계는 실제로 글로벌하지만, 각 크루즈는 말 그대로 "로컬"이다. 빅 3 및 기타 야심 찬 크루즈 라인이 효과적으로 로컬하게 생각하고 행동은 로컬할 수 있는 방법은 미래에 누가 파도를 지배할 것인지에 대한 핵심 결정 요인이 될 것이다.

Sources: Sources: (1) The author's interviews on board Carnival, Norwegian, Princess, and Royal Caribbean ships, 2008–2019; (2) Bloomberg Businessweek, 2014, Asia is getting its own love boats, June 2: 20–21; (3) Bloomberg Businessweek, 2015, The People's Republic of Cruiseland, April 27: 50–57; (4) J. Daniels, L. Radebaugh, & J. Sullivan, 2013, International Business, 14th ed., Upper Saddle River, NJ: Prentice Hall; (5) Economist, 2014, Sailing into headwinds, January 11: 56–57; (6) Princess Cruise Lines, 2020, Updates on Diamond Princess, www.princess.com; (7) Wall Street Journal, 2019, Making 180,000 tons feel cozy at sea, December 19: A11.

크루즈 산업은 이미 사라져버린 원양 정기선 산업에서 어떻게 성장할 수 있을까? 이 업계 내에서 크루즈 회사들은 어떻게 경쟁하는가? 왜 신규 진입자들은 이 흐름에 합류하는 것에 관심이 있는가? 크루즈 회사들은 공급자 및 고객을 어떻게 대하는가? 마지막으로 크루즈를 대체할 것이 있는가? 이 장에서는 이러한 내용들과 기타 다른 내용들의 전략적 질문들에 대해 다룬다. 우리는 전략에 대한 세 가지 주요 관점 중 하나인 산업 기반 관점을 도입함으로써 이를 다룰 것이다. 두 개의 자원 기반 및 제도 기반 관점들은 3장과 4장에서 각각 다룰 것이다.

1장에서 언급된 대로, 기본적인 전략 도구는 SWOT 분석이다. 그것은 내부적 강점(S)과 약점(W), 환경적 기회(O)와 위협(T)을 다룬다. 이 장의 초점은 산업 환경으로부터의 O와 T이다(S와 W는 3장에서 논의될 것이다). 우리는 산업 경쟁을 정의하는 것으로부터 시작한다. 그 다음, 5요인 체계를 소개하고, 세 가지 본원적 전략들을 논의할 것이다. 마지막으로, 우리는 여섯 가지 주요 논쟁들을 설명한다.

# 산업 경쟁의 정의

산업(industry)은 서로 유사한 상품들(제품 및 서비스)을 생산하는 기업들의 집합이다. 전통적인 이해는 경제학 분야의 창시자인 아담 스미스(Adam Smith)에 의해 1776년 출판된 책 국부론(The Wealth of Nations)에 바탕을 두고 있다. 이 책은 완벽한 경쟁의 모델을 그려냈는데, 모든 기업들은 작은 가격의 수용자들이고, 어떠한 기업도 가격을 혼자 결정할 만큼 크지 않으며, 시장의 진입 및 퇴출은 상대적으로 쉬운, 시장이라고 알려진 '보이지 않는 손'에 의해 가격이 결정되는 완전경쟁perfect competition)의 모델을 묘사했다. 그러나, 그러한 완전경쟁은 현실 세계에서 거의 관찰되지 않는다. 현실 세계에서 일부 회사들은 더 거대할 수 있고, 일부는 심지어 지배적일 수도 있다. 그들은 새로운 진입을 어렵게 만들수록 그들의 힘을 휘두를 수 있는 능력을 갖추고 있다. 결과적으로, 거대 기업에 초점을 맞추기 위해 1930년대부터 산업조직 경제학(industrial organization economics, IO 경제학) 또는 산업 경제학이라 불리는 경제 분야가 나타났다. 이것의 주요한 기여는 구조-행위-성과 (SCP) 모형(structure-conduct-performance model)이다. 구조(structure)는 진입 비용과 같은 산업의 구조적인 속성들을 가리킨다. 행위(conduct)는 제품 차별화와 같은 기업의 활동들이다. 성과(performance)는 산업 구조에 대한 기업 행위의 결과로, 이러한 결과는 (1)평균(보통), (2)평균 이하, (3)평균 이상으로 구분된다. 이 모형은 산업 구조가 기업 행위(또는 전략)를 결정하지만, IO 경제학의 목표는 기업의 경쟁을 돕는 것이 아니다. 대신, 경제학의 한 분야로서, 정책 입안자들이 어떻게 기업이 경쟁하는지 더 잘 이해하도록 도와 기업들을 적절하게 규제할 수 있도록 하는 것이다. 한 산업에 있는 기업의 수 측면에서 보면, 완전경쟁 하의 수 천개의 소규모 기업들에서부터 독점(monopoly)하에서의 유일한 하나의 기업에 이르기까지 다양하다. 그 사이에, 소수의 플레이어만 있는 과점(oligopoly)이 있을 수 있거나, 두 개의 경쟁기업들을 가진 독과점(duopoly)이 있을 수 있다. 수많은 소규모 기업들은 기껏해야 평균 수익률을 얻기를 희망할 수 있다. 반면, 독점 기업은 평균 이상의 수익률을 얻을 것이다. 경제학자들과 정책 입안자들은 보통 그들이 초과 이익으로 분류하는 평균 이상의 수익에 대해 경각심을 느낀다. 독점은 대체로 금하고 있으며, 과점은 면밀히 조사된다.

평균 이상의 기업 성과에 대한 과도한 집중은 산업조직 경제학과 전략에 의해 공유된다. 하지만, 산업조직 경제학자들과 정책 입안자들은 평균 이상 이윤의 최대화보다는 최소화에 관심을 갖는다. 이윤 극대화 기업을 책임지는 전략가들의 관점에서, 게임의 이름은 (물론, 법률적, 윤리적 경계 안에서) 평균 이상의 수익을 얻으려 노력하는 것으로서 정확히 반대된다. 따라서, 전략가들은 기업들의 더 나은 성과를 거두도록 돕기 위한 통찰력을 활용함으로써 SCP 모형을 거꾸로 뒤집는다. 이러한 전환은 이번 장의 중심을 이룬다.

**산업(industry)**
서로 유사한 제품(상품 또는 서비스)을 생산하는 기업들의 집합.

**완전경쟁 (perfect competition)**
가격은 "시장"에 의해 정해지고, 모든 기업들은 가격수용자들이고 진입 및 퇴출은 상대적으로 쉬운 경쟁상황.

**산업조직(IO) 경제학 (industrial organization economics)**
한 산업에서 기업들이 어떻게 경쟁하고 따라서 어떻게 규제할지를 더 잘 이해하기 위한 경제학의 한 분야.

**구조-행위-성과(SCP) 모형 (structure-conduct-performance model)**
산업의 구조가 기업의 행위(전략)를 결정하고, 결국 기업의 성과를 결정함을 제시한 산업조직 경제학 모형.

**구조(structure)**
진입 비용과 같은 산업의 구조적 속성.

**행위(conduct)**
제품 차별화와 같은 기업의 활동들.

**성과(performance)**
기업행위의 결과.

**독점(monopoly)**
하나의 기업만이 산업에 상품 또는 서비스를 제공하는 상황.

**독과점(duopoly)**
두 개의 경쟁기업들을 가진 상황.

# 5요인 체계

전략에 대한 산업 기반 관점은 (IO 경제학을 전공한 하버드대학교 전략 교수인) 마이클 포터(Michael Porter)에 의해 처음 주장되었으며, 나중에 많은 다른 사람들에 의해 확장되고 강화된 **5요인 체계(five forces framework)**에 의해 뒷받침된다. 이번 단원은 이러한 모형을 소개한다.

**5요인 체계(five forces framework)**
마이클 포터에 의해 제안된 산업의 경쟁력을 좌우하는 모형. 5 요인은 (1) 경쟁자들 간의 경쟁 정도, (2) 잠재 진입의 위협, (3) 공급자의 교섭력, (4) 구매자의 교섭력, (5) 대체재의 위협이다.

## 경제학에서 전략으로

수십 년에 걸친 IO 경제연구를 활용하여 포터는 1980년 그의 저서 경쟁적 전략(Competitive Strategy)에서 전략 분야의 독자들을 위하여 SCP 모형을 "해석"하고 확장하였다. 이 책으로부터 나온 5요인 체계는 산업 기반 관점의 근간을 형성한다. 그림 2.1에 나타난 바와 같이, 이러한 다섯 가지 힘들은 (1)경쟁자들 간의 경쟁 정도, (2)잠재 진입자의 위협, (3)공급자의 교섭력, (4)구매자의 교섭력, (5)대체재의 위협이다. 핵심적인 통찰은 기업 실적이 한 산업 내에서 이 다섯 가지 요소의 경쟁력 정도에 결정적으로 좌우된다는 것이다. 이러한 요인들이 더 경쟁적일수록, 해당 기업은 평균 이상의 수익을 얻기가 어려워지며, 그 반대도 마찬가지이다(표 2.1).

**그림 2.1 5요인 체계**

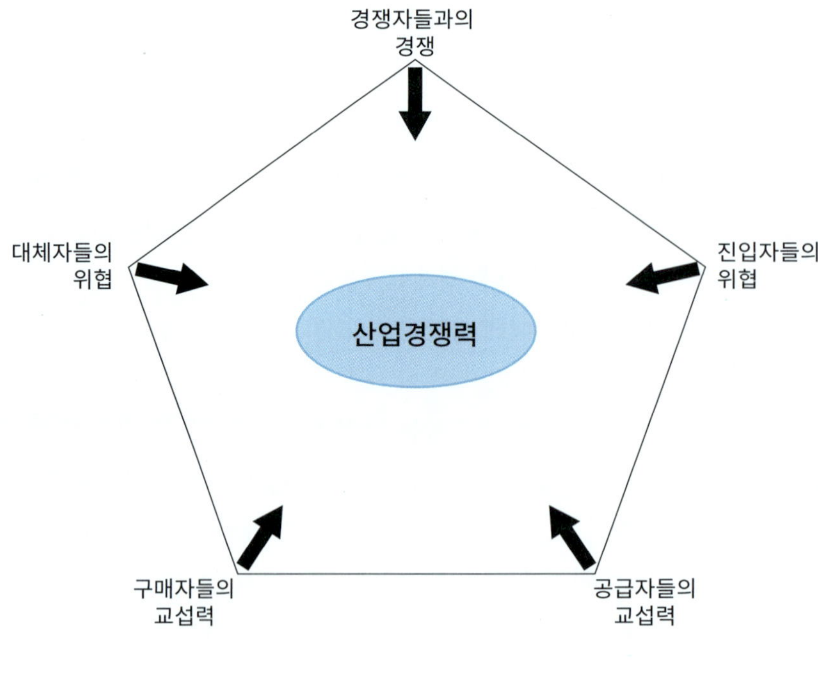

**표 2.1 5요인들의 위협**

| 5요인 | 산업 수익성을 하락시킬 수 있는 강력한 경쟁 요인들의 위협들 |
|---|---|
| 경쟁자들과의 경쟁 | • 많은 경쟁기업들의 수<br>• 경쟁자들의 규모, 영향력, 제품 공급에서의 유사<br>• 높은 가격과 낮은 빈도의 구매<br>• 생산능력의 대폭 증가<br>• 산업의 낮은 성장 또는 쇠퇴<br>• 높은 퇴출의 비용 |
| 잠재진입의 위협 | • 낮은 규모 기반의 우위(규모의 경제)<br>• 낮은 비규모 기반의 우위<br>• 부적절한 제품 확산<br>• 불충분한 제품 차별화<br>• 해당 기업의 과도한 초과 생산 능력 부족으로 인한 낮은 보복의 두려움<br>• 진입을 금지하거나 좌절시키는 정부 정책의 부재 |
| 공급자의 교섭력 | • 적은 공급자의 수<br>• 공급자들이 독특한 차별화된 제품들을 공급할 경우<br>• 해당 기업이 공급자들의 중요한 고객이 아닐 경우<br>• 공급자들이 전방 수직적 통합을 기꺼이 할 수 있는 경우 |
| 구매자의 교섭력 | • 적은 구매자의 수<br>• 제품이 비용 절감 또는 생활 수준 향상을 제공하지 못하는 경우<br>• 구매자들이 해당 기업으로부터 표준화된 비차별적인 제품들을 구매할 경우<br>• 구매자들이 후방 수직적 통합을 기꺼이 할 수 있는 경우 |
| 대체재의 위협 | • 대체재들이 품질 및 기능에서 기존 제품들에 비해 뛰어날 경우<br>• 대체재 사용을 위한 전환비용이 낮을 경우 |

## 경쟁자들의 경쟁 정도

높은 수준의 경쟁을 나타내는 행위들은 (1)빈번한 가격 전쟁 (2)신제품의 확산 (3)치열한 광고 캠페인 (4)(모든 경쟁자들의 쿠폰들을 받아들이는 것과 같은) 고비용 경쟁 행동과 반응들이다. 이러한 격렬한 경쟁은 이윤을 감소시킨다. 핵심 질문은 '어떠한 조건이 치열한 경쟁으로 이어지게 하는가?'이다.

적어도 여섯 가지 상황을 생각할 수 있다(표 2.1). 첫째, 경쟁자의 수가 중요하다. 산업이 집중되어 있으면 집중되어 있을수록 경쟁자의 수는 더 적고, 이들 경쟁자는 서로의 상호의존을 더 잘 인식하고, 그러므로 그들의 경쟁을 자제하게 될 것이다. 자동차 산업에서 페라리(Ferrari), 람보르기니(Lamborgini), 롤스로이스(Rolls-Royce)와 같은 소수의 초호화 자동차 회사들은, (대폭 할인과 같은) 대중 시장의 경쟁자들 사이에서 일반적으로 볼 수 있는 치열한 경쟁 활동을 하지 않는다.

둘째, 비슷한 규모에 비슷한 시장 영향력을 가지고 비슷한 제품을 파는 경쟁사들은 종종 서로 치열하게 경쟁한다. 특히 항공사처럼 자사 제품을 차별화시킬 수 없는 기업들의 경우 더욱 그렇다. 이와 대조적으로, 지배적인 기업이 존재할 때는 경쟁이 약해지는데, 이 기업이 산업 전반의 가격을 정 할 수 있고 이 가격 표준으로부터 너무 벗어나는 행동은 절제하도록 만들어 경쟁을 감소시키기 때문이다. 다이아몬드 업계의 드비어스(De Beers)가 그러한 예 중 하나다.

**지배적 위치(dominance)** 시장의 리더가 아주 높은 시장 점유율을 갖는 상황.

셋째, (자동차, 매트리스, 오토바이와 같이) 제품이 "고가(big ticket)"이고 이따금 구매되는 산업에서는 **지배적 위치(dominance)**를 확립하기가, (선도 업체가 아주 높은 시장 점유율을 가지기가) 어려울 수 있다. 지배적인 마켓 리더가 없다면 그 결과는 더 치열한 경쟁이다. 이와 대조적으로, (맥주, 티슈 등과 같은) 저가의 더 자주 구매되는 제품들, 즉 "항상 상품(staple goods)"의 산업에서는 선도 기업이 지배하기가 비교적 더 쉬울 수 있다. 이것은 "항상 상품"의 소비자들은 자신들의 구매 결정에 대해 많은 시간을 들여 조사할 가능성이 적고, 잘 알려진 브랜드를 계속 구매하는 것이 편리하다고 생각하기 때문이다. 반면 "고가" 물품의 소비자들은 구매할 때마다 더 좋은 거래를 찾는데 관심이 더 많다. 당신은 자동차를 얼마나 자주 사는가? 다음에 자동차를 살 때 당신은 다시 조사할 가능성이 있다. 그러므로 몇년 전에 우리에게 자동차를 판 자동차 회사는 다음번에는 당신을 고객으로 맞이하지 못할 수 있는 리스크를 안고 있다.

넷째, 일부 산업의 경우, 새로운 생산능력(capacity)이 추가될 때 그 정도를 대폭 늘려야 하므로 치열한 경쟁이 일어난다. 두 항구 사이의 항로에서 두 크루즈선 업체가 (똑같은 크기의 배 한 척씩을) 운항하고 있다면, 이 두 기존 업체 중 하나가 새로 배 한 척을 추가하면 산업 역량은 50%나 증가한다. 그러므로 두 기존 크루즈선 업체는 가격을 인하할 수밖에 없다(오프닝 케이스 참고). 호텔, 석유화학, 반도체, 철강 등의 산업은 주기적으로 설비 과잉(overcapacity)을 경험하고, 이에 대한 대응 방법으로써 주로 가격 인하로 이어진다.

다섯째, 산업의 느린 성장 또는 하락이 경쟁사들을 더욱 절박하게 만들고, 그래서 종종 이전에는 하지 않았던 행동을 한다. 2008년 경제 위기와 2020년 코로나 팬데믹 이후에도 생존하기 위한 사활을 건 싸움에서 많은 명품 업체는 이전에는 일반적으로 피했던 관행인 할인에 의존할 수밖에 없었다(실행 전략 2.1 참고).

마지막으로, 퇴출 비용(exit cost)이 높은 산업에서는 기업들이 손실을 내면서도 계속 운영하는 것을 볼 수 있다. 대안적인 용도가 거의 없거나 판매할 수 없는 전문적인 장비 및 시설은 퇴출 장벽으로 작용한다. 게다가, 감정적, 개인적, 경력적 비용, 특히 실패를 인정하는 경영진의

## 실행 전략 2.1 불황에 맞서 싸우는 하이 패션 Emerging Markets

고급 의류, 핸드백, 보석, 향수, 시계 등을 대량으로 생산하면서 패션 산업의 하이엔드인 명품 산업은 2008~2009년의 대공황에서 어려운 시기를 보냈다. 2009년 전체 명품 산업 매출은 20% 감소했다. 업계는 어떻게 대처했을까?

5대 요인 중 대체재의 위협은 상대적으로 미미했다. 기존 업체들이 어려움을 겪고 있을 때 잠재적 신규 진입자들은 진입을 갈망하지 않았다. 자동차 제조업체와 신발 제조업체들의 주문 취소로 망연자실해진 가죽 처리업체와 같은 공급업자들은 명품 회사들이 줄 수 있는 어떤 주문에도 기꺼이 일하려고 했다. 따라서, 산업 경쟁을 관리하는 것은, 어떻게 경쟁 관계를 관리하고 고객을 관리할 것인가였다.

하이 패션계는 빅3에 의해 지배되고 있었다. 루이비통 모에 헤네시(2013년 매출 350억 달러, 루이비통 핸드백, 모에 헤네시 주류, 크리스찬 디올 패션, 태그호이어 시계, 불가리 쥬얼리를 포함하여 50개 이상의 브랜드 보유), 리치몬드(130억 달러, 카르티에 보석과 피아제 시계보유), 케링(120억달러, 구찌 핸드백, 입생로랑 의류, 세르지오 로시 신발 보유)가 그것이다.

다음은 버버리, 에르메스, 프라다, 스와치와 같은 소규모 브랜드들이었다. 사실상 모든 기업이 차별화 전략을 추구하고 더 적은 수의 기업이 집중화 전략에 참여한다. 정의상, 하이 패션은 높은 가격을 의미한다. 비공식적인 규범이 업계에 스며든다: 최소한 이론적으로는 할인도, 쿠폰도, 가격 전쟁도 없다. 저가 패션 산업에서 그렇게 자주 사용되는 할인은 때때로 그것을 출시하는 회사뿐만 아니라 하이 패션 세계 전체의 이미지와 마진에도 위험하고 독이 되는 것으로 간주된다.

절실함에 의해, 많은 회사들이 가격을 인하했지만, 조용히 이루어졌다. 티파니 보석상에서는 판매원들이 고객들에게 다이아몬드 반지 가격 인하에 대해 언급했지만, 그 외에는 홍보가 없었다. 리치몬트와 구찌는 할인 웹사이트를 위해 초과 재고를 하역했다. 코치는 코치 브랜드의 이미지를 낮추지 않고 포피라는 저렴한 라인 브랜드를 출시했다. 2008년 크리스마스 전 한 달 동안 메이시스와 삭스 5번가와 같은 미국 백화점은 일부 명품의 최대 80%까지 가격을 엄청나게 인하했다. 견고하게 서 있던 유일한 회사는 LVMH로, LVMH는 자사 제품을 할인 판매하지 않는다고 선언했다. 상황이 어려워지면 대신 주식을 판매한다. 백화점에 의존하는 많은 명품 회사들과 달리, LVMH는 소매점을 소유하고 있기 때문에 가격을 완전히 통제하고 있다.

대공황의 유혈사태는 크리스티안 라크루아와 에스카다와 같은 약한 선수들이 파산 신청을 하도록 강요했다. 하지만 그것은 LVMH와 같은 더 강한 선수들을 훨씬 더 무섭게 만들었다. LVMH는 고급 패션의 확립된 패턴으로부터 이익을 얻었다: 품질로의 비행. 사람들이 돈이 적을 때, 그들은 돈을 가장 좋은 것에 쓴다. 쇼핑객들은 버버리 레인코트 하나(디자이너 드레스 두 벌에 비해)와 에르메스의 버킨 가방 하나(명성이 낮은 브랜드의 가방 세 개보다)와 같은 더 적고 더 클래식한 아이템을 선호한다. 이러한 이유로, LVMH는 회장에 따르면, "위기가 닥치면 항상 시장 점유율을 얻는다. 매출은 2008년 240억 달러, 2011년 290억 달러, 2013년 360억 달러로 성장했으며 이익률은 40% 정도로 경쟁사보다 두 배나 높았다.

기업 간 경쟁 관계를 관리하는 것 외에도 변덕스러운 고객을 관리하는 방법은 까다로웠다. 부자들은 대공황의 영향을 받지 않았지만, 그들의 수는 적었다. 대부분의 기업은 성장 자금을 조달하기 위해 "열망적인" 고객에게 의존해 왔다. 불경기가 심해지자 경제적으로 침체된 선진국 중산층 고객 상당수가 사소함과 과시 대신 가치를 추구하기 시작했다. 일본은 수년 동안 명품 시장의 1위를 차지해 왔으며, 대부분의 일본 여성들은 적어도 하나의 LVMH 제품을 소유하고 있는 것으로 알려졌다. 그러나 판매량은 2005년 이후 감소했고 2008년 이후 급격히 감소했다. 젊은 일본 여성들은 그들의 어머니보다 더 개인주의적으로 보였고 덜 알려진 (그리고 더 싼) 브랜드를 집으로 가져갔다.

신흥 시장들, 특히 중국은 명품 회사들에게 최고의 희망을 제공했다. 2008년 이후 전 세계 매출이 감소한 반면, 중국 소비(국내 및 여행 모두)는 20%에서 30% 사이에서 성장하고 있다. 2011년, 중국은 세계 명품 소비국으로서 처음으로 일본을 앞질렀고, 130억 달러를 쏟아부어 28%의 세계 시장 점유율을 차지했다. 2013년 중국의 명품 시장은 190억 달러까지 치솟았다. 하이 패션계의 이름있는 기업들은 모두 앞을 다투어 중국으로 밀려들어 왔다. 다만 신흥 시장의 특징은 예측 불가능성이다. 시진핑 주석이 2012년 집권한 이후, 그의 반부패 캠페인은 중국의 눈에 띄는 소비의 성장을 축소시켰고, 기업들은 다른 곳으로 눈을 돌릴 수 밖에 없었다.

2020년 명품 업계는 코로나로 인한 더욱 참담한 불황을 겪었다. 이번에는 이들이 어떻게 헤쳐나갈 것인가?

Sources: (1) Bloomberg Businessweek, 2018, The Arnaults try to refashion LVMH for millennials, July 16: 14–15; (2) BusinessWeek, 2009, Coach's new bag, June 29: 41–43; (3) BusinessWeek, 2009, When discounting can be dangerous, August 3: 49; (4) Economist, 2009, LVMH in the recession, September 19: 79–81; (5) Economist, 2010, Fashionably alive, November 13: 76; (6) Economist, 2011, The glossy posse, October 1: 67; (7) Economist, 2014, China: Beyond bling, December 13: 8; (8) Economist, 2014, Exclusively for everybody, December 13: special report; (9) Economist, 2020, Fashion victims, June 20: 52–53.

입장에서 높은 비용이 발생할 수 있다 일본과 독일의 경우, 회사가 파산 신청을 하면 경영자들은 법적으로 기소될 수가 있다. 따라서 이러한 관리자가 회사를 업계에서 퇴출시키기 전에 모든 것을 시도하는 것은 놀라운 일이 아니다.

전반적으로, 몇 개의 우세 기업이 주도하여 경쟁자의 수가 적고, 새로운 역량 (capacity)이 점진적으로 조금씩 추가되고, 산업이 견실하게 성장하며, 퇴출 비용(exit cost)이 합리적일 때, 경쟁의 정도는 크지 않고, 산업 수익이 안정적일 가능성이 높다. 이와 반대되는 조건에서 경쟁은 치열해질 수 있다.

## 신규 진입자의 위험

**기존기업들 (incumbents)** 서로 경쟁하는 한 산업 내의 현재 기업들.

업계에서 자리 잡은 기업들은 기존 경쟁 상대, 즉 **기존기업들(incumbents)**을 주시하는 것 외에도 잠재적 신규 진입자를 들어오지 못하게 하는 데도 기득권을 가지고 있다. 새로운 진입자는 일부 기존기업이 올려둔 평균 이상의 수익 때문에 산업에 진입하려고 동기 부여를 받는다. 예를 들어, 아마존(Amazon)은 인공 지능, 클라우드 컴퓨팅, 가전제품, 디지털 스트리밍, 소매업, 출판 등 같은 수많은 산업에 뛰어들었다. 약국 업계의 월그린(Walgreens)과 같은 기존기업들은, "아마존화하다"는 새롭고 무시무시한 문구에 적응하고 있다.

**진입 장벽 (entry barriers)** 진입 비용을 높이는 산업의 구조.

**규모 기반 우위(scale-based advantages)** 규모의 경제로부터 야기된 우위 (한 기업이 몇 개의 제품들을 많이 생산할수록, 단위당 비용들이 줄어든다).

**규모의 경제 (economies of scale)** 생산의 규모를 키움으로써 단위당 비용을 줄이는 것.

기존기업들의 주요 무기는 **진입장벽(entry barriers)**으로, 이것은 진입 비용을 높이는 산업의 구조이다. 예를 들어, 에어버스(Airbus)는 새로운 A380에 120억 달러를 쏟아부었고, 보잉(Boeing)은 새로운 787에 100억 달러를 소비하고 나서야 비행기는 첫 비행을 했다-말 그대로 모든 잠재적 경쟁자에게 하늘만큼 높은 진입장벽이다. 중요한 질문은 다음과 같다. 어떤 조건이 그렇게 높은 진입장벽을 만들었는가?

표 2.1에서 보여지듯이, 적어도 여섯 가지 구조적 특성이 높은 진입장벽과 관계가 있다. 첫 번째는 기존기업이 **규모 기반의 우위(scale-based advantages)**를 누리고 있느냐의 여부 다. 핵심적인 개념은 **규모의 경제(economies of scale)**로, 이것은 생산 및 유통의 규모를 키움으로써 단위당 비용을 줄이는 것을 일컫는다. 예를 들어, 월마트(Wal-Mart)는 분배에서의 엄청난 규모의 경제를 이용해 물류 및 간접비를 많은 점포들에 분산시키는 것을 잘하고 그 결과 제품 가격이 더 낮아진다.

**비규모 기반 우위 (non-scale-based advantages)** 규모의 경제로부터 야기되지 않은 저비용 우위.

기존기업들이 누릴 수 있는 또 다른 우위는 규모와 관련이 없는 **비규모 기반의 우위(non-scale-based advantages)**다. 예를 들면, 독점적 기술(proprietary technology: 특허 등)이 그 예이다. 신규 진입자는 "독점적 기술을 벗어나서 발명해야 하는데" 그 결과는 비용이 많이 들고 불확실하다. 신규 진입자는 또 독점적 기술을 직접적으로 모방할 수 있는데 이것에 대해 기존기업은 특허 침해로 소송을 걸지도 모른다. 그러한 우위의 또 다른 원천은 노하우, 즉 축적하는 데 수년, 때로는 수십 년이 걸리는 생산 방법 및 고객 서비스 방법에 대한 복잡한 지식이다. 대부분의 신규 진입자가 그러한 노하우를 익히는 데 어려움을 겪는다.

규모 기반 및 비규모 기반의 저비용 우위 외에, 또 다른 진입장벽은 **제품 확산(product proliferation)**으로, 이것은 잠재적 진입자가 충족할 아직 "충족되지 않은 요구"를 거의 남겨 놓지 않는 방식으로 제품 공간을 채우려는 노력을 일컫는다. 교과서 출판 업계에서, 수십억 달러 가치에 달하는 다국적 출판사 사우스웨스턴 센게이지 러닝(South-Western Cengage Learning)은 저자(그의 별명은 "미스터 글로벌(Mr. Global)")와 함께 이 시장을 주도하는 책 글로벌 전략(Global Strategy)뿐만 아니라 글로벌 비즈니스(Global Business)와 글로벌(GLOBAL)도 전 세계에서 출판했다. 유럽의 학생들은 유럽 각색본(클라우스 마이어(Klaus Meyer)와 공동집필)을 읽을 수 있다. 인도 학생들은 인도 각색본(디팍 스리바스타바(Deepak Srivastava)와 공동집필)을 공부할 수 있다. 영어 이외의 독자를 위해 중국어 번역본 Quanqiu Qiye Zhanlue과 스페인어 번역본 Estrategia Global, 그리고 포르투갈어 번역본 Estratégia Global도 있다.

**제품 확산 (product proliferation)** 잠재적 진입자가 충족할 아직 "충족되지 않은 요구"를 거의 남겨 놓지 않는 방식으로 제품 공간을 채우려는 노력.

또한 중요한 것은 **제품 차별화(product differentiation)**로, 이것은 고객이 가치 있게 여기는 기존기업 제품의 고유성을 가리킨다. 제품 차별화의 두 원천은 (1)브랜드 식별(brand identification)과 (2)고객 충성도(customer loyalty)다. 기존기업은 종종 집중적인 광고를 통해 고객들이 자사 브랜드를 일부 독특한 특성과 동일시하게끔 하는 것을 좋아한다. BMW는 자사 자동차가 "궁극적인 최고의 자동차"라고 자랑한다. 프랑스 샴파뉴(Champagne) 지역의 샴페인(Champagne) 생산업체들은 다른 곳에서 만드는 경쟁 제품들은 샴페인이라는 이름을 붙일 자격이 없다고 주장한다.

**제품 차별화(product differentiation)** 고객이 가치 있게 여기는 제품의 독특함.

제품 차별화의 두 번째 원천은 고객 충성도로, 특히 새로운 제품으로 바꿀 때의 전환비용(switching cost)이 상당할 때 고객 충성도의 효과가 더 발휘된다. 많은 첨단 산업은 사용자가 제품에서 얻는 가치가 동일 제품을 사용하는 다른 사용자의 수가 많아질수록(즉, 네트워크가 커질수록) 커지는 **네트워크 외부성(network externalities)**의 특징을 가진다. 이러한 제품 또는 서비스는 **플랫폼(platform)**이라고 할 수 있으며, 두 개 이상의 서로 다른 사용자 그룹을 연결하는 중재자로 정의된다. 에어비앤비, 알리바바, 아마존, 애플, 크레이그리스트(Craigslist), 이베이, 페이스북, 라코텐(Rakuten), 우버, 위챗(WeChat)을 생각해 보라. 플랫폼 산업은 "승자독식"의 특성을 가지고 있어서, 자사 기술 표준이 시장에 의해 받아들여진 (예를 들면 마이크로소프트 워드, 엑셀과 같은) 승자(기존기업)는 본질적으로 잠재적 진입자를 못 들어오게 막는다. 다시 말해, 이들 산업은 기본 경제학에서 가르치는 수확체감이 아니라 그 반대인 흥미로운 수확체증의 특징을 가지고 있다.

**네트워크 외부성 (network externality)** 사용자가 제품에서 얻는 가치가 동일 제품을 사용하는 다른 사용자의 수가 많아질수록(또는, 네트워크가 커질수록) 커지는 것.

**플랫폼(platform)** 둘 이상의 개별 사용자 그룹을 연결하고 직접적인 상호 작용을 가능하게 하는 중개자.

또 다른 진입장벽은 기존기업의 보복 가능성이다. 기존기업은 종종 신규 진입자를 벌주기 위해 얼마간의 **과잉 설비(excess capacity)**를 유지한다. 고정관념에서 살짝 벗어나 생각할

**과잉 설비 (excess capacity)** 현재 사용 미달이거나 사용하지 않는 추가적인 생산 설비.

때, 아마도 이것을 가장 잘 보여주는 예는 군대일 것이다. 군대는 납세자들에게 엄청난 양의 돈을 내게 하고, 평화 시에는 분명 과잉 설비를 대표한다. 하지만 군대는 한 가지 이유, 즉 외국의 침략을 저지하기 위해(즉, "새로운 진입자를 벌하기 위해") 존재한다. 지금까지 일방적으로 자국 군대를 해체한 국가는 없고, 패전국가(1945년의 독일과 일본, 2003년의 이라크)에게 가하는 최고의 벌은 군대 해체다. 일반적으로, 보복의 가능성을 더욱 확실히 없앨 수 있고 예측할 수 있으면 새로운 진입자를 더 잘 저지할 수 있다. 코카콜라는 (펩시를 제외한) 다른 경쟁사가 어느 시장에서든 시장 점유율 한계선인 10%를 넘으면 가격 인하로 보복하는 것으로 알려져 있다. 그 결과, 잠재적 진입자는 진입하기 전에 한 번 더 재고하게 된다.

마지막으로, 진입을 금지하거나 어렵게 하는 정부 정책이 또 다른 진입장벽 역할을 할 수 있다. 예를 들어, 약물 특허는 미국 정부가 부과하는 진입장벽이다. 특허의 만료는 종종 신규 진입자들의 복제 약품 판매를 촉발한다. 항공 산업에서 미국 정부와 인도 정부는 외국인 진입자들에게 각각 자국 항공사 지분의 최대 25%까지, 그리고 49%까지만 허용한다. 캐나다 무선전화 서비스 업계에서는 정부가 부과하는 진입장벽이 낮아지면 신규 진입자가 급증해 기존 업체들의 수익률이 위협을 받는다.

전체적으로 볼 때, 기존기업이 규모 기반 또는 비규모 기반 우위(또는 둘 다)를 이용하고 수많은 제품을 판매하고, 상당한 차별화를 하며, 신뢰할 수 있는 보복의 위협을 유지하고, 규제의 보호를 받는 경우, 잠재적 진입의 위협은 약해진다. 그러므로 기존기업은 더 높은 수익을 누릴 수 있다. 그렇지 않으면, 기존기업들은 포위될 수 있다. 수많은 제품을 판매하고, 상당한 차별화를 하며, 신뢰할 수 있는 보복의 위협을 유지하고, 규제의 보호를 받는 경우, 잠재적 진입의 위협은 약해진다. 그러므로 기존기업은 더 높은 수익을 누릴 수 있다. 그렇지 않으면, 기존기업들은 포위될 수 있다. 기존기업은 진입자가 근본적으로 새로운 기술과 비즈니스 모델을 도입하여 기존 산업을 붕괴시킬 때 특히 취약할 수 있다(클로징 케이스 참고). 예를 들어 에어비앤비는 2008년에 텍사스에 진출했다. 2010년대 중반까지 기존 호텔, 특히 비즈니스 여행객에게 적합하지 않은 저급 호텔로부터 10%의 매출을 올렸다. 게다가 에어비앤비는 성수기 동안 가격을 인상하는 호텔들의 능력을 심각하게 약화시켰다.

## 공급자의 교섭력

**공급자의 교섭력 (bargaining power of suppliers)**
공급자가 가격을 올리고/또는 제품 및 서비스의 품질을 낮출 수 있는 능력.

공급자는 재료, 서비스, 인력 등의 투입을 해당 산업에 있는 기업들에게 제공하는 조직이다. **공급자의 교섭력(bargaining power of suppliers)**은 공급자가 가격을 올리거나 제품 및 서비스의 품질을 낮출 수 있는 능력을 일컫는다. 세 가지 조건이 공급자의 강한 교섭력으로 이어진다(표 2.1 참고). 첫째, 공급업계가 소수의 기업에 의해 지배하고 있을 경우, 공급자는 우위를 점할 수 있다. 전 세계의 수백 개의 항공사들은 보잉과 에어버스라는 두 공급업체에만 의존해야 한다. 보잉과 에어버스가 엄청난 협상력을 누리고 있는 것은 놀라운 일이 아니다.

둘째, 공급자의 교섭력이 상당해지는 경우는 공급자가 대체재가 거의 없거나 전혀 없는 독특하고 차별화된 제품을 제공할 때다. 예를 들어, 대부분 PC 운영체계에 필수적인 소프트웨어의 공급자인 마이크로소프트는 자사 윈도우(Windows)가 새 버전을 내놓을 때마다 델(Dell), HP, 르노보(Lenovo) 같은 PC 제조업체에서 상당히 인상된 가격을 받는다. 마찬가지로 로펌은 고도로 전문화된 법률 서비스를 제공함으로써 고객으로부터 높은 수수료를 청구할 수 있다.

마지막으로, 공급자는 **전방통합(forward integration)**을 통해 해당 산업으로 진입할 의사가 있고 능력이 있을 경우 교섭력을 높일 수 있다. 다시 말해, 공급자는 공급자이자 경쟁사가 될 수 있다고 위협하는 것이다. 예를 들어, 애플(Apple)은 전통적인 텔레콤 소매 매장에 전화와 컴퓨터를 공급하는 것 외에 주요 도시에 많은 애플 스토어(Apple Store)를 세웠다. 명품 업계에서는 프라다(Prada)가 생산량의 50%를 백화점, 보석상 등 유통 채널에 공급해 왔다. 이제 프라다는 자사 제품의 20%만 외부 유통 채널에 공급하고 80%는 프라다 소유의 매장 및 온라인 채널에서 판매하는 것을 선호한다(실행 전략 2.1 참고). 즉, 전방통합을 통해 애플과 프라다는 공급업체이자 유통 경쟁업체이다.

**전방통합 (forward integration)**
영업활동의 자산들을 획득하는 것(생산기업이 유통서비스 획득).

요약하면, 강력한 공급자는 해당 산업에 있는 기업들에게서 수익성을 창출할 수 있다. 그러므로 해당 산업(focal industry)에 있는 기업들은 특정 공급자에 대한 의존도를 줄임으로써 자신들의 교섭력을 강화해야 할 인센티브를 가진다. 예를 들어, 월마트는 구매의 3% 이상을 어떤 공급업체도 차지 하지 못하게 하는 정책을 시행해 오고 있다. 새로운 공급업체를 육성하거나 (주문을 취소하고 미래 사업을 중단하거나 최소한 그렇게 하겠다고 위협하는 등) 강경하게 할 수 있다.

## 구매자의 교섭력

구매자(개인 또는 기업)의 관점에서 볼 때, 해당 산업에 있는 기업들은 본질적으로 공급자이다. 그러므로 앞에서 공급자에 대해 논의한 내용이 여기에 관련된다(표 2.1). 세 가지 조건이 강한 **구매자의 강력한 교섭력(bargaining power of buyers)**으로 이어진다. 첫째, 구매자의 수가 적으면 강력한 교섭력으로 이어진다. 예를 들어, 수백 개의 자동차 부품 공급업체가 BMW, 포드(Ford), 혼다(Honda) 같은 적은 수의 자동차 제조회사에 판매한다. 이들 구매자는 자주 공급자들을 서로 경쟁시켜 가격 할인과 품질 개선을 끌어낸다. 이들 자동차 제조업체가 해외에 투자할 때, 이들은 공급자들을 부추기거나 강압하여 자신들과 함께 해외에 투자하게 하고 공급자 공장을 공급자의 비용을 써서 자신들의 조립 공장 옆에 자리 잡으라고 요구한다. 많은 공급자가 이에 따르는 것은 놀라운 일이 아니다. 이것이 바로 토요타(Toyota)가 중국 광저우에 토요타 시티(Toyota City)를 복제한 방법이다. 토요타가 소유한 주된 공장은 30개의 공급자 공장

**구매자 교섭력 (bargaining power of buyers)**
구매자가 상품 및 서비스의 가격을 낮추거나 품질 향상을 요구할 수 있는 능력.

들로 둘러싸여 있다.

둘째, 구매자는 공급자와 차별화되지 않은 표준 상품 제품을 구매하면 강력한 교섭력을 가질 수 있다. 자동차 부품 공급업체는 단체로 자동차 제조업체에 비해 협상력이 떨어지지만, 공급업체가 똑같이 무력한 것은 아니다. 일반적으로 여러 계층이 있다. 최상층의 공급자는 전기 시스템, 핸들, 좌석 등 비표준적이고 차별화된 핵심 부품을 공급하는 가장 중요한 공급업체들이다. 최하층 공급자들은 안전벨트 버클, 컵 홀더, 또는 간단한 너트와 볼트 같은 표준적이고 차별화되지 않은 일상소비재를 만드는 공급자들로 이루어져 있다. 당연히 최상위 공급자는 최하위 공급자보다 교섭력이 더 크다.

**후방통합**
**(backward integration)**
상방(upstream)의 자산들을 획득하고 소유하는 것(원료공급기업이 생산업체를 통합하거나 제조사가 원재료 공급업체를 통합하는 것).

마지막으로, 공급자와 마찬가지로 구매자도 **후방통합(backward integration)**을 통해 해당 산업(focal industry)에 진입함으로써 교섭력을 높일 수 있다. 코스트코(COSTCO), 막스 앤 스펜서(Marks & Spencer), 테스코(Tesco) 등과 같은 구매자는 이제 자체상표 브랜드 제품을 조달하며 프록터 앤 갬블(Procter & Gamble: P&G)과 존슨 앤 존슨(Johnson & Johnson) 같은 공급자들과 직접 경쟁한다. 구매자 자체상표 제품, 예컨대 코스트코의 커클랜드(Kirkland), 크로거(Kroger), 세이프웨이(Safeway) 같은 브랜드들은 제조업체 브랜드와 매장 선반 위에 나란히 자리잡고 경쟁한다. 현재, 스토어 브랜드 제품은 식료품 매출에서 스페인의 경우 대략 40%, 영국의 경우 30%, 미국의 경우 20%를 차지하고 있다. 프리토레이(Frito-Lay)(감자칩) 같이, 오직 주요 브랜드 제조업체들만 강력한 스토어들이 자신들을 위해 자체상표 제품을 만들어달라고 하는 요구에 저항할 수 있다. 많은 평범한 브랜드 제조업체들은 상점들을 위해 상점의 자체상표 제품을 만드느냐 아니면 매장 선반 위에서 쫓겨나느냐(이들의 제품은 대체 가능하기 때문에)의 선택에 직면하면 상점의 강력한 교섭력에 굴복한다.

전반적으로, 구매자는 교섭력을 높임으로서 가치를 지킬 수 있다. 구매자의 교섭력은 기업들이 수많은 구매자에게 팔 수 있고, 차별화된 제품을 제공하고, 진입장벽을 강화할 때 최소화된다.

### 대체재의 위협

**대체재(substitutes)**
현재 해당 산업이 충족시키고 있는 고객의 필요사항을 만족시키는 다른 산업들의 제품.

**대체재(substitutes)**는 현재 해당 산업이 충족시키고 있는 고객의 요구를 만족시키는 다양한 산업들의 제품과 서비스이다. 예를 들어, 식물로 만든 "고기와 같은" 제품은 실제 고로 만든 제품들을 대체하고 있다. 두 영역의 대체재가 특히 크게 위협을 한다(표 2.1). 첫째, 대체재가 기존 제품보다 품질과 기능에서 우수할 경우, 빠르게 많은 수의 고객을 끌어들일 수 있다. 온라인 미디어는 많은 신문과 잡지를 멸종 직전 상태로 몰아내 버렸다. 스마트폰은 이제 PC, 카메라, 지도, 책들을 대체하고 있다.

둘째, 대체제는 전환 비용이 낮을 때 상당한 위협을 제기한다. 예를 들어, 소비자는 우유에서 두유로 바꿀 때 사실상 거의 아무 비용이 들지 않는다. 둘 다 모두 슈퍼마켓 진열대에서 쉽게 구할 수 있다. 그러나, 대형 여객 비행기, 특히 대양을 건너는 교통편의 대체재는 존재하지 않는다. 하와이나 뉴질랜드로 가는 유일한 다른 방법은 수영뿐인 듯 보인다.

전반적으로, 대체재의 위협은 기업들에게 해당 산업만 좁게 보지 말고 더 큰 환경을 부지런히 살필 것을 요구한다. 그들은 관련이 없어 보이는 산업의 발전에 주의를 기울일 필요가 있다. 기존 제품의 고객 가치(예: 가격, 품질, 효용, 입지)를 향상시키면 대체재의 매력은 줄어든다.

## 5요인 체계의 교훈

종합해보면, 5요인 체계는 세 가지 중요한 교훈을 제공한다(표2.2).

- 이 체계는 잠재적 수익성이라는 측면에서 볼 때 모든 산업이 동등하지는 않다는 중요한 요점을 강화한다. 결론은 기업이 선택할 수 있는 여유가 있다면(예: 다각화된 회사가 새로운 산업 진입을 고려하거나 또는 기업가정신이 있는 신생기업이 새로운 기회를 찾고 있는 경우), 5요인이 약한 산업을 선택하는 경우가 더 나아질 것이다. 마이클 델(Michael Dell)은 PC 산업이 얼마나 경쟁이 치열해질지 알았더라면 아마 피했을 것이라고 고백했다.
- 해야 할 일은 산업에 영향을 주는 각 요인의 아래에 놓인 기회(O)와 위협(T)을 평가한 다음 그 산업의 수익 잠재력을 추정하는 것이다.
- 포터에 따르면 과제는 “확고히 자리 잡은 적이거나 새로운 적이거나, 직접적인 적들의 공격에 덜 취약하고, 구매자, 공급자, 대체재의 잠식에 덜 취약하도록 포지셔닝하는 것이다.” 다시 말해, 핵심은 산업 내에서 잘 포지셔닝하고 그 위치를 방어하고 지키는 것이다. 결과적으로 5요인 체계는 또한 **산업 포지셔닝(industry positioning)** 학파로 알려지게 되었다.

**산업 포지셔닝(industry positioning)**
5요인들에 의해 주어지는 위협을 최소화시키기 위해 한 산업 내에서 어떤 기업을 포지션 시키는 방법.

비록 이 체계의 요지는 40여 년 전에 제시되었지만 오늘날에도 계속 실천과 연구에 강력한 영향력을 발휘하고 있다. 토론이 되고 있고 수정되기도 했지만 (나중에 설명), 이 체계의 핵심 특징들은 여전히 주목할만한 통찰력을 지니고 있다(실행 전략 2.2 참고).

### 표 2.2 5요인 체계의 교훈

- 어떠한 산업들도 잠재 수익성 측면에서 동일하지 않다
- 전략가의 과제는 산업에 영향을 주는 5가지 경쟁 요인들의 각각을 이루고 있는 기회(O)와 위협(T)을 평가하는 것이다
- 도전은 5요인들에 대해 강력하고 방어적일 수 있는 입장을 분명히 밝히는 것이다

## 실행 전략 2.2 디지털 전략과 5 요인

"당신의 디지털 전략은 무엇입니까?" 이것은 최근 많은 전문가, 컨설턴트 및 이사회 이사들이 마치 새로운 전략인 것처럼 제기한 질문이다. 디지털 전략에는 **인공 지능(AI)**, **빅 데이터(데이터 분석)**, 클라우드 컴퓨팅, 사이버 보안, 인더스트리 4.0, **사물 인터넷(IoT)**, 온라인 인터페이스 디자인, 로봇 공학 및 소셜 미디어와 같은 새로운 전문 용어와 기술이 포함된다. **디지털 전략**(때로는 디지털 비즈니스 모델이라고도 함)은 실제로 기존 비즈니스 활동에 디지털 기술을 적용하거나 새로운 경쟁 방식을 개발하는 것이다. 결과적으로 5가지 힘의 틀은 계속해서 통찰력이 있다. 불행히도 SWOT의 관점에서 볼 때 디지털 기술은 큰 기회(O)를 제공하는 대신 엄청난 위협(T)을 촉발한다.

- 경쟁사 간 경쟁은 더욱 치열한 전망이다. 디지털 기술은 경쟁자 간의 차별화를 줄이고 가격 경쟁의 기반을 조성하는 경향이 있다. 인터넷은 멀리 떨어져 있는 더 많은 경쟁자들이 경쟁에 참여할 수 있게 하여 경쟁을 심화시킨다. 예를 들어 중고 교과서를 판매하는 대학생은 한 세대 전만 해도 학생회관 벽에 제한된 수의 하드카피 광고를 게시했던 캠퍼스의 동료 학생들과만 경쟁하곤 했다. 오늘날 그녀는 Amazon의 디지털 플랫폼을 사용하여 중고 책을 중심 캠퍼스의 잠재 고객에게 배송할 수 있는 전국의 학생들과 경쟁해야 한다.
- 디지털 기술이 진입장벽을 낮추기 때문에 잠재적 진입 위협도 높아진다. 수많은 온라인 쇼핑 웹사이트가 고객에게 직접 도달할 수 있으므로 임대료, 영업 인력 및 재고를 부담해야 하는 오프라인 매장과 쇼핑몰에 심각한 장애가 된다. 여행 산업에서 TripAdvisor는 여행사, 가이드북 발행인 및 여행 리뷰어의 생계를 크게 혼란에 빠뜨렸다.
- 공급자의 교섭력이 강화되는 경우가 많다. 공급업체가 더 많은 구매자(해외 다수 포함)에게 다가갈 수 있기 때문에 해당 기업과 공급업체의 "특별한 관계"는 덜 중요해진다.
- 구매자의 교섭력도 강화되는 경우가 많다. 디지털 기술은 구매자에게 더 많은 정보를 제공하고 더 많은 비교 쇼핑을 용이하게 한다. 해당 기업의 이익을 위한 여지가 축소될 수 있다.
- 대체재에 대한 위협도 더욱 심각해졌다. 디지털 기술은 많은 최종 사용자가 새로운 제품과 서비스를 채택할 수 있도록 전환비용을 낮춘다. 예를 들어, Wikipedia 및 기타 수많은 온라인 지식 소스는 백과사전과 사전을 구매할 필요를 대체한다. 그들은 브래태니커 백과사전(1768년부터 인쇄)을 2010년 이후에 완전히 온라인 상태로 만들었다.

대부분의 기존 기업에게 디지털 전략은 본질적으로 방어적이다. 보수적인 명품 산업(실행 전략 2.1 참고)에서는 디지털 게임에 늦은 Prada와 같은 브랜드들은 뒤처지고 있다. 여전히 전자상거래를 아예 기피하는 Chanel과 Céline의 미래가 의심스러울 수 있다. 잘 생각하고 실행하면 디지털 전략도 공격적인 전략이 될 수 있다. Burberry는 디스플레이를 최초로 라이브 스트리밍하고 Twitter의 "구매" 기능을 사용하며, 명품 업계를 이끌었다. 가장 기본적으로 디지털 전략은 (1) 가치 사슬에서 디지털 생태계로, (2) 최종 소비자의 요구에 대한 모호한 이해에서 더 명확한 이해로의 두 가지 차원에 따라 개념화될 수 있다. 성공적인 생태계를 추진하기 위한 핵심은 도서에서는 Amazon, 크루즈에서는 cruise.com, 기초적인 검색에 있어서는 Wikipedia와 같이 특정 도메인의 첫 번째 선택 목적지가 되는 것이다.

빅 데이터 분석은 기존기업과 신규 진입 기업 모두가 최종 고객의 요구 사항을 더 잘 이해할 수 있도록 한다. 최근 뜨거운 화두는 장치와 기계가 상호 연결된 시스템인 IoT이다. (미래의) 스마트 홈에서 점유율을 놓고 경쟁하기 위해 Sony와 Vizio는 IoT TV에서 경쟁하고 있고 Honeywell과 Nest는 IoT 연결 환경 관리 시스템을 설치하기 위해 싸우고 있으며 Motorola와 Belkin은 보안 카메라를 제공하기 위해 서로 경쟁하고 있다. Philips와 Flux는 IoT 지원 전구를 제공하기 위해 열심이다. 이 각각의 예에서 기존기업과 새로운 참가자가 우위를 놓고 경쟁하고 있다. 이러한 모든 IoT 자산을 조정하고 모든 관련 데이터에 액세스하기 위해 어느 회사를 신뢰하겠는가? Apple, Google, Huawei, Intel 및 Samsung과 같은 기술 대기업은 이러한 광대한 IoT 네트워크의 중심에 위치하기로 결정했다. 미래의 5 요인 분석은 왜 그들의 디지털 전략이, 또는 Amazon Alexa나 AT&T와 같은 다른 누군가의 전략이, 성공하거나 실패하는 이유를 우리가 이해하는데 도움이 될 것이다.

Sources: (1) E. Banalieva & C. Dhanaraj, 2019, Internalization theory for the digital economy, Journal of International Business Studies 50: 1372–1387; (2) Bloomberg Businessweek, 2018, AI painted this, May 21: The sooner than you think issue; (3) Economist, 2015, Strutting their stuff, February 14: 58; (4) Economist, 2018, GrAIt expectations, March 31: special report; (5) Economist, 2019, The digital assembly line, September 7: 57–58; (6) A. Hagiu & E. Altman, 2017, Finding the platform in your product, Harvard Business Review July: 95–100; (7) M. Jacobides, 2019, In the ecosystem economy, what's your strategy? Harvard Business Review September: 129–137; (8) L. Moeller, N. Hodson, & M. Sangin, 2018, The coming wave of digital disruption, PwC Strategy + Business Spring: 41–47; (9) M. Porter, 2001, Strategy and the Internet, Harvard Business Review March: 63–78; (10) P. Weill & S. Woerner, 2018, What's Your Digital Business Model? Boston: Harvard Business School Press; (11) The World in 2018, 2018, Luxury's triumph of experience over hope, London: Economist; (12) M. Van Alstyne, G. Parker, & S. Choudary, 2016, Pipelines, platforms, and the new rules of strategy, Harvard Business Review April: 54–62; (13) F. Zhu & N. Furr, 2016, Products to platforms, Harvard Business Review April: 73–78.

# 3가지 본원적 전략

산업 경쟁의 기초가 되는 다섯 가지 요인을 파악한 후, 다음 과제는 어떻게 전략적 선택을 할 것인가 하는 것이다. 포터(Porter)는 1985년의 저서 경쟁 우위(Competitive Advantage)에서 3가지 **본원적 전략(generic strategies)**, (1)비용 우위, (2)차별화, (3)집중화를 제안했다. 이 세 가지 일반 전략 모두는 5요인에 대해 해당 기업의 입지를 강화하기 위한 것이다(표 2.3 참고).

## 비용 우위

전략에 대한 우리의 정의는 기업이 어떻게 경쟁에서 이기는가에 대한 이론임을 상기하자(1장 참고). **비용 우위(cost leadership)** 전략은 기업이 경쟁에서 이기는 방법에 대한 이론이 낮은 비용 및 가격에 중점을 둔다고 시사한다. 동일한 제품의 가치를 더 낮은 가격에 제공하는 것, 다시 말해 더 나은 가치를 제공하는 것은 많은 고객을 끌어들이는 경향이 있다. 비용 우위 기업은 많은 경우 자사 제품을 가지고 차별화가 거의 없는 대중 시장의 "평균적인" 고객들을 타깃으로 삼는 포지셔닝을 한다. 핵심 기능 영역은 제조, 서비스, 물류에서의 효율성에 중점을 둔다. 이 전략의 전형적인 특징은 대량의 낮은 마진을 추구하는 접근이다.

월마트(Wal-Mart) 같은 비용 우위 기업은 5요인의 위협을 최소화할 수 있다. 첫째, 비용 우위 기업은 더 낮은 가격을 책정할 수 있고 비용이 더 높은 경쟁사에 비해 더 나은 이익을 얻을 수 있다. 둘째, 비용 우위 기업의 저비용 우위는 상당한 진입장벽이다. 셋째, 비용 우위 기업은 일반적으로 공급업체에게서 대량으로 구매하고, 공급업체의 교섭력은 줄어든다. 심지어 월마트의 최대 공급업체인 P&G조차도 월마트의 규모를 두려워한다. 넷째, 비용 우위 기업은 강력한 공급업체가 가격을 인상하거나 또는 강력한 구매업체가 가격을 내려도 부정적인 영향을 덜 받는다. 마지막으로, 비용 우위 기업은 제품의 효용성 측면에서뿐만 아니라 가격 측면에서도 대체 제품에 도전하므로 비용 우위 기업을 이기기 힘들다. 그러므로 진정한 비용 우위 기업은 이 들 위협으로부터 비교적 안전하다.

그러나 비용 우위 전략은 적어도 두 가지 단점이 있다. 첫째, 비용 경쟁에서 뒤질 위험은 언제나 존재한다. 따라서 비용 우위 기업은 계속해서 더 낮은 비용을 추구할 수밖에 없게 된다. 그렇지 않으면 더 이상 비용 우위 기업이 아닐 수 있다. 대표적인 사례가 말레이시아의 에어아시아(AirAsia), 인도의 인디고(IndiGo), 아일랜드의 라이언에어(Ryanair)와 같이 전 세계 수많은 저가 항공사의 롤모델이 되어온 전설적인 댈러스 기반 할인 항공사 사우스웨스트 항공(Southwest Airlines)이다. 사우스웨스트 항공이 미국 4위의~ 마일당 비용(기술적으로 이용 가능한 좌석 마일로 불리는)은 여전히 3대 경쟁사(델타 8.98센트, 유나이티드 8.81센트, 미국 8.55센트)보다 낮다. 하지만, 진정한 비용 우위 기업은 이제 초저가의 스피릿 에어라인(5.95센

**인공지능(artificial intelligence: AI)**
기계, 특히 컴퓨터 시스템에 의한 인간 지능 프로세스의 시뮬레이션.

**빅 데이터(데이터 분석) (big data, data analysis)**
이전에 알려지지 않은 패턴, 추세 및 연관성을 드러낼 수 있는 매우 큰 데이터 세트를 분석.

**사물인터넷(internet of things: IoT)**
인터넷으로 연결된 상호 연결된 장치와 기계의 시스템.

**디지털 전략(디지털 비즈니스 모델)(digital strategy, digital business model)**
기존 비즈니스 활동에 디지털 기술을 적용하거나 새로운 경쟁 방식을 개발하는 것.

**본원적 전략(generic strategies)**
(1) 비용 우위, (2) 차별화, (3) 집중화를 포함하고, 5요인들에 대해 해당 기업의 입지를 강화시키는 것.

**비용 우위 (cost leadership)**
저비용 및 저가격을 바탕으로 경쟁하는 것에 초점을 맞춘 경쟁 전략.

트)과 알리지언트 트레블(5.66센트)로, 좌석을 뒤로 젖혀지지 않게 함으로써 항공기에 더 많은 좌석을 채운다.

둘째, 비용 절감을 위한 끊임 없는 추구 속에서 비용 우위 기업은 절차를 무시할 수 있고, 그것은 고객을 화나게 할 수 있다. 보잉은 737 MAX 센서를 개발할 때 짧은 테스트 절차를 생략했다. 그 결과는 338명의 목숨을 앗아간 인도네시아와 에티오피아에서 두 번의 충돌사고였다. 보잉 737 MAX의 전 세계 항공기들이 운항을 중단함에 따라 회사의 명성과 재무적 이익의 근간에 손해가 막대했다.

전반적으로, 대부분의 기업들이 비용 우위 전략을 추구한다. 그러나, 많은 기업들은 다음에 논의할 두 번째 본원적 전략을 수용함으로써 다르게 하기로 결정한다.

## 차별화

**차별화(Differentiation)** 고객이 가치 있고 차별화된 것으로 인식하는 제품을 제공하는 방법에 초점을 맞춘 경쟁 전략.

**차별화(Differentiation)** 전략은 고객이 가치 있고 다르다고 인식하는 제품을 제공하는 방법에 초점을 맞춘다(표 2.3). 비용 우위 기업은 "일반적인" 고객에게 서비스를 제공하지만, 차별화 전략을 쓰는 기업은 프리미엄 가격을 지불할 용의가 있는 고객층을 대상으로 삼는다. 핵심은 소량의 높은 마진(low-volume high-margin)을 추구하는 접근방식이다. 더 높은 가격을 책정할 수 있는 능력이 차별화 전략 기업을 그렇게 할 수 없는 경쟁사를 능가할 수 있게 해준다. 렉서스(Lexus) 자동차는 크라이슬러(Chrysler) 자동차보다 생산 비용이 많이 높지 않지만, 고객들은 언제나 좀 더 지불하고 렉서스를 구매한다. 프리미엄을 지불할 용의가 있는 고객들을 끌어들이기 위해 차별화된 제품은 실제로 진정한(혹은 사람들이 인식하는) 독특한 특성, 예컨대 품질, 세련됨, 고급스러움, 호화로움 등을 지니고 있어야만 한다. 해야 할 일은 이들 특성을 식별하고, 그 특성을 중심으로 각각의 고객층을 위해 가치를 전달하는 것이다. 따라서 BMW는 3시리즈, 5시리즈, 7시리즈라는 강력한 구성을 유지하는 외에 이제 새로운 1시리즈와 6시리즈, 그리고 스포츠 유틸리티 차량(SUV)을 더하여 "틈"을 메우고 있다. 5요인의 틀에 따르면, 차별화 전략 기업이 경쟁사와 다르면 다를수록 자사 제품은 더욱 더 보호받는다. 예를 들어, 디즈니

### 표 2.3 본원적 경쟁 전략

| | 제품 차별화 | 시장세분화 | 주요 기능별 영역 |
|---|---|---|---|
| 원가 우위 | 낮음(주로 가격에 의한) | 낮음(대중 시장) | 제조, 서비스, 물류 |
| 차별화 | 높음(주로 독특성에 의한) | 높음(많은 세분 시장) | R&D, 마케팅, 판매 |
| 집중화 | 매우 높음 | 낮음(하나 또는 몇 개의 세분 시장) | R&D, 마케팅, 판매 |

랜드 테마파크는 디즈니 영화 캐릭터들과 관련해 독특한 경험을 할 수 있다고 광고한다. 란제리의 여왕 빅토리아 시크릿(Victoria's Secret)은 그녀의(정말로 "그녀 자신의" 것이어야 하는) 유혹적인 비밀을 강조한다. 남성복의 왕 에르메네질도 제냐(Ermenegildo Zegna)는 자사 제품의 스타일과 관련한 힘과 우아함을 넌지시 알려준다. 차별화 전략 기업은 비용 우위 기업보다 가격 인상분의 일부(하지만 무제한 적으로 그렇게 할 수 있는 것은 아님)를 고객에게 더 잘 떠넘길 수 있기 때문에 공급업체의 교섭력도 비교적 문제가 안된다. 마찬가지로, 구매업체의 교섭력도 그리 문제가 되지 않는 것이, 차별화 전략 기업은 비교적 강력한 브랜드 충성도를 누리는 경향이 있기 때문이다.

반면, 차별화 전략은 두 가지 단점이 있다. 첫째, 차별화 전략 기업은 끊임없는 모방 노력에 직면해야 한다. 업계의 전반적인 품질에 따라 선도적인 차별화 요소에 대한 브랜드 충성도가 떨어질 수 있다. 금융 위기 이후,, 이전에 잘 나가던 스타벅스는 차별화에 점점 더 어려움을 겪고 있다. 맥도날드가 커피 품질을 높이고 매장 이미지를 향상시키면서(특히 최신 맥카페를 통해), 맥도날드는 스타벅스의 시장을 빼앗았다.

둘째, 차별화 요소는 장 기적으로 차별화 기반을 유지하는 데 어려움을 겪을 수 있다. 고객이 차별화 전략 기업 제품과 비용 우위 기업 제품 사이의 가격 차이를 지불할 가치가 없다고 판단할 위험은 언제나 존재한다. 고객을 잃게 될지도 모르는 두려움에서, 아우디, BMW, 메르세데스-벤츠와 같은 고급 자동차 회사들은 결국 이들 모델과 고급 제품 사이의 경계를 모호하게 만드는 "저가" 럭셔리 모델을 출시했다.

## 집중화

**집중화(focus)** 전략은 산업의 특정 고객층이나 틈새 부문의 필요사항을 만족시킨다(표 2.3). 이것은 (1)지리적 시장, (2)고객 유형 또는 (3)제품 라인에 의해 정의할 수 있다. 집중화의 폭은 정도의 문제지만, 집중화하는 기업은 대개 너무나 독특한 고객층을 대상으로 하기 때문에 고객기반이 넓은 경쟁사들은 차라리 그 고객층은 대상으로 삼지 않기로 선택한다. 커피 산업에서 스타벅스는 차별화 전략 기업이지만, 디스커버리(Discovery), 인텔리겐차(Intelligentsia), 스텀프타운(Stumptown)과 같은 단일 원산지 커피 제조업체들은 단일 고품질 지역(예: 커피의 발상지인 에티오피아의 특정 농장이나 마을)의 프리미엄 커피만 가져오는 집중화 전략을 채택한다. 에티오피아 여러 지역 커피를 혼합하여 "에티오피아 시다모(Sidamo) 블렌드"를 만드는 스타벅스에 비해 단일 원산지 커피 제조업체들은 보다 높은 안목을 가지고 까다롭게 선택한다. (이에 비해, 비용 우위 기업인 크래프트 푸드(Kraft Foods)는 그저 자사의 맥스웰 하우스(Maxwell House) 커피 중 하나에 "남태평양 블렌드"라는 라벨을 붙인다. 특정 농장이나 국가 이름조차 언급하지 않으면서 여러 곳의 많은 저가 원두를 섞는다는 사실을 숨긴다).

**집중화(focus)**
산업의 특정 고객층이나 틈새의 필요사항을 만족시키는 전략.

혀가 꼬이는 것처럼 들리겠지만, 전문화된 차별화 전략 기업(예: 벤틀리(Bentley))은 기본적으로 대형 차별화 전략 기업(예: BMW)보다 더욱 차별화되어 있다. 애스톤 마틴(Aston Martin), 벤틀리(Bentley), 페라리(Ferrari), 람보르기니(Lamborghini), 맥라렌(McLaren), 롤스로이스(Rolls-Royce 등 여섯 개 초호화 자동차 업체들은 모두 자동차 산업이 아닌 "명품" 사업을 하고 있다 주장한다. 이러한 접근법은 집중화된 회사가 특정 부문에 대한 친밀한 지식을 가지고 있을 때 성공할 수 있다. 앞서 논의한 전통적인 차별화 전략 기업이 어떻게 5가지 경쟁요인을 지배하는가의 논리가 여기서도 적용되며, 단 예외적인 점은 훨씬 더 초점이 작고 좁으면서 예리하다는 것이다. 두 가지 단점, 즉 (1)야심찬 모방에 대항해야 하는 문제와 (2)그러한 값비싼 차별화를 유지하는 어려움 또한 여기서도 적용된다.

### 3가지 본원적 전략으로부터의 교훈

전략은 무엇을 할 것인지 무엇을 하지 않을지를 선택하는 것에 관한 것이라고 설명한 1장을 상기하자. 세 가지 본원적 전략적 선택의 본질은 경쟁사에 비해 같은 일을 달리 행할 것인가 또는 다른 일을 할 것인가의 선택이다. 두 가지 교훈이 있다. 첫째, 비용과 차별화가 전략의 근본적인 두 가지 측이다. 핵심은 둘 중 한 차원을 선택해 일관되게 그것에 집중화하는 것이다. 둘째, 어중간한 기업(즉, 가장 낮은 비용도 아니고 충분한 차별화(또는 집중화)도 없는 기업)은 전략이 없거나 있어도 불안정한 전략을 가졌다는 뜻이다. 결과적으로 그들의 실적은 나빠질 수 있다. 그러나 이 두 번째 요점에 대해서는 다음 단원에서 설명한 바와 같이 논쟁의 대상이 아니다.

## 논쟁과 확장

산업기반관점은 강력한 전략 도구이긴 하지만 논란이 없지 않다. 새로운 세대의 전략가들은 이들 논란의 일부를 이해해야 하며, 따라서 전통적인 견해를 무비판적으로 받아들이지 않도록 해야 한다. 이 단원에서는 여섯 가지 주요 논쟁을 소개한다.

### 토론 1: 산업에 대한 명확한 정의와 흐릿한 정의

산업 기반 관점의 핵심은 분명하게 정의된 산업이다. 그러나 산업을 분명하게 정의하기는 점점 더 힘들어지고 있다. 예를 들어, TV 방송 산업을 살펴보자. 케이블, 온라인, 위성, 통신 서비스의 등장으로 이 산업의 경계는 흐릿해졌다. 미래에는 텔레비전으로 가정의 보안 시스템을 통제하고, 대화형 게임을 하고, 온라인 주문을 할 수 있을 것이다. 즉, 기본적으로 PC의 기능과 혼합된다. 그러한 미래에 대비해 유리한 위치를 차지하기 위해 최근 텔레비전, 통신, 케이블, 소프트웨어, 영화 회사들 사이에 많은 합병과 제휴가 일어났다. 다시 말해, ABC 방송의 경쟁사는 CBS, CNN, Fox, NBC 뿐만 아니라 애플, AT&T, 컴캐스트(Comcast), 디즈니, 넷플릭스, 스카이 UK, 소니, 유튜브(구글 소유) 등도 된다.

이러한 흐릿한 산업 경계는 텔레비전 방송에서만 존재하는 것은 아니다. 새로운 개념은 관련된 모든 참여자들을 하나의 시스템으로 상호 작용하는 조직의 공동체인 **생태계( ecosystem)**에 포함된다고 보는 것이다. 그러나, 생태계의 경계를 명시하는 것은 어려울 것이다(실행 전략 2.2 참고). 산업 경계를 명확하게 정의할 수 있다고 가정하더라도, 1980년대에 포터가 확인한 다섯 가지 요인이 반드시 완전한 것은 아니다. 1990년에 포터 자신은 산업의 경쟁력에 영향을 미치는 중요한 힘으로 관련 산업과 지원 산업을 추가했다. 이것은 **보완자(complementors)**라는 용어를 만든 인텔(Intel)의 최고 경영자 앤드류 그로브(Andrew Grove)에 의해 지지된다. 기본적으로 보완재 공급자들은 산업 중심의 가치를 더하는 제품을 파는 회사이다. PC나 스마트폰 산업회사의 보완재 공급자들은 소프트웨어 앱을 공급한다. PC 및 스마트폰 산업의 보완자는 소프트웨어 어플리케이션을 생산하는 기업이다. 보완자가 흥미로운 제품(예: 게임)을 생산하면 PC와 스마트폰에 대한 수요가 증가하고, 그 반대도 마찬가지이다.

**생태계(ecosystem)** 시스템으로 상호 작용하는 조직의 커뮤니티.

**보완자(complementor)** 초점 산업의 제품에 가치를 더하는 제품을 판매하는 회사.

명확하게 정의된 산업 경계를 가정하고 보완자(다섯 가지 요인에 더하여)의 영역을 고려하더라도 전략가들은 **산업 수명 주기(industry life cycle)**를 일반적으로 도입, 성장, 성숙, 쇠퇴 단계를 거치는 산업의 진화도 고려해야 한다. 성장단계에서의 가치 창출 전략은 후기 단계에서는 부적절할 수 있다. PC 산업의 성장단계에서 IBM은 성공적으로 차별화 전략을 추구했다. 그러나 성숙 단계 동안 경쟁은 비용 우위 전략에 초점을 맞췄고 IBM은 비용 우위 기업이 되기 위한 전략을 채택하는 데 성공하지 못했다. 이 회사는 결국 PC 부문을 레노버(Lenovo)에게 매각함으로써 업계에서 퇴출되었다. 전반적으로 어떤 산업에서든 하나의 본원적 전략이 하나의 승리 공식 또는 비법이라고 주장하는 것은 어리석은 일이다. 산업 경계, 보완자의 힘, 산업 수명 주기에 주의를 기울이는 것은 필수적이다.

**산업 수명 주기(industry life cycle)** 일반적으로 도입, 성장, 성숙 및 쇠퇴 단계를 거치는 산업의 진화.

## 토론2: 산업 경쟁과 전략적 집단

광범위하게 정의된 산업에서 모든 기업이 서로 경쟁하는 것은 분명 아니다. 그러나 광범위한 산업 내 일부 기업들은 서로 경쟁한다. 자동차 산업에서 우리는 대중 시장, 럭셔리, 초호화라는 세 가지 그룹을 식별할 수 있다(그림 2.2). 따라서, 이러한 서로 다른 기업 집단은 **전략 집단(strategic group)**으로 알려져 있다. 자동차 산업 내에서는 한 집단 내의 전략은 비슷한 경향이 있다. 대중 시장 그룹은 비용 우위 전략을 추구하고, 럭셔리 그룹은 차별화 전략을, 초호화 그룹은 집중화 전략을 추구한다. 이 주장은 논란이 없어 보이지만, 이에 관해 두 가지 문제를 두고 논쟁이 일어났다. 첫째, 전략 집단은 얼마나 안정적인가? 다시 말해, 기업이 한 전략 집단에서 다른 전략 집단으로 이동하기가 얼마나 쉬운가 혹은 어려운가? 자동차 산업에서는 가격

**전략 집단(strategic group)** 하나의 일반적인 산업 내에서의 기업들의 집단.

전쟁을 겪는 대중 시장 그룹에 속한 기업이 럭셔리 그룹으로 이동하고자 하는 강력한 인센티브가 존재한다. 그렇다면 이동할 수 있을까?

1990년대 토요타, 혼다(Honda), 닛산(Nissan)이 각각 렉서스(Lexus), 어큐라(Acura), 인피니티(Infiniti)의 출시한 것은 어렵긴 하지만 가능함을 말해준다. 그러나 마쯔다(Mazda)는 자사 럭셔리 브랜드를 출시하려는 아이디어를 품었으나 그만두기로 결정한다. 그 주원인은 **이동 장벽(mobility barrier)**, 즉 전략 집단 사이의 이동을 방해하는 산업 내에 존재하는 차이 때문이다. 분명 마쯔다(Mazda)는 이동 장벽을 극복할 수 있는 자사의 능력에 대해 자신감이 없었던 것이다. 최근 현대(Hyundai)가 고급 시장으로 가기 위해 이와 비슷한 힘든 전투를 하고 있다. 현대는 성공할 것인가, 실패할 것인가?

**이동 장벽 (mobility barrier)** 전략 그룹 간의 이동을 방해하는 산업 내 차이.

이동 장벽은 상승하는 시장뿐만 아니라 하락하는 시장에도 걸림돌이 되고 있다. 테슬라(Tesla)는 고급 전기 자동차(가격은 7만 달러부터 시작)로 놀라운 성공을 거두었지만, 저가 모델 3(3만 5천 달러)의 대량 제조에서 더 큰 우위를 차지하고 있다(클로징 케이스 참고). 이것은 차별화에 능한 고급 자동차 회사가 비용 우위 전략에 착수하는 대중 시장의 참여자가 되는 것이 얼마나 어려운지를 보여준다. 전반적으로, (1)이동 장벽이 존재하고 (2)이동 장벽을 극복하는 것은 어려운 일이지만, 극복할 수 있다는 것은 분명해 보인다.

## 토론 3: 통합과 아웃소싱

공급자와 구매자를 다루면서, 산업 기반 관점은 해당 기업에게 후방 통합(공급업체와 경쟁)하거나 전방 통합(구매업체와 경쟁)하거나 또는 적어도 그렇게 하겠다고 위협하는 것을 조언한

**그림 2.2 세계 자동차 산업의 3가지 전략 집단**

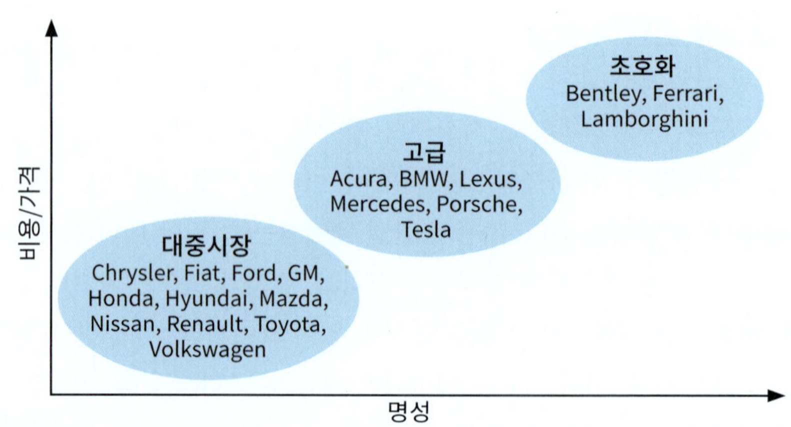

다. 이 전략은 특히 시장 불확실성이 높고, 공급업체나 구매업체와의 조정이 빡빡하고, 공급업체나 구매업체의 수가 적을 때 권장된다. (그들을 인수하지 않을 경우, 그들이 우리를 방해하면 어떻게 하지?) 그러나 이 전략은 매우 비용이 많이 드는데, 독립적인 공급업체나 구매업체를 인수하려면 엄청난 자본이 필요하고, 대부분의 인수는 실패로 끝나기 때문이다(9장 참고).

비판가들은 시장의 불확실성 조건 하에서는 통합을 줄이는 것이 바람직하다고 주장한다. 수요가 불확실할 때 사내에 공급 부문을 갖추고 있지 않은 해당 기업은 그저 공급 계약을 그만하거나 갱신하지 않음으로써 생산을 줄일 수 있는 반면, 자체 공급 부문을 가진 기업은 이 공급 부문의 고용을 유지하기 위해 계속 생산해야 한다. 다시 말해, 통합은 전략적 유연성을 감소시킨다. 사내 공급 부문은 계약 때문에 열심히 일해야 하는 독립적인 공급업체와 달리 "가족"이 돌봐주기 때문에 열심히 일해야 하는 시장의 강력한 인센티브를 잃어버린다. 시간이 흐르면서 사내 공급 부문은 외부 공급업체보다 경쟁력이 떨어질 수 있다. 그러므로 해당 기업은 딜레마에 봉착한다. 외부 공급업체를 구하면 내부 공급 부문이 놀게 되고, 내부 공급 부문을 선택하면 비용과 품질이 희생당하게 된다. 시간이 지남에 따라 통합은 점차 시대에 뒤떨어졌고, 아웃소싱(활동을 외부 공급업체로 넘기는 것)이 유행하고 있다.

아웃소싱 움직임은 1980년대와 1990년대 일본이 받은 도전에 영향을 받았다. 일본이 공급자를 관리하는 방식은 이른바 (기업간 네트워크인) 게이레츠(keiretsu)라 불리는 방식을 통해, 미국의 방식과는 근본적으로 다른 것처럼 보인다. 1990년대 GM은 70만 명의 직원을 보유하고 있었지만, 도요타는 65,000명에 불과했다. GM이 수행하는 활동의 많은 부분들은, 내부 공급업체 단위와 같은 도요타가 아닌 (그리고 더 낮은 비용의) 직원들을 사용하는 도요타의 게이레츠 회원사에 의해 수행된다. 동시에, 토요타는 GM보다 공급업체 수가 훨씬 적다. 토요타는 믿을 수 있는 게이레츠 구성 기업을 "주의 깊게 선별하는" 경향이 있다. 공급업체를 적으로 대하는 대신 토요타는 공급 업체(대부분 일류 공급업체)를 파트너로 대한다. 공급업체와 함께 특허 기술을 공동 개발하고, 공급업체가 제시간에 조립 라인에 직접 물품을 인도하게 의존하고, 재정이 어려울 때 도와준다. 그러나 토요타는 신뢰와 선의에만 의존하지 않는다. 게이레츠 구성 기업이 강력한 시장 인센티브를 잃어버릴 잠재성을 최소화하기 위해 이중 소싱 전략, 즉 계약을 게이레츠 구성원과 비구성원(많은 경우 토요타가 해외 진출할 때 현지 회사), 둘 다와 맺는 전략을 실행했다. 이것은 내부(게이레츠) 및 외부 공급업체 둘 다 최선을 다하도록 동기를 부여한다. 전반적으로 공급업체와의 견실한 가치를 더하는 관계는 이제 경쟁 우위의 원천으로 널리 간주되고 있으며 전 세계 많은 비일본 기업들이 실행하고 있다.

그러나, 많은 미국 기업이 더 "일본과 같이" 된 반면, 일본 기업들은 점점 "미국과 같이" 되라는 압력을 받고 있다! 이것은 핵심 사업에 중대한 일부 아웃소싱한 활동들이 아웃소싱하면 안 되는 활동이었기 때문이다. 모두 아웃소싱하면 기업은 "속이 텅 비게" 될 위험이 있다. 너무 가까운 공급업체 관계는 경직성을 유발하여, 그 결과 매우 필요한 유연성을 잃게 된다. 일본에서는 이전에는 바위처럼 견고했던 구매업체-공급업체 간 연결이 일부 약해지기 시작했다. 이제 재정이 곤란한 공급업체를 도와주려는 의향이 적어졌다. 이전에는 게이레츠 바깥의 기업과 계약을 맺지 않도록 (아주 금지는 아니더라도) 권장되던 게이레츠 구성 기업조차 이제는 다른 곳에서 일을 구하도록 권장되고 있다. 다른 고객과 일하며 배우는 혜택은 결국 선두 기업(예: 토요타)에게 발생할 수 있기 때문이다. 전반적으로, 이 논의는 통합과 아웃소싱에 대한 결정은 신중한 분석이 필요하며 (한 가지 방법에 반하여) 한 가지 방법을 단독으로 추구하는 것은 바람직하지 않다는 것을 시사한다.

## 토론 4: 중간에 낀 기업과 만능기업

포터에 따르면, 기업들은 비용 리더십과 차별화 중 하나를 선택해야 한다. 둘 다 추구하면 성적이 나쁜 "중간"에 빠질 수 있다. 예를 들어, 한국 조선업체들은 위로는 그들의 우수성을 유지하려는 일본 경쟁업체들과, 밑으로는 그들의 저비용 우위를 유지하면서 더 유능해지는 중국 경쟁업체들에게 수주를 빼앗기면서 그들이 "호두 까기"에서 짓눌리고 있다고 느낀다.

그러나, 싱가포르 항공과 같이 매우 성공적인 일부 기업은 비용 우위 기업이자 차별화 업체로 두각을 나타내고 있다(실행 전략 2.3 참고). 일부 저자들은 이미 최대의 효율로 운영되고 있는 기업에 대해 기술을 일정하게 유지하는 것은 더 이상의 비용 절감은 불가능하며 차별화가 반드시 필요하다고 주장한다. 맥도날드의 새로운 슬로건 "완벽보다 진전"은 이러한 추세를 나타낸다. 최근 맥도날드는 닭에 항생제 사용을 중단하고 닭을 우리에서 해방시키고 우리 없는 달걀을 제공하는 10년간의 여정에 착수했다. 마찬가지로 월마트는 텍사스주 플레이노의 고급 제품, 댈러스 지역 상점 내 건강 클리닉, 텍사스주 맥키니의 보다 "지구 친화적인" 상점 등의 실험을 통해 보다 차별화된 제품을 개발하고자 노력했다. 실제로 17개 연구에 대한 검토 결과, 중간에 끼어 있는 일부(전부는 아니지만) 기업은 "만능기업"이 될 가능성이 있는 것으로 나타났다. 간단히 말해서, 비용 경쟁력과 차별화가 동시에 가능하다.

## 토론 5: 규모의 경제와 3D 프린팅

최근까지 제조 기술은 비용 절감을 위해 대규모 일괄 생산을 강조하면서 규모의 경제를 필요로 했다. 어느 공장에서나 당신의 사양에 맞는 연필이나 삽을 하나 만들어 달라고 요청해 보라. 그 공장은 금형을 만들고, 부품을 구입하고, 그것들을 완제품으로 조립해야 하기 때문에 당신에게 적어도 수천 달러를 청구할 것이다. 연필 한 자루나 삽을 위해 위의 모든 것을 하는 것은 비쌀 것이다. 연필과 삽은 규모의 경제 덕분에 공장이 수천 개를 생산하기 때문에 당신이 살 수 있는 가격이 된다.

그러나 **유연한 제조 기술(flexible manufacturing technology)**을 통해 일부 기업은 저렴한 비용으로(대개 소규모 배치 기준) 차별화된 제품을 생산할 수 있었다. 최근 **적층 제조(additive manufacturing) 또는 3D 프린팅(3D printing)**의 출현으로 이러한 **대량 맞춤화(mass customization)**가 가능해졌다. 3D 프린팅은 "제품을 만들기 위해 절단되고, 분쇄되고, 구멍을 뚫거나 더 작은 형태로 만드는 것이 아니라 자재를 적층하는 모든 종류의 생산"으로 정의할 수 있다. 이러한 유형의 인쇄를 통해 더 적은 양의 폐기물로 훨씬 더 적은 수의 배치로 경제적으로 제품을 제조할 수 있다. 소프트웨어는 무한히 조정될 수 있으며, 3D 프린터를 설치하는 비용은 한 제품을 생산(또는 인쇄)하든 여러 복사본을 생산하든 상관없이 동일하다. 다시 말해 3D 인쇄를 위한 규모의 경제는 거의 제로이다. 이미 3D 프린팅은 개별적으로 맞춤화된 치아 크라운, 보청기 및 인공 팔다리를 생산하는데 널리 사용되어 왔다. 예를 들어 GE는 최근 세스나 데날리(Cessna Denali) 비즈니스 항공기용 터보 엔진을 재설계하여 부품의 약 3분의 1을 3D 프린팅할 수 있도록 했다.

**유연한 제조 기술(flexible manufacturing technology)**
기업이 저렴한 비용으로 차별화된 제품을 생산할 수 있게 해주는 현대 제조 기술.

**적층 제조(additive manufacturing) 또는 3D 프린팅(3D printing)**
연속적인 재료 레이어를 추가하는 적층 프로세스를 통해 디지털 모델에서 3차원 제품을 제조(절단과 같은 방법으로 재료를 제거하는 전통적인 제조와 대조).

**대량 맞춤화(mass customization)**
대량 생산되는 맞춤형 제품.

앞으로 3D 프린팅은 시장 동향에 따라 거의 즉각적으로 그리고 끝없이 제품 디자인을 조정할 수 있다. 3D 프린터 "공장"은 구매 시점 또는 소비 시점에 가까운 제품을 인쇄할 수 있다. 이 기술은 중국 선전에 있는 폭스콘(Foxconn)의 아이폰 공장을 생각해 보면, 몇 개의 거대한 세계 규모의 공장에 대한 대량 제조를 집중시키는 위치 기반 이점을 약화시킬 수 있다. 리챠드 다베니(Richard D'Aveni) 다트머쓰(Dartmouth) 대학교수는 향후 3D 프린팅은 "조립 라인, 글로벌 공급망, 비탄력적인 자본 집약적 장비 및 감산 제조와 같은 전통적인 제조 방법을 없앨 수 있다"라고 말한다.

비평가들은 다음과 같이 주장한다. 그렇게 덤비지는 말라! 모든 것이 3D 프린팅으로 만들어질 수 있는 것은 아니다. 규모의 경제를 중심으로 한 전통 제조업의 강점과 3D 프린팅의 강점을 어떻게 결합하느냐가 관건이다. 제조 자체는 비교적 쉽게 모방할 수 있다. 때때로 서비스화라고 불리는 제조와 서비스의 현명한 결합은 경쟁업체들이 모방하는 것을 더 어렵게 만들 것이다. 영국 정부를 위한 컨설팅 프로젝트에서, 나와 내 동료는 다음과 같이 조언했다.

> *페어라인 보트(Fairline Boats, 38-80피트 파워보트 부문의 세계적 리더)와 같은 영국 레저 해양 기업들이 영국제 보트를 수출하고 전 세계 수출 고객을 위해 예비 부품을 현장에서 "인쇄"할 수 있는 3D 프린터를 제공하는 것은 제조와 서비스의 스마트 결합의 흥미로운 사례이다.*

이러한 방식으로 보트 제조는 여전히 규모의 경제를 활용하여 중앙 공장에서 수행할 수 있으며, 부품의 서비스 및 공급은 3D 프린팅으로 수행할 수 있다.

## 토론 6: 산업 특유, 기업 특유 및 제조 특유 성과의 결정요인들

산업 기반 관점은 기업의 실적은 가장 근본적으로 산업별 특성에 의해 결정된다고 주장한다. 이 관점은 최근 두 가지 방향에서 도전받았다. 첫 번째는 자원 기반 관점이다. 5요인 체계는 특정 산업(예: 항공 산업)이 아주 매력적이지 않을 수 있다고 시사하지만, 라이언에어(Ryanair), 싱가포르 항공, 사우스웨스트(Southwest) 항공 등의 특정 기업은 매우 성공적이다(실행 전략 2.3 참고). 왜 그럴까? 짧게 답하면, 이기는 기업의 실적에 기여하는 기업별 자원 및 역량이 있음에 틀림없기 때문이다.

두 번째 도전은 산업 기반 관점은 "산업의 역사와 제도를 간과하고 있다"라는 비판이다. 1980년에 처음 발간된 포터의 논문은 1970년대(및 그 이전) 미국에서 경쟁이 구성되는 방식을 뒷받침하는 몇몇 당연하게 여기는 드러나지 않은 가정을 하고 있는지도 모른다. 사회에서 "게임의 규칙" 역할을 하는 제도는 분명 기업 전략에 영향을 미친다. 예를 들어, 원가 우위는 일본 도서 판매 산업에서 법으로 금지된 전략이다. 모든 서점은 새 책을 할인 없이 동일한 가격에 팔아야 한다. 그러므로 주요 무기가 낮은 가격인 아마존은 일본 시장에 진입하는 데 어려움을 겪었다. 분명히, 전략가들은 제도가 어떻게 경쟁에 영향을 미치는지를 이해해야 한다. 이러한 관

### 실행 전략 2.3 싱가포르 항공의 비용 우위와 차별화

항공 산업은 일반적으로 매력적인 구조를 가지지 않은 것으로 보여진다. 사람들을 A 지점에서 B 지점으로 이송시키는 것은 본질적으로 차별화하기 어려운 산업이며, 대부분의 항공사들은 비용 선도업체가 되기 위해 노력한다. 제트기는 보통 '보잉'이나 '에어버스' 사의 기술을 이용하여 생산된다. 하지만 규제 완화가 이루어져 진입장벽은 더 이상 높지 않다. 많은 항공사 중 선택하기 위해 여행객들은 자신 앞에 있는 스크린을 통해 많은 항공사들의 가격을 제공받는다. 전 세계적으로, 프리미엄 풀서비스 항공사들은 실속형 저가 항공사들에 의해 압박을 받고 있다.

전 세계의 여러 항공사 중, 싱가포르 항공은 프리미엄 항공사로 널리 알려져 있다. Condé Nast Traveler가 수여하는 세계 최고의 항공사 상 중 29번을 수상했다. 또한 2019년에는 skytrax 세계 최우수 승무원상 후보에도 올랐다. 차별화 요소로, 싱가포르 항공은 항상 신형 항공기를 구입한다. 싱가포르 항공은 에어버스사의 A380의 최초 발주(첫 번째) 고객이다. 또한 항공기를 더욱 빈번히 교체한다. 업계 평균 13년과 비교하여, 싱가포르 항공의 항공기의 평균 연령은 7년이다. 고객들은 신형 항공기의 좌석에 기꺼이 더 많은 돈을 지불한다. 그리고 신형 항공기는 연료 효율도 더욱 높고 유지 보수가 덜 필요하여 비용이 절감될 수 있다. 싱가포르 항공은 전설적인 서비스로도 유명하다. 그들의 승무원들은 미국인 승객, 중국인 승객, 일본인 승객에게 각각 다르게 응대하도록 훈련받는다. 그러나 싱가포르 항공은 프리미엄급 급여를 지불하지 않는다. 그들의 급여는 싱가포르 기준으로는 평균이지만, 세계 기준으로 보면 상대적으로 낮다. 결과적으로 그들의 급여는 총비용의 16%에 불과한 반면, 유나이티드 항공은 23%, 아메리칸 항공은 31%이다. 한마디로 싱가포르 항공은 세계적인 차별화 기업이자 경쟁력 있는 비용 선도업체로 보인다.

Sources: (1) Australian Aviation, 2017, Under pressure, July: 52–55; (2) Conde Nast Traveler, 2018, The Best International Airlines: 2018 Readers' Choice Awards, www.cntravelor.com; (3) L. Heracleous & J. Wirtz, 2010, Singapore Airlines' balancing act, Harvard Business Review July: 145–149; (4) Skytrax World's Best Airline Awards, 2019, World's Best Airline Cabin Crew, www.worldairlineawards.com

점은 제도 기반 관점으로 알려지게 되었다. 전체적으로, 이 두 관점은 산업 기반 관점을 보완하며, 3장과 4장에서 소개된다.

### 논쟁의 이해

여섯 가지 토론은 산업 기반 관점-사실은 전략 분야 전반-이 활기 넘치고 흥미롭지만, 그러면서도 여전히 불안하다는 것을 시사한다. 이 논쟁은 모두 현재 전략 분야에서 다뤄지고 있는 포터의 논문에 주목하고 있다. 포터는 자신의 논문을 설명할 때 보다 형식적인 용어인 이론이나 모델이라고 칭하지 않고, 의도적으로 "체계(framework)"라는 단어를 골랐다. 그의 말을 빌자면, "체계는 관련 변수들과 특정 산업 및 기업에 알맞은 결론을 내기 위해 사용자가 반드시 대답해야만 하는 관련 질문들을 식별한다." 이 점에서 포터의 체계는 변수를 식별하고 질문을 제기하는 데 성공했지만, 반드시 최종적인 답을 제공하고 있지는 않다. 이들 논쟁 각각의 치열함의 정도는 다르지만, 이들 중 어느 하나에도 마지막 결론은 아직 쓰여지지 않았음이 분명하다.

## 현명한 전략가

현명한 전략가는 행동에 대해 적어도 세 가지 중요한 의미를 끌어낼 수 있다(표 2.4). (1)당신은 5가지 요인에 초점을 맞추어 산업을 안팎으로 완전히 이해해야 한다. (2)추가적인 요인들이 산업의 경쟁 역학에 영향을 줄 수 있음을 인식한다. 5요인 체계를 시작으로 삼되 그것이 전략 분석의 끝은 아니다. (3)산업은 운명이 아님을 깨달아야 한다. 산업분석의 요점은 "업계가 매력적이거나 매력적이지 않다고 선언하는 것이 아니다." 산업 기반 관점(industry-based view)은 "평균적인" 기업의 성과 뒤에 무엇이 있는지 이해하는 강력한 틀이지만, 일부 기업은 구조적으로 매력적이지 않은 산업에서도 성공한다는 사실을 알아야 한다. 싱가포르 항공을 생각해 보라(실행 전략 2.3). 여러분이 해야 할 일은 해당 산업의 일부 매력적이지 않은 특징들이 있음에도 불구하고 기업을 높은 실적을 내는 아웃라이어(outlier)가 되도록 이끄는 것이다.

결론적으로 산업 기반 관점은 1장에서 논의된 전략에서 네 가지 기본 질문에 직접적으로 대답할 수 있다. 첫째, 기업들은 왜 다른가? 서로 다른 산업에 있는 다섯 가지 경쟁요인이 기업 행동의 근본적인 다양성을 이끌어 내고 이어진다고 시사한다. 두 번째 질문인 기업들은 어떻게

**표 2.4 실행을 위한 전략적 함의**

- 5요인들에 집중해서 당신의 산업의 정통한 이해를 확립하라
- 추가 요인들이 당신의 산업 경쟁 역학에 영향을 줄 수 있음을 인지하라.
- 산업은 운명이 아님을 자각하라. 어떤 기업들은 구조적으로 매력적이지 않은 산업에서 잘할 수 있다.

행동하는가에 대한 답은 어떻게 기회를 최대화하고 5요인이 제시하는 위협을 최소화하는가로 요약된다. 셋째, 무엇이 기업의 범위를 결정하는가? 전통적인 대답은 공급업체와 구매업체의 교섭력에 대한 해당 기업의 상대적 교섭력을 비교 검토하는 것이고, 통합은 기업의 범위를 넓히게 된다. 그러나 보다 최근의 연구와 관행은 신중히 하라고 제안한다. 기업은 아웃소싱의 기회를 이용하고, 핵심 활동에 대한 집중을 유지하고, 공급업체 및 구매업체뿐만 아니라 경쟁사와도 협력하려는 의향을 가져야 한다고 조언한다. 마지막으로, 무엇이 기업의 국제적인 성공과 실패를 결정하는가? 그 대답은 역시 산업별 조건이 전 세계의 기업의 실적을 결정하는 데 중요한 역할을 하는 것이 틀림없다는 것이다.

## Closing Case 신흥 시장

# 자동차 산업의 미래

향후 20년 후의 자동차 산업은 지난 100년 동안의 보여온 모습과는 매우 다를 것이다. 1920년대 자동차의 지배적인 디자인이 확립된 이후, 업계는 주로 민간소비를 위해 구매하는 내연기관(ICE)을 운행하는 차량을 중심으로 대규모 규모의 경제에 집중해왔다. 미국, 일본, 유럽, 그리고 한국의 자동차 회사들이 중심으로 이끄는 전 세계의 최고 경쟁자들의 순위는 상대적으로 안정되어왔다. 그들 사이에서는 대부분 치열한 경쟁이 벌어졌다. 어떤 주요 부품 공급업체도 독자 생존 가능한 자동차 회사가 되기 위해 전방 통합을 실행하지 않았다. 어떤 신규 진입자도 기존 기업의 지배력에 성공적으로 도전하지 못했다. 신흥경제국 전반에 걸쳐 소득이 증가함에 따라, 많은 소비자들이 첫 번째 자동차를 구매하기 위해 열망하고 있다. 저가 항공사, 고속철, 경전철, 장거리 버스 등의 등장에도 불구하고 편의성과 다양한 활용성에서 높게 평가받고 있는(OCE 기반의, 개인소유의) 승용차의 대체품은 상상하기 힘든 것 같다.

지금까지, 테슬라에서 구글, 그리고 우버에 이르는 일련의 신규 진입자들이 최근 이 업계에 뛰어들고 있다. 2003년에 설립된 테슬라는 ICE 기반 자동차를 대체하기 위해 배터리 구동 전기 자동차(EV)를 대량 생산하기를 열망했다. 2009년에는 생산 과잉을 초래한 금융 위기 덕분에, 이전에 연간 450,000대의 자동차를 생산했던 도요타와 GM으로부터 캘리포니아 프리몬트에 있는 10억 달러 규모의 제조 공장을 인수하는 데 4,200만 달러만 지출했다. 2010년, 테슬라 모터스는 1950년대 이후 처음으로 기업공개를 거친 미국의 새로운 자동차 회사가 되었다. 2019년 9월, 그것의 가치는 340억 달러로 포드를 넘어섰다. 테슬라는 고급 EV(가격은 70,000만 달러부터 시작) 마케팅에서 괄목할 만한 성과를 거뒀지만 2016년 저가 모델3(35,000달러)이 출시한 이후로 더 큰 성공을 거두었다.

전기차 업체들이 ICE 기반의 기존 업체에 도전하는 동시에 우버, 리프트, 디디 등과 같은 승차 공유 사업자에 의해 자동차 운영 방식도 혼란을 차질을 겪고 있다. 대부분의 개인소유의 자동차들은 하루 23시간 주차되어 있기 때문에, 자동차를 계속 운행하는 것은 주차에 낭비되는 귀중한 도시 토지를 확실히 줄일 수 있다. 공유 자동차가 사람들을 언제든지 가고 싶은 곳으로 데려다줄 수 있다면, 개인소유는 덜 중요해질 수 있다. 연간 약 9천만 대가 되면 전 세계적으로 자동차 판매가 정점에 이르렀을 것이다. 평균적인 미국 가정은 2020년 2.1대의 자동차 소유를 2040년까지 1.2대로 줄일 수 있다. 사실, 우버의 핵심 비전 중 하나는 “개인 자동차 소유를 끝내는 것”이다.

승차 공유 비용의 약 60%가 운전자이다. 운전자가 필요하지 않다면 자율주행차(AV)는 승차 비용을 더 낮출 수 있다. 비용 절감 외에도 다른 이점도 분명하다. 전 세계적으로 매년 125만 명의 사람들이 교통사고로 사망하고 AV는 이러한 비극을 크게 줄일 수 있다. AV는 다음과 같다.

인간 운전자는 1초 정도의 시간이 필요한 반면, 초인간적인 반응 시간이 1밀리초도 채 되지 않아 브레이크를 밟을 수 있다. 또한 기민하고 지치지 않는, AV는 도로에서 더 촘촘하게 간격을 둘 수 있으므로 혼잡을 줄일 수 있다. 사람들을 운전에서 해방시킴으로써, AV는 평소에 운전을 많이 하는 사람들에게 매년 수백 시간을 돌려줄 수 있다. 그 혜택은 단순히 시간 절약 그 이상이다. 한 전문가는 “당신은 취해도 된다. “주차장을 찾을 필요도 없고, 아이들에게 차를 맡길 수도 있다”라고 말했다. 2009년, 구글은 현재 독립 자회사인 스타트업 웨이모를 출시하여 AV 산업에 진출했다. 2017년, 웨이모는 피닉스에서 자율주행 택시 서비스에 대한 제한적인 시험을 시작했다. 2018년, 그들은 웨이모 원이라는 상용 자율주행 자동차 서비스를 출시했다. 피닉스의 사용자는 앱을 사용하여 승차를 요청할 수 있다. 우버는 피츠버그에서 로보택시를 시험 운전하고 있다. 전반적으로, 구글, 우버, 그리고 다른 AV 기업자들이 공유하는 공통적인 “꿈” 중 하나는 당신이 언제 어디서나 필요할 때 당신을 태우러 갈 준비가 된 대규모 자율주행 자동차를 배치하는 것이다.

동시에, 현 기존기업들은 두 가지 방법으로 위험을 분산한다. 첫 번째는 자체 EV, AV 및 하이브리드 모델을 출시하는 것이다. 완전한 EV가 도입되는 동안 대부분의 모델은 초기에 Toyota의 Prius와 같은 플러그인 하이브리드가 될 것이다. 제한된 수의 충전소를 감안할 때 하이브리드에 ICE를 사용하면 EV 운전자의 주행 거리 불안을 줄일 수 있다. 그러나 ICE는 또한 메커니즘이 더 간단하고 필요한 부품이 적은 순수 EV에 비

## Closing Case *(Continued)*

해 비용, 복잡성 및 무게를 추가한다. 2010년 닛산은 세계 최초의 전기차 리프(Leaf)를 출시했다. 이제 2세대로 출시된 Leaf는 2019년까지 전 세계적으로 400,000대 이상 판매되는 세계에서 가장 많이 팔린 EV이다. GM의 AV 스타트업 Cruise는 샌프란시스코에서 차량을 테스트하고 있다. 폭스바겐은 가장 야심찬 기존기업으로, 2028년까지 70개의 EV 모델을 2,200만 대 생산하여 인도하기 위해 330억 달러의 지출 계획을 가지고 있다.

수십 년 동안 기존기업은 고도로 자본 집약적이고 물류가 복잡하며 조직적으로 대규모 운영에 관여하고 있다. 기존 업체들은 가격을 낮출 수 있는 EV를 대량 생산할 수 있는 능력을 보유하고 있다고 생각한다. Tesla는 2017년 Model 3 출시 이전에 틈새 럭셔리 자동차 제조업체였다. 평생 판매량은 320,000대에 불과했다(2017년까지). 실제로 Tesla는 Model 3 생산을 강화하려고 하다가 벽에 부딪혔다. 기존기업은 Tesla에 위협을 느낄 수 있지만 규모의 경제를 중심으로 한 진입장벽은 여전히 중요하다. 다이내믹 역량 분야의 선도적 전문가인 UC 버클리 교수인 David Teece는 "EV 전용 진입자가 대중 시장 수용과 대량 생산을 달성할 때까지 낮은 진입장벽이 위협된다고 주장하기 어려울 것이다."

두 번째 대응은 기존기업이 스스로를 바라보는 방식을 바꾸는 것이다. 기존 업체들은 자신을 개인 구매자에게 자동차를 판매하는(그런 다음 잊어버리는) 제조업체로 보는 대신 승차 공유 서비스와 같은 새로운 비즈니스 모델을 실험하고 있다. 예를 들어, 다임러와 BMW는 2018년에 차량 공유 사업을 합병하여 Uber 및 Lime과 정면으로 경쟁하기 위해 새로운 합작 투자 회사인 Reach Now를 설립했다. 월 요금으로 GM은 고객이 캐딜락의 다른 모델을 1년에 최대 18번 전환할 수 있도록 허용하고 있다. 전반적으로 기존기업은 고전적인 딜레마에 직면해 있다. 언제 그들의 명성을 만든 바로 그 제품을 포기하고, 그들을 운송 서비스 제공업체로 변모시켜 줄 수 있도록 EV 기반 및 AV 기반의 새로운 역량으로 전환할 수 있을것인가?

앞으로 자동차 산업은 분명히 사상 최대의 변화에 직면해 있다. 전기화, 자율주행 및 카 셰어링은 자동차가 마차를 대체한 이후 업계에서 가장 큰 혼란을 나타낸다. 미래의 자동차는 배터리로 구동되고, 무인이며, 공유될 가능성이 매우 높다. 계속 지켜보자.

---

Sources: (1) Bloomberg Businessweek, 2019, Peak car, March 4: special report; (2) Economist, 2016, Upward mobility, May 28: 61; (3) Economist, 2016, The driverless, car-sharing road ahead, January 9: 53–54; (4) Economist, 2018, Reinventing wheels, March 3: special report; (5) Economist, 2018, The last lap of luxury, March 3: 55–57; (6) Economist, 2019, Charging ahead, April 20: 57–59; (7) Economist, 2019, New wave, March 16: 58; (8) Fortune, 2016, Some assembly required, July 1: 47–55; (9) Fortune, 2016, The ultimate driving machine prepares for a driverless world, March 1: 123–135; (10) M. Jacobides, J. MacDuffie, & C. J. Tae, 2016, Agency, structure, and the dominance of OEMs, Strategic Management Journal 37: 1942–1967; (11) J. MacDuffie, 2018, Response to Perkins and Murmann, Management and Organization Review 14: 481–489; (12) G. Perkins & J. Murmann, 2018, What does the success of Tesla mean for the future dynamics in the global automobile sector? Management and Organization Review 14: 471–480; (13) D. Teece, 2018, Tesla and the reshaping of the auto industry, Management and Organization Review 14: 501–512.

### 사례 토론 질문

1. 5가지 힘 프레임워크를 사용하여 최근 EV, AV 및 승차 공유로 인한 혼란이 발생하기 전에 자동차 산업의 경쟁을 어떻게 특성화하시겠습니까?

2. 5가지 힘 프레임워크를 사용하여 2040년 이 업계의 경쟁을 어떻게 특성화하시겠습니까?

3. ON ETHICS: AV는 택시, 버스, 트럭을 운전하는 수백만 명의 사람들과 보험사, 의료 서비스 제공자, 상해 변호사의 생계를 위협한다. 승차 공유 및 자동차 소유 감소는 자동차 대리점, 수리점 및 부품 제조업체에게 나쁜 소식인다. 사회적 관점에서 볼 때 이러한 새로운 혁신의 장점이 단점을 능가합니까?

# 참고문헌

**[Journal Acronyms]** ***AER***—*American Economic Review;* ***AMP***—*Academy of Management Perspectives;* ***AMJ***—*Academy of Management Journal;* ***AMR***—*Academy of Management Review;* ***APJM***—*Asia Pacific Journal of Management;* ***BW***—*Bloomberg Businessweek;* ***ETP***—*Entrepreneurship Theory and Practice;* ***GSJ***—*Global Strategy Journal;* ***HBR***—*Harvard Business Review;* ***JBR***—*Journal of Business Research;* ***JEP***—*Journal of Economic Perspectives;* ***JIBS***—*Journal of International Business Studies;* ***JIM***—*Journal of International Management;* ***JMS***—*Journal of Management Studies;* ***JMR***—*Journal of Marketing Research;* ***JWB***—*Journal of World Business;* ***OSc***—*Organization Science;* ***SEJ***—*Strategic Entrepreneurship Journal;* ***SMJ***—*Strategic Management Journal;* ***WSJ***—*Wall Street Journal*

L. Einav & J. Levin, 2010, Empirical industrial organization, *JEP* 24: 145–162.

M. Porter, 1981, The contribution of industrial organization to strategic management, *AMR* 6: 609–620; C. Zott & R. Amit, 2008, The fit between product market strategy and business model, *SMJ* 29: 1–26.

M. Porter, 1980, *Competitive Strategy,* New York: Free Press.

J. Zhou, L. Booth, & B. Chang, 2013, Import competition and disappearing dividends, *JIBS* 44: 138–154.

J. Shamsie, 2003, The context of dominance, *SMJ* 24: 199–215.

*Economist*, 2013, An inferno of unprofitability, July 6: 53–54; H. Tan & J. Mathews, 2010, Identification and analysis of industry cycles, *JBR* 63: 454–462.

D. Elfenbein & A. Knott, 2015, Time to exit, *SMJ* 36: 957–975; A. Fortune & W. Mitchell, 2012, Unpacking firm exit at the firm and industry levels, *SMJ* 33: 794–819.

S. Lee, M. W. Peng, & J. Barney, 2007, Bankruptcy law and entrepreneurship development, *AMR* 32: 257–272.

X. Du, M. Li, & B. Wu, 2019, Incumbent repositioning with decision biases, *SMJ* 40: 1984–2010; L. Jiang, J. Tan, & M. Thursby, 2010, Incumbent firm invention in emerging fields, *SMJ* 32: 55–75; A. Konig, N. Kammerlander, & A. Enders, 2013, The family innovator's dilemma, *AMR* 38: 418–441; R. Seamans, 2013, Threat of entry, asymmetric information, and entry, *SMJ* 34: 426–444.

M. Benner & M. Tripsas, 2012, The influence of prior industry affiliation on framing in nascent industries, *SMJ* 33: 277–302; G. Markman & T. Waldron, 2014, Small entrants and large incumbents, *AMP* 28: 179–197; M. Moeen, 2017, Entry into nascent industries, *SMJ* 38: 1986–2004; L. Mulotte, P. Dussauge, & W. Mitchell, 2013, Does pre-entry licensing undermine the performance of subsequent independent activities? *SMJ* 34: 358–372; F. Polidoro, 2013, The competitive implications of certifications, *AMJ* 56: 597–627; D. Souder & J. M. Shaver, 2010, Constraints and incentives for making long horizon corporate investments, *SMJ* 31: 1316–1336; F. Zhu & M. Iansiti, 2012, Entry into platform-based markets, *SMJ* 33: 88–106.

*BW*, 2018, Amazon's bottomless appetite, March 19: 50–53; *Economist*, 2018, The year of the incumbent, January 6: 49.

C. Asmussen, 2015, Strategic factor markets, scale free resources, and economic performance, *SMJ* 36: 1826–1844.

A. Barroso & M. Giarratana, 2013, Product proliferation strategies and firm performance, *SMJ* 34: 1435–1452.

A. Afuah, 2013, Are network effects really all about size? *SMJ* 34: 257–273; T. Eisenmann, G. Parker, & M. Van Alstyne, 2011, Platform envelopment, *SMJ* 32: 1270–1285; J. Lee, J. Song, & J. Yang, 2016, Network structure effects on incumbency advantage, *SMJ* 37: 1632–1648; D. McIntyre & A. Srinivasan, 2017, Networks, platforms, and strategy, *SMJ* 38: 141–160; P. Skilton & E. Bernardes, 2015, Competition network structure and product market entry, *SMJ* 36: 1688–1696; P. Soh, 2010, Network patterns and competitive advantage before the emergence of a dominant design, *SMJ* 31: 438–461.

F. Zhu & N. Furr, 2016, Products to platforms, *HBR* April: 73–78.

T. Eisenmann, G. Parker, & M. Alstyne, 2011, Platform

envelopment, *SMJ* 32: 1270–1285; H. Ozalp, C. Cennamo, & A. Gawer, 2018, Disruption in platform-based ecosystems, *JMS* 55: 1203–1241; S. Nambisan, S. Zahra, & Y. Luo, 2019, Global platforms and ecosystems, *JIBS* 50: 1464–1486; J. Rietveld, M. Schilling, & C. Bellavitis, 2019, Platform strategy, *OSc* 30: 1232–1251; A. Srinivasan & N. Venkatraman, 2017, Entrepreneurship in digital platforms, *SEJ* 12: 54–71.

*Economist*, 2013, Patriotic but pricey, September 7: 38; S. Globerman, 2013, *An Assessment of Spectrum Auction Rules and Competition Policy*, Vancouver: Fraser Institute.

J. Eggers, 2016, Reversing course, *SMJ* 37: 1578–1596; C. Hill & F. Rothaermel, 2003, The performance of incumbent firms in the face of radical technological innovation, *AMR* 28: 257–274; G. MacDonald & M. Ryall, 2018, Do new entrants sustain, destroy, or create guaranteed profitability? *SMJ* 39: 1630–1649; M. Moeen & R. Agarwal, 2017, Incubation of an industry, *SMJ* 38: 566–567; R. Roy & M. Sarkar, 2016, Knowledge, firm boundaries, and innovation, *SMJ* 37: 835–854; B. Uzunca, 2018, A competence-based view of industry evolution, *AMJ* 61: 738–768.

G. Zervas, D. Proserpio, & J. Byers, 2017, The rise of the sharing economy: Estimating the impact of Airbnb on the hotel industry, *JMR* 54: 687–705.

*Economist*, 2015, Fashion designers: Strutting their stuff, February 14: 58. 21. V. Moatti, C. Ren, J. Anand, & P. Dussauge, 2015, Disentangling the performance effects of efficiency and bargaining power in horizontal growth strategies, *SMJ* 36: 745–757.

P. Paranikas, G. Whiteford, & B. Tevelson, 2015, How to negotiate with powerful suppliers, *HBR* July: 90–96.

M. W. Peng, S. Lee, & J. Tan, 2001, The *keiretsu* in Asia, *JIM* 7: 253–276.

S. Chen, 2010, Transaction cost implication of private branding and empirical evidence, *SMJ* 31: 371–389.

*BW*, 2011, Even better than the real thing, November 28: 25–26; *Economist*, 2010, Basket cases, October 16: 21.

*Economist*, 2017, I can't believe it's not meat. December 2: 50.

I. McCarthy, T. Lawrence, B. Wixted, & B. Gordon, 2010, A multidimensional conceptualization of environmental velocity, *AMR* 35: 604–626.

M. Porter, 1998, *On Competition* (p. 38), Boston: Harvard Business School Press.

M. Porter, 1985, *Competitive Advantage*, New York: Free Press.

C. Fishman, 2006, The Wal-Mart Effect and a decent society, *AMP* 20: 6-25.

*BW*, 2014, Southwest hangs up its low-cost jersey, September 11: 27–28.

*Economist*, 2019, How to rev up Unilever, May 4: 59.

M. Schilling, 2017, What's your best innovation bet? *HBR* July: 86–93.

W. C. Kim & R. Mauborgne, 2005, *Blue Ocean Strategy*, Boston: Harvard Business School Press.

*BW*, 2014, The downside of low-end luxury. July 21: 19–20.

*BW*, 2011, A pot of trouble brews in the coffee world, September 8: 13–14.

*Economist*, 2018, Joining the high revvers, September 26: 65.

M. Porter, 1996, What is strategy? *HBR* November: 61–78. See also R. Makadok & D. Ross, 2013, Taking industry structuring seriously, *SMJ* 34: 509–532.

S. Ansari, R. Garud, & A. Kumaraswamy, 2016, The disruptor's dilemma, *SMJ* 37: 1829–1853; E. Autio, S. Nambisan, L. Thomas, & M. Wright, 2017, Digital affordances, spatial affordances, and the genesis of entrepreneurial ecosystems, *SEJ* 12: 72–95; M. Howard, W. Boeker, & J. Andrus, 2019, The spawning of ecosystems, *AMJ* 62: 1163–1193; M. Jacobides, 2019, In the ecosystem economy, what's your strategy? *HBR* September: 129–137; R. Kapoor & J. Lee, 2013, Coordinating and competing in ecosystems, *SMJ* 34: 274–296; J. Li, L. Chen, J. Yi, J. Mao, & J. Liao, 2019, Ecosystem-specific advantages in international digital commerce, *JIBS* 50: 1448–1463; T. Thompson, J. Purdy, & M. Ventrasca, 2018, How entrepreneurial ecosystems take form, *SEJ* 12: 96–116.

M. Porter, 1990, *The Competitive Advantage of Nations*, New York: Free Press.

A. Grove, 1996, *Only the Paranoid Survive*, New York: Doubleday. See also K. Boudreau & L. Jeppesen, 2015, Unpaid crowd complementors, *SMJ* 36: 1761–1777; R. Kapoor & N. Furr, 2015, Complementarities and competition, *SMJ* 36: 416–436.

R. Agarwal, M. Sarkar, & R. Echambadi, 2002, The conditioning effect of time on firm survival, *AMJ* 45: 971–994; S. Klepper, 1996, Entry, exit, growth, and innovation over the product life cycle, *AER* 86: 562–583.

G. Cattani, J. Porac, & H. Thomas, 2017, Categories and competition, *SMJ* 38: 64–92; W. De Sarbo, R. Grewal, & R. Wang, 2009, Dynamic strategic groups, *SMJ* 30: 1420–1439; S. Grodal, A. Gotsopoulos, & F. Suarez, 2015, The coevolution of technologies and categories during industry emergence, *AMR* 40: 423–445; B. Kabanoff & S. Brown, 2008, Knowledge structures of prospectors, analyzers, and defenders, *SMJ* 29: 149–171; F. Mas-Ruiz & F. Ruiz-Moreno, 2011, Rivalry within strategic groups and consequences for performance, *SMJ* 32: 1286–1308; M. W. Peng, J. Tan, & T. Tong, 2004, Ownership types and strategic groups in an emerging economy, *JMS* 41: 1104–1129.

O. Williamson, 1985, *The Economic Institutions of Capitalism,* New York: Free Press.

M. Ceccagnoli & L. Jiang, 2013, The cost of integrating external technologies, *SMJ* 34: 404–425.

S. Nadkarni & V. Narayanan, 2007, Strategic schemas, strategic flexibility, and firm performance, *SMJ* 28: 243–270; G. Pacheco-de-Almeida, J. Henderson, & K. Cool, 2008, Resolving the commitment versus flexibility trade-off, *AMJ* 51: 517–538.

W. Egelhoff & E. Frese, 2009, Understanding managers' preferences for internal markets versus business planning, *JIM* 15: 77–91.

K. Aoki & T. Lennerfors, 2013, The new, improved *keiretsu, HBR* September: 109–113; J. McGuire & S. Dow, 2009, Japanese *keiretsu, APJM* 26: 333–351.

C. de Fontenay & J. Gans, 2008, A bargaining perspective on strategic outsourcing and supply competition, *SMJ* 29: 819–839.

R. Huckman & D. Zinner, 2008, Does focus improve operational performance? *SMJ* 29: 178–193; S. Thornhill & R. White, 2007, Strategic purity, *SMJ* 28: 553–561.

*Economist,* 2018, Setting a new course, February 3: 32–33.

C. Hill, 1988, Differentiation versus low cost or differentiation and low cost, *AMR* 13: 401–412.

*Fortune*, 2016, Free bird, September 1: 78–88.

C. Campbell-Hunt, 2000, What have we learned about generic competitive strategy? *SMJ* 21: 127–154.

R. D'Aveni, 2018, *The Pan-Industrial Revolution*, New York: Houghton Mifflin Harcourt.

*Economist,* 2012, Additive manufacturing: Solid print, April 21: www.economist.com.

*WSJ*, 2018, Printing the future, October 17: www.wsj.com.

R. D'Aveni, 2018, Personal communication to the author, September 20.

M. Cusumano, S. Kahl, & F. Suarez, 2015, Services, industry evolution, and the competitive strategies of product firms, *SMJ* 36: 559–575.

M. W. Peng & K. Meyer, 2013, *Winning the Future Markets for UK Manufacturing Output* (p. 43), consulting report for the Foresight Future of Manufacturing Project, Evidence Paper 25, London: UK Government Office for Science.

J. Bou & A. Satorra, 2007, The persistence of abnormal returns at industry and firm levels, *SMJ* 28: 707–722; E. Karniouchina, S. Carson, J. Short, & D. Ketchen, 2013, Extending the firm vs. industry debate, *SMJ* 34: 1010–1018.

S. Oster, 1994, *Modern Competitive Analysis*, 2nd ed. (p. 46), New York: Oxford University Press.

C. Decker & T. Mellewigt, 2007, Thirty years after Michael E. Porter, *AMP* 21: 41–55.

M. Porter, 1994, Toward a dynamic theory of strategy, in R. Rumelt, D. Schendel, & D. Teece (eds), *Fundamental Issues in Strategy* (p. 427), Boston: Harvard Business School Press.

E. Hirsh & K. Rangan, 2013, The grass isn't greener, *HBR* January: 21–22; M. Jacobides & A. Kudina, 2013, How industry architectures shape firm success when expanding in emerging economies, *GSJ* 3: 150–170.

M. Porter, 2011, The five competitive forces that shape strategy (p. 51), in *On Strategy*, Boston: Harvard Business School Press.

CHAPTER 3

# 자원과 역량의 활용

**학습목표**

이 장을 학습한 후, 당신은 다음의 내용을 수행할 수 있다.

1. 회사의 자원과 역량이 무엇인지 설명

2. 가치 사슬을 따라 기본적인 SWOT 분석 수행

3. 특정활동을 내부에서 처리할지 아니면 외부에 아웃소싱할지 결정

4. 자원과 역량의 가치, 희귀성, 모방성, 조직적 측면(VRIO)을 분석

5. 자원 기반 관점에 관한 네 가지 주요 토론에 참여

6. 행동을 위한 전략적 함의 도출

## OPENING CASE Emerging Markets

### Canada Goose의 성공

“스위스에 롤렉스가 있고, 영국에는 롤렉스가 있다면, 캐나다에는 Canada Goose가 있다”라고 CEO Dani Reiss는 하버드 비즈니스 리뷰 기사에서 토착 명품 브랜드를 만들겠다는 야망을 밝혔다. 실제로 Canada Goose는 최근 성공한 럭셔리 브랜드가 되었지만 그 시작은 미약했다. 1957년 Dani의 외할아버지인 Sam Tick이 토론토의 Metro Sportswear로 설립했다. 그것은 몇 안되는 직원들과 함께 외투를 제작했다. 1970년대에 Dani의 아버지 David Reiss가 CEO가 되었다. 그는 거위털 충전 기계를 발명했고, 회사는 자체 개발 상표 주문에 집중하며, 경찰과 공무원을 위한 맞춤형 거위털 코트와 두꺼운 파카를 만들었다. 그러나 주문은 정기적으로 들어오지 않았다. 꾸준한 매출 흐름을 창출하기 위해 David는 1985년 회사의 자체 브랜드인 Snow Goose로 의류를 생산하기 시작했다. 1990년대 초, 메트로가 유럽에서 판매되기 시작하면서 Snow Goose 이름은 이미 다른 회사에 의해 상표로 등록되어 있다는 것을 알게 되었다. 그리고 1996년 Dani는 왔기 때문에 Metro는 Canada Goose라는 이름으로 유럽에서 제품을 판매했다. 그리고 1996 년 Dani는 대학을 졸업하고 회사에 입사를 했고, 2001년 Dani는 David의 뒤를 이어 CEO로 취임했다. 그때까지 Canada Goose는 연간 매출이 약 3백만 달러였다.

Dani는 성장에 불을 붙이고 "Made in Canada"를 유지하겠다고 약속했다. 그는 세 가지 전략적 목표를 추구했다 : (1)자체 개발 상표 사업에서 벗어나고, (2)Snow Goose 브랜드를 없애고, (3)Canada Goose 브랜드를 구축하는 데에만 집중하라. 소매 업체 및 고객과의 대화를 통해 그는 사람들은 최고의 재료로 만든 잘 구성되고 예외적으로 따뜻한 파카를 높이 평가한다는 것을 알게 되었다. 원산지 또한 중요했다. 결국, 캐나다인보다 추위를 더 잘 아는 사람은 누구인가? Dani가 인수 할 당시 아시아의 저비용 신흥 경제국에 생산을 아웃소싱 하는 것이 의류 산업을 휩쓸고있는 표준이 되기 때문에 이 통찰력이 중요했다. Dani는 "가격 경쟁을 통해 대량 유통을 달성하는 것이 성공하는 방법이 아니다. 지속 가능한 글로벌 비즈니스를 창출하기 위해서는 수량보다 품질을 우선시하는 부정할 수 없는 핵심 가치의 기초에서 성장해야 한다." 결론은 Canada Goose가 "Made in Canada"에 전념했다는 것이다. 캐나다를 떠나는 대신, Canada Goose는 토론토(세 개), 위니펙(세 개), 퀘백(두 개)의 여덟 개 공장으로 확장했다.  캐나다 임금의 20%인 아시아 노동 비용과 경쟁하면서 Dani는 캐나다 구스 제품의 가치, 희귀성 및 모방 불가능성을 향상 시키는 것이 유일한 방법이라고 생각했다. 많은 사람들이 Canada Goose 코트를 소유하는 것은 캐나다의 작은 조각을 소유하는 것과 같으며, 그 때문에 그들은 프리미엄을 기꺼이 지불한다. 많은 아시아산 제품과 비교할 때, 캐나다에서 만든 Canada Goose 파카는 시장에서 희귀해졌으며 모방하기가 거의 불가능했다. 캐나다 전역에서 이 회사는 현재 3,500명의 직원을 고용하고 있으며, 재단 및 봉제 작업의 6%를 차지한다.

Dani가 “의류업계의 스위스 시계”와 “외투계의 랜드로버”라고 불리는 브랜드를 구축하기 위해 노력한 Canada Goose는 미국의 남극 프로그램 참가자들과 같이, 춥고 외딴 지역에 연구원과 근로자들을 배치했다. 또한 내셔널 지오그래픽에 등장하는 북극 탐험 팀을 후원했다. 2016년 Canada Goose는 토론토와 뉴욕시에 매장을 열었다. 이것은 오프라인 소매상들이 빠르게 사라지고 있던 때였다. 오늘날 Canada Goose는 처음 두 곳 외에도 밴프, 베이징, 보스턴, 캘거리, 시카고, 에드먼턴, 홍콩, 런던, 밀라노, 미니애폴리스, 몬트리올, 파리, 상하이, 심양, 도쿄 및 밴쿠버에 매장을 운영하고 있다. Canada Goose 매장은 Nieman Marcus와 같은 전통적인 소매업체나 전자 상거래 플랫폼의 고객이 얻을 수 없는 매우 독특한 경험을 제공한다. 특히 매장에서는 쇼핑객들이 구매하기 전에 섭씨 -25도(화씨 -13도)의 낮은 온도에서 캐나다 구스 제품을 테스트할 수 있는 냉장실을 제공했는데, 이는 고객을 끌어들일 수 있는 창의적이고 확실한 방법이다.

295달러에서 1,695달러에 달하는 높은 비용에도 불구하고 Canada Goose의 모피 장식과 거위털로 충전된 파카는 열광적 추종자를 발전시켰다. 그것들은 캐나다 어린이와 청소년을 위한 "꼭 필요한" 겨울 유니폼이 되었다. 중국에서는 외교적 분쟁으로 인해 캐나다 제품을 보이콧 하라는 요구에도 불구하고 2018년 베이징의 신규 매장 개장에 고객들은 매장 밖에 줄을 섰다. 영국의 한 고등학교는 불우한 학생들이 또래의 압력을 덜 느낄 수 있도록 "학교 빈곤 방지"를 위해 Canada Goose 코트를 금지했다.

연간 매출은 2008년에 1,800 달러, 2015년에는 2억 달러에 도달했다. 2013년 보스턴에 본사를 둔 사모 펀드 회사인 Bain Capital은 Canada Goose의 지분 70%를 2억5천만 달러에 인수했다. 2017년, Dani는 토론토와 뉴욕 증권 거래소 (TSE 및 NYSE : GOOS)에서 회사를 공개했다. 주식 공모(IPO) 당시 1.1억 달러에서 매출은 2018년 5억9천만 달러에서 2019년 8억 3천만 달러로 급증했으며, 이는 2016년 이후 42%의 연간 성장률을 기록했다. IPO 로드쇼에서 Canada Goose가 유행이었는지에 대한 질문을 던지면서 Dani는 다음과 같이 지적했다.

*우리는 적어도 지난 15년 동안 매년 성장해 왔지만 여러 면에서 우리는 이제 막 시작하고 있다. 젊은, 늙은, 지역적, 국제적, 야외 탐험가 또는 패셔니스타 - 그들은 모두 품질, 진정성 및 우리의 DNA에 충실에 대한 우리의 헌신에 반응했다. 이것이 우리가 성장하고 지속적인 브랜드를 구축할 때 관련성을 유지하는 방법이다. 우리가 성장함에 따라, 나는 우리 사업의 한 측면이 협상할 수 없다는 것을 분명히 했다. Canada Goose는 영원히 "Made in Canada"의 챔피언이 될 것이다. 우리가 시대를 초월한 상태를 유지할 수 있는 더 좋은 방법은 없다.*

Sources: (1) Canada Goose, 2020, Our history, our stores, www.canadagoose.com; (2) CBC News, 2017, Canada Goose sees half of profits in long term from own stores, e-commerce, November 9: cbc.ca; (3) D. Weiss, 2019, The CEO of Canada Goose on creating a homegrown luxury brand, Harvard Busi-ness Review September: 37–41.

**자원기반 관점(resource-based view)**
전략의 선도적인 관점으로서 기업간 성과 차이가 근본적으로 해당 기업의 자원과 역량에 의해 발생된다고 보는 관점.

의류 산업에서 저비용 국가에 생산을 아웃소싱하는 것이 규범이 되었을 때, 어떻게 캐나다 구스(Canada Goose)는 그러한 강력한 규범에서 벗어나 성공할 수 있었던 것인가? 그것의 제품들의 가치의 원천은 무엇인가? 어떻게 하면 열광적인 팬들을 키울 수 있을까? 그 해답은 경쟁자들과 공유되지 않는 캐나다 구스만의 특정한 자원과 역량이 있어야 한다는 것이다. 이러한 통찰력은 **자원 기반 관점(resource-based view)**으로 발전되었으며, 이는 전략의 세 가지 주요 관점중 하나로 부상했다.

산업 기반 관점이 한 산업 내에서 평균적인 기업이 어떻게 경쟁하는지에 초점을 맞추고 있는 반면, 자원 기반 관점은 (캐나다 구스와 같은) 개별기업이 한 산업 내에서 어떻게 서로 다른지에 대해 상당한 조명을 제공한다. SWOT 분석에서, 산업 기반 관점은 외부의 기회(O)와 위협(T)를 다루며, 자원 기반 관점은 내부의 강점(S)와 약점(W)에 집중한다. 핵심 질문은 다음과 같은 것들이다. 캐나다 구스와 같은 하이플라이어들은 어떻게 중력을 거슬러 경쟁우위를 유지할 수 있는가? 이번 장에서는 먼저 자원과 역량에 대해 정의한 다음 가치사슬 분석에 관해 설명한다. 그 후에 VRIO 체계를 통해 가치(V), 희소성(R), 모방 가능성(I), 조직(O)에 초점을 맞춘 후 논쟁과 확장으로 이어진다.

## 자원 및 역량에 대한 이해

자원 기반 관점의 기본적인 명제는 기업이 생산적인 자원과 역량의 묶음으로 구성되어 있다는 것이다. **자원(resources)**은 "기업이 전략을 선택하고 실행하기 위해 사용하는 유형 및 무형의 자산"으로 정의된다. 역량의 정의에 대해서는 약간의 논란이 있다. 일부에서는 자원을 역동적으로 배치하는 기업의 능력을 역량이라고 주장한다. 이들은 자원과 역량 간에 중요한 차이를 제시하며, **동적인 역량(dynamic capabilities)** 관점을 옹호한다.

**자원(resources)**
기업이 전략을 선택하고 실행하기 위해 사용하는 유형 및 무형의 자산.

**동적인 역량(dynamic capabilities)**
기업의 경쟁우위를 구축하고 보호하는 능력으로, 기회를 감지하고 활용하며 기존 자산을 재구성하는 능력.

비록 학자들은 자원과 역량 간의 미세한 차이에 대해 논쟁을 할 수 있겠지만, 실제에서는 이러한 차이들이 모호해질 가능성이 크다. 예를 들어, 캐나다 구스의 높은 품질은 자원인가, 아니면 역량인가? 원산지를 활용하려는 노력은 어떠한가? 저비용 국가에 생산을 아웃소싱하는 업계의 규범에서 기꺼이 벗어나서 고비용의 캐나다인 근로자를 고용하려는 의지는 어떠한가? 현재 및 미래의 전략가들에게 있어, 핵심은 이런 속성들이 자원 혹은 역량으로 분류되는지를 파악하는 것이 아니라, 이런 특성들이 기업 성과를 개선하는 데 얼마나 도움이 되는지 이해하는 것이다. 그러므로, 우리는 "자원"과 "역량"이라는 용어가 서로 교환될 수 있는 것으로 함께 사용할 것이다. 다시 말하면, 여기에서 **역량(capabilities)**은 자원과 같은 방식으로 정의된다.

**역량(capabilities)**
기업이 전략을 선택하고 실행하기 위해 사용하는 유형 및 무형의 자산.

가장 작은 기업들을 포함해서 모든 기업들은, 다양한 자원과 역량을 보유하고 있다. 어떻게 우리는 그러한 다양성을 의미 있게 분류할 수 있을까? 한 가지 유용한 방법은 유형과 무형이라는 두 가지 범주로 구분하는 것이다(표 3.1). **유형의 자원과 역량(tangible resources and capabilities)**은 관측 가능하고 계량화할 수 있는 자산이다. 이것은 크게 세 가지 범주로 나눌 수 있다.

**유형의 자원과 역량(tangible resources and capabilities)**
관찰이 가능하고 보다 쉽게 계량화할 수 있는 자원과 역량.

- 재정적 자원과 역량. 예를 들어, 자본시장을 활용할 수 있는 기업의 능력이 포함된다. 먼저 사모펀드를 유치한 후 기업공개(IPO)를 성공적으로 진행할 수 있는 캐나다 구스의 역량은 상승을 추진하는 데 꼭 필요한 자원을 제공했다(오프닝 케이스 참고).
- 물리적 자원과 역량. 예를 들어, 많은 사람들은 아마존(Amazon)의 성공을 온라인에 정통한 것 때문이라고 보지만(일리가 있다), 아마존이 거대 소매업체로 부상한 결정적인 이유는 주요 입지에 최대의 물리적인 오프라인 유통센터를 구축했기 때문이다.
- 기술 자원과 역량. 예를 들어, 적층 제조(3D 인쇄) 기술을 개발하기 위한 경쟁에서, 허쉬(Hershey)는 큰 운용이 필요하지 않고 잠재적으로 식당과 빵집에서 사용할 수 있는 많은 초콜릿 프린터를 개발했다.

**무형의 자원과 역량(intangible resources and capabilities)** 관찰하기가 힘들고, 부호화(codify)하기 어려운 자원과 역량.

정의에 따르면, **무형의 자산과 역량(intangible resources and capabilities)**은 관찰하기가 더 어렵고, 정량화하기가 더 어렵다(혹은 때로는 불가능하다)(표 3.1 참고). 그러나 그것들은 "거기에" 반드시 있음에 틀림없다고 널리 받아들여지고 있는데, 이는 유형 자원과 역량에만 의존하여 경쟁우위를 창출할 수 있는 기업은 없기 때문이다. 무형자산의 예는 다음과 같다.

- 인적자원과 역량. 뛰어난 인적자원(HR)은 기업을 새로운 수준으로 끌어올리는 중요한 자산이 될 수 있는 반면, 보통밖에 안되는 인적자원은 걸림돌이 될 수 있다(클로징 케이스 참고).
- 혁신 자원과 역량. 예를 들어, 기업이 사용자를 이해하고, 가설들에 도전하며, 창의적인 방법으로 문제를 해결하는 반복적인 프로세스인 디자인 사고는 중요한 혁신 도구가 되었다. 애플(Apple), 구글(Google), 삼성(Samsung)은 디자인적 사고 중심의 자원과 역량을 개발했다.
- 평판 자원과 역량. 평판은 기업들이 그들의 특성을 소비자들에게 알리는 경쟁 과정의 결과로 간주될 수 있다. BMW, 포드(Ford), IBM은 최근 100번째 생일을 맞이했다. 몇몇 좌절에도 불구하고 이러한 오래 지속하는 기업들은 자사의 평판을 활용하여 더욱 힘차게 나아갈 수 있는 반면, 평판이 낮은 많은 경쟁자들은 어려움을 겪고 있다.

유형 및 무형 자원의 비교적 간단한 유형은 일반적으로 정적이다. 보다 역동적인 (행동 지향적인) 관점에서 볼 때, 세 가지 중요한 기능은 다음과 같다(표 3.1 참고)

**감지(sensing)** 기회를 발견하는 능력.

**포착(seizing)** 기회로부터 가치를 포착할 수 있는 능력.

**재구성(reconfiguration)** 비즈니스 모델을 재설계하고, 자산을 재배치하고, 루틴을 수정하여 유연성을 유지할 수 있는 능력.

- **감지(sensing)**: 기회를 발견하는 능력
- **포착(seizing)**: 기회로부터 가치를 포착할 수 있는 능력
- **재구성(reconfiguration)**: 비즈니스 모델을 재설계하고, 자산을 재배치하고, 루틴을 수정하여 유연성을 유지할 수 있는 능력

BMW, 포드, IBM 과 같은 성공적인 장수 기업들은 한 비즈니스 영역에서 다른 비즈니스 영역으로 이동하면서, 감지, 포착, 재구성의 주기를 반복적으로 겪어왔다. 왜 마이스페이스(MySpace), 위워크(WeWork), 야후(Yahoo)와 같은 초기에는 성공한 많은 회사들은 결국 멈

### 표 3.1 자원과 역량의 예시

| 유형 자원 | 무형 자원 | 동적 자원 |
|---|---|---|
| 재무적 자원 | 인적 자원 | 감지하는 능력 |
| 물리적 자원 | 혁신적 자원 | 포착하는 능력 |
| 기술적 자원 | 명성 | 재구성하는 능력 |

**그림 3.1 가치사슬**

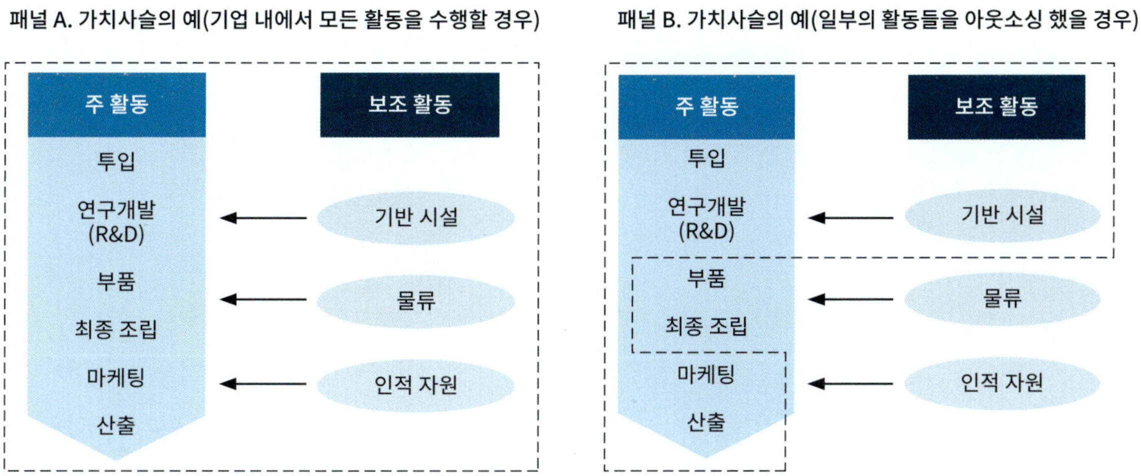


춰 서게 되었을까? 해답 중 하나는 감지, 포착, 재구성 중심의 역동적 역량을 개발하는 데 실패했다는 것이다.

여기에서 설명하는 모든 자원과 역량들은 단지 예시에 불과하다. 그것들이 전체 목록을 나타내지 않는다. 기업은 새로운 자원과 역량들을 발견하고 활용하기 위해 앞으로 나아갈 것이다.

## 자원, 역량 및 가치사슬

만약 기업이 자원과 역량의 묶음이라면, 어떻게 그것들이 함께 결합하여 가치를 더할 수 있을까? 가치사슬 분석을 통해 우리는 이 질문에 답할 수 있다. 그림 3.1의 패널 A에서 볼 수 있듯이, 대부분의 재화와 서비스는 가치를 부가하는 (상류에서 하류로의) 수직적 활동의 사슬, 한마디로 말하면 **가치사슬(value chain)**을 통해 생산된다. 가치사슬은 일반적으로 기본 활동들과 보조 활동들의 두 가지 영역으로 구성된다. 각 활동들은 상당한 자원과 역량을 필요로 한다. 가치사슬 분석은 관리자들이 매우 미시적이며, 활동 기반 수준에서 기업의 자원과 역량에 대해 생각하도록 만든다. 어떤 기업도 모든 활동들을 다 잘할 수 없다는 것을 감안할 때, 핵심은 기업이 경쟁기업들보다 더 우수한 방법으로 특정한 활동을 수행할 수 있는 자원과 역량을 보유하고 있는지를 검토하는 것으로, SWOT 분석에서 **벤치마킹(benchmarking)**이라고 부르는 전략이다.

**가치사슬(value chain)**
가치를 창출하는 수직적 활동의사슬을통해생산되는제품과서비스.

**벤치마킹(benchmarking)**
기업이 경쟁기업들보다 더 우수한방법으로 특정한 활동을 수행할 수있는 자원과 역량을 보유하고있는지에 대한 조사.

만약 관리자들이 기업의 특정한 활동이 불만족스럽다는 것을 알게 된다면, 의사 결정 모델로 상황을 해결할 수 있다(그림 3.2 참조). 첫 번째 단계에서, 관리자들은 “우리가 정말 기업 내

## 그림 3.2 가치사슬분석에서의 의사결정 모형

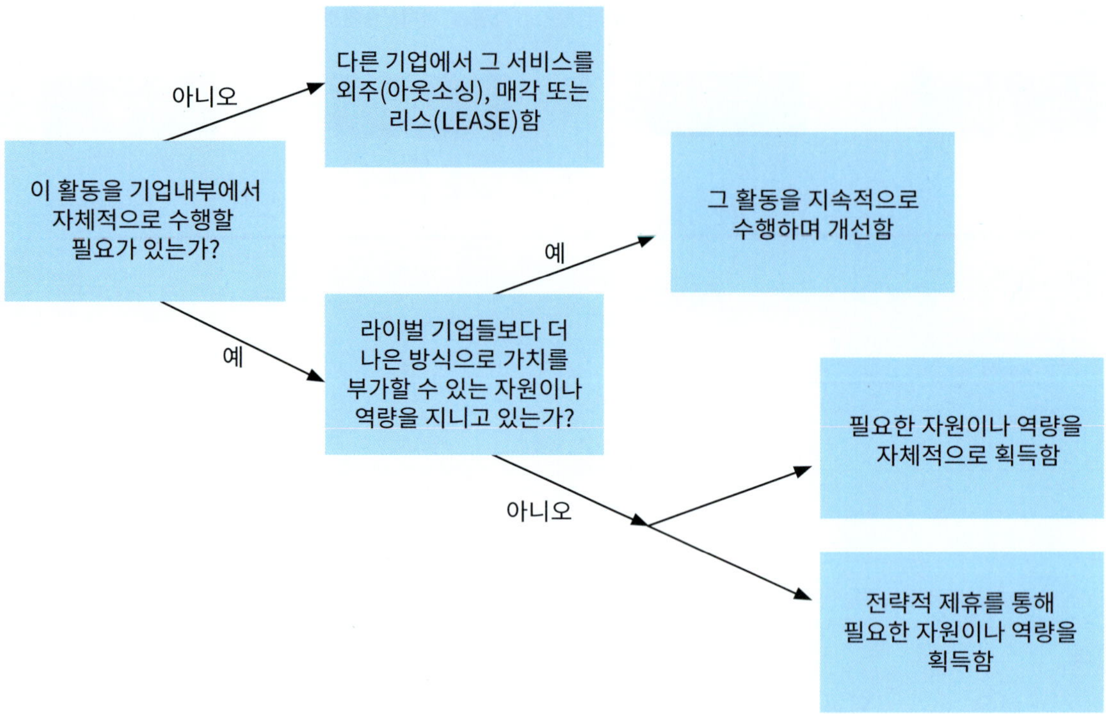


**상품화(commoditization)** 높은 가격과 높은 마진을 창출할 수있는 독창적인 제품들이 일반적으로그렇게 할 수 있는 특성들을상실해 가는 시장경쟁과정을 의미함.따라서 그러한 특성들을 상실한제품들은 범용상품(commodities)이됨.

부적으로 이 활동을 수행할 필요가 있는가?" 질문한다. 그림 3.3은 이러한 질문을 면밀히 검토하기 위한 체계를 소개하고 있으며, 이 질문에 대한 답은 (1)활동이 산업 고유의 것인지 아니면 산업 전반에 걸쳐 공통적인지, 그리고 (2)이러한 활동이 독점적(기업 고유의) 인지 아닌지의 여부로 귀결된다. 그림 3.3의 셀 2에서 활동이 발견되었을 때는, 산업 전반에 걸쳐 매우 공통성이 매우 높고 그것을 독점적으로 유지할 필요가 거의 없는, 최근의 용어로 높은 수준의 **상품화(commoditization)** 상황에서는 그 대답은 "아니오"이다. 산업별로 고유할 뿐만 아니라 상품화 수준도 높은 그림 3.3의 셀 1에 그 활동이 있는 경우에도, 답은 "아니오" 일 수 있다. 그렇다면, 기업은 이 활동을 외부에 아웃소싱하거나, 해당 사업부를 매각하거나, 또는 해당 사업부의 서비스를 다른 기업에 대여하고 싶어 할 수 있다(그림 3.2 참고). 이것은 가치사슬에서 경쟁력이 없는 활동의 여러 단계들을 직접 운영하는 것이 비효율적이고 비용이 많이 들 수 있기 때문이다.

절대적으로 중요한 자동차의 구성요소인 철강에 대해서 생각해 보라. 그러나, 자동차 제조업체들에게 질문은 "우리가 자체적으로 철강을 만들어야 하는가?"이다. 철강에 대한 요구는 최

**그림 3.3 자체생산(또는 내부생산) 대 아웃소싱**

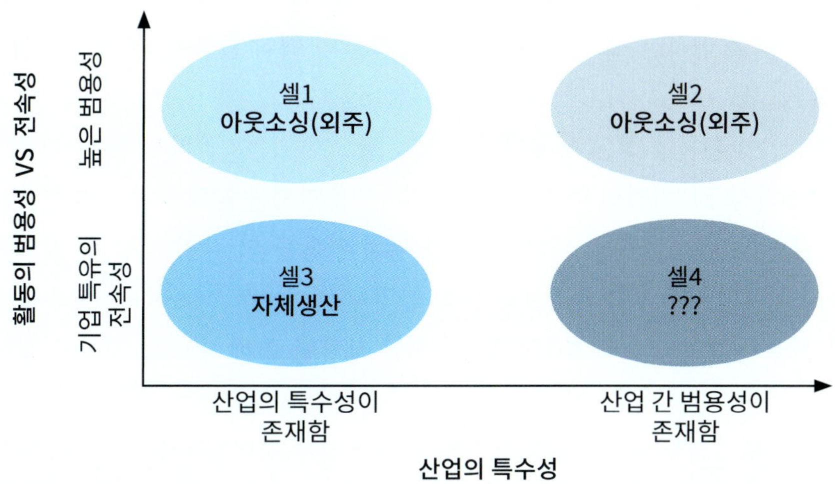


종 사용자 산업 전반에 걸쳐 공통적이다. 즉, 자동차 제조업체에 있어, 철강은 건설, 국방 및 기타 최종 소비자들과 본질적으로 동일하다(논의를 위해 사소한 기술적 차이는 무시한다). 자동차 제조업체의 경우, 자동차 제조 활동(특히 엔진 및 최종 조립)을 독점적으로 유지하는 것이 필수적이지만(그림 3.3의 셀 3), 철강 제조를 사내에서 가지고 있을 필요는 없다. 그러므로, 비록 포드와 GM과 같은 많은 자동차 제조업체들이 역사적으로 철강 제조에 직접 관여했지만, 오늘날에는 아무도 그렇게 하지 않는다. 달리 말하자면, 제철은 아웃소싱 되고, 철강은 상품화된다. 비슷한 방식으로, 포드와 GM은 더 이상 과거 그들이 했던 것처럼 유리, 좌석, 타이어를 만들지 않는다.

**아웃소싱(outsourcing)**은 조직의 활동을 해당 기업을 대신해 그것을 수행할 외부의 공급업체에 넘기는 것으로 정의된다. 예를 들어, (애플이나 나이키와 같은) 많은 소비재 회사들은, (디자인과 같은)과 상류 활동과 (마케팅과 같은) 하류 활동에 강력한 역량을 보유하며, 저비용 국가에 있는 공급업체에 제조 활동을 아웃소싱한다. 최근에는, 제조뿐만 아니라 IT, HR, 물류와 같이 많은 서비스 활동들 역시 아웃소싱 되고 있다.

**아웃소싱(outsourcing)** 해당 기업의 성과를 향상시키기위하여, 해당 기업 활동의 전부 또는일부를 기업 외부의 공급자들에게넘기는 것.

그 원동력은, (항공사 예약이나 은행 콜 센터와 같이) 특정 활동을 그들 산업의 매우 특별한 부분으로 여겼던 많은 기업들이, 이제는 이러한 활동들이 업계 간에 공유될 수 있는 비교적 일반적인 속성을 가지고 있다고 생각하기 때문이다. 물론, 이렇게 변화하는 사고방식은 IT 분야에서 IBM과 인포시스(Infosys), HR 분야에서 맨파워(Manpower), 계약 생산 분야에서 폭스콘(Foxconn), 그리고 물류 분야에서 DHL과 같은 서비스 공급업체의 부상에 힘입은 바 있다. 이러한 전문 기업들은 그런 활동들이 (수십 년 전에 자동차 제조업체들로부터 철강 제조가 분리되었던 것처럼) 다양한 고객사들로부터 분리되어, 더 큰 규모의 경제를 가지고 여러 고객사들에 서비스를 제공하는데 활용될 수 있다고 주장한다. 이러한 아웃소싱을 통해 고객 기업들은 "더 효율적이고 더 효과적인" 조직이 될 수 있고, 그들의 핵심 활동에 더 잘 집중할 수 있다(그림 3.1 패널 B 참고).

만약 "우리가 이 활동을 정말 사내에서 수행할 필요가 있는가?"라는 질문에 대한 답이 "예"이지만(그림 3.3의 셀 3), 기업의 현재 자원과 역량이 이 과제를 감당할 수 없다면, 두 가지 선택지가 있다(그림 3.2 참고). 첫째, 기업은 이러한 특정 활동을 더 잘 수행할 수 있도록 사내에서 역량을 습득하고 개발하려고 할 수 있다. 둘째, 만약 기업이 이러한 역량을 사내에서 개발할 수 있는 충분한 기술을 보유하고 있지 않다면, 기업은 제휴를 통해 이러한 역량에 접근하고자 할 수도 있다.

**오프쇼어링(offshoring)** 국제적인/해외 아웃소싱.

**온쇼어링(onshoring)** 국내기업에게 아웃소싱 하는 것.

**전속 조달(captive sourcing)** 해외에서 자체(생산)활동을 수행하기 위해서 자회사를 설립하는 것. 개념적으로 해외직접투자.(FDI, foreign direct investment)와 동일함.

그림 3.2와 그림 3.3 모두에서 두드러지게 부족한 것은 지리적 차원으로, 해외에 비해 국내적 입지이다. 아웃소싱과 오프쇼어링이라는 두 용어가 다소 최근에 등장했기 때문에, 특히 일부 기자들 사이에서 큰 혼란이 있는데, 그들은 종종 무심코 그것들을 동일시한다. 따라서 혼란을 최소화하기 위해 입지와 방식(사내와 외부위탁)을 기준으로 그림 3.4에서는 두 개의 용어에서 네 개의 용어를 사용한다.

- **오프쇼어링(offshoring)** - 국제적인/해외 아웃소싱
- **온쇼어링(onshoring)** - 국내의 온쇼어링
- **전속 조달(captive sourcing)** - 해외에 사내 업무를 수행하기 위한 자회사를 설립하는 것
- 국내에서의 사내 활동

### 그림 그림 3.4 입지, 입지, 입지

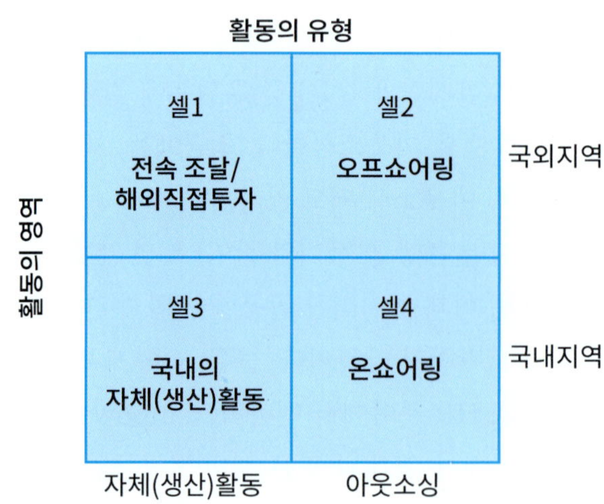

아웃소싱, 특히 오프쇼어링에 대해서는 논란과 논쟁이 끊이지 않는다(논쟁과 확장 섹션 참고). 이러한 일련의 새로운 구별에도 불구하고, 우리는 "전속 조달"이 개념적으로 해외 직접 투자(FDI)와 동일하다는 것을 알 필요가 있으며, 이는 글로벌 전략의 세계에서는 새로운 것이 아니다(1장과 6장 참고). 우리는 또한 "오프쇼어링"과 "온쇼어링"은 각각 국제 및 국내 아웃소싱의 변형이라는 것 역시 알 필요가 있다. 저비용 IT 업무들이 인도, 필리핀 및 기타 신흥 경제국으로 오프쇼어링 하는 것이 널리 시행되어 왔다. 흥미롭게도, 독일 동부, 프랑스 북부, 미국의 아팔래치아 산맥, 대평원 지대 및 남부 지역은 온쇼어링의 새로운 온상으로 부상하고 있다. 미시간과 같이 일자리가 부족한 지역에서는 고급 IT 노동자들이 실리콘 밸리의 본사에서보다 35% 낮은 임금을 수용할 수도 있다.

그림 3.4에서 우리가 얻을 수 있는 흥미로운 교훈은 심지어 단일 기업조차도 특정 활동을 수행하기 위한 최적의 입지와 방식을 활용하여 부가가치 활동들이 지리적으로 전 세계적으로 분산될 수 있다는 것이다. 예를 들어, 델(Dell)의 노트북은 미국에서 디자인될 수 있고(국내 자체 활동), 부품은 미국(온쇼어링)뿐만 아니라 대만(오프쇼어링)에서 생산될 수 있으며, 최종 조립은 중국(전속 조달/FDI)에서 수행될 수도 있다. 고객들이 도움을 요청하는 전화를 할 때, 콜센터는 외부 서비스 제공업체가 상주하는 인도, 아일랜드, 자메이카 또는 필리핀에 위치해 있을 수도 있다.

전반적으로, 가치사슬 분석은 SWOT 분석에서 관리자가 경쟁업체와 비교하여 활동별 기준으로 기업의 강점과 약점을 확인할 수 있게 한다. 최근 새로운 분류의 확산은 위협적이어서, 일부 전문가들은 "21세기 오프쇼어링은 정말 다르다."라고 주장한다. 실제로는, 그렇지 않다. 새로운 전략 바로 밑에는, 오래된 SWOT 분석이 여전히 작용하고 있는 것을 우리는 볼 수 있다. 다음 섹션에서는 새로운 모형을 소개한다.

## SWOT에서 VRIO까지

최근 자원기반 관점의 발전은 전통적인 SWOT 분석을 넘어섰다. 새로운 연구는 자원과 역량의 가치(V), 희소성(R), 모방 가능성(I) 및 조직화(O)의 측면에 초점을 맞추며, **VRIO 모형(VRIO framework)**으로 이어진다. 표 3.2에 요약되어 있는 그러한 네 가지 중요한 문제들을 다루는 것은 경쟁우위에 대해 많은 영향을 준다.

**VRIO 모형(VRIO framework)**
자원 및 역량의 가치(value),희소성(rarity), 모방가능성(imitability)그리고 조직(organization)적 측면에 중점을 둔 자원기반의 모형.

### 가치의 문제

기업의 자원과 역량은 가치를 더하는가? 앞에서의 가치사슬 분석은 이것이 시작하기 위한 가장 근본적인 질문이라는 것을 시사한다. 가치를 부가하는 자원과 역량만이 경쟁우위를 가져올

### 표 3.2 VRIO 모형

| 가치(V)가 있는가? | 희소(R)한가? | 모방(I)이 어려운가? | 조직(O)에 의해 이용되는가? | 경쟁적 시사점 | 기업성과 |
|---|---|---|---|---|---|
| 아니오 | - | - | 아니오 | 경쟁열위 | 평균이하 |
| 예 | 아니오 | - | 예 | 경쟁등위 | 평균 |
| 예 | 예 | 아니오 | 예 | 임시적 경쟁 우위 | 평균이상 |
| 예 | 예 | 예 | 예 | 지속가능한 경쟁우위 | 지속적으로 평균이상 |

Sources: Adapted from (1) J. Barney, 2002, Gaining and Sustaining Competitive Advantage, 2nd ed. (p. 173), Upper Saddle River, NJ: Prentice Hall; (2) R. Hoskisson, M. Hitt, & R. D. Ireland, 2004, Competing for Advantage (p. 118), Cincinnati: South-Western Cengage Learning.

수 있는 반면, 가치를 부가하지 않는 역량은 경쟁 열위를 가져올 수도 있다. 경쟁 환경의 변화에 따라서 이전의 가치를 부가하는 자원과 역량이 쓸모없게 될 수도 있다. 예를 들어, 버터핑거(Butter Finger), 크런치(Crunch), 펀딥(FunDip), 너즈(Nerds)는 네슬레(Nestle's)의 주력 제품 중 일부였다. 하지만, 정크 푸드에 대한 경쟁이 치열해지면서, 네슬레는 이러한 제품들로부터 가치를 얻는 것이 점점 더 어렵다는 것을 알게 되었다. 2018년에는 이들 캔디 브랜드를 보유한 미국의 제과 사업을 28억 달러에 페라로(Ferraro)에 매각했다. IBM의 진화는 또 다른 좋은 예이다. IBM은 1930년대에는 표 계산기, 1960년대에는 메인 프레임, 그리고 1980년대에는 PC 등을 포함하여, 역사적으로 하드웨어 제조에 뛰어났다. 하지만, 하드웨어에 대한 경쟁이 과열됨에 따라, 하드웨어 부문에서 IBM의 역량은 거의 가치를 창출하지 못했을 뿐만 아니라, 새로운 영역으로 진출하는데 점점 더 방해가 되었다. 1990년대 이후 IBM은 수익성이 더 높은 소프트웨어와 서비스에 집중해 왔으며, 새로운 부가가치 기능을 개발하여 주문형 컴퓨팅 서비스 공급업체가 되는 것을 목표로 하고 있다. 이 새로운 전략의 일환으로, IBM은 프라이스워터하우스쿠퍼스(PricewaterhouseCoopers)를 매입하고, 자사의 PC 사업 부문을 레노보(Lenovo)에 매각했다.

가치 있는 자원 및 역량과 기업 성과 간의 관계는 직접적이다. 제과업에서 네슬레의 전통적인 기술이나 IBM의 하드웨어 분야에서의 역사적 전문성과 같이, 가치를 부가할 수 없는 자원과 역량은, 강점이 되는 대신에 약점이 될 수도 있다. 만약 기업들이 가치를 부가할 수 없는 자산을 제거할 수 없다면, 그들은 평균 이하의 성과를 거둘 가능성이 크다. 최악의 경우 그런 기업들은 멸종될 수도 있는데, IBM이 1990년대 초 아슬아슬하게 모면한 운명이다. IBM의 전

CEO인 지니 로메티(Ginni Rometty)에 따르면,

> *당신이 어떤 사업을 하든, 시간이 지나면서 그 사업은 상품화될 것이다. 따라서 당신은 계속해서 더욱 높은 가치로 발전하며 변화해야 한다.*

## 희소성의 문제

단순히 귀중한 자원과 역량을 보유하는 것만으로는 충분하지 않다. 다음의 질문은, 귀중한 자원과 역량이 얼마나 희소한가이다. 가치는 있지만 흔한 자원과 역량은 기껏해야 경쟁 등위로 이어질 수는 있어도, 경쟁우위로 이어지지는 않는다. 수많은 항공사들이 사용하는 보잉(Boeing)과 에어버스(Airbus)가 만든 동일한 항공기를 생각해 보라. 그것들은 분명히 가치가 있지만, 이러한 항공기 하나만 가지고 경쟁우위를 도출해 내는 것은 어렵다. 항공사들은 이들 동일한 항공기를 어떻게 다르게 사용할 것인지에 대해 열심히 노력해야 한다.

귀중하고 희소한 자원과 역량만이 일시적인 경쟁우위를 제공할 수 있는 잠재력을 가지고 있다. 전반적으로, 희소성의 문제는 다음과 같은 진부한 말을 상기시켜준다. 모든 사람이 그것을 가지고 있다면, 당신은 그것을 가지고 돈을 벌 수 없다. 예를 들어, 많은 기업들이 인공지능(AI)과 데이터 분석 기능으로 무장하고 있기 때문에, 그것들은 더 이상 희소하지 않다. 그러나 빅데이터에서 통찰력을 발견하고 데이터 분석에 대한 교육을 받지 않은 관리자에게 접근 가능한 방식으로 이러한 통찰력을 전달할 수 있는 능력은 지극히 희소하다. 대부분의 데이터 과학자들은 연구하도록 훈련받았지만, 일반 청중과 소통하고 연구에 대해 발표하는 것에는 그렇지 않다. 따라서 이러한 인재들을 발굴하고 개발할 수 있는 기업들은 희소해진다.

## 모방 가능성의 문제

귀중하고 희소한 자원과 역량은 오직 경쟁자들이 이를 모방하는 데 어려움을 겪을 때만 경쟁우위의 원천이 될 수 있다. (공장과 같은) 기업의 유형 자원을 모방하는 것은 비교적 더 쉽지만, (암묵적 지식, 우수한 혁신, 경영적 능력과 같은) 무형의 역량을 모방하는 것은 훨씬 더 어렵고 종종 불가능하다. 인텔(Intel), 삼성 등 눈에 잘 띄는 제조사들이 사용하는 첨단 칩 제조기를 만드는 네덜란드의 잘 알려지지 않은 기업인 ASML은, 이러한 암묵적 지식과 탁월한 혁신성, 경영적 재능에 있어 뛰어나다. 모방의 어려움에 직면하여 ASML의 두 경쟁자인 캐논(Canon)과 니콘(Nikon)은 ASML의 가장 앞선 극자외선(EUV) 광선 기술을 모방하지 못했다.(실행 전략 3.1 참고).

모방은 어렵다. 왜 그런가? 두 단어로 말하면, **인과적 모호성(causal ambiguity)** 때문이다. 이것은 성공적인 기업 성과에 대한 인과적 결정요인을 식별하기 어렵다는 것을 의미한다. 정확히 무엇이 캐나다 구스를 그러한 관련된 명품 브랜드로 만들었을까(오프닝 케이스 참고).

**인과적 모호성 (casual ambiguity)** 성공적인 기업성과의 인과적결정요인 즉(,원인)식별의 어려움.

## 실행 전략 3.1 ASML

인공지능, 드론, 사물인터넷(IOT), 스마트홈, 스마트폰, 무선결제... 모든 미래 기술은 반도체 칩에서 작동한다. 글로벌 전략의 모든 독자들은 이미 그것을 알고 있다. 어떤 회사가 이러한 칩을 만드는지 물어 본다면, AMD, 인텔, 퀄컴, 삼성, 대만반도체제조회사(TSMC), 텍사스인스트루먼츠(TI) 등이 언급될 것이다.

하지만 파장이 13.5나노미터(1나노미터=10억분의 1미터)에 불과한 극자외선(EUV) 빛을 사용하는 세계 유일의 첨단 칩 제조 장비 제조업체인 ASML에 대해 들어본 사람은 거의 없을 것이다. ASML의 고객들은 거의 모든 미래 기술에 동력을 공급하는 광범위한 반도체 칩을 제조하기 위해 기계를 사용하는 세계의 모든 선도적인 칩 제조업체들을 포함한다. "반도체 산업에 대한 세계의 공급자"는 ASML이 웹사이트에서 자신을 자랑스럽게 묘사하는 방법이다.

1984년 네덜란드 아인트호벤에서 설립된 ASML은 어드밴스드 세미컨덕터 머티리얼즈 인터내셔널(ASMI)과 네덜란드 전자 대기업 필립스(Philips)의 합작회사(JV)로 삶을 시작했다. 1988년, JV는 ASML이라는 공식 이름을 가진 독립 회사가 되었다. ASML은 실리콘 웨이퍼에 집적 회로를 식각하기 위해 빛을 사용하는 포토리소그래피 기계 시장에서 일본의 니콘, 캐논, 미국의 울트라텍과 경쟁했다. 이 시장에서 ASML은 62%의 압도적인 시장 점유율을 누리고 있다. 가장 발전된 EUV 시장에서, 실제로는 세계에서, ASML은 유일한 플레이어이다. 각각의 EUV 기계는 무게가 약 180톤이며, 큰 버스의 크기를 가지고 있다. 세계 3대 반도체 업체들 Intel, Samsung 및 TSMC는 다른 기술 업계와 마찬가지로 ASML에 의존하게 되었다. 사실, 이 3대 반도체 제조업체들은 모두 회사의 전략적 투자자로서 지분을 대가로 ASML의 R&D에 자금을 지원했다. ASML의 웹사이트는 "한 번에 1나노미터씩 세상을 바꾸는 것"이라는 임무를 자랑스럽게 설명한다.

반도체 산업의 중요성이 높아짐에 따라 ASML은 2010년 이후 시가총액을 10배 증가시켜 2019년 1,000억 달러에 도달했다. 이로써 2019년 매출이 130억 달러였던 ASML은 유럽의 3대 상징적인 회사인 에어버스, 지멘스, 폭스바겐보다 더 가치가 있다. 앞으로는 스마트폰으로 게임을 할 때, 그것을 가능하게 하는 저명하지 않은 회사에 대해 생각해 보길 바란다.

Sources: (1) ASML, 2020, About ASML, www.asml.com; (2) Economist, 2019, Chips with everything, September 14 (Technology Quarterly): 3–4; (3) Economist, 2020, Industrial light and magic, February 29: 49–50.

의류 산업에서 캐나다 구스는 모방자가 끊이지 않았다. 이에 대한 질문은 다음과 같다. 캐나다 구스는 어떻게 하는가? 일반적으로 고품질 재료에 대한 약속, 저비용 국가에 생산을 아웃소싱하기 위해 산업 규범에서 벗어나려는 의지, 그 원산지를 포용하는 것에 대한 관심, 다국적 시장 진출 등과 같은 많은 자원과 역량이 지명될 것이다. 이 모든 것이 그럴듯하지만, 정확히 그것은 무엇인가? 이 질문에 대한 답을 아는 것은 학자들과 학생들에게 흥미를 불러일으키는 것뿐만 아니라 캐나다 구스의 경쟁자들에게도 크게 이익이 될 수 있기 때문에, 이것은 정말로 백만 달러(또는 10억 달러)짜리 질문이다. 불행하게도 외부인들은 보통 회사가 그 경계 내에서 무엇을 하는지 이해하는 데 어려움을 겪는다. 많은 경쟁업체들이 그랬던 것처럼, 우리는 강의실 토론 과정에서 "자원과 역량"으로 명명된, 가능한 많은 이유의 긴 목록들을 작성함으로써 캐나다 구스의 성공의 비결을 확인하기 위해 노력해 볼 수 있다. 그러나, 결국에는 외부인으로서 우리는 확신할 수는 없다.

학자와 학생들에게는 더 매력적이고, 경쟁업체들에는 더 실망스러운 것은 애플과 같은 성공적인 회사의 경영자들이 종종 그들의 회사의 성공에 기여하는 요인들이 정확하게 무엇인지 알지 못한다는 것이다. 인터뷰할 때, 그들은 대개 강력한 조직 문화, 끊임없는 추진력, 그리고 다른 많은 특성들과 같은 그들이 잘하는 것들에 대한 긴 목록을 만들어 낼 수 있다. 설상가상으로, 같은 회사의 다른 관리자들이 서로 다른 목록을 갖고 있을지도 모른다. 어떤 자원이나 역량이 "그것"인지를 조사할 때, 그들은 보통 그것이 위에 언급한 것을 모든 것의 조합이라고 말한다. 애플이 2014년 4분기에 180억 달러라는 기록적인 수익을 올린 후(이전에는 단일 기업이 3개월 동안 그렇게 많은 돈을 벌었던 적이 없었다) CEO인 팀 쿡(Tim Cook)은 언론에 "이해하기 어렵다"라고 말했다. 이것은 아마도 자원 기반 관점의 가장 흥미롭고 역설적인 측면 중에 하나일 것이다. 만약 내부자들이 기업의 성과에 명확하게 기여하는 것이 무엇인지 파악하는 데 어려움을 겪는다면, 이러한 역량을 이해하고 모방하려는 외부인들의 노력이 대개 결함이 있고 종종 실패한다는 것은 놀라운 일이 아니다.

전반적으로, 가치 있고 희소하지만 모방 가능한 자원과 역량은 기업에 일시적인 경쟁우위를 제공하며, 일정 기간 동안 평균 이상의 성과를 가져다줄 수 있다. 하지만, 그러한 우위는 지속 가능하기 어렵다. 캐나다 구스의 사례에서 볼 수 있듯이, 가치 있고, 희소하며, 모방하기 어려운 자원과 역량만이 잠재적으로 지속적인 경쟁우위로 이어질 수 있다.

## 조직의 문제

심지어는 가치 있고, 희소하며, 모방하기 어려운 자원과 역량조차도 적절하게 조직되지 않는다면 기업에게 지속할 수 있는 경쟁우위를 제공하지 못할 수도 있다. 비록 유명한 영화배우들은 가장 가치 있고, 희소하며, 모방하기 어려운(또한, 가장 높은 보수를 받는) 자원들 중 일부를 대표하지만, 대부분의 영화들은 실패한다. 더 일반적으로, 조직에 대한 질문은, 어떻게 (영화 스튜디오와 같은) 기업이 자원과 역량의 잠재력을 최대한으로 개발하고 활용하기 위해 어떻게 조직될 수 있는가? 하는 것이다.

기업 내의 수많은 구성요소들은 조직의 문제와 관련이 있다. 영화 스튜디오에서, 이들 요소들은 "좋은" 아이디어를 알아보는 재능, 촬영담당자, 음악가, 가수, 분장 전문가, 애니메이션 전문가, 사업 측면의 관리자들을 포함한다. 이들 요소는, 그 자체로 박스 오피스 흥행을 만들어 내기가 어렵기 때문에 종종 **보완적 자산(complementary assets)**이라고 불린다. 당신이 가장 최근에 본 가장 좋아하는 영화의 경우, 당신은 분장 전문가의 이름을 아직도 기억하는가? 물론 그렇지 않을 것이다. 당신은 아마도 유명한 스타들의 이름들만 기억할 것이다. 하지만, 스타만 가지고 히트 영화를 만들 수는 없다. 히트 영화를 만드는 것은 스타라는 자원과 보완적 자산들의 결합이다. "기업이 경쟁우위를 얻을 수 있는 것은 소수의 자원과 역량뿐만 아니라, 말 그대로 이런 수천 가지의 조직적 특성들이 함께 결합되어 그러한 우위를 창출하는 것일 수도 있다."

**보완적 자산(complementary assets)** 핵심적 자산(core assets)의가치부가(value-adding) 활동을보완하고 지원하는 수많은 비핵심적자산(non-core assets).

**양면성(ambidexterity)**
양손을 똑같이 잘 사용할 수 있는능력. 경영학의 영역에서는 이용어가 역설적인 상황 예컨대(탐색(exploration) vs.활용(exploitation) 등)을 동시에 처리하는 역량을 묘사하는데 사용됨.

양손을 동등하게 잘 사용하는 능력으로 알려져 있는 **양면성(ambidexterity)**은 전략 및 경영 문헌에서 동시에 역설에 대처할 수 있는 능력을 설명한다. 예를 들어, 신흥 경제국에서는 시장의 영향력과 정부의 영향력을 동시에 보완적 자원의 묶음으로 관리하는 양면성이 경쟁의 흐름을 항해하는 핵심이 된다. 경쟁우위를 확보하기 위해서는 시장 중심의 역량과 비시장 중심(또는 정치적) 역량이 서로 보완적이어야 한다. 이것은 외국 기업들뿐만 아니라 국내 기업들에도 중요하다. 대표적인 예로, 유명한 가장 저렴한 자동차인 타타 나노(Tata Nano)는, 많은 인도인이 첫 번째 자동차의 소유주가 되도록 하고, 수천 개의 일자리를 창출했지만, 당초 계획된 인도 서벵골주에 있는 공장에서 만들어질 수 없었다. 나노 공장을 짓기 위해 사용된 땅을 잃은 수천 명의 농부들이 항의했다. 정치적 압력으로 인해 타타는 계획을 포기하고 막대한 비용을 들여 또 다른 주인 구자라트에 또 다른 공장을 설립해야 했다. 이처럼 영향력 있고 다른 면에서 존경받는 기업이 국내 정치적 관계를 망칠 수 있다는 사실은 시장 기반 및 비시장 기반 관계 모두 관리하는 역량으로서 양면성의 중요성을 강조한다. 그렇지 않으면, 인도의 타타와 같은 시장 성과가 좋은 강력한 기업들도 벽에 부딪힐 수 있다.

**사회적 복잡성(social complexity)**
많은 기업들에서 전형적으로나타나는 사회적으로 복잡한조직화의 방식.

또 다른 아이디어는 **사회적 복잡성(social complexity)**인데, 이는 많은 기업의 전형적인 사회적으로 복잡한 조직화 방식을 가리키는 용어이다. 많은 다국적 기업들은 많은 다른 국가에 흩어져 있는 수천 명의 사람들로 구성되어 있다. 문화적 차이를 극복하고, 하나의 기업체로 조직되어 기업의 목표를 달성하는 방법은 매우 복잡하다. 종종 가치를 더하는 것은 그들의 보이지 않는 관계들이다. 따라서 그러한 조직적으로 내재된 역량들은 경쟁기업들이 모방하기가 매우 어렵다. 이러한 사회적 복잡성에 대한 강조는, 기업이 기술과 사람의 모듈(레고 장난감 블록)로 조립(분해)될 수 있다고 보는, 반농담조로 기업을 "레고"로 간주하는 관점"에 대해 반박한다. 직원들을 동일하고 대체 가능한 블록으로 취급함으로써, 레고 관점은 많은 기업들에 스며들어 있는 복잡한 관계 및 지식과 관련된 사회적 자본이 경쟁우위의 원천이 될 수 있다는 것을 아는 것에 실패한다.

전반적으로, 조직적으로 내재되어 있고 활용되는, 가치 있고, 희소하며, 모방하기 어려운 역량들만이 지속되는 경쟁우위와 영구적으로 평균 이상인 성과로 이어질 수 있다. 역량은 따로 떼어 평가될 수 없기 때문에, VRIO 모형은 상호 연결되어 있는 그리고 점점 더 어려지고 있는 네 가지 장애물들을 제시한다(표 3.2). 즉, 이들 네 가지 측면들은 하나의 "패키지"로 결합된다(실행 전략 3.2 참고). 그림 3.5에서 볼 수 있듯이, VRIO 모형은 모든 기업이 경쟁기업들이 할 수 없는 방법으로 고객들의 욕구를 충족시킴으로써 가치를 부가하는 전략적 스위트 스폿을 찾을 것을 촉구한다. 그림 3.6은 어떻게 영국 제조업의 수출 경쟁력을 향상시킬 것인가에 대한 영국 정부를 위한 저자의 컨설팅 작업을 보여준다. 이러한 VRIO 분석은 왜 (롤렉스와 같은) 스위스 시계 제조업체, (레고와 같은) 덴마크 전문 완구 제조업체, (메트로닉과 같은) 미네소타의 의

## 실행 전략 3.2 Emerging Markets

### CIMC

알리바바, 바이두, 디디, 하이얼, 화웨이, 텐센트, 샤오미와 같은 유명 중국 기업들은 점점 더 언론에 대서특필되고 있다. 그러나 글로벌전략의 독자들은 이전에 중국국제해상컨테이너그룹(CIMC)에 대해 들어본 적이 거의 없을 것으로 보인다. 1980년에 설립되어 선전(Shenzhen)에 본사를 둔 CIMC는 중국에서 가장 성공적인 중공업 기업 중 하나이다. 전 세계 해상운송 컨테이너 시장에서 55%의 시장점유율을 자랑하는 CIMC는 1996년부터 이 업계에서 1위를 차지하고 있다. 만약 당신이 중국에서 만든 것을 산 적이 있다면, 그것은 CIMC가 만든 컨테이너에 담겨 당신에게 왔을 가능성이 있다.

그 이름에도 불구하고, CIMC는 컨테이너 그 이상이다. CMC는 2019년 매출 120억 달러를 기록하며, (1)물류 장비 및 서비스(컨테이너, 차량, 공항 시설 및 물류 서비스), (2)에너지 장비 및 서비스(에너지, 화학 및 식품 장비, 해상 석유 플랫폼, 턴키 서비스) (3) 기타 (금융, 부동산, 모듈식 건물) 등 세 가지 주요 분야를 커버하는 세계 유수의 중공업 그룹으로 성장했다. 예를 들어, 그것은 무거운 트럭, 세미 트레일러, 밴 트레일러, 냉장고 트럭과 같은 1,000종 이상의 특수 차량을 생산한다. 세계에서 가장 큰 공항 승객 탑승교 생산업체이다(시장 점유율은 40%이다). ISO 액체 탱크 컨테이너에서 CIMC는 세계 1위이다. LNG 저장 장비는 중국 내 1위이다. 육지에서 바다까지, 장비 제조에서 물류 서비스에 이르기까지 CIMC는 글로벌 비즈니스의 중추 역할을 하는 전형적으로 낮은 목소리의 현란하지 않은 산업에서 선도적인 글로벌 플레이어가 되었다.

비즈니스 그룹으로서 CIMC는 3개의 상장사와 300개 이상의 자회사를 보유하고 있다. 이 중 30개 이상의 자회사가 20개국 이상에서 운영되고 있다. 호주, 벨기에, 브라질, 영국, 콜롬비아, 덴마크, 프랑스, 독일, 인도, 인도네시아, 네덜란드, 폴란드, 러시아, 사우디아라비아, 싱가포르, 남아프리카공화국, 스웨덴, 수리남, 태국, 투르크메니스탄, 미국, 베트남. 그것의 제품과 서비스는 100개 이상의 국가에서 판매된다. CIMC는 50,000명 이상의 직원을 두고 있으며, 이 중 6,000명 이상이 중국 밖에 있다. 현재 CIMC 제품의 약 40%가 중국 밖에서 제조되고 있으며, 매출의 60%도 중국 밖에서 제조되고 있다.

CIMC의 성장의 두 가지 측면은 매우 이례적이다. 첫째, 많은 중국의 주요 기업들(첫 번째 단락에 언급된 기업들 모두 포함)이 개인 소유이며, 국내에서 우위에 있을 수 있는 국영기업(SOE)은 해외에서 경쟁하는 데 어려움을 겪는 것으로 널리 알려져 있다. 하지만 CIMC는 국영기업이다. 둘째, CIMC는 수십 개의 국제적 인수 작업에 착수했다. 이러한 글로벌 확장 전략은 대개 도전으로 가득 차 있지만, CIMC는 일반적으로 잘 해냈다. 한마디로 CIMC는 우수한 조직력을 가지고 있다.

대부분의 국영기업들이 하나의 주 소유주를 가지고 있는 반면, CIMC는 두 개의 주 소유주를 가지고 있다. 중국 상회 그룹(홍콩에서 활동하는 대기업)과 중국 원양 해운 회사(COSCO)는 CIMC의 주요 고객이다. 두 회사 모두 25%의 지분을 보유하고 있다(나머지 주식은 선전에서 절반 정도, 홍콩에서 절반 정도 공개 거래된다). 중국 상회 그룹과 COSCO는 모두 경쟁력 있는 공기업이기 때문에 시장 경쟁에 대해 거의 알지 못하지만 과도한 개입을 누릴 수 있는 정부기관인 경향이 있는 전통적인 국가 소유주와는 다르다. CIMC의 최고 경영진은 CIMC가 성장을 추구하기 위해, 주 소유주들이 CIMC를 "내버려" 두고 자체 시장에서의 경쟁에 집중하도록 "유도"했다.

CIMC가 국제적인 인수에 착수하기 전에는 중국에서 경험이 풍부한 인수자였다. CIMC는 상하이와 다롄에서 다수의 컨테이너 생산업체를 인수함으로써 국내 컨테이너 산업을 통합했을 뿐만 아니라 인수 관리에도 상당한 경험을 쌓았다. 해외로 확장한 CIMC는 기존 제품군에 보완 자산을 제공하는 전문 기업을 살펴보았다. 예를 들어, 공항 여객 탑승교 시장에 진출한 후, 동일한 공항 당국에 두 장비를 판매하는 시너지를 활용하여 공항 소방 장비 시장에 진입하기 위해 노력했다. 이에 따라 2013년 독일 소방장비 시장 1위이자 세계 5대 기업 중 하나인 지글러를 인수했다. 또 다른 예로, CIMC는 맥주 양조장 장비 부문에 주목하여 식품 장비 시장에서 입지를 넓히려고 했다. 2007년 네덜란드에 있는 전문기업 홀브리카를 처음으로 인수했다. 2012년에는 독일의 또 다른 전문 기업 지만을 인수하여 맥주, 음료 및 유동 식품 산업을 위한 맞춤형 솔루션을 단일 소스로부터 제공할 수 있는 하나의 기업 지만 홀브리카로 통합하였다. 전반적으로, CIMC는 국경을 초월한 인수를 관리할 때 "글로벌 운영, 현지 지식"이라고 부르는 비즈니스 모델을 실천하기 위해 노력했다. 대표적인 사례가 지만을 통합하기 위한 플랫폼으로 활용한 것이다.

Sources: (1) CIMC, 2018, Introduction of CIMC Group, Shenzhen: CIMC; (2) CIMC, 2020, About CIMC, www.cimc.com; (3) C. Liu, 2019, CIMC forges world-champion products, presentation, Chinese Society of Technology Economics Conference, Xi'an, June; (4) M. Meyer & X. Liu, 2005, Managing indefinite boundaries: The strategy and structure of a Chinese business firm, Management and Organization Review 1: 57–86; (5) Ziemann Holvrieka, 2020, Company, www.ziemann-holvrieka.com.

## 그림 3.5 전략적으로 최적화된 해법(strategic sweet spot)

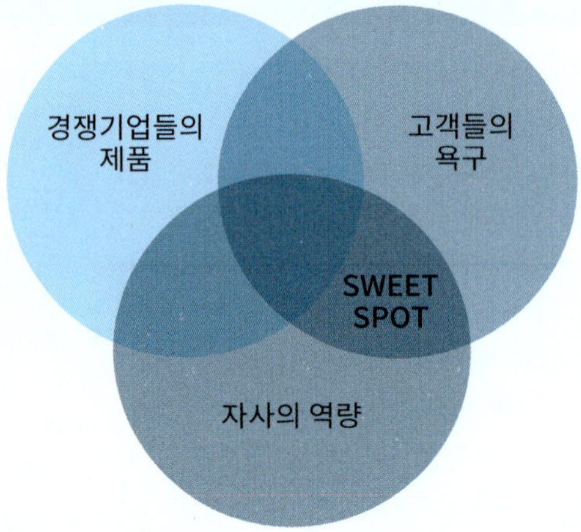


Source: D. Collis & M. Rukstad, 2008, Can you say what your strategy is? (p. 89), Harvard Business Re-view April: 82–90.

## 그림 3.6 영국 제조업 : 전략적으로 최적화된 해법(strategic sweet spot) 탐색

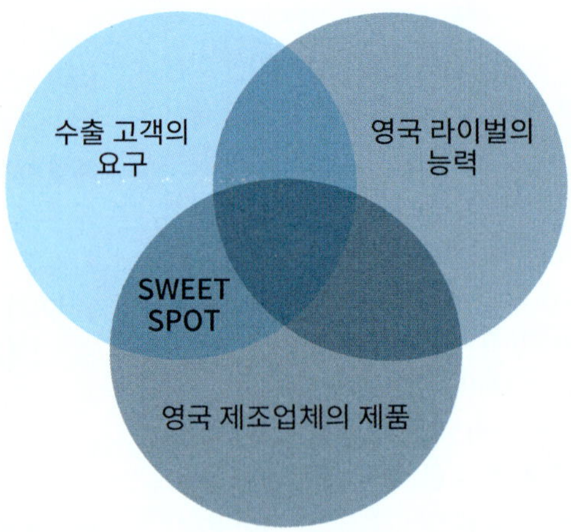


Source: M. W. Peng & K. Meyer, 2013, Winning the future markets for UK manufacturing output (p. 30), consulting report, London: UK Government Office for Science. The full report is in the public domain at https://www.gov.uk/government/publications/future-manufacturing-winning-markets-for-uk-exports. © Crown copyright.

료용 바늘 생산업체들이 전략적인 스위트 스폿을 타격하여, 수익성이 좋은 글로벌 틈새시장을 개척하는지를 우리가 이해하는 데 도움이 될 수 있다.

# 논쟁과 확장

2장에서 설명한 산업 기반 관점과 마찬가지로, 자원 기반 관점에도 그에 합당한 만큼의 논란과 논쟁이 이어지고 있다. 여기에서, 우리는 이전에 다루지 않았던 네 가지 주요한 논쟁에 대해 소개한다.

## 논쟁 1: 성과의 결정요인으로서 기업 특유 요인과 산업 특유 요인

자원 기반 관점의 핵심은 기업의 성과가 가장 근본적으로 기업 특유의 자원과 역량에 의해 결정된다는 명제인 반면, 산업 기반 관점에서는 기업의 성과가 궁극적으로 산업 특유의 속성들의 함수라고 주장한다. 산업 기반 관점은 제약산업과 식료품 산업과 같이 업종별로 상이한 산업들에서는 평균 수익률이 지속적으로 상이하다는 점을 지적한다. 반면, 자원 기반 관점에서는 ASML(실행 전략 3.1 참고)과 CIMC(실행 전략 3.2 참고)와 같은 기업 간에 지속적으로 성과가 발생되는 이유들을 입증했다. 연구 결과들은 서로 엇갈린다. 일부 연구에서는 산업별 효과가 더 중대하다고 보고 있으며, 다른 연구에서는 기업별 역량이 산업별 효과보다 기업 성과에 대한 더 강력한 결정요인이라는 자원 기반 관점을 지지한다.

토론이 계속되고 있는 가운데, 한쪽을 "승리"한 것으로 선언하고자 하는 관심을 경계하는 것이 중요하다. 주의를 기울여야 하는 방법론적 그리고 실용적인 두 가지 이유가 있다. 첫째, 산업 기반 관점의 연구들은 진입장벽이나 산업집중도와 같은 관찰할 수 있는 대리지표들을 사용하지만, 자원 기반 관점의 연구들은 조직학습, 지식관리, 관리 능력과 같이 관찰할 수 없는 기업 특유의 역량을 측정하는 방법상의 난제에 직면해야만 한다. 자원기반 관점의 학자들은 이러한 역량들을 "얻기" 위하여 많은 혁신적인 척도들을 개발했지만, 그러한 척도들은 기껏해야 "관찰이 불가능한 자원들에 대한 제한적인 측정 결과"이기 때문에, 방법론적으로 비판의 대상이 될 수 있다. 비평가들은 자원 기반 관점은 "나에게 성공 스토리를 보여주면, 내가 그에 따른 핵심역량(자원)을 알려줄 수 있다(또는 나에게 실패사례를 알려주면, 내가 그 상황에서 놓친 역량들을 알려줄 수 있다)"와 같은 논리를 따른다고 비판하나. 자원 기반 관점의 이론가들은 "지속 가능한 경쟁우위의 원천은 다양한 산업에서 다양한 시점에 다양한 장소에서 발견될 가능성이 높다"라고 기꺼이 인정한다. 그러한 추론은 과거에 발생된 사건을 통찰력 있게 설명할 수는 있지만, 미래에 일어날 일을 예측하기는 어렵다. 예를 들어, 만약 우리가 경쟁업체의 장비에 필적할 만한 장비를 보유한다면, 우리는 경쟁업체보다 더 잘할 수 있는가?

둘째, 그리고 아마도 더 중요한 것은, 기업의 성과를 집단적으로 견인하는 산업 특유의 속성과 기업 특유의 속성들 둘 다의 결합이라고 믿을 만한 타당한 실질적인 이유가 있다. 그것들은 사실 자원 기반 관점이 발전하기 시작한 초기부터 전략적인 분석이라는 동일한 "동전"의 양면이라고 주장되어 왔다. 두 관점들이 서로 상호 보완적이라고 이해하는 것이 더 타당한 것처럼 보인다.

## 논쟁 2: 정적 자원과 동적 역량

또 다른 논쟁은 자원 기반 관점의 비교적 정적인 특성에서 비롯되는데, 본질적으로 "SWOT 분석에서 S와 W를 식별하고 거기서부터 출발하자"라고 제안한다. 이러한 경쟁 상황에 대한 스냅샷은 (육류 포장업과같이) 느리게 움직이는 산업에는 적합할 수 있으나, (IT와 같이) 역동적으로 빠르게 변화하는 산업에는 충분치 못할 수도 있다. 그러므로, 비평가들은 자원 기반 관점이 동적 역량을 더 강조함으로써 강화될 필요가 있다고 주장한다.

보다 최근에는, 우리가 지식경제로 나아감에 따라 많은 학자는 기업에 대한 지식 기반 관점을 주장한다. 가장 가치 있고, 희소하며, 모방하기 어렵고, 조직적으로 복잡한 자원인 암묵적 지식은, 기업이 보유할 수 있는 궁극적인 동적 역량을 나타낼 수 있다. 그러한 보이지 않는 자산은 수년(때로는 수십 년) 동안 상호작용을 통해 축적된 고객에 관한 지식에서부터, 제품 개발 과정과 정치적 인맥에 대한 지식에 이르기까지 다양하다.

지식 기반의 동적 역량에 초점을 맞추면, 몇 가지 흥미로운 직관에 반하는 발견결과들이 나타난다. 표 3.3에 요약되어 있듯이, (호텔과 철도 산업과 같이) 상대적으로 느리게 움직이는 산업에서 자원의 특징은 관찰하기가 어렵고 인과적 모호성을 초래하는 복잡성을 보이는 반면, (IT 산업과 같이) 매우 역동적이고 빠르게 변화하는 산업에서의 역량은 전혀 다른 성격을 띤다. 그것들은 "단순하고(복잡하지 않고), 경험적이며(분석적이지 않고), 반복적이다(선형적이지 않다)." 다시 말하면, 기업들은 전통적인 자원 기반 분석은 기업들이 그들의 강점과 약점을 엄격하게 분석하고, 자원에 대한 선형적 적용(실행 전 학습)을 구성하지만, 빠르게 변화하는 산업 내의 기업들은 "실행을 통한 학습"을 해야 한다. 전략적 유연성을 위해서는 (복잡한 것과 반대되는) 단순한 일상적 루틴들이 필요한데, 이는 관리자들로 하여금 중요한 문제를 특정 세부사항에 묶어 두거나 부적절한 과거의 경험을 사용하지 않고, 중요한 문제에 광범위하게 집중할 수 있도록 도와준다.

빠르게 움직이는 모든 산업들이 첨단 기술 산업은 아니다. 경쟁의 속도가 가속화되면서, 전통적인 로우테크 산업을 포함하여 더 많은 산업들이 빠르게 움직이고 있다. 최종 결과는 **초경쟁(hypercompetition)**으로, 그 특징은 기업이 경쟁우위를 점할 수 있는 기회의 창이 줄어들게 된다는 것이다. 초경쟁에서, 기업들은 경쟁기업들의 경쟁우위를 잠식하기 위해 일련의 작고, 예측 불가능하지만 강력한 행동들을 펼치기 위해서 역동적인 책략들을 실행해야 한다.

**초경쟁 (hypercompetition)**
매우 치열한 경쟁상황을 의미하는용어로, 경쟁기업들의 경쟁우위를잠식하기 위한 일련의 작고, 예측이어려운, 하지만 강력한 행동들을 촉발시키려는 역동적인 묘책에초점을 맞춘 경쟁방식.

전반적으로, 일부 연구들은 현재의 자원 기반 관점이 기존 자원과 역량을 활용하는 역할을 지나치게 강조하고, 새로운 자원과 역량을 개발하는 역할은 과소평가해 왔을 수 있다는 것을

**표 3.3 느리게 변화하는 그리고 빠르게 변화하는 산업에서의 동적역량**

| | 느리게 변화하는 산업 | 빠르게 변화하는 산업 |
|---|---|---|
| 시장환경 | 안정적인 산업구조, 잘 정의된 경계, 명확한 비즈니스 모델, 식별이 가능한 참여자들, 선형적 그리고 예측이 가능 한 변화 | 모호한 산업구조, 흐릿한 경계, 유동적인 비즈니스 모델, 모호하고 변화하는 참여자들, 비선형적이고 예측 불가능한 변화 |
| 동적역량의 속성 | 기존 지식에 광범위하게 의존하는 복잡하고 상세한 분석적 루틴(실행 전 학습) | 상황에 따라 새롭게 생성된 지식에 의존 하는 단순하고 경험적인 루틴(실행을 통 한 학습) |
| 초점 | 기존의 자원과 역량을 활용 | 새로운 자원과 역량의 개발 |
| 실행 | 선형적 | 반복적 |
| 조직 | 상대적 안정성을 지닌 자원들이 단단하게 묶인 집합체 | 빈번하게 추가되고, 재결합되고 제외되는 자원들이 느슨하게 묶인 집합체 |
| 성과 | 예측가능함 | 예측하기 어려움 |
| 전략적 목표 | 장기간 기대할 수 있는 지속가능한 경쟁 우위 | 단기간의 (일시적인) 경쟁우위 |

Sources: Adapted from (1) K. Eisenhardt & J. Martin, 2000, Dynamic capabilities: What are they? Strategic Management Journal, 21: 1105-1121; (2) G. Pisano, 1994, Knowledge, integration, and the locus of learning, Strategic Management Journal, 15: 85-100.

시사한다. 기업이 단단히 묶여진 자원의 집합체라는 가정은, 자원이 규칙적으로 부가되고, 재결합되고, 폐기되는, 즉 빠르게 변화하는 환경에서는 맞지 않을 수도 있다. 그러한 세계에서는, (앞에서 설명한) 감지, 포착, 재구성을 중심으로 하는 동적 역량에 의해 추진되는 일련의 단기적 예측이 불가능한 지속 경쟁 우위는, 기업이 바랄 수 있는 최선인 것처럼 보인다.

## 논쟁 3: 오프쇼어링과 비 오프쇼어링

오프쇼어링 또는 더 구체적으로는 국제적인 (오프쇼어) 아웃소싱이 21세기에 대표적인 기업의 움직임으로 부상했다. 그러한 오프쇼어링이 서구 기업과 경제에 장기적으로 이익이 될지 또는 방해될지 여부는 논란의 여지가 있다.

옹호자들은 오프쇼어링이 기업과 경제에 막대한 가치를 창출한다고 주장한다. 서구의 기업들은 저비용이면서도 고품질의 노동력을 이용할 수 있고, 이는 상당한 비용 절감으로 이어진다. 기업들은 또한 핵심역량에 집중할 수 있으며, 이는 비핵심의 (그리고 종종 경쟁력이

**비즈니스 프로세스 아웃소싱(BPO, business process outsourcing)**
론 오리지네이션(loan origination),크레딧카드 프로세싱(credit card processing), 콜센터운영등과같은 비즈니스 프로세스의아웃소싱을 말함.

없는) 활동보다 더 많은 가치를 부가할 수도 있다. 결과적으로, 인도의 IT 대기업 인포시스(Infosys) 및 와이프로(Wipro)와 같은 오프쇼어링 서비스 제공업체는 **비즈니스 프로세스 아웃소싱(business process outsourcing, BPO)**에서 그들의 핵심역량을 개발한다. 매켄지(McKinsey) 연구에 따르면 미국 기업들이 인도에 IT/BPO 오프쇼어링으로 1달러를 지출할 때마다 1.46달러의 새로운 부가 창출된다고 보고한다. 미국 경제는 비용 절감과 미국산 제품, 소프트웨어, 서비스를 구매하는 인도로의 수출 증가를 통해, 1.13달러를 가져간다. 인도는 이익, 임금, 그리고 세금을 통해 나머지 33센트를 획득한다. 유감스럽게도 일부 미국 근로자들이 일자리를 잃을 수도 있다는 것을 인정하면서도, 오프쇼어링의 옹호자들은 전반적으로 오프쇼어링이 미국과 인도의 기업 및 경제 모두에 윈-윈 솔루션이라고 제안한다.

오프쇼어링에 대한 비평가들은 전략적, 경제적, 정치적인 근거에 대한 세 가지를 지적한다. 전략적으로, 일부 아웃소싱 전문가들에 따르면, 만약 "엔지니어링, R&D, 제조 및 마케팅과 같은 핵심 기능조차도 해외로 이전될 수 있고 종종 이전되어야만" 한다면, 기업에 남는 것은 무엇인가? 제조업에서 미국 기업들은 과거에 이 경로를 거쳤으며 비참한 결과를 낳았다. 1960년대, 미국의 전자기업인 RCA(Radio Corporation of America)는 컬러TV를 발명하고, 당시에 저비용 국가였던 일본의 기업들에 자사의 컬러TV 생산을 위탁했다. 현재로 빠르게 돌아와 오늘날, 미국은 더 이상 컬러TV를 제조하지 않는다. RCA 브랜드의 국적 자체는, 여러 차례 사고 팔린 후 지금은 중국이다(프랑스의 톰슨(Thomson)이 2003년 RCA를 중국기업 TCL에 매각했다). 비평가들은 오프쇼어링이 경쟁업체를 양성한다고 주장한다. 인도의 IT/BPO 기업들이 IBM과 같은 서구 기업들에 강력한 글로벌 경쟁기업들로 부상한 이유는 무엇인가? 그것은 부분적으로는 그들이 1990년대에 IBM을 위해 "밀레니엄 버그(Y2K)"를 해결하기 위해 작업하면서 그들의 역량을 구축할 수 있었기 때문이다.

**주문자상표부착업체(OEM, original equipment manufacturer)**
다른 회사(주문자)로부터 제공된설계도에 따라 제품을 제조하고주문자의 상표를 부착, 생산하는업체.

**제조자설계생산업체(ODM, original design manufacturer)**
제품 설계와 생산을 모두 수행하는업체.

**독자브랜드생산업체(OBM, original brand manufacturer)**
자신의 독자 브랜드 제품을 설계,생산 판매하는 업체.

제조 분야에서, 서구 기업들에 의해 제공되는 설계 청사진을 시행해왔던 **주문자 상표부착생산업체(original equipment manufacturers, OEMs)**였던 많은 아시아 기업들은 이제 **제조자설계생산업체(original design manufacturers, ODMs)**가 됨으로써 일부의 설계 작업을 수행하기를 원한다(그림 3.7 참고). 저비용 고품질의 생산방식을 터득한 에이수스(Asus), 벤큐(BenQ), 컴팔(Compal), 플렉스트로닉스(Flextronics), 혼하이/폭스콘((Hon Hai/Foxconn) 및 화웨이(Huawei)와 같은 아시아 기업들은 실제로 델(Dell), HP와 같은 서구 기업들로부터 디자인 기능을 빼앗을 만한 능력을 갖추고 있다. 그러므로, 서구 기업들이 설계 작업 아웃소싱을 늘려가는 것은 장기적으로 그들 자신의 몰락을 가속화 할 수 있다. 현재 빠르게 ODM 업체가 되어 가고 있는 (대만의 에이서(Acer)와 같은) 아시아의 많은 OEM 업체들은 **독자 브랜드생산업체(original brand manufacturers, ODM)**가 되는 것이 자신들의 진정한 목표라고 공개적으로 발표했다. 따라서, 오프쇼어링에 대한 비평가들에 따르면, 이미 그 글이 벽에 걸려 있

**그림 3.7 주문자상표부착업체(OEM)에서 제조자설계생산업체(ODM)로**

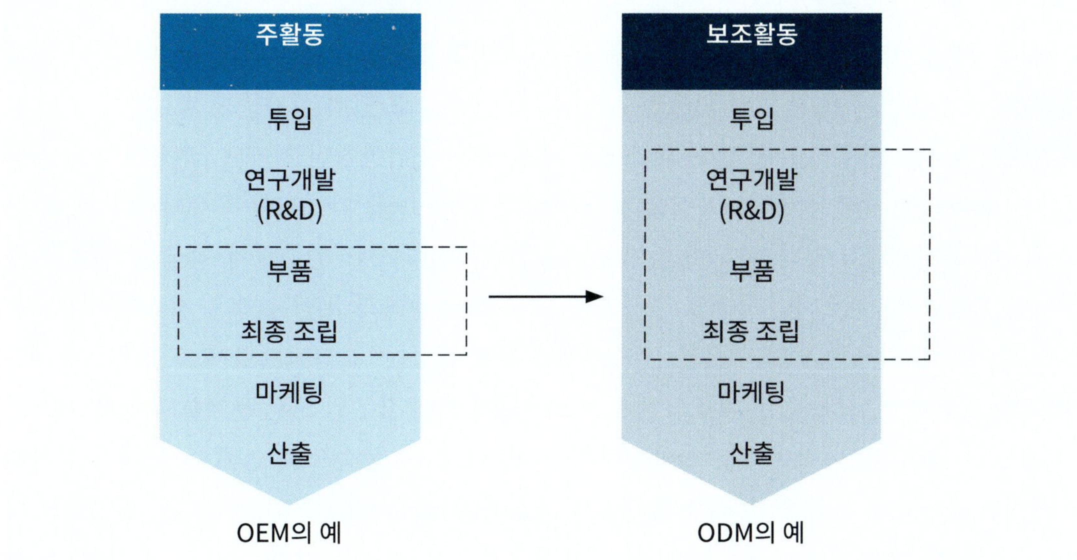


지 않은가?

경제적으로, 비평가들은 선진국 경제가 전반적으로 실제로 더 많은 것을 얻는지 확신할 수 없다고 주장한다. 주주들과 기업 고위층에서는 오프쇼어링을 수용하겠지만(1장 참조), 오프쇼어링은 점점 더 많은 일자리 감소와 궁극적으로 사회 내에서 소득 불평등을 초래한다.

마지막으로, 비평가들은 기업들이 가장 저렴하고 가장 많이 착취할 수 있는 노동에만 관심을 가지고 있다는 정치적인 주장을 한다. 업무가 상품화될 뿐만 아니라 (IT 프로그래머와 같은) 사람도 역시 버려질 수 있는 거래가 가능한 상품으로 전락하고 있다. 결과적으로, 신흥 경제국에 업무를 아웃소싱하는 기업들은 종종 비윤리적이고, 국내에서 일자리를 파괴하고, 기업의 사회적 책임을 무시하고, 고객의 사생활을 침해하고(예를 들어, 의료기록, 납세 신고서 및 신용카드 번호를 해외에서 처리하기 위해 전송함으로써), 어떤 경우에는 국가안보를 훼손한다는 비난을 받는다.

이 논쟁의 가장 최근의 라운드 중 하나는 2020년 코로나바이러스 발생이 어떻게 수십 년 동안 마스크처럼 작은 (그리고 겉보기에는 "비 전략적"으로 보이는) 품목의 아웃소싱 생산으로 인해 발생한 취약성을 노출했는가 하는 것이다. 2019년, 중국은 세계 마스크의 절반을 만들었다. 2020년 1월과 2월에 중국에서 발생한 발병으로 안면 마스크에 대한 수요가 급증했다. 중국 정부는 3M 등 외국 기업을 포함한 모든 국내 생산업체들에 마스크 수출을 중단하라고 지시했다. 3월에 바이러스가 미국과 같은 다른 국가에 전파되었을 때, 안면 마스크의 심각한 부족이 있었다. 3M은 여전히 미국(사우스다코타주 애버딘)에 한 개의 공장을 유지하고 있었고, "생산

능력을 급증"시키기 위해 생산을 최고로 증가(3M은 2020년 전 세계 생산량을 두 배인 월 1억 또는 연간 12억으로 늘렸다)시켰음에도 불구하고, 3M과 하니웰(Honeywell)과 같이 일부 미국 국내 생산을 아직 유지하고 있는 회사들은 국내의 급증하는 수요를 따라잡는 것은 거의 불가능했다. 그 결과는? 수천 명의 의료전문가들이 안면 마스크 없이 환자들을 치료해야 했고 많은 사람이 불필요하게 죽었다. 안면 마스크는 해외 배송에 이상적인 저가의, 배송이 쉬운 품목이다. 미국에서는 수술용(저급) 마스크의 약 95%와 N95(고급) 마스크의 70%가 해외에서, 특히 중국에서 제조되고 있다. 중국이 일부 마스크를 수출하기 시작한 3월에, 중국은 이란, 이탈리아 등 중국에 더 우호적인 국가로 출하되었고, 2018년 중국과 무역 전쟁을 시작한 비우호적인 정권 덕분에 미국 정부의 주문은 우선순위가 높지 않았다. 결과적으로 오프쇼어링에 대한 비평가들에 따르면, 작은 안면 마스크가 오프쇼어링에 대해 잘못된 모든 문제를 구체화한다.

2010년대에(코로나바이러스가 발생하기 전에), 인건비 상승으로 인해, 중국에서 생산하는 비용이 증가함에 따라 일부 서구 회사들은 리쇼어링(reshoring)이라고 알려진 전략으로 작업을 고국으로 다시 가져오기 시작했다. 비록 리쇼어링은 약속을 가지고 있고 정치인들이 종종 장려하지만, 그것은 하기 어렵다. 2015년 GE 어플라이언스 부문은 제조업을 다시 미국으로 "리쇼어"하려고 했다. 상승하는 중국의 인건비와 뛰어난 미국 노동자 생산성의 조합은 켄터키주 루이빌 공장의 전체 인건비를 경쟁력 있게 만들었다. 하지만, 부품 공급업체들은 미국에서 사라졌다. GE는 중국에서 부품을 운송해와야 했고, 이는 최종 제품을 엄청나게 비싸게 만들었다. GE는 2016년 가전사업부를 포기하고 중국 하이얼(Haier)에 매각했다.

오프쇼어링과 비오프쇼어링에 대한 이러한 논쟁은 주로 선진국에서 일어나는 것에 주목하라. 신흥 경제국에서는 이러한 오프쇼어링으로부터 혜택을 받는 입장에 있기 때문에 논쟁이 거의 없다. 인도의 각본에서 한 페이지를 가져온 필리핀은, 영어를 할 수 있는 많은 전문가들과 함께 인도의 시장의 일부를 빼앗기 위해 노력하고 있다. 일본어를 널리 가르치고 있는 중국 북동부 지역은 일본의 콜센터를 위한 최적의 입지를 차지하고 있다. 중부 및 동부 유럽은 서부 유럽에 서비스를 제공하는 쪽으로 끌려가고 있다. 중남미의 기업들은  미국의 거대 히스패닉 시장을 위한 콜센터 계약을 따내기를 원하고 있다.

## 논쟁 4: 국내 자원과 국제적 (초국적) 역량

국내에서 성공한 기업들은 국제적으로 성공하는 데 필요한 능력들을 가지고 있는가? 국내에서 성공한 몇몇 회사들은 해외에서 계속 성공하고 있다. 이케아(IKEA)는 스칸디나비아 스타일의 가구가 DIY 플랫 패키지와 결합되어 전 세계적으로 인기가 있다는 것을 발견했다. 그래서 이케아는 세계적인 컬트 브랜드가 되었다. 러시아의 젊은 세대는 현재 "이케아 세대"로 알려져 있다.

하지만, 국내적으로 어마어마한 성공을 거둔 상당수의 기업들이 해외에서 고배를 마시기도 한다. 슈퍼마켓에서 월마트(Wal-Mart)는 독일과 한국에서 철수했다. 월마트의 선도적인 글로벌 경쟁업체인 까르푸(Carrefour)는 체코, 일본, 멕시코에서 철수해야만 했다. 이전에 미국

## 실행 전략 3.3 Emerging Markets

### Natura

많은 사람들이 브라질이 아름답다는 것에 동의한다. 마찬가지로 브라질 사람들은 세계에서 가장 아름 다운 사람들로 널리 알려져있다. 그러나 아름다움은 유지되어야 한다. 브라질 여성의 미용 제품 지출은 엄청나다. 브라질은 세계에서 5번째로 많은 인구(2억 명)와 7번 째로 큰 경제를 가지고 있지만, 미국에 이어 두 번째로 큰 미용 제품 시장이다. 브라질의 여성 1인당 미용 제품 지출은 소득이 훨씬 높은 영국과 비슷하다. 확실히 브라질은 BRICS(브라질 ~)에서 매력적인 "B"이지만, 성장하는 산업의 일부를 차지하기 위해 침을 흘리는 Avon, Estee Lauder, L'Oréal, Mary Kay, P&G, Shiseido, Unilever와 같은 다국적 기업들에게 미용 제품 시장은 브라질은 가장 매력적인 소비자 시장 중 하나이다. 해외 선두주자로 떠오른 Avon은 미국보다 브라질에서 더 많은 화장품을 판매했다. 그러나 매우 매력적이고 경쟁이 치열한 브라질 시장의 지배 여왕은 국내산 Natura이다. Natura는 브라질 전역에 있다. 화장품, 향수 및 위생 제품은 모든 가정의 60%에 있으며 연간 매출 30억 달러, 시장 점유율 14%로 시장을 주도하고 있다. 1969년에 설립되어 2004년부터 상파울루 증권 거래소에 상장된 Natura는 2013년까지 세계에서 20번째로 가치 있는 화장품 브랜드였다. 그러나 매출의 90%가 브라질에서 발생하고 매출의 거의 100%가 라틴 아메리카에서 발생하기 때문에 소수의 사람들이 지역 외부에서 그것에 대해 들었다.

Natura는 어떻게 이렇게 크고 다양한 시장을 지배할 수 있었을까? 그 조리법에는 적어도 두 가지 재료가 있다. 첫째, 말 그대로 Natura는 친환경적이다. 제품의 약 70%는 식물 기반이고 10%는 마을 협동조합과 토착 부족으로부터 구매하는 아마존 지역에서 나온다. 축구와 해변 외에도 많은 사람들은 브라질을 열대 우림과 생물 다양성과 연관시킨다. 이는 스스로를 Natura라고 부르고 아마존에서 많은 양의 재료를 사용하는 회사의 명백한 이점인 것 같다. Natura는 또한 주류 기업에서 종종 무시되는 흑인 여성의 특정 모발 관리 요구 사항에 관심을 기울인 세계 최초의 화장품 회사 중 하나이다.

둘째, Natura는 전설적인 Avon Ladies처럼 일하는 120만 명의 직접 판매 대리인으로 구성된 소규모 군대에 의존한다. 2006년부터 Natura의 에이전트는 Natura의 최고의 해외 라이벌인 Avon Ladies를 제쳤다. 1974년부터 마케팅은 제품을 배달하기 위해 더 많은 노력을 하는(때로는 말 그대로 아마존 정글을 관통하는) 열심히 일하는 여성들을 활용한 직접 판매에 의존했다. 따라서 직접 판매는 전통적인 소매 형식에 의존하는 국내 최고의 라이벌인 O Boticário에 비해 Natura에게 비용 이점을 제공한다. 직접 판매의 또 다른 장점은 Natura의 영업팀이 최종 사용자와 직접 연락을 취하고 있다는 점이다. 최종 사용자의 필요, 욕구 및 열망은 신제품 개발을 위해 본사로 다시 전달될 수 있다.

다국적 화장품 대기업의 맹공격에 직면한 Natura는 최고의 방어가 공격임을 깨달았다. 2005년, 나투라는 세계 화장품의 수도 파리에 첫 번째 부티크를 오픈했다. 브라질은 커피와 콩과 같은 원자재 수출로 유명하지만 라틴 아메리카를 제외하고 해외에서 큰 인기를 얻은 브라질 소비자 브랜드는 없다. 그 결과, Natura는 전 세계적으로 다중 브랜드, 다중 채널 전략에 착수했다. 2013년에는 호주의 고급 스킨케어 브랜드인 Aesop을 8천만 달러에 인수했다. 2017년에는 L'Oreal로부터 영국 화장품 회사 The Body Shop을 10억 달러에 인수했다. 2020년에 Natura는 오랫동안 모방해 온 바로 그 회사인 Avon(20억 달러)을 인수했다. 이러한 인수로 Natura는 세계에서 네 번째로 큰 화장품 회사가 되었다. 또한 Natura는 중국과 동유럽을 포함한 30개의 새로운 시장에 접근할 수 있었다. 해외에서 경쟁하면서 Natura는 아름다운 브라질의 긍정적인 원산지 효과를 활용하고 있지만 국내에서만큼 성공하기 위해 무엇이 필요할까?

Sources: (1) Bloomberg Businessweek, 2019, Selling the rainforest door-to-door, August 5: 16–17; (2) J. Chelekis & S. Mudambi, 2014, Direct selling at the base of the pyramid, in M. W. Peng, Global Business, 3rd ed. (pp. 28–30), Boston: Cengage; (3) Economist, 2013, Consumer goods: Looks good, September 28 (special re-port): 14–15; (4) Natura, 2020, Natura &Co to close acquisition of Avon, creating the world's fourth-largest pure-play beauty group, January 3: naturaeco.com

에서만 운영되던 타겟(Target)은 불과 2년 만에 캐나다에서 철수했다. 전자제품 분야에서, 베스트바이(Bestbuy)는 그것이 "최악의 구매(worst buy)"라는 사실을 깨닫고 중국에서 철수했다. 마찬가지로, 독일의 미디어 마크트(Media Markt)는 눈물을 흘리며 중국에서 떠나야 했다.

국내의 자원과 초국적 역량은 본질적으로 동일한가? 대답은 "예" 혹은 "아니오" 중 어느 것이 될 수도 있다. 이 논쟁은 국제경영이 국내경영과 다른지에 대한 더 큰 논쟁의 확장이다. 각각의 해외 시장의 확장은 본질적으로 전략적인 실험이며, 기업들은 서로 다른 시장의 물을 테스트하기 위해 서로 다른 실험을 수행한다. 실행 전략 3.3은 브라질에서 화장품의 여왕으로 군림하고 있는 나투라(Natura)가 해외에서 성공할 것인지 여부에 관해 탐구한다.

## 현명한 전략가

현명한 전략가는 최소한 네 가지 중요한 행동을 위한 시사점들을 도출할 수 있다(표 3.4). 첫째, 기업들이 "자원과 역량에 대해 경쟁한다"라는 명제에는 새로운 것이 그다지 없다. 경영자들이 가치 있고, 희소하며, 모방하기 어렵고, 조직적으로 내재되어 있는 자원이나 역량을 그러한 속성을 지니고 있지 않은 자원이나 역량과 구분하려고 할 때 미묘한 문제들이 발생한다. 다시 말하면, VRIO 모형은 전통이 있는 SWOT 분석, 특히 S와 W 부분에 크게 도움이 될 수 있다. 경영자들은 모든 역량에 주의를 기울일 수 없기 때문에, 진정으로 중요한 것이 무엇인지에 대해 어느 정도는 이해하고 있어야 한다. 경영자들이 자신의 기업의 역량을 평가할 때 종종 저지르는 실수는 경쟁기업과의 비교를 통해 자사를 상대적으로 평가하지 못해서, 우수한 역량과 보통 수준의 역량이 혼재되어 있다는 것이다. VRIO 모형은 경영자들이 조직 사내에서 집중할 역량과 외부에 아웃소싱을 해야 할 역량을 결정하는 데 도움을 줄 수 있다.

둘째, 끊임없는 모방이나 벤치마킹은, 중요하지만, 이것들이 성공적인 전략이 될 가능성은 작다. 엘비스 프레슬리(Elvis Presley)가 1997년 사망했을 즈음에, 엘비스를 흉내 내는 사람들은 100명이 조금 넘었다. 그의 사망 후, 그의 흉내를 내는 사람의 수는 급증했다. 그러나 명백하게도 그의 흉내를 내는 사람들 가운데 로큰롤의 황제가 누렸던 스타의 지위에 조금이라도 근접한 명성을 얻은 사람은 아무도 없었다. 모방자는 승리한 기업(그리고 록스타)의 가장 눈

**표 3.4 실행을 위한 전략적 함의**

- 경영자들은 VRIO 모형에 근거하여 기업의 강점을 구축할 필요가 있다.
- 끊임없는 모방과 벤치마킹이 중요한 전략이긴 하지만 성공적인 전략은 아닐 수 있다.
- 경영자들은 미래의 경쟁을 대비해 자원과 역량을 구축할 필요가 있다.
- 쉽게 아웃소싱할 수 없는 "손댈 수 없는 사람"이 되도록 경력을 개발할 필요가 있다.

에 잘 띄고, 가장 분명해서 결과적으로 가장 중요하지 않은 관행들을 모방하는 경향이 있다. 승리한 기업이 보유한 모든 자원을 꼼꼼하게 복제하는 추종 기업들은 기껏해야 경쟁 등위의 획득하는 것만을 바랄 수 있을 뿐이다. 다른 기업을 모방할 수 있는 충분한 자원을 보유하고 있는 기업들은 자신만의 독특하고 혁신적인 역량을 개발하는 것이 더 나을 수도 있다. 마이크로소프트(Microsoft)가 애플(Apple)을 모방함으로써 더욱 "섹시"해지기 위한 반복된 시도가 그 사례로, 아이팟(iPod)을 따라잡기 위해 준(Zune)을, 아이패드(iPad)를 따라잡기 위해 서피스(Surface)를, iOS 디바이스를 따라잡기 위해 윈도우 폰을 출시했다. 이 모든 노력은 실패했다. 최근 마이크로소프트는 "그 자신"이 되기로 결정하고 클라우드 서비스의 중요한 기업으로 변모하기 위해 상당한 자원을 배치하여 세계에서 가장 가치 있는 기업이 되었고 (2019년 수개월 동안) 시가총액 1조 달러를 달성했다.

셋째, 유지되고 있는 경쟁우위는 그것이 영원히 지속된다는 것을 의미하지는 않으며, 이는 오늘날의 글로벌 경쟁에서는 현실적이지 않다. 어떤 경쟁우위도 영원히 지속되지 않는다. 사실, 경쟁우위는 지속기간이 더 짧아지고 있다. 기업들은 바랄 수 있는 모든 것은 가능한 오랫동안 유지될 수 있는 경쟁우위이다. 시간이 지남에 따라, 모든 우위는 약화된다. 예를 들어, 표 계산기, 메인프레임, PC와 연관된 IBM의 각 제품 관련 우위들은 일정 기간 동안 유지되었다. 그러나, 결국 그러한 경쟁우위는 사라졌다. 소프트웨어와 서버에 대한 IBM의 더 새로운 집중조차도 아마존과 같은 클라우드 컴퓨팅 분야의 거물들에 의해 도전받고 있다. 현재의 시장의 리더들을 포함해, 모든 기업들에 적용되는 교훈은 전략적 통찰력을 개발해야 한다는 것이다. "지평선 너머 바라보는 레이더"는 좋은 비유이다. 그러한 전략적 통찰력을 통해 기업은, 재난에 대비해 H-E-B가 개발한 것과 같이, 미래의 요구를 예측하고, 미래의 경쟁을 위한 자원과 역량을 개발하기 위해 조기에 움직일 수 있다(클로징 케이스 참고).

넷째, 자원 기반 관점은 기업에 조언하기 위해 개발되었지만, 개인에 대한 자원 기반 관점으로 발전시키지 못할 이유는 없다. 다시 말해서, 여러분은 VRIO 모형을 사용하여 당신 자신을 "손댈 수 없는" 사람으로, 즉 그 사람의 업무를 아웃소싱 할 수 없는 사람으로 만들 수 있다. 손댈 수 없는 개인의 업무는 아웃소싱 될 수 없다. 왜냐하면 그 사람은 조직에 없어서는 안 될 가치 있고, 희소성이 있고, 모방하기 어려운 역량을 가지고 있기 때문이다. 그것은 쉽지 않을 것이다. 그러나, 당신은 정말로 보통밖에 되고 싶지는 않을 것이다.

마지막으로, 자원 기반 관점은 전략의 네 가지 기본적인 질문에 대해 어떻게 답하고 있는가? 각 기업이 고유한 자원과 역량의 묶음이라는 생각은 왜 기업들이 서로 다른가의 첫 번째 질문에 대한 직접적인 해답을 제시한다. 기업들이 어떻게 행동하는가의 두 번째 질문에 대한 해답은 결국 기업들이 그들의 자원과 역량의 강점을 이용하고 그들의 약점을 극복하는 방법에 달려있다. 세 번째, 무엇이 기업의 범위를 결정하는가? 가치사슬 분석은 기업의 범위는 어떻게 기업들이 경쟁기업과 비교해 다른 가치를 부가하는 활동들을 수행할 수 있는지에 따라 결정된다는 것을 시사한다. 마지막으로, 무엇이 기업의 국제적 성공과 실패를 결정하는가? 성공한 기업들은 단지 운이 좋은 것인가, 아니면 똑똑한 것인가? 정답은 기업 특유의 자원과 역량으로 귀결된다. 비록 운이 도움이 되긴 하겠지만, 이 장에서 소개된 ASML, 캐나다 구스, CIMC, H-E-B, 나투라와 같은 뛰어난 기업들이 전적으로 운에 의해서만 성공을 했다고는 믿기 어렵다.

## Closing Case　Ethical Dilemma

### H-E-B는 코로나바이러스와 싸웠다

1905년에 세워진 H-E-B는 샌 안토니오와 텍사스에 본사를 두고 있는 슈퍼마켓 체인이다. 텍사스부터 멕시코까지 Central Market, H-E-B, H-E-B Plus, Joe V's Smart Shop, and Mi Tienda와 같은 브랜드로 400개 이상의 상점을 운영하고 있다. 내부적으로 파트너라고 불리는 12만 명 이상의 직원이 있는 이 회사는 텍사스에서 가장 큰 비상장 기업이자 미국에서 11번째로 큰 비상장 기업이다. H-E-B의 연간 매출은 최근 280억 달러를 초과했다.

2020년 코로나바이러스가 전 세계에 타격을 입혔을 때 많은 기업이 전례 없는 위기에 휘말렸다. 이에 반해 H-E-B는 2005년부터 비상계획을 세웠다. 같은 해 허리케인 카트리나가 이웃 루이지애나주를 강타해 큰 피해를 줬다. 놀란 H-E-B는 카트리나 이후 대응 계획을 수립하고 비상 대비 책임자를 상시 책임자로 임명했다. 이 계획은 2009년 H1N1 돼지 독감과 2017년에는 휴스턴 지역에 대규모 홍수를 일으킨 허리케인 Harvey에 대응하며 지속적으로 개선되었고 때때로 활성화되었다. 중국 우한이 봉쇄되기 전인 2020년 1월 둘째 주, H-E-B는 바이러스의 발병에 주목하기 시작했고 훈련을 위한 시뮬레이션을 실행했다. 2월 2일, 대부분의 사람들(그리고 일부 H-E-B 경쟁사)이 바이러스가 미국을 강타할 것이라고 믿지 않았을 때 H-E-B는 대응 계획을 활성화하고 준비에 착수했다. 3월 4일에는 샌안토니오(160만 평방피트의 새로운 슈퍼웨어하우스 내부)에 비상 운영 센터를 활성화했다.

H-E-B는 미국보다 먼저 황폐해진 중국과 이탈리아의 소매업체 및 공급업체와 긴밀히 접촉했다. 중국 소매업체의 정보는 검역이 공급망에 어떤 영향을 미쳤는지, 쇼핑 행동이 어떻게 변화했는지, 기업이 완전한 폐쇄 상태에서 커뮤니티에 서비스를 제공하기 위해 어떻게 노력했는지, 사이클 초기에 이를 앞서기 위해 어떤 조치를 취했으면 했는지 등의 측면에서 특히 가치가 있었다. 2월 말과 3월 초에 텍사스에서 가정용품 비축을 위한 공황 구매의 첫 번째 물결이 발생했다. 안면 마스크, 손 소독제, 종이 타월, 화장지 및 물티슈와 같은 가정 위생 용품 빵, 계란, 고기, 설탕, 물과 같은 기본 필수품은 종종 품절되었다. 화장지만 놓고도 H-E-B는 보통 두 달 만에 팔리던 것을 2주 만에 팔았다. 구매자 1인당 계란 12개와 같이 수량을 제한하는 것이 필요하게 되었다. H-E-B는 창고가 기능적으로 수요를 충족할 수 있는지 확인하는 데 확고한 태도를 유지했다.

3월 11일, 트럼프 대통령은 바이러스에 대한 주요 연설을 했고 NBA(National Basketball Association)는 시즌을 중단하여 제2의 사재기를 촉발했다. 사재기에 대처하기 위해 H-E-B는 매장 시간을 단축했다. 3월 14일부터 평소 24시간 영업하던 매장을 포함한 모든 매장의 영업시간이 오전 8시~오후 8시로 단축됐다. 물류 담당자는 그 엄청난 양을 따라잡을 수 없었고, 본사는 "모두 손을 모아 도와달라"고 요청했다. 카트 직원과 계산대 직원에서부터 사무직원에 이르기까지 하루 종일 재고를 채우는 것을 도왔다.

계획이 있더라도 즉각적인 상황대처가 여전히 필수였다. H-E-B의 공급망은 전국의 다른 지역에서 제품을 가져와 텍사스로 공급하는 데 탁월했다. 그러나 조달 및 배송은 국가의 모든 부분이 억압 받는 팬데믹에서 큰 도전이 되었다. 공급업체는

## Closing Case *(Continued)*

모든 소매업체로부터 상당히 늘어난 양의 주문을 받고 있었다. 규모는 크지만 지역 기업으로서 H-E-B는 Amazon, Costco, Target 및 Walmart와 같은 국내 대기업보다 훨씬 작은 고작 미국에서 15번째로 큰 소매업체에 불과했다. 따라서 H-E-B의 주문이 항상 공급업체로부터 가장 높은 우선순위를 받는 것은 아니었다. 따라서 HEB는 조달 문제를 창의적으로 해결해야 했다.

우유와 육류와 같은 기본 품목의 경우 H-E-B는 텍사스에서 가장 큰 일부 공장을 자체적으로 운영했다. 큰 어려움없이 그러한 사내 공장들을 평상시의 9시에서 5시까지 근무에서 24/7 스케쥴로 전환할 수 있었다. 한 가지 변화는 육류 제품의 다양성을 줄이는 것이었다. H-E-B는 수백 개의 육류 제품 대신 상위 50개 기본 품목에 집중했다. 이는 변경에 따른 지연을 줄이고 더 많은 운송할 수 있게 되어 효율성을 향상시켰다.

엄청나게 늘어난 양의 제품을 조달하여 토지 면적이 독일의 두 배인 주 전역의 매장에 적시에 배송하는 것은 또 다른 도전이었다. 자체 트럭에 의존하는 것 외에도 H-E-B는 다른 유통업체의 자원도 활용했다. 예를 들어 Labbatt는 학교, 기관 및 식당에 배달하는 것을 전문으로 하는 텍사스의 식품 유통업체였다. 그러나 이들 대부분 장소는 폐쇄되었고 Labbat의 트럭과 운전자는 쉬게 되었다. 따라서, Labbat의 트럭과 운전기사와 기존의 식료품 공급에 대한 H-E-B의 필요성을 연결하는 것은 두 회사 모두에게 윈-윈 계약이 되었다. 전반적으로 이는 텍사스 전역의 사람들에게 물품을 제공하기 위한 공급업체 및 유통업체의 팀워크였다.

한 임원은 "필수적인 공공 기능을 제공했다는 사실을 잊지 않았다"라고 말했다. 또 다른 임원은 “우리는 파트너(직원을 돌보기 위해, 그리고 고객을 돌보고 지역 사회를 돌보기 위해 여기에 있는 것이다”라고 말했다. H-E-B 사장은 “우리는 엄청나게 화려한 일을 하는 것이 아니다. 우리에게는 열심히 일하는 많은 사람들이 있다. 그러나, H-E-B에 대한 강한 자부심이 있다.”라고 말했다.

그런 강한 자부심에도 불구하고 가게에서 일하는 동안 바이러스에 감염될 위험은 사실이었다. 3월 16일 H-E-B는 모든 직원에게 시간당 2달러 인상을 주었고, 일부 직원은 대중과의 상호 작용을 고려할 때 위험수당을 요구하기 시작했다. 또한 정보나 도움이 필요한 직원을 위해 최고 의료 책임자(Chief Medical Officer)가 이끄는 코로나바이러스 핫라인을 활성화했다. 연장된 근무 시간과 바쁜 일정을 감안할 때 H-E-B는 주요 창고 내부에 직원들을 위한 필수 매장을 마련해 그들이 통조림 식품, 화장지, 가족을 위한 물과 같은 필수품을 고를 수 있도록 했다. 그러나 H-E-B는 3월에 두 가지 윤리적으로 어려운 결정을 내렸다. (1) 고령층 쇼핑객을 위한 별도의 시간을 제공하지 않는다("고객에게 가장 최선이며 안전한 선택이 아니다"), (2) 직원이 고객의 기분을 상하게 할까 봐 마스크나 장갑을 착용하는 것을 허용하지 않는다. (4월 초 H-E-B는 정책을 변경하여 직원들에게 안면 마스크와 장갑을 착용하도록 요구했다.)

거의 시작부터 끝이 보이는 허리케인과 달리 이 글을 쓰는 시점(2020년 4월 30일)에 H-E-B의 누구도 코로나바이러스가 언제 어떻게 끝날지 알 수 없었다. Boyan에 따르면, 한 가지 교훈은 “사람이 할 수 있는 가능한 한 빨리 적응하려고 노력하는 것”이다.

Sources: (1) The author's interviews; (2) Click2Houston, 2020, H-E-B reassures customers that despite empty shelves, more products are on the way, March 29: www.click2houston.com; (3) Forbes, 2019, America's largest private companies, December 17: www.forbes.com; (4) H-E-B, 2020, Our history, www.heb.com; (5) H-E-B, 2020, H-E-B takes additional steps to safeguard Part-ners by providing masks and gloves, April 3: newsroom.heb.com; (6) H-E-B, 2020, Store hours and operations, March 13: newsroom. heb.com; (7) Texas Monthly, 2020, Inside the story of how H-E-B planned for the pandemic, March 26: texasmonthly.com.

### 사례 토론 질문

1. H-E-B의 조직적 역량을 어떻게 정의하시겠습니까? 가장 가치 있는 것은 무엇인가?
2. 사내 운영의 장단점은 무엇인가? 아웃소싱 작업의 장단점은 무엇인가?
3. 당신이 H-E-B 경쟁사의 CEO라면 이 사례에서 해야 할 것과 하지 말아야 할 것의 교훈은 무엇인가?

# 참고문헌


[**Journal Acronyms**] ***AMJ***—*Academy of Management Journal;* ***AMP***—*Academy of Management Perspectives;* ***AMR***—*Academy of Management Review;* ***BW***—*Bloomberg Businessweek;* ***CMR***— *California Management Review;* ***GSJ***—*Global Strategy Journal;* ***HBR***—*Harvard Business Review;* ***JEP***—*Journal of Economic Perspectives;* ***JIBS***—*Journal of International Business Studies;* ***JIM***—*Journal of International Management;* ***JM***—*Journal of Management;* ***JMS***—*Journal of Management Studies;* ***JWB***— *Journal of World Business;* ***MIR***—*Management International Review;* ***MS***—*Management Science;* ***SEJ***—*Strategic Entrepreneurship Journal;* ***SMJ***—*Strategic Management Journal;* ***SMR***—*MIT Sloan Management Review;* ***SO***—*Strategic Organization;* ***VOA***—*Voice of America*

J. Barney, 1991, Firm resources and sustained competitive advantage, *JM* 17: 99–120; J. Barney, D. Ketchen, & M. Wright, 2011, The future of resource-based theory, *JM* 37: 1299–1315; M. W. Peng, 2001, The resource-based view and international business, *JM* 27: 803–829.

M. Garbuio, A. King, & D. Lovallo, 2011, Looking inside, *JM* 37: 1444–1463; D. Sirmon, M. Hitt, J. Arregle, & J. Campbell, 2010, The dynamic interplay of capability strengths and weaknesses, *SMJ* 31: 1386–1409.

M. W. Peng & P. Heath, 1996, The growth of the firm in planned economies in transition, *AMR* 21: 492–528. See also N. Foss, 2011, Why micro-foundations for resourcebased theory are needed and what they may look alike, *JM* 37: 1413–1428; M. Huesch, 2013, Are there always synergies between productive resources and resource deployment capabilities? *SMJ* 34: 1288–1313; C. Maritan & M. Peteraf, 2011, Building a bridge between resource acquisition and resource accumulation, *JM* 37: 1374–1389; T. Reus, A. Ranft, B. Lamont, & G. Adams, 2009, An interpretive systems view of knowledge investments, *AMR* 34: 382–400; S. Sonenshein, 2014, How organization foster the creative use of resources, *AMJ* 57: 814–848; W. Wan, R. Hoskisson, J. Short, & D. Yiu, 2011, Resource-based theory and corporate diversification, *JM* 37: 1335–1368.

J. Barney, 2001, Is the resource-based view a useful perspective for strategic management research? (p. 54), *AMR* 26: 41–56.

D. Teece, G. Pisano, & A. Shuen, 1997, Dynamic capabilities and strategic management, *SMJ* 18: 509–533. See also C. Bingham, K. Heimeriks, M. Schijven, & S. Gates, 2015, Concurrent learning, *SMJ* 36: 1802–1825; J. Denrell, C. Fang, & Z. Zhao, 2013, Inferring superior capabilities from sustained superior performance, *SMJ* 34: 182–196; G. Di Stefano, M. Peteraf, & G. Verona, 2014, The organizational drivetrain, *AMP* 28: 307–327; T. Felin & T. Powell, 2016, Designing organizations for dynamic capabilities, *CMR* 58: 78–96; W. Henisz, 2016, The dynamic capability of corporate diplomacy, *GSJ* 6: 183–196; S. Kahl, 2014, Association, jurisdictional battles, and the development of dual-purpose capabilities, *AMP* 28: 381–394; A. Kleinbaum & T. Stuart, 2014, Network responsiveness, *AMP* 28: 353–367; Y. Kor & A. Mesko, 2013, Dynamic managerial capabilities, *SMJ* 34: 233–244; O. Schilke, 2014, Second-order dynamic capabilities, *AMP* 28: 368–380; I. Nonaka, A. Hirose, & Y. Takeda, 2016, "Meso"-foundations of dynamic capabilities, *GSJ* 6: 168–182; D. Teece & S. Leih, 2016, Uncertainty, innovation, and dynamic capabilities, *CMR* 58: 5-12; P. Williamson, 2016, Building and leveraging dynamic capabilities, *GSJ* 6: 197–210.

C. Bingham, K. Eisenhardt, & N. Furr, 2007, What makes a process a capability? *SEJ* 1: 27–47; C. Helfat & S. Winter, 2011, Untangling dynamic and operational capabilities, *SMJ* 32: 1243–1250.

R. D'Aveni, 2018, Business models for additive manufacturing (p. 112), *HBR* July: 107–113.

R. Coff & D. Kryscynski, 2011, Drilling for microfoundations of human capital-based competitive advantages, *JM* 37: 1429–1443; D. Kryscynski & D. Ulrich, 2015, Making strategic human capital relevant, *AMP* 29: 357–369; J. Mahoney & Y. Kor, 2015, Advancing the human capital perspective on value creation by joining capability and governance approaches, *AMP* 29: 296–308; M. Mannor, J. Shamsie, & D. Conlon, 2016, Does experience help or hinder top managers? *SMJ* 37: 1330–1340; J. Molloy & J. Barney, 2015, Who captures the value created within human capital? *AMP* 29: 309–325; A. Nyberg & P. Wright, 2015, 50 years of human capital research, *AMP* 29: 287–295; R. Ployhart, 2015, Strategic organizational behavior (STROBE), *AMP* 29: 342–356; J. Raffiee & R. Coff, 2016, Micro-foundations of firm-specific human capital, *AMJ* 59: 766–790.

T. Brown, 2019, *Change by Design*, New York: HarperCollins; J. Liedtka, 2018, Why design thinking works, *HBR* September: 72–79.

G. Davies, R. Chun & M. Kamins, 2010, Reputation gaps and the performance of service organizations, *SMJ* 31: 530–546; Y. Mishina, E. Block, & M. Mannor, 2012, The path dependence of organizational reputation, *SMJ* 33: 459–477; S. Raithel & M. Schwaiger, 2015, The effects of corporate reputation perceptions on the general public on shareholder value, *SMJ* 36: 945–956; J. Wei, Z. Ouyang, & H. Chen, 2017, Well known or well liked? *SMJ* 38: 2103–2120.

D. Teece, 2007, Explicating dynamic capabilities, *SMJ* 28: 1319–1350; D. Teece, 2012, Dynamic capabilities, *JMS* 49: 1395–1401.

A. Dong, M. Garbuio, & D. Lovallo, 2016, Generative sensing, *CMR* 58: 97–117.

D. Teece, 2014, A dynamic capabilities-based entrepreneurial theory of the multinational enterprise, *JIBS* 45: 8–37; D. Teece, 2014, The foundations of enterprise performance, *AMP* 28: 328–352.

M. Porter, 1985, *Competitive Advantage,* New York: Free Press.

L. Capron & W. Mitchell, 2012, *Build, Borrow, or Buy*, Boston: Harvard Business School Press; L. Kano, 2018, Global value chain governance, *JIBS* 49: 684–705; R. Mudambi & J. Puck, 2016, A global value chain analysis of the "regional strategy" perspective, *JMS* 53: 1076–1093.

J. Clampit, B. Kedia, F. Fabian, & N. Gaffney, 2015, Offshoring satisfaction, *JWB* 50: 79–93; K. Kumar, P. van Fenema, & M. von Glinow, 2009, Offshoring and the global distribution of work, *JIBS* 40: 642–667; Q. Li, P. Maggitti, K. Smith, P. Tesluk, & R. Katila, 2013, Top management attention to innovation, *AMJ* 56: 893–916; S. Mudambi & S. Tallman, 2010, Make, buy, or ally? *JMS* 47: 1434–1456; P. Puranam, R. Gulati, & S. Bhattacharya, 2013, How much to make and how much to buy? *SMJ* 34: 1145–1161; V. Van de Vranke, 2013, Balancing your technology-sourcing portfolio, *SMJ* 34: 610–621; C. Weigelt & M. Sarkar, 2012, Performance implications of outsourcing for technological innovations, *SMJ* 33: 189–216.

S. Lahiri, B. Kedia, & D. Mukherjee, 2012, The impact of management capability on the resource-performance linkage, *JWB* 47: 145–155; R. Mudambi & M. Venzin, 2010, The strategic nexus of offshoring and outsourcing decisions, *JMS* 47: 1510–1533; E. Verwaal, 2017, Global outsourcing, explorative innovation, and firm financial performance, *JWB* 52: 17–27; C. Weigelt, 2013, Leveraging supplier capabilities, *SMJ* 34: 1–21.

C. Grimpe & U. Kaiser, 2010, Balancing internal and external knowledge acquisition, *JMS* 47: 1483–1509; M. Kenney, S. Massini, & T. Murtha, 2009, Offshoring administrative and technical work, *JIBS* 40: 887–900; A. Lewin, S. Massini, & C. Peeters, 2009, Why are companies offshoring innovation? *JIBS* 40: 901–925; Y. Li, Z. Wei, & Y. Liu, 2010, Strategic orientation, knowledge acquisition and firm performance, *JMS* 47: 1457–1482; M. Sartor & P. Beamish, 2014, Offshoring innovation to emerging markets, *JIBS* 45: 1072–1095.

S. Hadley & C. Angst, 2015, The impact of culture on the relationship between governance and opportunism in outsourcing relationships, *SMJ* 36: 1412–1434; R. Liu, D. Fails, & B. Scholnick, 2011, Why are different services outsourced to different countries? *JIBS* 42: 558–571; M. Demirbag & K. Glaister, 2010, Factors determining offshore location choice for R&D projects, *JMS* 47: 1534–1560; S. Manning, M. Larsen, & P. Bharati, 2015, Global delivery models, *JIBS* 46: 850–877.

F. Contractor, V. Kuma, S. Kundu, & T. Pedersen, 2010, Reconceptualizing the firm in a world of outsourcing and offshoring, *JMS* 47: 1417–1433.

A. Pande, 2011, How to make onshoring work, *HBR* March: 30.

D. Levy, 2005, Offshoring in the new global political economy (p. 687), *JMS* 42: 685–693.

J. Barney, 2002, *Gaining and Sustaining Competitive Advantage* (pp. 159–174), Upper Saddle River, NJ: Prentice Hall.

R. Adner & R. Kapoor, 2010, Value creation innovation

ecosystems, *SMJ* 31: 306–333; G. Ahuja, C. Lampert, & E. Novelli, 2013, The second face of appropriability, *AMR* 38: 248–269; F. S. Bentley & R. Kehoe, 2020, Give them some slack—they're trying to change! *AMJ* 63: 181–204; F. Bridoux, R. Coeurderoy, & R. Durand, 2011, Heterogenous motives and the collective creation of value, *AMR* 36: 711–730; O. Chatain & D. Mindruta, 2017, Estimating value creation for revealed preferences, *SMJ* 38: 1964–1985; P. Deb, P. David, & J. O'Brien, 2017, When is cash good or bad for firm performance? *SMJ* 38: 436–454; J. Gans & M. Ryall, 2017, Value capture theory, *SMJ* 38: 17–41; R. Kehoe & D. Tzabbar, 2015, Lighting the way or stealing the shine? *SMJ* 36: 709–727; M. Kunc & J. Morecroft, 2010, Managerial decision making and firm performance under a resource-based paradigm, *SMJ* 31: 1164–1182; M. Lieberman, R. Garcia-Castro, & N. Balasubramanian, 2017, Measuring value creation and appropriation in firms, *SMJ* 38: 1193–1211; J. Luoma, S. Ruutu, A. King, & H. Tikkanen, 2017, Time delays, competitive interdependence, and firm performance, *SMJ* 38: 506–525; J. Macher & C. Boerner, 2012, Technological development at the boundaries of the firm, *SMJ* 33: 1016–1036; T. Madsen & G. Walker, 2017, Competitive heterogeneity, cohorts, and persistent advantage, *SMJ* 38: 184–202; R. Makadok, 2011, The four theories of profit and their joint effects, *JM* 37: 1316–1334; A. McWilliams & D. Siegel, 2011, Creating and capturing value, *JM* 37: 1480–1495; T. Obloj & P. Zemsky, 2015, Value creation and value capture under moral hazard, *SMJ* 36: 1146– 1163; G. Pacheco-de-Almeida, A. Hawk, & B. Yeung, 2015, The right speed and its value, *SMJ* 36: 159–176; L. Paolella & R. Durand, 2016, Category spanning, evaluation, and performance, *AMJ* 59: 330–351; J. Pehmichen, S. Schrapp, & M. Wolff, 2017, Who needs experts most? *SMJ* 38: 645–656; M. Porter & J. Heppelmann, 2017, Why every organization needs an augmented reality strategy, *HBR* November: 46–57; E. Smith & H. Chae, 2016, We do what we must, and call it by the best names, *SMJ* 37: 1021–1033; K. Zhou & C. Li, 2012, How knowledge affects radical innovation, *SMJ* 33: 1090–1102.

P. Demerjian, B. Lev, & S. McVay, 2012, Quantifying managerial ability, *MS* 58: 1229–1248; R. Dadun, N. Bloom, & J. Van Reenen, 2017, Who do we undervalue competent management? *HBR* September: 119–127; A. Vomberg, C. Homburg, & T. Bornemann, 2015, Talented people and strong brands, *SMJ* 36: 2122–2131.

J. Schmidt & T. Keil, 2013, What makes a resource valuable? *AMR* 38: 206–228; D. Sirmon, S. Gove, & M. Hitt, 2008, Resource management in dyadic competitive rivalry, *AMJ* 51: 919–935.

*BW*, 2011, Can this IBMer keep Big Blue's edge? October 31: 31–32. See also G. Rometty, 2017, Don't try to protect the past, *HBR* July: 126–132; W. Shih, 2018, Why high-tech commoditization is accelerating, *SMR* Summer: 53–58.

F. Aime, S. Johnson, J. Ridge, & A. Hill, 2010, The routine may be stable but the advantage is not, *SMJ* 31: 75–87; L. Costa, K. Cool, & I. Dierickx, 2013, The competitive implications of the deployment of unique resources, *SMJ* 34: 445–463.

M. Bebber & M. Tushman, 2015, Reflections on the 2013 Decade Award—"Exploitation, exploration, and process management" ten years later, *AMR* 40: 497–514.

S. Berinato, 2019, Data science and the art of persuasion, *HBR* January: 127–136.

J. Molly, C. Chadwick, R. Ployhart, & S. Golden, 2011, Making intangibles "tangible" in tests of resource-based theory, *JM* 37: 1496–1518.

J. Joseph & V. Gaba, 2015, The fog of feedback, *SMJ* 36: 1960–1978; F. Vermeulen, 2017, *Breaking Bad Habits*, Boston: Harvard Business School Press.

R. Casadesus-Masanell & F. Zhu, 2013, Business model innovation and competitive imitation, *SMJ* 34: 464–482; F. Polidoro & P. Toh, 2011, Letting rivals come close or warding them off? *AMJ* 54: 369–392; H. Posen, J. Lee, & S. Yi, 2013, The power of imperfect imitation, *SMJ* 34: 149–164; Z. Wu & R. Salomon, 2016, Does imitation reduce the liability of foreignness? *SMJ* 37: 2441–2462.

*Economist*, 2015, Apple: iThrone, January 31: 53.

V. Aggarwal, H. Posen, & M. Workiewicz, 2017, Adaptive capacity to technological change, *SMJ* 38: 1212–1231; J. Birkinshaw & M. Haas, 2016, Increase your return on failure, *HBR* May: 88–93; D. Blettner, Z. He, S. Hu, & R. Bettis, 2015, Adaptive aspirations and performance heterogeneity, *SMJ* 36: 987–1005; A. Chatterji & K. Fabrizio, 2016, Does the market for ideas influence the rate and direction of innovative activity? *SMJ* 37: 447–465; L. Downes & P. Nunes, 2018, Finding your company's second act, *HBR* January: 98–107; I. Kastalli, B. Van Looy, & A. Neely, 2013, Steering manufacturing firms towards service business model innovation, *CMR* 56: 100–123; M. Kownatzki, J. Walter, S. Floyd, & C. Lechner, 2013, Corporate control and the speed of strategic business unit decision making, *AMJ* 56: 1295–1324; A. Krzeminska, G. Hoetker, & T. Mellewigt, 2013, Reconceptualizing plural sourcing, *SMJ* 34: 1614–1627; P. Liesch, P. Buckley, B. Simonin, & G. Knight, 2012, Organizing the modern firm in the worldwide market for market transactions, *MIR* 52: 3–21; Y. Luo, S. Wang, Q. Zheng, & V. Jayaraman, 2012, Task attributes and process integration in business process offshoring, *JIBS* 43: 498–524; D. Rigby, J. Sutterland, & H. Takeuchi, 2016, Embracing agile, *HBR* May: 41–50.

O. Alexy, G. George, & A. Slater, 2013, Cui bono? *AMR* 38: 270–291; T. Caner, S. Cohen, & F. Pil, 2017, Firm heterogeneity in complex problem solving, *SMJ* 38: 1791–1811; G. Carnabuci & E. Operti, 2013, Where do firms' recombinant capabilities come from? *SMJ* 34: 1591–1613; S. Ethiraj, N. Ramasubbu, & M. Krishnan, 2012, Does complexity deter customer-focus? *SMJ* 33: 137–161; M. Gruber, F. Heinemann, M. Brettel, & S. Hungeling, 2010, Configurations of resources and capabilities and their performance implications, *SMJ* 31: 1337–1356; T. Haerem, B. Pentland, & K. Miller, 2015, Task complexity, *AMR* 40: 446–460; S. Musaji, W. Schulze, & J. De Castro, 2020, How long does it take to get to the learning curve? *AMJ* 63: 205–223; R. Ployhart, C. Van Iddekinge, & W. Mackenzie, 2011, Acquiring and developing human capital in service contexts, *AMJ* 54: 353–368; G. Speckbacher, K. Neumann, & W. Hoffmann, 2015, Resource relatedness and the mode of entry into new businesses, *SMJ* 36: 1675–1687; K. Srikanth & P. Puranam, 2011, Integrating distributed work, *SMJ* 32: 849–875; N. Stieglitz, T. Knudsen, & M. Becker, 2016, Adaptation and inertia in dynamic environments, *SMJ* 37: 1854–1864; S. Yayavaram & W. Chen, 2015, Changes in firm knowledge couplings and firm innovation performance, *SMJ* 36: 377–396.

T. Chi & A. Seth, 2009, A dynamic model of the choice of mode for exploiting complementary capabilities, *JIBS* 40: 365–387; A. Hess & F. Rothaermel, 2011, When are assets complementary? *SMJ* 32: 895–909; R. Roy & S. Cohen, 2017, Stock of downstream complementary assets as a catalyst for product innovation during technological change in the US machine tool industry, *SMJ* 38: 1253–1267; S. Schweiger, T. Stetter, A. Baldauf, & C. Zamudio, 2019, The complementarity of strategic orientations, *SMJ* 40: 1822–1851.

J. Barney, 1997, *Gaining and Sustaining Competitive Advantage* (p. 155), Reading, MA: Addison-Wesley.

J. Birkinshaw, A. Zimmermann, & S. Raisch, 2016, How do firms adapt to discontinuous change? *CMR* 58: 36–58.

D. Blake & C. Moschieri, 2017, Policy risk, strategic decisions, and contagion effects, *SMJ* 38: 732–750; Y. Li, M. W. Peng, & C. Macaulay, 2012, Market-political ambidexterity during institutional transitions, *SO* 11: 205–213.

A. Chatterji & A. Patro, 2014, Dynamic capabilities and managing human capital, *AMP* 28: 395–408; M. Bidwell, S. Won, R. Barbulescu, & E. Mollick, 2015, I used to work at Goldman Sachs! *SMJ* 36: 1164–1173; S. Kwon & P. Adler, 2014, Social capital, *AMR* 39: 412–422; P. Leonardi & T. Neeley, 2017, What managers need to know about social tools, *HBR* November: 119–126; E. Mollick, 2012, People and process, suits and innovators, *SMJ* 33: 1001–1015.

S. Kotha & K. Srikanth, 2013, Managing a global partnership model, *GSJ* 3: 41–66; G. Ray, L. Xue, & J. Barney, 2013, Impact of information technology capital on firm scope and performance, *AMJ* 56: 1125–1147.

N. Balasubramanian & M. Lieberman, 2010, Industry learning environments and the heterogeneity of firm performance, *SMJ* 31: 390–412; A. Karna, A. Richter, & E. Reisenkampff, 2016, Revisiting the role of the environment in the capabilities-financial performance relationship, *SMJ* 37: 1154–1173; M. Lenox, S. Rockart, & A. Lewin, 2010, Does interdependency affect firm and industry profitability? *SMJ* 31: 121–139.

G. Guo, 2017, Demystifying variance in performance, *SMJ* 38: 1327–1342; Y. Tang & F. Liou, 2010, Does firm performance reveal its own causes? *SMJ* 31: 39–57.

P. Godfrey & C. Hill, 1995, The problem of unobservables in strategic management research (p. 530), *SMJ* 16: 519–533.

O. Williamson, 1999, Strategy research (p. 1093), *SMJ* 20: 1087–1108.

D. Collis, 1994, How valuable are organizational capabilities (p. 151), *SMJ* 15: 143–152.

B. Wernerfelt, 1984, A resource-based view of the firm (p. 171), *SMJ* 5: 171–180.

V. Bamiatzi, K. Bozos, S. T. Cavusgil, & S. T. Hult, 2016, Revisiting the firm, industry, and country effects on profitability under recessionary and expansion periods, *SMJ* 37: 1448–1471.

A. von Nordenflycht, 2010, What is a professional service firm? *AMR* 35: 155–174.

S. Berman, J. Down, & C. Hill, 2002, Tacit knowledge as a source of competitive advantage in the National Basketball Association, *AMJ* 45: 13–32.

K. Eisenhardt & J. Martin, 2000, Dynamic capabilities: What are they? (p. 1113), *SMJ* 21: 1105–1121.

E. Chen, R. Katila, R. McDonald, & K. Eisenhardt, 2010, Life in the fast lane, *SMJ* 31: 1527–1547; C. Lee, N. Venkatraman, H. Tanriverdi, & B. Iyer, 2010, Complementarity- based hypercompetition in the software industry, *SMJ* 31: 1431–1457.

J. Shamsie, X. Martin, & D. Miller, 2009, In with the old, in with the new, *SMJ* 30: 1440–1452.

F. Ceci & A. Prencipe, 2013, Does distance hinder coordination? *JIM* 19: 324–332; J. Chen, R. McQueen, & P. Sun, 2013, Knowledge transfer and knowledge building at offshored technical support centers, *JIM* 19: 362–376; S. Houseman, C. Kurz, P. Lengermann, & B. Mandel, 2011, Offshoring bias in US manufacturing, *JEP* 25: 111–132; P. Jensen, M. Larsen, & T. Pedersen, 2013, The organizational design of offshoring, *JIM* 19: 315–323; R. Raman, D. Chadee, B. Roxas, & S. Michailova, 2013, Effects of partnership quality, talent management, and global mindset on performance of offshore IT service providers in India, *JIM* 19: 333–346; A. Soderberg, S. Krishna, & P. Bjorn, 2013, Global software development, *JIM* 19: 347–361.

D. Mukherjee, A. Gaur, & A. Dutta, 2013, Creating value through offshore outsourcing, *JIM* 19: 377–389.

D. Farrell, 2005, Offshoring, *JMS* 42: 675–683.

M. Gottfredson, R. Puryear, & S. Phillips, 2005, Strategic sourcing (p. 132), *HBR* February: 132–139.

*Wired*, 2020, How decades of offshoring led to a mask shortage in a pandemic, March 29: www.wired.com.

VOA, 2020, World depends on China for face masks but can country deliver? March 19: www.voanews.com.

*BW*, 2020, 3M meets the crisis it's been preparing for, March 30: 39–41; *BW*, 2020, Swabs, stat! March 30: 42–47.

B. Dachs, S. Kinkel, & A. Jager, 2019, Bringing it all back home? *JWB* 54: 101017.

*Fortune*, 2015, It's IKEA's world, March 15: 166–175.

K. Kim & W. Tsai, 2012, Social comparison among competing firms, *SMJ* 33: 115–136.

D. Burrus, 2011, *Flash Foresight* (p. 11), New York: HarperCollins.

*BW*, 2019, The Nadellaissance, May 6: 36–41.

M. Chari & P. David, 2012, Sustaining superior performance in an emerging economy, *SMJ* 33: 217–229; R. D'Aveni, G. Dagnino, & K. Smith, 2010, The age of temporary advantage, *SMJ* 31: 1371–1385; H. Rahmandad & N. Repenning, 2016, Capability of erosion dynamics, *SMJ* 37: 649–672; D. Souder & P. Bromiley, 2012, Explaining temporal orientation, *SMJ* 33: 550–569.

I. Le Breton-Miller & D. Miller, 2015, The paradox of resource vulnerability, *SMJ* 36: 397–415; G. Pachecode- Almeida, 2010, Erosion, time compression, and selfdisplacement of leaders in hypercompetitive environments, *SMJ* 31: 1498–1526; X. Tian & J. Slocum, 2015, The decline of global market leaders, *JWB* 50: 15–25.

*BW*, 2014, It's not us, it's you: Why customers are breaking up with IBM, May 26: 58–63.

A. Chakrabarti, 2015, Organizational adaptation in an economic shock, *SMJ* 36: 1717–1738; D. De Carolis, Y. Yang, D. Deeds, & E. Nelling, 2009, Weathering the storm, *SEJ* 3: 147–160; D. S. Rockart & N. Dutt, 2015, The rate and potential of capability development trajectories, *SMJ* 36: 53–75.

T. Friedman, 2005, *The World is Flat*, New York: Farrar, Straus, and Giroux.

A. Henderson, M. Raynor, & M. Ahmed, 2012, How long must a firm be great to rule out chance? *SMJ* 33: 387–406.

CHAPTER 4

# 제도, 문화, 윤리의 강조

## 학습목표

이 장을 학습한 후, 당신은 다음의 내용을 수행할 수 있다.

1. 제도의 개념을 설명
2. 불확실성을 줄이는 교환 거래의 두 가지 주요 방법 이해
3. 전략에 대한 기관 기반 관점을 뒷받침하는 두 가지 명제를 설명
4. 문화의 전략적 역할을 이해
5. 전략적 대응 프레임워크에서 절정에 달하는 윤리의 전략적 역할을 식별
6. 제도, 문화 및 윤리에 관한 세 가지 주요 토론에 참여
7. 행동을 위한 전략적 함의 도출

## OPENING CASE Ethical Dilemma

# 브렉시트와 전략적 선택

3년에 걸쳐서 브렉시트는 이제 현실이 되었다. 2016년 6월 23일, 영국 시민들이 유럽연합(EU) 탈퇴를 국민투표에 부쳐 전 세계에 충격을 주었다. 3명의 총리와 3년 동안 수많은 협상, 시위, 좌절을 겪은 후 2020년 1월 31일 영국은 공식적으로 EU에서 탈퇴했다.

EU는 수십 년 동안 평화와 번영, 그리고 기업의 관점에서 확신을 제공했다. 특히 1993년 이래, 국경 통제가 해체되었고, 사람, 상품, 서비스, 자본 등 4가지의 이동의 자유가 달성되었으며, 유로화 도입을 위해 영국의 통화를 포기하지 않아도 되는 것 등 특정 부문에서 영국 예외주의가 큰 어려움 없이 받아들여졌다. 큰 어려움 없이 받아들였다. 이러한 모든 확신은 브렉시트 국민투표(찬성 52%, 반대 48%) 결과가 발표되었을 때 공중에 던져졌다. 정치적 영향은 즉각적이었다. 몇 시간 만에 데이비드 캐머런 총리가 사임했다. 3주 후 테레사 메이가 새 총리가 되었다. 경제적 충격은 치명적이었다. 며칠 만에 파운드는 심각한 타격을 받아 30년 만에 달러 대비 최저 수준으로 폭락했다. FTSE 250지수는 14% 하락했다. 투자자들은 겁을 먹었으며, 전 세계적으로 3조 달러의 주가 가치가 사라졌다.

EU는 전체 영국 수출의 54%를 차지하고 있었으며, 300만 영국 일자리는 EU 수출에 의존하고 있었다. 빠르게 성장하고 있지만 BRICS(브라질, 러시아, 인도, 중국, 남아프리카공화국)로 알려진 주요 신흥 경제국으로의 수출은 영국 수출의 8%만을 차지했으며 그중 3%가 중국으로 향했다. 외국인 직접 투자(FDI)에서 영국은 EU 전체에 서비스를 제공하기 위해 "EU 플랫폼" 전략을 실행하는 다국적 기업을 유치하는 데 성공했다. 예를 들어, 2015년 Nissan은 영국에서 450,000대의 자동차를 생산했으며 그중 80%가 나머지 EU 국가로 수출되었다. 지리적 위치 덕분에 EU는 EU 가입 여부와 관계없이 항상 영국의 가장 큰 무역 파트너가 될 것이다.

영국은 정확히 어떤 조건으로 EU를 떠날 것인지 아무도 몰랐다. 새 총리는 '테레사 메이비'라는 별명을 얻었다. 2019년 7월 메이는 좌절감에 사임했고 보리스 존슨은 3년내 세 번째 총리가 되었다. 2019년 12월 존슨은 총선에서 승리하여 브렉시트를 실현할 권한을 확보했다.

2016년 6월 이래 영국, EU 및 기타 지역에 기반을 둔 기업의 관리자에게 있어 가장 큰 전략적 과제는 "게임의 규칙이 알려져 있지 않을 때는 어떻게 게임을 플레이할 수 있는가"였다. 심지어는 2020년 1월 31일 이후에도 브렉시트 조건은 불확실했다. 2020년 2월 1일부터 12월 31일 까지의 전환 기간 동안에는 모든 것이 이전과 동일하게 유지되고 협상가들은 최선을 다했을 것이다. 그러나 결과는 여전히 불확실했다.

정치인과 시민들은 브렉시트가 가치가 있는지 여부에 대해 계속 토론할 수 있지만 관리자는 기다릴 수 없었다. 그들은 전략적 선택을 해야 했다. 영국 상품 수출의 12%를 생산하고 186,000개의 일자리를 직접 지원하는 자동차 산업에서 모든 회사는 외국인 소유였다. 그들은 모두 축소했다. Tata Motors의 자회사인 Jaguar-Land Rover는 4,500명의 해고를 공식화했다. Honda는 2021년에 영국 Swindon에서 연간 150,000개의 Civic을 생산하는 공장을 폐쇄할 것이라고 발표했다. Honda는 1989년부터 공장을 운영하면서 생산량의 90%를 EU에 수출했다. Honda는 유럽 전역에서 복잡한 적시 공급망을 구축했으며, 이는 국경에서의 어떠한 지체에도 취약할 것이다. 2019년 2월 1일 발효된 EU-일본 경제 동반자 협정은 자유무역협정(FTA)으로, 일본제 Civic에 대한 10%의 수입 관세를 0으로 인하했다. 브렉시트는 혼다가 영국에서 자동차를 계속 생산하고 EU에 수출하려는 인센티브를 파괴했으며, 이는 비회원국에 수입 관세를 부과할 수 있다. 결과적으로 Swindon에서 3,500개의 Honda 일자리가 사라지고, 다양한 공급업체에서 또 다시 최소 3,500개의 일자리가 사라질 것이다.

금융 서비스에서는, 런던의 전설적인 은행들은 한 EU 회원국에 있는 회사가 다른 나라에 현지 사무소를 설치하지 않고도 27개 회원국의 고객들에게 서비스를 제공할 수 있는 "패스포팅 권리"를 잃을 수 있을 것이다. 패스포팅의 특혜는 Barclays, HSBC와 같은 영국 기업뿐만 아니라 Citigroup, Deutsche Bank, JPMorgan Chase, Nomura 등 런던에 자회사를 둔 모든 외국 기업에게 부여되었다. 대부분 런던, 특히 1평방마일의 City of London에 집중되어 있는 금융서비스 산업은 영국 GDP의 65%, 세수의 11%에 기여했다. 세계에서 가장 큰 금융 중심지인 City는 사업의 절반은 국내에서, 4분의 1은 EU27에서, 나머지 4분의 1은 세계의 그 밖의 지역에서 하고 있다. 이러한 부러움을 받는 위치를 이용하여 미국 은행은 종종 유럽 직원의 90%가 런던에 기반을 두고 있었다. 브렉시트 이전에 EU는 암스테르담, 프랑크푸르트, 밀라노, 파리와 같은 다른 금융 센터를 희생시키면서 한 회원국에 금융 서비스가 과도하게 집중되는 것을 우려했다. 브렉시트는 런던의 유럽연합(EU) 라이벌에게 일생에 한 번뿐인 사업 기회를 제공했다. 이렇게 분명한 패스포팅의 제거와, 이를 대체할 수 있는 것에 대한 불확실성은 2016년 6월과 2020년 1월 사이에 약 300개의 금융 서비스 회사가 일부 활동과 인력을 EU27로 옮겼을 정도로 실존적 위협이었다. 전통적인 금융 허브는 아니지만 아일랜드 더블린은 12,000개의 과거 영국인의 일자리를 얻었다. 예를 들어 Barclays와 Bank of America Merrill Lynch는 EU 본부를 런던에서 더블린으로 이전했다.

농업에서 Brexit은 노동력 부족에 기여했다. 영국 태생의 영국인들은 오랫동안 들판에서의 고된 노동을 피했기 때문에 농부들은 불가리아, 폴란드, 루마니아와 같은 동부 EU 회원국에서 비자나 번거로움 없이 수천 명의 이주 노동자를 데려왔다. 브렉시트의 주요 쟁점인 이민 문제로 인해 많은 이주 노동자들이 자신이 덜 환영받을 것을 두려워했다. 그들이 온다 해도 파운드화 약세(또 다른 Brexit 사상자)는 현장에서 열심히 일한 수입에 타격을 줄 것이다. 결론은? 영국 농부들의 약 절반은 일부 작물이 들판에서 썩을 때까지 그대로 남겨 두었다고 말했다.

모든 산업이 피해를 입은 것은 아니다. 회계사와 변호사는 서류 작업에 대한 수요 증가로 인해 침을 흘렸다. EU 27개국의 영국 수출업체와 EU 27개국의 수입업체는 지난 관세 면제 기간 덕분에 일시적으로 주문이 급증했다. 기업들이 프랑스 와인에서 독일 자동차 부품에 이르기까지 모든 것을 사재기하면서 물류, 트럭 운송, 운송 및 창고 산업은 브렉시트 이전의 붐에 미소를 지었다. 영국이 그렇게 많은 비축을 마지막으로 한 것은 노르망디 침공 직전인 1944년 6월이었다.

일부 브렉시트 비판자들의 말에 따르면 "코미디같은 정치적 혼란이 빚어낸 무모한 자만과 오만함의 셰익스피어식의 비극"이다. 일부 지지자들에 따르면, 브렉시트는 민주주의의 승리로 "영국과 유럽 모두를 변화시킬 기회"를 나타낸다. 양측 모두가 동의하는 한 가지는 게임 규칙의 중요성이다.

Sources: (1) Bloomberg Businessweek, 2019, Brexit's late har-vest for farmers, May 20: 37; (2) Economist, 2016, The politics of anger, July 2: 9; (3) Economist, 2017, Theresa Maybe, Janu-ary 7: 12; (4) Economist, 2017, Lost passports, January 21: 63; (5)Economist, 2019, Can the City survive Brexit? June 29: 12; (6)Economist, 2019, City under siege, June 29: 67–70; (7) Econ-omist, 2019, Honda shuts factory, January 23: 57; (8) Fortune, 2019, In Brexit, could Ireland wear the crown? March 1: 85–89; (9) U. Ott & P. Ghauri, 2019, Brexit negotiations, Journal of In-ternational Business Studies 50: 137–149; (10) M. W. Peng & K. Meyer, 2013, Winning the Future Markets for UK Manufacturing Output, consulting report, London: UK Government Office for Science; (11) Wall Street Journal, 2020, Britain's Independence Day, January 30.

어디에서 활동을 수행하고 근로자를 고용할 것인지와 같은 전략적 결정들은 어떻게 이루어지는가? 브렉시트와 관련된 불확실성이, 자본, 활동 및 일자리의 영국으로부터의 대량 이탈을 촉발하는 이유는 무엇인가? 앞의 두 장에서 소개한 산업 기반 및 자원 기반 관점은 확실히 통찰력이 있음이 분명하지만, 이러한 중요한 질문에 답하기에는 충분하지 않다. 대체적으로 확고한 전략은 "게임의 규칙"으로 잘 알려져 있는 제도들에 의해 가능하게 되고 제약을 받게 된다. 전반적으로, 기업들이 어떻게 게임을 하고 이기는(또는 지는) 방법은 적어도 부분적으로는 규칙이 어떻게 만들어지고, 시행되고, 변경되는지에 달려 있다. 이러한 통찰력은 제도, 문화, 윤리를 포함하는 **제도 기반 관점(institution-based view)**의 핵심이다. 그것은 전략 삼각대를 형성하는 전략에 대한 세 가지 주요 관점 중 하나로 부상했다. 이 장에서는 먼저 제도 기반 관점을 소개한다. 그런 다음 우리는 문화 및 윤리의 전략적 역할에 대해 논의한 후 전략적 대응 체계에 대해 논의할 것이다. 논쟁과 시사점으로 뒤따른다.

**제도 기반 관점 (institution-based view)**
전략 수립 시 산업과 기업 수준의조건 외에도 정부나 사회 제도의영향을 폭넓게 고려해야 한다고주장하는 전략의 선도적 견해.

# 제도에 대한 이해

## 정의

노벨 경제학상 수상자인 더글러스 노스(Douglass North)는 "게임의 규칙" 비유를 기반으로 **제도(institutions)**를 "인간의 상호 작용을 구조화하는 인간이 고안한 제약"으로 더욱 공식적으로 정의했다. **제도적 틀(institution framework)**은 개인과 기업을 지배하는 공식 및 비공식인 제도로 구성된다. 이러한 제도들은 선도적인 사회학자인 리처드 스콧(Richard Scott)에 의해 식별된 (1)규제적, (2)규범적, (3)인지적 기둥이라는 세 개의 "기둥"에 의해 뒷받침된다.

표 4.1에서 볼 수 있듯이, **공식적인 제도(formal institutions)**에는 법규, 규정 및 규칙이 포함된다. 그것들의 주요 지지 기둥인 **규제적 기둥(regulatory pillar)**은 정부의 강압적인 힘이다. 예를 들어, 많은 개인들과 기업들이 그들의 애국적인 의무에서 세금을 낼 수는 있지만, 그들의 상당수가 세금을 내지 않는 것이 적발될 때 행해질 정부의 강압적인 권력에 대한 두려움에서 세금을 내는 것이다.

반면에, **비공식 제도(informal institutions)**에는 규범, 문화 및 윤리가 포함된다. 두 개의 주요 지지 기둥은 규범적인 것과 인지적인 것이다. **규범적 기둥(normative pillar)**은 다른 관련된 공동체들의 가치, 신념 및 행동, 즉, 집합적으로 **규범(norm)**으로 알려진 것들이 해당되고, 개인과 기업의 행동에 어떻게 영향을 미치는지를 나타낸다. 영국에서, 최근 기업들 사이의 규범이 브렉시트를 이후 서둘러 해외로 나가는 것에 초점을 맞추고 있다(오프닝 케이스 참고). 그러한 한 "양떼 효과"에 저항하고 브렉시트 이후 영국에 대해 더 자신 있는 신중한 경영자들은 종종 이사회 구성원들과 투자자들에 의해 "우리는 왜 규범을 따르지 않는가?"라는 질문에 직면하게 된다.

역시 비공식 제도를 지원하는 **인지적 기둥(cognitive pillar)**은 개인 및 기업의 행동을 이끄는, 내재화되고 당연하게 받아들여지는 가치 및 신념을 의미한다. 예를 들어, 내부 고발자들

**제도(institution)**
인간의 상호작용을 구조화한 고안된 구속조건-"게임의 규칙".

**제도적 틀(institution framework)**
개인과 기업의 행동을 지배하는공식적, 비공식적 제도의 틀.

**공식적인 제도(formal institutions)**
법률, 규정, 규칙으로 대표되는 제도.

**규제적 기둥(regulatory pillar)**
개인과 기업의 행동에 영향을미치는 공식적인 규칙, 법률, 규정.

**비공식 제도(informal institutions)**
규범, 문화, 윤리로 대표되는 제도.

**규범적 기둥(normative pillar)**
개인과 기업의 행동에 영향을 미치는 가치, 신념, 규범.

**규범(norm)**
개인과 기업의 행동에 영향을미치는, 준거하도록 강강요하는 지배적인 관행.

**인지적 기둥(cognitive pillar)**
개인과 기업의 행동을 가이드하는 내면화되고 인정된 가치관 및 신념.

### 표 4.1 제도의 범주

| 형식적인 정도 | 예 | 지지하는 기둥 |
|---|---|---|
| 공식 제도 | • 법률<br>• 규정<br>• 규칙 | • 규제적(강압적) |
| 비공식 제도 | • 규범<br>• 문화<br>• 윤리 | • 규범적<br>• 인지적 |

이 기업의 잘못을 보고하도록 유도하는 것은 무엇이 옳고 그른가에 대한 그들의 신념이다. 대부분의 직원들은 조직의 잘못에 대해 불편함을 느낄 수 있지만, 일반적인 규범은 입을 다물고 "평지풍파를 일으키는 것을" 피하는 것이다. 본질적으로, 내부 고발자들은 침묵을 장려하는 규범을 극복함으로써 무엇이 옳은 것인가에 대한 그들의 내면화된 개인적 신념을 따르는 것을 선택한 것이다.

이들 세 가지 형태의 지지 기둥들은 어떻게 결합하여 개인과 회사의 행동을 형성하는가? 두 가지 예를 들어보자. 하나는 개인적 수준이고 다른 하나는 기업 수준이다. 첫째, 속도 제한은 공식적으로 운전자가 얼마나 빨리 갈 수 있는지를 규정한다. 즉, 규제의 기둥이다. 하지만, 많은 운전자들이 다른 차량의 속도에 따라 속도를 조절한다. 즉, 규범적 기둥이다. 일부 운전자들이 법정 속도 제한을 초과하여 운전했기 때문에 경찰에 의해 딱지를 떼일 때, 그들은 항의한다. "우리는 겨우 교통의 흐름을 따라가고 있어요!" 이 말은 그들이 올바른 속도에 대한 명확한 인지적 기둥을 갖고 있지 않다는 것을 나타낸다(게시된 속도 제한 표시는 신경 쓰지 말라). 그들은 종종 다른 운전자들이 올바른 속도를 정의하도록 한다.

둘째, 스타벅스(Starbucks)는 2006년까지 에티오피아의 하라르(Harar), 시다모(Sidamo), 이르가체프(Yirgacheffe) 커피 라인을 판매했는데, 각각의 커피 라인은 에티오피아의 전설적인 커피 재배 지역의 이름을 따서 명명되었다. 에티오피아 정부는 이에 반대하여 보상을 요구했다. 스타벅스는 처음에는 어떠한 공식적인 상표법도 위반하지 않았다고 주장하며 저항했다. 결국, 에티오피아 정부나 그 누구도 굳이 그러한 이름을 상표로 등록하려고 애쓰지 않았다. 하지만, 소비자와 언론 등 이해 관계자들로부터 나오는 규범적 기둥이 압박을 주장하기 시작했다. 스타벅스는 연간 평균 소득이 1,000달러인 국가에서 가난한 커피 농부들을 착취하고 있는 강력한 다국적 기업이라는 이름이 붙었고, 수치를 받았다. 결국, 인지적 관점에서, 스타벅스는 그 시작부터 언제나 책임감 있는 기업 시민이 되기를 원해 왔었다. 1990년대에는 기업의 사회적 책임(CSR) 부서를 신설하고 CSR 담당 부사장을 임명했다. 그러므로, 경영진의 일각에서는 최고 품질의 커피를 재배하는 사람들을 돕는 것은 옳은 일이라고 주장했다. 스타벅스는 결국 에티오피아 정부 및 궁극적으로 커피 재배자들에게 보상하기 위해 에티오피아 정부와 라이센스 계약을 맺었다.

## 제도는 어떤 역할을 하는가?

제도들은 많은 일을 하지만, 그것들의 핵심적인 역할은 불확실성을 줄이는 것이다. 어떤 행위가 합법적인지 아닌지를 신호로 알려줌으로써 제도들은 허용 가능한 행동의 범위를 제한한다. 불확실성은 잠재적으로 파괴적일 수 있다. 테러범의 공격이나 인종 폭동과 같은 정치적 불확실성은 장기적인 계획을 쓸모없게 만들 수 있다. 브렉시트로부터 수반되는 것과 같은 경제적 불확실성은 경제적 손실을 초래할 수 있다(오프닝 케이스 참고). 영국의 대기업들이 브렉시트에 대비하면서, 영국에 있는 560만 중소기업들(SMEs)은 더 높은 비용과 더 악화된 지연을 초래할 가능성이 있다. 만약 모든 기업이 50개의 새로운 양식을 준비해야 한다면, 확실히 100만 파운드 규모의 기업보다는 10억 파운드 규모의 기업이 그 추가 비용을 더 잘 흡수할 수 있을 것이다. 만약 모든 수출 업자와 수입업자가 영국-EU 국경에서 지연을 경험하게 된다면, 대기업들은 그들의 선적을 신속하게 하기 위해 대리점, 중개업자, 변호사를 고용할 수 있지만, 중소기업들은 그렇게 하지 못하고 화물의 통관 우선순위가 낮아지게 될 수도 있다.

경제적 거래를 둘러싸고 있는 불확실성은 경제적 거래와 관련된 비용, 또는 더 광범위하게 사업 수행 비용으로 정의되는 **거래비용(transaction cost)**으로 이어질 수 있다. 노벨상 수상자인 올리버 윌리엄슨(Oliver Williamson)은 기계 시스템의 마찰을 언급한다. "기어가 맞물리고, 부품이 윤활 되고, 불필요한 미끄러짐이나 다른 에너지 손실이 있는가?" 그는 계속해서 거래비용을 "갈등의 경제적 대응물"로 간주할 수 있다고 말한다. "교환 당사자들은 조화롭게 운영되고 있는가? 아니면 빈번한 오해와 갈등이 있는가?"

**거래비용(transaction cost)**
경제적 거래와 관련된 비용-또는 보다 광범위하게는 비즈니스 수행 비용.

거래비용의 중요한 원천은 **기회주의(opportunism)**로, 이는 교활하게 자기 이익을 추구하는 것을 정의된다. 거래비용을 증가시키는 거래에서 오해를 유발하고, 속이고, 혼란스럽게 하는 것이 그 예이다. 이러한 거래비용을 줄이기 위해, 제도적 틀은 거래의 규칙을 자세히 명시함으로써 (계약 불이행 등과 같은) 위반을 (공식적인 중재를 통하는 것과 같이) 상대적으로 쉽게 완화될 수 있도록 확실성을 증가시킨다.

**기회주의(opportunism)**
속임수로 찾는 자기의 이익.

안정적인 제도적 틀이 없으면 특정 거래가 발생하지 않을 정도로 거래비용이 엄청나게 높아질 수 있다. 영국-EU 국경에서의 브렉시트 이후의 혼란을 고려할 때, 영국 중소기업 수입업자가 이탈리아 중소기업으로부터 제시간에 선적을 받지 못한다면, 그것은 "정상적인" 브렉시트 이후 국경 지연 때문인가, 아니면 선적을 지연시키거나 심지어 돈을 지불받은 후에도 상품을 선적할 의도가 없는 이탈리아 중소기업의 고의적인 기회주의 때문인가? 이러한 지연을 추적할 수 있는 신뢰할 수 있는 제도적 틀이 없는 경우, 이 영국 중소기업은 한번 덴 경험을 한 후, 이탈리아 중소기업 공급업체 또는 이탈리아의 기업 또는 EU 27개국의 나머지 공급업체들과 향후 거래를 하지 않을 수도 있다. 반대로, 이탈리아 중소기업이 상품을 선적하지만 대금이 영국 중소기업에서 제때 지불되지 않는 경우, 그것은 브렉시트 이후의 금융 거래의 "정상적인" 지연 때문인가, 아니면 지불을 연기하거나 심지어 거부함으로써 이익을 취하려는 영국 중소기업의 의도적인 기회주의 때문인가?

## 어떻게 제도가 불확실성을 줄이는가?

전 세계적으로, 비공식적 또는 공식적인 두 가지 주요한 종류의 제도들은 불확실성을 감소시

**관계형 계약(relational contracting)**
비공식적인 관계에 기반한 계약.

**비공식적, 관계기반, 개인화된 교환(informal, relationship-based, personalized exchange)**
거래 당사자 간의 비공식적인 관계에 기반한 경제적 교환방법. 관계형 계약.

킨다. 종종 **관계형 계약(relational contracting)**이라고 불리는, 첫 번째 종류의 경제적인 거래는 **비공식적이고, 관계에 기반을 두는, 개인화된 교환(informal, relationship-based, personalized exchange)**으로 알려져 있다. 전 세계의 많은 지역에서, 당신이 친구로부터 돈을 빌릴 때 차용증을 쓸 필요가 없다. 당신이나 당신의 친구들에 의해 그런 차용증을 고집하는 것은 모욕적인 신뢰 부족으로 여겨질 수 있다. 당신이 친구들에게 돈을 갚겠다고 하면, 그들 또한 당신이 그럴 것이라고 믿는다. 따라서, 당신의 거래는 우정이 무엇인지에 근거한 비공식적 규범과 인지적 신념에 의해 지배된다. 당신이 기회주의적으로 돈을 가지고 도망간다면, 당신의 평판이 망가질 것이고, 당신은 이들 친구들을 잃을 뿐만 아니라, 그들의 입에서 나온 말들을 통해, 미래에 기꺼이 당신에게 돈을 빌려줄 의사가 있었을지도 모르는 다른 친구들 또한 잃게 될 것이다.

하지만, 우정의 이점 이외에, 친구들과 함께 보낸 시간과 그들에게 주었던 선물들과 같은 비용도 존재한다. 그림으로 표시하면(그림 4.1), 처음에는, T1 시점에서는 관계형 계약에 참여하는 비용은 높고(A 지점에서) 편익은 낮은데(B 지점에서), 왜냐하면 당사자들은 서로를 확인하기 위해 (함께 학교에 가거나 술을 먹고 식사를 하는 것과 같이) 시간과 자원을 소모하는 프로세스를 통해 강력한 소셜네트워크를 구축해야 하기 때문이다. 만약 관계가 시험의 시간을 견뎌내게 되면 이익이 비용보다 더 커질 수도 있다. 시간이 지남에 따라 비공식 거래의 규모와 범위가 확장되면 거래 당 비용은 낮아지고(A에서 C, E로) 편익은 상승하는데(B에서 C, D로), 그것은 기회주의의 위협은 기회주의자에게 비공식적인 제재가 부과될 수 있는 정도로 제한되기 때문이다. (변호사가 면밀히 검토하고 정부가 공증하는 차용증과 같이) 비용이 많이 드는 공식

**그림 4.1 비공식적, 관계기반, 개인화된 교환**

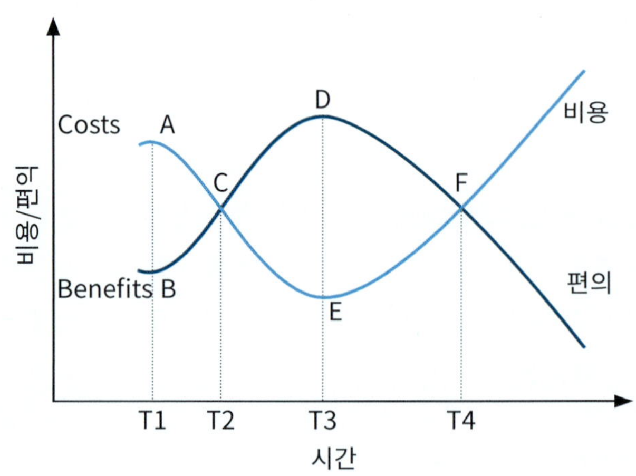


Source: M. W. Peng (2003), Institutional transitions and strategic choices (p. 279), Academy of Manage-ment Review 28 (2): 275–296.

적인 제삼자의 강제집행에 대한 요구는 거의 없다. 따라서 T2와 T3 사이에 당신과 당신의 친구들, 그리고 집단적으로 경제는, 관계형 계약의 혜택을 보게 될 가능성이 있다.

하지만, T3 시점을 지나면, 그러한 방식의 비용이 점차 편익을 초과할 수도 있는데, 왜냐하면 "교환의 다양성과 수가 많을수록, 만들어져야 하는 계약의 종류가 복잡해지고, 따라서 그렇게 하는 것이 점점 더 어려워질 것이기 때문"이라는 비공식적 이유에서이다. 특히, 개인이나 기업이 가질 수 있는 네트워크 연결의 숫자와 강도에는 한계가 있다. 다시 말해서, 각 사람(또는 기업)이 좋은 친구를 얼마나 많이 만들 수 있겠는가? 당신이 얼마나 많은 페이스북(Facebook) 친구를 가졌는지에 상관없이, 그 누구도 100명의 진짜 좋은 친구가 있다고 주장할 수 있는 사람은 아무도 없다. 비공식적인 집행 체제가 약할 때 신뢰는 쉽게 악용되고 남용될 수 있다. 만약 당신에게 돈을 빌린 (소위) 친구들이 당신에게 돈을 갚기를 거부하거나 그냥 사라져버린다면 당신은 어떻게 할 것인가? 결과적으로, 관계형 계약의 한계는 T3 시점에 도달할 가능성이 크다. T4를 지난 후에는 비용이 점차 편익을 초과할 가능성이 크다.

종종 **독립기업 간 거래(arm's-length transactions)**라고 불리는, 관계를 지배하는 두 번째 제도적 방식은 제삼자의 강제집행과 **공식적이고, 규칙에 기반을 두는, 비개인적인 교환(formal, rule-based, impersonal exchange)**이다. 경제가 확장됨에 따라 거래의 규모와 범위가 증가하고(기업 창업을 위해 당신은 더 많은 돈을 빌리고 싶어 하며, 당신과 같은 많은 기업가가 있다), 이는 공식적인 시장 지원 기관을 통한 제삼자의 강제집행 출현을 요구한다. 그림 4.2에서 볼 수 있듯이, 공식적인 제도들의 높은 비용 때문에, 거래 당 초기 비용은 높다. 신용조사기관, 법원, 변호사, 경찰, 감옥들은 비싸다. 작은 기업들은 일반적으로 그것들을 감당할 수도 없다(그리고, 필요로 하지 않는다). 하지만, 시간이 지남에 따라, 익숙하지 않은 사람들, 친구가 아니거나 이전에 거래를 해 본 적이 없는 사람들이 당신과 (그리고 다른 사람들과) 거래를 할 수 있을 만큼 충분히 자신감을 갖게 해줌으로써, 제삼자 강제집행은 시장의 확대를 촉진하게 될 가능성이 크다. 다시 말해서, 적절한 공식 제도의 틀에 따라 당신(또는 당신의 회사)은 이제 지역 은행, 다른 주에 있는 은행, 또는 심지어 외국 은행에서도 대출을 받을 수 있다. 따라서, 거래비용을 줄임으로써, 공식적인 시장을 지원하는 제도들은 (당신이나 당신의 동료 기업가들이 설립하는 새로운 창업기업들, 그리고 금융을 제공하는 모든 은행들과 같이) 새로운 기업들의 출현을 촉진한다. 결과적으로 기업은 성장하고, 경제는 확장될 수 있게 된다.

> **독립기업 간 거래(arm's-length transactions)**
> 거래 당사자 간에 일정한 거리를 두는 거래.

> **공식적, 규칙기반, 비개인적 교환(formal, rule-based, impersonal exchange)**
> 거래 당사자들이 일정거리를유지하여 거래되는 공식적 거래를 기반으로 하는 경제적 교환방법(독립 기업 간거래).

전반적으로, 거래비용을 줄여주는 제도와 기업 간의 상호 작용이 경제 활동을 형성한다. 그뿐 아니라, 제도는 정적이지 않다. **제도적 전환(institutional transition)**은 "참여자로서 조직에 영향을 미치는 공식적 및 비공식적인 게임의 규칙들에 의해 도입되는 근본적이고 포괄적인 변화"로 정의된다. 브렉시트는 영국, 유럽 및 세계 역사에서 가장 중요한 제도적 전환 중 일부를 명확하게 나타낸다(오프닝 케이스 참고). 영국의 중소기업이 이탈리아 중소기업에서 상품

> **제도적 전환(institutional transition)**
> 조직의 활동에 영향을 주는 공식, 비공식적인 게임의 규칙에 의해 도입되는 근본적이고 포괄적인 변화.

■ 그림 4.2 공식적, 규칙기반, 비개인적 교환

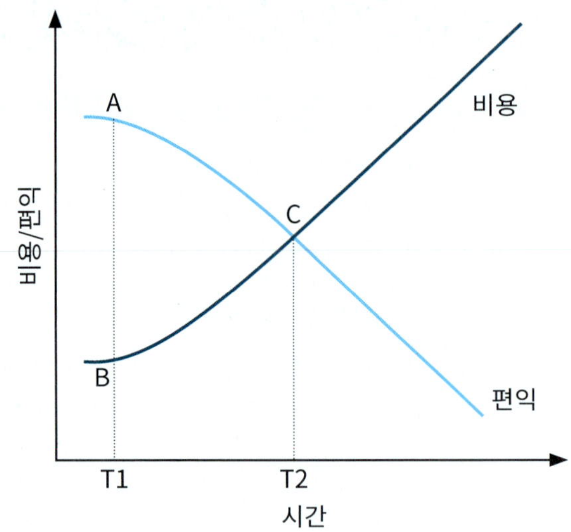


Source: M. W. Peng (2003), Institutional transitions and strategic choices (p. 280), Academy of Manage-ment Review 28 (2): 275–296.

을 수입하는 가상의 경우에서, 브렉시트 이전, 두 회사의 소유자 또는 관리자 사이의 좋은 개인적 관계는 있었다면 좋았겠지만, 그러한 EU 내 무역을 지배하는 원활한 EU 규제들 덕분에 꼭 필요하지는 않았을 것이다(그림 4.2 참고). 하지만, 브렉시트 이후 세계에서는 그러한 공식적인 제도가 붕괴되었고 영국과 이탈리아(그리고 광범위하게 말하면 EU 27개국) 간의 무역을 지배하는 새로운 규제가 구체화되지 않았다. 따라서 두 중소기업의 소유자 또는 관리자 간의 비공식적이고 개인적인 관계는 잠재적 기회주의를 퇴치하고 거래비용을 줄이는 데 도움이 될 것이다(그림 4.1 참고). 그렇지 않으면, 기회주의의 위험이 너무 강하고 거래비용이 너무 높을 수 있기 때문에, 그러한 관계가 없는 기업들은 서로 거래하는데 덜 관심을 가질 수 있다. 일부는 함께 사업하는 것을 그만둘 수도 있다. 전반적으로, 이러한 전환 과정에서 전략적 선택을 내려야만 하는 경영자들은 다음에 소개되는 제도적인 체계의 특성과 그것들의 전환을 고려해야 한다는 것이 분명하다.

## 사업 전략에 대한 제도 기반 관점

### 개요

역사적으로, 산업 기반 및 자원 기반 관점에 의해 예시된 바와 같이 전략 문헌의 대부분은 전략적 선택과 제도적 틀 사이의 구체적인 관계에 대해 논의하지 않는다. 확실히, "환경"의 영향이 주목되었다. 하지만, 많은 기존 연구 결과들은 시장 수요 및 기술적 변화와 같은 경제적 변수에

## 그림 4.3 포터의 다이아몬드 모델: 국가경쟁우위 결정 요소들

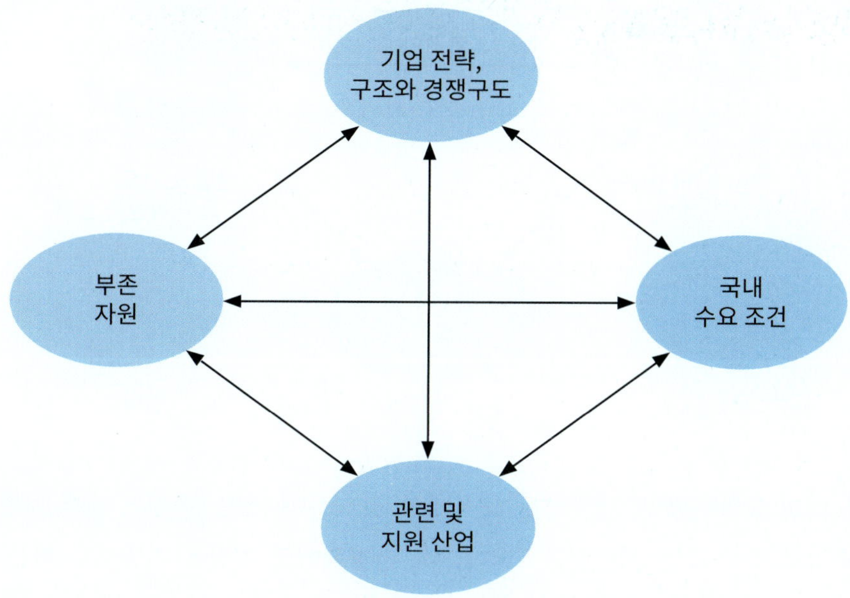


Source: M. Porter, 1990, The competitive advantage of nations (p. 77), Harvard Business Review March–April. © 1990 by Harvard Business School Publishing; all rights reserved..

초점을 맞추는 "업무 환경"의 관점을 가지고 있다.

대표적인 사례가 국가별로 서로 다른 산업에서의 경쟁 우위가 네 가지 요인에 달려 있다고 주장하는 마이클 포터(Michale Porter)의 "다이아몬드" 모델이다(그림 4.3). 첫째, 한 국가 내에서의 **기업 전략, 구조 및 경쟁(firm strategy, structure, and rivalry)**은 2장에서 다룬 산업 기반 관점과 본질적으로 같다. 둘째, **부존자원(factor endowments)**은 자연적 및 인적 자원 목록을 의미한다. 셋째, **관련 및 지원 산업(related and supporting industries)**은 핵심 산업이 뛰어날 수 있는 토대를 제공한다. 스위스의 의약품 분야에서의 세계적인 우수성은 염료 산업과 밀접한 관련이 있다. 마지막으로, 냉정한 **국내 수요(domestic demand)**는 기업들이 그러한 수요를 충족시키기 위해 새로운 고도를 확장하도록 추진시킨다. 왜 전자제품, 신발, 장난감, 백색 가전과 같은 많은 산업에서 중국산 제품들이 세계적으로 그렇게 경쟁력이 있을까? 한 가지 대답은 치열한 국내 경쟁 때문이다. 까다로운 국내 대중을 잡기 위해 국내에서 그들의 저비용 기술을 연마했기 때문에, 중국에서 성공하는 기업들은 그렇게 경쟁이 치열하지 않은 시장에 진출하는 것은 상대적으로 쉽다는 것을 알게 될 것이다. 전반적으로, 이 네 가지 요인의 조합은 특정 산업의 글로벌 경쟁력 뒤에 무엇이 있는지 설명해 준다.

다이아몬드 모델은 흥미롭지만, 그것이 기업 경쟁의 이면에 있는 것과 같은, 역사와 제도를

**기업 전략, 구조, 경쟁(firm strategy, structure, and rivalry)**
산업구조와 기업전략의 상호작용이기업 간 경쟁에 어떻게 영향을미치는가.

**부존자원(factor endowments)**
한 국가의 토지, 물, 사람과 같은생산 부존요소.

**관련 및 지원 산업(related and supporting industries)**
핵심산업과 관련된 산업 및 지원하는 산업.

**국내 수요(domestic demand)**
국내 경제 내에서 제품 및 서비스에 대한 수요.

## 그림 4.4 제도, 기업, 그리고 전략적 선택

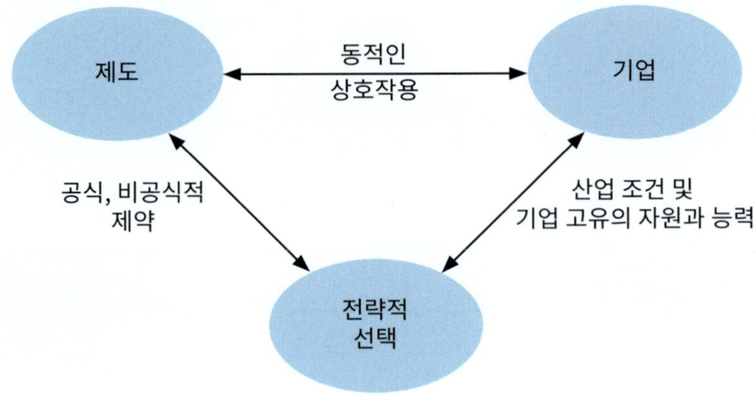


무시한다는 비판을 받아왔다. 전략가들 사이에서, 포터는 혼자가 아니다. 대부분의 연구가 시장경제에 초점을 맞추고 있다는 점을 고려할 때, 안정적이고 시장을 기반으로 하는 제도적 틀은 사실상 당연하게 여겨져 왔으며, 사실상 다른 전략 교과서에서는 이 책에서와같이 제도에 대해 전체 장을 할애한 적이 없다.

전략적 선택은 분명히 제도적 틀 내에서 선택되고 제약을 받기 때문에 그러한 누락은 안타까운 일이다(오프닝 케이스 참고). 오늘날, 이러한 통찰력은 많은 기업이 해외 경제, 특히 신흥경제국 내에서 사업을 수행함에 따라 더욱 중요해지고 있다. 선진국과 신흥국 간의 현저한 제도적 차이는 제도 기반 관점을 전략 논의의 최전선으로 끌어 올렸다. 신흥국에서의 제도적 틀의 특징은 효율적인 경제 거래를 촉진하는 시장을 지원하는 제도들을 결여하고 있는 제도적인 공백이다. 일반적으로, 제도적 공백으로 인해 발생하는 결함이 클수록, 그러한 국가들에서 또는 그 국가들과 함께 사업을 하는 것은 더욱 어렵다. 브릭스(BRICS)와 같은 국가들에, 특히 그들의 지배적인 제도적 공백에 대한 깊은 이해 없이 돌진하는 것은 그곳의 시장에서 성공할 가능성이 없다.

그림 4.4에서 볼 수 있듯이, 제도 기반 관점은 제도와 기업 간의 역동적인 상호 작용에 초점을 맞추고 있으며, 전략적 선택을 그러한 상호 작용으로부터 발생한 결과로 간주한다. 구체적으로, 전략적 선택은 전통적인 전략적 사고에 의해 강조되는 산업구조, 기업 고유의 자원 및 역량에 의해 주도될 뿐만이 아니라, 특정 제도적 틀의 공식적이고 비공식적인 제약을 반영한다(오프닝 케이스 참고)..

전반적으로 제도가 배경 조건이 아니라 그 이상이라는 인식은 점점 더 커지고 있다. 그 대신 "제도는 기업이 전략을 수립하고 실행하고 경쟁 우위를 창출해내기 위해 고군분투할 때 그 화살집에 어떤 화살을 가지고 있는지를 직접적으로 결정한다." 오늘날, "제도가 중요하다"라는

**표 4.2 제도 기반 관점의 두 가지 핵심 명제**

| | |
|---|---|
| 명제 1 | 관리자와 기업은 제도적 틀 내의 공식적이고 비공식적인 제약 안에서 합리적으로 자신의 이익을 추구한다. |
| 명제 2 | 형식적 제약이 불분명하거나 실패한 상황에서 공식적 비공식적 제도가 결합하여 기업의 행동을 지배하지만, 비공식적 제약은 불확실성을 줄이고 경영인과 기업에 일정성을 부여하는 데 큰 역할을 한다. |

생각은 더 이상 참신하거나 논란의 여지가 없다. 더 잘 이해될 필요가 있는 것은 그것들이 얼마나 중요한가이다.

## 두 가지 핵심 명제

제도 기반 관점은 제도가 얼마나 중요한가에 대해 두 가지 핵심 명제를 제시한다(표 4.2). 첫째, 경영자와 기업은 제도적 제약 속에서 합리적으로 전략적 선택을 한다. 예를 들어, 전 세계적으로 수백 개의 회사와 수천 명의 개인들이 위조에 연루되어 있다. 전 세계 무역의 거의 10%가 위조품이라고 보고된다. 이것은 노예제도가 아니며 관련된 모든 사람들이 자발적으로 이 사업에 참여했다는 것을 기억하라. 하지만, 졸업 후 바람직한 직업으로 추구하고자 하는 것을 나타내는 직업 관심 양식을 작성할 때, 위조에 가담하는 것에 대해 관심을 표시하는 고등학교 졸업자는 전 세계에 아무도 없다. 그래서 어떻게 되었는가? 왜 이렇게 많은 사람들과 기업들이 위조와 관련되어 있는가? 핵심은 그러한 전략적 선택을 하는 경영자들과 기업가들이 비도덕적인 괴물이 아니라 단지 평범한 사람들이라는 것을 깨닫는 것이다. 그들은 취약한 **지적 재산권(intellectual property rights, IPR)**의 보호, 그리고 적당하게 유능한 제조 및 유통 기술에 대한 이용 가능성을 갖춘 주어진 제도적 환경 속에서, (적어도 그들의 입장에서는) 가장 합리적인 결정을 내린 것이다. 물론, 위조 전략이 합리적일 수 있다고 주장하는 것은 그것이 비윤리적이고 불법이라는 사실을 부인하는 것은 아니다. 하지만, 위조의 제도적인 근거에 대해 이해하지 못한다면, 효과적인 대책을 마련하기는 어렵다.

**지적 재산권(intellectual property rights, IPR)**
지적 재산의 소유권과 관련된 권리.

분명히, 모든 상황에서 모든 지식을 가지고 완벽한 합리성을 가진 사람은 아무도 없다. 첫 번째 명제는 구체적으로 **제한된 합리성(bounded rationality)**을 구체적으로 다루는데, 이는 완전한 정보가 없는 상황에서 합리적인 결정을 내릴 필요성을 의미한다. 사전 경험이 없으면, 해외에서 활동하며 발을 담그고 있는 신흥 다국적 기업들의 경영자들과 위조 행위에 관여하고 있는 개인들은 그들이 정확히 무엇에 빠져들고 있는지 정확하게 알지 못한다. 그래서 신흥 다국적 기업들은 종종 해외에서 큰 현금 손실을 보고, 위조범들은 때때로 감옥에 가기도 하는데, 이는 그들의 제한된 합리성의 사례들이다.

**제한된 합리성(bounded rationality)**
제한된 정보, 능력, 상황 하에서최적의 합리적 대안을 선택하게 됨.

## 실행 전략 4.1 Ethical Dilemma

### 미국의 관시 산업

지금은 영어 어휘가 된 관시는 중국어로 비공식적인 관계와 연결을 의미했다. 그러나 관시는 중국에 국한되지 않다. 미국에서 관시 산업은 워싱턴 D.C에서 번창했다. K.Street로도 알려진 로비산업은 약 11,000명의 등록된 로비스트와 수많은 미등록 "전략고문"을 직접 고용했다. 그들 모두가 관시를 유포했다.

새로운 대통령의 등장은 로비스트들에게는 골드러시와 같다. 기업, 이익 단체, 해외 정부들이 알려지지 않은 정권에 접근하기 위해 분주하게 움직이기 때문이다. 2016년 12월, 도널드 트럼프가 당선된 지 한 달도 안지나서, 그러나 2017년 1월 대통령으로 취임하기 한 달 전에, 트럼프의 이전 선거운동 관리자 두 명이 백악관이 보이는 건물에 애비뉴 전략이라는 회사를 설립했다. 두 명의 공동 설립자에 따르면, 이 회사의 영업 활동은, 쉴 새 없이 울리는 "전화를 받는 것"으로 이루어졌다.

트럼프 후보는 유명하게도 워싱턴의 "오물"을 청소하겠다고 약속했다. 그러나 트럼프 대통령은 그 약속을 지키지 못했다. 2018년에 기업들은 자칭 "CEO"가 집권하기 전보다 9% 더 많은 34억 달러 이상을 그들의 이익을 증진하기 위해 지출했다. 아마존은 아마존을 돕는 13개 외부 로비 업체들의 무리에 더하여, 강력한 사내 로비스트를 2015년 11명에서 2018년도에는 28명으로 늘렸다. 블룸버그 비즈니스위크 지가 추적한 9개의 기술회사 중, 2018년도에 1,400만 달러를 지출한 아마존은 2,100만 달러를 뿌린 구글(알파벳)에만 뒤졌다. 9개 기술회사(나머지 7개 Facebook, Microsoft, Oracle, Apple, Uber, Twitter, Airbnb)가 지출한 7,700만 달러는 제약 및 의료 회사가 지출한 2억 8,000만 달러에 비하면 왜소하다.

비시장 전략게임의 규칙은 비공식적이고 투명하지 않으며 이해하기 어렵기 때문에 트럼프 행정부에서 성공적으로 로비를 하는 것은 결코 대단한 일이 아니다. 트럼프 행정부는 기업 친화적이었지만, 트럼프가 백악관에 들어간 지 2년이 지난 후에도 채워지지 않은 기록적인 숫자의 중역 직을 볼 때 또한 비효율적이었다.

이코노미스트에 따르면 너무 많은 관리가 해고되고 교체되면서 트럼프 백악관의 음모가 "크렘린 학자를 당황하게 할 것"이라고 했다. Avenue Strategists 같이 많은 부티크 로비상점이 생겨났다. 그들은 줄은 댈 수 있다고 주장할 수 있을 뿐, 성공을 담보할 수는 없었다. 중요한 점은 가장 아낌없이 로비에 지출하는 기업과 산업들이 반드시 정부의 호의와 더 나은 경제적 성과를 얻은 것은 아니라는 것이다. 로비스트가 마련한 회의 덕분에 CEO들은 백악관에서 직접 대통령 및 관리들과 악수를 하기도 했다. 트럼프 행정부는 방문자 로그를 공개하지 않은 반면에 오바마 행정부는 2009년도에서 2015년도 사이 방문자 로그를 공개했다. 이러한 기록은 백악관에서 CEO 회의가 직접적인 도움이 되었음을 보여준다.

특히 경영진이 그러한 회의를 즐겼던 기업의 주가는 회의 후 두 달 만에 업계 경쟁기업의 주가를 거의 1% 초과했다. 이와 같이 정치적으로 연결된 기업은 더 유리한 정부 계약을 수주하여 회의 후 12개월 동안 평균 3,400만 달러의 추가 수익을 얻었다. 분명히 관시는 미국에서 통한다.

Sources: (1) Bloomberg Businessweek, 2017, How to lobby but not be a lobbyist, February 13: 25–27; (2) Bloomberg Businessweek, 2017, Trump's K Street office, January 23: 22–24; (3) Bloomberg Busi-nessweek, 2019, Amazon flexes its Washington muscles, March 11: 32–235; (4) J. Brown & J. Huang, 2017, All the president's friends, NBER Working Paper 23356; (5) Economist, 2017, Doorway to profit, May 20: 56; (6) Economist, 2019, Lobbying in Trumpland, April 13: 63–64; (7) J. Kim, 2019, Is your playing field unleveled? Strategic Management Journal 40: 1911–1937.

두 번째 명제는 공식적 및 비공식적 제도들이 합쳐져서 기업의 행동을 지배하는 반면, 공식적 제도가 실패하는 상황에서는 비공식적 제도들과 불확실성을 줄이고 관리자와 기업에게 일관성을 제공하는 데 더 큰 역할을 할 것이라는 것이다. 많은 관찰자들은 비공식적인 연결에 의존하는 것은 신흥 경제국의 기업에만 국한된 것이며, 선진국의 기업은 "시장에 기반을 둔" 전략만을 추구한다는 인상을 가지고 있다. 이것은 사실과는 거리가 멀다. 선진국에서도 공식적 규칙은 제도적 제약의 작은(그러나 중요한) 부분을 구성하며, 비공식적 제약이 만연해 있다. 기업들이 제품 시장에서 경쟁하는 것처럼, 그들은 비공식적인 유대관계가 특징인 정치 시장에서 역시 치열하게 경쟁한다. 정치적, 사회적 관계를 활용하는 것을 중심으로 하는 이러한 전략을, **비시장적(정치적) 전략(nonmarket (political) strategy)**이라고 한다.

**비시장적(정치적) 전략(nonmarket (political) strategy)**
정치적, 사회적 관계를 활용하는 데 중점을 둔 전략.

가장 잘 연결된 기업들은 막대한 이익을 얻을 수 있다. 미국 방위 산업체가 로비활동으로 지출하는 1달러당 엉클 샘(Uncle Sam) 표지로 평균 28달러의 수익을 올리고, 20개 이상의 기업이 100달러 이상의 수익을 움켜쥔다. 이러한 부러운 투자에 대한 수익은 자본 지출(1달러를 지출하면 17달러의 수익을 내는), 직접 마케팅(1달러를 지출하면 겨우 5달러의 수익이 발생하는)에 비해 유리하다. 개념적으로, 로비스트들이 정책 입안자들과 함께 하는 일은 "제도를 만들고, 유지하며, 파괴하는 것을 목적으로 하는 목적적인 행동"으로 정의되는 **제도적 작업(institutional work)**으로 볼 수 있다. 전반적으로, 만일 한 기업이 비용, 차별화, 또는 집중화의 리더가 될 수 없다면, 그 기업은 다른 경기장에서, 즉 비공식적인 관계를 특징으로 하는 비시장적인 정치 환경에서 여전히 경쟁을 이길 수 있다(실행 전략 4.1 참고).

**제도적 작업(institutional work)**
제도를 만들고, 유지하고, 중단시키는 것을 목표로 하는 목적이 있는 행동.

## 제도적 논리 및 하이브리드 조직

**제도적 논리(Institutional logic)**는 행동을 형성하는 사회적으로 구성된 일련의 관행, 가정 및 가치를 말한다. 예를 들어, 어떤 제도적 논리들은 EU 회원국의 기업들이 사람, 상품, 서비스 및 자본의 네 가지 이동 자유를 누리는 것과 같이, EU 내에서 어떻게 사업을 수행하는가를 지배한다. 다른 제도적 논리들은 EU 회원국의 기업이 비EU 회원국의 기업과 비즈니스를 수행하는 방식을 지배한다(오프닝 케이스 참고). 또 다른 예로, 사회주의는 기업의 국가 소유로 특징지어지는 일련의 제도적 논리에 의해 뒷받침된다. 자본주의는 기업의 사적 소유를 중심으로 한 일련의 제도적 논리에 의해 뒷받침된다. 자본주의 내부에는 많은 그늘이 있으며, 더 자유방임적인 영미 방식과 덜 자유방임적인 유럽 방식과 같은 다양한 자본주의로 이어진다.

**제도적 논리(Institutional logic)**
행동을 형성하는 사회적으로 구성된 일련의 관행, 가정 및 가치.

한 국가 내에서, 민간 및 국영기업 모두에 의해 입증되는 여러 제도적 논리가 공존할 수 있다. 한 조직 내에 여러 제도적 논리가 존재할 수도 있다. 예를 들어, 엔지니어링 부서는 종종 비용을 거의 고려하지 않고 기술적 우수성을 추구하는 제도적 논리의 영향을 받는다. 재무 부서는 일반적으로 비용을 최소화하고 주주 이익을 극대화하는 데 관심이 있다. 이러한 **제도적 다원주의(institutional pluralism)**, 즉 복수의 제도적 논리들의 존재는 타협을 필요로 한다.

**제도적 다원주의(institutional pluralism)**
복수의 제도적 논리의 존재

때때로, 타협으로 인해 "다른 제도적 논리의 요소들을 통합하는" 조직으로 정의되는 **하이브리드 조직(hybrid organizations)**이 발생할 수 있다. 많은 현대의 **국영기업(state-owned enterprises, SOE)**들은 "국가에 의한 소유와 통제 수준이 달라질 수 있는" 하이브리드 조직이다. 100% 국가에 의해 소유되고 통제되었던 20세기의 대부분의 선대의 기업들과 달리, 21세

**하이브리드 조직(hybrid organizations)**
서로 다른 제도 논리의 요소를 통합하는 조직

**국영기업(state-owned enterprise, SOE)**
국가가 소유하고 통제하는 기업

기의 많은 국영기업들은 공개적으로 상장되어 있으며, 따라서 상당한 (지분을 매입한 민간 주주로 대표되는) 개인 소유권을 보유하고 있다. 잘 관리될 때, 이러한 하이브리드 조직은 다양한 제도 논리의 정당성을 향상하는 요소들을 수확하고 번창할 수 있다. 2017년 (중국의 하이브리드 SOE인) 켐차이나(Chem China)는 (미국의 개인 소유 기업인) 몬산토(Monanto)를 제치고 430억 달러 규모의 스위스 신겐타(Syngenta)를 인수했다. 켐차이나가 성공한 이유 중 하나는 "하이브리드" 카드를 잘 사용했기 때문이다. 국유화는 중국의 방대한 종자와 농약 시장이 신겐타에게 개방되도록 보장했다. "하이브리드"라는 것은 켐차이나가 당장에 수익을 극대화하는데 열심이지 않고, 자율성을 보장하고 존중할 수 있을 만큼 유연하다는 것을 의미했다. 이는 가능한 한 빨리 주주 가치를 극대화해야 한다는 제도적 논리에 의해 이끌리고 있는 몬산토가 인정할 수 없는 것이었다. 그러므로, 몬산토는 선택을 받지 못했고, 켐차이나가 이겼다. 전반적으로, 하이브리드 조직은 종종 여러 개의 그리고 때로는 경쟁하는 제도적 논리들을 수용할 수 있다.

## 문화의 전략적 역할

### 문화의 정의

비록 수백 가지의 문화에 대한 정의가 등장했음에도 불구하고, 우리는 세계 최고의 다문화 전문가인 네덜란드 교수인 게르트 호프스테드(Geert Hofstede)의 정의를 사용할 것이다. 그는 **문화(culture)**를 "한 그룹 또는 범주의 구성원들을 다른 그룹이나 범주의 구성원들로부터 구별하는 마음의 집단적 프로그래밍"이라고 정의한다. 대부분의 국제 비즈니스 교과서와 무역 서적에서 (일본에서 명함을 건네주는 방법이나 러시아에서 보드카를 마시는 방법 등 수많은 세부사항들을 제시하며) 문화에 대해 설명하고 있지만, 대부분의 전략 서적들은 문화가 "너무 부드럽다"라고 생각하기 때문에 문화를 무시하고 있다. 이러한 믿음은 오늘날의 글로벌한 경제에서는 편협한 것이다. 여기에서 우리는 문화의 전략적 역할에 대해 초점을 맞출 것이다.

**문화(culture)**
한 그룹 또는 범주의 구성원들을 다른 그룹이나 범주의 구성원들로부터 구별하는 마음의 집단적 프로그래밍.

더 나가기에 앞서서, 혼란을 최소화하기 위해 두 가지 사항을 제시하는 것이 중요하다. 첫째, 비록 주로 미국이나 브라질 문화에 관해 이야기하는 것이 보통이지만, 문화와 민족 국가 사이에는 엄격한 일대일 대응이 되는 것은 아니다. 호주, 벨기에, 브라질, 캐나다, 중국, 인도, 인도네시아, 러시아, 남아프리카공화국, 스위스, 미국과 같은 다민족 국가 내에 많은 민족 문화의 하위문화가 존재한다. 둘째, 문화에는 지역, 민족, 종교와 같은 많은 층이 있다. 한 기업 내에서도 (토요타 문화와 같은) 특정 조직 문화를 찾아볼 수 있다. 이러한 두 가지 요점의 타당성을 인정하고 나서, 우리는 문화라는 단어를 사용할 때, 민족 문화를 참고함으로써 호프스테드를 따를 것이다. 이것은 편의상의 문제이지만, 그것은 또한 다른 제도적 틀을 강요하는 약 200여 국가들로 구성된 세계의 제도적 현실을 반영한 것이기도 하다.

**그림 4.5 Hofstede의 문화차원의 예시**

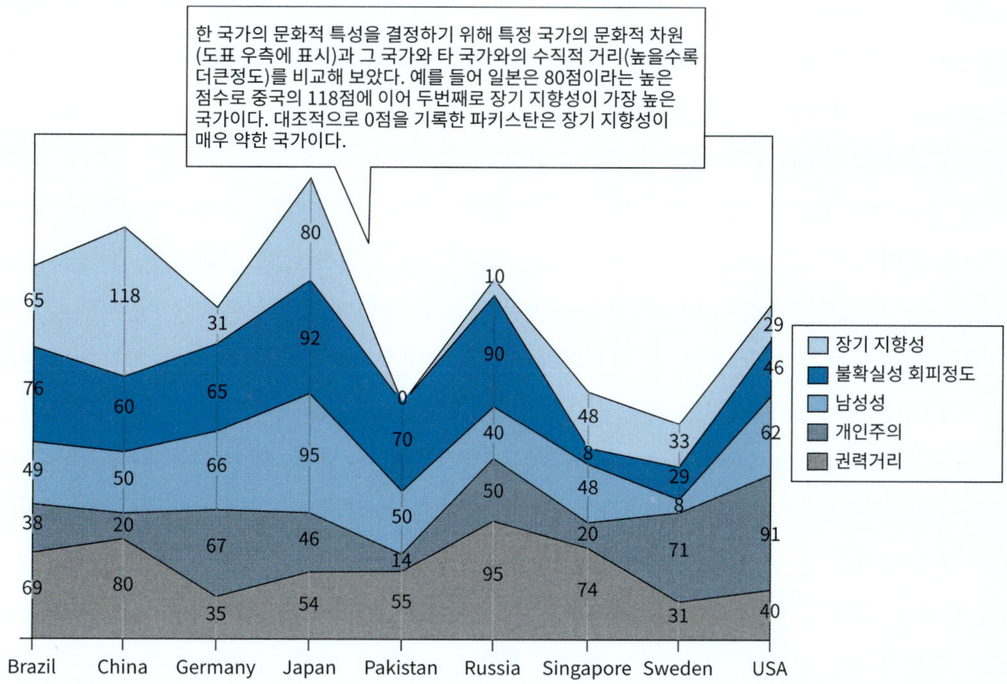


## 문화의 다섯 개의 차원

문화에 대한 차원을 식별하기 위한 많은 방법들이 있지만, 호프스테드의 이론이 단연코 가장 영향력이 있다. 그는 다섯 가지 차원을 제안했다(그림 4.3). **권력 거리(power distance)**는 한 국가 내에서 권력이 적은 구성원들이 권력이 불평등하게 분배되는 것에 굴복하고 받아들이는 정도이다. 브라질과 같이 높은 권력 거리를 가진 국가에서는 가장 부유한 10%가 국민 소득의 50%를 가져가고 있으며 이에 대해 많은 사람들이 자연스럽게 "있는 그대로" 받아들인다. 스웨덴과 같은 낮은 권력 거리를 가진 국가에서는 가장 부유한 10%가 국민 소득의 약 22% 정도만을 가져간다. 미국에서는 부하직원들이 종종 낮은 권력 거리를 반영하여 그들의 상사를 이름으로 부른다. 당신이 메리(Mary)나 조(Joe)라고 부르는 이 상사가 여전히 당신을 해고할 수 있는 힘을 가지고 있지만, 그 거리는 당신이 이 사람을 Mrs. Y나 Dr. Z라고 불러야 할 때 보다는 더 짧아 보인다.

**권력거리(power distance)** 사회적 부와 권력 등의 불평등 정도.

**개인주의(individualism)** 개인의 정체성이 근본적으로개인적인 속성(그룹의 속성보다는)에 기반한다고 보는관점.

**집단주의(collectivism)** 개인의 정체성이 근본적으로 자신이속한 집단(가족, 마을, 기업과 같은)의 정체성에 기반한다고 보는 관점.

**개인주의(individualism)**는 개인의 정체성이 근본적으로 자신의 것이라고 보는 관점을 의미하는 반면, **집단주의(collectivism)**는 개인의 정체성이 주로 (가족, 동네, 회사 등과 같은) 자신의 집단의 정체성에 기초한다는 관점을 말한다. 개인주의 사회에서는 개인 간의 유대는 일반적으로 느슨하고 개인의 성취와 자유는 매우 높게 평가된다. 대조적으로, 집단주의적 사회에서는 개인 간의 유대는 종종 밀접하고 집단적인 성취가 추구된다. 이러한 차이는 부분적으로 경제 침체에 직면할 때 미국에서는 대량 해고가 널리 사용되는 반면 일본에서는 전반적인 임금 삭감이 자주 이루어지는 이유를 설명한다.

**남성성(masculinity)**
성 역할에 대한 구분이 상대적으로 강한 성향을 보이며, 남성은 보상적직업을 갖는 반면 여성은 돌보는 직업을 갖는 성향이 짙음.

**여성성(femininity)**
남성성이 강한 문화권에 비해, 성 역할에 대한 구분이 상대적으로 약하며, 보상적 직업을 갖는 여성과 돌보는 직업을 갖는 남성도 많이 분포됨.

**불확실성 회피정도 (uncertainty avoidance**
모호한 상황을 수용하고 불확실성을 용인하는 정도.

**장기지향성(long-term orientation)**
미래 삶의 개선을 위한 인내와 저축을 강조하는 성향.

**남성성(masculinity)**과 **여성성(femininity)**의 차원은 성 역할의 분화를 의미한다. 모든 전통적인 사회에서 남성은 임원, 정치인, 군인과 같이 자기주장에 대해 보상하는 직업을 갖는 경향이 있다. 반면에 여성은 보통 가정주부가 되는 것 이외에도 교사, 간호사와 같은 누군가를 돌보는 직군에서 주로 일한다. (일본이 주도하는) 높은 남성성 사회에서는 성별 노선에 따른 날카로운 역할 분화를 계속 유지하고 있다. (스웨덴이 주도하는) 낮은 남성적 사회에서는 여성은 점점 더 임원, 정치인, 군인이 되며 남성은 간호사, 교사, 가정주부의 역할을 맡게 되는 경우가 많다.

**불확실성 회피(uncertainty avoidance)**는 문화에서 구성원 개개인이 애매한 상황을 받아들이고 불확실성을 용인하는 정도를 의미한다. (그리스를 주축으로 하는) 불확실성 회피정도가 높은 문화에서는 많은 구성원들이 고용 안정과 퇴직 처우에 높은 가치를 둔다. 그들은 또한, 정의에 따르면, 불확실한 변화에 저항하려는 경향이 있다. (싱가포르를 주축으로 하는) 불확실성 회피 정도가 낮은 문화에서는 위험을 감수하려는 의지가 높고 변화에 대한 저항이 적다는 특징을 나타낸다.

**장기지향성(long-term orientation)**은 미래의 가치를 위해 인내와 저축을 강조한다. 세계에서 가장 긴 5천 년의 역사와 가장 높은 저축률을 가진 중국이 그 무리를 이끌고 있다. 반면, (파키스탄에 의해 주도되는) 단기 지향성을 띠는 국가에서는 많은 구성원들이 빠른 결과와 즉각적인 만족을 더 선호한다.

전반적으로, 호프스테드의 차원들은 흥미롭고 유익하다. 그들은 또한 후속 연구에 의해서도 크게 지지를 받고 있다. 호프스테드의 차원들이 완벽하지는 않으며 일부 비판을 받고 있음을 기억하자. 하지만, 이러한 차원들이 우리가 글로벌 전략에서 문화의 역할을 알아내려고 노력하는 출발점을 나타낸다고 제안하는 것은 타당하다.

## 문화와 전략적 선택

많은 전략적 선택들은 호프스테드의 문화적 차원과 일치한다. 예를 들어, 비록 낮은 권력 거리의 서구 국가에서 널리 시행되고 있음에도 불구하고, 부하들에게 피드백과 참여를 요청하는 것은 권한 부여로 알려져 있는데, 이집트, 러시아, 터키와 같은 높은 권력 거리의 국가들에서는 약한 리더십과 낮은 성실성의 표시로 여겨진다.

개인주의와 집단주의 또한 전략적 선택에 영향을 미친다. 기업가들은 더 많은 위험을 감수해야 하기 때문에 개인주의적 사회는 상대적으로 더 높은 수준의 기업가정신을 육성하는 경향이 있는 반면에 집단주의는 상대적으로 더 낮은 수준의 기업가정신을 초래할 수 있다. 일본에서는 단지 21%의 성인만이 기업가정신을 좋은 직업 선택으로 보고 있는데, 이는 세계에서 가장 낮은 것이다. 이것은 미국의 62%와 비교된다.

남성성이 높은 사회에서, 전형적인 경영자는 "저돌적이고, 단호하며, '공격적'(이 단어는 남성성의 사회에서만 긍정적인 의미를 지닌다)"이다. 이에 비해 높은 여성성의 사회에서는 정형화된 경영자는 "눈에 잘 띄지 않고, 단호하기보다는 직관적이며, 합의를 구하는 데 익숙하다."

불확실성에 대한 회피 또(영국과 같은) 불확실성 회피정도가 낮은 국가의 경험자는 경험과 훈련에 더 많이 의존하는 반면, (중국과 같은) 불확실성 회피정도가 높은 국가의 경영자는 규칙과 절차에 더 많이 의존한다.

게다가, 장기적 지향성을 가진 문화는 장기적인 안목을 가진 기업들을 양성할 가능성이 높다. 일본과 한국의 기업들은 단기적인 이익을 포기하고 장기적으로 재정적 이익으로 이어질 수 있는 시장 점유율에 더 집중하는 것으로 알려져 있다. 이에 비해, 서구의 기업들은 상대적으로 (분기 등과 같이) 단기적인 이익에 초점을 맞추고 있다.

전반적으로 문화의 전략적 중요성을 강조하는 중요한 증거가 있다. 문화적 차이에 대한 민감성은 성공을 보장해 줄 수는 없지만, 실수를 방지하는 데 도움이 될 수 있다(표 4.3 참고). 또한, 문화들 간에 "다른 것"은 흥미로울 수 있지만, 기업이 속해있는 제도적 틀에 따라 비윤리적이거나 불법적일 수도 있다. 따라서 현재와 미래의 전략가들은 다음에 소개된 바와 같이 윤리의 중요성을 인식하는 것이 필수적이다.

### 표 4.3 교차 문화적인 실수 사례들

- 유럽의 주요 가전 업체인 Electrolux는 그 강력한 진공 청소기제품을 미국에서 광고할 때, "Electrolux처럼 잘 빨아들이는 것은(구린 것은) 없다!"라는 슬로건을 사용했다.
- 뉴욕에 있는 일본 자회사의 CEO는 모든 미국 직원으로 구성된 직원 회의에서 회사의 중대한 재정적 손실을 모든 직원들에게 알리고 모든 사람들이 좀 더 노력해주길 바란다고 말했다. 그러나 직원들은 즉시 다른 회사로 이직함으로써 그의 호소에 응답했다.
- 말레이시아에서, 한 미국인 국외 거주자가 "Roger"라는 중요한 잠재 고객을 소개받았다. 그는 이 사람을 "Rog"라고 부르기 시작했다. 불행하게도, 이 사람은 "라자"였는데, 이는 높은 권력을 가진 말레이시아에서 귀족의 중요한 칭호였다. 화가 난 Rajah는 거래에서 손을 뗐다.
- 영국인 주재원은 미국 자회사에 도착한 직후, (차별 철폐 프로그램의 리더를 포함해) 흑인 중간 관리자들을 해고함으로써 직원들을 분노케 했다.

Sources: Based on text in (1) P. Dowling & D. Welch, 2005, International Human Resource Management, 4th ed., Cincinnati: South-Western Cengage Learning; (2) M. Gannon, 2008, Paradoxes of Culture and Globalization, Thousand Oaks, CA: Sage; (3) D. Ricks, 1999, Blunders in International Business, 3rd ed., Oxford, UK: Blackwell.

# 윤리의 전략적 역할

## 윤리의 정의와 영향

**윤리(ethics)**
개인과 기업의 행동을 통제하는 규범, 원칙, 행동 기준.

**행동강령(윤리강령)(code of conduct, code of ethics)**
기업의 행동 및 윤리에 대한 정책과 기준을 문서화한 지침.

**윤리(ethics)**는 개인 및 기업의 행동을 규율하는 규범, 원칙 및 행동의 기준들을 의미한다. 윤리는 비공식 제도의 중요한 부분일 뿐만 아니라 공식적인 법률 및 규정에도 깊이 반영되어있다. 수많은 기업들이 윤리적 결정을 내리기 위한 일련의 지침인 **행동 강령(code of conduct, 윤리 강령 code of ethics)**을 도입했다. 무엇이 기업들을 보다 윤리적으로 만드는지에 대한 논쟁이 존재한다.

- 부정적인 견해는 일부 기업들이 반드시 더 윤리적으로 되지 않고 더 합법적으로 보이기 위해 사회적 압력 하에서 윤리적 "밴드왜건"에 단순히 편승할 수 있다는 것을 시사한다.
- 긍정적인 견해는 (비록 전부는 아니더라도) 일부 기업들은 사회적 압력과 관계없이 "올바른 일을 하기 위해" 자발적일 수 있다는 것을 주장을 견지한다.
- 도구적인 견해는 좋은 윤리가 이익을 내는 데 유용한 수단이 될 수 있다고 믿는다.

아마도 윤리의 전략적 가치를 평가하는 가장 좋은 방법은 위기 이후에 어떤 일이 일어나는지 살펴보는 것일 것이다. "호의의 원천"으로서, 윤리적 명성의 가치는 위기 동안에 확대될 수 있다. 2008년 인도 뭄바이의 타지마할 팰리스 호텔(Taj Mahal Palace Hotel)에 대한 테러 공

**그림 4.6 청렴은 프리미엄을 요구할 수 있다**

"제니, 우리의 청렴성 때문에 우리가 고객들에게 추가 요금을 부과할 수 있을까?"

Source: Harvard Business Review, June 2006 (p. 94).

격으로 (직원 11명을 포함하여) 31명의 사망자가 발생한 후에, 호텔은 칭찬만을 받았다. 왜일까? 생존한 고객들은 테러리스트의 공격에 직면해서 1,200명 이상의 고객들을 보호하고자 하는 종업원들의 의무에 대한 헌신과 열정에 압도되었다. 역설적으로, 재난은 그들의 성실성과 고객 서비스로 유명한 타지와 같은 더 많은 윤리적인 기업들이 빛을 발하도록 해줄 수도 있다. 결론은 윤리가 돈이 되는 것처럼 보인다(그림 4.6 참고).

## 해외 윤리 경영

한 국가에서의 윤리적인 것이 그 외 다른 곳에서는 비윤리적일 수가 있기 때문에, 해외에서 윤리를 관리하는 것은 어려운 일이다(실행 전략 4.2 참고). 윤리적 딜레마에 직면하여 관리자들은

## 실행 전략 4.2 Ethical Dilemma

### 일본의 온천과 문신

온센은 일본어로 온천을 의미한다. 또한 온천 주변에 위치한 목욕탕이나 전통 여관을 의미하기도 한다. 화산 활동이 활발한 일본은 빈번한 지진으로 저주를 받고 전국에 흩어져 있는 수천 개의 온천으로 축복을 받았다. 온천욕은 일본 문화의 일부로 수많은 외국인 관광객을 끌어들였다. 그러나 여기에 함정이 있다. 몸에 문신이 있으면 환영받지 못했다. 일본에서 문신은 범죄자, 특히 악명 높은 야쿠자(마피아)의 문신과 동의어임이 밝혀졌다. 결과적으로 온천 운영자는 일반적으로 입구에 문신이 있는 사람들에게 경고 메시지를 게시했다. 들어오지 마십시오. 문신을 한 갱단원의 모습은 단골손님들을 겁주기에 충분하다. 그러한 관행은 일본에 깊이 뿌리내린 문화 및 윤리적 규범의 일부가 되었다.

그러나 온천은 더 이상 일본 고객만을 위한 것이 아니다. 사회적으로 볼 때, 일본은 점점 더 고령화되고 점점 더 부유해 지고 있다. 고령화되고 있다는 것은 고객이 될 수 있는 젊은 사람들의 수가 적다는 것을 의미한다. 부유해진다는 것은 더 많은 집에 목욕 시설이 갖춰져 있어, 대중 온천에 자주 갈 인센티브가 줄어든다는 것을 의미한다. 그 결과 온천 산업은 장기간 쇠퇴를 겪고 있다. 이러한 감소에 대처하기 위해 점점 더 외국 고객에 의존하고 있다. 2017년 일본을 찾은 외국인 관광객은 2,900만 명으로 2013년의 3배에 달했다. 그중 3분의 1 이상이 온천을 즐겼다. 정부는 도쿄가 올림픽을 개최하는 2020~2021년까지 총 외국인 관광객 수가 4천만 명에 도달하기를 희망했다.

많은 서양 문화에서 문신과 관련된 낙인이 없기 때문에 전설적인 온천을 경험하고자 하는 많은 외국인 방문객들은 문신 때문에 거절당했을 때 큰 충격을 받는다. 2013년에는 토착 문화를 기념하는 컨퍼런스에 참가한 뉴질랜드 마오리 여성이 전통적인 얼굴 문신 때문에 아이러니하게도 목욕탕 출입이 금지되어 소셜 미디어에서 난리가 났다. 정부가 운영하는 일본 관광청은 온천 운영자에게 문신한 외국인을 "고려해 줄 것을" 촉구했다. 일부 운영자는 그러한 외국인에게 일본 고객의 눈에 불쾌감을 주는 것으로 간주되는 문신을 가리기 위해 스티커 또는 패치를 제공했다. 다른 운영자들은 "문신 친화적"으로 자신을 재포지셔닝하기 위해 나섰다.

그러나 그러한 "문신 친화적" 온천 운영자조차도 사소한 윤리적 딜레마에 직면해 있다. 역시 온천은 외국인보다 일본인이 더 많이 찾는다. 소수의 외국인 방문객을 달래면서 대다수의 고객을 불행하게 만드는 것은 이치에 맞지 않는 것 같다. 문신이 있는 외국인의 입장이 허용되면 야쿠자 회원들은 점점 차별을 당하고 있다고 불평할 것이다. 바위와 뜨거운 온천 사이에 끼어 있는 운영자의 절반 이상이 여전히 국적에 관계없이 문신이 있는 사람의 입장을 금지했다. 분명히 규범을 바꾸는 데는 시간이 걸린다.

Sources: (1) The author's interviews; (2) Economist, 2018, Bathing etiquette in Japan, February 10: 36; (3) Kashiwaya Magazine, 2018, Are people with tattoos allowed in onsen? January 18: www.kashi-waya.org; (4) Real Japan, 2020, Onsen tips for those with tattoos, www.therealjapan.com.

어떻게 대처할 수 있는가?

**윤리적 상대주의(ethical relativism)**
전세계적으로 윤리적 기준은 매우 다양하며, 윤리적, 비윤리적인 행동의 보편성은 존재하지 않는다는 상대적인 사고방식.

**윤리적 제국주의(ethical imperialism)**
자신의 윤리적 기준이 전 세계시장에 보편적으로 적용되어야 한다는 제국주의적인 사고방식.

두 개의 사상 학파가 나타났다. 첫째, **윤리적 상대주의(ethical relativism)**는 진부한 표현의 연장 선상에서 "로마에서는 로마법에 따르라"라고 말한다. 만약 사우디아라비아 여성들이 차별을 받는다면, 그래서 어쨌다는 것인가? 마찬가지로, 만약 멕시코의 산업 경쟁자들이 가격을 고정한다면, 누가 신경을 쓰겠는가? "로마"에서 "로마인"들이 하는 행동들이 아닌가? 둘째, **윤리적 제국주의(ethical imperialism)**는 "오직 한 세트의 (고유명사인) 윤리가 존재하고, 우리는 그것을 가지고 있다"라는 절대적인 믿음을 말한다. 예를 들어, 성차별과 가격 담합은 미국에서는 잘못된 것이기 때문에, 일부 미국인들은 그러한 관행이 다른 모든 곳에서 또한 잘못된 것임이 틀림없다고 믿는다. 하지만, 실제로는 이들 사고학파 모두 현실적이지 않다. 극단적인 경우, 윤리적인 상대주의는 어떠한 현지의 관습도 받아들일 수 있는 반면에, 윤리적 제국주의는 현지인들 사이에서 분노와 반발을 일으킬 수도 있다(클로징 케이스 참고).

경영 윤리학자 토마스 도날드슨(Thomas Donaldson)은 세 가지 "중용의" 지도 원리를 제안했다(표 4.4). 첫째, 인간의 존엄성과 (젊은 나이에 일하는 대신 건강, 안전, 교육에 대한 필요성에 관한 것 등의) 기본적인 권리들을 존중하는 것은 전 세계의 모든 사업 운영에 있어서 절대적인 최소한의 윤리적 기준을 결정한다.

둘째, 현지의 전통에 대한 존중은 문화적 감수성을 시사한다. 만약 선물이 금지된다면, 외국 기업들은 중국과 일본에서 사업을 하는 것에 대해 잊어버릴 수 있다. 더 많은 자격을 갖춘 지원자들 대신 종업원의 자녀들과 친척들을 고용하는 것은 미국 기회균등 법에 따라 불법이며, 인도 회사들은 직원 충성도를 강화하는 그러한 족벌주의를 일상적으로 실행한다. 인도에 자회사를 설립하는 미국 회사들은 어떻게 해야 할까? 도널드슨은 그러한 친족 주의가 적어도 인도에서는 꼭 틀린 것만은 아니라고 조언한다.

마지막으로, 제도적 맥락에 대한 존중은 현지의 제도에 대한 신중한 이해를 요구한다. 뇌물 수수를 금지하는 행동 강령은 적절한 선물 제공과 수령의 규모에 대한 지침을 수반하지 않는 한 그다지 유효하지 않다(표 4.5 참고). 씨티그룹(Citigroup)은 직원들이 명목 가치가 100달러 미만인 현금이 아닌 모든 선물은 받는 것을 허용한다. 이코노미스트지(Economist)는 기자들이 하루 안에 소비할 수 있는 어떠한 비현금성 선물은 받을 수 있도록 허용한다. 따라서 와인

### 표 4.4 해외에서의 윤리적 경영: 세 가지 "중용" 접근법

- 인간의 존엄성과 기본권 존중
- 지역 전통 존중
- 제도적 배경에 대한 존중

Sources: Based on text in (1) T. Donaldson, 1996, Values in tension: Ethics away from home, Harvard Business Review September–October: 4–11; (2) J. Weiss, 2006, Business Ethics, 4th ed., Cincinnati: South-Western Cengage Learning.

한 병은 허용되지만 와인 한 케이스는 허용되지 않는다. 전반적으로, 이 세 가지 원칙들은, 비록 완벽하지는 않지만, 경영자들이 그들의 결정의 질을 향상시키는 데 도움이 될 수 있다.

## 윤리와 부패

윤리는 뇌물의 형태(현금 혹은 현물)로 사적인 이익을 위한 공권력의 남용으로 정의되는 **부패(corruption)**를 퇴치하는 데 도움이 된다. 부패는 제품과 서비스를 기반으로 두어야 하는 경쟁의 기초를 왜곡하여 자원의 잘못된 배분을 일으키고 경제발전을 저해한다. 그러므로, 부패는 외국인 직접 투자(FDI)를 저해한다. 싱가포르의 (매우 낮은) 부패 수준이 (전 세계적으로 중위권인) 멕시코 수준으로 증가하면, FDI 유입에 세율을 50% 이상 인상하는 것과 같이 부정적 영향을 미칠 수 있는 것으로 보고되었다.

**부패(corruption)** 사적인 이익을 위하여 뇌물공여를통한 공공권력의 남용.

1977년, 미국 의회는 외국의 공무원들에게 대한 뇌물을 주는 것을 금지하는 **해외 부패금지법(Foreign Corrupt Practices Act, FCPA)**을 제정했다. 많은 미국 기업들은 그 법이 그들을 부당하게 제한해 왔다고 불평한다. 그들은 또한 적어도 1990년대까지는 오스트리아, 프랑스, 독일, 네덜란드 등 많은 EU 국가에서 해외 뇌물 비용이 종종 세금 공제가 되었다는 것(!)을 지

**해외 부패금지법(Foreign Corrupt Practices Act, FCPA)** 1977년에 외국 공무원에 대한 뇌물을 금지하도록 제정된 미국 법률.

### 표 4.5 텍사스 인스트루먼트(TI) 중국 내 선물에 대한 가이드라인

- 본 중국에 맞춘 가이드라인은 중국의 현지 비즈니스 환경, 법적 요구 사항, 관습 및 문화를 적절히 고려하여 TI의 글로벌 표준 가이드라인을 기반으로 한다. 중국의 TI 사업체("TIRS") 직원은 이 중국별 지침과 글로벌 표준 지침을 모두 준수해야 한다. 충돌이 발생할 경우 더욱 엄격한 기준이 적용된다.
- 허용되는 선물에는 달력, 커피잔, 다이어리, 메모장, 소형 계산기, 볼펜이 포함된다.
- 과도한 가치가 있는 선물은 인민폐 200위안 이상의 가치가 있는 것을 말한다. (약 32달러), 아시아 재무 이사의 승인이 필요하다.
- 언제 선물을 받거나 제공할 수 있을지 확신할 수 없는 경우 다음 두 가지 빠른 테스트를 권장한다:

  a. "상호성" 테스트. 질문하기: TI의 정책과 문화에 대한 지식을 바탕으로 비슷한 상황에서 TI가 TI 비즈니스 파트너에게 동등한 성격의 선물을 제공할 수 있는가? 아니오라고 대답하면 정중하게 거절한다.

  b. "눈살 찌푸리기" 또는 "부끄러움" 테스트. 다음 질문을 한다: 당신은 직장에서 다른 사람들이 보는 앞에서 선물을 주거나 받는 것을 "눈살을 찌푸리게" 할 것인가? 당신은 당신이 제공하거나 받는 선물을 공개적으로 전시하는 것이 불편하지 않은가? 다른 TI 비즈니스 파트너나 동료/감독자가 이러한 사실을 알게 되면 부끄러울 것 같은가?
- 현금이나 상품권은 받을 수 없다. 월병* 상품권과 같이 고정된 위안화 가치가 있는 특정 품목(현금이 아닌)으로만 교환할 수 있는 기프트 카드는 본 가이드라인을 준수하는 범위 내에서 허용한다.

*월병은 9월 가족 상봉의 대명절인 중추절을 위한 특별한 디저트다.
Source: Adapted from Texas Instruments, 2014, Comprehensive Guidelines on Gifts, Entertainment, and Travel in China.

적했다. 하지만, 심지어 FCPA를 가지고 있다 하더라도, 기업이 본질적으로 다른 기업보다 윤리적이라는 증거는 없다. FCPA 자체는 1970년대 많은 부패한 미국 기업들에 대한 조사에 의해 촉발되었다. 심지어 FCPA조차도 해외 세관을 통해 물품을 받기 위해 작은 "윤활유" 값을 지불하는 것에 대한 예외를 둔다.

**치외법권(extraterritoriality)**
한 국가의 법이 다른 국가에 미치는 범위.

최근, 많은 비미국 기업들은 자신들에 대한 FCPA의 치외법적 적용이 불공평하다고 불평한다. **치외법권(extraterritoriality)**은 한 국가의 법이 다른 국가에 미치는 범위로 정의된다. FCPA는 미국 기업의 부패와 싸우기 위해 고안되었지만, 최근 몇 년간 FCPA의 조사는 외국 기업을 불균형적으로 겨냥해 왔다. FCPA의 과징금 상위 10위에서 단 2건 만이 미국 기업에 부과되었다. FCPA의 벌금 상위 3대 과징금은 모두 미국 밖에서 부패행위를 했다는 이유로 브라질의 페트로브라스(Petrobras, 10억 달러), 독일 지멘스(Siemens, 8억 달러), 프랑스 알스톰(Alstom, 7억 달러)에게 부과되었다. 미국이 미국 법을 부과하는 특별한 특권을 누리는 것은 알스톰으로부터 이집트의 공무원에게 뇌물로 지급한 것을 포함해 모든 달러로 된 은행 거래는 궁극적으로 뉴욕을 통과하기 때문이다. 이것은 미국 당국에 그러한 부패에 대한 치외법적 관할권을 부여한다. 전반적으로 FCPA는 부패와의 싸움에서 제도적 무기로 간주될 수 있다. 그것의 실행에는 언제나 논란이 있다.

## 윤리적 도전을 위한 전략적 대응 체계

제도 기반 관점은, 그 핵심에서, 제도의 영향을 받는 특정 전략적 선택이 어떻게 소수의 기업들에서 더 많은 기업들로 확산되는지에 초점을 맞추고 있다. 달리 말하자면, 주목할 것은 (뇌물을

**표 4.6 윤리적 도전에 대한 전략적 대응**

| 전략적 대응 체계 | 행동 | 예시 |
|---|---|---|
| 반응적 | 책임을 거부하고 최소한의 행동도 하지 않음 | GM (2000년-2010년) |
| 방어적 | 책임은 인정하나 싸운다. 최소한의 행동만 함 | 페이스북과 구글-유튜브(2010년대) |
| 조정적 | 책임을 인정하고 필요한 모든 행동을 함 | Ford (2000년대) |
| 사전 예방적 | 책임을 예상하고 필요한 것 이상의 행동을 함 | BMW (1990년대) |

지불하는 것에서부터 지불을 거부하는 것에 이르기까지) 특정 관행이 제도화되는 방법에 대한 것이다. 이러한 제도화의 힘은 규제, 규범, 인지적 기둥의 조합에 의해 주도된다. 따라서, 기업이 어떻게 전략적으로 윤리적 문제에 대응하는지는 전략적 대응 체계로 이어진다. 그것은 (1)반응적, (2)방어적, (3)조정적, (4)사전 예방적 전략의 네 가지 전략적 선택으로 특징지을 수 있다.(표 4.6)

반응적 전략은 수동적이다. 문제가 발생할 때, 기업은 행동할 것을 강요받지 않으며, 대개 부인하는 것이 첫 번째 방어이다. 필요한 행동을 취해야 할 필요성은 인지적 신념을 통해 내재화되지도 않고 실제로도 어떤 규범이 되지도 않는다. 그것은 기업들이 행동하도록 강요하는 공식적인 규제의 압력만을 남긴다. 일찍이 2005년부터, 제네럴 모터스(General Motors, GM)는 일부 차량의 점화 스위치가 실수로 엔진을 끌 수도 있다는 것을 알고 있었다. 하지만, GM은 어떠한 조치도 취하지 않았다. GM은 10년 동안 그러한 자동차를 생산해서 판매했다. 아니나 다를까, 사고들이 일어났고 스위치 결함으로 인해 사람들이 죽고 다쳤다. 피해자 가족들이 소송을 제기하고 의회의 압력이 높아졌을 때에서야 GM은 2014년 뒤늦게 수백만 대의 자동차를 리콜했다.

방어적 전략은 규정 준수에 초점을 맞춘다. 규제 압력이 없는 상황에서 기업들은 종종 언론과 활동가들로부터 오는 비공식적인 압력과 싸운다. 수년 동안, 페이스북(Facebook)과 구글-유튜브(Google-YouTube)와 같은 소셜 미디어 회사들은 인터넷이 "자유로워져야" 한다고 주장하면서 그들의 콘텐츠를 깨끗이 정리하라는 요구에 저항했다. 그 결과 수많은 테러리스트와 극단주의자들이 그러한 소셜 미디어 플랫폼에 그들의 콘텐츠를 처벌받지 않고 게시했다. 2019년 3월 뉴질랜드 크라이스트처치에서 51명을 총으로 쏜 살인범의 페이스북 라이브 스트리밍은 극단적인 사례였다. 총기 난사 전에, 살인자는 인종차별 메시지를 트위터에 올렸다. 이와 같은 괴상한 사건은 뉴질랜드 정부가 살인 동영상 공유를 범죄로 선언하고, 호주 정부(총을 쏜 사람은 호주인이었다)가 소셜 미디어에 대해 그들의 회사가 공격적인 콘텐츠를 제거하기 위해 적절한 노력을 기울이지 않을 경우 임원들에게 징역형을 선고할 수 있도록 하는 새로운 법안을 채택하도록 했다.

조정적 전략은 책임감을 받아들이기 위한 새로운 조직규범, 그리고 특정 변화를 일으키기 위한 일련의 점점 더 내면화된 인지적 신념과 가치관을 특징으로 한다. 다시 말해서, 법적으로 최소한 요구되는 것을 넘어 더 높은 수준의 윤리적, 도덕적 책임을 받아들이는 것이 합법적으로 된다. 2000년 파이어스톤(Firstone) 타이어를 장착한 포드 익스플로러(Ford Explorer) 차량이 수많은 치명적인 전복사고를 당했을 때, 포드는 1970년대의 핀토(Pinto) 화재의 참사에서 분명하게 뼈아픈 교훈을 얻었다. 1970년대에 포드는 디자인 결함으로 인해 차량이 후방 추돌 사고에서 폭발에 취약하게 만들 수 있다는 것을 알면서 핀토 자동차를 판매했다. GM의 최근 스캔들과 유사하게, 포드는 의회, 소비자, 언론의 압력이 가열될 때까지 핀토를 리콜하지 않았다. 2000년 포드는 공격적으로 신속한 리콜을 시작했고, CEO를 모델로 내세운 미디어 캠페

## 실행 전략 4.3 Emerging Markets Ethical Dilemma

### 마사이 부족 이름의 수익화

케냐와 탄자니아에 사는 마사이족은 눈에 띄는 붉은 옷을 입고, 아프리카에서 가장 상징적인 부족 중 하나를 대표한다. 반유목의 목축민으로서 마사이족은 오랫동안 세렝게티와 같은 아프리카 최고의 동물 보호구역 근처에서 소를 기르고 소규모 농업을 하며 사냥을 해왔다. 사나운 전사들로 알려진 마사이족은 경쟁 부족, 식민지 당국, 그리고 케냐와 탄자니아의 현대 정부로부터 존경을 받았다. 사자, 기린, 그리고 얼룩말과 함께, 마사이 마을은 전형적인 아프리카 사파리 여행에서 "꼭 봐야 할" 장소들 중 하나이다.

아프리카를 방문하기 위해 멀리 여행할 수 없는 사람들은 여전히 다채로운 마사이 문화를 맛볼 수 있다. 재규어 랜드로버는 마사이라는 이름의 사륜구동 프리랜더의 한정판을 판매했다. 루이비통은 마사이 원피스에서 영감을 받아 남녀 패션웨어 라인을 개발했다. 다이앤 본 퍼스텐버그는 마사이라고 불리는 빨간 베개와 쿠션 라인을 만들었다. 스위스에 본사를 둔 마사이 베어풋 테크놀로지는 부드러운 지구 위를 맨발로 걷는 마사이들의 도전을 시뮬레이션하기 위해 바닥이 둥근 신발 라인을 개발했다. 이탈리아의 펜 제조사 델타는 자사의 최고급의 빨간 뚜껑의 만년핀을 마사이라고 이름지었다. 펜 한 자루의 소매가는 600달러로, 마사이 부족민에 의하면 "좋은 소 서너 마리와 같은" 것이다. 이것들은 단지 세간의 이목을 끄는 예들이다. 전문가들은 모자에서 법률 서비스에 이르기까지 모든 것을 판매하면서, 아마도 전 세계적으로 10,000개의 회사들이 마사이 이름을 사용하고 있을 것으로 추정했다.

이 모든 것이 매력적으로 들린다. 단 한 번의 기회를 제외하고. 이들 기업이 수백만 달러를 벌었지만 마사이 회원이나 부족 자체가 기업들로부터 단 한 푼도 받은 적이 없다. 이것은 엄청난 윤리적, 법적 논쟁을 불러일으켰다. 법적으로 마사이 사건은 이기기 쉽지 않다. 그 부족은 그들의 문화와 정체성에 대한 지적 재산권을 시행하기 위한 어떠한 공식적인 노력도 하지 않았다. 케냐와 탄자니아 사이에 약 2백만 명의 부족원이 퍼져 있는 가운데, 마사이족을 공식적으로 대표할 수 있는 사람은 아무도 없다. 한 전문가는 이 아이디어를 비웃으며, "이것 봐, 만약 그렇게 할 수 있다면, 프렌치 프라이에 대한 로열티를 요구함으로써 프랑스의 재정적자는 사라질 것이다"라고 말했다. 또 다른 전문가는 "아마존이 브라질에 로열티를 지불하기 시작해야 할까? 만약 알리바바가 아랍 국가에 로열티를 지불하고 싶도 하더라도, 어느 나라에 지불해야 하는가?"

하지만, 윤리적 관점에서 볼 때, 그 회사들은 모두 기업의 사회적 책임에 관심이 있다는 주장을 단지 인용하기만 했다. 만약 그들이 정말로 비즈니스 윤리로 가는 고귀한 길에 관심이 있다면, 수용하거나, 만약 당신이 할 수 있다면, 보상 없이 마사이 이름을 활용하는 것은, 또는 "도용"하거나 "훔치는" 것은 큰 당혹스러운 일이 될 수 있다.

마사이족과 관광객의 빈번한 교류는 마사이족 이름에 얼마나 큰 가치가 있는지를 깨닫게 했다. 그러나, 그들은 지적 재산권에 관한 게임의 규칙에 대한 지식이 부족한 것에 대해 좌절하고 있다. 다행히도, 그들은 뉴질랜드인으로 전직 외교관으로 현재는 마사이와 같은 개발 도상국의 단체들에게 변호해주는 비영리 단체인 라이트 이어 IP를 운영하고 있는 론 레이튼의 도움을 받고 있다. 레이튼은 이전에 에티오피아 정부가 에티오피아의 다른 지역에서 온 하라르, 시다모, 이르가체프 커피 라인을 보상 없이 판매하는 스타벅스와 법적 투쟁을 하는 것을 도왔다. 스타벅스는 CSR에 대해 진지하다는 이미지를 기획했음에도 불구하고, 처음에는, 결국 에티오피아의 주장을 인정하기로 동의하기 전까지는 이러한 노력과 싸웠다.

스타벅스와의 싸움에서의 성공에 용기를 얻은 레이튼은 마사이 장로들과 함께 탄자니아에 등록된 마사이 지적 재산권 이니셔티브(MIPI)라고 불리는 비영리 단체를 설립하기 위해 협력했다. 그들은 함께 서구 법원의 요구를 충족시키면서 전통적인 마사이 문화 가치를 반영하는 MIPI 내규를 만들었다. 이제 과제는 더 많은 부족 지도자와 장로들이 MIPI에 가입하여 마사이 부족의 합법적인 대표자로 대내외적으로 간주되도록 하는 것이다. 그 부족이 그 이름을 어떻게 수익화할 수 있는지, 그리고 마사이 이름을 사용하여 이익을 얻은 기업들이 그러한 윤리적, 법적 도전에 어떻게 전략적으로 대응하는지 지켜볼 일이다.

Sources: (1) Bloomberg Businessweek, 2013, Maasai™, October 24: 84–88; (2) IP Legal Freebies Blog, 2014, Maasai tribe wants con-trol over commercial uses of its name, March 6: iplegalfreebies. wordpress.com; (3) IP Legal Freebies Blog, 2013, Mailing yourself a copy of your creative work does not protect your copyright, Jan-uary 30: iplegalfreebies.wordpress.com.

인을 시작했으며, 100년간 지속된 파이어스톤과의 관계를 중단했다.

마지막으로, 사전 예방적인 기업은 제도적 변화를 예상하고 필요한 것 이상의 일을 수행한다. 예를 들어, BMW는 재활용을 위해 동일한 제조업체에 의해 구성 부품이 회수될 수 있는 자동차를 설계할 것을 요구하는 독일 정부가 제안한 "테이크 백" 정책과 관련된 새로운 책임을 예상했다. BMW는 더 쉽게 분해할 수 있는 자동차를 설계했을 뿐만 아니라, 또한 독점적인 재활용 인프라인 고품질의 해체 업체들과 계약을 맺었다. 더 나아가, BMW는 공개 토론에 적극적으로 참여하여, 자신이 접근했던 방법을 자동차 해체에 대한 독일의 국가적 기준으로 확립하는 데 성공했다. 따라서, 다른 자동차 회사들은 BMW의 선례를 따라야만 했다. 하지만, 그들은 더 작고 더 저급한 품질의 해체 업체들을 두고 서로 싸우거나 사내 해체 인프라를 처음부터 개발해야만 했다. 이러한 사전 예방적 전략을 통해 BMW는 새로운 환경친화적 규범의 출현을 촉진하고 있다.

요약하자면, 전략적 대응 체계는 기업이 윤리적 문제에 직면할 때 선택할 수 있는 메뉴를 제공한다. 실행 전략 4.3은 마사이(Masai) 부족이나 사람들에게 한 푼도 지불하지 않고 마사이라는 이름을 사용함으로써 이익을 얻는 전 세계의 수백 개의 기업들이 직면한 윤리적 문제를 보여준다. 당신의 견해로는, 어떻게 이들 기업들이 그러한 도전에 대해 전략적으로 대응해야 할까?

## 논쟁과 확장

산업 기반 및 자원 기반 관점과 마찬가지로, 제도 기반 관점 역시 상당한 논쟁들을 불러일으켰다. 이 섹션에서는 앞에서 논의하지 않은 세 가지 중요한 사항에 초점을 맞춘다.

### 논쟁 1: 기회주의와 개인주의/집단주의

기회주의는 불확실성의 주요한 원천이며, 제도들은 기회주의를 퇴치하기 위해 등장했다. 그러나 비평가들은 기회주의를 "인간의 본성"으로 강조하는 것이 실제로는 역효과를 낼 수도 있다고 주장한다. 만약 회사가 종업원들이 도둑질을 할 것이라 가정하고 따라서 곳곳에 감시 카메라를 설치한다면, 그렇게 하지 않았더라도 도둑질을 하지 않았을 일부 직원들은 정확히 그렇게 할 만큼 소외감을 느낄 수 있을 것이다. 만약 A 사가 미래에 B 사가 기회주의적으로 행동하는 것을 막기 위해 제휴 계약서에 세부사항을 명시해야 한다고 주장한다면, 이제 A 사는 B 사에게 신뢰할 수 없고 기회주의적이라고 간주될 가능성이 높다. 이는 특히 B가 집단주의 사회 출신인 경우 더욱 그렇다. 따라서 기회주의와 싸우려는 시도는 기회주의를 야기할 수 있다.

연구자들은 기회주의자들이 어떤 인구 집단에서도 소수라는 것을 인정한다. 하지만, 그들은 사회에 피해를 주기 전에 그러한 소수의 기회주의자들을 식별해 내는 것이 어렵기 때문에,

유감스럽게도 모든 사람들을 잠재적인 기회주의자로 간주하는 안전장치를 두는 것이 필수적이라고 주장한다. 예를 들어, 단 19명의 테러리스트들이 했던 일 덕분에, 2001년 9월 11일 이후 전 세계 수백만 명의 항공 여행객들은 강화된 보안 검색을 거쳐야만 했다. 모든 사람들이 그것을 싫어하지만, 그 누구도 그것이 불필요하다고 주장하지는 않는다. 그러므로, 이 토론은 교착상태에 빠진 것처럼 보인다.

하나의 문화적 차원인 개인주의/집단주의는 기회주의에 대한 이해를 높이기 위한 열쇠를 쥐고 있다. 일반적인 고정관념은 (중국과 같은) 집단주의 사회의 참여자들이 보다 협조적이고 신뢰할 수 있으며, (미국과 같은) 개인주의 사회의 참여자들은 더욱 경쟁적이고 기회주의적이라는 것이다. 하지만, 이러한 피상적인 이해가 반드시 사실인 것은 아니다. 집단주의자들은 그들 자신의 집단의 구성원으로서 간주되는 개인이나 기업들인 **집단 내(in-group)** 구성원들을 상대할 때만 더욱 협력적이다. 반면에 집단주의자들은 "우리"의 일부로 간주되지 않는 개인들과 기업들인 **집단 외(out-group)** 구성원들에 대해서는 더욱 가혹하게 차별한다. 모든 사람(기업)이 각자 그들 자신만의 것이라고 믿는 개인주의자들은, 집단 내와 집단 외 사이에 구별을 덜 한다. 그러므로, 개인주의자들은 집단 내 구성원들을 다룰 때 집단주의자들보다 더 기회주의적일 수 있지만(이것은 고정관념에 부합한다), 집단주의자들은 집단 외 구성원을 다룰 때 더 기회주의적일 수 있다. 이것은 사람들이 건물에 들어갈 때의 행동에서 볼 수 있다. (중국에서는) 거의 어떤 중국인도 그들 뒤에 있는 낯선 사람들을 위해 굳이 문을 잡아주지 않을 것이고, 대부분의 미국인들은 그들 뒤에 있는 낯선 사람들을 위해 문을 잡아주는 습관을 가지고 있다. 집단주의자로서, 집단 외 구성원(낯선 사람)을 위해 문을 잡아주지 않는 그 동일한 중국인은 자신의 집단 내 구성원을 대할 때는 종종 흠잡을 데 없는 예의를 보여준다. 개인주의자로서, 미국인들은 집단 내 구성원(그들의 동료, 친구, 가족 구성원들)과 집단 외 구성원(낯선 사람)을 위해 문을 잡아 줄 때 거의 구별이 되지 않는다.

**집단 내(in-group)** "우리"의 일부로 간주되는 개인 및 회사.

**집단 외(out-group)** "우리"의 일부로 간주되지 않는 개인 및 회사.

따라서, 모든 것을 감안할 때, 평균적인 중국인은 평균적인 미국인보다 본질적으로 더욱 신뢰할 만한 것은 아니다. 집단 외 구성원들에 대한 중국의 좌우명은 "낯선 사람을 주의하라. 그들은 너를 망칠 수도 있다!"라는 것이다. 이것은 개인주의를 주도하는 국가인 미국이 자발적 신뢰의 수준이 높은 사회들에 속하는 반면, 미국에서보다 중국의 대규모 사회에서 개인 간 그리고 기업들 간에 왜 더 큰 상호불신이 존재하는지 그 이유를 설명하는 데 도움이 된다. 이것은 또한 중국에서 개인과 기업을 위해 관시(관계와 연줄)를 만드는 것이 왜 중요한지를 설명한다. 그렇지 않으면, 삶은 낯선 사람들의 바닷속에서 매우 어려워질 수 있다.

이러한 통찰력은 공항 보안 검사를 개선하는 데에 도움이 될 것 같지는 않지만, 경영자와 기업이 서로 더 잘 거래할 수 있도록 도움이 될 수 있다. 오직 반복적인 사회적 상호 작용을 통해서만 집단주의자들은 새로운 사람들을 집단 내 구성원으로 받아들일지 여부를 판단할 수 있다. 정의상, 만일 집단 외에서 온 외국인들이 집단 내에 가입하는 것에 관심을 보이지 않는다면, 그때는 그들을 유리하게 활용하는 것이 합당하다. 이것이 왜 많은 교차 문화적으로 순진해빠진 서양의 관리자들이 집단주의 사회에서 그들이 단순히 집단 외 구성원으로서 "합당하게" 대접받고 있는가에 대해 종종 불평을 털어놓는 이유를 설명해 준다.

## 논쟁 2: 문화적 거리와 제도적 거리

교차 문화적인 차이점들과 갈등들을 고려할 때, 예를 들어 국내 거래가 국제적인 거래보다 덜 문제가 되는 것은 놀랄 만한 일이 아니다. 기본적으로 분쟁과 오해가 발생했을 때 상대방이 의도적인 기회주의적인지, 혹은 단순히 (문화적으로) 다른 것인지를 확인하는 것은 어렵다. 일반적으로 기업들은, 특정 차원에서 두 문화들 사이의 차이를 나타내는 **문화적 거리(cultural distance)**가 더 짧기 때문에, 문화적으로 가까운 거래들과 거래하는 것을 선호할 수도 있다.

**문화적 거리(cultural distance)**
두 문화간의 구별 가능한 차이.

하지만, 비평가들은 문화적 거리감과 일치하지 않는 많은 결과들이 있다고 지적한다. 외국인 입국 결정의 복잡성을 고려할 때, 문화적 거리는 중요하지만, 고려해야 할 많은 요소 중 하나일 뿐이다. 예를 들어, 국가 문화와 관련하여, 조직 문화는 똑같이 중요할 수 있다.

마지막으로, 일부는 문화적 거리는 "두 국가의 규제, 규범, 인지적 제도 간의 유사성 또는 상이성의 정도"인 **제도적 거리(institutional distance)** 개념에 의해 보완될 수 있다고 주장한다. 예를 들어, 캐나다와 중국 사이의 문화적 거리는 사실상 캐나다와 (98%의 인구가 중국계인) 홍콩 간의 문화 거리만큼이나 멀다. 하지만, 캐나다와 홍콩 간의 제도적 거리는 훨씬 짧다. 둘 다 관습법을 사용하고, 영어를 공용어로 사용하며, 과거 영국의 식민지였던 공통의 유산을 공유한다. 그러므로, 중국 본토에 진출하기에 앞서서 캐나다 기업들은 그들 사이에 더 짧은 제도적 거리 덕분에 홍콩에 먼저 진출하는 것을 선호할 수도 있다.

**제도적 거리(institutional distance)**
양국의 규제, 규범, 인지적 제도간의 유사성 또는 비유사성의 차이.

## 논쟁 3: 언론의 자유와 인터넷 검열

인터넷의 빠른 기술 발전은 일반적으로 느린 제도의 발전 속도를 능가했다. 이것은 페이스북, 구글-유튜브, 트위터와 같은 소셜 미디어 플랫폼을 통해 무엇을 게시할 수 있고 무엇을 게시할 수 없는지에 대한 엄청난 불확실성을 초래했다. 인터넷을 지배하는 게임의 규칙은 무엇이어야 하는가? 제도 기반 관점에서, 이것은 가장 최근의 그리고 가장 폭발적인 논쟁 중 하나이다.

2010년대 초 아랍의 봄 동안, 소셜 미디어는 자유와 민주주의를 촉진하는 것처럼 보였다. 하지만 2010년대 후반 소셜 미디어는 이용자 사생활 침해(초기부터 지속된 문제로서 반복적으로 벌금이 부과됨) 뿐만 아니라 "범죄와 테러의 공범"으로 작용하고 "민주주의를 위협한다"는 손가락질을 받기도 했다. 이것은 주로 (1)신규 모집에서 참수에 이르기까지 많은 테러리스트 단체들이 업로드한 선동적인 영상들, (2)2016년 미국 대선에 대한 러시아의 간섭 의혹과 관련된 가짜 뉴스와 거짓말들, (3)폭력을 선동하는 인종차별주의자, 극단주의자 및 기타 증오 단체들이 올린 증오 발언들 때문이다.

논쟁의 핵심에는 소셜 미디어 회사들이 "언론의 자유"라는 이름으로 누구나 전 세계 청중에게 어떤 것이든 출판할 수 있도록 허용할 수 있느냐 하는 것이다. 2012년, 어떤 사람이 많은 이슬람교도들을 불쾌하게 하는 유튜브 영상을 올렸다. 수십 개 국가에서 시위가 벌어졌고 일부는 폭력적으로 변했고 50명이 사망했다. 백악관은 유튜브 소유주인 구글에 해당 동영상이 혐오 발언에 대한 유튜브의 지침을 위반했는지 검토해 줄 것을 요청했고 구글은 해당 동영상이 해당 지침을 위반하지 않았다고 보고했다. 미국 정부가 할 수 있는 일은 더 이상 없었다. 적어도 21개의 다른 정부들은 구글에 그 비디오를 차단 해줄 것을 요구했다. 유튜브가 합법적으로 존재하며 인도, 말레이시아, 사우디아라비아와 같은 현지 버전이 있는 국가에서는 이를 준수했다. 그러나 법적으로 진출하지 않는 다른 국가들에서 유튜브는 이를 거부했다. 당황한 방글라데시와 파키스탄 정부는 유튜브를 완전히 차단했다. "혐오 발언 옹호자들"은 소셜 미디어 회사들에게 부럽지 않은 별명이 되었다. 다양한 이해 관계자들의 규범적 압력이 증가하고 있었고, 올바른 일을 실행하고자 하는 일부 소셜 미디어 회사 내부자들과 전 세계의 입법자들로부터 인지적 압력이 증가하고 있었다.

공정하게 말하자면, 소셜 미디어 회사들은 그러한 대실패로부터 배우고 그들의 대응을 개선함으로써 구글의 모토인 "악하지 말라"를 따르려고 노력했다. 2019년 3월, 크라이스트처치 총격범이 17분간의 유혈 생중계를 종료한 지 12분도 안 돼 페이스북은 영상을 내렸다. 유튜브는 다양한 버전의 폭력적인 동영상을 탐지하기 위해 기계 학습 프로그램을 빠르게 훈련시킨 다음, 수백 명의 인간 검토자들을 동원해 그것들을 제거했다. 하지만, 그들이 내릴 수 있는 것보다 더욱 빨리 새로운 버전이 업로드되기 때문에, 유튜브는 몇 시간 동안을 고군분투한 끝에, 인간 검토자가 개입할 때까지 기다리지 않고 기계 학습 소프트웨어에 의해 의심스러운 것으로 확인된 모든 영상들을 제거하도록 전례 없는 결정을 내렸다. 그러나, 그러한 대응들은 충분히 빨랐는가, 아니면 충분히 좋은 것이었는가?

논쟁의 다른 쪽에서는 "아니오!"라고 반박한다. 앞으로 유사한 재난을 막기 위한 유일한 해결책은 인터넷 콘텐츠를 검열하는 것인 것처럼 보인다. 그러나 두 가지 반론이 제기된다. 첫 번째는 검열에 대한 철학적 반대이다. 결국, 검열은 중국, 쿠바, 북한과 같은 독재 정권과 연관되어있다. 이 정부들은 페이스북, 구글-유튜브, 그리고 트위터를 완전히 금지한다. 서양의 정부와 대중들은 정말로 검열을 받아들일 수 있는가? 둘째 실행의 관점에서 누가 그것을 해야 하는가? 정부 또는 기업? 누구의 규칙에 따라? 전략적으로, 페이스북의 CEO인 마크 주커버그(Mark Zuckerberg)는 의회 청문회에서 "(소셜 미디어에 대한) 일부 규제가 필요한 것은 불가피하다"라고 동의했다. 전술적으로, 페이스북과 다른 소셜 미디어 회사들은 자율 규제에 대한 그들의 노력을 통해, 그들의 성장을 제한하는 보다 공격적인 규제 조치를 철회시킬 수 있다. 전 세계적으로 페이스북은 현재 40개 언어로 작업하는 7,500명의 콘텐츠 검토자를 고용하고 있다. 베이징의 고위 관료들은, 그곳에서는 "검열"이라고 불릴 수 있는 "콘텐츠 검토자"라는 자리를 보고 미소를 지을 것이다.

## 현명한 전략가

전략은 선택에 관한 것이다. 이러한 선택이 어떻게 이루어지는지를 이해하고자 할 때, 실무자와 학자들은 대개 산업구조나 기업 고유의 역량들과 같은 "일반적인 용의자들"을 생각한다. 이러한 견해는 통찰력이 있지만, 근본적인 맥락에 대해 적절한 주의를 기울이지 않는다. 제도적 기반 관점의 기여는 전략적 선택을 추진하거나 제한하도록 만드는 기반으로서 제도, 문화, 및 윤리의 중요성을 강조한다(오프닝 케이스 참고). 전반적으로, 전략이 "큰 그림"에 대한 것이라면, 제도 기반 관점은 현재와 예비 전략가들에게 "더 큰 그림"을 잊지 않도록 상기시켜 준다.

현명한 전략가는 행동에 대해 최소한 세 가지의 중요한 의미를 부여한다(표 4.7). 첫째, 새로운 국가에 진출할 때, 기업의 행동을 지배하는 공식적인 그리고 비공식인 제도에 대해 철저하게 이해하라. "로마에서" 반드시 "로마인처럼" 할 필요는 없지만, 로마인들이 왜 특정한 방식으로 일을 하는지를 이해할 필요가 있다. 제안 1과 2 모두 비공식적인 관계의 교환을 강조하는 국가에서 계약을 공식화할 것을 즉시 주장하면 오히려 역효과를 낼 수 있다고 조언한다.

둘째, 인식을 키우고, 지식을 확장하며 기술을 활용하여 교차 문화적 지식을 강화하라. 문화 간의 만남에서 다른 사람들이 가지고 있는 가치를 똑같이 나눌 수는 없지만(또는 동의하지 않을 수도 있지만) 적어도 그들의 행동을 지배하는 비공식 제도의 로드맵을 얻을 필요가 있을 것이다(클로징 케이스 참고). 물론 문화가 전부는 아니다. 글로벌 전략에 영향을 미치는 많은 변수 중 하나인 문화에 지나치게 의지할 필요는 없다. 하지만 문화를 무시하는 것은 분명 경솔한 행동이다.

### 표4.7 실행을 위한 전략적 함의

- 새로운 국가에 진출할 때 회사의 행동을 관리하는 공식 및 비공식 제도에 대한 철저한 학습을 통해 이해하라.
- 인식을 키우고, 지식을 확장하며, 기술을 활용하여 다문화 지식을 강화하라.
- 윤리적 의사 결정을 회사의 핵심 전략 프로세스의 일부로 통합하라. 이를 가장하는 것은 오래가지 않는다.

마지막으로, 윤리적 의사 결정을 회사의 핵심 전략 프로세스의 일부로 통합한다. 최고의 관리자는 비공식적인 “게임 규칙”의 변화를 끊임없이 해석하고 새로운 기회를 활용함으로써 시간이 지남에 따라 규범이 바뀔 것을 기대한다(실행 전략 4.1 및 4.2 참고). 어떻게 BMW의 경영인들이 자동차 재활용 규범을 사전 예방적으로 형성했는지가 좋은 사례이다.

우리는 네 가지의 핵심적인 질문을 다시 검토함으로써 이 장을 마무리한다. 첫째, 기업들은 왜 다른가? 제도 기반 관점은 제도적 틀이 기업의 차이를 형성한다고 주장한다. 둘째, 기업들은 어떻게 행동하는가? 그 대답 또한 제도적인 차이로 요약된다. 셋째, 무엇이 기업의 범위를 결정하는가? 9장에서 제도가 어떻게 기업의 범위를 형성하는지에 대해 더욱 자세히 다룰 것이다. 마지막으로, 무엇이 기업의 국제적인 성공과 실패를 결정하는가? 제도 기반 관점은 기업의 성과가 적어도 부분적으로 전략적 선택을 지배하는 제도적 틀에 의해 결정된다고 주장한다.

## Closing Case　Emerging Markets Ethical Dilemma

# 사우디아라비아에서 이케아의 도전

2012년 10월, 스웨덴 가구 회사인 이케아는 BBC 월드 서비스 라디오에서 사우디아라비아에 배포된 이케아 카탈로그에 있는 여성을 에어브러쉬로 지운 것에 대해 비난을 받았다. 유럽 전역과 서구의 다른 지역의 일부 여성 인권 운동가들은 격분했다. 그들은 유럽, 특히 스웨덴의 이케아 매장을 보이콧 하겠다고 위협했다. 이케아는 사과해야 한다는 압박을 느꼈고, 마케팅 카탈로그가 조직 문화와 일치하지 않으며 사회 내 여성 평등에 대한 접근방식을 반영하지 않았다고 진술했다. 이케아에 따르면:

> *여성을 배제한 사우디아라비아 버전의 카탈로그는 이케아 그룹의 가치와 맞지 않다는 것에 대해 우리는 반응하고 깨달았어야 했다.*

무엇이 잘못되었을까? 이케아 사우디 매장의 마케팅 담당자 입장에서 보면 이번 결정은 간단해 보였다. 카탈로그를 배포하기 위해서는, 이케아는 그곳의 법을 알아야만 했다. 완전히 가려지지 않은 여성의 사진은 사우디아라비아 검열 규정에 의해 불법이었다. 이케아는 사우디아라비아에서 30년 동안 운영되었다. 이케아는 사우디의 제도적 틀에서 해야 할 일과 하지 말아야 할 일에 대한 상당한 지식을 가지고 있었다.

특히 전 세계 언론에 유포된 "공격적인" 사진에는 화장실에서 두 아이를 돕는 한 남성이 있었다. 아무 문제 없다고 생각해도 되었다. 이케아 본사에서 제공한 원본에는, 사진에서 제외된 한 여성이 가운데에 서서 아이들 중 한 명을 돕고 있었다. 두 버전을 나란히 놓고 보면, 그 여성이 지워졌다는 것을(또는 포토샵을 했다는 것을) 알 수 있다. 이 행위는 많은 유럽인들이 사우디 사회에서 여성에 대한 억압을 묵인하고 있던 것으로 파악되었다.

국제 비즈니스의 기본 요점 중 하나는 제품, 서비스 및 마케팅 전략을 현지 제도적 맥락에 맞게 조정할 필요가 있다. 사우디아라비아의 검열 규정이 스웨덴 원본 사진을 사용하는 것은 선택사항이 아니라고 규정했기 때문에, 사진 편집은 불가피했었다. 전 세계적으로, 광고의 대부분 사진들은 어찌 되었든 포토샵을 많이 했다. 다른 사람들은 이렇게 질문했다: 뭐가 문제인가?

출처: 이케아 사우디아라비아의 광고

논쟁의 또 다른 측면은 사우디 마케팅 관리자가 간과한 것, 그리고 다국적 기업으로서 IKEA가 간과한 것은 상호 연결된 세계에 대한 윤리적 도전이었다고 주장했다. 현지 관행은 현지 기관의 맥락을 이해하지 못할 수도 있지만 국내 이해관계자도 수용할 수 있어야 했다. 개념적으로, 이 논쟁은 윤리적 상대주의 대 윤리적 제국주의로 귀결된다. 당신의 생각은 어떤가?

Sources: (1) BBC, 2012, World Service, radio broadcast, October 2; (2) Guardian, 2012, No women please, we're Saudi Arabian IKEA, October 2; (3) M. W. Peng & K. Meyer, 2016, International Business, 2nd ed. (pp. 283–284), London: Cengage Learning EMEA.

### 사례 토론 질문

1. 윤리에 대하여 : 사우디 이케아 매장의 관행은 윤리적 상대주의로 볼 수 있다. 그것의 장단점은 무엇인가?
2. 윤리에 대하여: 유럽과 서구의 다른 지역에서의 여성 인권 운동가들의 태도는 윤리적 제국주의로 간주될 수 있다. 그것의 장단점은 무엇인가?
3. 본국 외에서 활동할 가능성이 높은 경영자 지망생으로서, 이케아의 사우디아라비아 경험에서 얻을 수 있는 교훈은 무엇인가?

# 참고문헌

**[Journal Acronyms]** ***AMJ**—Academy of Management Journal;* ***AMLE**—Academy of Management Learning & Education;* ***AMP**—Academy of Management Perspectives;* ***AMR**—Academy of Management Review;* ***AP**—American Psychologist;* ***APJM**— Asia Pacific Journal of Management;* ***BW**—BusinessWeek* (before 2010) or *Bloomberg Businessweek* (since 2010); ***CCSM**— Cross Cultural and Strategic Management;* ***CMR**—California Management Review;* ***GSJ**—Global Strategy Journal;* ***HBR**— Harvard Business Review;* ***JIBP**—Journal of International Business Policy;* ***JIBS**—Journal of International Business Studies;* ***JIM**—Journal of International Management;* ***JM**—Journal of Management;* ***JMS**—Journal of Management Studies;* ***JWB**—Journal of World Business;* ***MIR**—Management International Review;* ***MOR**—Management and Organization Review;* ***MS**— Management Science;* ***OSc**—Organization Science;* ***RES**— Review of Economics and Statistics;* ***SMJ**—Strategic Management Journal;* ***SO**—Strategic Organization;* ***WSJ**—Wall Street Journal.*

1. M. W. Peng, S. Sun, B. Pinkham, & H. Chen, 2009, The institution-based view as a third leg for a strategy tripod, *AMP* 23: 63–81; M. W. Peng, D. Wang, & Y. Jiang, 2008, An institution-based view of international business strategy, *JIBS* 39: 920–936.
2. D. North, 1990, *Institutions, Institutional Change, and Economic Performance* (p. 3), New York: Norton.
3. W. R. Scott, 1995, *Institutions and Organizations*, Thousand Oaks, CA: Sage.
4. D. Philippe & R. Durand, 2011, The impact of normconforming behaviors on firm reputation, *SMJ* 32: 969– 993; D. Yiu, Y. Xu, & W. Pan, 2014, The deterrence effects of vicarious punishments on corporate financial fraud, *OSc* 25: 1549–1571.
5. S. Hannah, B. Avolio, & D. May, 2011, Moral maturation and moral conation, *AMR* 36: 663–685; M. Voronov & K. Weber, 2016, The heart of institutions, *AMR* 41: 456–478.
6. Reuters, 2007, Starbucks, Ethiopia settle licensing dispute, June 20: www.reuters.com; World Intellectual Property Organization (WIPO), 2010, The coffee war: Ethiopia and the Starbucks story, September 3: www.wipo.int.
7. M. W. Peng, 2000, *Business Strategies in Transition Economies* (pp. 42–44), Thousand Oaks, CA: Sage. See also H. Holm, S. Opper, & V. Nee, 2013, Entrepreneurs under uncertainty, *MS* 59: 1671–1687; E. Maitland & A. Sammartino, 2015, Decision making and uncertainty, *SMJ* 36: 1554–1578.
8. O. Branzai & S. Abdelnour, 2010, Another day, another dollar, *JIBS* 41: 804–825; M. Czinkota, G. Knight, P. Liesch, & J. Steen, 2010, Terrorism and international business, *JIBS* 41: 826–843; T. Khoury & M. W. Peng, 2011, Does institutional reform of intellectual property rights lead to more inbound FDI? *JWB* 46: 337–345; L. Weber & K. Mayer, 2014, Transaction cost economics and the cognitive perspective, *AMR* 39: 344–363.
9. J. Chipman, 2016, Why your company needs a foreign policy, *HBR* September: 37–43; L. Dai, L. Eden, & P. Beamish, 2013, Place, space, and geographic exposure, *JIBS* 44: 554–578; J. Luiz, B. Ganson, & A. Wennmann, 2019, Business environment reforms in fragile and conflictaffected states, *JIBP* 2: 217–236.
10. *BW*, 2019, Small businesses, big problems, March 11: 12–13. 11. O. Williamson, 1985, *The Economic Institutions of Capitalism* (pp. 1–2), New York: Free Press.
12. E. Giambona, J. Graham, & C. Harvey, 2017, The management of political risk, *JIBS* 48: 523–533.
13. J. Zhou & M. W. Peng, 2010, Relational exchanges versus arm's-length transactions during institutional transitions, *APJM* 27: 355–370.
14. M. W. Peng, 2003, Institutional transitions and strategic choices, *AMR* 28: 275–296. See also S. Li, 1999, The benefits and costs of relation-based governance, working paper, City University of Hong Kong.
15. North, 1990, *Institutions* (p. 34), op. cit.
16. M. Clemente & T. Roulet, 2015, Public opinion as a source of deinstitutionalization, *AMR* 40: 96–114; B.

Gray, J. Rurdy, & S. Ansari, 2015, From interactions to institutions, *AMR*

40: 115–143; M. Koning, G. Mertens, & P. Roosenboom, 2018, Drivers of institutional change around the world, *JIBS* 49: 249–271; W. Ocasio, J. Loewenstein, & A. Nigam, 2015, How streams of communication reproduce and change institutional logics, *AMR* 40: 28–48; D. McCarthy, S. Puffer, & D. Satinsky, 2019, Will Russia have a role in the changing global economy? *CCSM* 26: 265–289.

17. Peng, 2003, Institutional transitions and strategic choices (p. 275), op. cit.

18. K. Meyer & M. W. Peng, 2005, Probing theoretically into Central and Eastern Europe, *JIBS* 36: 600–621.

19. M. W. Peng, H. W. Nguyen, J. Wang, M. Hasenhuttl, & J. Shay, 2018, Bringing institutions into strategy teaching, *AMLE* 17: 259–278.

20. M. Porter, 1990, *Competitive Advantage of Nations*, New York: Free Press. The model is named "diamond" by Porter himself, because its shape looks like a diamond.

21. D. Breznitz & M. Murphree, 2011, *Run of the Red Queen*, New Haven, CT: Yale University Press.

22. K. Meyer & M. W. Peng, 2016, Theoretical foundations of emerging economy business research, *JIBS* 47: 3–22. See also R. Corredoira & G. McDermott, 2014, Adaptation, bridging, and firm upgrading, *JIBS* 45: 699–672; A. Cuervo- Cazurra & L. Dau, 2009, Promarket reforms and firm profitability in developing countries, *AMJ* 52: 1348–1368; R. Hoskisson, M. Wright, I. Filatotchev, & M. W. Peng, 2013, Emerging multinationals from mid-range economies, *JMS*

50: 1295–1321; C. Mbalyohere & T. Lawton, 2018, Engaging stakeholders through corporate political activity, *JIM* 24: 369–385; G. McDermott, R. Corredoira, & G. Kruse, 2009, Public-private institutions as catalysts of upgrading in emerging market societies, *AMJ* 52: 1270–1296; G. Shinkle & A. Kriauchiunas, 2010, Institutions, size, and age in transition economies, *JIBS* 41: 267–286.

23. J. Doh, S. Rodrigues, A. Saka-Helmhout, & M. Makhija, 2017, International business responses to institutional voids, *JIBS* 48: 293–307; T. Khanna & K. Palepu, 2010, *Winning in Emerging Markets*, Boston: Harvard Business School Press; B. Pinkham & M. W. Peng, 2017, Overcoming institutional voids via arbitration, *JIBS* 48: 344–359.

24. P. Ingram & B. Silverman, 2002, *The New Institutionalism in Strategic Management* (p. 20, added italics), Amsterdam: Elsevier. 25. M. Abdi & P. Aulakh, 2012, Do country-level institutional frameworks and interfirm governance arrangements substitute or complement in international business relationships? *JIBS* 43: 477–497; A. Chacar, W. Newburry, & B. Vissa, 2010, Bringing institutions into performance persistence research, *JIBS* 41: 1119–1140; C. Crossland & D. Hambrick, 2011, Differences in managerial discretion across countries, *SMJ* 32: 797–819; V. Desai, 2016, Under the radar, *AMJ* 59: 636–657; T. Kostova, K. Roth, & M. T. Dacin, 2008, Institutional theory in the study of multinational corporations, *AMR* 33: 994–1006; K. Meyer & H. Thein, 2014, Business under adverse home country institutions, *JWB* 49: 156–171; R. Salomon & Z. Wu, 2012, Institutional distance and local isomorphism strategy, *JIBS* 43: 343–367; A. van Hoorn & R. Maseland, 2016, How institutions matter for international business, *JIBS* 47: 374–381.

26. G. Gan & B. Qiu, 2019, Escape from the USA, *JIBS* 50: 1156–1183; P. Jarzabkowski & S. Kaplan, 2015, Strategy tools-in-use, *SMJ* 36: 537–558; R. Krishnan & R. Kozhikode, 2015, Status and corporate illegality, *AMJ* 58: 1287– 1312; C. Oh & J. Oetzel, 2017, Once bitten twice shy? *SMJ* 38: 714–731.

27. P. Chaudhry & A. Zimmerman, 2009, *The Economics of Counterfeit Trade*, New York: Springer.

28. M. W. Peng, D. Ahlstrom, S. Carraher, & W. Shi, 2017, An institution-based view of global IPR history, *JIBS* 48: 893–907.

29. D. Kahneman, 2003, A perspective on judgment and choice: Mapping bounded rationality (Nobel Lecture), *AP* 58: 697–720. See also D. Ariely, 2009, The end of rational economics, *HBR* July: 78–84; P. Rosenzweig, 2010, Robert S. McNamara and the evolution of modern management, *HBR* December: 87–93.

30. D. Baron, 1995, Integrated strategy, *CMR* 37: 47–65. See also J. Bonardi, G. Holburn, & R. Bergh, 2006, Nonmarket strategy performance, *AMJ* 49: 1209–1228; M. Bucheli & M. Kim, 2015, Attacked from both sides, *GSJ* 5: 1–26; M. Hadani & D. Schuler, 2013, In search of El Dorado, *SMJ* 34: 165–181; M. Hung, Y. Kim, & S.

Li, 2018, Political connections and voluntary disclosure, *JIBS* 49: 272–302; M. King, 2015, Political bargaining and multinational bank bailouts, *JIBS* 46: 206–222; S. Lazzarini, 2015, Strategizing by the government, *SMJ* 36: 97–112; S. Lux, T. Crook, & D. Woehr, 2011, Mixing business with politics, *JM* 37: 223–247; J. Macher & J. Mayo, 2015, Influencing public policymaking, *SMJ* 36: 2021–2038; K. Mellahi, J. Frynas, P. Sun, & D. Siegel, 2016, A review of the nonmarket strategy literature, *JM* 42: 143–173; E. Sojli & W. Tham, 2017, Foreign political connections, *JIBS* 48: 244–266.

31. M. W. Peng & Y. Luo, 2000, Managerial ties and firm performance in a transition economy, *AMJ* 43: 486–501.

32. *BW*, 2007, Inside the hidden world of earmarks, September 17: 56–59.

33. T. Lawrence & R. Suddaby, 2006, Institutions and institutional work, in S. Clegg, C. Gardy, & T. Lawrence (eds.), *Handbook of Organization Studies*, 2nd ed. (pp. 215–254), London: Sage.

34. *BW*, 2011, Pssst . . . wanna buy a law? December 5: 66–72; Y. Li, M. W. Peng, & C. Macaulay, 2013, Market-political ambidexterity during institutional transitions, *SO* 11: 205–213.

35. P. Thornton, W. Ocasio, & M. Lounsbury, 2012, *The Institutional Logics Perspective*, New York: Cambridge University Press. See also J. Battilana & T. Casciaro, 2012, Change agents, networks, and institutions, *AMJ* 55: 381–398; W. Helms, C. Oliver, & K. Webb, 2012, Antecedents of settlement on a new institutional practice, *AMJ* 55: 1120–1145; J. Lepoutre & M. Valente, 2012, Fools breaking out, *AMJ* 53: 285–313.

36. P. Hall & D. Soskice, 2001, *Varieties of Capitalism*, Oxford, UK: Oxford University Press. See also M. Carney, E. Gedajlovic, & X. Yang, 2009, Varieties of Asian capitalism, *APJM* 26: 361–380; W. Judge, S. Fainshmidt, & J. Brown, 2014, Which model of capitalism best delivers both wealth and equality? *JIBS* 45: 363–386; S. Mariotti & R. Marzano, 2019, Varieties of capitalism and the internationalization of state-owned enterprises, *JIBS* 50: 669–691; A. Musacchio, S. Lazzarini, & R. Aguilera, 2015, New varieties of state capitalism, *AMP* 19: 115–131; M. Witt & G. Jackson, 2016, Varieties of capitalism and institutional comparative advantage, *JIBS* 47: 778–806.

37. M. Besharov & W. Smith, 2014, Multiple institutional logics in organizations, *AMR* 39: 364–381.

38. A. Pache & F. Santos, 2013, Inside the hybrid organization (p. 972), *AMJ* 56: 972–1001.

39. G. Bruton, M. W. Peng, D. Ahlstrom, C. Stan, & K. Xu, 2015, State-owned enterprises around the world as hybrid organizations (p. 92), *AMP* 29: 92–114. See also H. Greve & C. Zhang, 2017, Institutional logics and power sources, *AMJ* 60: 671–694.

40. C. Inoue, S. Lazzarini, & A. Musacchio, 2013, Leviathan as a minority shareholder, *AMJ* 56: 1775–1801.

41. G. Hofstede, 1997, *Cultures and Organizations: Software of the Mind* (p. 5), New York: McGraw-Hill. See also G. Hofstede, 2007, Asian management in the 21st century, *APJM* 24: 421–428.

42. V. Taras, P. Steel, & B. Kirkman, 2016, Does country equate with culture? *MIR* 56: 455–487.

43. M. W. Peng & S. Lebedev, 2017, Intra-national business (IB), *APJM* 34: 241–245.

44. *BW*, 2012, Behind every great woman: The perfect husband, January 9: 54–59.

45. S. Beugelsdijk, T. Kostova, & K. Roth, 2017, An overview of Hofstede-inspired country-level culture research in international business since 2006, *JIBS* 48: 30–47; B. Kirkman, K. Lowe, & C. Gibson, 2017, A retrospective on *Culture's Consequences, JIBS* 48: 12–29.

46. S. Beugelsdijk, R. Maseland, & A. Hoorn, 2015, Are scores on Hofstede's dimensions of national culture stable over time? *GSJ* 5: 223–240; D. Caprar, T. Devinney, B. Kirkman, & P. Caligiuri, 2015, Conceptualizing and measuring culture in international business and management, *JIBS*

46: 1011–1027; T. Devinney & J. Hohberger, 2017, The past is prologue, *JIBS* 48: 48–62; T. Fang, 2010, Asian management research needs more self-confidence, *APJM* 27: 155–170; R. House, P. Hanges, M. Javidan, P. Dorfman, & V. Gupta, 2004, *Culture, Leadership, and Organizations*, Thousand Oaks, CA: Sage; M. Peterson & T. Barreto, 2018, Interpreting societal culture value dimensions, *JIBS*

49: 1190–1207; R. Tung & G. Stahl, 2018, The tortuous evolution of the role of culture in IB research, *JIBS* 49:

1167–1189.

47. N. Boubakri, O. Guedhami, C. Kwok, & W. Saffar, 2016, National culture and privatization, *JIBS* 47: 170–190; E. Ravlin, Y. Liao, D. Morrell, K. Au, & D. Thomas, 2012, Collectivist orientation and the psychological contract, *JIBS* 43: 772–782; X. Zheng, S. Ghoul, O. Guedhami, & C. Kwok, 2013, Collectivism and corruption in bank lending, *JIBS* 44: 363–390.

48. Global Entrepreneurship Monitor, 2018, *2018/2019 Global Report* (p. 48), Babson Park, MA: Babson College.

49. Hofstede, 1997, *Cultures and Organizations* (p. 94), op. cit.

50. L. Watts, L. Steele, & D. Hartog, 2020, Uncertainty avoidance moderates the relationship between transformational leadership and innovation, *JIBS* 51: 138–145.

51. C. Flammer & P. Bansal, 2017, Does a long-term orientation create value? *SMJ* 38: 1827–1847.

52. M. Bazerman, 2014, Becoming a first-class notice, *HBR* July: 116–119; D. Welsh & L. Ordonez, 2014, Conscience without cognition, *AMJ* 57: 723–742.

53. J. Bundy & M. Pfarrer, 2015, A burden of responsibility, *AMR* 40: 345–369; W. T. Coombs & D. Lauder, 2018, Global crisis management, *JIM* 24: 199–203; Y. Shiu & S. Yang, 2017, Does engagement in corporate social responsibility provide strategic insurance-like effects? *SMJ* 38: 455–470; A. Zavyalova, M. Pfarrer, R. Reger, & D. Shapiro, 2012, Managing the message, *AMJ* 55: 1079–1101.

54. R. Deshpande & A. Raina, 2011, The ordinary heroes of the Taj, *HBR* December: 119–123.

55. D. McCarthy & S. Puffer, 2008, Interpreting the ethicality of corporate governance decisions in Russia, *AMR* 33: 11–31.

56. This section draws heavily from T. Donaldson, 1996, Values in tension, *HBR* September: 4–11.

57. R. Galang, 2012, Victim or victimizer, *JMS* 49: 429–462; I. Montiel, B. Husted, & P. Christmann, 2012, Using private management standard certification to reduce information asymmetries in corrupt environments, *SMJ* 33: 1103–13; J. Spencer & C. Gomez, 2011, MNEs and corruption, *SMJ* 32: 280–300; J. Yi, S. Meng, C. Macaulay, & M. W. Peng, 2019, Corruption and foreign direct investment phases, *JIBP* 2: 167–181.

58. S. Lee & S. Hong, 2012, Corruption and subsidiary profitability, *APJM* 29: 949–964; S. Lee & D. Weng, 2013, Does bribery in the home country promote or dampen firm exports? *SMJ* 34: 1472–1487; D. Xu, K. Zhou, & F. Du, 2019, Deviant versus aspirational risk taking, *AMJ* 62: 1226–1251; J. Zhou & M. W. Peng, 2012, Does bribery help or hurt firm growth around the world? *APJM* 29: 907–921.

59. S. Wei, 2000, How taxing is corruption on international investors? *RES* 82: 1–11.

60. *Economist*, 2019, The French resolution, January 19: 63–65; *Economist*, 2019, Uncle Sam's game, January 19: 61–63.

61. J. Clougherty & M. Grajek, 2008, The impact of ISO 9000 diffusion on trade and FDI, *JIBS* 39: 613–633; H. Greve, 2011, Fast and expensive, *SMJ* 32: 949–968.

62. *Economist*, 2019, Laws against lies, April 6: 32–33.

63. S. Hart, 2005, *Capitalism at the Crossroads*, Philadelphia: Wharton School Publishing.

64. This section draws heavily from C. Chen, M. W. Peng, & P. Saparito, 2002, Individualism, collectivism, and opportunism, *JM* 28: 567–583.

65. J. Cullen, K. P. Parboteeah, & M. Hoegl, 2004, Crossnational differences in managers' willingness to justify ethically suspect behaviors, *AMJ* 47: 411–421.

66. M. Muethel & M. Bond, 2013, National context and individual employees' trust of the out-group, *JIBS* 2013: 312–333; V. Nee, H. Holm, & S. Opper, 2018, Learning to trust, *OSc* 29: 969–986.

67. F. Fukuyama, 1995, *Trust*, New York: Free Press; G. Redding, 1993, *The Spirit of Chinese Capitalism*, New York: Gruyter.

68. R. Burt & B. Batjargal, 2019, Comparative network research in China, *MOR* 15: 3–29; S. Opper, V. Nee, & H. Holm, 2017, Risk aversion and *guanxi* activities, *AMJ* 60: 1504–1530.

69. I. Cuypers, G. Ertug, P. Heugens, B. Kogut, & T. Zou, 2018, The making of a construct, *JIBS* 49: 1138–1153; B. Kogut & H. Singh, 1988, The effect of national culture on the

choice of entry mode, *JIBS* 19: 411–432.

70. S. Beugelsdijk, B. Ambos, & P. Nell, 2018, Conceptualizing and measuring distance in international business research, *JIBS* 49: 1113–1137; L. Brouthers, V. Marshall, & D. Keig, 2016, Solving the single-country sample problem in cultural distance studies, *JIBS* 47: 471–479; R. Maseland, D. Dow, & P. Steel, 2018, The Kogut and Singh national cultural distance index, *JIBS* 49: 1154–1166; O. Shenkar, 2012, Cultural distance revisited, *JIBS* 43: 1–11; S. Zaheer, M. Shomaker, & L. Nachum, 2012, Distance without direction, *JIBS* 43: 18–27.

71. D. Xu & O. Shenkar, 2002, Institutional distance and the multinational enterprise (p. 608), *AMR* 27: 608–618. See also H. Berry, M. Guillen, & N. Zhou, 2010, An institutional approach to cross-national distance, *JIBS* 41: 1460–1480; L. Hakanson & B. Ambos, 2010, The antecedents of psychic distance, *JIM* 16: 195–210.

72. *Economist*, 2019, Europe takes on the tech giants, March 23: 9; *WSJ*, 2019, YouTube fined over children's privacy, August 31: B3.

73. *BW*, 2018, Where is our digital EPA? March 26: 10 –12; *BW*, 2019, Facebook's never-ending crisis, March 18: 52–57; *Economist*, 2017, Do social media threaten democracy? November 4: 11; *Economist*, 2017, Terror and the Internet, June 10: 13; *Economist*, 2018, Epic fail, March 24: 9.

74. *Economist*, 2016, The muzzle grows tighter, June 4: 55–58.

75. *BW*, 2019, When lives are on the line, March 25: 10–12.

76. *Economist*, 2019, Now playing, everywhere, May 4: 17–19.

77. *Fortune*, 2018, Facebook can't solve this problem alone, May 1: 9–10.

78. *BW*, 2018, On Facebook, terror is everywhere, May 14: 24–25.

79. I. Darendeli & T. Hill, 2016, Uncovering the complex relationships between political risk and MNE firm legitimacy, *JIBS* 47: 68–92; C. Stevens, E. Xie, & M. W. Peng, 2016, Toward a legitimacy-based view of political risk, *SMJ* 37: 945–963.

80. P. Koch, B. Koch, T. Menon, & O. Shenkar, 2016, Cultural friction in leadership beliefs and foreign-invested enterprise survival, *JIBS* 47: 453–470; S. Fritzsimmons, Y. Liao, & D. Thomas, 2017, From crossing cultures to straddling them, *JIBS* 48: 63–89; G. Lucke, T. Kostova, & K. Roth, 2014, Multiculturalism from a cognitive perspective, *JIBS* 45: 169–190; M. Mendenhall, A. Arnardottir, G. Oddou, & L. Burke, 2013, Developing cross-cultural competencies in management education via cognitive-behavior therapy, *AMLE* 12: 436–451; A. Molinsky, 2013, The psychological processes of cultural retooling, *AMJ* 56: 683–710; S. B. Szkudlarek, J. McNett, L. Romani, & H. Lane, 2013, The past, present, and future of cross-cultural management education, *AMLE* 12: 477–493; D. Thomas & K. Inkson, 2009, *Cultural Intelligence*, San Francisco: Barrett-Koehler; N. Yagi & J. Kleinberg, 2011, Boundary work, *JIBS* 42: 629–653.

81. R. Aguilera & B. Grogaard, 2019, The dubious role of institutions in international business, *JIBS* 50: 20–35; E. Banalieva. A. Cuervo-Cazurra, & R. Sarathy, 2018, Dynamics and pro-market institutions and firm performance, *JIBS* 49: 858–880; L. Fuentelsaz, E. Garrido, & J. Maicas, 2015, Incumbents, technological change, and institutions, *SMJ* 36: 1778–1801; M. Taussig & A. Delios, 2015, Unbundling the effects of institutions on firm resources, *SMJ* 36: 1845–1865.

# PART 2
# 사업부 수준 전략

CHAPTER 5

# 기업가적 기업의 성장과 국제화

학습목표

이 장을 학습한 후, 당신은 다음의 내용을 수행할 수 있다.

1. 기업가 정신, 기업가 및 기업가적 회사를 정의
2. 기업가 정신의 포괄적인 모델을 설명
3. 성장하는 기업가적 기업을 특징짓는 5가지 전략 식별
4. 해외 진출 전략과 국내 진출 전략 차별화
5. 기업가 정신에 관한 세 가지 주요 토론에 참여
6. 행동을 위한 전략적 함의 도출

OPENING CASE Emerging Markets Ethical Dilemma

## 새로운 동인도 회사

이 책을 선택하기 전에 대다수의 독자는 이미 동인도 회사에 대해 들어봤을 것이다. 그렇다, 우리는 영국령 인도를 만들고 홍콩과 싱가포르를 설립하고 차, 커피, 초콜릿을 영국과 세계의 많은 지역에 소개한 식민지 무역 회사인 동인도 회사에 대해 이야기하고 있다. 역사책의 녹슨 기억에 머리를 긁적이면서 “잠깐만요, 그 회사는 이미 없어진 것 아닌가요?” 그렇다, 그것은 없어졌다. 다른 이야기로 엄밀히 말하면 영국 정부에 의해 1874년에 해산되거나 국유화되었다. 그러나, 아니었다. 그것은 없어진 것이 아니었다.

130년 이상의 공백 후, 동인도 회사는 선경지명이 있는 인도 기업가인 산지브 메타에 의해 2005년 새롭게 태어나 새 출발을 시작했다. 뭄바이 출생의 메타는 영국 재무부로부터 공개되지 않은 금액으로 이스트 인디아의 이름과 고유 상표를 사용할 수 있는 권리를 가진 신 동인도 회사의 단독 소유자, 회장 및 CEO가 되었다. 그의 목표는 세계 최초의 다국적 기업이자 세계 최초의 글로벌 브랜드의 잠재적 가치를 발굴하고 강화하는 것이었다. 2010년, 동인도 회사는 런던의 권위 있는 메이페어 지역에 첫 번째 고급 식품 매장을 열었다. 2014년에 동인도 회사는 런던에서 가장 유명한 백화점인 해러즈 안에 "매장 내 매장(store in store)"이라는 형식의 새로운 부티크를 설립했다. 초기 제품에는 고급 커피와 차, 장인의 과자와 짭짤한 비스킷, 고급 초콜릿, 소금, 설탕이 포함되었다. 이전 회사에는 분명히 웹사이트가 없었지만 새 회사는 웹사이트에 다음과 같이 자랑스럽게 발표했다.

> *우리는 우리의 역할이 세상에 최고의 것을 제공하는 것이라고 생각했다. 사람들이 그곳에 있는 것을 탐색하고 경험할 수 있도록 도와주는 독특한 상품을 만드는 것이다. 사람들이 세상을 다르게 볼 수 있도록 도와주는 제품. 놀라움과 경이로움을 선사하는 제품... 동인도 회사는 세계에 친숙하고 저렴하며 사용할 수 있는 찾기 어렵고 독점적이며 이국적인 재료를 광범위하게 만들었다. 오늘날 우리의 일상 및 일부를 구성하는 재료로 회사의 역사에 생명을 불어넣는 독특하고 혁신적인 제품을 계속 개발하고 판매하고 있다. 우리는 신중하게 조달한 재료, 독특한 조리법 및 다양한 경험을 사용하여 전 세계의 장인과 전문가가 만든 식품을 거래했다.*

기존의 동인도 회사와 마찬가지로 새로운 회사는 출범과 동시에 글로벌 확장을 선언한 "태생적 글로벌" 기업이다. 2014년까지 유럽(오스트리아, 핀란드, 프랑스, 독일, 네덜란드, 노르웨이, 스페인), 아시아 태평양(호주, 중국, 홍콩, 일본, 말레이시아, 한국), 중동(쿠웨이트와 카타르) 전역으로 확대되었다. 회사의 온라인 상점은 전 세계 어디에서나 배송할 수 있다. 동인도 회사는 2005년 이후 처음 5년 동안 새로운 비즈니스를 개발하는 데 1,500만 달러를 지출했다. 2011년 인도에서 가장 존경받는 비즈니스 그룹 중 하나인 마힌드라 그룹은 동인도 회사의 소수 지분을 인수했다. 마힌드라로부터 자본 투자를 받은 동인도 회사는 상징적인 브랜드를 성장시키기 위해 향후 5년 동안 1억 달러를 투자할 것이라고 발표했다.

무엇이 (구)동인도 회사를 그렇게 유명하게 만들었을까? 분명히 거래되는 제품은 전 세계 고객이 평가할 수 있는 가치를 제공해야 했다. 전성기에는 영국 노동력의 3분의 1을 고용하고 세계 무역의 절반을 통제했으며 자체 주화를 발행했으며 20만 명의 군대를 관리했으며 9천만 명의 인도인을 통치하며 조직력이 대단했다. 마찬가지로 중요한 것은 영국에서 정치인을 관리하는 것부터 인도에서 정치적 음모를 조작하는 것에 이르기까지 전 세계 게임의 규칙을 활용하고 통제하는 정치적 능력이었다. 1600년 엘리자베스 1세 여왕으로부터 왕실 인가를 받은 옛 동인도 회사는 확실히 국가의 공식적인 지원을 받았다. 비공식적으로 이 브랜드는 영국연방의 25억 인구, 특히 인도인에게 여전히 반향을 불러일으키고 있다. 메타는 인수를 발표했을 때 전 세계의 인도인들이 보낸 14,000개 이상의 이메일에 큰 감동을 받았다. 그의 말을 빌리자면 "내가 브랜드를 만든 것이 아니라 역사가 만들어 낸 것이다. 나는 단지 그 큐레이터일 뿐이다."

연속성과 변화를 혼합하여 동인도 회사의 무용담은 계속된다. 메타는 동인도 회사가 당시의 구글이라고 믿었다고 말했다. 그러나 한 기자는 "구글은 사실상 현대의 동인도 회사이다. 구글이 400년 후에도 여전히 있고 지금과 같은 영향을 미치고 있는지 두고 보자"라고 말했다.

Sources: (1) Arabian Business, 2014, The empire strikes back, October 4: www.arabianbusiness.com; (2) East India Company, 2014, EIC today, www.theeastindiacompany.com; (3) East India Company, 2014, History, www.theeastindiacompany.com (4) East India Company, 2014, History of fine foods, www.eicfinefoods.com; (5) East India Company, 2020, The Company today, www.theeastindiacompany.com; (6) Economist, 2011, The Company that ruled the waves, December 17.

어떻게 동인도회사(East India Company)와 같은 기업가적인 회사들은 성장하는가? 그들은 어떻게 국제 시장에 진출하는가? 그들이 직면한 도전과 제약은 무엇인가? 이 장에서는 이러한 중요한 질문들을 다룬다. 이것은 대기업에만 초점을 맞추는 많은 전략 교과서와는 다른 것이다. 모든 대기업이 소규모로 시작했고 오늘날의 (비록 전부는 아니지만) 일부 **중소기업(small and medium-sized enterprises, SMEs)**이 내일의 다국적 기업(MNE)이 될 수 있는 한, 현재의 그리고 미래의 전략가들은 만일 그들이 대기업에만 초점을 맞춘다면 세계 지형의 완전한 그림을 파악할 수 없을 것이다. 중소기업은 미국에서는 500명 미만의 직원을 둔 기업을, EU에서는 250명 미만의 직원을 둔 기업(다른 나라에서는 정의가 다를 수 있음)을 일컫는다. 대부분의 학생들은 취업을 위해 중소기업에 입사할 것이다. 일부는 또한 그들 자신의 중소기업을 설립할 것이며 따라서 더 적은 수의 "골리앗" 대신 이 수많은 "다윗"에 대한 우리의 관심이 더욱 필요해진다.

**중소 기업(small and mediumsized enterprises, SME)** 미국에서는 500명 미만의 직원수를 가진 기업을, 유럽에서는250명 미만의 직원수를 가진기업을 일컫는다.

이 장에서는 먼저 기업가정신을 정의한다. 다음으로 우리는 전략에 대한 세 가지 주요 관점에 의해 알려진 기업가정신의 포괄적인 모델을 개략적으로 살펴볼 것이다. 그런 다음 여섯 가지 주요 기업가적 전략을 소개할 것이다. 이전과 마찬가지로 논쟁과 확장이 뒤따른다.

## 기업가정신과 기업가적 기업들

비록 기업가정신은 종종 주로 더 작고 더 젊은 기업들과 관련이 있음에도 불구하고, 대기업들이나 오래된 기업들이 "기업가적"이 되는 것을 금지하는 규정은 없다. 그렇다면 기업가정신이란 정확히 무엇인가? 연구에 따르면 기업의 규모와 나이가 기업가정신의 특징을 정의하지 않는다. 대신 **기업가정신(entrepreneurship)**은 "이전에 발견되지 않았던 기회의 식별 및 활용"이라고 정의된다. 구체적으로, 그것은 "발견의 과정, 평가, 기회의 이용과 같은 기회의 원천, 그리고 그것들을 발견하고, 평가하고, 활용하는 개인들의 집합"과 관련되어 있다. 따라서, 이러한 개인들은 "**기업가들(entrepreneurs)**"이다. 프랑스어에서 기원하는 기업가라는 단어는 전통적으로 다른 사람들을 연결하는 중개인을 의미한다. 오늘날 그 단어는 대부분 새로운 사업의 설립자와 소유자 또는 기존 기업들의 경영자들을 일컫는다. 따라서, **국제적 기업가정신(international entrepreneurship)**은 "국경을 초월하여 조직 내에 부를 창출하기 위한, 혁신적이고 능동적이며 위험을 감수하는 행동의 조합"으로 정의할 수 있다. **사회적 기업가정신(social entrepreneurship)**은 사람들과 사회에 이익을 주는 사회적 목표를 달성하기 위해 노력하는 혁신적이고 능동적이며, 위험을 감수하는 기업가적 행동으로 정의될 수 있다.

대기업도 기업가적으로 행동할 수 있기 때문에 중소기업은 기업가정신의 독점 영역은 아니다. 이것은 혁신적이고, 사전 예방적이며, 위험을 감수하는 기업가정신을 강조하는 기성 기업들이 보여주는 행동적 성향인 **기업 기업가정신(corporate entrepreneurship)**으로 알려져 있다. 예를 들어, 2015년부터 알파벳(Alphabet)이라고 자칭하고 있는 구글(Google)은 세계에서 가장 인정받고 자본총액에서 가장 큰 기업 중 하나이다. 혁신적이고 사전 예방적이며 위험을 감수하는 이 회사는 인공지능, 자율 주행 차량, 커넥티드 홈 기기, 배달 드론, 인터넷 풍선, 로봇 팔, 스마트폰, 벤처 캐피털 및 수많은 다른 사업들로 다각화되어 있다.

하지만, 중소기업은 평균적으로 대기업보다 더 기업가적인 경향이 있기 때문에 많은 사람들은 기업가정신을 중소기업과 연관시킨다. 혼동을 최소화하기 위해 이 장의 나머지 부분은 완전히 일치하지는 않지만 이 규칙을 따를 것이다. 다시 말해서, 우리는 구글과 같은 대기업의 일부 경영진들이 매우 기업가적일 수 있다는 것을 인정하지만, 우리는 기업가라는 용어의 사용을 중소기업의 소유자, 설립자, 경영자들로 제한할 것이다. 나아가, 우리는 중소기업을 언급할 때 기업가적 기업이라는 용어를 사용할 것이다.

중소기업은 중요하다. 전 세계적으로 중소기업은 기업 수의 95% 이상을 차지하고, 총 부가가치의 50%를 창출하며, (국가에 따라) 고용의 60~90%를 차지한다. 전반적으로, 기업가정신은 일자리를 창출하고 빈곤을 완화하며 경제 성장을 촉진한다.

**기업가정신(entrepreneurship)**
이전에 없었던 기회의 발굴 및 이용.

**기업가(entrepreneurs)**
이전에 없었던 기회를 발굴하고 이용하는 개인.

**국제적 기업가정신(international entrepreneurship)**
국경을 초월하여 조직내 부를 창출하는데 초점을 맞춘, 혁신적이고 진취적이며 위험을 감수하는 행위의 집합.

**사회적 기업가정신(social entrepreneurship)**
사람과 사회에 이익이 되는 사회적 목표를 달성하기 위해 노력하는 혁신적이고 능동적이며 위험을 감수하는 기업가정신.

**기업 기업가정신(corporate entrepreneurship)**
혁신적이고 능동적이며 위험을 감수하는 기업가 정신을 강조하는 기성 기업이 보여주는 행동 지향성.

## 기업가정신의 통합 모델

전략에 대한 세 가지 주요 관점, 즉 산업 기반, 자원 기반 그리고 제도 기반 관점으로 구성된 전략 삼각대는 기업가정신 현상을 상당히 잘 조명해 준다. 이는 그림 5.1에 설명된 통합 모델로 이어진다.

**그림 5.1 기업가정신의 통합 모델**

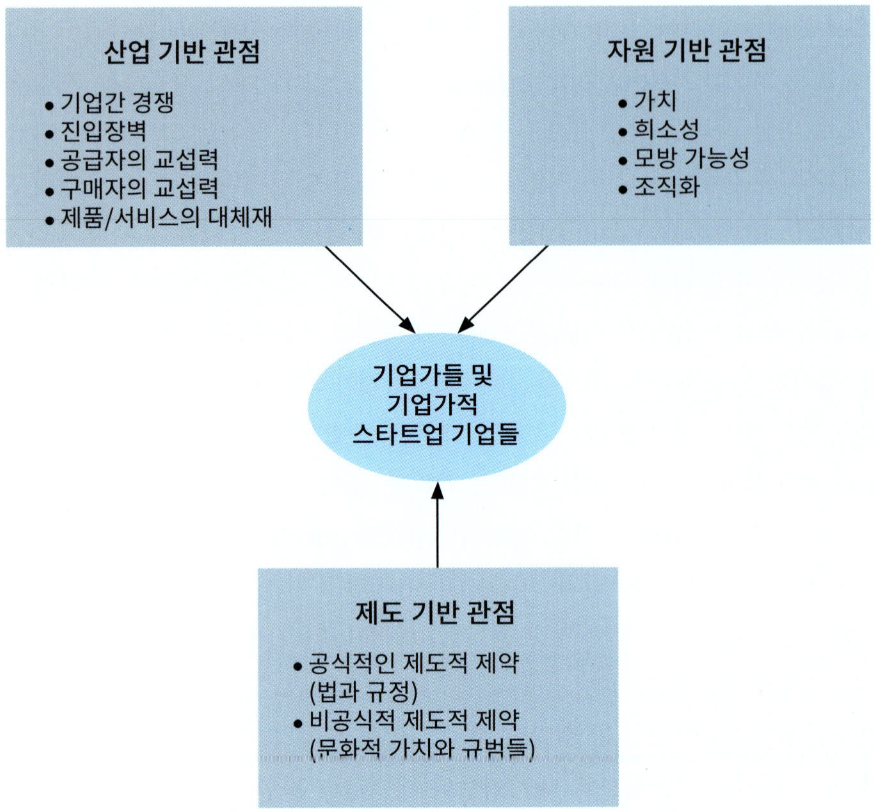


## 산업 기반 관점

2장에서 처음 소개된 포터의 5요인 체계로 대표되는 산업 기반 관점은 (1)기업간 경쟁 (2)진입장벽 (3)공급자의 교섭력 (4)구매자의 교섭력 (5)대체재의 위협을 강조한다. 첫째, 기업 간 경쟁의 강도는 새로운 창업기업이 성공할 수 있을지 여부에 직접적인 영향을 미친다. 상업 우주여행에서 일론 머스크(Elon Musk)의 스페이스 X(SpaceX), 리처드 브랜슨(Richard Branson)의 버진 갤럭틱(Virgin Galactic), 제프 베저스(Jeff Bezos)의 블루 오리진(Blue Origin)이 유력한 경쟁자들로 부상했다. 게다가 중국의 랜드스케이프(Landscape)와 뉴질랜드의 로켓 랩(Rocket Lab)과 같은 수십 명의 소규모 플레이어들이 그 활동의 일부를 얻기 위해 분주히 움직이고 있다.

진입장벽은 기업가정신에 영향을 미친다. 신생기업 진입이 레스토랑과 같이 진입장벽이 낮은 산업을 중심으로 모여드는 것은 놀라운 일이 아니다. 반대로, 자본 집약적 산업은 기업가적 성공의 기회를 방해한다. 예를 들어, 현재 정상적인 기업가는 보잉(Boeing)이나 에어버스(Airbus)와 경쟁하는 데 돈을 걸지는 않을 것이다. 심지어는 상대적으로 새로운 산업인 상업용 드론에서도 2006년 중국에서 설립된 대표적인 기존 기업 DJI 테크놀로지(DJI Technology)는 이제 너무나 지배적이어서 전 세계 70%의 시장 점유율을 보유하고 있으며, 그 고객 중에는  양국 간의 지정학적 긴장에도 불구하고 미군도 포함되어 있다. 시장 점유율을 떨어뜨리려는 신규 진입자들의 노력들은 실패하고 있다. 진입 장벽이 이제는 너무나 커서 아우텔(Autel), 플라이어빌러티(Flyability), 고프로(GoPro), 패롯(Parrot), 베리티 스튜디오(Verity Studios) 및 유넥(Yuneec)과 같은 경쟁업체들은 DJI의 하드웨어를 대체하는 대신 이를 보완하는 소프트웨어와 서비스에 초점을 맞추기 위한 전략으로 재조정하는 것을 결정했다.

최근 기술기반의 긱 이코노미와 공유경제의 부상은 많은 기업가들에게 진입 장벽을 낮추어주었다. **긱 이코노미(gig economy)** 활동은 온라인 또는 현장 서비스 일자리들을 찾는 것을 말한다. **공유경제(shareing economy)** 활동은 다른 사람들이 자신의 상품과 서비스(한 사람의 아파트에서 방 하나를 임대하는 것과 같이)의 일부를 이용할 수 있도록 하는 것을 말한다. 글로벌 기업가정신 모니터(Global Entrepreneurship Monitor)지는 2018년 한국의 성인 5명 중 1명이 긱 이코노미 및 공유경제에 참여했으며, 이는 세계에서 가장 높은 수치이며 이스라엘, 칠레, 아일랜드, 미국이 그 뒤를 이었다고 보고했다(표 5.1 참고). 이러한 개인은 다른 곳에서 고용되어 있으면서 긱과 공유로 그들의 소득을 보충하는 것일 수 있다. 많은 긱 및 공유 참여자들은 그들 자신의 기업가적 벤처 사업을 시작할 계획을 세우고 있거나 그렇게 하는 과정에 있다. 다시 말해서, 긱과 공유경제와 기업가정신을 구분하는 선을 넘는 것은 어렵지 않다.

**긱 이코노미 (gig economy)**
온라인 또는 현장 서비스 일자리들(운전, 번역, 베이비시팅과 같이)을 찾는 것.

**공유경제 (shareing economy)**
자신의 상품 및 서비스의 일부를 다른 사람이 사용할 수 있도록 하는 것(예: 아파트의 방을 임대하는 것).

공급자들의 교섭력이 지나치게 커지면, 작은 기업가적인 회사들은 그러한 공급자들을 상대하기 위해 빠르게 규모를 키울 필요가 있다. 힐튼(Hilton)이나 매리어트(Marriott)와 같은 거대 호텔 체인을 공급자로 다룰 때, 익스피디아(Expedia), 호텔스닷컴(hotels.com), 프라이스라인(Priceline)과 같은 더 작은 기업들은 성장해야만 한다.

**표 5.1 긱(Gig) 및 공유경제에 참여하는 성인 비율이 가장 높은 상위 5개 국가**

| 1 | 2 | 3 | 4 | 5 |
|---|---|---|---|---|
| 한국<br>(21.5%) | 이스라엘<br>(12.3%) | 칠레<br>(11.2%) | 아일랜드<br>(10.9%) | 미국<br>(10.8%) |

Source: Data from Global Entrepreneurship Monitor 2018/2019 Global Report (p. 12), 2018, Babson Park, MA: Babson College.

마찬가지로, 구매자의 교섭력을 낮출 수 있는 기업가들은 그들 스스로 틈새시장을 찾을 수도 있다. 구매자로서 상당한 교섭력을 누리고 있던 반스 앤 노블(Barnes and Noble)과 같은 소수의 전국적인 체인 서점들은 수백 개의 출판사들이 책을 판매해야 하는 유일한 주요 매장을 대표하곤 했다. 미국의 아마존(Amazon)과 러시아의 오존(Ozon)과 같은 인터넷 서점들은 더 많은 판매처를 출판사들에게 제공함으로써 전통적인 서점들의 교섭력을 감소시켰다.

대체제품과 서비스는 기업가들에게 훌륭한 기회를 제공할 수 있다. 만약 기업가들이 게임을 재정의할 수 있는 대체제품을 도입할 수 있다면, 그들은 기존 기업이 가지고 있던 경쟁우위의 일부를 효과적으로 제거할 수 있다. 우버(Uber)와 에어비앤비(Airbnb)가 각각 택시와 호텔 업계에 가져온 혼란은 기존 업체의 시장을 잠식하는 대체재의 부상으로 볼 수 있다.

분명히, 기업가들은 자신이 진입하려고 하는 산업의 본질을 주의 깊게 이해하고 있어야 한다. 하지만, 심지어 그 산업이 진입에 도움이 된다고 해도 기업가들이 성공할 것이라는 보장은 없다. 기업 특유의 그리고 종종 기업가 특유의 자원과 역량 역시 중요하다.

## 자원 기반 관점

3장에서 처음 소개된 자원 기반 관점은 가치, 희소성, 모방가능성 및 조직화 측면에 초점을 맞추어 기업가정신을 상당히 잘 설명해 준다(그림 5.1 참고). 첫째, 기업가적 자원은 가치를 창출해야 한다. 비즈니스 모델은 기업은 비즈니스를 수행하고 가치를 창출하고 포착하는 방법이다. 비록 "비즈니스 모델"이라는 개념이 인터넷 벤처의 제1의 물결로 2000년경에 등장했지만 비즈니스 모델이 반드시 첨단 기술일 필요는 없다. (통상적인) 시외버스 서비스 시장에서 미국의 기존 기업인 그레이하운드(Greyhound)의 비즈니스 모델은 한 도시의 버스 터미널에서 다른 도시의 버스 터미널로 승객을 태워다 주는 것이다. 이 비즈니스 모델은 모든 목적지 도시에 있는 버스 터미널에 대한 값비싼 끝없는 유지 보수를 필요로 하며, 많은 유지보수가 제대로 되지 않은 많은 터미널이 잠재 승객들이 기피하는 매력적이지 않은 동네에 있다. 영국 출신의 기업가적인 신규 진입자인 메가버스(Megabus)는 버스 터미널을 완전히 없앤 새로운 비즈니스 모델을 도입했다. 메가버스는 차도 가장자리의 기존 시내버스 정류장만 이용할 뿐, 볼품없는 동네에서 승객을 태우거나 내려주는 번거로움이 없다. 게다가, 메가버스는 더 저렴한 요금, 편리한 일정, Wi-Fi, 전 좌석 전원 포트를 제공함으로써, 탁월한 가치를 제공하고 많은 미국인들 특히 젊은이들이 여행하는 방식을 변화시키고 있다.

둘째, 자원은 희소해야 한다. 진부한 말이 있듯이 "만약 모든 사람이 가지고 있다면, 당신은 그것으로부터 돈을 벌 수 없다." 최고의 성과를 내는 기업가들은 사업 기회에 대한 매우 희소한 생각과 깊은 통찰력을 가지는 경향이 있다(오프닝 케이스 참고). 유럽이 난민 위기에 직면했을 때(2015년 한 해에만 노르웨이에 3만 명, 스웨덴에 16만 명, 독일에 100만 명의 망명 신청자가 발생함) 정부와 비정부기구(NGOs)들은 이에 대처할 수 없었다. 현명한 기업가들은 그러한 혼란을 속에서도 좋은 성과를 냈다. 두 명의 노르웨이 형제인 크리스티안(Kristian)과 로저 아돌프센(Roger Adolfsen)은 노르웨이와 스웨덴에 수십 개의 영리 난민센터를 운영하는 히어로 노르웨이(Hero Norway)를 출범시켜 위기를 수익성있는 기회로 전환했다. 그 형제는 스칸디나비아 전역에 30개의 호텔을 가진 노르란디아(Norlandia) 호텔 그룹을 소유했다. 난민서비스로 다각화함으로써 히어로 노르웨이는 노르웨이와 스웨덴 정부에 난민 1인당 하룻밤에 31달러에서 75달러를 청구하며 수천 명의 난민을 수용하고 먹여 살리며 3.5%의 고정적이지만 꾸준한 수익을 얻었다. 수많은 사람들이 호텔과 접객에 대한 경력을 가지고 있지만, 난민 위기를 해소하는 것을 도와 가며 이러한 지식을 수익으로 바꿀 수 있는 역량은 진정으로 희소하다. 호텔들이 문을 닫았던 코로나 19 기간 동안 히어로는 매일 돈을 벌었다.

셋째, 자원은 반드시 모방 불가능해야 한다. 예를 들어, 거의 모든 사람들이 (구) 동인도 회사에 대해 들어 본 적이 있지만 산지브 메타(Sanjiv Mehta)는 동인도 회사 상표의 소유자인 영국 재무부와 혁신적인 거래를 통해 모방자들이 그의 비즈니스 모델을 모방하는 것을 어렵게 만들었다. 동인도 회사 상표의 위조범과 위반자는 영국 정부에 의해 기소될 것이다(오프닝 케이스 참고).

넷째, 기업의 자원은 조직적으로 체화되어 있어야 한다. 흥미로운 조직 역량 중 하나는, **피벗(pivot) 역량**으로, 기업가적 목표에 도달하기 위한 창조적 수정 과정에 유연하게 적응하는 것이다. 전쟁이 있는 한, 고용된 용병들이 존재해 왔다. 그러나, 최근에서야 블랙워터(Blackwater, 처음에는 Xe로 브랜드가 변경되고, 현재는 Academi로 알려짐)와 기업가적 기업의 뛰어난 조직 덕분에 민간 군사 기업들은 글로벌 산업이 되었다. 그들은 아프가니스탄의 위험한 전쟁 지역에서 이라크로 그리고 더 최근에는 시리아로 이동한다. 민간 군사산업의 기업가들은 수천 명의 "민간 계약자"로 불리는 민간 군인들을 배치하는 것은 물론, 자체적으로 해상 병력과 항공기와 헬리콥터를 운용하고 있다.

**피벗(pivot)**
기업가적 목표에 도달하기 위해 창의적 수정 과정에서 적응력과 유연성을 유지하는 것.

전반적으로 대기업과의 경쟁에서 기업가적 기업은 특히 초기에는 유형 자원에 있어서 우위를 차지하지 못할 수도 있지만 그들은 비전, 추진력, 그리고 지략과 같은 무형 자원에서 능가한다.

## 제도 기반 관점

4장에서 처음 소개된 공식 및 비공식적 제도적 제약 전부가 게임의 법칙으로서 기업가정신에 영향을 미친다(그림 5.1 참고). 비록 기업가정신은 일반적으로 전 세계적으로 번성하고 있음에도 불구하고, 그 발전은 일정하지 않다(실행 전략 5.1 참고). 기업가정신이 촉진되는지 또는 지체시키는지 여부는 어떻게 기업가들이 새로운 기업을 창업하느냐를 지배하는 공식적인 제도들

## 실행 전략 5.1 Ethical Dilemma

### 유럽의 기업가정신

역사적으로, 유럽은 기업가적 재능이나 시장 친화적인 기관이 부족하지 않았다. 이제 유럽의 주요한 토론은 왜 그렇게 소수의 유럽인들이 기업가정신에 관심이 있는지에 초점을 두고 있다. Global Enterpreneurship Monitor는 유럽에서 "초기 기업가정신"에 참여하는 성인의 비율이 놀라울 정도로 적으며, 이는 이탈리아 4%, 독일 5%, 프랑스 6%, 영국 7%에 불과하다고 보고했다. 이 수치는 중국 10%, 인도 11%, 브라질 16%, 미국 16%, 캐나다 19%와 바람직하지 비교할 때 덜 우호적이다. 위험을 감수하는 기업가 문화가 없는 것도 한 가지 이유다. 하지만 또 다른 이유는 많은 예비 창업자들을 겁주는 일련의 공식적인 제도 기반 장벽이다.

유럽에는 많은 성공한 대기업과 많은 기업가적인 중소기업이 있지만, 유럽의 대기업들의 거의 대부분은 지난 세기가 바뀔 무렵에 출범했다. 유럽에 부족한 것은 빠르게 성장하고 대기업 대열에 합류하는 성공적인 중소기업이다. 세계 500대 상장기업 중 유럽은 1950년부터 2007년까지 12개만 배출한 반면에 미국은 같은 기간 52개를 배출했다. 세계 15대 디지털 기업들은 모두 미국이나 중국 기업이다. 스포티파이(스웨덴 출신)와 스카이프(원래 에스토니아 출신, 2011년 마이크로소프트가 인수)는 미국인들이 인정하는 유일한 유럽 소비자 기술 브랜드일 것이다. 더 작은 자국 시장과 벤처 캐피털(VC) 자금 부족으로 인해 유럽 중소기업이 규모를 빠르게 구축하지 못했을 수 있다. 2018년 유럽 중소기업은 180억 달러의 기록적인 VC를 받았다. 다만 이는 중국과 미국 중소기업이 각각 받은 400억 달러와 670억 달러 VC에 비하면 약세를 보였다.

기업가정신에서 알려진 사실은 위험이 높고 파산 가능성이 높다는 것이다. 그러나 유럽의 개인 파산법은 파산한 기업인들에게 불친절하기로 악명 높다. 프랑스에서는 파산 후 9년 동안 빚을 지게 된다. 독일에서는 6년이다. 미국에서는 실패한 기업가들이 1년도 안 돼 빚을 면할 수 있다(클로징 케이스 참고).

또 다른 장애물은 노동법이다. 생존하기 위해, 실패한 중소기업들은 신속하게 그리고 값싸게 직원을 줄여야 한다. 그러나 유럽에서는 심지어 최근 고용된 직원들도 최소한 6개월의 퇴직금을 받을 것으로 예상한다. "샌프란시스코에서, 그리고 공산주의 국가인 중국에서, 나는 1~2달의 퇴직금을 지불했다"고 한 좌절한 프랑스 간부가 기자에게 이야기를 전했다. Anil de Mello는 스페인의 기업가이다. 2008~2009년 대공황 이후, 스페인 사회보장국은 그를 대신하여 직원들에게 지급한 퇴직금을 회수하기 위해 5년 동안 그를 추적했다. 또 다른 회사를 다시 시작하는 것에 간절했음에도 불구하고, de Mello는 스페인에서 또 다른 파산을 감당할 수 없다고 판단했다. 대신, 그는 노동법이 더 기업가 친화적인 스위스에서 그의 다음 새로운 벤처 기업을 설립했다.

De Mello는 적어도 유럽에 머무르고 있지만, 많은 유럽 기업가들은 간단하게 대륙을 떠난다. 실리콘 밸리에서 약 5만 명의 독일인이 일하고 있으며, 샌프란시스코 베이 지역의 약 500개의 스타트업이 프랑스 기업가에 의해 설립되었다. 구글의 설립자 중 한 명인 세르게이 브린은 유럽에서 태어났음에도 불구하고, 성찰적인 질문은 왜 구글이 유럽에서 설립되지 않았는가이다. 미래를 내다보는 질문은, 이 다음의 구글은 유럽에서 설립될 것인가이다.

Sources: (1) Bloomberg Businessweek, 2015, Shale exploration stalls in Europe, May 25: 19; (2) Bloomberg Businessweek, 2018, Why can't Europe do tech? August 20: 45–49; (3) Economist, 2013, A slow climb, October 5: 65–66; (4) Economist, 2013, Start me up, October 5: 60–61; (5) Economist, 2017, Less misérable, February 25: 57; (6) Economist, 2018, Waiting for Goodot, October 13: 54; (7) Global Entrepreneurship Monitor 2018/2019 Global Report, 2018, Babson Park, MA: Babson College; (8) M. W. Peng, Y. Yamakawa, & S. Lee, 2010, Bankruptcy laws and entrepreneur- friendliness, Entrepreneurship Theory and Practice 34: 517–530.

에 상당히 의존하고 있다.

세계은행(World Bank)의 서베이인 두잉 비즈니스(Doing Business)는 등록, 허가, 법인 설립 측면에서 새로운 기업가적 기업을 어떻게 설립하는가에 관한 정부 규정들의 현저한 차이를 보고한다(그림 5.2). 새로 지어진 상업용 건물에 전기를 연결하는 비교적 간단한 심지어

## 그림 5.2 기업환경지수 평균 순위

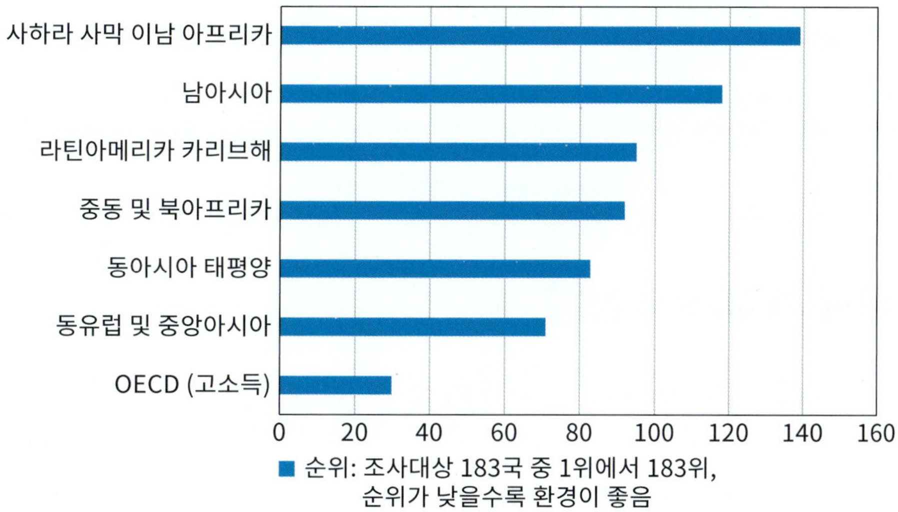


Source: Data extracted from World Bank, 2020, Doing Business 2020 (p. 4), Washington: World Bank. Doing Business 2020 scores 190 economies in ten areas: (1) starting a business, (2) dealing with con-struction permits, (3) getting electricity, (4) registering property, (5) getting credit, (6) protecting minority investors, (7) paying taxes, (8) trading across borders, (9) enforcing contracts, and (10) resolv-ing insolvency. The overall ranking is based on the aggregate ranking of the ten areas.

는 너무나도 일상적인 작업은 엄청난 차이를 보여준다. 일반적으로, 선진국 정부는 짧은 절차(OECD 고소득 국가 평균 절차 4.6개)와 더 적은 비용(일본에서는 무료이며 독일에서는 1인당 GDP의 5.1%)이 소모된다. 이와 대조적으로, 저소득 국가의 정부에서는 훨씬 더 안좋다. 기업가들이 전기를 얻기 위해 브룬디는 국내 1인당 소득의 430배나 되는 비용을 청구하며 시에라리온에서는 441일을 기다려야 한다. 전반적으로 고소득 국가의 기업가는 회사를 설립하기 위해 대개 1인당 소득의 4%만을 사용한다. 이와 대조적으로 저소득 국가의 기업가는 회사를 설립하기 위해 1인당 소득의 50%를 지불해야 한다. 이러한 공식적인 제도적 요건들이 더 기업가 친화적일수록 기업활동이 더욱 번성하고 경제가 더욱 발전한다는 것은 놀라운 일이 아니다. 결과적으로, 이제 더 많은 국가들이 더욱 기업가 친화적으로 되기 위해 그들의 공식적 제도를 개혁하고 있다. 두잉 비즈니스 2020은 2018-2019년 동안 가장 눈에 띄게 개선된 상위 10개 경제국은 (개선 규모가 큰 순에 따라 내림 차순으로) 사우디아라비아, 요르단, 토고, 바레인, 타지키스탄, 파키스탄, 쿠웨이트, 중국, 인도, 나이지리아라고 보고했다.

공식적인 제도와 더불어 문화적 가치와 규범과 같은 비공식적 제도 역시 기업가정신에 영향을 미친다. 예를 들어, 기업가들은 반드시 더 많은 위험을 감수하기 때문에, 개인주의적이고 낮은 불확실성 사회에서는 상대적으로 더 많은 기업가가 양성되는 경향이 있는 반면, 집단주의

적이고 높은 불확실성 회피 사회에는 상대적으로 더 적은 기업가들로 귀결된다. 일본 성인의 21%만이 기업가정신을 좋은 직업 선택으로 보고 있는데, 이는 세계에서 가장 낮은 것이다. 이는 중국의 60%, 미국의 62%, 그리고 세계에서 가장 높은 과테말라의 95%와 비교된다. 선진국 중에서 일본의 창업률은 미국 그리고 유럽의 3분의 1, 그리고 유럽의 절반으로 가장 낮다. 전반적으로 제도 기반 관점은 공식 및 비공식적 제도 모두가 중요하다는 것을 시사한다. 뒷부분에서는 이러한 요소가 얼마나 중요한지에 대해 설명할 것이다.

## 다섯 가지 기업가적 전략

이 섹션에서는 (1)성장 (2)혁신 (3)네트워크 (4)금융 및 지배구조 (5)수확 및 철수의 다섯 가지 전략에 대해 논의한다. 여섯 번째 전략인 국제화는 다음 부분에서 다룬다.

### 성장

많은 기업가들(예: 토리 버치(Tory Burch))에게, 새로운 기업(예: 토리 버치 유한책임회사(예: Tory Burch LLC))을 성장시키는 것과 관련된 흥미가 처음에 그들을 끌어들이는 바로 그 요소이다( 전략 5.2 참고). 자원 기반 관점에서는 기업을 자원과 역량의 묶음으로 개념화될 수 있음을 상기해보자. 따라서, 기업가적 기업의 성장은 현재 덜 사용되고 있는 자원과 역량들을 더욱 완전히 활용하기 위한 시도로 볼 수 있다. 기업가적 기업은 금융 자본과 같은 유형의 자원이 부족하다 할지라도 성장하기 위해 그 무형의 비전을 활용하고 추진할 수 있다.

**유니콘(unicorn)**
기업 가치가 10억 달러가 넘는 비상장 기술 회사.

**블루오션(blue ocean)**
기업가들이 발굴한 미개척 신시장 지역

**레드오션(red ocean)**
가격전쟁으로 들끓는 알려진 시장.

기술 세계에서 가장 부러워할 만한 성장 형태 중 하나는 10억 달러 이상의 가치를 지닌 민간 기술 회사인 **유니콘(unicorn)**이 되는 것이다. 그 이름은 벤처 투자가인 에일린 리(Aileen Lee)에 의해 에어비엔비(Airbnb), 디디(DiDi), DJI, 드롭박스(Dropbox), 플립카트(Flipkart), 스냅챗(Snapchat), 스페이스X(SpaceX), 우버(Uber), 샤오미(Xiaomi)와 같은 헤드라인을 사로잡는 잘 나가는 기업을 묘사하기 위해 만들어졌다. 그들의 성장의 거의 대부분은 일부 기존 기업들을 압도하고 블루오션을 개척할 수 있게 하는 파괴적인 비즈니스 모델에 의해 주도된다. 블루오션은 두 명의 전략 교수인 찬 김(W. Chan Kim)과 르네 모보르네(Renee Mauborgne)가 쓴 영향력 있는 책, 블루오션 전략에 의해 도입된 은유이다. **블루오션(blue ocean)**은 기업가들이 발굴한 미개척 신시장 지역을, 반면 **레드오션(red ocean)**은 가격전쟁으로 들끓는 알려진 시장을 말한다. 기업가적 기업이 블루오션을 발견하고 진출한 후에 유니콘이 되기 위해 경이적인 성장을 누린다는 보장은 없다. 하지만 레드오션에서 경쟁자들과 쓰러질 때까지 싸우는 것은 확실히 성장을 훨씬 더 어렵게 만든다.

## 실행 전략 5.2

### 패션 산업에서 토리 버치의 부상

오늘날 토리 버치는 우아함, 세련미, 그리고 환상적인 요소와 동의어로 여겨진다. 그녀의 옷은 재미와 단순함을 물씬 풍긴다. 세계적인 현상으로, 토리 버치 매장은 31개국: 오스트리아, 바레인, 브라질, 영국, 칠레, 중국, 이집트, 프랑스, 독일, 괌, 홍콩, 인도네시아, 이탈리아, 일본, 쿠웨이트, 레바논, 마카오, 말레이시아, 멕시코, 파나마, 필리핀, 푸에르토리코, 카타르 사우디아라비아, 싱가포르, 대한민국, 타이완, 대만, 터키, 아랍 국가와 미국에서 발견할 수 있다. 토리 버치는 부엌에서 옷을 판매하며 그녀의 회사인 Tory Burch LLC를 시작했다. Business Insider에 따르면 "오래지 않아 그녀는 중요한 유명인의 지지를 받았고 판매 수치가 급증했다."고 한다.

토리 버치는 1988년 펜실베니아 대학에서 미술사 전공으로 졸업한 후 광고 카피라이터로 패션 경력을 시작했다. 2004년 남편으로부터 200만 달러 투자를 받은 후 뉴욕에 부티크 매장을 열었다. 그녀의 제품들은 하루 만에 매진되었다. 2005년, 그녀는 오프라 윈프리에게 튜닉과 레바 플랫 한 켤레를 보냈고, 이것들은 "오프라의 가장 좋아하는 것들"에 포함되었다. 오프라 윈프리 쇼에서, 토리 버치는 "차세대 빅트렌드"라고 불렸다. 그 후 그녀의 웹사이트는 일주일 만에 800만 건 이상의 조회수를 기록했다.

토리 버치의 시그니쳐인 T 메달리온 구두, 튜닉, 그리고 핸드백들이 국제적으로 유명해졌다. 예를 들어, 토리버치는 포브스(Forbes)에서 "티셔츠를 다시 유행시킨 사람"으로 평가받았다. 토리 버치의 의류와 액세서리는 합리적인 가격으로 판매되며, 평균적으로 한 번의 구매에 약 250달러가 소요된다. 가장 잘 팔리는 제품은 195달러에 판매되는 레바 발레 플랫과 100달러에서 295달러 사이의 튜닉이다. 첫 번째 부티크가 오픈한 이후 몇 년 동안 Tory Burch LLC는 상파울루에서 상하이에 이르기까지 미국 및 전 세계적으로 136개의 매장으로 성장했다. 또한 토리 버치 제품은 약 3,000여 개의 백화점과 전문점에도 유통되고 있다. 전체적으로 Tory Burch LLC의 추정 가치는 33억 달러이다. 토리 버치 자신은 Spanx의 창립자이자 CEO인 Sara Blakely에 이어 패션 업계에서 두 번째로 최근 여성 억만장자가 되었다.

토리 버치의 옷은 기하학적 패턴, 독특한 프린트, 컬러 블로킹의 연속적인 반복으로 인해 1960년대와 1970년대를 연상시킨다. 그녀의 컬렉션은 컬러와 프린트가 살아 있다. 2000년대 중반 인기 TV 쇼 가십 걸에 지속적으로 소개되고 맨해튼 상류 사회와 관련된 브랜드가 된 후 그녀의 브랜드는 이제 지위의 상징이 되었다. Kate Spade, Marc Jacobs, Michael Kors와 같은 기존 브랜드와의 경쟁에 직면하여 Tory Burch는 브랜드로서 새로운 패션을 제안했다. 그녀의 제품 가격은 펜디, 구찌, 루이비통, 프라다와 같은 오래된 브랜드의 가격보다 훨씬 합리적이다. 그녀의 기성복 패션 외에도 토리 버치는 많은 여성들에게 어필하는 신발, 시계, 핸드백, 지갑 및 실내 장식품들을 제공했다.

기업가로서 토리 버치는 상당한 좌절을 겪었다. 개인적으로 그녀는 두 번의 이혼과 저작권 소송을 겪었다. 포브스에 따르면 "그녀의 회사가 운영 체제를 변경하면서 6개월 동안 발송물을 추적할 수 없는 문제가 발생했지만, 버치는 대혼란을 숨기지 않고 소셜 미디어를 활용하여 고객들에게 문제 상황을 투명하게 알렸으며, 그 결과로 그녀의 고객들은 그녀의 지지자가 되었다." 그 이후로 토리 버치는 여성 억만장자의 최고 순위로 올라갔고 결국 포브스의 가장 영향력 있는 인물 연간 목록의 주요 인물이 되었다.

Sources: This case was written by Grace Peng. Based on (1) Busi-ness Insider, 2013, How Tory Burch became a fashion billionaire in less than a decade, January 3: businessinsider.com; (2) Forbes, 2013, Billionaire Tory Burch's seven lessons for entrepreneurs, May 22: forbes.com; (3) Forbes, 2013, Fashion tycoon Tory Burch becomes a billionaire (thanks, in part, to $200 ballet flats), January 3: forbes.com.

## 혁신

혁신은 기업가적 사고방식의 핵심이다. 혁신전략은 차별화 전략의 특수한 형태이다(2장 참고). 그것은 세 가지 이점을 지닌다. 첫째, 경쟁우위를 위해 잠재적으로 더 지속 가능한 기반을 제공한다. 블루오션에 새로운 제품이나 서비스를 먼저 내놓는 기업들은 경쟁자가 등장할 때까지 거의 (준) "독점이익"을 얻을 가능성이 크다. 만약 기업가적 기업이 파괴적인 기술을 내놓는다면, 그들은 경쟁 규칙을 재정의할 수 있고, 따라서 기존 기업들의 경쟁우위를 없앨 수 있다.

둘째, 혁신은 폭넓게 고려되어야 한다. 기술적인 혁신은 혁신이긴 하지만, 그렇게 하는 것은 덜 참신하지만 그럼에도 여전히 상당히 새로운 사업 방식이다. 대부분의 창업기업들은 기존 제품이나 서비스를 재조합하여 새로운 제품을 만든다. 한 가지 예는 케리그 그린 마운틴(Keurig Green Mountain)이 커피 머신에 일인용 커피 포트를 선구적으로 사용한 것이다.

마지막으로, 기업가적 기업의 소유자, 관리자 및 직원들은 대기업보다 더 혁신적이며 위험을 감수하려는 경향이 있다. 실제로, 많은 중소기업들은 대기업에서 혁신적인 자신의 아이디어를 현실로 전환하지 못한 것에 좌절한 전직 대기업 직원들에 의해 설립된다. IBM의 독일 자회사 내 프로그래머 그룹은 표준 프로그램 솔루션이 고객들에게 수익성 있게 잘 팔릴 것이라고 IBM에 제안하였다. 그들의 아이디어가 거절된 후, 그들은 떠났고 현재 번창하고 있는 ERP 시장에서 시장 1위 업체인 SAP을 설립했다. 또한 대기업에 있는 혁신자들은, 재산권은 대개 이들 기업에 속하기 때문에, 그들의 혁신으로부터 개인적으로 이익을 얻을 수 있는 능력이 제한되어 있다. 이와는 대조적으로, 기업가적 기업에 있는 혁신자들은 혁신과 관련된 재정적인 이득을 더 잘 얻을 수 있으며, 따라서 앞으로 나아가고자 하는 그들의 동기를 촉진한다.

## 네트워크

네트워크 전략은 개인과 조직이 지니는 관계, 연결, 유대를 의도적으로 구축하고 활용하는 것을 말한다. 네트워크에는 개인적 네트워크와 조직적 네트워크의 두 가지 종류가 있다. 두 가지 모두 중요하다. 기업가적 기업의 설립 단계 이전에, 그리고 설립 기간 중에 이 두 가지 네트워크는 상당히 겹친다. 즉, 기업가의 개인적 네트워크는 본질적으로 기업의 조직적 네트워크와 동일하다. 기업가정신의 본질은 개인적 네트워크를 부가가치를 창출하는 조직의 네트워크로 "변환"하는 과정으로 간주할 수 있다. 긴급성, 강도, 영향력의 세 가지 속성이 기업가적 네트워킹을 구별해 준다.

**신생기업의 불리함 (liability of newness)**
신생기업이 시장에 진입할 때경험하게 되는 고질적인 불리함.

첫째, 기업가적 기업들은 네트워크를 개발하고 활용하는데 높은 수준의 긴급성을 지닌다. 그들은 기업가적 기업이 신규 진입자로서 경험하는 고유한 단점으로 정의되는 **신생기업의 불리함(liability of newness)**에 직면하게 된다. 실적이 없음으로 인해, 창업기업들은 신뢰를 얻지 못한다. 공급자, 고객, 금융계 그리고 기타 이해관계자의 눈으로 볼 때 그들은 정당성이 부족하다. 따라서 창업기업들은 신생기업의 불리함을 극복하기 위해 기업가의 소셜네트워크를 시급히 활용할 필요가 있다. 도움을 얻기 위해 (공동설립자, 경영진 구성원, 투자자 또는 이사회 이사들인) 더욱 기반이 튼튼한 개인들과 (제휴 파트너, 스폰서, 또는 고객들인) 조직들을 설득하는 것은 창업기업의 정당성을 높일 수 있다. 다시 말해서, 무형의 그러나 매우 중요한 자원인 정당성이 이전될 수 있다.

기업가적 네트워킹을 구별하는 두 번째 특징은 그 강도이다. 네트워크 관계는 강한 유대관계와 약한 유대관계로 분류할 수 있다. **강한 유대관계(strong ties)**는 보다 오래가며, 믿을 수 있고, 신뢰할 수 있는 관계인 반면, **약한 유대관계(weak ties)**는 덜 지속되며, 믿을 수 없고, 신뢰할 수 없다. 강한 유대관계를 만들고, 발전시키고, 유지하려는 노력은 약한 유대관계를 위한 노력보다 보통 더욱 치열하다. 기업가들은 종종 조언, 조력, 지원을 위해 일반적으로 5명에서 20명의 개인과 강한 유대관계에 의존한다. 시간이 지남에 따라, 강한 유대관계에 대한 선호도가 바뀔 수 있으며 약한 유대관계의 이점들이 나타날 수도 있다(다음 섹션 참고).

**강한 유대관계 (strong ties)**
오랜 기간에 걸쳐 형성된, 보다 오래가고, 믿을 수 있으며, 의지할 수 있는 관계.

**약한 유대관계 (weak ties)**
드문 상호 작용과 친밀감이 없는관계.

마지막으로, 작은 기업 규모 때문에 기업가의 개인적인 네트워크는 기업의 성과에 더욱 강력한 영향을 미치는 경향이 있다. 이에 비해, 대기업의 경영진들이 만드는 것과 비슷한 네트워크의 영향은 이들 기업의 큰 크기 때문에 덜 두드러질 수도 있다. 게다가, 개인 소유주로서 기업가들은 만일 그들의 기업의 성과가 좋으면, 이익을 직접적으로 챙길 수 있으므로 인해, 이러한 네트워크들이 활용되도록 동기를 부여할 수 있다.

전반적으로, 개인적 네트워크와 조직적 네트워크 모두가 상당한 자원과 기회를 제공하고, 성공적인 네트워크는 성공적인 기업가적 성과로 이어질 수 있다는 강력한 증거가 있다. 가장 유리한 자리에 있는 사람은, 다른 사람들과 연결되어 있지 않은 많은 사람들과 잘 연결이 되어 있는 사람이다. 즉, 네트워크상에서 가장 중심적인 자리에 있는 것이 도움이 된다. 그러므로, 유용한 유대관계와 연락처로 무장한 기업가들은 말 그대로 "다른 사람들 간에 연결을 중개함으로써 가치를 창출하는 사람"이 될 수 있다. 이것이 실제로 기업가라는 단어 본래의 의미이다.

## 금융 조달 및 지배구조

모든 창업기업은 자본을 필요로 한다. 여기 한가지 농담이 있다. 기업가적 자금 조달의 원천인 "4F" 중 처음의 세 개는 설립자(founders), 가족(family), 친구(friends)이다. 그러나, 마지막 F는 무엇일까? 정답은... 바보들(fools)이다. 비록 이것이 농담이지만, 기업가적 세계에서는 공감을 불러일으킨다. 잘 알려진 창업기업들의 실패들을 고려할 때(그들 중 대다수는 실패한다, 클로징 케이스 참고), 바보가 아닌 누군가가 왜 창업 기업에 기꺼이 투자 하려고 하겠는가? 실제로, 대부분의 외부의 전략적 투자자들은 **엔젤 투자자(angels)**, **벤처 투자자(venture capitalists, VCs)**, 은행, 외국인 진입자, 정부 기관 등으로 이들은 바보가 아니다. 그들은 종종 사업계획을 조사하며, 강력한 경영진을 요구하며, 재무제표를 면밀히 검토한다. 그들은 또한 기업가들이 단순히 "돈을 들고 튀지는" 않는다는 것을 나타내는 (담보와 같은) 어느 정도의 보증을 요구한다. 기업가들은 이러한 외부 투자자들과 관계를 발전시킬 필요가 있는데, 그 중 일

**엔젤 투자자(angels)**
부유한 개인 투자자.

**벤처 투자자 (venture capitalists, VCs)**
잠재력이 높은 신생 기업의 초기단계에 자본을 투자하는 투자자.

부는 약한 유대관계이다. 약한 유대관계에 있는 사람들을 자발적인 투자자들로 바꾸는 것은 항상 어려운 일이다.

강한 유대관계에 있는 사람들을 다루는 것은 상당히 격식을 차리지 않을 수도 있지만(악수나 간단한 계약에 기초할 수 있음), 약한 유대관계에 있는 사람들을 다루는 것은 더욱 격식을 차려야 한다. 서로 오랜 상호작용의 역사가 없는 상황에서, 엔젤 및 벤처 투자자와 같은 유대가 약한 투자자들은 종종 (20-40%와 같은) 상당한 지분률, 이에 해당하는 이사회 내 의석 수, 그리고 일련의 규정과 정책 등을 통해 그들의 투자를 보호하기 위해 더 공식적인 경영구조를 요구할 수 있다. 극단적인 경우, 사업이 잘 진행되지 않으면 벤처 투자자들은 공식적인 의결권을 행사해 창업자인 CEO를 해임할 수도 있다. 그러므로, 기업가들은 대규모 자금 조달의 필요성과 그들의 "꿈"인 기업의 소유권과 지배권의 상당 부분을 양도할 필요성을 고려할 때 절충안을 선택해야한다.

**블리츠스케일링 (blitzscaling)**
불확실성에 직면했을 때조차도 회사의 발전에서 효율성보다 속도를 우선시하는 것

**벤처 캐피털 (venture capital, VC)**
잠재력이 높은 신생 기업의 초기단계에 자본을 투자하는 투자자

창업 위험과 관련된 잘 알려진 위험들을 고려할 때, 기업가들은 그들의 가능성을 향상시키기 위해 할 수 있는 모든 것이 도움이 될 것이다. 중요한 초기 몇 년 동안 생존 가능성은 기업 규모와 상당히 상관관계가 있는데, 더 클 수록 더 좋다. 따라서 빠른 확장이 중요하다. **블리츠스케일링(blitzscaling)**은 페이팔(Paypal)과 링크드인(Linkedin)을 공동 설립한 벤처 투자자인 리드 호프만(Reid Hoffman)이 최근 만든 개념이다. 제2차 세계 대전 초기 독일군의 전격전(번개전)에서 영감을 받은 블리츠스케일링은 호프만에 따르면, "불확실성에 직면했을 때조차도 회사의 발전에서 효율성보다 속도를 우선시하는 것"이다. 이와 동시에 기업가적 기업은 "가장 먼저 규모를 확장하려는" 노력의 일환으로 "자본을 비효율적으로 사용할 것"이다. 물론 페이팔과 링크드인은 초기의 사례 중 일부이다. 더 최근의 예는 우버(Uber), 리프트(Lyft)와 같은 유니콘으로, 수익의 흔적도 없이 수십억 달러의 **벤처 캐피털(venture capital, VC)**을 불태워 유명세를 탔다. 전격 확장을 누리기 위한 전제 조건은 VC의 지원을 받는 것이다. 결과적으로, 기업가들은 종종 더 많은 외부 투자를 받아들이고, 일부 소유권과 통제권을 포기하는 것에 동의하는 선택을 한다.

국제적으로, 기업가들이 (벤처 투자자들과 같은) 외부 투자자들에 비해 가족과 친구의 자원을 활용하는 정도가 다르다. 글로벌 기업가정신 모니터(global Entrepreneurship monitor)는, 공식적인 VC 투자 측면에서, 스웨덴, 남아프리카공화국, 벨기에, 미국은 자국의 GDP 비중에서 VC 투자비율이 가장 높다고 보고했다. 이와 대조적으로, 그리스와 중국은 VC 투자 수준이 가장 낮다. 가족과 친구들로부터의 비공식적 투자에 있어서, GDP 중 가장 높은 퍼센트를 차지하는 중국이 세계 1위이다. 이에 비해, 브라질과 헝가리는 비공식적 투자 수준이 가장 낮다. 이러한 전 세계 데이터에는 많은 논란이 있지만, 중국의 경우(VC 투자에서 두 번째로 낮고 비공식투자에서 가장 높음)는 쉽게 설명된다. 중국에는 VC 및 신용 조사 기관과 같은 공식적인 시장 지원 기관이 부족하기 때문에, 특히 기업가 호황기에, 중국인 기업가들과 신규 벤처를 위

한 높은 수준의 비공식 투자가 필요한 것이다.

많은 나라에서 기업가적 기회를 위한 금융 조달의 부족에 대응하기 위해 **소액금융(microfinance)**이라고 불리는 매우 혁신적인 해결책이 등장했다. 소액금융은 궁극적으로 기업가들을 빈곤에서 벗어나게 할 의도로 소규모 사업을 시작하기 위해 소규모 자금(50달러에서 300달러 정도)을 대출해 주는 것이다. 1970년대 무하마드 유누스(Muammad Yunus) 경제학 교수에 의해 방글라데시에서 시작한 소액금융은 이제 세계화되었다. 유누스는 2006년 노벨 평화상을 수상했다. 최근에는 소액금융이 선진국에서도 볼 수 있는 **크라우드 펀딩(crowdfunding)** 운동에 영감을 주고 있다. 크라우드 펀딩은 기업가 개인과 그룹이 표준 금융 중개자가 없이 다수의 개인으로부터 상대적으로 적은 출연금을 끌어모아 벤처에 자금을 조달하려는 노력을 말한다.

**소액금융(microfinance)** 50달러에서 300달러 정도의 소규모 자금을 빌려주어 신생기업이 가난으로부터 탈피할 수 있도록 도와줌

**크라우드 펀딩(crowdfunding)** 기업가 개인과 그룹이 표준 금융 중개자가 없이 다수의 개인으로부터 상대적으로 적은 출연금을 끌어모아 벤처 기업에 자금을 조달하려는 노력

## 수확 및 철수

표 5.2에 요약된 바와 같이, 기업의 수확과 철수는 여러 경로를 택할 수 있다. 첫째, 외부의 전략적 투자자들에게 자사 지분을 매각하는 것은 기업의 가치를 상당히 높일 수 있으며, 따라서 훌륭한 수확 옵션을 제공할 수 있다. 그러나, 기업가는 소유권과 경영권을 일정 부분 기꺼이 포기해야 한다.

둘째, 만일 사업이 실패하면 다른 개인 소유주나 회사에 기업을 매각하는 것은 뼈아픈 할인을 해서 이루어질 수도 있고, 만일 사업이 번창하면 행복한 프리미엄을 받고 이루어질 수도 있다. 기업을 매각하는 것은 일반적으로 기업가들이 직면하는 가장 중요하고 감정적인 사건 중 하나이다. "매각"이 반드시 실패를 의미하지는 않는다는 것에 유의해야 한다. 많은 기업가들은 대기업에 인수되어 많은 이익을 얻을 것을 기대하면서 의도적으로 사업을 구축한다.

셋째, 사업이 잘되지 않을 때, 다른 기업과 합병하는 것도 대안이 될 수 있다. 단점은 기업이 독립성을 잃고, 일부 기업가들은 다른 기업으로부터 오게 될 경영진을 위해 자리를 남겨주기 위해 개인적으로 회사를 떠나야 할 수도 있다. 성과가 부진한 기업가적 기업이 좋은 거래를 위해 흥정할 수 있는 좋은 위치에 있지 않다는 것은 당연하다. 하지만, 적절하게 조직화되고 협상된다면, 합병은 기업가가 자신의 열심히 일한 보상을 받을 수 있게 해 줄 것이다.

넷째, 기업가들은 많은 기업가들의 목표인 **기업공개(initial public offering, IPO)**를 통해

**기업공개(initial public offering, IPO)** 회사의 주식을 시장에 처음 상장하는 것

### 표5.2 기업가의 수확 및 철수 경로

- 지분 매각
- 기업 매도
- 다른 기업과 합병
- 기업공개(IP고려O)
- 비활성화
- 파산 선언

### 표 5.3 기업공개(IPO)의 장점과 단점

| 장점 | 단점 |
|---|---|
| • 재무 상태 개선 | • 금융시장 변화에 따라 달라질 수 있음 |
| • 더 많은 자본에 대한 접근성 | • 단기적 관점의 압력 |
| • 주주 기반 다각화 | • 기업 지배력 상실 |
| • 현금화 할 수 있는 능력 | • 주주들을 위한 신탁책임 |
| • 경영진 및 직원 인센티브 | • 프라이버시의 상실 |
| • 향상된 기업 평판 | • 경영의 자유에 대한 제약 |
| • 향후 인수 기회 확대 | • 정기 보고 요구 |

기업을 인수할 수 있다. IPO는 몇 가지 장단점이 있다(표 5.3). 장점들 중 첫 번째로 가장 중요한 것은 재정적 안정성으로, 기업은 더 이상 자금을 위해 끊임없이 "구걸"하지 않아도 된다. 기업가들 스스로에게, IPO는 잠재적으로 재정적인 수익을 초래할 수도 있다. 기업에게는, 스톡옵션은 유능한 직원들을 유치하고, 동기를 부여하고, 유지하기 위한 인센티브로서 발행될 수 있다. IPO는 또한 그 기업이 "성공했다"는 것을 나타내는 훌륭한 신호이기도 하다. 그러한 향상된 평판과 정당성은 기업이 인수와 같은 미래 성장을 촉진하기 위해 더 많은 자본을 조달할 수 있게 한다.

반면, IPO는 많은 단점들을 가지고 있다. 기업은 금융 시장의 합리적 그리고 비합리적 과열(그리고 비관론)의 대상이 된다. IPO 이후 창업한 기업가들은 점차 그들의 다수 지배력을 상실할 수 있다. 법적으로 말하면, 그 회사는 더 이상 "그들의 것"이 아니다. 대신에, 창업한 기업가들은 외부 주주들의 이익을 돌봐야 하는 새로운 신탁업무를 맡게 된다. 결과적으로, 기업가들의 활동의 자유에 몇 가지 제약이 생기게 된다. 그들은 증권 당국, 주주들, 그리고 언론에 의해 철저하게 조사받게 되며, 이것은 종종 기업들이 단기적인 목표에 집중하도록 만들 수 있다. 또한, 개인 재산, 주식 보유 및 보상에 대한 정보가 공개되어야만 함에 따라, 기업 정보가 유출되기도 한다. 최악의 경우, 창업자는 1985년 스티브 잡스(Steve Jobs)가 애플에서 겪은 굴욕과 같이 새로운 경영진에 의해 축출될 수 있다. 이러한 우려 때문에, (스웨덴 가구 대기업인 이케아(IKEA)의 설립자) 잉바 캄프래드(Ingvar Kamprad), (일본 지퍼 제조 기업인 YKK사의 설립자) 타다오 요시다 (Tadao Yoshida), (중국 통신 장비 대기업 화웨이 설립자) 렌 정페이(Ren Zhengfei) 등 일부 기업가들은 기업 공개를 거부했다.

마지막으로, IPO를 통해 기업을 인수하는 것이 가장 성공적인 수확 방법이지만, 실패하는 많은 기업가적 기업들은 그러한 사치를 누리지 못하고 있다. 실행 가능한 유일한 출구는 종종 활동을 중단하거나 파산을 선언하는 것이다. 파산법이 파산한 기업가를 다루는 방식은 전 세계적으로 다르다(클로징 케이스 참고). 전반적으로, 기업가들에게는 다양한 수확 및 철수와 관련된 가용한 옵션들이 있다. 그들은 비즈니스 사이클의 초기부터 사업 철수 계획에 대해 생각하고, 자신의 노고의 열매로부터의 이익을 극대화하는 것을 목표로 하는 것이 장려된다.

## 기업가적 기업의 국제화

오직 대기업들만이 해외에서 사업을 하고 중소기업들은 대부분 국내에서 활동한다는 근거 없는 믿음이 있다. 역사적 고정관념에 기초한 이 근거 없는 믿음은 더 많은 중소기업들이 국제적으로 진출함에 따라 점점 더 도전받고 있다. 또한 일부 창업기업들은 처음부터 해외에서 사업을 시도한다(오프닝 케이스 참고). 디지털 시대에, 많은 새로운 인터넷 기반 벤처 기업들은 국내 시장과 해외 시장을 구분하지 않는다. 이들은 종종 **태생적 글로벌 기업(born global firm)** 또는 **국제적 신생 벤처기업(international new venture)**이라고 불린다.이 섹션은 기업가적 기업이 국제화하는 방법에 대해 조사한다. 표 5.4는 기업가적 기업이 해외 시장에 진출하거나 국내에 머물면서 국제화할 수 있는 방법을 보여준다.

**태생적 글로벌 기업(born global firm) 국제적 신생 벤처기업(international new venture)** 처음부터 해외 사업을 시도하는 스타트업.

### 해외 시장 진입을 위한 국제전 전략

중소기업들은 (1)직접 수출, (2)라이센싱/프랜차이징, (3)해외직접투자(FDI, 세부 내용은 6장 참고)의 세 가지 광범위한 방식을 통해 해외 시장에 진입할 수 있다. 첫째, **직접 수출(direct exports)**은 기업가적 기업의 본국에서 만든 제품을 다른 나라에 있는 고객에게 판매하는 것을 수반한다. 이 전략은 기업가적 기업들이 직접 외국의 고객들에게 접근할 수 있기 때문에 매력적이다. 국내 시장이 침체기를 겪고 있을 때, 해외 판매는 그러한 하락을 보상할 수도 있다. 하지만, 중소기업들은 해외의 기회를 수익으로 전환할 충분한 자원을 가지고 있지 않을 수 있다는 것이 주요한 단점이다.

**직접 수출(direct exports)** 국내에서 만든 제품을 다른 국가에있는 고객들에게 제품을 직접판매하는 것.

국제 시장에 진입하는 두 번째 방법은 라이센싱과 프랜차이징이다. 일반적으로 제조업에서 사용되는 방법인 **라이센싱(licensing)**은, 기업 B에 의해 A에게 지불된 로얄티 비용으로 A

**라이센싱(licensing)** 기업 A의 동의에 따라 기업이 일정의 수수료를 지불하고 A사의 소유인 기술(특허 등)을사용하거나 상표(기업 로고)를 이용하는 것으로 이 용어는 주로 제조업에서 사용된다.

**표 5.4 기업가적 기업을 위한 국제화 전략**

| 해외시장 진출 | 국내시장에 머무르는 경우 |
|---|---|
| • 직접수출<br>• 프랜차이징/라이센싱<br>• 해외직접투자(신설투자, 완전 소유 자회사, 전략적 제휴, 또는 해외인수합병) | • 간접수출(수출중개기업을 통한)<br>• 외국기업의 공급기업<br>• 해외브랜드의 프랜차이징/라이센싱<br>• 해외직접투자자들의 동맹 파트너<br>• 수확 및 철수(외국기업에게 기업을 매도) |

사 소유인 (특허 등과 같은) 기술을 사용하거나 (기업 로고와 같은) 등록상표를 이용할 수 있는 권리를 B사에 주기로 하는 A사의 동의를 의미한다. 미국의 수출 기업이 터키로부터의 수요를 감당하지 못하는 상황을 (가설적으로) 가정해보자. 돈을 받고 터키 기업에 기술 및 상표 사용할 수 있는 라이센스를 부여하는 것을 고려할 수 있을 것이다. **프랜차이징(franchising)**은 패스트푸드와 같은 서비스 산업에서 전형적으로 사용된다는 점을 제외하고는 본질적으로 동일하다. 큰 장점은 라이센스와 프랜차이즈를 내주는 중소기업들은 상대적으로 적은 자본에 대한 위험을 크게 감수하지 않고도 해외로 확장할 수 있다는 것이다. 라이센스나 프랜차이즈를 받는 것에 관심이 있는 외국의 회사들은 그들 자신의 자본을 먼저 투자해야만 한다. 예를 들어, 맥도날드의 프랜차이즈는 프랜차이즈 가맹점에 현재 약 100만 달러의 비용이 든다. 그러나, 라이센스와 프랜차이즈를 내주는 기업 또한 자신들의 기술이나 브랜드 이름이 어떻게 사용되는지에 대한 통제력을 잃을 수 있기 때문에 위험을 감수하는 것이다. 만약 (가정상의) 핀란드에 있는 맥도날드 라이센스 가맹점이 브랜드를 손상시키는 표준 이하의 제품을 판매하며, 품질 개선을 거부하고 있다고 가정한다면, 맥도날드는 두 가지 선택을 할 수 있다. 낯선 핀란드 법원에 라이센스 가맹점을 고소하거나, 또는 관계를 중단하는 것이다. 어느 쪽을 선택하든 복잡하고 비용이 많이 든다.

**프랜차이징(franchising**
기업 A의 동의에 따라 기업 B가 일정의 수수료를 지불하고 A사의 소유인 기술(특허등)을 사용하거나 상표(기업 로고)를 이용하는 것으로이 용어는 주로 서비스 산업에서 사용된다.

세 번째 진입 방법은 FDI로, 신생의 완전소유 자회사(6장 참고), 외국 파트너들과의 전략적 제휴(7장 참고), 또는 외국 기업의 인수(9장 참고)가 포함될 수 있다. 해외에 뿌리를 내림으로써, 기업은 해외 시장에 서비스를 제공하는데 더욱 전념하게 된다. 라이센싱과 프랜차이징과 관련하여, 기업은 자신들의 고유한 기술들이 사용되는 방식을 더 잘 통제할 수 있다. 그러나, FDI는 비용과 복잡성이라는 두 가지 주요한 단점을 가지고 있다. 이를 위해서는 적지 않은 금액의 자본금과 상당한 경영 의지가 요구된다.

많은 기업가적 기업들이 공격적으로 해외에 진출했지만, 대부분의 중소기업들은 그렇게 할 수 없을 것이라는 것은 아마도 사실일 것이다. 그들은 이미 국내 시장에서 고분분투하는 것만으로도 항상 머리가 아플 것이다. 그러나, 다음에서 설명하는 것과 같이, 일부 중소기업들은 여전히 국내에 머무르면서도 국제화할 수 있다.

## 국내 시장에 남아 있는 국제화 전략

표 5.4는 중소기업들이 그들의 본국을 떠나지 않고 국제화하기 위한 다섯 가지 전략들을 보여준다. (1)간접적으로 수출하기 (2)해외 기업의 공급자가 되기 (3)해외브랜드 라이센스 또는 프랜차이즈 가맹점주 되기 (4)해외직접투자자들의 제휴 파트너가 되기 (5)매각을 통한 수확 및 철수하는 것이다.

첫째, 직접 수출은 수익성이 높을 수 있겠지만, 많은 중소기업들은 단순히 그러한 작업을 처리할 수 있는 자원이 없다. 하지만, **간접 수출(indirect exports)**을 통해 여전히 해외 고객에게 접근할 수 있다. 여기에는 국내 기반의, 국내 판매기업과 그렇지 않으면 연결이 되지 않았을 해외 구매자를 연결함으로써 중요한 중개 역할을 수행하는 **수출중개자(export intermediaries)**를 통한 수출이 수반된다. 스스로도 기업가로서, 수출중개자들은 많은 중소기업들의 국제화를 촉진한다. 알리바바(Alibaba)는 여러 가지 기능 중에서 많은 중국 중소기업의 수출 중개 역할을 해 왔다.

**간접수출 (indirect exports)** 국내 수출 중개 기관을 통해 간접적으로 수출하는 것.

**수출 중개자 (export intermediaries)** 국내 판매자와 외국바이어를 연결하는 중요한 중개자 역할을 수행하는 회사.

두 번째 전략은 국내 시장에 진입하는 외국 기업의 공급자가 되는 것이다. 예를 들어 서브웨이(Subway)가 북아일랜드에 진출했을 때, 국내 제과점과 부분적으로 구운 빵에 대한 계약을 맺었다. 이 관계는 매우 성공적이어서 지금은 유럽 전역에 서브웨이 프랜차이즈를 공급하고 있다. 따라서 중소기업 공급업자들은 더 큰 해외 진입자들에 의존함으로써 국제화할 수 있을 것이다.

셋째, 기업가적 기업은 외국 브랜드의 사용권자 또는 프랜차이즈 가맹점이 될 수 있다. 해외의 라이센스와 프랜차이즈를 내주는 기업들은 교육과 기술이전을, 물론 유로로, 제공한다. 결과적으로, 중소기업은 세계 수준의 표준에서 어떻게 운영할 것인지에 대해 많은 부분 배울 수 있다. 나아가, 만약 충분한 학습이 이루어진다면, 관계를 중단하고 더 큰 기업가적 이익을 얻는 것도 가능하다. 태국에서는, 피자헛(Pizza Hut) 프랜차이즈를 20년 간 보유하고 있었던 마이너 그룹(Minor Grup)은, 만료가 된 후에 그 관계를 갱신하지 않았다. 그리고 나서 마이너 그룹의 새로운 벤처인 피자 컴퍼니(Pizza Company)가 태국 시장의 리더가 되었다.

네 번째 전략은 외국인 직접 투자자의 제휴 파트너가 되는 것이다. 공격적인 다국적 기업들의 맹공격에 직면하여, 많은 기업가적 기업들은 그들의 시장 지위를 성공적으로 방어하지 못할 수도 있다. 그렇다면 옛 속담을 따르는 것이 좋다. "만약 당신이 그들을 이길 수 없다면, 그들과 함께하라!" 거인들과 함께 춤을 추는 것은 까다롭지만, 거인들에게 짓눌려지는 것보다는 더 낫다.

마지막으로, 수확 및 철수 전략으로, 기업가들은 일부 지분 또는 기업 전체를 외국인 진입자들에게 매각할 수도 있다. 원래 시애틀 출신인 한 미국인 부부는, 시애틀 커피(Seattle Coffee)라고 불리는 스타벅스와 같은 커피 체인을 영국에서 설립했다. 스타벅스가 영국에 진출했을 때, 이 부부는 60개의 체인을 8천 4백만 달러라는 어마어마한 가격에 스타벅스에 팔았다. 창업기업들의 높은 실패율에 비추어 볼 때(클로징 케이스 참고), 외국인 진입자에 인수되는 것은 장기적인 사업을 보존하는 데 도움이 될 수 있다.

## 논쟁과 확장

전 세계적으로 기업가적인 붐은 상당한 논란과 논쟁을 불러 일으켰다. 이 섹션에서는 세 가지 주요 논쟁을 소개한다.

## 논쟁 1: 특성과 제도

이것은 아마도 기업가정신에 대한 가장 오래된 논쟁일 것이다. 그것은 다음의 질문에 초점을 맞춘다. 대부분의 다른 사람들은 단순히 상사를 위해 일하는 것에 반해, 무엇이 기업가들이 새로운 기업을 설립하도록 동기를 부여하는가? "특성" 사고학파들은 중요한 것은 개인적인 특성이라고 주장한다. 기업가가 아닌 사람들에 비해, 기업가들은 더 강한 성취를 위한 욕구를 가지고 있고, 위험을 감수하며 모호함을 용인할 수 있는 가능성이 더 높은 것으로 보인다. 전반적으로, 기업가정신은 필연적으로 다른 사람들을 위해 일하기 위해 규범에서 벗어나게 되며, 이 일탈은 기업가들의 "피" 속에 있을 수 있다. 예를 들어, **연쇄 창업가(serial entrepreneurs)**들은 그들의 경력 내내 여러 사업을 시작하고, 키우고, 매각하는 사람들이다. 그 하나의 예가 데이비드 닐먼(David Neeleman)으로, 연쇄 창업가로서는 그는 세 나라에 네 개의 항공사를 설립했다(미국의 모리스 에어(Morris Air)와 제트블루(JetBlue), 캐나다의 웨스트젯(WestJet), 더욱 최근에는 브라질의 아줄(Azul)).

**연쇄창업가 (serial entrepreneurs)** 자신의 경력을 쌓는 기간 동안 여러개의 사업을 시작하고, 성장시키고 난 뒤 파는 기업가.

하지만, 비평가들은 강한 성취 지향과 같은 이러한 특성들 중 일부는 반드시 기업가들에게 제한되지 않고, 대신에 많은 성공한 개인들의 특징이라고 주장한다. 기업가들 사이의 다양성은 이들에 대한 표준적인 심리적 또는 성격적 프로필을 만들려는 시도를 헛수고로 만든다. 비평가들은 중요한 것은 제도, 즉 게임의 공식적이고 비공식적 게임의 규칙을 만드는 데 영향을 미치는 환경이라고 주장한다. 동남아 전역에서 매우 높은 수준의 기업가정신을 보이고 있는 중국인들을 생각해 보라. 소수민족(보통 인도네시아나 태국 등에서 전체 인구의 10%에 못미치는 인구)으로서 중국인은 각국의 부의 70-80%를 차지하고 있다. 그러나 중국 본토에서는 지난 1950년대부터 1970년대까지 30년 간, 엄격한 공산주의 정책 덕분에 기업가정신이 사실상 없었다. 하지만, 더욱 최근에는 정부 정책이 상대적으로 기업가 친화적으로 됨에 따라 제도적 전환이 중국 기업가정신의 수문을 열었다.

거시적인 사회 수준의 제도를 넘어 더 많은 미시적인 제도들 또한 중요하다. 가족 배경이나 교육적 성취는 종종 기업가정신과 연관이 있다. 부유한 부모들, 특히 자신의 사업을 소유하고 있는 부모의 자식들은 그들 자신의 사업을 시작할 가능성이 더 높다. 더 높은 수준의 교육을 받은 사람들도 마찬가지이다. 종합해 보면, 새로운 회사를 설립하는 것이 합법적인지 아닌지의 측면에서, 개인의 사회경제적 집단을 지배하는 비공식적인 규범은 새로운 벤처를 창조하기 위한 성향에 어떠한 강력한 영향을 미친다.

이민자 기업가정신에 초점을 맞춘 실행 전략 5.3에 의해 설명된 바와 같이, 전반적으로 "특성과 제도" 논쟁은 더 광범위한 "선천성과 후천성" 논쟁의 연장선이다. 대부분의 학자들은 이제 기업가정신이 선천성과 후천성 모두의 결과라는데 동의한다.

## 실행 전략 5.3 Emerging Markets Ethical Dilemma

### 이민 기업가

많은 나라에서 이민자들은 현지 출생자보다 자기 자신의 사업을 시작하는 경향이 높다. 미국에서는 이민자가 노동인구의 15%에 불과하지만, 기업가의 27%를 차지한다. 미국의 스타트업 중 약 1/3는 적어도 한 명의 이민자에 의해 시작된다. 대체로 포춘 500 기업의 45%(애플과 구글을 포함하여)는 이민자나 그들의 자녀에 의해 설립되었다. 독일에서는 스타트업의 44%가 외국 여권 소지자에 의해 등록되었다. 이탈리아에서는 새로운 회사 창립자의 가장 흔한 성은 후(Hu), 첸(Chen), 싱(Sing)이며, 그 뒤로는 큰 차이를 두고 로시(Rossi)가 네 번째이다. "특성과 제도" 논쟁에서 "특성" 측 지지자들은 자기 선택으로 인해 더 모험적이고, 더 위험을 감수하고, 더 열심히 일하는 개인들이 이민을 가는 반면 덜 기업가적인 사촌들은 뒤에 남아 있다는 것을 시사한다. 다시 말해, 이민자들은 평균적으로 그들의 토착민과 남겨진 사촌들보다 기업가적인 경향이 더 강할 수 있다.

"제도" 측 지지자들은 제도의 견인력과 추진력을 모두 지적한다. 첫째, 이민자들의 기업가적 추진력을 키우는 것은 이민자들의 새로운 고국의 보다 기업하기 좋은 제도적 환경이 매력적이기 때문이라 지적한다. 실리콘 밸리에서 고도로 기술적인 직업에 종사하는 아시아 이민자들은 인도 출신 26%, 중국 출신 14%를 포함하여 노동력의 69%를 차지한다. 파키스탄, 필리핀, 베트남 등 다른 아시아 국가 출신 이민자들은 29%를 차지한다. 중국과 인도 출신 이민자들만으로도 실리콘 밸리 스타트업의 1/4이 창립되었다. 실리콘 밸리는 아시아 이민자뿐만 아니라 다른 이민자들도 끌어들인다. 약 5만 명의 독일인이 거기에서 일하며, 샌프란시스코베이 지역에는 약 500개의 스타트업이 프랑스 기업가들에 의해 설립되었다. 수천 명의 러시아어를 구사하는 러시아 및 구소련 국가 출신의 전문가 및 기업가가 실리콘 밸리에서 일하고 있다. 물론, 이민자 기업가정신은 실리콘 밸리나 미국에만 한정되지 않다. 이민자들은 전 세계적으로 기업가정신을 활발히 펼치고 있다.

둘째, 다른 평론가들은 많은 이민자들을 기업가로 몰아가는 것은 이민자들이 모인 새로운 나라의 비우호적인 사업환경이라고 지적한다. 언어장벽, 종교적차이, 출신국에 대한 편견은 많은 이민자들이 주류 부문에서 좋은 일자리를 찾지 못하는데 일조한다. 미국에서 많은 중국인들은 음식점을 열고, 한국인들은 세탁소를 운영하며, 베트남인들은 네일 살롱을 개업하며, 히스패닉들은 청소 용역을 제공하여 생계를 유지한다. 이러한 저기술, 저숙련 분야의 많은 기업가들은 의사, 임원, 변호사, 교수가 될 자격이 있는 고등 교육을 받은 사람들이다. 그들의 2세 또는 3세는 일반적으로 그러한 저 저기술, 저숙련 분야를 떠나 전문직에 참여한다.

분명히, 창업가 유형에는 기회 유형과 필요 유형의 적어도 두 가지 유형이 있다. 기회 유형은 이미 성공한 개인들이 "하늘까지 닿기" 위해 또는 "유니콘을 육성하기" 위해 채택하는 경향이 있다. 필요 유형은 어렵게 생계를 유지해야 하는 이민자들에 의해 자주 추구된다. 서로 다른 유형이더라도 기업가 정신은 일반적으로 일자리를 창출하고, 세금을 납부하며, 경제와 지역사회를 강화한다. 이는 이민자 기업가정신에만 한정되지 않는다.

이것은 이민자 기업가 정신에 장밋빛 면만 있다는 것을 의미하지는 않는다. 부정적인 측면은 토착 기업가가 창업한 스타트업에 비해 이민자 기업가가 창업한 스타트업이 실패할 가능성이 높다는 점이다. 왜 그러한가에 대해서는 논란의 여지가 있다.

Sources: (1) Asian American News, 2019, Asian immigrants trans-forming Silicon Valley, April 7: asamnews.com; (2) Economist, 2017, Startup-kultur, February 4: 45; (3) Economist, 2019, The magic of migration, November 16: Special Report; (4) Harvard Business Review, 2017, How immigrants fuel start-ups, January: 26; (5) E. Kulchina, 2016, A path to value creation for foreign entre-preneurs, Strategic Management Journal 37: 1240–1262; (6) J. Mata & C. Alves, 2018, The survival of firms founded by immigrants, Strategic Management Journal 39: 2965–2991; (7) H. Ndofor & R. Priem, 2011, Immigrant entrepreneurs, the ethnic enclave strate-gy, and venture performance, Journal of Management 37: 790–818; (8) A. Nikiforou, J. Dencker, & M. Gruber, 2019, Necessity entre-preneurship and industry choice in new firm creation, Strategic Management Journal 40: 2165–2190; (9) S. Puffer, D. McCarthy, & D. Satinsky, 2018, Hammer and Silicon, New York: Cambridge University Press; (10) A. L. Saxenian, 2006, The Argonauts, Cam-bridge, MA: Harvard University Press; (11) J. Zhang, P. Wong, & Y. Ho, 2016, Ethnic enclave and entrepreneurial financing, Strate-gic Entrepreneurship Journal 10: 318–335.

## 논쟁 2: 느린 국제화 추구자와 타고난 글로벌 창업기업

**단계모델(stage models)** 기업이 간단한 방식에서 복잡한 운영으로 예상 가능한 단계별로 국제화 한다는 주장.

이 토론은 두 가지 질문을 다룬다. (1)중소기업들이 국제화를 느리고, 단계적으로 묘사하는 전통적인 **단계모델(stage models)**에 의해 제시되어온 것보다 더 빠르게 국제화를 달성할 수 있는가? (2)그들은 빠르게 국제화되어야 하는가? 첫 번째 질문에 대해서는 대체로 결론이 났다. 일부(전부는 아니더라도) 중소기업들이 매우 빠른 국제화를 이루는 것은 가능하다(오프닝 케이스 참고). 현재 컴퓨터 주변기기 분야의 글로벌 리더인 로지텍(Logitech)을 생각해 보라. 로지텍은 스위스와 미국의 기업가들에 의해 설립되었으며, 양국에 본사가 있다. 연구 개발(R&D)과 제조는 처음에는 이들 두 나라 사이에 나누어졌으나, 이후 FDI를 통해 아일랜드와 대만으로 빠르게 확산되었다. 그들의 첫 번째 거래 계약은 일본 기업과 체결되었다. 로지텍은 이러한 "태생적 글로벌" 기업들 중 유일한 기업이 아니다. 최근 인터넷 기술의 도래로 중소기업의 해외 사업 비용이 감소하여 대기업과의 경쟁에서 불리함이 덜하게 되었다.

현재 논의 되고 있는 것은 두 번째 질문이다. 다른 한편으로, 옹호자들은 모든 산업들이 "글로벌"화되었고 기업가적 기업들은 모두 이러한 기회를 신속하게 추구해야 한다고 주장한다. 단계모델의 처방을 따르는 기업들은, 결국 국제화 될 때에는, 그들의 국내 지향성 때문인 상당한 타성을 극복해야 한다. 다시 말해서, 단계모델이 제시하는 중소기업과 관련된 국제화의 내재적 단점과는 반대로, 해외에 진출 시 규모가 작다는 "내재적 장점"이 있을 수 있다. 그러므로, (로지텍과 같은) 확립된 국내 지향성이 없는 중소기업은 국제화를 위해 더 오래 기다리는 경쟁업체를 뛰어넘을 수 있다.

반면, 단계모델은 기업들이 문화적 그리고 제도적으로 비슷한 시장에 먼저 진입하고, 그곳에서 해외사업 경험을 축적할 수 있는 충분한 시간을 보낸 다음, (수출과 같은) 원시적인 방식에서 점차 더 정교한 (해외직접투자와 같은) 방식으로 원거리 시장으로 이동해야 한다고 제안한다. 단계모델에 부합하게, 스웨덴의 이케아는 이웃 나라인 노르웨이에 진출하기까지 20년(1943~1963)을 기다렸다. 더욱 최근에서야 국제화를 가속화했다. 단계모델은 경험이 부족한 수영 선수들이 낯선 외국의 물에 빠져 익사할 수도 있음을 경고한다. 일부 저자들은 "좋아 보이기는 하지만,태생적 글로벌 시각은 위험한 반쪽 진실"이라고 주장한다. 그들은 "당신은 먼저 국내에서 성공해야 하고, 그 다음 지역적 차이점들을 예상하고 진정으로 수용하는 방식으로 밖으로 나가야 한다"고 말한다.

## 논쟁 3: 고성장 기업가정신과 윤리적으로 의심스러운 행동

대부분의 창업기업이 실패하거나 고군분투하는 잔혹한 경쟁에서 유니콘이 되는 것은 매력적인 기업가적 꿈이다. 그러한 꿈을 실현하기 위해서는, 최근의 유행어인 (이 장 앞 부분에서 논의했던) 블리츠스케일링에 의해 사로잡힌 고성장 기업가정신이 필수적으로 보인다. 리드 호프만(Reid Hoffman)의 책 엄청나게 가치 있는 회사를 설립하기 위한 번개처럼 빠른 길(The Lightening-Fast Path to Building Massively Valuable Companies)의 부제는 그것을 잘 요약하고 있다. “만약 창업기업이 매우 빠르게 움직여야 한다고 판단한다면, 그것은 정상적이고 합리적인 확장의 과정을 거치는 회사보다 훨씬 더 많은 위험을 감수하게 될 것이다”라고 인터뷰에서 호프만은 말했다. “당신은 당신의 경쟁자들보다 더 빨리 확장하고자 한다. 그것은 고객에게 가장 먼저 접근한 사람이 그들을 소유할 수 있으며, 규모의 우위가 당신을 승자가 대부분을 차지하는 지위로 이끌 수 있기 때문이다.”

이코노미스트지(Economist)에 따르면 “알기 쉬운 영어로” 블리츠스케일링은 “금을 찾기 위한 희망으로 빠른 속도로 땅을 빼앗는 것”이다. 이 비즈니스 모델의 가장 큰 문제는 수익을 보여줄 수 없다는 것이다. 우버(Uber)는 연간 40억 달러를 불태워버린 것으로 유명하다. 사무실 공간 제공업체인 위워크(WeWork)는 2019년 한 해 동안 매일 매시간 당 20만 달러 이상의 손실을 입었고, 그 후 붕괴되었다. 이것은 드문 사례들이 아니다. 2010년대 후반까지 IPO를 추구하는 기업의 84%가 수익이 없었다. 10년 전에는 그 비율은 3분의 1에 불과했다. 그 결과는? 엄청난 과대평가였다.

하지만, 수익 없는 성장은 고성장의 기업가정신과 관련된 유일한 문제는 아니다. 포천지(Fortune)에 따르면, 많은 윤리적으로 의심스러운 행동들이 고성장 기업가정신의 온상인 “실리콘 밸리의 추악한 이면”이 되었다. “당신이 만들 때까지 가짜로 꾸며라.” 처음에는, 기업가정신은 존재하지 않는 무엇인가를 홍보하는 것을 의미한다. 사실을 조작하는 것은 초기 단계에서는 너무 흔한 일이어서 그것은 예상이 되게 되었다. 관심을 끌고, 고객을 유치하고, VC 지원을 얻기 위한 필사적인 노력으로, 일부 기업가들은 윤리적으로 의심스러운 행동을 하고 있다. 예를 들어 어니스트 컴퍼니(The Honest Company)는 그것이 주장하는 것만큼 “정직”하지 않은 가정용 제품 및 미용 제품에 대한 기만적인 광고로 인해 반복적으로 소송을 당했다. 달걀이 들어가지 않은 마요네즈를 생산한 햄프턴 크릭(Hampton Creek)은 판매량을 부풀리기 위해 직원들과 하청업자들에게 고객으로 가장하고 식료품 가게에서 그 제품들을 다시 사도록 지시했다. 혈액 검사를 전문으로 하여, 한때 90억 달러의 평가를 받았던 테라노스(Theranos)는 거짓말과 부정행위 등 “대규모 사기극”에 벌였다. 그것은 문을 닫아야만 했다.

“빨리 움직여서 헤치고 나가라.” “앞으로 돌진하고 나중에 용서를 빌어라.” 이것들은 언론에 의해 종종 긍정적인 시각으로 쓰인 전투의 외침 중 일부이다. 실제로 우버는 수많은 도시와 국가들에서 택시 규제를 뚫고 운전했다. 에어비앤비는 호텔에 대한 세금을 회피했다. 규칙을 어기는 것은 특정 기업가들을 실리콘 밸리의 영웅으로 만들 뿐 아니라, 그들에게 막대한 기업가치와 개인적인 재정적 횡재로 보상을 해 준다. 2019년 5월 IPO에서 우버의 800억 달러 가치평가가 대표적인 사례이다.

비평가들은 VC 문화, 특히 블리츠스케일링에 의해 장려되는 극단적인 형태가 윤리적으로 의심스러운 행동을 부채질하고 있다고 주장한다. 이러한 행동은 경험이 부족한 (그리고 종종 젊은) 기업가들이 거대한 VC 돈을 건네받으며, 전통을 무시하고, 규칙을 무시하고, 희망적인 생각을 하라는 말을 들을 때, 이러한 행동은 정확하게 예상될 수 있는 것이다. 전반적으로, 고성장 기업가정신은 공격적이어야 한다. 그러나 그것이 얼마나 공격적일 수 있는지에 대해서는 격렬한 논쟁으로 남아 있다.

## 현명한 기업가

기업가들과 그들의 기업은 조셉 슘페터(Joseph Schumpeter)가 처음 소개한 글로벌한 자본주의의 "창조적 파괴 과정"의 전형적인 원동력이다. 이 세 가지 주요 관점은 모두 기업가정신을 상당히 조명할 수 있다. 산업 기반 관점은 기업가적 기업들이 진입장벽이 낮은 시장을 선택하는 경향이 있음을 시사한다. 자원기 반 관점은 비전, 추진력, 그리고 위험을 감수하는 의지와 같이 무형의 자원들이 기업가정신에 기름을 붓는다고 주장한다. 마지막으로, 제도 기반 관점은 제도적 프레임워크가 전 세계적으로 기업가적인 발전과 경제적 발전의 차이 뒤에 있는 것에 대해 많은 것을 설명한다고 주장한다.

결과적으로, 현명한 기업가는 행동에 대해 적어도 네 가지 중요한 의미를 도출할 수 있다(표 5.5). 첫째, 업계에 대한 격차와 기회를 파악하고, 또는 대안적으로 만일 위협이 너무 강할 경우 이를 피하거나 철수할 수 있도록 당신의 업계에 대해 면밀하게 이해하라. 둘째, 기업가적 추진력, 혁신적인 능력, 유대관계와 같은 기업가적 자원과 역량을 활용하라. 셋째, 새로운 회사를 설립하는 방법(그림 5.2)과 파산하는 방법(클로징 케이스 참고)을 관리하는 규칙들과 같은 보다 기업가 친화적인 공식적 제도를 지속적으로 요구하라. 기업가들은 또한 고등학생이나 대학생들과 대화하고 인턴십을 제공하며, 새로운 벤처를 위한 앤젤로서 종잣돈을 제공함으로써, 창업 기업에 정통성을 부여하기 위한 강한 비공식적 규범을 배양해야 한다. 마지막으로, 국제화할 경우, 대담하되 너무 대담하지는 말라. 대담하다는 것이 무모하다는 것을 의미하지는 않는다. 이 장에서의 한 가지 통찰은 해외로 모험을 떠날 준비가 되어 있지 않은 기업가적 기업들

**표 5.5 실행을 위한 전략적 함의**

- 진입하려는 산업에 대한 차이와 기회를 파악
- 기업가적 자원과 역량을 활용
- 기업가정신의 발전을 촉진하는 공식적 비공식적 제도를 요구할 것
- 국제화 할 때 대담하지만 너무 과감히 하지 말 것

은, 국내에 머무르면서 국제화가 가능하다는 것이다.

우리는 네 가지 근본적인 질문을 다시 검토함으로써 이 장을 마무리한다. 창업기업들은 설립자의 개인적인 특성이 구현된 조직이기 때문에, 기업들이 서로 다른 이유(질문 1)이며, 그들이 어떻게 행동하는지(질문 2)는 기업가들이 비기업가들과 무엇이 다른가에서 확인할 수 있다. 기업의 범위를 결정하는 것(질문 3)은 성공적인 기업가들이 어떻게 그들의 사업을 확장하는지에서 알 수 있다. 마지막으로, 기업의 국제적 성공과 실패를 결정하는 것(질문 4)은 기업가가 적절한 산업을 선택하고, 그들의 역량을 활용하고, 국내외 모두에서 공식 및 비공식적인 제도적 자원을 활용할 수 있는지 여부에 달려있다.

## Closing Case　Emerging Markets Ethical Dilemma

### 불황 속 호황 : 좋은 것인가 나쁜 것인가?

기업 파산*은 2008년~2009년 금융위기 기간 동안 최고조에 달했다. Lehman Brothers 및 General Motors와 같은 강력한 기업에서 소규모 기업 의상에 이르기까지 다양한 기업이 전 세계에서 퇴출되었다. 2020년 코로나-19 위기에서, 전체 경제에 대한 봉쇄로 인해 새로운 파산의 물결이 전 세계를 강타했다. 파산은 좋게 들리지 않으며 고무적이지도 않은데, 정부, 금융 기관, 소비자, 납세자 또는 사회 전체가 광범위한 파산을 처리하기 위해 할 수 있는 일이 있을까?

한 가지 관점은 개인 기업가와 직원들에게 의심할 여지 없이 고통스러운 파산이 사회를 위해 좋을 수 있다는 것을 시사했다. 따라서 기업인들이 쉽게 파산을 선언하고 넘어갈 수 있도록 하여 기업인에게 보다 우호적인 파산법을 개정할 필요가 있다. 결과적으로 실패한 기업에 갇혀 있는 재정, 인적 및 물적 자원을 사회적으로 최적의 방식으로 재배치할 수 있다.

가장 중요한 논쟁은 파산 신청을 한 실패한 기업인들을 어떻게 대할 것인가 하는 것이다. 우리는 그들이 빚에서 벗어나도록 내버려 둬야할까, 아니면 벌을 줘야할까? 역사적으로, 기업 우호법과 파산법은 일종의 모순이었다. 왜냐하면 파산법은 보통 가혹하고 심지어 잔인하기 때문이다. 파산이라는 용어는 가혹한 관행에서 파생되었다. 중세 이탈리아에서는 파산한 기업가가 빚을 갚지 않으면 채무자들은 파산자의 거래 벤치(부스)를 파괴할 것이다. 부서진 벤치에 대한 이탈리아어 단어인 방카로타는 파산의 뜻을 가진 영어 단어로 발전했다. 셰익스피어의 베니스의 상인에서 채권자가 요구한 1파운드의 살은 단지 약간의 과장에 불과했다. 1542년 영국에서 통과된 세계 최초의 파산법은 파산한 개인을 범죄자로 간주했다. 형량은 투옥에서 사형 선고까지 다양했다.

그러나 최근 많은 정부에서 기업가 친화적인 파산법이 출구 장벽을 낮출 수 있을 뿐만 아니라 기업가들의 진입장벽도 낮출 수 있다는 것을 깨달았다. 많은 스타트업이 파산하게 되겠지만, 어떤 스타트업이 파산할지 미리 예측하는 것은 불가능하다. 따라서, 제도 기반 관점에서, 기업가정신을 장려되려면, 파산한 미국 기업가들이 높이 평가하는 법적 권리로, 부채에서 벗어날 수 있도록 하는 것과 같은 방법으로 파산에 수반된 고통을 완화할 필요가 있다. 대조적으로, 최근 파산법이 개정될 때까지 파산한 독일 기업인들은 최대 30년 동안 미지급 부채에 대한 책임을 질 수 있다. 게다가, 파산한 회사의 독일과 일본 경영자들도 형사 처벌에 대한 책임을 질 수 있고, 수많은 파산한 일본 기업가들이 자살했다. 독일과 일본의 많은 실패한 기업가들이 손실이 증가하고 있음에도 불구하고 사업 철수를 피하려고 노력하는 반면 사회 및 개인 자원이 더 생산적인 용도로 사용될 수 없다는 것은 놀라운 일이 아니다. 아랍에미리트(UAE)에서는 2016년 파산법 개혁 이전에는, 부도가 난 수표로도  기업인을 감옥에 보낼 수 있었다. 인도의 경우 2018년 개혁 이전에는 파

* 이 경우 파산이라 함은 기업 파산을 말하며 개인 파산을 다루지 않다.

## Closing Case *(Continued)*

산 신청에 4년이 걸릴 수도 있었다. 전반적으로 "끝내기 게임"의 규칙에 따라 가혹한 파산법은 심각한 출구 장벽이 된다. 더 적은 수의 예비 창업자들이 그들의 벤처 사업을 시작하기로 결정할 수 있기 때문에, 가혹한 파산법은 또한 중요한 진입장벽을 만들 수 있다.

사회적 수준에서 많은 예비 창업가가 실패를 두려워하여 아이디어를 포기했다면 번창하는 기업 부문은 없을 것이다. 위험과 불확실성을 감안할 때 많은 기업가가 처음으로 성공하지 못하는 것은 놀라운 일이 아니다. 그러나 그들에게 더 많은 기회가 주어진다면 그들 중 일부는 성공할 것이다. 파산을 신청한 미국 기업인의 약 50%가 4년 만에 새로운 사업을 재개했다. 이러한 높은 수준의 기업가정신은 부분적으로 비교적 기업가 친화적인 파산법(예: 직접 청산 대신 챕터 11 파산 재구성 조항)에 의해 주도되었다. 반면 실패한 기업가들을 엄하게 처벌하는 사회(예시 : 미국 챕터 11 스타일의 구조 조정 옵션을 제공하는 대신 재정적으로 부실해진 기업에 청산하도록 강요하는 등)는 광범위한 기업가정신을 육성할 가능성이 없다. 그럼에도 불구하고 실패한 기업가들은 실수를 피하는 방법에 대한 많은 경험과 교훈을 축적했다. 만약 그들이 기업가적인 게임을 탈락한다면(혹은 최악의 경우 스스로 목숨을 끊는 경우) 그들의 지혜는 영원히 사라질 것이다.

독일, 인도, 일본, 아랍에미리트(UAE)의 최근 파산법 개혁은 더 많은 기업가정신을 촉진하기 위해 인센티브 구조를 바꾸려고 노력하고 있다. 29개국(5개 대륙의 선진국과 신흥 경제국 모두 포함)의 증거를 활용하여 저자와 동료가 수행한 수상 경력에 빛나는 연구에서 기업 친화적인 파산법과 새로운 기업 진입 간의 강력한 연관성을 확인했다.

요약하자면, 논쟁의 한 쪽은 사회적 수준에서 기업가적 실패가 유익할 수 있다고 주장했다. 왜냐하면 많은 기업이 실패하겠지만 수많은 기업가의 실험을 통해 성공적인 솔루션이 등장하고 경제가 발전할 것이기 때문이다. 그러므로 불황의 붐이 반드시 나쁜 것은 아니다. 하지만 도널드 트럼프 대통령이 6개의 기업 파산(개인 파산은 결코 아니었음에도 불구하고)에서 빠져나간 전력은 반대편 논쟁에 활력을 불어넣었다. 트럼프는 공개적으로 "파산법을 활용했다"라고 자화자찬했다. 비판론자들은 트럼프와 같이 돈이 많은 사람들은 파산법이 그들을 보호하기 때문에 문제의 첫 징후에서 현금화함으로써 큰 손실의 결과를 쉽게 피할 수 있다고 주장했다. 그러나 근로자(노동자)들은 그러한 보호 장치가 없거나, 혼란에 빠지거나, 단순히 실직 상태이다. 그것이 공정한가?

Sources: (1) Bloomberg Businessweek, 2018, India's push to fast-track bankruptcies, July 2: 31–32; (2) Bloomberg Businessweek, 2020, The bankruptcy trap, April 13: 24–25; (3) E. Danneels & A. Vestal, 2020, Normalizing versus analyzing, Journal of Business Venturing 35 (in press); (4) R. Eberhart, C. Eesley, & K. Eisen-hardt, 2017, Failure is an option, Organization Science 28: 93–112; (5) Gulf Business, 2017, Unravelling the UAE's bankruptcy law, July: 26–27; (6) S. Lee, M. W. Peng, & J. Barney, 2007, Bankruptcy law and entrepreneurship development, Academy of Management Re-view 32: 257–272; (7) S. Lee, Y. Yamakawa, M. W. Peng, & J. Barney, 2011, How do bankruptcy laws affect entrepreneurship develop-ment around the world? Journal of Business Venturing 26: 505–520; (8) R. Reich, 2015, Donald Trump proves what's wrong with bank-ruptcy laws in America, Politico, September 28: www.politico.com; (9) World Bank, 2020, Doing Business 2020, Washington: World Bank; (10) J. Xia, D. Dawley, H. Jiang, R. Ma, & K. Boal, 2016, Re-solving a dilemma of signaling bankrupt-firm emergence, Strategic Management Journal 37: 1754–1764; (11) Y. Yamakawa, M. W. Peng, & D. Deeds, 2015, Rising from the ashes, Entrepreneurship Theory and Practice 39: 209–236.

### 사례 토론 질문

1. 기업가 친화적 파산법의 장단점은 무엇인가?
2. 파산법이 기업가의 출구 장벽, 진입 장벽이 될 수 있는 이유는 무엇인가?
3. 윤리: 어떤 사람들은 기업가들이 그들의 부채에서 벗어날 수 있도록 허용하는 기업 친화적인 파산법이 모든 사람들을 위한 자금 조달 비용을 증가시키기 때문에 비윤리적이라고 주장했다. 당신은 어떻게 생각하는가?

# 참고문헌

**[Journal Acronyms]** ***AFJOM***—*Africa Journal of Management;* ***AMJ***—*Academy of Management Journal;* ***AMP***—*Academy of Management Perspectives;* ***AMR***—*Academy of Management Review;* ***APJM***—*Asia Pacific Journal of Management;* ***ASQ***—*Administrative Science Quarterly;* ***BI***—*Business Insider;* ***BW***—*Bloomberg Businessweek;* ***B&S***—*Business and Society;* ***ETP***—*Entrepreneurship Theory and Practice;* ***HBR***—*Harvard Business Review;* ***GSJ***—*Global Strategy Journal;* ***IEEE***—*IEEE Transactions on Engineering Management;* ***JBR***—*Journal of Business Research;* ***JBV***—*Journal of Business Venturing;* ***JIBS***—*Journal of International Business Studies;* ***JIM***—*Journal of International Management;* ***JM***—*Journal of Management;* ***JMS***—*Journal of Management Studies;* ***JPE***—*Journal of Political Economy;* ***JWB***—*Journal of World Business;* ***OSc***—*Organization Science;* ***SEJ***—*Strategic Entrepreneurship Journal;* ***SMJ***—*Strategic Management Journal;* ***SMR***—*MIT Sloan Management Review*

S. Alvarez, D. Audretsch, & A. Link, 2016, Advancing our understanding of theory in entrepreneurship, *SEJ* 10: 3–4; B. Anderson, P. Krieser, D. Kuratko, J. Hornsby, & Y. Eshima, 2015, Reconceptualizing entrepreneurial orientation, *SMJ* 36: 1579–1596; P. Patel, M. Kohtamaki, V. Parida, & J. Wincent, 2015, Entrepreneurial orientation-as-experimentation and firm performance, *SMJ* 36: 1739–1749.

M. Hitt, R. D. Ireland, S. M. Camp, & D. Sexton, 2001, Strategic entrepreneurship (p. 480), *SMJ* 22: 479–491. See also R. Hoskisson, J. Covin, H. Volberda, & R. Johnson, 2011, Revitalizing entrepreneurship, *JMS* 48: 1141–1168; S. Ramoglou & E. Tsang, 2016, A realist perspective of entrepreneurship, *AMR* 41: 410–434; S. Zahra & M. Wright, 2011, Entrepreneurship's next act, *AMP* 25: 67–83.

S. Shane & S. Venkataraman, 2000, The promise of entrepreneurship as a field of research, *AMR* 25: 217–226.

M. W. Peng, S. Lee, & S. Hong, 2014, Entrepreneurs as intermediaries, *JWB* 49: 21–31. See also N. Dutt, O. Hawn, E. Vidal, A. Chatterji, A. McGahan, & W. Mitchell, 2016, How open system intermediaries address institutional failures, *AMJ* 59: 818–840; D. Lin, J. Lu, X. Liu, & X. Zhang, 2016, International knowledge brokerage and returnees' entrepreneurial decisions, *JIBS* 47: 295–318.

P. McDougall & B. Oviatt, 2000, International entrepreneurship (p. 903), *AMJ* 43: 902–906. See also Y. Chandra & N. Coviello, 2010, Broadening the concept of international entrepreneurship, *JWB* 45: 228–236; A. R. Reuber, G. Knight, P. Liesch, & L. Zhou, 2018, International entrepreneurship, *JIBS* 49: 395–406.

J. Ault, 2016, An institutional perspective on the social outcome of entrepreneurship, *JIBS* 47: 951–967; G. Calic & E. Mosakowski, 2016. Kicking off social entrepreneurship, *JMS* 53: 738–767; J. Mair, I. Marti, & M. Ventresca, 2012, Building inclusive markets in rural Bangladesh, *AMJ* 55: 819–850; J. McMullen & B. Bergman, 2017, Social entrepreneurship and the development of prosocial motivation, *SEJ* 11: 243–270; T. Miller, M. Grimes, J. McMullen, & T. Vogus, 2012, Venturing from others with heart and head, *AMR* 37: 616–640; U. Stephan, L. Uhlander, & C. Stride, 2015, Institutions and social entrepreneurship, *JIBS* 46: 308–331; T. Waldron, G. Fisher, & M. Pfarrer, 2016, How social entrepreneurs facilitate the adoption of new industry practices, *JMS* 53: 821–845.

B. Barringer & R. D. Ireland, 2006, *Entrepreneurship* (p. 460), Upper Saddle River, NJ: Pearson Prentice Hall. See also S. Basu, C. Phelps, & S. Kotha, 2016, Search and integration in external venturing, *SEJ* 10: 129–152; J. H. Burgers & J. Covin, 2016, The contingent effects of differentiation and integration on corporate entrepreneurship, *SMJ* 37: 521–540; M. Gruber & I. MacMillan, 2017, Entrepreneurial behavior, *SEJ* 11: 271–286; A. Van de Ven, D. Polley, R. Garud, & S. Venkataraman, 1999, *The Innovation Journey*, New York: Oxford University Press; Y. Yang, V. Narayanan, & D. De Carolis, 2014, Relationship between portfolio diversification and firm value, *SMJ* 35: 1993–2011.

W. Baumol, R. Litan, & C. Schramm, 2007, *Good Capitalism,*

*Bad Capitalism, and the Economics of Growth and Prosperity*, New Haven, CT: Yale University Press; C. Bjornskov & N. Foss, 2016, Institutions, entrepreneurship, and economic growth, *AMP* 30: 292–315; S. Bradley & P. Klein, 2016, Institutions, economic freedom, and entrepreneurship, *AMP* 30: 211–221; M. Minniti & M. Levesque, 2010, Entrepreneurial types and economic growth, *JBV* 25: 305–314.

Y. Yamakawa, M. W. Peng, & D. Deeds, 2008, What drives new ventures to internationalize from emerging to developed economies? *ETP* 32: 59–82.

W. Baumol, J. Panzar, & R. Willig, 1982, *Contestable Markets and the Theory of Industry Structure*, San Diego, CA: Harcourt. See also S. Bradley, H. Aldrich, D. Shepherd, & J. Wiklund, 2011, Resources, environmental change, and survival, *SMJ* 32: 486–509; M. Keyhani & M. Levesque, 2016, The equilibrating and disequilibrating effects of entrepreneurship, *SEJ* 10: 65–88; A. Kiss & P. Barr, 2015, New venture strategic adaptation, *SMJ* 36: 1245–1263.

*BW*, 2018, Space: China's final frontier, October 22: 14–15; *BW*, 2018, The new space age, July 30: The entire issue.

S. Aryinger & T. Powell, 2016, Entrepreneurial failure, *SMJ* 37: 1047–1064.

*Economist*, 2017, Taking flight (p. 4), June 10: Technology Quarterly section.

*Global Entrepreneurship Monitor 2018/2019 Global Report* (pp. 34-35), 2018, Babson Park, MA: Babson College.

S. Lee, H. Mun, & K. Park, 2015, When is dependence on other organizations burdensome? *SMJ* 36: 2058–2074.

R. Adner & R. Kapoor, 2016, Innovation ecosystems and the pace of substitution, *SMJ* 37: 625–648.

R. Amit & X. Han, 2017, Value creation through novel resource configurations in a digitally enabled world, *SEJ* 11: 228–242; A. Arora & A. Nandkumar, 2012, Insecure advantage? *SMJ* 33: 231–251; J. Brinckmann & S. Kim, 2015, Why we plan, *SEJ* 9: 153–166; B. Campbell, M. Ganco, A. Franco, & R. Agarwal, 2012, Who leaves, where to, and why worry? *SMJ* 33: 65–87; J. Dencker & M. Gruber, 2015, The effects of opportunities and founder experience on new firm performance, *SMJ* 36: 1035–1052; M. Fern, L. Cardinal, & H. O'Neill, 2012, The genesis of strategy in new ventures, *SMJ* 33: 427–447; D. Hsu & R. Ziedonis, 2013, Resources as dual sources of advantage, *SMJ* 34: 761–781; M. Keyhani, M. Levesque, & A. Madhok, 2015, Toward a theory of entrepreneurial rents, *SMJ* 36: 76–96; K. Moghaddam, D. Bosse, & M. Provance, 2016, Strategic alliances of entrepreneurial firms, *SEJ* 10: 153–168; H. D. Park & H. K. Steensma, 2012, When does corporate venture capital add value for new ventures? *SMJ* 33: 1–22; V. Rindova, A. Yeow, L. Martins, & S. Faraj, 2012, Partnering portfolios, value-creation logics, and growth trajectories, *SEJ* 6: 133–151; S. Sui & M. Baum, 2014, Internationalization strategy, firm resources, and the survival of SMEs in the export market, *JIBS* 45: 821–841; R. Van Ness & C. Seifert, 2016, A theoretical analysis of the role of characteristics in entrepreneurial propensity, *SEJ* 10: 89–96.

R. Amit & C. Zott, 2015, Crafting business architecture, *SEJ* 9: 331–350; B. Demil, X. Lecocq, J. Ricart, & C. Zott, 2015, Business models within the domain of strategic entrepreneurship, *SEJ* 9: 1–11.

H. Brea-Soli, R. Casadesus-Masanell, & E. Grifell-Tatje, 2015, Business model evaluation, *SEJ* 9: 12–33; V. Gerasymenko, D. De Clercq, & H. Sapienza, 2015, Changing the business model, *SEJ* 9: 79–98; S. Kim & S. Min, 2015, Business model innovation performance, *SEJ* 9: 34–57; L. Martins, V. Rindova, & B. Greenbaum, 2015, Unlocking the hidden value of concepts, *SEJ* 9: 99–117; O. Osiyevskyy & J. Dewald, 2015, Explorative versus exploitative business model change, *SEJ* 9: 58–78.

M. W. Peng, 2014, Enter the United States by bus, in *Global Strategy* 3rd ed. (pp. 155–156), Boston: Cengage.

R. Agarwal, M. Moeen, & S. Shah, 2017, Athena's birth, *SEJ* 11: 287–305; R. Angus, 2019, Problemistic search distance and entrepreneurial performance, *SMJ* 40: 2011–2023; Y. Chandra, 2017, A time-based process model of international entrepreneurial opportunity evaluation, *JIBS* 48: 423–451; M. Gruber, S. Kim, & J. Brinckmann, 2015, What is an attractive business opportunity? *SEJ* 9: 205–225; C. Navis & O. V. Ozbek, 2016, The right people in the wrong places, *AMR* 41: 109–129; W. Powell & K. Sandholtz, 2012, Amphibious entrepreneurs and the emergence of organizational forms, *SEJ* 6: 94–115; D. Shepherd, J. McMullen, & W. Ocasio, 2017, Is that an opportunity? *SMJ* 38: 626–644; A. Smith, K. Moghaddam, & S. Lanivich, 2019, A settheoretic investigation into the origins of creation and discovery opportunities, *SEJ* 13: 75–92; U. Uygur & S. Kim, 2016, Evolution of entrepreneurial judgment with venture-specific experience, *SEJ* 10: 169–193.

*BW*, 2016, Asylum for profit, January 11: 53–67.

A. Chakrabarti, 2015, Organizational adaptation in an economic shock, *SMJ* 36: 1717–1738; R. Katila, E. Chen, & H. Piezunka, 2012, All the right moves, *SEJ* 6: 116–132; J. Sorensen & M. Fassiotto, 2011, Organizations as fonts of entrepreneurship, *OSc* 22: 1322–1331.

M. Grimes, 2018, The pivot, *AMJ* 61: 1692 –1717.

J. Scahill, 2007, *Blackwater*, New York: Nation Books.

S. Anokhin & J. Wincent, 2012, Start-up rates and innovation, *JIBS* 43: 41–60; R. Devine & M. Kiggundu, 2016, Entrepreneurship in Africa, *AFJOM* 2: 349–380; C. Eesley, J. Li, & D. Yang, 2016, Does institutional change in universities influence high-tech entrepreneurship, *OSc* 27: 446–461; K. Gurses & P. Ozcan, 2015, Entrepreneurship in regulated markets, *AMJ* 58: 1709–1739; T. Khoury & A. Prasad, 2016, Entrepreneurship amid concurrent institutional constraints in less developed countries, *B&S* 55: 934–969; J. Levie & E. Autio, 2011, Regulatory burden, rule of law, and entry of strategic entrepreneurs, *JMS* 48: 1392–1419; S. Puffer, D. McCarthy, & M. Boisot, 2010, Entrepreneurship in Russia and China, *ETP* 34: 441–467; J. Vermeire & G. Bruton, 2016, Entrepreneurial opportunities and poverty in Sub-Saharan Africa, *AFJOM* 2: 258–280; S. Young, C. Welter, & M. Conger, 2018, Stability versus flexibility, *JIBS* 49: 407–441.

World Bank, 2010, *Doing Business 2010*, Washington: World Bank.

World Bank, 2020, *Doing Business 2020*, Washington: World Bank.

J. Almandoz, 2012, Arriving at the starting line, *AMJ* 55: 1381–1406; E. Autio, S. Pathak, & K. Wennberg, 2013, Consequences of cultural practices for entrepreneurial behaviors, *JIBS* 44: 334–362; D. Kim, E. Morse, R. Mitchell, & K. Seawright, 2010, Institutional environment and entrepreneurial cognitions, *ETP* 34: 491–516; S. Kwon & P. Arenius, 2010, Nations of entrepreneurs, *JBV* 25: 315–330; S. Opper & F. Andersson, 2019, Are entrepreneurial cultures stable over time? *APJM* 36: 1165–1192. 30. *Global Entrepreneurship Monitor 2018/2019 Global Report* (p. 48), op. cit.

*Economist*, 2011, Son also rises, November 27: 71–72.

Y. S. Bermiss, B. Hallen, R. McDonald, & E. Pahnke, 2017, Entrepreneurial beacons, *SMJ* 38: 545–565; J. Cerdin, M. Dine, & C. Brewster, 2014, Qualified immigrants' success, *JIBS* 45: 151–168; J. Clarke, 2011, Revitalizing entrepreneurship, *JMS* 48: 1365–1391; M. Drnovsek, M. Cardon, & P. Patel, 2016, Direct and indirect effects of passion on growing technology ventures, *SEJ* 10: 194–213; E. Powell & T. Baker, 2014, It's what you make of it, *AMJ* 57: 1406–1433; C. Pryor, J. Webb, R. D. Ireland, & D. Ketchen, 2016, Toward an integration of the behavioral and cognitive influences on the entrepreneurship process, *SEJ* 10: 21–42; D. Souder, Z. Simsek, & S. Johnson, 2012, The differing effects of agent and founder CEOs on the firm's market expansion, *SMJ* 33: 23–41; C. Welter, R. Mauer, & R. Wuebker, 2016, Bridging behavioral models and theoretical concepts, *SEJ* 10: 5–20; D. Williams & M. Wood, 2015, Rule-based reasoning for understanding opportunity evaluation, *AMP* 29: 218–236; Y. Yamakawa, M. W. Peng, & D. Deeds, 2015, Rising from the ashes, *ETP* 39: 209–236.

A. Lee, 2013, Welcome to the unicorn club: Learning from billion-dollar startups, *TechCrunch*, November 2: techcrunch. com. See also *Fortune*, 2016, The (new) unicorn list, February 1: 56–57.

W. C. Kim & R. Mauborgne, 2004, *Blue Ocean Strategy*, Boston: Harvard Business School Press.

S. Belenzon & M. Schankerman, 2015, Motivation and sorting of human capital in open innovation, *SMJ* 36: 795–820; K. Boudreau & K. Lakhani, 2013, Using the crowd as an innovation partner, *HBR* April: 62–69; M. Eisenman, 2013, Understanding aesthetic innovation in the context of technological evolution, *AMR* 38: 332–351; A. Gaur, D. Mukherjee, S. Gaur, & F. Schmid, 2011, Environmental and firm-level influences on inter-organizational trust and SME performance, *JMS* 48: 1752–1781; E. Golovko & G. Valentini, 2011, Exploring the complementarity between innovation and export for SMEs' growth, *JIBS* 42: 362–380; R. Khanna, I. Guler, & A. Nerkar, 2016, Fail open, fail big, and fail fast? *AMJ* 59: 436–459; D. Maslach, 2016, Change and persistence with failed technological innovation, *SMJ* 37: 714–723; G. Pisano, 2019, The hard truth about innovative cultures, *HBR* January:

62–71; S. L. Sun & B. Zou, 2018, Generative capability, *IEEE* 66: 636–649; M. Sytch & A. Tatarynowicz, 2014, Exploring the locus of invention, *AMJ* 57: 249–279; M. Terziovski, 2010, Innovative practice and its performance implications in SMEs in the manufacturing sector, *SMJ* 31: 892–902; W. Wales, V. Parida, & P. Patel, 2013, Too much of a good thing? *SMJ* 34: 622–633; M. Zhang & J. Hartley, 2018, *Guanxi*, IT systems, and innovation capability, *JBR* 90: 75–86.

C. Christensen, 1997, *The Innovator's Dilemma*, Boston: Harvard Business School Press.

S. Kaplan & K. Vakili, 2015, The double-edged sword of recombination in breakthrough innovation, *SMJ* 36: 1435–1457; A. Kriz & C. Welch, 2018, Innovation and internationalization processes of firms with new-to-the-world technologies, *JIBS* 49: 496–522; H. Singh, D. Kryscynski, X. Li, & R. Gopal, 2016, Pipes, pools, and filters, *SMJ* 37 1649–1666.

B. Campbell, D. Kryscynski, & D. Olson, 2017, Bridging strategic human capital and employee entrepreneurship research, *SEJ* 11: 344–356.

J. Broschak & E. Block, 2014, With or without you, *AMJ* 57: 743–765; Y. Li, H. Chen, Y. Liu, & M. W. Peng, 2014, Managerial ties, organizational learning, and opportunity capture, *APJM* 31: 271–291; R. Ma, Y. Huang, & O. Shenkar, 2011, Social networks and opportunity recognition, *SMJ* 32: 1183–1205; M. Ozer & W. Zhang, 2013, The effects of geographic and network ties on exploitative and exploratory product innovation, *SMJ* 36: 1105–1114; F. Qin & S. Estrin, 2015, Does social influence span time and space? *SEJ* 9: 226–242; W. Stam, S. Arzlanian, & T. Elfring, 2014, Social capital of entrepreneurs and small firm performance, *JBV* 29: 152–173; D. Sullivan & M. Marvel, 2011, Knowledge acquisition, network reliance, and early-stage technology venture outcomes, *JMS* 48: 1169–1193; B. Vissa, 2011, A matching theory of entrepreneurs' tie formation intentions and initiation of economic exchange, *AMJ* 54: 137–158; L. Zhou, B. Barnes, & Y. Lu, 2010, Entrepreneurial proclivity, capability upgrading, and performance advantage of newness among international new ventures, *JIBS* 41: 882–905.

T. Manolova, I. Manev, & B. Gyoshev, 2010, In good company, *JWB* 45: 257–265; S. Prashantham & C. Dhanaraj, 2010, The dynamic influence of social capital on the international growth of new ventures, *JMS* 47: 965–994; N. Tocher, S. Oswald, & D. Hall, 2015, Proposing social resources as the fundamental catalyst toward opportunity creation, *SEJ* 9: 119–135; J. Yu, B. Gilbert, & B. Oviatt, 2011, Effects of alliances, time, and network cohesion on the initiation of foreign sales by new ventures, *SMJ* 32: 424–446; Y. Zheng, M. Devaughn, & M. Zellmer-Bruhn, 2016, Shared and shared alike? *SMJ* 37: 2503–2520.

D. de Lange, 2016, Legitimation strategies for clean technology entrepreneurs facing institutional voids in emerging economies, *JIM* 22: 403–415; M. Zimmerman & G. Zeitz, 2002, Beyond survival, *AMR* 27: 414–431.

Y. Wang, 2016, Bringing the stages back in, *SEJ* 10: 300–317; R. Wuebker, N. Hampl, & R. Wustenhagen, 2015, The strength of strong ties in an emerging industry, *SEJ* 9: 167–187; C. Zhang, J. Tan, & D. Tan, 2016, Fit by adaptation or fit by founding? *SMJ* 37: 911–931.

B. Batjargal, M. Hitt, A. Tsui, J. Arregle, J. Webb, & T. Miller, 2013, Institutional polycentrism, entrepreneurs' social networks, and new venture growth, *AMJ* 56: 1024–1049; S. Opper, V. Nee, & H. Holm, 2017, Risk aversion and *guanxi* activities, *AMJ* 60: 1504–1530; M. W. Peng & Y. Luo, 2000, Managerial ties and firm performance in a transition economy, *AMJ* 43: 486–501.

R. Burt, 1997, The contingent value of social capital, *ASQ* 42: 339–365.

R. Canales, 2016, From ideals to institutions, *OSc* 27: 1548–1573; G. de Rassenfosse & T. Fischer, 2016, Venture debt financing, *SEJ* 10: 235– 256; A. Petkova, A. Wadhwa, X. Yao, & S. Jain, 2014, Reputation and decision making under ambiguity, *AMJ* 57: 422– 448; P. Vaaler, 2011, Immigrant remittances and the venture investment environment of developing countries, *JIBS* 42: 1121–1149; M. Wright, T. Lumpkin, C. Zott, & R. Agarwal, 2016, The evolving entrepreneurial finance landscape, *SEJ* 10: 229–234; T. Wry, M. Lounsbury, & J. D. Jennings, 2014, Hybrid vigor, *AMJ* 57: 1309–1333; J. Wu, S. Si, & X. Wu, 2016, Entrepreneurial finance and innovation, *SEJ* 10: 257–273. 46. R. Koth & G. George, 2012, Friends, family, or fools, *JBV* 27: 525–543.

D. Cumming & M. Zhang, 2019, Angel investors around the world, *JIBS* 50: 692–719; Z. Ding, S. Sun, & K. Au, 2014, Angel investors' selection criteria, *APJM* 31: 705–731.

A. Buchner, S. Espenlaub, A. Khurshed, & A. Mohamed, 2018, Cross-border venture capital investments, *JIBS* 49 575–604; T. Dalziel, R. White, & J. Arthurs, 2011, Principal costs in initial public offerings, *JMS* 48: 1346–1364; Y. Li & T. Chi, 2013, Venture capitalists' decision to withdraw, *SMJ* 34: 1351–1366; E. Pahnke, R. McDonald, D. Wang, & B. Hallen, 2015, Exposed, *AMJ* 58 1334–1360; K. Shafi, A. Mohammadi, & S. Johan, 2020, Investment ties gone awry, *AMJ* 63: 295–327.

D. Blevins & R. Ragazzino, 2018, An examination of the effects of venture capitalists on the alliance formation activity of entrepreneurial firms, *SMJ* 39: 2075–2091; M. Colombo & K. Shafi, 2016, Swimming with sharks in Europe, *SMJ* 37: 2307–2322; G. Fisher, S. Kotha, & A. Lahiri, 2016, Changing with the times, *AMJ* 41: 383–409; S. Garg, 2013, Venture boards, *AMR* 38: 90–108; S. Garg & K. Eisenhardt, 2017, Unpacking the CEO-board relationship, *AMJ* 60: 1828–1858; B. Hallen, R. Katila, & J. Rosenberger, 2014, How do social defenses work? *AMJ* 57: 1078–1101; B. Hallen & E. Pahnke, 2016, When do entrepreneurs accurately evaluate venture capital firms' track record? *AMJ* 59: 1535–1560; L. Huang & A. Knight, 2017, Resources and relationships in entrepreneurship, *AMR* 42: 80–102; R. Lungeanu & E. Zajac, 2016, Venture capital ownership as a contingent resource, *AMJ* 59: 930–955; D. Ma, M. Rhee, & D. Yang, 2013, Power source mismatch and the effectiveness of interorganizational relations, *AMJ* 56: 711–734; U. Ozmel, J. Reuer, & R. Gulati, 2013, Signals across multiple networks, *AMJ* 56: 852–866; L. Plummer, T. Allison, & B. Connelly, 2016, Better together? *AMJ* 59: 1585–1604.

J. Chen & P. Thompson, 2015, New firm performance and the replacement of founder-CEOs, *SEJ* 9 243–262.

R. Hoffman & C. Yeh, 2018, *Blitzscaling: The Lightning-Fast Path to Building Massively Valuable Companies*, New York: Random House.

*Fortune*, 2018, Q&A: Reid Hoffman, October 1: 41–42.

D. Hope, D. Thomas, & D. Vyas, 2011, Financial credibility, ownership, and financing constraints in private firms, *JIBS* 42: 935–951; N. Wasserman, 2017, The throne versus the kingdom, *SMJ* 38: 255–277.

*Global Entrepreneurship Monitor 2006*, 2006, Babson Park, MA: Babson College.

M. Humphrey-Jenner & J. Suchard, 2013, Foreign venture capitalists and the internationalization of entrepreneurial companies, *JIBS* 44: 607–621.

*HBR*, 2012, Muhammad Yunus: Life's work, December: 136.

E. Mollick, 2014, The dynamics of crowdfunding, *JBV* 29: 1–16.

M. Oehme & S. Bort, 2015, SME internationalization modes in the German biotechnology industry, *JIBS* 46: 629–655; R. Ruback & R. Yudkoff, 2017, Buying your way into entrepreneurship, *HBR* January: 149–153.

U. D. Park, A. Borah, & S. Kotha, 2016, Signaling revisited, *SMJ* 37: 2362–2377.

D. Elfenbein, A. Knott, & R. Croson, 2017, Equity stakes and exit, *SMJ* 38: 278–299; E. Rouse, 2016, Beginning's end, *AMJ* 59: 1605–1629.

S. Christophe & H. Lee, 2017, Does going global or staying local improve the long-term survival and performance of IPOs? *GSJ* 8: 563–577; Y. Yamakawa, S. Khavul, M. W. Peng, & D. Deeds, 2013, Venturing from emerging economies, *SEJ* 7: 181–196.

E. Autio, 2017, Strategic entrepreneurial internationalization, *SEJ* 11: 211–227; K. Brouthers, K. Geisser, & F. Rothlauf, 2016, Explaining the internationalization of ibusiness firms, *JIBS* 47: 513–534; L. Chen, N. Shaheer, J. Yi, & S. Li, 2019, The international penetration of ibusiness firms, *JIBS* 50: 172–192; A. Ojala, N. Evers, & A. Rialp, 2018, Extending the international new venture phenomenon to digital platform providers, *JWB* 53: 725– 739; J. Onkelinx, T. Manolova, & L. Edelman, 2016, The human factor, *JIM* 22: 351–364.

N. Hashai, 2011, Sequencing the expansion of geographic scope and foreign operations by "born global" firms, *JIBS* 42: 995–1015.

B. Maekelburger, C. Schwens, & R. Kabst, 2012, Asset specificity and foreign market entry mode choice of SMEs, *JIBS* 43: 458–476.

D. Clark, D. Li, & D. Shepherd, 2018, Country familiarity in the initial stage of foreign market selection, *JIBS* 49: 442–472; C. Schwens, F. Zapkau, K. Brouthers, & L. Hollender, 2018, Limits to international entry mode learning in SMEs, *JIBS* 49: 809– 831; M. Stoian, P. Dimitratos, & E. Plakoyiannaki, 2018, SME internationalization beyond exporting, *JWB* 53: 768– 779.

M. W. Peng & A. York, 2001, Behind intermediary performance in export trade, *JIBS* 32: 327–346.

Minor Food, 2020, Minor Food history: 2001, www.minorfood.com.

G. Cassar, 2010, Are individuals entering self-employment overly optimistic? *SMJ* 31: 822–840; D. Gregoire, A. Corbett, & J. McMullen, 2011, The cognitive perspective in entrepreneurship, *JMS* 48: 1443–1477; J. Lee, B. Hwang, & H. Chen, 2017, Are founder CEOs more overconfident than professional CEOs? *SMJ* 38 751 769.

J. Eggers & L. Song, 2015, Dealing with failure, *AMJ* 58: 1785–1803.

W. Baumol, 1990, Entrepreneurship: Productive, unproductive, and destructive, *JPE* 98: 893–921; R. Sobel, 2008, Testing Baumol, *JBV* 23: 641–655.

D. Ahlstrom, S. Chen, & K. Yeh, 2010, Managing in ethnic Chinese communities, *APJM* 27: 341–354; J. Lu & Z. Tao, 2010, Determinants of entrepreneurial activities in China, *JBV* 25: 261–273.

J. Johanson & J. Vahlne, 2009, The Uppsala internationalization process model revisited, *JIBS* 40: 1411–1431.

S. T. Cavusgil & G. Knight, 2015, The born global firm, *JIBS* 46: 3–16; N. Coviello, 2015, Re-thinking research on born globals, *JIBS* 46: 17–26; I. Zander, P. McDougall-Covin, & E. Rose, 2015, Born globals and international business, *JIBS* 46: 27–35.

V. Govindarajan & A. Gupta, 2001, *The Quest for Global Dominance,* San Francisco: Jossey-Bass; L. Li, G. Qian, & Z. Qian, 2015, Speed of internationalization, *GSJ* 5: 303–320; L. Zhou & A. Wu, 2014, Earliness of internationalization and performance outcomes, *JWB* 49: 132–142. 75. S. Nadkarni, P. Herrmann, & P. Perez, 2011, Domestic mindset and early international performance, *SMJ* 32: 510–531; A. R. Reuber, P. Dimitratos, & O. Kuivalainen, 2017, Beyond categorization, *JIBS* 48: 411–422.

S. Rangan & R. Adner, 2001, Profits and the Internet, *SMR* summer: 44–53.

N. Coviello, L. Kano, & P. Liesch, 2017, Adapting the Uppsala model to a modern world, *JIBS* 48: 1151–1164; L. Lopez, S. Kundu, & L. Ciravegna, 2009, Born global or born regional? *JIBS* 40: 1228–1238; J. Vahlne & J. Johanson, 2017, From internationalization to evolution, *JIBS* 48: 1087–1102.

Hoffman & Yeh, 2018, *Blitzscaling: The Lightning-Fast Path to Building Massively Valuable Companies*, op. cit.

*HBR*, 2016, Blitzscaling (p. 46), April: 45–50.

*Economist*, 2019, The trouble with tech unicorns, April 20: 13.

*BI*, 2019, WeWork isn't even close to being profitable, July 3: www.businessinsider.com.

*Economist*, 2019, Herd instincts (pp. 25–26), April 20: 23–26.

*Fortune*, 2017, The ugly unethical underside of Silicon Valley, January 1: 73–77. All examples in the remainder of this section come from this source.

B. Burns, J. Barney, R. Angus, & H. Herrick, 2016, Enrolling stakeholders under conditions of risk and uncertainty, *SEJ* 10: 97–106; T. Saxton, C. Wesley, & M. K. Saxton, 2016, Venture advocate behaviors and the emerging enterprise, *SEJ* 10: 107–125.

M. Schilling & C. Fang, 2014, When hubs forget, lie, and play favoritism, *SMJ* 35: 974–994.

M. W. Peng, C. Hill, & D. Wang, 2000, Schumpeterian dynamics versus Williamsonian considerations, *JMS* 37: 167–184.

CHAPTER 6

# 해외 시장 진출

## 학습목표

이 장을 학습한 후, 당신은 다음의 내용을 수행할 수 있다.

1. 1. 외국인 비용 극복의 필요성 이해
2. 해외 시장 진출의 포괄적 모형 제시
3. 특정 위치 기반 이점을 전략적 목표와 일치시키기(진입 위치)
4. 선점자와 후발자의 이점 비교 및 대조(진입 시기)
5. 해외 시장 진출의 구체적 단계를 설명하는 의사 결정 모델 이해 (진입 방법)
6. 해외 시장 진출에 관한 4가지 주요 토론 참여
7. 행동을 위한 전략적 함의 도출

OPENING CASE Emerging Markets Ethical Dilemma

## 아마존 인도에 진출하다

아마존은 인도에서는 승리해야 한다. 이것은 창립자 제프 베조스(Jeff Bezos)의 명령이다. 이유는 명확하다. 중국에서 실패를 가졌던 아마존은 인도가 주요한 성장을 주도할 것으로 기대하고 있었다. 인도의 인구수는 미국의 4배 이상이고 유럽의 2배 이상이다. 당신이 이 글을 읽는 시점에는 인도의 인구가 중국을 앞지를 것으로 예상된다. 다른 주요 신흥국가들의 경기가 둔화되는 가운데, 인도는 매년 7%~8%의 흥미진진한 성장률을 계속해서 기록하고 있다. 인도에서 승리는 인도네시아와 나이지리아와 같은 다른 유망한 시장에서 또한 잠재적으로 재현될 수 있다.

2013년에, 아마존은 인도 웹사이트 Amazon.in을 출시했다. 베조스는 인도 태생의 엔지니어들로 이전에 미국의 아마존에서 일했던 초창기 해외 파견자 그룹에게 "컴퓨터 과학자 같지 않게, 거칠고 빠르고, 다소 무례한 카우보이처럼 생각하라"고 말했다.2014년, 베조스는 직접 인도에 나타나, 인도 사업 책임자 Amit Agarwal에게 큰 사이즈의 20억 달러짜리 수표를 수전했다.

그러나 인도는 쉽게 공략할 수 없는 나라이다. 모든 인도의 가정이 주소를 가지고 있지는 않다. 많은 주소들은 "사원 뒤에 있는 집"과 같은 단순한 설명이다. 주소보다 더 큰 장애물은 어떻게 돈을 지급받는가이다. 오직 60%의 인도인만이 은행 계좌를 은행 계좌를 가지고 있으며 신용카드를 사용하는 것은 극히 일부이다. 그러므로, 아마존은 현금을 받아야만 했다

인도의 급성장하는 전자상거래 산업에서 아마존은 후발주자이다. 두 개의 선도적인 현지의 신생 기업인 Flipkart와 Snapdeal은 2007년과 2010년에 각각 설립되었다. Tata와 Reliance와 같은 기존기업인 대기업들은 좌우로 그들의 전자상거래 사이트를 개설했다. 2017년에 중국에서 아마존을 철저히 패배시켰던 알리바바는, Snapdeal의 5%와 Paytm의 62%를 사들이며 인도에 진출했다. 2018년에 규제장벽 때문에 오프라인 매장을 운영할 수 없는 것과 관련된 10년간 좌절 후에 Flipkart를 인수하기 위해 160억 달러를 소비했다. 요약하면 경쟁은 치열하고 진입장벽은 아주 높지 않다.

대체재 측면에서, 오직 인구의 5%~10%만이 온라인으로 쇼핑을 해왔기 때문에, 전자상거래는 분명히 오프라인 소매업체들과 경쟁했다. 세계에서 가장 높은 소매점 밀도로, 인도는 작은 가게들에게 있어 전설의 땅이다. 인도에는 1500만 개 이상의 소매점이 있어, (수익 기준) 13배나 더 큰 미국의 90만 개와 비교된다. 온라인 쇼핑이 없어, 인도의 소매 판매의 약 90~95%는 작은 독립된 영세 점포(kirana)에서 이루어진다. 소매업은 농업 다음으로 일자리의 6~7%, GDP의 10%를 차지하는 가장 큰 일자리 공급자이다. 그 참여자들은 또한 거대한 유권자 연합을 대표했다. 그 결과 소매업은 월마트와 같은 해외 유통업체들의 날개를 자르는 법을 재정하라고 정치인들에게 반복적으로 압박할 수 있게 됐다.

인도의 규정들은 아마존이 자신들의 상품을 판매할 수 없도록 규정되어 있다. 이것은 미국의 "풀필먼트 바이 아마존" 프로그램처럼, 아마존이 판매자들을 위한 플랫폼이 되도록 만들었다. 그러므로 셀러와 좋은 관계를 만들어내는 게 중요하다. 그러나 대부분 인도 상인들은 온라인 판매를 불편해 했다. 이에 대응해 아마존은 현지 많은 기업들과 수많은 합작투자(JVs)를 설립해 그들의 일부 사업을 온라인으로 이전하도록 했다. 아마존은 심지어 판매자로부터 상품을 받아 배송하기도 했는데 인도는 아마존이 이러한 것을 하는 유일한 나라이다. 아마존의 또 다른 대응은, 소규모 상인들에게 대폭적인 할인 혜택과 인센티브를 제공하며 이메일, 앱, 전자상거래를 소개하기 위해, 지역시장에 소규모로 직원들을 파견하는 것이었다.

아마존이 충분한 고객을 끌지 못했다면 이러한 힘든 일들은 모두 쓸모 없게 될 것이다. 아마존(그리고 플립카트)의 첫 번째 고객 그룹은 일반적으로 영어를 사용하며 이미 온라인에 있는 세련된 도시의 거주자들이다. 그들에게 온라인쇼핑을 시작하게 하는 것은 어려운 일이지만, 그렇게 어렵지만은 않다. 정말로 어려운 것은 덜 부유하고 인도의 주요 22개 언어 중에서 하나를 집에서 사용하는 그 다음의 1억 명의 사

람들을 끌어들이는 것이다. 2018년 아마존은 첫 번째 힌디어 웹사이트와 모바일 앱을 출시했지만, 영어를 그대로 번역할 수는 없었다. 사실, 무료나 휴대폰과 같은 몇몇 단어들은 힌디어 사용자들이 매일 일상적으로 사용하는 단어들이기 때문에 영어로 남겨진다. 또 다른 적응의 형태는 신뢰할 수 없는 주소를 가진 고객에게 배송하는 것 대신에 신뢰할 수 있는 주소를 가지고 있는 작은 kirana 상점에서 제품을 배달하는 것이었다. 아마존은 수령자에게 제품을 직접 찾아가도록 전화를 걸거나, 제품을 수령자에게 전달하는 "마지막 남은 거리"를 배달하는 것에 있어, 근처 동네의 거의 모든 이웃을 알고 있는 kirana 소유자들에게 의존한다. 아마존에 의해 없어지는 대신, 일부 kirana 소유주들은 각 건을 배달 할 때마다 약간의 수수료를 벌 수 있을 뿐만 아니라, 더 많은 고객을 그들의 상점으로 끌어들 일 수 있어, 양측 모두에게 이익이 된다.

자원 기반 관점에서 아마존의 진정한 가치와 독특한 점은 무엇인가? 그것은 경쟁사보다 돈을 더 많이 쓰려 하는 의지일 것이다. "언제 우리가 돈을 벌 수 있을까?"라는 질문은, 베조스가 그의 인도 팀에게 절대 묻지 않았다고 전해진다.55억 달러를 약속하며, 베조스는 항상 "우리가 충분히 투자하고 있는가?"라는 도발적인 질문을 제기했다. 중국에서의 실패로부터 아마존이 얻은 한 가지 교훈은 "우리는 훨씬 더 많은 돈을 썼어야 했다"라는 것이다. 입찰 전쟁에서, 사실 아마존은 월마트가 제시했던 것보다 더 많은 액수를 제시했지만, 플립카트는 아마존과 합치면 두 거대 온라인 기업이 전체 온라인 시장의 80%를 점유함으로써 반독점 당국의 승인을 받지 못할 것이 두려워, 아마존을 거부했다. 좌절했지만 성공하기 위해 더욱 각오를 다진 아마존은, 매달 2,500만 달러를 지출해 온 것으로 알려진다. 하지만, 자금력이 풍부한 투자자들에 의해 대담해진 알리바바나 월마트와 같이, 아마존의 경쟁사들 역시 이 전략을 모방할 수 있다.

인도의 약속에도 불구하고, 제도적 불확실성은 더욱 악화되어 갔다. 2019년 2월, 아마존(그리고 모든 외국인 투자 전자상거래 기업들, 여기에는 현재 더 이상 인도 소유가 아니기 때문에 Flipkart도 포함됨)은 충격적인 자각을 하게 되었다. 정부는 독점적인 계약, 대폭적인 할인, 그리고 판매자와의 JV를 금지했다. 아마존은, '독점'과 같은 문구를 삭제하는 것은 물론, JV 계약을 해체하여, 수천 명의 판매자와 신규 계약을 맺을 수 밖에 없었다. 아마존이 그렇게 할 수 있게 전까지는, 모든 관련 상품들이 오프라인으로 전환되었는데, Amazon.in에 있던 제품들의 거의 절반이 말 그대로 하룻밤 사이에 사라졌다. 소셜 미디어에서의 대혼란은 소비자들의 분통을 터트렸다. 한 불만족했던 쇼핑객은 스크린샷을 올리며 "아마존에 무슨 문제가 있나요?"라고 소리쳤다. "내 쇼핑카트에 20개의 물건이 있었는데 갑자기 16개가 없어졌어요!"

"미국 기술회사들은 인도에 베팅했고, 그 후 규칙이 바뀌었다." 이것은 새로운 동결 조치를 요약한 월 스트리트 저널 기사의 제목이다. "기업 친화적"으로 보이던 나렌드라 모디 정부가 왜 이런 일을 했을까? 인도인 소유의 전자상거래 업체들이 이러한 신규 규제의 영향을 받지 않았다는 것을 감안할 때, 이 규제는 외국인 진입자를 차별하기 위해 고안된 것이 분명하다. 이것은 다국적 기업을 제압하는 소매업계의 막강한 정치적 힘에 대한 가장 최근의 에피소드인 것처럼 보인다. 결국, 소매업계는 수백만 표를 전달할 수 있지만 아마존은 아무것도 전달할 수 없다. 비록 한 정부 대변인은, 인도는 외국 기업들을 환영하지만, 그들이 소규모 가게들을 짓밟는 "반경쟁적인 관행을 행사하는 것은 용인할 수 없다"라고 발표했다. 아마존에 가입한 소수의 kirana 주인들은 아마존에 감사하지만, 대부분의 가게 주인들은 솔직히 이를 싫어했다. 산업부 장관에 따르면, 정부는 "명확하게 인도의 소규모 소매업체들과 함께 한다. 정부는 그들이 어떠한 피해도 입지 않도록 할 것이다." 2020년 1월, 정부는 아마존(그리고 월마트와 플립카트)에 대한 반독점 조사를 시작했고, 아마존은 인도에 10억 달러를 추가로 약속했다.이런 환경에서 아마존이 승리할 수 있을까?

Sources: (1) Bloomberg Businessweek, 2018, Amazon's quest to win India, October 22: 43–47; (2) Bloomberg Business-week, 2018, The man who flipped Flipkart, May 14: 28–29; (3) Bloomberg Businessweek, 2019, India's e-commerce crack-down, February 11: 17–19; (4) Economic Times, 2017, Ali-baba to hike stake in Paytm's marketplace for $177 million, March 3: economictimes.indiatimes.com; (5) Economist, 2017, Home and away, October 28 (special report): 7–8; (6) Economist, 2018, Bentonville, meet Bangalore, May 12: 55–56; (7) Fortune, 2016, Amazon invades India, January 1: 63–71; (8) Wall Street Journal, 2019, US tech firms bet on India, then the rules changed, December 4: A1, A12; (9) Wall Street Jour-nal, 2020, Bezos vows $1 billion for Amazon in India, January 16: B3; (10) Wall Street Journal, 2020, India probes Amazon, Flipkart, January 14: B4.

왜 아마존(Amazon)과 같은 기업들은 인도와 같은 해외 시장에 진출 하는가? 그들은 현지국의 산업 조건, 경쟁력 있는 자원목록 및 제도적 불확실성들을 어떻게 관리하는가? 아마존이 인도에서 성공할 것인가? 이러한 질문들은 본 장을 주도하는 핵심적인 질문들의 일부이다. 해외 시장에 진출하는 것은 글로벌 전략에 있어 매우 중요하다. 이 장에서는 전략 삼각대를 기반으로 하는 포괄적인 모형을 개발한다. 그런 다음 우리는 2W1H 차원으로 알려진 어디로, 언제, 어떻게의 세 가지 중요한 차원에 초점을 맞춘다. 논쟁과 확장이 뒤따른다.

## 외국인 비용 극복하기

해외 시장 진출해서 성공하는 것이 왜 그렇게 어려운가? 이것은 주로 그들의 외부인이라는 지위로 인해 외국의 기업들이 현지국에서 경험하는 본질적인 불이익인 **외국인 비용(liability of foreignness)** 때문이다. 이러한 비용은 적어도 두 가지 방식으로 나타난다. 첫째, 공식 및 비공식적 제도들의 수많은 차이들이 다른 국가들에서의 게임의 규칙을 지배한다. 인도의 소매업 및 전자상거래 산업에서 외국의 진입자들은 항상 차별을 받아 왔다(오프닝 케이스 참고). 그들은 그들 자신의 물품을 팔 수 없고 단지 다른 상인들의 제품을 판매하는 플랫폼 역할만 할 수 있다. 그들의 상인들과의 합작투자를 불법으로 선언하고 판매자들과 구매자들에게 제공하는 대폭적인 할인과 인센티브를 "반경쟁적"이라고 선언함으로써, 더욱 최근의 규제들은 아마존과 같은 해외 온라인 거대기업들의 날개를 더욱 꺾었다. 여기서 말해주는 것은, 인도에서 인도 기업가들에 의해 설립된 국내 기업인 플립카트(Flipkart)에 대한 처우에 관한 것이다. 하지만, 월마트(Walmart)가 플립카트를 인수한 덕분에 이제 외국인 소유 기업이 된 플립카트는, 아마존이 겪고 있는 것과 같은 외국인 비용에 의해 자신이 고전하고 있다는 것을 알게 되었다.

**외국인 비용(liability of foreignness)**
현지국 태생이 아닌 지위 때문에외국기업이 현지국에서 직면하게되는 고유의 불리함.

둘째, 비록 이 글로벌 시대의 고객들은 추정적으로 더 이상 외국 기업을 차별하지 않지만, 현실은 때로는 공식적으로 때로는 비공식적으로 외국 기업들은 여전히 종종 차별을 받고 있다는 것이다. 공식적으로, 대부분의 정부의 조달 지침들은 외국 기업을 차별한다. 예를 들어, 미국 정부는 "미국제품 구매"를 홍보하고, 중국 정부는 "토종 혁신"을 강조한다. 비공식적으로, 소비자들은 종종 외국제품을 무시한다. 수년 동안, 유전자 변형으로 인해 장기적인 건강 위험물질을 포함할 것으로 의심을 받은(비록 증명된 적은 없음에도 불구하고) 미국산 쇠고기는 정부에 의해 부과된 공식적인 차별 정책이 없어진 후에도 유럽의 소비자들에 의해 비공식적으로 거부되어 왔다. 일본에서는, 일부 소비자들은 외국산 쌀이 "독성이" 있을지 모른다고 걱정한다. 따라서, 그들은 국산품을 고수한다.

이러한 중대한 역경에 맞서, 외국 기업들은 어떻게 새로운 시장을 개척하는가? 해답은 압도적인 자원과 역량을 투입하는 것이다. 큰 가치를 주는(플러스++++를 더하는) 압도적인 자원

**그림 6.1 기업규모, 내수시장규모 그리고 국제화 경향**

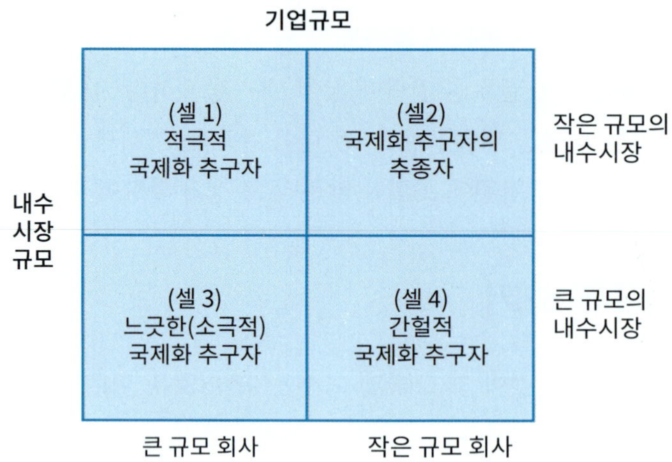


과 역량, 그리고 일부 결점이 되는(마이너스 ---를 빼는) 외국인 비용을 상상해 보라. 그러면 (마이너스를 빼고) 외국인 책임을 상쇄한 후에도, 고객들에게 훌륭한 가치를 제공하며 여전히 상당수의 플러스가 남아 있다. 핵심 단어는 압도적이라는 것이다. 다시 말해서, 충분히 좋다는 것으로는 충분하지 않다. 예를 들어, 미국 정부가 미국내에서 화웨이(Huawei)가 5G 통신망을 설치하는 작업을 금지했지만, 독일과 같은 미국의 주요 동맹국의 정부들은 화웨이가 자국에서 이러한 작업을 할 수 있도록 허용하는 결정에 대해 방어한다. 비록 독일 정부가 화웨이에 대해 그들 자신의 유보적인 태도를 취하고(안전장치를 두기도 했다) 있음에도 불구하고, 화웨이가 가져다주는 이점들은 그야말로 압도적이다. 세계의 어느 기업도 세계 최고 수준의 성능과 비용 경쟁력을 이처럼 부러워할 만한 조합으로 제공할 수는 없다. 이 사례를 통해 장차 외국 진입을 희망하는 기업들에 대한 교훈은 분명하다: 외국인 비용을 극복하기 위해서는, 당신의 자원, 역량, 궁극적으로 공헌(현지국에 대한 성과, 일자리, 세금의 측면에서)을 방탄으로 만들어라.

## 국제화 성향 이해하기

최근 일부 전문가들이 모든 기업은 해외로 나가야 한다고 설교하고 있음에도 불구하고, 현실은 모든 기업이 그것에 대해 준비가 되어 있지는 않다는 것이다. 섣부르게 해외로 진출하는 것은 전반적인 기업실적에, 특히 오류의 마진이 적은 소규모 기업의 경우, 해로울 수 있다(5장 참고).

지나친 단순화의 위험을 무릅쓰고, 우리는 2 x 2 모형으로 이어지는 (1)기업의 규모 및 (2) 내수시장의 규모의 두 가지 근본적인 요인들을 식별할 수 있다(그림 6.1 참고). 셀 1에서, 작은 국내 시장에 있는 큰 규모의 기업들은, 작은 나라에서 기회들을 재빠르게 소진할 수 있기 때문에, 적극적 국제화 추구자들이 될 가능성이 높다(실행 전략 6.1 참고). 스위스의 네슬레(Nestle)를 생각해 보라. 스위스의 적은 인구(7백만 명)를 감안할 때, 내수시장에서 네슬레의 식품 제품에 대한 수요는 다소 제한적이다. 그 결과로, 네슬레의 영업 및 네슬레의 영업 및 종업원들의 대부분은 스위스 밖에 있다.

셀 2에서는 작은 규모의 국내 시장에 있는 많은 소기업들은, 그들이 종종 공급업체로서 네슬레와 같은 그들의 더 큰 상대기업을 따라 해외로 나가는 경우가 많기 때문에 추종적인 국제화 추구자로 분류된다. 심지어는 대기업에게 직접 공급하지는 않는 소기업들도, 본질적으로 제한된 내수시장의 크기 때문에 해외로 모험을 하게 될 수도 있다. 오스트리아, 덴마크, 핀란드, 뉴질랜드, 싱가포르, 스웨덴, 스위스, 대만과 같은 작은 나라들의 상당수의 소기업들이 해외에서 적극적으로 활동하고 있다.

셀 3에서는, 큰 국내 시장에서 대기업들은 셀 1의 적극적인 국제화 추구자들보다 종종(항상은 아니지만) 그들의 해외 활동이 더 느리기 때문에, 소극적 국제화 추구자로 분류된다. 예를 들어, 프랑스의 까르푸(Carrefour)나 독일의 메트로(Metro)와 같이 상대적으로 더 작은 나라들에 위치해 있는 두 글로벌 경쟁업체들과 비교할 때, 월마트의 국제화의 속도는 더 느리다.

## 실행 전략 6.1

### 북유럽의 다국적 기업

북유럽 국가들은 인구가 적다(덴마크 600만, 핀란드 500만, 노르웨이 500만, 스웨덴 900만). 하지만 그 국가들은 적극적으로 해외 투자를 하고 세계적으로 경쟁력을 갖춘 다국적 기업을 키우는 데 큰 역할을 했다. 덴마크는 맥주(칼스버그). 모피(코펜하겐 모피), 메디컬 인슐린(노보 노디스크), 해운(머스크), 장난감(레고), 그리고 풍력터빈(베스타스)에서 세계 최고이다. 작은 덴마크는 농업 초강대국이며 3천만 마리의 돼지가 살고 있고 덴마크인 1명당 5마리의 돼지를 사육하는 꼴이다. 대표적인 글로벌 기업으로 아를라, 덴마크 크라운, 그리고 듀퐁 다니스코가 있다(100년의 역사를 가진 다니스코는 2011년 듀퐁에 인수되었다). 스웨덴은 전투기(SAAB), 광업 장비 기계(아틀라스 콥코, 샌드빅), 소매(H&M, 이케아), 통신장비(에릭슨), 트럭(스카니아) 분야에서 세계선두를 달리고 있다. 핀란드는 엘리베이터와 에스컬레이터(코네), 게임(앵그리드버드의 창시자인 라비오), 통신(노키아) 분야에서 세계 선두를 달리고 있다. 노르웨이는 석유산업(스타토일)과 어업(아커 바이오마린-전 아커 시푸드) 분야에서 세계적인 기업을 보유하고 있다. 비록 다국적 기업은 아니지만 노르웨이 정부 연금 기금 글로벌은 세계적으로 상장된 모든 펀드의 1%를 소유하고 있는 세계에서 가장 큰 펀드이다.

작은 국내 시장은 많은 북유럽 기업들이 비교적 초기에 국제화하도록 촉진했다. 그 기업들 대부분은 공격적으로 수출하지만, 그 기업들은 수출만으로 새로운 시장을 개척하고 성장을 촉진하는 데 도움이 되지 않는다는 것을 발견했다. 북유럽 기업들이 해외에 직접 투자하고 인근 유럽 국가들부터 호주, 브라질, 인도, 중국, 남아공 등 멀리 떨어진 국가들에서도 사업을 운영하는 것은 특이한 일이 아니다.

Sources: (1) The author's interviews in Denmark, Finland, and Sweden; (2) Economist, 2013, Global niche players, February 2 (special report: The Nordic countries): 8–10; (3) Economist, 2014, Adventures in the skin trade, May 3: 62; (4) Economist, 2014, Bringing home the bacon, January 4: 52; (5) Economist, 2016, Norway's global fund, September 24: 67–68.

마지막으로, 셀 4에서는, 큰 규모의 국내 시장에 있는 대부분의 소규모의 기업들은 상대적으로 열악한 자원 기반과 큰 국내 시장의 규모 때문에 국제화의 길에서 “이중고”에 직면한다. 예를 들어, 브라질, 중국, 일본, 러시아 그리고 미국의 많은 소기업들은 해외로 진출해야만 한다고 느끼지 않는다. 전반적으로, 큰 국내 시장의 소기업들은 (만약 그들이 조금이라도 국제적인 사업을 가지고 있다면) “간헐적 국제화 추구자”로 분류될 수 있다. 한 가지 농담은, 만약 미국이 50개의 독립 국가들로 분할 된다면, 미국의 소규모 다국적 기업의 수가 급증할 것이라는 것이다.

## 해외 시장 진출의 포괄적 모형

국제화를 추구하기 위한 결정을 “실행”하기로 했다고 가정하면, 관리자들은 반드시 입지, 시기 및 방식에 대한 일련의 결정들을 내려야 한다. 이들을 묶어서 어디로, 언제, 그리고 어떻게에 대한 (2W1H) 측면이라고 한다. 그림 6.2에 볼 수 있듯이, 각 의사결정의 기초가 되는 것은 포괄적인 모델을 형성하는 전략 삼각대의 세 가지 주요 관점에서 도출된 일련의 전략적 고려사항들이다(오프닝 케이스 참고).

**그림 6.2 해외시장 진출의 포괄적 모형**

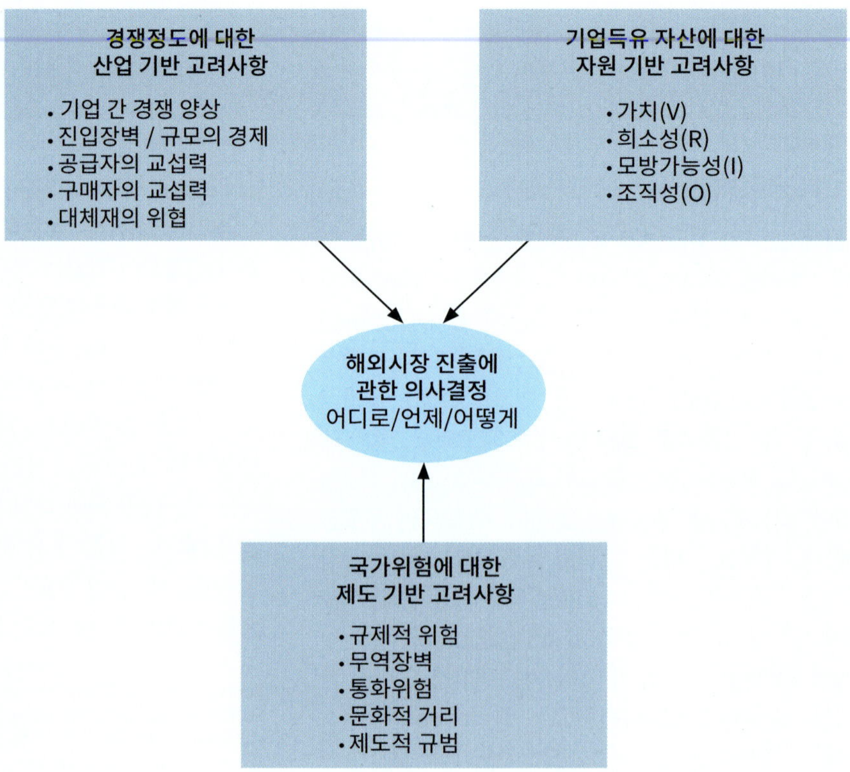

## 산업 기반 고려사항

2장에서 처음 소개된 산업 기반 관점은 주로 5 요인 체계로부터 도출된다. 첫째, 기존 기업들 간의 경쟁은 특정 행동을 유발할 수도 있다. 기업들, 특히 과점산업에 있는 기업들은 해외 진출에 있어서 종종 서로 일치한다. 만약 고마쓰(Komatsu)와 페덱스(FedEx)가 새로운 나라, 예를 들어 알제리에 진출한다면, 각각 경쟁사인 캐터필러(Caterpillar)와 DHL은 이들을 따라가야만 한다고 느낄 것이다. 때로는, 기업들은 보복을 하기 위해서 해외 시장에 진출할 수도 있다. 예를 들어, 텍사스 인스트루먼트(Texas Instruments, TI)는 돈을 벌기 위해서가 아니라 돈을 잃기 위해서 일본에 진출했다. 그 이유는 TI가 미국에서 일본 업체들의 저가 도전에 직면해 있던 반면, NEC와 도시바(Toshiba)는 일본에서 높은 가격을 부과하여, 국내의 수익을 그들의 해외 확장으로 발생되는 손실을 교차적으로 보조하기 위해 사용할 수 있었기 때문이었다. 일본으로 진출하여 그곳에서 가격을 싸게 낮춤으로써, TI는 손실을 발생시키는 것으로 보복했다. 이것은 일본의 경쟁자들이 잃을 것이 더 많았기 때문에 그들의 국내 시장을 방어하도록 만들었다.

둘째, 진입장벽이 높을수록, 기업들은 해외에서 경쟁하기 위해 더욱 격렬하게 시도할 것이다. 해외에서의 강력한 존재감 그 자체가 주요한 진입장벽으로 보여질 수 있다. 더 넓고 큰 시장을 이용함으로써, 국제적인 제품판매는 규모의 경제를 증가시키고 진입을 저지할 수 있다. 국제적인 제품판매가 부재했다면, 보잉(Boeing)과 에어버스(Airbus)의 항공기의 원가가 얼마나 높아졌을지는 상상하기만 해도 아찔할 것이다.

셋째, 공급자의 교섭력은, 공급업체들은 여러 단계의 가치사슬에 관여하기 때문에 수직적인 후방 통합이라고 불리는 특정한 형태의 해외 시장 진출을 촉진할 수 있다. 많은 채취 산업들은 (알루미늄 제련과 같은) 최종 단계의 생산에 원재료들을 안정적으로 공급하기 위해서, (파푸아 뉴기니 내 보크사이트 채광과 같은) 광범위한 후방 통합을 하는 특징이 있다.

넷째, 구매자의 교섭력 역시 수직적 전방통합이라고 하는 특정 형태의 해외 시장 진출로 이어질 수 있다. 많은 전자제품 생산업체들은 소매 업체들을 통해 그들의 제품을 판매하고 있는데, 이는 소매 업체들은 기업 구매자로서 종종 상당한 가격할인을 받기 때문이다. 애플(Apple)은 이러한 소매 체인들을 거치지 않고, 전 세계의 주요 도시에 일련의 애플 스토어(Apple Stores)들을 설립하여 수직적 통합을 해 왔다.

마지막으로, 대체재에 대한 시장의 잠재력이 기업들을 해외로 나가게 할 수도 있다. 코닥(Kodak)과 후지필름(Fujifilm)은 필름산업을 편안하게 이끌어왔었다. 그들의 제품들은 캐논(Canon)과 같은 디지털카메라 제조업체에 의해 대체되었다. 더욱 최근에, 애플과 삼성과 같은 휴대폰 제조업체들은 그들의 기기에 카메라 기능을 통합시켰고, 이것은 많은 단일 목적의 디지털카메라를 대체했다. 매 단계마다 대체제품의 생산자들은 그들의 제품을 전 세계적으로 판매하러 다니고자 하는 엄청난 동기를 지니고 있다.

전반적으로, 산업이 어떻게 구조화되고 5 요인들이 어떻게 펼쳐지는지가 기업들의 해외 진출 결정에 상당한 영향을 미친다(오프닝 케이스 참고). 다음으로, 우리는 자원 기반 관점의 영향에 대해  살펴본다.

## 자원 기반 고려사항

3장에서 소개된 VRIO 모형은 진출 의사 결정을 상당히 잘 설명해 준다(그림 6.2). 첫째, 기업 특유의 자원과 역량의 가치는 국제화 추구의 의사 결정의 이면에서 핵심적인 역할을 한다. 중국의 GM, 미국의 도요타(Toyota), 일본의 루이뷔통(Louis Vuitton) 등과 같은 외국의 진입자들이 외국인 비용을 극복할 수 있도록 해주는 것은 종종 기업 고유의 자산들의 뛰어난 가치이다. 압도적으로 가치 있는 역량이 부재한 상태에서, 아마존, 이베이(eBay), 홈디포(Home Depot), 우버는 중국을 떠났고, 월마트는 독일과 한국을 떠났으며, 도이치방크(Deutsche Bank)는 미국에서 철수했다. 모두 눈물을 흘리며.

둘째, 기업 특유의 자산의 희소성은 그것을 보유한 기업들로 하여금 해외에서 그러한 자산을 활용할 수 있는 것을 장려한다. 특허, 브랜드, 그리고 상표권 등은 특정 제 품이 보유한 희소성을 법적으로 보호한다. (자동차, 스마트폰 등과 같이) 특허가 있고, 브랜드화된 제품들은 종종 해외 시장에서 공격적으로 마케팅된다는 것은 놀라운 일이 아니다. 하지만, 바로 여기에 역설이 존재한다. 즉, 지적 재산권의 불균등한 보호를 고려할 때, 이들 제품들이 더 많은 나라에서 판매될수록(덜 희소하게 될 수록), 세계 어디에선가 위조품들이 나타날 가능성도 더 높아지게 된다. 그러므로, 희소성의 문제는 직접적으로 다음의 문제인 모방가능성으로 이어진다.

셋째, 만약 기업들이 그들의 모방 가능한 자산들이 어떤 국가에서 도용 될 수도 있다는 것을 걱정한다면, 그들은 진출하지 않기로 선택할 수도 있다. 다시 말하면, 거래비용이 너무 높을 수 있다. 이것은 주로 기업 고유의 자산의 모방이나 유출과 연관된 위험으로 정의되는 **유출 위험(dissemination risk)** 때문이다. 최악의 악몽은 경쟁자를 양성하게 되는 것이다.

**유출위험 (dissemination risks)** 기업특유 자산의 승인되지 않은확산과 관련된 위험.

마지막으로, 기업 특유 자원과 역량을 하나의 묶음으로 조직화하는 것은 시스템으로 통합된 강력한 보완자산을 보유한 기업에게 커다란 이점을 제공하며, 기업들로 하여금 이들 자산들을 해외에서 활용하도록 장려한다. 많은 다국적 기업들은 그들을 진입에 대항하여 보호하고, 다른 시장으로의 진출자로서 그들을 유리하게 하는 방향으로 조직화되어 있다. BP와 엑슨모빌(ExxonMobil)의 거의 완전한 수직적 통합을 고려해 보라.

요약하자면, 자원 기반 관점은 진출 결정을 뒷받침하는 일련의 중요한 기본적인 고려사항들을 제시한다. 모방 가능성과 유출 위험이 있는 경우, 이러한 문제들이 재산권 보호와 관련이 되는 것은 분명하며, 이는 다음 주제로 이어진다.

## 제도 기반 고려사항

4장에서 이미 문화적 차이와 같은 몇 가지 비공식적인 제도적 차이들을 보여주었기 때문에 여기에서는 우리는 (1)규제 위험 (2)무역장벽 (3)환율 리스크 등과 같은 외국의 진입자들이 직면하는 공식적인 제도적 제약에 초점을 맞춘다(그림 6.2).

**규제적 위험(regulatory risks)**은 비호의적인 정부 정책들과 관련된 위험성으로 정의된다. 비우호적인 정부가 통치하는 국가들과 사업을 하는 외국 기업들은 분명히 그러한 많은 위험에 직면해 있다. 화웨이에서 하이크비전(Hikvision)에 이르기까지 수많은 중국 기업들이 미국 정부에 의해 문자 그대로 거래제한 목록이라고 불리는 블랙리스트에 그들 자신이 올라 있음을 알게 되었다. 한편, 중국 시장 개척에 열심이었던 미국 농구 협회(National Basketball Association)는 그 팀의 감독 중 한 명이 홍콩의 시위자들을 지지하는 단 일곱 개의 단어의 트윗을 올린 뒤 중국 정부의 분노의 대상이 되었음을 발견하게 되었다. 하지만, 규제 위험은 우호적인 국가들과 사업을 할 때도 관련이 있다. 예를 들어, 에어버스는 2008년에 미 공군에 차세대 급유기를 공급하는 350억 달러 규모의 대형 계약을 따냈다. 그러나, 보잉은 정치인들의 팔을 비틀어 규제 규칙을 바꿀 수 있었다. 2010년, 보잉은 이 풍부한 상금을 받는 수상자가 되었고, 에어버스는 경쟁에서 낙오되었다.

**규제적 위험 (regulatory risks)** 비호의적인 정부정책과 관련된 위험.

잘 알려져 있는 규제적 위험은 **협상의 노후화(obsolescing bargain)**인데, 다국적 기업과 현지 정부에 의해 체결된 거래로, 다국적 기업의 현지 진출 후에 현지 정부가 그 요구사항들을 변경하는 것을 의미한다. 그것은 일반적으로 다음과 같이 3단계로 전개된다.

**협상의 노후 (obsolescing bargain)** 다국적기업과 현지국 정부 간에체결된 협상조건이 다국적기업의현지 진출 후에 현지국 정부의태도변화로인해변경되는경우를의미함.

- 1라운드에서, 다국적 기업과 정부는 거래를 협상한다. 다국적 기업은 일반적으로 정부의 재산권 보장이나 또는 (면세 기간 부여 등과 같은) 어떤 인센티브 없이는 쉽사리 계약을 체결하려 하지 않는다.
- 2라운드에서, 다국적 기업은 진입하고, 모든 일이 잘 진행된다면, 가시적인 수익을 올릴 수도 있다.
- 3라운드에서, 종종 국내 정치단체들에 의해 압력을 받는 정부는, 외국 기업에게 "과도한" 이익(물론 그들은 그런 이익을 "공정하고" "정상적인" 수익으로 간주한다)을 안겨주는 것처럼 보이는 거래에 대해 재협상을 요구할 수도 있다. 그러므로, 이전의 거래는 쓸모없게 된다.

수십억 달러를 썼지만 단 한 푼의 이익도 내기 전에 아마존은 인도에 진출했던 원래의 조건들이 쓸모없게 되었다는 것을 알게 되었다. 구체적으로, 아마존의 합작 투자와 인도 공급업체들과의 독점 거래는 불법으로 선언되었다. 수천 개의 공급업체와 신규 계약을 맺을 수밖에 없었고, 독점과 같은 문구를 삭제했을 뿐만 아니라, 합작사 역시 해체했다(오프닝 케이스 참고).

**무역장벽 (trade barriers)** 국제 무역을 가로막는 장벽.

**관세방벽(tariff barriers)** 수입품에 부과되는 세금.

**무역 전쟁(trade war)** 한 국가가 수입에 대해 관세나 쿼터를 부과하고, 다른 나라들은 유사한 형태의 무역 보호주의로 보복함.

**비관세장벽 (nontariff barriers)** 관세 이외의 교역 및 투자 장벽.

**무역 장벽(trade barriers)**에는 (1)관세 및 비관세 장벽과 (2)진출 방식에 대한 제한 등이 포함된다. 수입품에 대해 부과되는 세금인 **관세장벽(tariff barriers)**은 정부가 부과하는 진입 장벽이다. 트럼프(Trump) 행정부가 2018년 시작한 미중 **무역 전쟁(trade war)**은 월마트로부터 소규모 가구점까지 수입업체들로 하여금 비용 상승에 대처하도록 만들었다. 중국의 관세 보복으로 테슬라(Tesla) 등 첨단 제조업체부터 중서부 콩 농가에 이르기까지 미국의 수출업체들이 어려움을 겪었다. 게다가, 트럼프 행정부는 또한 아르헨티나, 브라질, 캐나다, 일본, 멕시코, 터키에도 역시 관세를 부과했다. 이러한 행동으로 인해 월 스트리트 저널(Wall Street Journal)의 사설은 대통령이 "그의 정치적 기분에 따라 어떤 나라든 처벌하기 위해 관세를 사용하는 것 같다"고 논평하게 되었다. 그 결과는 전 세계에 걸친 엄청난 경제적 불확실성이다.

수입을 억제하기 위한 비관세 행정 수단인 **비관세 장벽(nontariff barriers)**은 더 교묘하다. 예를 들어, 일본의 세관 검사관들은 원치 않는 박테리아를 검출한다는 명분으로 종종 네덜란드에서 수출되는 모든 튤립의 구근을 수직으로 중간을 잘라야 한다고 주장한다. 그들의 튤립이 세계의 거의 모든 다른 나라로 안전하게 수출되어 왔다는 네덜란드의 주장은 설득력이 없다.

특정 진출 방식들 또한 제약을 받기도 한다. 많은 나라들은 외국 기업의 완전 소유 자회사를 제한하거나 심지어 금지하기도 한다. 예를 들어, 미국에서는, 외국 항공사들이 완전 소유 자회사를 운영하거나 미국 항공사를 인수하는 것이 허용되지 않는다. 러시아에서는, 외국 기업들은 전략적으로 중요한 석유와 가스 산업에서는 완전 소유 자회사를 운영하는 것이 허용되지 않는다.

**환율 변동 위험 (currency risk)** 외국통화(외환)의 불리한 움직임에노출됨으로써 발생되는 위험.

**환 헷징 (currency hedging)** 현물 환율(spot rate)의 변동성에노출시킴으로써 거래자와 투자자를보호하는 거래방법.

**전략적 헷징 (strategic hedging)** 다른 지역에서의 환차익으로 특정지역에서의 환차손을 상쇄하기위해서 다양한 통화존에 속해있는여러 국가들로 기업 활동을분산시키는 것.

**환율 변동 위험(currency risks)**은 기업들이 노출되는 통화의 불리한 움직임에 기인한다. 피난 통화로 알려진 스위스 프랑은 미국 주가가 폭락할 때, 그리스 이탈리아, 스페인의 채권 가격이 상승할 때, 그리고 유로화가 타격을 받을 때 강세를 보인다. 최근 역사에서 가장 스트레스를 받았던 날 중 하나인 2001년 9월 11일, 스위스 프랑은 첫 제트기가 세계 무역 센터에 충돌한 지 두 시간 만에 놀랍게도 3% 상승했다. 스위스 프랑은 종종 유로화에 대해 절상된다. 만약 스위스 기업들이 유로화로 많은 매출을 올리고 스위스 프랑으로 비용을 발생한다면, 그들은 그러한 환율 변동 위험에 심하게 시달릴 수 있다.

이에 대응하여, 기업들은 **환 헤징(currency hedging)**이나 **전략적 헤징(strategic hedging)**을 할 수 있다. 환 헤징은 기업들을 환율 변동에 대한 노출로부터 보호해준다. 하지만, 이것은 환율 변동에 대한 잘못된 베팅의 경우에는 위험성이 있다. 전략적 헤징은 다른 지역에서 얻은 이익을 통해 특정 지역에서 입은 환 손실을 상쇄하기 위하여 다른 통화 존에 위치한 여러 국가에서 활동을 전개하는 것을 의미한다. 통화 위험에 대처하기 위해 ABB, 네슬레(Nestle), 노바티스(Novatis), 로쉐(Roche), 스와치(Swatch)와 같은 스위스의 다국적 기업들은 전 세계의 다양한 통화 지역에서 생산 및 조달을 통해 상당한 전략적 헤지를 하고 있다. (유로화와 같은) 하나의 통화가 좋지 않게 바뀌어도 그들은 망연자실하지 않는다.

공식적인 제도적 제약 이외에도, 기업들은 문화적 거리 및 제도적 규범과 같은 수많은 비공식적 측면에 대하여 정교한 이해를 개발해나가야 할 필요가 있다. 4장에서 이러한 문제들에 대해 이미 상세하게 설명했기 때문에, 여기에서는 이를 반복하지 않고 그것들의 중요성만 강조할 것이다.

전반적으로, "제도가 중요하다"라는 제도 기반 관점의 핵심명제가 지닌 가치는 기업의 해외 진출 의사 결정에서도 중요하게 부각된다. 제도적인 차이에 대한 철저한 이해 없이 해외로 무작정 서두는 것 위험하고 심지어는 재앙적일 수 있다. 협상의 노후화로 귀결될 수 있는 제도적 변화 뒤의 원동력을 제대로 이해하는데 실패하는 것은, 외국의 진입자들의 허를 찌르게 될 것이다(오프닝 케이스).

## 어디로 진출할 것인가?

부동산과 마찬가지로, 국제 경영(IB)의 모토는 "입지, 입지, 입지"이다. 실제로, 그러한 공간적 관점(즉, 본국을 밖에서 사업을 하는 것)은 IB를 정의하는 특징 중 하나이다. 해외 진출의 입지를 정하는 데 있어 (1)전략적 목표와 (2)문화 및 제도적 거리의 두 가지 고려사항이 존재한다. 각각에 대한 논의가 다음에 이어진다.

### 입지 특유의 우위 및 전략적 목표

특정 국가에서 유리한 입지는 그들 국가에서 운영되는 기업에 **입지 특유의 우위(location-specific advantages)**를 제공할 수 있다. 이러한 우위는 기업이 특정 입지에 특화된 기능으로부터 얻는 이점들이다. 어떤 입지는 단순히 다른 입지가 따라잡기 어려운 지리적 특성을 가지고 있다. 예를 들어 "미국의 관문"이라고 자칭하는 마이애미는 남쪽을 바라보는 북미 기업과 북쪽을 향하는 라틴 아메리카 기업 모두에게 이상적인 위치이다. 비엔나는 중부 및 동부 유럽의 다국적 지역 본부로서 매력적인 장소이다. 두바이는 오스트랄아시아와 유럽, 아시아와 아프리카 사이의 항공 교통을 위한 환상적인 기착지이다.

**입지특유의 우위(location-specific advantages)** 특정한 입지에서 사업을운영함으로써누릴수있는이점.

지리적 우위를 넘어, 입지 특유의 우위는 어떤 지역에서 경제적 활동이 군집화로부터 발생하며, 이는 일반적으로 **집적화(agglomeration)**라고 한다. 본질적으로, 집적화의 이점은 (1) 경쟁업체로부터 개인들을 고용하려고 시도하는 가까운 거리에 위치한 기업들 사이의 지식의 파급효과, (2)해당 지역을 벗어날 필요 없이 다른 기업에서 일할 수 있는 숙련된 노동력을 창출하는 산업의 수요, 그리고 (3)그 지역에 역시 위치하고 있는 전문적 공급업체 및 구매자들의 풀의 구성을 촉진하는 산업의 수요로부터 비롯된다. 예를 들어, 집적화 효과로 인해, 댈러스 주는 세계에서 가장 많은 통신 기업들이 밀집해 있다. AT&T, 시스코(Cisco), HP, 레이시언(Raytheon), TI, 버라이즌(Verizon) 등과 같은 미국 통신 기업들은 그 곳에 모여 있다. 알

**집적화(agglomeration)** 경제활동이 특정지역에 집중적으로집단화됨으로써 나타나는 효과.

**표 6.1 해외시장 진출 의사결정의 포괄적 모형**

| 전략적 목표 | 입지 특유의 우위 | 교재에서의 예 |
|---|---|---|
| 천연자원 추구 | 천연자원 그리고 이와 관련한 운송 및 통신인프라 보유 | 중동, 러시아, 아르헨티나, 베네수엘라의 원유 |
| 시장 추구 | 풍부한 시장수요와 기꺼이 가격을 지불하고자 하는 많은 소비자들을 보유 | 자동차 및 상용 제트기 생산업체의 중국 진출 |
| 효율성 추구 | 규모의 경제와 풍부한 저원가 요소 보유 | 멕시코의 미국 및 캐나다 기업들, 동유럽, 모로코, 튀르크의 서유럽 기업들 |
| 역량 추구 | 풍부한 세계 최상급 역량 | 실리콘 밸리와 방갈로르(IT), 댈러스(통신), 덴마크(풍력 터빈) 영국과 스웨덴(고급차 제조) |

카텔 루슨트(Alcatel-Lucent), 에릭슨(Ericsson), 후지쯔(Fujitsu), 화웨이(Huawei), 지멘스(Siemens), ST마이크로일렉트로닉스(STMicroelectronics), ZTE와 같은 수많은 해외 통신 기업들도 이 지역에 모여 있다.

다른 입지가 다른 이점을 제공한다는 점을 고려할 때, 기업들은 그들의 전략적 목표들을 잠재적인 입지와 일치시켜야 한다. 네 가지 전략적인 목표들이 표 6.1에 나와 있다.

- 천연자원을 추구하는 기업들은 그런 자원들이 있는 특정 지역으로 가야 한다. 중동, 러시아, 아르헨티나, 베네수엘라는 모두 석유가 풍부하다. 아르헨티나 정부는 2012년 스페인 기업 렙솔(Repsol)의 자회사 YPF를 국유화했지만, 미국의 셰브런(Chevron)과 프랑스의 토탈(Total)은 2014년까지 YPF와 수십억 달러 규모의 거래를 추진했다. 심지어 베네수엘라 정부가 더욱 적대적이 되었을 때도, 서구 석유 기업들은 이를 참고 견뎌야 했다.
- 시장을 추구하는 기업들은 그들의 제품과 서비스에 대한 강력한 수요가 있는 국가로 진출해야 한다. 예를 들어, 중국은 현재 세계에서 가장 큰 자동차 시장이며, 실질적으로 세계의 모든 자동차 제조업체들은 이 거대한 시장으로 앞다퉈 진출하고 있다. GM이 선두 기업으로 부상했다. GM은 현재 미국보다 중국시장에서 더 많은 자동차를 판매하고 있다. 중국에서 비즈니스 항공에 대한 수요가 증가함에 따라 다쏘(Dassault), 걸프스트림(Gulfstream), 리어젯(Learjet)과 같은 비즈니스 제트 제조업체들은 이제 새로운 시장에 집중적으로 주시하고 있다.

- 효율성을 추구하는 기업들은 종종 규모의 경제와 저비용 요인들의 조합을 특징으로 하는 가장 효율적인 입지를 선정한다. 제조업계에서, 많은 미국과 캐나다 기업들이 멕시코로 가고, 많은 서유럽 기업들이 동유럽, 모로코, 터키로 진출한다.
- 역량을 추구하는 기업들은 세계적인 역량으로 유명한 국가와 지역을 대상으로 한다. 예를 들어, 특정 산업의 혁신 역량을 위해 이들 기업은 실리콘 밸리와 방갈로르(IT분야), 댈러스(통신분야), 덴마크(풍력 터빈)에 초점을 맞추고 있다. 최고급 자동차의 디자인, 제조 및 마케팅 분야에서 세계적인 역량을 갖추기 위해 타타(Tata)와 지리(Geely)는 영국과 스웨덴을 뒤쫓아 각각 재규어-랜드 로버(Jaguar-Land Rover)와 볼보(Volvo)를 인수했다(클로징 케이스 참고).

입지 특유의 우위는 증가하고, 변하거나 감소하여, 결국 기업들의 입지 이전을 유발할 수도 있다는 것에 유의하라. 만약 정책 입안자들이 제도적인 매력도를 유지하지 못한다면(예를 들어, 세금을 인상하거나, 시위와 같은 정치적 위기를 해결하지 못하면), 그리고 이미 진출해 있는 기업들이 과밀하고 그 지역의 토지 및 인적자원과 같은 요소 비용을 상승시키게 된다면, 어떤 기업들은 이전에는 이점이 있다고 여겨졌던 특정한 지역에서 빠져나갈 수도 있다. 예를 들어, 홍콩은 예술, 경매, 항공, 회의, 크루즈, 아시아 태평양의 중심지로서 스스로를 "허브를 위한 허브"로 자랑스럽게 표현하곤 했다. 그러나, 2019년 이후 일련의 시위와 폭력사태로 외국 기업들의 신뢰가 심각하게 떨어졌고, 홍콩의 입지 특유의 우위는 급감했다.

## 문화 및 제도적 거리와 해외 진출 입지

전략적인 목표 이외에, 또 다른 고려사항은 문화적 거리 및 제도적 거리에 초점을 맞춘다(4장 참고). 문화적 거리는 (개인주의와 같은) 식별 가능한 차원에 있어서의 두 문화 간의 차이를 의미한다. 제도적 거리는 "두 국가 간 규제적, 규범적, 인지적 제도 간의 유사성 또는 상이성의 정도"를 의미한다. 로레알(L'Oreal)과 빅토리아 시크릿(Victoria's Secret)과 같은 많은 서구의 소비재 기업들은 개인적인 행동을 규제하는 엄격한 규칙들을 이유로 사우디아라비아에 진출하는 것을 피했는데, 이는 본질적으로 서양과의 문화적 거리와 제도적 거리가 너무 컸기 때문이다.

두 가지 사상 학파가 나타났다. 첫 번째 학파는 단계 모형과 관련이 있는데, 이는 기업이 국제화의 첫 단계에서는 문화적으로 유사한 국가로 진출하고, 그 이후의 단계에서 문화적으로 거리가 먼 국가로 진출하기 위한 더 많은 자신감을 얻을 수 있다고 주장한다. 이 개념은 직관적으로 호소력이 있다. 공통의 문화적, 언어적, 역사적인 유대관계를 활용하여 벨기에 기업들이 먼저 프랑스에 진출하고 멕시코 기업이 먼저 텍사스에 진출하는 것은 이치에 맞는 일이다. 언어를 공유하는 국가들 간의 비즈니스는 공통의 언어가 없는 국가들 간의 비즈니스보다 평균적으로 세 배로 더 크다. 관습법 국가들(영어권 국가와 영국의 전 식민지들)의 기업들은 다른 관습법 국가에 관심을 가질 가능성이 더 많다. (라틴아메리카와 스페인과 같은) 식민지와 식민지 개척국 간의 관련성은 무역을 상당히 증가시킨다.

수많은 반대되는 예시들을 인용하면서, 두 번째 사상 학파는 시장이나 효율성 등과 같은 전략적인 목표에 대한 고려사항들이 문화 및 제도적인 측면에서의 고려사항들보다 더 중요하다고 주장한다. 예를 들어, 천연자원을 추구하는 기업들은 (보크사이트는 파푸아 뉴기니, 구리는 잠비아와 같이) 문화적으로 그리고 제도적으로 거리가 먼 국가로 진출해야 하는 강력한 이유가 있다. 서구의 다국적 기업들은 다른 곳에서는 대안이 거의 없기 때문에 문화적, 제도적, 지리적 거리는 무관할 수 있다. 그들은 그저 그곳에 있어야 한다. 전반적으로, 진출 결정을 뒷받침하는 복잡한 계산식에서 입지는 대표적이지만, 다른 몇 가지 중요한 고려사항들 중 하나이다. 다음에서 볼 수 있듯이, 진출 시기와 진출 방식 또한 매우 중요하다.

## 언제 진출할 것인가?

**선도기업의 우위(first-mover advantages)**
선도기업은 누릴 수 있지만 후발기업은 누릴 수 없는 우위.

해외 진출 시기는 특정 국가에 조기 또는 후발 진출기업이 되어야 하는 강력한 이유가 있는지 여부를 나타낸다. 일부 기업들은 먼저 시장에 최초로 진입한 기업에게 생기는 우위로서 후발 진출기업들은 누리지 못하는 혜택으로 정의되는 **선도기업 우위(first-mover advantage)**를 추구하고자 한다. 선도기업 우위가 지닌 힘에 대해 말하자면, 페덱스(FedEx), 구글(Google), 제록스(Xerox)는 이제 "구글 하다"와 같이 동사처럼 사용되고 있다. 많은 아프리카 국가에서 콜게이트(Colgate)는 치약을 가리키는 일반 용어가 되었다. 후발 주 자인 유니레버(Unilever)는 아프리카 고객들이 자사의 치약을 "붉은 콜게이트(the red Colgate)"라고 부르는 것을 알고 실망했다! 표 6.2는 이러한 우위에 대해 요약하고 있다.

- 선도기업들은 독점적 기술을 통해 우위를 얻을 수 있다. 애플의 아이폰(iPhone)을 생각해 보라.
- 선도기업들은 또한 선제적인 투자를 할 수 있다. 많은 일본 다국적 기업들은 확대된 케이레츠 네트워크의 새로운 구성원으로서 동남아시아에서 주요 현지 공급업체와 유통업체들을 선별하여 독차지했고, 서구의 후발 진출자들이 공이들 현지 기업들에 접근하는 것을 차단했다.
- 선도기업들은 높은 전환비용과 같이 후발 진출기업들에 대한 진입장벽을 세울 수도 있다. 고가 장비의 구매자들은 부품, 교육 및 서비스 등을 위해 오랫동안 동일한 생산자와 거래하는 것을 고수할 가능성이 높다. 그것은 미국, 영국, 프랑스, 독일 그리고 러시아의

### 표 6.2 선도기업의 우위와 후발기업의 우위

| 선도기업의 우위 | 교재에서의 예 | 후발기업의 우위 | 교재에서의 예 |
|---|---|---|---|
| 독점적, 기술적 리더십 | 애플의 아이폰 | 선도 기업 투자에 대한 무료 이용 기회 | 인도의 고객 교육을 위한 플립카트의 투자를 아마존이 무료로 이용 |
| 희소 자원의 선점 | 동남아시아에서의 일본 다국적기업들 | 기술 및 시장 불확실성의 제거 | 닛산의 전기차 리프가 기술적 불확실성을 해결할 때까지 기다린 테슬라, BMW, GM, 토요타 |
| 후발기업에 대한 진입장벽 구축 | 폴란드의 F-16 전투기 계약 | 시장변화에 적응하는데 있어 선도기업의 어려움 | 그레이하운드가 버스 터미널을 고수했던 반면, 후발기업인 메가버스는 간단하게 차도변 정류장을 이용 |
| 본국시장에서 지배적인 기업들과의 정면충돌 회피 | 일본시장 내 지배적인 라이벌기업들보다 먼저 미국시장으로 진출한 소니, 혼다, 엡손 | | |
| 현지정부와 같이 현지국의 핵심 이해관계자들과의 관계 구축 | 아프가니스탄에 진출한 시티그룹, JP 모건 체이스, 중국야금 | | |

항공 우주 회사들이 냉전 이후 폴란드의 첫 번째 전투기 발주를 놓고 치열한 경쟁을 벌인 이유이다. 미국의 F16이 결국 승리했다.

- 치열한 국내 경쟁은 일부 비주류 기업들이 본국에서 우세한 기업들과 정면으로 충돌하는 것을 피하기 위해 해외로 진출하게 할 수 있다. 마쓰시타(Matsushita), 도요타(Toyota), NEC는 일본에서 각 산업의 선두 주자였지만, 소니(Sony), 혼다(Honda), 엡손(Epson)은 모두 선두 기업들보다 먼저 미국에 진출했다.
- 선도기업들은 고객 및 정부와 같은 주요 이해관계자들과 소중한 관계를 구 축할 수 있다. 시티그룹(Citigroup), JP 모건 체이스(JP Morgan Chase), 중국야금(Metallurgical Corporation of China)은 아프가니스탄에 진출하여 더 많은 FDI를 유치하고자 하는 아프가니스탄 정부로부터 상당한 호의를 얻었다.

**후발주자의 이점(late mover advantages)** 후발주자와 관련된 이점.

선도기업의 잠재적인 이점은 **후발주자의 이점(late-mover advantages)**을 초래하는 다양한 단점들(역시 표 6.2에 나열됨)에 의해 상쇄될 수 있다. CT 스캐너 분야의 EMI와 인터넷 브라우저의 넷스케이프(Netscape)과 같은, 수많은 선도기업들은 장기적으로 시장 지배력을 상실했다. 결국 승리한 것은 각각 GE와 마이크로소프트 익스플로러(Microsoft Explorer)와 같은 후발기업이다. 구체적으로, 후발기업의 우위는 세 가지 방법으로 나타난다.

- 후발기업들은 선도기업의 선구적인 투자에 무임승차할 수 있다. 인도에서 2007년에 설립된 플립카트는 전자상거래의 첫 번째 기업이었다. 후발주자로서 아마존은 인도 대중들에게 전자상거래에 대해 교육을 해 놓은 플립카트의 초기의 투자 중 일부에 무임승차하기를 희망한다. 막대한 지출을 통해, 아마존은 플립카트의 시장 주도권을 뛰어넘기를 희망한다(오프닝 케이스 참고).
- 선도기업들은 더 큰 기술 및 시장의 불확실성에 직면한다. 예를 들어, 닛산(Nissan)은 휘발유 한 방울도 없이 달릴 수 있는 세계 최초의 전기자동차(EV)인 리프(Leaf)를 출시했다. 하지만 엄청난 불확실성이 있었다. 이런 불확실성이 일부 제거된 후, BMW, GM, 도요타는 물론 테슬라(Tesla)도 최근 그들 자신의 EV로 그 공세에 가세했다.
- 기존 기업으로서, 선도기업들은 주어진 고정자산의 집합에 고착화되거나 새로운 제품라인을 위해서 기존의 제품라인이 잠식되는 것을 꺼릴 수도 있다. 후발기업들은 선도기업들이 지닌 비유연성을 이용하여 그들을 뛰어넘을 수도 있다. 비록 미국에서 시외버스 서비스를 제공하고 있는 기존 기업인 그레이하운드는 재정적으로 어려움을 겪고 있지만, 관리가 제대로 되지 않고 끔찍한 도심 지에 있는 고가의 버스 터미널들을 없앨 수 없다. 영국으로부터의 새로운 진입자인 메가버스는 굳이 버스 정류장 하나도 짓고 유지하려고 신경쓰지 않았다. 대신 메가버스는 차도변 정류장(일반적인 도시의 버스정류장과 같은)을 이용함으로써, 많은 승객들에게 버스를 이용한 이동을 더 매력 있게 만든다.

전반적으로, 증거는 선도기업의 우위와 후발기업의 우위가 모두 존재한다는 것을 지적한다. 불행하게도, 산더미 같은 연구들은 여전히 특정 진출 시점 전략을 결정적으로 추천할 수 없다. 비록 선도기업들이 승리할 기회가 있음에도 불구하고, 그들의 개척자로서의 지위가 성공을 보장하는 것은 아니다. 예를 들어, 인도 전자상거래에서 선도기업인 플립카트(현재 월마트 소유)와 후발기업인 아마존 모두 승리를 확신할 수 없다(오프닝 케이스 참고). 진출 시점을 별개로 고려해서는 안되고, 진출 시점 그 자체가 해외 진출의 성공과 실패를 결정하는 유일한 결정 요인이 아니라는 것은 분명하다. 다음에 논의할 바와 같이, 진입 시점이 성과에 영향을 미치는 것은 다른 전략적 변수들과의 상호작용을 통해서이다.

## 어떻게 진출할 것인가?

이 절에서는 대규모 진출과 소규모 진출에 대해 초점을 맞춘 다음 의사 의사 결정 모형을 소개한다. 첫 번째 단계는 지분 방식으로 진출할 것인지 아니면 비지분 방식으로 진출할 것인지를 결정하는 것이다. 끝으로, 다양한 지분 및 비지분 방식의 장단점에 대해서 개략적으로 설명한다.

### 진입 규모: 몰입과 경험

국제적인 진출에 관한 의사 결정에 있어 한 가지 중요한 차원은 **진출 규모(scale of entry)**로, 이는 해외 시장에 진출에 투입되어야 하는 자원을 양을 의미한다. 대규모 진출의 장점은 특정 시장에 대한 전략적 몰입을 보여줄 수 있다는 것이다. 즉, 현지 고객들과 공급업체들 모두에게 확신("우리는 여기 오래 있을 것이다!")을 주며, 잠재적인 진입기업들을 단념시킬 수 있다. 단점들로는 (1)다른 곳에서의 제한된 전략적 유연성과, (2)만일 이러한 대규모 "베팅"이 잘못된 것으로 판명될 경우의 막대한 손실이다.

**진출 규모(scale of entry)** 해외시장에 진출하기 위해 투입되어야 하는 자원의 양.

소규모 진출은 비용이 더 적게 든다. 그것은 하방 위험을 제한하면서 "실행에 의한 학습"에 초점을 맞춘다. 많은 국가에서 차량을 만드는 대부분의 자동차 제조업체(대규모 진출을 대표하는)와 달리 테슬라는 자사의 미국산 EV만 수출한다. 테슬라는 하방 위험을 제한하면서 전 세계 고객, 딜러 및 정부와 협력하여 EV에 대한 열정을 확산시키는 방법을 배운다. 소규모 진출의 단점은 강력한 몰입이 부족하다는 것인데, 이것은 시장 점유율을 구축하고 선도기업의 우위를 확보하는 것을 어렵게 할 수도 있다.

### 진출 방식: 지분 및 비지분 방식에 대한 첫 번째 단계

관리자들이 수많은 진출 방식을 동시에 고려하지는 않을 것이다. 진출과 관련된 의사 결정의 복잡성을 고려할 때, 관리자들은 단지 몇 가지 관리 가능한 핵심 변수들을 먼저 고려한 다음 다른 변수들은 나중에 고려함으로써 우선순위를 결정해야 한다. 그러므로, 의사 결정 모형(그림 6.3과 표 6.3에 제시됨)이 도움이 된다.

첫 번째 단계에서, 소규모 또는 대규모 진출에 대한 고려사항은 일반적으로 지분(소유권) 문제로 귀결된다. **비지분 방식(Nonequity modes, 수출과 계약협정)**은 해외 시장에 대한 상대적으로 더 적은 책임을 반영하는 경향이 있지만, **지분 방식(equity modes, JV나 완전 소유 자회사)**은 상대적으로 더 크고 되돌리기 더 어려운 몰입을 나타낸다. 지분 방식은 해외에 독립적인 조직(부분 또는 완전 소유)을 설립할 것을 요구하는 반면, 비지분 방식은 그러한 독립적인 설립을 필요로 하지 않는다. 이들 방식들은 비용, 몰입, 위험, 통제의 측면에서 상당히 다르다.

**비지분 방식 (non-equity modes)** 자기자본(지분)을 사용하지 않는 해외시장 진출 방식.

**지분 방식 (equity modes)** 자기자본(지분)을 사용하는 해외시장 진출 방식.

지분 및 비지분 방식의 구별은 사소하지 않다. 사실, 이것이 다국적 기업을 정의하는 것이다. 다국적 기업은 FDI를 통해 지분 방식으로 해외 시장에 진출한다. FDI 없이 단순히 수출이

### 표 6.3 해외시장 진출 방식의 장·단점

| 해외시장 진출 방식 (교재에서의 예) | 장점 | 단점 |
|---|---|---|
| **1. 비지분 방식: 수출** | | |
| 직접수출<br>(80여개국으로의 펄리버의 피아노 수출) | • 본국에 집중된 생산으로 인한 규모의 경제<br>• 유통망에 대한 더 나은 통제 | • 부피가 큰 제품에 대한 높은 운송비<br>• 고객과의 마케팅에 있어서의 거리감<br>• 무역장벽과 보호무역주의 |
| 간접수출<br>(섬유 및 육류 등 일상품) | • 생산에 자원을 집중시킬 수 있음 (규모의 경제 실현 가능)<br>• 직접 수출절차를 처리할 필요가 없음 | • 유통망에 대한 느슨한 통제<br>• 해외에서의 사업 운영방식을 배울 수 없음 |
| **2. 비지분 방식: 계약방식** | | |
| 라이센싱/프랜차이징<br>(호주의 버거킹과 헝그리 잭) | • 낮은 해외시장 개발비용<br>• 해외시장 확장에 있어 낮은 위험수준 | • 기술 및 마케팅에 대한 통제가 거의 안됨<br>• 경쟁자를 양성할 수도 있음<br>• 전략적 조정 활동을 하는 것이 불가함 |
| 턴키프로젝트<br>(모로코의 사피 에너지) | • FDI가 제한된 국가에서는 공정 기술로부터 수익을 낼 수 있음 | • 경쟁자를 양성할 수도 있음<br>• 장기적 사업이 어려움 |
| R&D 계약<br>(덴마크의 풍력 터빈 연구) | • 저렴한 비용으로 특정한 혁신을 위한 최적의 장소를 활용할 수 있음 | • 계약 협상과 이행이 어려움<br>• 혁신적인 경쟁자를 양성할 수 있음<br>• 핵심적인 혁신역량을 상실할 수 있음 |
| 공동마케팅 (영화사/장난감 제조사와 맥도날드의 협업, 항공사들 간의 제휴) | • 더 많은 고객들에게 접근할 수 있음 | • 제한적인 조정 |
| **3. 지분 방식: 부분 소유 자회사** | | |
| 합작투자(JV)<br>(상하이 폭스바겐) | • 비용, 위험 등을 현지파트너와 공유할 수 있음<br>• 현지국가에 대한 파트너의 지식을 활용할 수 있음<br>• 정치적으로 허용됨 | • 파트너기업 간 관심사나 목표가 상이할 수 있음<br>• 지분 및 운영 통제력의 제한<br>• 글로벌 차원의 조정활동이 어려움 |
| **4. 지분 방식: 완전 소유 자회사** | | |
| 신설투자<br>(Amazon.in 및 미국의 일본 자동차 공장들) | • 완전한 지분 및 운영 통제력<br>• 노하우의 보호<br>• 글로벌 차원의 조정활동이 가능함 | • 잠재적인 정치적 위험에 노출될 수 있음<br>• 높은 비용을 수반함<br>• 산업 내 새로운 생산능력 부가<br>• (인수에 비해) 느린 시장 진입속도 |
| 인수<br>(펄리버의 리트뮬러 인수) | • 위에서 언급한 신설투자의 장점들과 동일<br>• 산업 내 새로운 생산능력을 부가하지 않음<br>• 신속한 시장 진입속도 | • 위에서 언급한 신설투자의 단점들과 동일(신규 생산능력의 추가 및 진입 속도 제외)<br>• 인수후의 통합 문제 |

## 그림 6.3 해외시장 진출 방식의 선택 의사결정:모델

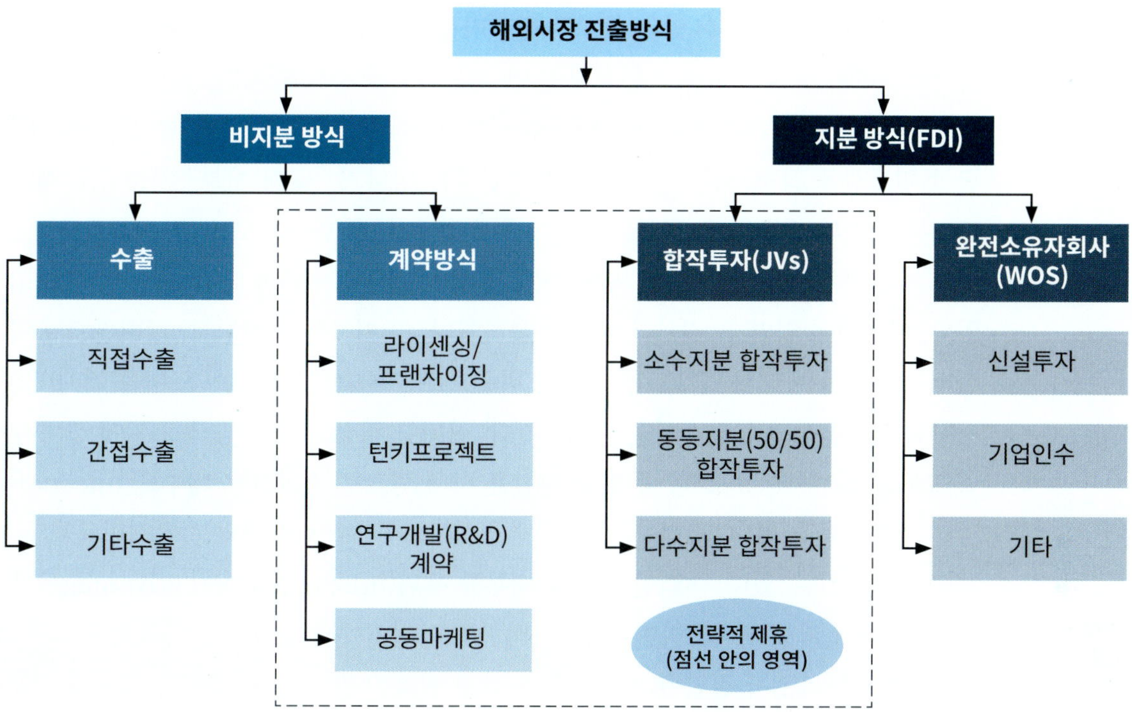


Source: Adapted from Y. Pan & D. Tse, 2000, The hierarchical model of market entry modes (p. 538), Journal of International Business Studies 31: 535–554. The dotted area labeled "strategic alliances," including both nonequity modes (contractual agreements) and equity modes (JVs), has been added by the current author. See Chapter 7 for more details on strategic alliances.

나 수입만을 하는 기업들은 일반적으로 다국적 기업으로 간주하지 않는다. 말하자면, 석유 수입업체와 같은 기업은 왜 산유국의 수출업체로부터 석유를 구매함으로써 시장 메커니즘에 의존하는 대신에, 산유국에 자본을 직접 투자하여 다국적 기업이 되려고 하는가?

비다국적 기업에 비해 다국적 기업은 소유(O), 입지(L), 내부화(I)의 세 가지 주요한 이점들을 가지고 있다. 입지 우위는 이미 앞에서 논의했기 때문에, 여기에서는 소유권과 내부화에 초점을 맞춘다. 석유산업의 예를 들어 보자. 석유 수입국과 생산국 모두에서 자산을 소유함으로써 다국적 기업은 원유를 값비싼 선박이나 저장 탱크에 장기간 보관하는 대신, 정유 설비를 이용할 수 있는 때에 맞추어 곧바로 (적시에) 수입국의 정유공장에 원유를 공급하는 것과 같이 국경을 초월한 활동을 더 잘 조정할 수 있다. 그러므로 이러한 이점을 **소유 우위(ownership advantage)**라고 한다.

**소유 우위 (ownership advantage)** 해외 자산을 직접 소유하는 것과관련된 이점을 말하며, 이는다국적기업이 누릴 수 있는 주요한세가지이점중 하나임. 나머지 두이점은 입지 우위와 내부화 우위임.

또 다른 우위는 높은 거래비용으로 어려움을 겪을 수 있는, 수입업자와 수출업자들 간의 시장 관계의 제거로부터 발생된다. 시장을 이용하여, 거래에 대해 협상되어야 하고, 납품이 확인되어야 하는데, 이러한 모든 것은 상당한 비용을 수반하게 된다. 더욱 많은 비용이 드는 것은 양쪽 모두에서 발생될 수 있는 기회주의의 가능성이다. 예를 들어, 석유 수업업체는 도착 후에 불만족스러운 품질을 이유로 언급하며 인수를 거절할 수도 있지만, 실제로는 수입업자가 다운스트림 시장에 휘발유(정제유)를 팔 능력이 없기 때문일 수도 있다(불황은 실업자들이 매일 출근할 필요성을 감소시킨다), 따라서 수출업자는 막바지 "급매 처분" 기준으로 적재된 원유를 판매하기 위해 새로운 구매자를 찾을 수밖에 없다. 다른 한편으로 석유 수출업자는 인플레이션부터 자연재해에 이르기까지 다양한 이유를 들어 합의된 가격보다 더 높은 가격을 요구할 수도 있다. 따라서 수입업자는 (1)더 많이 지불하거나, (2)지불을 거절하고, 값비싼 정유공장을 유휴 상태로 유지하는 데서 발생되는 막대한 비용으로 고통을 겪어야 한다. 이들 거래비용들은 국제 시장의 비효율성과 불완전성을 증대시킨다. 이러한 시장 관계를 양국 모두에 걸쳐 운영되는 단일 조직으로 대체함으로써, 즉 외부 시장을 사내 링크로 전환하는 **내부화(internalization)**로 알려진 과정을 거쳐, 다국적 기업은 국경을 넘는 거래에서 발생되는 거래비용을 줄이고, 효율성을 증대시킬 수 있다. 이러한 우위를 **내부화 우위(internalization advantage)**라고 한다.

**내부화(internalization)** 시장 거래관계를 두 국가에 걸쳐운영되는 단일 다국적기업 조직으로대체하는 과정.

**내부화 우위(internalization advantage)** 시장 거래관계를 기업 내부로 내부화하는 것과 관련된 이점을 말하며, 이는 다국적기업이 누릴 수있는 주요한 세 가지 이점 중하나임. 나머지 두 이점은 소유우위와 입지 우위임.

비다국적 기업과 비교하여, 특정한 바람직한 입지에서 운영되는 다국적 기업은 소유권(O), 입지(L), 내부화(I)가 결합된 이점들을 누리게 된다(그림 6.4). 이것들은 묶어서 선도적인 다국적 기업 학자인 존 더닝(John Dunning)에 의해 **OLI 우위(OLI advantages)**로 분류된다. 전반적으로, 진출 방식의 고려사항 중 첫 번째 단계는 매우 중요하다. 지분 방식을 선택함으로써 FDI를 수행함으로써 다국적 기업이 될 것인지에 대한 전략적 결정이 이루어져야 한다(실행 전략 6.1 참고).

**OLI 우위 (OLI advantages)** 소유 우위(O), 입지 우위(L), 내부화우위(I)를 말하며, 이러한 이점들은 주로 다국적 기업과 관계가 있음.

## 진입방식: 실제 선택에 있어서의 두 번째 단계

두 번째 단계에서, 관리자들은 각 그룹 내에서 비지분 및 지분 방식의 변수들을 고려한다(표 6.3 참고). **진출 방식(entry mode)**은 기업이 해외 시장에 진출하기 위해 사용하는 운영의 한 형태이다. 수출하기로 결정했다면, 그 다음의 고려사항은 직접수출 대 간접수출이다. 직접수출은 가장 기본적인 진입 방식으로, 본국에 집중된 생산의 규모의 경제를 활용하고 유통망에 대한 더 나은 통제를 높인다. 예를 들어, 펄 리버(Pearl River)는 중국에서 80개 이상의 국가로 피아노를 수출한다. 이 전략은 본질적으로 해외 수요 국내 수요의 연장으로 취급하며, 기업은 무엇보다도 국내 시장을 제일 우선적으로 고려하여 설계 및 생산하는데 초점을 맞추고 있다. 만일 해외로의 수출물량이 적으면 직접수출이 적절하겠지만, 기업이 해외 구매자를 많이 보유하고 있는 경우에는 이 진입 방식은 최적이 아니다. 마케팅 101은 기업이 고객과 물리적으로나 심리적으로 더 가까이 있을 필요가 있음을 시사하며, 기업들이 FDI와 같은 더 친밀한 해외 참

**진출 방식(entry mode)** 회사가 해외 시장에 진출하기 위해 사용하는 운영 형태.

**■ 그림 6.4 FDI를 통한 다국적 기업이 얻는 OLI 우위들**

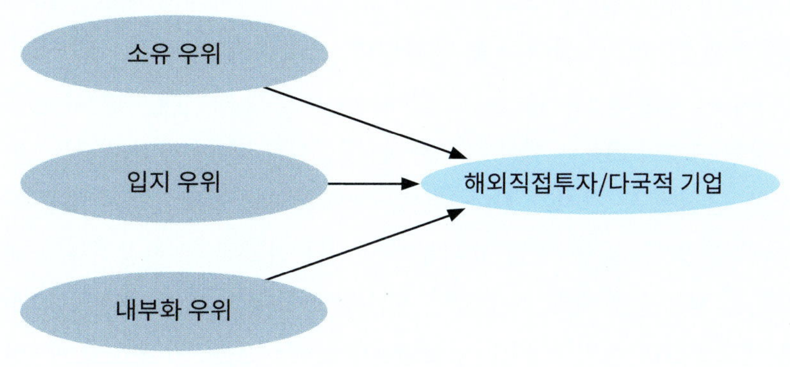


여를 장려하도록 유도한다. 또한, 직접 수출은 보호주의를 자극하여, 잠재적으로 반덤핑 조치를 유발할 수 있다(8장 참고).

또 다른 수출전략은 간접수출 방식으로, 즉, 국내에 기반을 두고 있는 수출중개자를 통한 수출이다. 이 전략은 직접 수출과 유사하게 규모의 경제를 누릴 수 있을 뿐만 아니라, 상대적으로 걱정이 없다. 주로 가격 경쟁을 하는 섬유와 육류와 같은 상품 수출무역의 상당량은, 중개자를 통해 간접적이다. 간접 수출은 몇 가지 단점들이 있다. 예를 들어, 수출무역 업체와 같은 제삼자들은 수출업체들과 동일한 목적을 공유하지 않을 수도 있다. 수출업체는 주로 해외 시장에 대한 정보의 비대칭성 때문에 중개자를 선택한다. 국제적인 연락망과 지식을 가진 중개인들은 본질적으로 그러한 정보의 비대칭성을 이용해서 생계를 유지한다. 그들은 그러한 정보 비대칭성을 줄이는 것에 관심이 없다. 예를 들어, 중개인들은 자신의 브랜드로 제품을 재포장하고, 해외의 고객과의 의사소통을 독점하겠다고 주장할 수도 있다. 만약 수출업체가 그들의 제품이 해외에서 어떤 성과를 내는지를 더 많이 알고 싶다면, 간접 수출은 그러한 지식을 제공하지는 않을 것이다.

다음의 비지분 진출 방식의 그룹에는 (1)라이센싱 혹은 프랜차이징, (2)턴키 프로젝트, (3)연구개발 계약, 그리고 (4)공동 마케팅 등과 같은 방식의 계약의 유형들이 포함된다. 라이센싱 및 프랜차이징 계약에서 라이센스 제공자나 프랜차이즈 본사는 특허나 노하우와 같은 지적 재산권에 대한 사용 권리를 라이센스 사용자나 프랜차이즈 가맹점에게 로열티 수수료를 받고 제공한다. 따라서 라이센스 제공자나 프랜차이즈 본사는 해외 확장과 관련된 모든 비용과 위험을 부담하지 않아도 된다. 하지만, 라이센스 제공자나 프랜차이즈 본사는 생산과 마케팅에 대한 엄격한 통제를 하지 못한다. 예를 들어, 버거킹(Burger King)은 호주의 프랜차이즈 가맹업체인 헝그리 잭(Hungry Jack's)이 계약에 정의된 비율로 체인을 확장하지 못함으로써 프랜차이즈 계약의 조건을 위반했다고 주장했다.

**턴키 프로젝트(turnkey project)**
프로젝트 발주자 (고객)가 새로운 설비들을 설계 및 건설하고,직원들에 대한 교육을 제공하는 등의 비용을 프로젝트 수주자(도급업자)에게 지불하는 방식의 프로젝트.

**건설-운영-양도 계약 (build-operate transfer(BOT) agreement)**
프로젝트 수주자(도급업자)가 먼저 설비를 짓고(B) 그 후 일정기간동안 설비를 직접 운영하고(O),최종적으로는 프로젝트 발주자(고객)에게 설비의 소유권을 양도(T)하는 특별한 형태의 턴키 프로젝트 유형.

**연구개발 계약 (research and development(R&D) contracts)**
기업들 간에 체결되는 연구개발부분에대한아웃소싱계약. 즉,기업 A가기업 B를 위해 특정연구개발(R&D) 활동을 수행하는것에 동의하는 계약.

**공동마케팅 (co-marketing)**
많은 기업들이 자신들의 제품과 서비스를 판매, 홍보하기 위해 공동으로 노력하는 것에 동의하는 계약.

**합작투자(joint venture)**
두 개 이상의 모기업에 의해 공동으로 설립되고 소유되는 새로운 기업체를 말함. 쉽게 말하면 모기업의 아이 기업(corporate child)에 해당됨.

**턴키 프로젝트(turnkey projects)**에서, 발주고객은 계약자에게 새로운 시설을 설계하고 건설하고, 인력들을 훈련시키기 위해 돈을 지불한다. 프로젝트 완료 시, 계약업체는 발주고객에게 운영할 준비가 된 시설의 열쇠를 발주고객에게 건네주게 되는데, 여기서 턴키라는 용어가 사용된다. 이 방식은 기업이 FDI가 제한된 국가에서 (건설과 같은) 공정 기술을 통해 수익을 얻도록 한다. 하지만, 단점은 두 가지가 있다. 첫째, 만약 해외의 발주고객이 경쟁자라면, 그들의 경쟁력을 향상시킬 수 있다. 둘째, 만일 고객에게 열쇠가 전달된 후에 장기적인 체류가 불가능하다. 보다 장기적인 체류를 위해서, 전통적인 건설-양도 유형의 턴키 프로젝트 대신에, 이제는 종종 **건설-운영-양도(BOT) 계약(build-operate-transfer agreements)**이 사용된다. BOT 계약은 국내 기관이나 기업에 운영권을 이전하기 전에 일정 기간 시설을 먼저 건설하고 난 뒤 운영하는 비지분식 진입방식이다. 예를 들어, 사피 에너지(Safi Energy)는 프랑스의 GDF 수에즈(GDF Suez), 일본의 미쓰이(Mitsui), 모로코의 나레바홀딩(Nareva Holding0의 컨소시엄으로, 모로코의 전기 발전 프로젝트를 BOT로 수주했다.

**연구 개발(R&D) 계약(research and development contracts)**은 기업들 간의 R&D를 아웃소싱하는 것을 가리킨다. A사는 B사를 위해 특정 R&D 업무를 수행하는 것에 동의한다. 따라서 덴마크의 풍력 터빈 연구와 같이, 기업들은 비교적 저렴한 비용으로 특정 혁신을 위한 최적의 입지를 활용한다. 그러나  세 가지 단점이 나타날 수 있다. 첫째, R&D의 불확실하고 다차원적인 특성을 고려할 때, 이러한 계약들은 종종 협상하고 실행하기가 렵다. 둘째, 이러한 계약들은 경쟁자를 양성할 수 있다. 마지막으로, 많은 R&D를 수행하기 위해 외부자들에 의존하는 기업은 장기적으로 핵심 R&D 역량의 일부를 잃을 수도 있다.

**공동 마케팅(co-marketing)**은 제품과 서비스를 공동으로 마케팅하기 위한 여러 기업들 간의 노력을 의미한다. 장난감 제작자들과 영화제작자들은 종종 맥도날드(McDonald's)와 같은 패스트푸드 체인점과 공동 마케팅 캠페인을 하는데 협력하여, 어린이용 식사에 영화 캐릭터를 기반으로 한 장난감을 패키지로 포장한다. 원 월드(One World), 스카이팀(Sky Team), 스타 얼라이언스(Star Alliance) 등과 같은 항공사 연합은 좌석 공유를 통해 광범위한 공동 마케팅을 수행한다. 장점은 더 많은 고객에게 다가갈 수 있다는 것이다. 단점은 제한된 통제와 조정에 초점을 맞추고 있다.

다음은 지분 방식들인데, 이러한 방식들은 모두 FDI를 수반하고 기업을 다국적 기업으로 변모시킨다. 자녀 기업으로서 **합작 투자(joint venture, JV)**는 두 개 이상의 모기업에 의해 공동으로 설립되고 소유되는 새로운 기업이다. 그것은 소수지분 JV(50% 미만의 지분), 50/50 JV(동등 지분), 그리고 다수지분 합작투자(50% 이상의 지분)의 세 가지 주요 형태를 가지고 있다. 상하이 폭스바겐(Shanghai Volkswagen)과 같은 JV들은 세 가지 이점이 있다. 첫째, 다국적 기업은 비용, 위험 및 수익을 현지 파트너와 공유하기 때문에 다국적 기업은 어느 정도의 통제력은 가지지만 위험에 대한 노출은 제한적이다. 둘째, 다국적 기업은 현지국에 대한 지식에 쉽게 접근할 수 있다. 현지 기업은 반대로 다국적 기업의 기술, 자본 및 경영으로부터 혜택을 누릴 수 있다. 셋째, JV는 현지국에서 정치적으로 더욱 수용 가능할 수 있다.

단점의 측면에서, JV는 종종 다른 배경과 다른 목표를 가진 파트너를 포함하므로, 갈등이 당연한 것이다. 인도 정부의 개입이 없더라도 다국적 대기업 아마존과 수많은 소규모 인도 공급업체들 간에 세워진 JV가 원활하게 운영되지 않을 가능성이 높다(오프닝 케이스 참고). 나아가, 모든 것이 협상되어야 하고, 어떤 경우에는 서로 싸워야 하기 때문에, 효과적인 지분 및 운영상의 통제를 달성하기 어려울 수도 있다. 마지막으로, JV의 특성상, 다국적 기업이 글로벌 조정을 위해 필요로 할 수도 있는 해외 자회사에 대한 엄격한 통제를 다국적 기업에 제공해주지 못한다. 전반적으로, 모든 종류의 비지분 기반 계약과 지분 기반 JV들은 전략적 제휴(strategic alliances)로 볼 수 있다(그림 6.3의 점선으로 표시된 부분의 내부). 7장에서 그것들에 대해 상세하게 논의할 것이다.

마지막 진출 방식은 다국적 모기업이 전적으로 소유하는 외국에 위치한 자회사로 정의되는 **완전 소유 자회사(wholly owned subsidiary, WOS)**를 설립하는 것이다. WOS를 설립하는 두 가지 주요 방법이 있다. 하나는 (이전에 농업 목적으로 사용되었던 말 그대로 "그린필드" 위에) 새로운 공장과 사무실을 처음부터 짓는 **신설투자 사업(greenfield operations)**을 설립하는 것이다. 예를 들어, 아마존은 인도에 완전 소유 자회사를 설립했다(오프닝 케이스 참고). 이 방식은 세 가지 이점을 지니고 있다. 첫째, 신설투자 WOS는 다국적기업에게 완전한 지분과 경영상의 통제권을 부여하므로, 따라서 JV와 관련된 고민을 할 필요가 없다. 둘째, 이렇게 분할되지 않은 통제력으로 독점적 기술에 대한 더 나은 보호로 이어진다. 셋째, WOS는 중앙에서 조정된 글로벌 활동을 가능하게 한다. 때때로 (이전에 논의된 일본 TI의 자회사와 같은) 어떤 자회사는 손실을 입도록 지시를 받을 수도 있다. 지역 라이센스 사용자나 프랜차이즈 가맹점이나 JV 파트너들은 돈을 잃으라는 이러한 굴종적인 역할을 받아들이지 않을 가능성이 높다!

**완전소유자회사 (wholly owned subsidiary)**
다국적 모기업이 전적으로 소유(즉, 100%의 지분을 소유)하는 외국소재의 자회사.

**신설투자 (greenfield operation)**
공장과 사무실을 처음부터 새로 건설하여 기초부터 기업을 설립하는 방식. 농업 분야에서 주로 사용되던 '그린필드(greenfield)'라는 단어에서 유래되었음.

단점 측면에서, 신설투자 WOS는 재정적으로뿐만 아니라 정치적으로도 비용이 많이 들고, 위험한 경향이 있다. 그것의 두드러진 외래성은 국수주의 정서의 표적이 될 수도 있다. 또 다른 단점은 신설투자 운영이 산업에 새로운 생산능력을 추가하여, 이를 통해 경쟁적인 산업을 더욱 혼잡하게 만든다는 것이다. 예를 들어, 미국에 건설된 모든 일본 자동차 업체의 공장들은 미국 자동차 업체들의 시장 점유율을 심하게 압박했음을 생각해 보라. 마지막으로, 인수에 비해, 신설투자 운영은 최소 1년에서 몇 년까지 느린 진입 속도로 인해 어려움을 겪고 있다.

WOS를 설립하는 또 다른 방법은 인수이다. 펄 리버의 독일의 리트뮬러(Ritmüller) 인수

## 실행 전략 6.2 Emerging Markets

### 타이 유니온의 해외 시장 진출

오늘날, 중국 이민자가 1977년 태국에서 설립한 가족 기업인 Thai Union Frozen Products는 프랑스, 인도, 인도네시아, 일본, 노르웨이, 미국 및 베트남에 자회사를 두고 있는 세계 최대 수산물 가공업체 중 하나가 되었다. 다양한 진입 방식을 활용하여 Thai Union의 국제적 성장은 1988년 일본과 미국으로의 수출로 시작되었다. 일본에서는 곧 현지 무역 파트너와 합작 투자를 시작했다. 미국에서는 Thai Union이 시장 입지를 다지기 위해 단계적으로 진행했다. 수출 후 영업 사무소를 설립했다. 2000년대에는 Chicken of the Sea와 Empress International을 인수했다. 유럽에서는 Thai Union이 2010년 프랑스 해산물 통조림 가공업체인 MW Brands를 인수하여 큰 파장을 일으켰다. 6억 7,000만 유로(7억 4,000만 달러)의 이번 인수는 태국 역사상 두 번째로 큰 해외직접투자 거래였다. 2014년 Thai Union은 노르웨이의 King Oscar와 프랑스의 MerAlliance를 인수하여 포트폴리오에 유럽 브랜드를 더 추가했다.

Thai Union의 국제 확장 전략은 (1) 태국의 저비용 노동 및 태국 연안에서 잡힌 해산물, (2) 원료 그대로의 생산물을 최대한 활용할 수 있는 제품 다양화로 인해 발생하는 저비용 기반을 활용하는 데 중점을 둔다. 생선과 새우의 가장 좋은 부분은 고급 식품이 되고 나머지는 애완동물 사료와 같은 제품에 사용된다.

유럽 기업의 인수는 주로 시장 추구 동기에 의해 동기가 부여되지만 어업 및 가공 능력을 추가했다는 측면에서 역량 추구을 위한 것이기도 하다. MW Brands를 인수한 후 Thai Union의 전체 매출에서 유럽이 차지하는 비중이 11%에서 3분의 1 이상으로 높아져 미국 시장에 대한 의존도가 낮아졌다. MW Brands는 Conserverie Parmentier, John West, Mareblu 및 Petite Navire와 같은 브랜드를 통해 영국, 프랑스, 아일랜드, 이탈리아 및 네덜란드에서 시장 리더가 되었다. 이러한 브랜드는 다른 유럽 시장에서 더욱 활용될 수 있는 전략적 자산을 나타냅니다. 또한 유럽 인수는 인도네시아, 태국, 미국 및 베트남에 있는 기존 시설에 프랑스, 가나, 포르투갈 및 세이셸에 4개의 처리 공장을 추가하여 효율성 추구 동기를 지원했다. 이러한 인수로 어선도 4척에서 9척으로 늘어났다.

Sources: (1) Financial Times, 2015, Thai Union plans to real in more Western catches, February 2: www.ft.com; (2) K. Meyer & O. Thaijongarak, 2012, The dynamics of emerging economy MNEs, Asia Pacific Journal of Management 30: 1125–1153; (3) M. W. Peng & K. Meyer, 2016, Thai Union acquires market access (p. 349), in International Business, 2nd ed., London: Cengage EMEA; (4) www.mwbrands.com.

는 대표적인 사례이다. 인수는 신설 투자 WOS의 모든 이점을 공유하며 (1)새로운 생산능력을 추가하지 않는 것과 (2)더 빠른 진입 속도라는 두 가지 추가적인 이점들을 누린다. 단점 측면에서, 인수는 새로운 생산능력을 부가하는 것과 느린 진출 속도를 제외하고는, 신설투자 WOE의 모든 단점을 공유한다. 그러나, 인수는 인수 후 통합 문제라는 고유한 단점을 가지고 있다(세부사항은 9장 참고).

전반적으로, 기업은 하나의 진출 방식만 사용하는 것으로 제한되지 않는다. 해외 시장 진출 방식의 번들을 능숙하게 사용하는 것은 세계적으로 성공한 기업들의 특징이다(실행 전략 6.2 참고).

## 논쟁과 확장

우리는 이미 선도기업 및 후발기업의 이점과 같은 중요한 논쟁을 이미 다루었다. 여기에서 우리는 이 장에서 다루지 않았던 네 가지 추가적인 논쟁들에 대해 논의한다.

### 논쟁 1: 외국인 비용과 외국인 자산

외국인 비용이라는 널리 이해되는 개념에도 불구하고, 대조되는 한 가지 견해는, 특정한 상황에서는 외국인이라는 것이 자산(경쟁우위)이 될 수 있다는 주장이다. 미국과 일본에서, 독일산 자동차들은 국산 차들보다 더 고품질의 자동차로 보여진다. 중부 및 동유럽에서, 미국산 담배는 흡연자들 사이에서 "멋진" 것이다. 동남아시아에서는, 휴대폰과 TV 쇼에서부터 김치(절임 배추) 맛의 인스턴트 라면에 이르기까지 한국산 제품들은 무엇이든 최신 유행으로 여겨진다. 중국에서 소비자들은 중국산 사치품 제품을 차별하고 프랑스산 핸드백과 스위스산 시계를 선호한다.

개념적으로, 이것은 특정 국가의 기업 및 제품에 대한 긍정적 또는 부정적인 인식을 의미하는 **원산지 효과(country-of-origin effect)**라고 알려져 있다. 비록 이케아는 현재 네덜란드 레이던에 등록되어 있고 본사를 두고 있지만(따라서 기술적으로는 네덜란드 회사이지만), 스웨덴의 긍정적인 원산지 효과를 활용하기 위해 그 매장들 앞에서 스웨덴 국기를 거침없이 자랑하고 있다. 펄 리버가 그 독일 원산지를 강조하는 리트뮬러 브랜드를 인수한 것은 부정적인 원산지 효과를 (적어도 부분적으로는) 극복할 수 있다는 것을 시사한다(클로징 케이스 참고). 이 점에서 펄 리버는 혼자가 아니다. 여기에 퀴즈가 있다. 하겐다즈(Häagen-Dazs) 아이스크림의 원산지 국가는 어디인가? 나의 학생들은 일반적으로 벨기에, 덴마크, 독일, 네덜란드, 스웨덴, 스위스, 그리고 기타 유럽 국가들을 말한다. 미안하지만, 모두 틀렸다. 하겐다즈(Häagen-Dazs)는 설립 이래 항상 미국산이다.

**원산지 효과 (country of origin effect)** 특정 국가의 기업과 제품에 대한긍정적또는부정적 인식.

외국인임이 정말 자산인지 아니면 비용인지의 여부는 여전히 다루기 힘든 문제이다. 도쿄 디즈니랜드(Disneyland)는 미국적인 이미지를 부각시켰기 때문에 일본에서 많은 인기를 얻게 되었다. 하지만 파리 디즈니랜드는 건전한 미국적인 외양을 고집했기 때문에 프랑스에서 끊임없는 부정적 언론 보도에 시달려야 했다. 안전하게 플레이하기 위해, 홍콩 디즈니랜드는 미국적인 이미지와 중국적인 취향 간에 찾기 어려운 균형을 잡기 위해 노력했다. 상하이 디즈니랜드는 (디즈니 자신의 말로) "진짜 디즈니이자 분명히 중국적인" 것이 특징이라고 말한다.

### 논쟁 2: 기존 다국적 기업 및 신흥 다국적 기업: OLI와 LLL

다국적 기업들은 아마도 OLI 우위들을 가지고 있을 것이다. OLI 모형은 일반적으로 고도의 기술과 경영 노하우를 보유한 선진국의 다국적 기업의 경험을 기반으로 한다. 하지만 브라질, 러시아, 인도, 중국, 남아프리카 공화국과 같은 신흥 다국적 기업들은 그러한 통념에 도전하고 있다. 이러한 신흥 다국적 기업들은 기존의(확립된) 다국적 기업처럼 OLI 모형의 L과 I 부분에 따라 수익성이 높은 위치를 찾고 거래를 내부화하지만, 그들은 일반적으로 세계적인 기술이나 관리 기능을 보유하고 있지 않다. 다시 말하면, O 부분이 크게 누락되어 있다. 어떻게 우리는 이들 신흥 다국적 기업을 이해할 수 있을까?

한 가지 흥미로운 새로운 모형은 존 매튜(John Matthews)가 주창하는 연계(L), 활용(L), 학습(L) 모형 (LLL Framework)이다. 연계란 신흥 다국적 기업의 격차를 식별하고 연결하는 능력을 말한다. 예를 들어 펄 리버는 그것이 직면해야 하는 부정적인 원산지 효과를 고려할 때, 자사의 피아노가 실제로 제공할 수 있는 것과 어떤 가격으로 지정할 수 있는지 사이의 격차를 확인했다. 펄 리버의 대답은 두 가닥으로 나뉘었다. (1)높은 품질 기준을 유지하면서도 피아노의 단가를 낮추기 위해 규모의 경제를 개발하고 (2)부정적인 원산지 효과를 일부 줄이기 위해 리트뮐러 브랜드를 인수하여 부활시킨다(클로징 케이스 참고). 따라서, 펄 리버는 자사의 세계화의 동력을 얻기 위해 중국과 독일을 연계시킨 것이다.

활용은 일반적으로 고객의 니즈와 욕구에 대한 깊은 이해를 기반으로 하는 신흥 다국적 기업이 고유한 자원과 역량을 활용할 수 있는 능력을 말한다. 예를 들어 타이 유니언(Thai Union)은 태국의 저비용 숙련 노동력과 태국 해안에서 잡힌 해산물로 인해 발생하는 더 낮은 비용 기반을 활용한다. 그런 다음 제품 및 지리적 다양화를 통해 전 세계적으로 확장하여 수산물 업계에서 세계적인 경쟁자가 된다(실행 전략 6.2).

학습은 아마도 많은 신흥 다국적 기업의 국제화 추진의 동기 중 가장 특이한 측면일 것이다. 선진국의 다국적 기업의 전형적인 구식의 “당신이 해야 할 것을 내가 가르쳐 주겠다”는 사고방식 대신, 신흥국의 많은 다국적 기업들은 그들이 배우기 위해 해외로 간다고 공개적으로 공언한다. 인도의 타타 자동차가 재규어와 랜드로버를, 중국의 지리가 볼보를 인수했을 때 그들은 어떻게 세계적인 브랜드의 관리하는지를 배우는데 강한 관심을 보였다(클로징 케이스 참고). 그들이 흡수해야 할 추가적인 기술들은 기본적인 영어 능력에서부터 투명한 지배구조, 시장 계획, 그리고 다양한 다문화 인력 관리에 있어서의 높은 수준의 경영능력에 이르기까지 다양하다.

**LLL 우위 (linkage, leverage, and learning advantages)** 연계(L), 활용(L), 학습(L)과 관련된우위를 말하며, 이러한 이점들은 주로 신흥경제국의 다국적 기업과 관계가 있음.

물론, OLI와 LLL 모형 사이에는 중복되는 부분이 많이 있다. 따라서 논쟁은 차이점들이 근본적인지, 즉 **LLL 우위(LLL advantage)**와 같은 새로운 이론을 정당화시킬 수 있는지, 아니면 정도의 문제인지, 즉 이 경우 OLI가 새로운 다국적 기업을 수용하는데 (일부 수정으로) 괜찮은 정도의 문제인지로 요약된다. 이러한 신흥 다국적 기업의 급속하게 움직이는 과정을 고려할 때, 한 가지 확실한 것은 그들에 대한 우리의 학습과 논쟁이 빠른 시일 내 그치지는 않을 것이라는 것이다(클로징 케이스 참고).

## 논쟁 3: 글로벌 다각화 및 지역 적인 지리적 다각화

오늘날 글로벌 시대에, 다국적 기업을 위한 최적의 지리적 범위에 대한 논쟁이 계속되고 있다. 다국적 기업들이 "전 세계로" 확장하고 있다는 널리 퍼져 있는 믿음에도 불구하고, 앨런 러그만(Alan Rugman)과 그의 동료들은 포춘지(Fortune) 선정 글로벌 500대 다국적 기업들 중에서도 진정으로 "글로벌한" 다국적 기업은 거의 없다고 보고한다. 어느 정도 합리적인 기준을 사용하여(아시아, 유럽, 북미로 구성된 세 지역 각각에서 매출이 최소 20% 이상이지만, 어느 한 지역에서의 매출이 전체의 50%를 넘지 않음)을 사용했을 때, 실제로 "글로벌한" 다국적 기업은 10개 미만인 것으로 밝혀졌다.

대부분의 다국적 기업들이 더 "글로벌화" 해야 하는가? 두 가지 답이 있다. 첫째, 대부분의 다국적 기업들은 그들이 무엇을 하고 있는지 알고 있으며, 그들의 현재 지리적 범위가 자신들이 관리할 수 있는 최대치이다. 일부 신흥 경제국의 다국적 기업들은, 최근에 국제화에 착수했기 때문에, 분명하게도 스스로를 지나치게 얇게 확산할 수는 없다(클로징 케이스 참고). 선진국의 일부 다국적 기업들은 더 나은 역량을 가지고 있음에도 불구하고, 의도적으로 보수적일 수도 있다. 예를 들어, 일본의 저가 소매업체인 무지(Muji)는 다른 지역의 기존 상점들이 수익성이 있을 때만 그 나라로 확장한다. 일부 다국적 기업은 이미 과도하게 다각화되어 있어, 범위를 축소해야만 할 수도 있다.

둘째, 이들 데이터는 단지 단편(2000년대의)만을 나타낼 수 있으며, 일부 다국적 기업들은 시간이 지남에 따라 더욱 "글로벌화" 될 수도 있다. 하지만, 보다 최근의 데이터에서는 큰 변화를 보여주고 있지 않다. 논쟁이 지속되는 가운데, 그것은 적어도 우리에게 한 가지 교훈을 제시해 주고 있다. "글로벌"이라는 단어를 사용할 때는 신중해야 한다는 것이다. 가장 큰 다국적 기업들 중 대부분은 그들의 지리적 범위에 있어서 반드시 글로벌 한 것은 아니다.

## 논쟁 4: 진출에 대한 계약적 및 비계약적 접근

대부분의 국제 시장 진입들은 계약에 의해 통제된다. 진출이 계약 없이 이루어질 수 있는가? 일부 전문가들은 비계약적 접근의 실현 가능성을 의심하지만, 다른 전문가들은 계약적 접근법이 불가능할 때에는 비계약적 접근법이 때때로 나타날 수 있다고 지적한다. 특히 외국 진입자는 공식적인 시장 지원 기관이 부족한 제도적으로 낯선 환경에 침투하기 위해 노력할 수 있다. 비계약적 접근은 다르게는 **상호주의(reciprocity)**로 알려져 있다. 국제 시장 진출에서의 상호주의는 상호 만족의 교환에 기초한 비공식 합의로 간주될 수 있으며 기업이 새로운 시장에 진출할 수 있도록 허용하는 비공식적 제도가 지배된다. 상호주의의 이용은 (1)정치인, 규제 기관, 그리고 정부, 비정부 조직 또는 심지어 부족의 지역 대표자들과 같은 비시장적 지역 이해관계자 또는 (2)구매자, 판매자 및 고객과 같은 시장적 상대방에게, 해외 진출 기업에 의한 금전, 상

**상호주의(reciprocity)**
상호 만족의 교환을 기반으로 한 비공식 계약.

품, 기술 및 개인적 시간과 같은 귀중한 자원적 기여를 수반한다. 구체적으로, 해외 진출 기업은 "선불 지급"을 통해 첫 번째 행동을 시작할 수 있는 반면, 호의를 받는 국내의 수령자는 답례할 의무가 있다고 느낄 수 있다. 하지만, 이러한 특혜가 되돌아올 것이라는 보장이 없고, 반환의 성격과 구체적인 내용도 협상될 수 없다. 이러한 중요한 도전들을 고려할 때, 왜 국제 시장 진출에서 상호주의가 선택되는가?

## 실행 전략 6.3 Emerging Markets Ethical Dilemma

### 골드만삭스의 리비아 진출

2003~2004년 서방 제재가 해제된 후, 2006년 카다피 정부는 리비아 최초의 국부펀드(SWF)인 리비아 투자청(LIA)을 설립했다. LIA는 수년간 석유 수입(즉, 석유 달러) 투자 권한을 가지고 있었지만, 제재로 인해 해외 투자가 이루어지지 않았었다. 300억 달러의 자산을 보유한 LIA는 정부를 지원하기 위해 매년 30억 달러의 크고 빠른 수익을 창출했다는 야심찬 목표를 가진 아프리카 최대 SWF가 되었다. 리비아의 막대한 석유 자산과 공격적인 투자 목표를 달성하려는 LIA의 열망으로 인해 수많은 서방 은행들이 몰려들었다.

문제는 아무도 신생 SWF를 다루는 "교전 규칙"을 파악하지 못했다는 것이다. 리비아에서는 금융 기관이 거의 없었고, 규정도 드물었으며, 법률 및 금융 전문가가 부족했다. 당시 리비아에서 근무했던 영국 변호사의 말에 따르면, 리비아는 "정상적인 상거래 규칙과 표준적인 사업 운영 절차가 단순히 존재하지 않는 옛날의 거친 서부"였다.

2008년 4월 골드만삭스는 LIA CEO의 25세 남동생에게 런던 지사에서 유급 인턴십을 제안했다. 38세의 CEO는 카다피의 아들 중 한 명의 절친한 친구였다. 리비아에서는 그러한 정치적 연줄이 결정적이었다. CEO는 골드만삭스에게 그의 남동생이 은행업을 배우는 것을 도와달라고 요청했지만, 동생의 자격은 정규직 인턴에 비해 크게 못 미쳐 골드만삭스 인사부의 '상당한 저항'이 있었다. 하지만 그 형제는 어쨌든 매우 탐나는 인턴십을 제안받았다. 골드만삭스의 영업 팀은 인턴십을 제안하도록 HR을 설득했을 뿐만 아니라 이 경험이 없는 개인을 위해 맞춤화된 특별 인턴십 프로그램을 만들어 "특별한 노력"을 했다.

계약 없이, 그 댓가로 "우리에게 무언가를 줄 것"이라는 LIA CEO의 단순한 약속이, 골드만삭스 영업팀 책임자가 그의 인사팀 동료들에게 인턴십이 가능하게 만들도록 설득하기 위해 내놓은 주요 주장이었다. 실제로 블룸버그 비즈니스위크지에 따르면, 동생에게 인턴십 제안을 한 지 며칠 만에 CEO는 골드만삭스에게 "놀라운 규모의 여러 거래"를 실행하도록 승인했다. 그것들은 총 8억 3천만 달러에 달하는 "골드만 삭스 역사상 가장 큰 단일 거래"였다. 전체적으로 골드만삭스는 LIA로부터 12억 달러의 파생상품 거래를 따냈고, 골드만삭스는 자체 인정한 바에 따르면 이를 통해 최소 1억3000만 달러의 이익을 누렸다.

처음에는 상호주의가 효과가 있는 것처럼 보였지만 LIA는 곧 불행해졌다. 씨티그룹, ENI, 산탄데르 등 기업의 주식을 기반으로 2008년 초 골드만삭스로부터 인수한 파생상품이 급락했기 때문이다. 2008년 글로벌 금융위기 덕분에 LIA는 12억 달러를 완전히 잃었다. 2014년 LIA는 골드만삭스가 경험이 없는 SWF를 속여 LIA가 잘 알지 못하는 매우 복잡한 파생상품을 사들였다며 런던에서 골드만삭스를 '신뢰와 신용의 관계'를 악용한 혐의로 고소했다. LIA는 또 골드만삭스가 LIA로부터 사업을 따내기 위해 골드만삭스 자체의 인사정책을 위반하며 호화로운 접대와 자격 없는 인턴의 특별 배치 등 부패 행위를 저질렀다고 주장했다. 소송전에서, LIA는 골드만삭스가 "선을 넘었다"고 비난했고, 골드만삭스는 그들의 관계가 "은행과 고객 사이의 정상적인 우호적이고 상호 이익이 되는 관계"라고 주장함으로써 그들의 노력을 변호했다. 결국 상호주의를 중심으로 한 국제시장 진출에 대한 골드만삭스의 비계약적 국제시장진출 변호는 승소했고 사건은 기각됐다.

Sources: Unless otherwise noted, all quotations from this case are from Judgment, 2016, Mrs. Justice Rose, case between The Libyan Investment Authority and Goldman Sachs International, October 10, London: Royal Courts of Justice. A secondary source is Bloomberg Businessweek, 2016, Libya vs. Goldman, October 3: 66–73.

상호주의는 선진국의 외국 진입기업들이 상당한 제도적 공백이 특징인 새로 개방된 신흥 경제국에 눈독을 들일 때 특히 유용할 수 있다. 예를 들어, 골드만 삭스(Goldman Sachs)가 리비아에 진입하려고 노력했을 때이다(실행 전략 6.3 참고). **제도적 공백(institutional voids)**이라는 표현은 계약적 접근에 의해 지원되는 효율적인 운영을 가능하게 하는 시장 지원 기반 시설들을 국가가 결여하고 있는 제도적 조건을 말한다. 일반적으로, 제도적 공백으로 인한 결함이 클수록 초기 국제 시장 진출을 위해 비계약적 접근 방식을 선택할 가능성이 더 높다.

**제도적 공백(institutional voids)** 시장 지원 인프라가 부족한 국가의 제도적 조건.

상호주의가 반드시 불법적인 부패와 뇌물 행위를 의미하는 것은 아니다. 부패와 뇌물에는 대가가 수반되며, 상호주의는 본질적으로 개방적이고 비계약적이다. 예를 들어 1990년대에 서구 투자 은행들은 뉴욕 증권거래소(New York Stock Exchange)에 있는 주요 국영 기업들(SOEs)의 구조조정과 기업공개(IPO)를 위해 거대하지만 폐쇄적인 중국시장을 주시하고 있었다. 그러나, 어떤 SOE도 그러한 구조조정과 해외 IPO를 하지 않았다. 동시에 중국은 SOE의 구조조정을 위해 잘 훈련된 관리자들이 많이 필요했지만, 당시 중국 경영대학원은 보통의 수준이었다. 1999년 골드만 삭스의 회장 겸 CEO인 헨리 "행크" 폴슨(Henry Hank Paulson)은 중국의 개혁파 총리 주룽지(Zhu Rongji)로부터 총리의 모교였던 선도적인 대학인 칭화대학(Tsinghua University)의 경제 및 경영 대학(School of Economics and Management, SEM)을 변화시키기 위해 초대받았다. 주룽지는 SEM의 창립 학장이었고, 총리 재임 기간 동안에도 학장직을 수행했다. 폴슨은 AIG, BP, 코닥(Kodak), 리&펑(Li & Fung), 모토롤라(Motorola), 노키아(Nokia), 퀄컴(Qualcomm), 소프트 뱅크(Soft Bank), 소니(Sony), 월마트(Walmart)와 같은 선도적인 글로벌 기업의 많은 CEO들을 SEM의 국제 자문 위원회에 참여시키기 위해 끊임없이 전화를 했다. 폴슨이 회장으로 있는 SEM의 국제 자문 위원회는 계속해서 학교를 중국의 후속 경제 도약에 크게 기여한 수천 명의 중국 관리자들의 선도적인 훈련자가 되도록 했다. 명시적으로 언급된 대가는 없었지만, 경쟁사들과 치열한 경쟁 속에서 골드만 삭스가 차이나 텔레콤(China Telecom)과 같은 SOE들에 대한 수익성이 높은 IPO 거래를 반복적으로 따냈다는 사실은, 상호주의가 성공적으로 작동했다는 것을 시사한다.

상호주의는 분명히 항상 일어날 수는 없다. 국제 시장 진출이 성공적이기 위해서는 상호주의가 계약접 접근을 대체할 수는 없다. 다시 말해, 비 계약적 접근법으로서 상호주의는 첫 번째 진출 방식일 수 있다. 상호주의가 성공적이면 공식적인 계약적 접근법이 나중에 실행될 가능성이 클 것이다.

## 현명한 전략가

국내의 보호막에서 벗어나, 해외 시장 진출은 글로벌 전략에서 매우 중요하다. 국제화와 관련된 도전은 만만치 않게 어려우며, 복잡성은 엄청나게 크고, 위험성도 높다. 결과적으로, 현명한 전략가는 행동에 대한 네 가지 시사점을 도출할 수 있다(표 6.4). 첫째, 산업 기반 관점에서 볼 때, 당신은 해외 시장에서 산업의 근간이 되는 역동성을 철저하게 이해할 필요가 있다. 예를 들어, 1990년대에 도이치방크는 국내에 초점을 맞추는 상업 은행이자 소매은행에서, 월 스트리트의 금융 서비스 산업을 붕괴시킬 수 있는 세계적인 은행 강국으로 변신하고자 시도했다. 미국에서 잇따라 공격적인 인수를 했지만 2008-2009년의 대공황에 큰 타격을 받았을 뿐만 아니라 수많은 실책, 스캔들, 위기에 휩쌓였다. 2019년 도이치방크는 월 스트리트에서 철수하고 전 세계 인력의 약 5분의 1인 18,000명의 직원을 해고할 계획을 발표했다.

둘째, 자원 기반 관점에서 보면, 당신과 당신의 기업은 외국인 비용을 상쇄할 수 있을 만한 압도적인 역량을 개발할 필요가 있다. 키워드는 압도적이라는 것이다. 단순히 뛰어나지만 압도적이지 않은 역량으로는 강력한 기존 기업에 맞서 성공을 보장할 수 없다. 이는 아마존, 홈디포, 우버가 중국에서 배운 뼈아픈 교훈이다. 기억하라. 충분히 잘하고 있다는 것만으로는 충분하지 않다.

셋째, 제도 기반 관점에서 보면, 당신은 해외 시장에서의 경쟁을 지배하는 공식 및 비공식적 게임의 규칙을 이해할 필요가 있다. 이들 규칙을 이해하는 것의 실패는 비용 많이 들 수 있다. 인도에서는 아마존과 월마트(플립카트를 소유한)와 같은 전자상거래 대기업들은, 인도 정부의 "환영" 정책을 액면 그대로 받아들이고, 소규모 소매업자들을 반복적으로 보호했던 일련의 이전의 조치들을 무시함으로써, 해외 진출기업의 성장을 위한 여지를 심각하게 축소하는 최신 보호무역주의 조치에 대해 무방비로 당하고 있다(오프닝 케이스 참고).

마지막으로, 현명한 전략가는 진출을 전략적인 목표에 일치시킨다. 만약 목표가 가격을 대폭 인하함으로써 그들의 본국 시장에서 경쟁업체들의 진출을 막는 것이라면(TI가 일본에 진출할 때 그렇게 했던 것처럼), 끔찍한 가격전쟁에서 싸워서 손실을 볼 준비를 미리 해야 한다. 만약 목표가 적절한 수익을 창출하는 것이라면, 비록 받아들이기 고통스러움에도 불구하고, (월마트가 독일에서 철수했던 것과 같이) 일부 해결하기 어려운 문제로부터는 발을 빼는 것이 필요할 수도 있다.

결론적으로, 이 장은 네 가지 주요한 질문에 대해 상당히 잘 설명하고 있다.  제시한다. 기업들의 국제화 성향이 다른 이유는(질문 1) 기업의 규모 및 국내 시장의 규모로 귀결된다. 기업

### 표 6.4 실행을 위한 전략적 함의

- 당신이 살펴보고 있는 해외시장에서 산업의 기조를 이루는 동태성을 이해하라.
- 외국인 비용을 상쇄할 수 있을 정도의 압도적인 자원과 역량을 개발하라.
- 해외시장에서의 경쟁을 지배하는 공식적/비공식적 게임의 규칙을 이해하라.
- 해외시장 진출과 지리적 다각화의 노력을 전략적 목표와 일치시켜라.

들이 어떻게 행동하는가는(질문 2) 산업 내 경쟁, 기업의 역량, 그리고 제도적 차이에 대한 고려 사항들이 시장 진출 의사 결정에 어떠한 영향을 미치는지에 따라 달라진다. 무엇이 기업의 범위를 결정하는가(질문 3), 이 경우는 국제적인 활동의 범위로, 근본적으로 세 가지 OLI 우위들을 어떻게 획득하고 활용하는지에 달려 있다. 진입의 지분 방식을 통해 해외에서 일부 자산을 소유하고자 하는 기업들, 즉 다국적 기업이 되고자 하는 기업들은, 그렇게 하고자 하지 않는 기업들에 비해 해외에서 더 넓은 범위를 가지게 될 가능성이 높다. 마지막으로, 진출 전략은 분명 기업의 국제적인 성공 및 실패와 관련이 있다(질문 4).

## Closing Case | Emerging Markets Ethical Dilemma

### 신흥 경제국의 기업들이 대항하는 방법

신흥 경제국 전반에 걸친 시장 개방은 종종 선진 경제국에서 다국적 기업(MNE)이 도래하는 것을 의미했다. 비록 MNE들이 국내 기업들에게 엄청난 압력을 가하지만, MNE들은 무엇이 가능한지를 보여주고 국내 기업들이 더 열심히 노력하도록 동기를 부여하는 유용한 목적을 수행했다. 최선의 방어는 공격이기 때문에, 엄격한 방어를 강화하는 것 외에 더 열심히 노력하는 것은 일반적으로 점점 더 붐비는 국내 기업의 국내 시장에서 벗어나는 것을 의미했다. 신흥 경제국의 기업들은 어떻게 대항하는가? 구체적으로, 그들은 어떻게 해외 시장에 진출하는가?

적어도, 네 가지의 전략적 패턴이 나타났다. 첫 번째는 충분히 좋은 것을 수출하고 품질, 인식 및 가격을 높여 교두보를 구축하는 것으로 잘 알려진 일본과 한국의 전략을 따르는 것이다. 이러한 단계를 따름으로 인해, 중국의 Pearl River는 Yamaha를 퇴진시켜 세계에서 가장 큰 피아노 제조사가 되었다. 또한, 고급 시장의 선두주자인 Steinway가 처음으로 동맹 제휴 제안을 거절한 후, 최근에는 Pearl River에 접근하여 저가 모델용 Steinway의 OEM이 될 수 있도록 품질을 크게 향상시켰다. Pearl River는 또한 몇십 년 동안 활동하지 않았던 300년 된 독일 피아노 제조사 Ritmüller를 인수했다. 마찬가지로, 인도의 Mahindra & Mahindra는 미국의 심장부에서 확고히 자리를 잡았고, 결국 물동량 기준으로 세계 최대의 트랙터 제조업체가 되었다.

두 번째 길은 디아스포라를 따르는 것이다. 발리우드 히트작을 디아스포라에게 제공하기 위해 인도의 Reliance Media는 미국에서 BIG Cinemas 체인을 시작했다. 필리핀 패스트푸드의 제왕 졸리비는 홍콩, 두바이, 남가주로 진출하며 디아스포라를 쫓았다. 그러나 주류에 합류하는 것은 디아스포라에 초점을 맞춘 기업들에게 어려운 일이었다. 더 흥미로운 것은 역 디아스포라 전략이다. 멕시코의 코로나 맥주는 미국 술꾼들이 멕시코에서 휴가를 보낼 때 그들에게 행복한 시간을 선사한 뒤 국내로 돌아가는 이 같은 고객들을 성공적으로 추격했다. 코로나는 이제 멕시코나 멕시코 음식과 전혀 상관없는 미국 술집과 식당에서 가장 자주 제공되는 맥주 중 하나이다. 간단히 말해서, 코로나는 미국에서 현지 맥주가 되기 위해 "토착하게" 되었다.

셋째, 일부 신흥 다국적 기업들은 단순히 외국 기업이나 브랜드를 구입했다. 예를 들어 인도의 Tata Motors가 Jaguar Land Rover를, 중국의 Geely가 Volvo를, 터키의 Yildiz Holdings가 Godiva를 인수했다. 이러한 세간의 이목을 끄는 인수는 신흥 경제국의 이러한 야심찬 기업들의 글로벌 인지도와 브랜드 인지도를 크게 향상시켰다.

마지막으로, 신흥 경제국의 기업들은 공식, 비공식적인 거대한 제도 기반 장벽을 극복해야 했다. 중국 화웨이가 세계 50대 통신사업자 중 45곳에 통신장비를 수출하는 데 성공했지만, 미국에 있는 나머지 5곳을 공략하는 데 어려움을 겪었다. 주요 원인은 확실한 증거가 없는 상황에서 화웨이를 '국가안보 위협'으로 규정한 미국 정부의 노골적인 차별이다. 형식적인 장벽 외

## Closing Case *(Continued)*

에도 일반적으로 신흥 경제국을 열악한 품질과 연관시키는 비공식적인 소비자 인식을 어떻게 극복하느냐가 또 다른 과제다. 예를 들어, 전세계의 화장품 사용자들은 브라질을 높이 평가하지 않으며 심지어 브라질을 전혀 생각하지 않는다. 브라질의 Natura는 라틴 아메리카 이외의 지역에서 성공한 브라질 소비재 브랜드가 없기 때문에 따라야 할 선례가 없다. 아마존 열대 우림의 천연 성분을 강조하면서, Natura(나투)라는 생물 다양성에 대한 브라질의 긍정적인 원산지 국가 이미지를 활용하기 위해 노력했다. 이 브라질 화장품의 여왕은 해외에서도 자신의 매력을 알리기 위해 부단한 노력을 기울였다.

요약하자면, 선진국의 다국적 기업의 맹공격에 직면해 있는 많은 신흥 경제국의 기업은 선진국은 물론 기타 여러 시장에서 경쟁 열기를 고조시켜 반격하기로 결정했다. 이러한 신흥 다국적 기업의 성공 또는 실패는 국제 진출에 대한 다음 장을 작성하는 데 도움이 될 것이다.

Sources: Unless otherwise noted, all quotations from this case are from Judgment, 2016, Mrs. Justice Rose, case between The Libyan Investment Authority and Goldman Sachs International, October 10, London: Royal Courts of Justice. A secondary source is Bloomberg Businessweek, 2016, Libya vs. Goldman, October 3: 66–73.

### 사례 토론 질문

1. 신흥 경제국의 기업들이 자국 시장에서 확장하려는 이유는 무엇인가?
2. 신흥 경제국과 일부 수상 기업의 기업별 자원과 능력을 구별하는 것은 무엇인가?
3. 윤리: 일부 선진국들의 제도 기반 장벽은 공정한가, 불공정한가? 신흥 경제국의 기업들은 어떻게 그러한 외국인의 책임을 극복할 수 있을까?

# 참고문헌


**[Journal Acronyms]** ***AER****—American Economic Review;* ***AMJ****—Academy of Management Journal;* ***AMP****—Academy of Management Perspectives;* ***AMR****—Academy of Management Review;* ***APJM****—Asia Pacific Journal of Management;* ***ASQ****— Administrative Science Quarterly;* ***BJM****—British Journal of Management;* ***BW****—Bloomberg Businessweek;* ***GSJ****—Global Strategy Journal;* ***HBR****—Harvard Business Review;* ***IBR****— International Business Review;* ***IMR****—International Marketing Review;* ***JIBS****—Journal of International Business Studies;* ***JIM****— Journal of International Management;* ***JM****—Journal of Management;* ***JMS****—Journal of Management Studies;* ***JWB****—Journal of World Business;* ***MBR****—Multinational Business Review;* ***MIR****—Management International Review;* ***NYT****—New York Times;* ***OSc****—Organization Science;* ***PR****—Psychological Review;* ***SCMP****—South China Morning Post;* ***SEJ****—Strategic Entrepreneurship Journal;* ***SMJ****—Strategic Management Journal;* ***WSJ****— Wall Street Journal*

T. Hult, M. Gonzalez-Perez, & K. Lagerstrom, 2020, The theoretical evolution and use of the Uppsala model of internationalization in the international business ecosystem, *JIBS* 51: 38–49; K. Meyer, S. Estrin, S. Bhaumik, & M. W. Peng, 2009, Institutions, resources, and entry strategies in emerging economies, *SMJ* 30: 61–80; S. Sun, M. W. Peng, R. Lee, & W. Tan, 2015, Institutional open access at home and outward internationalization, *JWB* 50: 234–246; J. Vahlne & J. Johanson, 2020, The Uppsala model, *JIBS* 51: 4–10.

M. W. Peng, S. Sun, B. Pinkham, & H. Chen, 2009, The institution-based view as a third leg for a strategy tripod, *AMP* 23: 63–81. See also G. Gao, J. Murray, M. Kotabe, & J. Lu, 2010, A strategy tripod perspective on export behaviors, *JIBS* 41: 377–396; A. Gaur, V. Kumar, & D. Singh, 2014, Resources, institutions, and internationalization process of emerging economy firms, *JWB* 49: 12–20; Y. Xie, H. Zhao, Q. Xie, & M. Arnold, 2011, On the determinants of post-entry strategic positioning of foreign firms in a host market: A strategy tripod perspective, *IBR* 20: 477–490.

J. Johanson & J. Valne, 2009, The Uppsala internationalization process model revisited: From liability of foreignness to liability of outsidership, *JIBS* 40: 1411–1431. See also C. Asmussen & A. Goerzen, 2013, Unpacking dimensions of foreignness, *GSJ* 3: 127–149; B. Baik, J. Kang, J. Kim, & J. Lee, 2013, The liability of foreignness in international equity investments, *JIBS* 44: 391–411; Z. Bhanji & J. Oxley, 2013, Overcoming the dual liability of foreignness and privateness in international corporate citizenship partnerships, *JIBS* 44: 290–311; N. Denk, L. Kaufmann, & J. Roesch, 2012, Liabilities of foreignness revisited, *JIM* 18: 322–334; J. Li, P. Li, & B. Wang, 2019, The liability of opaqueness, *SMJ* 40: 303–327; A. Newenham-Kahindi & C. Stevens, 2018, An institutional logics approach to liability of foreignness, *JIBS* 49: 881–901; H. Yildiz & C. Fey, 2012, The liability of foreignness reconsidered, *IBR* 21: 269–280; N. Zhou & M. Guillen, 2016, Categorizing the liability of foreignness, *GSJ* 6: 309–329.

S. Chang, J. Chung, & J. Moon, 2013, When do foreign subsidiaries outperform local firms? *JIBS* 44: 853–860; H. Kim & M. Jensen, 2014, Audience heterogeneity and the effectiveness of market signals, *AMJ* 57: 1360–1384.

R. Jiang, P. Beamish, & S. Makino, 2014, Time compression diseconomies in foreign expansion, *JWB* 49: 114–121; A. Kirca, G. T. Hult, S. Deligonul, M. Perryy, & S. T. Cavusgil, 2012, A multilevel examination of the drivers of firm multinationality, *JM* 38: 502–530; M. W. Peng, 2001, The resource-based view and international business, *JM* 27: 803–829; K. S. Powell, 2014, From M-P to MA-P, *JIBS* 45: 211–226.

K. Brouthers, K. Geisser, & F. Rothlauf, 2016, Explaining the internationalization of ibusiness firms, *JIBS* 47: 513–534; S. Lee & M. Makhija, 2009, Flexibility in internationalization, *SMJ* 30: 537–555; E. Maitland & A. Sammartino, 2015, Managerial cognition and internationalization, *JIBS* 46: 733–760; N. Pisani, A. Muller, & P. Bogatan, 2018, Top management team internationalization and firm-level internationalization, *JIM* 24: 239–256; R. Rezk, J. Srai, & P. Williamson, 2016, The impact of product attributes and emerging technologies on firms' international configuration, *JIBS*

47: 610–618; Y. Yamakawa, S. Khavul, M. W. Peng, & D. Deeds, 2013, Venturing from emerging economies, *SEJ* 7: 181–196.

F. Contractor, 2019, Can a firm find the balance between openness and secrecy? *JIBS* 50: 261–274; A. Inkpen, D. Minbaeva, & E. Tsang, 2019, Unintentional, unavoidable, and beneficial knowledge leakage from the multinational enterprise, *JIBS* 50: 250–260; X. Tian, 2010, Managing FDI technology spillovers, *JWB* 45: 276–284.

W. Chen & F. Kamal, 2016, The impact of information and communication technology adoption on multinational firm boundary decisions, *JIBS* 47: 563–576; N. Malhotra & C. Hinings, 2010, An organizational model for understanding internationalization process, *JIBS* 41: 300–349; K. Rong, J. Wu, Y. Shi, & L. Guo, 2015, Nurturing business ecosystems for growth in a foreign market, *JIM* 21: 293–308.

J. Lu, Y. Song, & M. Shan, 2018, Social trust in subnational regions and foreign subsidiary performance, *JIBS* 49: 761–773.

*WSJ*, 2019, US tech firms bet on India, then the rules changed, December 4: A1, A12.

*WSJ*, 2019, Mount tariff erupts again, December 3: A14.

M. W. Peng, D. Wang, & Y. Jiang, 2008, An institution-based view of international business strategy, *JIBS* 39: 920–936. See also A. Cuervo-Cazurra, A. Gaur, & D. Singh, 2019, Pro-market institutions and global strategy, *JIBS* 50: 598–632; N. Jia & K. Mayer, 2017, Political hazards and firms' geographic concentration, *SMJ* 38: 203–231; M. Sartor & P. Beamish, 2018, Host market government corruption and the equity-based foreign entry strategies of multinational enterprises, *JIBS* 49: 346–370; J. Shaner & M. Maznevski, 2011, The relationship between networks, institutional development, and performance in foreign investments, *SMJ* 32: 556–568.

C. Stevens, E. Xie, & M. W. Peng, 2016, Toward a legitimacy-based view of political risk, *SMJ* 37: 945–963.

P. Deng, A. Delios, & M. W. Peng, 2020, A geographic relational perspective on the internationalization of emerging market firms, *JIBS* 51: 50–71.

J. Alcacer, J. Cantwell, & L. Piscitello, 2016, Internationalization in the information age, *JIBS* 47: 499–512; J. Alcacer, C. Dezso, & M. Zhao, 2015, Location choices under strategic interactions, *SMJ* 36: 197–215; R. Belderbos, W. Olffen, & J. Zou, 2011, Generic and specific social learning mechanisms in foreign entry location choice, *SMJ* 32: 1309–1330; S. Beugelsdijk & R. Mudambi, 2013, MNEs as border- crossing multi-location enterprises, *JIBS* 44: 413–426; A. Goerzen, C. Asmussen, & B. Nielsen, 2013, Global cities and multinational enterprise location strategy, *JIBS* 44: 427–450; M. Kim, 2013, Many roads lead to Rome, *JIBS* 44: 898–921; A. Schotter & P. Beamish, 2013, The hassle factor, *JIBS* 44: 521–544; S. Zaheer & L. Nachum, 2011, Sense of place, *GSJ* 1: 96–108.

R. De Figueiredo, P. Meyer-Doyle, & E. Rawley, 2013, Inherited agglomeration effects in hedge fund spawns, *SMJ* 34: 843–862; R. Funk, 2014, Making the most of where you are, *AMJ* 57: 193–222; A. Lamin & G. Livanis, 2013, Agglomeration, catch-up and the liability of foreignness in emerging economies, *JIBS* 44: 579–606; A. Schmitt & J. Van Biesebroeck, 2013, Proximity strategies in outsourcing relations, *JIBS* 44: 475–503; M. Stallkamp, B. Pinkham, & O. Buchel, 2018, Core or periphery? *JIBS* 49: 942–966.

A. Arikan & M. Schilling, 2011, Structure and governance in industrial districts, *JMS* 48: 772–803; S. Manning, J. Ricart, M. Rique, & A. Lewin, 2010, From blind spots to hotspots, *JIM* 16: 369–382; S. Mariotti, R. Mosconi, & L. Piscitello, 2019, Location and survival of MNEs' subsidiaries, *SMJ* 40: 2242–2270; B. McCann & G. Vroom, 2010, Pricing response to entry and agglomeration effects, *SMJ* 31: 284–305.

United Nations (UN), 2014, *World Investment Report 2014*, New York & Geneva: UN.

*SCMP*, 2015, How Hong Kong became a hub … for hubs, July 26: A3.

S. Lee, O. Shenkar, & J. Li, 2008, Cultural distance, investment flow, and control in cross-border cooperation, *SMJ* 29: 1117–1125; R. Parente, B. Choi, A. Slangen, & S. Ketkar, 2010, Distribution system choice in a service industry, *JIM* 16: 275–287.

D. Xu & O. Shenkar, 2002, Institutional distance and the multinational enterprise, *AMR* 27: 608–618. See also M. Cho & V. Kumar, 2010, The impact of institutional distance on the international diversity-performance relationship, *JWB* 45: 93–103; G. Delmestri & F. Wezel,

2011, Breaking the wave, *JIBS* 42: 828–852; T. Kostova, S. Beugelsdijk, W. R. Scott, V. Kunst, C. Chua, & M. van Essen, 2020, The construct of institutional distance through the lens of different institutional perspectives, *JIBS* (forthcoming).

N. Bailey & S. Li, 2015, Cross-national distance and FDI, *JIM* 21: 267–276; E. Hernandez, 2014, Finding a home away from home, *ASQ* 59: 73–108; T. Hutzschenreuter, J. Voll, & A. Verbeke, 2011, The impact of added cultural distance and cultural diversity on international expansion patterns, *JMS* 48: 305–329; Y. Li, E. Hernandez, & S. Gwon, 2019, When do ethnic communities affect foreign location choice? *AMJ* 62 172–195; J. Luiz, D. Stringfellow, & A. Jefthas, 2017, Institutional complementarity and substitution as an internationalization strategy, *GSJ* 7: 83–103; D. Williams & D. Gregoire, 2015, Seeking commonalities or avoiding differences? *JIBS* 46: 253–284.

S. Makino & E. Tsang, 2011, Historical ties and foreign direct investment, *JIBS* 42: 545–557.

J. Steen & P. Liesch, 2007, A note on Penrosian growth, resource bundles, and the Uppsala model of internationalization, *MIR* 47: 193–206.

B. Dykes & K. Kolev, 2018, Entry timing in foreign markets, *JIM* 24: 404–416; A. Hawk, G. Pacheci-de-Almeida, & B. Yeung, 2013, First-mover advantages, *SMJ* 34: 1531–1550.

M. W. Peng, S. Lee, & J. Tan, 2001, The *keiretsu* in Asia, *JIM* 7: 253–276.

*BW*, 2011, Land of war and opportunity, January 10: 46–54.

N. Argyres, L. Bidelow, & J. Nickerson, 2015, Dominant designs, innovation shocks, and the follower's dilemma, *SMJ* 36: 216–234; J. Yang, J. Li, & A. Delios, 2015, Will a second mouse get the cheese? *OSc* 26: 908–922;

*BW*, 2011, The Mega bus effect, April 11: 62–67.

S. Dobrev & A. Gotsopoulos, 2010, Legitimacy vacuum, structural imprinting, and the first mover disadvantage, *AMJ* 53: 1153–1174; J. Gomez & J. Maicas, 2011, Do switching costs mediate the relationship between entry timing and performance? *SMJ* 32: 1251–1269; M. Semadeni & B. Anderson, 2010, The follower's dilemma, *AMJ* 53: 1175–1193; F. Suarez, S. Grodal, & A. Gotsopoulos, 2015, Perfect timing? *SMJ* 36: 437–448.

J. Clarke & P. Liesch, 2017, Wait-and-see strategy, *JIBS* 48: 923–940.

Y. Kim, J. Lu, & M. Rhee, 2012, Learning from age difference, *JIBS* 43: 719–745; R. Parente, K. Rong, J. Geleilate, & E. Misati, 2019, Adapting and sustaining operations in weak institutional environments, *JIBS* 50: 275–291.

K. Brouthers, 2013, A retrospective on: Institutional, cultural, and transaction-cost influences on entry mode choice and performance, *JIBS* 44: 14–22.

J. Dunning, 1993, *Multinational Enterprises and the Global Economy*, Reading, MA: Addison-Wesley; J. Dunning & S. Lundan, 2008, Institutions and the OLI paradigm of the multinational enterprise, *APJM* 25: 573–593. See also L. Brouthers, S. Mukhopadhyay, T. Wilkinson, & K. Brouthers, 2009, International market selection and subsidiary performance, *JWB* 44: 262–273; K. Ito & E. Rose, 2010, The implicit return on domestic and international sales, *JIBS* 41: 1074–1089; S. Monaghan & E. Tippmann, 2018, Becoming a multinational enterprise, *JIBS* 49: 473–495.

H. Zhao, J. Ma, & J. Yang, 2017, 30 years of research on entry mode and performance relationship, *MIR* 57: 653–682.

Z. Xie & J. Li, 2018, Exporting and innovating among emerging market firms, *JIBS* 49: 222–245.

M. W. Peng, Y. Zhou, & A. York, 2006, Behind make or buy decisions in export strategy, *JWB* 41: 289–300.

M. W. Peng, 1998, *Behind the Success and Failure of US Export Intermediaries*, Westport, CT: Quorum.

C. Obadia, D. Bello, & D. Gillialand, 2015, Effect of exporter's incentives on foreign distributor's role performance, *JIBS* 46: 960–983.

R. Hoffman, J. Munemo, & S. Watson, 2016, International franchise expansion, *JIM* 22: 101–114; A. Perryman & J. Combs, 2012, Who should own it? *SMJ* 33: 368–386.

A. Akremi, K. Mignonac, & R. Perrigot, 2011, Opportunistic behaviors in franchise chains, *SMJ* 32: 930–948; I. Ater & O. Rigbi, 2015, Price control and advertising in franchising chains, *SMJ* 36: 148–158; P. Aulakh, M. Jiang, & S. Li, 2013, Licensee technological potential and exclusive rights in international licensing, *JIBS* 44: 699–718; L. Mulotte, P. Dussauge, & W. Mitchell, 2013, Does pre-entry licensing undermine the performance of subsequent independent activities? *SMJ* 34: 358–372.

UN, 2014, *World Investment Report 2014* (p. 81), op. cit.

S. Carson & G. John, 2013, A theoretical and empirical investigation of property rights sharing in outsourced research, development, and engineering relationships, *SMJ* 34: 1065–1085.

M. W. Peng, 2000, Controlling the foreign agent, *MIR* 40: 141–165.

A. Slangen, 2013, Greenfield or acquisition entry? *GSJ* 3: 262–280.

K. Laursen, F. Masciarelli, & A. Prencipe, 2012, Trapped or spurred by the home region? *JIBS* 43: 783–807; M. Mallon & S. Fainshmidt, 2017, Assets of foreignness, *JIM* 23: 43–55; V. Marano, P. Tashman, & T. Kostova, 2017, Escaping the iron cage, *JIBS* 48: 386-408; D. Sethi & W. Judge, 2009, Reappraising liabilities of foreignness within an integrated perspective of the costs and benefits of doing business abroad, *IBR*, 18: 404–416; M. Taussig, 2017, Foreignness as both a global asset and a local liability, *JIBS* 48: 498–522.

S. Samiee, 2011, Resolving the impasse regarding research on the origins of products and brands, *IMR* 28: 473–485.

*NYT*, 2016, How China won the keys to Disney's magic kingdom, June 14: www.nytimes.com.

R. Hoskisson, M. Wright, I. Filatotchev, & M. W. Peng, 2013, Emerging multinationals from mid-range economies, *JMS* 50: 1295–1321; K. Moghaddam, D. Sethi, T. Weber, & J. Wu, 2014, The smirk of emerging market firms, *JIM* 20: 359–374; J. Li & M. Fluery, 2020, Overcoming the liability of outsidership for emerging market MNEs, *JIBS* 51: 23–37; M. W. Peng, 2012, The global strategy of emerging multinationals from China, *GSJ* 2: 97–107.

J. Mathews, 2006, Dragon multinationals, *APJM* 23: 5–27; J. Mathews, 2017, Dragon multinationals powered by linkage, leverage, and learning, *APJM* 34: 769–775. See also J. Lu, X. Ma, L. Taska, & Y. Wang, 2017, From LLL to IOL3, *APJM* 34: 757–768.

Y. Luo & R. Tung, 2018, A general theory of springboard MNEs, *JIBS* 49: 129–152.

P. Buckley, L. Clegg, H. Voss, A. Cross, X. Liu, & Z. Ping, 2018. A retrospective and agenda for future research on Chinese outward foreign direct investment, *JIBS* 49: 4–23; R. Ramamurti, 2012, What is really different about emerging market multinationals? *GSJ* 2: 41–47.

J. Arregle, T. Miller, M. Hitt, & P. Beamish, 2013, Do regions matter? *SMJ* 34: 910–934; G. Qian, T. Khoury, M. W. Peng, & Z. Qian, 2010, The performance implications of intraand inter-regional geographic diversification, *SMJ* 31: 1018–1030.

S. Collinson & A. Rugman, 2007, The regional character of Asian multinational enterprises, *APJM* 24: 429–446; A. Rugman & A. Verbeke, 2004, A perspective on regional and global strategies of multinational enterprises, *JIBS* 35: 3–18.

E. Banalieva & C. Dhanaraj, 2013, Home-region orientation in international expansion strategies, *JIBS* 44: 89–116; G. Qian, L. Li, & A. Rugman, 2013, Liability of country foreignness and liability of regional foreignness, *JIBS* 44: 635–647.

M. Kanai, 2018, The chairman of Ryohin Keikaku on charting Muji's global expansion, *HBR* January: 35–40.

C. Oh & A. Rugman, 2014, The dynamics of regional and global multinationals, 1999–2008, *MBR* 22: 108–117; A. Rugman & C. Oh, 2013, Why the home region matters, *BJM* 24: 463–473.

This section draws heavily from J. Boddewyn & M. W. Peng, 2019, Reciprocity and informal institutions in international market entry, working paper, Jindal School of Management, University of Texas at Dallas.

G. White, T. Hemphill, T. Weber, & K. Moghaddam, 2018, Institutional origins of WOFS formal contracting, *IBR* 27: 654–668.

S. Dorobantu, A. Kaul, & B. Zelner, 2017, Nonmarket strategy research through the lens of new institutional economics, *SMJ* 38: 114–140; S. Puffer, D. McCarthy, & M. W. Peng, 2013, Managing favors in a global economy, *APJM* 30: 321–326.

W. Baker & N. Bulkley, 2014, Paying it forward versus rewarding reputation, *OSc* 25: 1493–1510; F. Bridoux & J. Stoelhorst, 2016, Stakeholder relationships and social welfare, *AMR* 41: 229–251.

Y. Luo, H. Zhang, & J. Bu, 2019. Developed country MNEs investing in developing economies, *JIBS* 50: 633–667.

B. Pinkham & M. W. Peng, 2017, Overcoming institutional voids via arbitration, *JIBS* 48: 344–359.

M. Teagarden & A. Schotter, 2013, Favor prevalence in emerging markets, *APJM* 30: 477–460.

It is possible that these busy CEOs of world-class firms agreed to serve on the advisory board of a business school at a *foreign* university because of their own interest in leveraging reciprocity to crack open the China market.

H. Paulson, 2015, *Dealing with China* (p. 110), New York: Twelve.

A. Fiske, 1992, The four elementary forms of sociality, *PR* 99: 689–723; Y. Breitmoser, 2015, Cooperation, but no reciprocity, *AER* 105: 2882–2910.

*Fortune*, 2019, At Deutsche Bank, how two decades of disarray culminated in "Bloody Sunday," July 12: fortune.com.

C. Oh & J. Oetzel, 2017, Once bitten twice shy? *SMJ* 38: 714–731; W. Zhong, Y. Lin, D. Gao, & H. Yang, 2019, Does politician turnover affect foreign subsidiary performance? *JIBS* 50: 1184–1212.

R. Garcia-Garcia, E. Garcia-Canal, & M. Guillen, 2017, Rapid internationalization and long-term performance, *JWB* 52: 97–110; J.-F. Hennart & A. Slangen, 2015, Yes, we really do need more entry mode studies! *JIBS* 46: 114–122; S. Li & S. Tallman, 2011, MNC strategies, exogenous shocks, and performance outcomes, *SMJ* 32: 1119–1127; G. Santangelo & K. Meyer, 2017, Internationalization as an evolutionary process, *JIBS* 48: 1114–130; Q. Tan & C. Sousa, 2017, Performance and business relatedness as drivers of exit decision, *GSJ* 8: 612–634.

CHAPTER 7

# 전략적 제휴와 네트워크

## 학습목표

이 장을 학습한 후, 당신은 다음의 내용을 수행할 수 있다.

1. 전략적 제휴 및 네트워크 정의
2. 전략적 제휴 및 네트워크의 포괄적 모델을 설명
3. 제휴 및 네트워크 형성 이면의 의사결정 프로세스 이해
4. 제휴 및 네트워크의 진화에 대한 통찰력 확보
5. 제휴 및 네트워크 성과의 이면에 있는 동인 파악
6. 제휴 및 네트워크에 관한 세 가지 주요 토론에 참여
7. 행동을 위한 전략적 함의 도출

OPENING CASE **Emerging Markets**

## 심지어 토요타조차도 친구가 필요하다

토요타는 세계에서 가장 크고 가장 이윤이 많은 자동차 제조업체이다. 2012년부터, 세계 최초로 매년 1,000만 대 이상의 차량을 생산하고 있다. 매출액으로는 일본에서 가장 큰 기업이며, Fortune Global 500 목록에서도 항상 세계에서 상위 10대의 다국적 기업 중 하나이다.

하지만, 1위 자동차 제조업체조차 혼자서는 모든 일을 할 수 없다. 토요타는 keiretsu 네트워크안에서 협력업체들과 연합 파트너로 일하는 "토요타 웨이"가 전 세계적으로 알려져 있는데, 최근에는 새로운 연합을 만들기 위해 노력을 강화했다. 회장 겸 CEO인 아키오 토요다의 말대로 "친구를 만드는" 전략을 따라, 토요타는 2019년에 새로운 파트너들과 대규모 연합을 세웠다.

- 파나소닉: 2019년까지 파나소닉은 테슬라의 전기차(EV)에 전지를 독점적으로 공급했다. 테슬라는 자체적으로 한국 LG의 전지도 구매하여 공급원을 다양화하려 했지만, 파나소닉은 자사의 전지를 토요타의 EV에 안정적으로 확보하고자 했다.
- BYD: 중국의 전기차 선구자 BYD는 배터리를 장착한 플러그인 카를 개발하는 데에 높은 전문성을 가졌지만 규모가 부족했다. 토요타와 BYD는 중국에서 공동으로 EV를 개발하고 생산할 것이다.
- Contemporary Amperex Technology Limited (CATL): 중국의 CATL은 파나소닉과 BYD에 이어 세계에서 세 번째로 큰 EV 전지 공급 업체이다.

또한 2019년에 토요타는 이미 존재하는 연합을 강화하기 위해 자동차 제조업체 마쓰다, 스바루, 스즈키, 오토바이 생산업체 야마하, 그리고 토요타의 일부였던 자동차 부품 공급업체 덴소의 지분을 증가시켰다. 이러한 기존 연합은 더 전통적인 형태였지만, 토요타의 파나소닉, BYD, CATL과의 새로운 연합은 분명히 EV에 대한 강한 헌신과 혁신적인 EV 전지 기술의 부족, 그리고 이러한 개발의 엄청난 위험과 비용을 능력 있는 파트너와 공유하고자 한 결과이다.

이는 토요타가 EV를 개발하기 위해 제휴를 활용한 첫 번째 시도는 아니다. 2010년부터 2016년까지 토요타와 테슬라는 EV를 개발하기 위해 협력했다. 전략적 투자자로서 토요타는 테슬라에 5000만 달러를 투자하고, 테슬라에게 10억 달러 가치의 캘리포니아 공장을 4200만 달러에 판매하며, RAV4 SUV 전기차를 함께 개발하기도 했다. 토요타는 이전에 하이브리드 차량인 프리우스로 선구자였지만, 순수한 EV에 초점을 맞춘 경쟁의 중심에서 테슬라의 전문성을 활용해야 했다. 그러나 갈등이 빠르게 발생했다. 양측의 엔지니어들은 디자인을 놓고, 마케터들은 가격을 놓고, 경영진들은 비전을 놓고 충돌했다. 결국 토요타가 전기식 RAV4를 5만 달러에 가격을 책정한 결정은 가솔린 버전의 두 배에 해당하며 테슬라가 원하는 가격보다 높아 토요타의 성공 가능성을 낮추었다. RAV4 전기차를 단 2,000대만 판매한 후,토요타는 2016년에 지분을 매각했다. 당시에는 5억 3천 8백만 달러로 평가되는 테슬라 지분을 조용히 매각했다. 토요타는 5,000만 달러의 투자로 상당한 이익을 얻었지만, 중요한 EV 플레이어가 되는 꿈은 미뤄야 했다. 토요타의 새로운 동반자들이 그들의 EV 꿈을 되살릴 수 있을까?

Sources: (1) Bloomberg Businessweek, 2014, Short-circuit, August 11: 20–22; (2) CNN, 2017, Toyota dumps stake in Tesla as former partners become rivals, June 5: money.cnn.com; (3) Toyota, 2019, BYD, Toyota agree to establish joint company for battery electric vehicle research and development, press release, November 7: global.toyota.com; (4) Wall Street Journal, 2019, Even Toyota needs help sometimes, November 8: B12.

왜 세계 최대이자 가장 수익성이 높은 자동차 제조업체가 전략적 제휴를 필요한가? 그들의 장점과 단점은 무엇인가? 왜 토요타(Toyota)는 스스로 전기차를 개발하지 않는가? 왜 토요타는 전기차 부문에서 강력한 회사를 인수하지 않는가? 이러한 질문들은 이 장에서 다루게 될 핵심 질문들이다. 경쟁이 심화되어 감에 따라, "세계 무대에서 성공하기 위한 노력에 있어 가장 매력이 떨어지는 방법은, 혼자서 세상의 모든 도전을 다 헤쳐갈 수 있다고 생각하는 것"이라고 GE의 전 회장이자 CEO인 잭 웰치(Jack Welch)는 말했다. 전략적 제휴와 네트워크의 확산은 이제 모든 산업과 국가에서 볼 수 있다. 하지만 제휴와 네트워크의 30%~70%는 실패한다고 전해진다. 따라서 우리는 이러한 실패의 원인에 주목할 필요가 있다.

이 장에서는 먼저 전략적 제휴와 네트워크에 대해 정의를 내리고, 전략 트라이포드를 이용한 통합적 모델에 대해 설명할 것이다. 이어서 제휴와 네트워크의 형성, 진화, 성과에 대해 설명한 후, 논쟁과 확장이 뒤따른다.

**전략적 제휴 (strategic alliances)** 기업 간에 이루어지는 협력을위한자발적 협정.

**계약적 (비지분 기반) 협정 (contractual alliances)** 계약을 기반으로 소유권을 공유하지않는 전략적 제휴.

**자본 기반 제휴 (equity-based alliances)** 지분을 포함하는 전략적 제휴.

**전략적 투자 (strategic investment)** 한 파트너가 전략적 투자자로서 다른 파트너에게 투자하는 것.

**상호지분소유 (cross-shareholding)** 두 기업 모두 서로에게 투자하는 것.

## 전략적 제휴와 네트워크의 정의

**전략적 제휴(strategic alliance)**는 기업 간의 협력을 위한 자발적 협정이다. 6장의 그림 6.3에서 점선으로 이루어진 부분이 **계약적 (비지분 기반) 협정(contractual (nonequity-based) agreement)**과 자본 기반 합작회사들로 이루어져 있음을 기억하라. 이들 모두는 광범위하게 전략적 제휴로 볼 수 있다. 그림 7.1은 더 나아가 제휴를 순수한 시장 거래와 인수 합병 사이의 절충으로 간주하고 있다. 계약적 (비지분 기반) 제휴는 공동마케팅, 연구 개발 계약, 턴키 프로젝트, 전략적 공급업체, 전략적 유통업체, 라이센싱/프렌차이징을 포함한다. **자본 기반 제휴(equity-based alliance)**에는 **전략적 투자(strategic investment, 한 파트너가 다른 파트너에게 투자하는 것)**, **상호지분소유(cross-shareholding, 두 기업 모두 서로에게 투자하는 것)**, 그리고 JV가 있다. JV는 자본 기반 제휴의 한 종류이다. 그것은 두 개의 기업(또는 그 이상)의 파트너사들이 지분을 소유한, 새로운 법적으로 독립적인 주체(즉, 새로운 기업)의 설립을 의미

**그림 7.1 다양한 전략적 제휴**

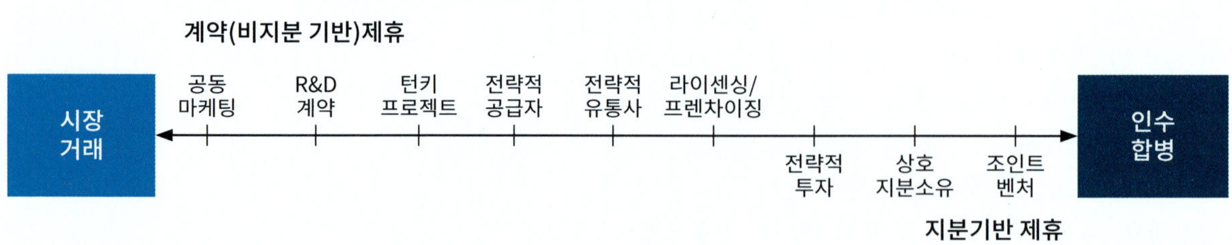

한다. 달리 말해, (후지 제록스(Fuji Xerox)와 같은) JV는 두 개의 모회사(후지필름(Fujiflim)과 제록스(Xerox))로부터 자본, 경영, 기술과 같은 유전자를 물려받은 자회사이다.

**전략적 네트워크(strategic networks)**는 다수의 기업들로 이루어진 전략적 제휴로, 그러한 다른 기업 그룹들이나 전통적인 하나의 기업과 경쟁하기 위해 형성된다. 항공업계에는 원 월드(One World), 스카이 팀(Sky Team), 스타 얼라이언스(Star Alliance)의 세 개의 대표적인 다중파트너 제휴가 존재한다. 이러한 전략적 네트워크는 때때로 **콘스텔레이션(constellation)**이라고도 불린다. 이러한 다자간의 전략 네트워크는 선천적으로 두 기업 사이의 단일 제휴 관계들보다 더욱 복잡하다.

**전략적 네트워크 (strategic networks)** 다수의 기업들로 이루어진 전략적제휴로 다른 그룹이나 전통적인하나의 기업과 경쟁하기 위해형성된다(콘스텔레이션이라고도알려짐)

**콘스텔레이션 (constellation)** 멀티 파트너 전략적 제휴 (전략적네트워크라고도 함)

## 전략적 제휴와 네트워크의 통합적 모델

상호협력적인 기업들 간의 관계들의 다양성에도 불구하고, 제휴와 네트워크를 맺고자 하는 모든 결정 밑에는 이전에 논의하였던 전략 트라이포드를 기반으로 하는 일련의 전략적 고려사항들이 있다. 이러한 고려사항들에서 통합적 모델이 만들어진다(그림 7.2 참고).

### 산업 기반 관점

전통적인 산업 기반 관점에 의하면, 기업들은 자사의 성과를 극대화하는 것에 관심이 있는 독립적인 주체들이다. 현실에서, 모든 산업에서 대부분의 기업들은 다양한 협력 관계에 참여하고 있으므로, 우리가 5 요인체계의 역동성을 현실적으로 이해하고자 한다면 기업들의 제휴와 네트워크 관계에 대해 고려해야만 한다.

첫째, 경쟁은 이익을 감소시키기 때문에, 많은 경쟁자들은 **수평적 제휴(horizontal alliance)**라고 종종 불리는 전략적 제휴를 맺음으로써 협력한다. 예를 들어, BMW와 벤츠(Mercedes-Benz)는 우버(Uber)와 라임(Lime)에 정면 경쟁하기 위한 새로운 JV인 리치나우(Reach Now)를 구성하기 위해 그들의 승차 공유 사업을 통합하였다. GSK와 화이자(Pfizer)는 HIV와 AIDS 약품에 특화된 비브 헬스케어(ViiV Healthcare)를 설립했다. 이것이 이러한 라이벌들(BMW와 벤츠, 화이자와 GSK)이 더 이상 경쟁을 하지 않는다는 것을 말하는 것은 아니다. 그들은 대부분의 경우, 여전히 경쟁하고 있다. 흥미로운 것은 그들이 특정 분야에서 협력하기로 결정했다는 것이다.

**수평적 제휴 (horizontal alliance)** 경쟁자들에 의해서 형성되는 전략적제휴.

둘째, 높은 진입장벽들이 개별 기업들이 시장진입을 어렵게 할 수 있지만, 기업들은 이러한 장벽을 뛰어넘기 위해 전략적 제휴를 맺을 수 있다. 극복할 수 없어 보이는 미국 의료 산업의 진입 장벽에 직면하여, 이러한 산업에 속하지 않은 아마존(Amazon), 버크셔 해더웨이(Berkshire Hathaway), JP모건(JPMorgan Chase)와 같은 기업들은 의료비의 상승을 해결하기 위해 새로운 JV인 헤이븐(Haven)을 설립하였다. 헤이븐은 세 모회사의 120만 명의 종업원

■ **그림 7.2 전략적 제휴와 네트워크의 통합적 모델**

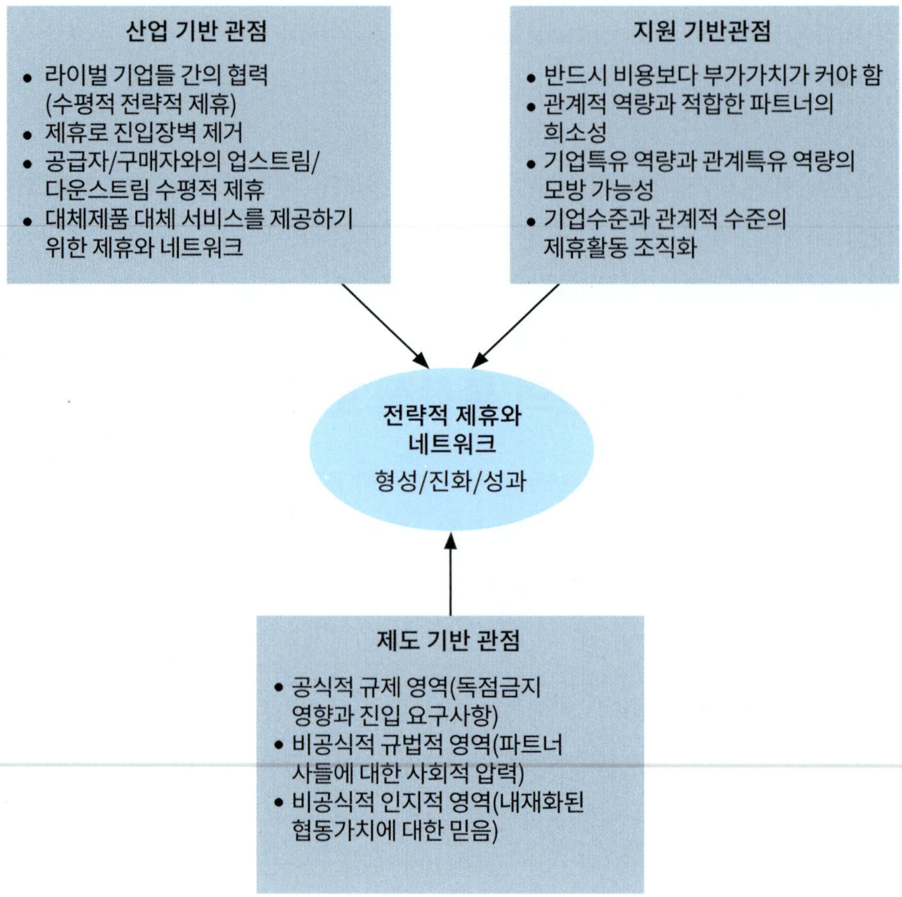


들을 위한 의사, 병원, 진료소들의 자체 네트워크를 설립하기 위해 노력했다. 만약 JV가 종업원들을 위한 가격 경쟁력이 있는 내부 시스템을 만드는데 성공한다면, 헤이븐과 그 세 모회사들은 결국에는 외부로도 비종업원들에게 의료 해결책을 제공하며, 의료 산업에 도전하게 될 것이다. 결국 제휴는 더 낮은 비용과 더 낮은 위험부담을 치루면서 모회사들이 신규 시장으로 진입하는 것을 가능하게 한다.

셋째, 5 요인체계에서 공급업체들은 전통적으로 위협으로 정의됨에도 불구하고, 항상 반드시 그런 것은 아니다. 2장에서 소개된 바와 같이, 일본의 카이레츠(Keiretsu) 네트워크에서 예시된 바와 같이, **상방 수직 제휴(upstream vertical alliances)**로도 불리는 공급업체와의 전략적 협력을 맺을 수도 있다. 전략적 공급 제휴는 치열한 협상의 적대적인 관계에서 정보를 공유하고 상호 협력하는 모습의 협력적인 관계로 전환하는 것이 핵심이다. 빈번한 단기 계약을 맺는 다수의 공급 업체들과 거래하는 대신, 전략적 공급 제휴는 더 소수의 핵심 공급업체와 장

**상방 수직 제휴(upstream vertical alliance)**
공급업체와의 전략적 제휴(업스트림).

기 계약에 의존한다. 이는 해당 기업과 이들 공급업체들의 이익을 일치하게 하는데 도움을 주며, 결국 공급업체들은 더 나은 부품을 제공하기 위해 특화된 투자를 할 가능성이 높아 진다. 이것이 협상력이 필요 없어진다는 것을 의미하는 것은 아니다. 대신, 구매기업들은 소수의 공급업체들에 대해 의존을 하게 되면서도, 반대로 협상력도 증가할 수 있게 된다. 그러나, 제로섬 게임을 윈윈 제안으로 변화시킴으로써 협업은 협상력의 거친 부분을 완화한다.

넷째, 유사하게, 구매업체와 유통업체들을 잠재적 위협으로 다루는 대신, **하방 수직 제휴(downstream vertical alliances)**로도 불리는 전략적 유통 제휴의 형성을 통해, 해당 기업과 구매업체와 유통업체를 함께 연결할 수 있다. 많은 항공사, 렌터카 회사, 호텔, 출판사들은 아마존(Amazon), 익스피디아(Expedia), 프라이스라인(Priceline), 트레블로시티(Travelocity) 등과 같은 인터넷 유통업체들과의 제휴를 맺고 있다.

**하방 수직 제휴(downstream vertical alliance)**
유통쪽 기업과의 전략적 제휴(다운스트림).

마지막으로, 대체재 상품의 시장에서의 잠재성은 이들 신제품의 상업적 잠재성을 실현하기 위해 기업들이 전략적 제휴와 네트워크를 형성하게 할 수 있다. 예를 들어, 구글(Google)과 삼성을 중심으로 하는 안드로이드 제휴에 의해 개발된 스마트폰은 현재 개인 컴퓨터(PC), 도서, 지도, 음악 CD, 라디오 등을 대체했다. 한 산업에서, 개별 기업은 한 개의 제휴에만 제한되는 것은 아니다. 예를 들어, 미국에서 최대 약국 체인을 운영하고 있는 월그린(Walgreen)은 수퍼마켓 내부에 소형약국 설립하기 위해 식료품유통업체 크로거(Kroger)와, 약품 배달을 위해 페덱스(Fedex)와, 고객 디지털화를 위해 마이크로소프트(Microsoft)와 협업한다.

## 자원 기반 관점

VRIO 모형에 의해 구현되는 자원 기반 관점은, 전략적 제휴와 네트워크를 이해하는 데 상당한 도움을 준다(표 7.2).

**가치(Value)**. 윈윈 결과를 추구하는 데 있어, 제휴는 반드시 가치를 창출해야만 한다. 세 개의 글로벌 항공사 제휴 네트워크는 두 구간의 항공편을 예매할 때, 만일 이들 항공사들이 제휴하지 않았을 때 동일 구간의 항공편을 별도로 예약하는 것보다 18~28% 비행기표 값을 줄여줌으

**표 7.1 전략적 제휴와 네트워크: 장점과 단점**

| 장점 | 단점 |
|---|---|
| • 비용, 위험 그리고 불확실성 감소<br>• 보완적 자산에 접근하고 파트너로부터 학습 기회 확보<br>• 제휴와 네트워크를 리얼옵션으로 사용할 수 있는 가능성 | • 잘못된 파트너를 선택할 가능성<br>• 파트너의 기회주의 가능성<br>• 경쟁자를 키우는데 도움이 될 위험성 (학습 경쟁) |

로써 가치를 창출한다. 표 7.1은 어떻게 제휴의 장점이 단점보다 더 큰지에 대해, 가치 창출에 대한 세 개의 포괄적인 범주를 보여준다.

첫째, 제휴는 비용과 위험, 그리고 불확실성을 줄여준다. 토요타가 (이전의 제휴 파트너였던) 테슬라(Tesla)와 맞서게 되었을 때, 비용, 위험, 불확실성을 줄이기 위해 토요타는 파나소닉(Panasonic), BYD, CATL과 각각의 여러 제휴를 이용하였다(오프닝 케이스 참고).

둘째, 제휴는 기업들이 제휴사의 보완적 자산에 접근하고 학습하는 것을 가능하게 한다. 르노(Renault)가 JV를 통해 터키에 진출했을 때, 터키의 파트너사인 오약(Oyak, 터키 군인 연금기금)은 JV 지분의 49%를 소유하였다. 오약과 같은 비자동차제조업체가 가지고 있는 어떠한 보완적 자원이, 자동차 제조업체인 JV에 도움을 줄 수 있었을까? 군에 대한 평판이 매우 좋은 터키에서, 오약의 정치적 관련성은 확실히 도움이 되었을 것이다. 오약은 르노가 터키 시장에서 항해하는 법을 학습하는데 도움을 줄 수 있다.

마지막으로, 제휴의 중요한 장점은 리얼 옵션이다. 개념적으로, 옵션은 미래에 취할 수 있는 권리이며, 의무가 아니다. 기술적으로, 재무적 옵션은 그 보유자에게, 자산에 대한 소정의 일부 금액(종종 보증금으로 알려짐)을 지불함으로써, 투자를 증가시키고 필요시에는 인수까지 할 수 있는 권리를 부여하는 투자의 수단이다. 리얼 옵션(real option)은 실제 운영에 있어서의 투자로, 금융 자본과는 다르다. **리얼 옵션(real option)** 관점은 두 가지 단계를 특징으로 한다.

**리얼 옵션(real option)**
금융 자본과 달리 실제 운영에 대한 옵션 투자.

- 첫 번째 단계에서, 투자자는 옵션을 구매하기 위해 상대적으로 작은 규모의 초기 투자를 하게 되며, 이로써 의무 없이 미래 투자에 대한 권리를 갖게 된다.
- 투자자는 두 번째 단계에서 도래하는 결정 시점까지 옵션을 보유하며, 그 후 옵션을 행사할 것인지 버릴 것인지를 결정하게 된다.

긍정적으로 다른 기업을 인수하는 것에 관심은 있지만 그러한 행보에 대해 아직 확신하지 못하는 기업들에게, 이러한 제휴는 함께 일함으로써 파트너사의 역량을 평가하기 위해 내부 전경을 볼 수 있도록 해 준다. 이것은 새 신발을 구매하기 전에 신발이 맞는지를 알아보기 위해 신어 보는 것과 유사하다. 기업 인수는 비용이 많이 들 뿐 아니라 실패할 가능성도 매우 높기 때문에, 만약 인수를 추진하기로 결정한 경우라면 제휴는 기업으로 하여금 단계적으로 투자를 늘릴 수 있게 해 준다. 예를 들어, 피아트(Fiat)는 제휴 파트너사로서 5년 동안 함께 일한 후에야 크라이슬러(Crysler)의 지분의 20%를 보유하는 것에서 나아가 결국에는 100%까지 인수하였다(클로징 케이스 참고). 반면, 기업이 파트너사로서 함께 일한 후에, 만일 인수가 좋은 아이디어가 아니라는 것을 발견하게 된다면, 그 때는 인수를 추진할 임무가 없다. 결국, 투자를 단계적으로 늘리거나 줄이거나 할 수 있는 탄력성으로 인해, 제휴는 리얼 옵션을 위한 하나의 좋은 수단으로 부상하였다.

반면, 제휴는 무시할 수 없는 단점들도 가지고 있다. 첫째, 잘못된 파트너와 엮이게 될 가능성이 언제나 있다. 기업들은 장래의 파트너를 조심스럽게 선택하라는 조언을 받는다. 파트너들은 상호보완적인 (중복되지 않는) 역량을 제공할 수 있도록 충분히 차별화되어 있어야 한다. 많은 사람들은 결혼하기 전에는 자신의 배우자의 본색이 무엇인지 알아내는 데 많은 어려움을 겪는다. 마찬가지로, 많은 기업들은 너무 늦을 때까지도 그들의 장래의 파트너사의 진정한 의도와 역량을 제대로 평가하는데 있어 어려움을 겪는다.

두 번째 단점은 잠재적인 파트너 기회주의이다. 모든 경제활동에서 기회주의가 존재하지만, 제휴의 상황은 어떤 기업이 기회주의적이 될 수 있는 특별히 강한 동기를 제공할 수 있다. 협력은 언제나 신뢰를 필요로 하지만, 신뢰는 쉽게 남용될 수도 있다.

마지막으로, 제휴는, 특히 경쟁사들 간의 제휴는, 경쟁자를 육성하는 것을 도울 수도 있다. 외부자들에게 "문"을 열어 줌으로써, 제휴는 기업 특유의 역량을 관찰하고 모방하는 것을 더욱 쉽게 만든다. 경쟁사들 간의 제휴에는, 상대방 기업으로부터 "속임수"를 가능한 최대의 속도로 빨리 배울 수 있기 때문에, 파트너사들이 상대방을 따라잡는 것을 목표로 하는 "**학습 경쟁(learning race)**"이 존재한다. 그러한 학습 경쟁이 토요타와 테슬라 간의 제휴를 무너뜨리는데 기여했다(오프닝 케이스 참고).

**학습경쟁(learning race)**
제휴 파트너가 상대방으로부터 "속임수"를 가능한 한 빨리 배우는 것을 목표로 서로 경쟁하는 것.

## 희소성

VRIO 모형의 두 번째 구성 요소는 두 가지 차원을 가지고 있다. (1)역량의 희소성 그리고 (2)파트너사의 희소성이다. 첫째, 기업 간의 관계를 성공적으로 관리할 수 있는 역량, 즉 종종 **관계적(협동적) 역량(relational (collaborative) capabilities)**으로 불리는 역량은 희소하다. 제휴관계에 관여된 경영자들은, 협력과 대조하여 경쟁을 강조하는 전통적인 경영대학에서 거의 다루어지지 않았던 관계 기술을 필요로 한다. 제휴를 통해 진정으로 이익을 끌어내기 위해서는, 경영진들은 파트너사와 함께 신뢰를 쌓아나가야 하며, 동시에 기회주의를 경계해야 한다.

**관계적 역량(relational capabilities) 또는 협동적 역량(collaborative capabilities)**
기업간 관계를 성공적으로 관리할수있는역량.

제휴가 전략적이고 경제적인 합의를 나타내는 만큼, 사회적, 심리적, 감정적 현상 또한 포함한다. 교제, 결혼, 이혼이라는 표현이 때때로 등장한다. 파트너사 간의 이해관계가 자사와 완전히 들어맞지 않고 자주 의견 충돌이 일어나는 점을 고려할 때, 제휴에 관련된 경영진들은, 복잡한 관계가 제대로 일할 수 있도록 해야 하는 한편 자사의 이익을 대표하기 위해 노력하는 불안정한 나날을 살게 된다. 사람들에게 좋은 관계를 위한 기술이 일반적으로 부족하다는 것을 고려할 때(미국에서는 결혼의 50%는 실패한다는 것을 기억하라), 제휴를 성공적으로 관리할 수 있는 건강한 관계적 역량을 가진 기업이 부족하다는 것은 놀라운 일이 아니다.

희소성의 두 번째 측면은 **파트너사의 희소성(partner rarity)**로, 원하는 능력을 가진 바람직한 파트너를 찾기 힘들다는 것을 의미한다. 이는 (1)산업의 구조 (2)네트워크 포지션이라는

**파트너사의 희소성(partner rarity)**
원하는 능력을 가진 바람직한파트너를 찾기 힘들다는 것을 의미.

두 가지 요인에 기인한다. 첫째, 산업구조 측면에서 볼 때, 많은 독과점 산업에서는, 가용한 잠재적 파트너사들의 수가 매우 제한적이다. 어떤 신흥 시장에서는 오직 소수의 현지 기업들만이 파트너사가 될만하기 때문에, 뒤늦은 기업들은 잠재적 파트너사들이 이미 경쟁사들에 의해 "이미 다 뽑혀갔고 없음"을 목격하게 된다. (완전 소유 자회사 [WOS] 설립이 허가되지 않는) 중국의 자동차 산업에 뒤늦게 진출한 포드(Ford)는, 결국 중국에서 이류 기업들과 제휴를 맺게 되었고, 좋지 않은 성과로 고전하게 되었다.

둘째로, 네트워크 포지션 관점에서 볼 때 기업간 네트워크 관계의 중심에 있는 기업들이 더 좋고 더 많은 기회(정보, 접근성, 자본, 제품, 서비스와 같은)를 가질 수 있으며, 따라서 더 많은 파워와 영향력을 축적할 수 있을 것이다. 결국 높은 수준의 **네트워크 중심성(network centrality)**을 가진, 즉 제휴 네트워크에서 기업이 차지한 위치가 다른 기업들에 비해 중요한 정도가 큰 기업들은, 매력적인 파트너가 될 가능성이 크다. 이러한 기업들은 희소하다. 예를 들어, 카르푸(Carrefour), 시스코(Cisco), 씨티그룹(Citigroup)은 전 세계로부터 들어오는 제휴 제안을 거절하는 것이 일상적인 일이다.

**네트워크 중심성 (network centrality)**
기업간 네트워크 관계에서 상대기업보다 자사의 위치가 보다중요한 정도.

## 모방 가능성

모방 가능성은 두 가지 수준에 관계가 있다: 기업 수준 그리고 제휴 수준이다. 첫째, 기업의 자원과 역량은 파트너사에 의해 모방될 수 있다. 모방 가능성에 대한 두 번째 이슈는 성공적인 제휴를 위한 파트너 간의 신뢰와 이해에 관한 것이다. 이러한 "궁합"이 안맞는 기업들은 그러한 활동을 모방하는데 어려움을 겪는다. 후지필름(Fujiflim)과 제록스(Xerox)는 1962년부터 후지제록스(Fuji Xerox)라는 강력한 JV를 운영해 왔다. 폭스바겐(Volkswagen, VW)과 상하이 자동차(Shanghai Automotive Industrial Corporation, SAIC)는 1984년 이래 상하이 VW(Shanghai VW)라는 잘 나가는 JV를 운영하고 있다. 경쟁사들은 이렇게 오래가는 성공적인 제휴관계를 모방하는데 어려움을 겪을 것이다.

## 조직

이와 유사하게, 조직에 관한 문제도 두 가지 수준으로 분류된다: 기업수준 그리고 제휴 수준이다. 첫째, 기업 수준에서, 제휴나 네트워크로부터 이익을 얻어내기 위해서는 기업들이 어떻게 조직되어야 하는가는 중요한 문제이다. 그러한 관계의 수가 적을 때 많은 기업들은 시행착오식 접근을 채택한다. 빈번한 "실패"를 내는 것은 놀라운 일이 아니다. 그러나, 만약 "성공"하게 되더라도 이러한 주먹구구식 접근으로는 경험으로부터의 체계적인 학습이 되지 않는다. 이는 분명, 세계를 무대로 활동하며 여러 제휴와 네트워크 관계에 참여하는 다국적 기업을 조직하는데 있어 위험한 방법이다. 따라서, 많은 기업들은 (회계나 마케팅과 같은 전통적인 기능과 병행하여) 종종 전담 직원과 자원을 두고 부사장이나 이사가 이끄는 제휴 전담 기능부서를 개발한다. 이러한 전담 기능부서를 통해 이전의 그리고 현재의 관계로부터의 교훈을 활용하는 중요한 중심점으로 역할을 한다. HP의 제휴 전담 부서는 60개의 서로 다른 툴과 템플릿(제휴계약, 매트릭스, 체크리스트)이 포함된 300장 분량의 제휴 관련 의사 결정 매뉴얼을 제작했다. 또한 세계 각국에 진출한 경영진들에게 제휴와 관련된 교훈을 전파하기 위해 이틀간의 세미나를 1년에 세 번 개최한다.

제휴 수준에서, 일부 제휴 관계는 외부 기업들이 복제하는 것이 어렵도록 조직되어 있다. 레오 톨스토이(Leo Tolstoy)의 고전 소설 안나 카레리나(Anna Karenina)의 서두 뒤에는 그 진실이 담겨 있다: "모든 행복한 가정은 모두 공통적인 이유로 행복하며, 불행한 가족은 그들만의 방식으로 불행하다." 정의에 따르면, 결혼은 전략적 제휴이다. 불행한 결혼생활을 하는 많은 개인들이 (수많은 전문 결혼 상담가, 친구, 가족들이 있음에도 불구하고) 그들의 관계를 개선하는데 어려움을 갖는 것을 볼 때, 실패한 제휴 관계에 있는 기업들은 자신이 처한 기업간 관계를 개선하는 것은, 불가능하지 않다하더라도 매우 힘든 일이라는 것을 종종 발견하는 것은 놀라운 일이 아니다.

## 제도 기반 관점

**규제 영역에 의한 공식적 제도.** 전략적 제휴와 네트워크는 공식적인 법과 규제의 틀 안에서 기능한다. 이러한 공식적인 제도의 영향은 두 가지 차원에서 찾아볼 수 있다: (1)반독점 문제와 (2)시장 진입 요구조건이 그것이다. 첫째, 많은 기업들은 경쟁사와 제휴를 맺는다. 독과점 방지 당국은 경쟁사 간의 제휴를 암묵적인 공모로 의심한다(8장 참고). 그러나 제휴사들 간의 통합은 (한 경쟁사를 제거하게 되는) 기업 인수 만큼 완전한 통합이 아니기 때문에, 반독점 당국은 합병에 반하는 제휴를 승인할 가능성이 더 높다. 예를 들어, 아메리칸 항공(American Airlines)와 영국 항공(British Airways)의 합병 제안은 미국과 영국-EU 반독점 당국에 의해 거부되었다. 그러나, 제휴를 형성하는 것은 승인을 받았으며, 결국 다수 기업들로 이루어진 원월드(One World) 제휴 네트워크로 성장하게 되었다. 또 다른 예로, AT&T와 (미국내 도이치 텔레콤(Deutsche Telekom)의 WOS인) T-Mobile의 합병 제안은 미국의 반독점 당국에 의해 저지되었다. 그러나, 같은 미 당국은 AT&T와 T-Mobile의 로밍에서의 협력은 적극 장려했다.

둘째, 기업의 시장 진입에 요구되는 공식적 요건들은 제휴와 네트워크에 영향을 미친다. 사우디 군에 150개의 블랙호크(Blackhawk) 헬기를 판매하기 위해, 록히드 마틴(Lockheed Martin)은 기술 이전과 고용 창출의 조건을 총족해야만 했다. 결과적으로, 사우디아라비아에서 헬기를 조립하기 위해 타크니아(Taqnia)와의 JV인 사우디아라비아 로터리 항공 제조(Rotary Aircraft Manufacturing Saudi Arabia)를 설립하였다. 많은 국가들에서, 정부는 해외 기업들이 완전 소유 자회사를 설립하기 위한 기업 인수를 지양하거나 법으로 금지하고 함으로써, 해외 기업들이 해외직접투자(FDI)를 위한 유일한 선택지로 현지 기업과의 제휴를 택할 수 밖에 없어진다. 최근, 역사적으로 JV만을 허용해 왔던 많은 정부들이 이제 진입 방식에 있어 WOS를 허용하고 있다. 따라서, 이제는 JV의 눈에 띄는 감소와 기업 인수의 증가가, 특히 신흥 경제국에서, 활발히 이루어지고 있다.

**규범과 인지체계에 의해 지지되는 비공식적 제도.** 비공식 제도는 첫째로 집단적인 규범에 중심을 두고 있으며, 규범적 영역에 의해 뒷받침된다. 제도 기반 관점의 핵심 사고는, 기업들은 자신들의 정당성을 강화시키거나 보호하기 위해 행동하기 때문에, 다른 평판이 좋은 기업을 모방하는 것은, 이렇게 하는 것이 직접적으로 성과에 이익이 되는지 모른다 하더라도, 정당성을 얻는 데 있어 비용이 적게 드는 방법이라는 것이다. 그러므로, 경쟁사들이 다양한 제휴를 맺고 있을 때는, 제휴의 "시류"에 편승하는 것은 대세를 따르는 멋진 방법이며, 그 반대는 산업 경향을 무시하는 것으로 받아들여질 수 있다. 다시 말해서, 비즈니스 언론, 투자자 커뮤니티, 이사회 심의와 같은 비공식적이지만 강한 규범적 압박이 아마도 포드사와 같은 후발 주자들로 하여금 중국에서 상대적으로 잘 알려지지 않은 파트너들과 제휴를 맺도록 했을 것이다. 그렇지 않을 경우에는 파트너가 아예 없거나 더 나아가 세계에서 가장 큰 자동차 시장에서 존재감이 없는 것이기 때문이다. 미혼의 성인들이 결혼을 하라는 사회적 압박을 받는 것과 같은 이유로, "혼자서 가는" 것을 고집하는 기업들은, 특히 성과 문제가 있는 경우, 종종 동종업계, 분석가, 투자자, 미디어로부터 이와 유사한 압력이나 비평을 받게 된다. 이러한 행동과 반대로 많은 기업들이 적절한 **기업 실사(due diligence, 계약에 서명하기 전의 철저한 조사)** 없이 서둘러 제휴 관계를 맺고는 혼이 나는 경험을 한다.

**기업실사(due diligence)** 계약 서명 전 치르는 조사.

둘째, 비공식 제도는 인지적 영역을 강조하며, 기업 행동을 이끄는 내면화된 당연하다고 여겨지는 가치와 믿음을 중심으로 하며, 인지적 영역에 의해 뒷받침된다. BAE 시스템(BAE System)은 1990년대 미래의 모든 항공 개발 프로그램은 제휴를 통해서 할 것이라고 발표했다. 새로운 항공기를 개발하는데 있어 극도로 높은 비용과 리스크를 고려할 때, 결국 제휴 전략이 옳은 일이라고 믿게 된 것이다.

종합하면, (4장에서 먼저 다루었던) 제도 기반 관점에 의해 뒷받침되는 두 가지 핵심 명제가 적용될 수 있을 것이다. 개인과 기업들은 제도적 제약 하에서 합리적으로 자신의 이익을 추구하고 전략적 선택을 한다는 첫 번째 명제는, 공식적인 규제의 기둥과 비공식적이지만 힘이 센 규범적이며 인지적인 기둥에 의해 나타난다. 공식적 제약이 실패 할 때 비공식적 제약은 보다 큰 역할을 할 수 있다는 두 번째 명제 또한 분명하다. 인간의 결혼을 다루는 제도들과 마찬가지로, 공식적 규제나 계약은 제휴 활동의 (중요함에도 불구하고) 작은 부분만을 다룰 수 있다. 이러한 관계의 성공과 실패는 비공식적 규범과 인지에 의해 영향을 받는 파트너 기업들 간의 매일매일 이루어지는 상호작용에 달려 있다. 이 점은 전략적 제휴의 형성, 성장, 성과에 대한 다음의 세 부분에서 더욱 자세하게 다루어질 것이다.

## 형성

제휴는 어떻게 형성되는가? 그림 7.3은 이 질문을 다루기 위해 3단계 모델을 보여주고 있다.

### 1단계: 협력할 것인가 협력하지 않을 것인가

1단계에서, 기업은 시장 거래를 통해서, 합병 혹은 제휴를 통해서 성장할 것인지에 대해 결정해야만 한다. 개인이 일생 동안 독신이기를 결정할 수 있는 것과 같이, 어떤 기업들은 제휴를 하지 않기로 결정할 수도 있다. 그러나, 순수한 시장 거래를 통해 성장한다는 것은, 자원이 풍부한 다국적 기업에게 조차도 어려운 길이다. 기업 인수에도 치명적인 단점이 있다(9장 참고). 따라

**그림 7.3 제휴의 형성**

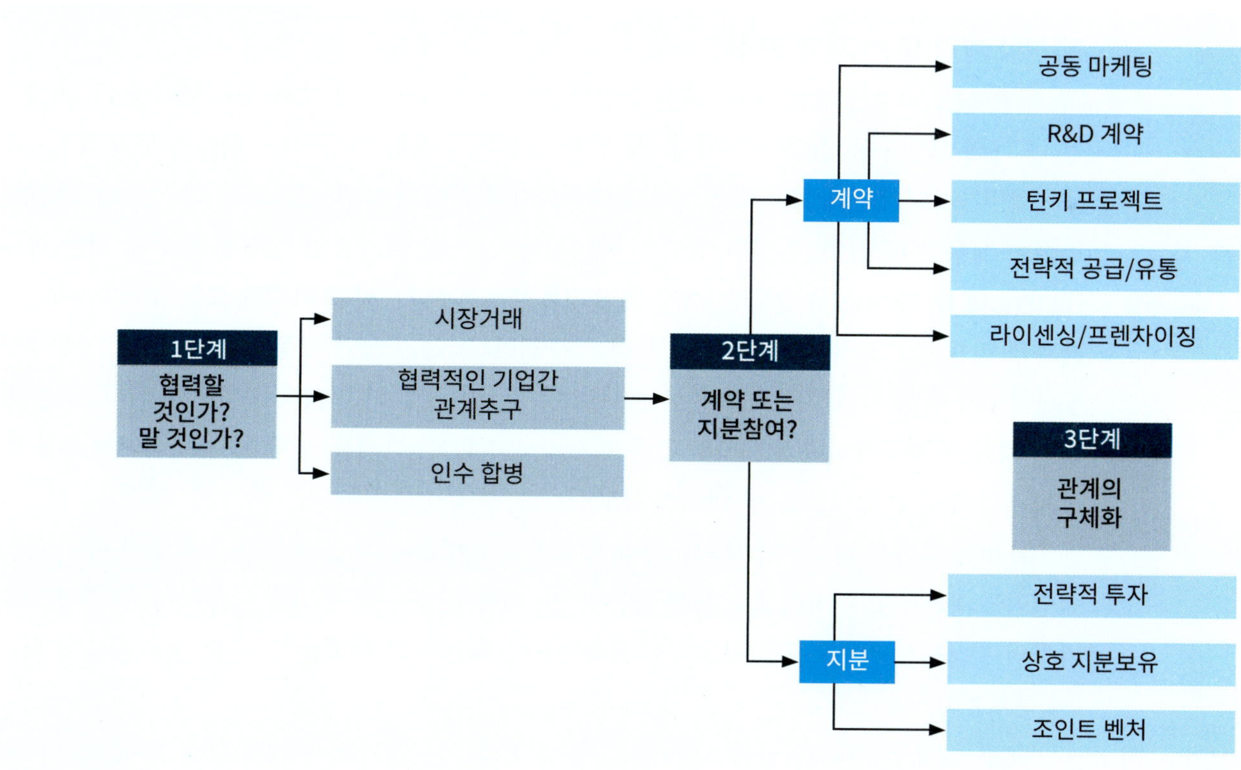


Source: Adapted from S. Tallman & O. Shenkar, 1994, A managerial decision model of international cooperative ven-ture formation (p. 101), Journal of International Business Studies 25: 91–113.

### 표 7.2 지분참여 기반 vs. 비지분 기반 전략적 제휴와 네트워크

| 요인들 | 지분 기반 제휴/네트워크 | 비지분 기반 제휴/네트워크 |
|---|---|---|
| 공유된 지원의 특성(암묵성과 복잡 성의 정도) | 높음 | 낮음 |
| 직접적인 모니터링과 통제의 중요성 | 높음 | 낮음 |
| 리얼옵션 가능성 | 높음(M&A로 발전 가능성) | 높음(지분 관계로 발전 가능성) |
| 공식제도의 영향 | 높음(규제에 의해 요구되거나 장려되는 경우) | 높음(규제에 의해 요구되거나 장려되는 경우) |

서 많은 경영진들은 제휴가 나아가야할 길이라고 결론짓는다(오프닝 케이스 참고). 예를 들어, 달라스 기반의 사브르 트래블(Sabre Travel Network)은 호주, 바레인, 인도, 이스라엘, 일본, 싱가포르에 진출하기 위해 제휴를 선택했다.

## 2단계: 계약 또는 지분 방식?

2단계에서는, 기업은 계약 또는 지분 접근법을 선택할 것인지에 대해 결정해야 한다. 표 7.2는 네 개의 요인들을 정의하고 있다. 첫 번째 요인은 공유된 역량이다. 역량이 암묵적일수록(즉, 설명하거나 성문화하는 것이 어려울수록), 지분 참여에 대한 선호도가 더 커진다. 복잡한 과정을 배우는 데 있어, 유일한 방법은 아닐지라도, 가장 효과적인 방법은 **행동에 의한 학습(learning by doing)**을 통하는 것이다. 요리를 배울 때 단순히 요리책만 보는 것이 아니라 실제로 요리를 함으로써 배우는 것이 그 좋은 사례이다. 많은 사업 활동도 이와 같다. 자동차를 생산하고자 하는 기업들은 책을 통한 문서로 된 지식이 충분하지 않음을 깨닫게 된다. 많은 암묵적 지식은, 가급적이면 토요타와 같은 파트너사와 함께, 그것을 실제 해 봄으로써 배움을 통해서만 습득될 수 있다(오프닝 케이스 참고).

**행동에 의한 학습(learning by doing)** 책을 읽지 않고 실습 활동을 통해학습하는 방법.

두 번째 요인은 직접적인 모니터링과 통제의 중요성이다. 지분 관계는 기업들이 JV에 대한 직접적인 통제력을 지속적으로 갖게 하는 반면, 계약 관계는 대개 그렇지 못하다. 일반적으로, 자사의 지적재산권이 도용될 것을 두려워하는 기업들은 지분 제휴를 (그리고 높은 수준의 지분을) 선호한다.

세 번째 요인은 리얼 옵션 사고이다. 몇몇 기업들은 계약적 관계를 맺는 것을 선호하는데, 이것은 만약 상호 관계가 양사간에 만족스럽다고 판단될 경우 지분 제휴로 승격 가능한 리얼 옵션 (또는 발판)으로 보여질 수 있다. 스카이팀(Sky Team) 네트워크 안에서 계약적 (비자본 기반) 협력 관계를 통해, 델타(Delta)는 멕시코항공(Aeromexico), 에어프랑스-KLM(Air France-KLM), 중국동방항공(China Eastern), 대한항공과 긴밀하게 일했다. 이러한 느슨한 협력을 넘어, 델타는 최근 그들과 지분 기반의 제휴를 맺었다(실행 전략 7.1 참고).

마지막으로, 계약과 제휴 사이의 선택은 결국 제도의 제약에 달려 있다. 국내 기업들이 기

## 실행 전략 7.1 Emerging Markets Ethical Dilemma

### 델타 항공, 전 세계적으로 날개를 펼치다

항공사들은 연합에 익숙하다. 약 20년 동안 원월드, 스카이팀 및 스타 얼라이언스가 업계에서 가장 큰 세 개의 네트워크로 나타나며, 회원사 간의 비지분 기반의 협력(대부분은 코드 공유를 통해)을 제공하고 있다. 그러나 경쟁이 심화되면서, (1929년에 설립된) 미국에서 가장 오래된 아틀란타 기반의 항공사인 델타 항공은 최근 자본 기반의 협력 관계를 확립하기 위해 공격적인 움직임을 계속하고 있다.

- 스카이팀 회원사와의 JV: 에어로멕시코, 에어프랑스-KLM, 대한항공.
- 스카이팀 회원사에 대한 전략적 투자: 중국동방항공.
- 스카이팀의 비회원사(빅쓰리 항공사 네트워크에 속하지 않은)와의 JV: 알이탈리아(전 스카이팀 회원사), 버진 애틀랜틱, 버진 오스트레일리아, 웨스트젯.
- 또다른 빅쓰리 네트워크 회원사에 대한 전략적 투자: 라탐.

2000년에 설립된 스카이팀은 현재 19개 회원을 보유하고 있으며, 몇몇 회원이 탈퇴했다. 의사 결정은 협의를 통해 이루어지기 때문에 네덜란드 암스테르담에 본부를 둔 스카이팀은 때로는 작은 유엔이나 작은 EU처럼 느껴진다. 이러한 결정 과정의 느린 속도에 대해 점점 더 비판적인 입장을 취한 델타는 자본 관계를 통해 조금 더 깊은 협력, 더 강한 통합 및 강화된 통제를 가진 연합 전략에 나섰다. 미국 국내 여행 시장이 성숙단계에 이르렀기 때문에, 델타는 해외로 승객을 운송하는 데 성장의 기회가 있는 것이라고 믿고 있다. 이러한 인식은 협력에 대한 델타의 새로운 생각으로 나아갔다.

실제 실행에 있어서, 델타와 함께 스카이팀의 4개 창립 회원이었기 때문에, 델타가 에어로멕시코, 에어프랑스-KLM, 대한항공과 JV를 맺는 것은 매우 타당한 일이다. 거의 20년동안 만족스럽게 함께 일해 왔기 때문에, 그들의 더욱 긴밀한 협력이 성공할 확률은 매우 클 것이다. 델타의 스카이팀 회원인 중국 동방항공에 대한 전략적 투자 역시 의미가 있었다. 스카이팀의 동료 회원사인 중국동방항공에 대한 델타의 전략적 투자 또한 타당한데, 왜냐하면 중국에서 두 번째로 큰 상하이 기반의 중국동방항공은 2011년부터 스카이팀을 통해 델타와 협력해왔기 때문이다.

흥미로운 점은 델타와 이전에는 협력적인 역사가 별로 없었던 비스카이팀 회원인 버진 애틀란틱, 버진 오스트레일리아, 델타와의 새로운 공동벤처이다. 알리탈리아와는 이전에 2001년부터 2009년까지 회원으로 속해있을 때 스카이팀을 통해 협력한 적이 있었다.

극히 불확실하고 위험한 것은, 칠레 기반의 라틴 아메리카 최대 항공사인 라탐에 대한 델타의 전략적 투자이다. 델타와 라탐 사이에는 이전에 어떠한 협력도 없었다. 델타는 라탐의 20% 지분에 19억 달러를 지불할 예정이며, 라탐은 원월드의 회원이었다. 이는 시장 가치를 크게 넘어 78%의 높은 프리미엄을 내는 것이다. 또한, 라탐은 원월드를 탈퇴해야 했기 때문에 3억 5천만 달러의 탈퇴 비용을 지불해야 했다. 델타는 또한 이를 지불했다. 전반적으로, 델타는 라탐의 소수 주주가 되기 위해 23억 달러를 소비했다. 델타와 스카이팀의 라틴 아메리카에 대한 관심은 잘 알려져 있다. 2010년, 스카이팀의 10주년 기념 행사에서 델타와 다른 회원들은 공개적으로 라틴 아메리카에서 파트너를 찾을 의사를 표명했다. 그러나 2019년에 델타가 이렇게까지 라틴 아메리카로 진출하길 절실히 원한 것일까? 이미 에어로멕시코와의 JV가 델타를 지역 전반에 걸쳐 돕고 있었다. 칠레의 LAN과 브라질의 TAM이 합병하여 2012년에 생성된 라탐은 큰 이익을 올리지 못했다. 델타의 이러한 움직임은 원월드를 약화시키기 위한 큰 성과를 거두었지만, 원월드와 스타 얼라이언스는 스카이팀 회원을 유혹하여 보복할 가능성이 있다. 따라서, 이러한 대담한 움직임은 협력으로 인한 산업의 지형의 (상대적인) 안정성을 약화시킨다. 이러한 파괴적인 움직임이 가치가 있을지는 앞으로의 결과를 지켜봐야 한다.

Sources: (1) Bloomberg, 2019, Delta expands in South America with $2.25 billion LATAM deal, September 26: www.bloomberg. com; (2) Economist, 2018, Come fly with me, March 17: 62; (3) Wall Street Journal, 2019, Delta bets against global alliances, October 2: B14; (4) www.skyteam.com.

술의 사다리에 오르는 것을 돕고자 하는 몇몇 정부들은 해외와 국내 기업들 간에 JV를 형성하는 것을 요구하거나 장려한다. 다른 정부들은, 지분 기반 제휴는 담합에 너무 가깝다고 주장하며, 기업들이 계약적 관계를 갖는 것을 선호한다. 예를 들어, 미국 정부는 반독점 우려를 언급하며 아메리칸 항공과 콴타스(Quantas)의 JV 제안을 거부하여, 그들로 하여금 다시 원월드 네트워크내에서의 느슨한 형태의 코드 공유 협력으로 돌아가도록 했다.

### 3단계: 어떻게 관계를 설정할 것인가?

많은 기업들이 복수의 제휴 관계를 갖고 있기 때문에, 그것들을 포트폴리오(또는 네트워크)로서 관리하는 것이 중요하다. 개인적으로 "최적의" 관계의 개별적인 조합들이, 몇몇 까다로운 제휴를 비추어 볼 때 전체 기업을 위해서는 최적의 관계를 만들어내지 못할 수도 있다. 예를 들어, 르노와 니산(Nissan)은 1999년 이래 장기간 동안 제휴를 맺어오고 있다. 하지만, 2019년, 르노가 피아트 크라이슬러 자동차(Fiat Chrysler Automobiles, FCA)와 합병을 하려고 하자, 니산은 이 거래를 반대했다. 좌절한 FCA는 르노의 숙적인 푸조(Peugeot SA Group, PSA)의 합병에 들어갔다(클로징 케이스 참고). FCA-PSA의 합병이 발표된 날, PSA의 주가는 4.5% 올랐으나 르노의 주가는 4% 떨어졌다.

다각적인 이해관계의 시대에, 하나의 제휴의 길로 걸음을 내딛는 것은 새로운 문을 열어 주지만, 다른 기회들을 배제하는 것일 수도 있다. 다시 말해, "나의 동지의 적은 나의 적이며, 나의 적의 적은 나의 동지이다." 따라서, "제휴의 교착상태"에 빠지지 않기 위해, 기업들이 다른 관계를 형성하기 전에 각각의 개별적인 관계에 대해 주의 깊게 평가하는 것이 점점 더 중요하게 되었다.

## 진화

모든 관계는 진화한다. 어떤 관계는 성장하며, 어떤 관계는 실패한다. 이 섹션은 (1)기회주의와의 전쟁 (2)강한 유대관계에서 약한 유대관계로의 진화 (3)분리의 과정이라는 세 가지 측면을 다룬다.

### 기회주의와의 전쟁

기회주의의 위협은 도처에 만연하다. 대부분의 기업들은 관계가 계속 잘 작동하기를 원하면서도, 동시에 상대방이 기회주의적인 경우에 자신들을 보호하기를 원한다. 기회주의를 완전하게 제거하는 것은 어렵지만, (1)중요한 역량을 따로 분리하여 보호하는 것 (2)신뢰할 수 있는 약속을 통해 주요 역량을 교환하는 것을 통해 위험을 최소화하는 것은 가능하다.

첫째, 양사는 자사의 중요한 기술을 따로 분리해서 기술이 공유되지 않도록 하기 위해 계약적으로 합의할 수 있다. GE와 스네크마(Snecma)는 CFM 인터내셔날(CFM International)이라는 JV를 만들어 제트기 엔진 제조를 위해 협력하고 있었다. 그러나 GE는 자사 소유의 모든 기술을 스네크마와 공유하고 싶지는 않았다. 따라서 GE는 (스네크마가 내부를 열어볼 수 없는) 봉인된 "블랙 박스" 부품을 제공하고, 스네크마가 최종 조립품에는 접근할 수 있도록 하였다. 이러한 종류의 관계를 사람들의 결혼에 적용해 보면, 혼전 합의서에 의해 혼전의 자산을 보호하는 부부와 같다. 양측 모두가 이러한 조건에 만족하는 한, 관계는 지속적으로 번영할 수 있다. CFM 인터내셔날은 40년 이상 성공적으로 운영되어 오고 있다.

두 번째 접근법은 기량, 기술, 시장을 교환하는 것으로, 첫 번째와 정확히 반대된다. 양쪽 모두 핵심 자원을 비밀로 하지 않는 것에 합의할 뿐만 아니라, 서로를 "인질"로 삼는 신뢰할 수 있는 계약에 서명하는 것이다. 국제적인 제휴에 있어서, 양쪽 파트너사들의 본국들 간에 평행적이고 호혜적인 관계가 형성되어 있는 것은 양 파트너들의 협력을 위한 동기를 증대시킬 수 있다. 예를 들어, 프랑스의 페노-리챠드(Pernold-Richard)와 미국의 휴블레인(Heublein)은 휴블레인의 스미르노프(Smirnoff) 보드카를 유럽에 유통하는 것에 합의했다. 이 계약은 휴블레인이 페노-리챠드의 와일드 터키(Wild Turkey) 버번을 미국 내 유통하기로 합의한 다른 계약에 의해 균형을 이루었다. 간단히 말하면, 이러한 상호간의 "인질 삼기"는 기회주의의 위협을 줄여주며 더 나은 협력의 동기를 부여한다.

사람들의 결혼에 견주어 보면, 상호간의 인질 삼기는 다음과 같은 약속과 유사하다: "여보, 나는 당신을 영원히 사랑하다. 만일 내가 당신을 배신한다면, 나를 죽여도 좋아요. 하지만 당신이 감히 배신한다면, 내가 당신의 목을 날려 버릴 겁니다!" 틀에서 약간 벗어나 생각하면, 냉전 시기의 위태로운 평화는 상호간 인질삼기가 성공한 예로 간주해 볼 수 있다. 미국과 소련 모두 상대방을 "인질"로 삼음으로써, 어느 누구도 감히 먼저 핵무기 공격을 할 수 없었다. 첫 번째 공격의 피해자에게 (미국의 오하이오급이나 소련의 타이푼급과 같은) 핵탄도 미사일 잠수함이 한 개라도 남아 있는 한, 이 하나의 잠수함이 미국이나 소련의 상위 20개 도시를 지구 표면에서 없애 버리기에 충분한 보복 능력을 가지는 것이었고 그 결과는 초강대국 모두 받아들일 수 없는 바였다(영화 붉은 시월 참고). 냉전이 본격적인 전쟁으로 변하지 않은 것은 부분적으로는 실제 군사 전략에서 쓰이는 용어인 "상호 확증 파괴(MAD)"와 같은 전략 때문이기도 하다.

## 강한 유대관계에서 약한 유대관계로 진화

5장에서 처음 소개했듯이, 강한 유대관계는 오랜 시간에 걸쳐 만들어지는 보다 오래 지속되는, 믿을 만한, 신뢰할 수 있는 관계이다. 강한 유대관계에는 두 가지 장점이 있다:

- 강한 유대관계는 보다 세밀하고 높은 품질의 정보를 교환하는 것과 관련되어 있다.
- 강한 유대관계는 공식적 계약의 대안으로서 비공식적 사회통제 메커니즘으로서의 역할

을 함으로써 기회주의에 대항한다(4장 참고). 많은 전략적 제휴나 네트워크가 초기에는 개인과 기업들 사이의 강한 유대관계로부터 시작된다는 것은 놀라운 일이 아니다.

드문 상호작용과 낮은 친밀도를 특징으로하는 약한 유대관계가, 역설적으로 더 많은 기회를 제공하기도 한다. 약한 유대관계에는 두 가지 장점이 있다:

- 약한 유대관계는 시간, 에너지, 돈을 덜 필요로 함으로써, 이를 유지하는데 있어 비용이 적게 든다.
- 약한 유대관계는 전략적 행동을 위한 독특하고 새로운 정보를 보유하고 있는 다른 기업들과 연결하는데 뛰어나며, 이는 종종 약한 유대의 강점이라고 불린다. 이것은 기업이 최첨단의 기술, 시장에 대한 새로운 지식을 탐색하는데 있어 특히 중요할 수 있다.

개인들이 (강한 유대관계의) 소수의 좋은 친구들과 (약한 유대관계의) 수많은 지인(페이스북 친구들과 같은)을 혼합하여 가지고 있는 경향이 있는 것과 같이, 기업은 어느 시점에서나 강한 유대관계와 약한 유대관계를 혼합해서 가지기 쉽다. 둘 다 모두 도움이 되지만, 서로 다른 조건 하에서이다. 기업들이 필요로 하는 이익의 종류에 영향을 주는 조건 중 하나는, 그들의 전략이 어느 정도까지 (기존의 유대관계와 같은) 기존 자원을 활용하거나, 또는 (미래 기술과 같은) 새로운 기회를 탐색하기 위해 만들어졌는가의 정도이다.

**활용(exploitation)**
정제, 선택, 생산, 효율성, 선정, 실행 등과 관련된 행동들.

**탐색(exploration)**
탐색, 변화, 위험 감수, 실험, 작용, 유연성, 발견, 혁신 등과 관련된 행동들.

특별히 주목되는 부분은 선도적인 조직이론가, 제임스 마치(James March)에 의해 잘 알려진 활용과 탐색을 구분하는 것이다. **활용(exploitation)**이란 "정제, 선택, 생산, 효율성, 선정, 실행 등"을 일컫는다. 반면, **탐색(exploration)**이란 "탐색, 변화, 위험 감수, 실험, 작용, 유연성, 발견, 혁신 등에 의해 포착되는 것"을 포함한다. 이 두 가지 전략적 활동 모두 중요하지만, 기업이 소유하고 있는 제한된 자원 때문에, 이 둘 사이에는 거래교환이 있다. 따라서, 시기에 따라 어느 한 쪽에 초점을 맞춰야 할 때가 있다. 활용을 선택하기 위한 좋은 환경의 경우 강한 유대관계가 더욱 이익이 될 수 있다. 반대로, 탐색이 적절한 환경에서는, 약한 유대관계가 더욱 선호될 수 있다.

많은 강한 유대관계는 약한 유대관계로 바뀌며 진화한다. 한 예는 두 파트너 간의 제휴이다. 초기의 일련의 기회들이 제휴에 의해 활용되고 탐색되어짐에 따라, 한 파트너가 새로운 탐색을 하는 것으로써 다양한 기업들과의 약한 유대관계에 기초한 관계를 갖는 것을 선호하게 될 수도 있다. 다시 말해, 제휴 내에서의 강한 유대관계가 너무 제한적인 것이 된다. 그러나, 다른 쪽 파트너는 화가 날 수 있다. 인간의 결혼에서, 배우자가 (그것이 매우 약한 우대라고 할지라도!) 다른 관계를 탐색할 때, 다른 배우자의 분노를 생각해 보면 쉽다. 예를 들어, 시노펙(Sinopec)과의 제휴관계에 있던 맥도널드(McDonald)는, 맥도널드의 숙적인 얌브랜드(Yum Brands)를 시노펙의 새로운 제휴 파트너로 하는 것을 좋아하지 않았다(실행 전략 7.2 참고).

## 실행 전략 7.2 Emerging Markets Ethical Dilemma

### 얌! 브랜즈, 맥도날드, 그리고 시노펙

주유소는 열과 화재를 피하기 위해 최대한의 노력을 기울인다. 그러나 2011년 중국 석유화학공업그룹인 시노펙(Sinopec)이 운영하는 주유소에서는 경쟁이 가열되고 있었다. 그것은 당시 중국에서 약 3,500개의 켄터키 프라이드 치킨(KFC)과 560개의 피자헛 레스토랑을 보유한 중국 최대의 패스트푸드 체인인 얌브랜드(NYSE: YUM)와 시노펙 사이에 체결된 전략적 동맹 협약으로 인해 시작되었다. 이 협약은 KFC와 피자헛 레스토랑이 시노펙의 주유소 내에서 개점할 것임을 발표했다. 2011년 기준으로 (매출 2,730억 달러로) 시노펙은 중국 최대 기업이자 세계 5위 기업이었다. 시노펙은 중국 전역에 30,000개 이상의 주유소을 운영하고 있었다. 중국에서 자동차 보급이 확대되면서 시노펙과 얌브랜드의 성장 잠재력은 엄청나게 커졌다.

> *두 회사 모두 이 중요한 협력이 그들의 사업의 발전과 전략적 성장에 중요한 영향을 미칠 것으로 기대하고 있다. 양 회사의 상호 보완적인 장점을 통해 강점을 결합함으로써 고객에게 더 나은 서비스를 제공하고 양 브랜드를 홍보하며 경제적 이익을 창출하고 지속 가능한 발전 능력을 향상시킬 것이다.*

이것은 시노펙과 얌브랜드의 보도 자료에서 인용된 것 같처럼 들리지만, 얌브랜드가 아니었다. 이것은 실제로는 시노펙과 얌 브랜드의 최대 경쟁사인 맥도날드 간에 2007년 서명된 전략적 제휴 발표에서 인용된 것이다. 본국에서는 맥도날드는 얌브랜드를 이겼고, KFC는 어려움을 겪었다. 그러나 중국에서는, 맥도날드의 1,000개의 레스토랑은 훨씬 더 많은 숫자와 넓은 분포를 가진 KFC, 피자헛 및 이들과비슷한 중국음식만 취급하는 중국내 새로운 레스토랑 체인인 이스트더닝의 적수가 될 수가 없었다. 이를 따라잡기 위해, 맥도날드는 중국에서는 괜찮은 방법인 시노펙 주유소 내에 "드라이브스루" 레스토랑을 설립하기 위해 제휴를 맺기로 결정했다.

얌브랜드는 이러한 까다로운 삼자 관계에 참여하는데 한 발 늦었다. 왜냐하면 시노펙과 맥도날드 간의 계약은 20년짜리였기 때문에, 얌브랜드 레스토랑은 시노펙 주유소에서 맥도날드를 밀어낼 수는 없었다. 얌브랜드는 맥도날드가 없는 신규 주유소나, 이미 설립된 주유소에서 맥도날드와 함께 장사를 할 수 있었다. 이에 대한 "다처제 혼인"에 대응하여 맥도날드는 우선적인 위치를 선택할 권리와 혜택을 가진 첫 번째 "배우자"라고 발표했다. "건전한 경쟁"을 강조하며, 얌브랜드는 두 가지 이점을 강조했다. (1)다양한 레스토랑 브랜드가 다른 인구 집단을 대상으로 할 수 있고, (2) 공급망이 더 넓게 퍼져 있기 때문에, 시노펙과 효율적으로 협력하여 중국의 구석구석까지 커버할 수 있다. 처음에는 얌브랜드와 맥도날드 중 어느 쪽이 시노펙과의 삼자 동맹 관계에서 상위를 차지할지, 그리고 중국 전역에서 어떤 영향을 미칠지 알기 어려웠다.

경쟁이 벌어지면서 맥도날드는 어려움을 겪었다. 10년 동안(2007년-2017년) 중국 전역에 "드라이브 스루" 레스토랑을 150개만 설립했으며, 그 중 18개만이 시노펙 주유소 내에 있었다. 2017년, 맥도날드는 중국 사업의 80%를 중국의 국영 그룹인 씨틱과 미국 개인 투자 회사인 칼라일 그룹에 팔았다.

도전에도 불구하고, 얌브랜드는 중국에서 계속해서 맥도날드보다 성과를 내고 있었다. 2016년, 얌브랜즈는 중국 사업 전체를 얌차이나로 분할하여, 얌차이나는 미국에 등록된 회사로 상하이에 본사를 두고 있다. 2016년에는 68억 달러의 매출과 1,000개 이상의 도시에 7,600개 이상의 레스토랑을 보유하여 중국에서 가장 큰 레스토랑 기업 중 하나였다. 얌차이나는 독립했고, 2016년 11월 공개 거래되었다(NYSE: YUMC). 2019년, 얌차이나는 시노펙과 중국석유공사(CNPC)와의 협력을 확대한다고 발표했다. 시노펙 및 CNPC의 주유소 전역에 100개 이상의 프랜차이즈 레스토랑을 개설할 예정이었다. 얌차이나는 2021년까지 레스토랑 포트폴리오를 확대할 계획이다. 분명히 얌브랜드 그리고 이제 얌차이나는 중국에서 승리할 것이다.

Sources: (1) 21st Century Business Insights, 2011, KFC and McDonald's fight over Chinese gas stations, December 16: 60–61; (2) Bloomberg, 2011, McDonald's no match for KFC in China as colonel rules fast food, January 26: www.bloomberg. com; (3) New York Times, 2017, McDonald's China operations to be sold to locally led consortium, January 9: www.nytimes.com; (4)Reuters, 2019, Yum China to open restaurants at Sinopec, CNPC gas stations in China, March 12: finance.yahoo.com; (5) Sinopec, 2007, The first "drive-through" restaurant and gas station complex is opened collaboratively by Sinopec and McDonald's, January 19: english.sinopec.com; (6) Sinopec, 2019, Our partners: McDonald's, www.sinopec.com.

**그림 7.4 제휴 종료**

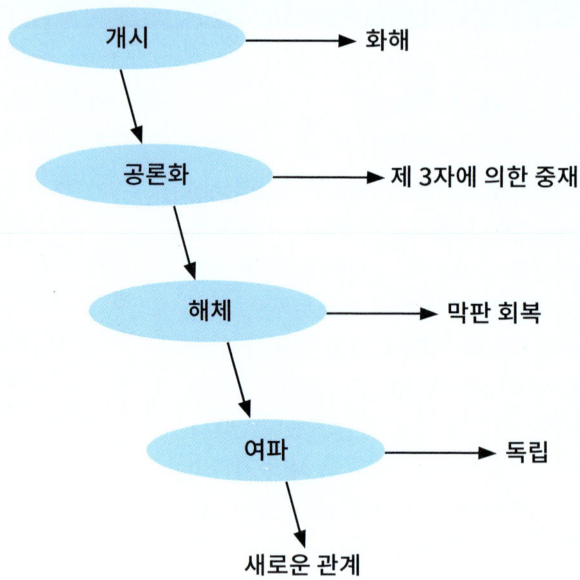


Source: Adapted from M. W. Peng & O. Shenkar, 2002, Joint venture dissolution as corporate divorce (p. 95), Academy of Management Executive 16: 92–105.

## 기업 결혼에서 이혼까지

제휴는 종종 기업 결혼으로, 끝날 때에는 기업 이혼으로 종종 묘사된다. 그림 7.4는 제휴 종료 모델을 나타낸다. 이혼의 비유를 적용하기 위해, 우리는 (스타얼라이언스(Star Alliance)와 같은 다자간 제휴는 무시하고) 다농-와하하(Danone-Wahaha) 관계와 같은 두 기업 사이의 제휴에 초점을 맞춘다. 2000년대에, 다농과 와하하 간의 10년간(1996-2006)의 JV 관계가 나빠졌다. 인간의 이혼 연구에 대한 관례에 따라, 우리는 제휴 종료를 먼저 시작한 쪽을 "개시자"로, 다른 한쪽을 "상대방"이라고 부른다. 더 나은 단어가 없기 때문이다.

첫 번째 단계는 개시이다. 개시자가 제휴 관계에서 (이유가 무엇이든지 간에) 불편함을 느끼면서 개시 과정이 시작된다. 개시자에 의해 조용하고, 일방적인 과정으로 흔들림이 시작된다. 다농-와하하의 경우에는, 다농이 개시자로 보여진다. 와하하의 행동의 수정을 요구하는 지속적인 요청이 실패한 후, 다농은 그 요구들을 높여가기 시작했다. 그 시점에서, 그 불만족의 표현은 점점 대담해 진다. 초기에는, 상대방인 와하하는 단순히 그것을 "이해하지" 못했다. 개시자의 갑작스러운 불만은 상대방을 당황스럽게 할 수도 있다. 결국, 개시는 더욱 확대되는 경향이 있다.

두 번째 단계는 공개하는 것이다. 먼저 뉴스를 터뜨리는 쪽이 선발 이익을 갖는다. 그 원인에 대해 사회적으로 인정받을 만한 이유를 제시함으로써, 그 기업은 모회사 경영진이나 투자자, 기자들과 같은 주요 이해관계자들로부터 동정을 얻게 된다. 개시자가 먼저 공개하는 것은 놀라운 일이 아니다. 다른 방법으로, 그 기업은 개시자를 비난하고 자신의 위치를 정당화함으로써 선수를 칠 도 있는데 이것이 바로 정확히 와하하가 했던 일이다. 결국, 다농과 와하하 모두 상대방을 비난하며, 자신들의 불만을 공개적으로 표출하는데 열심이었다.

세 번째 단계는 해체이다. 사람들의 이혼과 비슷하게, 제휴 종료는 우호적이거나 적대적일 수 있다. 이견이 없이 합의된 종료의 경우, 양쪽은 이별의 원인을, 가령, 상황의 변화로 돌린다. 예를 들어, 엘리 릴리(Eli Lilly)와 랜박시(Ranbaxy)는 인도에서 JV를 끝냈지만 서로 간에 우호적으로 남았다. 반면 다툼이 있는 이혼은 양측은 서로를 비난하게 한다. 최악의 시나리오는 매번 상대방에 의해 가해지는 "난도질로 인한 죽음"이다. 딱 들어맞는 일례는 다농과 와하하에 의해 프랑스와 중국에서 뿐만 아니라 브리티시 버진 아일랜드, 이태리, 스웨덴, 미국 등 수 많은 국가에서 상대방에 대한 수 많은 법적소송과 중재들이다.

마지막 단계는 뒤처리이다. 대부분의 이혼한 개인들처럼, (전부는 아니지만) 대부분의 "이혼한" 기업들은, 다임러(Daimler)와의 이혼 후의 크라이슬러(Chrysler) 처럼, 새로운 파트너를 찾아 나설 것이다. 당연하게도, 새로운 제휴는 종종 더욱 철저하게 협상이 된다. 하지만 이렇게 지나친 형식화는, 혼전 계약서들이 장래의 유망한 계약 파트너를 쫓아 보낼 수도 있는 것처럼, 신뢰의 부족을 의미할 수 있다.

# 성과

성과는 전략적 제휴와 네트워크의 중요한 초점이다. 이 섹션에서는 (1)제휴와 네트워크의 성과 (2)모회사의 성과에 대해 논의한다.

## 전략적 제휴와 네트워크의 성과

경영진들은 당연히 제휴 성과에 대해 초점을 맞춤에도 불구하고, 성과를 어떻게 측정할 것인가에 대해서는 의견이 다양하다. 표 7.3은 (순이익과 시장점유율과 같은) 객관적 기준과 (경영적 만족도와 같은) 주관적 기준의 조합이 사용될 수 있음을 보여준다. 그림 7.5는 제휴 성과에 영향을 미치는 네 가지 요인들을 나열하고 있다: (1)지분 (2)학습과 경험 (3)국적 (4)관계적 역량이 그것이다.

첫째, 보유 지분 수준이 어떻게 제휴가 성과를 내는가에 있어 중요할 수 있다. 소유 지분이 높을 수록, 더 몰입한다는 것을 의미하고, 이는 더욱 높은 성과로 이어질 수 있다. 둘째, 기업이 파트너로부터 성공적으로 학습했는가 못했는가는 제휴 성과의 평가하는데 있어 중요하다. 학습은 추상적인 것이기 때문에, 경험은 측정하기가 상대적으로 쉽기 때문에 종종 그 대신 사용

## 그림 7.5 무엇이 제휴의 성과를 결정하는가?

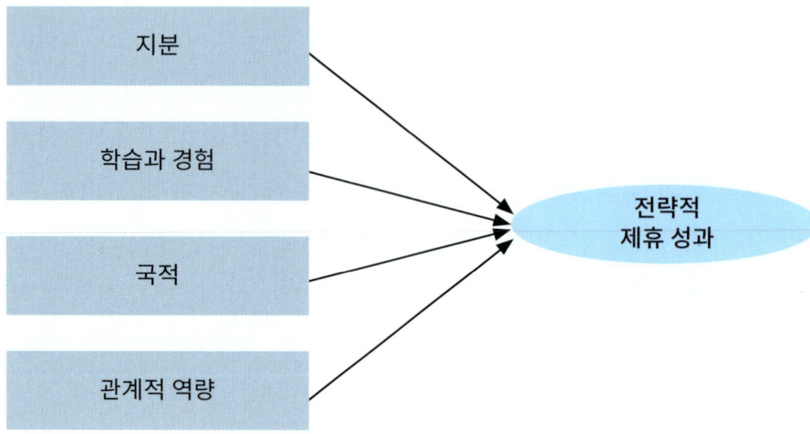


된다. 경험에서는, 그것을 넘어선 증가가 성과를 더 이상 강화하지 않는 한계가 존재한다. 셋째, 국적이 성과에 영향을 미칠 수 있다. 평균적으로, 두 파트너 모두 비슷한 배경을 가진 결혼이 더욱 안정적인 것과 마찬가지로, 국가간 문화의 차이는 제휴에 제약을 만들 수도 있다. 국제적 제휴가 국내의 제휴 보다 더 많은 문제들을 갖고 있는 경향이 있는 것은 놀라운 일이 아니다. 마지막으로, 제휴 성과는 유연하며, 측정하기 어려운 관계적 역량으로 귀결된다.

하지만, 이러한 요인들 중 어떤 것도 성과에 대해 명확하거나 직접적인 영향을 미치지 않는다. 이러한 요인들이 성과와 어느 정도 상관관계가 있을 수 있지만, 이들 중 하나의 요인이 성공을 보장해 줄 수 있다는 것은 순진한 생각이다. 전략적 제휴의 성공 가능성을 높이는 것은 이 모든 것들의 조합이다.

## 표 7.3 제휴- 그리고 네트워크-관련 성과 측정

| 제휴/네트워크 수준 | 모회사 수준 |
|---|---|
| **객관적** | **객관적** |
| • 재무적 성과(예, 수익성)<br>• 제품시장 성과(예, 시장점유율)<br>• 안정성과 지속성 | • 재무적 성과(예, 수익성)<br>• 제품시장 성과(예, 시장 점유율)<br>• 주식시장 반응 |
| **주관적** | **주관적** |
| • 최고경영진 만족도 정도 | • 목표달성 평가 |

### 모회사의 성과

모회사가 전략적 제휴와 네트워크로부터 이익을 얻는가? 이것은 자원 기반 관점 섹션에서 이미 다루었던) 이러한 관계의 부가가치적 측면으로 돌아간다. 전략적 제휴나 네트워크 성과에 대한 합의가 상대적으로 부족한데 비해, (수익성, 제품 시장 점유율, 주식 시장 반응 등) 객관적인 목표 달성에 대한 외에 대한 벤치마크에 대해서는 의견의 수렴이 있어 왔다(표 7.3 참고). 하지만, (제휴 목표 달성과 같은) 주관적인 평가 방법은 객관적인 성과 척도와 반드시 맞지 않을 수도 있다. 테슬라와 제휴한 토요타는 그 재무적 투자의 열 배(!) 증가로 이어졌다. 이러한 객관적 척도를 사용할 때, 재무 성과는 탁월했다. 하지만, 테슬라와 EV를 개발하기 위해 이 제휴를 활용하려는 토요타의 목표는 실현되지 못했다. 그러므로, 목표 달성이라는 주관적 평가 측정을 사용할 때, 이 제휴는 실패한 것이다(오프닝 케이스 참고).

상장 기업에 있어, 만일 제휴 관계를 시작하거나 끝내는 결정이 일어나는 기간의 윈도우가 (그 일이 있기 전후 며칠간으로) 짧다면, 그 특정 사건을 직접적인 원인으로 하여 “비정상적인” 주식 급등을 보는 것이 가능하다. 이러한 몇몇 사건에 대한 연구를 통해, 주식 시장은 기업간의 제휴 활동에 대해 우호적으로 반응한다는 것을 실제로 발견할 수 있었지만, 오직 (1)자원이 상호보완적인 경우 (2)이전 제휴 경험이 있는 경우 (3)진출 국가의 정치적 위험도를 다룰 능력이 있을 경우와 같은 특정 조건 하에서만 그렇다, 결국, 어떻게 그렇게 만들 수 있는가는 도전으로 남아 있음에도 불구하고, 전략적 제휴와 네트워크는 그들이 모회사에 가치를 안겨줄 수 있음이 분명해 보인다.

## 논쟁과 확장

제휴와 네트워크는 많은 논쟁들을 불러 일으켜왔다. 여기에서는 그 중 세 가지를 소개한다.

### 논쟁 1: 통제 수단으로서 다수지분 JV와 리얼옵션으로서 소수 지분 JV

JV 내 적정 수준의 지분율에 대한 논쟁은 오랫동안 지속되고 있다. 다수 지분 JV에서 보다 높은 수준의 지분을 소유해야 한다는 논리는 단순명료하지만, 그 실제 실행은 종종 많은 문제가 있다. 한 쪽의 경영지배권을 주장하는 것은, 다수 지분의 지위와 더 강력한 협상력에 기초하여 정당화된 때 조차도, 상대방을 거슬리게 할 수 있다. 해외 다국적 기업들의 우세에 현지 기업들이 반기를 드는 국제적인 JV에서 특히 더 그렇다.

혹자는 심지어 한 쪽이 다수 지분을 가진 경우 조차도 50/50 지분 경영 지배권을 주어야 한다고 주장한다. 그러나, 50/50 JV도 그 고유의 골칫거리가 있다. 모든 것이 협상되거나 싸움을 거쳐야 한다는 것이다. 때로는 지배적인 파트너를 갖는 것이 더욱 나으며 더욱 효과적일 수도 있다. 일면, 이러한 이유에 의해, 2001년 후지필름과 제록스는, 1962년 설립되어 아시아에서 운영하던 그들 간의 오래된 50/50 JV, 후지 제록스를 재 구성하여, 75/25로 나누고 후지필름이 이를 운영하였다.

JV에서 소수 지분 참여 기업으로서 통상적인 장점(상대적으로 적은 비용과 자원 및 노력) 이외에도, 이전에 언급했던 또 다른 장점은 리얼 옵션을 행사하는 것이다. 일반적으로, 상황이 불확실성이 높을 수록, 리얼 옵션의 가치는 더욱 높아진다. 매우 불확실하지만 잠재적으로는 유망한 산업이나 국가의 경우에는, 다수 지분 JV는 (또는 인수 합병은) 바람직하지 못할 수 있다. 실패 비용이 엄청나기 때문이다. 따라서, 필요시 미래의 확대 가능성에 대한 디딤돌로 여겨지는, 소수 지분 JV가 투자의 발판으로서 추천된다.

리얼 옵션 개념은 이론에 있어서는 단순명료하지만, 실제로 JV의 인수에 적용하는 것은 복잡한 일이다. 그것은 대부분의 JV 계약에서 다른 한쪽의 자산을 인수하기 위해 이전에 합의했던 가격에 대해 구체적으로 다루지 않기 때문이다. 대부분의 계약은 당사자들에게, "선의"로 협상하는 것에 동의하는 것인 우선 협상권만을 줄 뿐이다. "어느 한 편도 JV가 창출할 잠재적 수익에 대한 자신의 기대보다, 비싸게 인수하거나 싸게 매도할 의사는 없다"는 것은 이해할 만하다. 결국, "공정한" 가격에 대한 합의를 이루는 것은 어려운 일이다.

## 논쟁 2: 제휴와 인수

제휴의 대안으로 인수합병이 있다(9장 참고). 많은 기업들이 인수합병과 제휴를 별개로 추진하는 것으로 보인다. 많은 대형 다국적 기업들이 인수합병팀을 가지고 있고, (이전에 설명했듯이) 일부는 제휴 팀을 운영하기도 하지만, "합병, 인수, 그리고 제휴"를 함께 다루는 팀을 운영하고 있는 기업들은 거의 없다. 실제로, 인수와 비교하여 제휴를 분명하게 고려하는 것이 바람직하다.

표 7.4에서 보여주듯이, 제휴는 느슨하게 조정되는 경향이 있어, 상호의존도의 높은 수준을 요구되는 경우에는 잘 작동되지 못할 수 있다. 이러한 상황이 인수를 요구하게 된다. 유형 자산

**표 7.4 제휴와 인수**

| | 제휴 | 인수 |
|---|---|---|
| 자원 상호의존성 | 낮음 | 높음 |
| 무형 자산과 유형 자산 비율 | 높음 | 낮음 |
| 가치창출의 근원 | 상호보완적 자원의 결합 | 중복자원의 제거 |
| 불확실성 정도 | 높음 | 낮음 |

Source: Based on text in J. Dyer, P. Kale, & H. Singh, 2003, Do you know when to ally or acquire? Choosing between acquisitions and alliances, Working paper, Brigham Young University.

에 대한 무형 자산의 비율이 상대적으로 높을 때 (암묵적 지식의 높은 집중도가 있는 경우) 제휴가 적합한 반면, 그 비율이 낮을 때는 인수가 적합하다. 제휴는 주로 상호보완적인 자원을 결합함으로써 가치를 창출하는 반면, 인수는 불필요한 자원을 제거하는 것을 통해 가장 큰 가치를 이끌어 낸다. 마지막으로, 리얼 옵션 관점과 마찬가지로, 미래의 불확실성이 높은 상황에서는 제휴가 더욱 적합하며, 불확실성의 수준이 낮은 상황에서는 인수가 더욱 선호된다.

이러한 규칙들이 꼭 "이해하기 어려운" 것은 아니지만, 실천하는 기업들은 거의 없다. 코카콜라(coca-Cola)와 프록터앤갬블(Proctor and Gamble, P&G)의 50/50 인, 과일음료사업(코카콜라의 미닛메이드(Minute Maid)와 P&G의 써니 딜라이트(Sunny Delight))을 결합한 JV를 생각해 보자. 목표는 코카콜라의 유통시스템과 P&G의 연구 개발 역량을 결합하는 것이었다. 하지만, 주식 시장은 엇갈린 신호로 반응했고, 발표 당일 P&G의 주식이 2% 올랐고, 코카콜라는 6%가 더 낮아졌다. 세 가지 이유에서, 코카콜라는 P&G의 과일음료사업을 그냥 인수하는 것이 더 나았을 것이다. 첫째, 제안된 시너지를 끌어 내기 위해서는 더 높은 수준의 통합이 필요했다. 둘째 코카콜라의 유통 자산은 상대적으로 가치를 매기기 쉬운 유형 자산인 반면, P&G의 연구개발능력은 가치를 매기기 어려운 무형 자산이었기 때문에, 코카콜라의 리스크가 더 높았다. 마지막으로, 과일음료사업의 인기에 대해서는 거의 불확실성이 없었기 때문에, 투자자들은 왜 코카콜라가 빠르게 성장하고 있는 사업의 50%를 사업에 뒤쳐진 P&G와 나누려고 하는지를 이해하기 어려웠다. JV가 6개월내에 빠르게 종료된 것은 놀라운 일이 아니다.

반면, (다임러크라이슬르(DaimlerChrysler)와 같은) 많은 인수합병의 경우 기업들이 초기에 제휴를 선택했다면 더 나았을 것이다. 그러나, 기업이 상당한 기간 동안 협력을 할 때 조차도, 다른 상대방이 준비가 되지 않은 상태에서 한 파트너에 의해 합병을 성급히 밀어 붙이는 경우에는, 역효과가 있을 수 있다(실행 전략 7.3 참고). 결국, 다른 기업의 자원에 접근하기 위한 주된 수단으로서 인수를 선택하는 것은 과할 수 있는 반면, 리얼 옵션의 논리에서, 제휴는 투자를 늘릴 수도 줄일 수도 있는 상당한 양의 유연성을 제공해 줄 수 있다.

## 논쟁 3: 제휴 파트너를 인수하는 것과 인수하지 않는 것

앞서 살펴본 바와 같이, 높은 수준의 네트워크 중심성을 가진 제휴 파트너는, 참여자들의 네트워크 상에서 중앙에 위치하고 있음으로 인해 많은 혜택을 본다. 논쟁 중 하나는 이렇게 중앙에 위치한 기업들이, 네트워크의 (중앙에서 벗어나 있는) 주변부에 위치한 기업이나, 네트워크에서 전형적으로 소규모인 기업들을 인수해야 하는지를 다룬다. 최근 미국과 중국 기업들에 대한 비교 연구는 흥미로운 상반된 대비를 보여준다. 미국에서는, 제휴 네트워크의 중앙에 위치하는 기업들은 높은 네트워크 중앙성에서 오는 이익을 누리는 것으로 보이며, 굳이 제휴 파트너를 인수하려 하지 않았다. 이는 사회적 네트워크 전문가인 폴 버트(Paul Burt)에 의해 주창된

# 실행 전략 7.3 Ethical Dilemma

## 르노우싼비시(Renaussanbishi): 안돼!

르노(Renault)-닛산(Nissan) 제휴는 1999년 닛산의 파산 직전 닛산의 부채를 안기 위해 50억 달러를 투자하면서 시작되었다. 이 투자로 르노는 닛산의 지분 37%를 보유하게 되었다. 2001년에는 닛산이 부활한 후, 교차 지분 방식을 통해 13억 달러를 투자하여 르노의 15% 지분을 구매하였다. 2002년에는 두 파트너가 암스테르담에 본사를 둔 네트워크 중립지로 기업 거버넌스와 조정을 감독하기 위한 50대 50의 합작법인인 르노-닛산 연합을 설립했다. 이 제휴의 목표는 한 파트너의 정체성이 다른 파트너에게 흡수되지 않으면서 양쪽 모두에 규모의 경제 효과를 증가시키는 것이었다. 이 제휴는 규모의 공동으로 자재를 구매하고 신차를 개발하는데 규모의 경제를 활용했다.

이 제휴는 일반적으로 성공적으로 여겨졌다. 2016년에는 닛산이 22억 달러를 투자하여 미쓰비시(Mitsubishi)의 34% 지배 지분을 인수함으로써 범위를 크게 확장했다. 이로써 미쓰비시가 사실상 제휴의 세 번째 회원이 되었다. 2017년, JV는 공식적으로 르노-닛산-미쓰비시 얼라이언스로 이름을 변경했다. 2018년 초 얼라이언스는, 세 파트너가가 전년 총합 1060만 대의 차량을 판매하여, 세계 최대의 자동차 회사인 토요타와 폭스바겐을 모두 끌어내렸다고 자랑스럽게 발표했다.

이 제휴를 유지할 수 있도록 한 사람은 프랑스와 레바논 여권을 가진 브라질 출신의 경영진 르노의 카를로스 곤이었다. 곤은 1999년 CEO로 처음 닛산에 왔다. 이전에 르노를 위기 구출시키며 “코스트 킬러”라는 별명을 얻은 곤은, 닛산의 평생 고용 체제를 무너뜨리고, 장기적이지만 비생산적인 일부 공급업체와의 관계를 종료함으로써 “게이레츠 킬러”라는 새로운 별명을 얻었다. 그의 방식은 논란이 있었지만 그의 결과는 인상적이었다. 파산 직전에 있던 닛산은 곤이 도착한 후 1년 안에 다시 수익성을 회복했다. 3년 만에 닛산은 수익성이 높은 세계에서 가장 성공적인 자동차 제조업체 중 하나가 되었으며, 운영 이익률은 지속적으로 9% 이상으로, 산업 평균의 두 배 이상이었다. 시간이 지나면서 곤은 닛산의 회장 및 CEO, 르노의 회장 및 CEO, 미쓰비시의 회장뿐만 아니라 르노-닛산-미쓰비시 연합의 회장 및 CEO가 되었다. 아이콘적인 일본 기업을 구한 후 그는 일본에서 널리 사랑받았다. 그의 삶은 일본의 만화로도 그려졌다.

그러나 일본 내에서나 닛산 내에서 모두 곤에게 만족하지 않은 사람들도 있었다. 이론적으로 강한 파트너인 르노가 닛산을 인수하여 중복을 제거하고 글로벌 규모의 경제 효과를 얻을 수 있었다. 실제로 닛산은 이러한 운명을 좋아하지 않았다. 닛산은 (2017년 580만 대의 차량과 69억 달러의 이익) 르노(380만 대의 차량과 38억 달러의 이익)보다 더 많은 차량을 생산하고 더 많은 이익을 냈기 때문에, 43%의 의결권있는 지분을 가진 르노 대비 의결권없는 지분의 15%만 보유하고 있는 하급 파트너사로서의 입장을 불쾌해했다. 연합을 더 공평하게 만들기 위해 닛산은 르노의 닛산 지분을 줄이고 르노의 닛산 지분에 대한 투표 권한을 회복하며 르노의 지도자가 연합의 최고 책임자가 되는 조항을 변경하도록 제안했다. 이러한 제안은 르노와 그의 다른 주요 주주인 프랑스 정부(지분 15%)에 의해 모두 거부되었다. 곤은 연합 파트너들과의 통합을 더욱 강조하는 진화적인 접근을 일관되게 주장하였지만, 2018년 초에는 르노와 닛산을 합병시키기 위한 협상을 시작했으며, 미쓰비시는 이후에 합병된 기업에 합류할 예정이었다.

불행하게도 2018년 11월, 곤은 일본에서 개인적인 금융 부정행위 혐의로 체포되었다. 닛산의 내부 조사에 의해 증거가 찾아져 닛산은 그 증거를 당국에 전달하면서 체포가 일어났다. 조사 결과 곤은 실제로 큰 소비를 했음이 밝혀졌다. 2017년에 그는 르노에서 840만 달러, 닛산에서 650만 달러, 미쓰비시에서 200만 달러, 연합 JV에서 890만 달러를 받았다. 그 이외에도 그는 파리, 도쿄, 암스테르담, 베이루트, 리우데자네이루에 거주지를 유지하면서 주주들의 비용으로 살았다. 2016년 5월에는 두 번째 결혼을 위해 베르사이유 궁전에서 거대한 파티를 열었는데, 이 비용은 르노가 지불했다. 체포 몇 일 내에 닛산과 미쓰비시는 그를 해고했다. 르노는 그를 해고하는 것을 거부했지만, 일본의 감옥에 있던 2019년 1월 그는 사임했다. JV도 그를 해고했다. 곤은 자신의 무죄를 주장했다. 그는 감옥에 있을 때 매체 인터뷰에서 자신이 닛산의 합병에 반대하는 닛산 임원들에 의한 "음모와 배신"의 피해자라는 것에 "의심의 여지가 없다"고 주장했다. 2019년 4월, 곤은 보석되었고, 브라질, 프랑스, 레바논의 여권을 모두 포기하고 일본에서 가택 연금되었다. 2019년 12월, 그는 일본에서 극적인 탈출을 기획였고, 그의 집이 있던 레바논으로 도주하였다.

곤의 의문스러운 행동이 "법적 강압"을 정당화할 만한지는 논쟁의 여지가 있다. 의심의 여지가 없는 것은 그의 완전한 합병 비전은 무산되었다는 사실이다. 닛산과 미쓰비시는 합작사에 대한 약속을 지키면서도 합병에는 전혀 관심이 없다고 공개적으로 밝혔다. 2019년 3월, 세 개 국가의 동맹은 곤에 의해 부과된 지시 및 통제 구조를 대체하기 위해 "합의 기반" 이사회를 구성하여 재구성되었다. 르노 이사장 장-도미니크 세나르가 의장을 맡았으며, 세 개 파트너의 CEO들이 동등한 회원으로 참여했다. 앞으로 갈수록 긴장이 더욱 커질 것으로 우려된다. 닛산은 일본 국기를 두르게 되었다. 닛산과 같은 비율의 르노 주식을 소유하는 프랑스 정부는 이전처럼 르노가 통제권을 양도하는 것을 허용할 것 같지 않다. 한 때 업계의 부러움을 사던 제휴는, Economist 잡지의 말을 빌리자면 “끔직한 혼란”이 되어 버렸다.

Sources: (1) Bloomberg Businessweek, 2019, Carlos Ghosn never saw it coming, February 4: 38–47; (2) CNN, 2019, Renault may have paid for Carlos Ghosn's Versailles wedding, February 8: www.cnn.com; (3) Economist, 2018, Unholy alliance, December 1: 12–13; (4) Economist, 2019, The end of the affair, March 16: 59; (5) Fortune, 2019, The Ghosn show, January 1: 80–84; (6) M. W. Peng, 2009, Renault-Nissan, in Global Strategy, 2nd ed.(pp. 255–256), Boston: Cengage Learning; (7) Wall Street Journal, 2020, Ghosn unleashes tirade on Japan, January 9: A1, A9.

표준 네트워크 이론으로부터 만들어진 예측에 부합하는 것는다. 하지만, 중국에서는, 네트워크 중앙에 위치한 기업이 파트너를 인수하는데 더욱 공격적이며 더욱 재빠른 것으로 보인다. 이는 일반적인 예측과 반대이다.

왜 이러한 차이가 존재하는가? 연구자들은 중국의 역동적이며, 빠르게 변하는 제도적 변화에 의해, 높은 중앙성에서 오는 경쟁의 비교 우위들이 빠르게 잠식되기 쉬우며, 중심부에 위치한 기업들로 하여금 제휴 파트너들을 재빨리 인수하도록 부추긴다고 설명한다. 대조적으로 미국에서는 이러한 경쟁의 역학에 있어 변화가 그와 같이 빠르지 않기 때문에, 중심 기업들이 파트너를 인수하는 수고를 겪지 않고도 이익을 향유할 수 있게 만든다. 달리 말하자면, 리얼 옵션 논리가 조건이 작동한다면, 중국에서 보다는 미국에서 더 오랜 기간 작동해 왔다는 것이다.

브라질이나 인도와 같은 다른 신흥 경제국으로부터의 기업들 또한 참을성이 부족하며, 해외에 있는 제휴 파트너사를 인수하는 "사재기"에 빠져 있는 것처럼 보인다. 동적이고 빠르게 변하는 그들의 국내의 경쟁에 익숙하여, 신흥 경제로부터의 기업들은 그들이 재빨리 움직이지 않는다면 인수로 인한 경쟁 우위들이 재빠르게 사라질 수 있다는 두려움에서, 해외에 있는 파트너사를 재빨리 인수하는 것에 관심이 있을 수도 있다.

제휴 파트너사를 재빠르게 간에 인수하는 것이 모회사의 성과에 더 좋은가 하는 것은 두고 보아야 한다. 두 가지 교훈이 이 논쟁으로부터 나온다. (1)선진국의 파트너사들은 신흥 경제 기업들에 의해 시작된 빠른 "속사포" 인수에 더 익숙해 져야 할 필요가 있다. (2)선진국 기업들은, (인수와 같은) 경쟁적 움직임이 더 빠른 신흥국 시장에서 경쟁할 때는, 그들의 파트너 인수 과정의 속도를 올릴 필요가 있다.

## 현명한 전략가

경쟁에만 집중하는 대신, 신세대의 전략가들은 경쟁과 협력 모두에 능숙해야 한다. 달리 말해 "경쟁-협력적(co-opetition)"이어야 한다. 예를 들어, 애플(Apple)과 구글(Google) 사이의 "경쟁-협력적인" 관계에 대해 구글의 CEO인 에릭 슈미트(Eric Schmidt)는 기자에게 다음과 같이 말했다:

> *애플은 우리의 파트너이자 경쟁사이다. 최근에 확장된 바와 같이 우리는 검색엔진 사업을 함께 하고 있고, 지도 분야의 모든 것과 그와 같은 것들을 하고 있다. 따라서, 결론적으로 요약하자면, 두 기업 모두 중요하며, 두 기업 모두 내가 아끼고 있는 이 두 기업이 계속 가깝게 남아 있을 것이라는 것이다. 그러나 안드로이드는 아이폰보다 더 먼저 출시되었다.*

현명한 전략가들은 실행을 위한 세 가지 함의를 도출해 낸다(표 7.5). 첫째, 관계적인 (공동

### 표 7.5 실행을 위한 전략적 함의

- 전략적 제휴 및 네트워크 성공에 중요한 관계적 (협력적) 역량 함양하기
- 전 세계의 제휴 및 네트워크를 관리하는 게임의 규칙을 이해하고 습득하기
- 인수와 관련된 장단점을 신중히 고려하기

협력의) 역량을 함양하는 것은 제휴와 네트워크의 성공에 있어 매우 중요하다. 일반적으로 대부분의 사람들 중 뛰어난 관계 능력을 지닌 사람이 매우 희소하다(높은 이혼율을 생각해 보라)는 것을 감안하면, 당신은 협력을 잘 하기 위해서는 매우 열심히 노력해야만 한다. 표 7.6에 있는 해야할 것과 하지 말아야 할 것들은 유용한 시작점을 제공해 줄 것이다.

둘째, 제휴와 네트워크에 영향을 미치는, 공식 및 비공식적인 전 세계의 게임의 규칙을 이해하고 있어야 한다. 진입 방법으로 제휴를 선호하도록 만들고, WOS를 금지하는 공식적인 제도들은, 엘리 릴리가 1990년대 인도에 진출할 때 그랬던 것과 같이, 제휴 전략에 착수하는 것을 필요로 하도록 만든다. 시간이 지남에 따라, 몇몇 제도들은 완화되고, WOS도 허용됨에 따라서, 엘리 릴리의 JV 전략은 재고되었다. 비공식적인 규범과 가치 또한 매우 중요하다. 제휴에 대한 법적 강제 조항이 부재하는 경우, 신흥 시장 진입을 위한 규범은 제휴에 유리해 왔다. 하지만, 최근의 경향은 신흥국에서 제휴는 점점 줄어들고 자회사에 대해 더욱 강력한 통제를 가지는 경향으로 변하고 있다.

### 표 7.6 제휴 성공확률 높이기

| 영역 | 해야 할 것과 하지 말아야 할 것 |
|---|---|
| 계약과 "케미" | 관계의 모든 요소를 다룰 수 있는 계약은 없다. 상세한 계약에 의존한다고 해서 성공적인 관계가 보장되는 것은 아니다. 그것은 신뢰의 부족을 의미할 수 있다. |
| 경고 사인 | 잦은 비판주의, 방어적임(문제에 대해 항상 다른 사람들을 비난), 의사진행 방해(싸움 도중 철수)과 같은 증상을 구분해내야 한다. |
| 관계에 대한 투자 | 유대 관계를 활성화하기 위해 열심히 노력하는 결혼한 개인들처럼 제휴 관계는 지속적인 노력이 필요하다. 파트너가 흔들리기 시작하면 해체 과정을 되돌릴 수 없다. |
| 갈등 해소 매커니즘 | "좋은" 결혼을 한 커플들도 싸운다. 그들의 비밀 무기는 부당한 분쟁의 확대를 피할 수 있는 메커니즘을 찾는 것이다. 관리자는 신뢰할 수 있고 책임 있고 통제된 방식으로 어떤 제휴에서든 필연적으로 발생하는 갈등을 처리해야 한다. |

Source: Based on text in M. W. Peng & O. Shenkar, 2002, Joint venture dissolution as corporate divorce (pp. 101–102), Academy of Management Executive 16: 92–105.

셋째, 제휴 및 인수와 관련된 장단점을 면밀하게 비교해 보아야 한다. 다른 옵션에 대한 검토 없이 제휴(또는 인수)에 곧바로 뛰어드는 것은, 과일 음료 부문에 대한 P&G와의 JV를 설립한 후 코카콜라가 알아차린 것과 같이, 역효과를 초래할 수 있다. 통합된 의사 결정 틀안에서 인수냐 제휴냐를 고려하는 것이 필요할 수 있다.

결론적으로, 이번 장에서는 전략에 있어서 네 가지 근본적인 질문에 대해 자세히 다루었다. 질문 1(기업은 왜 다른가)과 2(기업들은 어떻게 행동하는가)에 대한 대답은 산업 기반, 자원 기반 및 제도 기반 관점들이 얼마나 다르게 기업들의 제휴와 네트워크 활동에 영향을 미치는가로 요약된다. 무엇이 기업의 범위를 결정하는가(질문 3) 또는 좀 더 구체적으로, 이러한 맥락에서 제휴와 네트워크 관계의 범위는 어떻게 결정되는가에 대한 대답은 전략적 목표 안에서 찾아볼 수 있다. 일부 제휴는 최종적으로 합병을 목적으로 하며 광범위한 범위를 가지는 반면, 일부 제휴는 제한된 범위를 가질 수도 있다. 마지막으로, 전략적 제휴와 네트워크의 성공과 실패(질문 4)는 기업이, 기술과 자본과 같은 "유형" 자산 이외에, 어떻게 "무형의" 관계적 역량을 개발하고, 소유하며, 활용하는가에 의해 근본적으로 결정된다. 결론적으로, 전략적 제휴와 네트워크를 관리하는 것이 어렵다는 것에는 의심의 여지가 없다. 그러나, 내부 부서이든 외부적 관계이든 관계없이, 관리하는 것은 절대 쉬운 일이 아니다.

## Closing Case

### 피아트 크라이슬러: 제휴에서 인수까지

2009년은 미국 자동차 산업 역사에서 가장 비극적인 해 중 하나였다. 빅 3 자동차 회사 중 GM과 크라이슬러가 파산했다. 그러나 한 가지 희망의 빛이 있었다. 피아트는 크라이슬러를 구하러 온 "백기사"였다. 크라이슬러는 2007년에 다임러와의 극심한 결별을 겪은 직후였다. 당시 아무도 악화된 제품 품질, 절망적인 재정, 깊은 침체로 무너진 크라이슬러를 원하지 않았다. GM, 혼다, 르노-니산, 토요타, 폭스바겐에 도움을 청하였지만 어느 곳에서도 도움을 받지 못했다. 오직 피아트만이 전략적 투자로 50억 달러를 지원하는 방식으로 도움의 손길을 내밀었다. 파산한 크라이슬러에서 '새로운 크라이슬러'가 등장하면서 미국 정부는 10%의 지분을 가졌으며, 캐나다 정부는 2%를 가지고 있었고 미국 자동차 노동조합은 68%의 지분을 보유했다. 비록 피아트의 지분은 20%에 불과하지만 이 새로운 제휴에서는 분명히 더 큰 파트너로서의 역할을 수행하고 있었다.

크라이슬러는 새로운 유럽 파트너를 얻었지만, 피아트 자체는 약했다. 이 파트너 관계는 유효할까? 다임러-크라이슬러의 결합은 고급 자동차 제조업체와 작업용 트럭 및 SUV 제조업체로 구성되어 있어, 두 기업은 함께 작업하는 데 어려움을 겪었다. 피아트-크라이슬러 제휴는 적어도 두 개의 유사한 대중 시장 사업을 포함하고 있었다. 두 기업은 서로 보완적인 기술과 역량을 제공했다. 현금 외에도 크라이슬러는 매력적인 소형차를 필요로 했다. 피아트는 크라이슬러에 자사의 수상경력이 있는 알파로메오 줄리에타 소형차와 미국에서 점점 더 엄격해지는 연료 효율 기준을 준수하는 우수한 작은 엔진 기술을 공급했다. 2013년에는 크라이슬러의 미국 공장이 거의 최대 수용 능력으로 가동되는 반면, 피아트의 이탈리아 공장은 용량의 40%만 활용되고 있었다. 이탈리아의 정치 상황으로 인해 피아트는 주요 공장을 폐쇄할 수 없었다. 따라서 피아

## Closing Case *(Continued)*

트는 이탈리아에서 제조할 새로운 모델이 필요했다. 피아트는 최근 크라이슬러의 새로운 지프 레니게이드 SUV를 이탈리아에서 생산하기로 결정했다. 제 3국 시장에서, 이들 기업 각각은 상대적으로 약했지만, 함께 협력함으로써 그들의 성공 가능성은 높아졌다. 브라질은 (피아트가 이탈리아보다 더 많은 차량을 판매하는) 피아트의 제 1 시장으로, 피아트는 GM과 르노로부터 주요한 도전을 받았다. 크라이슬러의 도움은 가치가 있었다. 아시아에서는 두 기업 모두 강하지는 않았지만, 크라이슬러의 지프 모델은 더 좋은 결과를 얻었다. 힘을 합치는 것으로서, 그들은 견고하고 중요한 아시아 시장에서 새로운 높이를 달성할 수 있었다.

수년에 걸친 실험 끝에, 양측 모두 동맹에 만족한 듯 보였다. 피아트와 크라이슬러 모두의 회장 겸 CEO로 재직한 세르지오 마르키오네는 양측이 함께 작동하도록 결정적인 역할을 했다. 다임러와의 좋지 않은 경험으로 인해, 크라이슬러의 많은 미국 관리자들은 유럽의 지배에 대해 반기를 들곤 했다. 이번에는 크라이슬러가 마르키오네 덕분에 존재할 수 있었기 때문에, 그의 관리자들은 크라이슬러를 살리는 과정에서 그를 의심없이 받아들이려는 경향이 있었다. 마르키오네는 중앙집중식인 "독일식" 대신에 분권화된 "이탈리아식"을 실천했다. 그는 또한 이탈리아와 미국이 아닌 제3국 (비이탈리아 및 비미국)의 임원들을 고용하여 양측 간 문화적인 긴장을 줄이는 데 도움이 되었다. 2011년까지 크라이슬러는 미국과 캐나다 정부에 대한 76억 달러의 대출을 상환하고, 양 정부가 보유한 주식을 매수했다. 전반적으로, 피아트는 점차적으로 크라이슬러의 지분을 늘려 2013년에는 59%를 보유하게 되었다. 2014년에는 피아트가 남은 주식을 인수하여 합병을 통해 크라이슬러의 100% 소유주가 되었다.

2014년에 설립된 합병기업은 피아트 크라이슬러 자동차(FCA)로, 투린이나 디트로이트 어느 쪽에도 본사를 두지 않은 것이 흥미롭다. 대신 네덜란드의 암스테르담에 등록되었다. 그러나 FCA의 CEO와 최고 경영진은 영국 런던에 기반을 두고 있다. 이탈리아 증권거래소(BIT: FCA)와 뉴욕 증권 거래소(NYSE: FCAU)에 상장되었으며, FCA는 세계에서 7번째로 큰 자동차 제조사가 되었다. 연간 생산량이 460만 대로, 토요타, 폭스바겐, GM, 현대, 포드, 르노-니산보다는 뒤에 있었지만, 혼다와 푸조보다는 앞에 있었다. 이는 합병 전 11위인 크라이슬러(합병 전 차량 240만 대)와 13위인 피아트(합병 전 차량 210만 대)에 대해서는 나쁘지 않은 성과였다. FCA는 알파로메오, 크라이슬러, 도지, 페라리, 피아트, 지프, 마세라티, 램 트럭과 같은 다양한 브랜드 포트폴리오를 보유하고 있다. 그러나 자동차 산업의 잔인한 규모의 힘에 직면하여, 마르키오네는 심지어 FCA도 충분히 크지 않다고 주장했다. 그는 공개적으로 FCA가 다른 대형 합병을 고려해야 한다고 호소했다. 간단히 말해, 합병하고 성장하거나 관심 없어지는 것이다.

안타깝게도 마르키오네는 2018년에 66세의 나이로 세상을 떠났다. 그는 산업 역사상 가장 빛나는 별 중 하나로 여겨졌으며, 2004년에는 피아트를 경영난에서 구조했고, 이후 2009년에는 크라이슬러와의 동맹을 구축했다. 크라이슬러를 회복시킨 후에는 2014년에 피아트와 성공적으로 합병시켰다. 마르키오네의 소원을 이루기 위해 FCA는 2019년에 프랑스의 푸조 그룹(PSA)과 합병을 발표했다. 연간 8.7백만 대의 차량을 생산하는 이 합병 그룹은 세계에서 네 번째로 큰 자동차 제조사가 될 것이다. 합병이 발표된 2019년 10월 31일, FCA 주가는 9.5% 상승하였고, PSA 주가는 4.5% 상승했다.

Sources: (1) Bloomberg Businessweek, 2014, Marchionne's last lap, October 13: 24–26; (2) Bloomberg Businessweek, 2019, Fiat is stalling in the US, April 15: 18–19; (3) Economist, 2013, Hoping it will hold together, August 24: 57; (4) Economist, 2014, Here, there, and every-where, February 22: 56–57; (5) Economist, 2018, After Sergio Mar-chionne, July 28: 46–47; (6) FCA, 2019, Groupe PSA and FCA plan to join forces to build a world leader for a new era in sustainable mobility, press release, October 31: www.fcagroup.com; (7) Wall Street Journal, 2019, Fiat Chrysler, Peugeot agree on merger, October 31: B1–B2.

### 사례 토론 질문

1. 자원 기반 관점에서, 피아트가 크라이슬러를 회복시키는 데 있어 다임러가 갖지 못한 어떤 자원을 가지고 있을까?
2. 1998년 합병 이전, 다임러와 크라이슬러는 어떠한 동맹 관계에서도 협력하지 않았다. 이는 아마도 다임러크라이슬러의 최종 실패에 기여한 요인일 것이다. 2009년 피아트가 크라이슬러에 전략적 투자를 한 이후로 두 회사는 동맹을 통해 협력하게 되었으며, 이는 결국 2014년 합병으로 이어졌다. FCA는 다임러크라이슬러보다 성공할 가능성이 더 높을까?
3. 새로운 FCA-PSA 합병은 성공할까?

# 참고문헌

**[Journal Acronyms]** ***AFM****—Air Forces Monthly;* ***AJS****—American Journal of Sociology;* ***AME****—Academy of ManagementExecutive;* ***AMJ****—Academy of Management Journal;* ***AMP****—Academy of Management Perspectives;* ***AMR****—Academy of Management Review;* ***APJM****—Asia Pacific Journal of Management;* ***BW****—Bloomberg Businessweek;* ***GSJ****—Global Strategy Journal;* ***HBR****—Harvard Business Review;* ***IEEE****—IEEE Transactions on Engineering Management;* ***JIBS****—Journal of International Business Studies;* ***JIM****—Journal of International Management;* ***JM****—Journal of Management;* ***JMS****—Journal of Management Studies;* ***JOM****— Journal of Operations Management;* ***JWB****—Journal of World Business;* ***OSc****—Organization Science;* ***SMJ****—Strategic Management Journal;* ***SO****—Strategic Organization;* ***WSJ****—Wall Street Journal*

Cited in J. Reuer (ed.), 2004, *Strategic Alliances* (p. 2), New York: Oxford University Press.

J. Bamford, B. Gomez-Casseres, & M. Robinson, 2003, *Mastering Alliance Strategy*, San Francisco: Jossey-Bass.

P. Beamish & N. Lupton, 2009, Managing joint ventures, *AMP* May, 75–94; A. Shipilov, R. Gulati, M. Kilduff, S. Li, & W. Tsai, 2014, Relational pluralism within and between organizations, *AMJ* 57: 449–459.

S. Nambisan & M. Sawhney, 2011, Orchestration processes in network-centric innovation, *AMP* August: 40–56.

D. Li, L. Eden, M. Hitt, R. D. Ireland, & R. Garrett, 2012, Governance in multilateral R&D alliances, *OSc* 23: 1191–1210.

X. Yin & M. Shanley, 2008, Industry determinants of the "merger versus alliance" decision, *AMR* 33: 473–491.

B. Garrette, X. Castaner, & P. Dussauge, 2009, Horizontal alliances as an alternative to autonomous production, *SMJ* 30: 885–894.

CNBC, 2019, Amazon's joint health-care venture finally has a name: Haven, March 6: www.cnbc.com.

Y. Li, E. Xie, H. Teo, & M. W. Peng, 2010, Formal control and social control in domestic and international buyersupplier relationships, *JOM* 28: 333–344.

*BW*, 2019, Trouble at the corner store, April 22: 18–20.

L. Mesquita, J. Anand, & T. Brush, 2008, Comparing the resource-based and relational views, *SMJ* 29: 913–941; B. Park & M. Rogan, 2019, Capability reputation, character reputation, and exchange partners' reactions to adverse events, *AMJ* 62: 553–578; M. Schreiner, P. Kale, & D. Corsten, 2009, What really is alliance management capability and how does it impact alliance outcomes and success? *SMJ* 30: 1395–1419.

J. Adegbesan & M. Higgins, 2010, The intra-alliance division of value created through collaboration, *SMJ* 32: 187–211; R. Agarwal, R. Croson, & J. Mahoney, 2010, The role of incentives and communication in strategic alliances, *SMJ* 31: 413–437; L. Diestre & N. Rajagopalan, 2012, Are all "sharks" dangerous? *SMJ* 33: 1115–1134; E. Fang, 2011, The effect of strategic alliance knowledge complementarity on new product innovativeness in China, *OSc* 22: 158–172; A. Joshi & A. Nerkar, 2011, When do strategic alliances inhibit innovation by firms? *SMJ* 32: 1139–1160; E. Klijn, J. Reuer, F. Van den Bosch, & H. Volberda, 2013, Performance implications of IJV boards, *JMS* 50: 1245–1266; M. Srivastava & D. Gnyawali, 2011, When do relational resources matter? *AMJ* 54: 797–810.

*Economist*, 2003, Open skies and flights of fancy, October 4: 65–67.

S. Ang, 2008, Competitive intensity and collaboration, *SMJ* 29: 1057–1075; P. Ozcan & F. Santos, 2015, The market that never was, *SMJ* 36: 1486–1512; B. Tyler & T. Caner, 2016, New product introductions below aspirations, slack, and R&D alliances, *SMJ* 37: 896–910; C. Wang, S. Rodan, M. Fruin, & X. Xu, 2014, Knowledge networks, collaboration networks, and exploratory innovation, *AMJ* 57: 484–514.

P. Kumar & A. Zaheer, 2019, Ego-network stability and innovation in alliances, *AMJ* 62: 691–716; M. Schilling, 2015, Technology shocks, technological collaboration, and innovation outcomes, *OSc* 26: 668–686.

M. Koza, S. Tallman, & A. Ataay, 2011, The strategic assembly of global firms, *GSJ* 1: 27–46.

A. Chintakananda & D. McIntyre, 2014, Market entry in the presence of network effects, *JM* 40: 1535–1557; I. Cuypers & X. Martin, 2010, What makes and what does not make a real option? *JIBS* 41: 47–69.

T. Chi, J. Li, L. Trigeorgis, & A. Tsekrekos, 2019, Real options theory in international business, *JIBS* 50: 525–553; T. Tong, J. Reuer, & M. W. Peng, 2008, International joint ventures and the value of growth options, *AMJ* 51: 1014–1029; L. Trigeorgis & J. Reuer, 2017, Real options theory in strategic management, *SMJ* 38: 42–63.

M. McCarter, J. Mahoney, & G. Northcraft, 2011, Testing the waters, *AMR* 36: 621–640.

L. Hsieh, S. Rodrigues, & J. Child, 2010, Risk perception and post-formation governance in IJVs in Taiwan, *JIM* 16: 288–303.

D. Li, L. Eden, M. Hitt, & R. D. Ireland, 2008, Friends, acquaintances, or strangers? *AMJ* 51: 315–334; X. Luo & L. Deng, 2009, Do birds of a feather flock higher? *JMS* 46: 1005–1030; F. Rothaermel & W. Boeker, 2008, Old technology meets new technology, *SMJ* 29: 47–77.

A. Arino & P. Ring, 2010, The role of fairness in alliance formation, *SMJ* 31: 1054–1087.

H. Yang, Y. Zheng, & A. Zaheer, 2015, Asymmetric learning capabilities and stock market returns, *AMJ* 58: 356–374.

D. Frudlinger, O. Hart, & K. Vitasek, 2019, A new approach to contracts, *HBR* September: 116–125; S. Schillebeeckx, S. Chaturvedi, G. George, & Z. King, 2016, What do I want? *SMJ* 37: 1493–1506.

C. Lioukas & J. Reuer, 2015, Isolating trust outcomes from exchange relationships, *AMJ* 58: 1826–1847; L. Liu, W. Adair, & D. Bello, 2015, Fit, misfit, and beyond fit, *JIBS* 46: 830–849; O. Schilke & K. Cook, 2015, Sources of alliance partner trustworthiness, *SMJ* 36: 276–297; D. Zoogah & M. W. Peng, 2011, What determines the performance of strategic alliance managers? *APJM* 28: 483–508.

C. Jiang, R. Chua, M. Kotabe, & J, Murray, 2011, Effects of cultural ethnicity, firm size, and firm age on senior executives' trust in their overseas business partners, *JIBS* 42: 1150–1173; S. Kwon, J. Haleblian, & J. Hagedoorn, 2016, In country we trust? *JIBS* 47: 807–829; Y. Luo, 2009, Are we on the same page? *JWB* 44: 383–396; F. Molina-Morales & M. Martinez-Fernandez, 2009, Too much love in the neighborhood can hurt, *SMJ* 30: 1013–1023; A. Phene & S. Tallman, 2012, Complexity, context, and governance in biotechnology alliances, *JIBS* 43: 61–83; J. Roy, 2012, IJV partner trustworthy behavior, *JMS* 49: 332–355.

R. Krishnan, I. Geyskens, & J. Steenkamp, 2016, The effectiveness of contractual and trust-based governance in strategic alliances under behavioral and environmental uncertainty, *SMJ* 37: 2521–2542; O. Schilke & F. Lumineau, 2018, The double-edged effect of contracts on alliance performance, *JM* 44: 2827–2858.

B. Koka & J. Prescott, 2008, Designing alliance networks, *SMJ* 29: 639–661; C. Phelps, 2010, A longitudinal study of the influence of alliance network structure and composition on firm exploratory innovation, *AMJ* 53: 890–913.

W. Shi, S. Sun, B. Pinkham, & M. W. Peng, 2014, Domestic alliance network to attract foreign partners, *JIBS* 45: 338–362.

V. Aggarwal, N. Siggelkow, & H. Singh, 2011, Governing collaborative activity, *SMJ* 32: 705–730; J. Reuer & S. Devarakonda, 2016, Mechanisms of hybrid governance, *AMJ* 59: 510–533.

M. Findikoglu & D. Lavie, 2019, The contingent value of the dedicated alliance function, *SO* 17: 177–209.

D. Chen, Y. Paik, & S. Park, 2010, Host-country policies and MNE management control in IJVs, *JIBS* 41: 526–537; B. Pinkham & M. W. Peng, 2017, Overcoming institutional voids via arbitration, *JIBS* 48: 344–359; W. Shi, S. Sun, & M. W. Peng, 2012, Sub-national institutional contingencies, network positions, and IJV partner selection, *JMS* 49: 1221–1245.

Federal Trade Commission, 2000, *Antitrust Guidelines for Collaborations among Competitors*, Washington: FTC.

M. W. Peng, 2014, The antitrust case on the AT&T–TMobile merger, in *Global Strategy*, 3rd ed. (pp. 456–459), Boston: Cengage.

*AFM*, 2017, Saudi Arabia lines up helicopter buys, July: 25.

36. M. W. Peng, 2006, Making M&As fly in China, *HBR*

March: 26–27; H. K. Steensma, L. Tihanyi, M. Lyles, & C. Dhanaraj, 2005, The evolving value of foreign partnerships in transitioning economies, *AMJ* 48: 213–235.

L. Weber & C. Bauman, 2019, The cognitive and behavioral impact of promotion and prevention contracts on trust in repeated exchanges, *AMJ* 62: 361–382.

This section draws heavily from S. Tallman & O. Shenkar, 1994, A managerial decision model of international cooperative venture formation, *JIBS* 25: 91–113.

G. Lee & M. Lieberman, 2010, Acquisition versus internal development, *SMJ* 31: 140–158; J. Xia, Y. Wang, Y. Lin, H. Yang, & S. Li, 2018, Alliance formation in the midst of market and network, *JM* 44: 1899–1925.

J. Choi & F. Contractor, 2016, Choosing an appropriate alliance governance mode, *JIBS* 47: 210–232; A. Ghosh, R. Ranganathan, & L. Rosenkopf, 2016, The impact of context and model choice on the determinants of strategic alliance formation, *SMJ* 37: 2204–2221.

K. Heimeriks, C. Bingham, & T. Laamanen, 2015, Unveiling the temporally contingent role of codification in alliance success, *SMJ* 36: 462–473.

Z. Khan, O. Shenkar, & Y. Lew, 2015, Knowledge transfer from international joint ventures to local suppliers in a developing economy, *JIBS* 46: 656–675; D. Minbaeva, C. Park, I. Vertinsky, & Y. Cho, 2018, Disseminative capacity and knowledge acquisition from foreign partners in international joint ventures, *JWB* 53: 712–724.

*Economist*, 2018, Come fly with me, March 17: 62.

D. Lavie & S. Miller, 2008, Alliance portfolio internationalization and firm performance, *OSc* 19: 623–646; L. Ozmel & I. Guler, 2015, Small fish, big fish, *SMJ* 36: 2039–2057.

C. Beckman, C. Schoonhoven, R. Rottner, & S. Kim, 2014, Relational pluralism in de novo organizations, *AMJ* 57: 460–483; N. Lahiri & S. Narayanan, 2013, Vertical integration, innovation, and alliance portfolio size, *SMJ* 34: 1042–1064; U. Wassmer & P. Dussauge, 2011, Network resource stocks and flows, *SMJ* 32: 871–883.

*WSJ*, 2019, Fiat Chrysler, Peugeot agree on merger, October 31: B1–B2.

M. Howard, M. Withers, C. Carnes, & A. Hillman, 2016, Friends or strangers? *SMJ* 37: 2222–2234; H. Jiang, J. Xia, A. Cannella, & T. Xiao, 2018, Do ongoing networks block out new friends? *SMJ* 39: 217–241.

X. Jiang, F. Jiang, A. Arino, & M. W. Peng, 2017, Uncertainty, adaptation, and alliance performance, *IEEE* 64: 605–615; H. K. Steensma, J. Barden, C. Dhanaraj, M. Lyles, & L. Tihanyi, 2008, The evolution and internalization of IJVs in a transitioning economy, *JIBS* 39: 491–507.

F. Fonti, M. Maoret, & R. Whitbred, 2017, Free-riding in multi-party alliances, *SMJ* 38: 363–383.

M. Granovetter, 1973, The strength of weak ties, *AJS* 78: 1360–1380.

J. March, 1991, Exploration and exploitation in organizational learning, *OSc* 2: 71–87.

S. Holloway & A. Parmigiani, 2016, Friends and profits don't mix, *AMJ* 59: 460–478.

This section draws heavily from M. W. Peng & O. Shenkar, 2002, Joint venture dissolution as corporate divorce, *AME* 16: 92–105. See also H. Greve, J. Baum, H. Mitsuhashi, & T. Rowley, 2010, Built to last but falling apart, *AMJ* 53: 302–322; A. Madhok, M. Keyhani, & B. Bossink, 2015, Understanding alliance evolution and termination, *SO* 13: 91–116; A. Mohr, C. Wang, & F. Fastoso, 2016, The contingent effect of state participation on the dissolution of international joint ventures, *JIBS* 47: 408–426.

R. Bakker, 2016, Stepping in and stepping out, *SMJ* 37: 1919–1941; O. Bruyaka, D. Philippe, & X. Castaner, 2018, Run away or stick together? *AMR* 43: 445–469.

R. Kaplan, D. Norton, & B. Rugelsjoen, 2010, Managing alliances with the balanced scorecard, *HBR* January: 114–120; J. Li, C. Zhou, & E. Zajac, 2009, Control, collaboration, and productivity, *SMJ* 30: 865–884.

M. Cheung, M. Myers, & J. Mentzer, 2011, The value of relational learning in global buyer-supplier exchanges, *SMJ* 32: 1061–1082; E. Fang & S. Zou, 2010, The effects of absorptive and joint learning on the instability of IJVs in emerging economies, *JIBS* 41: 906–924; C. Liu, P. Ghauri, & R. Sinkovics, 2010, Understanding the impact of relational capital and organizational learning on alliance outcomes, *JWB* 45: 237–249; Y. Liu & T. Ravichandran, 2015, Alliance experience, IT-enabled knowledge integration, and ex ante value gains, *OSc* 26: 511–530; B. Nielsen & S. Nielsen, 2009, Learning and innovation in international strategic alliances, *JMS* 46: 1031–1058; G. Vasudeva & J. Anand, 2011, Unpacking absorptive capacity, *AMJ* 54: 611–623; M. Zollo & J. Reuer, 2010, Experience spillovers across corporate development activities, *OSc* 21: 1195–1212.

Y. Luo & M. W. Peng, 1999, Learning to compete in a transition economy, *JIBS* 30: 269–296.

I. Arikan & O. Shenkar, 2013, National animosity and cross-border alliances, *AMJ* 56: 1516–1544.

C. Chung & P. Beamish, 2010, The trap of continual ownership change in international equity JVs, *OSc* 21: 995–1015; J. Xia, 2011, Mutual dependence, partner substitutability, and repeated partnership, *SMJ* 32: 229–253.

U. Wassmer, S. Li, & A. Madhok, 2017, Resource ambidexterity through alliance portfolios and firm performance, *SMJ* 38: 384–394.

M. Kumar, 2011, Are JVs positive sum games? *SMJ* 32: 32–54; W. Pollitte, J. Miller, & A. Yaprak, 2015, Returns to US firms from strategic alliances in China, *JWB* 50: 144–148; S. Yeniyurt, J. Townsend, S. T. Cavusgil, & P. Ghauri, 2009, Mimetic and experiential effects in international marketing alliance formations of US pharmaceutical firms, *JIBS* 40: 301–320.

M. Nippa & J. Reuer, 2019, On the future of international joint venture research, *JIBS* 50: 555–597.

C. Westman & S. Thorgren, 2016, Power conflicts in international joint ventures, *JIM* 22: 168–185.

In 2019, Fujifilm acquired the remaining 25% stake of Fuji Xerox from Xerox. See *WSJ*, 2019, Fujifilm chief looks beyond Xerox, November 6: B3.

R. Klingebiel & R. Adner, 2015, Real options logic revisited, *AMJ* 58: 221–241; R. Ragozzino & C. Moschieri, 2014, When theory doesn't meet practice, *AMP* 28: 22–37.

T. Chi, 2000, Option to acquire or divest a JV (p. 671), *SMJ* 21: 665–687. See also T. Tong & S. Li, 2013, The assignment of call option rights between partners in IJVs, *SMJ* 34: 1232–1243.

J. Reuer & R. Ragozzino, 2012, The choice between JVs and acquisitions, *OSc* 23: 1175–1190; J. Reuer, T. Tong, B. Tyler, & A. Arino, 2013, Executive preferences for governance modes and exchange partners, *SMJ* 34: 1104–1122; L. Wang & E. Zajac, 2007, Alliance or acquisition? *SMJ* 28: 1291–1317.

K. Brouthers & D. Dikova, 2010, Acquisitions and real options, *JMS* 47: 1048–1070.

J. Dyer, P. Kale, & H. Singh, 2004, When to ally and when to acquire, *HBR* July: 109–115.

R. Burt, 1992, *Structural Holes*, Cambridge, MA: Harvard University Press; H. Yang, Z. Lin, & M. W. Peng, 2011, Behind acquisitions of alliance partners, *AMJ* 54: 1069–1080.

Z. Lin, M. W. Peng, H. Yang, & S. Sun, 2009, How do networks and learning drive M&As? *SMJ* 30: 1113–1132.

H. Yang, S. Sun, Z. Lin, & M. W. Peng, 2011, Behind M&As in China and the United States, *APJM* 28: 239–255.

S. Lebedev, M. W. Peng, E. Xia, & C. Stevens, 2015, Mergers and acquisitions in and out of emerging economies, *JWB* 50 651–662; S. Sun, M. W. Peng, B. Ren, & D. Yan, 2012, A comparative ownership advantage framework for cross-border M&As, *JWB*, 47: 4–16.

M. W. Peng, 2012, The global strategy of emerging multinationals from China, *GSJ* 2: 97–107.

A. Brandenburger & B. Nablebuff, 1996, *Co-opetition*, New York: Doubleday.

*BW*, 2010, Charlie Rose talks to Eric Schmidt, September 27: 39.

S. Dorobantu, T. Lindner, & J. Mullner, 2019, Political risk and alliance diversity, *AMJ* (in press).

S. Chang, 2019, When to go it alone, *JIBS* 50: 998–1020.

CHAPTER 8

# 경쟁 역학의 관리

## 학습목표

이 장을 학습한 후, 당신은 다음의 내용을 수행할 수 있다.

1. "행동으로서의 전략" 관점을 명확히 설명
2. 협력과 담합에 유리한 산업 여건 이해
3. 자원과 역량이 경쟁 역학에 어떻게 영향을 미치는지 설명
4. 반독점 및 반덤핑법이 국내 및 국제 경쟁에 미치는 영향 개요
5. 공격, 반격, 신호의 동인 식별
6. 경쟁 역학에 관한 두 가지 주요 토론에 참여
7. 행동을 위한 전략적 함의 도출

OPENING CASE | Emerging Markets

## 아시아 태평양에서의 젯스타의 부상

젯스타(Jetstar)는 2003년 콴타스(Qantas)가 시작한 저가 항공사이다. 수십 년 동안 호주를 지배한 콴타스는 2000년에 영국 버진 애틀랜틱 항공의 자매 항공사인 버진 블루(Virgin Blue)라는 저비용 해외 진입자 위협을 받았다. 버진 블루는 가격 전쟁을 시작하고 바로 BIG 2 독점업체 중 더 작은 업체인 앤셋(Ansett)을 2002년에 파산으로 몰아넣었다.

1920년 설립된 콴타스는 세계에서 세 번째로 오래된 항공사이다. 전쟁 후 시기에 국유화되어, 콴타스는 1997년에 민영화되기 전까지 30년간 국유 기업(SOE)이었다. 콴타스는 민첩한 저비용 경쟁자인 버진 블루와의 가격 전쟁에서 크고 움직임이 느린 전 국유 기업으로서 편안하게 경쟁할 수 없는 자신의 한계를 알고 있었다. 콴타스는 프리미엄 서비스를 보호하면서 저비용 경쟁자와 싸우기 위해 파이터 브랜드를 출시하기로 결정했다.

2003년, 젯스타(Jetstar)가 탄생했다. 젯스타는 멜버른을 기반으로 14대의 에어버스 A-320를 보유하고 14개의 목적지로 운항했다. 이들 목적지들은 콴타스가 손해를 보았던 에어즈 록(울룰루)으로 가는 관광 항로들이었다. 젯스타는 처음부터 새로 만든 것이 아니었다. 2001년 임펄스 항공(Impulse Airlines)을 인수한 후 브랜드를 바꾼 것이다. 젯스타는 콴타스의 100% 소유이지만 대부분 독립적으로 운영되었다. 버진이 저비용 서비스를 제공하는 모델을 채택한 반면, 젯스타는 어떤 편의도 제공하지 않았다. 비행기 내에서 땅콩조차 주지않고 심지어 물도 구매해야 했다. 젯스타 항공편과 젯스타와 콴타스 항공편 사이에서는 수하물 처리가 이루어지지 않았다. 승객들은 자신의 수하물을 스스로 찾아야 하고 체크인하고 다시 맡겨야 했다. 결과적으로, 버진 블루 대비 20%의 비용 우위를 점했다. 승객들은 젯스타를 향해 몰려들었고, 짧은 시간 내에 수익성을 얻었으며 5년 동안 국내 시장 점유율의 22%를 차지했다. 젯스타는 공중전의 윙맨처럼 콴타스 항공을 보호했고, 이로써 콴타스는 국제적으로 더 수익성이 높은 노선과 국내 주요 도시 간에 더 많은 서비스와 더 나은 서비스를 제공할 수 있게 되었다. 이를 통해 콴타스와 젯스타 간의 차별화가 강화되었다.

젯스타의 국내에서의 성공을 활용하여 콴타스는 브랜드를 이용하여 아시아 태평양 지역 전체의 경쟁자들과 대결하고 그들의 하늘로 싸움을 가져갔다. 2005년 젯스타는 국제 항공편을 시작하여, 에어 뉴질랜드와 경쟁하며 시드니, 멜버른, 브리즈번, 골드코스트에서 뉴질랜드 크라이스트처치로 운항했다.

또한, 2005년에는 싱가포르의 젯스타 아시아가 설립되었는데, 이는 콴타스가 지분의 49%, 싱가포르의 두 사업가가 32%, 싱가포르 정부 투자 회사 테마섹이 19%를 보유한 합작사이다. 이는 싱가포르와 말레이시아 등 동남아시아에서 Scoot(싱가포르)와 AirAsia(말레이시아)와 같은 저비용 경쟁사들의 등장에 대한 대응이었다. 싱가포르에서 젯스타 아시아는 캄보디아, 인도네시아, 말레이시아, 미얀마, 필리핀, 태국 및 베트남으로 운항했다. 장거리 노선은 홍콩, 일본 및 대만으로 이어졌다. 이는 호주로 여행하는 저가 여행객을 위한 젯스타 항공의 주요 지선 항공사이다. (국제 항공편에서 국내 항공편과 연결되는 경우, 젯스타는 항공기 내 음식과 음료 및 수하물 연결 서비스를 제공했다.)

2007년에는 콴타스가 베트남의 퍼시픽 항공(Pacific Airlines)의 지분 18%를 인수하였으며, 이 지분은 2010년까지 30%로 증가했다. 콴타스와 베트남 정부 사이의 합작사인 이 항공사는 2008년에 젯스타 퍼시픽(Jetstar Pacific)으로 브랜드를 개편했다. 호치민시에 본사를 두고 있는 젯스타 퍼시픽은 베트남 전역으로 운항한다. 이 항공사는 기내 엔터테인먼트나 공급은 제공하지 않으며 구매할 수 있는 음식과 음료만 제공한다. 국유 항공사인 베트남 항공 이후에 젯스타 퍼시픽은 베트남에서 두 번째로 큰 항공사로 자리매김했다.

2012년에 젯스타는 젯스타 제팬(Jetstar Japan)이라는 합작사를 구성하여 일본에 진출했다. 이 합작사는 콴타스 (33%), 일본 항공(JAL) (33%), 미쓰비시상사(17%), 센츄리 도쿄 리징(17%)이 소유하고 있었다. 콴타스와 마찬가지로 JAL은 일본의 국유 주요 항공사였다. 1987년에 민영화된 후, JAL은 최근 일본에서 가장 큰 항공사로 자리매김한 전일본공수 (ANA)에게 위협을 받았다. 항상 민영으로 운영되는 ANA는 민첩하고 기업가적인 면에서 우월했다. JAL의 시장을 잠식하기 위해 ANA는 완전 소유의 피치(Peach)와 에어아시아 재팬(AirAsia)과의 합작사인 에어아시아 재팬(AirAsia Japan)(이후 Vanilla로 변경)을 운영했다. JAL은 이러한 저비용 공격을 효과적으로 막을 수 없을 것 같아 젯스타의 무료 서비스 전문성을 도입하려고 했다. 나리타 공항(도쿄)과 간사이 공항(오사카)을 기반으로 한 젯스타 재팬은 일본 내 11개 도시뿐만 아니라 홍콩, 마닐라, 상하이, 대만으로 운항하고 있다.

현재 젯스타 그룹은 호주와 뉴질랜드의 젯스타 항공, 싱가포르의 젯스타 아시아, 베트남의 젯스타 퍼시픽, 일본의 젯스타 재팬으로 구성되어 있다. 젯스타 브랜드 항공사들은 주간에 5,000편 이상의 운항을 하며 85개 이상의 목적지로 서비스를 제공하고 있다. 이는 아시아 태평양 지역에서 가장 빠르게 성장하는 항공 브랜드 중 하나로, 가장 넓은 범위의 목적지를 보유하고 있다. 젯스타의 최초 경쟁자인 버진 블루(지금은 Virgin Australia)를 출시한 버진 그룹의 소유자인 리처드 브랜슨에 따르면, 항공 산업은 억만장자를 백만장자로 만드는 것으로 악명 높다. 특히, 저비용 항공사를 운영하는 것은 더욱 위험하다. 젯스타가 출시된 동시에 유나이티드(United)는 테드(Ted)를 시작하고, 델타(Delta)는 송(Song)을 시작했다. 둘 다 몇 년 후에 폐쇄되었다. 독립적인 저비용 항공사들도 조기에 망하는 경향이 있다. 최근의 예로는 에어 베를린(독일), 킹피셔(인도), WoW(아이슬란드) 등이 있다. 이러한 구조적으로 매력적이지 않은 산업에서 젯스타는 실제로 희소성이 높은 훌륭한 항공사로 떠오르고 있다.

Sources: (1) The author's interviews; (2) Australian Aviation, 2017, Fleet management, July: 26–29; (3) Australian Aviation, 2017, Shaping up, July: 10–11; (4) Jetstar In-Flight Magazine, July 2017; (5) Jetstar, 2020, About us, www.jetstar.com; (6) M. Ritson, 2009, Should you launch a fighter brand? Harvard Business Review October: 87–92.

**경쟁 역학 (competitive dynamics)** 경쟁하는 기업들이 취하는 행동과 그에 대한 반응.

**경쟁사 분석 (competitor analysis)** 기업의 계획을 수정하고 경쟁사의반응에 대한 대처를 준비하기 위해 경쟁사의 행동을 예측하는 과정.

젯스타(Jestar), 콴타스(Quantas)와 그들의 라이벌 항공사들은 어떤 행동을 하게 되는가? 한 쪽에서 행동을 개시할 경우, 다른 쪽에서는 어떤 식으로 반응하는가? 이러한 전략적인 질문들은 우리가 이번 장에서 다룰 내용들이며, 이는 경쟁하는 기업들이 취하는 행동과 그에 대한 반응, 즉 **경쟁 역학(competitive dynamics)**에 초점을 맞춘다. 한 기업이 취하는 행동이 경쟁사들이 알아 차리지 못하는 경우는 거의 없으므로, 행동을 취하려는 기업은 당연히 그 행보를 취하기 전에 경쟁사의 반응을 예측해 보려고 할 것이다. 이러한 과정을 **경쟁 분석(competitor analysis)**이라고 한다, "너 자신"에 대해서 알아야 함은 물론 "너의 적"에 대해서도 알아야 한다는 것은 오래 전 고대 중국의 전략가 손자(Sun tzu)의 가르침에서 주창되었다.

"계획으로서의 전략"과 "행동으로서의 전략" 학파들을 소개했던 1장을 다시 생각해 보라. 군 장교들에게 오래 전부터 알고 있는 바와 같이, 적군이 항상 우리의 계획에 따라 움직이지 않기 때문에 아무리 좋은 계획도 적과의 첫 번째 전투에서 살아남지 못한다. 따라서, 전략의 정의는 계획이 아니라 행동을 특징으로 한다. 이번 장에서는 우선 "행동으로서의 전략"적 관점에 대해서 심층적으로 다루며, 이어 종합적인 모델에 대해 다룬다. 그 후, 공격, 역공, 시그널링에 대해 소개한 후, 논쟁과 확장이 뒤따른다.

# 행동으로서의 전략

이번 장의 핵심은 행동으로서의 전략 관점이다(표 8.1). 전략의 핵심은 상호작용으로, 경쟁 우위를 만들어 내는 행동과 그 대응으로 이루어져 있음을 보여준다. 군대와 마찬가지로 기업들은 종종 공격적으로 경쟁한다. 공격, 반격, 가격 전쟁과 같은 용어들이 확연히 군대식임을 생각해 보라. 예를 들어, 제너럴 모터스(General Motors, GM)는 60명의 최고위급 경영진들 간에 전쟁 게임을 한다. 각각 10명의 임원으로 구성된 6개의 팀이 각자 GM을 쳐부수기 위한 주요 경쟁사로서의 역할을 한다.

즉, 비즈니스는 전쟁이다. 그게 아니라면 무엇이란 말인가. 한 가지 분명한 것은 군사 원칙들이 완벽하게 적용될 수는 없다는 것이다. 왜냐하면 시장은 "죽이지 않으면 죽임을 당한다"는 모토의 전쟁터와는 결국은 다르기 때문이다. 만약 죽을 때까지 싸워서 "파이(목표)"가 파괴된다면, 아무것도 남지 않게 될 것이다. 비즈니스에서는 상대편을 죽이지 않고도 경쟁하고 이기는 것이 가능하다. 간단히 말해, 비즈니스는 전쟁인 동시에 평화이다. 대안적으로, 대부분의 경쟁 역학에 관한 개념은 공격, 방어와 같은 스포츠 용어로도 설명될 수 있다.

군대가 영토, 영해, 영공을 놓고 싸우는 반면, 기업들은 제품적 측면 및 지리적 측면을 놓고 시장에서 경쟁한다. **다시장 경쟁(multimarket competition)**은 기업들이 복수의 시장에서 같은 기업과 경쟁할 때 일어난다. 다시장에서 활동하는 경쟁자는 그 공격에 대해, 기업은 공격을 당한 시장에서 뿐만 아니라, 두 기업 모두가 활동하는 다른 시장에서도 이에 대응할 수 있기 때문에, 도전자는 공격을 개시하기 전에 다시 한번 생각을 해 보아야만 한다. 달리 말하면, 기업들은 "지역적으로" 행동하면서도, "국제적으로" 생각해야만 한다. 기업들은 경쟁사들이 복수의 시장에서 보복해 올 능력이 있다는 것을 인식하고 있기 때문에, 그러한 다시장 경쟁은 라이

**다시장 경쟁(multimarket competition)** 기업들이 복수의 시장에서 같은기업과 경쟁하는 것.

**그림 8.1 행동으로서의 전략**

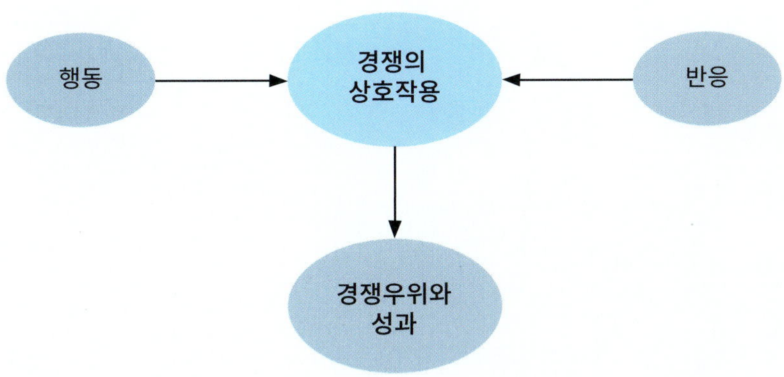


Source: C. Grimm & K. Smith, 1997, Strategy as Action: Industry Rivalry and Coordination (p. 62), Cincinnati: Cengage Learning.

**상호 자제(mutual forbearance)**
다시장 기업들은 특정 시장에서의경쟁사의 영향력을 존중하고 그들의 경쟁사들도 화답하여 암묵적 담합을 이끄는 것.

벌간의 경쟁의 강도를 줄이게 되는, **상호 자제(mutual forbearance)**로 이어지게 될 수 있다.

전반적으로, 전략 트라이포드는 종합적인 모델을 도출하는 경쟁 역학에 대해 매우 자세히 설명해 준다(그림 8.2). 다음의 세 섹션에서는 트라이포드의 세 축에 대해 설명한다.

# 산업 기반 관점

## 담합과 죄수의 딜레마

**담합(collusion)**
경쟁을 줄이기 위한 경쟁 기업들 간의 집단적 시도

산업 기반 관점은 포터(Porter)의 5 요인 체계의 첫 번째인 산업 내의 경쟁에 초점을 맞추고 있다(2장 참고). 한 산업 내에서 대부분의 기업들은, 만약 선택권이 있다면, 경쟁 수준이 낮은 것을 선호할 것이다. 아담 스미스(Adam Smith)는 국부론(The Wealth of Nations, 1776)에서 "같은 직업을 가진 사람들은 즐거움이나 기분 전환으로조차도 자주 만나지 않는다, 그러나, 이들의 대화는 종종 대중에 대한 음모로 끝난다."라고 썼다. 현대적 용어로, 이것은 한 산업에서 경쟁하는 기업들은, 경쟁을 줄이기 위한 집단적인 시도로 정의되는 **담합(collusion)**에 참여할

**그림 8.1 행동으로서의 전략**

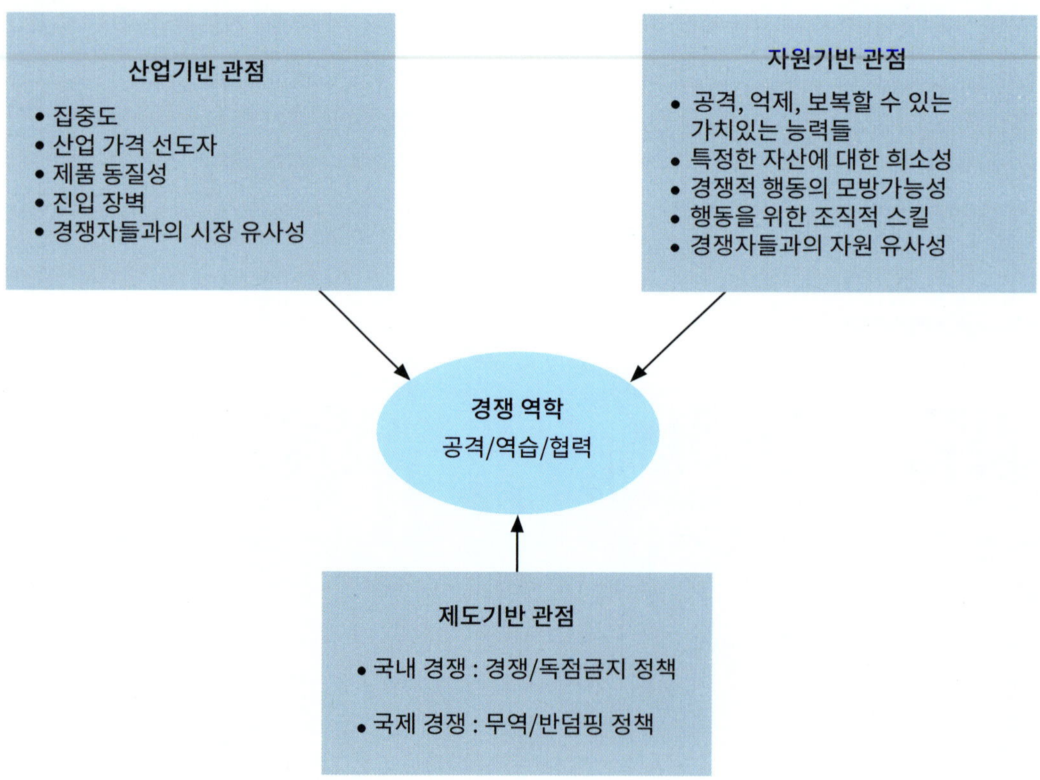

동기가 있다는 것을 의미한다.

경영자들과 학생들은 일반적으로 담합에 대해 논하는 것을 좋아하지 않기 때문에, 경쟁자들 간의 공식적 비공식적 협력을 의미하는 또 다른 "C"로 시작하는 단어인 "**협력(coordination)**"이, 이제 담합보다 더 선호되며 빈번히 사용된다. 하지만, 담합에 초점을 맞추는 법적인 분쟁들을 고려하면, 경영자들과 학생들은 그것을 피해갈 수 없다. 대신 그들은, 암묵적일 수도 혹은 명시적일 수도 있는 담합에 대해, 그 정의를 알고 또 논쟁해야만 한다. 경쟁사가 생산을 줄이고 경쟁 수준 이상으로 가격을 유지하고자 하는 신호를 보냄으로 간접적으로 행동을 조율할 때, 기업들은 **암묵적 담합(tacit collusion)**을 하게 된다. **명시적 담합(explicit collusion)**은 경쟁자들이 직접적으로 생산량, 가격 책정, 시장 분할을 협상할 때 존재한다. 명시적 담합은 공동의 이익을 증대하기 위한 다수의 경쟁자들을 포함하는 생산량과 가격을 결정하는 주체인 **카르텔(cartel)**로 이어진다. 카르텔은 신탁(trust)으로도 알려져 있는데, 카르텔 구성원 간에 협의한 내용을 지킨다는 신뢰가 형성되어야 하기 때문이다. 1890년 셔먼 박독점법(Sherman Antitrust Act)이 제정된 이래, 카르텔은 종종 반경쟁적으로 규정되었고, 많은 국가들에서 독점금지법을 제정함에 따라 불법화되었다.

독점 금지법 이외에도, 담합은 **게임 이론(game theory)**에 의해 뒷받침되는 결정에 대한 역설인 **죄수의 딜레마(prisoner's dilemma)**에 의해 어려움을 겪는다. 죄수의 딜레마라는 용어는 단순한 게임에서 파생된 것으로, (절도와 같은) 중대한 공범을 저지른 용의자로 지목된 죄수 두 명이 각각 심문을 당하는데, 둘 중 하나가 자백을 하면 자백을 한 사람은 1년 형을 받는 대신 다른 한 죄수는 10년 형을 받는다는 이야기를 듣는다. 경찰이 더욱 심각한 절도죄를 입증할 만한 확실한 증거를 가지고 있지 않기 때문에, 두 사람 모두 자백을 하지 않는다면 두 죄수 모두 (무단 침입과 같은) 더 낮은 형량으로 유죄를 받게 될 것이고 각각 2년 동안 감옥에 갈 것이다. 만약 둘 다 자백을 한다면, 둘 모두는 10년 동안 감옥에 가게 될 것이다. 언뜻 보면, 이 문제에 대한 해결책은 분명하다. 두 죄수 모두에게 가장 좋은 것은 둘 다 자백을 하지 않는 것이다. 하지만, 둘 간에 체포 전에 자백을 하지 않기로 서로 합의를 했다고 하더라도, 자백을 하고 서로에게 손가락질을 하고 싶게 만드는 인센티브는 여전히 너무 크다.

항공업계에 대입해 보면, 그림 8.3은 항공사인 A와 B에 대해 주어진 시장, 이를테면 호주의 시드니와 뉴질랜드의 오클랜드 간 구간에서의, 수익 구조를 보여준다. 전체 승객수가 200명이라고 가정을 하고 A와 B는 이 시장에서 운항하는 단 두 개의 항공사로 하루에 일 회만 운항한다고 가정할 때, 셀 1은 가격을 500 달러로 유지하게 됨으로써 두 항공사 모두에게 가장 이상적인 결과를 보여준다. 양사는 각각 100명의 승객을 태워 50,000 달러의 수익을 낸다. "산업"의 총수익은 100,000 달러에 달하게 된다. 셀 2에서는, A가 300 달러로 값을 떨어뜨렸는데 B사가 가격을 500 달러로 유지한다면, B는 고객 전부를 잃게 될 것이다. 인터넷에서 가격 정보가

**협력(collusion)**
경쟁을 줄이기 위한 경쟁 기업들 사이의 집단적인 시도.

**암묵적 담합 (tacit collusion)**
기업들은 생산을 줄이고 경쟁 수준 이상에서 가격을 유지하고자 하는 신호를 경쟁사에게 보냄으로써 간접적으로 행위를 조율하는 것.

**명시적 담합 (explicit collusion)**
기업들이 직접적으로 생산과 가격 책정을 협의하고, 시장을 나누는 것.

**카르텔(cartel)**
다수의 경쟁자들이 생산량과 가격을 확정하는데 참여하는 것. 또한, 트러스트(trust)로 알려짐.

**독점금지법 (antitrust laws)**
카르텔과 트러스트와 같은 반경쟁적인 비즈니스 관행을 줄이려는 법.

**게임 이론(game theory)**
(죄수의 딜레마와 같은)경쟁 및 협력의 상호작용에 초점을 맞춘 이론.

**죄수의 딜레마 (prisoners' dilemma)**
게임 이론에서, 결과가 협력하거나 이탈할지를 결정하는 두 명의 당사자들에 의해 좌우되는 게임의 한 형태.

**그림 8.3 항공사와 보상체계에 대한 죄수의 딜레마 (전체 탑승객이 200명이라고 가정함)**

| | | A 항공사 | |
|---|---|---|---|
| | | 행동 1<br>A는 \$500로<br>가격 인하 | 행동 2<br>A는 \$300로<br>가격인하 |
| B 항공사 | 행동 1<br>B는 \$500로<br>가격 인하 | (셀 1)<br>A: \$50,000<br>B: \$50,000 | (셀 2)<br>A: \$60,000<br>B: 0 |
| | 행동 2<br>B는 \$300로<br>가격인하 | (셀 3)<br>A: 0<br>B: \$60,000 | (셀 4)<br>A: \$30,000<br>B: \$30,000 |

완벽하게 투명하다고 가정하면, 300 달러에 살 수 있는 비행기 티켓에 누가 500 달러를 지불하겠는가? 따라서, A는 200명의 승객으로 60,000달러를 벌고, B는 승객이 없다. 셀 3에서는, 상황이 역전된다. 셀 2와 셀 3의 경우 모두에서 산업 총수익이 40% 하락하였음에도 불구하고, 가격을 낮춘 항공사의 경우 수익이 20% 증가된다. 그러므로, A와 B 모두 가격을 낮추고자 하는 강력한 동기를 가지고 있으며, 상대방이 "바보"가 되기를 바랄 것이다. 하지만, 두 회사 모두 자신이 "바보"가 되기를 바라지는 않는다. A사와 B사 모두 가격을 내리기를 원하기 때문에, 셀 4에서와 같이, 양쪽은 각각 100명의 승객을 갖는다. 그러나 양사 모두는 그리고 산업전체의 수익은 40% 하락하게 된다. 게임 이론의 중요한 시사점은 A와 B가 가격을 500달러로 고정하기로 사전에 협의를 했다 하더라도, 이 둘 모두는 여전히 상대방을 속이고자 하는 강력한 유인이 있기 때문에, 둘 다 명백하게 손해를 보는 셀 4의 영역으로 산업 전체를 끌어당긴다는 것이다.

## 산업 특성 그리고 경쟁과 비교할 때의 담합

담합의 이득과 속임수의 유인책을 고려할 때, 어떤 산업에서 경쟁과 비교해 담합이 이루어지기 쉬운가? 다섯 가지 요소가 있다(표 8.1). 첫 번째 관련된 요소는 기업의 수, 또는 더욱 엄밀히 말하자면 집중도(concentration ratio)로, 이는 일반적으로 상위 4개의 기업이 차지하고 있는 전체 산업의 총매출액의 백분율로 정의된다. 통상적으로, 집중도가 높을수록 담합을 조직화 하기가 쉬워진다. 미국에서 무선 이동 통신 서비스 산업의 상위 4개 기업이 90% 이상의 시장 점유율을 차지하고 있었기 때문에, 반독점 당국은 두 번째로 큰 기업인 AT&T가 네 번째로 큰 기

**집중도 (concentration ratio)**
산업의 총 매출액 대비 상위 4개의 기업, 8개의 기업 혹은 20개의 기업 매출의 비율.

### 표 8.1 산업의 특성과 경쟁에 대한 담합의 가능성

| 담합이 가능한 상황 | 담합이 어려운 상황(경쟁이 가능한 상황) |
|---|---|
| • 기업의 수가 적을 때(높은 집중도) | • 기업의 수가 많을 때(낮은 집중도) |
| • 해당 산업에서 가격 선도자가 존재할 때 | • 해당 산업에서 가격 선도자가 없을 때 |
| • 제품의 동질성 | • 제품의 이질성 |
| • 진입 장벽이 높을 때 | • 진입 장벽이 낮을 때 |
| • 높은 시장공통성(상호 간의 자제가 존재할 때) | • 낮은 시장공통성(상호 간의 자제가 없을 때) |

업인 T-Mobile을 합병하는 것을 막았다. 미국 법무부(DOJ)는 다음과 같이 주장하였다:

> *이 합병으로 인해 집중도가 상당히 증가할 것이고, 전국적으로 서비스 공급자가 네 개에서 세 개로 줄어 들어, 반경쟁적 협조행위의 위험성은 높아짐으로 인해 경쟁은 줄어들게 될 것이다.*

둘째, 산업에서 압도적인 시장 점유율을 가지고 "수용 가능한" 가격과 마진을 설정하는 기업으로서 **가격 선도자(price leader)**의 존재는 암묵적인 담합에 필요한 질서와 안정성을 유지하는 것을 돕는다. 전반적 산업 구조를 위험에 빠뜨리지 않으면서 가격을 올리거나 낮추는 것이 적절할 때, 가격 선도자는 자신의 가격 설정 행위로 산업군 전체에 신호를 보낼 수 있다. 또한 가격 선도자는 배신을 방지하고 이와 싸우기에 충분한 자원으로 정의되는 **처벌할 수 있는 능력(capacity to punish)**을 보유한다. 배신행위를 막기 위해 가장 빈번히 활용되는 처벌은 시장에 대폭 할인을 쏟아 부음으로써 배반자를 약화시키며, 배신이 아무런 결실도 내지 못하도록 하는 것이다. 이러한 처벌은 단기적으로 상당한 재정적인 손실을 초래하기 때문에 비용이 많이 든다. 하지만, 만일 소규모의 배신행위를 처리하지 않으면, 배반은 고착화될 수 있다. 따라서, 가격 선도자는 처벌을 시행하고 그 비용을 부담할 수 있는 의지와 능력 모두를 가져야 한다. 한편, 인정받는 가격 선도자가 없는 산업은 더욱 혼돈스러울 수 있다. 1980년대 이전에, GM은 가격 선도자의 역할을 수행했고, 가격 인상 비율을 미리 발표하고 포드와 크라이슬러는 GM의 결정을 따르는 것이 기대되었다(실제로 두 회사는 그렇게 했다). 만약 두 회사가 "경계 밖으로" 걸음을 내딛는다면, GM은 처벌을 가했을 것이다. 하지만 최근에 와서, 아시아와 유럽의 도전자들은 GM의 선도를 따르는 것을 거부하자, GM은, 2009년 GM 자신도 파산함으로써, 더 이상 이 역할을 수행하고자 하는 의지도 능력도 없었다. 따라서, 산업은 훨씬 더 경쟁적이고 혼돈스럽게 되었다. 미국 자동차 산업은 이전의 빅 쓰리(Big Three)에서 현재는 (토요타, 혼다, 니산, 현대의 4개 회사가 추가된) 매그니피슨트 세븐(Magnificent Seven)으로 대부분 채워져 있다.

**가격 선도자 (price leader)** 압도적인 시장 점유율을 가지고 "용인 가능한"가격과 마진을 설정하는 기업.

**처벌할수있는능력 (capacity to punish)** 충분한 자원을 활용해 배신 행위를 포기시키고 방지 하는 것.

셋째, 동종의 제품들로 이루어져 경쟁자들이 가격으로 경쟁을 할 수밖에 없는 산업은 담합

## 실행 전략 8.1 Ethical Dilemma

### 글로벌 비타민 카르텔

1990년부터 1999년까지 운영되었던 글로벌 비타민 카르텔은 가장 크고 광범위한 카르텔 중 하나로, 세계 생산의 75% 이상을 통제하는 주로 네 개의 기업이 참여했다: (1)스위스의 호프만-라 로슈, (2)독일의 BASF, (3)프랑스의 롱푸랑 (현재 앙베티스), 그리고 (4)일본의 에이사이. 네 개의 다른 네덜란드, 독일, 일본 기업도 참여했다. 이 카르텔의 주범은 업계 선두인 호프만-라 로슈였다. 이 카르텔은 정말로 특이했다. 1999년까지 최소한 아홉 가지 통화로 가격이 섬세하게 조정되었다. 카르텔의 발견으로 인해 미국, 유럽 연합, 캐나다, 호주, 대한민국의 공정거래 당국들이 1999년부터 2001년까지 다수의 유죄 판결과 과징금을 내렸다. 미국 부검사장에 따르면 다음과 같다:

> *이 기업들의 범죄 행위는 사실상 모든 미국 소비자의 지갑을 상처 입혔다. 비타민을 섭취하거나 우유를 마시거나 시리얼을 먹은 사람들을 포함한 누구에게나 그 영향이 미치기 때문이다. 이 기업들은 가격을 조작했고, 판매량을 할당했으며, 소비자를 분배했다. 미국에서는 입찰을 조작하여 카르텔이 정상적으로 작동되도록 했다. 공모자들은 사실상 "연례 회의"를 개최하여 가격을 조정하고 세계 시장을 나누었으며, 불법적인 계획에 대한 준수를 보장하기 위해 정기적인 후속 회의를 개최했다.*

이 발언은 미국 경제에 대한 피해에만 언급되었지만, 세계의 모든 비타민 소비자가 속은 것으로 주장하는 것은 타당하다. 평균 소비자는 30%에서 40% 더 비용을 지불했다. 총 불법적인 이익인 '세계적 손해'는 90억 달러에서 120억 달러로 추정되었으며, 이 중 15%는 미국에서 발생하였으며, 26%는 유럽연합에서 발생했다. 이 공모에 참여한 기업과 경영진은 큰 대가를 치렀다. 전 세계 기업은 약 50억 달러의 역대급 벌금을 납부했으며, 이 중 호프만-라 로슈는 미국에 5억 달러, BASF는 2억 2,500만 달러의 벌금을 지불했다.

또한, 호프만-라 로슈와 BASF에서 근무한 스위스와 독일의 경영진들은 미국에서 3-4개월간의 징역형을 선고받으며 개인적으로 7만 5,000달러에서 35만 달러의 벌금을 납부했다.

이 사례는 성공적인 점과 좌절스러운 점을 모두 갖고 있다. 성공의 주요 요인은 미국 기업 관용 프로그램에 있다. 이 프로그램은 실제 죄수 딜레마에서의 배신에 대한 강력한 인센티브를 활용하여, 자발적으로 자백하는 첫 번째 회사는 다른 공모자들이 형사적인 벌금과 징역을 받게 되는 동안, 형사적 처벌에서 완전한 사면을 받았다. 사면은 첫 번째로 나서는 회사에게만 주어졌다. 이 사건에서는 롱푸랑이 공모의 증거로서 당국에게 압도적인 증거를 제공하여 다른 피고가 공소를 쟁점화하지 않고 유죄를 인정하도록 결정하게 만들었다. 그러나 역대급의 벌금과 처벌에도 불구하고, 세계의 형사 및 민사 사법 체계는 카르텔의 불법적 이익의 절반 이상을 회수하지 못했다. 다시 말해, 전문가들이 지적한 대로, 발각될 확률이 낮은 상황에서 국제 가격 고정 공모에 참여하는 것은 여전히 "절대적으로 합리적일 수 있다"고 볼 수 있다. 이 사례에서 드러난 것만큼의 경각심은 여전히 충분하지 않을 수 있다.

Sources: (1) D. Bush et al., 2004, How to Block Cartel Formation and Price-Fixing, Washington: AEI-Brookings Joint Center for Regu-latory Studies; (2) Guardian, 2001, Vitamin cartel fined for price fixing, November 21: www.theguardian.com; (3) C. Hobbs, 2004, The confession game, Harvard Business Review September: 20–21; (4) J. Kwoka & L. White, 2014, The Antitrust Revolution, 5th ed., New York: Oxford University Press; (5) US Department of Justice, 2000, Four foreign executives agree to plead guilty to participating in international vitamin cartel, press release, April 6, Washington: DOJ.

으로 이어지기 쉽다. 가격 경쟁은 종종 "먹느냐 먹히느냐" 로 치열하기 때문에, 기업들은 담합에 대한 강력한 동기를 가질 수도 있다. 1990년대 이래로, 자동차 부품, 반도체 칩, 해운, 비타민 등과 같은 많은 일상품 기업들이 가격 담합으로 유죄 판결을 받았다(실행 전략 8.1).

넷째, 신규 진입자에 대한 진입장벽이 높은 산업(예를 들면 항공산업)은 진입장벽이 낮은 산업(예를 들면 요식업)보다 담합을 하기 더 쉽다. 새로운 진입자들은 새로운 기술이나 모델(다른 말로 파괴)을 사용한 다른 종류의 제품들을 소개함으로써 기존의 산업 질서를 무너뜨리기 쉽다. "별종"으로서, 신규 진입자는 그렇지 않았으면 조용했을 산업에서 돌출행동을 할 수 있다. 1993년 설립된 말레이시아의 에어아시아(AirAsia)는 저가 할인 항공 사업 모델을 아시아로 들여온 선구자 중의 하나이다. 많은 아시아 태평양 국가에 취항하였고, 일반적으로 그 진입은 기존 기업들을 위협하였다. 예를 들어, 에어 아시아의 일본 취항은 일본 항공(Japan Airlines)이 잘 나가는 기존 경쟁업체인 콴타스(Quantas)와 젯스타 재팬(Jetstar Japan)을 설립하여 협력하도록 했다(오프닝 케이스 참고)

마지막으로, 두 경쟁자의 시장이 겹치는 정도로 정의되는 **시장 공통성(market commonality)** 또한 경쟁의 강도에 큰 영향을 미친다. 어떤 시장에서는, 다시장 기업들이 경쟁 기업의 **세력권(sphere of influence)**, 즉 경쟁자에 의해 인정되는 지배력을 존중하는 경우도 있다. 경쟁 기업은 이에 보답할 수 있으며, 이로써 암묵적인 담합으로 이어질 수 있다. 이를 위해서는, 기업들은 서로를 따라 신규 시장에 진입함으로써 다시장 접촉을 만들어야 한다. 에어 뉴질랜드(Air New Zealand), 전일본항공(All Nippon Airways), 일본 항공(Japan Airlines), 싱가포르 항공(Singapore Airlines), 베트남 항공(Vietnam Airlines)과 라이벌과의 시장 공통성을 넓히는 것은 젯스타가 콴타스를 이러한 국가들로 취항하도록 한 주요 이유 중의 하나였다(오프닝 케이스 참고).

**시장 공통성**
**(market commonality)**
두 경쟁자들의 시장이 겹치는 정도.

**세력권**
**(sphere of influence)**
경쟁자가 인정한 우위.

높은 수준의 시장 공통성으로 인한 상호 자제는, 주로 두 가지 요인에 기인한다: (1)억제와 (2)친숙함이다. 억제는 높은 수준의 시장 공통성에서 생겨난다. 기업이 한 시장에서 상대를 공격하면, 상대편 기업은 **교차시장 보복(cross-market retaliation)**을 할 것이며, 어느 쪽도 감당할 수 없는 값비싼 전면전으로 번지게 된다. 친숙함은 한 기업이 라이벌의 행동, 의도, 역량에 대해 알게 됨으로써 암묵적 담합이 강화되는 정도를 말한다. 반복적인 교류는 그러한 친숙함으로 이어지며, 더 큰 상호 존중의 결과를 낳는다. GE의 당시 대표이사였던 제프 이멜트(Jeff Imelt)의 발언은 다음과 같이 말했다.

**교차-시장 보복(cross-market retaliation)**
한 시장이 경쟁사에 의해 공격받을 때 다른 시장에서의 보복.

> *GE는 지멘스(Siemens), 필립스(Philips), 롤스로이스(Rolls-Royce)와 같은 전통적 라이벌들을 존중한다. 그러나, 그들과 어떻게 경쟁해야 하는지를 알고 있다. 그들은 GE를 무너뜨리지 않을 것이다. 하지만 새로운 가격-성능 패러다임을 가진 제품들을 만들어 냄으로써, [민드리(Mindry), 수즐론(Suzlon), 골드윈드(Goldwind), 하이얼(Haier)과 같은] 새롭게 떠오르는 거인들은 GE를 무너뜨릴 수 있을 것이다.*

전반적으로, 산업조직(IO) 경제학(2장 참고)에 의해 뒷받침되는 산업 기반 관점은 경쟁 역학에 대한 통찰의 상당 부분을 구축했다. IO 경제학은 독점 금지 정책에 영향을 미쳤다. 예를 들어, 집중도는 미국의 반독점 당국에 의해 기계적으로 응용되어 왔다. (1982년까지) 수 년 동안, 한 산업의 상위 4개 기업의 집중도가 20%를 초과할 경우, 반독점 조사가 자동적으로 촉발되었다. 하지만, 1980년대 이후, 이러한 기계적인 접근방법은 없어졌는데, 부분적으로는 "카르텔이 구조적인 요건이 충족되지 않는 시장에서 생겨났고, 이론상 이상적인 시장에서는 잘 먹히지 않았기" 때문이다. 분명하게도, 산업 기반 관점은 확실 통찰력이 있지만, 전체 이야기를 설명해 줄 수는 없으며, 따라서 자원 기반 및 제도 기반 관점을 필요로 한다. 이에 대해 다음의 두 섹션에서 소개한다.

## 자원 기반 관점

4장에서 소개된 VRIO 체계에 의해 도출된 여러 자원 기반 요소들은 경쟁 역학과 관련된 의사결정과 행동의 원인이 된다(그림 8.2).

### 가치

기업의 자원은 라이벌들과 경쟁할 때 가치를 창출해 내야만 한다. 예를 들어, 애플이나 삼성이 수많은 국가들에서 동시에 스마트폰을 출시할 때 가진 것과 같이, 복수의 시장에서 공격하기 위한 역량은 라이벌을 균형을 잃게 만듦으로써 가치를 더한다. 마찬가지로, 신속하게 도전에 대응할 수 있는 능력 또한 가치를 더한다. 다른 예는, (아메리칸 항공이 달라스 포트워스를 오가는 것처럼) 주요 시장에서 우세한 위치를 갖는 것이다. 이러한 강한 세력권은 경쟁 기업에게 상당한 위협을 가하고, 그들의 핵심 시장을 적극적으로 방어해야만 한다는 것을 이해하도록 만든다.

### 희소성

특정 자산은 선천적 혹은 후천적으로 (또는 선천적과 후천적 그 둘 다에서) 매우 희소하여, 따라서 경쟁적 역학에 있어 상당한 우위를 가져다준다. 아랍항공(Emirates Airlines)은, 두바이를 본거지로 하는 최적의 지리적 입지를 가졌을 뿐 아니라, 협조적인 정부에 의해 지원을 받는 잘 운영되는 조직이다. 런던 히드로 공항을 본거지로 하는 영국항공(British Airways, BA)과 같은 다른 항공사들은, 주변 지역 사회들로부터의 불만으로 인해, 밤에는 일부 항공기를 운항할 수 없으며 공항을 확장할 수도 없다. 아랍항공은 두바이에서 공항의 운항 금지 시간에 의해 방해받지 않으며 대대적인 공항 확장 계획도 추진할 수 있다. 또한, 아랍항공은 주로 장거리 노선을 운항하기 때문에 비행기들은 하루에 18시간을 운항함으로써, 아랍 항공의 항공기들은 업계에서 가장 열심히 일하고 가장 많이 사용된다. 이러한 지리적 우위와 조직적 우위의 조합은 매우 희소하며, 따라서 아랍항공이 세계 최대의 항공사의 하나로 비상하도록 만들었다.

### 모방 가능성

대부분의 경쟁자들은 서로를 살펴보며, 아마도 그들의 라이벌이 어떻게 경쟁하는지에 대해 (비록 정확할 필요는 없다 하더라도) 매우 종합적인 이해를 하고 있다. 하지만, 그 다음의 문제는 어떻게 성공적인 경쟁자를 모방하느냐이다. 예를 들어, 매우 효과적인 점포 운영의 기량에도 불구하고, 월마트(Walmart)는 아마존(Amazon)의 전자 상거래 역량을 모방하는데 있어 어려움을 겪는다.

## 조직화

어떤 기업들은 기습 공격이나 "치고받기"와 같은 도전에 응하는 것과 같은 경쟁적인 행동을 위해 더 잘 조직화되어 있다. 치열한 "전사와 같은" 문화는 최고경영진의 헌신 뿐만 아니라, "참호속의 병사들"까지 직원들의 참여를 필요로 한다. 콴타스가 젯스타를 성공적으로 운영한 반면(오프닝 케이스 참고), 많은 유수 항공사들은 저비용 자회사를 공격 브랜드로서 성공적으로 운영하는데 실패한다. **공격브랜드(fighter brand)**는 기존 기업의 프리미엄을 보호하며 저가 라이벌과 싸우기 위해 계획된 브랜드(그리고 자회사)를 말한다. 예를 들어, BA는 고우(Go)를, 콘티넨탈(Continental)은 라이트(Lite)를, 델타(Delta)는 송(Song)을, SAS는 스노우플레이크(Snowflake)를, 유나이티드(United)는 테드(Ted)를 만들었다. 이들 모두는 실패했다. 이것은 이러한 유수 항공사들은 그들보다 작고, 더욱 유연하고, 더욱 사업가적인 저가 경쟁사들의 특성으로 정의되고 있는 민첩하고, 사업가적이며, 시장 지향적인 조직의 역량을 결여하고 있기 때문이다. 천천히 움직이는 기업들이 갑자기 일어나서 더욱 공격적으로 되는 것은 어렵다.

**공격브랜드 (fighter brand)** 기존 기업의 프리미엄을 보호하며 저가 라이벌과 싸우기 위해 계획된 브랜드(그리고 자회사.

## 자원 유사성

**자원 유사성(resource similarity)**은 "주어진 경쟁자가, 형태적 및 양적 측면 모두에서 해당 기업과 비교할만한 전략적 기량을 소유하는 정도"로 정의된다. 자원 유사성의 수준이 높은 기업들은 유사한 경쟁 행동을 하기 쉽다. 개인 컴퓨터 시장에서, 1990년대 IBM과 애플은 많은 자원의 유사성을 가졌고, 그래서 그들은 많이 싸웠다. 이들은 왜 최근에는 많이 경쟁하지 않는가? 한 가지 이유는 그들의 자원 유사성의 수준이 낮아졌기 때문이다. 최근, IBM은 자원 유사성의 많은 부분을 공유하고 있는 클라우드 컴퓨팅에서 IBM은 아마존과 싸워야 한다.

**자원 유사성 (resource similarity)** 주어진 경쟁 기업이 해당 기업과 비교하여 전략적 자원들을 소유하고 있는 정도.

## 경쟁 분석

자원 유사성과 (이전에 설명한) 시장 공통성을 같이 놓고 보면, 라이벌의 조합들에 대한 2 x 2 경쟁 분석 체계를 만들어 낼 수 있다(그림 8.4). 셀 4에서는, 두 개의 기업들은 자원 유사성이 높지만 낮은 시장 공통성(낮은 상호 자제)을 갖기 때문에, 경쟁의 강도는 가장 높을 것이다. 반대로, 셀 1에서는, 두 회사는 자원 유사성은 낮지만 시장 공통성이 높기 때문에, 경쟁의 강도는 가장 낮을 것이다. 셀 2와 셀 3은 중간 정도의 경쟁 수준을 보인다.

예를 들어서, 잘 나가는 스타벅스와 견실한 맥도날드는 자원 유사성이 매우 낮았었다. 그

## ■ 그림 8.4 경쟁기업들 사이의 경쟁 분석 체계

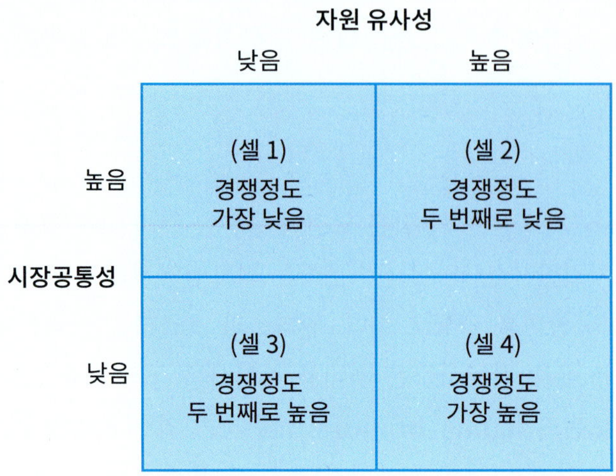


Sources: Adapted from (1) M. Chen, 1996, Competitor analysis and interfirm rivalry (p. 108), Academy of Management Review 21: 100–134; (2) J. Gimeno & C. Woo, 1996, Hypercompetition in a multimarket environment (p. 338), Organization Science 7: 322–341.

둘은 모두 높은 시장 공통성을 가져, 둘 모두 미국 전역을 덮을 정도로 많은 지점을 가졌다. 달리 말해, 그들은 가장 낮은 경쟁 강도의 셀 1에 있었다. 하지만, 최근 맥도날드가 "고급화" 하고자 하면서 스타벅스의 영역을 침범하도록 계획된 아이스 커피와 같은 제품들을 출시했다. (2008-2009년의) 금융위기 이후, 수익 압박으로 인해, 스타벅스는 저렴한 음료와 인스턴트 커피를 내놓으며 "저가 시장"으로 가는 것처럼 보였다. 그러므로, 그들의 자원 유사성은 높아졌다. 두 기업의 시장 공통성이 여전히 높은 것을 고려할 때, 이들의 경쟁은 셀 1에서보다 경쟁 강도가 더 높은 셀 2로 옮겨지게 되었다.

또 다른 사례는, 1990년대 중반 미국 TV 방송 산업에 폭스(Fox)가 진입하기 이전에는, ABC, CBS, NBC 세 개의 기존기업들은 셀 2에서 상대적으로 조용하고 신사적인 경쟁을 즐기고 있었다. 하지만, 폭스의 진입은 경쟁이 가장 심한 셀 4로 경쟁을 이동시켰다. 주된 이유는 폭스가 미국 내에서 뿐만 아니라 호주(그 모국), 영국, 아시아 태평양, 인도에서도 활동적인 뉴스코퍼레이션(News Corporation)의 완전 소유 자회사이기 때문이다. 다시 말해, 폭스와 뉴스코퍼레이션은 미국 중심이었던 세 기존 기업들과의 시장 공통성이 낮았다. 다른 곳에서의 관계를 걱정할 필요 없이, 폭스는 기존 기업들에게 연속적으로 가차없는 공격을 퍼부었고, 미국 TV 방송 산업에서 선두주자가 되기 위해 치고 나갔다.

정리하자면, 그림 8.4에 소개된 차원에 따라 성실한 매핑을 하는 것은, 경영자들이 그들의 분석적 초점을 날카롭게 다듬어 주고, 각 경쟁자들의 위험의 정도에 비례하여 자원을 배분하

## 실행 전략 8.2 Emerging Markets

### 알리바바와 아마존

경영자, 언론인, 학생들은 종종 에어버스 대 보잉, 페덱스 대 UPS와 같은 다국적 기업(MNE) 간의 경쟁에 매료되지만 국내 기업이 다국적 기업의 공격에 대처하는 방법에 대해서는 알려진 바가 훨씬 적다. 경쟁적인 역학은 한 번에 일어나는 것이 아니다. 종종 기업들은 여러 라운드를 통해 서로 경쟁을 벌이게 된다. 아마존과의 경쟁에서 알리바바가 어떻게 싸우는지는 이러한 다중 라운드의 경쟁 역학에 대한 좋은 예이다 (그림 8.5 참조).

1999년에 설립된 알리바바(Alibaba)는 사실 아마존에서 영감을 받았다. 1995년, 친구들을 만나기 위해 처음 미국을 방문한 마윈은 시애틀을 방문했다. 그는 처음으로 인터넷이라는 새로운 기술을 경험하고, 또한 시애틀에서 설립된 아마존이라는 매력적인 신생 기업에 대해 들었다. 알리바바는 기업 대 기업(B2B) 포털로 시작했다. 알리바바는 빠르게 성장했지만, 아마존이 중국에 진출한 2004년에는 알리바바가 멸망할 것으로 여겨졌다. 아마존은 중국의 아마존과 더 직접적으로 경쟁하는 온라인 서점인 조요를 7,500만 달러에 인수하기로 선택했다. 이로써 1라운드가 시작되었고, 일련의 초기 전투가 벌어졌다. "amazon.cn"이라는 URL은 미국, 캐나다, 프랑스, 독일, 일본, 영국에 이어 아마존의 일곱 번째 지역 웹사이트가 되었다. 분명히, 아마존은 승리하기를 원했고, 알리바바는 싸움에 집중했다.

2라운드에서, 아마존은 여러 가지 실수를 저질렀지만, 알리바바는 글로벌 브랜드인 리바이스와 디즈니와 같은 기

**그림 8.5 경쟁 역학의 세 가지 라운드**

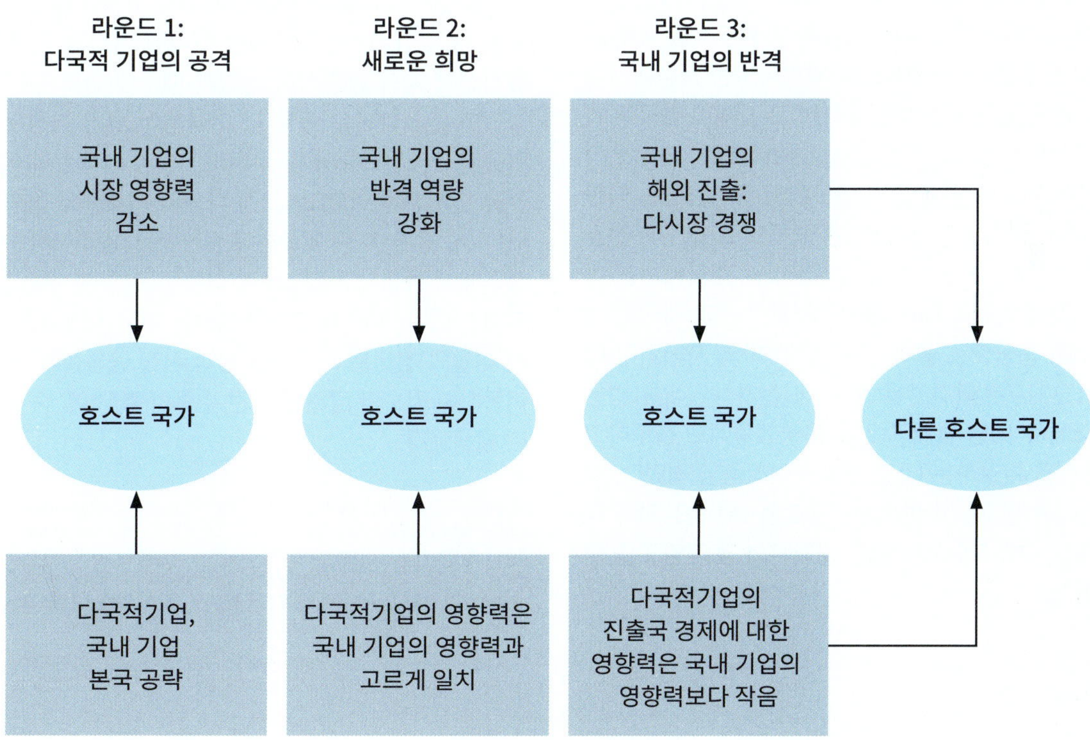


Source: Adapted from C. Mutlu, W. Zhan, M. W. Peng, & Z. Lin, 2015, Competing in (and out of) transition economies (p. 575), Asia Pacific Journal of Management 32: 571–596.

업이 중국의 중산층에 접근할 수 있도록 도와주는 아마존과 유사한 기업 대 소비자(B2C) 포털인 Tmall을 제공했다. 하지만 중국 이외에서는, 이에 대해 아는 사람이 거의 없었던 반면, 세계 모든 사람이 아마존에 대해서는 알고 있다. 알리바바는 11월 11일인 싱글스 데이를 위해 “더블 11”이라는 상표를 등록했는데, “1”은 외로운 싱글 남성을 나타내는 중국 속어로 “빈 막대기”를 의미하다. 결과적으로, 알리바바는 그날 상당한 쇼핑 거래량을 유치하여 싱글들에게 "자신에게 친절하게" 하도록 유도했다. 알리바바는 Alipay와 Alifinance와 같은 여러 가지 혁신을 선보였다. 결국 알리바바는 "중국의 아마존"으로 알려지게 되었다. 이렇게 광범위하게 알려진 별명은 적어도 중국에서 알리바바와 아마존 사이의 평등한 영향력을 나타내었다. 마침내 아마존은 더 맞춤화된 서비스를 제공하는 알리바바를 따라잡기 위해 상당한 어려움을 겪기 시작했다.

3라운드는 2014년 9월 뉴욕 증권거래소에서 알리바바의 IPO로 시작되었으며, 성공적으로 250억 달러를 모금했다. 알리바바는 국내뿐만 아니라 국제시장으로 진출하기 시작하여 반격했다. 국내적으로 알리바바는 2018년 11월 11일 310억 달러라는 기록적인 상품 판매를 기록하며 광군제를 세계 최대의 쇼핑 날로 만들었다. 국제적으로 알리바바는 동남아시아를 시작으로 수많은 해외 국가에 진출하며 그 자체로 다국적 기업이 되었다. 2017년 알리바바는 Snapdeal의 5%, Paytm의 62%를 인수하여 인도에 진출했다. 인도에서 알리바바는 아마존과 다시 만났다. 아마존은 2013년에 처음으로 인도에 진출했다. 인도에서 아마존과 만나면서 알리바바는 중국에서만 아마존과 싸우는 것이 아니라 여러 국가에서 아마존과 다국적 시장에서 경쟁했다. 중국으로 돌아가면 알리바바의 지배력이 너무나 완벽해서 2019년 아마존은 중국 내 전자상거래 사업을 폐쇄했다. 중국에서 10년 넘게 사업을 운영했음에도 불구하고 중국에서 견인력을 확보하는 데 오랫동안 어려움을 겪었다. 알리바바의 관점에서 볼 때, 알리바바는 글로벌 1위 경쟁자와 다국적 시장 접촉을 구축함으로써 중국 내에서의 경쟁 강도를 줄이는 데 성공했다.

### 그림 8.6 MNE와 국내 기업(DF) 간의 경쟁 강도

| 시장 공동성 \ 자원 유사성 | 낮음 | 높음 |
|---|---|---|
| 높음 | (셀 1) | (셀 2)<br>라운드 3:<br>DF가 반격함<br>온건한 경쟁 |
| 낮음 | (셀 3)<br>라운드 1:<br>MNE의 공격<br>가벼운 경쟁 | (셀 4)<br>라운드 2:<br>새로운 희망<br>치열한 경쟁 |

Source: Adapted from C. Mutlu, W. Zhan, M. W. Peng, & Z. Lin, 2015, Competing in (and out of) transition economies (p. 577), Asia Pacific Journal of Management 32: 571–596.

그림 8.4의 경쟁사 분석 프레임워크를 사용하여 알리바바와 아마존 간의 세 라운드 경쟁 상호 작용을 그림 8.6과 같이 설명할 수 있다. 1라운드에서는 다국적 기업과 국내 기업이 자원 유사성과 시장 공통성이 낮았기 때문에(아마존은 많은 국가에 있었고 알리바바는 중국 단 하나뿐이었다) 경쟁은 상대적으로 약했다. 2라운드에서 알리바바는 먼저 아마존의 제품과 유사한 것을 먼저 제공하였고, 그런 다음에 아마존의 능력을 뛰어넘었다. 다시 말해, 자원 유사성이 증가했다. 알리바바는 여전히 주로 중국에서 경쟁하고 있었으며 아마존은 전 세계적인 영향력을 가지고 있었다. 따라서 그들의 경쟁은 가장 치열해졌다. 3라운드에서 이들의 경쟁은 자원 유사성과 시장 공통성이 모두 높은 셀로 이동하여 강도가 감소된 중간 수준의 경쟁(예: 중국에서의 경쟁)이 발생했다.

Sources: This case is written by Professor Canan Mutlu (Kennesaw State University). Based on (1) Y. Li & J. Li, 2015, Amazon goes global, case, Ivey Business School, University of Western Ontario; (2) C. Mutlu, W. Zhan, M. W. Peng, & Z. Lin, 2015, Competing in (and out of) transition economies, Asia Pacific Journal of Man-agement 32: 571–596; (3) M. W. Peng, 2017, The rise of Alibaba, in Global Business, 4th ed. (pp. 315–316), Boston: Cengage.

며, 불쾌한 놀라움을 피하도록 도울 수 있다. 더 나아가, 경쟁적인 행보는 한 라운드에서만 일어나지 않는다. 실행 전략 8.2는 그러한 경쟁 역학의 진화를 설명하기 위해 알리바바와 아마존 간의 세 번의 라운드에 걸친 사례를 보여준다.

## 제도 기반 관점

제도 기반 관점은 경영자들이 국내 및 국제적인 경쟁을 지배하는 "게임의 규칙"에 매우 정통할 것을 충고한다. 간단히 말하면, 자유 시장은 자유롭지 않다. 많은 제도적 제한이 존재한다. 이번 섹션은 왜 그러한 것인지에 대해 설명한다.

### 국내 경쟁을 지배하는 공식적인 제도: 반독점을 중심으로

국내의 경쟁을 지배하는 공식적 제도는, "시장 시스템을 만들어 내는 경쟁과 협력의 제도적인 믹스를 결정하는" **경쟁 정책(competition policy)**에 의해 크게 정해진다. 우리에게 특별히 관계가 있는 것은 독점과 카르텔을 막기 위해 고안된 **반독점 정책(antitrust policy)**이라고 불리는 분야이다. 경쟁과 독점금지 정책은 효율성과 공정성간의 균형을 잡도록 한다. 효율성은 상대적으로 이해하기는 쉬운 반면, 종종 무엇이 공정한가에 대해 합의하는 것은 어렵다. 미국에서, 공정성은 기존기업과 신규 진입자들에 대한 동등한 기회를 의미한다. 기존기업이 가격을 고정하고 신규 진입자를 막기 위한 진입 장벽을 세우는 것은 "불공정"하다. 하지만, 일본에서는 공정성은 반대를 의미한다. 한 분야에 오랜 시간 투자하고 사업을 성장시킨 기존기업은 신규 진입자로부터 보호될 가치가 충분히 있다. 미국인들이 찬성의 의미로 "시장 활력"이라고 부르는 것을, 일본인들은 부정적으로 "시장 교란"이라고 부른다. 일본인들에게 이상적인 것은 "질서있는 경쟁"이지만, 미국인들에게는 "담합"으로 불릴 수 있다. 종합적으로, 미국의 독점금지 정책은 친경쟁적이며 친소비자적인 반면, 일본의 접근방법은 친기존기업적이며 친생산자적이다. 누가 옳고 누가 틀렸는지를 여기에서 논쟁하는 것은 어렵지만, 경영자들은 전 세계적으로 경쟁할 때 이러한 중요한 차이점을 알고 있는 것이 필요하다.

**경쟁 정책(competition policy)** 시장 시스템을 만들어내는 경쟁과 협력의 제도적인 믹스를 결정하는,경쟁에서의 게임의 법칙을 지배하는 정책.

**반독점 정책(antitrust policy)** 독점, 카르텔, 트러스트를 막기 위해 고안된 경쟁 정책.

표 8.2는 세 가지 주요 미국의 반독점 법들과 다섯 가지 대표적인 사건들을 소개하고 있다. 경쟁과 독점금지 정책은 가격 담합과 약탈적 가격 책정에 초점을 둔다. **가격 담합(collusive price setting)**이란 독점 기업이나 담합 당사자들이 경쟁적인 수준보다 더 높은 수준에서 가격을 고정하는 것을 말한다. 전 세계 비타민 카르텔은 인위적으로 30-40% 더 높게 가격을 인위적으로 높임으로써 유죄판결을 받았다.

다른 관심 분야는 **약탈적 가격 책정(predatory pricing)**으로, (1)원가아래로 가격을 낮게 책정하며 (2)장기적으로 경쟁자를 제거한 후에는 손실을 만회하기 위해 가격을 대폭 올리려는

**가격 담합(collusive price setting)** 독점 기업 혹은 담합에 참여하는 기업들이 경쟁적 수준보다 높은 수준으로 가격을 설정하는 것.

**약탈적 가격책정(predatory pricing)** (1)원가보다 가격을 낮게 책정하여 (2)경쟁 기업들을 제거해 버린 후 장기적인 손실을 만회하기 위해 가격을 올리려는 의도를 갖는 것.

### 표 8.2 주요 반독점법들과 미국에서의 역사적인 소송 사건들

| 주요 반독점법 | 역사적인 소송 사건들 |
|---|---|
| **1890년의 셔먼법(Sherman Act)**<br>• 산업을 독점하거나 독점을 시도하는 것은 불법이다.<br>• 독점을 하거나, 독점을 시도하거나, 몇몇 주들 사이에서 또는 해외 국가들과 무역이나 거래의 어떤 부분들을 독점하기 위해 어떤 사람들과 단합 또는 공모하는 모든 사람들은 경범죄를 범한 것으로 여겨진다.<br>• 명시적 담합은 확실히 불법이다.<br>• 암묵적 담합은 비록 법의 정신에 반하지만, 중간 영역이다.<br>**1914년의 클레이튼법(Clayton Act)**<br>• 기업의 행위를 규제하기 위해 연방거래위원회 (FTC)를 창립하였다.<br>• 기업들이 해로운 사업 관행들에 참여하는 것을 막기 위해 FTC에게 권한을 주었다.<br>**1976년의 하트-스코트-로디노법 (Hart-Scott-Rodino Act: HSR)**<br>• 기업들이 내부 문서들을 제출하도록 요구하기 위해 법무부(DOJ)에게 권한을 주었다.<br>• 3배 손해배상청구소송을 착수하기 위해 주검찰 총장들(state attorneys general)에게 권한을 주었다. | **Standard Oil (1911)**<br>• 85%가 넘는 미국 시장점유율을 갖고 있었다.<br>• 독점 유죄 판결을 내렸다.<br>• 몇몇 작은 기업들로 분해되었다.<br>**알코아(ALCOA) (1945)**<br>• 미국 알루미늄 잉곳 시장의 90%를 차지했다.<br>• 독점 유죄 판결을 내렸다.<br>• 경쟁기업들의 진입에 보조금을 주도록 명령했고 공장들을 매각했다.<br>**IBM (1969-1982)**<br>• 70%의 미국 컴퓨터 시장점유율을 갖고 있었다.<br>• 독점 관련 DOJ에 의해 고소당했다.<br>• 레이건 정부에 의해 소송이 취하되었다.<br>**AT&T (1974-1982)**<br>• 1900년대 이후로 합법적인 "자연 독점"이었다.<br>• 독점 관련, 특히 신규 진입자들을 막는 노력으로 인해 DOJ에 의해 계속해서 고소당했다.<br>• 분해하도록 명령되어졌다.<br>**Microsoft (1990-2001)**<br>• MS-DOS와 Windows는 85%의 시장점유율을 갖고 있었다.<br>• 독점 및 불법적 제품 묶음 때문에 DOJ, FTC, 22개 주검찰총장들에 의해 고소당했다.<br>• 1994년에 합의되었고, 2000년에 2개 기업으로 분할하라고 명령되어 졌으며, 2001년에 항소로 인해 기업 분할 판결은 번복되었다. |

의도를 갖는 것("독점을 하기 위한 시도")을 말한다. 이것은 논란의 여지가 큰 부분이다. 첫째, 무엇이 정확히 "원가"를 구성하는지가 분명하지 않다. 둘째, 기업들이 원가 아래로 가격을 책정하는 것을 발견한다고 하더라도, 미국 법원은 경쟁기업이 제거하기에 너무 많은 경우, 한 기업이 가격을 낮게 책정한 후에 다시 끌어올린다고 하더라도 이미 발생한 손실을 충당할 수 없으며, 따라서 이러한 가격 정책이 "약탈적"이라고 부를 수 없다고 판결을 내렸다. 이것은 대부분의 산업에서도 마찬가지인 것으로 보인다. 이러한 두 가지의 법률적인 검사는 미국에서 (국내에서의) 약탈 사건에서 승소하는 것을 극도로 어렵게 만들었다.

세 번째 관심 영역은 치외법권, 즉, 한 나라의 법이 다른 나라에도 적용되는가이다. 미국 법원은 일방적으로 (그 둘 중 일부는 다른 국가에서는 합법일 수도 있는) 비미국 회사들의 카르텔을 처벌하며 스스로 책임을 떠맡고 있다. 한 가지 예는 (1940년대와 2000년대 사이) 60년 동안 미국 반독점 당국에 의해 추적되었던 드비어스(De Beers)가 주도하는 다이아몬드 카르텔이다.

레이건 시대 이래, 미국의 독점금지법의 집행은 일반적으로 점점 관용적이 되고 있다. 경쟁자들 간의 전략적 제휴가 1980년 이후 확산된 것은 우연이 아니다(7장 참고). 하지만, 이러한 투명성과 관용성에도 불구하고, 법적 기준은 여전히 애매모호하다. 1996년, 보잉(Boeing)은 맥도널 더글라스(McDonnell Douglass)를 인수하는 것을 승인받았음으로써, (적어도 국내적으로는) 상업용 항공기 시장에서 진정한 독점을 낳았다. 하지만, 2011년, AT&T가 T-Mobile을 인수하는 것은, 두 기업이 결합 후 전국적인 시장 점유율이 40%를 간신히 넘을 것임에도 불구하고, 승인받지 못했다. 한 국가 내에서도 독점금지 법의 적용이 이렇게 변덕스럽고 일관적이지 않은 것을 고려하면, 다른 국가에 독점금지 법을 국제적으로 적용하는 것이 예측하기 어렵고 힘든 일이라는 것을 이해하는 것은 쉬운 일이다(논쟁과 확장 및 클로징 케이스 참고).

## 국제적 경쟁을 규제하는 공식적인 제도: 반덤핑을 중심으로

약탈적 가격 책정과 같은 정신에서, **덤핑(dumping)**은 (1)수출기업이 원가보다 낮은 가격에 판매하고 (2)현지 라이벌을 제거한 후에 가격을 대폭 올리려고 계획하는 것으로 정의된다. 국내적인 포식 행위가 대개 "반경쟁적"으로 비춰지는 반면, 초국경적 덤핑은 종종 "불공정"한 것으로 감정적으로 비난을 받는 경우가 많다.

**덤핑(dumping)**
수출기업이 원가보다 낮은 가격으로 해외 수출을 하고, 현지 라이벌을 제거한 후에 가격을 올리고자 계획하는 것.

다음의 두 시나리오를 생각해 보자. 첫 번째, 인디애나의 철강 제조업체가 텍사스의 새로운 시장에 진출할 때, 그 기업은 인디애나의 가격보다 낮은 가격을 제시함으로써, 텍사스에서 10%의 시장 점유율을 확보한다. 텍사스의 기업들은 두 가지 선택지가 있다. 첫째는 "약탈적 가격 책정"을 이유로 인디애나 업체를 상대로 법적 소송을 개시하는 것이다. 하지만, (1)인디애나 업체가 원가 이하의 가격에 판매한다는 것과 (2)그 업체의 가격 책정이 "시장 독점을 위한 시도"라는 것을 증명하는 것은 어렵다. 미국 독점금지법하에서, 이러한 포식적 행위에 대한 사건에서 승소하는 것은 불가능하다. 따라서, 텍사스 기업들은 대개, 인디애나의 고객들에게 더 낮은 가격을 제공하는 것으로 보복을 하는 두 번째 옵션을 선택하기 매우 쉽고, 결국 텍사스와 인디애나의 소비자들이 이득을 보게 된다.

이제 두 번째 시나리오에서는, "침입하는" 업체가 인디아나가 아니라 인도에 있다. 다른 상황이 모두 동일한 상황에서, 텍사스 업체들은 인도 회사가 덤핑을 한다고 주장할 수 있다. 미국의 **반덤핑법(antidumping law)** 하에서, 텍사스 제조업체들은 "독점금지법의 구제를 받는 것은 고사하고, 독점금지법 클레임이 먹히지도 않을 똑같은 사실관계를 가지고도 법적인 구제를

**반덤핑 법률 (antidumping laws)**
국내 시장에서 덤핑에 참여한 외국 기업들을 처벌하는 법률.

받는 것이 거의 확실할" 것이다. 인도업체들에게 덤핑 관세를 부과하는 것은, 텍사스 업체들이 인도에 진입함으로써 역공해야 할 인센티브를 줄이게 되며, 텍사스와 인도 모두에서 더 높은 가격을 초래하여, 결국 소비자들이 피해를 입게 됨에 주목하라. 이 두 가지 가상의 시나리오는 매우 현실적이다. 호주, 캐나다, EU, 미국에서의 부당한 덤핑으로 판결된 사례의 90%는, 그들의 독점금지법 하에서 만일 다른 국내 기업들 간에 이루어졌다면 결코 문제 되지 않았을 것이라는 것이 OECD의 연구에서 보고되었다. 외국인 책임의 덕분에, 외국 기업들은 공식적인 게임의 규칙에 의해 차별을 받는다.

차별은 실제의 반덤핑 조사에서도 분명하다. 일반적으로 국내 기업이 유관 정부 당국에 사건을 접수한다. 미국에서는, (상무부의 한 부처인) 국제무역청과 (독립 기관인) 국제무역위원회의 관할이다. 다음으로 이들 정부 기관들은 덤핑 혐의가 있는 외국 회사에 장문의 질문지를 보내고, 30-45일 이내에 미국 회계기준 (US GAAP)를 이용해 복잡한 그들 고유의 비용 및 가격 책정에 대한 자료를 영어로 제출할 것을 요구한다. 이를 요구받는 외국 기업의 상당수는 US GAAP에 친숙하지 않기 때문에 제 때에 자료를 제출하는 것에 실패한다. 조사는 다음의 네 가지 중의 하나로 진행될 수 있다:

- 만약 외국 회사로부터 자료가 오지 않는다면, 혐의를 제기한 회사에 의해 제공된 데이터가 증거가 되며, 원고가 쉽게 이길 수 있다.
- 만약 외국 회사들이 데이터를 제공한다면, 그때는 혐의를 제기한 회사는 "원가가 그렇게 낮을 리가 없다"며 불공정한 외국인들이 거짓말을 한다고 여전히 주장할 수 있다.
- 만약 낮은 원가 데이터가 사실로 확인된다고 하더라도, 미국(그리고 EU)의 반덤핑 법은 원고가 이들 데이터가 "공정"하지 않다고 주장하는 것을 허용한다. 중국의 경우에는, 중국이 아직 "비시장" 경제이기 때문에 정부의 간섭으로 인해 원가 데이터가 "심각한 왜곡"을 반영한다는 것으로 논쟁은 진행된다. 임금은 낮을 수 있지만, 노동자들이 저가 주택과 정부 보조금 혜택 또한 제공받을 수도 있다는 것이다. 루이지애나주와 중국 민물가재 생산업체 간의 소송의 경우, 이것은 결국 시장 경제에서 민물가재를 기르는데 가설적으로 원가가 얼마나 드느냐의 문제로 귀결되었다. 이 특별한 케이스에서는, 특이하게도 스페인이 선택되었다. 스페인에서 민물 가재를 기르는 원가가 루이지나에서 기르는 원가와 비슷했기 때문에, 엄청난 반대에도 불구하고 중국 업체는 스페인의 원가보다 낮게 미국에 덤핑을 한 것에 대해 유죄 판결을 받았다. 결과적으로 중국 민물가재 공급업체에 110-123%의 수입 관세가 부과되었다.
- 네 번째 가능한 결과는 피고가 승소하는 경우이다. 그러나 이러한 경우는 매우 드물고, 미국에서 반덤핑 소송의 단지 5% 내에서만 일어난다. 최근의 널리 알려진 사건은 보잉

(Boeing)대 봄바디어(Bombardier) 소송으로, 2018년 보잉이 승소했다.

어느 연구에 따르면 (결과에 관계없이) 반덤핑 청원을 접수하는 것만으로도 미국 상장회사들은 주가가 결코 적지 않은 1%의 상승(시장 가격 기준 4600만 불)을 가져온다고 보고한다. 확실히, 월가는 미국 정부가 자국 기업을 편애 한다는 것을 알고 있다. 전 세계적으로, 이것은 각국 정부는 일반적으로 반덤핑 조사에서 자국의 회사들을 보호한다는 것을 의미한다. 반덤핑 소송은 전 세계적으로 확산되는 것은 놀라운 일이 아니다. 본국 시장에 의존하고 있는 회사들에게 제도 기반 관점의 메시지는 명확하다. 당신의 국가의 반덤핑 법을 이해해야 한다. 해외 시장에 진출에 관심이 있는 회사들에게 주는 제도 기반 관점의 메시지 또한 명확하다. 해외 시장에서 가격을 책정할 수 있는 자유는 국내 시장에서보다 훨씬 작다. 즉 "자유 시장" 경쟁에서 "자유"를 없애라.

종합하면, 반덤핑 보호와 같은 제도적 요소들은 그저 단순히 "배경"이 아니다. 그것은 직접적으로 기업들이 경쟁적인 전투를 치를 때, 기업의 무기의 일부이다. 다음으로 두 가지 주요한 행동 아이템에 대해 살펴본다.

# 공격과 반격

가격 인하, 광고 캠페인, 시장 진입, 신제품 도입, 법적소송 등의 형태로, **공격(attack)**은 경쟁 우위를 확보하기 위한 일련의 초기의 행동들로 정의된다. 그 결과, **반격(counterattack)**은 공격에 대응한 일련의 행동으로 정의된다. 이 섹션은 (1)공격의 주된 종류에는 어떤 것들이 있는지 (2)어떠한 종류의 공격이 더욱 성공적인지에 초점을 맞춘다.

**공격(attack)**
경쟁 우위를 확보하기 위한 초기의 행동.

**반격(counterattack)**
공격에 대한 대응행동.

## 세 가지 종류의 공격

공격의 세 가지 주요 형태는 (1)찌르기 (2)속이기 (3)갬빗이 있다. 그림 8.7이 보여주는 것과 같이, **찌르기(thrust)**는 완력의 힘으로 하는 고전적인 정면공격이다. 2000년, 신규 진입자인 버진 블루(Virgin Blue)는 수십 년 동안 안락한 복점을 누려온 빅 투(Big Two)인 콴타스(Quantas)와 안셋(Ansett) 간의 잔혹한 가격 전쟁에 직접 뛰어들며, 호주 시장을 정면으로 찔렀다. 당시 놀란 콴타스는 대항 브랜드인 젯스타를 출범시켰다(오프닝 케이스 참고).

**찌르기(thrust)**
고전적인 정면 공격.

농구에서 **속이기(feint)**는, 한 방향으로 가는 척하다가 다른 방향을 향해 공격해 나가는, 방어 선수를 속이기 위한 전략이다. 그림 8.8에서 보듯이, 경쟁 역학에 있어 속이기는, 공격 기업이 실제로 목표로 하는 부문이 아님에도 불구하고, 경쟁 회사에게 중요한 시장을 공격하는 것이다. 속이기는 다음에는 공격자가 실제 목표 시장에 자원을 집중하는 것으로 이어진다. 필립 모리스(Philip Morris)와 R.J. 레이놀드(R.J. Reyolds, RJR) 간의 "말보로 전쟁"을 생각해 보자. 1990년대에, 두 회사의 전통적인 핵심 시장인 미국에서 그 이전 1980년대 대비 15%의 하

**속이기(feint)**
공격 기업이 실제로 타겟으로 하는 부문이 아님에도 경쟁 회사에게 중요한 시장을 공략하는 것.

■ 그림 8.7 찌르기

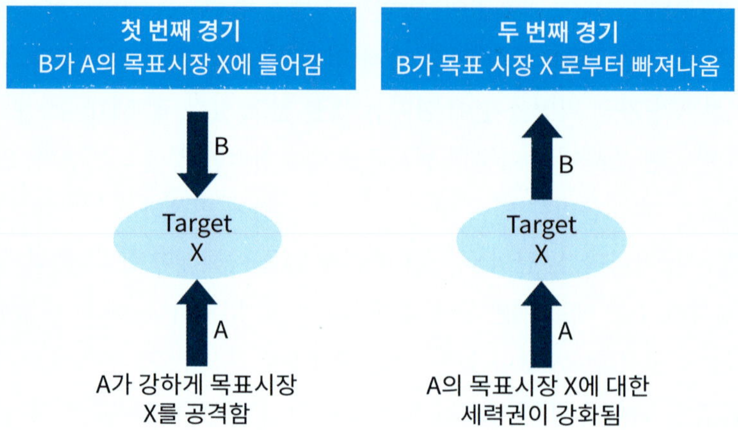


Source: Adapted from R. McGrath, M. Chen, & I. MacMillan, 1998, Multimarket maneuvering in uncer-tain spheres of influence (p. 729), Academy of Management Review 23: 724–740.

락을 경험했다. 두 회사 모두 급성장하고 있는 중동부 유럽(CEE)에 관심을 가졌다. 필립모리스는 주력 브랜드인 말보로의 가격을 어느 날(1993년 4월 2일로, "말보로 금요일"로 불리게 되었다) 20% 내림으로써 속이기 전략을 시행했다. 이런 맹렬한 행보에 맞서며, RJR은 CEE를 위해 할당해 두었던 상당량의 자원을 미국 시장방어를 위해 돌려야 했다. 필립 모리스는, 결국, 빠르게 CEE를 장악할 있었다.

**갬빗(gambit)**
더 가치가 높은 시장을 선점하기 위해서 가치가 낮은 시장에서 철수해 경쟁사가 저가치 시장에 자원을 더 쓰도록 유도하는 것.

체스에서, **갬빗(gambit)**은 더 가치가 높은 말을 잡기 위해 낮은 가치의 말을 희생하는 것이다. 경쟁적으로 이와 동등한 것은, 더 가치가 높은 시장 어딘가를 확보하기 위해서, (해당 기업의 눈에는) 가치가 낮은 시장에서 철수하여 경쟁사가 그 시장에 자원을 쓰도록 유인하는 것이다(그림 8.9). 2018-2019년, 알래스카항공(Alaska Airlines)과 사우스웨스트 항공(Southwest Airlines) 간의 일련의 행보는 이러한 갬빗을 보여준다. 2018년, 시애틀 기반의 알래스카 항공은 달라스 러브 필드(DAL, 사우스웨스트의 본거지)에서 뉴욕 라구아디아(LGA)와 워싱턴 리건 국제공항(DCA) 구간의 가치가 낮은 시장에서 철수하고 알래스카로 향했다. DAL에서 LGA와 DCA 구간의 시장은 분명히 사우스웨스트에게는 높은 가치를 주었다. 달라스에서 이착륙하는 사우스웨스트의 세력권을 존중하며, 알래스카는 LGA에서 모든 비행 슬롯과 DCA에서의 단거리 구간 슬롯을 사우스웨스트에게 임대하였고, 사우스웨스트는 반갑게 그것들을 받아들였다. 동시에, 사우스웨스트는, 알래스카에 있어 주요 미서부 연안 시장이 갖는 중요성을 고려하여, 샌프란시스코(SFO)와 포틀랜드(PDX) 사이의 항공운항에서 철수했다.

최근의 사례는 시애틀 시내에서 북쪽으로 25마일(40킬로) 거리에 있는 도시인 워싱턴주 에

**그림 8.8 속이기**

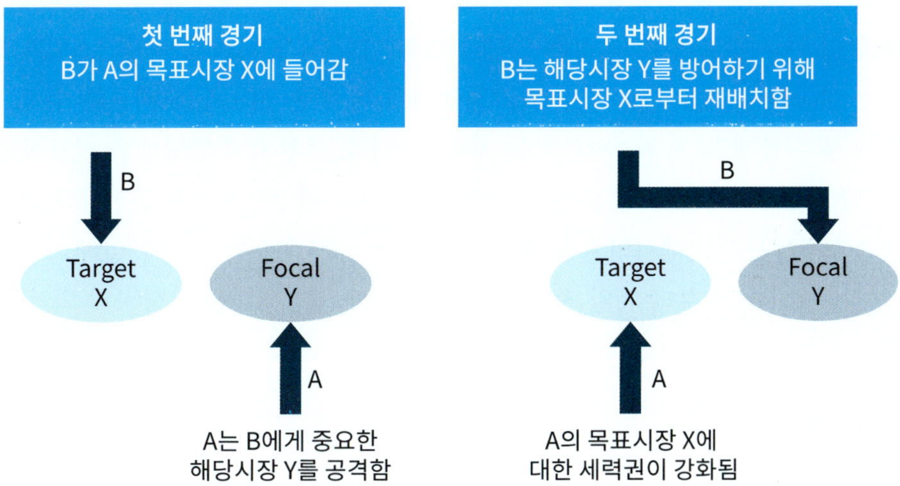


Source: Adapted from R. McGrath, M. Chen, & I. MacMillan, 1998, Multimarket maneuvering in uncer-tain spheres of influence (p. 731), Academy of Management Review 23: 724–740.

버렛에 새롭게 문을 연 페인 필드(Payne Field, PAE)에서의 싸움과 당시의 긴장완화이다. 일하는 공항, PAE는 보잉이 747, 767, 777, 787 항공기를 제작하는 곳이다. 일반적인 항공 이외에, PAE는 2019년까지는 다른 상업적인 서비스를 갖고 있지 않았다. PAE가 문을 열게 됨으로

**그림 8.9 갬빗**

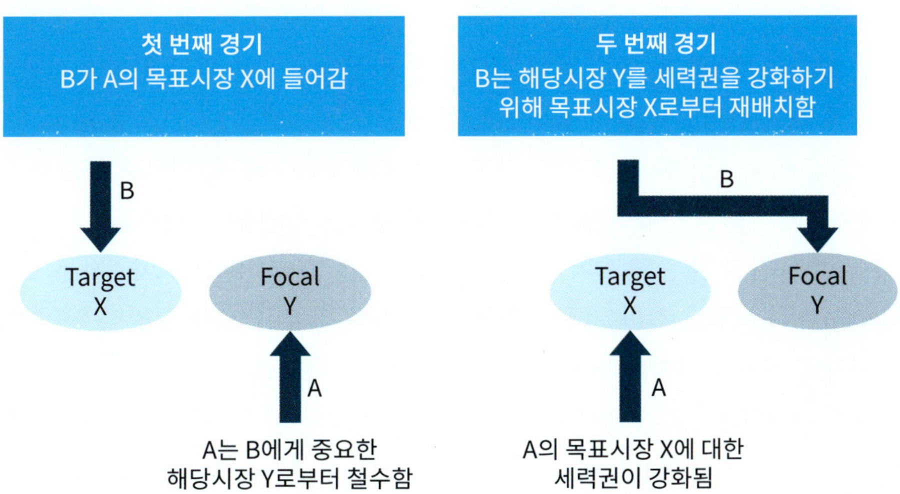


Source: Adapted from R. McGrath, M. Chen, & I. MacMillan, 1998, Multimarket maneuvering in uncer-tain spheres of influence (p. 731), Academy of Management Review 23: 724–740.

써, 알래스카의 본거지로 시애틀 시내에서 남쪽으로 14마일(22킬로)에 위치한 시애틀-타코마(SEA) 공항을 오가는 교통 정체를 완화시켰다. 에버렛과 같은 시애틀의 북부 교외에서 SEA로의 통근 시간이 한 시간을 넘기는 것은 이상한 일이 아니다. 알래스카는 자연스럽게 PAE로부터 출발하는 항공편을 제공하는 것이 그 고객들에게 더 좋은 서비스를 제공할 수 있으리라는 것을 알았다. 흥미롭게도, 사우스웨스트는 처음에는 PAE로부터의 항공편을 발표함으로써 싸우기로 결정했지만, 그 후에는 항공기를 운항하지 않기로 결정함으로써 긴장완화를 가져왔다. 대신, 사우스웨스트는 PAE에서의 슬롯 5개를 알래스카에게 양도함으로써, 알래스카는 2019년 3월부터 시작하여 PAE로부터 매일 출발하는 (전체 26편 중) 18편을 운항하게 되었다. 이러한 갬빗은 세력권의 교환으로도 간주될 수 있다.

## 의식, 동기, 역량

**의식-동기-역량 체계 (awareness-motivation-capability, AMC)** 경쟁자는 행동을 알고, 반응하기 위한 동기가 있고, 대응할 역량이 있지 않는 한 행동에 반응할 수 없음을 의미하는 경쟁 역학 프레임워크.

당연히, 반대를 받지 않는 공격이 성공하기가 더욱 쉽다. 따라서 공격자는 반격을 유발하는 세 가지 요인 (1)의식 (2)동기 (3)역량을 이해할 필요가 있다. 그러한 **의식-동기-역량 체계(awareness-motivation-capability, AMC, framework)**는 "경쟁자는 행동을 알고, 반응하기 위한 동기가 있고,대응할 역량이 있지 않는 한 행동에 반응할 수 없다"는 것을 의미한다.

만약 공격이 너무 감지하기 힘들어서 경쟁사가 알게 되지 못한다면, 그때는 공격자의 목적은 달성되기 쉽다. 하이얼(Haier)이 어떻게 미국에 진입했는지를 생각해 보라. 하이얼은 이미 다양한 제품으로 중국 국내 시장을 장악하고 있었음에도 불구하고, 가장 비위협적인 분야인 호텔과 기숙사의 미니바(소형 냉장고)로 미국 시장에 진입하기로 선택했다. 당신이 마지막으로 묵었던 호텔 객실의 미니바의 브랜드를 기억하는가? 분명히, 당신은 그 브랜드에 주의를 기울이지 않았을 뿐만 아니라, GE나 월풀(Whirpool)과 같은 기존업체들도 이러한 분야를 부수적이고 마진이 낮다고 간과했다. 달리 말해서, 그들은 그들이 공격을 받고 있음을 알아차리지 못했다. 부분적으로, 기존기업이 알아차리지 못한 덕분에, 하이얼은 이제 소형 냉장고에서 미국 시장 점유율의 50%를 차지하고 있으며, 더욱 수익성이 좋은 제품 라인으로 진출하기 위해 사우스 캐롤라이나에 공장을 건설했다. 2016년, 하이얼은 GE 가전을 인수했다.

역공을 위한 동기 또한 중요하다. 역공은 경영진들이 그들의 일상을 파괴하는 것과 그들의 힘을 재배치하는 것을 필요로 하는데, 이것은 돈이 많이 들 수 있으며 복잡한 일이다. 만일 공격을 받은 시장의 가치가 미미하다면, 경영자들은 반격을 하지 않기로 결정할 수도 있다. 한 가지 흥미로운 아이디어는 블루오션 전략으로, 스스로 미개척 시장("블루 오션")을 찾는데 노력하며 경쟁사가 지키고 있는 핵심 시장을 공격하는 것을 피하는 것이다. 경쟁자의 핵심 시장을 찌르는 것은 피 튀기는 가격 경쟁, 즉 레드 오션을 초래할 수 있다. 브라질에서 2008년 설립된 신생 항공 스타트업 기업으로서 (문자 그대로 포르투갈어로 "파란색"을 의미하는) 아줄(Azul)

은, 상파울루와 리오데자네이로 간의 가장 붐비는 항로를 의도적으로 피했다. 두 도시 간의 45분간의 여행은, 골(Gol)과 탐(TAM, 현재는 LATAM) 두 기존기업에 의해 장악되어 경이롭게도 매일 284편이 취항 중인 이미 세계에서 가장 많이 운항되는 항로이다. 이미 복잡한 영공에 아줄이 참견하는 것은 (찌르기가 될 수도 있으며), 즉각적으로 보복을 불러일으킬 것이며 레드 오션으로 끝나게 될 것이다. 그림 8.4에서의 셀 4를 기억하는가? 대신, 아줄은 상파울루와 리오 공항에서 가지고 있던 제한된 슬롯들을 이들 두 도시와 브라질의 광활한 내륙지역을 연결하는 것으로 그 서비스를 강화시켰다.

자원에 관한 앞의 섹션에서 설명한 바와 같이, 설사 공격이 감지되고 회사가 대응하고자 하는 동기가 있다고 하더라도, 반격을 수행하기 위해서는 강한 역량이 필요하다.

## 협력과 시그널링

어떤 기업은 경쟁하는 것을 선택하고, 다른 기업은 협력하는 것을 선택한다. 어떻게 기업은 경쟁의 강도를 줄이기 위해서 협력하려는 의도를 상대방에게 알릴 수 있을까? 라이벌에게 직접적으로 불법적으로 얘기하지 않는 한, 기업들은 시그널링을 사용해야 한다. “경쟁 회사들에게 가격 책정에 대해 직접 이야기 할 수는 없지만, 윙크는 언제나 할 수 있다.” 그러한 윙크의 네 가지 의미를 살펴본다.

- 기업은 반드시 기존기업에 도전하기 위한 것이 아니더라도 다양한 시장 접촉을 형성함으로써 상호 자제를 추구하기 위해서라도 새로운 시장에 진출할 수 있다. 따라서, 다국적 기업들(MNEs)은 종종 한 나라에서 다른 나라로 서로를 쫓아다닌다. 여러 시장에서 겹치는 다국적 기업들은, 하나 또는 소수의 시장에서만 겹치는 다국적기업들에 비해 덜 공격적이다.
- 기업들은 휴전을 위해 공개적인 시그널을 보낼 수 있다. 과잉 공급에 의해 촉발된 가격 전쟁에 직면하여, 항공 산업 회의에서 델타(Delta)의 CEO는 언론에, 가용한 좌석 수를 제한하는 경미하지 않은 방식으로 델타는 “능력 감축을 계속하고 있다”고 언론에 말했다. 아메리칸 항공(American Airlines)의 CEO는 기자들에게 휴전을 위한 시그널을 가르키며 “나는 산업 내 모두가 그것을 이해한다고 생각한다”고 확인했다.
- 때때로 기업은 정부의 도움을 요청함으로써 경쟁 기업에게 신호를 보낼 수 있다. “정당한” 가격 책정이 무엇인가에 대해 경쟁 기업과 직접적인 대화를 하는 것은 불법임에도 불구하고, 정부의 조사를 위해 논의를 하는 것은 합법적이다. 따라서, 반덤핑 제소를 하거나 경쟁 기업에 소송을 제기하는 것이 반드시 전적으로 적대적인 의도만을 나타내는

것이 아니며, 오히려 대화를 하자는 신호일 수 있다. 시스코(Cisco)가 화웨이(Huawei)를 고소했을 때, 미국 및 중국 정부의 중재 하에, 합의를 위한 협상을 하는 동안에 많은 전략적인 문제들에 대해 합법적으로 협의할 수 있었다. 종국에는, 그 내용은 비밀이지만, 두 회사가 합의점에 대해 협상을 한 후, 시스코는 화웨이에 대한 소송을 취하했다.

- 경쟁사와의 전략적 제휴는 비용을 줄여줄 수 있다. 비록 가격 담합은 불법일지라도, 전략적 제휴를 통한 비용 절감은 합법적이다(7장 참고).

## 논쟁과 확장

이 민감한 영역을 둘러싼 수많은 논쟁들이 있다. 우리는 가장 중요한 두 가지에 대해 살펴본다.

### 논쟁 1: 전략과 반독점 정책

경영자는 그들의 기업이 승리하도록 하기 위한 전략을 펼친다. 그러나 반독점 관료들은 (마이크로소프트와 구글과 같은) 기업들이 "반경쟁적"이라는 혐의를 씌움으로써 이를 방해하기도 한다. 대부분의 경영학도들은 반독점 정책을 배우지 않는다. 그들이 졸업하고 경영자가 되고 나서, 반독점 정책에는 크게 신경 쓰지 않는다. 반면, 반독점 관료들은 경제학과 법학을 공부하지만 경영은 공부하지 않는 경향이 있다. 하지만, 경제학과 및 법학의 배경만으로 반독점 관료들은 기업 차원의 경쟁이나 협력이 어떻게 펼쳐지는지에 대해 상세히 이해할 수가 없다. 이러한 관료들 중에서 아무도 그들 자신의 가족을 위한 주택을 구매하는 경우보다 경영 의사결정을 더욱 중요하게 내리지 않을 수도 있다. 또한 이들 관료 중 경영학과 수업을 거의 듣지 않았거나, 이 책과 같은 전략 교과서를 공부한 적이 거의 없을 수도 있다.

그러한 관료들은 수백만 혹은 때로는 수십억 달러가 달린 경쟁을 지배하는 권력의 위치에 있다. 그들은 종종 정부의 개입(특히, 반독점 규제)이 없을 경우, 대기업의 경쟁 우위, 즉 반독점 용어에서 (고객을 잃을 위협 없이 가격을 인상할 수 있는 능력인) **시장 지배력(market power)**이 영원히 지속되고 독점이 만연할 것이라고 믿는다. 급속한 기술변화, 야심찬 신규 진입자들, 치열한 국제 경쟁을 고려할 때, 어떠한 경쟁 우위도 영원히 지속되지 않는다는 것을 경영자들은 더 잘 알고 있다(3장 참고). 예를 들어, 포춘 글로벌 500대 기업의 이탈률은 상당하다. 이전에는 순위에 들던 많은 기업들이 더 이상 순위 내에 들지 않으며, 몇몇은 더 이상 존재하지 않는다. 다시 말해, 경영자들은 비교 우위는 역동적이며, 영원히 지속되지 않는다는 것을 이해한다. 이와는 대조적으로, 반독점 관료들은 경쟁 우위의 지속성에 대해 정적인 시각을 갖고 있다. 이러한 단절 현상은 자연스럽게 양측에 대해 상호 간 의심과 좌절을 키우게 된다. 경영학과 학생과 경영자들이 만일 반독점 문제에 대해 지식을 갖고 반독점 관료 및 정책 결정자들과의

**시장 지배력 (market power)**
고객을 잃을 염려 없이 가격을 올릴 수 있는 능력.

## 그림 8.10 반독점 집행으로 인한 혼란

Source: Anarchy In Your Head

지적인 대화와 토론에 참여하게 된다면 상황이 나아질 것이다. 핵심적인 질문은 왜 IBM과 마이크로소프트와 같은 크고 성공적인 기업들(표 8.2)이 처음에는 그들을 성공하게 해 준 바로 그 경쟁 행위에 대해 불법적인 "반경쟁 행위"라는 비난을 받게 되는가 하는 것이다.

경영자를 대신해서 전략 및 경영학 학자들은 네 가지 논제를 만들어 냈다. 첫째, 반독점 법은 과거 대부분의 국내 경쟁의 오랜 현실에 대응해 생겨났다. 셔먼법이 처음 제정된 것은 1990년이 아니라 1890년이다. 다시 말해서, 미국에서 반독점 정책은 이제는 삼 세기에 걸쳐 내려온다. 20세기 후반 이래 크게 글로벌한 경쟁은 (보잉과 같이) 한 나라에서 지배적인 기업이 위험한 독점으로 자동적으로 이어지는 것은 아니라는 것을 의미한다. (에어버스와 같은) 외국의 경쟁사들이 존재하는 것 자체가 거대한 국내의 기존기업 역시 더욱 경쟁적이 되게 한다. 21세기에, 고객들이 돈 한 푼 내지 않는 페이스북과 같은 지배적인 플랫폼 기업의 출현은, 어떻게 그들을 통제할 것인가에 대해 이제 반독점 커뮤니티를 도전이 되고 있다. 전통적인 방식, 기존 기업이 가격을 올림으로써 소비자에게 고통을 주었다는 증거를 찾는 것은 단순히 적절하지 않다(클로징 케이스 참고).

## 실행 전략 8.3 Ethical Dilemma

### 브뤼셀 VS 구글

2010년 이후 유럽 위원회는 구글이 검색 결과의 순서를 조작하여 자사 비즈니스에 우선적인 링크를 제공하는 독점성을 남용하는지 여부를 조사해 왔다. 벌금을 피하기 위해 구글은 2014년에 동의하여 자사 웹사이트에서 경쟁업체 링크를 어떻게 표시할지에 대한 양보를 하기로 했다. 가격 비교를 기반으로 한 쇼핑 웹사이트인 파운뎀(Foundem)과 트립어드바이저(TripAdvisor) 등이 주도하는 불만은 이 해결안을 통해 세 개의 경쟁업체가 중요한 상자에 자사 웹사이트를 표시할 수 있게 될 것이라는 것이다. 그러나 이를 위해서는 경매를 기반으로 한 비용 지불이 필요하다.

이에 대해 작은 경쟁업체들은 자사의 서비스와 작은 경쟁업체들의 서비스 간의 경쟁을 공정하게 만들지 못한 이 협정에 대해 격렬한 반응을 보였다. 이러한 작은 경쟁업체들은 "작은" 기업들은 아니었다. 그중 하나인 Axel Springer은 독일과 유럽 전체에서 가장 크고 강력한 미디어 회사였다. 그 회사의 CEO는 프랑크푸르트 알게마이네 차이퉁지에 게재된 “왜 우리는 구글을 두려워하는가”라는 제목의 구글에 보내는 공개편지를 작성했다. Bloomberg Businessweek에 따르면, 이는 "매우 강력한 사람에 의한 무력함의 놀라운 시인"이었다. "경쟁업체들이 제대로 표시되기 위해 구글에 경매를 통해 비용을 지불해야 하는 것은 이런 종류의 비영리적인 활동이 정식으로 인가되었다는 것이다"라고 편지는 말했다. 이러한 격렬한 반응을 고려하여, 조사는 계속 진행되었다. 2017년에는 새로운 EU 공정거래 엄호관인 마그레테 베스태거를 주도로 한 위원회가 시장 지배력 남용으로 구글에게 최대 기록인 24억 유로(27억 달러)의 벌금을 부과했다. 이를 "쇼핑 사건"이라고 알려져 있으며, 이는 유럽에서 구글의 공정거래 도전의 시작에 불과했다.

구글에 대한 별도의 조사는 구글의 안드로이드 스마트폰 플랫폼에 초점을 맞추고 있었다. 2018년에는 유럽의 새로운 스마트폰 중 약 70%에 안드로이드가 설치되었다 (애플의 iOS는 28%, 마이크로소프트의 Windows Phone는 1.6%). 이 조사는 마이크로소프트와 노키아를 포함한 경쟁업체들의 불만으로 인해 시작되었다. 위원회는 (1)구글이 경쟁 운영 체제나 경쟁 모바일 서비스를 사용하는 스마트폰 기기 출시를 방해하거나 지연 시켰는지, (2)안드로이드의 시장 지배력을 남용하여 자사 서비스를 홍보했는지 여부를 고려하고 있었다. 구체적으로, 삼성과 레노버와 같은 폰 제조업체는 구글 소프트웨어도 설치해야 했으며, 이는 Dropbox와 Spotify와 같은 경쟁업체들에게 방해가 될 수 있었다. 2018년에는 안드로이드 사건이라고 알려진 두 번째 사례에서 구글에게 새로운 기록적인 벌금인 43억 유로(50억 달러)이 부과되었다.

구글의 고난은 거기서 끝나지 않았다. 2019년에는 광고 분야에서 악의적인 행위로 인해 구글에게 14억 900만 유로(17억 달러)의 벌금을 부과하는 세 번째 사건인 애드센스 사건이 발표되었다. 많은 유럽 경쟁업체들과 구글의 미국 경쟁업체들은 영웅적인 불공정거래규정 단속자로서 베스태거의 업적을 환영했으며, 이로 인해 유럽은, 미국의 반독점 단속자들이 거의 행동을 취하지 않으면서 조용히 그들의 도끼를 갈고 있는 빅테크 기업에 대한 반독점 문제의 온상로 알려졌다(클로징 케이스 참고). 하지만, 많은 미국 정치인들과 유럽 위원회에 의해 벌금을 부과받은 애플, 인텔, 퀄컴의 임원들은 이러한 구글과 다른 주요 미국 기업에 대한 공격이 보호주의에 기인한 것이라고 주장했다. 브뤼셀에서는 반독점 단속자들이 그들이 좋아하지 않는 회사들에 대한 소송을 제기하기 위해 법정에 갈 필요가 없다. 위원회는 동시에 검사, 판사 및 집행자의 역할을 수행했다. 어떻게 이것이 공정하다는 것인가?

위원회는 자신들이 주도하는 몇 가지 논란스러운 결정들로 힘있는 유럽 기업들의 자유를 제한했다고 주장했다. 2019년에는 알스톰과 지멘스의 철도 사업 합병을 막았다. 이 합병은 프랑스와 독일 정부의 지지를 받았다. 좌절한 프랑스 경영진은 “브뤼셀의 반독점법은 유럽 기업이 글로벌 경쟁자들과 맞설 수 있는 기회를 저해하고 있다”고 말했다.

2020년 구글은 벌금이 총 90억 달러에 이르는 쇼핑, 안드로이드 및 애드센스 관련 세 가지 공정거래 사건을 뒤집기 위해 룩셈부르크 유럽사법재판소(유럽의 최고 법원)에 항소했다. Global Strategy 5판이 출판될 당시 구글의 항소는 아직 진행 중이었다. 그들의 결과를 예측할 수 있을까?

Sources: (1) Bloomberg Businessweek, 2015, How Google lost Europe, August 10; (2) Bloomberg Businessweek, 2019, Sili-con Valley's worst nightmare, March 18; (3) Economist, 2010, Engine trouble, December 4; (4) Economist, 2012, Over to you, and hurry, May 26; (5) Economist, 2017, Big Tech's nemesis, September 17; (6) Economist, 2018, Antitrust theatre, July 21; (7) Economist, 2018, Merger track, December 22; (8) Financial Times, 2013, Google faces Brussels probe over Android licensing, June 13; (9) Globe Investor, 2014 Google avoids fine with European Union antitrust deal, February 5; (10) Information-Week, 2014, Google breakup, December 1; (11) Wall Street Jour-nal, 2019, EU regulators see no letup for tech, September 3; (12) Wall Street Journal, 2020, Google argues case against $9 billion in antitrust fines, February 13.

둘째, “반경쟁적”이라는 혐의를 받는 활동이 사실은 매우 “경쟁적” 또는 “초경쟁적”일 수도 있다. 1990년대에, 초경쟁적인 마이크로소프트는 “반경쟁적” 행위로 기소되었다. 그 범죄라고 주장된 것은? 다름아닌 넷스케이프(Netscape)와 같은 그의 경쟁자들을 자발적으로 돕지 않았다는 것이다. 왜 마이크로소프트 또는 다른 기업이 자발적으로 경쟁사를 도왔어야 하는가는 이해하기 어렵다.

셋째, 미국의 반독점법 집행은 비일관성과 혼란을 만든다(그림 8.10 참고). 2011년, T-Mobile에 대한 AT&T의 합병 제안은 미국 사법부에 의해 무산되었고, 그 주된 이유는 전국적인 무선 서비스 공급자의 수가 넷에서 셋으로 줄어들기 때문이었다(199페이지의 인용 참고). 따라서, 무선통신 산업에서, 넷이라는 숫자는 그 밑으로는 반독점법의 승인이 나지 않는 “마법의 숫자”로 알려지게 되었다. 하지만, 2020년, T-Mobile은 스프린트(Sprint)와의 합병을 승인받았고, 경쟁업체의 숫자는 셋이 되었다. 또 다른 예는, 2017년, 연방통상위원회(FTC)는 퀄컴(Qualcomm)을 이동통신 반도체 칩 시장에서 반독점법상 불법 행동을 한 것으로 소송을 제기하였다. 2019년, FTC는 재판에서 이겼고, 퀄컴은 항소했다. 하지만, 항소 법원에서, DOJ는 국방부 및 에너지부와 함께 퀄컴을 변호함으로써, “두 반독점 당국이 법정에서 서로 싸우는 낯선 구경거리”를 만들어 냈다. 달리 말해, DOJ는 퀄컴과 같은 독점 기업은 경쟁으로부터 보호되어야 할 필요가 있다고 주장했다(!). 왜 DOJ는 이렇게 특이한 행보를 취했을까? 그 주된 이유는 퀄컴이 마지막으로 남아 있는 미국 이동통신 칩 제조업체이며, 그를 처벌하는 것은 국가 안보를 훼손하는 것일 수도 있기 때문이다. 이렇게 혼란을 불러일으키는 반독점 싸움은 본서 글로벌 전략의 5차 개정본이 인쇄되는 지금도 계속 진행 중이다.

마지막으로, 미국의 반독점법은 이러한 법들이 미국 기업을 차별하기 때문에 불공평할 수도 있다. 1983년, GM과 포드(Ford)가 자동차의 합작 생산을 제안했다면, 반독점 관료들은 담합을 하기 위한 (명확한!) 의도라고 언급하며, 그 제안을 기각했을 것이다. 전문용어는 그 말 자체가 반독점 법의 위반이다. 역설적으로, 1983년부터 GM은 토요타와 합작으로 차를 생산하는 것이 허락되었다. 30년이 지난 후, 토요타는 미국에서 1위의 자동차 제조업체가 되었다. 결과는? 미국의 반독점법이 포드나 GM이 아닌 토요타를 도운 것이다.

한 나라의 (또는 한 지역의) 반독점법이 다른 나라의 기업들에게 불리하게 적용될 수도 있다. 예를 들어, 인도의 반독점 당국은 미국과 인도에서 아마존이 “반경쟁적” 행동을 했다는 주장에 대해 조사하고 있다. EU 반독점 당국은 미국 기업들을 매우 가혹해서, GE와 허니웰(Honeywell)의 합병을 막고 마이크로소프트, 인텔, 구글에게 막대한 벌금을 부과했다(실행 전략 8.3 참고). 이러한 행동들로부터 학습이 되어, 중국의 반독점 당국은 (특정) 외국 기업들을 처벌하는데 열심인 것처럼 보인다. 2018년, 트럼프 행정부에 의해 부과된 관세에 대한 가능한 보복으로, 중국 반독점 당국은 퀄컴이 네덜란드 NXP를 인수하는 것을 막았다. 이러한 행동들이 미국 측으로부터의 반대를 불러일으켰지만, 적어도 보호주의적 관점에서는 적어도 이해할 만한 일이다. 이해하기 어려운 것은 왜 때때로 미국 기업들이 그들의 자국 정부에 의해 차별을 받는가 하는 것이다. 2011년, AT&T는 도이치 텔레콤(Deutsche Telekom, DT)의 완전 소유 자회사인 T-Mobile을 합병하는 것을 포기하고, 위약금으로 T-Mobile에게 30억 달러를 지급하게 되었다. 따라서, 미국 기업이 미국정부에 의해 외국 기업에 보조금을 주게 된 것이다. 2020년에는, 같은 외국 기업 T-Mobile이 스프린트(Sprint)를 인수하는 것이 미국 정부에 의해 승인되었다.

이러한 제도 기반 논쟁은, 이론에 머무르는 것이 아니라, 글로벌 경쟁의 미래에 지대한 영향을 가져올 수 있다. 본국 및 해외 모두에서, 그 위험은 높다. 경영학도와 미래의 경영자들은 이러한 논쟁에 주의를 기울어야 한다(클로징 케이스 참고). 경영자들이 더욱 전략적인 (CEO, CFO, CIO와 같은) 최고경영진 지위를 맡게 될수록, 이 논쟁에 대한 지식은 더욱 중요해진다.

## 논쟁 2: 경쟁과 반덤핑

외국 기업을 대상으로 하는 반덤핑 규제에 대해 두 가지의 주장이 존재한다. 첫째, 덤핑은 제품을 "원가 이하"로 판다는 것이기 때문에, "원가"와 관련된 모호성을 고려할 때 그 사건을 증명하는 것은 종종 (만약 불가능하지 않다면) 매우 어려운 일이다. 두 번째 주장은 만일 외국 기업들이 정말로 원가 이하로 제품을 팔더라도, 그게 어쨌다는 것인가? 이것은 단순히 (초)경쟁적인 행동이다. 새로운 시장에 진입할 때, 사실상 모든 기업들이 첫날에는 (대부분 첫 해에는) 손실을 본다. 후에 기업이 손익분기점에 도달할 때까지는, 원가 아래로 제품을 팔게 됨으로써 손실을 보게 될 것이다. 국내적으로, 그러한 덤핑의 케이스가 많으며, 완벽하게 합법적이다. 우리는 모두 공짜 또는 저렴한 산품을 구입할 있는 쿠폰을 우편이나 온라인으로 받는다. 쿠폰으로 구입할 수 있는 상품들은 빈번히 (거저 주거나) 원가 아래로 팔린다. 소비자들이 이런 좋은 거래에 대해 불평을 하는가? 물론 그렇지 않다. 만약에 외국인이 우리나라에서 친절히도 (혹은 멍청하게도) 원가 이하로 그들의 상품을 판다면, 왜 그것에 대해 불평을 해야 하는가?

전통적인 대답은 다음과 같다. "불공정한" 덤핑을 통해 외국의 경쟁자들이 국내 기업들을 몰아내고 나서, 그 후 가격을 대폭 올리면 어찌 되겠는가? 대부분의 산업의 경쟁적 특성을 고려할 때, 모든 경쟁자들을 제거하고, 그 후 높은 독점적인 가격을 부과함으로써 손실을 만회하는 것은 종종 어려운 일이다. 외국 기업의 독점에 대한 공포는 전국의 소비자의 지출로부터 이익을 얻는 특별한 이익 집단에 의해 종종 과장된다. 외국으로부터의 진입자를 제외함으로써, 반독점은 국내 기업들 간의 담합을 도모하게 할 수도 있다. 노벨 경제학 수상자인 조셉 스티글리츠(Joseph Stiglitz)는, 반덤핑 관세는 "단순히 노골적인 보호주의"이며, 한 나라의 공정거래법이 종종 다른 곳에서는 "불공정거래법"으로 알려지고 있다고 했다.

하나의 해결책은 반덤핑 법을 단계적으로 철폐하고 국내 시장의 약탈적 가격 책정에 대해서도 똑같은 기준을 적용하는 것이다. 이러한 반덤핑 기소권 포기가 호주와 뉴질랜드 간, 캐나다와 미국 간 그리고 EU 국가들 간에 있어 왔다. 따라서, 본질적으로 미국 기업과 마찬가지로 취급되는 캐나다 기업은, 미국에서 약탈적 가격 책정 혐의를 받을 수는 있으나, 덤핑으로 혐의를 받지는 않는다. 반덤핑은 "우리와 그들"에 간한 것이기 때문에, 그와 같은 조화는 필연적으로 "우리"의 개념을 확장한 것을 나타낸다. 하지만, 앞에서 언급한 바와 같이, 국내적으로는 약탈적 사건으로 제소를 하기는 매우 어렵다. 따라서, 덤핑을 합법화하는 것에 의해서, 경쟁이 촉진되고, 공격성은 보상을 받으며, 소비자의 복지는 강화될 수 있다.

## 현명한 전략가

조지프 슘페터(Joseph Schumpeter)에 따르면, 만약 자본주의가 "창조적 파괴"에 대한 것이라면, "행동으로서의 전략" 관점은 어떻게 그러한 창조적 파괴의 힘이 발휘되는가에 대에 초점을 둔다. 결론적으로, 현명한 전략가들을 위한 세 가지의 행동을 위한 시사점들이 나타난다(표 8.3). 첫째, 경쟁이나 협력을 도모하도록 하는 자신이 속한 산업군의 본질을 철저하게 이해해야 한다. 어떤 산업은 본질적으로 다른 산업에 비해 더욱 경쟁적이다. 당신과 당신의 기업은 힘차게 경쟁하기 위해 준비가 되어 있어야 한다.

둘째, 당신과 당신의 기업은 효과적으로 경쟁하거나 협력할 수 있는 역량을 강화해야 한다. 공격과 반격을 할 때는, 섬세함, 복합성, 불확실성이 도움이 된다. 협력을 할 때는, 시장 유사성과 상호 자제가 더 나을 수 있다. 손자(Sun Tzu)가 조언한 대로, "너 자신을 알아야" 할 뿐만 아니라, 또한 적의 성향을 분석함으로써 직관과 기술을 개발해 나가는 것으로 "너의 적을 알아야" 한다.

셋째, 전 세계적으로 경쟁을 지배하는 게임의 법칙을 이해해야 한다. "경쟁자들을 이기자"와 같이 공격적인 언어는 미국과 같은 나라에서는 허용되지 않는다. 이메일이나 스마트폰 대화는 다이아몬드처럼 영원하다는 것을 기억하라. "삭제된" 이메일과 스마트폰 대화들은 여전히 서버에 저장되어 있으며, 복구할 수도 있다. 그러므로, 후회하게 될 수 있는 것에 대해서는 이메일이나, 문자, 스마트폰 대화를 하지 말라. 아니면, 경영자들은 결국 법정에 서게 될 것이다. 반면, 비미국 기업들은 종종 호전적인 같은 단어를 사용한다. 고마츠(Komatsu)는 "캐터필러를 포위하자"로, 혼다(Honda)는 "야마하(Yamaha)를 전멸시키자, 쳐부수자, 파괴하자!"는 목표로 유명하다. 일본 3위 부자이며 일본 최대 전자상거래 시장이자 세계 최대 전자상거래 기업 중 하나인 라쿠텐(Rakuten)의 설립자인 히로시 미키타니(Hiroshi Mikitani)는, "아마존을 파괴하자"는 말이 새겨진 티셔츠를 부하 직원들에게 나누어 주었다.

### 표 8.3 실행을 위한 전략적 함의

- 경쟁 그리고/또는 협력을 촉진시킬 수 있는 당신의 산업의 본질을 철저하게 이해하라
- 더욱 효과적으로 경쟁 그리고/또는 협력하게 하는 자원과 능력을 강화시켜라
- 세계에서 국내 및 국제 경쟁을 지배하는 게임의 규칙을 이해하라

한 나라의 공식적인 게임의 법칙과 비공식적인 정서는 바뀔 수 있다. 2004년, 레노버(Lenovo)는 IBM의 PC 부분을 13억 달러에 인수하는 것이 승인되었다. 그러나 2018년, 알리바바 그룹(Alibaba)의 자회사인 앤트 파이낸셜(Ant Financial)이 머니그램(MoneyGram)을 12억 달러에 인수하려는 것은 미국 외국인 투자 심의 위원회(CFIUS)에 의해 차단되었다. 머니그램의 CEO는 대언론 공식발표에서, 이것은 전적으로 "일 년 전에 우리가 앤트 파이낸셜과의 거래를 발표한 이후, 지정학적 환경이 변했기" 때문이라고 말했다. 간단히 말해, 게임의 법칙이 변한 것이다.

네 가지 근본적인 질문의 측면에서, 왜 기업들은 다른가(질문 1)와 기업들은 어떻게 행동하는가(질문 2)는 결국 전략 삼각대가 경쟁 역학에 영향을 미치는지로 귀결된다. 무엇이 기업의 사업 영역을 결정하는가(질문 3)는, 부분적으로는, 다중시장에서의 라이벌과 상호 자제를 하고자 하는 관심에 의한 것일 수 있다. 다시 말해, "최고의 방어는 좋은 공격이다." 마지막으로, 무엇이 기업의 국제적인 성공과 실패를 결정하는가(질문 4) 하는 것은, 경쟁과 협력의 행동을 어떻게 수행해 나가는 가에 크게 달려 있다. 승리를 위한 공식은, 전쟁에서나 체스에서나 마찬가지로, "앞을 내다보고, 후에 되돌려 분석하는" 것이다.

Closing Case | Ethical Dilemma

## 빅 테크 기업에 대한 독점금지 소송이 있는가?

"빅 테크(Big Tech)"(이 사례의 목적상)는 2020년 2월부터 연방 무역 위원회(FTC)의 조사를 받는 알파벳(구글 소유), 아마존, 애플, 페이스북을 의미한다. 이 4개의 기업은 2020년 2월부터 연방무역위원회(FTC)에 의해 조사받고 있다. 표 8.4는 이들의 대규모를 보여준다. 2019년 말에는 이 4개의 기업과 마이크로소프트(Microsoft)를 포함하여 S&P 500 지수의 주식 시가 총액의 18%를 차지했다. 2018년부터 애플은 첫 번째로 1조 달러의 시가 총액을 달성한 미국 기업이 되었고 구글, 아마존, 그리고 마이크로소프트가 뒤를 이었다. 페이스북이 뒤따를 것으로 예상된다.

1890년에 제정된 세계 최초의 공정거래 법인 셔먼법을 시작으로 미국인들은 대형 기업을 혐오하는 경향이 있다. 검찰 총장 사무실 뿐만 아니라 미국 법무부와 FTC의 두 연방 기관에 있는 반독점 집행자들의 작은 그룹들은 반독점 관련 위법행위를 억제하고 스탠다드 오일(1911)로부터 시작하여 마이크로소프트(1998-2001)에 이르기까지 거대한 "악한" 기업들에 대항하기 위해 하루도 빠짐없이 일한다. 2019년 1월 미국 법무부 윌리엄 바르 장관은 그의 확정 청문회에서 "실리콘 밸리에서 지금 존재하는 거대한 거물들이 공정거래 감시 기관의 눈 밑에서 어떻게 형성되었는지"라고 말한다. 최근에는 공정거래 기관들이 깨어나야 한다는 요구하는 목소리가 부족하지 않았다. 다음은 그 헤드라인들이다: "디지털 독점은 해체되어야 하는가?"(이코노미스트지 2014), "거대기업 길들이기"(포춘지 2018), "반독점 월스트리트"(블룸버그 비즈니스위크 2019), "정부와 기술 거물"(월스트리트 저널, 2019).

공정거래는 항상 논란이 따른다. 결국, 대기업이라고 해서 반드시 나쁜 것은 아니다. FTC의 공정거래 법 안내서에 따르면 "우수한 제품, 혁신 또는 비즈니스 능력에 의해 독점을 얻는 것은 합법적이다. 그러나 독점적이거나 악의적인 행위에 의해 동일한 결과를 달성한다면 공정거래 문제를 제기할 수 있다." 정치적으로는 빅 테크가 정치인들이 지지를 받고 표를 얻을 수 있는 훌륭한 먹잇감인 것 같다. 사회적으로는 빅테크 기업에 대한 반발로 새로운 단어 "techlash(기술 반발)"가 만들어졌다.

목표를 고르는 데 있어, 공정거래 단체들은 강력한 경쟁 업체들을 직면하고 아마존과 애플에도, 이미 앞서 다루었던 역사적 사건에서 다루어진 마이크로소프트에도 집중하지 않았다(표 8.2 참고). 현재로서 구글과 페이스북이 가장 주요한 대상이다. 구글은 유럽 위원회에 의해 반복적으로 벌금을 부과받은 경향이 있었으므로(실행 전략 8.3 참고), 이제 초점은 세계적으로 20억 명 이상의 사용자를 보유한 페이스북에 집중되고 있다.

페이스북은 무료이지만 사용자들은 페이스북이 추적한 자신의 데이터로 지불하고 있다. 이는 구글과 매우 유사한 비즈니스 모델이다. 기업가인 디나 스리니바산(Dina Srinivasan)은 "페이스북에 대한 공정거래 사건"이라는 영향력 있는 기사에서 페이스북이 경쟁 업체를 제쳐내고 고객을 속이기 위해 반경쟁적인 행동을 했다고 주장했다. 2004년 설립된 페이스북의 역사는 사용자 개인정보를 침해하는 모습으로 자주 비판을 받았다. 처음에는 MySpace와 경쟁하면서 페이스북은 "쿠키를 사용하여 어떤 사용자로부터도 개인 정보를 수집하지 않을 것이다"라고 약속했다. 그래서 많은 고객들을 확보했다. 그러나 2007년에 페이스북은 사용자를 추적하는 사실이 공개적으로 드러났다. 논란이 일어나자 페이스북 창립자이자 CEO인 마

**표 8.4 빅 테크 기업은 얼마나 큰가?**

| | 인터넷 검색 | 온라인 상거래 | 모바일 운영시스템 | 소셜 미디어 | 디지털 광고 수입 |
|---|---|---|---|---|---|
| 미국시장 점유율 | 구글(90%) | 아마존(38%) | 애플 iOS(56%)<br>구글 안드로이드 (44%) | 페이스북(68% 또는 99%) | 구글(37%)<br>페이스북(22%) |

# Closing Case (Continued)

크 주커버그는 사과를 했으며 심지어 사용자들이 개인정보 정책에 투표할 수 있도록 약속했다. 그런데 2011년에 다시 페이스북이 사용자를 추적하는 사실이 발각되었다. 처음에 페이스북은 이것을 "버그"라고 주장하면서 사용자들에게 "우리를 믿어 달라... 우리는 쿠키를 사용하여 당신을 추적하지 않는다"라고 호소했다. 그러나 같은 해에 페이스북은 "사회 네트워킹 시스템의 사용자 활동에 대한 정보를 추적하는 방법"에 대한 특허를 조용히 획득했다. 2011년에 페이스북은 개인정보 정책에 관한 거짓 진술로 FTC와 협상을 마무리했다.

2012년, 10억 명 이상의 사용자와 기록적인 IPO(시가 총액 1,040억 달러)의 페이스북은, 참여한 사용자의 88%가 제안된 개인정보 변경에 반대한 이용자 투표 결과를 무시했다. 페이스북은 자체적으로 설정한 규칙에 따라, 투표가 구속력을 갖기 위해서는 10억 명의 사용자 중 30%가 투표해야 한다"라고 변명했다. 589,000명의 이용자만 투표했기 때문에 결과는 유효하지 않았다. 이것은 "이용자 민주주의"의 끝이었다. 2014년에는 경쟁업체들이 모두 사라져 페이스북의 독점이 완성되었다. 페이스북은 "No, thanks."를 선택한 사용자들도 추적할 것이라고 발표했다. 스리니바산에 따르면 페이스북은 "그들이 7년 동안 약속했던 것을 실제로 이행하지 않을 것이라고 말하면서, 이전 경쟁 시장에서 그것을 제한했던 것을 마침내 달성했다." 더구나, 페이스북은 자신의 플러그인에 가입한 수백만 개의 웹사이트에게 개인정보 처리에 대한 동의를 얻기 위해 그들의 개인정보 정책을 변경하도록 요구했다. 동시에 페이스북은 Cambridge Analytics의 사용자 데이터 남용 및 2016년 미국 대통령 선거에 대한 주장되는 러시아의 개입과 관련된 일련의 스캔들에 휘말렸다. 이러한 혼란에 직면하여 주커버그는 2018년과 2020년에 의회 청문회에 출석하게 되었다.

페이스북은 평이 좋지 않지만, 페이스북이 반독점법을 위반했을까? 공정거래 집행에 대한 주요한 도전 과제는 시장의 정의이다. 비판자들은 페이스북이 작동하는 시장의 본질에 대한 공정거래 집행기관들의 이해력에 공백이 있다고 주장한다. 이에 대한 사례로는 2012년 페이스북-인스타그램 합병이 무조건적으로 승인된 것이 있다. 공정거래 집행기관들은 먼저 사진 앱(소비자) 시장에 초점을 맞추었다. 페이스북이 중요한 사진 앱이 없었기 때문에 인스타그램에 대한 경쟁 업체로 보이지 않았다. 두 번째로는 광고 시장에 초점을 맞추었다. 인스타그램은 광고 수익을 올리지 않았기 때문에 공정거래 집행기관들에 의해 페이스북의 경쟁 업체로 여겨지지 않았다. 3000만 명의 사용자를 모은 인스타그램은 매체들에게 페이스북의 중요한 경쟁 업체 중 하나로 여겨졌다. 두 번째 사례는 2014년 페이스북-WhatsApp 합병의 무조건적인 승인이다. 다시 한번, 페이스북의 경쟁 업체를 제거하려는 동기는 미디어에는 너무나 분명했지만, 반독점 집행자들에게는 보이지 않았다. 비판자들이 말하는 대로 이 두 합병은 명백한 반경쟁적 영향을 가지고 있으며, 이러한 합병이 공정거래 기관에 의해 승인되는 이유는 무엇일까? 문제는 무엇일까?

콜럼비아 대학교 법학 교수인 팀 우(Tim Wu)에 따르면, 문제는 페이스북(그리고 구글 및 다른 회사들)이 이전에 무시되던 시장인 "주목 시장(attention market)"에서 운영되고 있다는 것이라고 말했다. 그는 다음과 같은 세 가지 점을 제시했다: (1)주목은 매주 168시간으로 제한되므로 희소하다. (2)주목은 저장되거나 절약될 수 없으며 소비되어야 한다. (3)주목에는 가치가 있다. 전 세계적으로, 매년 광고에 5,800억 달러 이상이 소비되었다(그중에서 2,000억 달러는 미국에서). 이렇게 보면, 페이스북은 주목을 재판매하여 수익을 창출하는 "주목 중개"의 선두 주자이다. 유한한 자원인 시간에 의해 측정되는 주목은 소비자에게 상실된 경제적 가치를 가지고 있다. "물론, 우리는 이대로 많은 시간을 허비할 수도 있지만, 적어도 그것은 허비할 수 있는 우리의 것이다."라고 우교수는 썼다. "하지만 적어도 그것은 우리 자신의 것아다." 이런 의미에서 주목을 빼앗는 것은 헌법적 가치를 가지는 자유를 박탈하는 행위이다. 페이스북은 이러한 주목의 가치를 명확히 이해하고 있다. 합병 이후에도 페이스북은 인스타그램과 WhatsApp의 사용자 데이터를 공유하여 표적 광고를 통해 사용자 관심을 더욱 잡으려고 했다. 우교수는 주목의 대리인으로서 시간을 사용하여 소셜 미디어 시장 점유율을 페이스북이 55%, 인스타그램은 13% 총 68%를 차지한다고 추정했다. 스리니바산은 페이스북의 시장 점유율을 66%, 인스타그램의 시장 점유율을 18%로 추정했다. 이에 비해, 이용자 수를 시장으로 사용할 경우, 소셜 미디어를 사용

## Closing Case *(Continued)*

하는 미국 성인의 99%가 페이스북을 사용하며, 이는 미국 성인의 3분의 2에 해당한다고 스리바산은 보고했다.

분명히, 페이스북과 기타 빅테크 기업이 작동하는 시장을 정의하는 방법에 대한 합의가 부족하다. 그러나 이는 공정거래 옹호자들이 처방하는 것을 막지 못했다: (1)인스타그램과 WhatsApp과 같은 이전에 승인된 합병을 포함하여 빅테크 기업을 분리하라. (2)페이스북과 구글과 같은 빅테크 기업을 규제된 공공시설로 전환하여 가격과 자본 수익률을 제한하라. (3)그들이 작은 경쟁업체를 인수하는 것을 방지하여 그들의 성장을 제한하라.

비록 평판이 좋지는 않음에도 불구하고, 빅테크 기업은 많은 후원자를 갖고 있다. 미국 자본주의의 중심이라 할 수 있는 대기업을 해체하는 것은 중국과의 전략적 경쟁이 격화되는 상황에서 국가 안보에 위험을 안고 갈 수 있다. 알리바바, 바이두, 텐센트와 같은 기업들은 글로벌 라이벌의 날개가 잘리는 것을 보고 싶어한다. 빅테크 기업을 공익 기업으로 전환하는 것은 분명 그들의 혁신에 대한 동기에 심각한 손상을 줄 것이다. 그들의 성장을 제한하는 것은 단순히 효과적이지 않을 수 있다. Microsoft에 대한 "성공적인" 반독점 소송 후 20년이 지난 현재, Microsoft의 브라우저 시장 점유율은 2000년의 85%에서 현재 90% 이상으로 증가했다. 더 철학적으로 반독점 저자들은 반독점이 "진정으로 소비자를 보호하는 것인지 아니면 정부의 권력 확대를 위한 것인지"를 묻는다. 그들의 관점에 따르면 경쟁이 빅테크 문제를 해결할 것이다. 반독점은 "정부의 통제로 시장의 자유를 보존하려는 미친 모순"을 대표한다고 말한다. 이 마지막 요점은 비주류 저자가 쓴 것이 아닌, 1987년부터 2006년까지 연방준비제도 의장을 역임한 앨런 그린스펀이 쓴 글이다. 논쟁이 계속되는 동안, 다음에 페이스북을 시작할 때 이 논쟁에 대해 한번 생각해 볼 수 있지 않을까?

Sources: (1) Bloomberg Businessweek, 2019, Antitrust Wall Street, June 10: 38–39; (2) R. Bork, 1978, The Antitrust Paradox, New York: Basic; (3) Economist, 2014, Should digital monopolies be bro-ken up? November 29: 11; (4) Economist, 2018, The next capitalist revolution, November 17: 13; (5) Economist, 2018, Trustbusting in the 21st century, November 17: special report; (6) Economist, 2019, The break-up conversation, June 15: 57; (7) Economist, 2020, Big Tech's $2 trillion bull run, February 22: 11; (8) Economist, 2020, Goldilocks and the three bears, February 8: 53–54; (9) R. Foroo-har, 2019, Don't Be Evil, New York: Currency; (10) A. Greenspan, 1961, Antitrust, Cleveland: National Association of Business Economists; (11) Fortune, 2019, Taming the behemoths, March 1: 7–8; (12) S. Majumdar, 2020, Breaking up Big Tech: A cliometric assessment and recommendations on the way ahead, working paper, University of Texas at Dallas; (13) E. Rockefeller, 2007, The Antitrust Religion, Washington: Cato Institute; (14) D. Srinivasan, 2019, The antitrust case against Facebook, Berkeley Business Law Journal 16: 39–101; (15) Wall Street Journal, 2019, "Big bad trusts" are a progressive myth, October 3: A19; (16) Wall Street Journal, 2019, The antitrust threat to national security, October 23: A17; (17) Wall Street Journal, 2020, FTC widens investigation of tech deals, February 12: A1, A10; (18) T. Wu, 2019, Blind spot: The at-tention economy and the law, Antitrust Law Journal 82: 771–806.

### 사례 토론 질문

1. 윤리: 반독점 관점에서, 빅테크 기업(특히 페이스북)은 문제가 되는가?
2. 윤리: 만약 페이스북이 문제가 되고 (적어도 일부분은) 반독점 조치를 통해 해결될 수 있는 문제라고 생각한다면, 어떤 추천 사항이 있을까?
3. 윤리: 당신이 전통적인 산업(예: 육류 가공업 또는 신발 제조업)에서 시장 점유율이 60%인 주요 기업의 CEO라면서, 당신은 빅테크 기업의 시장 점유율이 너무 크기 때문에 반독점 조치가 필요하다고 생각할까?

# 참고문헌


**[Journal Acronyms]** ***AMJ***—*Academy of Management Journal;* ***AMR***—*Academy of Management Review;* ***BW***—*Bloomberg Businessweek;* ***CMR***—*California Management Review;* ***FA***—*Foreign Affairs;* ***HBR***—*Harvard Business Review;* ***IBR***—*International Business Review;* ***JBR***—*Journal of Business Research;* ***JEL***—*Journal of Economic Literature;* ***JEP***—*Journal of Economic Perspectives;* ***JIBS***—*Journal of International Business Studies;* ***JM***—*Journal of Management;* ***JMS***—*Journal of Management Studies;* ***JSCM***—*Journal of Supply Chain Management;* ***JWB***—*Journal of World Business;* ***MF***—*Motley Fool;* ***NYT***—*New York Times;* ***OSc***—*Organization Science;* ***SMJ***—*Strategic Management Journal;* ***SO***—*Strategic Organization;* ***WSJ***—*Wall Street Journal*

M. Chen & D. Miller, 2015, Reconceptualizing competitive dynamics, *SMJ* 36: 758–775; H. Gao, T. Yu, & A. Cannella, 2017, Understanding word responses in competitive dynamics, *AMR* 42: 129–144; D. Ross, 2014, Taking a chance, *AMR* 39: 202–226; W. Yang & K. Meyer, 2015, Competitive dynamics in an emerging economy, *JBR* 68: 1176–1185.

L. Capron & O. Chatain, 2008, Competitors' resourceoriented strategies, *AMR* 33: 97–121; K. Coyne & J. Horn, 2009, Predicting your competitor's reaction, *HBR* April: 90–97; D. Tan, 2016, Making the news, *SMJ* 37: 1341– 1353; W. Tsai, K. Su, & M. Chen, 2011, Seeing through the eyes of a rival, *AMJ* 54: 761–778.

L. Ellram, W. Tate, & E. Feizinger, 2013, Factor-market rivalry and competition for supply chain resources, *JSCM* 49: 29–46; G. Kilduff, A. Galinsky, E. Gallo, & J. Reade, 2016, Whatever it takes to win, *AMJ* 59: 1508–1534; G. Markman, P. Gianiodis, & A. Buchholtz, 2009, Factor-market rivalry, *AMR* 34: 423–441.

*BW*, 2011, Dan Akerson is not a car guy, August 29: 56–60.

J. Anand, L. Mesquita, & R. Vassolo, 2009, The dynamics of multimarket competition in exploration and exploitation activities, *AMJ* 52: 802–821; H. Greve, 2008, Multimarket contact and sales growth, *SMJ* 29: 229–249; Z. Guedri & J. McGurie, 2011, Multimarket competition, mobility barriers, and firm performance, *JMS* 48: 857–890; J. Prince & D. Simon, 2009, Multimarket contact and service quality, *AMJ* 52: 336–354.

A. Bowers, H. Greve, H. Mitsuhashi, & J. Baum, 2014, Competitive parity, status disparity, and mutual forbearance, *AMJ*, 57: 38–62; T. Yu, M. Subramanian, & A. Cannella, 2009, Rivalry deterrence in international markets, *AMJ* 52: 127–147.

J. Baker, 1999, Developments in antitrust economics, *JEP* 13: 181–194.

O. Bertrand & F. Lumineau, 2016, Partners in crime, *AMJ* 59: 983–1008.

D. Ross, 2018, Using cooperative game theory to contribute to strategy research, *SMJ* 39: 2859–2976.

S. Brenner, 2011, Self-disclosure at international cartels, *JIBS* 42: 221–234; Y. Zhang & J. Gimeno, 2010, Earnings pressure and competitive behavior, *AMJ* 53: 743–768.

J. Kwoka & L. White, 2014, *The Antitrust Revolution* (p. 198), New York: Oxford University Press.

*United States et al. v. AT&T Inc. et al.*, 2011, Second amended complaint (p. 17), September 30, Washington: US District Court for the District of Columbia.

*Economist*, 2011, From Big Three to Magnificent Seven, January 15: 67–68.

*Economist*, 2014, Boring can still be bad, March 29: 16; *Economist*, 2017, Exhausted, July 29: 56.

M. Benner, 2007, The incumbent discount, *AMR* 32: 703–720; M. Withers, R. D. Ireland, D. Miller, J. Harrison, & D. Boss, 2018, Competitive landscape shifts, *AMR* 39: 302-323.

M. Chen, 1996, Competitor analysis and interfirm rivalry, *AMR* 21: 100–134.

E. Rose & K. Ito, 2008, Competitive interactions, *JIBS* 39: 864–879.

G. Clarkson & P. Toh, 2010, "Keep out" signs, *SMJ* 31: 1202–1225.

G. Kilduff, H. Elfenbein, & B. Staw, 2010, The psychology of rivalry, *AMJ* 53: 943–969.

J. Immelt, V. Govindarajan, & C. Trimble, 2009, How GE is disrupting itself, *HBR* October: 56–65.

D. Spar, 1994, *The Cooperative Edge: The Internal Politics of International Cartels* (p. 5), Ithaca, NY: Cornell University Press. See also M. Levenstein & V. Suslow, 2006, What determines cartel success? *JEL* 44: 43–95.

J. Eckhardt, 2016, Welcome contributor or no price competitor? *SMJ* 37: 742–762; S. Levine, M. Bernand, & R. Nagel, 2017, Strategic intelligence, *SMJ* 38: 2390–2423; S. Miller, D. Indro, M. Richards, & D. Chng, 2013, Financial implications of local and nonlocal rival isomorphism, *JM* 39: 1979–2008; D. Sirmon, S. Gove, & M. Hitt, 2009, Resource management in dynamic competitive rivalry, *AMJ* 51: 919–935; D. Sirmon, M. Hitt, J. Arregle, & J. Campbell, 2010, The dynamic interplay of capability strengths and weaknesses, *SMJ* 31: 1386–1409; K. Uhlenbruck, M. Hughes-Morgan, M. Hitt, W. Ferrier, & R. Brymer, 2016, Rivals' reactions to mergers and acquisitions, *SO* 15: 40–66.

H. Ndofor, D. Sirmon, & X. He, 2011, Firm resources, competitive actions, and performance, *SMJ* 32: 640–657.

K. Hsieh, W. Tsai, & M. Chen, 2015, If they can do it, why not us? *AMJ* 58: 38–58; N. Nuruzzaman, D. Singh, & C. Pattnaik, 2019, Competing to be innovative, *IBR* 28: 101490; D. Pacheco & T. Dean, 2015, Firm responses to social movement pressures, *SMJ* 36: 1093–1104; H. Saranga, A, Schotter, & R. Mudambi, 2019, The double helix effect, *IBR* 28: 101495.

R. Agarwal, M. Ganco, & R. Ziedonis, 2009, Reputations for toughness in patent enforcement, *SMJ* 30: 1349–1374; M. Chen, H. Lin, & J. Michel, 2010, Navigating in a hypercompetitive environment, *SMJ* 31: 1410–1430; E. Hernandez, W. G. Sanders, & A. Tuschke, 2015, Network defense, *AMJ* 58: 1233–1260; C. Lee, N. Venkatraman, H. Tanriverdi, & B. Iyer, 2010, Complementarity-based hypercompetition in the software industry, *SMJ* 31: 1431–1456; W. Ryu, B. McCann, & J. Reuer, 2018, Geographic co-location of partners and rivals, *AMJ* 61: 945–965; G. Vroom & J. Gimeno, 2007, Ownership form, managerial incentives, and the intensity of rivalry, *AMJ* 50: 901–922.

J. Boyd & R. Bresser, 2008, Performance implications of delayed competitive responses, *SMJ* 29: 1077–1096; B. Connelly, L. Tihanyi, S. T. Certo, & M. Hitt, 2010, Marching to the beat of different drummers, *AMJ* 53: 723–742; N. Kumar, 2006, Strategies to fight low-cost rivals, *HBR* December: 104–107; V. Rindova, W. Ferrier, & R. Wiltbank, 2010, Value from gestalt, *SMJ* 31: 1474–1497.

Chen, 1996, Competitor analysis and interfirm rivalry (p. 107), op. cit. See also B. Connelly, K. Lee, L. Tihanyi, S. T. Certo, & J. Johnson, 2019, Something in common, *AMJ* 62: 1–21.

J. Upson, D. Ketchen, B. Connelly, & A. Ranft, 2012, Competitor analysis and foothold moves, *AMJ* 55: 93–110.

E. Graham & D. Richardson, 1997, Issue overview (p. 5), in E. Graham & D. Richardson (eds), *Global Competition Policy*, Washington: Institute for International Economics.

C. Shapiro, 2010, A tribute to Oliver Williamson: Antitrust economics, *CMR* 52: 138–146.

R. Lipstein, 1997, Using antitrust principles to reform antidumping law (p. 408, original italics), in E. Graham & D. Richardson (eds), *Global Competition Policy*, Washington: Institute for International Economics.

OECD, 1996, *Trade and Competition: Frictions after the Uruguay Round* (p. 18), Paris: OECD.

S. Marsh, 1998, Creating barriers for foreign competitors, *SMJ* 19: 25–37.

R. McGrath, M. Chen, & I. MacMillan, 1998, Multimarket maneuvering in uncertain spheres of influence, *AMR* 23: 724–740.

*MF*, 2018, Alaska Airlines and Southwest Airlines continue their détente, November 18: www.fool.com.

M. Chen, K. Su, & W. Tsai, 2007, Competitive tension, *AMJ* 50: 101–118; T. Chen, M. Tribbitt, Y. Yang, & X. Li, 2017, Does rivals' innovation matter? *JBR* 76: 1–7; T. Yu & A. Cannella, 2007, Rivalry between multinational enterprises, *AMJ* 50: 665–686.

Chen & Miller, 2015, Reconceptualizing competitive dynamics (p. 759, original italics), op. cit.

J. Birkinshaw, I. Visnjic, & S. Best, 2018, Responding to a potentially disruptive technology, *CMR* 60: 74–100; X.

Du, M. Li, & B. Wu, 2019, Incumbent repositioning with decision biases, *SMJ* 40: 1984–2010; A. Menon & D. Yao, 2017, Elevating repositioning costs, *SMJ* 38: 1953–1963; G. Pacheco-de-Aleida, 2010, Erosion, time compression, and self-displacement of leaders in hypercompetitive environments, *SMJ* 31: 1498–1526.

W. C. Kim & R. Mauborgne, 2004, *Blue Ocean Strategy*, Boston: Harvard Business School Press.

*BW*, 2014, The carrier that avoids Brazil's No. 1 air route, August 11: 24.

*BW*, 2015, What does it take to prove airline collusion? July 20: 25–26.

E. Chen, R. Katila, R. McDonald, & K. Eisenhardt, 2010, Life in the fast lane, *SMJ* 31: 1527–1547; R. D'Aveni, G. Dagnino, & K. Smith, 2010, The age of temporary advantage, *SMJ* 31: 1371–1385; C. Helfat & S. Winter, 2011, Untangling dynamic and operational capabilities, *SMJ* 32: 1243–1250; F. Hermelo & R. Vassolo, 2010, Institutional development and hypercompetition in emerging economies, *SMJ* 31: 1457–1473; R. Wiggins & T. Ruefli, 2005, Schumpeter's ghost, *SMJ* 26: 887–911.

R. D'Aveni, 1994, *Hypercompetition,* New York: Free Press; T. Jorde & D. Teece, 1990, Innovation and cooperation: Implications for competition and antitrust, *JEP* 4: 75–96.

E. Rockefeller, 2007, *The Antitrust Religion,* Washington: Cato Institute.

*United States et al. v. AT&T Inc. et al.,* 2011, Second amended complaint (p. 17), op. cit.

*Economist*, 2014, Four is a magic number, March 15: 60.

*NYT*, 2020, T-Mobile and Sprint are cleared to merge as the big get bigger, February 11: www.nytimes.com; T-Mobile, 2020, T-Mobile and Sprint win in court, February 11: www.t-mobile.com.

*Federal Trade Commission v. Qualcom Inc.*, 2017, Complaint for equitable relief, January 17, San Jose: US District Court for the Northern District of California.

*Economist*, 2020, The Qualcommunist manifesto, February 15: 59.

*Federal Trade Commission v. Qualcom Inc., on appeal from the US District Court for the Northern District of California*, 2019, Brief of the United States as amicus curiae in support of appellant and vacatur, August 30, San Francisco: US Court of Appeals for the Ninth Circuit.

For views that supported the FTC and against the DOJ, see G. Sitaraman, 2020, Too big to prevail, *FA* March: 116–126; *WSJ*, 2019, Qualcomm's monopoly imperils national security, November 25: A17.

*Economist,* 2014, Trust-busting in China, August 23: 62–63.

CNN, 2018, China kills Qualcomm's $44 billion deal for NXP, July 26: money.cnn.com.

M. W. Peng, 2014, The antitrust case on the AT&T– T-Mobile merger, in *Global Strategy*, 3rd ed. (pp. 456–459), Boston: Cengage.

R. Griffin & M. Pustay, 2003, *International Business,* 3rd ed. (p. 241), Upper Saddle River, NJ: Prentice Hall.

J. Stglitz, 2002, *Globalization and Its Discontent* (p. 172), New York: Norton.

*Economist*, 2016, The problem with profits, March 26: 11; *Economist*, 2016, Too much of a good thing, March 26: 23–28.

D. Wessel, 2018, Is lack of competition strangling the US economy? *HBR* March: 107–114.

*Economist*, 2018, Concentration problems, July 28: 8–9; *Economist*, 2018, More money, more problems, July 28: 41–42.

G. Giustiziero, A. Kaul, & B. Wu, 2019, The dynamics of learning and competition in Schumpeterian environments, *OSc* 30: 668–693; M. W. Peng, C. Hill, & D. Wang, 2000, Schumpeterian dynamics versus Williamsonian considerations, *JMS* 37: 167–184.

*BW*, 2013, Japan's billionaire brawl, October 21: 42– 43; H. Mikitani, 2013, Rakuten's CEO on humanizing e-commerce, *HBR* November: 47–50.

MoneyGram, 2018, MoneyGram and Ant Financial announce termination of amended merger agreement, Dallas, January 2: ir.moneygram.com.

# PART 3
# 기업 수준 전략

CHAPTER 9

# 글로벌 다각화와 인수 경영

## 학습목표

이 장을 학습한 후, 당신은 다음의 내용을 수행할 수 있다.

1. 제품 다각화 및 지리적 다각화 정의
2. 다각화의 통합적인 모델을 설명
3. 인수 동기 및 성과에 대한 통찰력 확보
4. 다각화 및 인수에 관한 네 가지 주요 토론에 참여
5. 행동을 위한 전략적 함의 도출

OPENING CASE　Emerging Markets

## 메리어트 인터내셔널의 성장

1927년 워싱턴 DC에서 루트비어 판매대 한 개에서 시작하여, 메리어트 인터내셔널(이하 "메리어트"-"메리어트 호텔"이나 "JW 메리어트 호텔"이 아닌 기업을 말함)은 세계에서 가장 큰 호텔 회사로 성장했다. 2019년, 메릴랜드주 베데스다(워싱턴 DC 교외)에 본사를 둔 메리어트는 130개국에 걸쳐 30개 호텔 브랜드와 6,900개 이상의 부동산을 운영 및 프랜차이즈화했다. 제품 다각화 전략과 국제 다각화 전략이 그 성장의 특징이다.

최근 메리어트가 호텔업계 최대 규모인 스타우드를 2016년 136억 달러에 인수한 것이 대표적인 사례다. 이번 인수는 쉐라톤, 세인트 레지스, W, 웨스틴과 같은 몇몇 상징적인 브랜드를 추가했다. 인수 전에는 메리어트와 힐튼의 규모가 비슷했다. 호텔 객실 38만개를 추가함으로써, 메리어트는 호텔 객실 120만개에 달해 힐튼(호텔 객실 79만개) 보다 50%, 3위인 인터컨티넨탈호텔(호텔 객실 73만개) 보다 62% 더 크다.

더욱 커졌을 뿐만 아니라, 스타우드의 인수는 또한 메리어트가 럭셔리 부문(예: 세인트레지스, W) 및 프리미엄 부문(예: 쉐라톤, 웨스틴)으로 더욱 다각화 할 수 있도록 해주었다(표 9.1 참고). 인수 이전, 메리어트 브랜드는 가격에 민감한 출장자들과 휴가 가족을 대상으로 하는 코트야드, 페어필드 및 스프링힐 스위트와 같은 미드마켓에 "선별된 서비스"를 하는 호텔들이었다. 메리어트 객실의 53% 이상이 이러한 선별된 서비스(즉 "제한된 서비스") 브랜드였다. 이와는 대조적으로, 스타우드의 객실의 80% 가까이는 초호화 또는 프리미엄급이었다. 합병으로 메리어트는 이 두 최고급 부문에서 훨씬 더 견고한 플레이어가 되었다. 메리어트는 스타우드 부동산을 인수하는 것 외에도 수많은 건축 프로젝트에도 착수했다. 포춘지에 따르면, 북미에서 건설 중인 모든 호텔 객실의 36%와 전 세계에서는 23%가 메리어트에 의해 관리되거나 프랜차이즈화될 것이라는 "놀라운" 통계가 있다. 메리어트 임원들은 2016년에 이루어진 12억 건의 해외여행이 2030년까지 18억 건에 이를 수 있다고 지적하며 업계의 성장 전망을 낙관했다. 하지만, 만약 메리어트의 모국에서 예상되는 경기둔화(혹은 불황)가 발생한다면, 전체 산업이 엄청난 과잉 설비로 고통받게 될까?

스타우드의 인수가 메리어트에게는 일석이조와 같았다. 그것은 메리어트가 더 크고 더 고급으로 다각화할 수 있도록 했을 뿐만 아니라, 만일의 미국의 경기둔화를 보완할 수 있도록 했다. 이는 스타우드가 매출의 75%를 미국 이외의 시장에서 얻는 등 훨씬 더 세계적인 위치에 있었기 때문이다. 간단히 말해서, 그 인수는 말 그대로 메리어트 인터내셔널을 더 국제적이게 만들었다. 이는 세계에서 가장 빠르게 성장하는 주요 호텔 시장인 중국에서 특히 그렇다. 합병 전 메리어트는 중국(및 아시아 전역)에서 상대적으로 약했다.

**표 9.1 메리어트 인터내셔널과 스타우드 호텔 합병**

| 호텔 브랜드들 | 합병 전 메리어트 인터내셔널로부터 | 스타우드로 부터 |
|---|---|---|
| Luxury | 에디션, JW 메리어트, 리츠칼튼 | 고급 컬렉션, 세인트 레지스, W 호텔 |
| Premium | 사인, 델타, 게이로드, 메리어트, 르네상스 | 르메르디앙, 쉐라톤, 트리뷰트, 웨스틴 |
| Select service | AC, 코트야드, 페어필드, 모시, 프로테아, 스프링힐 | Aloft, Four Points |
| Longer stays | 메리어트 이그제큐티브 아파트, 레지던스, 타임셰어 | Element |

이와 대조적으로 스타우드는, 풀 서비스 브랜드인 쉐라톤의 선구적인 위치에 힘입어 이 지역에서 선도적인 글로벌 체인 그룹이었다. 중국에서는 가장 번창할 수 있는 부문은 국내 출장에 맞춘 선별된 서비스를 제공해주는 호텔일 것이다. 중국의 기업 출장자들은 국내 소유의 저가 호텔을 이용하곤 했다. 그러나, 이제는 경제가 부유해짐에 따라 서양의 브랜드들의 선별된 서비스들처럼, 국내의 서비스도 한단계 위의 품질을 원하게 되었는데, 이것은 메리어트의 강점을 살릴 수 있는 것이었다. 그러나 합병 당시 그룹들은 중국에 54개의 호텔만 소유하고 있었다. 따라서 2016-2020년 동안 중국에서 문을 열 계획인 100개의 메리어트의 신규 호텔의 대부분은 선별된 서비스 호텔이었다. 시너지적인 측면에서 중국에 진출하는 것은 메리어트의 사업을 세계적으로 활성화하는데 큰 도움이 될거라 예상되었다. 중국인들은 이미 세계에서 가장 큰 비지니스 및 관광객 집단이었다. 매년 1억명 이상의 중국인들이 해외로 사업이나 휴가를 떠났다. 국내에서 코트야드, JW 메리어트, 리츠칼튼과 같은 메리어트 브랜드에 친숙해지는 것은, 해외에서도 이들이 동일한 브렌드를 찾게 찾도록 유인할 수 있을 것이다. 중국을 넘어, 메리어트는 적극적으로 국제적 다각화를 추진하고 있었다. 2018년 한 해에만, 메리어트 브랜드는 핀란드, 리투아니아, 말리, 뉴질랜드, 그리고 우크라이나에서 첫선을 보이게 되었다.

통합적인 측면에서, 직원 17만 6000명, 연간 매출 170억 달러인 수천 곳의 호텔을 합병하는 것은 쉬운 일이 아니었다. 그렇지만 메리어트는 30개 브랜드의 로열티 프로그램을 결합하면 1억2,500만 명의 회원이 발생하는데, 이는 단연 세계최대 규모의 로열티 프로그램이었다. 통합 초기엔 특히나 더 어려운 상황이였다. 시스템 결함으로 인해 기존 브랜드 포인트를 상환할 수 있었던 고객들은 새로운 통합 로열티 프로그램의 혜택을 누릴 수 없게 되어 일부 반발을 불러일으켰다. 대외적으로, 메리어트는 추격해오는 에어비엔비, 익스피디아, 프라이스라인과 같은 도전자들을 물리칠 필요가 있다. 코로나 19를 감안할 때, 메리어트가 언제까지 업계 1위를 유지할 수 있을지는 두고 보아야 한다.

Sources: (1) Fortune, 2017, Marriott goes all in, June 15: 200–208; (2) Los Angeles Times, 2019, An unhappy Marriott rewards points customer is leading a revolt, April 4: www.latimes. com; (3) Marriott International, 2019, Marriott International an-nounces three-year growth plan, March 18: news.marriott.com; (4) Marriott International, 2019, Marriott International sets new record for growth in 2018 fueling global expansion and adding choices for travelers, January 22: news. marriott.com.

매리어트(Marriott)는 호텔 산업의 럭셔리 및 프리미엄 부문으로 제품 오퍼링을 다양화하는데 관심이 있는가? 그 국제적 다각화는 어떠한 이익을 가져다 주는가? 스타우드(Starwood) 호텔의 통합은 개선의 여지가 있는가? 이것들은 이 장에서 다루게 될 핵심 질문들 중 일부이다.

**기업 수준 전략(corporate-level strategy)**
기업이 다양한 시장에서의 활동을 어떻게 구성 및 조정하여 가치를 창출할 것인지에 관한 전략.

**사업 수준 전략(business-level strategy)**
식별 가능한 시장에서 경쟁 우위를구축하는 전략.

이번 장을 시작으로 3부(9, 10, 11, 12장)에서는 **기업 수준 전략(corporate-level strategy)**, 또는 간단히 **기업 전략(corporate strategy)**에 초점을 맞춘다. 이는 기업이 복수의 시장에서의 활동을 어떻게 구성하고 조정 하여 가치를 창출할 것인지에 대한 것이다. 이에 비해 2부(5, 6, 7, 8장)에서는 식별 가능한 시장에서의 경쟁 우위를 구축하는 방법으로 정의되는 **사업 수준 전략(business-level strategy)**을 다루었다. 비록 사업 수준 전략도 매우 중요하지만, 대기업에게는 기업 수준 전략이 더욱 중요하다. 다시 말해서, 사업 수준 전략이 "나무"에 초점을 맞추는 것에 반해, 기업 수준 전략을 이해하는 것은 우리가 "숲"을 볼 수 있도록 도와준다.

이번 장에서는, 기존의 기업 활동으로부터 차별화되는 기업들에게 새로운 사업을 추가하는 기업 전략의 핵심적인 측면인, **다각화(diversification)**에 초점을 맞춘다. 다각화는 아마 가장 많이 연구되고 논의되고 있는 기업 전략 주제일 것이다. 이는 다음과 같은 두 가지 차원에서 달성될 수 있다. (1)(다른 산업으로 진출하는 것을 통한) **제품 다각화(product diversification)**, (2)(다른 국가로의 진출을 통한) **지리적 다각화(geographic diversification)**이다. 비록 시장 진입에는 신설 투자(6장 참고)와 전략적 제휴(7장 참고)를 수반할 수 있지만, 이번 장에서는 인수에 초점을 맞춘다.

우리는 먼저 제품 및 지리적 다각화에 대해 소개할 것이다. 그리고 나서 전략 삼각대 이용한 포괄적인 모델을 전개할 것이다. 다음으로 인수에 대해 살펴본 후, 논쟁과 확장이 이어진다.

## 제품 다각화

대부분의 기업들은 단일제품이나 다각화가 거의 없는 상태의 서비스에 집중하는 소규모 기업으로 시작한다. 이를 **단일 사업 전략(single business strategy)**이라고 한다. 시간이 지남에 따라, 두 가지 (관련형 그리고 비관련형의) 광범위한 범주의 제품 다각화 전략에 착수 할 수 있다.

### 제품 관련형 다각화

**제품 관련형 다각화(product-related diversification)**는 기업의 기존 시장이나 활동과 관련된 새로운 제품 시장이나 활동으로의 진입을 의미한다. 예를 들어, 스타벅스(Starbucks)는 티바나(Teavana)를 인수함으로써 차로 다각화했다(실행 전략 9.1 참고). 그 촛점은 (규모의 경제라고도 알려져 있는) 운영적 시너지로, 두 가지 제품 시장이나 활동에 개별적으로 참여함으로써 달성될 수 있는 것을 넘어서는 경쟁력의 향상으로 정의된다. 다시 말해, 기업은 2 + 2 = 5가 되는 것이다. 오프닝 케이스에서 볼 수 있듯이 메리어트 인터내셔널(Marriott International)의 운영적 시너지의 원천은 (1)(공동 예약 플랫폼 등과 같은) 기술, (2)(공동 광고 캠페인 등과 같은) 마케팅, 그리고 (3)(공동 조달 등과 같은) 물류에서 생겨날 수 있다.

### 제품 비관련형 다각화

**제품 비관련형 다각화(product-unrelated diversification)**는 기업의 현재의 비즈니스 라인과 뚜렷한 제품 관련성이 없는 산업으로의 진입을 의미한다. (삼성과 같이) 제품 비관련형 다각화를 이룬 기업들을 **복합기업(conglomerates)**이라고 하고, 그들의 전략은 **복합화(conglomeration)**라고 한다. **운영적 시너지(operating synergy)** 대신, 복합기업은 (**범위의 경제(economies of scope)** 또는 **범위 경제(scope economies)**라고도 부르는) **재무적 시너지(financial synergy)**에 초점을 맞추는데, 즉 독립된 기업으로써 각 단위가 독립적으로 경쟁

**다각화(diversification)** 기존의 기업 활동이 아닌 새로운 사업을 기업 영역에 추가하는 것.

**제품 다각화(product diversification)** 신제품 시장 진출.

**지리적 다각화(geographic diversification)** 새로운 지리적 시장으로의 진입.

**단일 사업 전략(single business strategy)** 다각화를 하지 않은 상태에서 단일제품 혹은 서비스로 사업에 집중하는 전략.

**제품 관련형 다각화(product-related diversification)** 기업의 기존시장/활동과 관련된 새로운 제품 시장/활동으로의 진입.

**제품-비관련형 다각화(product-unrelated diversification)** 기업의 기존의 사업과는 직접적관련이없는산업으로의 진입.

**복합 기업(conglomerate)** 제품 비관련형 다각화를 이룬 기업.

**복합화(conglomeration)** 제품 비관련형 다각화 전략.

**운영적 시너지(operational synergy)** 활동, 인력,기술들을 공유함으로써 생기는 시너지.

**범위의 경제(economies of scope), 범위 경제(scope economies)** 기업의 범위를 확장함에 따른 단위당 비용의 감소 및 경쟁력의 증가.

**재무적 시너지(financial synergy)** 기업의 각 부분을 기업 본사가 재무적으로 통제하여 각 부문이 단독으로 경쟁할 때 달성할 수 있는경쟁력을 넘어서는 것.

## 실행 전략 9.1

### 스타벅스 차로 다각화하다

이 책의 독자들은 대부분 스타벅스 커피에 익숙할 것이다. 하지만, 1971년에 설립된 워싱턴주 시애틀에 있는 스타벅스의 원래 가게는 실제로 "스타벅스 커피, 차, 향신료"라고 불렸다는 것을 아는 사람은 거의 없다. 그러한 유래로 볼 때, 2012년 애틀란타에 본사를 둔 Teavana를 인수함으로써 스타벅스가 차로 다각화한 것은 놀라운 일이 아니다. 스타벅스는 이미 1999년 오리건주 포틀랜드에 본사를 둔 Tazo를 더 적은 800만 달러에 인수함으로써 차사업을 시작했었다. 하지만, 스타벅스의 가장 큰 거래인 6억 2천만 달러의 티바나의 인수는 판도를 바꿔 놓았고, 스타벅스는 즉시 차 업계의 최고 지위로 올라서도록 만들었다. 애틀란타에 설립된 티바나는 미국, 캐나다, 멕시코, 푸에르토리코, 중동의 고급 쇼핑몰에 있는 300개 이상의 매장을 통해 "차의 천국" 소매 경험을 차 애호가와 감정가 모두에게 제공했다.

커피와 차 사이의 상호보완성은 강했다. 많은 사람들은 다른 시간과 다른 이유로 한 음료 혹은 다른 음료를 선호했다. 예를 들어, 저자는 기분 전환을 위해 커피를 마시고(아침과 이른 오후에), 마음을 가라앉히기 위해(늦은 오후와 저녁에) 차를 즐긴다. 커피 다음으로 차를 다음 주종목으로 만들기 위한 노력으로, 스타벅스는 북미와 아시아 전역의 스타벅스 매장에 티바나의 핫 티와 아이스티를 통합했다. 2017년까지 차 사업은 인수 이후 40% 성장했다.

불행하게도, 티바나 매장들은 그 자체가 쓴 커피와 같았다. 심각한 손실로 인해 스타벅스는 2018년까지 379개의 티바나 매장을 모두 폐쇄했다. 연간 250억 달러의 매출을 올리는 30,000개 점포의 거대 기업이 소규모 경쟁업체를 폐쇄하기 위해 "의도적으로" 구매했는지 여부는 결코 알려지지 않을 것이다. 하지만, 더 그럴듯한 이유는 스타벅스가 진정으로 상품 관련 다각화에 관심이 있었기 때문인 것 같다. 스타벅스는 두 번째 체인을 키우기에 충분한 위장을 가지고 있지 않을 수도 있지만, 티바나는 브랜드로서 계속 살아가고 있다. 티바나 매장을 문닫은 후, 스타벅스 임원들은 "우리는 스타벅스 글로벌 소매, 포장된 차, 그리고 바로 마실 수 있는 프리미엄 티바나 크래프트 아이스 티를 통해 향후 5년 간 30억 달러까지 차 사업을 늘리려는 계획을 실행하는 데 전념하고 있다"라고 발표했다.

Sources: (1) Business Insider, 2017, Starbucks blew $750 million on stores that are now closing—and it's brilliant business move, August 1: www.businessinsider.com; (2) QSR, 2018, Starbucks enters $1.2B packaged tea category with Teavana, June: www.qsrmagazine. com; (3) Starbucks, 2012, Starbucks closes Teavana acquisition, December 31: stories.starbucks.com; (4) The Street, 2017, Starbucks closing all 379 Teavana stores because who buys expensive loose leaf tea in a mall, July 27: www.thestreet.com; (5) University of Washington Foster Business, 2015, What tea can be, Fall: 11–15.

함으로써 달성할 수 있는 것 이상으로 기업 본사가 재정적으로 통제하는 각 개별 단위에 대한 경쟁력의 증가에 초점을 맞추는 것이다. 재무적 시너지를 얻기 위한 메커니즘은 운영적 시너지를 얻기 위한 매커니즘과는 다르다. 최근 삼성이 태양광 패널, 바이오 의약품, 전기차 배터리 등의 새로운 산업에 진출했듯이, 기업 본사의 핵심 역할은 수익성 있는 투자 기회를 파악하고 자금을 지원하는 것이다. 달리 말하면, 복합기업은 잠재력이 높은 고성장 분야에 재원을 배분시키는 **내부 자본 시장(internal capital market)**으로서의 역할을 할 수 있다.

**내부 자본 시장(internal capital market)**
기업 내부에서 자본시장처럼 운영하는 제품 비관련형 다각화 기업(복합기업)의 내부 관리구조를 묘사하는 용어.

외부 자본 시장이 존재한다는 점에서, (GE의 항공기 엔진 부문 등과 같은) 다양한 산업에서 대기업 계열사 단위들이 각 산업에서 (롤스 로이스 홀딩스와 같은) 홀로 서 있는 독립적인 경쟁자를 능가하는지가 핵심 문제이다. 달리 말하면, 내부 자본 시장을 운영함으로써 기업 본사가 외부 자본 시장보다 수익성 있는 기회를 더 잘 파악하고 활용하는데 있어 더 나은 역할을 할 수 있느냐 하는 것이다. 만약 복합기업 계열사가 독립적인 경쟁자들을 이긴다면, **다각화 프리미엄(diversification premium, 또는 복합기업으로서의 우위)**이 존재한다. 즉, 제품 비관련형 다각화는 부가가치를 높인다고 할 수 있다. 그렇지 않다면, 복합기업의 각 계열사가 독립적인 주체로서 경쟁함으로써 더 유리할 경우에는 **다각화 할인(diversification discount**, 또는 복합기업으로서의 할인)이 존재한다.

**다각화 프리미엄(diversification premium)** 제품 다각화 기업과의 연관(복합기업 이점)으로 인한 성과의 상승분.

**다각화 할인(diversification discount)** 제품 다각화 기업과의 연관(복합기업 할인)으로 인한 성과의 하락분

## 제품 다각화와 기업 성과

연구에 따르면 (비록 항상 그런 것은 아닐지라도) 평균적으로 기업이 단일 사업 전략에서 제품 관련형 다각화 전략으로 전환할 때 성과가 향상될 수 있지만, 기업이 제품 관련형에서 제품 비관련형 다각화로 전략을 바꿀 경우 성과가 감소할 수도 있다. 즉 제품 다각화와 기업의 실적 간에는 역 U자형(그림 9.1) 관계가 있는 것처럼 보인다. 본질적으로 "모든 달걀을 한 바구니에 담는" 단일 사업 전략은 잠재적으로 위험하고 취약할 수 있다. 그러므로 코치(Coach)는 이제 그것만의 상징적인 핸드백에만 의존하는 것에서 벗어나 패션 의류에도 진출하면서 다각화했다. 마찬가지로, 리바이스(Levi Strauss)는 운동복, 가방, 액세서리에 걸쳐 진출함으로써 청바지 브랜드 이상이 되고 싶어한다.

"당신의 달걀을 서로 다른 바구니들에 담는" 제품 비관련형 다각화는 위험을 감소시킬 수는 있지만, 그 성공적인 실행에는 많은 기업들에 있이 결여하고 있는, (뒤에서 설명될) 강력한 조직적 역량이 요구된다. 결과적으로, 본질적으로 "당신의 달걀을 비슷한 바구니들에 나누어 담는" 제품 관련형 다각화가 위험을 줄이고 시너지를 활용하기 위한 균형 잡힌 방법으로 등장했다. 예를 들어, 코카콜라(Cocal-Cola, 음료), 허쉬(Hersh, 과자), 로레알(L'Oreal, 화장품)과 같은 더욱 집중

### 그림 9.1 제품 다각화와 기업 성과

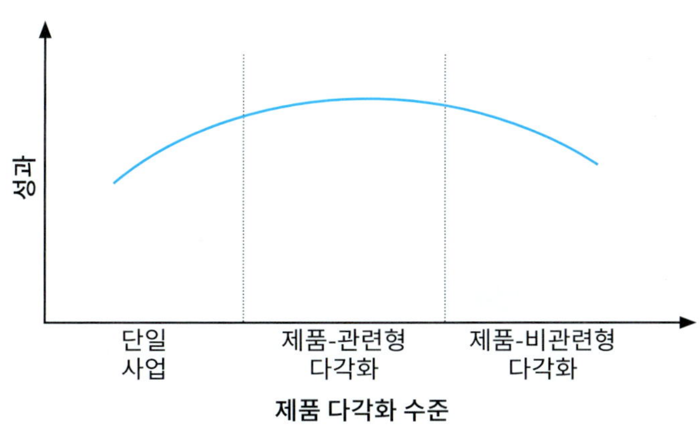


Source: Adapted from R. Hoskisson, M. Hitt, R. D. Ireland, & J. Harrison, 2008, Competing for Advantage, 2nd ed. (p. 214), Boston: Cengage.

된 다각화된 업체의 주가는 보통 펩시코(PepsiCo, 음료와 과자 모두)와 프록터 & 갬블(Procter & Gamble, 미용, 식품, 생활용품, 과자)과 같은 더욱 다각화된 경쟁사들의 주가보다 높다.

하지만, 중요한 경고가 있다. 모든 제품 관련형 다각화기업이 항상 제품 비관련형 다각화기업보다 성과가 좋은 것은 아니다. "핵심 역량"의 시대에서, 알파벳(Alphabet), 구글(Google), 아마존(Amazon), 이지그룹(easyGroup), 삼성, 지멘스(Siemens), 버진 그룹(Virgin Group)과 같은 복합기업의 지속인 번영은, 고도로 유능한 기업의 작은 그룹에게는, 복합화를 진행하는 것이 선진 경제에서 여전히 가치를 더할 수 있음을 시사한다. 신흥 경제국에서는, 독립형 경쟁자들을 능가하고 있는 (인도 타타(Tata) 그룹, 터키의 콕(Koc) 그룹, 중국 완다(Wanda) 그룹 등의) 일부 계열사들에 있어서는 복합화 전략 지속되고 있는 것처럼 보인다.

많은 복합기업들이 실패하는 이유는 이 전략이 본질적으로 건전하지 않기 때문이 아니라, 기업들이 이를 제대로 실행하는 것에 실패하기 때문이다. 복합화는 기업 본사의 경영자들에게 엄격한 재무적 지침들을 부과하고, 그 구성 계열사가 시행하도록 하고, 계열사 관리자들에게 책임을 지도록 하는 것으로, 이는 GE의 전 회장이자 CEO인 잭 웰치(Jack Welch)가 (1981-2001년) GE 전 계열사에 시행한 유명한 사례에서 볼 수 있다. "당신이 속한 산업에서 산업에서 세계 일등 혹은 이등이 되지 못한다면, 당신의 사업부는 매각될 것으로 기대하라." 그러나 두 명의 GE의 최근의 회장이자 CEO들인 제프 이멜트(Jeff Immelt, 2001-2017)와 존 플래너리(John Flannery, 2017-2018)를 포함한 대부분의 경영자들은 대부분 그렇게 엄격하지 않았고, 실적이 더 나은 계열사로부터 보조를 받을 수 있었기 때문에, 일부 계열사의 저조한 실적을 용인했다. 성과가 더 좋은 부문을 강탈하여 성과가 좋지 못한 부문을 도움으로써, 기업 경영자들은 본질적으로 "사회주의"를 실천한다. 시간이 지남에 따라, 실적이 좋은 부문들은 더 잘하고자 하는 동기를 상실할 수 있으며, 결국 기업의 성과가 악화될 수 있다. 예시 A는 GE의 최근의 성과가 이전에 우수했던 여러 계열사들에서 붕괴되었음을 보여준다.

## 지리적 다각화

**국제적 다각화 (international diversification)** 기업이 경쟁하는 장소로서의 국가의 수와 다양성.

지리적 다각화는 국내에서 수행할 수 있음에도 불구하고, 우리는 **국제적 다각화(international diversification)**, 즉 기업이 경쟁하는 국가의 수와 다양성에 초점을 맞춘다(6장 참고).

### 제한적인 국제적 다각화와 광범위한 국제적 다각화

지리적 다각화는 두 가지 광범위한 범주로 식별될 수 있다. 첫 번째는 프랑스와 이탈리아 기업이 유럽에 집중하는 것과 같은, 제한적인 국제적 범위(limited international scope)이다. 외국인 비용(자세한 사항은 4장 및 6장 참고)을 줄이기 위해 지리적 그리고 문화적으로 인접한 나라들에 중점을 두는 것이다. 두 번째 범주는 지리적, 문화적으로 인접한 나라들을 넘어서는 곳에서 상당하게 존재감을 유지하는 광범위한 국제적 범위(extensive international scope)이다. 예를 들어 제너럴 모터스(General Motors, GM)의 가장 큰 시장은 중국이다. (고용주들에게 시간제 직원들을 제공하는) 가장 큰 인력 시장은 프랑스이다. 이웃 국가들이 반드시 쉬운 시장인 것은 아니지만, 먼 나라에서의 성공은 그 곳에서의 외국인 비용을 상쇄하기 위해 더욱 강력한 일련의 이점들을 필요로 하기가 쉽다.

## 지리적 다각화 및 기업 성과

최근 우리는 모든 기업들이 "글로벌"화 해야 하고, 국내 기업들은 해외로 진출하는 모험을 시작해야 하며, 국제적 입지가 작은 기업들은 지리적 범위를 더욱 넓혀야 한다는 요구를 자주 듣는다. 이러한 국제화 요구에 귀를 기울이지 않은 것에 대한 결과는 아마도 심각할 것이다.

하지만, 우리는 이러한 주장의 타당성을 비판적으로 평가할 필요가 있다. 증거에 따르면 이는 완벽하게 뒷받침되지는 않는다. 그림 9.2의 S 곡선에 의해 포착되는 바와 같이 두 가지 결과가 나타난다. 첫째, 국제화 수준이 낮을 경우에는, 지리적 범위와 기업의 성과 간에는 U자형 관계가 존재하며, 이는 지리적 범주를 넓히는 경우에, 긍정적인 수익이 실현되기 전에, 국제적 확장에 대한 성과에 대한 영향은 초기에는 부정적임을 시사한다. 이것은 잘 알려진 대로 외국인 비용의 위험에서 기인하는 것이다(6장 참고). 둘째, 중간 수준에서 높은 수준의 국제화에서는, 역 U자형이 나타나는데, 이는 지리적 범위와 기업의 성과 사이에 긍정적인 관계가 있음을 암시하지만, 이것은 어느 정도까지만 해당한다. 다시 말해서, "더 많이 글로벌 할 수록, 더욱 좋다"

**그림 9.2 지리적 다각화와 기업 성과:S커브**

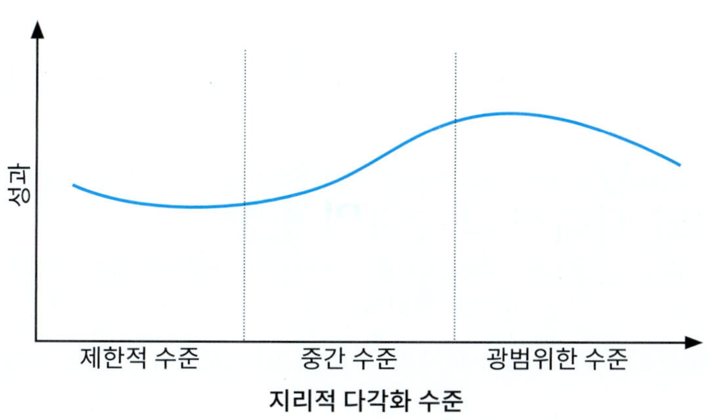


Sources: Adapted from (1) F. Contractor, S. Kundu, & C.-C. Hsu, 2003, A three stage theory of international expansion: The link between multinationality and performance in the service sector (p. 7), Journal of International Business Studies 34: 5–18; (2) J. Lu & P. Beamish, 2004, International diversification and firm performance: The S-curve hypothesis (p. 600), Academy of Management Journal 47: 598–609.

는 통념이 언제나 사실인 것은 아니다.

모든 기업이 S 곡선에 의해 포착된 상승과 하락을 경험할 만큼 충분히 해외 진출을 경험한 것은 아니다. 한편으로는, 많은 연구들은 그들이 오직 초기에서 중간 단계의 국제화 기업들만을 표본으로 하기 때문에 U자형 관계를 보고한다. 작고 경험이 없는 기업들이 종종 해외 진출의 초기 단계에서 취약한데, 이는 그들은 "수업료를 내고" 배워야 하기 때문이다. 반면에, 다른 연구들은 그들의 표본이 중간으로부터 높은 수준의 국제화의 단계에 있는 더 큰 기업들에 치우쳐 있기 때문에 역 U자형의 관계를 보고한다. 많은 대기업들은 그들이 얼마나 많은 나라에 진출했는지에 대해 자랑하는 "깃발 꽂기" 정신을 가지고 있다. 하지만, 그들의 성과는, 일정 한도를 넘어서, 종종 어려움을 겪기 때문에 따라서 철수가 필요하다. 예를 들어, 아마존, 이베이(eBay), 홈디포(Home Depot), 우버(Uber)는 중국을 떠났고, 월마트(Walmart)는 독일, 러시아, 한국에서 모두 눈물을 흘리며 철수했다.

이러한 복잡성을 고려할 때, 지리적 다각화에 대해 논쟁이 있는 것은 놀라운 일이 아니다. 그림 9.2는 지리적 범위가 확대됨에 따라 기업 성과가 개선되는 중간 범위인 최고의 상황을 보여준다. 이것이 메리어트가 그 자신을 위치시키는 것을 희망하는 지점이다(오프닝 케이스 참고). 이 범위의 기업을 표본으로 하는 연구들은 "지리적 범위가 더 높은 기업 수익성과 관련이 있는 것으로 밝혀졌기 때문에 국제화 자체에 가치가 있다"고 결론을 내린다. 하지만, 더 높은 수준의 지리적 범위를 가진 기업들을 표본으로 하는 다른 연구들은 "다국적인 다각화는 이론상에서보다 실제로는 분명히 덜 가치가 있다"고 경고한다. 결과적으로, 최근 도출된 합의는 두 관점의 타당성을 인정하는 것뿐만 아니라 (지리적 다각화가 기업 성과에 도움이 되거나 혹은 해롭다는) 각각의 관점이 유효한 조건을 명시하는 것이다. 마지막으로, 세계화와 반세계화에 대한 더 큰 논쟁을 고려할 때(1장 참고), 일부 국제적으로 활동적인 기업들은, 그들에게 본국으로 사업과 일자리를 되가져오도록 요구하는 그들의 정부에 의해 낙담하고 있다. (늘 존재하는) 결론이 나지 않는 성과 결과들과 최근의 정치적 압력을 고려할 때, 지리적 다각화에 대한 논쟁은 계속 격화될 것이다

## 제품 다각화와 지리적 다각화의 조합

국제화에 관심이 없는 단일 사업 기업을 제외하고 대부분의 기업은 다각화의 다양한 측면 모두를 동시에 고려해야 한다. 그림 9.3은 네 가지 가능한 조합을 보여준다.

**고정된 복제자(anchored replicator)**
본국에 단단히 기반을 두고 소수의 나라의 관련 산업군에서 그들의 기업 활동을 복제하는 기업.

셀 3의 기업들은 제품 관련형 다각화와 제한적인 지리적 다각화에 초점을 맞추고 있기 때문에 **고정된 복제자(anchored replicators)**이다. 그들은 본국에 의해 고정된 소수의 나라에서 관련 산업의 일련의 활동을 복제하고자 한다. 예를 들어, 월그린(Walgreens)은 최근 얼라이

## 그림 9.3 제품 및 지리적 다각화의 결합

| 지리적 범위 \ 제품 범위 | 관련형 | 비관련형 |
|---|---|---|
| 확장형 | (셀 1)<br>다국적<br>복제자 | (셀 2)<br>광범위한<br>복합기업 |
| 제한형 | (셀 3)<br>본국기반<br>복제자 | (셀 4)<br>고전적인<br>복합기업 |

언스 부츠(Alliance Boots)와 합병하기 전까지 미국, 푸에르토리코, 미국령 버진 아일랜드에서만 약국을 운영해왔다.

셀 1의 기업들은 한편으로는 제품 관련형 다각화에 관여하고 다른 한편으로는 멀리 떨어진 다국적인 확장에 참여하기 때문에 **다국적 복제자(multinational replicators)**라고 부를 수 있다. 월그린은 최근 영국과 스위스에 본사를 둔 얼라이언스 부츠를 인수하고, 25개국에서 약국을 운영하는 월그린 부츠 얼라이언스(Walgreens Boots Alliance)를 설립했다.

**다국적 복제자(multinational replicator)** 한 쪽으로는 제품 관련형 다각화에 힘쓰면서 다른 한 쪽으로는 광범위한 다국적 확장에 몰두하는 기업.

셀 2에 포함된 회사들은 제품 비관련형 다각화와 대규모의 지리적 다각화를 모두 추구하기 때문에 **광범위한 복합기업(far-flung conglomerates)**으로 분류될 수 있다. 알파벳(Alphabet), 아마존, 이지그룹, GE, 미쓰이(Mitsui), 삼성, 지멘스(Siemens), 타타(Tata)와 같은 다국적 거대 대기업들이 그 사례이다.

**광범위한 복합기업(far-flung conglomerate)** 제품 비관련형 다각화와 대규모의 지리적 다각화를 모두 추구하는 복합기업.

마지막으로, 셀 4에서 우리는 본국을 중심으로 한 소수의 국가들 내에서 제품 비관련형 다각화를 추구하는 **고전적인 복합기업(classic conglomerates)**을 발견한다. 터키의 콕 그룹, 중국의 완다 그룹과 같은 기업들이 그 예에 속한다.

**고전적인 복합기업(classic conglomerate)** 모국을 중심으로 소수의 해외시장에서 제품 비관련형 다각화를 추구하는 기업.

비록 어렵긴 하지만, 한 셀에서 다른 셀로 이동하는 것은 가능하다. 예를 들어, 대부분의 현재의 다국적 복제자(셀 1)들은 고정된 복제자(셀 3)에서 그 뿌리를 찾아볼 수 있을 것이다. 지난 20년 간의 한 가지 흥미로운 이동 패턴은, 덴마크의 다니스코(Danisco), 핀란드의 노키아(Nokia) 등 이전에는 모국에서 서로 관련이 없는 여러 산업에서 활동을 하던 많은 고전적인 대기업들이, 이제는 제품 범위는 감소시킨 반면 지리적 범주는 상당히 확장했다는 것이다. 달리 말하면, 셀 4에서 셀 1로의 이동이 이루어진 것이다. 광범위한 전략적 시점에서 보면, 이는 해외에서 사업을 하는 비용이 감소하였고 대부분 국내에서 복합화를 관리하는 비용은 증가했다는 것을 의미한다. 달리 표현하자면 다음과 같다.

| **셀4의 비용**<br>(주로 본국에서 머물면서<br>복합화 관리) | **>** | **셀1의 비용**<br>(광범위하게 해외에서 사업을 하지만,<br>다각화에 있어 제품 관련 다각화 유지) |
|---|---|---|

최근 들어, 지정학적 긴장이 고조되고 불확실한 무역 전쟁을 고려할 때, 해외에서 사업을 하는 비용이 증가했을 수 있다. 예를 들어 그 정의에 따라 관세는 해외에서 사업을 하는 비용을 증가시킨다. 따라서 셀 4의 비용이 셀 1의 비용보다 계속해서 더 클지는 두고 봐야 한다. 그러나, 이러한 불확실성이 없더라도 한 셀에 속하는 기업들이 다른 셀에 있는 기업들보다 항상 실적이 뛰어날 것이라고 주장하는 것은 무모하지 않다고 하더라도 순진한 생각이다. 모든 셀에서, 성공한 기업과 실패한 기업이 모두 존재한다. 다음으로 우리는 왜 그러한지의 이유에 대해 살펴 본다.

## 다각화의 통합적인 모델

기업은 왜 다각화를 하는가? 전략 삼각대는 이 복잡하고도 중요한 질문에 답하기 위해 다각화의 통합적인 모델(그림 9.4)을 제안한다.

### 산업 기반 관점

다각화의 직접적인 동기는 한 산업 내에서의 성장 기회이다. 만약 한 산업이 (로봇공학과 같이) 상당한 성장 기회를 가지고 있다면, 대부분의 기존 기업들은 제품 관련 혹은 국제적 다각화에 참여하고자 하는 동기가 있으며, 신규 진입자들은 여기에 적극적으로 참여하고자 할 것이다. 하지만, (타자기와 같은) "사양" 산업의 경우, 기존 기업들은 (자산을 매각하고) **자산철수(divestitures)**를 통해서 해당 산업에서 철수하고 다른 곳에서의 기회를 추구해야 한다.

**자산철수(divestiture)** 자산 매각.

성장의 기회뿐만 아니라 5 요인 체계에 의해 포착된 한 산업의 구조적 매력 역시 다각화에 상당한 영향을 미친다. 치열한 기업들 간의 경쟁은 기업이 다각화하도록 하는 동기가 될 수 있다. 펩시코(PepsiCo)는 최근 스포츠 드링크로 다각화를 했다. (마운틴 듀(Mountain Dew)와 같은) 탄산음료에 대한 수요가 감소했을 때, 펩시의 상당한 유통 역량은 새롭게 인수한 게토레이(Gatorade)를 제품을 추가함으로써 시너지를 어느 정도 발휘할 수 있었다.

둘째, 높은 진입 장벽은 특정 종류의 기업들이 다각화를 하는 것을 용이하게 한다. 삼성전자가 경쟁에서 성공한 LCD, 휴대폰등 대부분의 업종은 진입장벽이 높은 것이 특징이다. 태양광 패널, 전기차 배터리와 같이 삼성이 공격적으로 진입하고 있는 새로운 산업 또한 같은 특징

■ 그림 9.4 다각화의 종합적 모델

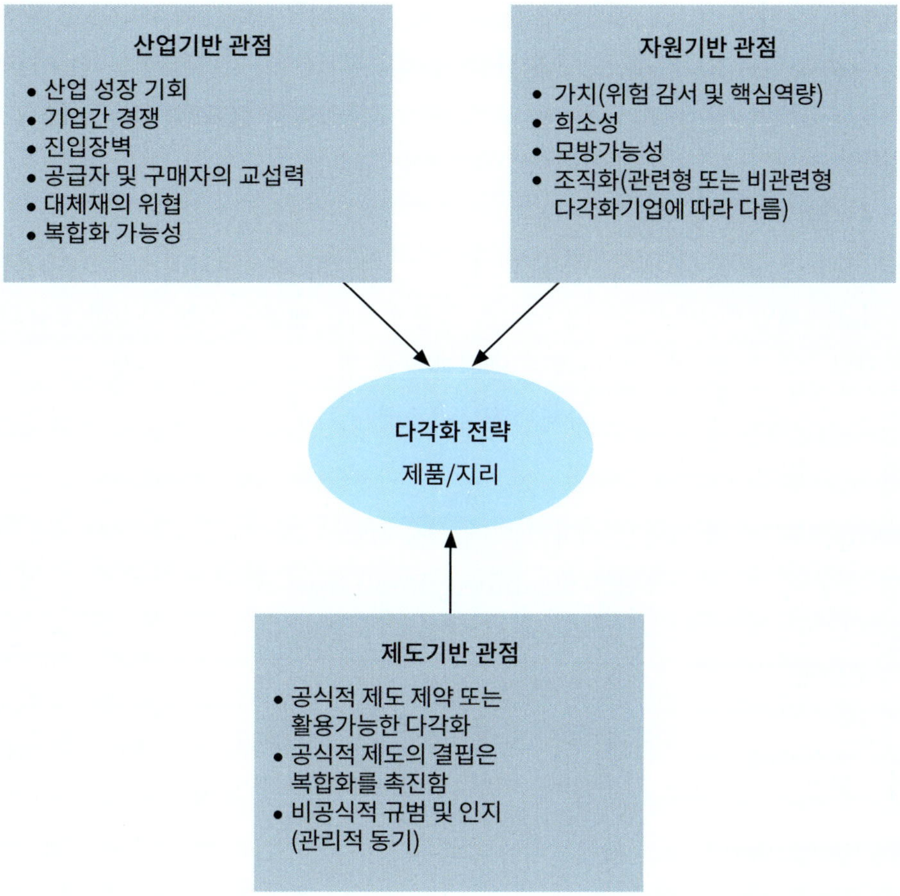


을 갖고 있다. 이러한 선택은 무작위가 아니다. 삼성은 높은 진입 장벽 때문에 많은 잠재적 진입자들을 저지할 수 있는 자본 집약적 산업을 의도적으로 목표로 한 것이다.

공급자와 구매자의 협상력은 기업들이 상류의 공급자 혹은 하류의 구매자를 인수함으로써 그들의 범위를 넓히도록 유도할 수 있다. 예를 들어, 최근 코카콜라는 자사의 주요 탄산음료 제조업체들을 인수했다.

대체재의 위협 또한 다각화에 영향을 끼친다. 많은 카메라, 계산기, 지도, 신문 및 인쇄 서적들은 애플, 화웨이(Huawei), 삼성, 샤오미(Xiaomi)가 만드는 스마트폰으로 대체되었고, 이들 기업들은 이러한 산업들로 다각화 (또는 침입) 했다.

요약하자면, 산업 기반 관점은 (종종 지리적 다각화가 동반되기도 하지만), 말 그대로 산업에 초점을 맞춘 제품 관련형 다각화에 초점을 맞춘다. 다음으로 우리는 이 토론을 더 발전시키기 위해 자원 기반 관점과 제도 기반 관점에서의 고려사항을 소개한다.

## 자원 기반 관점

**가치(value)**. 다각화가 가치를 창출하는가? 대답은 "그렇다"이지만, 이 대답은 오직 특정한 조건에서만 그렇다. 다각화되지 않은 단일 사업 기업과 비교하여, 다각화된 회사는 위험을 분산시킬 수 있다. 심지어 지나치게 다각화된 기업들이 구조조정을 강요받는 경우에도, 그들이 다각화가 전혀 되지 않은 단일 사업 전략으로 회귀하는 경우는 거의 없다. 가장 최적의 상태는 것은 적당한 수준의 다각화를 하는 것이다.

위험의 감소를 넘어, 다각화는 특정 핵심 역량들을 활용함으로써 가치를 창출할 수 있다. 혼다(Honda)는 내연기관에서의 핵심 역량을 활용에 의한 제품 관련형 다각화로 유명하다. 혼다는 자동차와 오토바이뿐만 아니라 보트 엔진과 잔디 깎는 기계에서도 경쟁하고 있다. 혁신적인 신사업에 있어서의 제트기인 혼다제트(HondaJet)는 가장 최근의 노력을 보여준다. 혼다제트가 높이 날 수 있게 될 것인가?

**희소성(rarity)**. 다각화가 가치를 더하기 위해서는, 기업은 희소하고 독특한 역량을 가지고 있어야 한다. 블룸버그 비즈니스위크(Bloomberg Businessweek)에 따르면, 신흥 경제국의 인수기업들은 일반적으로 그들의 인수로부터 가치를 전달하는 것에 어려움을 겪지만, 레노버(Lenovo)는 이전 IBM PC 부문을 전환하여, 세계 최대의 PC 제조 업체가 되는 것을 추진하는 것에 이용함으로써, "PC 산업의 쓰레기"에서 보물을 찾을 수 있었다. 그러한 능력은 신흥 인수기업들에서 뿐만 아니라 많은 기존 인수 기업들에서도 희소한 것이다.

**모방가능성(imitability)**. 많은 기업들이 인수를 수행하지만, 인수 후의 통합의 기술을 습득한 기업의 수는 매우 적다. 결과적으로, 통합에서 뛰어난 기업들은 모방하기 어려운 역량을 보유하고 있다. 노스롭 그루먼(Northrop Grumman)에서는 인수한 사업들의 통합하는 것이 "과학"으로 발전했다. 각 사업부는 보도자료를 발행하는 것부터 어떤 회계 소프트웨어를 사용해야 하는가에 이르기까지 거의 400여 개에 달하는 항목으로 나열되는 세세하게 조정되는 지침을 준수해야 한다. 보잉(Boeing)과 레이시언(Raytheon)과 같이 더 큰 규모의 방위산업 분야 경쟁자들과는 달리, 노스롭 그러먼은 지금까지 어떠한 인수에 있어서도 비틀거리지 않았다. 이러한 통합 기술은 모방하는 것이 지극히 어렵다.

**조직화(organization)**. 근본적으로, 다각화가 가치를 더하는지의 여부는 기업이 어떻게 비용은 최소화하면서 이점을 활용할 수 있는가로 귀결된다. 10장에서는 지리적 다각화에 있어서 조직 문제를 다룰 것이기 때문에, 여기서는 제품 다각화에 초점을 맞춘다. 제품 비관련형 다각화가 인기를 잃다는 점을 감안할 때(최근의 GE의 붕괴를 생각하면), 많은 사람들이 이 전략이 본질적으로 파괴할 가치가 있다고 믿는다. 하지만 이것은 사실이 아니다. 적절한 조직을 통해, 제품 관련형 다각화와 제품 비관련형 다각화 전략 모두 가치를 더할 수 있다.

표 9.2에서 보는 바와 같이, 제품 관련형 다각화 기업은 상호 협력적인 문화를 가진 중앙집중식 조직 구조를 육성할 필요가 있다. 핵심은 다양한 부문 사이에 운영상의 연계(또는 시너지)를 모색하는 것이며, 기업 전체의 이익을 위해서 다른 부문과 협력하도록 하기 위해 특정 부문의 개별 성과를 희생해야 할 수도 있다. 기업 전체의 이익을 극대화하기 위해서, 아이언맨(Iron Man), 캡틴 아메리카(Captain America), 어벤져스: 엔드게임(Avengers: Endgame)과 같은 영화 제작을 책임지고 있는 마블 스튜디오(Marvel Studio)의 영화 제작 사업부인 마블 시네마틱 유니버스(Marvel Cinematic Universe)는, 상품 부서가 담요, 만화책, 의상, 베개커버, 장난감, 비디오게임 등과 같은 관련된 제품들을 판매를 준비가 될 때까지 영화를 개봉하는 것을 기다려야 했다. 만약 영화 사업부 관리자의 보너스가 연간 박스 오피스 흥행 수입과 연결된다면, 그들은 최대한 빨리 영화개봉을 하고 싶었을 것이다. 그러나, 만약 보너스가 전체 기업의 수익과 연결된다면, 영화 부문 관리자들는 그들의 상품 부서의 동료들과 더욱 기꺼이 조율하고 상품들이 준비될 때까지 기다릴 것이다. 결과적으로 기업 본사는 (매출액과 같은) 엄격한 재무 목표만을 기준으로 사업부의 성과를 평가해서는 안 된다. 주요 통제 매커니즘은 **전략적 통제(strategic control)**, 또는 **행동 통제(behavior control)**로, 이는 기업과 사업부의 관리자들 간의 풍부한 소통과 함께 각 부문의 기여도를 모니터하고 평가하는 기준에 크게 달려 있다.

**전략적 통제(strategic control,행동 통제)** (협력과 같은)바람직한 전략적 행동인지 아닌지에 기반을 둔 자회사/부서 운영들의 통제.

하지만, 대기업을 조직화하는 가장 좋은 방법은 이와 정확하게 반대이다. **재무적 통제(financial control)**, 혹은 **결과 통제(output control)**에 중점을 두고 있으며, 이는 조직의 성과를 관찰하고 평가하기 위해 (투자 수익과 같이) 주로 객관적인 기준을 기초로 하는 것이다. 대부분의 기업 관리자들이 오직 하나의 (또는 소수의) 산업에 대한 경험이 있지, 대기업이 운영하는 다양한 비관련된 산업에서 전문가가 될 수 없기 때문에, 기업 본사는 많은 산업별 전문 지

**재무적 통제(financial control,결과 통제)** 재무적/결과 기준을 충족시키는지 아닌지에 엄격하게 기반을 둔 자회사/부서 운영들의 통제.

### 표 9.2 제품-관련형 vs. 제품-비관련형 다각화

| | 제품-관련형 다각화 | 제품-비관련형 다각화 |
|---|---|---|
| 시너지 | 운영적 시너지 | 재무적 시너지 |
| 경제 | 규모의 경제 | 범위의 경제 |
| 통제 메커니즘 | 전략적(행동) 통제 | 재무적(결과) 통제 |
| 조직 구조 | 집권화 | 분권화 |
| 조직 문화 | 협조적 | 경쟁적 |
| 정보 처리 | 집중적 풍부한 의사소통 | 덜 집중적인 의사소통 |

식이 필요하지 않은 재무적 통제에 집중할 수 밖에 없다. 그렇지 않으면, 기업 경영자들은 (처리하기에는 너무나 많은 정보의) 엄청난 정보 과부하를 겪게 될 것이다. 결과적으로, 적절한 조직 구조는 실질적으로 분절적 자율성을 갖는 분권, 즉 구조적으로 분리된 단위이다. 각 사업부 관리자들이 재무적인 성과에 집중하도록 만들기 위해, 그들의 보상은 계량 가능한 단위 부문의 성과와 직접 연결되어야 한다. 따라서, 다양한 부서 간의 관계는 경쟁적이며, 각 부서는 기업 투자의 더 큰 몫을 유치하기 위해 노력한다. 내부 자본 시장에서의 이러한 경쟁은 외부 자본 시장을 통해 투자자로부터 더 많은 자금을 유치하기 위해 경쟁하는 독립된 기업들과 유사하다. 예를 들어, 버진 그룹(Virgin Group)은 스스로를 항공, 철도, 음료, 음악 사업을 포함하는 하는 포트폴리오를 갖춘 "브랜드화된 벤처 캐피털 기업"으로 생각한다. 그룹 본사는 (버진이라는) 공통의 브랜드를 제공하고 사업부 관리자는 건전한 성과를 제공하는 한 "독립된" 상태를 유지한다. 전반적으로, 가치를 더하기 위한 핵심은 다각화 전략과 조직 구조 및 통제 사이의 적절한 일치이다.

## 제도 기반 관점

**공식적 제도(formal Institutions)**. 공식적 제도는 다각화 전략에 영향을 미친다. 1950년대와 1960년대 선진국에서의 복합기업들이 부상한 것은 제품 관련형 다각화를 축소하기 위해 고안된 공식적인 제도의 제약에 의해 의도치 않게 촉진되었다. 미국에서는 1950년 이후 반독점법은 한 산업 내에서 기업의 시장 지배력을 높이기 위한 고안된 제품 관련형 다각화(특히 합병)를 "반경쟁적"으로 보았고, 이의를 제기하였다. 따라서, 성장을 추구하는 기업들은 그들의 산업 너머로 눈을 돌리도록 해야 했고, 이는 거대한 복합기업화의 물결을 촉발시키게 되었다. 1980년대에 들어서야, 미국 정부는 마음을 바꾸어 더 이상 같은 산업 내의 관련형 합병 기업들을 더 이상 비판적으로 철저하게 조사하지 않았다. 1980년대 이후 복합기업들을 해체하여 기업의 핵심 역량에 집중하는 움직임이 시작된 것은 우연의 일치가 아니다.

마찬가지로, 신흥 경제국에서의 복합화의 인기는 종종 정부의 보호무역 정책에 의해 뒷받침된다. 복합기업(신흥 경제국에서 종종 **기업집단(business groups)**으로 불리는)은 라이선스를 취득하고, (종종 국책 은행으로부터) 자금을 조달하고, 기술을 확보함으로써 정부와의 연결을 활용할 수 있다. 보호무역 정책이 상당한 외국 기업들의 진입을 막아 주는 한, 복합기업들은 국내 경제를 지배할 수 있다. 하지만, 정부가 보호무역 정책을 폐기하기 시작할 때는, (국내의 비다각화된 경쟁 기업들 뿐만 아니라) 외국의 다국적 기업들로 인해 경쟁 압력이 심화될 수 있다. 이러한 변화들은 복합기업들이 그들의 사업 범위를 축소하고 보다 관리하기 쉬운 소수의 산업에 집중함으로써 성과를 개선하도록 하게 할 수 있다.

**기업집단 (business group)**
신흥 경제에서 사용되는 복합기업을 묘사하는 용어.

마찬가지로, 많은 기업들에서 실행된 지역적 다각화의 상당한 증가는, 적어도 부분적으로는, 공식적인 시장 지원 및 정책의 변화로 인해 시작된 많은 경제들의 점진적인 개방에서 기인하는 것일 수 있다(6장 참고).

**비공식적 제도(informal institutions)** 비공식적 제도는 규범적이고 인지적인 차원에서 찾아볼 수 있다. 규범적으로, 경쟁자들은 종종 주주, 이사회 이사, 언론으로부터 비난을 받지 않는 방식으로 행동한다. 그러므로, 일반적으로 복합기업이 되는 것이 규범일 때에는, 더 많은 경영자들은 단순히 그러한 규범을 따르게 된다. 성과가 저조한 기업들은 특히 이러한 규범적 압박하에 놓이게 된다. 다각화에 있어서 조기 진입자들은 그러한 복잡한 전략을 실행할 수 있는 특수한 기술과 통찰력을 가지고 있을 수 있지만, 후발 진입자들은 아마도 이러한 역량을 가지고 있지 않고 단순히 시류에 편승할 수도 있다. 시간이 지남에 따라, 이것은 적어도 부분적으로 선진국에서 복합화에 대한 큰 실망을 설명해 준다.

복합화를 위한 또 다른 비공식적 동인은 인지적 차원, 즉 경영적인 행동을 이끄는 내재화된 믿음이다. 경영자들은 개인의 이익을 증진하려는 동기가 있을 수도 있는데, 회사 및 주주들의 이익과 반드시 일치하는 것은 아니다. 이러한 다각화를 위한 경영적인 동인은 (1)경영자들의 고용 위험의 감소와 (2)권력, 명예, 소득 추구가 포함된다. 단일 비즈니스 기업은 (불황과 같은) 경제적 사이클에 취약하기 때문에, 경영자들의 직업과 경력이 위험에 처할 수도 있다. 따라서 경영자들은 그러한 다각화가 그들의 회사나 그 주주에 도움이 되지 않을 지라도, 그들 자신의 고용 위험을 줄이기 위해 회사를 다각화하는 것에 관심을 가질 수도 있다. 그 외에도, 권력, 명예, 소득은 일반적으로 더 큰 기업의 규모와 연관되기 때문에, 일부 경영자들은 회사를 과도하게 다각화하여, 결국 오히려 가치를 파괴하는 것을 초래할 수도 있다. 이러한 과도한 다각화는 제국 건설(empire building)이라고도 알려져 있다(11장 참고).

요약하자면, 제도 기반 관점은 공식적이고 비공식적인 제도적 조건들이 다각화 전략을 직접적으로 형성한다는 것을 시사한다. 전체적으로 산업 기반, 자원 기반, 기관 기반의 관점은 기업의 범위가 전 세계적으로 어떻게 되는 지를 설명하는데, 이는 다음에 논한다

## 기업 범위의 진화

다각화의 핵심은 근본적으로 관료주의적 비용에 대비한 경제적 이익이다. **경제적 이익(economic benefit)**은 앞에서 논의했던 다양한 형태의 (운영상의 혹은 재무적인) 시너지이다. **관료주의적 비용(bureaucratic cost)**은 더 많은 직원과 더욱 복잡한 정보 시스템을 가진 더욱 크고 더욱 복잡한 조직에 발생하는 추가적인 비용들이다. 전반적으로 특정한 다각화 전략을 이끄는 것은 이익과 비용의 차이이다. (최근의 인수된 조직과 같은) 성장의 마지막 단위의 경제적 이익은 **한계 경제 편익(marginal economic benefits, MEB)**으로 정의 할 수 있으며, (더 많은 직원을 고용함으로써 발생하는 급여 및 보험에 대한 추가적 지출 등과 같은) 추가적인

**경제적 이익(economic benefits)**
다각화의 맥락에서의 다양한 형태의시너지로부터 만들어진 편익.

**관료적 비용(bureaucratic costs)**
조직이 더 크고 다각화되면서 발생하는 추가 비용.

**한계 경제 편익(marginal economic benefits, MEB)**
(마지막 인수와 같은)성장의 마지막 단위의 경제적 편익.

## ■ 그림 9.5 무엇이 기업의 범위를 결정하는가?

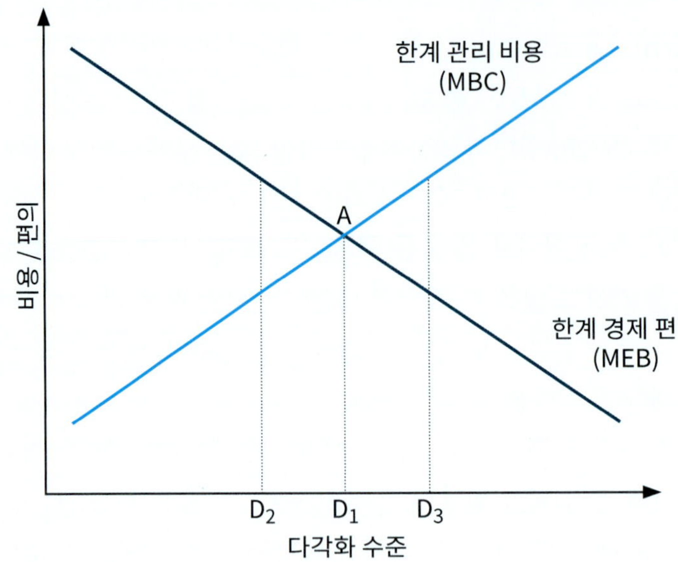


Source: Adapted from G. Jones & C. Hill, 1988, Transaction cost analysis of strategy-structure choices (p. 166), Strategic Management Journal 9: 159–172.

**한계 관리 비용 (marginal bureaucratic costs, MBC)**
(마지막 자회사 설립과 같은)조직 확장의 마지막 단위의 관료적 비용

관료적 비용은 **한계 관리 비용(marginal bureaucratic costs, MBC)**으로 정의할 수 있다. 따라서 기업의 범위는 MEB와 MBC의 비교에 의해 결정된다. 그림 9.5에서 나타나는 것과 같이, 최적의 범위는 A 지점으로, 여기서 적절한 다각화의 적당한 수준은 D1이다. 만약 다각화 수준이 D2에 있다면, D1으로 옮길 때까지 경제적 이익을 얻을 수 있다. 반대로 기업이 D3로 과도하게 다각화할 경우, 범위를 했다면, D1으로 범위를 줄이는 것이 필수적이다. 따라서, MEB와 MBC를 중심으로 시간이 흐름에 따라 기업의 범위가 어떻게 전개되는지를 분류할 수 있다.

미국에서는(그림 9.6) 1950년대와 1970년대 사이에, 만일 MBC를 일정하게 유지하면(나중에 완화된 가정), MEB 곡선이 상승하게 되고, 평균적으로 (D1에서 D2로 이동하여) 기업의 경영범위는 확대되는 결과가 나오게 된다. 이것은 (1)제품 관련 다각화를 통한 동종업계 내에서의 성장 기회 부족(특히 대기업의 경우 반독점 정책과 같은 공식적 제도들에 의해), 그리고 (2) 복합화로부터 재무적 시너지를 이끌어 낼 수 있는 조직적 역량의 출현 때문이다. 모방을 통한 이러한 행동의 확산은 경영자들 사이에서 그러한 복합기업 성장이 합법적이라는 비공식적이지만 가시적인 규범으로 이어졌다. (현재에 비해) 그 기간 동안 덜 복잡했던 외부 자본 시장은 복합기업들이 자본 배분을 하는데 더 유리하다고 믿었기 때문에, 협조적이었다.

하지만, 1980년대에 이르러, 산업, 자원 및 제도적 차원에서 상당한 전환이 일어났다. 첫째,

## 그림 9.6 미국 기업 범위의 진화: 1950-1970 및 1970-1990

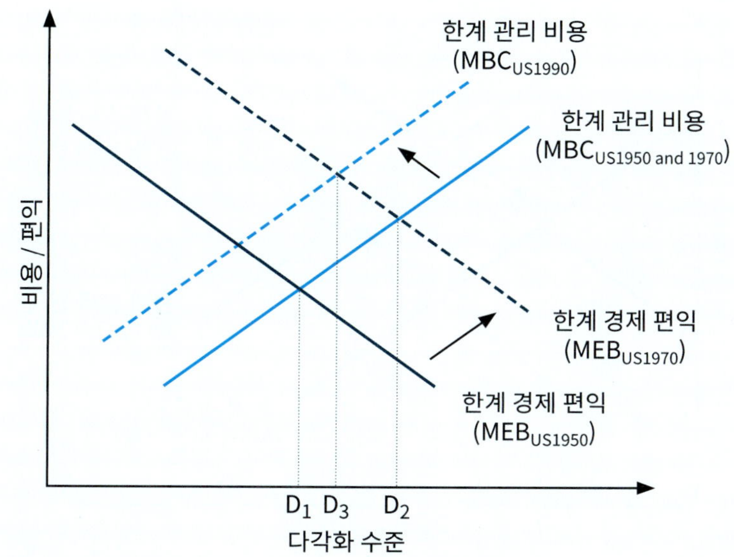


Source: M. W. Peng, S. Lee, & D. Wang, 2005, What determines the scope of the firm over time? A focus on institutional relatedness (p. 627), Academy of Management Review 30: 622–633.

동일한 산업 내의 M&A는 더 이상 미국 정부의 비판적인 조사를 받지 않게 되어, 제품 비관련형 다각화에 집중할 필요가 없게 되었다. 둘째, 자원 기반 분석에 따르면 VRIO 분석의 어려움을 고려할 때, 복합화를 통해 경쟁우위를 얻는 것은 불가능하지는 않다 하더라도 매우 힘들 것이다(표 9.2 참고). 즉, 기업의 영역이 확대되면서 MBC 역시 증가하게 되며, 종종 MEB의 증가를 넘어서게 되기도 한다(그림 9.6). 많은 기업들이 (D3와 같이) 그림 9.5에서 D1을 넘어서서 운영함으로써 과도하게 다각화했고 가치를 파괴했다. 그 결과 미국의 투자자들의 기업복합화에 대한 정서는 1960년대 긍정적, 1970년대 중립적, 1980년대 부정적으로 반전이 일어났다. 이러한 진행과 함께, 외부 자본 시장은 더 많은 애널리스트들과 더욱 투명한 실시간 보고(예를 들어, 최초의 블룸버그(Bloomberg) 터미널은 1982년에 등장했다)를 통해 더욱 효율적이게 되었고, 이 모든 것은 잠재력이 높은 기업들에게 더 효율적으로 금융 자원을 공급하는 것을 가능하게 했다. 그 결과, 자원을 배분하는 내부 자본 시장으로서의 역할을 하던 복합기업의 장점은 덜 매력적이게 되었다. 마지막으로, 경영자들이 규율을 더 잘 준수하게 되고 주주 가치 극대화에 집중하게 됨에 따라 비공식적인 규범과 인식이 바뀌게 되었다. 그들은 기업의 영역을 줄이는 것이 "옳은" 일이라고 믿었다. 이 모든 것들이 더해져 1990년대까지 기업 영역의 적절한 범위가 그림 9.6의 D2에서 D3로 밀어냈다. 이 프로세스는 **리포커싱(refocusing, 기업의 범위를 좁**

**리포커싱(refocusing)**
기업의 범위를 좁혀 몇 가지 영역에 집중하는 것.

**그림 9.7 기업의 최적 범위: 동시대의 선진경제와 신흥경제**

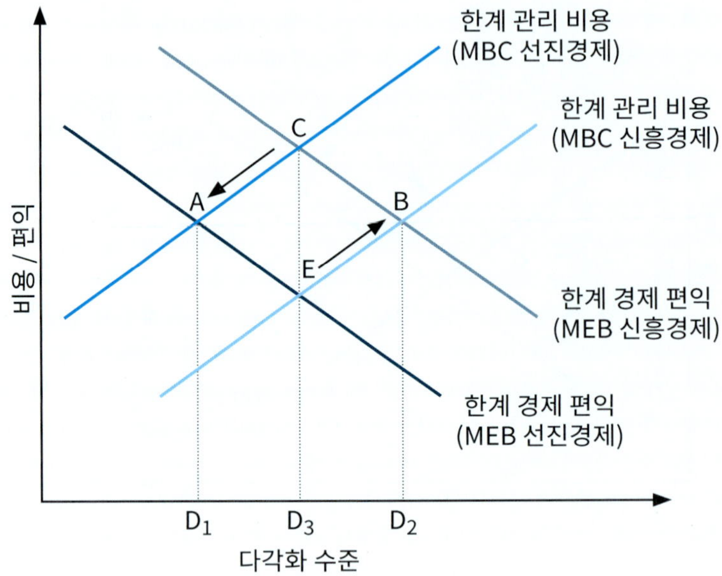


Source: M. W. Peng, S. Lee, & D. Wang, 2005, What determines the scope of the firm over time? A focus on institutional relatedness (p. 628), Academy of Management Review 30: 622–633.

**다운스코핑(downscoping)** 기업분할, 매각, 분사를 통해 기업의 범위를 줄이는 것.

**다운사이징(downsizing)** 해고 및 아웃소싱을 통해 직원 수를 줄이는 것)

**혀 몇 가지 영역에 집중하는 것)**, **다운스코핑(downscoping, 기업분할, 매각, 분사를 통해 기업의 범위를 줄이는 것)**, 그리고 **다운사이징(downsizing, 해고 및 아웃소싱을 통해 직원 수를 줄이는 것)**이라고 한다.

세계적으로 볼 때, 왜 선진국에서는 이미 신용을 잃은 기업 다각화가 신흥국에서 계속 유행하고, (모두는 아니지만) 일부 경우에는 기업에 가치를 더하는지에 대해 고려해 보는 것은 흥미롭다. 그림 9.7은 신흥경제국의 복합기업이 얼마나 더 높이 가치를 더할 수 있는 지를 보여주며, 반면 선진국의 기업들은 그렇게 할 수 없음을 보여준다. 이 분석은 두 가지의 결정적이고 합리적인 가정에 기반을 둔다. (1)주어진 다각화 수준에서 신흥경제국의 MEB가 선진국의 MEB보다 크다는 것이다. 이는 신흥경제국의 낙후된 외부 자본 시장이 내부 자본 시장으로서의 복합기업을 더욱 매력적으로 만들기 때문에 합리적이다. (2)주어진 다각화 수준에서 선진국의 MBC가 신흥경제국의 MBC보다 크다는 것이다. 공식적인 제도의 취약성 때문에 신흥경제국에서는 비공식 제약들이 경제적 교환을 규제하는데 더 큰 역할을 한다(4장 참고). 이러한 국가들의 대부분의 복합기업들은 가족 기업들로서, 경영자들은 비공식적인 개인적(그리고 종종 가족간의) 관계에 더 의존하게 된다. 이러한 기업들은 일반적으로 (상대적으로) 낮은 수준의 관료화, 공식화, 전문화를 특징으로 하며, 이로 인해 관료적 비용을 낮출 수 있다.

결과적으로, 그림 9.7에서 (D3와 같은) D1과 D2 사이의 범위에서 점 C에 있는 선진국의 기업들은 점 A(D1)로 범위를 축소해야 하는 반면, 점 E에 있는 신흥경제국의 기업들은 점 B(D2)로 올라갈 수 있으며 여전히 이득을 볼 여지가 있다. 하지만, 신흥경제국의 복합기업들은 선진국의 복합기업들과 동일한 문제에 직면하게 된다는 것을 명심해야 한다. 범위가 넓어질 수록 기업 본사는 서로 다른 단위에 효과적으로 조정하고, 통제하고, 투자하는 것이 어려워진다. 신흥경제국의 복합기업들에게는 그 이상의 다각화가 역효과를 낼 수 있는 지점 역시 있다는 것은 분명해 보인다. 1997년, "미사일에서 국수까지"의 범위에 걸쳐 지나치게 다각화해왔던 한국의 복합기업들은 벽에 부딪쳤다. 고통스러운 금융 위기로 인해 매우 절실히 필요했던 구조조정이 불가피해졌고, 이는 본질적으로 그림 9.7의 D2의 우측에서 운영되던 복합기업들은 D2로(또는 그림 9.5의 D3에서 D1으로) 다시 밀려났다. 1997년 이래로 삼성과 LG와 같은 구조조정을 거친 복합기업들은 새로운 최고 실적을 달성할 수 있게 되었다.

전반적으로, 산업 역학, 자원 레퍼토리 및 제도적 조건들은 정적이지 않으며, 다각화 전략도 마찬가지이다. 다음 두 섹션에서는 기업들의 범위를 확장하기 위한 주요 수단으로서 인수에 대해 설명한다.

# 인수

## 정확한 용어의 설정

**인수 합병(mergers and acquisitions, M&As)**이라는 용어가 자주 사용되지만, 실제로는 현장에서 인수가 우위를 차지한다. 실용적인 목적을 위해, 우리는 M&A와 인수라는 두 용어를 상호 교환하여 사용할 수 있다. **인수(acquisition)**란 한 기업(대상)에서 다른 기업(인수 기업)으로 자산, 운영 및 경영에 대한 통제를 이전하는 것으로, 전자가 후자의 한 부문이 되게 된다. 예를 들어, 볼보(Volvo)는 현재 지리(Geely)의 한 부문이다. **합병(merger)**이란 두 기업의 자산, 운영 및 경영을 통합하여 새로운 법인을 설립하는 것이다. 한 예가 피아트(Fiat)와 크라이슬러(Chrysler)의 합병으로 형성된 새로운 회사인 피아트 크라이슬러 자동차(Fiat Chrysler Automobiles)이다.

**인수 합병(merger and acquisition, M&A)**
다른 기업을 합병 또는 인수 하는 것.

**인수(acquisition)**
한 기업(인수 대상 기업)에서 다른 기업(인수 기업)으로 자산, 부문 및 경영에 대한 통제를 이전하는 것으로 전자가 후자에 속하게 됨.

**합병(merger)**
두 기업의 자산, 부문 및 경영을 통합하여 새로운 법인을 설립하는 것.

2010년대에는 M&A의 약 40%는 국경을 넘는 거래였다. 1990년대에는 약 6분의 1만이 국경을 넘는 거래였다. 초국적 M&A 중 합병은 3%에 불과하다. 소위 동등한 기업들의 합병이라고 불리는 대부분도 역시 한 기업이 다른 한쪽을 인수하는 것으로 밝혀졌다. 그림 9.8은 다양한 유형의 초국적 M&A를 보여준다.

M&A의 세 가지 주요 범주는 (1)수평적, (2)수직적, (3)복합적이다. **수평적 M&A(horizontal M&As)**는 (노무라(Nomura)의 리먼 브라더스(Lehman Brothers) 자산 인수와 같이) 같은 산업에서 경쟁하는 기업 간의 거래를 말한다. 초국적 M&A의 약 70%가 수평적이다. 제

**수평적 M&A (horizontal M&A)**
같은 산업에서의 경쟁관계에 있는 기업 간 M&A 거래.

## 그림 9.7 기업의 최적 범위: 동시대의 선진경제와 신흥경제

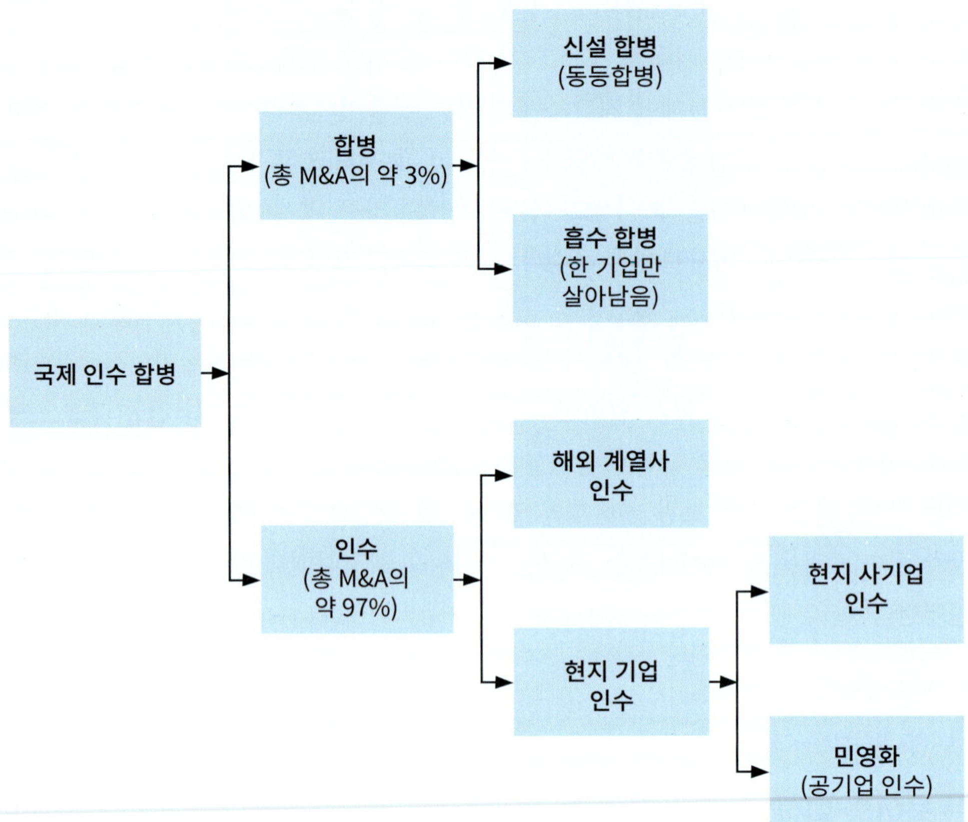


**수직적 M&A (vertical M&A)** (상부)공급자 또는 (하부)구매자를 포함한 M&A 거래.

**복합적 M&A (conglomerate M&A)** 제품 비관련형 산업 간의 M&A 거래.

**우호적 M&A (friendly M&As)** 대상 회사의 이사회와 경영진이 거래에 동의하는 M&A 거래.

**적대적 M&A (hostile M&A)** M&A 제안을 거절한 대상 기업의 이사회 및 경영진들의 의지에 반하여 이루어지는 M&A 거래.

품 관련형 다각화의 또 다른 형태인 **수직적 M&A(vertical M&As)**는 (코카콜라가 그 음료 제조업체인 코카콜라 엔터프라이즈(Coca-Cola Enterprises)를 인수한 것과 같이) 중심 기업이 (상류의) 공급자나 (하류의) 구매자를 인수하도록 하는 거래이다. 초국적 M&A의 약 10%가 수직적이다. **복합적 M&A(conglomerate M&As)**는 (지멘스(Siemens)가 덴마크의 보너스 에너지(Bonus Eergy)를 인수하여 지멘스 풍력 발전(Siemens Wind Power)이 된 것 같이) 제품 비관련형 산업들 간의 거래이다. 초국적 M&A의 약 20%가 복합적 거래이다.

M&A 조건은 우호적 또는 적대적일 수 있다. **우호적 M&A(friendly M&As)**에서 인수 대상 기업의 이사회와 경영진은 거래에 동의한다. **적대적 매수(hostile takeover)**로도 불리는 **적대적 M&A(hostile M&As)**는 제안을 거절한 대상 기업의 이사회와 경영진들의 의사에 반하여 이루어진다. 미국의 크래프트(Kraft)가 190억 달러에 영국 캐드배리(Cadbury)를 적대적 인수한 것은 초국적 적대적 M&A의 대표적인 사례이다.

## 인수 합병의 동기

무엇이 M&A를 하도록 만드는가? 표 9.3은 세 가지 동인으로 (1)시너지의, (2)자만심의, (3)경영상의 동기들을 보여준다. 그것들은 세 가지 주요 관점에 의해 설명될 수 있다. 시너지 동기의 측면에서, 가장 자주 언급되는 산업 기반 근거는 시장 지배력을 강화하고 통합하는 것이다. 이러한 이유로 유나이티드 테크놀로지(United Technologies Corporation, UTC)는 최근 300억 달러 규모의 거래를 통해 록웰 콜린스(Rockwell Collins)를 인수하여 보잉(Boeing)과 에어버스(Airbus)라는 두 거대 항공기 제조업체에 대항하는 것을 돕기 위해 항공기 부품 대기업이 되었다.

자원 기반 관점에서 볼 때, 가장 중요한 시너지 효과의 근거는 우수한 자원을 활용하는 것이다. 시애틀에 본사를 둔 알래스카 항공(Alaska Airlines)은 40억 달러 규모의 계약으로 샌프란시스코에 본사를 둔 버진 아메리카(Virgin America)를 인수했다. "함께 더 잘 나은 비행"은 미 서부 연안 사람들을 위한 최고의 항공사를 만들려는 노력의 근거가 되었다. 또 다른 동기는 노무라가 리만 브라더스의 뛰어난 인재들에 관심을 가진 것에서 입증된 것과 같이, 상호보완적인 자원을 확보하는 것이다. 때때로 그러한 인재들의 획득하는 것은 인재인수라고도 부른다. 마지막으로, 일부 인수들은 새로운 기술을 배우고 개발하려는 욕구에 의해 주도된다(클로징 케이스 참고).

시너지 동기 측면에서, 제도 기반 관점에서의 인수는 종종 공식적인 제도적 제약이나 전환에 대한 대응이다. 1990년대 이후 초국적 M&A가 급증한 것은 우연의 일치가 아니다. 이것은 무역 및 투자 장벽이 일반적으로 낮아졌던 시대와 같은 기간이다. 새로운 무역장벽이 세워지고 지정학적 긴장이 높아지면서 2020년대에도 이러한 추세가 이어질지는 미지수이다.

**표 9.3 인수 합병의 동기**

| | 산업기반관점 | 자원기반관점 | 제도기반관점 |
|---|---|---|---|
| 시너지 동기 | • 시장 지배력의 강화 및 통합<br>• 진입장벽의 극복<br>• 위험 감소<br>• 범위의 경제 활용 | • 우수한 경영능력의 활용<br>• 보완 자원의 접근<br>• 새로운 스킬의 학습 및 개발 | • 공식적인 제도적 제약 및 전환에 대응<br>• 시장 개방과 글로벌화의 활용 |
| 자만심 동기 | | • 경영자들의 능력에 대한 자만심 | • 군집 행동 - 인수합병의 규범을 따르고 유행을 쫓음 |
| 관리적 동기 | | | • 비공식 규범과 인식에 따르는 제국 건립과 같 은 자기 충족적 활동 |

**자만심(hubris)**
경영자들이 그들의 능력에 과도한 자신감.

**취득 프리미엄 (acquisition premium)**
대상 기업의 인수 가격과 시장 가치 사이의 차이.

시너지 동기는 가치를 늘려 주는 반면, 자만심, 관리적 동기는 가치를 감소시킨다. **자만심(hubris)**이란 경영자들이 그들의 능력에 대해 과도한 자신감을 갖는 것을 말한다. 인수 기업의 경영자들은 두 가지 강력한 확신의 말을 한다. 첫 번째는 "우리는 당신들(대상 기업 경영자들)보다 당신 기업의 자산을 더 잘 관리할 수 있다"는 것이다. 두번째 의견은 상장기업의 인수자들은 항상 **취득 프리미엄(acquisition premium)**(다른 기업을 인수하기 위해 시장가 이상의)을 지불해야 하기 때문에 더욱 대담하다. 두번째 의견 본질적으로 다음과 같이 말한다. "우리는 시장보다 더 똑똑하다. 그리고 여기에 우리가 정확히 얼마나 더 똑똑한지가 있다!" 미국 기업의 인수자들은 평균적으로 20%-30%의 프리미엄를 지불하고, EU 기업의 인수자들은 약간 더 낮은(18%) 프리미엄을 지불한다. 선진국에 있는 대상 기업에 입찰할 때, 신흥국의 인수자들은 선진국의 인수자들보다 평균적으로 16% 높은 프리미엄을 지불한다. 유럽에 있는 대상 기업에 입찰할 때, 일반적인 중국의 인수자들이 지불하는 프리미엄은 일반적인 유럽의 인수자들의 프리미엄의 두 배이다(클로징 케이스 참고)

자본시장이 상대적으로 효율적이고 대상 기업의 시장 가격이 그것들의 고유 가치를 반영한다면, 단순하게 그러한 인수로부터 어떠한 이익을 낼 희망은 거의 없다. 심지어 자본시장이 비효율적이라고 가정할 때 조차, 프리미엄이 너무 높을 때는, 인수하는 기업이 과도하게 지불을 했을 것이라는 것은 여전히 명백하다. 이것은 특히 여러 기업이 동일한 목표기업에 입찰할 때 특히 그렇다. 낙찰에 성공한 인수기업은 과다 지급에 의해 "승자의 저주"에 시달리게 될 수도 있다. 제도 기반 관점에서 보면, 많은 경영자들은 일부 선발 주자들이 업계에서 거래를 시작한 후 인수 행렬에 동참하게 된다. M&A가 "파도"처럼 온다는 사실은 그러한 무리 행동에 대해 많은 것을 말해 준다. 뒤처지는 것을 두려워하여(FOMO), 많은 후발 주자들은 종종 "우와! 들어가자!"는 생각에 부추켜져 그러한 물결에 성급히 뛰어들게 된다. 많은 거래가 실패하는 것은 놀라운 일이 아니다.

비록 자만심 동기에 따르면 경영자들은 자기도 모르게 대상 기업에 대해 과도한 지불을 할 수도 있다는 것을 시사하고 있음에도 불구하고, 관리적 동기에 따르면 (분명 전부는 아니라 하더라도) 어떤 경영자들은 알면서도 이기적인 마음으로 과도한 인수비용을 지불할 수도 있다는 것을 전제로 한다. 그러한 규범과 인식에 의해, 일부 경영자들은 그들의 회사를 M&A를 통해 의도적으로 과도하게 다각화할 수도 있다(11장 참고). 결국, 그들은 인수 자금을 조달하고 그들 자신을 부유하게 하기 위해 다른 사람들의(주주들의) 돈을 사용한다.

요약하면, 시너지 동기는 가치를 더하고, 자만심 및 관리적 동기는 가치를 파괴한다. 이것들은 동시에 존재할 수도 있다. 다음으로는 M&A의 성과에 대해 논의한다.

## 인수 합병의 성과

M&A의 인기에도 불구하고 그것들의 실적 기록은 오히려 정신을 차리게 한다. M&A의 무려 70%는 실패한 것을 알려졌다. 평균적으로, 인수하는 기업의 실적은 인수 이후에 개선되지 않는다. 대상 기업은 인수가 되고 내부 단위가 된 후, 그들이 독립 기업이었을 때보다 종종 성과가 더 나빠지기도 한다. 공장이나 사업장 수준에서는, 생산성 향상이 거의 없다. 유일하게 확인되는 승자들의 집단은 대상 기업의 주주들로, 인수 프리미엄 덕분에 평균적으로 25%의 주가 상승을 경험한다. 인수하는 기업의 주주들은 같은 기간에 4%의 주식 가치 손실을 경험한다. 인수 기업과 대상 기업 양쪽의 주주의 자산을 합치면 간신히 2% 미만의 이득일 뿐이다. 불행하게도 많은 M&A가 가치를 파괴한다.

왜 많은 인수가 실패하는가? 문제들은 인수 전 단계 및 인수 이후 단계 모두에서 찾아 볼 수 있다(표 9.4). 인수 전 단계에서는 경영진들의 자만심, 관리적 동기 때문에 인수하는 기업이 대상 기업 인수를 위해 과도한 비용을 지불할 수도 있는데 달리 말하면, "시너지 함정"에 빠지는 것이다. 예를 들어, 1998년 크라이슬러(Chrysler)가 수익성이 좋았을 때, 다임러 벤츠(Daimler-Benz)는 시장 가치보다 40%의 프리미엄을 주고 크라이슬러를 400억 달러에 인수했다. 크라이슬러의 기대 실적은 이미 제로 프리미엄으로 기존 주가에 반영되어 있었다. 다임러 벤츠가 이렇게 높은 프리미엄을 기꺼이 지불하겠다는 의지를 보인 것은 (1)시너지를 이끌어 낼 수 있는 강한 관리적 능력, (2)높은 수준의 자만심, (3)상당한 경영자의 개인적인 욕심, 혹은 (4) 앞의 모든 것을 나타냈다. 나중에 밝혀졌듯이 크라이슬러가 2007년에 매각되었을 때 겨우 70억 달러에 불과했다. 2018년 IBM은 340억 달러 규모의 계약으로 레드 햇(Red Hat)을 인수

**표 9.4 인수 합병 실패의 징후**

| | 모든 인수합병의 문제 | 국제 인수합병의 특수한 문제 |
|---|---|---|
| 인수 전: 인수 대상 기업 에 대한 초과 지급 | • 경영자들은 가치 창출 능력을 과대 평가한다<br>• 불충분한 인수 전 심사<br>• 부족한 전략적 적합성 | • 해외 문화, 제도, 그리고 사업 체계에 대한 익숙함 부족<br>• 가치있는 인수 대상 기업들의 불충분한 숫자<br>• 해외 인수에 반대하는 국수주의적 관점(정치적 및 미디어 수준) |
| 인수 후: 통합의 실패 | • 부족한 조직적 적합성<br>• 다수의 이해관계자 그룹의 관심을 대변하는데 실패 | • 국가 문화의 충돌로 인한 조직 문화의 충돌<br>• 해외 인수에 반대하는 국수주의적 관점(기업 및 종업원 수준) |

## 실행 전략 9.2 Ethical Dilemma

### GE-Alstom: 거래가 너무 지나치다고?

가장 존경받는 대기업(글로벌 전략 이전 판에서 자주 찬사를 보냈던)에서 2018년 다우존스 산업평균지수에서 퇴출퇴출(GE는 1896년 창립 멤버였으며 1907년과 2018년 사이에 계속 유지되었다)되기까지, 최근 GE(General Electric)의 붕괴에는 여러 가지 이유가 있다. Jeff Immelt 회장 겸 CEO의 재임기간(2001-2017) 동안 GE는 일련의 인수 작업을 수행했지만 실패로 돌아갔다. 이 거래중 GE의 최대 규모인 2014~2015년 동안 Alstom의 발전 자산을 인수하는 100억달러 규모의 거래는 최악의 거래 중 하나로 판명되었다.

Alstom은 프랑스의 웅장한 중공업이었다. 발전 사업은 GE 최대 사업부인 GE파워와 직접 경쟁했다. 전략적 적합성의 관점에서 알스톰의 발전사업의 인수는 GE를 가스터빈에 있어서 부동의 글로벌 리더로 만들 것으로 보여졌다. Alstom이 프랑스의 국가 챔피언 중 한 명이었기 때문에 협상은 미국 인수에 대한 정치적 폭풍을 촉발시켰다. 이러한 정치적 폭풍을 진정시키고 Siemens와 Mitsubishi의 경쟁 입찰을 피하기 위해, Immelt는 2017년 나중에 그가 은퇴한 후에 CEO 자리를 물려받은 GE의 M&A 책임자인 John Flannery의 도움을 받아 개인적으로 거래를 협상했다. 알알고 보니, GE는 GE파워보다 수익률이 낮은 Alstom에 대해 엄청나게 초과지급했다. GE는 Alstom의 가장 큰 설치 기반에서 더 많은 서비스를 판매함으로써 그들을 키울 수 있다고 생각했다. 그러나 규제 당국은 GE가 Alstom의 서비스 부문을 매각하도록 하여 장밋빛 전망으로 인해 수익이 붕괴되도록 했다. 설상가상으로 기술 발전과 업그레이드는 일찍이 정전을 줄이고 터빈의 수명을 연장하여 서비스에 대한 수요를 줄였다. Bloomberg 비즈니스위크에 따르면 Alstom 거래에 대한 근본적인 현금 흐름 가정은 이제 완전히 잘못된 것으로 보인다. 가장 나쁜 것은 Fortune에 따르면 거래가 매우 시기적으로 좋지 않았다고 했다. 재생 가능한 청정에너지가 비용 경쟁력이 높아지고 가스터빈에 대한 수요가 감소함에 따라 GE는 화석 연료로 구동되는 터빈을 두 배로 줄였다.

결과는? GE파워의 이익은 2017년에 45% 감소했다. GE가 프랑스 규제 당국에 약속한 대로 1000개의 일자리를 추가하는 대신 GE파워는 전 세계적으로 12000개의 일자리를 줄이고 있었다. 2017년 8월, Immelt는 은퇴하고 CEO는 Flannery로 교체되었다. 불과 14개월 후인 2018년 10월, Flannery는 이사회에서 해고되었다. 같은 달 GE는 230억 달러 규모의 감면을 발표했는데 그 대부분이 Alstom 거래 덕분이었다.

Sources: (1) Bloomberg Businessweek, 2018, The deal that's making GE sick, October 28: 76; (2) Bloomberg Businessweek, 2018, What the hell is wrong with GE? February 5: 42–49; (3) Fortune, 2018, What the hell happened? June 1: 149–156; (4) Wall Street Journal, 2019, GE still has much to prove, October 31: B12.

하기 위해 63%의 프리미엄을 지불했다. 레드 햇은 널리 알려진 이름은 아니었지만, 오픈 소스 소프트웨어의 최대 공급업체였다. 하지만 그것이 그 정도의 가치가 있었을까?

**전략적 적합성 (strategic fit)** 파트너 기업들의 기술, 자본, 유통채널과 같은 "하드(hard)"스킬 및 자원들의 상호 보완성.

또 다른 주요한 인수 이전의 문제점은 부적절한 심사와 **전략적 적합성(strategic fit)**, 즉 상호보완적인 전략적 역량을 효율적으로 매칭하는 것에 실패하는 것이다. 예를 들면, 뱅크 오브 아메리카(Bank of America)는 2008년 9월 500억 달러에 메릴 린치(Merrill Lynch)를 인수하기로 합의하기까지 단 48시간 걸렸다. (계약 체결 전 철저한 조사를 통해) 기술적으로 실사라고 불리는 적절한 숙제를 하지 못한 그러한 실패는 많은 문제들로 이어졌다. 결과적으로, 이 인수는 월 스트리트 저널(Wall Street Journal)에 의해 "지옥에서 온 거래"라는 꼬리표를 달게 되었다. 심지어 실사에 더 많은 시간을 할애한다 하더라도, 일부 전략적 적합성으로 보이는 것

## 실행 전략 9.3 Ethical Dilemma

### 대등한 합병이 가능할까?

인간의 결혼의 이상에 의해 낭만화되어, 기업 간의 대응한 합병은 좋게 들린다. 그러나, 그것이 잘 작동할까? 답은 "거의 없다."이다. 1998년에, Daimler와 Chrysler는 그들의 "대등한 합병"(그들의 표현으로)을 알렸다. 누가 DaimlerChrysler를 지휘하고 있었는지 곧 확실해졌다. 2년 후, Chrysler의 전 사장, Robert Eaton이 떠났다. Daimler의 사장, Jürgen Schrempp는 "대등한 합병"이라는 용어가 단지 "생물학적 이유"만을 위해 사용됐다고 언론에 공유했다. 양측이 2007년에 서로 갈라진 것은 놀라운 일이 아니다.

DaimlerChrysler의 비극이 부분적으로 다른 문화 간의 어려움으로 인해 발생했다고 생각했다면, 같은 나라의 두 회사 간의 대등한 합병은 여전히 불가능할 수 있다(의심할 여지 없이 도전에 추가됐다). 1998년, Citibank와 Travelers라는 미국의 두 회사가 합병되어 Citigroup이 되는 것을 대대적으로 알렸다. 2년 내에, 오직 한 명만의 사장이 남았다. 5년 내에, Citigroup은 Traverlers를 분리하여 갈라졌는데, 이는 유명한 합병이 절대 일어나지 말았어야 했다는 것을 시사했다. 2000년에, AOL Time Warner는 "새로운 경제"인터넷 회사인 America Online과 "옛날 경제"미디어 회사인 Time Warner의 114억 달러의 합병으로 설립됐다. 2001년에 닷컴 버블의 파열이 불안정한 경제와 권력 공유 체제를 빠르게 드러내게 했다. 2009년에, AOL은 분리됐다. Time Warner의 새로운 사장은 이 합병을 "기업 역사상 가장 큰 실수"라고 했다.

왜 대등한 합병은 어려운 것일까? 왜냐하면 어느 회사도 상대방이 우위에 서도록 내버려 두지 않을 것이고, 일반적으로 자존심이 강한 두 사장 둘 다 다른 사장이 맡는 것을 원하지 않는다. 그들 중 적어도 한 명은 기회주의적이고 다른 한 명을 쫓아내기로 결심했을 가능성이 있다, 이는 Daimler의 Schrempp의 사례에서 입증됐다. 하지만 기회주의자가 없고, 두 사장이 진심으로 권력을 공유할 수 있다고 믿음에도 불구하고, 대등한 합병은 "지휘자 없는 거대 기업"으로 효과적으로 바뀔 수 있다. 경제학자는 직설적으로 말했다. "권력을 공유한다는 낭만은 잊어라. 합병이 제대로 되게 하기 위한 까다로운 일에, 반드시 누군가가 앞장서야 한다."

Sources: (1) Economist, 2013, Riding the wave, November 5: 71; (2) Economist, 2013, Shall we? February 9: 65; (3) Economist, 2014, Love on the rocks, May 17: 65; (4) Economist, 2014, Return of the big deal, May 3: 55–57; (5) Economist, 2014, The new rules of attraction, November 15: 66–67.

들이 환상으로 밝혀질 수도 있다(실행 전략 9.2 참고). 1996년 댈러스에 본사를 둔 백화점 체인 JC 페니(JC Penny)는 약국 체인 에커드(Eckerd)를 30억 달러에 인수했다. 하지만, 둘 다 "소매" 운영이기 때문에 추정되었던 전략적 적합성은 실질적인 시너지를 내기에는 충분하지 않았다. JC 페니의 한 임원은 "JC 페니는 소매업의 의류 부문에서 운영했고 에커드는 약국과 소규모 식료품 사업을 했다. 공급업체가 완전히 달라서 JC 페니는 어떠한 관계도 활용할 수 없었다"라고 말했다. "우리는 합병을 성공적으로 만들기 위해 매우 열심히 노력했지만, 결국에는 사업을 매각해야만 했다."

초국적인 M&A는 제도적, 문화적 거리가 훨씬 더 멀고, 외국인의 인수에 대한 국수주의적인 우려들이 분출될 수 있기 때문에 더욱 나쁜 기록을 가지고 있다(클로징 케이스 참고). 일본 기업들이 1980년대 및 1990년대에 록펠러 센터(Rockfeller Center)와 콜럼비아 픽쳐스(Columbia Pictures)를 인수했을 때 미국 언론들은 분노의 반응을 보였다. 2000년대에는, 아

## 그림 9.8 인수합병 동안의 이해관계자의 걱정

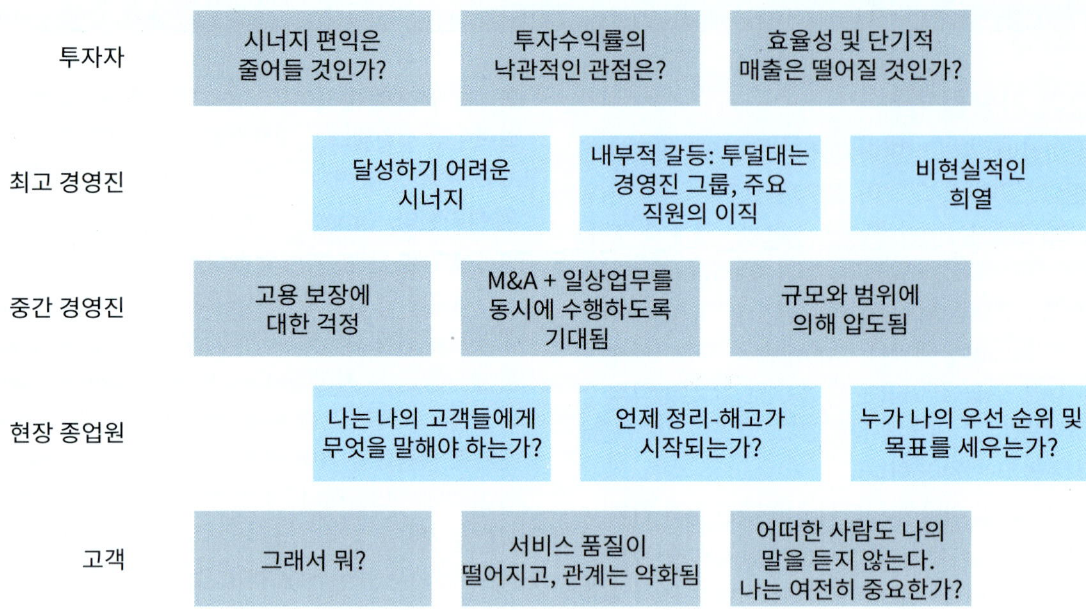


랍 에미리트의 DP 월드(DP World)와 중국의 CNOOC가 미국 자산을 인수하고자 시도했을 때, 그들은 정치적 반발로 인해 뒤로 물러나야 했다. 2015년 GE가 알스톰(Alstom)을 인수했을 때, 프랑스와 EU 정부는 깊은 우려를 나타냈다(실행 전략 9.2 참고)

인수 이후 단계에서 수많은 통합과 관련된 문제가 표면화될 수도 있다. 비록 "동등한 합병"은 좋게 들리지만, 그 통합은 달성하기 어렵다(실행 전략 9.3 참고). 문화, 시스템, 구조의 유사성으로 정의되는 **조직적 적합성(organizational fit)**은 전략적 적합성만큼 중요하다. 많은 인수 기업들은 대상 기업에 대한 조직적 적합성을 적절하게 평가하려고 애쓰지 않는다. 2008년 노무라가 불과 24시간 만에 아시아와 유럽에 있는 리먼 브라더스의 자산들을 인수하기로 결정했을 때, 적극적인 뉴욕 투자은행과, 평생 고용을 실천하는 보수적인 연공서열 기반의 일본 기업 간의 조직적 적합성의 부족에 대한 고려가 전혀 없었다. 관련된 경영자와 종업원들(특히 대상 기업의 종업원들)의 경우, 일상적인 업무는 사실상 중단되고 M&A 과정은 종종 개인적으로 파괴적이며 불확실성, 긴장, 혼돈으로 가득 차 있다(그림 9.9 참고). 일상 업무와 M&A 업무를 동시에 수행할 때에, 그들에게 낯선 관행, 정책, 정치에 적응해야 하고, 다른 언어를 구사하는 낯선 사람들과 함께 일해야 하며, 그들 자신의 직업에 대해 걱정해야 하기 때문에, 그들의 스트레스 수준은 올라가는데 (수많은 관리자들을 포함하여) 약 30%의 직원들은 중복(또는 시너지)으로 인해 일자리를 잃는다. 대부분의 기업들이 보고 표준화와 같은 업무적인 문제에 초점을 맞추고 사람들의 문제에는

**조직적 적합성 (organizational fit)**
파트너 기업들의 협력을 촉진시키는목표, 경험, 행동과 같은 "소프트(soft)" 조직 특성들의 상호 보완성

적절한 관심을 기울이지 않는데, 이는 일반적으로 낮은 사기와 높은 이직률을 초래한다.

모든 합병이 통합의 어려움을 갖고 있겠지만, 초국적 M&A에서는 조직의 문화의 충돌이 국가의 문화의 충돌에 의해 더 복잡해 지기 때문에 통합의 어려움이 더욱 심각할 수 있다. 문화적인 차이는 때때로 (지리와 같은) 신흥 경제국의 인수기업들이 종종 (볼보와 같은) 서양 기업을 통합하는 데 종종 어려움을 겪는다는 것을 의미한다(클로징 케이스 참고). 그러나 양측 모두가 서양 출신일 경우에도 여전히 문화적 충돌이 생겨날 수 있다. 포시즌(Four Seasons)이 파리에 있는 한 호텔을 인수 했을 때, 직원들에게 고객에게 미소를 지어달라는 단순한 미국의 요청은 프랑스인 직원들의 반발을 샀고, 지역 언론들은 이를 "미키마우스 문화"라며 비웃었다. 알카텔(Alcatel)의 루슨트(Lucent)를 인수한 후, 상황은 "거의 우스꽝스럽게 제대로 기능하지 못하는" 상황이 되었다. 전 직원이 모인 회의에서, 또 한번 더 구조조정을 하겠다는 계획을 발표하는 임원들을 향해 종업원들은 과일과 채소를 집어 던졌다.

비록 인수는 한 기업이 이제껏 해왔던 것 중 가장 큰 자본 지출임에도 불구하고, 빈번히 최악의 계획이자 최악의 실행이 되기도 한다. 불행하게도 합병 기업이 혼란을 정리하는 동안, 라이벌 기업은 적극적인 공격을 할 가능성이 높다. 다임러가 처음에는 크라이슬러와의 결혼(1998년)과 관련된 혼돈으로 고전하고, 그 후 크라이슬러와 이혼(2007년)으로 혼란에 휩싸였을 때, BMW는 메르세데스-벤츠(Mercedes-Benz)를 추월해 세계 1위의 럭셔리 자동차 제조업체가 되었다. 위의 모든 것을 다 더해 보면, 대부분의 M&A가 실패한다는 것은 놀라운 일이 아니다.

## 논쟁과 확장

다각화와 인수에는 논란이 적지 않다. 여기에서는 네 가지 주요 논쟁에 대해 토론한다.

### 논쟁 1: 제품 관련성 및 다른 형태의 관련성

관련성이란 정확하게 무엇인가? (혼다 제트 등과 같이) 직관적으로 제품 관련성은 간단해 보이지만, 그것은 적어도 세 가지 중요한 쟁점을 이끌어 낸다. 첫째, 제품 관련성을 어떻게 실제로 측정하는가에 관해서는 논란의 여지가 남아 있다. 2015년부터 스스로를 알파벳(Alphabet)이라고 불러온 구글을 생각해 보자. 검색 엔진과 온라인 광고에 뿌리를 둔 것 외에도, 인공 지능, 자율 주행차량, 가정 연결 기기, 배달 드론, 인터넷 풍선, 로봇 팔, 스마트폰, 벤처 캐피탈 등 수많은 다른 사업들로 다각화되었다. 구글의 제품 관련성을 어떻게 특징지을 수 있을까? 많은 사람들은 아마도 구글을 "기술 회사" 혹은 더 구체적으로 "인터넷 관련 제품 및 서비스 회사"로 특징지을 것이다. 하지만 오늘날의 경제에서, 어떤 제품과 서비스가 인터넷과 관련이 없는가?

그러므로, 그러한 "관련성"은 그다지 의미가 없을 수도 있다. 구글이 다양한 사업 중 제품 관련성이 거의 없는 "전형적인 GE형" 대기업이 되었다고 일부는 주장한다. 구글의 "기타 베팅들"이 대부분 적은 수익과 큰 손실을 내고 있고, 검색 엔진이 수익과 이익에 있어 가장 큰 몫을 창출한다는 점을 감안하면, "구글이 무엇인가"라는 질문에 대한 비꼬는 대답은 구글은 다양한 취미들(!)을 가진 광고 회사라는 것일 수 있다.

**지배적 논리(dominant logic)**
다각화된 기업에서 다양한 사업들을 연결시켜주는 공통의 근본적인 주제.

둘째, 측정 문제를 넘어서 **지배적 논리(dominant logic)** 학파로 알려진 중요한 사고 학파는, 제품 관련성으로 간주되는 것은 눈으로 볼 수 있는 제품 간의 연결성 뿐만 아니라 다각화된 한 기업 내에서 다양한 사업 영역의 기반이 되는 공통적인 지배적 논리의 집합이라고 주장한다. 이지버스(easyBus), 이지젯(easyJet, 항공), 이지시네마(easyCinema), 이지호텔(easyHotel), 이지인터넷카페(easyInternetcafe) 등을 운영하는 영국의 이지그룹(easyGroup)을 생각해 보라. 이지그룹의 복합기업이라는 겉모습 속에서, 지배적인 논리는 수요와 공급을 적극적으로 관리하는 것이다. 이른 시간대나 붐비지 않는 시간대의 고객은 (영화 한 편당 20센트와 같이) 저렴하게 좋은 거래를 잡을 수 있고, 늦은 시간 또는 피크 시간대 고객들은 훨씬 많은 돈을 더 지불해야 한다. 이지인터넷에는 좌석이 채워지면서 이용 요금이 올라간다. 많은 회사들(항공사 등)이 이와 같은 수익 관리를 하고 있지만 이지그룹 만큼 공격적인 기업은 없었다. 따라서, 이지그룹을 제품 비관련형 복합기업으로 부르는 대신, 아마도 우리는 수익 관리 관련형 회사라고 분류할 수 있을 것이다.

**제도 관련성(institutional relatedness)**
자원과 정당성을 부여하는 지배적인 제도와 기업의 비공식적인 연결성.

마지막으로, 제도 기반 관점에서 보면, 일부 제품 비관련형 복합기업들은 "자원과 정당성을 부여하는 환경 속에서 지배적인 제도들과 해당 기업들과의 비공식적인 연결성"으로 정의되는 **제도 관련성(institutional relatedness)**에 의해 연결될 수 있다. 예를 들어, 이러한 정부 기관들이 라이센싱 및 자금조달과 같은 중요한 자원을 통제하는 국가들(주로 신흥 경제국)에서는, 정부 기관과의 건전한 비공식적 관계는 기업이 다양한 산업에 진출하는 데 그러한 관계를 활용할 수 있다. 달리 말해서, 종종 제품 비관련형 복합기업으로 분류되는 콕(Koc), 삼성, 타타(Tata), 완다(Wanda)와 같은 기업들은, 각각 터키, 한국, 인도, 중국 정부와 실제로 상당한 제도적 관련성을 누리고 있을 수 있다. 외국 기업의 경우, 현지국 정부와의 제도적 관련성의 가치를 인식하는 것에 실패하는 데서 많은 문제가 발생할 수 있다. 그 대표적 사례는 중국 정부와의 문제는 구글이 중국을 포기하도록 만들었다.

## 논쟁 2: 구세대 복합기업과 신세대 복합기업

내부 자본 시장을 운영하면서, 복합기업들은 다양한 제품 비관련형 사업들에서 자본 배분과 조정이라는 과제에 항상 직면해야 한다. 무질서한 확장 전략이 정말 효과가 있을까? 미국에서는 1960년대 베아트리스(Beatrice), 걸프 앤드 웨스턴(Gulf & Western), ITT, 리톤 인더스트리

(Litton Industries), LTV 등 역사가 오래된 대기업들이 월가로부터 찬사를 받았으나, 1980년대와 1990년대에 들어 신용을 잃고 해체되었다. 주요 예외는 최근까지 가장 상징적인 미국 기업들 중 하나로 부상한 GE인 것처럼 보였다. GE 만큼 극적이고 신속한 기업 붕괴는 거의 없었다(실행 전략 9.2 참고). 2015-2016년 GE는 현금을 조달하고 포트폴리오를 간소화하기 위한 필사적인 노력으로 GE 캐피탈(GE Capital)과 GE 가전(GE Appliances)을 매각했다. GE는 남은 사업을 하나로 묶는 것처럼 보이는 하나의 공통점, 특히 회전에 집중할 계획이라고 발표했다. 구체적으로 CT 스캐너, 드라이브, 제트 엔진, 기차 엔진, 모터 및 터빈은 모두 회전한다. 그러나, CT 스캐너와 제트 엔진은 여전히 상당히 다르다. 투자자들은 GE가 여전히 광범위한 산업을 잘 이끌 수 있다고 확신하지 못했다. 2001년에 임기를 시작한 오랫동안 재임했던 CEO가 2017년에 은퇴했다. 차기 CEO는 단지 14개월(2017-2018년) 밖에 지속되지 못했다. (2018년부터)가장 최근의 CEO는 "새로운 GE"가 전력, 항공우주(엔진), 의료의 세 가지 분야에만 초점을 맞출 것이라고 발표했다. 그 교훈은 이전에 존경받았던 GE조차도 포춘지(Fortune)에 따르면 "전형적인 형편없는 복합화기업"으로 밝혀졌다는 것으로 보인다. 그 결과는? 그룹해체이다. 이것이 바로 HP, 뉴스 코퍼레이션, UTC와 같은 일부 그룹들이 최근 GE가 무너져 버린 것과 같은 시기에 범위를 축소하고, 규모를 축소하고, 초점을 다시 맞추게 된 이유이다.

비록 (GE와 같은) 많은 구세대 복합기업들이 비제품 관련 다각화를 수익성 있게 관리하는 것에 있어 큰 어려움을 보여주고 있음에도 불구하고, 이는 많은 새로운 시대의 복합기업들이 이것을 시도하는 것을 막지는 못했다. 아마존(Amazon)이 알리바바(Alibaba)는 새로운 종류의 복합기업을 대표한다. 전자상거래를 지배하면서(그리고 이를 통해 전통적인 소매산업을 위협하면서), 그들은 광고, 인공지능, 클라우드 컴퓨팅, 드론, 엔터테인먼트, 사물인터넷(IoT), 물류, 모바일 결제 및 독서 기기 등으로 확장되었다. 간단히 말해서, 아마존은 비누를 팔고 드라마를 제작한다. 알리바바의 범위는 훨씬 더 광범위하다. 이코노미스트(economist)에 따르면, 그것은 "아마존, 트위터, 이베이, 페이팔의 조합이지만 더 넓다." 구세대의 복합기업들과 마찬가지로 신세대 복합기업들이 항상 승리하는 것은 아니다. 적절하게 이름 붙여진 아마존 파이어(Fire) 스마트폰은 2014년 출시 후 불길이 꺼졌다. 중국에서 알리페이(Alipay)는 알리바바의 최대 라이벌인 텐센트(Tencent)가 제공하는 위챗페이(WeChatPay)에게 일상적으로 패배하고 있다. 이러한 새 시대의 복합기업들의 지배력의 증가와 그들의 공격적인 글로벌 확장은 더 이상 확장하면 다운사이징이 필요하게 될 한계에 그들이 언제 다다를지 궁금하게 만든다.

아마존과 알리바바는 상대적으로 잘 알려진 신세대 복합기업이지만, 3D 프린팅 기술(2장 참고)을 활용하는 잘 알려지지 않은 신세대 기업이 등장할 수 있다. 현재, 제조업체(및 복합기업 내 사업부)는, 말하자면, 동일한 공장에서 치과용 고정장치와 엔진 부품을 생산할 수 없기 때문에 전문화되어 있다. 서로 다른 규모의 경제 수준에 의존하며, 서로 다른 제품은 서로 다른 기술 및 전문 지식 구성을 기반으로 한다. 전통적으로, 한 산업에서 다른 산업으로 생산을 전환하는 것은 그렇게 하지 못할 정도로 엄청나게 비용이 많이 들었다. 하지만, 일부 복합기업들은 3D 프린팅을 마스터할 수 있다면 3D 프린터 "농장"을 배치하여 거의 모든 것을 만들고, 큰 비용 없이 전환할 수 있을 것이다. 삼차원의 인쇄를 통해 훨씬 버리는 양이 적으면서 더욱 유연하게 소규모 배치로 경제적으로 제품을 제조할 수 있다. 전환 비용은 미미해지고, 규모의 경제는 중요하지 않게 될 것이다. 다트머스 대학(Darmouth College)의 교수인 리처드 다브니(Richard D'aveni)는 이러한 신세대 복합기업들을 범-산업기업들이라고 불렀다. 범-산업기업이 될 수 있는 후보들로는 다쏘 시스템(Dassault Systemes), HP, 자빌(Jabil), 지멘스(Siemens), 스미토모 중공업(Sumitomo Heavy Industries) 등이 있다. 이러한 범-산업기업들은 3D 프린팅 기술이 발전함에 따라 강력한 성장기를 누릴 가능성이 높지만, 어느 시점에서는 감소하는 MEB 곡선과 증가하는 MBC 곡선에 부딪힐 가능성이 있다(그림 9.5 참고). 이 시나리오가 어떻게 전개될는지는 두고 봐야 한다.

## 논쟁 3: 통합의 고차원적 접근과 저차원적 접근

인수 후 단계에서는 통합이 매우 중요하다. 인수된 목표기업을 통합하는 최적의 방법은 무엇인가? 두 가지 주요 접근 방식이 등장했다. 첫 번째는 인수기업이 자신의 시스템과 규칙을 인수된 목표기업에 부과하기 위해 신속하고 공격적으로 행동하는 통합으로 가는 "저차원적 접근"이다. 이는 (기업 규모, 범위 및 복잡성을 감소시키는) **구조 조정(restructuring)**을 중심으로 하는 많은 인수에서 종종 시행된다. 비록 시너지 효과를 도출하고 비용을 절감하기 위한 전략적 근거는 잘 알려져 있음에도 불구하고, 그로 인해 발생할 수 있는 소외감은 상당할 수 있다(그림 9.9 참고). 예를 들어, 1998년 다임러가 크라이슬러를 인수한 후, 다임러는 빠르게 일련의 공격적인 구조 조정 계획에 착수했다. 많은 크라이슬러 관리자와 직원들은 자신들의 직장을 "점령당한 크라이슬러"라고 여기고 떠났다.

**구조 조정(restructuring)**
기업의 규모, 범위 및 복잡성을 감소시키는 조정

두 번째 방법은 "인수기업이 의도적으로 특정 경계 내에서 인수한 회사가 자율성을 유지할 수 있도록 허용하고, 그런 다음에 양측 사이의 상호작용과 통합을 점진적으로 장려하는 "고차원적 접근"이다. 고차원적 접근은 분명히 양측 사이의 더 많은 공감대를 형성한다. 선진 경제국의 많은 인수자들이 저차원적 접근법을 사용하며, 종종 인수 후 좋지 않은 성과가 초래된다. 이에 비해서, 신흥국 인수자들이 많이 택하는 고차원적 접근은 더 참신해 보인다. 인수는 단순히 "발생하는" 사건이 아니다. 대신, 인수 대상 기업은 M&A 프로세스의 두 단계에서 영향력 있고 적극적인 참여자이다. 첫째, 인수 전 단계에서, 그들은 독립성을 상실하고 취득하는 것에 동의해야 한다. 일부 재정적으로 필사적인 기업들은 선택의 여지가 거의 없을 수 있으며, 성공적인 기업들은, 특히 다수의 구혼자(입찰자)가 있는 기업들은 인수 제안을 거절하거나 인수자를 선택하는데 까다로울 수도 있다. 둘째, 인수 후 단계에서는, 대상 기업 관리자와 직원들이 새로운 소유자와 협력할 필요가 있다. 하지만, 인수된 후에, 대상 기업은 그들의 기존의 정체성을 상실하는 경향이 있으며, 이로 인해 인센티브 손실이 발생하게 된다(그림 9.9 참고).

대상 기업이 인센티브 손실을 입기 때문에 인수 후 조치는 공동 가치 창출을 극대화하기 위해 그러한 손실을 최소화해야 한다. 고차원적 접근을 택하는 것은 목표 기업의 저항을 극복하고 목표 기업 경영자와 직원들이 공동의 가치 창출을 위해 노력하도록 동기를 부여하는 가장 효과적인 방법 중 하나이다. 즉 고차원적 접근법을 택하는 것은 단순히 지나치게 친절하고 순진하다는 것이 아니라, 실제로는 인수 후에 공동 가치 창출을 촉진한다는 목표와 일치하는 것이다.

통합에 있어서 고차원적 접근은 (1)거래 가격이 높고 (2)지식 자산을 획득하는 것이 목표가 되는 두 가지 조건에서 특히 요구될 수 있다(클로징 케이스 참고). 2016년 중국의 저자 대기업 미데아(Midea)는 독일에서 가장 혁신적인 엔지니어링 회사 중 하나인 쿠카(Kuka)를 60%에 가까운 프리미엄을 주고 50억 달러에 인수하겠다고 제안했다. 주요 목표는 쿠카의 지식 자산인 첨단 로봇 기술에 접근하는 것이었다. 유일한 입찰자였음에도 불구하고, 미데아는 독일 정부 관리들과의 회의에서 확신을 주었다. 쿠카는 유사한 인수 기준인 2~3년인 규범보다 훨씬 더 긴 기간인 7년 동안 2023년까지 본사, 공장, 일자리를 유지하며 독일의 관리하에 계속 있기로 했다.

반대로 입찰가가 낮은 목표기업들은 제품 시장에서 실적이 저조하거나 재정적으로 어려움을 겪는 경우가 많다. 이러한 인수에서의 가치 창출 잠재력에는 한계가 있다. 이러한 상황에서는, 구조조정을 신속하게 촉진하고 재정 출혈을 막을 수 있는 저차원적 접근 방식이 적절할 수 있다. 전반적으로, 인수 후 통합을 구현하는 최선의 방법에 대한 논쟁이 계속되고 있다.

## 논쟁 4: 인수와 제휴

인수의 확산에도 불구하고, 그 부진한 실적은 몇몇 사람들에게 인수가 과도하게 남용된 것이 아니냐는 의문을 제기하도록 만들었다. 전략적 제휴는 인수에 대한 대안이다(7장 참고).GE, HP, IBM, 마이크로소프트, 오라클(Oracle)은 "신속한" 인수자로 알려져 있으며, 종종 특정 연도에 12개 기업을 집어삼키기도 한다. 심지어 일부 기업들은 M&A와 제휴를 모두 추진할 때 조차도, 그것들을 종종 별개로 진행되는 경우가 많다. 많은 대형 다국적기업들이 M&A 기능을 가지고 있고, 일부는 제휴 기능을 가지고 있지만, 통합적인 "합병, 인수, 그리고 제휴" 기능을 구축하고 있는 기업은 거의 없다. 실제로, 제휴에 대비하여 인수에 대해 명시적으로 비교하고 대조하는 것이 바람직할 수 있다. 인수와 비교할 때, 제휴는 자체적인 문제에도 불구하고 비용이 적게 들고 본격적인 인수에 참여하기 전에 서로에게서 배울 수 있는 기회를 제공한다. (다임러 크라이슬러와 같은) 많은 부실 인수는 기업들이 먼저 제휴를 추구했었더라면 아마도 더 나았을 것이다. 반면, 피아트(Fiat)와 크라이슬러는 제휴파트너로 함께 일해왔기 때문에, 피아트 크라이슬러 자동차(Fiat Chrysler Automobiles)와 같이 지속적인 관계를 유지할 가능성이 더 높을 수 있다.

## 현명한 전략가

전략 삼각대를 뒷받침하는 세 가지 주요한 관점을 통해, 현명한 전략가는 행동에 대한 세 가지 중요한 시사점을 도출한다(표 9.5). 첫째, 다각화와 인수가 요구될 수도 있는, 당신의 산업의 특징을 이해해야 한다. 새로운 성장 산업에서, 새로운 진입자들은 종종 적시에 입지를 확보하기 위해 인수가 필요하다고 느끼게 될 수 있다. 일부 "사양" 산업에 있어서는 (특히 어려움을 겪고 있는 일부 기업들의 경우) 이러한 산업으로부터 다각화하는 것이 필수적인 것이다.

둘째, 당신과 당신의 회사는 표 9.6에 요약된 제안들을 준수함으로써 성공적인 다각화와 인수를 가능하게 만드는 역량을 개발할 필요가 있다. 여기에는 목표에 대해 과도한 비용을 지불하지 않고, 전략적 그리고 조직적 적합성 모두에 초점을 맞추는 것이 포함된다. 입찰 전쟁에 휘말리는 것을 피하고 제안된 거래에서 실패를 인정하는 고통스럽지만 용기 있는 일이다. 전 세계적으로 제안된 거래의 10-20%는 실패한다. 중국으로부터의 신흥 다국적 기업의 "힘"에 대한 언론의 야단 법석에도 불구하고, 실제로 발표된 거래의 절반 이상은 성사되지 않았다. 인도의 다국적 기업들은 더 잘 하지만, 여전히 거래의 1/3은 성사되지 못한다(클로징 케이스 참고). 이것은 신흥 인수자들에게만 영향을 미치는 문제가 아니다. AT&T, 뉴스 코퍼레이션(News Corporation), 파이자(Pfizer) 등의 경험 많은 인수자들은 최근 T-모바일(T-Mobile), 타임 워너(Time Warner), 아스트라제네카(AstraZeneca)를 인수하기 위한 각각 수십억 달러의 거래에서 손을 뗐다. 대상 기업의 입장에서는, 좋은 가격을 받기 위해서는 그들이 보유한 모든 가치들을 활용하는 것이 중요하다. 2008년 야후(Yahoo)는 마이크로소프트(Microsoft)의 450억 달러의 제안을 거절했다. 2018년 야후는 단지 48억 달러에 버라이즌(Verizon)에 매각되었다.

마지막으로, 당신은 전 세계의 인수를 지배하는 게임을 규칙을 숙지해야 한다. IBM의 PC 자산 인수를 협상할 때, 레노버(Lenovo)는 국내 다국적 기업에 대한 중국 정부의 지원을 명확하게 이해하고 활용했다. IBM도 마찬가지로 레노버가 노스 캐롤라이나에 두 번째 본사를 설립하도록 설득했을 때, 새로운 레노버가 미국 이미지를 유지해야 할 필요성을 이해했다. 이러한 매우 상

**표9.5 실행을 위한 전략적 함의**

- 다각화 및 인수를 요구할 수도 있는 당신의 산업의 본질을 이해해라
- 성공적인 인수 및 구조조정을 촉진시키는 능력을 개발해라
- 전 세계적으로 인수와 구조조정을 지배하는 게임의 법칙을 통달해라

### 표 9.6 인수 성공 가능성의 향상

| 구분 | 할 것과 하지 말 것 |
|---|---|
| 인수 전 | • 인수 대상에 대해 초과 지불은 하지 말고 프리미엄이 너무 높을 때는 입찰 경쟁을 피해라<br>• 전략적 적합성 및 조직적 적합성을 고려한 철저한 실사를 해라 |
| 인수 후 | • 다양한 이해관계자들의 걱정들을 고심하고 최고의 인재들을 확보하도록 노력해라<br>• 업무와 권력이 위협될 사람들에 의해 발생할 장애물들을 처리할 수 있도록 준비 해라 |

징적인 행동들은 미국 정부의 승인을 얻는 것을 더욱 쉽게 만들었다. 대조적으로, GE와 허니웰(Honeywell)은 합병을 제안하고 미국의 반독점 당국의 승인을 받았으나, EU의 반독점 당국의 승인은 받지 못하였고, 결국 인수는 실패했다. 그 결과는 경영자들은 다각화와 인수라는 경제성에 더하여, 이러한 커다란 이해관계들의 이면에 있는 정치에도 관심을 기울여야 한다는 것이다.

가장 근본적인 네 가지 질문과 관련하여, 이번 장은 질문 3에 직접적으로 대답을 할 수 있다. 무엇이 기업의 범위를 결정하는가? 산업 조건, 자원 목록, 제도적인 구조가 기업의 규모를 형성한다. 또한, 왜 기업들은 서로 다른가(질문 1), 그리고 기업들은 어떻게 행동하는가(질문 2)는, 결국 기업이 서로 다른 다각화 전략을 왜 선택하며 어떻게 선택하는지의 문제로 요약된다. 마지막으로, 무엇이 기업의 국제적인 성공과 실패를 결정하는가(질문 4)? 이에 대한 대답은 그들이 다각화와 인수와 관련된 도전들을 성공적으로 극복할 수 있는가에 달려 있다.

## Closing Case   Emerging Markets Ethical Dilemma

# 다국적 기업 인수 이면의 수수께끼

신흥 경제의 다국적 기업들(EMNEs)은 최근 전 세계에서 새롭게 부상하고 있다. 선진 경제의 취득자와 비교해서, 두 가지의 독특하고 흥미로운 패턴들이 나타났다. 첫 번째는 인수 이전 단계 동안 종종 특정 자산에 대해, 특히 선진 자산에 대해 더 높은 매입가를 제시했다. 두 번째는, 그다음 단계에서 EMNE는 중앙집중적이고 긴밀한 통합과 대조적으로 선진 경제에서 획득된 목표를 자율성을 크게 허용하는 경향이 있다. 하지만, 다른 신흥 경제국을 매입할 때 EMNE는 보통 더 높은 입찰가를 제시하지 않으며, 일반적으로 인수한 목표기업에게 자율성을 부여하지 않는다. 결과적으로 두 가지 의문이 생겼다. (1)왜 EMNE는 종종 선진국들의 획득 목표보다 더 높은 매입을 하는가? (2)왜 그런 목표에 상당한 자율성을 부여하는가?

강한 상호보완성을 이용하려는 목표는 신흥 다국적 기업들이 더 높은 매입을 하도록 동기 부여할 가능성이 크다. Tata Motors는 2008년에 포드로부터 Jaguar Land Rover (JLR)를 인수한 것이 대표적인 사례다. 23억달러에, 전체를 현금으로 지불한 거래는, 인도 기업들이 행한 상위 5대 해외 인수 중 비용이 가장 많이 들었다. Tata Motors가 인도에서 저가 차량들 중 선도적인 자리에 있을 때, JLR의 두 가지 상징적인 브랜드와 첨단 기술은 Tata Motors의 강점을 보완했다. 이런 강력한 상호 보완성은 신흥 경제국의 인수자와 선진 경제국의 목표 사이에서 전형적으로 보여진다.

인수 이전 단계에서는, 현지국의 다수의 이해 관계자들이 거래를 위태롭게 할 수 있다. 대외적으로, 정치인들은 민족주의의 구실로 이 문제를 무기화할 수 있고, 언론은 '외국인 인수'에 반해 소란을 일으킬 수 있고, 규제 당국은 국가안보 우려와 같은 이해하기 어려운 기준을 들어 거래를 무산시킬 수 있다. 예를 들어, 2006년 브라질의 Vale는 캐나다의 가장 큰 광산 회사 중 하나인 Inco를 인수하려고 시도했을 때 심한 저항을 받았다. 그들은 "캐나다의 광산업 강국으로서 지위를 훼손할 것"이라고 주장하면서 "캐나다 광업의 공동화"를 초래하게 될 것이라고 했다.

내부적으로는, 대상 기업의 관리자와 주주들은 EMNE가 가장 적합한 인수자라는 것을 확신할 수 있어야 했다. 비록 매입 가격도 중요하지만, 기업의 경영자와 주주들은 대상과 인수자 사이의 결합 잠재력과 조직적 관계의 일치 여부를 신중하게 평가해야 했다. 만약 새로운(신흥) 인수자의 기술이 너무 형편없고 합법적이지 않다고 간주되면, 그들을 긍정적으로 평가할 이유가 없어진다.

이러한 방해 요소들을 극복하기 위해, 다국적 기업은 보통 두 가지의 전술을 배치했다. 첫 번째 방법은 기업들이 프리미엄을 높여 보다 높은 수익성을 제안하는 것이다. Vale-Inco 사례에서 Vale는 180억 달러를 전액 현금 지급에 10억 달러의 부채 추정하여, 총 190억 달러에 달하는 엄청난 금액을 제안했다. 2016년 중국의 대규모 전자회사인 Midea는 독일에서 엔지니어링 회사 중 가장 혁신적인 Kuka를 60%에 가까운 프리미엄인 50억 달러에 인수하겠다고 제안했다. 주요 목표는 Kuka의 로봇 기술에 접근하는 것이었는데, 독일 부총리는 이 기술이 중국의 손에 닿지 않도록 독일과 유럽의 입찰자들에게 흔치 않은 호소를 했다. 하지만, 프리미엄이 너무 높아서 아무도 나서지 않았다.

둘째로, 대상 기업에 상당한 자율성을 부여하는 것은 대상 기업의 저항성을 유연화시키는 데 매우 중요한 작업이다. 그리고 마침내 이러한 딜들을 통해서 이득을 얻는다. 많은 신흥 인수자들은 인수자가 의도적으로 인수 대상 회사가 자율성을 유지하고, 최고 경영진을 그대로 유지한 다음에 점차적으로 차차 양측 간의 상호 작용을 장려하는 "고속 도로" 전략에 착수했다. 그 높은 길(고속도로 전략)은 양측 사이에 더 많은 라포형성을 용이하게 했다. 많은 선진경제의 인수기업들은 "낮은 도로(빠르고, 공격 집약적인 통합)"를 이용했고, 이는 인수 후 실적 부진의 결과로 종종 나타난다. 그러므로, 많은 신흥 인수기업들은 대상 기업을 공략할 때 높은 도로 접근 방식을 더 선호했다.

획득한 목표를 부여하는 자율성은 입찰 가격이 얼마나 높은지와 상관관계가 있다. 더 높은 입찰 가격은 중대한 자율성을 제공함으로써 목표의 저항을 줄일 필요성을 심화시킨다. 중국 기업에 의해 진행된 가장 큰 국제 인수인 2017년 ChemChina의 430억 달러의 스위스 Syngenta 인수를 예로 들어 보자. 이 거래는 2013년 CNOOC가 캐나다의 넥센을 150억 달러 인수한 중국 다국적 기업이 수행했던 두 번째로 큰 거래의 거의 세 배이다. 신젠타는 세계 최대의 농화학 및 종자를 생산하는 기업 중 하나이다. 그렇게 높은 입찰 가격에서는, ChemChina는 신젠타에게 충분한 자율권을 주는 것이 요구된다. 단순히 공동 가치를 창출해내기 위해서. 거래를 발표할 때, ChemChina의 회장은 "신젠타의 운영은 스위스의 손에 남을 것"이라고 약속했고, 신젠타의 회장(새로운 결합 그룹의 부회장이 될 사람)은 모든 이해 관계자들에게 그 거래가 "운영 중단을 최소화할 것"이라고 확신시켰다. 사실 Syngenta는 ChemChina에게 선택되어 합병되려고 Monsanto에서 온 비슷한 제안을 거절했다. 한가지 이유는 자율성으로, ChemChina는 존중해 주었지만 Monsanto는 그러지 않았다.

마지막으로, 자율권의 정도를 얼마만큼 설정하는지에 대한 합병의 목표는 중요하다. 만약 지적 자산(예: 기술 개발, 강력한 브랜드, 훌륭한 인재)에 대한 접근을 높이는 것이 인수의 주요 목표라면, 높은 길 접근 방식이 더 현명할 것이다. 그렇지 않으면, 지적 자산은 단순히 사라질 수 있다. 최악의 케이스 시나리오에서, 유능한 사원들은 떠날것이다 그리고 몇몇의 경쟁자들이 투입될것이고, 인수에 대한 원래의 장밋빛 예측을 무너뜨리게 할 것이다.

두가지 퍼즐의 관점에서 보자면, 더 높은 입찰과 자율성을 제공하는 것은 "같은 동전의 양면"인 것 같다. 전 세계적으로 상대적으로 경험이 없는 인수자로서 신흥 다국적 기업은 목표 기업 관리자와 주주뿐만 아니라 개최국 정부와 이해 관계자로부터 고개를 끄덕이기 위해 더 높은 가격을 지불해야 했다. 더 높은 프리미엄을 지불한 후, 획득한 목표에 상당한 자율성을 제공하는 것은 공동 가치 창출을 보장하는 가장 효과적인 수단 중 하나가 된다. 높은 길을 선택하는 것은 단지 과하게 친절해보이거나 그런것이 아니라 공통의 가치창출과 선택권을 높이려는 과한 욕구에 의해 오는 것이다. 다른 말로 하자면, 높은 길은 정치적으로 스마트할 뿐만 아니라 심리적으로도 매력적이며, 또한 금전적으로 신중한 방식이다.

Sources: (1) Bloomberg Businessweek, 2016, The new barbar-ians at the gate, October 31: 39–41; (2) BNN, 2016, The hol-lowing out of Canadian mining, September 23: www.bnn.ca; (3) Fortune, 2017, China's $43 billion bid for food security, May 1: 79–86; (4) W. Guo, J. Clougherty, & T. Duso, 2016, Why are Chinese MNEs not financially competitive in cross-border acquisitions? Long Range Planning 49: 614–631; (5) O. Hope, W. Thomas, & D. Vyas, 2011, The cost of pride, Journal of In-ternational Business Studies 42: 128–151; (6) R. Hoskisson, M. Wright, I. Filatotchev, & M. W. Peng, 2013, Emerging multi-nationals from mid-range economies, Journal of Management Studies 50: 1295–1321; (7) V. Kumar, D. Singh, A. Purkayastha, M. Popli, & A. Gaur, 2020, Springboard internationalization by emerging market firms, Journal of International Business Studies 51: 172–193; (8) S. Lebedev, M. W. Peng, E. Xie, & C. Stevens, 2015, Mergers and acquisitions in and out of emerg-ing economies, Journal of World Business 50: 651–662; (9) M. W. Peng, 2012, The global strategy of emerging multinationals from China, Global Strategy Journal 2: 97–107; (10) S. Sun, M. W. Peng, B. Ren, & D. Yan, 2012, A comparative ownership ad-vantage framework for cross-border M&As, Journal of World Business 47: 4–16; (11) Vale, 2006, CVRD announces proposed all-cash offer to acquire Inco, August 11: www.vale.com; (12) J. Zhang, M. Young, W. Sun, & J. Tan, 2018, Marrying up, Journal of World Business 53: 752–767; (13) H. Zhu & Q. Zhu, 2016, Mergers and acquisitions by Chinese firms, Asia Pacific Jour-nal of Management 33: 1107–1149.

## 사례 토론 질문

1. 왜 신흥 경제 기업들은 종종 선진국의 목표에 대해 더 높은 보험료를 지불하나?
2. 그들은 왜 종종 선진국에서 획득한 목표에 상당한 자율성을 부여하나?
3. 윤리: 선진국의 인수 후 통합에 대한 높은 길 접근 방식의 이점과 단점은 무엇인가?

# 참고문헌

**[Journal Acronyms]** ***ABM***—*Alaska Beyond Magazine;* ***AMJ***—*Academy of Management Journal;* ***AMP***—*Academy of Management Perspectives;* ***AMR***—*Academy of Management Review;* ***APJM***— *Asia Pacific Journal of Management;* ***ASQ***—*Administrative Science Quarterly;* ***BW***—*Business Week* (before 2010) or *Bloomberg Businessweek* (since 2010); ***GSJ***—*Global Strategy Journal;* ***HBR***—*Harvard Business Review;* ***JEL***—*Journal of Economic Literature;* ***JEP***—*Journal of Economic Perspectives;* ***JF***—*Journal of Finance;* ***JIBS***—*Journal of International Business Studies;* ***JM***—*Journal of Management;* ***JMS***—*Journal of Management Studies;* ***JWB***—*Journal of World Business;* ***OMEE***—*Organization and Markets in Emerging Economies;* ***OSc***—*Organization Science;* ***SMJ***—*Strategic Management Journal;* ***SO***—*Strategic Organization;* ***WSJ***—*Wall Street Journal.*

M. W. Peng & A. Delios, 2006, What determines the scope of the firm over time and around the world? *APJM* 24: 385–405.

E. Bowman & C. Helfat, 2001, Does corporate strategy matter? *SMJ* 22: 1–23.

J. Haleblian, C. Devers, G. McNamara, M. Carpenter, & R. Davison, 2009, Taking stock of what we know about mergers and acquisitions, *JM* 35: 469–502; M. Nippa, U. Pidun, & H. Rubner, 2011, Corporate portfolio management, *AMP* 25: 50–66.

D. Miller, M. Fern, & L. Cardinal, 2007, The use of knowledge for technological innovation within diversified firms, *AMJ* 50: 308–326.

*BW*, 2017, The surprising resilience of Samsung, July 31: 42–47.

M. Arrefelt, R. Wiseman, G. McNamara, & G. T. Hult, 2015, Examining a key corporate role, *SMJ* 36: 1017–1034.

K. B. Lee, M. W. Peng, & K. Lee, 2008, From diversification premium to diversification discount during institutional transitions, *JWB* 43: 47–65.

S. Chang, B. Kogut, & J. Yang, 2016, Global diversification discount and its discontents, *SMJ* 37: 2254–2274.

F. Brahm, J. Tarzijan, & M. Singer, 2017, The impact of frictions in routine execution on economies of scope, *SMJ* 38: 2121–2142; P. Chen, C. Williams, & R. Agarwal, 2012, Growing pains, *SMJ* 33: 252–276; L. Palich, L. Cardinal, & C. Miller, 2000, Curvilinearity in the diversification-performance linkage, *SMJ* 21: 155–174.

*Fortune*, 2017, Coach thinks outside the bag, June 1: 80–87.

*BW*, 2019, Levi Strauss wants to be bigger than jeans, March 25: 14–16.

*Economist*, 2014, Let my Fritos go, March 1: 65.

M. Carney, E. Gedajlovic, P. Heugens, M. van Essen, & J. Van Oosterhout, 2011, Business group affiliation, performance, context, and strategy, *AMJ* 54: 437–460; T. Khanna & Y. Yafeh, 2007, Business groups in emerging markets, *JEL* 45: 331–372.

D. Lange, S. Boivie, & A. Henderson, 2009, The parenting paradox, *AMJ*, 52: 179–198.

*BW*, 2018, What the hell is wrong with GE? February 5: 42–49; *WSJ*, 2019, CEO's plan for GE, October 8: A1, A10.

M. Abdi & P. Aulakh, 2018, Internationalization and performance, *JIBS* 49: 832–857; A. Gande, C. Schenzler, & L. Senbert, 2009, Valuation effects of global diversification, *JIBS* 40: 1515–1532.

A. Delios & P. Beamish, 1999, Geographic scope, product diversification, and the corporate performance of Japanese firms (p. 724), *SMJ* 20: 711–727.

J. M. Geringer, S. Tallman, & D. Olsen, 2000, Product and international diversification among Japanese multinational firms (p. 76), *SMJ* 21: 51–80.

M. Kim, 2016, Geographic scope, isolating mechanisms, and value appropriation, *SMJ* 37: 695–713; G. Qian, T. Khoury, M. W. Peng, & Z. Qian, 2010, The performance implications of intra- and inter-regional geographic diversification, *SMJ* 31: 1018–1030.

A. Goerzen & S. Makino, 2007, Multinational corporation internationalization in the service sector, *JIBS* 38:

1149–1169; M. Mayer, C. Stadler, & J. Hautz, 2015, The relationship between product and international diversification, *SMJ* 36: 1458–1468.

*Fortune*, 2016, Pharmageddon? February 1: 66–75.

K. Meyer, 2006, Global focusing, *JMS* 43: 1109–1144.

N. Hashai, 2015, Within-industry diversification and firm performance, *SMJ* 36: 1378–1400; S. Kim, J. Arthurs, A. Sahaym, & J. Cullen, 2013, Search behavior of the diversified firm, *SMJ* 34: 999–1009; T. Zahavi & D. Lavie, 2013, Intra-industry diversification and firm performance, *SMJ* 34: 978–998.

N. Damaraju, J. Barney, & A. Makhija, 2015, Real options in divestment alternatives, *SMJ* 36: 728–744; R. Durand & J. Vergne, 2015, Asset divestment as a response to media attacks in stigmatized industries, *SMJ* 36: 1205–1223; C. Moschieri & J. Mair, 2012, Managing divestitures through time, *AMP* 26: 35–50; W. McKinley, S. Latham, & M. Braun, 2014, Organizational decline and innovation, *AMR* 39: 88– 110; W. Wan, H. Chen, & D. Yiu, 2015, Organization image, identity, and international divestment, *GSJ* 5: 205–222; J. Xia & S. Li, 2013, The divestiture of acquired subunits, *SMJ* 34: 131–148.

J. Campbell, D. Sirmon, & M. Schijven, 2016, Fuzzy logic and the market, *AMJ* 59: 163–187; S. Gubbi, P. Aulakh, S. Ray, M. Sarkar, & R. Chittoor, 2010, Do international acquisitions by emerging-economy firms create shareholder value? *JIBS* 41: 397–418; A. Kaul & B. Wu, 2016, A capabilities- based perspective on target selection in acquisitions, *SMJ* 37: 1220–1239; T. Mackey, J. Barney, & J. Dotson, 2017, Corporate diversification and the value of individual firms, *SMJ* 38: 322–341; S. Malhotra & A. Gaur, 2014, Spatial geography and control in foreign acquisitions, *JIBS* 45: 191–210; Y. Yu, N. Umashankar, & V. Rao, 2016, Choosing the right target, *SMJ* 37: 1808–1825.

K. Ellis, T. Reus, B. Lamont, & A. Ranft, 2011, Transfer effects in large acquisitions, *AMJ* 54: 1261–1276; A. Phene, S. Tallman, & P. Almeida, 2012, When do acquisitions facilitate technological exploration and exploitation? *JM* 38: 753–783; A. Sleptsov, J. Anand, & G. Vasudeva, 2013, Relational configurations with information intermediaries, *SMJ* 34: 957–977.

*BW*, 2014, Jackpot! How Lenovo found treasure in the PC industry's trash, May 12: 46–51.

J. Kim & S. Finkelstein, 2009, The effects of strategic and market complementarity on acquisition performance, *SMJ* 30: 617–646.

J. Oxley & G. Pandher, 2016, Equity-based incentives and collaboration in the modern multibusiness firm, *SMJ* 37: 1379–1394.

R. Levine, C. Lin, & B. Shen, 2020, Cross-border acquisitions, *JIBS* 51: 194–217; B. Tan & A. Chintakananda, 2016, The effects of home country political and legal institutions on firms' geographic diversification performance, *GSJ* 6: 105–123.

M. Carney, M. van Essen, S. Estrin, & D. Shapiro, 2018, Business groups reconsidered, *AMP* 32: 493–516; H. Hu, L. Cui, & P. Aulakh, 2019, State capitalism and performance persistence of business group-affiliated firms, *JIBS* 50: 193–222; A. Iona, L. Leonida, & P. Navarra, 2013, Business group affiliation, innovation, internationalization, and performance, *GSJ* 3: 244–261; A. Lamin, 2013, Business groups as information resource, *AMJ* 56: 1487–1509; D. Mukherjee, E. Makarius, & C. Stevens, 2018, Business group reputation and affiliates' internationalization strategies, *JWB* 53: 93–103.

J. Haleblian, G. McNamara, K. Kolev, & B. Dykes, 2012, Exploring firm characteristics that differentiate leaders from followers in industry merger waves, *SMJ* 33: 1037–1052.

E. Matta & P. Beamish, 2008, The accentuated CEO career horizon problem, *SMJ* 29: 683–700.

P. Brockman, O. Rui, & H. Zhou, 2013, Institutions and the performance of politically connected M&As, *JIBS* 44: 833–852; E. Vaara, R. Sarala, G. Stahl, & I. Bjorkman, 2012, The impact of organizational and national cultural differences on social conflict and knowledge transfer in international acquisitions, *JMS* 49: 1–26; H. Zhu, X. Ma, S. Sauerwald, & M. W. Peng, 2019, Home country institutions behind cross-border acquisition performance, *JM* 45: 1315–1342.

This section draws heavily from M. W. Peng, S. Lee, & D. Wang, 2005, What determines the scope of the firm over time? A focus on institutional relatedness, *AMR* 30: 622–633.

G. Jones & C. Hill, 1988, Transaction cost analysis of strategy- structure choices, *SMJ* 9: 159–172. See also E. Rawley, 2010, Diversification, coordination costs, and organizational rigidity, *SMJ* 31: 873–891; Y. Zhou, 2011, Synergy, coordination costs, and diversification choices, *SMJ* 32: 624–639.

D. Miller & H. Yang, 2016, The dynamics of diversification, *SMJ* 37: 2323–2345.

H. Kim, H. Kim, & R. Hoskisson, 2010, Does market-oriented institutional change in an emerging economy make business group-affiliated multinationals perform better? *JIBS* 41: 1141–1160; Lee, Peng, & Lee, 2008, From diversification premium to diversification discount, op. cit.

*Economist,* 2014, The new rules of attraction (p. 66), November 15: 66–67.

J. Clougherty & T. Duso, 2009, The impact of horizontal mergers on rival, *JMS* 46: 1365–1395.

M. Jacobides, 2008, How capability differences, transaction costs, and learning curves interact to shape vertical scope, *OSc* 19: 306–326.

*Economist*, 2017, Dogfight in the skies, September 9: 61.

S. Chen, 2008, The motives for international acquisitions, *JIBS* 39: 454–471.

*ABM*, 2016, Flying better together, May: 42–47.

K. Younge, T. Tong, & L. Fleming, 2015, How anticipated employee mobility affects acquisition likelihood, *SMJ* 36: 686–708.

Z. Lin, M. W. Peng, H. Yang, & S. Sun, 2009, How do networks and learning drive M&As? *SMJ* 30: 1113–1132; H. Yang, S. Sun, Z. Lin, & M. W. Peng, 2011, Behind M&As in China and the United States, *APJM* 28: 239–55.

P. Picone, G. Dagnino, & A. Mina, 2014, The origin of failure, *AMP* 28: 447–468.

S. Malhotra, P. Zhu, & T. Reus, 2015, Anchoring on the acquisition premium decisions of others, *SMJ* 36: 1866–1876.

C. Moschieri & J. Campa, 2009, The European M&A industry (p. 82), *AMP* 23: 71–87.

O. Hope, W. Thomas, & D. Vyas, 2011, The cost of pride, *JIBS* 42: 128–151.

L. Urbsiene, V. Nemunaityte, & A. Zatulinas, 2015, Comparison of premiums of Chinese and European companies in mergers and acquisitions in Europe, *OMEE* 6: 67–102.

A. Gaur, S. Malhotra, & P. Zhu, 2013, Acquisition announcements and stock market valuations of acquiring firms' rivals, *SMJ* 34: 215–232.

M. Fuad & A. Gaur, 2019, Merger waves, entry-timing, and cross-border acquisition completion, *JWB* 54: 107–118.

S. Graffin, J. Haleblian, & J. Kiley, 2016, Ready, aim, acquire, *AMJ* 59: 232–252; J. Kim, S. Finkelstein, & J. Haleblian, 2015, All aspirations are not created equal, *AMJ* 58: 1361–1388.

G. Dagnino, C. Giachetti, M. Rocca, & P. Picone, 2019, Behind the curtain of international diversification, *GSJ* 9: 555–594; D. Gamache, G. McNamara, S. Griffin, J. Kiley, J. Haleblian, & C. Devers, 2019, Impression offsetting as an early warning signal of low CEO confidence in acquisitions, *AMJ* 62: 1307–1332; S. Malhotra, T. Reus, P. Zhu, & E. Roelofsen, 2018, The acquisitive nature of extraverted CEOs, *ASQ* 63: 370–408; P. Meyer-Doyle, S. Lee, & C. Helfat, 2019, Disentangling the microfoundations of acquisition behavior and performance, *SMJ* 40: 1733–1756; W. Shi, Y. Zhang, & R. Hoskisson, 2017, Ripple effects of CEO awards, *SMJ* 38: 2080–2102; C. Zhang & H. Greve, 2019, Dominant coalitions directing acquisitions, *AMJ* 62: 44–65.

S. Moeller, F. Schlingemann, & R. Stulz, 2005, Wealth destruction on a massive scale? *JF* 60: 757–782; D. Siegel & K. Simons, 2010, Assessing the effects of M&As on firm performance, *SMJ* 31: 903–916; G. Valentini, 2012, Measuring the effect of M&A on patenting quantity and quality, *SMJ* 33: 336–346.

C. Christensen, R. Alton, C. Rising, & A. Waldeck, 2011, The new M&A playbook, *HBR* March: 48–57.

D. King, D. Dalton, C. Daily, & J. Covin, 2004, Meta-analyses of post-acquisition performance, *SMJ* 25: 187–200.

B. Blonigen & J. Pierce, 2016, Evidence for the effects of mergers on market power and efficiency, NBER Working Paper 22750.

*Economist,* 2014, Mergers and acquisitions: The new rules of attraction (p. 67), November 15: 66–67.

G. Andrade, M. Mitchell, & E. Stafford, 2001, New evidence and perspectives on mergers, *JEP* 15: 103–120.

CNBC, 2019, IBM closes its $34 billion acquisition of Red Hat, July 9: www.cnbc.com; *Economist*, 2018, IBM's rebel yell, November 3: 63–64.

C. Meyer & E. Altenborg, 2008, Incompatible strategies in international mergers, *JIBS* 39: 508–525.

*WSJ*, 2009, Bank of America–Merrill Lynch: A $50 billion deal from hell, January 22: blogs.wsj.com.

B. Mesa, 2014, Strategic fit versus organizational fit, EMBA homework, Jindal School of Management, University of Texas at Dallas, November 7.

Z. Huang, H. Zhu, & D. Brass, 2016, Cross-border acquisitions and the asymmetric effect of power distance value difference on long-term post-acquisition performance, *SMJ* 38: 972–991; H. E. Yildiz & C. Fey, 2016, Are the extent and effect of psychic distance perceptions symmetrical in cross-border M&As? *JIBS* 47: 830–857.

J. Allatta & H. Singh, 2011, Evolving communication patterns in response to an acquisition event, *SMJ* 32: 1099–1118; M. Brannen & M. Peterson, 2009, Merging without alienating, *JIBS* 40: 468–489; R. Chakrabarti, S. Gupta-Mukherjee, & N. Jayaraman, 2009, Mars-Venus marriages, *JIBS* 40: 216–236; G. Chung, J. Du, & J. Choi, 2014, How do employees adapt to organizational change driven by cross-border M&As? *JWB* 49: 78–86; S. Mantere, H. Schildt, & J. Sillince, 2012, Reversal of strategic change, *AMJ* 55: 172–196; P. Monin, N. Noorderhaven, E. Vaara, & D. Kroon, 2013, Giving sense to and making sense of justice in postmerger integration, *AMJ* 56: 256–284.

. Haspeslagh & D. Jemison, 1991, *Managing Acquisitions*, New York: Free Press.

J. Krug, P. Wright, & M. Kroll, 2014, Top management turnover following M&As, *AMP* 28: 147–163; M. Marks, P. Mirvis, & R. Ashkenas, 2017, Surviving M&A, *HBR* March: 145–149; V. Ng, E. Huang, & M. Young, 2019, Should I stay or should I go? *APJM* 36: 1023–1051.

M. Cording, J. Harrison, R. Hoskisson, & K. Jonsen, 2014, Walking the talk, *AMP* 28: 38–56.

T. Reus, B. Lamont, & K. Ellis, 2016, A darker side of knowledge transfer following international acquisitions, *SMJ* 37: 932–944; R. Sarala & E. Vaara, 2010, Cultural differences, convergence, and crossvergence as explanations of knowledge transfer in international acquisitions, *JIBS* 41: 1365–1390.

*BW*, 2011, Hi-yah! Alcatel-Lucent chops away at years of failure (p. 29), May 2: 29–31.

M. Cording, P. Christmann, & D. King, 2010, Reducing causal ambiguity in acquisition integration, *AMJ* 51: 744– 767.

V. Bennett & L. Pierce, 2016, Motivation matters, *SMJ* 37: 1304–1315; M. Lieberman, G. Lee, & T. Folta, 2017, Entry, exit, and the potential for resource redeployment, *SMJ* 38: 526–544; F. Neffke & M. Henning, 2013, Skill relatedness and firm diversification, *SMJ* 34: 297–316; A. Sakhartov & T. Folta, 2015, Getting beyond relatedness as a driver of corporate value, *SMJ* 36: 1939–1959.

*Economist*, 2014, The new GE: Google, everywhere, January 18: 63–64.

*BW*, 2016, Google returns to earth, December 12: 44– 49; *WSJ*, 2019, Alphabet backs off on experimentation, December 6: B1.

C. K. Prahalad & R. Bettis, 1986, The dominant logic, *SMJ* 7: 485–501.

Peng, Lee, & Wang, 2005, What determines the scope of the firm over time? (p. 623), op. cit.

Y. Li, M. W. Peng, & C. Macaulay, 2013, Market-political ambidexterity during institutional transitions, *SO* 11: 205–213; D. Wang, F. Du, & C. Marquis, 2019, Defending Mao's dream, *AMJ* 62: 1111–1136.

C. Stevens, E. Xie, & M. W. Peng, 2016, Toward a legitimacybased view of political risk: The case of Google and Yahoo in China, *SMJ* 37: 945–963.

M. Chen, A. Kaul, & B. Wu, 2019, Adaptation across multiple landscapes, *SMJ* 40: 1791–1821; A. Colpan & T. Hikino, 2018, *Business Groups in the West*, Oxford, UK: Oxford University Press. *Fortune*, 2015, Breaking up GE, September 1: 114–120.

*Economist*, 2017, The new bazaar, October 28: special report.

R. D'Aveni, 2018, *The Pan-Industrial Revolution*, New York: Houghton Mifflin Harcourt.

*WSJ*, 2018, Printing the future, October 17: www.wsj.com.

N. Argyres, J. Mahoney, & J. Nickerson, 2019, Strategic responses to shocks, *SMJ* 40: 357–376.

J. Birkinshaw, H. Bresman, & R. Nobel, 2010, Knowledge transfer in international acquisitions (p. 24), *JIBS* 41: 21–26.

M. Graebner & K. Eisenhardt, 2004, The seller's side of the story, *ASQ* 49: 366-403.

A. Madhok & M. Keyhani, 2012. Acquisitions as entrepreneurship, *GSJ* 2: 26 –40.

S. Wang, Y. Luo, X. Lu, J. Sun, & V. Maksimov, 2014, Autonomy delegation to foreign subsidiaries, *JIBS* 45: 111–130.

*BW*, 2016, The new barbarians at the gate, October 31: 39–41.

B. McCann, J. Reuer, & N. Lahiri, 2016, Agglomeration and the choice between acquisitions and alliances, *SMJ* 37: 1085–1106; X. Yin & M. Shanley, 2008, Industry determinants of the "merger versus alliance" decision, *AMR* 33: 473–491.

A. Trichterborn, D. Knyphausen-Aufseb, & L. Schweizer, 2016, How to improve acquisition performance, *SMJ* 37: 763–773.

H. Yang, Z. Lin, & M. W. Peng, 2011, Behind acquisitions of alliance partners, *AMJ* 54: 1069–1080.

*Economist*, 2014, Coming unstuck, August 9: 53–54.

*Economist*, 2018, Verizon buys Yahoo, July 30: 49–50.

J. Clougherty, K. Gugler, L. Sorgard, & F. Szucs, 2014, Cross-border mergers and domestic firm wages, *JIBS* 45: 450–470.

CHAPTER 10

# 전 세계적인 전략, 구조, 혁신

## 학습목표

이 장을 학습한 후, 당신은 다음의 내용을 수행할 수 있다.

1. 통합-대응 프레임워크에서 다국적 전략 및 구조의 4가지 기본 구성을 이해
2. 다국적 전략, 구조 및 혁신의 포괄적인 모델을 설명
3. 학습, 혁신 및 지식 관리와 관련된 과제를 설명
4. 다국적 전략, 구조 및 혁신에 관한 두 가지 주요 토론에 참여
5. 행동을 위한 전략적 함의 도출

OPENING CASE **Emerging Markets**

## 맥랩의 시작

믿기 어렵겠지만, 맥도날드는 더 이상 세계에서 가장 큰 패스트푸드 체인이 아니다. 적어도 식당의 수로 따지면 그렇다. 서브웨이는 맥도날드 38,000개에 비해 전 세계적으로 거의 41,000개의 레스토랑을 보유하면서 빠르게 성장했다. 맥도날드는 여전히 서브웨이(2019년 180억 달러 대비 210억 달러)보다 더 많이 팔리고 있지만, 맥도날드는 미국 매출이 눈에 띄게 둔화되는 등 추진력을 잃은 것으로 보인다. 물론 맥도날드는 서브웨이뿐만 아니라 파이브 가이즈나 치폴레와도 경쟁했다. 이 세 경쟁업체에서 고객들은 음식이 준비되는 것을 볼 수 있고 음식이 더 신선하고 건강해 보인다고 느낄 수 있다. 프레시 워즈에서, 서브웨이는 음식 준비자들을 "샌드위치 예술가"로 격상시켰다. 치폴레는 "청렴한 음식"을 자랑하며 산업 농업에 비판적인 단편 영화를 제작했다.

이에 대응하여 맥도날드는 고객의 관심을 끌기 위한 노력으로 프레시 워즈에서 유명세를 탄 맥랩을 출시했다. 미국에서는 3.99달러에, 맥랩은 치킨 3온스(그릴드 또는 크리스피), 상추, 양배추, 얇게 썬 오이, 토마토, 체다 잭 치즈 등을 감싼)를 10인치 밀가루 토르티야이다. 고객들은 렌치, 스위트 칠리 또는 크림 마늘 중에서 선호하는 드레싱을 선택할 수 있다. 주문제작(사전제작이 아님)만 가능하며, 60초 이내에 맥랩을 준비할 수 있다.

제공될 때, 맥랩은 상단을 지퍼로 열 수 있는 멋진 골판지 포장지와 함께 나온다. 모든 것이 자동차의 컵 홀더에 수직으로 들어갈 수 있다. 맥도날드의 신선도 문제를 해결하기 위해 2년 동안 9개의 요소로 구성된 포커스 그룹화된 노력은 다국적 기업이 비용 절감과 현지 대응성의 압박 속에서 전략을 변경하고 글로벌 조직을 활용하고 지식을 활용하는 방법에 대한 놀라운 사례 연구이다. 맥랩의 출시 뒤에 무엇이 있는지 해부해 보면, 우리는 적어도 세 가지를 볼 수 있다.

그 아이디어는 미국에서 나온 것이 아니다. 그것은 유럽에서 세 가지 시도로부터 나왔다. 2004년, 체코의 맥도날드는 치킨 롤업을 팔기 시작했다. 2005년, 폴란드의 맥도날드는 인기 있는 길거리 음식인 케밥에서 영감을 받은 토르티야 샌드위치를 선보였다. 2009년, 오스트리아는 지퍼를 내릴 수 있는 훌륭한 판지 용기를 개발했다. 유럽의 한 식품 스튜디오(다른 회사에서는 연구개발(R&D) 연구소로 불릴 예정) 덕분에 이러한 지역 혁신이 주목받았고 맥도날드의 전 세계 다른 조직에도 확산되었다. 맥랩 아이디어가 본사로부터 관심을 끌게 된 것은 프레시 워즈에서 경쟁사들보다 더 신선하고 건강한 아이템을 찾는 전략적 관심에 의해 주도되었다. 특히, 랩이 잠재적으로 적합한 것으로 확인된 것은 현지 대응력(이 경우 주로 맥도날드 본국에서)에 대한 탐색이었다. 미국인들은 더 많은 치킨을 먹고 더 신선한 음식을 선호하고 있으며, 랩은 맥도날드가 그러한 변화하는 취향에 반응하도록 할 수 있다.

중요한 실험, 학습, 그리고 혁신이 그 과정에 들어갔다. 그 아이디어는 매력적으로 보였지만, 맥도날드는 직감에 의존하지 않았다. 메뉴 혁신 팀은 집중적인 연구와 수많은 실험을 수행했고, 최종적으로 완성하는 데 2년(2011-2013년)이 걸렸다. 맥도날드만큼 큰 레스토랑 체인에 새로운 상품을 소개하는 것은 놀라운 일이었다. 음식은 품질 저하 없이 맛있고, 비용이 저렴하며, 제공 시간이 짧아야 했다. 신선도를 높이기 위해, 두 조각의 영국 오이가 맥도날드 제공물에 처음으로 추가되었다. 약간의 오이를 추가하는 것이 별일 아닌 것처럼 들리긴 했지만, 사실 그것은 맥도날드의 공급망에 상당한 도전이었다. 약 10년 전, 맥도날드는 얇게 썬 사과를 메뉴에 도입했고, 그것은 곧 미국에서 가장 큰 사과 구매자 중 하나가 되었다. 처음에는 닭가슴살 반이 사용되었다. 그러나 포커스 그룹은 야채가 너무 많이 들어가서 랩이 샐러드라고 생각했다. 건강에 대한 인식이 높아졌음에도 불구하고, 고객들은 그것이 닭고기라면 더 많은 고기를 원했다. 그래서 마지막 버전의 랩은 닭가슴살이 가득했다. 랩의 이름 또한 강도 높은 테스트를 거쳤다. 시카고에서 열린 첫 시판에서, 그것은 그란데 랩이라고 불렸다. 그러나 고객들은 "그란데"가 무엇인지 알아낼 수 없었다. 그 후 Fresh Garden Wrap이라는 이름이 올랜드에서 테스트되었고, 그 또한 실패했다. 결국, 맥랩이 선택되었다.

Sources: (1)The author's interviews; (2)Bloomberg Business-week, 2013, McFresh, July 8: 44–49; (3)Bloomberg Businessweek, 2014, Have we reached peak burger? September 8: 21–22; (4)Wall Street Cheat Sheet, 2013, 8 reasons McDonald's is praying the McWrap is a smash hit, July 10: wallstcheatsheet.com; (5)www.mcdonalds.com; (6)www.subway.com.

맥도날드(McDonald's)와 같은 다국적기업들은 어떻게 전략적으로 전 세계에서 성장을 관리하여 국내 및 국제적으로 모두 성공할 수 있는가? 어떻게 그들은 국가적인 취향, 글로벌 동향 및 시장 추이에 대해 학습할 수 있는가? 어떻게 그들은 맥랩(McWrap)과 같이 더 나은 혁신을 위해 역경을 개선할 수 있는가? 이와 같은 질문들은 이 장을 구성하는 핵심적인 질문들이다. 우리는 네 가지 유형의 전략들과 네 가지 유형의 구조들 사이의 중요한 관계에 대한 논의로 시작한다. 다음으로, 전략 삼각대를 통해 도출된 포괄적 모델을 중심으로 이러한 문제들을 조명한다. 그리고 나서, 전 세계적인 학습, 혁신, 그리고 지식 관리에 대해 논의한다. 마지막으로 논쟁과 확장이 이어진다.

## 다국적 전략과 구조

이 섹션에서는 먼저 비용 절감에 대한 압력과 현지 대응에 대한 압력에 중점을 두는 통합-대응 모형을 소개한다. 그 후, 다국적기업들이 일반적으로 채택하는 네 가지 유형의 전략적 선택과 그에 대응하는 네 가지 유형의 조직 구조에 대해 살펴본다.

### 비용 절감에 대한 압력과 현지 대응에 대한 압력

**통합-대응 모형(integration-responsiveness framework)** 글로벌 통합과 지역별 대응성에 대한 상반된 두 가지 압력을 동시에 처리하는 방법에 대한 다국적기업 관리의 모형.

**현지 대응성(local responsiveness)** 전 세계에 걸쳐 상이한 소비자의 선호에 적절하게 대응해야 할 필요성.

다국적기업들은 주로 두 가지 압력에 직면하게 된다. 그것은 비용 절감에 대한 압력과 현지 대응에 대한 압력이다. 이 두 가지 압력은 **통합-대응 모형(integration-responsiveness framework)** 내에서 포착되며, 이를 통해 경영자들은 글로벌 통합과 현지 대응에 대한 압력 두 가지 모두를 효과적으로 처리할 수 있게 된다. 비용 절감에 대한 압력은 종종 글로벌 통합을 요구하는 반면, 현지 대응에 대한 압력은 다국적기업이 현지에 맞추어 적응할 것을 요구한다. 비용 절감에 대한 압력은 국내 및 국제적인 경쟁 둘 다에서 보편적으로 나타난다. 국제적인 경쟁에서 독특하게 나타나는 특징은 **현지 대응(local responsiveness)**에 대한 압력으로, 이것은 상이한 소비자의 선호와 현지 국가의 요구에 대응해야 하는 압력을 의미한다. 소비자의 선호는 전 세계적으로 많은 차이가 존재한다. 예를 들어, 인도에서 맥도날드의 쇠고기로 된 햄버거는 힌두교 대다수가 소를 신성시하는 인도에서는 분명히 거의 (또는 전혀) 고객을 찾을 수 없을 것이다. 대신, 인도에서 맥도날드의 가장 많이 팔리는 품목은 치킨 마하라자 맥(Chicken Maharaja Mac)이다. 게다가, 맥도날드는 독일에서는 맥주를, 인도네시아에서는 맥라이스(McRice)를, 뉴질랜드에서는 고기 파이를, 싱가포르에서는 새우 버거를 판매한다. 켄터키 프라이드 치킨(Kentucky Fried Chicken, KFC)은 중국에서 에그타르트, 연꽃 수프, 죽, 라이스롤, 그리고 두유를 판매한다. 소비자 선호 외에도 현지국의 요구와 기대는 현지 대응에 대한 압력을 가중시킨다. "디지털 주권"이라는 명목으로, 현재 많은 나라들이 자국민에 대한 데이터를 자국 영토내에 보관할 것을 요구하고 있어, 아마존(Amazon), 페이스북(Facebook), 구글(Google)과 같은 글로벌 플랫폼 기업들은 마지못해 따를 수 밖에 없다.

종합해보면, 현지에 맞게 대응하는 것은 분명 현지 고객과 정부에게는 행복한 일이겠지만 불행하게도 비용을 증가시키게 된다. 비용 절감에 대한 보편적 관심을 고려할 때, 현지 시장의 상이한 니즈와 욕구를 경시하거나 무시하게 되고, 대신에 기업들이 글로벌 버전의 제품과 서비스를 내놓는 것은 자연스러운 경향이다. 상품에 대한 세계화의 움직임은 테어도르 레빗(Theodore Levitt) 교수의 1983년 논문 "시장의 글로벌화"로 거슬러 올라갈 수 있다. 레빗 교수는 전 세계 소비자의 취향이 수렴되고 있다고 주장했다. 그 증거로, 레빗은 코카콜라 클래식(Coke Classic), 리바이스(Levi Strauss) 청바지, 그리고 소니 컬러 TV 등의 세계적인 성공을 지적하였다. 레빗은 이와 같은 소비자 취향의 수렴이 미래에는 대부분의 제품 시장에서 나타나게 되는 특징이 될 것이라고 내다봤다.

레빗의 생각은 종종 많은 다국적기업들이 현지 대응을 최소화하면서 자신들의 제품을 전 세계적으로 통합하게 하는 지적인 원동력이 되었다. 포드(Ford)는 "월드카" 디자인으로 이러한 실험을 했다. MTV는 시청자들이 글로벌(본질적으로는 미국적인) 프로그램 편성에 큰 관심을 보일 것이라는 믿음으로 계획을 추진해 나갔다. 하지만 불행하게도, 이러한 실험들 중 대부분은 성공을 거두지 못했다. 포드는 소비자들의 취향이 전 세계적으로 너무 광범위하다는 것을 발견했다. MTV는 결국 "글로벌한 노래"라는 것은 존재하지 않는다는 것을 깨달았다. 간단하게 말하자면, 한 가지 사이즈가 모두에게 맞는 것은 아니다. 따라서, 우리는 다국적기업들이 비용 절감과 현지 대응이라는 두 가지 상이한 차원 모두에 어떻게 주의를 기울여야 하는지 신중하게 검토할 필요가 있다.

## 네 가지 유형의 전략적 선택

통합-대응 모형에 기반하여, 그림 10.1은 (1) 본국 복제, (2) 현지화, (3) 글로벌 표준화 전략, (4) 초국적인 네 가지 유형의 전략적 선택들을 제시하고 있다. 각 전략들은 표 10.1에 요약되어 있는 일련의 장단점을 가지고 있으며, 이에 상응되는 조직구조는 다음 섹션에서 다룬다.

종종 국제적 전략이라고도 불리는 **본국 복제 전략(home replication strategy)**은 본국 기반의 역량을 외국에 복제하는 전략을 의미한다. 이와 같은 역량에는 생산 규모, 유통 효율성, 그리고 브랜드 파워가 포함된다. 제조 분야에서는 이 전략은 보통 수출 전략에서 나타난다. 서비스 분야에서는 이는 종종 라이센싱과 프랜차이징을 통해 수행된다. 이 전략은 실행하기가 상대적으로 용이하며, 일반적으로 기업들이 해외로 사업을 펼칠 때 가장 먼저 선택하게 되는 전략이다.

**본국복제전략(home replication strategy)**
생산 규모 유통, 효율성, 브랜드 파워 등과 같은 본국 기반의 역량을 국제적으로 복제하는 것을 강조하는 전략 유형.

단점의 측면에서, 본국 복제 전략은 본국에 초점을 맞추기 때문에 현지대응이 부족한 경우가 종종 있다. 이 전략은 기업의 고객의 대다수가 국내  고객일 때 타당하다. 하지만, 기업이 그

## 그림 10.1 다국적 전략과 조직구조: 통합-대응 모형

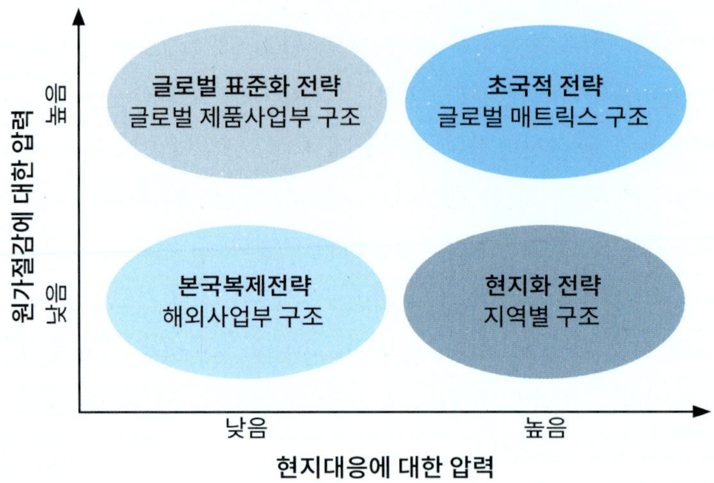


Note In some other textbooks, home replication may be referred to as international or export strate-gy, localization as multidomestic strategy, and global standardization as global strategy. Some of these labels are confusing, because one can argue that all four strategies here are international or global, thus resulting in some confusion if we label one of these strategies as international and another as global. The present set of labels is more descriptive and less confusing.

국제적 범위를 확장하려 할 때, 해외 소비자들의 니즈와 욕구를 염두에 두는 것에 실패한다면, 그들을 소외시킬 수 있다. 월마트(Walmart)가 브라질에 진출했을 때, 매장에는 엄청난 수의 미식 축구공을 포함해, 미국 매장과 정확하게 동일한 물품 재고을 가지고 있었다. 브라질이 축구의 나라이고 월드컵에서 (다른 어떤 나라보다도 더 많은) 다섯 번의 우승했었다는 것을 고려하면, 여가 시간에 고향을 그리워하는 소수의 미국인 거주자들을 제외하고는, 브라질에서 미식 축구를 하는 사람은 아무도 없다. 월마트가 독일에 갔을 때, 월마트는 점포의 직원들이 고객들에게 미소를 지을 것을 요구했는데, 이것은 그 나라에서 사회적으로 용납되지 않는 것이었다. 직원들은 이것을 싫어했고, 고객들은 그런 "자연스럽지 못한" 미소를 섬뜩하게 느꼈다.

**현지화 전략 또는 다국가 전략 (localization strategy or multi-domestic strategy)**
다수의 외국/지역에 초점을 맞추고 그 각각의 지역을 상당한 관심과 적응의 가치가 충분한 독립형 현지(본국)시장으로 간주하는 다국적 기업의 전략 유형. 기업의 전략 유형.

현지화 전략은 본국 복제 전략의 확장이다. **현지화 전략(localization strategy)** 또는 **다국가전략(multidomestic strategy)**은 다수의 외국이나 지역에 초점을 맞추고 있으며, 그 각 지역을 상당한 적응의 가치가 있는 독립적인 현지의 (국내) 시장으로 간주한다. 글로벌 효율성을 희생하면서, 이 전략은 국가의 그리고 지역의 시장들 사이의 차이들이 명확할 때 효과적이다. 예를 들어, KFC는 중국에서 인공지능에 의해 구동되는 얼굴 인식 기술의 사용을 개척했다(실행 전략 10.1 참고). 매리 케이(Mary Kay)는 각 지역에서 자체 제품 포트폴리오를 관리할 수 있도록 한다. 매리 케이는 전 세계적으로 500개 이상의 재고 관리 유닛(SKUs)을 보유하고 있지만, 중국에서는 피부색이 그다지 다양하지 않기 때문에 훨씬 적은 수의 SKU를 보유하고 있다.

**표 10.1 다국적기업이 선택할 수 있는 네 가지 다국적 전략의 장·단점**

| | 장점 | 단점 |
|---|---|---|
| 본국복제전략 | • 본국 기반의 역량을 활용<br>• 상대적으로 실행이 쉬움 | • 현지대응이 부족함<br>• 해외소비자를 소외시키는 결과를 초래할 수 있음 |
| 현지화전략 | • 현지대응을 극대화 | • 많은 국가에서 노력의 중복으로 인해 고비용이 유발될 수 있음<br>• 과도한 현지 자율성 |
| 글로벌 표준화전략 | • 저원가 우위를 활용 | • 현지대응이 부족함<br>• 과도하게 중앙집권화된 통제 |
| 초국적전략 | • 비용효율성과 현지대응성을 동시에 추구<br>• 글로벌 학습과 혁신의 확산을 촉진 | • 조직적으로 복잡함<br>• 실행하기 어려움 |

디즈니(Disney)의 최신 테마파크인 상하이 디즈니랜드는 모든 디즈니 파크에서 공통적으로 볼 수 있었던 메인 스트리트 USA와 같은 표준적인 특징들을 없애 버렸다. 디즈니는 중국문화를 기반으로 하는 많은 새로운 놀이기구들을 새로 만들었다.

단점의 측면으로는, 현지화 전략은 복수의 국가에서 노력의 중복으로 인해 고비용이 들어간다. MTV가 다양한 프로그램들을 제작하는 비용은 한 세트의 프로그램을 제작하는 비용보다 분명히 더욱 크다. 결과적으로, 이 전략은 비용 절감의 압력이 매우 높지 않은 산업에서만 적절하다. 또 다른 단점으로는 과도한 현지의 자율성으로, 이는 각 자회사가 자국을 매우 독특하게 여김으로써 기업의 전사적 수준의 변화를 도입하기 어려울 때 나타난다. 1980년대 유니레버(Unilever)는 유럽에서 17개국에 자회사를 거느리고 있었다. 17개의 자회사 모두에게 유럽 전역에서 새로운 세탁용 세제를 도입하도록 설득하는 데 4년이 걸렸다.

현지화 전략과는 반대로, **글로벌 표준화 전략(global standardization strategy)**은 때때로 단순하게 글로벌 전략으로 부르기도 한다. 글로벌 표준화 전략의 주요 특징은 저비용의 우위로부터 초대의 수익을 달성하기 위해 전 세계적으로 표준화된 제품을 개발하여 유통하는 것이다. 본국 복제 전략과 글로벌 표준화 전략이 모두 현지 대응을 최소화하지만, 중요한 차이점은 글로벌 표준화 전략을 추구하는 다국적기업은 기업의 주요 운영을 본국에만 한정하지 않는다는 것이다. 다국적기업은 다른 자회사들에 의해 활용되거나 확산시키려는 의도를 가지고 **우수센터(centers of excellence, COE)**를 지정할 수 있는데, 이는 중요한 역량의 원천으

**글로벌 표준화전략 (global standardization strategy)** 저원가 우위로 부터 최대의 수익을 달성하기 위해 전 세계를 대상으로 표준화된 제품을 개발하여 유통시키는 것에 의존하는 다국적기업의 전략 유형.

**우수센터 (center of excellences)** 다른 자회사가 활용할 수 있는 또는 다른 자회사로 확산시킬만한 가치가 있는 중요한 역량의 원천으로써 명백하게 인지되는 다국적기업의 자회사.

범세계적 권한(worldwide mandate or global mandate)
전 세계를 상대로 다국적 기업의 기능 중 한 기능을 전적으로 담당할 수 있는 권한.

로 명확하게 인정되는 자회사로 정의된다. 우수센터들은 종종 다국적기업의 한 기능을 전 세계에 걸쳐 책임을 질 수 있는 인가인 **범세계적인(또는 글로벌한) 권한(worldwide (or global) mandate)**을 부여 받는다. 예를 들어 화웨이(Huawei)의 스웨덴 자회사는 네트워크 컨설팅에서 대한 범세계적 권한을 가지고 있다.

단점 측면에서 볼 때, 글로벌 표준화 전략은 분명히 현지 대응을 희생시킨다. 이 전략은 비용 절감에 대한 압력이 매우 크고, 현지대응에 대한 압력이 상대적으로 작은 산업(특히 타이어와 같은 상품 산업)에서 크게 의미가 있다. 하지만, 앞에서 언급한 바와 같이, 자동차에서부터 소비재에 이르기까지 다양한 산업에서, 일률적인 전략은 부적절할 수 있다.

초국적 전략(transnational strategy)
비용 효율성, 지역별 대응성, 글로벌 학습을 동시에 추구하려는다국적 기업의 전략 유형.

**초국적 전략(transnational strategy)**은 비용 효율적인 동시에 현지 대응성을 높이도록 노력함으로써 두 세계 모두에서 최상의 것을 포착하는 것을 목표로 한다. 비용 효율성과 현지대응성에 더하여, 이 전략의 세 번째 특징은 글로벌 학습과 혁신의 확산이다. 전통적으로, 다국적기업에서 혁신의 확산은 본국에서 다양한 현지 국가로의 단방향의 흐름으로, 이는 본국 복제전략이라는 표현이 모든 것을 말해 준다(!). 전통적인 단방향의 흐름을 뒷받침하는 것은 본국이 혁신을 창출하기 위한 최적의 장소라는 가정이다. 하지만, 혁신에는 본질적으로 위험성과 불확실성을 내재하고 있다는 점을 고려할 때, 본국이 최고 품질의 혁신을 창출할 것이라는 보장은 없다(실행 전략 10.1 참고).

초국적 전략을 실행하는 다국적기업들은 다양한 방식으로 글로벌 학습과 혁신의 확산을 촉진한다. 혁신은 (전통적인 확산의 흐름에 따라) 본국에서 현지국으로 확산될 뿐만 아니라, 현지국에서 본국으로도 흘러갈 수 있으며, 다양한 현지국의 자회사들 사이들에도 유입된다. 예를 들어, 기아자동차는 서울 뿐만 아니라 로스앤젤레스와 프랑크푸르트에서도 자동차를 디자인하며, 세 개의 대륙에서 창출된 자동차 혁신을 활용한다.

단점 측면으로는, 초국적 전략은 조직적으로 복잡하며 실행하기가 어렵다. 엄청난 양의 지식 공유와 조정은 의사 결정을 지연시킬 수 있다. 비용 효율성과 현지 대응성, 그리고 글로벌 학습을 달성하기 위해 노력하는 것은, 다국적기업에게 (다음 섹션의 네 가지 조직구조에서 논의될) 서로 모순되는 요구들을 동시에 맡기는 것이다.

전반적으로, 다양한 장단점들을 고려할 때, 최적의 전략은 존재하지 않는다는 점에 주목하는 것은 중요하다. 초국가적 전략을 옹호하는 새로운 추세는 상당한 조직적 문제에 대한 이해와 함께 검증되어야 한다. 이 점은 우리의 다음 주제로 이어진다.

## 네 가지 유형의 조직구조

그림 10.1에서는 각각의 전략 선택에 부합하는 (1)해외사업부, (2)지역별 구조, (3)글로벌 제품사업부, (4)글로벌 매트릭스의 네 가지 유형의 조직구조를 제시하고 보여준다.

## 실행 전략 10.1 Emerging Markets Ethical Dilemma

### KFC 중국의 인공 지능을 활용하다

켄터키 프라이드 치킨[KFC]은 세계 최대의 패스트 푸드 체인 중 하나이며, 130개국에 22,000개 이상의 레스토랑이 있다. KFC의 가장 멋진 레스토랑들은 중국에 있다. 그것들은 현금없는 매장, 개별화된 메뉴, 인공지능(AI)에 기반을 둔 현지화된 음식이 특징이다.

2017년부터 KFC는 고객 주문을 예측하기 위한 안면인식 기술을 개발하기 위해 "중국의 구글"인 Baidu와 협력했다. Baidu의 언론 발표에 따르면, "AI 구동 시스템은 고객의 예상 연령과 기분을 기반으로 메뉴 항목을 추천할 수 있어, "50대 여성"에게는 "죽과 두유를 아침식사"로, "20대 초반 남성" 고객에게는 바삭한 치킨 햄버거, 구운 닭 날개, 콜라를 점심 식사로 추천한다."고 말했다. 기자가 혼자서 그 스마트 레스토랑에 가봤다. 그녀는 처음 자신의 얼굴을 스캔한 터치스크린 주문기 앞에 섰다. 그녀는 30대 여성(옳다)으로 읽혔다. 이에 따라 그녀는 치킨 햄버거 식사를 권유받았다. 만약 그녀가 이전에 중국의 KFC를 방문한 적이 있다면, 그 기계는 그녀의 이전 취향에 따라 추천서를 조정할 것이다. 만약 그녀가 그 제안에 동의하지 않았다면 그녀는 몇 가지 대안을 클릭할 수 있었을 것이다. 즉 기계가 그녀에게 짧은 메뉴를 보여준 것이다. 주문에 만족하면 그녀는 현금도 신용 카드도 직불카드도 없이 기계에서 휴대 전화로 지불하고 잠시 후 카운터에서 식사를 받을 수 있다. 전반적으로 이러한 디지털화는 편리함, 더 빠르고 쉬운 서비스 제공에 관한 것이었다.

편리함 대 개인 정보 보호라는 고전적인 딜레마를 처리하는 일부 고객은 처음에 기계가 자신에 대한 데이터를 캡처하도록 할 때 소름이 돋았던 사람도 있다. 하지만, 그들이 카운터 앞에 줄을 섰을 때, 그들은 기계를 다루는 용감한 사람들이 더 빨리 음식을 받는 모습을 볼 수 있었다. 이 둘에 대한 비교는, 결국은 빠른 서비스를 찾아 패스트 푸드점에 온 많은 고객들이 AI 구동 기계를 사용하도록 설득했다.

2019년까지 중국에 있는 수백 개의 KFC 레스토랑에 이러한 AI 지원 기계가 장착되었다. 중국 최대 패스트푸드 체인 Yum China Holdings는 8,400개 이상의 KFC, 피자헛, 타코벨 레스토랑을 운영하고 있으며 중국 패스트푸드만 판매하는 그들의 사촌인 East Dawning도 운영하고 있다. 다른 지역의 고객과 비교할 때 중국 고객은 기술에 정통하고 새로운 것을 시도할 준비가 되어 있다. 또한 개인 정보 보호에 무관심했다.

모든 Yum China Holdings 레스토랑은 이미 거래의 86%가 현금없이 이루어졌고, 전체 주문의 약 절반이 모바일앱이나 디지털 키오스크를 통해 이루어졌다. AI는 KFC와 피자헛 로열티 프로그램에 속한 1억 8000만 명이 넘는 중국인의 빅 데이터를 활용하여 선호도와 현지 취향에 따라 각 식당의 메뉴를 맞춤화했다. AI 기반 메뉴는 첫 해에 이미 평균 주문당 지출을 1% 증가시켰다. 이는 매년 약 8억 4천만 달러 상당의 프라이드 치킨에 해당했다.

그들의 조국에서, 맥도날드는 일상적으로 Yum Brands를 이기고, KFC는 고전하고 있다. 그러나 중국에서 맥도날드의 1,000개 레스토랑은 훨씬 더 많은 KFC, 피자헛, 타코벨, 이스트 도닝에 필적할 수 없다. Yum China는, (2017년부터 중국 관리하에) 새롭게 공격적인 맥도날드와, Yum China의 시장을 빼앗고자 하는 현지 패스트푸드 경쟁자들의 공격을 물리치고 우위를 유지하기 위해 노력하고 있다. AI 기반 메뉴와 자동화 증가는 매출을 늘리고 경쟁자를 압도하는 데 도움이 될 것이다. CEO Joey Wat는 "우리는 디지털 개발의 분명한 추세를 앞서 나가야 한다. 그것이 미래다."라고 말한다.

Yum China는 2016년에 모회사인 Yum Brands에서 분사되었다. 분사한 주요 이유는 KFC의 본거지인 켄터키주 루이빌에 있는 본사 임원들이 중국의 모든 발전을 따라가는 데 어려움을 겪었기 때문이다. 지금까지 KFC와 Yum China는 AI를 활용하여 서비스를 개선하고 판매를 늘리는 현지 실험에 성공했다. 다국적 기업 Yum Brands가 비현금 지불이 드물고 개인 정보 보호에 대한 우려가 더 민감한 선진경제에서 이러한 경험을 활용하고 그러한 기능을 보급할 수 있을까?

Sources: (1)The author's interviews; (2)Bloomberg Businessweek, 2019, How AI ate the Colonel, March 25: 16–17; (3)Guardian, 2017, KFC China is using facial recognition tech to serve customers— but are they buying it? January 11: www.theguardian.com.

**그림 10.2 스타벅스의 해외사업부구조**

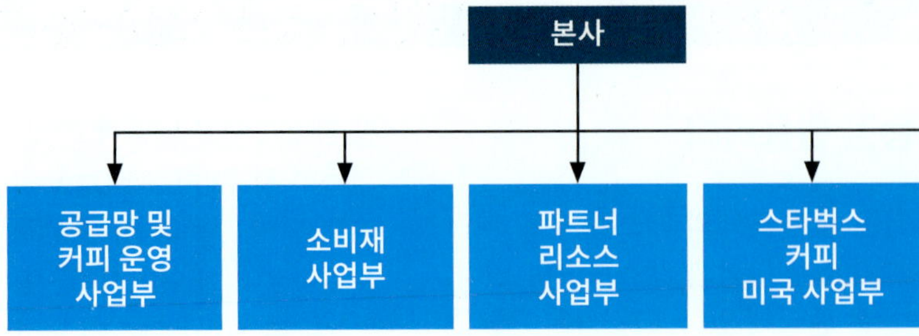


**해외사업부 구조(international division)** 일반적으로 기업들이 본국 복제 전략을 실행하면서 해외로 사업의 영역을 확장하는 초기에 주로 사용하는 조직 구조.

**지역별 구조(geographic area structure)** 여러 국가나 지역에 따라 다국적 기업을 조직화하는 조직구조이며, 이 조직구조는 현지화 전략(multi-domestic strategy)에 가장 적합함.

**국가(지역) 관리자(country (regional) manager)** 다국적 기업의 특정 국가(혹은 지역)를 담당하는 비즈니스 리더.

**해외사업부(international division)**는 종종 기업이 본국 복제 전략을 펼치며, 해외로 처음 확장할 때 일반적으로 사용된다. 그림 10.2는 스타벅스(Starbucks)의 4개의 미국 국내 중심의 사업부에 더하여 해외사업부가 있음을 보여준다. 비록 이 구조가 직관적으로 매력적으로 보임에도 불구하고, 종종 두 가지 문제로 이어진다. 첫째, 해외사업부를 통해 의견이 전달되는 해외 자회사의 관리자들은 국내사업부의 관리자들에 비해 충분한 목소리를 내기가 어렵다. 둘째, 구조로 볼 때, 해외사업부는 국내 활동에 초점을 맞추는 기업의 나머지 부문들과 활동이 조정되지 않는 사일로 역할을 한다. 결과적으로, 많은 기업들은 해외 진출의 초기 단계 이후에는 이 구조를 단계적으로 폐기한다.

**지역별 구조(geographic area structure)**는 다양한 지리적 영역(국가와 지역)에 따라 다국적 기업을 조직화한다. 이 구조는 현지화 전략에 적합하다. 그림 10.3은 에이본(Avon)의 지역별 구조를 보여주고 있다. 지리적 영역은 한 **국가 관리자(country manager)** 또는 **지역 관리자(regional manager)**가 이끄는 국가나 지역이 될 수 있다. 각 지역은 크게 독립적이다. 해외사업부구조에서 자회사 관리자들의 제한된 목소리와는 대조적으로, 지역별 구조에서 국가(및 지역) 관리자들은 상당한 비중을 차지한다. 흥미롭고도 역설적으로, 이 구조의 강점과 약점 모두가 그 현지 대응성에 있다. 현지에 효과적으로 잘 대응하는 것이 미덕이 될 수 있는 반면,

**그림 10.3 에이본의 지역별구조**

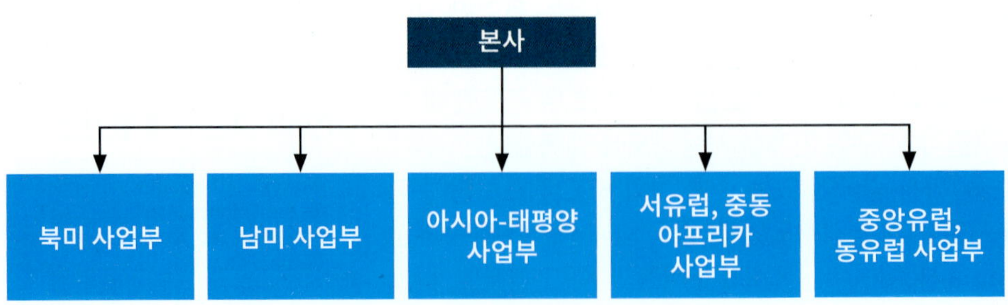

## ■ 그림 10.4 에어버스 그룹의 지리적 제품 사업부 구조

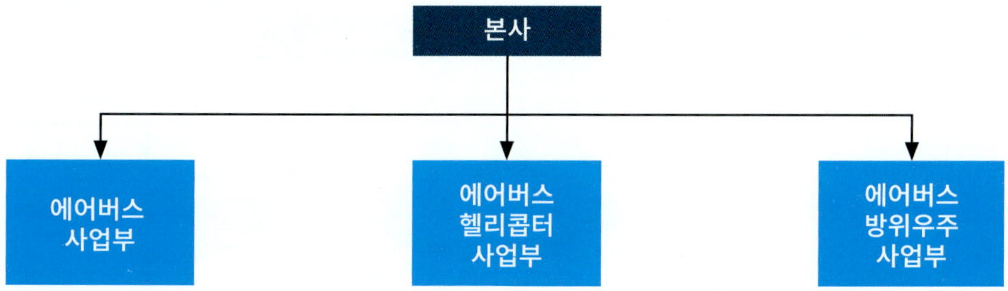


그것이 다국적기업을 영지로 분할되도록 하기도 한다.

지역별 구조와 반대 개념인 **글로벌 제품사업부 구조(global product division)**는, 각각의 제품 사업부에 글로벌한 책임을 부여함으로써 글로벌 표준화 전략을 지원한다. 그림 10.4는 에어버스(Airbus) 그룹의 예를 보여준다. 이 구조는 각 제품 사업부를 전 세계적으로 전적인 책임을 지는 독립된 개체로 취급한다. 이 구조는 비용 절감에 대한 압력에 매우 대응성이 높은데, 왜냐하면 전 세계(또는 최소한 지역)를 기반으로 통합을 가능하게 하고 복수의 국가에서의 비효율적 중복을 줄일 수 있기 때문이다. 예를 들어, 유니레버는 이 구조를 채택한 후에, 유럽 내 비누 생산 공장의 수를 10개에서 2개로 줄였다. 최근에는, 글로벌 표준화 전략의 인기로 인해, 글로벌 제품사업부 구조가 증가하고 있다. 이 구조의 주요 단점은 포드가 지리적 영역 구조를 단계적으로 폐지했을 때 발견했던 것처럼, 현지 대응이 어렵다는 것이다.

**글로벌 제품사업부 구조(global product division)**
각각의 제품 사업부에 글로벌 시장 전체에 대한 책임을 부여하는 조직구조.

**글로벌 매트릭스 구조(global matrix)**는, 특히 초국적 전략을 채택하는 다국적 기업의 경우, 지역별 구조와 글로벌 제품사업부 구조 모두와 관련된 단점을 완화시킨다. 그림 10.5에서 볼 수 있는 바와 같이, 글로벌 매트릭스 구조의 특징은 제품사업부와 지역사업부 사이의 책임의 조정이다. 보쉬(Bosch)로부터의 이러한 사례에서, 일본을 담당하는 국가 관리자, 간단히 말해 일본 관리자는, 둘 다 동등한 권한을 가지는 제품1사업부와 아시아지역 사업부에 동시에 보고를 해야만 한다.

**글로벌 매트릭스 구조(global matrix)**
특히, 다국적 기업이 초국적 전략을 채택할 경우, 지역별 구조와 글로벌 제품사업부 구조의 단점들을 완화시킬 목적으로 사용될 수 있는 조직 구조.

이론적으로는 이 구조가 초국적 전략의 목표를 지지하지만, 실제로는 종종 이를 이행하기가 어렵다. 그 이유는 간단하다. (그림 10.5에서의 일본 관리자와 같은) 관리자들은 일반적으로 한 명의 상사만을 모시는 것만으로도 충분히 골치 아프다는 것을 깨닫는데, 종종 갈등을 빚는 두 명의 상사가 있는 것을 좋아하지 않는다(!). 예를 들어, 제품1사업부가 일본이 진출하기 너무 힘든 시장이며 더 유망한 다른 시장이 있다는 결정을 내리고, 따라서 일본 관리자에게 투자를 줄이고 자원을 다른 곳에서 보내라고 지시할 수도 있다. 제품1사업부는 글로벌 마켓 포지션에 신경을 쓰며 특정 국가와 결합된 것이 아니기 때문에, 제품1사업부의 입장에서는 이것이 타

**그림 10.5 가상의 글로벌 매트릭스구조**

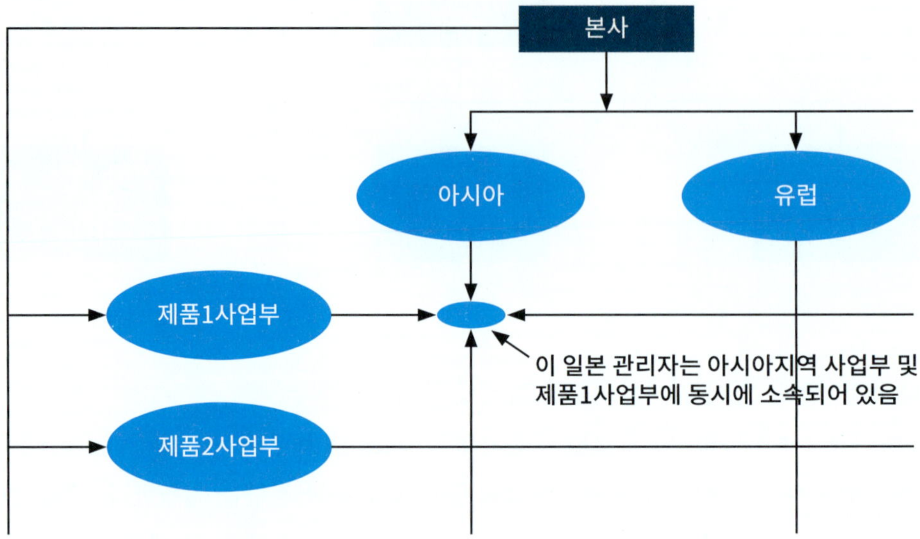


당한 것일 수 있다. 하지만, 아시아에서 얼마나 잘하느냐에 따라 평가를 받는 아시아 지역 사업부의 생각은 다를 수 있다. 아시아 지역 사업부는 아시아에서 선두 주자가 되기 위해 노력한다면, 일본시장에서 뒤처질 수 없다고 반박한다. 따라서, 아시아 지역 사업부는 일본 관리자에게 일본에 대한 투자를 더 늘려야 한다고 요구한다. 이러한 모순된 요구에 직면하여, 정치적으로 정확한 것을 선호하는 일본 관리자는 본사와 협의하기 전에 "잘못된" 행동을 하는 것을 원하지 않는다. 결국, 본사가 해결책을 제시해 줄 수도 있다. 그러나 그 과정에서 중요한 시간을 잃어버릴 수도 있으며, 경쟁적 행동을 위한 중요한 기회의 창을 놓칠 수도 있다.

이론상 그 장점에도 불구하고, 매트릭스 구조는 관리의 층을 추가하고, 의사 결정의 속도를 저하하고, 비용을 증가시킬 수 있다. 그것은 "강력한 리더십과 책임감 없이는 짜증날 정도로 탐색해 나가기가 몹시 어려울" 수 있다. 그러나 확고한 성과 측면에서 그 우수성에 대한 결정적인 증거는 없다. 매트릭스 구조의 조기 채택자였던 다우 케미컬(Dow Chemical)의 CEO인 윌리엄 스타브로플로스(William Stavropoulos)의 다음과 같은 인용구는 정신을 차리게 해준다.

> *우리는 매트릭스 형태로 조직되고 팀워크에 의존하는 조직이었지만, 책임자는 존재하지 않았다. 일이 잘되었을 때는, 할지 몰랐다. 그래서 우리는 글로벌 제품사업부 구조를 만들었고, 관리의 층을 축소했다. 전에는 나와 말단 직원 사이에 11개 관리 층이 있었지만, 지금은 5개가 있다.*

전반적으로, 그림 10.1에서 제시하고 있는 네 가지 구조의 배치는 무작위로 이루어진 것이 아니다. 그것들은 상대적으로 단순한 해외사업부 구조부터 지역별 구조나 글로벌 제품사업부 구조를 통해서 발전하고 결국에는 더욱 복잡한 글로벌 매트릭스 구조의 단계에 도달할 수 있다. 모든 다국적기업이 이러한 모든 구조적 단계를 경험하는 것은 아니며, 그 이동이 반드시 한 방향으로만 이루어지는 것은 아니다. 예를 들어, 매트릭스 구조의 대표적인 기업인 스웨덴-스위스의 복합기업 ABB는 최근 이 조직구조에서 철회했다.

### 다국적 전략과 구조 간의 호혜적 관계

한 마디로, 전략과 구조 사이의 관계는 상호 호혜적이다. 세 가지 아이디어가 부각된다.

- 전략은 일반적으로 구조를 주도한다. 그림 10.1의 네 개의 셀 각각에 있는 조합들로 예시된 것처럼, 전략과 구조 사이의 적합성은 매우 중요하다. 글로벌 표준화 전략을 지역별 구조와 결합하는 것과 같은 부적합은 심각한 결과를 초래할 수 있다.
- 그 관계는 단방향이 아니다. 전략이 구조를 주도하는 것과 마찬가지로 구조도 전략을 이끈다. 실행 불가능한 매트릭스 구조는 초국가적 전략의 지혜에 의문을 제기한다.
- 전략도 조직 구조도 정적인 것이 아니다. 종종 전략이나 구조를, 또는 이 모두를 변화시킬 필요가 있다. 글로벌 표준화 전략을 지향하려는 노력 속에서, 많은 다국적 기업들은 국가별 본사의 역할을 경시하면서 글로벌 제품사업부 구조를 채택해왔다. 하지만, 특히 중국과 같은 일부 크고 중요한 현지국에서의 독특한 도전은, 크고 중요한 활동들을 조정하기 위해 이제 지역 본부를 부활시키도록 압박하고 있다. 예를 들어, 파나소닉(Panasonic)은 중국에서 40개 이상의 사업장을 관리하기 위해 중국 파나소닉 공사(Panasonic corporation of China)를 설립했다.

## 다국적 전략, 구조, 혁신의 포괄적 모델

기본 전략과 구조 구성에 관해 간략하게 소개가 되었고, 이제 이전과 같이 전략 삼각대 위에~ 소개한다(그림 10.6 참고).

### 산업 기반 고려사항

왜 다국적기업들은 서로 다르게 조직되어 있는가? 왜 다국적기업들은 서로 다른 형태의 학습과 혁신을 강조하는가? 예를 들어, (반도체와 같은) 산업 제품 회사들은 글로벌 제품사업부를 채택하는 경향이 있고, (화장품과 같은) 소비재 회사들은 종종 지역 사업부에 의존한다. 산업 제품 기업들은 전형적으로 일반적으로 기술적 혁신을 강조하는 반면, 소비재 기업들은 소비자 트렌

■ **그림 10.6 다국적 전략, 구조 및 혁신의 포괄적인 모델**

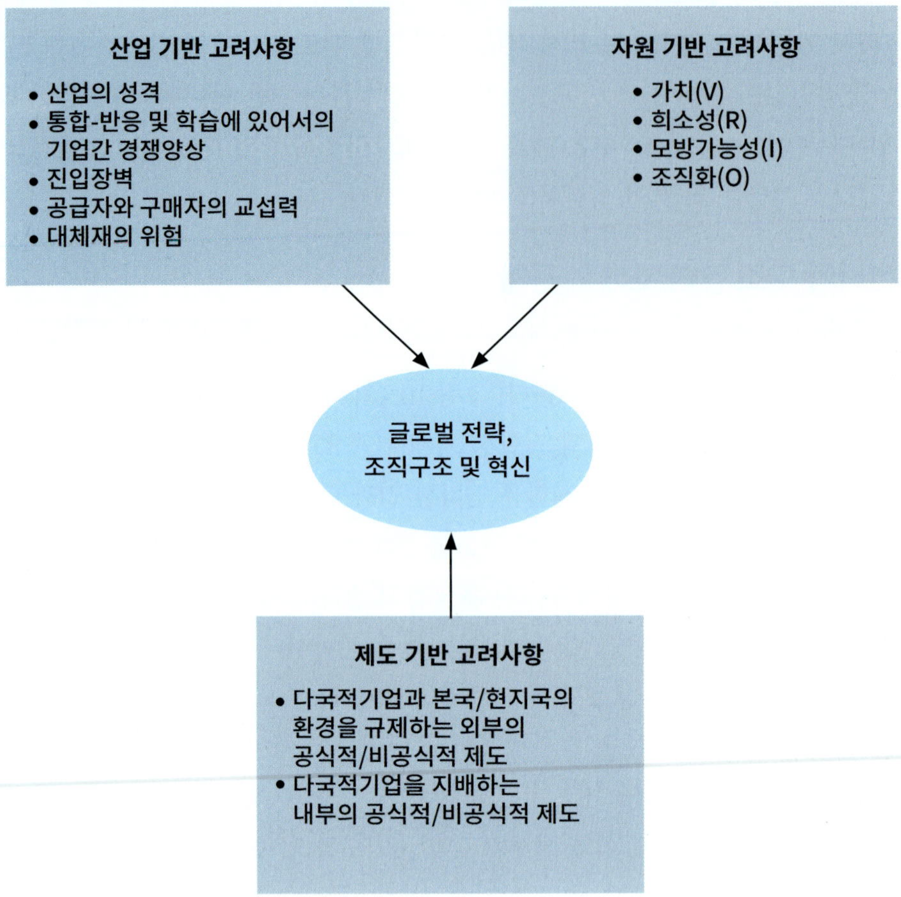


드를 학습하고, (아이들에게 어필하는 하인츠(Heinz's)의 녹색 케첩 마케팅과 같이) 마케팅 혁신으로 재포장 및 재결합 제품을 개발하는 것을 중요하게 여긴다. 짧은 대답은 그들 산업 고유의 서로 다른 본질이 단서를 제공한다는 것이다. 산업 제품 회사들은 위치에 특정되지 않은 (가장 효과적으로 반도체 칩을 만드는 방법과 같은) 기술적 지식에 높은 가치를 부여한다. 반면, 소비재 산업은 입지 특유의 지식 즉, (니카라과 또는 나이지리아의 소비자들은 어떤 종류의 감자 칩을 더 좋아하는가와 같은) 소비자 취향에 관한 심도 있는 지식을 필요로 한다.

게다가, 5가지 세력 모형은 다시 한번 당면한 문제들을 상당 부분 설명해 줄 수 있다. 특정 산업 내에서, 경쟁업체들이 비용 효율성과 현지 대응성에 있어서 점점 더 서로를 맞춰 나간다면, 그들의 경쟁은 자연스럽게 학습과 혁신에 초점을 맞추게 된다. 특히 (자동차나 화장품 산업과 같은) 과점 산업에서는 더욱 그렇다(8장 참고).

진입 장벽 또한 다국적 기업의 전략, 구조 및 혁신을 형성한다. 왜 많은 다국적 기업들은 다국가 전략과 지역별 구조를 단계적으로 폐지하고, 소수의 세계적 규모의 시설에 생산을 집중시키는가? 한 가지 근본적인 동기는 다양한 국가에 흩어져 있는 더 작은 준최적화 규모의 생산 시설이 잠재적 진입자에 대한 효과적인 억제력이 아니라는 것이다. 전략적 위치에 있는 거대한 세계적 규모의 시설이 보다 강력한 억제력으로 작용할 수 있다. 예를 들어, 폭스콘(Foxconn)은 중국 심천에 30만 명의 노동자들을 고용하는 세계적인 규모의 공장 단지를 건설했다.

공급자와 구매자의 협상력도 관계가 있다. 구매자 기업들은 국제적으로 이동할 때, 그들은 통합된 제품을 공급받는 것을, 즉 그들이 운영하는 모든 나라에서 동일한 가격과 품질로 동일한 부품들을 공급자로부터 구매할 수 있는 능력을 점점 더 그들의 공급자들에게 요구한다. 그러므로 부품 공급 업체들은 종종 국제화를 강요받거나, 적어도 권장을 받는다(!). 그렇지 않으면, 공급자들은 실질적으로 상당 부분의 사업기회를 잃을 수도 있는 위험이 있다. 놀랄 것도 없이, 폭스바겐(Volkswagen)이 브라질에 투자하면서 모든 최상위 공급업체들이 그들의 자신의 비용으로 인근 지역에 공장을 세웠다.

대체재의 위협은 학습과 혁신에 직접적인 영향을 미친다. R&D는 종종혁신적인 대체재를 만들어 낸다. 스마트폰과 모바일 기기들은 이제 일부 개인용 컴퓨터를 대체하고 있다.

## 자원 기반 고려사항

그림 10.6에서 볼 수 있듯이, VRIO 모형으로 예시되는 자원기반관점은 많은 통찰력을 제공한다. 첫째, 구조적인 변화를 살펴볼 때, (매트릭스와 같은) 새로운 구조가 확실한 가치를 더할 수 있는지 여부를 고려하는 것이 중요하다. 혁신의 가치 또한 고려해야만 한다. 대부분의 혁신들이 시장에 도달하는 것에 실패하고, 시장에 도달한 신제품들도 대부분은 재무적인 실패로 끝난다. 혁신가와 수익을 올리는 혁신가의 분명한 차이점은, 후자가 많은 좋은 아이디어를 가지고 있을 뿐만 아니라 혁신에 가치를 더할 수 있는 (적절한 조직 구조 그리고 마케팅 수완과 같은) 많은 보완적 자산을 가지고 있다는 점이다. 예를 들어, 필립스(Philips)는 위대한 혁신가였다. 이 회사는 회전식 면도기, 비디오 카세트, 그리고 CD를 발명했다. 그런데 이와 같은 혁신을 통해서 이익을 창출하는 능력은 파나소닉, 삼성, 소니에 비해 뒤떨어져 있다. 또 다른 예로, 제록스(Xerox)는 제록스 PARC로 알려진 팔로 알토 연구소(Palo Alto Research Center)를 통해 그래픽 인터페이스를 이끈 소프트웨어 혁신을 개척했다. 하지만 이러한 기술로 엄청난 돈을 번 것은 마이크로소프트와 애플이었다. 제록스 PARC도 레이저 프린터를 발명했지만, 제록스가 아닌 HP가 프린터의 왕이 되었다.

두 번째 질문은 희소성이다. 특정 전략이나 구조가 특정 시점에서 유행을 탈 수 있다. 한 기업의 경쟁자들이 모두 글로벌 표준화 전략으로 옮겨갈 때는, 이 전략은 차별화의 요소가 될 수 없다. 글로벌 조정 활동을 개선하기 위해, 많은 다국적 기업들이 SAP와 오라클(Oracle)에 의해 제공되는 전사적 자원 관리 패키지를 갖추기 위해 수백만 달러를 지출한다. 하지만, 그러한 패키지들은 널리 실행되고 광범위한 기업들에게 어필하도록 설계되었으므로, 따라서 그것을 채택하는 특정 기업에 대해 아무런 기업 특유의 이점을 제공하지 않는다.

역량이 귀중하고 희소한 경우라 하더라도, 세 번째 장애물인 모방가능성을 통과해야만 하나. 공식적인 구조는 비공식적 구조보다 관찰이 용이하고 모방하기가 더 쉽다. 이것이 비공식적이고 유연한 매트릭스 구조가 유행하는 이유 중 하나이다. 그것은 "조직의 역량과 경영 사고방식에서 나타나는 광범위한 조직적 개념 혹은 철학보다 구조적인 분류가 훨씬 덜 된 것이다. 분명하게도 무형의 사고방식을 모방한다는 것은 유형의 구조를 모방하는 것보다 더욱 어렵다.

마지막 장애물은 조직화, 즉, 어떻게 전 세계의 다국적기업들이 공식적으로 그리고 비공식적으로 조직되는가 하는 것이다. 이해하기 어렵지만 중요한 한 가지 개념은 조직의 문화이다. 4장에서 살펴보았듯이, 홉스테드(Hofstede)는 문화를 "한 집단의 구성원이나 한 범주의 사람들을 다른 집단의 구성원이나 다른 범주의 사람들로부터 구별 짓는 정신의 집단적 프로그래밍"으로 정의한 것을 상기하자. 우리는 이 개념을 확장하여 **조직 문화(organizational culture)**를, 한 조직의 구성원을 다른 조직의 구성원으로부터 구별하는 정신의 집단적 프로그래밍으로 정의할 수 있다. 예를 들어, 화웨이(Huawei)는 독특한 "늑대" 문화를 가진 것으로 알려지고 있는데, 이것은 일상적으로 야근을 하고 사무실에서 잠을 자는 의욕적인 직원들과 함께 "지속적인 사냥"과 "끊임없는 추구"을 중심으로 한다. 비록 경쟁자들이 화웨이가 기술적으로 하고 있는 모든 것들을 모방 할 수 있더라도, 그들의 가장 큰 장애물은 화웨이의 늑대 문화를 따라 할 수 있는 그들의 능력의 부족에 있다.

**조직문화(organizational culture)**
한 조직의 구성원과 다른 조직의 구성원을 구별 짓는 마음의 집단적 프로그래밍.

## 제도 기반 고려사항

다국적기업들은 (1)외부 관계 및 (2)내부 관계를 지배하는 공식적 및 비공식적 제도들의 두 가지 게임의 규칙에 직면하고 있다. 각각의 내용들이 차례로 논의된다.

외부적으로, 다국적기업들은 다양한 본국 및 현지 국가 정부가 규정한 공식적인 제도적 프레임워크의 영향을 받는다. 실행 전략 10.2에서는 인도에 상당한 규모의 생산 시설을 보유하고 있는 캐나다 기업 아포텍스(Apotex)가 EU, 영국 및 미국의 제도적 요구사항을 어떻게 충족시켜야 하는지를 보여준다. 공간 제약으로 인해 아포텍스가 캐나다와 인도 당국에 의해 엄격하게 규제되고 있다는 명백한 사실에 대한 논의는 제외했다.

현지 국가의 정부들은 다국적 기업들에게 그들이 자체적으로는 하지 않았을 활동들을 하도록 유인하거나, 장려하거나, 강요한다. 예를 들어, 기초 제조 분야는 저임금 일자리를 창출하고, 충분한 기술의 파급효과를 제공하지 않을 뿐만 아니라, 별다른 명성을 가져다주지 않는다.

## 실행 전략 10.2 Emerging Markets

### 캐나다 아포텍스, 인도 생산, EU, 영국 및 미국 규정

아포텍스는 연간 22억 달러의 매출과 전 세계적으로 10,000명 이상의 직원을 보유한 캐나다의 대표적인 제네릭 의약품 생산업체이다. 아포텍스는 캐나다를 중심으로 제네릭 의약품(더 이상 특허 보호가 없는 의약품)을 개발하고, 경쟁력 있는 가격을 중심으로 여러 나라에 판매하고 있다. 2005년부터, 아포텍스는 인도 벵갈루루(이전 방갈로르)에서 캐나다, 미국, EU, 호주 시장을 공급하고 있다. 벵갈루루 생산시설은 2017년 글로벌 비즈니스 서비스센터가 추가되는 등 제조 뿐만 아니라 테스트와 임상평가를 위해 지속적으로 업그레이드 되고 있다. 그 곳의 직원 수는 2,500명이다.

제약산업은 세계에서 가장 규제가 심한 산업 중 하나이기 때문에, 아포텍스는 여러 나라의 규제 당국의 중첩된 권한과 복잡한 규제 환경을 협상해야 했다. 약을 판매하기 전에는 그 약의 안전성과 효능에 대한 증거를 요청하는 관련 의료 기관의 제품 승인이 필요하다. EU에서는 런던에 기반을 둔 강력한 기관(브렉시트 때문에 암스테르담으로 이전)인 유럽의약품청의 승인이 필요하다. 하지만, 제품 승인만으로는 충분하지 않다. 당국은 또한 그 약품이 제조되는 실제 공장들을 검사했다. 그들이 좋은 제조 관행(GMP) 인증서를 발급한 후에만 그 공장에서 나온 의약품을 판매할 수 있다.

아포텍스는 EU에서 제네릭 의약품 판매를 위한 관련 승인을 얻었다. 하지만, 2017년 영국 의약품 및 의료 규제 기관이 벵갈루루 공장을 방문했을 때, 벵갈루루 공장은 만족스럽지 않았다. 영국 의약품 및 의료 규제 기관은 "제조업체가 적용한 교차 오염 제어의 고장으로 인해 일부 제품의 일일 허용 노출(PDE) 이상의 교차 오염의 위험이 있다"는 것을 발견했다. 결과적으로, 그 기관은 GMP 인증서를 철회하고, 거의 예외없이 "이 불합격 성명이 효력을 유지하는 동안 EU 시장에는 한 배치도 공급될 수 없다"고 판결했다.

아포텍스가 규제당국과 갈등을 빚은 것은 이번이 처음이 아니었다. 2014년, 미국 식품의약국(FDA)은 문제를 해결하는데 2년이 걸린 벵갈루루 공장에 대한 우려를 표명하고, 미국에서의 아포텍스의 판매를 금지했다. FDA는 제네릭 제조업체의 생산 현장을 정기적으로 검사하며, 마찬가지로 일부 인도 현지 기업들이 미국 시장에 접근하지 못하도록 차단했다.

아포텍스의 사례는 전 세계적으로 통합되어있는 MNE가 복수의 규제 환경을 동시에 항해해 나가야 하는 과제를 강조하고 있다. 인도에서의 생산은 비용을 낮출 수 있지만, 여전히 아포텍스가 활동하고 있는 각 시장의 규제 당국의 품질 기준과 절차를 따라야 한다.

Sources: (1)Apotex, 2020, India operations, www.apotex.ca (accessed January 2018); (2)European Medicines Agency, 2017, Report No UK GMP 31540 InspGMP 31540/1075658-006 NCR, December 8: endragmpd.ema.europa.eu; (3) Economist, 2018, In need of a new prescription, March 24; (4)Globe & Mail, 2018, Apotex in hot water with UK health officials, January 9.

이에 비해, 첨단 제조 분야, R&D 등을 수행하는 다국적기업의 지역 본사는 더 우수하고 보수가 높은 일자리를 창출하고, 더 많은 기술의 파급효과를 제공하며, 더 좋은 명성을 얻는 것으로 이어진다. 따라서 (중국, 헝가리, 싱가포르 등과 같은) 현지국의 정부는 고부가가치 영역에 대한 다국적 기업의 투자를 유치하기 위해 (세제 혜택 등과 같은) 당근과 (시장 접근을 차단하는 위협과 같은) 채찍의 조합을 종종 사용한다.

공식적 제도 이외에도, 다국적기업들은 본국과의 관계를 지배하는 일련의 비공식적 제도와도 맞서야 한다. 미국에서는 다국적기업들이 공격적으로 해외 자회사들을 설립하는 것을 금지하는 법이 거의 없다. 하지만, 이 문제는 공개 토론에서 뜨거운 논쟁이 되고 있고, 트럼프

(Trump) 대통령의 트윗과 같은 정치적 압박에 항상 시달리고 있다. 그러므로, 이러한 움직임을 예의 주시 하는 경영자들은 그것으로부터 수반되는 국내의 일자리 손실 때문에 그러한 행동들에 대해 반대하는, 비공식적이지만 목소리가 큰 반발도 고려해야 한다.

현지 국가와의 거래에는 수많은 비공식적인 제도들도 포함된다. 에어버스(Airbus)는 미국 40개 주의 공급업체들에 회사 전체의 조달 예산의 40%를 지출한다. 에어버스가 부품을 공급받아야 한다는 공식적인 요구 사항은 없지만, 에어버스의 이와 같은 부품조달은 비공식적인 호혜주의의 규범을 따른 것이다. 만약 한 국가의 공급자들이 에어버스에게 거래를 하고 있다면, 아마도 그 국가에 본사를 둔 항공사들은 에어버스의 항공기를 구입할 가능성이 더 높아질 것이다.

다국적 기업들에게 영향을 미치는 제도적 요인들은 외부적인 요인들만은 아니다. 다국적기업들이 어떻게 내부적으로 지배되는지는 결국 다양한 형태의 공식적 및 비공식적 게임 규칙에 의해서도 결정된다. 공식적으로, 그림 10.2에서부터 그림 10.5까지 이 제시되고 있는 것과 같은 조직도는 다양한 당사자들에 대한 책임의 규모를 규정하고 있다. 대부분의 다국적기업들은 이러한 공식적인 규칙들을 기반으로 평가, 보상 및 징계 시스템을 가지고 있다.

공식적인 조직도에서 드러나지 않는 것은 조직의 규범, 가치, 네트워크와 같은 비공식적인 게임의 규칙들이다. 해외 자회사의 대표자들의 국적이 그 예이다. 공식적 규정들이 없음을 고려할 때, 다국적기업들은 기본적으로 세 가지의 선택을 할 수 있다.

- 본국의 국민을 자회사의 대표로 함 (미국인이 인도에 있는 미국이 본사인 다국적 기업의 자회사의 대표인 경우)
- 현지국의 국민을 자회사의 대표로 함 (인도인이 위 회사의 대표인 경우)
- 제3국의 국민을 자회사 대표로 함 (호주인이 위 회사의 대표인 경우)

서로 다른 나라의 다국적기업들은 이와 같은 임명을 하는 데 있어 서로 다른 규범 가지고 있다. 대부분의 일본 다국적기업들의 규범은 해외 자회사들의 대표가, 적어도 해외 진출 초기에는, 일본 국민이어야 한다는 것으로 보인다. 이에 비해, 유럽 다국적기업들은 현지 국적 및 제3국 국적자들을 자회사들을 이끌어갈 책임자로 임명할 가능성이 더욱 크다. 집단으로서, 미국 다국적기업들은 일본과 유럽의 관행 사이의 어딘가에 있다. 이러한 채용 방식들은 전략의 차이점들을 반영할 수도 있다. 본국 국민들, 특히 동일한 다국적기업에서 오랜 기간 근무를 한 본국 국민들은, 회사의 비공식적인 업무를 더 잘 이해하고, 회사의 지배적인 규범과 가치속으로 더 잘 사회화될 가능성이 더 높다. 결과적으로, 일본의 본국 국민들을 임명하려는 경향은 글로벌하게 조정된 행동들에 가치를 두는, 그들이 선호하는 글로벌 표준화 전략에 도움이 된다. 반대로, 현지국 및 제3구의 국민을 임명하는데 있어서 유럽에서는 아무거리낌이 없는 것은 현지화 전략에 대한 유럽 다국적기업들의 (전통적인) 선호를 나타낸다.

자회사 대표의 국적을 넘어, (회장, CEO, 그리고 이사진 구성원과 같은) 최상위의 최고경영진의 국적은 또 다른 비공식적 규범을 따르는 것으로 보인다. 그들은 거의 항상 본국 국민들이다. (예를 들어, 독일의 다국적 기업이 이탈리아 다국적 기업과 확연한 차이가 있는 것으로 종종 인식되는 것처럼) 최고경영진이 기업을 대표하고, 다국적 기업의 본국이 확연한 차별화의 원천이 되다는 점에서가 된다는 점에서, 본국 국민들이 최고 직책을 맡을 가장 자연스러운 후보자인 것으로 보인다.

그러나, 전 세계 도처의 종업원들과 현지 정부 등 이해관계자들의 시각에서는, 대체로 하나의 국적으로 구성된 최고위층은, 하고 있는 모든 것을 글로벌화 하고자 하는 다국적 기업에게는 좋은 징조로 보이지는 않는다. 일부 비평가들은 이러한 "유리 천장"이 "기업 제국주의"를 반영하고 있다고 비판한다. 이에 대해, 에어프랑스(Air France), BP, 씨티그룹(Citigroup), 코카콜라, 일렉트로룩스(Electrolux), 구글(Google), GSK, 레노보(Lenovo), 맥도날드, 마이크로소프트, 미쓰비시(Mitsubishi), 닛산(Nissan), 펩시코(PepsiCo), SAP, 소니, 다케다(Takeda) 및 그 밖의 다국적기업들은 외국 출신 임원을 CEO의 자리에 임명해왔다. 그러한 외국 태생의 임원들은 조직에 도움이 될 수 있는 상당한 다양성을 가져오며, 이는 장점이 될 수 있다. 그러나 이러한 다양성은 이들 본국 태생이 아닌 최고경영진들에게 가치를 명확히 표현하고, 특정 국가와 연관된 다국적기업의 고위 관리자들에게 기대되는 가치를 행동하는 것을 보여줄 것을 요구하도록 엄청난 부담을 주게된다. HP는 2010년 독일 국적의 레오 아포데커(Léo Apotheker)를 CEO로 임명했다. 불행하게도, HP는 (11개월이 안 되는) 그의 짧은 임기 동안 그가 시행한 수많은 변화의 이니셔티브 덕분에 회사의  시가 총액에서 300억 달러의 손실을 입었다. HP는 2011년 재빠르게 그를 해임했다. 그 이후로 HP는 오래된 규칙이 돌아왔다. HP는 다시 미국 국적의 경영진이 이끌어가고 있다.

"돌 위에 쓰인 분명한" 비공식적인 규칙들이 없는 상황에서, 기업들은 다국적의 인재들을 수확하기 위해 지속적인 실험을 해야 할 필요가 있다. 일반적으로, 고위 지도층 급의 세계화에 대한 더 강력한 헌신은 세계적으로 경쟁할 때 차이를 만들 수 있다. 흥미로운 비교가 2000년대 중반 전 세계 PC 시장 점유율에 각 3위와 4위를 차지했던 대만의 에이서(Acer)와 중국의 레노버(Lenovo)에서 나온다. 2005년에 레노보는 IBM의 PC 부문을 인수했다. 2007-2008년에 에이서는 미국 게이트웨이(Gateway)와 유럽의 패커드 벨(Packhard Bell)을 인수했다. 에이서는 "탈대만화"로 어려움을 겪었다. 2010년에는, 에이서의 상위 24명의 임원들 중 외국인은 6명이 있었다. 2014년에는 그 수는 3명으로 줄었다. 이 기간 동안, 이사회는 두 명의 외국인 이사가 있었으나 한 명도 없는 것으로 바뀌었다. 반대로, 레노버의 중국 CEO는 그 자신이 미국으로 이전했다. 2012년까지 9명의 임원으로 구성된 최고경영진 중에는 6개 국적이 대표되었다. 레노버는 또한 문화적 통합과 다양성을 위한 부사장의 역할을 최고경영자 수준으로 높였다. 이러한 공을 들인 노력으로 레노버는 최고의 PC 생산업체로 성장했으며, 전 세계적으로 소프트웨어와 클라우드 서비스의 강자가 되었다. 에이서는 내부 지향적인 시니어 리더십 덕분에 PC 시장에서 6위로 추락했고, 클라우드 서비스 분야에서 평범한 입지를 갖고 있다.

전반적으로, 어떻게 다국적 기업이 지배되는지에 대한 공식적인 내부의 규칙들이 성실한 전략적 선택에 반영될 수 있는 반면, 비공식적인 내부의 규칙들은 종종 당연한 것으로 여겨지며, 행정적인 유산에 뿌리를 두고 있어서, 그것들을 바꾸기가 어렵게 만든다. 실행 전략 10.3은 본사 이전과 같은 국내 및 해외에서 제도적 요구들에 직면했을 때, 가장 높은 수준의 전략적 결정 중의 하나를 보여주고 있다.

## 실행 전략 10.3 Emerging Markets Ethical Dilemma

### 본사의 이주

많은 다국적 기업(MNEs)이 본사(HQ)를 해외로 이주해 왔다(표 10.2 참고). 일반적으로 두 가지 수준의 본사가 있다 : 사업부 본사와 기업 본사이다. 질문은 왜 그런가이다.

같은 도시 내에서 한 곳에서 다른 곳으로 이동한 적이 있다면, 본사를 해외로 옮기는 데 관련된 막대한 물류의 어려움(그리고 악몽!)을 이해할 수 있다. 간단한 대답은 이점이 단점을 크게 상회한다는 것이다. 사업부 수준에서의 답은 명확하다: 사업부의 활동의 "중심"은 현지국으로 HQ를 끌어당길 수도 있다. IIBM의 구매임원이 중국으로의 이전을 알리기 위해 공급업체에게 보낸 다음의 편지를 살펴 보라.

> *IBM 글로벌 구매는 지리적으로 분산된 경영진 구조 개발을 위한 중요한 단계를 밟고 있다. 이 위치를 중심으로 조직을 더 잘 구축함으로써, 우리는 지역에서 내부 조직의 기술과 재능을 계속 발전시킬 수 있을 것이다.*

기업 수준에서는 적어도 다섯 가지의 전략적 이유가 있다. 첫째, 주요 상징적 가치는 기업이 세계적인 참가자라는 분명한 선언이다. 뉴스 코프(News Corporation)의 뉴욕에 새롭게 설립된 기업 본사는 그 글로벌 지위를 나타내며, 상대적으로 소박한 "더 낮은 곳"에서 온 기업이 아님을 암시한다. 레노버(Lenovo)의 성장과정은 미국에 두 번째 기업 본사를 설립하는 것으로 분명히 뒷받침되었다.

둘째, 상당한 효율성 향상이 있을 수 있다. 새로운 기업 본사가 런던과 같은 주요 금융 중심지에 위치하는 경우, 다국적 기업은 기관 투자자, 금융 분석가 및 투자 은행과 보다 효율적이고 빈번한 의사소통을 할 수 있다. 또한, 금융 시장에서의 가시성이 높아지므로 주주 기반을 확대하고 시가 총액을 증가시킨다. 앵글로 아메리칸, 올드 뮤추얼 및 SAB밀러와 같은 세 개의 남아프리카 선도기업은 지금 영국 FTSE 100에 합류하였다(영국 시가총액 상위 100 기업).

셋째, 기업들은 새로운 현지국의 법에 대한 가시적인 약속을 통해 이득을 얻는다. 또한, 이제 기업이 운영되는 곳에서 더 높은 품질의 법적 및 규제 체제로부터 혜택을 받을 수도 있다. 이러한 이점은 특히 지역 규정이 세계 수준이 아닌 신흥 국가의 기업에게 중요한다. 남아프리카 공화국의 정치적 안정성에 대한 불신으로 인해 앵글로 아메리칸, 올드 뮤추얼 및 SABMiller는 런던으로 이주했다. HSBC도 1992년에 홍콩의 정치적 미래가 불확실한 때에 홍콩과는 다른 글로벌 전략을 펼치기 위해 런던으로 이동한 것이다.

넷째, 기업 본사를 새로운 국가로 이동함으로써 그 나라에 대한 헌신을 명확히 나타낼 수 있다. 정치적 동기 외에도 HSBC의 런던으로의 이동은 아시아 중심의 지역 플레이어가 아닌 보다 글로벌 플레이어로의 결연한 의지를 시사했다. 실제로 HSBC는 1990년대부터 이러한 글로벌 전략을 추진했다. 그러나 흥미로운 일련의 사건 속에서 HSBC의 CEO는 2010년에 홍콩으로 복귀하였다. 기술적으로는, HSBC의 기업 HQ는 여전히 런던에 있고 회장은 런던에 머물고 있다. 그러나 CEO의 홍콩 복귀의 상징적인 의미는 명확하다. 중국이 경제적으로 다 강력해지면서, HSBC는 HSBC가 시작된 세계의 중요한 일부인 그 지역에 대한 헌신을 보여주는 것에 관심이 있다. (HSBC는 1865년 홍콩에서 홍콩 및 상하이은행으로 설립되었다).

마지막으로, 기업은 본사를 이동하거나 이전한 경우에 (원래의) 본국 정부에 비해 협상력을 강화시킨다. Tetra Pak의 본사를 스위스로 옮기는 것은 주로 소유주들의 스웨덴 정부와의 세금 분쟁에 기인한다. 마찬가지로 실적이 좋아 구제금융이 필요하지 않았던 영국에 있던 세 큰 은행인 바클레이스, HSBC, 스탠다드 차타드는 2008-2009년의 금융위기 동안 영국 정부의 높은 세금 부과와 정부의 개입에 직면하자, 런던으로부터 본사를 이동하겠다는 위협을 하기도 했다. 예를 들어, HSBC는 홍콩으로 돌아갈 것을 위협했다. 그

메시지는 명확하다: 필요하다면 우리는 가방을 싸고 싸고 것이다.

물론, 마지막 포인트는 윤리적 및 사회적 책임 관련 논란이 발생하는 곳이다. 2014년, 피아트는 자신과 크라이슬러를 네덜란드에 기반을 둔 새로운 홀딩 회사인 피아트 크라이슬러 오토모빌 NV로 합병할 계획을 발표했다. 이로써 피아트는 적어도 형식적으로 이탈리아를 떠났다. 일자리가 실질적으로 크게 감소한 것은 아니지만, 이는 모든 정부가 선호하는 고품질(고임금) 직업들이다. MNE의 본국에 있어서, 충분한 수의 본사가 해외로 이동하면 변화가 일어나며, 변화에 따라 변호사, 은행가, 회계사와 같은 고품질 서비스 제공자들도 따라 이동할 것이다. 이에 대한 대응으로, "이동이 자유로운" MNE들이 HQ를 본국에 계속 유지하기 위해 제시되는 세제 장려를 제공하는 제안들이 넘쳐나고 있다. 그러나 비판자들은 왜 이러한 부유한 MNE들(및 경영진)이 다른 많은 부문과 개인들이 고민하고 있는 상황에서 보조금을 받거나 뇌물을 받아야 하는지 의문을 제기한다.

이러한 이동이 모두 진행될 수 있는 것은 아니다. 세계 최대 규모의 제네릭 의약품 제조업체인 테바의 미국 기반 주주들은 수년 동안 이스라엘에서 미국으로 본사를 이전시키기를 원했다. 이스라엘의 자부심의 상징인 테바는 이스라엘에 남아있어야 한다는 기업가들의 요구에 의해 설립되었다. 전략적인 측면에서는, 비즈니스의 대부분이 이스라엘 외부에 있으며, 테바는 뉴욕 증권거래소와 텔아비브 증권거래소에 상장되어 있기 때문에 미국으로 본사를 이전하는 것은 합리적이다. 경영진 인재의 관점에서는, 미국으로 본사를 이전함으로써 전 세계적으로 능력 있는 인재 풀을 넓힐 수 있으며, 이스라엘에 거주할 의향이 있는 인재로 제한되는 것을 방지할 수 있다. 마지막으로, 기업의 거버넌스 관점에서는, 이러한 이동은 주주들의 다수를 기쁘게 할 것이다. 테바의 81% 주주는 미국 거주자이며, 이스라엘 거주자는 8%에 불과한다. 그러나 현재로서는 테바의 기업 본사는 텔아비브에 그대로 남을 것이다. 또 다른 예로, 1930년대 영국과 네덜란드 기업의 합병을 통해 설립된 유니레버는 항상 런던과 로테르담에 두 개의 기업 본사를 유지해왔다. 2018년, 유니레버는 런던 본사를 폐쇄하고 기능을 로테르담의 단일 본사로 이전할 계획을 발표했다. 유니레버는 FTSE에서 가장 큰 기업 중 하나이지만, 만약 영국에 본사가 없다면 FTSE에서 제외되어 가치를 감소시킬 가능성이 있다. FTSE 회원으로서 유니리버 주식을 구매한 많은 주주는 이 계획에 반대하고 투표를 기각시켰다. 따라서 유니레버는 Brexit 이후에도 여전히 런던에 본사를 유지할 것이다.

Sources: (1)BBC, 2018, Unilever scraps Dutch relocation plan, October 5: www.bbc.com; (2)R. Belderbos, H. Du, & A. Goerzen, 2017, Global cities, connectivity, and the location choice of MNC regional headquarters, Journal of Management Studies 54: 1271–1302; (3)M. Baaij & A. Slangen, 2013, The role of headquarters-subsidiary geographic distance in strategic decisions by spatially disaggregated headquarters, Journal of International Business Studies 44: 941–952; (4)J. Balogun, K. Fahy, & E. Vaara, 2019, The interplay between HQ legitimation and subsidiary legitimation judgments in HQ relocation, Journal of International Business Studies 50: 223–249; (5)G. Benito, R. Lunnan, & S. Tomassen, 2011, Distant encounters of the third kind, Journal of Management Studies 48: 373–394; (6) Bloomberg Businessweek, 2017, The difficulties of cloning a CEO, August 28: 50–53; (7)R. Coeurderoy & A. Verbeke, 2016, The unbalanced geography of the world's largest firms, Global Strategy Journal 6: 127–148; (8)Economist, 2017, HSBC: Gulliver's travels, April 16: 75–77; (9)Economist, 2014, Here, there and everywhere, February 22: 56–57; (10)IBM, 2006, IBM Procurement headquarters moves to Shenzhen, China, press release, May 22: www-03.ibm.com; (11) T. Laamanen, T. Simula, & S. Torstila, 2012, Cross-border relocations of headquarters in Europe, Journal of International Business Studies 43: 187–210; (12) K. Meyer & G. Benito, 2016, Where do MNEs locate their headquarters? Global Strategy Journal 6: 149–159; (13) P. Nell & B. Ambos, 2013, Parenting advantage in the MNC, Strategic Management Journal 34: 1086–1103; (14) M. W. Peng & W. Su, 2014, Cross-listing and the scope of the firm, Journal of World Business 49: 42–50; (15) A. Schotter, M. Stallkamp, & B. Pinkham, 2017, MNE headquarters disaggregation, Journal of Management Studies 54: 1144–1169; (16) Wall Street Journal, 2013, Chevron is placing big bets on Australia, July 8: www.wsj.com.

### 표 10.2 해외 본사 이전 사례

| 회사 | | 기존 지역 | 이전 지역 |
|---|---|---|---|
| 본사 | 버거킹* | 미국 플로리다주 마이애미 | 캐나다 토론토 |
| | HSBC | 홍콩 | 영국 런던 |
| | IKEA | 스웨덴 스톡홀름 | 네덜란드 라이덴 |
| | 레노버 Lenovo** | 중국 베이징 | 미국 노스캐롤라이나주 롤리(근교) |
| | 뉴스코프 News Corporation | 호주, 멜버른 | 미국 뉴욕 |
| | Old Mutual | 남아프리카 공화국 케이프타운 | 영국 런던 |
| | Tetra Pak | 스웨덴 룬드 | 스위스 로잔(근교) |
| 사업부 본사 | 쉐브론 아시아태평양 사업부 | 미국 캘리포니아주 샌프란시스코(근교) | 싱가포르 |
| | IBM 글로벌 구매 부문 | 미국 뉴욕주 아몬크 | 중국 신전 |
| | P&G 글로벌 화장품 및 개인용품 부문 | 미국 오하이오주 시시네티 | 싱가포르 |
| | 노키아 금융 부문 | 핀란드 헬싱키 | 미국 뉴욕 |
| | 노무라금융투자 투자은행부문 | 일본 도쿄 | 영국 런던 |

*버거킹은 캐나다의 Tim Horton과 합병하여 RBI(Restaurant Brands International)를 설립했으며 본사는 토론토에 있다. 현재 RBI의 일부인 버거킹은 마이애미에 사업부 본부를 유지하고 있다. **레노버는 베이징과 노스캐롤라이나에 이중 본사를 두고 있습니다.

# 전 세계적 학습, 혁신 그리고 지식경영

## 지식경영

**지식경영(knowledge management)**
적극적으로 지식을 개발, 활용, 이전하는 구조, 프로세스, 시스템.

최근, 전 세계적인 학습과 혁신이 강조되고 있는 것은 새롭게 떠오르는 **지식경영(knowledge management)**에 대한 관심의 증가에 의해 뒷받침된다. 지식경영은 적극적으로 지식을 개발, 활용, 전달하는 구조, 프로세스, 시스템으로 정의할 수 있다.

많은 경영자들은 지식경영을 단순하게 정보경영으로 간주한다. 극단적으로 말하면, 이러한 관점은 정교한 정보기술(IT) 인프라의 구축이 지식경영의 전부이자 끝이라는 심각하게 잘못된 믿음을 만들게 된다. 지식경영은 IT뿐만이 아니라 다국적 기업 내의 비공식적인 사회적 관계에도 의존한다. 지식에는 두 가지 범주가 있다.

**명시적 지식(explicit knowledge)**
부호화가 가능(codifiable)한 지식으로, 글로 기술할 수 있고 내용들을 큰 손실 없이 거의 그대로 이전할 수 있는 특징이 있는 지식.

**암묵적 지식(tacit knowledge)**
부호화가 불가능(non-codifiable)한 지식으로, 글로 기술하기도 어렵고 내용들을 큰 손실 없이 거의그대로 이전하기도 어려운 특징이 있는 지식.

- **명시적 지식(explicit knowledge)**은 성문화가 가능하여, 풍부함을 거의 잃지 않고 글로 쓰여져 전달될 수 있다. 실제로 IT를 통해 포착, 저장, 전달되는 모든 지식들은 명시적이다.
- **암묵적 지식(tacit knowledge)**은 성문화가 불가능하며, 그 습득 및 전달에는 직접적인 실천을 필요로 한다. 예를 들어, 실제로 도로주행 연습 없이 (엄청난 양의 명시적 지식인) 운전자 메뉴얼을 읽는 것만으로는 좋은 운전자가 될 수 없다. 분명하게도 암묵적 지식이 더욱 중요하며 이전하고 학습하기가 더욱 어렵다. 그것은 오직 실행에 의한 학습을 통해서만 얻을 수 있다. 따라서 자원 기반 관점에서 보면, IT를 통해 포착한 명시적 지식은 전략적으로는 덜 중요할 수 있다. 중요한 것은 성문화하기 어렵고, 전달하기 어려운 암묵적 지식이다.

## 네 가지 유형의 다국적 기업들의 지식경영

표 10.3에 제시된 것과 같이, 그림 10.1의 네 가지 유형의 다국적 기업들의 지식경영의 차이점은 근본적으로 (1)본사와 자회사 간, 그리고 (2)다양한 자회사들 간의 상호의존성에서 비롯된다. 본국 복제 전략을 추구하는 다국적 기업에서는, 그와 같은 상호의존성이 중간 정도 수준이며 자회사들의 역할은 주로 모기업의 역량을 적응시키고 활용하는 것이다. 따라서 신제품과 신기술에 관한 지식은 주로 중심부에서 개발되어 자회사로 흘러 들어가는 전통적인 단방향의 흐름을 나타낸다(그림 10.7의 2005년의 메리 케이 참고). 예를 들어, 스타벅스는 전 세계에 걸쳐 자사의 미국 커피 매장의 개념을, 이해하기 어려운 “분위기”까지도 복제하려고 한다.

다국적기업들이 현지화 전략을 채택할 때, 상호의존성은 낮아진다. 지식경영은 현지 시장에 가장 적합하게 하도록 하는 통찰력을 개발하는 것에 주된 중점을 둔다. 유럽의 포드는 본사와의 양방향 지식의 흐름이 제한된 상태에서, 유럽을 위한 자동차를 개발하곤 했다. KFC가 중국에서 AI가 가능한 터치스크린 주문기에서 성공적으로 학습한 것은 당분간 개인 정보 보호의

### 표 10.3 네 가지 유형의 글로벌 전략과 지식경영

| 전략 | 본국복제전략 | 현지화전략 | 글로벌 표준화전략 | 초국적전략 |
|---|---|---|---|---|
| 상호의존성 | 중간 | 낮음 | 중간 | 높음 |
| 해외자회사의 역할 | 모회사의 역량을 현지에 맞게 적응시키거나 활용 | 현지에서의 기회를 감지하고 활용 | 모회사의 이니셔티브를 실행(구현) | 전 세계에 퍼져있는 사업체들을 통합하기 위해 각 해외자회사들은 차별화된 기여를 요구받음 |
| 지식의 개발 및 확산 | 중앙(모회사)에서 개발된 지식을 해외자회사로 이전 | 각 자회사 내에서 지식이 개발되고 유지됨 | 지식은 주로 중앙(모회사) 및 핵심적인 지역에서 개발되고 유지됨 | 공동으로 지식을 개발하고 그 지식을 전 세계적으로 공유함 |
| 지식의 흐름 | 중앙(모회사)에서 해외자회사로 지식 및 인적자원의 광범위한 흐름이 발생 | 중앙(모회사)과 해외자회사 간 양방향으로의 지식 및 인적자원의 흐름은 제한적으로 발생 | 중앙(모회사) 및 핵심적인 지역에서 해외자회사로 지식 및 인적자원의 광범위한 흐름이 발생 | 다방향적으로 (예컨대, 본사와 해외자회사 간 또는 해외자회사들 간) 광범위한 지식 및 인적자원의 흐름이 발생 |

Sources: Adapted from (1)C. Bartlett & S. Ghoshal, 1989, Managing Across Borders: The Transnational Solution (p. 65), Boston: Harvard Business School Press; (2)T. Kostova & K. Roth, 2003, Social capital in multinational corporations and a micro-macro model of its forma-tion (p. 299), Academy of Management Review 28: 297–317. Examples are added by M. W. Peng—with the caveat that MNEs may change from one type to another (see Figures 10.7 and 10.8 on Mary Kay).

문제로 고객이 얼굴 인식을 수용하지 않는 한 특정 시장으로 즉각적으로 이전되지 않고 있다(실행 전략 10.1 참고).

글로벌 표준화 전략을 추구하는 다국적 기업에서는 상호의존성이 증가한다. 지식은 본사와 일부 우수센터에서 개발되고 보유된다. 결과적으로, 지식과 인력은 일반적으로 본사와 이들 우수센터로부터 다른 자회사로 흘러 들어 가게 된다. 예를 들어, HP의 일본 자회사인 요코가와 휴렛패커드(Yokogawa Hewlett-Packard)는 저명한 일본 데밍상(Japanese Deming Award)을 수상하였다. 그 자회사는 그리고 나서 이러한 지식들을 HP의 나머지 부분으로 이전하는 HP의 책임을 맡았으며, 이는 10년 만에 전사적으로 품질 10배의 향상시키는 결과를 낳았다.

초국적 다국적기업들의 특징은 고도의 상호의존성과 광범위한 양방향의 지식 흐름이다. 코카콜라는 라틴 아메리카(특히 멕시코)에서 아프리카로 학습을 옮겨간다. 기코만(Kikkoman)은 특별히 미국 시장을 대상으로 하는 바비큐용 소스로 데리야키 소스를 처음 개발했다. 그리고 나서 일본과 세계의 다른 지역에 이 제품을 판매하였다. 이와 유사하게, 하겐다즈(Häagen-Dazs)는 아르헨티나 현지에서 인기가 있는 캐러멜 우유 디저트를 바탕으로 인기가 있는 아이스크림을 아르헨티나에서 개발했다. 그런 다음, 그 새로운 맛을 취하여 미국과 유

**그림 10.7 2005년 메리케이**

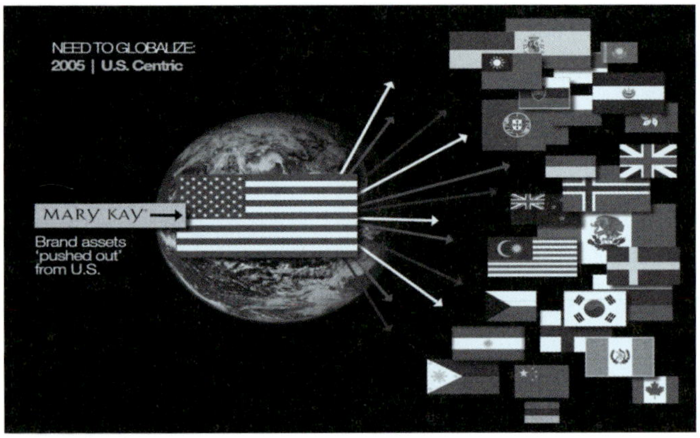


Source: © Mary Kay Inc.

**그림 10.8 현재의 메리케이**

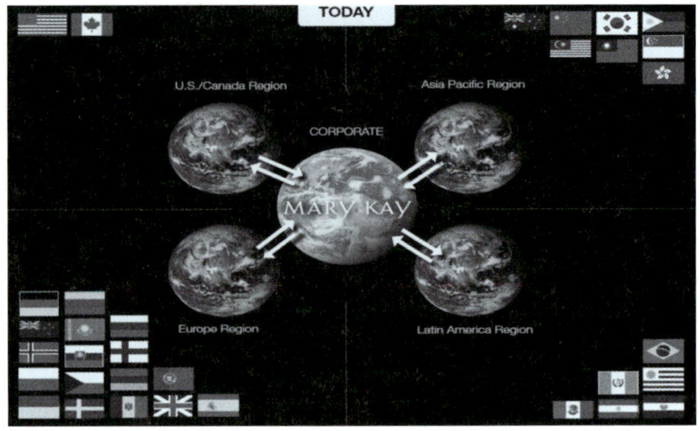


Source: © Mary Kay Inc.

럽 전역에서 그것을 “돌체 데 레체” 로 판매하였다. 일년 이내에, 그것은 이 제품은 (바닐라 다음으로) 두 번째로 가장 인기가 많은 하겐다즈 아이스크림이 되었다. 초국적 전략을 추구하는 다국적기업에게 있어 특히 근간이 되는 것은 분산되어 있는 자회사들 사이의 지식의 흐름이다. 따라서, 하향식 계층 구조 대신에, 다국적기업은 자회사들의 통합적 네트워크로 개념화될 수 있다. 각각의 자회사는 현지와 관련된 지식을 개발하는 것 뿐만 아니라, 다국적기업 전체에 이익이 될 수 있도록 지식을 제공할 수 있다(오프닝 케이스 참고). 예를 들어, 그림 10.8은 오늘날의 메리 케이에서 그러한 관행을 보여준다.

## 연구와 개발의 글로벌화

R&D는 지식경영에서 핵심적인 영역이다. 생산 및 마케팅과 관련하여, 종종 혁신 추구형 투자라고도 불리며, 국제화되어야 하는 중요한 기능으로 R&D가 부상한 것은 더욱 최근의 일이다. 혁신을 위한 경쟁의 심화가 R&D의 글로벌화를 주도한다. 이러한 R&D는 해외 국가들의 뛰어난 재능과 전문성에 접근할 수 있는 수단을 제공한다. 6장에서 한 국가 내의 우량의 혁신적인 기업들의 집적 효과가 갖는 중요성에 대해 논의했던 것을 기억하라. 그러한 클러스터에 접근할 수 있는 가장 효과적인 방법은, 시세이도(Shiseido)가 프랑스에 향수 연구소를 설립하고, 알리바바(Alibaba)가 실리콘밸리에 혁신 센터를 설립하는 것처럼 해외직접투자(FDI)를 통해 그 곳에 존재하는 것이다.

자원 기반 관점에서 보면, 경쟁우위의 근본적인 토대는 혁신을 기반으로 하는 기업의 이질성(서로 다름)이다. 전 세계의 서로 다른 위치와 팀들에 의해 분산적인 R&D는 개발된 솔루션들이 사실상 지속적으로 이질성을 가질 수 있게 보장한다(클로징 케이스 참고). GSK가 공격적으로 R&D 부서들을 분사시킨 것은, 중앙집중식 R&D 부서에 더 많은 연구자들을 충원한다고 해서 반드시 글로벌 학습과 혁신이 향상되는 것은 아니라는 점을 깨달았기 때문이다. GE의 중

### 표 10.4 지식경영에서의 문제들

| 지식경영의 요소들 | 일반적 문제들 |
|---|---|
| 지식 습득 | 외부지식의 공유 및 통합 실패 |
| 지식 보존 | 핵심 인적자원의 이직 및 지식 유출 |
| 지식 유출 | "이게 도움이 될까(How does it help me)? 신드롬"과 "지식이 힘이다(knowledge is power)"라는 신념 |
| 지식 전달 | 부적절한 채널 |
| 지식 유입 | NIH(not invented here) 신드롬과 흡수능력 |

Source: Adapted from A. Gupta & V. Govindarajan, 2004, Global Strategy and Organization (p. 109), New York: Wiley.

국 사업부들은 미국에서 개발된 기존 기기들보다 적은 비용으로 저렴한 휴대용 초음파 기계를 개발했다. GE는 중국에서 개발한 기기들을 여러 신흥국 전체에 판매했을 뿐만 아니라, 다시 미국이나 다른 선진국에도 판매하고 있다.

## 지식경영의 문제와 해결책

제도적으로, 다국적기업들이 게임의 공식적 그리고 비공식적인 규칙을 어떻게 채택하지는 지식경영의 성공 또는 실패에 상당한 영향을 미친다. 표 10.4에서 볼 수 있듯이, 많은 비공식적 "규칙"들은 지식경영에 문제가 될 수 있다. 지식의 습득에서, 많은 다국적 기업은 내적으로 모든 것을 발명하는 것을 선호한다. 그러나 대기업의 경우, R&D는 실제로 수익을 감소시키도록 한다. 결과적으로, 새로운 모델인 **개방형 혁신(open innovation)**이 등장하고 있다. 개방형 혁신은 "내부의 혁신을 가속화하고, 혁신의 외부적 활용을 위해 시장을 확대시키기 위한, 의도적인 지식의 유입과 유출의 이용"을 말한다. 그것은 다양한 내부 부서, 외부의 기업들, 대학 연구소 간의 더욱 협력적인 연구에 의존한다. 능숙하게 연구를 공유하는 기업들은 일반적으로 그렇지 못한 기업들을 능가한다.

**개방형 혁신(open innovation)**
내부적 혁신을 가속화하기 위해 목적이 분명한 지식의 유입 및 유출을 이용하고, 혁신의 외부적 이용을 위해 시장을 확장하는 것.

지식의 보존에 있어서, 직원 이직의 일반적인 문제들은 이러한 직원들이 R&D 부서의 핵심 인력일 때, 그들의 퇴사는 지식의 유출로 이어지기 때문에 더욱 복잡해진다. 지식 유출의 측면에서 "이것이 나에게 어떻게 도움이 되는가"의 신드롬이 있다. 특히, 그 기술의 원천인 자회사의 경영자들은 지식의 외부로의 공유를 부족한 시간과 자원을 전용하는 것으로 여길 수 있다. 나아가, 일부 경영자들은 "지식이 힘이다"라는 믿음을 가질 수 있다. 특정 지식을 독점하는 것이 곧 다국적 기업 내에서 힘을 얻고 유지하기 위한 통화로서 보여질 수도 있다.

**글로벌 가상 팀(global virtual teams)**
팀원들이 전 세계의 다양한 지역에 물리적으로 분산되어 있는 팀. 이들은 직접 대면하지 않고 온라인과 같은 가상 공간에서 협력을 하게 됨.

**흡수능력(absorptive capacity)**
새로운 정보의 가치를 인지하고 이를 받아들여 적용함으로써 새로운 지식을 흡수할 수 있는 능력.

**사회적 자본(social capital)**
개인과 조직이 형성하는 사회적 구조나 네트워크를 통해 얻을 수있는 비공식적인 혜택.

**미시-거시의 연결고리(micro-macro link)**
미시적 특성 (즉, 다양한 사업단위의 관리자들 사이에서 형성된 비공식적 대인관계)과 거시적 특성(다양한사업단위 사이에서 자회사들 간의)협력 간의 연결고리.

심지어 특정 자회사들이 기꺼이 지식을 공유하려고 하는 경우에도, 부적절한 전달 채널이 효과적인 지식 공유를 방해할 수 있다. 지식을 이전하기 위해 **글로벌 가상 팀(global virtual team)**을 조직하는 것이 매력적으로 보인다. 그러나, 그와 같은 팀들은 종종 엄청난 의사소통과 관계의 장벽에 직면하게 된다. 화상회의는 보디랭귀지를 거의 보여줄 수 없으며, 종종 연결이 끊긴다. 따라서, 종종 대면 회의가 필요하다. 마지막으로, 두 가지 이유에서 지식을 전달받는 자회사들이 성공적인 지식 유입을 차단할 수 있다. 첫째, "여기서 발명되지 않았다(NIH)"라는 증후군이 다른 곳에서 온 아이디어에 대한 저항을 유발한다. 둘째, 전달받는 쪽에서 "새로운 정보의 가치를 인식하고, 그것을 동화시키고, 그것을 적용하는 능력"에 있어서, 제한된 **흡수능력(absorptive capacity)**을 가지고 있을 수 있다.

이러한 문제들을 해결하기 위한 해결책으로서, 다국적 기업은 (1)측정 가능한 지식의 유출 및 유입과 보너스를 연계하고, (2)개인별 또는 단일 자회사별 인센티브 보다는 영향력이 큰 전사적 또는 사업 단위별 인센티브를 활용하고, (3) (HP 방식과 도요타 방식의 성문화하는 것과 같이) 암묵적 지식을 성문화하기 위해 투자하는 것과 같이, 공식적인 "게임의 규칙"을 바꿀 수 있다. 하지만, 이러한 공식적인 정책들은 기본적으로 암묵적 지식의 유입과 유출을 정확하게 측정할 수 있는가의 (불가능하지는 않더라도) 매우 어려운 과제로 귀결된다. 암묵적 지식의 본질은 그러한 공식적인 관료적 관행에 단순히 저항한다. 결과적으로, 다국적기업들은 종종 (1) 공동 팀워크, 교육, 회의를 통해 다양한 자회사들 사이의 경영진 및 R&D 인력들의 네트워크 형성하고, (2)자회사들간 협력을 위해 강력한 (다국적기업 특유의) 조직 문화와 공유된 가치와 규범을 촉진하는 것과 같은, 수많은 비공식적 통합 메커니즘에 의존해야 한다. 예를 들어, 쉥크(Schenck)는 더 많은 지식 공유를 촉진하기 위한 노력으로 독일과 중국의 경영자들과 엔지니어들 간에 그러한 네트워크를 구축하도록 했다(클로징 케이스 참고).

종종 비효율적인 전통적인 공식적인 명령 및 통제 구조를 사용하는 대신에, 지식경영은 **사회적 자본(social capital)**에 의해서 가장 잘 촉진된다. 사회적 자본은 개인과 조직이 그들의 사회 구조와 네트워크로부터 얻을 수 있는 비공식적인 혜택을 가리킨다. 사회적 자본의 존재 때문에, 개인들은 친구나 지인들을 돕기 위해 특별히 애를 쓸 가능성이 높다. 결과적으로, 만일 그들이 서로를 알고 사회적 관계를 가지고 있다면, 캐나다 자회사들의 경영자들이 칠레 자회사들의 경영자들이 필요로 하는 지식을 전달해 주고 도움을 줄 가능성이 높다. 그렇지 않으면, 캐나다 자회사의 경영자들은 사회적 관계가 전혀 형성되어 있지 않은 콜롬비아 자회사의 관리자들로부터 도움을 요청을 받는 경우, 그와 같은 도움을 제공하는 것에 그렇게 열정적이지 않을 수 있다. 전반적으로, 다양한 사업 단위의 경영자들 사이의 미시적인 비공식적 대인관계, 간단히 말해서 **미시적 거시적 연계(micro-macro link)**는 다양한 사업단위 간의 거시적인 자회사들의 협력을 크게 촉진할 수 있다.

## 논쟁과 확장

복잡한 다국적기업들을 어떻게 관리해야 하는지에 대해 수많은 논쟁이 이어져 왔으며, (매트릭스 구조에 대한 논쟁 등) 그 중 일부는 앞에서 논의되었다. 여기에서는 이전에 논의하지 않았던 두 가지 주요 논쟁들에 대해 살펴본다.

### 논쟁 1: 본사의 통제와 자회사의 이니셔티브

어떻게 대기업들을 경영해야 하는지에 관한 주요한 논쟁 중 하나는 집중화와 분권화에 관한 것이다. 다국적 기업 내에서, 이 논쟁은 본사의 통제와 자회사의 이니셔티브로 요약될 수 있다. 출발점은 자회사들이 반드시 본사로부터의의 명령을 받는 쪽에 있지는 않다는 것이다. 본사가 (윤리 교육 등과 같은) 특정 관행들을 추진하려 할 때, 일부 자회사들은 완전히 따를 수도 있고, 다른 일부는 말로만 그 지시를 따를 수 있으며, 또 다른 일부는 지역적 차이점을 인용하며 그것을 단순히 거부할 수도 있다.

일부 자회사들은 적극적으로 그들 자체적으로 자회사 수준의 전략과 과제들을 추구한다. 이러한 활동들은 **자회사 이니셔티브(subsidiary initiatives)**라고 하며, 자회사가 능동적이고 신중하게 새로운 기회를 추구하는 활동으로 정의할 수 있다(클로징 케이스 참고). 옹호자들은 그와 같은 이니셔티브가 더 거대한 관료주의적 다국적기업 전반에 걸쳐 절실히 요구되는 기업가 정신을 주입해 줄 수 있다고 주장한다.

**자회사 이니셔티브(subsidiary initiative)**
다국적 기업의 자회사가 자신들의 책임 범위를 확대하기 위해서 적극적이고 신중하게 새로운 사업기회를 추구하는 활동.

하지만, 본사의 관점에서 보면, 선의의 자회사 이니셔티브와 이를 가장한 기회주의적 "제국 건설"을 구별해내기가 어렵다. 어떤 자회사 이니셔티브를 지원할 것인가를 결정하는 것은 매우 중대한 일이다. 자신의 이니셔티브가 본사의 지원을 받지 못하는 자회사들은 자신들의 역할이 소외된 것으로 볼 수 있고, 최악의 경우에는 자신들의 시설이 폐쇄될 수 있다고 생각 할 수도 있다. 자회사의 경영자들은 종종 현지국의 국민들이며, 자연스럽게 자신들의 자회사를 강화하는 것을 선호하게 될 것이다. 하지만, 비록 이해할 수는 있다 하더라도, 이러한 경향들이 다국적기업의 전사적 목표와 반드시 일치되는 것은 아니다. 확인되고 통제되지 않을 경우, 이러한 경향들은 분명히 혼란을 초래할 수 있다.

본사의 통제와 자회사의 이니셔티브 사이의 논쟁에 대해 언급하며, 로레알(L'Oreal)의 CEO인 장 폴 아곤(Jean-Paul Agon)은 다음과 같이 기자에게 말했다.

> *수년 동안, 우리의 경쟁자들, 특히 미국의 경쟁자들은 우리를 일종의 "조직화된 혼돈"이라고 불렀다.. 왜냐하면 그들에게, 우리는 그다지 조직적이지 않기 때문이다. 그러나, 그러한 조직적인 혼돈은 의도적인 것이다. 왜냐하면 그것은 우리가 항상 새로운 아이디어에 마음을 열고, 새로운 트랜드에 뛰어들 준비를 하고, 새로운 기회를 잡을 수 있도록 해 주기 때문이다."*

마찬가지로, 인텔(Intel)의 전 회장이자 CEO였던 앤디 그로브(Andy Grove)가 집필한 영향력 있는 기사의 제목에 따르면, 다국적 기업 경영에서 극복해야 할 도전은 다음과 같다. "혼란이 지배토록 하라, 그리고 나서 혼란 속에서 통치하라. 반복적으로."

### 토론 2: 고객 중심 차원과 통합, 대응, 학습

앞서 언급한 바와 같이, 통합, 대응, 학습의 세 가지 차원들을 조정하는 것은 종종 글로벌 매트릭스 구조를 너무나 복잡하게 만들어 작동할 수 없게 만들었다. 하지만, 이 구조를 단순화하는 대신에, 많은 다국적 기업들은 오히려 새로운 차원들을 추가하였다. 종종, 새로운 고객 중심의 차원이 기존 구조의 상단에 배치되어, 결과적으로 4차원 또는 5차원의 매트릭스 구조를 만들었다.

**글로벌 고객사 기반의 구조(global account structure)**
다양한 국가전반에 걸쳐협조적이고 일관된 방식으로 고객들(주로 다른 다국적기업들)에게 제품이나 서비스를 공급하는 고객 중심적 구조(customerfocused structure).

**솔루션 기반 구조(solution-based structure)**
고객의 문제를 해결할 수 있는해결책을 제공하는 니즈를충족시켜야 하는 다국적기업의 조직구조.

두 가지 주요한 고객 중심 차원 중에서, 첫 번째는 다양한 국가 전반에 걸쳐 조정되고 일관된 방식으로 (종종 다른 다국적기업들인) 고객들에게 제품이나 서비스를 공급하는 **글로벌 고객 계정 구조(global account structure)**이다. 대부분의 주문자 상표부착 생산업체들, 즉 (애플 아이폰이나 나이키 신발과 같이) 자체 브랜드 없이 제품을 생산하는 계약 제조업체들은 이러한 구조를 사용한다. 고객 중심 차원의 두 번째 유형은 자주 사용되는 **솔루션 기반 구조(solution-based structure)**이다. 예를 들어, "고객 솔루션" 제공업체로서 IBM은 고객이 선호하는 어떠한 하드웨어, 소프트웨어 및 서비스의 조합이라면, 그것이 IBM 제품이든 아니면 경쟁사의 제품이든 관계없이 무엇이든지 판매한다.

전형적인 출발점은 새로운 단계나 단위들을 만들기 내는 것이 아니라 임시적인 해결책을 찾는 것이다. 그러나, 이러한 임시 접근법은 빠르게 통제 불능상태가 될 수 있으며, 그 결과 자회사의 관리자들은 자신들의 "일상적인 업무"뿐만 아니라, (글로벌 고객 계정 관리자의 역할을 하는) 3명 또는 4명의 "비공식적 상사들"에게 추가적으로 보고를 해야 하는 업무가 발생할 수 있다. 결국, 새로운 공식적인 구조가 요구될 수도 있으며, 이는 더 관료주의를 초래할 수도 있다. 그렇다면 고객 중심 차원의 부가가치 잠재력과 그와 연관된 복잡성 및 비용에 대처할 때의 해결책은 무엇인가? 한 가지 해결책은 단순화하는 것이다. 예를 들어, ABB는 성과 문제에 직면하여, 제멋대로 분산되어 있던 "비잔틴 양식과 같은" 매트릭스 구조를 단지 두 개의 제품사업부 구조로 변화시켰다.

## 현명한 전략가

다국적기업들은 크고, 복잡하고, 지리적으로 분산되어 있는 궁극적인 사업 조직이다. 효과적으로 경영하기 위해, 현명한 전략가가 고려해야 할 네 가지 분명한 함의들이 부각된다(표 10.5). 첫째, 올바른 전략과 구조 구성을 위해서 당신이 속해 있는 산업의 특성과 발전을 이해해야 한

### 표 10.5 실행을 위한 전략적 함의

- 올바른 전략과 구조의 조합을 위해서는 자사가 속한 산업의 진화를 이해하라.
- 유용한 자산인 다국적 입지를 활용하기 위해서 학습역량과 혁신 역량을 개발하라. 생각은 글로벌하게, 행동은 현지에 맞게(think global, act local).
- 다국적기업과 본국 현지국 환/경을 지배하는 외부적 게임의 규칙을 마스터하라.
- 다국적기업의 경영을 지배하는 내부적인 게임의 규칙을 이해하고 이를 변화시킬 준비를 하라.

다. 일본 자동차 산업이 주로 수출에 주력하고 있을 때, 혼다(Honda)는 국제 사업부의 지원을 받는 본국 복제 전략을 채택했다. 그러나 산업이 생산 및 혁신의 측면에서 지리적으로 더 분산되는 쪽으로 진화함에 따라, 혼다의 전략과 구조는 지속적으로 이를 따라잡기 위해 적응해야 했다.

둘째, 관리자들은 다국적인 입지를 활용하기 위해 학습역량과 혁신역량을 개발할 필요가 있다. 성공의 공식은 "생각은 글로벌하게, 행동은 현지에 맞게"하는 것이다. 예를 들어, 맥도날드는 본국인 미국에서 고객들이 맥도날드의 음식을 다른 경쟁자들이 제공하는 음식들 만큼 신선하고, 건강에 좋고, 멋지다고 생각하지 않는 고객들의 문제인 지역적 문제를 해결하기 위해, 그 글로벌 위상을 활용하여 유럽 사업체들로부터 배웠다. 그 결과는? 맥랩이었다(오프닝 케이스 참고). KFC는 어떻게 전 세계적으로 판매를 촉진하기 위해 AI를 활용하는 중국에서 개발된 역량을 확산시킬 수 있는지는 두고 보아야 한다(실행 전략 10.1 참고).

셋째, 다국적기업들과 본국 및 현지국 환경을 지배하는 외부적인 게임의 규칙을 숙지하는 것은 필수적이다. 구글은 검색이 검열될 것을 알고 있으면서, 중국에 처음 진출했다. 그 후 구글은 중국 정부에 검열 규정을 변경해 줄 것을 요구했다. 그렇지 않으면, 구글은 중국을 떠나겠다고 위협했다. 중국 정부는 단호하게 규칙을 변경하는 것을 거부했다. 따라서, 구글은 어렵게 격전 끝에 얻은 시장 점유율을 희생시키면서 세계 최대의 검색 엔진 시장을 떠나야 했다. 게임의 규칙을 더 잘 이해하면서, 구글의 지역 내 경쟁자인 바이두(Baidu)와 구글의 글로벌 경쟁자인 마이크로소프트 빙(Microsoft Bing)은 시장 점유율을 나누어 가지며 구글의 "점심"을 먹기 위해 나선 것이다. 바이두와 마이크로소프트의 제휴로, 바이두에서의 모든 영어 검색은 빙을 통해 라우팅 된다. 물론 검열을 받는다.

마지막으로, 경영자들은 다국적 기업의 경영을 지배하고 있는 게임의 내부 규칙을 이해하고 이를 변화시킬 준비가 되어 있어야 한다. 서로 다른 전략과 구조들은 서로 다른 내부 게임의 규칙들을 요구한다. 어떤 것들은 다국적기업의 행동을 용이하게 하고, 다른 어떤 것들은 제한한다. 본국 복제 전략을 추구하는 기업이 CEO로 외국인을 임명하는 것은 불가능하다. 그러나 운영이 더욱 글로벌화됨에 따라, 다국적기업의 경영상의 시야 또한 확대되어야 한다.

네 가지 근본적인 질문의 관점에서, 다국적기업들은 왜 구조와 혁신에 차이가 있는가(질문 1)? 간단한 대답은 그들의 다른 전략들이 이러한 활동들을 주도한다는 것이다. 다국적기업들은 어떻게 행동하는가(질문2)? 전략과 구조 사이의 호혜적인 관계를 고려할 때, 다국적기업들이 시행하는 구조적인 배치들은 전략적 변화, 구조적 변화 또는 둘 모두를 촉발하지 않는 한, 그들이 특정 전략을 준수하고 다른 전략을 추구하는 것을 제한하는 것에 도움이 된다. 무엇이 기업의 범위를 결정하는가(질문 3)? 9장은 제품 범위에 초점을 맞추었기 때문에, 이 장에서는 국제적인 범위를 강조했다. 다국적기업들이 선택하는 특정 전략들은 그들의 국제적 범위를 상당히 결정한다. 예를 들어 본국 복제 전략은 상대적으로 더 작은 범위로 귀결되는 반면, 다국가적인 범위는 전 세계에 걸친 더 넓은 지리적 범위로 이어진다. 마지막으로, 무엇이 기업의 국제적 성공과 실패를 결정하는가(질문 4)? 이 장에서는 (1)전략적 구조 사이의 적절한 조합, 그리고 (2) 지식 경영과 혁신에 대한 강력한 역량이라는 두 가지 해답을 제시한다.

## Closing Case Emerging Markets Ethical Dilemma

### Schenck Shanghai Machinery 자회사 이니셔티브

우수한 공학 기술을 활용하기 때문에 독일의 기계 제조업체들은 그들의 산업에서 세계적인 선두주자들이다. 중국의 산업화가 시작되면서 그것들은 자동차와 전자제품을 만드는 새로 지어진 공장에서 종종 추구된다. 하지만 모든 독일제 기계가 중국에서 잘 팔린 것은 아니다. 독일 Dürr의 사업부인 Schenck는, 5초 안에 전동차의 밸런싱을 통해 정확도와 속도에 있어서 세계 최고의 성능을 가진 전동차(소형 엔진)를 위한 최고의 밸런싱 기계를 생산했다. 선진국 고객들은 육체노동을 없애는 데 도움을 준 고도로 자동화된 기계를 높이 평가했다. 그러나 1990년대 중반에 설립된 이후 몇 년 동안 중국 자회사인 Schenck Shanghai Machinery(SSM)는 이러한 우수한 기계 중 단 한 대도 판매하지 못했다. 중국에 기반을 둔 제조업체들은 이 기계를 "과잉 공학 기술"이라고 여겼다. 단가 55만 달러로는 너무 비쌌기 때문이다.

산업 고객의 주요 구매 기준은 브랜드, 가격, 품질, 서비스 그리고 배송이었다. Schenck는 매우 좋은 브랜드 이름을 가지고 있었고, 그것은 중국의 다른 부문에서 값비싼 고품질 기계를 판매했다. 하지만 Schenck의 기계는 주문 제작되었고 배송 전에 엄격한 테스트를 거쳐야 했기 때문에 Schenck의 배송 기간은 경쟁사보다 더 길었다. 이에 비해 일본의 두 라이벌인 DSK와 Kokusai는 중국에서 제조된 기계를 110,000달러의 가격에 "그 정도면 충분히 괜찮은" 시장에 판매했다. 그들은 SSM이 침투하기 어렵다고 판단한 분야를 장악했다. 전체적으로 SSM의 원가 기반은 중국으로 생산을 옮긴 후에도 너무 높았다.

SSM 자회사의 리더는 가격 경쟁력이 있다면 중국내에 전동차용 밸런싱 기계를 위한 시장이 있을 것이라고 믿었다. 하지만 그 정도면 충분한 시장에 맞추는 것은 독일 엔지니어링의 최고를 제공하는 프리미엄 부문에 초점을 맞춘 Schenck의 글로벌 전략과 일치하지 않았다. 자회사 경영

## Closing Case *(Continued)*

자들은 어려운 선택에 직면했다: 그들은 이 시장 부문을 포기해야 하는가 아니면 조치를 취해야 하는가? 만약 그렇다면 그들은 독일에서 만들어진 기계를 가져가서 필수품까지 벗겨내야 하는가? 아니면 중국을 위해 처음부터 새로운 기계를 개발해야 하는가?

SSM은 독자적으로 2005년에 5명의 엔지니어로 구성된 개발팀을 구성해 중국 전용 기계를 개발하기 시작했다. 그 팀은 잠재적인 현지 고객들과 친숙한 마케팅 직원들과 중국의 적절한 공급자들을 식별할 수 있는 소싱 직원에게 연락했다. 이 개발팀의 업무는 중국 이외의 기업 본사(HQ)나 다른 부서와 접촉하지 않고 조용히 유지되었다. 그 당시 자회사 경영진은 독일 본사와 엔지니어들이 중국을 위한 새로운 기계를 개발하도록 설득하기는 어려울 것으로 봤다. 새로운 기계를 먼저 개발해야만 자회사 지도부는 독일의 지원을 얻을 수 있을 것으로 기대했다.

상하이에 본사를 둔 개발팀은 전적으로 현지 부품으로 새로운 기계를 만들었다. 자회사 경영진은 본사에 시제품을 제출했다. 자회사 경영자들은 본사 반응이 어떨지 다소 불안해했다. HQ는 일반적으로 브랜드 이미지에 손상을 입힐 수 있기 때문에 Schenck의 제품 포트폴리오에 낮은 품질의 기계를 추가하는 것을 선호하지 않았다. Schenck라는 이름 아래 덜 정교한 기계라는 아이디어는 Schenck의 위상과 충돌했다. 만약 Schenck가 중국에서 비슷한 기계를 훨씬 더 낮은 가격에 제공했다는 것을 알게 된다면 유럽의 고객들은 어떻게 반응할까? 게다가, 당시 본사에서는 중국시장의 뉘앙스에 대한 깊은 이해가 없었고, 독일에 본사를 둔 R&D 팀들은 중국에 기반을 둔 동료들의 능력에 대한 신뢰가 거의 없었다.

SSM은 자회사 이니셔티브의 성공을 보장하기 위해, 독일 본사 및 R&D 동료들과의 커뮤니케이션에 상당한 노력을 투자했다. SSM은 본사와의 관계를 관리하는 것이 예상보다 덜 어렵다는 것을 알게 되었다. 독일의 주요 참가국들은 SSM의 접근 방식이 아마도 중국을 위한 올바른 방법일 것이라는 것을 빠르게 깨달았다. 본질적으로, 프로토타입은 중국에 기반을 둔 개발 팀이 기술적으로 능력이 있고 현지 상황에 대해 잘 알고 있다는 것을 HQ에 확신시켰다. 이를 바탕으로 독일과 중국의 엔지니어들이 협력해 개발을 마무리했다.

시장에 나올 준비가 됐을 때, 그 신제품은 빠르게 주문을 확보했다. 고객들은 솅크가 중국 시장에 적합한 기계를 생산할 수 있었다는 사실에 기분 좋게 놀랐다. DSK와 Kokusai의 기계와 같은 수준으로 가격이 책정된 Schenck 기계는 이러한 일본 경쟁사들로부터 빠르게 고객들을 끌어들였다.

새로운 기계는 솅크의 명성뿐만 아니라 다양한 기계와 통합 솔루션을 제공하는 SSM의 능력으로부터로도 혜택을 받았다. 전반적으로, SSM은 중국 내 전동차용 밸런싱 기계 시장에서 35~40%의 시장점유율로 선두 자리를 성공적으로 구축했다. 이 제품들은 또한 특히 동남아시아로 광범위하게 수출되었다.

Sources: An earlier version was published in M. W. Peng & K. Meyer, 2019, International Business, 3rd ed. (pp. 439–440), London: Cengage EMEA. Based on (1)field research by K. Meyer; (2)K. Meyer & J. Zhu, 2014, Dürr AG: A German premium manufacturer goes mid-market in China, case study, Shanghai: CEIBS.

### 사례 토론 질문

1. 자원 기반의 관점에서, 중국과 같은 먼 시장을 위한 기계를 개발하기 위해 어떤 자원이 필요한가? 이러한 자원은 본사 또는 자회사 수준에서 발견될 가능성이 가장 높은가?
2. 적합한 시장에서 경쟁하기 위해 필요한 적응은 무엇인가?
3. 윤리: 본사의 관점에서 이 자회사 이니셔티브의 장단점은 무엇인가? SSM의 관점에서, 이 특정 이니셔티브의 장단점은 무엇인가?

# 참고문헌

[**Journal Acronyms**] ***AME***—*Academy of Management Executive;* ***AMJ***—*Academy of Management Journal;* ***AMP***—*Academy of Management Perspectives;* ***APJM***—*Asia Pacific Journal of Management;* ***ASQ***—*Administrative Science Quarterly;* ***CMR***—*California Management Review;* ***GSJ***—*Global Strategy Journal;* ***HBR***—*Harvard Business Review;* ***JIBS***—*Journal of International Business Studies;* ***JIM***—*Journal of International Management;* ***JM***—*Journal of Management;* ***JMS***—*Journal of Management Studies;* ***JWB***—*Journal of World Business;* ***MIR***—*Management International Review;* ***OSc***—*Organization Science;* ***SMJ***—*Strategic Management Journal*

T. Levitt, 1983, The globalization of markets, *HBR* May: 92–102.

*Fortune*, 2018, The world according to Walmart, October 1: 70–76.

J. Arregle, P. Beamish, & L. Hebert, 2009, The regional dimension of MNEs' foreign subsidiary localization, *JIBS* 40: 86–107; C. Asmussen, 2009, Local, regional, or global? *JIBS* 40: 1192–1205.

S. Adkins-Green, 2015, Chief Marketing Officer presentation, March 26, Dallas: Mary Kay headquarters.

*Fortune*, 2016, Building Tomorrowland, June 15: 59–64.

K. Meyer & Y. Su, 2015, Integration and responsiveness in subsidiaries in emerging economies, *JWB* 50: 149–158; C. Williamsons, A. Colovic, & J. Zhu, 2017, Integration-responsiveness, local hires, and subsidiary performance amidst turbulence, *JWB* 52: 842–853.

J. Mees-Buss, C. Welch, & E. D. Westney, 2019, What happened to the transnational? *JIBS* 50: 1513–1543.

W. Egelhoff, J. Wolf, & M. Adzic, 2013, Designing matrix structures to fit MNC strategy, *GSJ* 3: 205–226.

T. Casciaro, A. Edmondson, & S. Jang, 2019, Cross-silo leadership (p. 134), *HBR* May: 130–139.

R. Hodgetts, 1999, Dow Chemical CEO William Stavropoulos on structure, *AME* 13: 30.

A. Chandler, 1962, *Strategy and Structure,* Cambridge, MA: MIT Press. See also W. C. Kim & R. Mauborgne, 2009, How strategy shapes structure, *HBR* September: 73–80; J. Galan & M. Sanchez-Bueno, 2009, The continuing validity of the strategy-structure nexus, *SMJ* 30: 1234–1243.

M. W. Peng & S. Lebedev, 2016, Intra-national business (IB), *APJM* 34: 241–245; X. Ma, A. Delios, & C. Lau, 2013, Beijing or Shanghai? *JIBS* 44: 953–961.

S. Hsu, A. Iriyama, & J. Prescott, 2016, Lost in translation or lost in your neighbor's yard? *JIM* 22: 84–99; D. Lessard, D. Teece, & S. Leih, 2016, The dynamic capabilities of meta-multinationals, *GSJ* 6: 211–224; S. Morris, R. Hammond, & S Snell, 2014, A microfoundations approach to transnational capabilities, *JIBS* 45: 405–427; Q. Nguyen & A. Rugman, 2015, Internal equity financing and the performance of multinational subsidiaries in emerging economies, *JIBS* 46: 468–490; J. Pla-Barber, C. Villar, & A. Madhok, 2018, Co-parenting through subsidiaries, *GSJ* 8: 536–562; J. Oehmichen & J. Puck, 2016, Embeddedness, ownership mode and dynamics, and the performance of MNE subsidiaries, *JIM* 22: 17–28; J. Vahlne & I. Ivarsson, 2014, The globalization of Swedish MNEs, *JIBS* 45: 227–247.

S. Michailova & W. Zhan, 2015, Dynamic capabilities and innovation in MNC subsidiaries, *JWB* 50: 576–583.

C. Bartlett & S. Ghoshal, 1989, *Managing Across Borders* (p. 209), Boston: Harvard Business School Press.

J. Anand, L. Mulotte, & C. Ren, 2016, Does experience imply learning? *SMJ* 37: 1395–1412; M. Hada, R. Grewal, & M. Chandrashekaran, 2013, MNC subsidiary channel relationships as extended links, *JIBS* 44: 787–812; L. Nachum & S. Song, 2011, The MNE as a portfolio, *JIBS* 42: 381–405; G. McDermott, R. Mudambi, & R. Parente, 2013, Strategic modularity and the architecture of multinational firm, *GSJ* 3: 1–7; J. MacDuffie, 2013, Modularity-as-property, modularization- as-process, and "modularity"-as-frame, *GSJ* 3: 8–40; M. Piao & E. Zajac, 2016, How exploitation impedes and impels exploration, *SMJ* 37: 1431–1447; T. Swift, 2016, The perilous leap between exploration and exploitation, *SMJ* 37: 1688–1698; C. Weigelt & D. Miller, 2013, Implications of internal organization structure for firm boundaries, *SMJ* 34: 1411–1434.

S. Castaldi, S. Gubbi, V. Kunst, & S. Beugelsdijk, 2019, Business group affiliation and foreign subsidiary performance, *GSJ* 9: 595–617; R. Chittoor, P. Aulakh, & S. Ray, 2015, Accumulative and assimilative learning, institutional infrastructure, and innovation orientation of developing economy firms, *GSJ* 5: 133–153; E. Clark & M. Geppert, 2011, Subsidiary integration as identity construction and institution building, *JMS* 48: 395–416; J. Geleilate, P. Magnusson, R. Parente, & M. Alvarado-Vargas, 2016, Home country institutional effects on the multinationality- performance relationship, *JIM* 22: 380–402; X. Ma, T. Tong, & M. Fitza, 2013, How much does subnational region matter to foreign subsidiary performance? *JIBS* 44: 66–87; P. Regner & J. Edman, 2014, MNE institutional advantage, *JIBS* 45: 275–302; G. Santangelo, K. Meyer, & B. Jindra, 2016, MNE subsidiaries' outsourcing and insourcing of R&D, *GSJ* 6: 247–268; Y. Zeng, O. Shenkar, S. Lee, & S. Song, 2013, Cultural differences, MNE learning abilities, and the effect of experience on subsidiary mobility in a dissimilar culture, *JIBS* 44: 42–65.

O. Levy, S. Taylor, N. Boyacigiller, T. Bodner, M. Peiperl, & S. Beechler, 2015, Perceived senior leadership opportunities in MNCs, *JIBS* 46: 285–307; M. Rickley & S. Karim, 2018, Managing institutional distance, *JWB* 53: 740–751.

C. K. Prahalad & K. Lieberthal, 1998, The end of corporate imperialism, *HBR* August: 68–79.

N. Anand & J. Barsoux, 2017, What everyone gets wrong about change management, *HBR* November: 79–85.

Y. Lu, E. Tsang, & M. W. Peng, 2008, Knowledge management and innovation strategy in the Asia Pacific, *APJM* 25: 361–374. See also H. Berry, 2015, Knowledge inheritance in global industries, *AMJ* 58: 1438–1458; N. Driffield, J. Love, & S. Menghinello, 2010, The MNE as a source of international knowledge flows, *JIBS* 41: 350– 359; N. Foss & T. Pedersen, 2019, Microfoundations in international management research, *JIBS* 50: 1594–1621; A. Fransson, L. Hakanson, & P. Liesch, 2011, The underdetermined knowledge-based theory of the MNC, *JIBS* 42: 427–435; K. Grigoriou & F. Rothaermel, 2017, Organizing for knowledge generation, *SMJ* 38: 395–414; J. Hotho, M. Lyles, & M. Easterby-Smith, 2015, The mutual impact of global strategy and organizational learning, *GSJ* 5: 85–112; J. Martin & K. Eisenhardt, 2010, Rewiring, *AMJ* 53: 265–301; J. Oldroyd, S. Morri, & J. Dotson, 2019, Principles or templates? *SMJ* 40: 2191–2213; H. Yang, C. Phelps, & H. K. Steensma, 2010, Learning from what others have learned from you, *AMJ* 53: 371–389; J. Zhang & C. Baden-Fuller, 2010, The influence of technological knowledge base and organizational structure on technology collaboration, *JMS* 47: 679–704.

A. Gupta & V. Govindarajan, 2004, *Global Strategy and Organization* (p. 104), New York: Wiley.

P. Gooderham, D. Minbaeva, & T. Pedersen, 2011, Governance mechanisms for the promotion of social capital for knowledge transfer in MNCs, *JM* 48: 123–150.

T. Ambos, P. Nell, & T. Pedersen, 2013, Combining stocks and flows of knowledge, *GSJ* 3: 283–299.

K. Asakawa, Y. Park, J. Song, & S. Kim, 2018, Internal embeddedness, geographic distance, and global knowledge sourcing by overseas subsidiaries, *JIBS* 49: 743–752; R. Belderbos, B. Lokshin, & B. Sadowski, 2015, The returns to foreign R&D, *JIBS* 46: 491–504; M. Cano-Kollmann, J. Cantwell, T. Hannigan, R. Mudambi, & J. Song, 2016, Knowledge connectivity, *JIBS* 47: 255–262; D. Castellani, A. Jimenez, & A. Zanfei, 2013, How remote are R&D labs? *JIBS* 44: 649–675; D. Castellani & K. Lavorateri, 2020, The lab and the plant, *JIBS* 51: 121–137; A. Di Minin & M. Bianchi, 2011, Safe nests in global nets, *JIBS* 42: 910–934; D. Hillier, J. Pindado, V. de Queiroz, & C. Torre, 2011, The impact of country-level corporate governance on R&D, *JIBS* 42: 76–98; N. Lahiri, 2010, Geographic distribution of R&D activity, *AMJ* 53: 1194–1209; A. Minin & M. Bianchi, 2011, Safe nests in global nets, *JIBS* 42: 910–934; M. Nieto & A. Rodriguez, 2011, Offshoring of R&D, *JIBS* 42: 345–361; C. A. Un, 2016, The liability of localness in innovation, *JIBS* 47: 44–67; S. Zhao, M. Papanastassiou, R. Pearce, & C. Iguchi, 2020, MNE internationalization in developing Asia, *APJM* (in press).

S. Awate, M. Larsen, & R. Mudambi, 2015, Access vs sourcing knowledge, *JIBS* 46: 63–86; P. Bromiley, D. Rau, & Y. Zhang, 2017, Is R&D risky? *SMJ* 38: 876–889; N. Foss, J.

Lyngsie, & S. Zahra, 2013, The role of external knowledge sources and organizational design in the process of opportunity exploitation, *SMJ* 34: 1453–1471; M. W. Peng & D. Wang, 2000, Innovation capability and FDI, *MIR* 40: 79–83; T. Schubert, E. Baier, & C. Rammer, 2018, Firm capabilities, technological dynamism, and the internationalization of innovation, *JIBS* 49: 70–95.

R. Erkelens, B. Hooff, Huysman, & P. Vlaar, 2015, Learning from locally embedded knowledge, *GSJ* 5: 177–197; I. Guler & A. Nerkar, 2012, The impact of global and local cohesion on innovation in the pharmaceutical industry, *SMJ* 33: 535–549.

A. Witty, 2011, Research and develop (p. 140), *The World in 2011*, London: The Economist Group. Witty is CEO of GSK.

U. Andersson, P. Buckley, & H. Dellestrand, 2015, In the right place at the right time, *GSJ* 5: 27–47; Gupta & Govindarajan, 2004, *Global Strategy and Organization*, op. cit.

M. Bogers, H. Chesbrough, & C. Moedas, 2018, Open innovation, *CMR* 60: 5–16; B. Cassiman & G. Valentini, 2016, Open innovation, *SMJ* 37: 1034–1046; P. Gianiodis, J. Ettlie, & J. Urbina, 2014, Open service innovation in the global banking industry, *AMP* 28: 76–91; H. Hoang & F. Rothaermel, 2010, Leveraging internal and external experience, *SMJ* 31: 734–758; F. Monteiro & J. Birkinshaw, 2017, The external knowledge sourcing process in MNCs, *SMJ* 38: 342–362; P. Toh & F. Polidoro, 2013, A competition- based explanation of collaborative invention within the firm, *SMJ* 34: 1186–1208.

H. Chesbrough, W. Vanhaverbeke, & J. West (eds.), 2006, *Open Innovation* (p. 1), Oxford, UK: Oxford University Press.

F. Contractor, 2019, Can a firm find the balance between openness and secrecy? *JIBS* 50: 261–274; M. Haas & J. Cummings, 2015, Barriers to knowledge seeking within MNC teams, *JIBS* 46: 36–62; A. Inkpen, D. Minbaeva, & E. Tsang, 2019, Unintentional, unavoidable, and beneficial knowledge leakage from the MNE, *JIBS* 50: 250–260.

Y. Chang, Y. Gong, & M. W. Peng, 2012, Expatriate knowledge transfer, subsidiary absorptive capacity, and subsidiary performance, *AMJ* 55: 927–948.

H. Gardner, F. Gino, & B. Staats, 2012, Dynamically integrating knowledge in teams, *AMJ* 55: 998–1022; A. Pieterse, D. van Knippenberg, & D. van Dierendonck, 2013, Cultural diversity and team performance, *AMJ* 56: 782–804.

T. Ambos, B. Ambos, K. Eich, & J. Puck, 2016, Imbalance and isolation, *JIM* 22: 316–332; C. Gibson, P. Dunlop, & J. Cordery, 2019, Managing formalization to increase global team effectiveness and meaningfulness of work in multinational organization, *JIBS* 50: 1021–1052; M. Haas, 2010, The double-edged swords of autonomy and external knowledge, *AMJ* 53: 989–1008; L. Huang, C. Gibson, B. Kirkman, & D. Shapiro, 2017, When is traditionalism an asset and when is it a liability for team innovation? *JIBS* 48: 693–715; K. Raab, B. Ambos, & S. Tallman, 2014, Strong or invisible hands? *JWB* 49: 32–41; D. Tzabbar & A. Vestal, 2015, Bridging the social chasm in geographically dispersed R&D teams, *OSc* 26: 811–829.

D. Antos & F. Piller, 2015, Opening the black box of "not invented here," *AMP* 29: 193–217; F. Monteiro, 2015, Selective attention and the initiation of the global knowledgesourcing process in MNCs, *JIBS* 46: 506–527.

W. Cohen & D. Levinthal, 1990, Absorptive capacity, *ASQ* 35: 128–152. See also A. Cuervo-Cazurra & C. A. Un, 2010, Why some firms never invest in formal R&D, *SMJ* 31: 759–779; L. Perez-Nordtvedt, E. Babakus, & B. Kedia, 2010, Learning from international business affiliates, *JIM* 16: 262–274; H. Schildt, T. Keil, & M. Maula, 2012, The temporal effects of relative and firm-level absorptive capacity on interorganizational learning, *SMJ* 33: 1154–1173; S. Schleimer & T. Pedersen, 2014, The effects of MNC parent effort and social structure on subsidiary absorptive capacity, *JIBS* 45: 303–320.

C. Chung, H. Park, J. Lee, & K. Kim, 2015, Human capital in MNEs, *JIBS* 46: 806–829; K. Kim, S. Pathak, & S. Werner, 2015, When do international human capital enhancing practices benefit the bottom line? *JIBS* 46: 784– 805; S. Morris, B. Zhong, & M. Makhija, 2015, Going the distance, *JIBS* 46: 552–573; S. Paruchuri & S. Awate, 2017, Organizational knowledge networks and local search, *SMJ* 38: 657–675.

F. Fonti & M. Maoret, 2016, The direct and indirect effects of core and peripheral social capital on organizational performance, *SMJ* 37: 1765–1786.

M. W. Peng & Y. Luo, 2000, Managerial ties and firm performance in a transition economy, *AMJ* 43: 486–501. See also D. Levin & H. Barnard, 2013, Connections to distant knowledge, *JIBS* 44: 676–698; S. Jang, 2017, Cultural brokerage and creative performance in multicultural teams, *OSc* 28: 965–992; M. Mors, 2010, Innovation in a global consulting firm, *SMJ* 31: 841–872; M. Reinholt, T. Pedersen, & N. Foss, 2011, Why a central network position isn't enough, *AMJ* 54: 1277–1297; Z. Zhao & J. Anand, 2013, Beyond boundary spanners, *SMJ* 34: 1513–1530.

H. Dellestrand & P. Kappen, 2012, The effects of spatial and contextual factors on headquarters resource to MNE subsidiaries, *JIBS* 43: 219–243; M. Kreutzer, J. Walter, & L. Cardinal, 2015, Organizational control as antidote to politics in the pursuit of strategic initiatives, *SMJ* 36: 1317– 1337; L. Rabbiosi & G. Santangelo, 2019, Host country corruption and the organization of HQ-subsidiary relationships, *JIBS* 50: 111–124; M. Reitzig & B. Maciejovsky, 2015, Corporate hierarchy and vertical information flow inside the firm, *SMJ* 36: 1979–1999.

F. Ciabuschi, M. Forsgren, & O. Martin, 2011, Rationality versus ignorance, *JIBS* 42: 958–970; K. Conroy, D. Collings, & J. Clancy, 2019, Sowing the seeds of subsidiary influence, *GSJ* 9: 502–526; A. Cuervo-Cazurra, R. Mudambi, & T. Pedersen, 2019, Subsidiary power, *GSJ* 9: 491–501; R. Durand & A. Jacqueminet, 2015, Peer conformity, attention, and heterogeneous implementation of practices in MNEs, *JIBS* 46: 917–937; H. Haq, R. Drogendijk, & D. Holm, 2017, Attention in words, not in deeds, *JWB* 52: 111–123; A. Hoenen & T. Kostova, 2015, Utilizing the broader agency perspective for studying headquarters- subsidiary relations in MNCs, *JIBS* 46: 104–113; M. Lazarova, H. Peretz, & Y. Fried, 2017, Locals know best? *JWB* 52: 83 –90; A. Verbeke & W. Yuan, 2013, The drivers of MNE subsidiary entrepreneurship in China, *JMS* 50: 236–258.

C. Asmussen, N. Foss, & P. Nell, 2019, The role of procedural justice for global strategy and subsidiary initiatives, *GSJ* 9: 527–534; X. Tian & J. Slocum, 2014, What determines MNC subsidiary performance? *JWB* 49: 421–430.

T. Ambos, U. Andersson, & J. Birkinshaw, 2010, What are the consequences of initiative-taking in multinational subsidiaries? *JIBS* 41: 1099–1118; I. Filatotchev & M. Wright, 2011, Agency perspectives on corporate governance of MNEs, *JMS* 48: 471–486; T. Kostova, P. Nell, & A. Hoenen, 2018, Understanding agency problems in headquarters-subsidiary relationships in MNCs, *JM* 44: 2611–2637; A. Pant & J. Ramachandran, 2017, Navigating identity duality in multinational subsidiaries, *JIBS* 48: 664–692; D. Vora, T. Kostova, & K. Roth, 2007, Roles of subsidiary managers in MNCs, *MIR* 47: 595–620.

J. Balogun, P. Jarzabkowski, & E. Vaara, 2011, Selling, resistance, and reconciliation, *JIBS* 42: 765–786; C. Dorrenbacher & J. Gammelgaard, 2010, MNCs, interorganizational networks, and subsidiary charter removals, *JWB*

206–216; P. Scott, P. Gibbons, & J. Coughlan, 2010, Developing subsidiary contribution to the MNC-subsidiary entrepreneurship and strategy creativity, *JIM* 16: 328–339.

*Fortune*, 2017, Managing L'Oréal's "organized chaos," March 15: 26–27.

R. Burgelman & A. Grove, 2007, Let chaos reign, then reign in chaos—repeatedly, *SMJ* 28: 965–979.

S. Segal-Horn & A. Dean, 2009, Delivering "effortless" experience across borders, *JWB* 44: 41–50.

L. Shi, C. White, S. Zou, & S. T. Cavusgil, 2010, Global account management strategies, *JIBS* 41: 620–638.

R. Hollister & M. Watkins, 2018, Too many projects, *HBR* September: 65–71; M. Mortensen & H. Gardner, 2017, The overcommitted organization, *HBR* September: 58–65.

S. Gould & A. Grein, 2009, Think glocally, act glocally, *JIBS* 40: 237–254; T. Yu, M. Subramaniam, & A. Cannella, 2013, Competing globally, allying locally, *JIBS* 44: 117–137.

E. Meyer, 2017, Being the boss in Brussels, Boston, and Beijing, *HBR* July: 70–77; K. Meyer, R. Mudambi, & R. Narula, 2011, MNEs and local contexts, *JMS* 48: 235–252; P. Konara & V. Shirodkar, 2018, Regulatory institutional distance and MNCs' subsidiary performance, *JIM* 24: 333–347; M. W. Peng, D. Ahlstrom, S. Carraher, & W. Shi, 2017, An institution- based view of global IPR history, *JIBS* 48: 893–907.

C. Stevens, E. Xie, & M. W. Peng, 2016, Toward a legitimacybased view of political risk, *SMJ* 37: 945–963.

CHAPTER 11

# 전 세계 기업 지배구조

## 학습목표

이 장을 학습한 후, 당신은 다음의 내용을 수행할 수 있다.

1. 전 세계 다양한 소유권 패턴 차별화
2. 주주-대리인 및 주주-주주 갈등 모두에서 관리자의 역할을 설명
3. 이사회의 역할 설명
4. 내부기반 메커니즘과 외부 지배구조 메커니즘, 그리고 이들의 조합된 패키지를 구분
5. 지배구조 메커니즘이 전 세계적으로 어떻게 다른지에 대한 글로벌 관점을 학습
6. 통합적 기업지배구조 모델에 대해 자세히 설명
7. 기업 지배 구조에 관한 네 가지 주요 토론에 참여
8. 행동을 위한 전략적 의미 도출

OPENING CASE **Emerging Markets**

## 머독 VS 소액주주

1980년 오스트레일리아 애들레이드에서 Rupert Murdoch에 의해 설립된 뉴스 코퍼레이션은 2004년부터 뉴욕에 본사를 두고 있다. 2008년에는 1차 상장을 NYSE에서 NASDAQ으로 옮겼으며, 호주 증권 거래소의 2차 상장을 유지했다. 2011년 영국 타블로이드사의 비윤리적인 행위가 세계를 뒤흔들었지만, 다른 사람들의 논란을 보도하는 것을 즐긴 뉴스 코퍼레이션이 논란 자체를 일으킨 것은 이번이 처음이 아니었다. 논쟁의 일관된 주제는 지배적인 주주인 루퍼트 머독과 그의 가족이 소액주주들을 어떻게 대했는가이다.

- Exhibit A: 30세의 James Murdoch은 2003년에 유럽 최대의 위성 방송사인 BSkyB(현재는 단순히 스카이라고 불림)의 CEO가 되었다. 그 이유는 제임스의 아버지 루퍼트는 BSkyB 주식의 35%를 지배했고 이사회를 지배했다.
- Exhibit B: 2007년 루퍼트 머독은 많은 소액 주주들의 바람과 뉴스 코퍼레이션 사장이자 가족이 아닌 피터 체르닌의 조언을 무시하고 월 스트리트 저널의 발행인인 다우 존스를 영입하기 위해 56억 달러를 지불함으로써 애완동물 프로젝트를 추구했다. 결과는? 4개월 후, 뉴스 코퍼레이션의 가치를 28억 달러 감소시켰다. 2009년에 체르닌은 떠났다.
- Exhibit C: 2011년 관련 거래에서 뉴스 코퍼레이션은 루퍼트의 딸 엘리자베스 머독이 소유한 런던에 본사를 둔 미디어 스튜디오인 샤인 그룹을 매입하기 위해 6억 7300만 달러를 지불할 것이라고 발표했다. 샤인이 NBC의 The Office와 The Bigest Loser와 같은 히트 쇼를 제작한 반면, 소수 주주들은 뉴스 코퍼레이션이 이자, 세금, 감가상각, 상각(EBITDA) 이전에 샤인의 13배인 4600만 달러의 수익으로 샤인에 대해 과다 지급했다고 주장했다. 이와는 대조적으로, 선도적인 사모펀드 회사인 아폴로 글로벌 매니지먼트는 5억 1천만 달러를 지불하고 인기 있는 쇼인 아메리칸 아이돌의 주인인 CKX를 구입했는데, 이는 EBITDA에서 CKX의 8.5배에 달하는 금액이다. 당황한 아말감드뱅크 등 연기금 등 소액주주들은 델라웨어주(뉴스 코퍼레이션이 등록된 곳)에서 매각 저지 소송을 제기했다. 고소장은 "머독은 뉴스 코퍼레이션이 샤인을 인수할 타당한 전략적 목적이 있는 척조차 하지 않았다"고 주장했다. 이 거래는 머독이 자신의 자식들과 함께 뉴스 코퍼레이션의 상층부에 더 많은 것을 불어넣기 위한 헐벗고 이기적인 노력이다." 2013년, 아말감드 은행은 뉴스 코퍼레이션과 1억 3,900만 달러의 합의금을 확보했다.

루퍼트 머독은 이코노미스트에 의해 "마지막 거물"로 명명되었다. 문제는 머독의 전기 <뉴스를 소유한 남자>의 저자 마이클 울프에 따르면, "아무도 루퍼트 머독에게 거절할 수 없었다"는 것이다. 결과적으로, 뉴스 코퍼레이션의 주식 실적은 월트 디즈니와 같은 경쟁사의 실적에 뒤졌다. 한 분석가는 "다른 주주 이익과 일치하지 않는 결정을 내릴 것이라는 우려를 포괄하는 이런 종류의 일반적인 머독 할인이 있을 뿐"이라고 지적했다.

2013년, Rupert 머독은 뉴스 코퍼레이션을 영화와 텔레비전 운영에 초점을 맞춘 21세기 폭스 (21CF)와 대중 매체와 출판에 초점을 맞춘 이전 뉴스 코퍼레이션과 차별화하기 위해 항상 "Corp"라는 짧은 형식을 사용하는 뉴스 코퍼레이션으로 분할했다. 21CF에서 그는 처음에 자신을 회장과 최고 경영자(CEO)로 임명했고, 후에 그의 아들 라클란을 공동 회장으로, 그의 다른 아들 제임스를 공동 CEO로 임명했다. 2019년에 21CF는 월트 디즈니에 710억 달러에 팔렸다. 새로운 뉴스 코퍼레이션에서는 Rupert 와 Lachlan이 공동 이사회 의장을 맡고 James가 또 다른 이사를 맡고 있다. 이사회는 뉴스 코퍼레이션의 CEO와 7명의 사외이사를 두고 있지만 머독 부부는 계속해서 쇼를 운영하고 있다.

Sources: (1)American Banker, 2013, Amalgamated secures $139M settlement with Murdoch's News Corp, April 22: www.americanbank.com; (2)Bloomberg Businessweek, 2011, Will the scandal tame Murdoch? July 25: 18-20; (3) Bloomberg Busi-nessweek, 2013, You old fox: The escape artist, April 13: 59-62; (4)Economist, 2011, Last of the moguls, July 23: 9; (5)Economist, 2013, Breaking up is not so very hard to do, June 22: 65-66; (6)Economist, 2017, Rupert stops the presses, November 25: 57-58;(7)News Corp, 2020, Board of directors, newscorp.com (accessed March 10, 2020).

왜 소액 주주들은 머독(Murdochs) 일가가 경영자로서 내린 일부 결정들에 대해 불만을 가졌을까? 뉴스코퍼레이션(News Corporation)과 21세기폭스(21st Century Fox)와 같은 상장 기업의 장점과 단점은 무엇인가? (새로운) 뉴스코퍼레이션 이사회의 이사들 대다수는 사외이사들인데, 이사회가 머독 일가를 통제할 수 있을까? 이것이 이 장에서 다루는 주요한 질문이며, 전 세계적으로 어떻게 기업을 지배할 것인가에 초점을 맞추고 있다. **기업지배구조(corporate governance)**란 "기업의 방향과 성과를 결정하는 데 있어 다양한 참여자 간의 관계"이다. 주요 참여자에는 소유자, 경영자, 그리고 이사회가 있다(그림 11.1). 우리는 먼저 주요 참여자에 대해 다룬다. 다음으로, 우리는 글로벌 관점에서 기업의 내부 및 외부 지배 메커니즘을 살펴본 후 전략 트라이포드에 기반하여 통합적 모델을 살펴본 후, 논쟁과 확장으로 계속된다.

**기업지배구조 (corporate governance)** 기업의 성과와 방향을 결정하는 다양한 참여자 간의 관계.

## 소유자

소유자는 자본을 제공하며 위험을 감수하고 기업을 소유한다. 크게 세 가지 형태가 존재한다. (1)집중 소유와 분산 소유, (2)가족 소유, 그리고 (3)정부 소유이다.

### 집중 소유와 분산 소유

기업자들은 일반적으로 창업하고 완전히 소유하며 지배한다. 이를 **집중 소유 경영(concentrated ownership and control)**이라고 부른다. 그러나, 어느 시점에서 만약 기업이 성장하기를 바라고 더 많은 자본을 필요로 한다면, 가족의 수중에 회사를 유지하고자 희망하는 소유주들은 다른 투자자들을 포용해야 할 수도 있다. 최근, 대략 80%의 미국 상장 기업과 90%의 영국 상장 기업들은 수많은 소액 주주들로 이루어져 있지만, 이들 중 독보적인 수준의 지배권을 가진 사람은 없는 **분산 소유(diffused ownership)**를 특징으로 한다. 현대 기업과 사유재

**집중화된 소유와 경영 (concentrated ownership and control)** 소유권 및 통제권이 오너에 집중되는 것.

**분산 소유 (diffused ownership)** 다수의 소액주주들로 이루어져있으며, 그 누구도 독보적인 경영 지배권을 가지지 않은 소유 패턴.

**그림 11.1 기업 지배구조의 주요한 참여자**

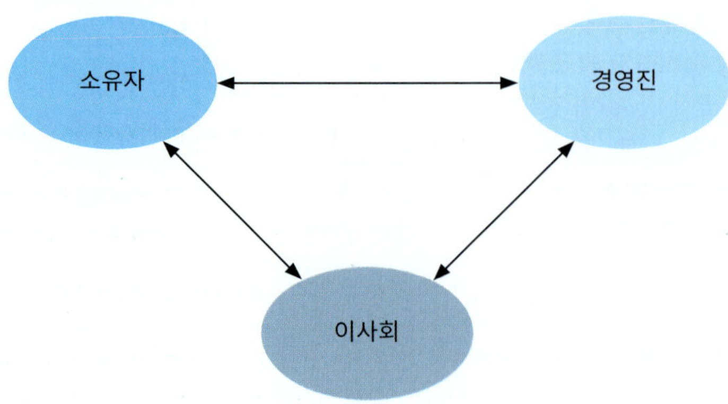

산(The Modern Corporation and Private Property, 1932)에서 아돌프 베를(Adolf Berle)과 가디너 민즈(Gardiner Means)에 의해 처음 정의되었으며, 그러한 기업들은 **소유 경영 분리(separation of ownership and control)**가 되어 있다. 구체적으로, 소유권은 많은 소액 주주들에게 분산되어 있고, 경영권은 지분을 거의 소유하지 않는 (또는 아예 없는) 고용된 전문 경영진의 수중에 집중되어 있다. 간단히 말해, 이것은 (분산된 주주들에 의한) 소유권과 (경영자에 의한) 일상적인 경영권의 분리를 의미한다.

**소유 경영의 분리(separation of ownership and control)** 소유권은 다수의 소액 주주들에게 분배되고 기업 경영은 연봉을 받으면서 지분을 조금 혹은 아예 소유하지 않은 전문 경영진에게 집중되는 것.

만약 (설립자들과 같은) 다수의 또는 지배적인 소유자들이 개인적으로 기업을 운영하지 않는다면, 그들은 당연하게도 자신의 기업이 어떻게 운영되고 있는지 예의 주시하는 것에 관심이 있다. 하지만, 각자 소규모의 지분을 가지고 있는 분산된 소유자들은 그렇게 할 동기도 없고 자원도 없다. 다시 말해서, 그들은 기업 내부에 무슨 일이 일어나고 있는지에 대해 "상관하지 않거나" 혹은 "알지 못한다." 대부분의 소액 주주들은 연례 주주총회에 굳이 일부러 참석하지 않는다. 그들은 무임승차를 선호하며, 다른 주주들이 경영진에 대해 적절하게 감시하고 관리해 주기를 바란다. 만약 소액 주주들이 불만이 있다면, 그들은 단순히 주식을 매도하고 다른 곳에 투자할 것이다. 하지만, 만약 모든 투자자가 이런 식으로 행동한다면, 기업에 신경을 쓰는 주주들은 하나도 없고, 결국 경영자들은 엄청난 사실상의 지배력을 획득하게 될 것이다.

전문적으로 경영되는 뮤추얼 펀드나 연기금과 같은 **기관투자자들(institutional investors)**의 등장은 이러한 구도를 상당하게 변화시켰다. 미국에서, 기관투자가들은 1950년에는 유통 주식의 10% 미만을 차지했다. 현재 그들은 70% 이상을 지배한다. 기관투자자들은 기업의 경영 활동을 면밀히 감시하고 통제를 할 수 있는 동기와 능력이 충분히 있다. 하지만, 기관투자자들의 보유 규모의 증가는 기관투자자들이 주식을 투매할 수 있는 능력을 제한한다. 이것은 지분이 특정 이상으로 클 경우, 매도는 주식 가격을 하락시키며 매도인에게 피해를 주기 때문이다. 결과적으로, 기관투자자들이 (뒤에 설명할) 주주 행동주의 운동에 앞장서 왔다.

**기관투자자들(institutional investors)** 전문적으로 경영되는 뮤추얼 펀드나 연기금.

널리 소유가 퍼져있는 기업의 이미지는 대부분의 현대의 미국과 영국 대기업들에 대한 상당히 정확한 설명이지만, 세계의 다른 지역에서는 그렇지 않다. 영미권 밖에서는, 상대적으로 기업의 소유권과 경영권의 분리는 거의 없다. 대부분의 대기업들은 주로 일가족이나 정부가 소유하고 지배한다. 다음으로 우리는 이러한 기업들에 대해 살펴본다.

## 가족 소유

유럽, 아시아, 남미 및 아프리카에 걸쳐 대부분의 대다수 대기업들은 가족 소유 지배를 특징으로 한다. 오늘날, 동남아의 10억 달러 이상 되는 기업 들 중에서 약 85%는 가족 중심이며, 남미에서는 75%, 인도에서는 67%, 중국에서는 40%이다. 유럽에서는 상장 기업의 40%가 가족 경영이다. 미국에서는 포춘 글로벌 500대 기업(Fortune Global 500)의 최대 기업의 15%가 가족 소유 및 지배를 받고 있다.

긍정적인 측면으로, 가족 소유 경영이 기업으로 하여금 장기적 성과에 초점을 맞추도록 수 있도록 하는데 더 나은 동기를 제공할 수 있다. 또한 분산 소유 기업에서 일반적으로 나타나는 소유자들과 전문경영진들 사이의 갈등을 최소화할 수도 있다. 가족 기업들은 일반적으로, "가족이 기업에 투자한 영향과 관련된 가치의 주식" 즉, **사회 정서적 부(socioemotional wealth, SEW)**를 보호하기 위한 궁극적 목적을 가지고 장기적인 비재무적 목표와 단기적인 재무적 목표 사이에서 선의의 균형을 추구한다.

**사회 정서적 부(socioemotional wealth, SEW)** 가족이 기업에 투자한 영향과 관련된 가치의 주식.

하지만, 부정적인 측면에서 가족 소유 경영은 역량이 부족한 (기업 설립자의 아들, 딸, 친척인) 경영진의 선택, 가족 갈등으로 인한 가치의 파괴, 그리고 소액 주주들의 이익침해를 초래할 수 있다(오프닝 케이스 참고). 오늘날, 기업들의 성과에 있어서 가족 소유 및 경영의 긍정적 혹은 부정적 역할에 대해 결정적인 확증은 없다.

## 국가 소유

가족 이외에 국가는 전 세계 기업들의 또 다른 주요 소유자이다. 1980년대 이후 영국으로부터 브라질, 벨라루스에 이르는 많은 국가들은 그들의 국영기업(state-owned enterprises, SOEs)들의 성과가 종종 저조하다는 것을 깨달았다. 국영기업들은 일반적으로 동기부여 문제를 겪는다. 이론상으로는 (직원들을 포함하여) 모든 국민들이 소유자임에도 불구하고, 그 어떤 국민도 (주주라면 받았을) 국영기업에서 나오는 배당금을 누리거나, "그들의" 지분을 양도하거나 매도할 권리를 갖지 못한다. 일반 국민들이나 직원들과는 거리가 먼 정부기관들에 의해 국영기업은 사실상 소유되고 지배된다. 그러므로, 국영기업의 경영진과 직원들은 성과를 높일 동기부여가 거의 안된다. 그것으로부터 개인적으로 이익을 얻을 수가 거의 없기 때문이다. 가장 냉소적인 방식으로 구 소련의 국영기업 직원들은 이렇게 말했다. "그들은 우리에게 월급을 주는 척하고 우리는 일하는 척한다." 1980년대 이후 민영화 바람이 전 세계를 휩쓸었다.

하지만, 국영기업들은 최근 화려하게 무대로 복귀했다. 2008년, 많은 선진국 정부들이 대규모 파산과 실업을 막기 위해 제너럴 모터스(General Motors, GM, "정부 자동차(Government Motors)"라는 별명을 얻음)로부터 로열 뱅크 오브 스코틀랜드(Royal Bank of Scotland, RBS)까지 주요 기업들을 국유화했다. 오늘날, 국영기업들은 세계 GDP의 약 10%를 차지한다. 오늘의 많은 국영기업들은 더 이상 소유권과 지배가 국가의 손에 집중된 "고전적" 국영기업이 아니다. 많은 국영기업들이 공개적으로 상장되어 국가 소유과 (주식을 구입한 개인 주주들로 대표되는) 개인 소유의 요소를 모두 통합하는 하이브리드(hybrid) 조직이다. 그들 중 일부는 더욱 시장 지향적으로 되었고, 더욱 경쟁력이 있는 제품과 서비스를 생산하며 때로는 해외에서 경쟁하기도 한다.

## 경영자

경영자들, 특히 CEO에 의해 지휘되는 최고경영팀(top management team, TMT)의 임원들은 기업 지배구조에서 또 다른 중요한 역할을 담당하는 집단을 대표한다.

### 주주-대리인 갈등

주주와 전문 경영자의 관계는 주인과 대리인과의 관계, 간단하게 **대리인 관계(agency relationship)**이다. **주인(principals)**은 (소유자와 같이) 권한을 부여해주는 사람들이고, **대리인(agents)**은 (경영자와 같이) 권한을 위임받은 사람들이다. **대리인 이론(agency theory)**은 간단하지만 심오한 전제를 암시한다. 즉, 주인과 대리인의 이해관계가 완벽히 일치하지 않는 이상, 태생적으로 **주인-대리인 갈등(principal-agent conflicts)**이 나타나게 될 것이다. 이러한 갈등은 결과적으로 (1)주인이 대리인을 감시하고 관리하는데 쓰는 비용, (2)대리인의 (주인에게 그들의 신뢰를 보이기 위해 신호를 보내는) 신뢰형성 비용을 포함하는, **대리인 비용(agency costs)**의 발생을 초래한다.

기업 환경에서, 주주들(주인)이 그들의 주식의 장기적인 가치를 극대화하는 것에 관심이 있다면, 경영자(대리인)들은 그들 자신의 권력, 수입, 그리고 특혜를 극대화하는 것에 더 많은 관심이 있을 수도 있다. 대리인 문제의 징후는 다음을 포함한다.

- 과도한 임원 보수 (보너스 및 주식 보조금, 현금 급여 등)
- 사업상의 지출(출장용 제트기 등)
- 저위험의 단기적인 투자(장기적 R&D를 줄이면서 현재 수익을 극대화하는 등)
- 제국 건설(가치를 파괴하는 인수 등), 그리고
- 과도한 CEO 보수(주주 수익을 초과하는 CEO의 재무적 수익).

임원 보수를 생각해 보자. 1980년에, 평균적인 미국 CEO들은 평균 직원이 버는 것의 약 40배였다. 오늘날, 그 비율은 약 150배이다. 몇몇 실적 개선에도 불구하고, 1980년 이래 평균적인 CEO들이 그들의 생산성을 그들의 직원들의 생산성보다 4배나 더 빠르게 향상시켰다고 주장하는 것은 어려워 보인다. 달리 말하자면, 어떤 대리인 비용의 "냄새"를 맡을 수 있다.

하지만, 대리인 비용을 직접 측정하는 것은 어렵다. 대리인 비용을 직접 측정하기 위한 두 가지 가장 혁신적인(그리고 놀랄만한) 연구에서, 학자들은 CEO의 갑작스러운 죽음(비행기 사고 또는 심장마비)이 그들의 회사의 주가 상승으로 이어진다는 것을 발견했다. 이러한 CEO들은, 죽음으로써 기존 주주들이 어깨에 짊어져야 하는 대리인 비용을 줄여준 것이다. 반대로, 우리는 최고경영자들이 살아 있었을 때 얼마나 많은 가치를 파괴했는지를 상상할 수 있다. 자본시장은 슬프게도 그러한 인간의 비극에 대해 기뻐했다.

**대리인 관계 (agency relationship)** 주주과 대리인과의 관계.

**주인(principals)** 기업 소유자와 같이 권한을 부여해주는 사람들.

**대리인(agents)** 경영진과 같이 권한을 위임받은 사람들.

**대리인이론 (agency theory)** 주인-대리인 관계에 관한 이론(또는 대리인 관계).

**주인-대리인 갈등 (principal-agent conflicts)** 주인(주주)와 대리인(전문 경영진)간의 이해 상충 갈등.

**대리인 비용 (agency costs)** 주인-대리인 관계에서 발생하는비용 (1)주인이 대리인을 감시하고 관리하는데 쓰는 비용, (2)대리인의 신뢰형성 비용.

**정보비대칭(information asymmetries)**
양측의 정보가 비대칭적으로 분포되어 있는 것.

대리인 문제가 지요하게 계속되는 주요 이유는, 주인과 대리인 사이의 **정보 비대칭(information asymmetries)** 때문이다. 즉, 경영자들과 같은 대리인들은 자신이 경영하고 있는 자산에 대해 투자자들보다 항상 훨씬 더 많이 알고 있다. 지배 구조를 통해 정보 비대칭을 줄이는 것은 가능할 수 있으나, 대리인 문제를 완전히 없애는 것은 현실적이지 않다.

## 주인-주주 갈등

가족 중심의 집중 소유 경영이 세계 도처에서 일반적이기 때문에, 다양한 종류의 갈등이 일어난다. 가족 중심 소유 경영의 대표적인 지표의 하나는 가족 구성원을 이사회 의장, CEO 또는 다른 최고경영팀 구성원으로 임명하는 것이다. 동아시아에서는 약 70%의 기업들은 이사회 의장과 CEO가 지배 주주 가족 출신이다. 유럽대륙에서는 그 비율이 68%이다. 가족들이 그렇게 할 수 있는 이유는 그들이 (반드시 대다수 주주일 필요는 없다 하더라도) 지배 주주이기 때문이

### 그림 11.2 주주-대리인 갈등과 주주-주주 갈등

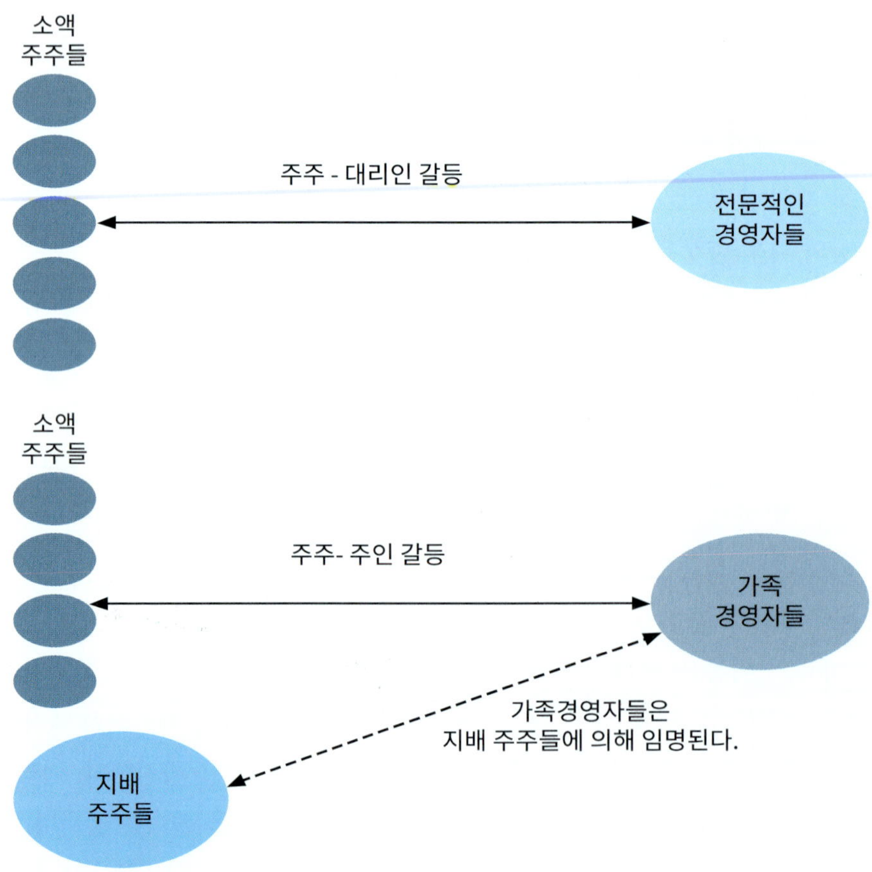


Source: Adapted from M. Young, M. W. Peng, D. Ahlstrom, G. Bruton, & Y. Jiang, 2008, Corporate governance in emerging economies: A review of the principal-principal perspective (p. 200), Journal of Management Studies 45: 196–220.

### 표 11.1 주주-대리인 vs. 주주-주주 갈등

| | 주주-대리인 갈등 | 주주-주주 갈등 |
|---|---|---|
| 소유권 패턴 | 분산 - 5% 미만의 지분을 소유한 주주들을 "지배주주"로 간주 | 지배 - 종종 50% 이상의 지분이 최대주주들에 의해 소유됨 |
| 증상 | 주주들이 이익을 희생하며 경영자의 안주 성향에 이익이 되는 전략(예: 책임회피, 과도한 보상, 제국구축) | 소액주주들이 이익을 희생하고 지배주주들이 이익을 보는 전략(예: 소액주주들의 이익 침해와 연고주의) |
| 소액 주주들을 위한 제도적 보호 | 공식적인 제약(예: 법원) 제약은 주주의 권리를 더 보호함. 비공식적 규범은 주주 부의 극대화를 지켜줌 | 대체로 공식적인 제도적 보호가 부족하며 비공식적 규범은 일반적으로 지배구조에 호의적 |
| 지배구조 통제 시장 | 적극적이며 적어도 원칙적으로 "최후의 지배구조 메커니즘" | 원칙적으로 소극적이며 집중화된 소유권은 인수의 개념을 무력화함 |

Source: Adapted from M. Young, M. W. Peng, D. Ahlstrom, G. Bruton, & Y. Jiang, 2008, Corporate governance in emerging economies: A review of the principal-principal perspective (p. 202), Journal of Management Studies 45: 196–220.

다. 예를 들어, 뉴스코퍼레이션에서는 이사회도 분노한 주주들도 지배주주인 머독을 쫓아낼 수 없다(오프닝 케이스 참고).

머독의 경우는 가족 소유 및 가족 지배 기업의 전형적인 갈등의 사례를 보여 준다. 주인(주주)과 대리인(전문경영인) 사이의 갈등 대신에, 주요 갈등은 두 부류의 주주들인 지배 주주와 소액 주주 사이에 존재한다. 다시 말해, 주인-주인 갈등(principal-principal conflicts)이다(그림 11.2, 표 11.1). 지배 주주들을 대표하는 머독과 같은 가족 경영자들은 연고주의에 따르며, 소액주주들을 희생시킴으로써 가족의 이익을 증진시킬 수도 있다. 지배 주주들은 주인이기도 하고 대리인(경영자)이기도 한 지배 주주들의 지배적인 위치는 그들로 하여금 이사회와 같은 주인-대리인 갈등을 줄이기 위해 고안된 전통적인 지배 매커니즘을 무시할 수도 있게 한다.

주인-주인 갈등의 현상은 가족 경영자들이 소액주주들의 **이익침해(expropriation)**를 할 가능성을 가질 수도 있다는 것으로, 이익침해란 소액주주들의 희생으로 지배 주주들이 이익을 취하는 행위로 정의된다. 예를 들어, 지배 주주 가족들은 개인이나 가족이 이용하기 위해 기업의 자원을 전용할 수도 있다. 이러한 행동은 확실하게 구별되는 **터널링(tunnelling)**으로서 즉, 자원을몰래 빼내기 위해 땅을 파는 것이다. 이와 같은 (종종 기업 절도라고도 불리는) 터널링은 불법인 반면, 이익침해는 **내부 거래(related transactions)**를 통해 합법적으로 할 수 있다. 즉, 지배 주주인 소유자들이 자신이 소유하고 있는 다른 기업으로부터 기업의 자산을 시장 가격 이상에 매수하거나, 공개기업의 가장 이익을 많이 내는 사업부를 분리하여 그들이 소유한 개인 기업과 합병하는 것이다(오프닝 케이스 참고).

**이익침해(expropriation)** 소액 주주들의 희생으로 지배주주들이 이익을 취하는 행위.

**터널링(tunnelling)** 개인 또는 가족 사용을 위해 회사에서 자원을 빼돌리는 기업지배 가족 경영진의 행위.

**내부 거래 (related transactions)** 지배 소유자들이 자신이 소유하고 있는 다른 기업의 자산을 시장 가격 이상으로 매수하거나, 계열사 중가장 이익을 많이 내는 사업부를 분리하여 자신들이 소유한 기업과 합병하는 것.

# 이사회

소유주와 경영진 사이의 중재자로서, 이사회는 전략적 결정들을 감독하고 승인한다. 즉, 최고 경영자들을 평가하고, 보상하며, 필요한 경우 처벌을 내린다.

## 이사회 구성

**내부이사 (inside directors)** 기업에서 풀타임 이사로 근무하면서이사회에 속해있는 경영자.

**외부이사(outside directors)또는 독립 이사(independent directors)** 이사회의 멤버인 비경영자.

내부자와 외부자의 혼합으로도 알려진, 이사회 구성은 상당한 주목을 받고 있다. **내부이사(inside directors)**는 기업의 최고경영진이다. **사외(독립)이사(outside (independent) directors)**는 이사회의 비경영진 구성원으로 정의된다. 사외이사는 아마도 더 독립적일 것이며 주주의 이익을 더욱 잘 대변할 수 있다. 그들은 종종 이상적으로 독립 이사들로 구분된다.

더 높은 사외이사 비율이 좋다는 널리 알려진 믿음에도 불구하고, 학문적 연구는 기업의 내부자와 외부자의 비율과 기업 성과에 연관성을 입증하는 것에는 실패했다. 심지어 이사회에 사외이사가 대다수인 "뛰어난" 기업들 조차 여전히 지배구조 문제를 갖고 있다. 세계 최대 금융기업들은 그들의 이사회에 사외 이사가 더 많을수록 2008년 위기 기간 동안 그들의 주식의 성과는 더 나빴다. 예를 들어, 2008년 씨티그룹(Citigroup) 이사회의 18명의 이사들 중에서 16명이 독립 이사였지만 단지 한 사람만이 금융 서비스 기업에서 일한 적이 있었다. 이러한 사외이사들 중 일부는 회사 또는 회사 경영진과 가족, 사업, 또는 직업적인 관계가 있는 관련 이사(affiliated directors)일 가능성이 있다. 다시 말해서, 이와 같은 관련 외부 이사들은 필연적으로 "독립적" 이지는 않다.

그럼에도 불구하고, 이사회는 2000년대 이후 훨씬 더 독립적으로 되었다. 2003년부터 증권거래위원회(Securities and Exchange Commission, SEC)는 상장 기업이 그들의 이사의 과반수를 독립이사들로 구성하고 완전히 독립된 선임, 보상 및 감사 위원회를 둘 것을 요구하고 있다. 2013년까지 스탠다드앤푸어스(Standard & Poors, S&P) 500대 기업들에 재직중인 이사의 85%가 독립이사들이었고, S&P 500 이사회의 60%에서는 내부이사는 CEO 단 한 명 뿐이었다. 더 많은 사외이사를 두려는 움직임과 그 효과에 대한 논쟁은 이제는 전 세계적인 일이다(실행 전략 11.1 참고).

## 리더십 구조

**CEO겸직(CEO duality)** CEO가 이사회 의장을 맡는 것.

이사회는 독립적인 의장에 의해 지휘되는가? 아니면 의장을 겸하는 CEO가 지휘하는가? 즉, **CEO 겸직(CEO duality)**으로 불리는 상황인가? 이것은 중요한 기업 지배구조에 대한 질문이다. 대리인 이론 관점에서 볼 때, 만약 이사회가 CEO를 대리인으로 감독하려면 이사회 의장은 반드시 다른 사람이어야 하는 것으로 보인다. 그게 아니라면, 어떻게 CEO는 자신이 주도하는 조직에 의해 평가받을 수 있겠는가? 하지만, 두 사람의 최고 지도자가 경영하는 기업은 지휘의 통일성이 부족하고 최고위층 수준의 갈등을 경험하게 될 수도 있다. 강력한 임원으로서, CEO는 이사회 의장에 의해 끊임없이 이러쿵저러쿵 비판받게 되는 것을 확실히 좋아하지 않을 것이다. 각 나라들 마다 상당한 차이가 있다는 것은 놀라운 일이 아니다. 예를 들어, 대다수의 영

## 실행 전략 11.1 Emerging Markets

### 중국의 사외이사들에 대한 논쟁

2001년, 중국은 공공의 상장기업들에게 기업이사회에 사외이사들을 임명하고 적어도 3분의 1은 독립할 것을 요구하였다. 이에 비하여, 미국은 2003년에만 사외이사들을 임명할 것을 요구하였다. 특히 NYSE(뉴욕증권거래소)와 NASDAQ(나스닥)의 대다수의 이사들은 독립적이어야 했다. 과연 사외이사들이 정말 기업의 재무성과에 긍정적인 영향을 미치는 것일까?

저자의 선구적 연구(Peng, 2004)를 포함한 중국의 초기 연구에서는 사외이사들을 필요로 하지 않을 때와 임명하였을 때의 재무성과에는 차이가 없음을 발견하였다. 반면에 소수의 사외이사들은 의심할 여지가 없이 차이를 만들 수 있었다. 자원기반 관점에서, 만약 모든 기업이 그들을 가지고 있다면(2001년 이후 규정에 의해 요구됨) 사외이사들은 더 이상 드물지 않을 것이고 한 회사를 다른 회사와 차별화하는 데 도움이 될 수 없을 것이다. 몇몇 사외이사들은 CEO와 다른 최고 경영진의 친구이자, 전 동료일 수도 있으며 이들이 진짜 '독립적'인지는 논란의 여지가 있었다. 이러한 발견은 중국에만 국한된 것은 아니었다. 메타분석(전의 연구들로부터 모든 자료들을 양적으로 결합하는 것) (Dalton et al., 1998) 역시 사외이사들이 미국의 재무성과에 차이를 만들어 내지 못한 것을 발견하였다. 아시아 기업에 대한 비슷한 메타분석(중국을 제외한)(van Essen et al., 2012)도 마찬가지로 상당한 관계가 없다라고 보고하였다. 그 결과, 중국에서는 사외이사들이 과연 변화를 만들어 낼 수 있을까라는 회의론이 있었다. 중국의 관계 지향적인 문화를 감안 할 때, '좋은' 관리 관행(이사회 독립성 촉진)이 좋은 성과로 이어질지에 대한 논쟁이 치열하게 되었다.

지난 20년간의 모든 중국 연구를 통합하여 가장 최근의 메타분석(Mutlu et al., 2018)의하면 사외이사들이 실제로 그들이 이사회에 소속된 회사의 재무성과 개선에 도움이 된다고 보고하였다. 이전의 연구에서는 이사회의 독립성을 위한 대리인인 사외이사들과 기업 실적의 긍정적인 관계를 발견하는 데 실패했던 것이 사실이었다. 그러나, 시간이 지나가면서, 중국의 개혁이 심화됨에 따라 사외이사들이 기업의 성과에 점점 더 긍정적이고 상당한 영향을 미친다고 주장하였다.

미국(Dalton et al., 1998)과 아시아(van Essen et al., 2012)에서 보고된 사외이사들과 기업 성과 사이의 '제로에 가까운' 관계와 비교하여, 중국 문헌은 전반적으로 이사회 독립의 효과를 지지하는 세계적으로 가장 강력한 결과를 제시하였다. 사외이사들을 위한 노동시장이 더욱 발전하면서 사외이사들의 개인적인 평판과 신뢰성에 대한 민감성도 높아졌다. 뿐만 아니라, 투명성 요건을 충족시키기 위해 중국 기업들은 사외이사들의 반대와 같은 주요 활동들을 보고하기 시작하였다. 이러한 요구사항은 "좋은" 기업 지배 구조의 글로벌 표준을 넘어섰다. 비록 중국의 정책 입안자들이 다른 곳의 동료들과 마찬가지로 처음에는 확고한 경험적 지원이 없는 상황에서 이사회의 독립을 도입하는 것을 요구하였지만, 이 중대한 논쟁의 교훈은 충분한 시간, 인내 그리고 기관의 개선이 주어진다면 이사회의 독립성이 효과적일 수 있다는 것으로 보이다.

Sources: (1)V. Chen, J. Li, & D. Shapiro, 2011, Are OECD-pre-scribed "good corporate governance practices" really good in an emerging economy? Asia Pacific Journal of Management 28: 115–138; (2)A. Chizema, X. Liu, J. Lu, & L. Gao, 2015, Politi-cally motivated boards and top executive pay in Chinese listed firms, Strategic Management Journal 36: 890–906; (3)D. Dalton, C. Daily, A. Ellstrand, & J. Johnson, 1998, Meta-analytic reviews of board composition, leadership structure, and performance, Strategic Management Journal 19: 269–290; (4)J. Ma & T. Khan-na, 2016, Independent directors' dissent on boards: Evidence from listed companies in China, Strategic Management Journal 37: 1547–1557; (5)L. Markoczy, S. Sun, M. W. Peng, W. Shi, & B. Ren, 2013, Social network contingency, symbolic management, and boundary stretching, Strategic Management Journal 34: 1367–1387; (6)C. Mutlu, M. van Essen, M. W. Peng, S. Saleh, & P. Duran, 2018, Corporate governance in China: A meta-analy-sis, Journal of Management Studies 55: 943–979; (7)M. W. Peng, 2004, Outside directors and firm performance during institu-tional transitions, Strategic Management Journal 25: 453–471;(8)M. W. Peng, 2019, Guanxi and corporate governance: Waging war on best practice, presentation, Booth School of Business, University of Chicago, April; (9)M. van Essen, J. Van Ooster-hout, & M. Carney, 2012, Corporate boards and the performance of Asian firms: A meta-analysis, Asia Pacific Journal of Man-agement 29: 873–905; (10)H. Zhu & T. Yoshikawa, 2016, Con-tingent value of director identification, Strategic Management Journal 37: 1787–1807.

국 대기업들은 이 두 직업을 분리하는 반면, 많은 미국 대기업들은 그 둘을 결합한다. 미국의 이사회들이 자주 언급하는 현실적인 어려움은 이사회 의장의 직함이 없이 유능한 CEO를 영입하기가 매우 어렵다는 것이다. 여전히 CEO 겸직을 실행 중인 기업들은 **독립 이사 대표(lead independent director)**를 종종 선임한다.

**독립 이사 대표(lead independent director)**
의장이 CEO인 이사회의 리더로 지명된 독립 이사.

학술연구는 비겸직이 더욱 효과적인가 아닌가에 대해 결론에 이르지 못했다. 하지만, 적어도 이사회가 CEO를 감독하는데 진지하다는 태도를 보여주기 위해 기업들로 하여금 두 가지 직무를 나누도록 하는 압력이 늘고 있다. 2002년에는 전 세계 신임 CEO의 48%가 의장으로도 선임되었다. 2010년 그 비율은 12%로 낮아졌다. 미국 기업들이 전형적으로 CEO 겸직을 옹호함에도 불구하고, S&P 500 기업들 중 CEO 겸직 비율은 2002년 78%에서 2019년에는 47%로 하락했다. 2019년 보잉(Boeing)이 737 MAX들을 지상에 세워두어야 했을 때, 이사회는 CEO 데니스 뮬렌버그(Dennis Mullenburg)를 해고하는 대신 이사회 의장직을 박탈함으로써 CEO 겸직을 분리했다. 별도의 이사회장이 선임되었다.

## 이사회 겸직

이사들은 동지애와 상호주의 의식을 공유하는 경제적 또는 사회 엘리트에 속하는 경향이 있다. 한 기업에 소속된 사람이 다른 기업의 이사회에 앉게 될 경우, **이사회 겸직(interlocking directorate or board interlock)**이 된다. 기업들은 종종 이와 같은 이사회 선임을 통해 관계를 형성한다. 금융 기관 출신의 외부이사는 자금조달을 용이하게 할 줄 수 있다. 기업 인수에 경험이 있는 외부이사는 기업이 더 나은 거래를 찾는 데 도움을 줄 수 있다. 예를 들어, 펩시콜라(PepsiCo)의 회장이자 CEO인 인드라 누이(Indra Nooyi)는 가장 최근 아마존(Amazon) 등 총 8개의 이사회에서 근무했다. 현직 임원들(특히 CEO들)이 인기가 있으며 은행가, 컨설턴트, 변호사 및 은퇴한 임원들 또한 이사회에 합류하도록 종종 초대된다.

**이사회 겸직(interlocking directorate)**
둘 이상의 기업이 한명의 이사를 공유하는 것.

## 이사회의 역할

한 마디로 말하면, 이사회는 (1)통제 (2)서비스 (3)자원 획득 기능을 수행한다. 통제 기능을 수행하는 이사회의 효율성은 그들의 독립성, 억지력 및 규범에서 비롯된다.

- 경영진을 효과적으로 통제하는 능력은 결국 이사들이 얼마나 독립적인가로 귀결된다. CEO와 개인적으로 친분이 있고 충성적인 사외 이사들은 경영상의 결정에 반대하기 쉽지 않다. 바로 이러한 이유로 CEO들은 종종 자신의 가족 구성원들, 개인적인 친구들, 그리고 그 밖의 소극적인 이사들을 지명한다.
- 만약 이사회가 주주들의 이익을 보호하지 못한다면, 이사회에게 제지력이 부족하다. 법원은 일반적으로 악의적이거나 내부자 거래가 없다면, 이사회의 결정을 뒤에서 비판하

지는 않을 것이다. 하지만, 대부분의 기업들은 이들 이사들과 임원들을 보호하기 위해 책임보험에 가입한다.

- 경영진에게 이의를 제기할 때, 이사들이 의지할만한 규범은 거의 없다. 회의에서 CEO에게 맞섬으로써 "목숨을 거는" 이사들은 이사회 심의에서 제외되거나, 혹은 그 다음 임기에 이사회에 참여하도록 초대받지 못하는 경향이 있다(실행 전략 11.2 참고).

통제와 더불어, 이사회의 다른 중요한 기능 중 하나는 서비스이다. 주로 CEO에게 고문역할을 하는 것이다. 마지막으로 또 다른 중요한 이사회 기능은 종종 이사회 겸직을 통해 그 기업을 위한 자원을 획득하는 것이다. 이러한 세 가지 기능을 이사회가 어떻게 수행하는지에 대해 다음에서 살펴본다.

### 전략적으로 지도하기

만일 이사회가 효과적으로 기능을 하려고 한다면, 이사가 된다는 것은 가장 까다로운 일 중의

## 실행 전략 11.2 Ethical Dilemma

### 사외이사 Michael Jensen 교수

대표적인 제도주의 학자이며 하버드 경영대학원 교수인 Michael Jensen 교수는 1990년부터 1996년까지 Armstrong World Industries에 사외이사로 재직했다. Jensen은 경연에서 이러한 경험을 설명했다.

> *나는 그 이사회에 아주 좋은 사람들이 있었다고 말하고 싶다. 하지만 Armstrong에서의 사실은 사외이사들도 기본적으로 그들 스스로를 CEO의 직원으로 본다는 것이었다. 원래 그런 것이다. 이번 경우의 사외이사들은 실제로 보고한 경영자들보다 CEO에게 더 공손하고 신세를 지고 있는 것처럼 보였다.*
>
> *나는 보상위원회에 임명되었고, 그 위원회의 첫 번째 회의에서 경영진이 그 해에 거둔 훌륭한 성과에 대한 상당한 보너스를 주자는 제안이 있었다. 그러나 문제는 그 기간 동안 회사의 주식이 50% 하락했다는 것이다. 그래서 나는 이 토론을 듣고있었는데, CEO는 자신의 보상이 주된 관심사였던 회의에 초점을 두고 있었다. 회사의 가치가 50%나 떨어진 상황에서 경영진이 잘했다고 주장하기란 정말 힘들다는 나의 지적에, 나의 보상위원회 동료들은 충격을 받은 듯 행동했다. 내게 돌아온 대답은 "어떻게 계산했어?" 였다.*
>
> *나의 경험으로는 이사회에 있는 한 사람이 변화를 일으킬 수 있다는 것을 시사했다. 몇 년이 걸렸지만, 우리는 CEO를 실적이 좋지 않다는 이유로 해고했다. 나는 모든 회의에 나타나서 "지난 회의 이후로 5천만 달러를 파괴했다"라고 말하곤 했다. 마침내 판이 바뀌었다.*
>
> *결국 CEO를 해고하고 난 후에도 나는 계속 어려운 질문을 했다. 그리고 나서 다음 CEO는 나를 해고했다. 그가 말했듯, 나는 "속임수 질문"을 하는 경향이 있었기 때문이다. 그것은 명백히 부적절한 행동이었다. 내가 이 경험을 통해 얻은 것은 '속임수 질문'은 CEO가 대답할 수 없거나 대답하는 것이 불편하다는 것이다.*

Source: Excerpts from Journal of Applied Corporate Finance, 2008, US corporate governance accomplishments and failings: A discussion with Michael Jensen and Robert Monks (p. 34), 20(1): 28–46.

하나로, 적극적으로 "참견은 하지만 손은 데지 않는" 접근법을 요구한다. 핵심은 CEO와 공동으로 목표를 설정하지만, 운영에 참여하지는 않는 것이다. 이상적인 이사회는 부재자 이사회도 아니지만, 너무나 강압적인 이사회도 아니다.

(1)통제, 서비스, 자원 획득의 포괄적인 기능과 (2)제한된 시간과 자원을 고려할 때, 이사들은 전략적으로 우선순위를 정해야만 한다. 어떻게 이사들이 전략적으로 우선순위를 정하는가는 전 세계적으로 상당히 다르다. 미국과 영국 기업에서는 기업에 대한 소유와 지배의 분리에 따라 전통적인 초점은 통제 기능에 집중해왔다. 서비스 기능 또한 여전히 중요한 한편, 자원 획득 역할은, 실제적으로는 중요하지만, 이사회 겸직과 같은 활동을 종종 "담합적"이라고 생각하는 정책 입안자, 활동가, 언론에 의해 비난을 받는 경향이 있다. 결과적으로 최근 미국의 규제 특히, 2002년 사베인-옥슬리법(Sarbanes-Oxley Act, SOX)은 자원 획득 기능을 거의 배제할 만큼 통제 기능을 강조한다. 예를 들어, 애플(Apple)은 아이폰(iPhone)에 공급하기 위해 구글(Google)로부터 특정 자원을 획득했고, 구글의 최고경영자 에릭 슈미트(Eric Schmidt)는 애플의 이사회에서 일한 적이 있다. 하지만, (구글이 자사 안드로이드폰을 출시하면서) 애플과 구글의 경쟁이 최근 가열되면서 슈미트는 "담합(collusive)"이라는 인상을 피하기 위해 애플의 이사회 자격을 포기해야만 했다.

사외 이사들은 기업에 대한 충분한 직접적인 지식을 갖고 있지 않기 때문에 그들은 재무적 통제라고 하는 재무적 성과 목표 및 수치에 치중할 수 밖에 없다(표 11.2 참고). 재무적 통제는 CEO가 장기적인 주주들의 이익을 희생시키면서, 그 대신 (연구개발비 삭감을 통해 현재의 수익을 극대화하는 것과 같이) 단기적인 성과에 초점을 맞추도록 한다. 따라서, 임원진인 내부이사들은 이사회의 안건에 대해 직접적인 지식들을 가지고 있음으로써 (현재의 수익을 최대화하는 것이 아니라 미래를 위한 R&D에 대한 투자하는 것과 같은) 경영적 행동들에 대해 더욱 복

### 표 11.2 사외이사 vs. 내부이사

| | 장점 | 단점 |
|---|---|---|
| 사외이사 | • 경영진으로부터 더 독립적이라 간주됨 (특히, CEO)<br>• 경영진을 더 잘 감시하고 통제할 수 있음<br>• 재무적 통제를 잘 할 수 있음 | • 독립적이라는 것이 환상일수도 있음<br>• "계열사"의 사외이사는 가족 또는 기업이나 경영진과 전문적인 관계를 가지고 있을 수 있음<br>• 전략적 통제를 잘 하지 못함 |
| 내부이사 | • 기업에 대한 직접적인 지식이 있음<br>• 전략적 통제를 잘 할 수 있음 | • CEO가 아닌 내부이사(경영진)인 경우 CEO를 통제하거나 도전할 수 없음 |

잡한 이해를 할 수 있다. 이러한 내부에 대한 시야에 대해 알고 있는 이사회는, 재무적 수치들에 대한 단순한 조사를 넘어 그들의 판단에 기초하여, 전략적 통제를 행사할 수 있다. 건강한 이사회는 양쪽 통제 모두가 필요로 하며, 따라서 내부자 및 외부자들의 균형잡힌 구성을 필요로 한다.

## 지배구조 메커니즘 패키지

지배구조 메커니즘은 내부 메커니즘과 외부 메커니즘 즉, 의견기반 메커니즘과 퇴장기반 메커니즘으로 분류할 수 있다. **의견기반 메커니즘(voice-based mechanism)**은 주로 이사회를 통해 자신의 우려에 대한 "의견"을 냄으로써 경영진과 기꺼이 함께 일하려는 주주들의 의지를 나타낸다. **퇴장기반 메커니즘(exit based mechanisms)**은 주주들이 더 이상 인내심을 갖지 않고 그들의 지분을 매도 함으로써 "퇴장"하려는 의사가 있음을 뜻한다.

**의견기반 메커니즘 (voice-based mechanism)** 이사회를 통해 자신의 "의견"을 내며, 경영진과 함께 하려는 의지가 있는 주주들의 성향에 초점을 맞춘 기업 지배 구조 메커니즘.

**퇴장기반 메커니즘 (exit based mechanisms)** 주주들이 인내심을 잃고 자신의 지분을 매도하여 "퇴장"하려는 의지를 가진 주주들의 성향에 초점을 맞춘 기업 지배 구조 메커니즘.

### 내부 (의견기반) 지배구조 메커니즘

이사회가 일반적으로 사용되는 두 가지의 내부 지배구조 메커니즘은 (1)"당근"과 (2)"채찍"으로 특징지을 수 있다. 경영진들을 더 잘 동기 부여하기 위해 "당근"으로서 종종 경영진들의 보수를 올려주는 것은 필수적이다. 경영진과 주주의 이익을 조정하는 데 도움이 되는 스톡옵션이 점점 더 인기를 얻고 있다. 근본적인 아이디어는 성과급으로 기업의 성과에 경영진의 보상을 연관시키는 것이다. 이론적으로 이러한 아이디어는 건전하지만, 실제로는 많은 단점이 있다. 만일 회계 기반 평가(매출 이익률 등)가 사용될 경우, 경영진들은 수치들을 조작해 더 성과가 더 좋게 보이게 할 수 있다. (분기 실적 개선을 위해 연구개발비를 삭감하는 것과 같은) 단기주의와 근시안적 행동들이 나오기 쉽다. 만약 (주가와 같은) 시장 기반 평가가 채택된다면, 주가는 분명히 경영자의 통제를 넘어서는 너무나 많은 요인들에 달려 있으므로, 경영자는 부당하게 처벌(또는 보상)을 받게 된다. 결과적으로, 경영진의 보상에 있어 성과급과의 연관성은 일반적으로 매우 강하지 않다.

이사회는 "채찍"을 고려하기 전에 "당근"을 먼저 사용할 가능성이 있다. 그러나 지속되는 성과 실패에 직면할 때, 이사회는 최고경영자를 해임해야 할 수도 있다. 유명한 사례로, 스티브 잡스(Steve Jobs)는 1985년 애플의 이사회에서 해임되었다. 전 세계 2,500개 대기업 중, CEO의 평균 재임 기간은 2000년 기준 8년에서 2010년에는 6-7년으로 감소했다. 간단히 말해, 이사회는 최근에 더욱 "호전적"으로 보인다. 2011년 레오 아포테커(Leo Apotheker)는 HP 이사회가 그를 해고할 때까지 불과 10개월 동안 CEO로 재임했다. CEO들은 상당한 해당 기업 특유의 고용 리스크(아포테커와 같은 해임된 CEO들이 다른 공개상장기업를 경영할 가능성이 매우 낮

다) 때문에, 자연스럽게 신임 CEO 자리를 수락하기 전에, 30% 혹은 그 이상의 프리미엄의 더 후한 보상을 요구한다. 이는 치솟고 있는 경영진들의 보수에 대해 부분적으로 설명하고 있다. 2018년 S&P 500 기업의 CEO 보수의 평균은 1,200만 달러로, 2007년보다 7% 상승했다.

**주주행동주의 (shareholder activism)** (1)자신의 이익을 극대화하려는 대주주의 활동과 (2)자신의 제안을 추진하는 소액주주의 활동.

**행동주주 (activist shareholder)** (1)자신의 부를 극대화하는 데 관심이 있는 전통적인 주주 또는 (2)자신의 의제를 추진하고자 하는 사회운동가.

**주주 민주주의(shareholder democracy)** 주주가 회사 경영을 더 많이 통제할 수 있도록 하는 움직임.

**주주 권한 부여 (shareholder empowerment)** 기업 관리자 및 이사에서 주주로의 권한 할당 전환.

주주의 목소리를 구체화하는, **주주 행동주의(shareholder activism)**는 한 세대 전에는 (가치를 더 잘 발휘하기 위해 "기업 사냥꾼"들에 의해 인수되는 것에 동의하는 것을 포함하여) 주요 전략적 변화를 요구하는 많은 주주들을 지칭했다. 대주주들의 지속적인 활동 외에도, 이제 주주 행동주의는 소액주주들이 그들 자신의 제안을 추진하기 위한 활동을 포함한다. 이러한 제안 중 일부는 기업의 핵심 사업과 관련이 있지만, 그렇지 않은 것도 있다. 환경, 사회, 지배구조(environmental, social, and governance, ESG) 문제들에 초점을 맞추는, 그러한 제안의 사례는 아마존에 음식물 쓰레기를 줄이라는 요구, 애플에 인권위원회를 설립하라는 요구, 씨티그룹이 전세계 원주민들의 권리를 침해하지 않도록 하는 것들을 포함한다. 즉, **행동주의 주주(activist shareholders)**는 부를 극대화하는 데 관심이 있는 전통적인 주주들 뿐만 아니라 자신의 제안을 홍보하고자 하는 사회 운동가들도 포함한다. **주주 민주주의(shareholder democracy)**를 촉진한다는 명목으로 현행 규정은 대리 투표를 위한 제안서를 제출하는데 낮은 기준을 설정한다. 미국에서는 주주가 1년 동안 최소 2,000달러의 회사 주식을 소유하는 경우, 사업의 최소 5%에 영향을 미치는 문제를 다루기 위한 제안을 제출할 수 있다.

결과적으로, 최근 주주들의 목소리가 커지고 다양해 지면서 새로운 용어인, **주주 권한 부여(shareholder empowerment)**가 나왔다. 그것은 기업의 의사결정과 자문 투표에 주주의 참여를 통해 종종 직접적으로 또는 경영자와 이사에게 책임을 물을 수 있는 주주의 능력을 통해 간접적으로 구현되는 기업 경영자와 이사들로부터 주주로의 권한 배분의 전환이라고 정의된다. 경영자들(특히 CEO들)과 이사들은 점점 더 활발해지는 주주 권한 부여 운동을 헤쳐나가야 한다.

## 외부 지배구조 메커니즘

외부 지배구조 메커니즘에는 (1)제품 경쟁 시장, (2)기업 통제 시장, 그리고 (3)사모펀드 시장의 세 가지 종류가 있다. 제품시장 경쟁은 경영자들이 이익을 나아가 투자자들의 이익을 극대화하도록 하는 강력한 힘이다. 기업 지배구조 관점에서 제품 시장 경쟁은 기업 통제 시장과 사모펀드 시장을 보완해 주는 데 각각은 다음과 같이 요약된다.

**기업 통제 시장** 이는 인수시장 또는 인수합병(M&A) 시장으로 알려진 주요 외부 지배구조 메커니즘이다(9장 참고). 기업 통제 시장은 자본시장의 연장선상에 있으며 경영에 대한 시시각각의 보고서를 제공한다. 기업 통제 시장은 본질적으로 다양한 경영진들이 기업의 자산에 대한 지배권을 위해 경쟁하는 곳이다. 그것은 외부 지배구조 메커니즘으로서, 내부 지배구조 메커니즘이 실패했을 때 최후의 수단으로 규율 메커니즘 역할을 한다. 핵심 이론은 바로 대리인 이론으로, 경영진의 이기적인 행동으로 내부지배구조 메커니즘이 실패했을 때 기업의 주가가 하락한다는 주장이다. 이러한 상황에서, 새로운 가치를 창출할 수 있는 기회를 인식하는 다른 경영진들은 기업의 경영권에 대한 값을 부르게 된다(9장 참고). 기업 통제 시장은 얼마나 효과적인가? 다음과 같은 세가지 결과가 나타났다.

- 평균적으로, 대상 기업의 주주들은 상당한 인수 프리미엄을 얻는다.
- 인수를 하는 기업의 주주들은 작은 손실을 보지만 경미하다.
- M&A 이후 최고경영진들이 이직률이 매우 높게 발생한다.

요약하면, 내부 메커니즘이 "미세 조정"을 목표로 하지만, 기업 통제 시장은 기존 경영진들의 "대대적인" 제거를 가능하게 한다. 급진적인 접근 방법으로서, 기업 통제 시장은 고유의 한계가 있다. 인수자들은 인수 프리미엄을 지불해야 하기 때문에, 이러한 재정적인 싸움을 하는 것은 비용이 매우 많이 든다. 또한, 많은 M&A는 인수를 하는 기업의 자만이나 제국 건설에 의해 추진되기 때문에 합병 이후 기업들의 장기적인 성과는 그다지 좋지 않다(9장 참고). 그럼에도 불구하고 적어도 단기적으로는 그 자체의 영향은 긍정적으로 보이는데, 이는 교체의 위험성이 경영자들이 주주의 부를 극대화하는 것에서 벗어난 행동을 하는 것을 제한하기 때문이다.

**사모펀드시장** 많은 상장 기업들은 인수되는 것 대신에 민간 (비공개) 기업에 투자된 투입 자본인 **사모펀드(private equity)**를 활용해 사기업으로 전환해왔다(클로징 케이스 참고). 사모펀드는 주로 **차입매수(leveraged buyouts, LBOs)**를 통해 투자된다. 예를 들어, 델(Dell)은 240억 달러의 LBO로 비공개로 전환했다. LBO에서 개인 투자자들은 종종 현직 경영진들과 파트너십을 맺고 채권을 발행해 조달한 현금으로 해당 기업의 주식을 매수하여, 결국 투자자들은 채권소유자가 바뀌고 공개 기업은 비공개 기업이 전환된다. 또 다른 외부 지배구조 메커니즘으로서 사모펀드는 주식시장과 반대로 경영진을 다스리기 위해 채권시장을 활용한다. LBO 기반 사모펀드 거래는 기업지배구조에 있어 세가지 중대한 변화와 연관되어 있다.

**사모펀드(private equity)** 비공개 기업에 투자된 투입 자본.

**차입매수(leveraged buyouts, LBO)** 해당 기업의 경영진들과 파트너십을 가지고 채권을 발행해 모은 자본으로 해당 기업의 주식을 매수하는 개인 투자자들을 의미.

- LBO는 경영자들에게 상당한 지분을 제공함으로써 경영자의 인센티브를 바꾼다.
- 높은 부채 금액은 강력한 재정적 규율을 부과한다.
- LBO 스폰서들은 그들이 투자한 기업을 면밀하게 감시한다.

전반적으로 사모펀드를 이용하면, 적어도 단기적인 관점에서 보면 실직율이 비교적 낮고(약 1%~2%), 효율성을 약 2% 향상시킨다는 증거가 있다. LBO가 경영진들이 장기적인 R&D에 대한 투자를 줄이도록 할 수 있기 때문에 전망은 덜 명확하다. 클로징 케이스는 사모펀드와 관련된 최근의 도전들을 소개하고 있다.

### 내부 메커니즘 + 외부 메커니즘 = 지배구조 패키지

내부 및 외부 메커니즘을 종합하면 하나의 "패키지"로 볼 수 있다. 선도적인 대리인 이론가인 마이클 젠센(Michael Jensen)은 미국에서 1970년대 내부지배구조 메커니즘의 실패가 1980년대에 기업지배시장을 활성화시켰다고 주장한다(실행 전략 11.2 참고). 경영진들은 초기에 이에 반발했다. 그러나 시간이 지나면서, 인수대상이 아니거나 그러한 시도로부터 성공적으로 그들 자신을 방어한 많은 기업들은 결국 이 기업들이 인수되었다면 "침입자"들이 했을 것과 똑같은 구조조정이나 기업축소를 하게 되었다. 다시 말해, 강화된 외부 지배구조 메커니즘은 기업들이 내부 지배구조 메커니즘을 개선하도록 만든다. 따라서, 경영자들은 주가에 더욱 집중하기 시작했고, **주주 자본주의(shareholder capitalism)**라는 새로운 용어가 전 세계적으로 퍼져 나가고 있다.

**주주 자본주의 (shareholder capitalism)**
기업 존재의 가장 근본적인 목적은 주주의 경제적 이익을 위해 존재한다는 것(자본주의로도 알려짐).

## 글로벌 관점

그림 11.3에 표시된 바와 같이, 전 세계적으로 다양한 기업 소유 및 통제 방식은 다양한 내부와 외부 지배구조 메커니즘 유형으로 이어진다. 가장 흔한 유형은 셀 4이며, 대부분의 미국과 영국 대기업에서 그 예를 찾아볼 수 있다. 외부 지배구조 메커니즘(M&A와 사모펀드)은 활성화된 반면, 소유권과 지배권의 분리 때문에 내부 지배구조 메커니즘은 상대적으로 약하다.

그 반대는 셀 1으로, 기업 통제 시장이 (최근에는 더욱 활성화되었음에도 불구하고) 상대적

**그림 11.3 내외부 지배구조 메커니즘의 글로벌 관점**

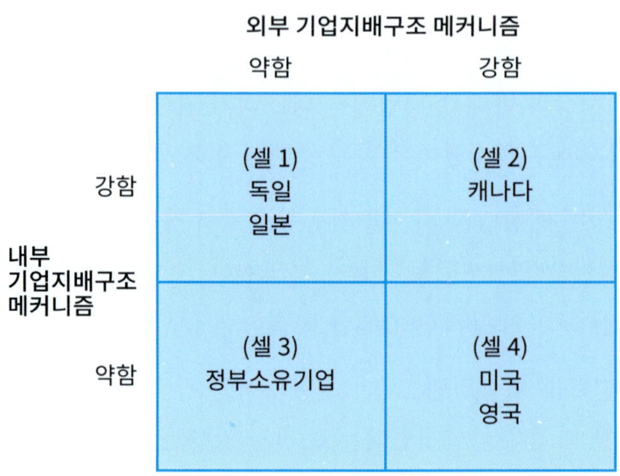


Source: Cells 1, 2, and 4 are adapted from E. Gedajlovic & D. Shapiro, 1998, Management and ownership effects: Evidence from five countries (p. 539), Strategic Management Journal 19: 533–553. The label of Cell 3 is suggested by M. W. Peng.

**표 11.3 두 가지 지배구조 시스템**

| 미국과 영국이 기업들 | 유럽대륙과 일본의 기업들 |
|---|---|
| 영미 기업지배구조 모델 | 독일-일본 기업지배구조 모델 |
| 시장 중심의 높은 갈등 시스템 | 은행 중심의 네트워크 기반 시스템 |
| 주로 퇴장 기반의 외부 메커니즘에 의존 | 주로 의견 기반의 내부 메커니즘에 의존 |
| 주주 자본주의 | 이해관계자 자본주의 |

으로 비활성화된 유럽대륙과 일본의 기업에서 찾아볼 수 있다. 결과적으로, 집중화된 소유경영이 주된 지배구조 메커니즘으로 남아 있다.

전반적으로, 영미권과 (독일-일본계로도 알려진) 유럽대륙-일본의 체제는 세계의 기업지배구조방식의 대표적인 두 가지 유형이다(표 11.3 참고). 미국과 영국의 집단과, 그리고 유럽 대륙과 일본의 집단 모두가 경제적으로 상당히 발달했음을 감안하면 영미 시스템 또는 독일-일본 시스템 중 어느 것이 더 효율적이냐를 논하는 것은 어렵고 아마도 무의미할 수도 있다.

일부 다른 시스템들은 이러한 이분법적인 시스템에 꼭 들어맞지 않는다. 셀 2에 위치하고 있는 캐나다는 기업 통제를 위한 상대적으로 활발한 시장과 집중화된 소유 경영에 의해 운영되는 많은 기업들로  이루어져 있다. 캐나다의 400대 기업 중 380개 기업은 단일 주주에 의해 운영되고 있다. 따라서, 캐나다 경영자들은 강력한 내부 및 외부 제약에 직면하고 있다.

마지막으로, (모든 국적의) 정부소유기업들은 일반적으로 약한 외부 및 내부 지배구조 메커니즘에 위치하고 있다(셀 3). 외부적으로, 기업 통제 시장은 일반적으로 존재하지 않는다. 내부적으로 경영권은 없지만 사실상 기업의 "소유자"인 공무원들이 경영진들을 감독한다.

전반적으로 전 세계의 기업들은 내부 및 외부 지배구조 메커니즘의 조합에 의해 지배받는다. 셀 1, 2, 4에 있는 기업들은 내부 및 외부 지배구조 메커니즘 사이에 일부 대체가 있다(예를 들어, 약한 이사회는 강력한 기업 통제 시장에 의해 부분적으로 대체될 수 있다). 전 세계적으로 대기업들을 가장 잘 관리하는 방법은 여러 실험들과 함께 여전히 큰 논쟁거리로 남아 있다(실행 전략 11.3 참고)

# 기업 지배의 통합적 모델

그림 11.4는 전략 트라이포드로부터 도출된 통합적 모델을 나타낸다. 이 섹션에서는 그 모델에 대해 살펴본다.

## 실행 전략 11.3 Emerging Markets Ethical Dilemma

### 글로벌 경쟁에서 대기업을 가장 잘 관리하는 방법

글로벌 경쟁에서, 대기업은 제품시장뿐만 아니라 조직화, 자금 조달 및 관리 측면에서도 경쟁했다. "대기업"으로 구성되는 것에 대한 정의는 전 세계적으로 다양했다. 합리적인 정의는 기업이 상장될 만큼 충분히 크면 해당 국가에서 "대기업"이 된다는 것이다. 거의 모든 대기업은 작은 규모의 기업으로 시작했다. 작은 규모의 기업은 일반적으로 소유와 통제에 집중되어 있으며 설립자가 소유, 관리 및 통제했다. 많은 작은 규모의 회사는 그들의 기업이 상장될 수 있을 만큼 충분히 커지기를 열망하던 때가 있었는데, 이는 이 회사들이 "해냈다"는 놀라운 특징이 될 것이다. 기업이 커질수록, 창업주 일가는 자금이 부족해질 수 있으므로 외부 주주를 도입하는 것이 필요할 것이다. 창업주 일가는 또한 주요 직책에 아들, 딸, 사위 및 친척이 부족할 수 있으므로 가족이 아닌 전문 관리자를 고용하는 것이 필수가 될 것으로-이론은 다음과 같다. 이 이론은 1932년 로스쿨 교수 아돌프 베를레와 경제학자 가디너 민즈에 의해 "근대 기업과 사유재산"이라는 책으로 처음 출판되었다. 카네기 및 록펠러와 같은 창업주 일가들이 점차 그들의 지분을 줄이고 외부 주주 및 전문 관리자를 도입 한 주요 미국 기업에서의 수십 년의 변형을 일반화하여 베를레와 민즈는 그러한 변형이 불가피하다고 주장했다. 간단히 말해서, 그들의 이론은 기업이 커질수록 소유와 통제의 분리를 예측했다. 만약 창업주 일가들이 가만두지 않는다면? 1983년 경제학자인 유진 파마(2013년 노벨 경제학상 수상)와 마이클 젠슨(실행 전략 11.2 참조)은 소유권과 통제력을 분리하지 못하면 "생존 경쟁에서 기업에 불이익을 주는 경향이 있다"고 주장했다.

질문은 정말인가? 기업 지배구조의 다른 두 가지 주요 형태는 가족 소유와 국가 소유이다. 베를레와 민즈의 이론은 미국(그리고 그보다는 덜하지만, 영국)의 대기업의 진화를 특징짓는 데 좋은 일을 하는 반면에, 결국 나머지 세계의 소유권과 통제 패턴을 잘 설명하지 못했다. 수많은 상장 기업은 계속해서 가족들의 손에 소유권과 통제가 집중되어 있다. 가족 드라마와 음모가 부족하지 않지만, TV쇼 댈러스를 기억하는가? 분명히 가족 소유와 통제는 생존과 번영에 아무런 문제가 없다.

소유권과 지배력이 집중된 대기업들이 끔찍한 실적에 시달릴 것이라는 파마와 젠슨의 예측은 실제로 뒷받침될 수 없다. 한국에서는 유능한 이건희 일가가 이끄는 삼성 그룹이 산업별로 승리해 GDP의 20%를 기여하고 있고, 인도에서는 타타 가문의 손에 있는 타타 그룹이 GDP의 5%를 기여하고 있다. 파마와 젠슨의 예측을 확장하면 일부 대가족 회사는 국내에서 잘 될 수는 있지만, 일단 해외로 나가면 그들은 글로벌 경쟁에서 세계 일류 기업이 되는 데에는 실패할 것이 분명했다. 다시 말해, 이 추측은 반박될 수 있다. 예를 들어, 타타 그룹은 인도 기업의 세계화를 주도하는 기업 중 하나로 부상했다. 영국에서 타타 그룹은 현재 50,000개의 일자리를 지원하는 단일 최대 민간 부문 고용주로, 이는 영국 소유( 및 비가족 관리) 기업 중 누구도 따라올 수 없는 성과이다. 미국에서 월마트, 포드, 맥케슨과 같은 가장 실적이 좋고 가장 큰 회사들 중 일부는 가족 소유 및 통제를 받고 있다. 구글과 페이스북과 같이 새롭게 상장된 첨단기술 기업들은 이러한 전통을 이어왔다.

가족 소유권 외에도, 국가 소유권은 여전히 기업 지배의 경쟁적인 형태로 남아있다. 1980년대와 2000년대 사이에 전 세계적으로 민영화되었음에도 불구하고, 2008-2009년의 대공황 기간 동안, 서구 정부는 병든 기업들을 구제하기 위한 노력으로 수많은 민간 기업들을 국유화하고 국유 기업들(SOEs)로 전환했다. 2020년의 코로나바이러스 발생 기간 동안 일부 서방 정부도 결국 같은 조치를 취했다. 예를 들어, 이탈리아 정부는 2020년 3월에 알리탈리아를 공기업으로 전환했다. 오늘날 국유 기업은 세계 GDP의 약 10%를 차지했다. 선진국에서도 GDP의 5%를 차지했다. 국유 기업들에 의해 부양된 중국은 지난 40년 동안 세계에서 두 번째로 큰 경제가 되었다. 국유 기업은 중국 주식 시가총액의 80%를 차지했다. 그러나 중국만 그런 것은 아니다. 러시아에서는 62%, 브라질에서는 38%, 노르웨이에서는 38%의 수치이다. 국유 기업에는 최대 석유 및 가스 회사(시노펙 등), 최대 통신 서비스 제공업체(차이나모바일), 최대 항만 사업자(두바이항만)가 포함됩니다. 일부 국유 기업은 다국적 기업으로서 전 세계적으로 활동하고 있다. 간단히 말해, 조직 형태로서의 국유 기업은 규모가 크고 성공적일 수 있다.

최근에 공식적으로 보이는 것은 상장된 기업이다. 1997년 미국 상장기업의 수는 8,000개 이상으로 높은 수준에 도달했다. 20년이 지난 현재 그 숫자는 4,400개사에 불과했다. 공공 소유와 관련된 번거로움이 사모펀드의 부상을 촉진했다(클로징 케이스 참조). 기존 기업들은 사기업으로 전환할 수 있지만, 많은 야심찬 새로운 기업들은 아예 상장하려고 하지도 않다. 결과적으로, 현재 기업공개(IPO) 기근이 심각했다. 간단히 말해서, 더 이상 상장은 예전만큼 매력적인 선택이 아니다. 경제학자는 대기업을 어떻게 가장 잘 다스릴 것인가라는 측면에서 세계적인 경쟁에 대해 언급하면서 "기업들이 선택할 수 있는 더 많은 기업 형태를 가지고 있다는 사실을 축하할 충분한 이유가 있다"고 시사했다.

Source: (1)G. Bruton, M. W. Peng, D. Ahlstrom, C. Stan, & K. Xu, 2015, State-owned enterprises around the world as hybrid organiza-tions, Academy of Management Perspectives 29: 92–114; (2)G. Davis, 2016, Can an economy survive without corporations? Academy of Management Perspectives 30: 129–140; (3)P. Duran, M. van Essen, P. Heugens, T. Kostova, & M. W. Peng, 2019, The impact of institu-tions on the competitive advantage of publicly listed family firms in emerging markets, Global Strategy Journal 9: 243–274; (4)Economist, 2012, The endangered public company, May 19: 13; (5)Economist, 2012, The big engine that couldn't, May 9: 27-30; (6)Economist, 2015, Reinventing the company, October 24: 9–10; (7)E. Fama & M. Jensen, 1983, Separation of ownership and control, Journal of Law and Economics 26: 301–326; (8)Flight Global, 2020, Alitalia to be renation-alised under broad emergency decree, March 17: www.flightglobal. com; (9) Fortune, 2016, So long, Wall Street, June 1: 51–57; (10) Y. Jiang & M. W. Peng, 2011, Are family ownership and control in large firms good, bad, or irrelevant? Asia Pacific Journal of Manage-ment 28: 15–39; (11) S. Lahiri, D. Mukherjee, & M. W. Peng, 2020, Behind the internationalization of family SMEs, Global Strategy Journal (in press); (12) M. W. Peng, W. Sun, C. Vlas, A, Minichilli, & G. Corbetta, 2018, An institution-based view of large family firms, Entrepreneurship Theory and Practice 42: 187–205.

**그림 11.3 내외부 지배구조 메커니즘의 글로벌 관점**

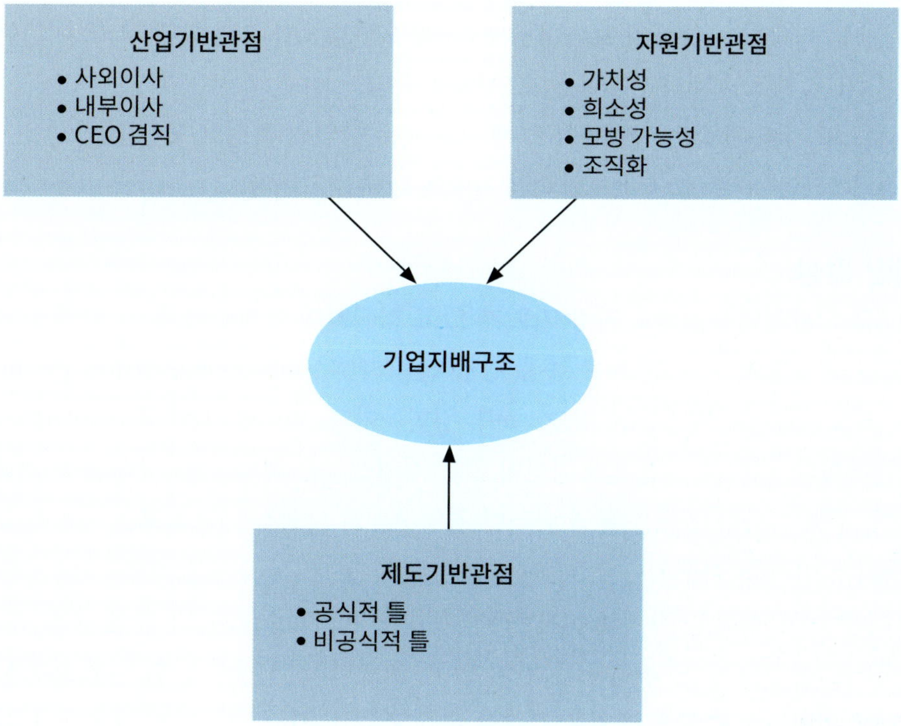


Source: Cells 1, 2, and 4 are adapted from E. Gedajlovic & D. Shapiro, 1998, Management and ownership effects: Evidence from five countries (p. 539), Strategic Management Journal 19: 533–553. The label of Cell 3 is suggested by M. W. Peng.

## 산업 기반 관점

산업의 특성은 때때로 (1)사외이사 (2)내부 소유권 (3)CEO 겸직과 관련하여 일반적으로 널리 받아들여지는 통념에 의문을 제기하는 경우가 있다. 이사회에 더 많은 사외 이사를 두는 것은 종종 성과를 향상하는 관행으로 간주된다. 그러나 이러한 생각은 산업 다양성을 무시한다. (IT와 같이) 혁신 속도가 빨라 상당한 R&D 투자가 필요한 산업에서 사외 이사는 기업 성과에 부정적인 영향을 미치는 경우가 많다. 보다 전략적 통제가 필요한 이들 산업에 대해 이사들이 상세한 지식을 갖는 것이 필요하기 때문이다. 경험이 부족한 사외 이사들은 종종 재무 통제에 초점을 맞추는데, 이는 이들 업계에서는 부적절하다.

또 다른 예로 내부 경영 소유권과 기업 성과 사이의 널리 알려진 긍정적인 연관성이다. 하지만, 그러한 관계는 저성장의 안정된 산업에서는 존재하지 않을 수도 있다. 상대적으로 고성장의 격동적인 산업에서만 이러한 관계가 발견된다. 내부자 소유권의 증가는 경영자들이 더 많은 위험을 감수하는 것을 장려하기 위해 고안되었지만, 아마도 고성장의 격동적인 산업에서 그러한 위험을 수익성 있게 감수할 수 있는 기회가 더 많을 것이다.

세 번째 예는 종종 비판을 받는 CEO 겸직의 관행이다. 큰 혼란을 겪고 있는 산업에서 단일 리더의 존재는 변화하는 상황에 보다 신속하고 통일된 대응을 가능하게 한다. 이러한 이점은 겸직이 가져올 잠재적인 대리인 비용을 초과할 수 있다.

전반적으로 지배 관행은 기업들이 경쟁하고 있는 산업의 특성에 맞는 적합성을 창출해야 한다. 이는 "최선의" 관행에 대한 보편적인 처방에 대해 경고한다.

## 자원 기반 관점

**경영인적자본(managerial human capital)** 최고경영자가 지니고 있는 기술과능력.

기업 지배구조 관점에서 볼 때, 가장 가치가 있고 희귀하며 모방하기 힘든 기업 고유의 자원(VRIO 모형의 처음 세 가지)은 바로 종종 **경영 인적 자본(managerial human capital)**으로 간주되는 최고경영진과 임원들의 기술, 능력, 경험들이다. 이러한 역량 중 국제경험처럼 일부는 매우 독특하다. 이러한 직접적인 경험이 없는 경영진들은 해외 진출 시 많은 어려움을 겪는다. 더욱이, 주로 이사회 연동을 통해 이러한 경영진들의 사회적 네트워크는 가치가 있고 독특하며 모방하기 어려울 것이다.

또 다른 예로, 뉴욕증권 거래소(NYSE)와 런던증권거래소(LSE)와 같은 유명 증권거래소에 성공적으로 상장할 수 있는 능력은 가치 있고, 희귀하고, 모방하기 힘들다. 1997년 뉴욕에 상장된 외국 기업들의 가치는 해외로 진출할 수 없거나 의지가 없는 그들과 같은 나라의 국내 기업들보다 17% 더 높았다. 현재, SOX 법과 같은 장애물에도 불구하고 뉴욕증권거래소에 상장한 선택된 소수의 기업들은 보다 많은 보상을 받는다. 이들 기업들은 같은 나라의 비슷한 기업들보다 기업가치가 37%나 높다. 런던증권거래소에 상장된 외국 기업들은 이렇게 높게 기업가치평가를 받지는 못한다. 이는 전형적인 자원 기반 논리가 작동하기 때문이다. SOX법 시대에, 뉴욕증권거래소에 상장하는 일을 훨씬 더 어렵기 때문에, 이를 할 수 있는 소수의 외국 기업들은 정말로 예외적이다. 따라서 그들은 훨씬 더 높은 가치로 평가받을 자격이 있다.

VRIO 모형에서 가장 중요한 마지막 요소는 O, 조직이다. 경영자들과 임원들은 (최고경영팀과 이사회 내의) 조직적인 틀 안에서 기능한다. 전반적으로 조직의 최고층에 있는 몇 안 되는 사람들이 세상을 변화시킬 수 있다. 애플의 스티브 잡스와 피아트 크라이슬러(Fiat Chrysler)의 세르지오 마르치오네(Sergio Marchionne)가 두 가지 대표적인 예이다. 지배구조 메커니즘은 그들이 긍정적인 결과를 낼 수 있도록 하기 위해서 그들을 동기 부여하고 훈련시킬 필요가 있다.

## 제도 기반 관점

**공식적 제도의 틀(Formal Institutional Frameworks)** 제도 기반 관점은 전 세계적으로

다른 차이점들은 한편으로 공식적인 증권법, 기업 헌장, 지배구조 코드에 의해 영향을 받고, 다른 한편으로 제도로 총칭되는 비공식적인 관습, 규범, 가치에 의해 영향을 받는다고 가정한다. (대부분의) 영미권 기업들의 소유와 경영의 분리와 나머지 다른 국가들에서의 집중화된 소유경영 사이에는 근본적인 차이가 존재한다(실행 전략 11.3 참고). 왜 이런 차이가 존재하는가? 이에 대한 설명은 많지만, 가장 설득력 있는 답이 바로 제도 기반 관점이다. 간략히 말해, 주주들의 법적 권리 특히, 소액주주들의 법적 권리를 보다 공정히 보호하는 미국과 영국의 경우, 기업 설립자 가족들이 자신들의 지분을 낮추어 소액투자자들을 모집하고 일상적인 경영은 전문 경영진에게 맡길 것을 장려된다. 투자자들이 잘 보호되어있기 때문에 (록펠러(Rockefellers) 일가 등과 같은) 기업 설립자 가족 자신 또한 시간이 지나면서 점점 자신이 세운 기업의 소액투자자가 되는 것을 편안하게 느낄 수 있다. 반면, 법적 제도가 제 기능을 다하지 못할 경우, 기업 설립자들은 반드시 기업을 직접 운영해야 한다. 투자자들의 보호 없이 외부 전문 경영진을 섣불리 투입하면 권리 남용이나 횡령이 발생할 수 있다.

주주들을 보호하는 공식적인 법적 제도와 규제가 미약할수록 소유권과 경영권이 더욱 집중화된다는 증거들이 존재한다. 달리 말해, 이들 둘 사이에는 어느 정도 대체관계가 있다. 관습법 국가들의 경우 일반적으로 주주들에 대한 법적 보호가 가장 강하고 기업 소유권의 집중도도 가장 낮다. 이러한 관습법 국가 중, 선진국(호주, 캐나다, 뉴질랜드 등) 보다 신흥국(인도, 이스라엘 등)의 기업이 소유집중도가 더 높다. 요컨대, 집중된 소유와 통제는 주주권에 대한 법적 보호가 충분하지 않은 상황에서 잠재적으로 만연한 본인-대리인 갈등에 대한 해답이다.

하지만, 대주주들에게 좋은 것이 반드시 소액주주들이나 국가 경제에 좋은 것만은 아니다. 앞서 살펴본 바와 같이, 주인-대리인 갈등을 최소화하기 위한 집중화된 소유와 경영은 안타깝게도 보다 많은 주인-주인 갈등을 야기한다. 결국, 많은 잠재적 소액 투자자들은 투자를 거부할 수 있다. "소액주주로서, 어떻게 이용당하는 것을 막을 수 있을까?" 가장 흔한 대답은 "그럼 소액주주자가 되지 말라!"이다. 만약 소액투자자들이 주인-주인 갈등을 알 수 있을 정도로 미리 충분한 정보를 받고 나서도 투자를 결정한다면, 이들은 해당 기업의 일가족이 띄워놓은 주가를 더 낮게 볼 것이다. 예를 들어, 뉴스코퍼레이션의 주가는 "머독 사건(Murdoch discount)"이후 월트디즈니(Walt Disney) 같은 경쟁사들의 실적에 뒤처지게 되었다. 전반적으로 이러한 주인-주인 갈등은 저평가, 상장 기업 숫자의 감소, 자본시장의 축소 및 침체를 불러오며, 나아가 일반적으로 더 낮은 경제성장으로 이어진다.

모든 국가가 역동적인 자본시장 그리고 높은 경제성장률을 지향함을 고려할 때 왜 적극적인 투자자 보호가 보편적으로 이루어지지 않는지 좀처럼 이해할 수 없다. 이것은 기업지배 구조는 결국 정치적 지배구조에 대한 선택이기 때문이다. 대부분의 국가들은 역사적인 이유로 되돌리기 어려운 정치적 선택을 했다. 예를 들어, (직원들이 감사회의 의결권 중 50%를 통제하는) 독일의 공동결정법의 실행은 전후 독일 정부가 내린 정치적 결정의 결과이다. 만약 독일 정부가 영미 스타일의 분산 소유방식을 승인하고 동시에 직원들에게 감사회 내 의결권 중 50%를 통제할 수 있도록 허용한다면, 독일 기업들은 직원들에 의해 지배하는 기업들이 되었을 것이다. 따라서, 독일 기업에서는 집중화된 소유경영이 자연스러운 반응으로 나타난 것이다.

정치적 결정을 바꾸는 것은 불가능한 일은 아니나 상당한 저항에 직면할 것이다. (독일 노조 또는 아시아 가족 경영 등) 기존 체제에서 이득을 보고 있는 현직자들은 싸우지 않고 포기하지는 않을 것이다. 경제를 이끄는 주요 가족 기업들의 일부는 정부와 좋은 관계에 있을 뿐만 아니라 종종 그들이 정부 역할을 하기도 한다. 이탈리아의 실비오 벨루스코니(Silvio Berlusconi), 태국의 탁신 시나와트라(Thaksin Shinawatra)와 잉락 시나와트라(Yingluck Shinawatra), 미국의 도널드 트럼프(Donald Trump)와 같은 최근의 정부 지도자들은 주요 가족 기업 출신이며 이들 나라에서 가장 부유한 사람들 중 하나이다.

큰 사건이 일어날 때만 일부 정치인들은 주요 기업경영 개혁을 시작할 충분한 정치적 의지를 모을 수 있다. (2001년 엔론(Enron)과 같은) 미국에서 일어난 기업 지배구조 스캔들이 SOX 법과 같은 심각한 정치적 개혁을 이끌어 낸 특별한 사건의 한 예이다. 2008년 금융위기로 2010년 도드프랭크법(Dodd-Frank Act)이 제정되면서 사상 처음으로 주주들은 임원 보수에 대해 대리 투표를 할 수 있게 되었다. 즉, "연봉을 결정할 권리"가 주어진 것이다.

**비공식적 제도의 틀(Informal Institutional Frameworks)** 최근 기업지배구조 관련 비공식적 제도와 규범이 급격히 바뀐 이유는 무엇인가? 주주 자본주의 사상이 급격히 확산됨에 따라 (1)자본주의 발전, (2)글로벌화의 영향, 그리고 (3)"모범 사례"의 세계적 확산이라는 세 가지 근본적인 요인을 파악할 수 있다.

첫째, 전 세계의 기업 지배구조의 최근의 변화는 자본주의를 포용하는 정치적, 경제적, 사회적 운동의 일부이다. 냉전 종식 후 자본주의의 승리는 결국 자본가들(주주라고도 알려진)의 승리를 의미한다. 심지어 일부 경제적으로 가장 앞선 선진국들도 심각한 지배구조 실패를 경험했으며, 주주의 가치에 보다 많은 초점을 맞추고 있다.

둘째, 최근 일어나고 있는 글로벌화는 적어도 세 가지 측면에서 기업지배구조와 관련이 있다.

- 더 많은 무역과 투자 덕분에, 서로 다른 지배 규범을 지닌 기업들의 교류가 많아 졌으며 이로 인해 차이점이 부각되고 있다. 따라서 대안이 많아진 주주들과 경영진과 입법자들은 "우리의 방식"이 기업 지배구조의 최선의 방법이라는 말에 더 이상 쉽게 설득되지 않는다.
- 해외간접투자(foreign portfolio investment, FPI), 즉, 주식과 채권을 매입하는 외국인들이 새로운 수준으로 늘어났다. 이 투자자들은 당연히 자금을 투자하기 전에 보다 엄

**해외간접투자 (foreign portfolio investment, FPI)** 어떤 국가의 주식과 채권을 외국인들이 매입하는 것.

격한 투자자 보호를 요구한다.

- 자본에 대한 세계적인 갈증으로 인해 많은 기업들은 지배구조에 관심을 기울이게 되었다. 뉴욕 및 런던에 상장된 외국 기업들은 미국 및 영국의 상장 조건을 준수해야만 한다.

셋째, 변화하는 규범과 가치 또한 기업지배구조 코드의 형태로 "모범 사례"가 세계적으로 확산됨으로써 직접적으로 촉진된다. 이러한 표준들은 권고사항이고 법적 구속력은 없다. 그러나 기업들이 "자발적으로" 따르도록 하는 강력한 압박이 존재한다. 러시아에서는 기업 행동 강령을 채택하는 것은 자발적이지만 이 강령을 채택하지 않는 기업 들은 공개적으로 그 이유를 설명해야 하며 결국 이름을 밝혀지고 망신을 당하게 된다. 경제협력개발기구(Organization for Economic Cooperation and Development, OECD)는 OECD 기업지배구조 원칙(Principles of Corporate Governance)을 통해 "베스트 프랙티스"를 세계적으로 확산하기 위한 노력을 주도하고 있다. 이 원칙들은 34개 OECD 회원국에조차도 구속력이 없다. 그럼에도 불구하고, 세계적인 규범들은 이 원칙을 향해 나아가고 있는 것처럼 보인다. 중국과 대만은 OECD 회원국이 아님에도 불구하고 최근 이 원칙의 한 페이지를 받아들여 주주들의 집단소송을 허락했다.

그러나 분명하게 천천히 변화의 분위기가 두드러지고 있다. 하지만 변화가 반드시 한 방향으로만 이루어지는 것은 아니다. 2008년 글로벌 금융위기와 2020년 COVID-19 대유행의 맹렬함은 경영진들의 엄청난 보수, 소득 불평등에 대한 엄청난 반발을 불러왔다. 2011-2012년 월가 점령 운동(Occupy Wall Street)과 런던 점령 운동(Occupy London)과 같은 시위 운동은 공식적인 규제 변화를 촉발하거나 심화시킨 비공식적 정서의 변화를 구체적으로 보여준다.

## 논쟁과 확장

기업 지배구조는 종종 격렬한 논쟁을 불러일으킨다. 사실 주주 자본주의 개념 자체가 이해관계자 자본주의 개념과 충돌하며 이는 12장에서 다룰 거대한 논쟁이다. 여기에서는 앞에서 다루지 않았던 네 가지 주요 논쟁에 대해 살펴본다.

### 논쟁 1: 기회주의적 대리인과 경영 관리인

대리인 이론은 경영자들은 면밀한 감시를 받지 않으면 자기 마음대로 할 수 있는 기회주의적 행동을 하는 대리인들이라고 가정한다. 그러나 비평가들은 대부분의 경영자들이 성실하며 신뢰할 수 있다고 주장한다. 경영 실수는 능력이나 정보 또는 운이 부족해서 일어날 수 있지만, 반드시 자신의 이득을 채우기 위한 동기 때문만은 아니라는 것이다. 따라서, 모든 경영자가 기회주의적 대리인이라고 특정하는 것은 공정하지 않을 수 있다. 대리인 이론은 매우 영향력 있는 이론이지만, "경영자에 반하는 경영이론"이라는 비판을 받아왔다. 최근 "경영자를 위한" 이론인 **청지기 이론(stewardship theory)**이 등장했다. 이 이론은 대부분의 경영자는 기업 소유자들의 청지기로 볼 수 있음을 시사한다. 주주의 이익을 보호하고 조직의 목표를 높이는 행위를 극대화하는 것이 (대부분의) 경영진들의 고유의 효용 기능이라는 것이다.

**청지기 이론(stewardship theory)** 대리인을 소유자의 이해를 지켜주려는 관리인으로 간주해야 한다는 주장.

만약 모든 주인들이 경영진을 이기적인 주체로 보고 "엄격한 통제하에" 둔다면, 자신이 관리인이라고 믿었던 청지기들은 실망감에, 대리인 이론에서 최소화하려는 이기적인 행동을 저지를 지도 모른다. 즉, 자기실현적 예언으로 대리인 이론은 그러한 이기적 행동을 유발시킬 수도 있다. 한 라디오 방송국의 경영자는 다음과 같이 썼다:

> *저는 제 경력에서 두 개의 라디오 방송국을 운영해 왔습니다. 첫 번째 방송국의 소유주는 제가 달성해야 할 지표와 목표를 저에게 주었습니다. 그는 어떻게 그 목표를 달성할 것인지에 대한 전략을 제게 맡겼습니다... 저는 오랜 시간을 들였고, 결과에 대해 전적으로 책임감을 느꼈습니다. 저는 소유주의 청지기였습니다.*
>
> *제 두 번째 방송국에서는 극도로 의심이 많고 세심하게 관리를 하는 소유주가 있었습니다. 제가 내린 모든 결정은 그녀의 승인을 받아야 했습니다. 그녀는 제가 직원 회의에서 한 말을 "확인"하기 위해 제 부하 직원들에게 전화하곤 했습니다... 임기 초기에, 저는 제 자신을 청지기로 보았고, 베스트 프랙티스를 시행하기 위해 매우 열심히 노력했습니다. 마침내, 저는 너무 엄격한 통제에 좌절했고, 제가 평소에 하고 싶은 일에 주도적으로 나서지 않기 시작했습니다... 제가 대리인으로 취급을 받았을 때, 시간이 흐른 후 저는 대리인 이론이 피하고자 하던 종류의 경영자가 되었습니다.*

## 논쟁 2: 세계적 수렴과 분산

전 세계적으로 기업 지배구조는 수렴되고 있는가, 아니면 분산되고 있는가? 수렴 옹호자들은 기업들이 세계적으로 인정된 (근본적으로 영-미의) 방식들을 받아들이게 될 것이므로 세계화의 "적자생존" 과정이 촉발될 것이라고 주장한다. 글로벌 투자자들은 영미 스타일의 기업지배구조를 택한 기업들의 주식을 사는데 기꺼이 프리미엄을 지불하기 때문에 다른 기업들도 이에 따르게끔 한다.

수렴 옹호자들이 종종 언급하는 흥미로운 현상은 바로 **교차상장(cross-listing)**으로, 외국 증권거래소에 주식을 상장하는 것을 의미한다. 교차상장은 보다 큰 자본을 끌어들이기 위해 사용된다. 따라서 외국 기업들은 미국이나 영국의 증권 관련 법들을 준수하고, 영-미식 지배구조 규범을 채택해야만 한다. 미국이나 영국에 상장하는 것은 주주 가치를 강화하겠다는 기업의 의

**교차상장(cross-listing)** 기업을 외국 증권 거래소에 상장하는 것.

지를 보여주는 신호로 간주되며 결과적으로 기업의 가치가 높게 평가된다.

비평가들은 기업 지배구조가 계속해서 전 세계적으로 분산될 것이라고 주장한다. 예를 들어, 더욱 집중화된 소유경영을 촉진하는 것이 주인-대리인 갈등이 일어나는 미국과 영국 기업에게 대안책으로 꼽히고 있다. 그러나 기업을 개혁하고자 하는 다른 국가들에도 이를 똑같이 추천하는 것은 역효과를 내거나 심지어 재앙적일 수도 있다. 이는 지배 주주들이 이미 지나친 소유권과 경영권을 지니고 있다는 것이 주된 문제이기 때문이다. 마지막으로, 일부 미국과 영국의 방식은 서로 상당히 다르다. 앞서 논의된 CEO의 겸직에 대한 서로 다른 입장(영국은 반대, 미국은 찬성) 이외에도, 미국에서 흔히 행해지는 ("포이즌 필"과 같은) 경영권 인수 반대 행위들은 영국에서 모두 불법이다.

교차상장 기업의 경우, 분산 옹호자들은 두 가지 주장을 제시한다. 첫째, (보다 많은 외부이사를 영입하는 것과 같이) 문서상 수렴된 결과에도 불구하고, 교차상장 외국계 기업들은 상장 전후로 반드시 미국의 지배구조 규범을 채택하지는 않는다. 둘째, 미국과 영국의 증권 관련 법이 교차 상장된 외국 기업에도 적용될 것이라는 통념에도 불구하고 실제로는 이러한 법률들이 해외 기업들의 터널링을 효과적으로 시행된 적이 거의 없다.

오늘날 완전한 분산은 특히 글로벌 투자자들로부터 자본을 찾고 있는 대기업에게는 비현실적이다. 완전한 수렴 또한 가능성이 없어 보인다. 보다 가능성이 있어 보이는 것은 글로벌 투자자들과 국내 이해관계자들의 기대에 균형을 맞추는 "교차 수렴(cross-vergence)"이다.

## 논쟁 3: 복수 이사들의 가치와 오명

대부분의 사외이사들이 한 이사회에서 근무하기 때문에 복수의 이사직을 가진 개인 즉, 수천 명의 이사들 중 내부 써클 또는 기업 엘리트로 알려진 수십 명의 사람들은 언제나 소수에 불과하다. 이러한 개인에게 복수 이사직은 기업 및 사회(때로는 정치) 부문에서 사회적 연결, 비즈니스 인텔리전스 및 개인적 위신을 제공한다. 기업의 경우, 이사회 연동(board interlock)은 기업 및 사회 (그리고 아마도 정치적인) 네트워크, 전문 지식, 합법성에 대한 접근을 확보하는 데 도움이 된다. 결과적으로 복수의 이사직을 보유한 개인은 더 많은 이사회에 참여할 수 있도록 인기있는 후보자가 될 가능성이 특히 높다. 1974년 90명의 이사들이 미국 기업에서 각각 5개 이상의 이사직을 가지고 있었다. 1994년에는 각각 75명이 5개 이상의 미국 이사회에서 근무했다. 수많은 연구에 의해 입증된 바에 따르면, 그러한 내부 서클의 존재는 미국과 다른 지역의 기업 지배구조 지형의 지속적인 특징인 것처럼 보였다.

하지만, 미국에서는 복수 이사직의 가치는 대체로 20세기의 현상이었고 21세기의 첫 20년 동안 복수의 이사회에서 일하는 것이 오명을 낳을 수 있다는 것이 밝혀졌다. 두 가지 발전이 나타난다. 첫째, 이사들이 "그들의 일을 해야 하는" 필요성이 높아진 것을 고려할 때, 단순히 말

그대로 여러 이사회에서 일하는 것은 부주의의 증거가 된다. 그들은 너무 많이 몸을 뻗음으로써 너무 가늘어져 “도를 넘게(overboarded)” 되었다. (엔론과 같은) 21세기 초의 금융 스캔들과 그에 따른 대중의 격렬한 항의는 이사들에게 책임감을 가지도록 강요했다. 2004년부터, 이사들이 선임될 때 그들의 주식을 어떻게 투표하는지에 대해 기관 투자가들에게 조언을 하는 영향력 있는 대리자문(컨설팅) 회사인 기관 주주 서비스(Institutional Shareholder Services, ISS)는 6개 이상의 공기업 이사회에서 근무한 비 CEO급의 이사들은 추천하지 않는다. 둘째, CEO의 경우, ISS는 사외이사직의 추천 수를 둘로 줄였다. CEO의 일이 점점 더 까다로워짐에 따라 CEO들은 분명 자기의 회사에 가장 주의를 기울여야 한다. 전반적으로 CEO와 비 CEO로 모두로 이루어진 연줄이 튼튼한 이사들을 임명하는 것을 선호하는 비공식적인 규범이 바뀌었다. 일부 기업들은 그 회사의 이사가 수용할 수 있는 사외 이사직의 숫자의 최대한도를 공식적으로 제정했다. 뱅크오브아메리카(Bank of America), GM, 알트리아(Altria)는 각각 자사의 이사들에게 5개, 4개, 3개 이상의 다른 상장 기업 이사회에서 일할 수 없도록 제한한다. 요약하면 복수의 이사직과 관련된 일부 오명이 있다는 것이다.

결과적으로 20세기에 미국 이사회 연동 네트워크에 대한 많은 것들이 21세기에는 더 이상 사실이 아니다. 이러한 네트워크는 연결이 현저하게 감소했다. 기업들은 ISS 및 다른 대리 자문가들의 분노를 사는 것을 두려워하기 때문에 이제 세 명 이상의 이사직을 가진 사람들이 한 명의 이사직을 가진 사람들보다 새로운 이사회에 초대될 가능성이 낮아졌다. 따라서 다른 대리 자문가들의 분노를 사는 것을 두려워하기 때문에 이제 세 명 이상의 이사직을 가진 사람들이 한 명의 이사직을 가진 사람들보다 세 이사회에 초대될 가능성이 낮아진다. 따라서 복수 이사직의 가치는 하락했다. 2012년에는 렌셀레어 폴리테크닉 인스티튜트(Rensselaer Polytechnic Institute)의 사장인 셜리 잭슨(Shirley Jackson) 단 한 사람만이 다섯 개의 S&P 500 기업 이사회에서 근무했는데 그녀는 기업 경력이 없었다.

복수 이사직의 감소와 그에 따른 미국 이사회 연동 네트워크의 연결성의 감소가 사회에 유익한 것인지 여부는 여전히 논의되고 있다. 새로운 발전의 첫 번째 “피해자” 중 하나는 수십 년에 걸쳐 축적되어 “사실”로 받아들여지는 미국의 이사회 연동의 본질에 대한 우리의 이해이다. 훨씬 이전의 조짐들은 새로운 시대에 더 이상은 유지되지 않을지도 모른다. 네트워크 중심성이 높은 개인에게 유리한 네트워크 이론은 상당한 수정이 필요해 보인다. 또 다른 “피해자”는 기업 엘리트들일 수 있다. 주주 자본주의의 압력으로 인해 CEO들은 고용 안정성을 잃고 생존을 위해 고군분투했다. 그들은 이전처럼 다른 회사의 이사회에서 일할 시간도 에너지도 없다. CEO가 아닌 이사들은 너무 인기가 많으면 그들의 인기를 잃게 될 것이다. 20세기 대부분의 시기에 기업 엘리트들은 고도로 집중되어 있었고 정치적으로 온건했다. 하지만 미국 사회는 정치적으로 온건한 이익 집단인, “강력한 합의를 구축하며 정치적으로 온건한 이익 집단”을 잃어버렸을 수도 있다. 더욱 분열된 정치와 가진 자와 못 가진 자들 사이의 고조된 사회적 갈등과 관련이 있는가?

## 논쟁 4: 국가 소유와 민간 소유

민간 소유는 좋다. 국가 소유는 나쁘다. 비록 거칠기는 하나 이 두 논의는 지난 1980년부터 2008년까지 약 30년간 전 세계에서 민영화 추세 이면의 지적, 그리고 정치적 논리를 상당히 정확하게 포착하고 있다. 표 11.4에는 이들의 주요 차이점을 간략히 살펴볼 수 있다. 분명, 두 가

### 표 11.4 민간소유 vs. 국가소유

| | 민간소유 | 국가소유 |
|---|---|---|
| 기업의 목표 | • 자본가인 개인 소유주에 대한 이익의 극대화(그리고 기업이 상장되는 경우 주주 의 가치를 극대화) | • 모든 이해관계자를 위한 "공정한" 거래를 위한 최적의 균형. 이익극대화하는 것이 기업의 유일한 목표가 아니며, 일자리를 보호하고 사회불안을 최소화하는 것이 정당한 목표임 |
| 기업의 설립 | • 기업가, 소유자 및 투자자가 진입을 결정 | • 정부 관료가 진입을 결정 |
| 기업의 자본조달 | • 사적 출처에 의한 자본 조달(그리고 기업이 상장되는 경우 주주로부터 자본이 조달됨) | • 국가에 의한 자본조달(예를 들어 정부가 소유하거나 통제하는 직접 종속 기업이나 은행) |
| 기업의 유동성 | • 퇴장은 경쟁에 의해서 강제됨 기업은 파산 선고를 하거나 재정적으로 부실해지면 인수함 | • 퇴장은 정부 관료에 의해서 결정됨 "너무 큰 실패"로 간주되는 기업은 세금으로 무기한 지원 됨 |
| 경영진 임명 및 해고 | • 소유주와 투자자가 실적을 바탕으로 경영진 임명 | • 경영진 임명은 정부 관료에 의해서 이루어지며 기준이 경제적 가치가 아닐 수도 있음 |
| 경영진 보상 | • 경영진 보상은 경쟁적인 시장세력에 의해서 결정됨<br>• 경영자들은 민간 소유인 경우 더 많은 보수를 받는 경향이 있음 | • 경영자 보상은 대중의 눈에 보이는 공정성과 합법성을 고려하여 정치적으로 결정됨<br>• 경영자들은 민간 소유인 경우보다 적은 보수를 받는 경향이 있음 |

Sources: (1)M. W. Peng, 2000, Business Strategies in Transition Economies (p. 19), Thousand Oaks, CA: Sage; (2)M. W. Peng, G. Bruton, C. Stan, & Y. Huang, 2016, Theories of the (state-owned) firm, Asia Pacific Journal of Management 33: 293–317.

지 소유권의 형태 모두 고유의 장단점이 있다. 따라서 어떤 소유 형태가 더 나은지에 대한 논쟁은 장점이 단점을 능가하는지에 대한 것으로 더 잘 표현된다(실행 전략 1.3 참고).

민간 소유와 국가 소유에 대한 논쟁은 20세기 세계 경제 발전의 많은 부분을 뒷받침했다. 대공황(The Great Depression, 1929-1933)은 사유제 중심의 자본주의의 실패로 널리 여겨졌다. 그 결과, 2차 대전 후 수십 년간 국영기업은 늘어났으며 민영기업은 감소했다. 국영기업은 구 동구권(구 소련, 중부 및 동유럽, 중국, 베트남, 쿠바) 전체에 걸쳐 광범위하게 퍼졌을 뿐 아니라 서유럽의 선진 경제 전반에 걸쳐 폭넓게 수용되었다. 1980년대 초까지 영국, 프랑스, 이탈리아와 같은 서유럽 주요 국가의 GDP의 거의 절반이 국영기업에 의한 것이다.

이전 동구권과 서유럽 전역의 경험은 국영기업들이 대체적으로 책임성 부족과 경제 효율성 부족으로 어려움을 겪고 있다는 것을 보여주었다. 국영기업들은 경영진과 일반 종업원 간에 비교적 동등한 보수를 제공하는 것을 특징으로 하는 것으로 알려져 있다. 초과 근무가 초과 수당으로 직결되지 않기 때문에 직원들은 그들의 업무의 질과 효율성을 높이기 위한 유인이 거의 없었다.

영국의 수상 마거릿 대처(Margaret Thatcher)는 1980년대에 많은 주요 영국 국영기업들을 민영화시켰다. 곧이어 구 소련과 중부 및 동부 유럽 전역에서 국영기업들의 민영화가 뒤따랐다. 마침내, 민영화 운동은 세계적이 되어 브라질, 중국, 인도, 멕시코, 베트남 그리고 아프리카의 대부분의 국가에까지 도달했다. 적지 않은 부분에서 그러한 세계적 움직임은 **워싱턴합의(Washington Consensus)**를 통해 워싱턴 기반을 둔 국제 기구인 국제통화기금(International Monetary Fund, IMF) 그리고 세계은행(World Bank)에 의해 적극적으로 장려되었다. 워싱턴합의의 핵심은 국영기업 대비 민영기업의 우월성에 대한 의심할 여지 없는 맹신이 특징이다. 널리 퍼진 민영화 바람은 워싱턴합의가 확실히 승리했음을 시사했다. 적어도 그렇게 보였다.

**워싱턴합의(Washington Consensus)**
워싱턴에 기반하고 있는 두 개의 기구인 국제통화기금(IMF)과 세계은행(WB)이 주도하는 견해로 경제 정책 결정에 있어서 국가 소유 대비 사적 소유의 우월성에 대한 확실한 믿음에 초점을 맞춘 견해.

그러나 2008년 진자의 추는 갑자기 거꾸로 움직였다(1장 참고). 전례 없는 대공황 시기에 미국을 주축으로 한 선진국들의 주요 정부들은 공적 자금을 사용하여 실패한 수많은 민영기업을 구제하여 국영기업으로 전환시켰다. 결과적으로 민영기업과 "자유시장"을 외치는 자본주의에 찬성하는 이론들은 무너졌다. 국영기업이 그렇게 끔찍한 평판(본질적으로 "금기어")을 가지고 있었기 때문에, 미국 정부는 국영기업을 가지고 있다는 것을 인정하는 것을 거부했다. 그 대신, 미국 정부는 그들 기업을 "정부 후원기업(government-sponsored enterprises, GSEs)"이라고 부른다.

개념적으로, 국영기업과 정부 후원기업의 차이는 무엇인가? 거의 없다! 표 11.4의 오른쪽 열에 나타나 있는 항목은 20년 전에 발표된 중국과 러시아의 개혁 이전의 "고전적인" 국영기업에 대한 연구에 기초한다. 이 항목은 또한 정부 후원기업을 운영하고 있는 선진국 내 상황을 정확하게 요약하고 있다. 예를 들어, 민영기업 구제 정책의 주된 공식적 목표 중 하나는 고용 안정성 유지이다. 구제 결정은 정부가 내리며 GM과 같이 명백히 좌초된 일부 기업들은 "파산하기엔 너무나도 큰" 기업으로 간주되어 납세자들의 돈으로 구제를 받았다.

한 가지 중요한 우려는 경제를 살리고 고용 안정성을 지키고 경기후퇴와 맞선다는 고귀한 명분에도 불구하고 정부의 규제안은 사람들과 조직(기업과 정부 포함)이 그들의 행동에 대해 전적인 책임을 지지 않아도 된다는 점에서 무책임한 **도덕적 해이(moral hazard)**를 높이는 역할을 한다는 것이다. 달리 말해, 실패의 위험이 없는 자본주의는 사회주의가 된다. 국영기업들의 경영진들이 그들의 손실을 메우기 위해 국가의 언제나 금고에 손을 집어 넣을 수 있어 "약한 예산 제약(soft budget constraint)"을 직면한다는 것은 알려진 지 오래다. 민영기업들의 경영자들은 실패할 수 있는 위험한 결정을 언제나 내릴 수 있지만 그들의 회사들이 너그러운 구제 금융 덕분에 파산하지 않는다면, 그들은 미래에 보다 더 큰 위험이 있는 정책을 추진할 가능성이 있다.

**도덕적 해이(moral hazard)**
사람들과 조직(기업과 정부 포함)이 자신들의 행동에 대해 완전히 책임을 지지 않아도 된다는 것.

워싱턴합의의 잿더미에서 국영화와 정부 개입에 중점을 둔 **베이징합의(Beijing Consensus)**가 등장했다. 국영기업을 기반으로 중국경제는 세계에서 두 번째로 큰 경제로 성장했다. 하지만 중국은 혼자가 아니다. 이 글을 쓰는 현재, 포춘 글로벌(Fortune Global) 500에서 수익이 가장 큰 상위 10개 기업 중 다섯 개가 국영기업이다. 그들은 중국의 시노펙(Sinopec, 2위), CNPC(4위), 국가 전력망공사(State Grid, 5위), 사우디아라비아의 사우디 아람코(Saudi Aramco, 6위), 독일의 폭스바겐(Volkswagen, 8위)이다. 일부 국영기업들은 대형화되고 수익성이 높아졌지만 대다수는 계속 비효율적이다. 중국 국영 기업의 "힘(muscle)"에 대한 논란에도 불구하고 그들의 자산수익율(ROA)는 간신히 3%이다. 요약하자면, 일부 국영기업은 잘 하고 대부분은 그럭저럭 해 나가고 있지만 그들이 곧 사라질 것 같지는 않다.

**베이징합의(Beijing Consensus)**
경제 정책 결정에서 국가 소유에 대한 사적 소유의 우월성에 대한 믿음을 가지고 있는 워싱턴 합의(Washington Consensus)에 대해 의문을 가지고 있는 견해로, 종종 중국 정부의 입장과 관련이 있음.

## 현명한 전략가

기업지배구조에 있어, 현명한 전략가는 세 가지 전략적 함의들을 활용한다(표 11.5). 첫째, 보다 나은 지배구조 메커니즘을 만들기 위해 주인-대리인 및 주인-주인 갈등을 이해한다. 예를 들어, 사모펀드의 등장은 일반적으로 상장기업에서 주로 발견되는 주인-대리인 갈등에 대한 직접적인 대응이다. 놀랍게도, 사모펀드는 일반적으로 동일한 자산을 관리하는 동일한 경영진를 훨씬 더 효과적으로 성과를 내게 한다(클로징 케이스 참고). 주인-주인 갈등 완화를 위한 메커니즘 측면에서 최대 지배 주주들의 권한을 감시하고 제한할 수 있는 두 번째의 지배 주주들을 도입하는 것이 해결책이 될 수 있다.

둘째, 현명한 전략가들은 지배구조 차원을 차별화할 수 있는 기업 고유의 역량을 개발해

### 표11.5 실행을 위한 전략적 함의

- 더 나은 기업지배구조 메커니즘을 만들기 위해 주인 대리인 갈등과 주인--주인 갈등을 이해
- 기업지배구조 차원에서 기업을 차별화 할 수 있는 기업 특유 역량을 개발
- 기업지배구조에 영향을 미칠 수 있는 규정을 이해하고 변화를 예측

야 한다. 인도에서는 대표적인 IT 기업인 인포시스(Infosys)가 좋은 예로 부상했다. 인포시스는 인도 기업 중 최초로 미국의 일반회계원칙(Generally Accepted Accounting Principles, GAAP)을 따랐으며 최초로 모든 직원에 대한 스톡옵션을 제공하였고, 최초로 사외이사 체제를 도입한 회사 중 하나이다. 1993년에 뭄바이에 그리고 1999년 나스닥(NASDAQ)에 상장한 이후, 인도와 미국 모두에서 요구하는 공개요건을 훨씬 뛰어넘었다. 인포시스는 나스닥에서 덜 엄격한 외국 기업 대상이 되지 않고 자발적으로 미국 국내 기업처럼 활동한다. 주된 이유는 서양의 고객들로부터 신뢰를 얻기 위해서이다. 즉, 우수한 지배구조 관행은 인포시스를 제품 시장 경쟁에서 두각을 나타나게 한다.

셋째, 현명한 전략가는 공식적 그리고 비공식적인 규칙들을 이해하고 변화를 예측하며 준비해야 한다. "경영진의 연봉을 결정할 권리"가 투자자들에게 주어진 첫 해(2011년)에 S&P 500대 기업 최고경영자들의 평균 보수는 840만 달러로 35%나 급등했다. 전체 상장 기업 중 2% 미만의 주주들만 경영진의 보수에 반대했을 뿐 CEO의 보수를 대폭 늘리는 이러한 관행은 규정에서 벗어나는 것은 아닌, "보수에 대한 발언"을 촉발시킨 도드-프랭크 법안(Dodd-Frank Act)의 취지에서 벗어나는 것처럼 보였다. 결과적으로, 더 엄격한 규정이 도입될 것으로 보인다.

전반적으로 기업 지배구조를 잘 이해하는 것은 전략에 있어서 네 가지 근본적인 질문에 대한 해답을 얻는데 도움이 될 수 있다. 첫째, 기업들은 왜 서로 다른가? 기업들은 산업 특징이 서로 다르며, 경영자들에게 동기를 부여하고 훈육하는 역량이 서로 다르며, 제도적 틀이 서로 다르기 때문에, 기업들은 기업 지배구조가 서로 다르다. 둘째, 기업은 어떻게 행동하는가? 기업지배구조에 있어서 전 세계 대부분의 기업이 동일한 요소(소유자, 경영진 그리고 이사회)로 운영되는 것을 감안한다면 기업들의 차이는 자사의 목표를 위해 이 요소들이 서로 어떻게 상호작용하는가에 달려 있다. 셋째, 기업의 범위는 무엇이 결정하는가? 기업지배구조 관점에서 볼 때, 기업의 확장은 경영진들의 제국건설 및 위험 감소 행동으로 볼 수 있다. 마지막으로, 무엇이 전 세계 기업의 성공과 실패를 결정하는가? 비록 아직 명확한 연구결과가 나오지는 않았지만, 장기적인 관점에서 볼 때 보다 효율적으로 경영되는 기업이 더 낮은 자본 비용과 더 나은 기업 성과로 보상을 받을 것이라고 믿을만한 이유가 있다.

## Closing Case　Emerging Markets Ethical Dilemma

### 사모펀드 챌린지

점심으로 버거킹을 들고, 니만마커스에서 쇼핑을 하고, 아웃백 스테이크하우스에서 저녁을 먹고, 버드와이저를 즐기고, 힐튼 호텔에 체크인하고, 티센크루프에서 만든 엘리베이터를 타고, 델 노트북을 켜고, 잠들기 전에 Weather Channel을 시청하면서 사모펀드의 세계를 떠난 적이 없다. 사모펀드는 기업 지배구조에서 가장 인기 있고 가장 논란이 되는 유행어 중 하나이다. 사모 펀드 회사는 종종 실적이 저조한 상장 회사를 증권 거래소에서 빼내고, 상당한 부채를 추가하고, 현직 관리자에게 달콤한 "당근"을 던지고, 모든 "불필요한 부분"(일반적으로 해고를 통해)을 정리했다. 사모펀드 회사는 (1)수수료와 (2)새로운 기업공개(IPO)를 통해 사모회사를 다시 공개할 때 거둔 이익으로 보상을 받다.

사모 펀드는 1980년대에 처음 등장했으며, 1988년 Kohlberg Kravis Robert(KKR)가 RJR Nabisco를 250억 달러에 인수하면서 절정에 달했다. KKR이 주주 가치를 파괴하는 부적합한 관리자들을 징계하는 동안, KKR을 탐욕스럽고 야만적인 약탈자로 묘사한 베스트셀러 책 Barbarians at the Gate에서 굳어진 엄청난 비난을 받았다.

RJR Nabisco 거래 이후, 사모펀드 산업은 1990년대에 정체되었다. 그러나 2000년대 들어 사모펀드가 다시 상승했다. 1991년에는 57개의 사모펀드 회사만 존재했다. 2007년에는 700건에 가까운 추적 거래가 있었다. 이제 3,500개 이상의 회사와 1조 달러 이상의 "드리이파우더"(거래를 찾기 위해 사용하지 않은 현금)가 있는 3조 달러 규모의 산업이 되었다. 사모펀드 거래는 이제 전 세계 모든 인수합병(M&A)의 25%(미국의 35%)를 일상적으로 차지했다. 2007년 사모펀드 회사인 Cerberus는 DaimlerChrysler(현 Daimler)로부터 74억 달러에 Chrysler를 인수했다. 같은 해에 APAX Partners는 뉴욕과 토론토에 상장된 Thomson Corporation(현재 Thomson-Reuters)에서 이 책의 출판사(이름을 Cengage로 변경)인 Thomson Learning을 인수하는 데 77억 5천만 달러를 지출했다. 그러나 사모펀드는 2008-2009년의 대공황 동안 엄청난 후퇴를 겪었다. 2006-2007년의 쉬운 신용 환경에서 체결된 많은 거래가 무너졌다. 2007년에 기록적인 430억 달러의 거래에서 텍사스 퍼시픽 그룹(현 TPG)과 KKR은 댈러스에 기반을 둔 유틸리티 TXU(현 Energy Future Holdings)를 공동으로 인수했다. 그러나 2011년까지 KKR은 투자 가치를 달러당 10센트로 평가했다. 보다 최근에는 사모펀드가 새로운 차원으로 확장되어 일상적으로 수십억 달러 가치의 거래를 수행했다.

논란의 여지가 있지만 사모펀드는 공기업의 기업지배구조 결핍에 대한 대응책이다. 사모펀드는 4가지 면에서 탁월했다.

- 개인 소유주는 분산된 개별 주주와 달리 투자 수익에 대해 깊은 관심을 가지고 있다. 사모펀드 회사는 항상 전문가를 이사회에 파견하고 관리에 직접 참여했다.
- 높은 수준의 부채는 낭비를 최소화하기 위해 강력한 재정 규율을 부과했다.
- 사모 펀드는 관리자를 대리인에서 사장으로 전환하여 상당한 형평성을 가지고 있다 (일반적으로 CEO의 경우 5%, 최고 경영진 전체의 경우 16%). 사모펀드 회사는 관리자에게 더 관대하게 지불하지만 실패에 대한 처벌도 더 많이 받는다. Michael Jensen(전략 실행 11.2 참조)에 따르면 개인 소유 기업의 관리자 보상은 공개 상장 기업보다 성과에 20배 더 민감했다.
- 사모펀드는 동일한 자산을 관리하는 동일한 관리자가 훨씬 더 효율적으로 업무를 수행할 수 있도록 했다. 평균적으로 생산성과 효율성이 2% 향상된다.

마지막으로 프라이버시가 환상적이다. 관리자의 경우 더 이상 월스트리트의 분기별 "수치를 충족"해야 하는 단기적인 부담, 규제 기관의 부담스러운 서류 작업(SOX 및 Dodd-Frank 법률 덕분에 특히 부담이 됨), 더 이상 그들의 급여에 대한 극도의 세부 사항("뚱뚱한 고양이"라는 레이블

## Closing Case *(Continued)*

이 붙는 불가피한 초대) 등 개인 소유의 최고 관리자는 실제로 더 뚱뚱한 고양이이다. 더 많은 경영자가 더 조용하지만 훨씬 더 수익성 있는 삶을 선호했다는 것은 놀라운 일이 아니다. 1997년에는 8,000개 이상의 회사가 미국 증권 거래소에 상장되었다. 2017년에는 사모펀드 덕분에 4,400개 이상만 상장에 골인했다.

비평가들에 따르면 위의 모든 것이 사모펀드의 문제점이다. 사모펀드는 "야만인" 외에 "자산 스트리퍼" 및 "메뚜기"로 분류되기도 했다. 공기업의 고위 임원 보수가 이미 큰 논란거리가 되면서 사모펀드는 상위 1%와 나머지 99%의 고액 재무자와 최고 관리자 사이의 소득 불평등을 더욱 심화시켰다.

본질적으로 글로벌한 사모펀드는 빠르게 확산되어 중국, 한국, 아랍에미리트와 같은 신흥 경제국과 유럽의 선진국에 도달했다. 소란의 일부는 갑자기 영국식 사모펀드의 전면적인 엄격함에 직면한 국가들의 충격을 반영했다. 독일에서 일부 정치인은 외국 사모펀드 그룹을 "독일 기업을 토해내기 전에 이익을 위해 만찬을 즐기는 메뚜기"로 분류했다. 한국에서 달라스의 Lone Star Funds는 2003년 처음에 곤경에 처한 한국 기업을 구하려는 용감한 외부인으로 환영받았다. 그러나 2006년 론스타가 외환은행 지분 51%를 매각해 현금화하려 했을 때 노조가 거리로 나서 항의했고 검찰은 금융조작 혐의로 공동 창업자를 체포하는 영장을 발부했다. 그러나 시간이 지남에 따라 사모펀드는 많은 국가에서 기업 지배 구조의 일부로 받아들여졌다. 초기 저항에도 불구하고 독일은 최근 유럽에서 가장 인기 있는 사모펀드 거래 대상이 되었으며 2019년에는 사상 최고치인 320억 달러에 도달했다. 2020년에 엘리베이터 사업부를 Advent International과 Cinven에 190억 달러에 매각했다.

사모펀드는 '몬스터 주식회사'인가? 2012년 Economist 사설에 물었다. 확실히 사모펀드는 일자리를 줄이는 결과를 낳는다.(직업의 약 1%–2%). 그러나 공기업이 목표물을 인수한 경우에도 마찬가지이다. 다시 말해, 사모펀드 구매자는 공기업보다 더 야만적이지 않다. 수익 측면에서 사모 펀드 투자자는 수수료가 부과되기 전에 S&P 500보다 약간 더 많은 수익을 얻다. 그러나 수수료가 부과된 후 사모펀드는 S&P보다 약간 낮은 성과를 보이다. 다시 말해, 투자자들은 S&P 인덱스 펀드에 있는 돈으로 더 잘하거나 더 잘할 것이다. 요약하면, 사모펀드는 일자리를 파괴했다는 공격을 받고 있지만 실제 문제는 투자자에 대한 수익이 낮다는 것이다. 제한된 수의 가치 있는 거래를 추구하는 "드라이 파우더"를 보유한 사모펀드 회사가 너무 많기 때문에 수익이 너무 환상적이지는 않을 것이다. 이제 Apollo Global Management, Blackstone, Carlyle Group 및 KKR의 4개 주요 기업이 상장되어 투자자에게 더 나은 수익을 제공하기 위해 고군분투하는 덜 화려하고 더 지루한 "중년" 기업이 될 수 있다.

Sources: (1)Bloomberg Businessweek, 2011, The people vs. private equity, November 28: 90–93; (2)Bloomberg Businessweek, 2012, You're so Bain, January 16: 6–8; (3)Bloomberg Businessweek, 2014, Private equity discovers deals in the Middle East, Septem-ber 29; 47–48; (4)Bloomberg Businessweek, 2014, Gold at the Hilton! September 15: 50–55; (5)Bloomberg Businessweek, 2019, It's always sunny in private equity, March 11: 8–10; (6)G. Bruton, I. Filatotchev, S. Chahine, & M. Wright, 2010, Governance, own-ership structure, and performance of IPO firms, Strategic Man-agement Journal 31: 491–509; (7)F. Castellaneta & O. Gottschalg, 2016, Does ownership matter in private equity? Strategic Management Journal 37: 330–348; (8)Economist, 2012, Monsters, Inc.? January 28: 10–11; (9)Economist, 2012, Private equity in China, September 21: 69–70; (10) Economist, 2014, Barbarians at middle age, April 19: 65–66; (11)Economist, 2018, Barbarians grow up, July 28: 53–54; (12)Economist, 2020, Locusts of attention, March 7: 60; (13)M. Jensen, 1989, Eclipse of the public corporation, Harvard Business Review September: 61–74; (14)S. Kaplan & P. Stromberg, 2009, Leveraged buyouts and private equity, Journal of Economic Perspectives 23: 121–146.

### 사례 토론 질문

1. 윤리에 관하여: 사모펀드의 장단점은 무엇인가?
2. 당신이 사모펀드 전문가라면 어떤 대상 기업을 찾고 싶은가?
3. 당신이 상장회사의 CEO이고 사모펀드 회사의 접근을 받는다면 어떻게 진행하시겠는가?

# 참고문헌


**[Journal Acronyms]** ***AJS***—*American Journal of Sociology;* ***AMA***—*Academy of Management Annals;* ***AMJ***—*Academy of Management Journal;* ***AMP***—*Academy of Management Perspectives;* ***AMR***—*Academy of Management Review;* ***APJM***—*Asia Pacific Journal of Management;* ***ARS***—*Annual Review of Sociology;* ***ASQ***—*Administrative Science Quarterly;* ***BEQ***—*Business Ethics Quarterly;* ***BW***—*Bloomberg Businessweek;* ***EMR***—*Emerging Markets Review;* ***ETP***—*Entrepreneurship Theory and Practice;* ***HBR***—*Harvard Business Review;* ***JAE***—*Journal of Accounting and Economics;* ***JBE***—*Journal of Business Ethics;* ***JCF***—*Journal of Corporate Finance;* ***JEP***—*Journal of Economic Perspectives;* ***JF***—*Journal of Finance;* ***JFE***—*Journal of Financial Economics;* ***JIBS***—*Journal of International Business Studies;* ***JIM***—*Journal of International Management;* ***JM***—*Journal of Management;* ***JMH***—*Journal of Management History;* ***JMS***—*Journal of Management Studies;* ***JOB***—*Journal of Organizational Behavior;* ***JWB***—*Journal of World Business;* ***OSc***—*Organization Science;* ***RFS***—*Review of Financial Studies;* ***SMJ***—*Strategic Management Journal;* ***WSJ***—*Wall Street Journal*

R. Monks & N. Minow, 2001, *Corporate Governance* (p. 1), Oxford, UK: Blackwell. See also L. Ryan, A. Buchholtz, & R. Kolb, 2010, New directions in corporate governance and finance, *BEQ* 20: 673–694.

L. Tihanyi, S. Graffin, & G. George, 2014, Rethinking governance in management research, *AMJ* 57: 1535–1543.

R. Stulz, 2005, The limits of financial globalization (p. 1618), *JF* 60: 1595–1638.

K. Schnatterly, K. Shaw, & W. Jennings, 2008, Information advantages of large institutional owners, *SMJ* 29: 219–227.

*Economist*, 2015, American capitalism, October 24: 21– 24; K. Rydqvist, J. Spizman, & I. Strebulaev, 2014, Government policy and ownership and financial assets, *JFE* 111: 70–85.

R. La Porta, F. Lopez-de-Silanes, & A. Shleifer, 1999, Corporate ownership around the world, *JF* 54: 471–517.

E. Gedajlovic, M. Carney, J. Chrisman, & F. Kellermanns, 2012, The adolescence of family firm research, *JM* 38: 1010-1037; Y. Lu, K. Au, M. W. Peng, & E. Xu, 2013, Strategic management in private and family business, *APJM* 30: 633–639.

*Economist*, 2012, The endangered public company, May 19: 13.

P. Berrone, C. Cruz, L. Gomez-Mejia, & M. Larraza- Kintana, 2010, Socioemotional wealth and corporate responses to institutional pressures (p. 82), *ASQ* 55: 82-113. See also S. Belenzon, A. Patacconi, & R. Zarutskie, 2016, Married to the firm? *SMJ* 37: 2611–2638; J. Chua, J. Chrisman, L. Steier, & S. Rau, 2012, Sources of heterogeneity in family firms, *ETP* 36: 1103-1113; F. Kellermanns, K. Eddleston, & T. Zellweger, 2012, Extending the socioemotional wealth perspective, *ETP* 36: 1175–1182; M. Leitterstorf & S. Rau, 2014, Socioemotional wealth and IPO underpricing of family firms, *SMJ* 35: 751-760; G. T. Lumpkin & K. Brigham, 2011, Long-term orientation and intertemporal choice in family firms, *ETP* 35: 1149–1169; D. Souder, A. Zaheer, H. Sapienza, & R. Ranuch, 2017, How family influence, socioemotional wealth, and competitive conditions shape new technology adoption, *SMJ* 38: 1774–1790.

Y. Jiang & M. W. Peng, 2011, Are family ownership and control in large firms good, bad, or irrelevant? *APJM* 28: 15–39. See also A. Ali, T. Chen, & S. Radhakrishnan, 2007, Corporate disclosures by family firms, *JAE* 44: 238–286; E. Banalieva, K. Eddelston, & T. Zellweger, 2015, When do family firms have an advantage in transitioning economies? *SMJ* 36: 1358–1377; E. Feldman, R. Amit, & V. Villalonga, 2016, Corporate divestitures and family control, *SMJ* 37: 429–446; W. Liu, H. Yang, & G. Zhang, 2012, Does family firm excel in firm performance? *APJM* 29: 965-987; D. Miller, A. Minichilli, & G. Corbetta, 2013, Is family leadership always beneficial? *SMJ* 34: 553-571; W. Schulze & E. Gedajlovic, 2010, Whither family business? *JMS* 47: 191–204; K. Xu, M. Hitt, & S.

Miller, 2020, The ownership structure contingency in the sequential international entry mode decision process, *JIBS* 51: 151–171.

G. Bruton, M. W. Peng, D. Ahlstrom, C. Stan, & K. Xu, 2015, State-owned enterprises around the world as hybrid organizations (p. 92), *AMP* 29: 92–114.

M. Jensen & W. Meckling, 1976, Theory of the firm, *JFE* 3: 305–360.

A. Nyberg, I. Fulmer, B. Gerhart, & M. Carpenter, 2010, Agency theory revisited, *AMJ* 53: 1029–1042; S. Sauerwald, Z. Lin, & M. W. Peng, 2016, Board social capital and excess CEO returns, *SMJ* 37: 498–520.

In 2018, for the first time US listed firms, as required by the Dodd-Frank Act, reported the ratio of CEO pay versus median employee pay—in short, the CEO pay ratio. *Bloomberg Businessweek* reported the average ratio to be 160 times (see *Bloomberg Businessweek*, 2018, Workers of the world shrug, August 27: 28–29). Pearl Meyer—a leading executive compensation consulting firm—reported the average ratio to be 144 times (see Pearl Meyer, 2018, *The CEO Pay Ratio*, research report, New York: Pearl Meyer). This ratio is considerably lower than other media estimates that use different methodologies. For example, at about the same time CNBC reported the ratio to be 271 times (see CNBC, 2018, CEOs make $15.6 million on average, January 22: www.cnbc.com).

J. Combs, D. Ketchen, A. Perryman, & M. Donahue, 2007, The moderating effect of CEO power on the board composition- firm performance relationship, *JMS* 44: 1309- 1322; W. Johnson, R. Magee, N. Nagarajan, & H. Newman, 1985, An analysis of the stock price reaction to sudden executive deaths, *JAE* 7: 151–174.

S. Graffin, M. Carpenter, & S. Boivie, 2011, What's all that (strategic) intent? *SMJ* 32: 748–770; J. Lee, J. Park, & T. Folta, 2018, CEO career horizon, corporate governance, and real options, *SMJ* 39: 2703–2725; T. Quigley, T. Hubbard, A. Ward, & S. Graffin, 2020, Unintended consequences, *AMJ* 63: 155–180.

R. Carney & T. Child, 2013, Changes to the ownership and control of East Asian corporations between 1996 and 2008, *JFE* 107: 494–513.

M. Faccio & L. Lang, 2002, The ultimate ownership of Western European corporations, *JFE* 65: 365–395.

M. Young, M. W. Peng, D. Ahlstrom, G. Bruton, & Y. Jiang, 2008, Corporate governance in emerging economies, *JMS* 45: 196–220. See also J. Li & C. Qian, 2013, Principal-principal conflicts under weak institutions, *SMJ* 34: 498–508; P. Sun, H. Hu, & A. Hillman, 2016, The dark side of board political capital, *AMJ* 59: 1801–1822.

D. Dalton, C. Daily, A. Ellstrand, & J. Johnson, 1998, Metaanalytic reviews of board composition, leadership structure, and performance, *SMJ* 19: 269–290; M. Miletkov, A. Poulsen, & M. B. Wintoki, 2017, Foreign independent directors an the quality of legal institutions, *JIBS* 48: 267–292; M. W. Peng, 2004, Outside directors and firm performance during institutional transitions, *SMJ* 25: 453–471.

D. Erkins, M. Hung, & P. Matos, 2012, Corporate governance in the 2007–2008 financial crisis, *JCF* 18: 389–411.

R. Pozen, 2010, The case for professional boards (p. 52), *HBR* December: 51–58.

M. Goranova & L. Ryan, 2015, *Shareholder Empowerment* (p. 8), New York: Palgrave Macmillan.

R. Krause & M. Semadeni, 2013, Apprentice, departure, and demotion, *AMJ* 56: 805–826; M. W. Peng, Y. Li, E. Xie, & Z. Su, 2010, CEO duality, organizational slack, and firm performance in China, *APJM* 27: 611–624; T. Quigley & D. Hambrick, 2012, When the former CEO stays on as board chair, *SMJ* 33: 834–859.

*Economist*, 2012, The shackled boss, January 21: 76; *WSJ*, 2019, More big companies divide their chairman, CEO roles, November 4: B3.

M. Flickinger, M. Wrage, A. Tuschke, & R. Bresser, 2016, How CEOs protect themselves against dismissal, *SMJ* 37: 1107–1117; M. Geletkanycz & B. Boyd, 2011, CEO outside directorships and firm performance, *AMJ* 54: 335–352.

L. Markoczy, S. Sun, M. W. Peng, W. Shi, & B. Ren, 2013, Social network contingency, symbolic management, and boundary stretching, *SMJ* 34: 1367–1387.

*Time*, 2014, Indra Nooyi, October 13: 8.

D. Gomulya & W. Boeker, 2016, Reassessing board member allegiance, *SMJ* 37: 1898–1918; J. Tang, M. Crossan, & W. G. Rowe, 2011, Dominant CEO, deviant strategy, and extreme performance, *JMS* 48: 1479–1502. 30. A.

Chizema & J. Kim, 2010, Outside directors on Korean boards, *JMS* 47: 109–129; L. Diestre, N. Rajagopalan, & S. Dutta, 2015, Constraints in acquiring and utilizing directors' experience, *SMJ* 36: 339–359; A. Gore, S. Matsunaga, & P. E. Yeung, 2011, The role of technical expertise in firm governance structure, *SMJ* 32: 771–786.

L. Hill & G. Davis, 2017, The board's new innovation imperative, *HBR* November: 103–109; S. Shekshnia, 2018, How to be a good board chair, *HBR* March: 96–105; J. Sonnenfeld, M. Kusin, & E. Walton, 2013, What CEOs really think of their boards, *HBR* April: 98–106.

R. Adams, A. Licht, & L. Sagiv, 2011, Shareholders and stakeholders, *SMJ* 32: 1331–1355; P. Brandes, R. Dharwadkar, & S. Suh, 2016, I know something you don't know, *SMJ*

964–981; R. Charan, 2016, The secrets of great CEO selection, *HBR* December: 52–59; K. Desender, R. Aguilera, R. Crespi, & M. Garcia-Cestona, 2013, When does ownership matter? *SMJ* 34: 823–842; E. Feldman, 2016, Dual directors and the governance of corporate spinoffs, *AMJ* 59: 1754–1776; D. Hambrick, V. Misangyi, & C. Park, 2015, The quad model for identifying a corporate director's potential for effective monitoring, *AMR* 40: 323–344; E. Harrell, 2016, Succession planning, *HBR* December: 71–74; J. Hoppmann, F. Naegele, & B. Girod, 2019, Boards as a source of inertia, *AMJ* 62: 437–468.

J. Joseph, W. Ocasio, & M. McDonnell, 2014, The structural elaboration of board independence, *AMJ* 57: 1834–1858; D. Zhu & G. Chen, 2015, Narcissism, director selection, and risk-taking spending, *SMJ* 36: 2075–2098.

G. Martin, R. Wiseman, & L. Gomez-Mejia, 2016, Going short-term or long-term? *SMJ* 37: 2463–2480; G. Pandher & R. Currie, 2013, CEO compensation, *SMJ* 34: 22–41; A. Wowak, M. Mannor, & K. Wowak, 2015, Throwing caution to the wind, *SMJ* 36: 1082–1092.

W. Shi, B. Connelly, J. Mackey, & A. Gupta, 2019, Placing their bets, *SMJ* 40: 2047–2077.

L. Bebchuk & J. Fried, 2004, *Pay without Performance*, Cambridge, MA: Harvard University Press; D. Chng & J. Wang, 2016. An experimental study of the interaction effects of incentive compensation, career ambition, and task attention on Chinese managers' strategic risk behaviors, *JOB* 37: 719–737; A. Cowen, A. King, & J. Marcel, 2016, CEO severance agreements, *AMR* 41: 151–169.

A. Cowen & J. Marcel, 2011, Damaged goods, *AMJ* 54: 509–527.

*Economist*, 2012, The shackled boss, January 21: 76; *HBR*, 2019, The truth about CEO tenure, December: 10.

M. Mannor, A. Wowak, V. Bartkus, & L. Gomez-Mejia, 2016, Heavy lies the crown? *SMJ* 37: 1968–1989; M. Wiersema & Y. Zhang, 2013, Executive turnover in the stock option backdating wave, *SMJ* 34: 590–609.

*WSJ*, 2019, CEOs on the hot spot, December 13: R1–R2.

M. Goranova & L. Ryan, 2014, Shareholder activism, *JM* 40: 1230–1268. See also C. Eesley, K. Decelles, & M. Lenox, 2016, Through the mud or in the boardroom, *SMJ* 37: 2425–2440; M. Goranova, R. Abouk, P. Nystrom, & E. Soofi, 2017, Corporate governance antecedents to shareholder activism, *SMJ* 38: 415–435.

*Economist*, 2015, Capitalism's unlikely heroes, February 7: 11; *Economist*, 2018, Voting with your pocket, April 14: 61–62; *Fortune*, 2015, The leader of Europe's activist invasion, September 1: 45–46.

*Economist*, 2013, Shareholders at the gates, March 9: 63 –64.

Goranova & Ryan, 2015, *Shareholder Empowerment* (p. 3), op. cit.

*Economist*, 2017, Active measures, May 13: 60.

*Economist*, 2013, Dell goes private, February 9: 63–64.

*Fortune*, 2016, So long, Wall Street, June 1: 51–57.

P. Klein, J. Chapman, & M. Mondelli, 2013, Private equity and entrepreneurial governance, *AMP* 27: 39–51.

N. Bacon, M. Wright, R. Ball, & M. Meuleman, 2013, Private equity, HRM, and employment, *AMP* 27: 7–21; S. Kaplan & P. Stromberg, 2009, Leveraged buyouts and private equity, *JEP* 23: 147–166.

M. Bednar, E. G. Love, & M. Kraatz, 2015, Paying the price? *AMJ* 58: 1740–1760; B. Boyd, K. Haynes, & F. Zona, 2011, Dimensions of CEO-board relations, *JMS* 48: 1892–1923; G. Dowell, M. Shackell, & N. Stuart, 2011, Boards, CEOs, and surviving a financial crisis, *SMJ* 32: 1025–1045; V. Misangyi & A. Acharya, 2014, Substitutes or complements? *AMJ* 57: 1681–1705.

M. Jensen, 1989, Eclipse of the public corporation, *HBR* September: 61–74.

E. Gedajlovic & D. Shapiro, 1998, Management and ownership effects, *SMJ* 19: 533–553.

Y. Kor & V. Misangyi, 2008, Outside directors' industry-specific experience and firms' liability of foreignness, *SMJ* 29: 1345–1355.

C. Gartenberg & L. Pierce, 2017, Subprime governance, *SMJ* 38: 300–321; S. Paruchuri & V. Misangyi, 2015, Investor perceptions of financial misconduct, *AMJ* 58: 169–194.

M. W. Peng, S. Sun, & L. Markoczy, 2015, Human capital and CEO compensation during institutional transitions, *JMS* 52: 117–147. See also S. Abdullah, K. Ismail, & L. Nachum, 2016, Does having women on board create value? *SMJ* 37: 466–476; G. Chen, S. Luo, Y. Tang, & J. Tong, 2015, Passing probation, *AMJ* 58: 1389–1418; P. Choudhury, D. Wang, N. Carlson, & T. Khanna, 2019, Machine learning approaches to facial and text analysis, *SMJ* 40: 1705–1732; C. Crossland, J. Zyung, N. Hiller, & D. Hambrick, 2014, CEO career variety, *AMJ* 57: 652–674; C. Fracassi & G. Tate, 2012, External networking and internal firm governance, *JF* 67: 153–194; J. Kish-Gephart & J. Campbell, 2015, You don't forget your roots, *AMJ* 58: 1614–1636; J. Lee, D. Yoon, & S. Boivie, 2020, Founder CEO succession, *AMJ* 63: 224–245; J. Lovelace, J. Bundy, D. Hambrick, & T. Pollock, 2018, The shackles of CEO celebrity, *AMR* 43: 419–444; M. McDonald & J. Westphal, 2011, My brother's keeper? *AMJ* 54: 661–693; D. Miller, X. Xu, & V. Mehrotra, 2015, When is human capital a valuable resource? *SMJ* 36: 930–944; T. Quigley, C. Crossland, & R. Campbell, 2017, Shareholder perceptions of the changing impact of CEOs, *SMJ* 38: 939–949; B. S. Reiche, A. Bird, M. Mendenhall, & J. Osland, 2017, Contextualizing leadership, *JIBS* 48: 552–572; I. Stern & S. James, 2016, Whom are you promoting? *SMJ* 37: 1413–1430; J. Tian, J. Haleblian, & N. Rajagopalan, 2011, The effects of board human and social capital on investor reactions to new CEO selection, *SMJ* 32: 731–747; A. Wowak, M. Mannor, M. Arrfelt, & G. McNamara, 2016, Earthquake or glacier? *SMJ* 37: 586–603.

S. Le & M. Kroll, 2017, CEO international experience, *JIBS* 48: 573–595; B. Nielsen & S. Nielsen, 2013, Top management team nationality diversity and firm performance, *SMJ* 34: 373–382; L. Oxelheim, A. Gregoric, T. Randoy, & S. Thomsen, 2013, On the internationalization of corporate boards, *JIBS* 44: 173–194.

A. Alexiev, J. Jansen, F. Van den Bosch, & H. Volberda, 2010, Top management team advice seeking and exploratory innovation, *JMS* 47: 1343–1364; C. Chung & R. Luo, 2013, Leadership succession and firm performance in an emerging economy, *SMJ* 34: 338–357; H. Jiang, A. Cannella, J. Xia, & M. Semadeni, 2017, Choose to fight or choose to flee? *SMJ* 38: 2061–2079.

C. Doidge, A. Karolyi, & R. Stulz, 2004, Why are foreign firms listed in the US worth more? *JFE* 71: 205–238.

A. Karolyi, 2012, Corporate governance, agency problems, and international cross-listings, *EMR* 13: 516–547.

C. Doidge, A. Karolyi, & R. Stulz, 2009, Has New York become less competitive than London in global markets? *JFE* 91: 253–277; N. Fernandes, U. Lel, & D. Miller, 2010, Escape from New York, *JFE* 95: 129–147.

S. Boivie, D. Lange, M. McDonald, & J. Westphal, 2011, Me or we, *AMJ* 54: 551–576; G. Chen, C. Crossland, & S. Huang, 2016, Female board representation and corporate acquisition intensity, *SMJ* 37: 303–313; V. Desai, 2016, The behavioral theory of the (governed) firm, *AMJ* 59: 860–879; C. Devers, G. McNamara, J. Haleblian, & M. Yoder, 2013, Do they walk the talk? *AMJ* 56: 1679– 1702; O. Guldiken, M. Mallon, S. Fainshmidt, W. Judge, & C. Clark, 2019, Beyond tokenism, *SMJ* 40: 2024–2046; D. Hambrick, S. Humphrey, & A. Gupta, 2015, Structural interdependence within top management teams, *SMJ* 36: 449–461; J. He & Z. Huang, 2011, Board informal hierarchy and firm financial performance, *AMJ* 54: 1119–1139; A. Karaevli & E. Zajac, 2013, When do outside CEOs generate strategic change? *JMS* 50: 1267–1294; R. Krause, M. Semadeni, & M. Withers, 2016, That special someone, *SMJ* 37: 1990–2002; H. Ndofor, D. Sirmon, & X. He, 2015, Utilizing the firm's resources, *SMJ* 36: 1656–1674; A. Raes, M. Heijltjes, U. Glunk, & R. Roe, 2011, The interface of the top management team and middle managers, *AMR* 36: 102–126; O. Petrenko, F. Aime, T. Recendes, & J. Chandler, 2019, The case for humble expectations, *SMJ* 40: 1938– 1964; T. Quigley & D. Hambrick, 2015, Has the "CEO effect" increased in recent decades? *SMJ* 36: 821–830; J. Seo, D. Gamache, C. Devers, & M. Carpenter, 2015, The role of CEO relative standing in acquisition behavior and CEO pay, *SMJ* 36:

1877–1894; W. Shi, Y. Zhang, & R. Hoskisson, 2019, Examination of CEO-CFO social interaction through language style matching, *AMJ* 62: 383–414; M. Withers & M. Fitza, 2017, Do board chairs matter? *SMJ* 38: 1343–1355.

*BW*, 2019, Into a world without Marchionne, April 29: 8–10.

M. W. Peng, W. Sun, C. Vlas, A. Minichilli, & G. Corbetta, 2018, An institution-based view of large family firms, *ETP* 42: 187–205. See also R. Aguilera, V. Marano, & I. Haxhi, 2019, International corporate governance, *JIBS* 50: 457–498; J. Ellis, S. Moeller, F. Schlingemann, & R. Stulz, 2017, Portable country governance and cross-border acquisitions, *JIBS* 48: 148–173; T. Greckhamer, 2016, CEO compensation in relation to worker compensation across countries, *SMJ* 37: 793–815; I. Haxhi & R. Aguilera, 2017, An institutional configurational approach to cross-national diversity in corporate governance, *JMS* 54: 262–303; W. Judge et al., 2015, Corporate governance and IPO underpricing in a cross-national sample, *SMJ* 36: 1174–1185; E. Kandel, K. Kosenko, R. Morck, & Y. Yafeh, 2019, The great pyramids of America, *SMJ* 40: 781–808; I. Koch-Bayram & G. Wernicke, 2018, Drilled to obey? *SMJ* 39: 2943–2964; R. Krause, W. Li, X. Ma, & G. Bruton, 2019, The board chair effect across countries, *SMJ* 40: 1570–1592; U. Lel, D. Miller, & N. Reisel, 2019, Explaining top management turnover in private corporations, *JIBS* 50: 720–739; T. Rowley, A. Shipilov, & H. Greve, 2017, Board reform versus profits, *SMJ* 38: 815–833; L. Shao, C. Kwok, & R. Zhang, 2013, National culture and corporate investment, *JIBS* 44: 745–763; M. van Essen, P. Heugens, J. Otten, & J. van Oosterhout, 2012, An institution-based view of executive compensation, *JIBS* 43: 396–423.

M. W. Peng & Y. Jiang, 2010, Institutions behind family ownership and control in large firms, *JMS* 47: 253–273.

R. D. McLean, T. Zhang, & M. Zhao, 2012, Why does the law matter? *JF* 67: 313–350.

A. Bris & C. Cabolis, 2008, The value of investor protection, *RFS* 21: 605–648.

R. Aguilera, W. Judge, & S. Terjesen, 2018, Corporate governance deviance, *AMR* 43: 87–109; S. Estrin & M. Prevezer, 2011, The role of informal institutions in corporate governance, *APJM* 28: 41–67; D. Griffin, O. Guedhami, C. Kwok, K. Li, & L. Shao, 2017, National culture, *JIBS* 48: 740–762; R. Krause, I. Filatotchev, & G. Bruton, 2016, When in Rome, be like Caesar? *AMJ* 59: 1361–1384; J. Lyngsie & N. Foss, 2017, The more, the merrier? *SMJ* 38: 487–505; J. Ridge, F. Aime, & M. White, 2015, When much more of a difference makes a difference, *SMJ* 36: 618–636; J. Wang, L. Markoczy, S. Sun, & M. W. Peng, 2019, She'-E-O compensation gap, *JBE* 159: 745–760; J. Westphal & G. Shani, 2016, Psyched-up to suck-up, *AMJ* 59: 479–509.

R. Aguilera, K. Desender, M. Lamy, & J. Lee, 2017, The governance impact of a changing investor landscape, *JIBS* 48: 195–221; C. Liu, C. Chung, H. Sul, & K. Wang, 2018, Does hometown advantage matter? *JIBS* 49: 196–221.

I. Haxhi & H. van Ees, 2010, Explaining diversity in the worldwide diffusion of codes of good governance, *JIBS* 41: 710–726.

M. Bednar, 2012, Watchdog or lapdog? *AMJ* 55: 131–150; T. Donaldson, 2012, The epistemic fault line in corporate governance, *AMR* 37: 256–271; L. Lan & L. Heracleous, 2010, Rethinking agency theory, *AMR* 35: 294– 314; C. Marquis & M. Lee, 2013, Who is governing whom? *SMJ* 34: 483–497; M. van Essen, J. van Oosterhout, & P. Heugens, 2013, Competition and cooperation in corporate governance, *OSc* 24: 530–551.

L. Donaldson, 1995, *American Anti–management Theories of Management*, Cambridge, UK: Cambridge University Press.

M. Hernandez, 2012, Toward an understanding of the psychology of stewardship, *AMR* 37: 172–193.

S. Colmark, 2017, Debate summary: Opportunistic agents vs. managerial stewards, EMBA homework, Jindal School of Management, University of Texas at Dallas, November 17.

M. W. Peng & W. Su, 2014, Cross-listing and the scope of the firm, *JWB* 49: 42–50.

D. Herrmann, T. Kang, & Y. Yoo, 2015, The impact of cross-listing in the United States on the precision of public and private information, *JIBS* 46: 87–103.

K. Desender, R. Aguilera, M. Lamy, & R. Crespi, 2016, A clash of governance logics, *SMJ* 37: 349–369; Y. Shi, M. Magnan, & J. Kim, 2012, Do countries matter for voluntary disclosure? *JIBS* 43: 143–165.

M. W. Peng, C. Mutlu, S. Sauerwald, K. Au, & D. Wang, 2015,

Board interlocks and corporate performance among firms listed abroad, *JMH* 21: 257–282; P. Rejchrt & M. Higgs, 2015, When in Rome, *JBE* 129: 131–159.

J. Siegel, 2009, Is there a better commitment mechanism than cross-listings for emerging-economy firms? *JIBS*, 40: 1171–1191.

A. Chizema & Y. Shinozawa, 2012, The "company with committees," *JMS* 49: 77–101; X. Geng, T. Yoshikawa, & A. Colpan, 2016, Leveraging foreign institutional logic in the adoption of stock option pay among Japanese firms, *SMJ* 37: 1472–1492.

S. Boivie, S. Graffin, & T. Pollock, 2012, Time for me to fly, *AMJ* 55: 1334–1359.

G. Martin, R. Gozubuyuk, & M. Becerra, 2015, Interlocks and firm performance, *SMJ* 36: 235–253.

G. Davis & H. Greve, 1997, Corporate elite networks and governance changes in the 1980s, *AJS* 103: 1–37; M. Mizruchi, 1996, What do interlocks do? *ARS* 22: 271–296; J. Westphal & E. Zajac, 2013, A behavioral theory of corporate governance, *AMA* 7: 605–659.

S. Sauerwald, J. van Oosterhout, M. van Essen, & M. W. Peng, 2018, Proxy advisors and shareholder dissent, *JM* 44: 3364–3394.

R. Burt, 1992, *Structural Holes*, Cambridge, MA: Harvard University Press.

J. Chu & G. Davis, 2016, Who killed the inner circle? (p. 751) *AJS* 122: 714–754.

M. Mizruchi, 2013, *The Fracturing of the American Corporate Elite*, Cambridge, MA: Harvard University Press.

State ownership can also be referred to as "public ownership." However, since a lot of privately owned firms are publicly listed and often called "public companies," I have decided to use "state ownership" here to minimize confusion.

P. Bernstein, 2009, The moral hazard economy, *HBR* July: 101–102.

C. Stan, M. W. Peng, & G. Bruton, 2014, Slack and the performance of state-owned enterprises, *APJM* 31: 473–495.

*Economist*, 2012, The rise of state capitalism, January 21: 11; L. Tihanyi, R. Aguilera, P. Heugens, M. van Essen, S. Sauerwald, P. Duran, & R. Turturea, 2019, State ownership and political connections, *JM* 45: 2293–2321.

*Fortune*, 2019, Global 500, July 15. Among the top ten, the other five are Walmart (#1) of the United States, Royal Dutch Shell (#3) of the Netherlands and Britain, BP (#7) of Britain, Exxon Mobil (#8) of the United States, and Toyota Motor (#10) of Japan.

A. Batson, 2013, The SOE irritant in US-China relations, *WSJ* July 8: 13.

X. He, L. Eden, & M. Hitt, 2016, Shared governance, *JIM* 22: 115–130; Y. Jiang & M. W. Peng, 2011, Principal-principal conflicts during crisis, *APJM* 28: 683–695.

R. G. Bell, I. Filatotchev, & A. Rasheed, 2012, The liability of foreignness in capital markets, *JIBS* 43: 107–122; D. Gomulya & W. Boeker, 2014, How firms respond to financial restatement, *AMJ* 57: 1759–1785; E. Feldman, C. Gartenberg, & J. Wulf, 2018, Pay inequality and corporate divestitures, *SMJ* 39: 2829–2858; J. Kang & J. Kim, 2010, Do foreign investors exhibit a corporate governance disadvantage? *JIBS* 41: 1415–1438; I. Larkin, L. Pierce, & F. Gino, 2012, The psychological costs of pay-for-performance, *SMJ* 33: 1194–1214; A. Pe'er & O. Gottschalg, 2011, Red and blue, *SMJ*, 32: 1356–1367; E. Rhee & P. Fiss, 2014, Framing controversial actions, *AMJ* 57: 1734–1756; W. Shi, B. Connelly, & R. Hoskisson, 2017, External corporate governance and financial fraud, *SMJ* 38: 1268–1286; Y. Zhang & H. Qu, 2016, The impact of CEO succession with gender change on firm performance and successor early departure, *AMJ* 59: 1845–1868.

*BW*, 2011, After much hoopla, investor "say on pay" is a bust, June 20: 23–24.

X. Castaner & N. Kavadis, 2013, Does good corporate governance prevent bad strategy? *SMJ* 34: 863–876; J. Ho, A. Wu, & S. Xu, 2011, Corporate governance and returns on information technology investment, *SMJ* 32: 595–623.

CHAPTER 12

# 기업의 사회적 책임 전략

학습목표

이 장을 학습한 후, 당신은 다음의 내용을 수행할 수 있다.

1. 기업의 이해관계자의 관점이 무엇인지 설명
2. 기업의 사회적 책임에 대한 포괄적인 모델 개발
3. 기업의 사회적 책임에 관한 네 가지 주요 토론에 참여
4. 행동을 위한 전략적 함의 도출

OPENING CASE　Ethical Dilemma

## 스타벅스의 사회적 책임여정

스타벅스는 1971년에 시애틀의 단일매장으로 시작해서 2019년에 전세계적으로 30,000개의 매장으로 성장하여 250억 달러의 매출을 올렸다. 1987년 하워드 슐츠가 인수한 이후 슐츠의 말에 따르면 스타벅스는 "사람이 우선이고 이익은 나중이다"라고 했다. 1990년대 기업의 사회적 책임(CSR)부서를 만들고 CSR의 수석부사장을 임명했다.

스타벅스는 2001년부터 주주에 대한 기존 연례 보고서와 함께 글로벌기업의 사회적 책임 연례 보고서를 발행해 왔으며 그 제목은 2017년에 글로벌 사회적 영향 보고서로 변경되었다. Global Social Impact Report는 수백 페이지에 걸쳐 9개 언어로 제공된다. 그러나 CSR에 대해 그렇게 진지한 회사에게 CSR 활동가들의 영구적인 목표가 되었다.

**Episode 1: 공정무역**

2000년에 "공정무역"이라는 아이디어를 홍보한 비정부기구(NGO)인 글로벌 익스체인지(Global Exchange)는 스타벅스에 반대하는 캠페인을 시작했다. 공정무역 운동은 당시 파운드당 64센트에 불과했던 매우 불안정한 시장가격에도 불구하고 커피생산자의 "생활임금"을 보장하기 위해 파운드당 1.26달러의 "공정한" 최소가격을 옹호했다. 글로벌 익스체인지 활동가들은 지역 TV 방송국에서 과테말라 커피농장에서 아동노동에 대한 클립이 방송된 후 샌프란시스코 스타벅스 매장 앞에서 시위를 했다. 며칠 후 스타벅스 주주총회에서 글로벌 익스체인지 활동가들이 마이크를 잡고 스타벅스에 공정무역 커피를 제공할 것을 요구했다. 사태는 가열되었고 활동가들은 회의에서 물리적으로 쫓겨났다. 항의와 협상 끝에 스타벅스는 결국 국내매장에서 공정무역커피를 판매하는 데 동의했다. 그것은 곧 2천만 파운드(커피 구매의 6%)를 구매하는 미국 최대의 공정무역커피 구매자가 되었다. 또한 스타벅스는 "고품질 커피의 지속 가능한 공급을 보장하고 경제적 책임을 달성하며 커피 공급망 내에서 사회적 책임을 촉진하고 환경을 보호"하기 위해 조사관과 함께 CAFE(커피 및 농부 형평성) 지침을 발표했다. 2009년까지 스타벅스는 카페 공급업체로부터 커피의 77%를 구매했다. 그러나 글로벌 익스체인지는 계속해서 불만을 품고 스타벅스가 공정무역 커피를 한 달에 한 번이 아닌 일주일에 한 번 제공하도록 요구했다. 글로벌 익스체인지는 CAFE를 "개선을 위한 시작점"으로 인정했지만, "우리의 처음 요구가 전혀 줄지 않았으며 아직도 충족되지 않은 것"이라고 말했다

**Episode 2: 영국 세금**

2012년 뉴스에 따르면 스타벅스는 1998년 영국에 진출한 이후 번창하는 사업에도 불구하고 1998년에서 2011년 사이에 지출된 영국 법인세 매출 전체 860만 파운드 중 30억 파운드(40억 달러)의 0.3%에 불과했다. 세율은 24%이었다. Starbucks Coffee Company(UK) Ltd.는 손실을 보고 있다고 주장했다. 그러나 모회사는 투자자들에게 자회사가 수익성이 있다고 알렸다. 이러한 뉴스는 미디어 관심, 상점 피켓 및 소비자 보이콧을 촉발했다. 스타벅스 경영진은 영국 의회에 출석해 이 같은 행동을 설명하도록 요구받았다. 이러한 조세회피 행위가 적법한 것으로 밝혀졌다. 모회사는 네덜란드에 유럽 본부를 세웠고, 영국의 24%와 달리 네덜란드와 미국의 합산 세율 16%를 지불해야 했다. 영국 자회사는 매출의 6% 로열티를 유럽 본사에 지불한 후 거의 돈을 벌지 못했기 때문에 과세 대상도 거의 없었다. 한 의원은 공청회에서 "우리는 당신을 부도덕하다고 비난하는 것이다"라고 하였다. CSR에 대해 진지한 회사에 대한 아주 파괴적인 공격이었다. 전반적으로 스타벅스는 수익과 세금 부담을 영국에서 세금이 낮은 관할 구역으로 이전하기 위해 인위적인 기업 구조를 사용했다는 비난을 받았다. 끊임없는 압력에 직면한 스타벅스는 추가로 영국 법인세 2천만 파운드를 자발적으로 납부하기로 동의했다.

**Episode 3: 필라델피아 화장실 사건**

2018년 4월 필라델피아 스타벅스 매장에서 물건을 사지 않고 다른 사람을 기다리던 아프리카계 미국인 대학생 2명이 화장실을 이용해 달라고 요청했다. 그러나 점포관리자는 이들이 무단 침입 중이라며 경찰을 호출하여 검거했다. 이 사건은 미디어 관심을 촉발했고 스타벅스 매장 밖에서 시위를 촉발했다. 케빈 존슨 CEO는 사과했고 설립자이자 회장인 슐츠는 인터뷰에서 이 사건에 대해 "부끄럽다"고 말했다. 스타벅스는 두 남자와 비공개 합의에 이르렀다. 2018년 5월에는 모든 직원에게 인종 편견 교육을 제공하기 위해 오후 내내 미국 내 8,000개 매장을 모두 폐쇄했다. 회사는 "파티오, 카페, 화장실 등 우리 공간에 들어가는 사람은 구매 여부와 관계없이 누구나 고객으로 간주했다"고 해명했다. 이러한 "열린 화장실" 정책은 CSR 활동가들을 진정시켰지만, 추가 청소 비용 측면에서뿐만 아니라 고객을 잃고 매장 방문 시간을 단축했다는 측면에서 막대한 비용이 수반되었다. 이 효과는 노숙자 보호소와 가까운 스타벅스 매장에서 특히 크다. 많은 도시의 노숙자 인구가 많다는 점을 감안할 때 "공개 화장실" 정책이 지속 가능할까?

Sources: (1)BBC, 2012, Starbucks, Google and Amazon grilled over tax avoidance, November 12: www.bbc.com; (2)Business Week, 2007, Saving Starbucks' soul, April 9: 56–61; (3)Forbes, 2019, Starbucks' open bathroom policy comes with heavy cost, November 12: www.forbes.com; (4)PR Week, 2018, Timeline of a crisis, July 6: www.prweek.com; (5)Reuters, 2012, Star-bucks's European tax bill disappears down $100 million hole, November 1: uk.reuters.com; (6)Starbucks, 2018, Global Social Impact Report, www.starbucks.com; (7)Vox, 2018, Starbucks says everyone's a customer after Philadelphia bias incident, May 19: www.vox.com.

왜 스타벅스(Starbucks)는 기업의 사회적 책임에 상당한 자원을 투입하는 것을 선택했는가? 기업이 사회적으로 충분히 책임을 다할 수 있는가? 기업이 사회적 사명을 추구할 때, 기업은 스스로를 목표가 되도록 설정하고 있는가? 비판과 항의에 직면했을 때, 적절한 대응은 무엇인가? 이것들은 본 장을 구성하는 몇 가지 중요한 질문들이다. **기업의 사회적 책임(corporate social responsibility, CSR)**은 "기업이 통상적으로 추구하는 경제적 이익과 함께 사회적 이익을 달성하기 위하여 기업의 경제적, 기술적 및 법적 요구 사항을 넘어서는 문제에 대한 기업의 적극적 대응과 개선책"을 의미한다. 역사적으로 CSR 관련 문제는 많은 경영자들에게 외면되어 왔다. 최근 이러한 문제들은 점차 전략 논의의 전면에 점점 더 많이 부각되고 있다. 이번 장은 이 책의 마지막에 자리 잡고 있지만, CSR 관련 문제가 가장 덜 중요한 주제라고 하는 것은 절대 아니다. 그 대신, 우리는 이번 장이 전략 트라이포드에 그려진 이전의 장들을 통합하는 가장 포괄적인 방법 중 하나라고 믿는다.

**기업의 사회적 책임 (corporate social responsibility, CSR)**
기업이 추구하는 전통적인 경제적이익과 함께 사회적 이익을 달성하기 위한 기업의 경제적, 기술적, 법적 요구사항을 뛰어넘는 문제에 대한 고려와 대응에 관한 것

CSR의 핵심은 "조직의 목표 달성에 영향을 미칠 수 있거나 영향을 받을 수 있는 그룹 또는 개인"인 이해관계자의 개념이다. 그림 12.1에 표시된 바와 같이 주주는 분명 중요한 이해관계자 그룹이지만 경영인, 비경영자인 종업원들(이하 직원), 공급업체, 고객, 지역사회, 정부, 사회 및 환경 단체 또한 이해관계자 그룹에 속한다. 11장에서 이미 주주에 대해 상세히 다루었으므로, 본 장에서는 비주주 이해관계자에 초점을 맞춘다. CSR에 대한 주요 토론은 이러한 이해관계자의 이익을 증진시키려는 경영인의 노력이 주주의 이익을 보호하기 위한 **신의성실의 의무(fiduciary duty)**와 상충되는지 여부이다. 기업은 사회적 기관이 아니며 그들의 주요 기능이

**신의성실의 의무 (fiduciary duty)**
법에서 요구하는 의무.

**그림 12.1 기업의 이해 관계자적 관점**

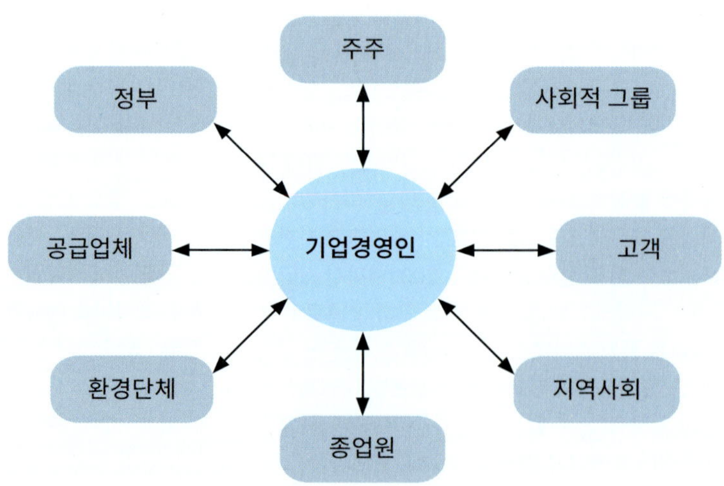


Source: Adapted from T. Donaldson & L. Preston, 1995, The stakeholder theory of the corporation: Concepts, evidence, and implications (p. 69), Academy of Management Review 20: 65–91.

경제 기업으로서의 역할을 한다는 점에서, 기업이 세계의 모든 사회적 문제를 다룰 수 없다는 점은 분명하다. 그러나 한편으로는 특정 CSR 과제에 주의를 기울이지 않으면 장기적으로 자멸을 초래할 수 있다. 따라서 다양한 이해관계자를 염두에 두고 CSR을 어떻게 전략화할 것인지가 관건이다(오프닝 케이스 참고).

본 장의 나머지 부분에서는 기업의 이해관계자 관점을 소개하고 전략 트라이포드에서 가져온 CSR의 포괄적인 모델을 논의한다. 논쟁과 확장이 계속된다.

# 기업의 이해관계자 관점

## 전체적 관점

글로벌 지속 가능성을 추구하는 기업의 이해관계자의 관점은 "큰 그림(big picture)"을 나타낸다. CSR의 핵심 목표는 "미래 세대의 능력을 손상시키지 않으면서 현재의 요구를 충족시키는 능력"으로 정의되는 **글로벌 지속 가능성(global sustainability)**을 의미한다. 그것은 지속 가능한 사회적 및 자연적 환경뿐만 아니라 지속 가능한 자본주의도 포함한다. 전 세계적으로 최소 네 가지 동인이 지속 가능성의 긴급성과 관련되어 있다.

**글로벌 지속 가능성(global sustainability)** 현재의 니즈를 충족시킬 수 있으면서 미래 세대의 니즈까지도지속적으로 충족시킬 수 있는 역량

- 인구, 빈곤, 소득 불평등 수준의 증가는 새로운 해결책을 요구한다. 세계 곳곳에서 반복되는 시위들은 그러한 정서들의 빙산의 일각에 불과하다.
- 세계화, 탈세계화, 민족주의에 대한 논쟁은 지정학적 경쟁, 무역 전쟁, 이주민 위기, 내전 및 국제 갈등을 초래하면서 저점 더 격렬해지고 있다.
- 비정부기구(NGO) 및 기타 시민 사회 이해관계자들은 종종 사회 및 환경 표준의 감시자이자 집행자 역할을 맡고 있다(오프닝 케이스 참고).
- 산업화는 환경에 돌이킬 수 없는 영향을 미쳤다(실행 전략 12.1 참고). 지구 온난화는 해결책을 구하는 주요 문제로 부상했다. 현재 세계는 산업혁명 이전보다 1°C(1.8°F) 더 뜨거워졌다. 2010년대에는 평균적으로 1980년대보다 0.5°C 더 덥고, 극단적인 기후 사건들이 더 빈번하고 더 격렬했고, 해수면을 상승시키고 생태계를 파괴했다. 세계 최초의 포괄적인 기후 협정인 2015년 파리 협정에서, 180개 이상의 국가가 기후변화의 위험을 줄이기 위해, 세계 평균 온도 상승을 21세기 말 산업혁명 이전 수준보다 2°C 미만으로 유지하는 것에 동의했다. 논쟁과 차질(2017년 트럼프 행정부가 발표한 미국의 탈퇴 등)을 감안할 때 파리 협정의 목표가 달성될지는 미지수이다.

글로벌 지속 가능성을 뒷받침하는 추진요인은 복잡하고 다차원적이다. 전 세계에 걸쳐 사업을 운영하는 다국적 기업(MNEs)의 경우 CSR 영역이 놀라울 정도로 복잡하기 때문에 경영자들은 우선순위를 정해야 한다. 그렇게 할 수 있기 위해서 1차 및 2차 이해관계자뿐만 아니라

# 실행 전략 12.1 Ethical Dilemma

## 지구 온난화와 북극 붐

"지구 온난화"는 최근 가장 끔찍한 용어 중 하나이다. 여름은 더 더워지고 가뭄은 길어지고 허리케인은 더 자주 발생한다. 해수면 상승으로 많은 섬 국가들과 해안 지역들이 떠내려갈지도 모른다. 지구 온난화를 좋아할 수 있는 사람이 있을까? 어떤 회사가 지구 온난화로 이익을 얻을 수 있을까? 사실은 많다.

지구 온난화의 놀라운 예시로, 북극 해빙은 1979년 기록 보존이 시작된 이래 면적의 절반을 잃었다. 기후변화에 관한 정부간 패널은 북극의 여름이 2070년부터 얼음이 없어질 것이라고 예측했다. 다른 추정치는 그 날짜를 2035년으로 옮겼다. 이러한 온난화에 겁을 먹는 대신 북극 지역의 많은 사람들, 기업 및 정부는 이에 대해 흥분하고 있다.

두 가지 긴장 요인이 두드러진다. 첫째, 태평양과 대서양 사이를 항해하는 배들은 이제 북극해를 통과할 수 있다. 상하이와 로테르담 사이의 거리는 선박이 캐나다 북극 군도를 통과하는 북서항로를 이용할 경우 15% 단축될 수 있고, 선박이 시베리아 해안을 안고 북동항로(러시아가 북해항로라고 부르는 항로)를 항해할 경우 22% 단축될 수 있다(그림 12.2 참조). 한 전문가는 "북극이 이미 항공을 위한 것처럼 세계 해상 운송의 중심 통로가 될 것"이라고 언급했다. 그것은 "지중해와 유사한 산업과 무역의 새로운 진원지"가 될 가능성이 있다. 캐나다와 러시아는 연료 보급 및 도선과 같은 해상 서비스로부터 이익을 기대하고 있지만 "앵커리지 및 레이캬비크와 같은 도시는 언젠가 싱가포르 및 두바이와 같은 고위도 지역의 주요 운송 센터 및 금융 수도가 될 수 있다."

둘째, 녹은 북극은 북극 지역의 막대한 석유와 광물자원을 발굴할 수 있다. 캐나다, 노르웨이, 러시아, 미국은 최근 석유 탐사에서 북극의 더 많은 지역을 개방했다. 그린란드는 인구가 6만 명에 불과하지만 세계에서 가장 큰 섬으로 서유럽 전체를 합친 것보다 넓다. 지구온난화는 빙하가 녹아 얻을 수 있는 석유와 광물의 풍요를 넘어 그린란드의 궁극적인 자유인 독립을 의미했다.

1700년대 덴마크의 식민지배를 받은 그린란드는 2009년 외교와 방위를 제외한 모든 일에 대해 자치권을 행사하며 더 많은 자치권을 얻었다. 덴마크는 그린란드에게 연간 36억 덴마크 크로네의 보조금을 제공했는데, 이는 그린란드 GDP의 4분의 1, 정부 예산의 절반에 가까운 금액이다. 양측은 그린란드가 보조금을 필요로 하지 않을 때까지 석유, 가스, 광물 수입을 나누기로 합의했는데, 이는 모든 그린란드 사람들에게 12,000 달러를 의미했다. 그러면 그린란드는 완전한 독립을 얻을 수 있다. 더 많은 수익을 창출하기 위해, 그린란드 정부는 에너지와 광산 회사들이 지하와 근해의 부를 탐사할 수 있는 허가를 내주는 데 적극적이었다. 예를 들어, Greenland Minerals and Energy라고 불리는 호주의 한 회사는 Greenland의 첫 번째 노천 우라늄과 희토류 광산을 개발했다. 하지만, 일부 환경론자들과 전통주의자들은 그러한 개발에 만족하지 않는다. 전체적으로 어떻게 탐험과 환경주의 사이의 올바른 균형을 맞출 것인가 하는 것은 그린란드뿐만 아니라 지구 온난화로 인해 다가오는 북극 붐을 이용하기를 열망하는 모든 기업, 지역사회, 그리고 정부에게 도전이다.

Sources: (1)Bloomberg Businessweek, 2014, Drill sergeant, May 5: 62–67; (2)S. Borgerson, 2013, The coming Arctic boom, Foreign Affairs July: 76–89; (3)Economist, 2012, The melting north, June 16 (special report): 3–5; (4)Economist, 2012, Short and sharp, June 16 (special report): 14–15; (5)Economist, 2015, Not so cool, January 31: 51–52; (6)Economist, 2017, Polar bare, April 28: 11–12; (7)Economist, 2018, Throwing off the Danish yoke, May 5: 52; (8)Economist, 2019, A warmer Russia, September 21: 57–58; (9)Economist, 2019, Ice would suffice, September 21: 93.

**그림 12.2 북극 지역**

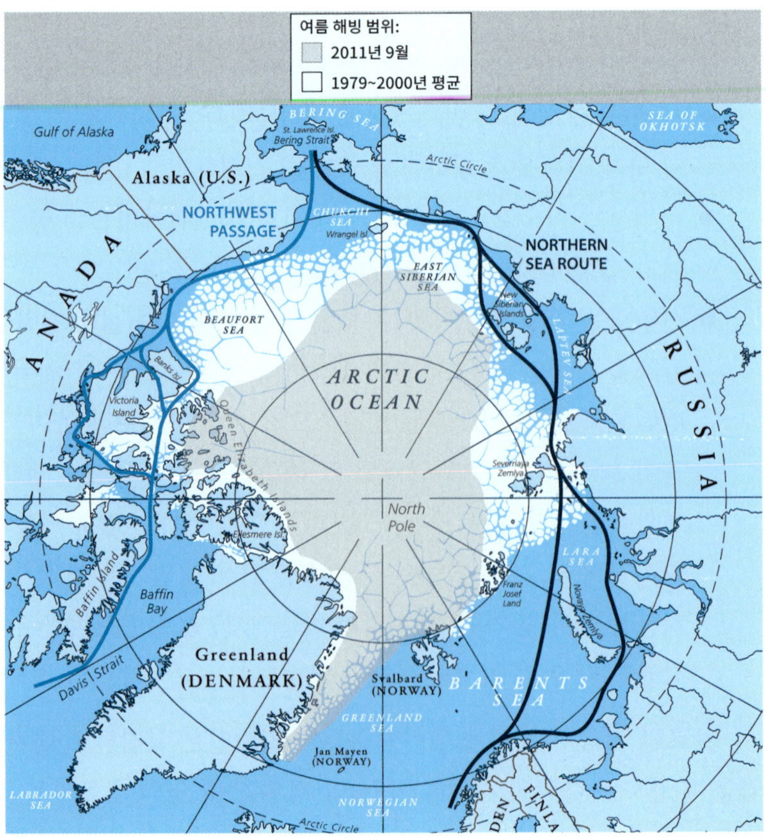

성과 기준들도 명확히 해야 한다.

## 이해관계자 그룹, 트리플 바텀라인, ESG

이해관계자 관점은 1차 및 2차 그룹으로 나눌 수 있는 이해관계자의 요구를 관리하는데 중점을 둔다. **1차 이해관계자 그룹(primary stakeholder groups)**은 기업이 지속적인 생존과 번영을 위해 의존하는 구성 요소이다. 주주, 경영자, 직원, 공급업체, 고객과 함께 법률 및 규정을 준수해야 하며 세금 및 기타 의무를 이행해야 하는 정부 및 지역 사회까지 일반적으로 모두 1차 이해 관계자로 간주된다.

**1차 이해관계자 그룹(primary stakeholder groups)**
기업이 지속적인 생존과 번영을 위해 의존하는 구성요소.

**2차 이해관계자 그룹(secondary stakeholder groups)**은 "기업에 영향을 미치거나 영향을 받지만 기업과의 거래에 관여하지 않으며 생존에 필수적이지 않은" 단체를 의미한다. 환경 단체는 종종 오염과 싸우기 위해 스스로 싸움에 나선다. 공정 노동실천단체들은 종종 직원들에게 적절한 노동 조건을 제공하지 않는 것으로 의심되는 기업들에게 도전하기도 한다. 기업은 생존을 위해 2차 이해관계자 그룹에 의존하지는 않지만, 이러한 그룹들은 상당한 곤란함과 피해를 불러일으킬 수 있다(오프닝 케이스 참고).

**2차 이해관계자 그룹(secondary stakeholder groups)**
기업과의 거래에 관여하지 않고 기업의 생존에 필수적이지는 않지만, 기업에 영향을 주기도 받기도 하는 이해 관계자.

경영자들은 1차 이해관계자로서 이러한 모든 관계의 중심에 위치하는 유일한 그룹이라는 점에서 독특하다. 기업의 이해관계자 관점에 대한 핵심 명제는 경영자들이 이익과 주주 이익과 같은 경제적 이익만을 추구하는 대신, 경영자들은 트리플 버텀 라인으로 불리는 균형잡힌 조합을 추구해야 한다는 것이다. 1장에서 먼저 소개된 트리플 버텀 라인은 경제적, 사회적, 환경적 성과로 구성된다.

경영자들은 트리플 버텀 라인을 다룰 때 몇 가지 척도과 용어에 직면한다. 한 가지 척도는 기업의 CSR 활동의 사회적 성과로 정의되는 **기업의 사회적 성과(corporate social performance, CSP)**이다. 더 새로운 용어는 기업을 **환경, 사회, 지배구조 성과(environmental, social and governance (ESG) performance)** 차원에 따라 평가하는 것이다. 현재 8,000개 이상의 상장 기업들이 ESG 성과를 보고하고 있다. 투자자들은 CSR 문제에 대한 기업의 참여에도 더 많은 관심을 기울이고 있다. 2014년, ESG 기준은 21조 달러의 투자를 유도했는데, 이는 전문적으로 관리되는 전체 글로벌 투자 자본의 약 1/3에 해당한다. 이러한 투자는 **사회적 책임 투자(socially responsible investment, SRI)** 또는 **사회적 영향 투자(social impact investment)**로 알려져 있다. 최근의 일부 저자들은 지속 가능성, ESG, 그리고 CSR을 상호교환적으로 사용하고 있다.

**기업사회성과(corporate social performance, CSP)**
기업의 CSR 활동에 대한 사회적 성과.

**환경, 사회, 지배구조 성과(environme-ntal, social and governance (ESG) performance)**
경제, 사회 및 거버넌스 차원으로 구성된 성과 척도.

**사회적 책임 투자(socially responsible investment, SRI)**
환경·사회·지배구조(ESG) 성과가 우수한 기업에 투자.

**사회적 영향 투자(social impact investment)**
사회적 책임 투자(SRI).

트리플 버텀 라인 또는 ESG 차원에서 종종 다수의 서로 상충되는 요구 사항들을 고려할 때, CSR 문제는 경영자에게 딜레마를 나타내는 것이 분명해 보인다(오프닝 케이스 참고). 실제로, 그것은 다음으로 소개될 근본적인 논쟁을 불러 일으켜왔다.

## 근본적인 논쟁

CSR에 대한 토론은 사회에서 기업의 본질에 초점을 맞추고 있다. 회사는 왜 존재하는가? 무엇이 회사의 목적인가? 대부분의 사람들은 직관적으로 "돈을 벌기 위해"라고 대답할 것이다. 시카고 대학(University of Chicago)의 경제학자이자 노벨상 수상자인 밀턴 프리드먼(Milton Friedman)은 "사업의 사업은 사업이다(The business of business is business)"라고 주장하였다. 기업이 경제적 기업체라는 생각은 논란의 여지가 없어 보인다. 문제는 기업이 단지 경제적 기업체일 뿐인가 하는 것이다. 비록 프리드먼은 2006년에 죽었지만 그의 생각은 계속해서 영향력이 있다 .

논쟁의 한 쪽에서는 "기업의 사회적 책임은 이익을 증대시키는 것"이라고 주장하며, 이는 앞서 언급한 프리드먼의 1970년대 초에 출판된 영향력 있는 논문의 제목이다. 이들 자유시장 학파는 애덤 스미스(Adam Smith)의 사고를 기반으로, (법적 및 윤리적 범위 내에서) 경제적인

### 표 12.1 비즈니스 라운드테이블 성명서: 1997년과 2019년

**기업 지배에 관한 성명서 (1997, 발췌):**

경영진과 이사회의 가장 중요한 의무는 주식 회사의 주주에 대한 것이며, 다른 이해관계자의 이익은 주주에 대한 의무의 파생물로서 관련성을 갖는다. 이사회가 주주의 이익과 다른 이해관계자의 이익을 어떻게 균형을 맞춰야 한다는 개념은 이사의 역할을 근본적으로 오해하는 것이다. . . .

**기업 목적에 관한 성명서 (2019):**

각각의 회사는 자체적인 기업 목적을 추구하고 있지만, 우리는 모든 이해관계자에 대한 근본적인 약속을 공유한다. 우리는 다음을 약속한다:

- 고객에게 가치 제공하기: 우리는 미국 기업들이 고객 기대를 충족하거나 뛰어넘는 길을 이끌어가는 전통을 더욱 발전시킬 것이다.
- 직원에 투자하기: 이는 공정한 보상과 중요한 혜택을 제공하는 것으로 시작한다. 빠르게 변화하는 세계에서 새로운 기술을 개발하기 위해 교육과 훈련을 지원하는 것도 포함된다. 우리는 다양성과 포용, 존엄성과 존중을 촉진한다.
- 공급업체와 공정하고 윤리적으로 거래하기: 우리는 우리의 미션을 이행하는 데 도움을 주는 다른 회사들과의 좋은 파트너로 서비스를 제공하기 위해 헌신한다.
- 일하는 지역사회 지원하기: 우리는 우리 지역사회의 사람들을 존중하며 비즈니스 전반에 걸쳐 지속가능한 관행을 채택하여 환경을 보호한다.
- 주주에게 장기적 가치 창출하기: 주주는 기업이 투자하고 성장하며 혁신할 수 있도록 자본을 제공하는 주체이다. 우리는 투명성과 효과적인 주주와의 관여에 헌신한다.
- 우리 각각의 이해관계자는 필수적이다: 우리는 모든 이해관계자에게 가치를 전달하기 위해 우리 회사, 지역사회, 그리고 국가의 미래 성공을 약속한다.

Sources: (1)Business Roundtable, 1997, Statement on corporate governance, www.businessroundtable. org; (2)Business Roundtable, 2019, Business Roundtable redefines the purpose of a corporation to promote "an economy that serves all Americans," press release, August 19: www.businessroundtable.org.

자기 이익의 추구는 효율적인 시장으로 이어진다고 주장한다. 자유시장 학파의 지지자들은 1차 이해관계자 그룹이 가장 많이 그리고 우선적으로 중요하며, 그들을 이해관계 경영인이 돌봐야 할 신의성실의 의무(법에 의해 요구되는 의무)가 있다고 주장한다. 우리의 경제 시스템의 특징이 자연주의이므로 자본 제공자 즉, 자본가 또는 주주는 경영자의 주목을 받을 만하다. 1980년대 이래로 가장 중요한 단일 이해관계자 집단으로 명시적으로 주주 자본주의라고 부르는 이 용어는 전 세계적으로 점점 더 큰 영향력을 발휘하고 있다(11장 참고). 다른 말로 이것은 **주주 우선주의(shareholder primacy)** 관점이라고 한다. 미국 저명한 기업 CEO들의 그룹인 비즈니스 라운드테이블(Business Roundtable)은 1997년 이러한 견해를 지지하는 기업 지배구조에 관한 성명을 발표했다(표 12.1)

**주주 우선주의(shareholder primacy)** 주주를 가장 중요한 단일 이해관계자 집단으로 명시적으로 지정하는 관점.

자유시장 지지자들은 기업이 사회복지 제공과 같은 사회적 목표를 달성하려고 시도할 경우, 경영자들은 이윤 극대화(그리고 그 파생물인 주주 가치 극대화)에 집중하지 않을 것이라고 주장한다. 결과적으로 기업은 자본주의적 기업으로서의 특성을 잃고 사회주의 조직이 될 수 있다. 사회주의 조직에 대한 이러한 인식은 순수 논쟁의 요지가 아니지만 개혁 이전의 소련, 중앙유럽과 동유럽, 중국은 물론 아프리카, 아시아, 중남미의 많은 개발도상국에 걸쳐 수많은 국영기업의 사례에 걸쳐 수많은 국영기업의 특성을 정확하게 파악한 것이다. 본질적으로 사유화는 이들 기업의 사회적 기능을 제거하고 사적 소유를 통해 경제적 특성을 회복시키는 것이다(11장 참고). 전반적으로 자유시장 학파는 전 세계에 영향을 미치고 있다.

CSR 운동이 등장한 것은 이처럼 가공할 만한 영향력을 가지고 있는 학파에 반대하며, **이해관계자 자본주의(stakeholder capitalism)**를 구축하기 위해 노력하면서 부터였다. CSR 옹호론자들은 비록 이론상으로는 규칙, 계약 및 재산권에 의해 제약을 받는 이론이기는 하지만 자기 이익과 이윤을 추구하는 자유시장 체제가 사실상 아무런 제약을 받지 않으므로 탐욕, 과잉, 나아가 남용을 불러일으킬 수 있다고 주장한다. 기업과 경영인들에게 모든 것을 맡긴다면 그들은 공익보다는 자신만의 이익을 더 우선시할 수 있다. 2008년부터 2009년의 금융 붕괴는 종종 그 대표적인 사례로 지적된다. 주주들이 중요한 이해관계자라는 것을 부정하지는 않지만 CSR 주창자는 모든 이해관계자가 "공정한 거래"를 위해 교섭할 수 있는 동등한 권리를 가지고 있다고 주장한다. 종종 상충되는 이해관계자들의 요구를 감안하면, 회사의 최우선 사항은 이익을 최대화하는 주체가 아니라 그들의 관심사를 조정하기 위한 수단으로 작용한다고 주장한다. 물론 논쟁에서 모든 이해관계자가 진정으로 평등한 권리를 갖는 것은 매우 어려운 문제이며 때로는 어떻게 그들의 (때로는 피할 수 없는) 갈등을 관리할 것인가 또한 그렇다. 1970년대 자유시장 학파들의 주변으로부터 시작된 CSR 사상 학파는 천천히 그러나 확실하게 전략 토론의 중심이 되어가는 진전을 이루고 있다. 최근에 전략 전문가인 마이클 포터(Michael Porter)는 "사회의 필요와 도전을 해결함으로써 사회를 위한 가치를 창출하는 방식으로 경제적 가치를 창출하

**이해관계자 자본주의(stakeholder capitalism)** 기업이 이해관계자의 이익을 존중해야 한다고 주장하는 자본주의의 관점.

는 것을 포함한다"라는 의미의 공유 가치 창출의 중요성을 격렬하게 옹호하고 있다.

CSR 운동에는 두 가지 원동력이 있다. 첫째, 자유시장이 세계 곳곳으로 널리 확산되고 있음에도 불구하고 빈부의 격차는 점점 더 벌어지고 있다. 미국에서 살고 있는 전 세계 어린이의 단 2%가 전 세계 장난감의 50%를 소비하는 반면, 방글라데시 혹은 나이지리아 어린이의 1/4은 그 나라의 노동에 종사하고 있다. 선진국의 사회 안에서도 고소득자와 저소득자의 소득 격차가 확대되고 있다. 1980년에 미국인 CEO는 평균적으로 근로자보다 40배나 더 많은 급여를 받았다. 현재 이 격차는 약 150배이다(11장 참고). 비록 미국 사회가 다른 국가들보다 소득 불평등에 대해 더 너그럽게 받아들이는 편이지만, 이런 불평등 확대에 대한 종합적인 데이터는 "더욱 기를 쓰고 눈에 불을 밝히는" 자본주의를 개혁하기 위한 자극제로 작용할 때가 많다. 2011년 월스트리트 점령(Occupy Wall Street) 운동 참가자들은 99%의 희생으로 인해 상위 1%가 이익을 얻었다고 주장했다. 그러나 자유시장 지지자들의 반응은 경쟁이 존재하는 한 승자와 패자 모두 항상 존재한다는 것이다. CSR 비평가들이 "탐욕"이라고 묘사하는 것은 종종 자유시장 지지자의 용어로는 "인센티브"로 간주된다.

**기업의 사회적 무책임(corporate social irresponsibility, CSI)** 재난과 스캔들을 초래할 수 있는 기업의 사회적 책임 부족.

CSR 운동이 부상한 두 번째 이유는 밀려드는 재난과 스캔들의 물결로 인한 것으로 보이며, 이는 결국 **기업의 사회적 무책임(corporate social irresponsibility, CSI)**이라는 용어를 낳았다. 2009년, 정부의 구제금융을 받은 금융서비스 회사들이 월스트리트(Wall Street) 지급한 보너스의 과도한 금액은 사회적으로 무감각하고 무책임하다는 비판을 받았다. 2010년, BP의 석유 생산 시설이 멕시코 만에서 엄청난 혼란을 일으켰다. 일본의 지진이 후쿠시마 원자력 발전소의 붕괴를 촉발시켰다. 2013년, 방글라데시의 한 섬유공장이 붕괴되어 노동자 1천여 명이 목숨을 잃었다. 폭스바겐(Volkswagen)은 지난 2015년 환경규제를 회피한 혐의로 미국 환경보호청(Environmental Protection Agency, EPA)에 적발된 바 있다. 2017년, 캘리포니아의 거대 전력회사인 PG&E의 부주의가 대규모 산불의 원인이 되었다. 2019년, 주요 마약성 진통제 생산업체인 퍼듀 파마(Purdue Pharma)는 다수의 피해자와 주정부로부터 소송을 당한 후 파산 신청을 해야 했다. 이러한 새로운 재난들과 스캔들이 종종 기업 윤리의 인지된 하락과 CSI의 인지된 상승에 기여하여 이로 인해 당연하게도 CSR은 공공 정책 및 경영 토론의 최우선주제가 된 것은 놀라운 일이 아니다.

2019년, 비즈니스 라운드테이블은 아마존(Amazon), 애플(Apple), 엑슨모빌(Exxon Mobil), GM, IBM, JP 모건 체이스(JP Morgan Chase), 프록터앤드갬블(Proctor & Gamble), 월마트(Walmart) 등 미국 주요 기업 최고경영자 181명이 서명한 기업의 목적에 관한 성명(Statement on the Purpose of a Corporation)을 새롭게 발표했다. 주주 우선주의 관점을 명시하면서, 그것은 1997년 성명이 "기업 책임에 대한 현대적 표준"을 요약한 새로운 2019년 성명으로 대체되었다고 선언했다. 이해관계자 우선주의 관점을 지지하면서 이 성명은 고객, 직원, 공급업체, 지역 사회 및 주주 등 모든 이해관계자에 대한 근본적인 약속"을 선언했다(표 12.1 참고). 주주 우선주의 관점을 포기함으로써 2019년 성명은 CSR에서 "빅딜", "상전벽해", "주요 전환점"으로 널리 환영을 받았다.

모두가 기뻐한 것은 아니다. 반발은 즉각적이었다. 주주 우선주의 관점을 지지하는 비평가들은 이 성명이 좌파 정치인들에 대한 유화책이라고 비난했고, 일부는 이것이 "자본주의의 죽음"을 향한 결정적인 단계라고 주장한다. 비평가들은 만약 자원이 풍부하다면, 이해관계자들을 돌보는 것은 잘못된 것이 없다고 말한다. 하지만, 만약 갈등이 존재한다면 법에서 요구되는 것처럼 주주의 이익이 다른 사람의 이익보다 우선할 것이다. 토론이 격렬해지면서 경영자들은 역경을 헤치고 나가야 한다. 다음에 설명된 바와 같이 그들이 CSR에 관하여 어떻게 의사 결정을 하는가에 대해 이해하는 것은 중요한 일이다.

## 기업의 사회적 책임에 대한 포괄적인 모델

전략 트라이포드에서 도출된 포괄적인 CSR 모델(그림 12.3)은 전략에 관한 세 가지 전통적인 관점이 CSR에 대해 상당히 잘 설명할 수 있음을 보여준다. 여기에서는 왜 그러한가에 대한 이유를 설명한다.

### 산업기반 고려사항

5가지 요인 체계로 대표되는 산업기반의 관점은 CSR에 대한 새로운 경쟁을 이해하는 데 도움을 줄 수 있도록 확장될 수 있다.

**경쟁자 간의 경쟁(Rivalry Among Competitors)** 우리는 2장에서 한 산업 내의 경쟁자들이 종종 비용이나 차별화와 같은 어떤 차원에서 서로를 능가하는 것을 열망한다는 것을 학습했다. 해양·해운 분야에서 선박의 규모와 수익의 측면에서 업계 선두주자인 머스크(Maersk)는 연비가 효율적(따라서 운항비용도 더 저렴하다)일 뿐만 아니라, 생애주기(그리고 생애주기 후)의 환경에 대한 영향을 줄이는 것을 염두에 두고 설계된, 새로운 초대형급의 선박을 출시했다(실행전략 12.2 참고). 머스크는 연비와 환경 친화성이 이 산업에서 점점 더 경쟁력 있는 차별화 요소가 될 것이라고 믿고 있다.

**잠재적 진입의 위협(Threat of Potential Entry)** 진입 장벽을 높이는 것은 잠재적인 진입에 대응하기 위한 기존 기업들의 주요 대응 중 하나이다. 전 세계적으로 경쟁하는 스타벅스와 같은 다국적 기업들은 지역 진입자들의 위협에 직면해 있다. 따라서 CSR에 투자하는 것은 진입을 막는 수단이 된다. CSR 사업에 중요한 자원을 투입하여 스타벅스는 본질적으로 모든 잠재

■ 그림 12.3 CSR의 포괄적인 모델

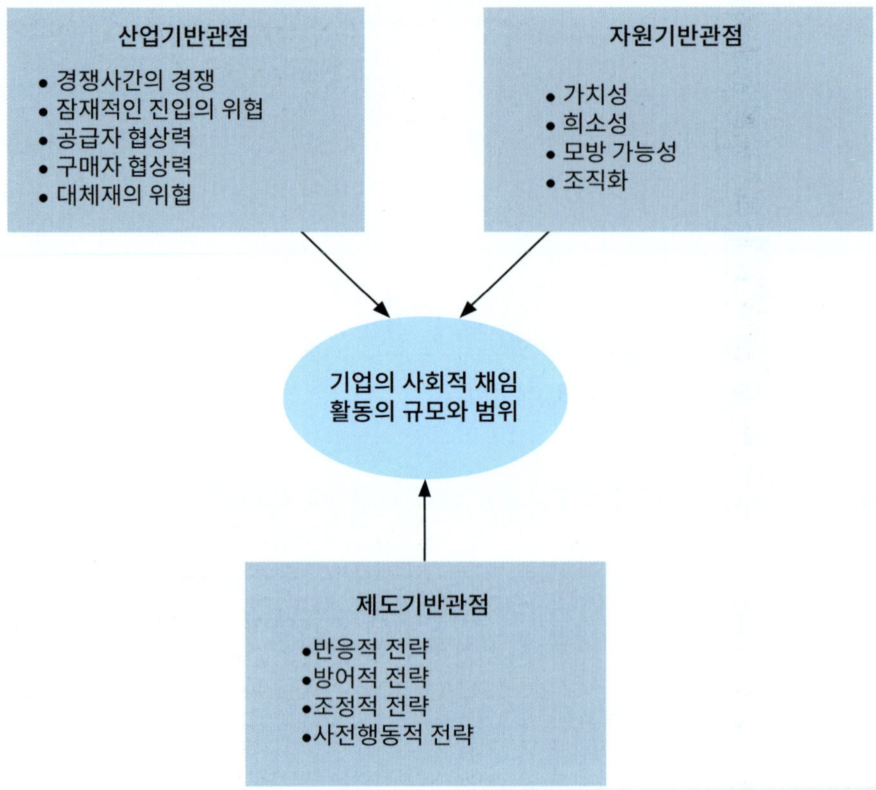


적인 참가자들에게 품질, 서비스, 매력도 뿐만 아니라, 높은 수익에 의해 지지되는 CSR에 참여하는 능력에도 부합하도록 도전하고 있다(오프닝 케이스 참고). 암묵적 메시지는 CSR 게임에 참여할 여유가 없는 잠재적인 참가자들은 굳이 신경 쓰지 말아야 한다는 것이다.

**공급자의 협상력(Bargaining Power of Suppliers)** 사회 및 환경을 고려한 공급자들이 대체품이 거의 없거나 전혀 없는 차별화된 제품을 제공한다면 그들의 협상력이 상당히 높을 것이다. 예를 들어 코카콜라(Coca-Cola)는 전 세계의 탄산음료 제조업자들에게 콜라 시럽을 공급하는 유일한 공급자이다. 따라서 코카콜라는 모든 탄산음료 제조업자들에게 그들의 사회적 및 환경적 관행에 책임이 있음을 인증할 것을 요구함으로써 협상력을 확실히 할 수 있다. 또한 코카콜라는 탄산음료 제조업자들로 하여금 남아프리카 공화국과 베트남의 창업보육센터 자금을 지원하고 중국과 일본의 지진 피해자들에게 음료를 무료로 기부하고 미국을 포함한 전 세계 42개 국가의 학교 어린이들에게 독서를 홍보하는 것과 같은 사회적 프로그램을 지원하도록 장려하고 있다.

## 실행 전략 12.2

### 바다의 거인

컨테이너선은 매일 세계 무역 화물의 90%를 운송한다. 1970년대부터 시작된 컨테이너 운송은 배송비를 크게 줄여 극동에 있는 중국의 입지가 북미와 유럽의 주요 시장에서 그리 멀지 않은 것처럼 느껴지게 했다. 그러나 이 산업은 순탄치만은 않다. 2000년대 후반에 수많은 새로운 선박들이 함대에 합류한 것처럼 2008-2009년의 대공황은 무역량을 감소시켜 가격 수준을 붕괴시켰다. 그 후 서서히 회복되고 있는 산업은 2018년부터 시작된 무역전쟁으로 또 다른 타격을 입었다. 가장 최근에는 2020년 코로나바이러스 팬데믹으로 인한 글로벌 셧다운이 새로운 도전을 만들었다.

다양한 해운사들이 고군분투하며 해결책을 찾고 있는 가운데, 덴마크에 본사를 둔 세계 최대의 선박인 코펜하겐의 머스크는 가장 큰 폭의 몇 가지 방안을 고안했다. 2011년, 머스크는 한국의 대우조선에 세계에서 가장 큰 선박 20척을 건조하는 38억 달러의 계약을 체결했다. 첫 번째 배인 머스크 맥키니 뮐러의 첫 항해가 2013년 8월에 시작되었다.

"Triple-E"라는 이름은 경제, 에너지, 환경의 세 가지 디자인 원칙에서 유래했다. 이 거대한 선박은 165,000톤의 무게로, 길이가 400미터이고 너비가 59미터이다. 즉, 이 선박의 길이는 에펠탑보다 길다. 규모의 경제인 첫 번째 E는 그러한 차원뿐만 아니라 근본적인 설계 변경에 의해서도 달성된다. V자형 선체 대신 선체가 훨씬 직사각형이고 U자형에 가깝다. 결과는, 2006년에 출시된 차세대 대형 선박(머스크 E급)보다 무려 2,500개가 더 많은 18,000개의 20피트 상당의 컨테이너이다. 새로운 자동화 기술을 많이 포장하기 때문에 각 선박에는 22명(표준)에서 34명(최대) 사이의 승무원이 필요하다.

에너지 효율은 의도적으로 완증기 방식으로 달성된다. 이전 세대보다 느린 트리플-E 선박의 설계 속도는 19노트(시속 35km 또는 22마일)로, E클래스 대비 연료 소모량이 20% 감소했다. 그들의 크기에도 불구하고 이 배들은 세계에서 가장 에너지 효율적인 배이다.

마지막 E는 환경 친화성 또한 이러한 낮은 연료 연소에 의해 활성화된다. 머스크 트리플-E 선박은 1km의 화물 1톤당 3g의 이산화탄소를 배출했다. 이는 철도의 경우 18g, 트럭의 경우 47g, 항공 화물의 경우 560g 등 다른 운송 수단보다 훨씬 작은 환경 발자국이다. 환경 친화성의 마지막이지만 중요하지 않은 요소는 각 선박이 재활용을 위해 설계되고 건조된다는 것이다. 모든 구성품들은 배가 폐선될 때 (종종 남아시아의 해변에서) 유용한 재료들이 다양한 재활용 범주로 효율적으로 전달될 수 있도록 추적되고 나열되며, 거대한 거인의 수명(및 사후 수명) 환경의 흔적들을 엄청나게 줄일 수 있다.

머스크는 2007년부터 2015년까지 전체 함대에 대해 화물이 27% 증가했음에도 불구하고 배출량을 39% 줄였다. 2011년 '올해의 지속가능한 선박운항자상' 수상자(트리플-E급 출범 전)인 머스크는 환경친화성이 점점 더 경쟁력 있는 차별화 요소가 될 것이며 바다의 새로운 거인들이 그 우위를 강화하는 데 도움이 될 것이라고 믿는다.

Sources: (1)Bloomberg Businessweek, 2013, An ill-timed bet on the world's largest ship, April 29: 21; (2)Economist, 2007, Container ships, March 3: 71; (3) Economist, 2009, Sea of troubles, August 1: 55–56; (4)Economist, 2019, Ship recycling, March 9: 60; (5)Focus Denmark, 2014, A slow steaming giant, Summer-Autumn: 68–71; (6)Fortune, 2015, Maersk, September 1: 72.

**구매자의 협상력(Bargaining Power of Buyers)** CSR에 관심이 있는 개인 및 기업 구매자들은 협상력을 활용함으로써 해당 기업으로부터 상당한 양보를 받아낼 수 있다. 스타벅스가 지난 10년 동안 860만 파운드의 세금만을 납부한 뒤 추가로 2천만 파운드(2천5백만 달러)의 영국 법인세를 "자발적으로" 납부하기로 선택했던 이유는 소비자 불매운동과 시위에 크게 영향을 받았다(오프닝 케이스 참고). 2차 이해관계자로서 언론이 스타벅스의 논란의 여지가 있는(그래도 여전히 합법적인) 조세 회피 행동을 어렵게 만들 수 있지만, 스타벅스가 화나게 할 수 없는 것은 1차 이해관계자로서의 개인 소비자들이었다.

기업의 구매자들이 양보를 이끌어 내는 방법의 예는 NGO들이 공급망을 개선하는 것을 목표로 삼고 있는 월마트(Walmart)의 최근의 노력들이다. 월마트는 중국내 약 10,000개의 공급업체들에게 환경 준수를 개선할 것을 요구했다. 월마트는 불만족스러운 준수를 이유로 126개 공급업체를 1년 동안 정지시켰고, 35개 업체로부터는 영구적으로 구매를 중단했다.

마지막으로 구매자는 그들이 큰 어려움에 처했을 때 협상력을 높일 수 있다. 아프리카, 아시아, 라틴 아메리카에서 죽어가는 에이즈 환자들은 종종 그들의 정부와 CSR 그룹의 지원을 받아 선진국에 본사를 둔 제약회사들에게 (1)신약 개발 (2)약품 가격 인하 (3)그러한 약품들의 더 저렴한 현지 제조를 허용하기 위한 특허공개를 요구한다. 제약회사들은 물론 이러한 시도에 저항했지만, 결국엔 굴복할 수밖에 없었다(클로징 케이스 참고).

**대체재의 위협(Threat of Substitutes)** 만약 대체재가 기존의 제품보다 우수하고 합리적인 가격이라면 더 많은 고객을 유치할 수 있다. 풍력 및 태양열 발전은 (석유와 석탄과 같은) 화석 연료 발전보다 훨씬 환경친화적이며 원자력보다 안전하며 큰 잠재력을 가지고 있다. 풍력 및 태양열 발전을 상업적으로 이용하기 위해서는 정부 보조금이 필요한 것이 사실이다. 그러나 그 미래는 유망할 것으로 보인다. 현재, 화석 연료를 완전히 대체하기 위해 풍력과 태양열을 사용하는 것은 비현실적일 수 있다. 그러나, 화석 연료 기존 기업들은 풍력과 태양열 기술을 직접 개발하거나 그러한 새로운 에너지 전문 지식을 가진 기업들을 인수해야 하는데, 그렇지 않으면 그러한 회사들은 풍력과 태양열 회사들에 의해 대체되는 암울한 미래에 직면하게 될 것이다. 전반적으로, 대체재의 위협은 기업이 해당 산업에만 좁게 집중하는 대신 넓은 큰 환경을 주의 깊게 살펴볼 것을 요구한다.

**위협을 기회로 전환하기(Turning Threats to Opportunities)** 종합하면 다섯 가지 요인 체계는 두 가지 교훈을 제시한다. 첫째, 모든 산업이 CSR 도전에 대한 노출 정도의 측면에서 동등한 것은 아니다. (화학물질 추출산업과 같은) 에너지 집약적이며 재료 집약적인 산업은 환경에 대한 까다로운 조사에 더욱 취약하다. (의류와 같은) 노동집약 산업은 공정한 노동 관행을 이유로 어려움을 겪을 가능성이 크다. 그러나 다양한 노출 정도에도 불구하고 CSR로부터 완전히 영향을 받지 않는 산업은 없다.

두 번째 교훈은 산업과 기업이 선별적으로 그러나 사전 예방적으로 이러한 위협의 일부를 기회로 전환하기를 원할 수도 있다는 것이다. 예를 들어 다우 케미컬(Dow Chemical), 홈디포(Home Depot), 로우스(Lowe's), 유니레버(Unilever) 등은 NGO를 위협 요소로 취급하는 대신 이들과 협력한다. 많은 경영자들은 전통적으로 CSR을 엄격한 규제, 추가 비용 및 달갑지 않은 책임을 수반하는 성가신 것으로 생각한다. 이러한 태도는 CSR과 관련된 전략적 비즈니스 기회를 과소평가할 수 있다. 가장 적극적인 경영인들과 기업들은 선택적이지만 선제적인 투자와 지속적인 참여를 통해 CSR 문제를 수용할 수 있을 정도로 선견지명이 있어, 추가 비용 항목이 되는 것과는 반대로, 본질적으로 CSR 활동을 차별화의 원천으로 만들고 있다.

## 자원 기반 고려사항

CSR과 관련된 자원은 유형의 기술과 프로세스 뿐만 아니라 무형의 기술과 태도가 포함될 수 있다. VRIO 모형은 CSR에 대한 상당한 잘 설명할 수 있다.

**가치(Value)** CSR과 관련된 자원 및 역량은 가치를 더하는가? 이것은 CSR 업무를 위한 리트머스 테스트와 같다. 많은 대형 다국적 기업들은 그들의 엄청난 재정적, 기술적, 인적 자원을 다양한 CSR을 유발하는데 적용할 수 있다. 예를 들어, 경영자들과 기업은 저렴한 주택, 기후 변화, 삼림 벌채, 양성 평등, 총기 규제, 이민, 소득 불평등, 인종 관계, 지속 가능한 어업과 농업, 그리고 세계 평화와 같은 일련의 중요한 사회 문제에 대해 목소리를 낼 수 있다. 이러한 활동은 기업의 주요 이해관계자의 경영방식과 직접적인 관련이 없는 사회적 원인에 대한 기업의 참여를 나타내는 **사회적 이슈 참여(social issue participation)**로 분류할 수 있다. 연구결과에 따르면 이러한 활동은 실제로 주주가치를 감소시킬 수 있다. 전반적으로 사회적 이슈 참여가 다소 거리가 있는 사회적 및 환경적 가치를 창출할 수는 있지만 경제, 사회, 환경적 성과의 트리플 버텀 라인의 경제적 측면을 충족시키지 못하기 때문에 이러한 능력은 부가가치를 창출하는 기업 자원으로 적합하지 않을 수 있다.

**사회적 이슈 참여(social issue participation)** 주요 이해관계자의 경영방식과는 직접적인 관련이 없는 사회문제에 관여하는 것.

**희소성(Rarity)** CSR과 관련된 자원이 항상 희소한 것은 아니다. 귀중한 자원조차도 경쟁사 또한 그것을 보유하고 있다면 큰 이점을 제공하지 못하기 쉽다는 것을 기억하라. 홈디포와 로우스는 모두 국제삼림관리협의회(Forest Stewardship Council)와 같은 NGO가 브라질, 인도네시아 및 말레이시아의 공급업체가 재생 가능한 산림의 자원만을 이용하고 있음을 인증한다. 이러한 복잡한 프로세스는 현지 공급업체와의 협상, 내부 검증 수행, 외부 검증을 위한 NGO와의 조정 및 이해관계자에게 그러한 정보를 배포하는 것과 같은 강력한 관리 역량을 필요로 한다. 이러한 능력은 가치가 있는 것이다. 그러나 두 경쟁 업체 모두가 이러한 프로세스를 관리할 수 있는 기능을 갖추고 있으므로 이것은 흔한(희소하지 않은) 자원들이다.

**모방가능성(Imitability)** 귀중하고 희소한 자원이 약간의 우위를 제공할 수는 있지만 경쟁자가 모방할 수 있는 경우에는 우위는 오직 일시적으로 존재할 것이다. 기업이 (단순히 일시적이 아니라) 지속 가능한 경쟁 우위를 확보하기 위해서는 자원은 귀중하고 희귀할 뿐만이 아니라 모방하는 것 또한 어려워야 한다. 2005년부터 네슬레(Nestle)는 영양 개선뿐만 아니라 물을 보존하고 많은 소규모 공급업체와 농업공동체의 생산성을 향상시키기 위해 "공유 가치 창출"이라는 전략을 채택했다. 경쟁업체들은 이러한 CSR 이니셔티브를 신속하게 모방했다. 2007년 유니레버는 인증된 농장에서 지속 가능한 차를 조달하기로 약속했다. 2009년에 다농(Danone)은 공급업체의 지속 가능성을 개선하는데 투자하기 위해 1억 1천만 달러의 생태계 기금을 책정했다. 2012년에 펩시코(PepsiCo)는 지속 가능한 농업 계획을 발표했다. 결과적으로 네슬레의 CSR 움직임은 그것들의 모방 가능성 때문에 유형화된 제품 시장 이익으로 전환되지 않았다.

**조직(Organization)** 실행 전략 12.3에서 볼 수 있듯이, 핵심 질문은 기업이 CSR의 잠재력을 활용하기 위해 적절한 조직적인 역량을 갖추고 있는지 여부이다. 지진, 쓰나미, 산불과 같은 자연 재해는 예측할 수 없다. 그러한 재난이 닥쳤을 때에 개인, NGO, 정부뿐만 아니라 많은 기업들은 도움을 주고 싶어 한다. 그러나, 진정으로 도움이 될 수 있는 조직적 능력을 갖춘 기업은 거의 없다. UPS는 시간에 민감한 공급망 및 물류 운영능력을 활용하여 재해구호 분야의 리더가 되었으며 정기적으로 찬사를 받으며 전 세계적으로 기여한 공로로 상을 수상했다. 예를

## 실행 전략 12.3 Ethical Dilemma

### 맥도날드는 닭을 케이지 프리로 설정할 수 있을까?

맥도날드는 2016년부터 닭을 케이지에서 풀어주기 위해 10년간의 여정에 착수했고, 결국 2025년까지 케이지 없는 닭의 계란만 제공했다. 맥도날드가 만들고 구현하게 된 대량 생산 식품의 시대는 점차 사라지고 있다. 맥도날드는 단지 동물복지 활동가(2차 이해관계자 그룹)를 달래기 위해 이러한 전략적 결정을 내린 것이 아닌 고객(주요 이해관계자 그룹)을 염두에 두었다. 최근 All Day Breakfast 메뉴에 대한 추진을 감안할 때, 계란과 닭고기는 현재 메뉴의 50%를 차지했다. 케이지 없는 계란으로 전환하지 않는다면 맥도날드는 장기적으로 고객, 특히 음식의 출처에 신경을 쓰는 밀레니얼 세대를 잃을 위험이 있다.

대다수의 닭장은 처음부터 다시 설계하고 건설해야 했다. (기술 참고 사항: 케이지 프리는 방목이 아니다. 방목은 닭이 농장에서 자유롭게 돌아다니도록 하는 것을 의미하며, 이는 새와 알에게 위험할 수 있다. 케이지 프리는 닭이 여전히 걸어 다닐 수 있는 다층 암탉에 있다는 것을 의미했다.) 케이지 없는 "멋진" 새장은 케이지 형식의 닭장보다 2~3배 비싸다. 업계의 총 비용은 70억 달러로 추산되며, 이는 어떤 기준으로도 엄청난 부담이지만 Fortune에 따르면 "닭의 경우 자유가 모든 것이 아니다." 우리가 없는 암탉은 더 많이 싸우고 더 많이 죽다. 더 더러운 환경(어디에나 똥을 쌀 수 있음)과 결합되어 케이지에 갇힌 새보다 사망률이 두배 더 높다. 케이지 프리 알은 또한 직원들이 더 우세한 새에게 따돌림을 당하지 않도록 쪼개서 아래쪽에 있는 약한 새를 보호해야 하기 때문에 더 높은 인건비가 필요하다. 스트레스를 받은 닭은 알 생산을 중단하고 그 결과, 케이지 없는 암탉은 평균적으로 더 적은 수의 알을 낳는다.

맥도날드가 전환에 대한 "비용의 일부"를 부담할 것이지만 계란 공급업체는 나머지 비용을 기꺼이 부담하지 않을 것이다. 일부는 최근 닭에게 기존의 초밀착 케이지보다 더 많은 케이지 공간을 제공하는 "풍부한 닭장 시스템"에 투자했으며, 그러한 새로운 투자가 그렇게 빨리 무의미해지는 것을 보고 싶지 않다. 동시에 맥도날드는 항생제 사용을 금지하고 있어 공급업체가 닭고기 사망률을 줄여 비용을 절감할 수 있는 또 다른 방법을 차단하고 있다. 소비자들이 더 높은 가격을 지불할 의지가 없고 공급업체의 불가피한 저항을 감안할 때 맥도날드가 과연 새들을 자유롭게 하고 소비자, 공급업체, 동물복지 활동가, 주주들을 행복하게 만들 수 있는 올바른 조직 능력을 갖고 있는지는 두고 봐야 할 일이다.

Sources: (1)Fortune, 2016, Free bird, September 1: 78–88; (2)McDonald's, 2019, Sharing progress on our cage-free egg com-mitment, April 11: news.mcdonalds.com.

들어 UPS는 아이티 지진(2010년), 허리케인 샌디(2012년 뉴욕과 뉴저지), 캘리포니아의 화재(2017년), 인도의 홍수(2018년), 코로나바이러스 발발(2020년)에서 활동했다. 이러한 **기업 자선(corporate philanthropy)**은 사회적 대의에 대한 기업들의 기부이며 기업의 명성을 쌓고 직원들을 고무시키는 데 도움을 준다.

**기업 자선(corporate philanthropy)** 사회적 대의에 대한 기업들의 기부.

## CSR과 경제적 성과 퍼즐

자원기반관점은 CSR 논쟁의 주요 퍼즐인 CSR과 경제적 성과 퍼즐을 해결하는 데 도움이 된다. 일관된 증거는 기업의 사회적 무책임(환경적 재난 및 위반으로 입증되는)은 주주 가치를 파괴한다는 것을 보여준다(표 12.2 참고). CSR 옹호론자들에게 좌절의 원인이 되는 이 퍼즐은 CSR과 이익, 주주 수익과 같은 경제적 성과 사이의 직접적이고 긍정적인 연관성에 대한 결정적인 증거가 왜 없는가에 대한 것이다. 일부 연구는 부정적인 관계가 있거나 혹은 전혀 관계가 없음을 발견한다. 종합해보면 “CSR은 (경제적) 성과를 해치지는 않지만 CSR이 표준 이상의 (경제적) 수익으로 이어진다는 것을 믿도록 하는 확실한 증거는 없다.”

자원 기반 설명에 따르면 앞서 설명한 역량의 제약으로 인해 많은 기업들이 CSR 집약적인 (차별화) 전략에 적합하지 않다. 2장에서 대부분의 기업들이 비용우위 전략에 얽매여 차별화 전략을 수용할 수 없다는 것을 말하고 있음을 기억하라. (완벽한 연구는 없으며) 모든 연구에는 약

**표 12.2 환경 재해 및 위반으로 인해 파괴된 주주 가치**

| 국가 | 이벤트 기간 (이벤트 이전 일수, 이벤트 이후 일수) | 주주 재산 감소 (누적 평균 수익률, %) |
|---|---|---|
| 아르헨티나, 칠레, 멕시코 | (–5, 5) | –6.29 |
| 캐나다 | (–1, 1) | –2 |
| 중국 | (–8, 8) | –2.7 |
| 인도 | (1, 5) / (1, 10) | –2.97 / –5.02 |
| 대한민국 | (–3, 3) | –9.7 |
| 미국 | (–1, 1) | –1.5 |

Sources: Extracted from findings reported in (1)S. Dasgupta, B. Laplante, & N. Mamingi, 2001, Pollution and capital markets in developing countries, Journal of Environmental Economics and Management 42: 310–335; (2)P. Lanoie, B. Laplante, & M. Roy, 1998, Can capital markets create incentives for pollution control? Ecological Economics 26: 31–41; (3)X. Xu, S. Zeng, & C. Tam, 2012, Stock market's reaction to disclosure of environmental violation: Evidence from China, Journal of Business Ethics 107: 227–237; (4)S. Gupta & B. Goldar, 2005, Do stock markets penalize environment-unfriendly behavior? Evidence from India, Ecological Economics 52: 81–95; (5)S. Dasgupta, J. Hong, B. Laplante, & N. Mamingi, 2006, Disclosure of environmental violations and stock market in the Republic of Korea, Ecological Economics 58: 759–777; (6)R. Klassen & C. McLaughlin, 1996, The impact of environmental management on firm performance, Management Science 42: 1199–1214.

간의 표본 추출 편향을 가지고 있기 때문에, 아직 높은 수준의 CSR 활동을 준비하고 있지 않은 기업을 과대 표본 추출한 연구는 CSR과 경제적 성과 사이의 부정적인 관계를 보고하게 될 가능성이 충분히 있다. 마찬가지로, CSR에 준비가 되어 있는 기업을 과대 표본 추출한 연구는 긍정적인 관계를 찾을 수도 있다. 또한 균형잡힌 (더욱 무작위의) 표본을 사용한 연구는 통계적으로 유의미한 관계를 찾지 못할 수도 있다. 요약하면, 각 기업들은 서로 다르기 때문에(자원 기반 관점의 기본 가정) 모든 기업의 경제 성과가 CSR의 혜택을 받는 것은 아닐 것이다.

더욱이 동일한 기업의 동일한 CSR 활동들은 기업이 활동하는 국가에 따라 다른 경제 성과를 창출할 수 있다. 예를 들어, 2007년부터 립톤 티(Lipton Tea)의 생산자인 유니레버는 아프리카, 아시아, 라틴 아메리카의 수많은 차 농장에 이르기까지 지리적으로 다양하고 단편화된 공급망이 주요 지속가능성 NGO인 열대 우림 동맹(Rainforest Alliance)에서 인증한 지속가능성 실행에 참여하는 것을 돕기 위해 상당한 자원을 투입했다. 유니레버는 2020년까지 전략의 차를 지속 가능하게 조달할 것을 약속했다. 이 모든 힘든 CSR 작업에 대해 자랑하기 위한 광고 캠페인은 주요 시장에서 다양한 반응을 얻었다. 영국과 호주에서 소비자들은 립톤 차를 더 많이 구입함으로써 유니레버에게 보상을 주었다. 미국에서 소비자들은 립톤 차에 무관심했고, 전체 시장 점유율에 변화가 없었다. 프랑스에서 소비자들은 그러한 변화를 좋아하지 않았고 낮은 시장 점유율로 립톤 티에게 벌을 주었다. 유니레버와 그 밖의 다른 곳에서 퍼즐에 대한 논쟁이 계속되고 있다.

## 제도 기반 고려사항

제도 기반 관점은 CSR 운동의 점진적인 확산과 기업의 전략적 대응에 대해 상당히 잘 설명해준다. 가장 근본적인 수준에서 규제 압력은 공식 기관에 의해 뒷받침되는 반면, 규범적 및 인지적 압력은 비공식 제도에 의해 뒷받침된다. 4장에서 처음 소개된 바와 같이 전략적 대응 체계는 (1)반응형, (2)방어형, (3)조정형, (4)사전 예방형 전략으로 구성된다. 이 체계는 기업이 CSR 결정을 내리는 방식을 탐구하기 위해 확장될 수 있다.

**반응형 전략**
**(reactive strategy)**
기업의 사회적 책임에 대해 소극적인 전략. 기업은 재난과 절규가 없으면 행동하지 않는다. 문제가 발생하면 일반적으로 거부가 첫 번째 방어선이다.

**반응형 전략(reactive strategy)**은 최고 경영진의 CSR 원인에 대한 지원이 상대적으로 적거나 아예 없는 것으로 나타난다. 기업들은 재난과 절규가 없는 상황에서 행동을 취해야 한다고 느끼지 않는다. 심지어 문제가 발생하더라도, 일반적 방어의 첫 번째 방어선은 이를 거부하는 것이다. CSR의 일부라도 받아들일 필요성은 인지적 신념을 통해 내재화되지 않으며 실제로 그것은 어떠한 규범으로 초래되지 않는다. 이는 기업이 이를 준수하도록 강제하는 공식적인 규제 압력만을 남겨둔다. 예를 들어, 오늘날 미국에서 우리가 당연시하는 식품 및 의약품 안전 표준은 20세기 초반에 식품 및 제약회사들과 싸워서 얻어낸 것이다. 음식과 약을 고객과 환자들에게 판매하기 전에 테스트해야 한다는 기본적인 생각은 안전하지 않은 식품과 약품들로 수천 명의 사람을 죽이고 있음에도 불구하고 격렬하게 논쟁이 되었다. 그 결과 미국 식품의약국(Food and Drug Administration, FDA)은 점차 더 많은 권한을 부여받았다. 이러한 시대가 반드시 끝난 것은 아니다. 오늘날 FDA의 규제 범위를 벗어나는 많은 식이 건강 보조식품 제조업체들은 검증되지 않은 보조식품들을 계속 판매하고 환상적인 건강 혜택을 주장하며 책임을 부인하고 있다.

**방어형 전략(defensive strategy)**은 규제 준수에 초점을 맞춘다. 최고 경영진의 참여는 기껏해야 단편적이며 CSR에 대한 일반적인 인식은 그것이 추가적인 비용이 든다는 것과 성가신 문제라는 것이다. 기업들은 책임은 인정하지만 종종 그것에 대해 싸우기도 한다. 1970년에 환경보호국(EPA)이 설립된 이후, 미국의 화학 산업은 EPA의 지적에 저항했다. 1975년, 업계를 대변하는 케미컬 위크(Chemical Week)가 발행한 사설은 "민주주의에서 어떠한 기관도 화학에 있어서 짜르(czar)와 같은 권위를 가져서는 안된다"고 주장했다. 분명히 규제 요구 사항은 그 당시 업계가 보유한 규범 및 인지적 신념과 상당히 달랐다.

**방어형 전략(defensive strategy)**
방어적인 성격을 가진 전략. 기업은 책임을 인정하지만 종종 이에 맞서 싸운다.

다양한 제도적 압력이 어떻게 기업의 행동을 변화시키는가? 비공식적인 규범적 그리고 인지적 신념들이 부재할 때, 공식적인 규제의 압력이 기업을 움직이게 하는 유일한 실현 가능한 방법이다. 제도기반 관점의 핵심적인 통찰력은 적절한 종류의 인센티브가 주어진다면, 개인과 조직은 합리적 선택을 한다는 것이다. 예를 들어, 오염을 통제하는 효율적인 방법 중 하나는 오염자에게 휘발유 소매에 대한 세금에서 매립 비용에 이르는 "녹색" 세금을 부과하는 것이다. 그러나 이러한 규제 압력이 얼마나 까다로운지는 여전히 논란의 여지가 남아 있다. 논쟁의 한 측면은 엄격한 환경 규제가 특히 그렇게 까다로운 규제를 받지 않는 외국의 경쟁자들과 경쟁할 때 비용 상승과 경쟁력 저하로 이어질 수 있다고 지적한다. 그러나 다른 사람들은 기업이 (탄소세와 같은) 녹색 세금으로 인해, 그 기업이 만약 그들이 내지 않으면 다른 사람들에게 내도록 만들 실제 비용을 지불하도록 하는 것일 뿐이라고 주장한다. 만약 한 회사가 오염을 유발한다면 그것은 주변 지역사회가 그 오염과 함께 살아가거나 또는 그것을 청소하기 위해 지불해야 하는 비용을 지역사회에 부과하는 것이다. 지역 사회의 비용과 대략 비슷한 오염 세금을 부과함으로써 그 회사는 오염을 실제 비용으로 부담해야 한다. 경제학자들은 이것을 "외부효과의 내부화"고 말한다. CSR 지지자들은 또한 엄격한 환경 규제가 기업들로 하여금 혁신 하도록 만들 수 있고, 산업과 국가의 경쟁력을 향상시킬 수 있다고 주장한다. 예를 들어, 더 강력한 배기가스 기준은 부분적으로 더 많은 하이브리드 또는 전기차를 생산하는 것에 대한 자동차 제조업체들의 관심을 촉발시켰다.

**조정형 전략(accommodative strategy)**은 CSR을 가치 있는 노력이라고 생각하는 최고 경영자의 지원을 특징을 한다. 공식적인 규제가 시행되고 비공식적인 사회적 및 환경적 압력이 증가할 수 있기 때문에 많은 기업들이 CSR에 대해 우려하고 있으며 이는 새로운 산업 규

**조정형 전략(accommodative strategy)**
기업의 사회적 책임 고려 사항을 의사 결정에 반영하려는 전략

범의 출현을 초래할 수 있다. 또한, CSR의 대의에 대해 열정적이거나 공감하는 새로운 경영자는 조직에 합류할 수 있고, 일부 전통적인 경영인이 자신의 관점을 바꿀 수도 있으므로 CSR이 올바른 일이라는 인식이 점점 더 강해질 수 있다. 즉, 규범적이고 인지적 관점 모두에서 책임을 받아들이고 요구되는 모든 것을 행하는 것이 곧 합법적이 된다. 예를 들면 버거킹(Burger King), 크래프트(Kraft), 네슬레(Nestle), 유니레버(Unilever)는 인도네시아의 주요 팜유 공급업체인 시나르 마스(Sinar Mas)가 수행한 산림 벌채 관행에 대해 신경을 쓰라는 그린피스(Greenpeace)로부터의 압력을 받았다. 결국, 거대 식품 회사들은 그러한 요구들을 수용했고, 시나르 마스를 포기했다.

행동강령을 채택하는 것은 기업이 CSR을 기꺼이 수용하려는 기업의 의지를 보여주는 가시적인 지표이다. 4장에서 처음 언급된 행동강령(혹은 윤리 강령)은 기업에 대한 적절한 관행을 설명하는 일련의 서면 정책 및 표준을 의미한다. 행동강령의 세계적 확산은 치열한 논쟁의 주제가 된다. 첫째, 일부는 이러한 강령을 채택한 기업이 반드시 성실하지 않을 수도 있다고 주장한다. 이러한 부정적인 견해는 CSR에 대한 기업의 명백한 관심이 단지 보여주기 용도일 수도 있다는 것을 암시한다. 일부 기업은 다른 사람들이 하는 일에 따라서 CSR에 민감하게 보일 수 밖에 없다고 느끼지만, CSR에 대한 우려를 진정으로 내면화하지는 않는다. 예를 들면 의류 산업계의 자발적 행동 규범은 2013년 방글라데시의 섬유공장 건물 붕괴를 막지 못했다. 둘째, 도구적 관점은 CSR 활동이 단순히 좋은 이익을 창출하기 위한 유용한 도구를 나타낸다는 것을 시사한다. 기업들이 반드시 보다 더 윤리적으로 존재해야만 하는 것은 아니다. 예를 들면 2010년 멕시코만 기름 유출 사건 이후 BP는 경영진을 재편성하고 새로운 글로벌 안전 부서를 창설하였다. 도구적 관점은 이러한 행동이 실제로 BP가 더 많은 책임을 지는 것을 의미하지는 않는다고 주장할 것이다. 마지막으로 긍정적인 견해는 (적어도 일부) 기업과 경영자들이 사회적 압력에 관계없이 올바르게 수행하기 위해 스스로 동기부여를 할 수 있다고 믿는다. 행동강령은 일부 지속적인 핵심 가치를 명확하게 표현한다.

비즈니스 라운드테이블이 최근 발표한 기업의 목적에 관한 성명(표 12.1 참고)은 행동강령으로 볼 수 있다. 다음의 세 가지 다른 관점들에 대한 옹호자들은 그들의 생각을 발표하는 데 시간을 낭비하지 않았다. 첫째, 부정적인 견해를 가진 저자들은 그 CEO들이 성명서에 서명한 181개의 기업들이 "사회적으로 의식이 있는 환경, 사회, 지배구조 관행이나 이해관계자 지향에 의식이 있는 리더들이 아니다"라고 지적한다. 동종 산업계에서 공개적으로 상장되어 있는 서명하지 않은 기업들과 비교할 때, 평균적인 서명 기업들은 지배적인 시장 점유율을 가지고 있고, 연방 EPA 규정을 더 많이 위반하고, 주식 환매(다른 이해관계자들을 희생시키면서 주주들을 부유하게 한다고 주장되는 관행)가 더 많은 기존 기업들이다. 이 회사들은 더 강력한 규제를 위협하는 좌파의 공격을 사전에 차단하기 위해 성명에 서명하는 것을 다시 말해서, "기업의 탐욕을 덮고 있는 양의 옷"을 선택했을 수도 있다. 둘째로, 제도적 관점을 지닌 저자들에 의해 발전된 더욱 자선적인 설명은 그러한 성명이 오늘날의 정치적, 사회적, 경제적 긴장을 고려할 때 기업들이 더 많은 이익을 얻는데 도움이 되는 것으로 예상되는 것이다. 마지막으로, 긍정적인 견해를 가진 논평가들은 그러한 중요한 이정표나 전환점을 높이 평가한다. 이해관계자 경영 옹호론자들은 말그대로 "승리의 트랙을 돌고 있는" 것이다.

행동강령을 채택하려는 일반적인 움직임과 비즈니스 라운드테이블 성명이라는 특정 출판물 모두에서 제도기반 관점은 세 가지 관점 모두가 타당할 수 있음을 시사한다. 이것은 제도적인 압력이 어떻게 가치를 주입시키는지를 고려할 때 예상이 되는 일이다. 실제 동기와 관계없이 기업이 CSR을 실천하고 있고, 많은 대기업 CEO들이 성명에 서명했다는 사실은 전략 논의에서 CSR의 정당성이 높아지고 있음을 나타낸다. 심지어 단순히 행동강령을 보이기 식으로 채택한(또는 성명서에 서명한) 기업들조차도 그들이 이해관계자에 의해 판단받을 수 있는 일련의 CSR 기준을 공표했기 때문에 이해관계자들에 의해 더 정밀하게 조사할 수 있다. 월스트리트 저널에 따르면 단순히 행동강령을 성명서에 서명한 CEO들은 그 결과에 대해 스스로 각오해야 한다. 그러한 압력은 (적어도 일부) 기업들을 내부적으로 보다 자기 동기부여되어 있으며 더 나은 기업시민이 되도록 변화시킬 것이다. 일반적인 비즈니스 라운드테이블 회원 기업은 1997년보다 2019년에 사회적으로 더욱 책임감 있는 기업시민이 되었거나 적어도 되고자 희망한다고 말하는 것이 타당할 것이다(표 12.1 참고)

CSR의 관점에서 최고의 기업은 **사전예방형 전략(proactive strategy)**을 채택하고 지속적으로 책임을 예상하며 요구되는 것 이상의 일을 하기 위해 노력한다. 사전 예방적인 기업의 최고경영진은 CSR 활동을 지원할 뿐만 아니라 CSR을 기업 DNA에 스며들어 있는 차별화 요소로 간주한다. 오프닝 케이스에서 볼 수 있듯이 스타벅스는 2001년부터 CSR에 대한 연례보고서를 자발적으로 발표했는데 이 보고서는 "주주를 위한 가치를 창출하는 책임과 사회적 양심의 균형을 맞춰야 한다"는 설립자이자 회장인 하워드 슐츠(Howard Schultz)의 비전을 구체화한 것이다. 마찬가지로, 홀 푸드(Whole Foods)의 공동 설립자이자인 존 맥키(John Mackey)는 다음과 같이 논평했다.

**사전예방형 전략 (proactive strategy)** 기업의 사회적 책임에 적극적으로 참여하는 데 중점을 둔 전략.

> *사람들이 그들의 직업에서 정말로 행복해지면, 그들의 고객에게 훨씬 높은 수준의 서비스를 제공하게 됩니다. 행복한 팀원들은 행복한 고객을 만듭니다. 행복한 고객은 당신과 더 많은 거래를 하게 될 것입니다. 그들은 기업의 옹호자가 되어 행복한 투자자가 됩니다. 이것이 바로 승리에 승리를 이끄는 승리 전략입니다. 당신은 당신이 거래하는 공급업체와 지역 사회를 포함하도록 사업을 확장시킬 수 있으며, 그들이 이러한 번영의 써클에 참여할 수 있게 할 수 있다.*

사전 예방형 기업은 종종 세 가지 활동 영역에 참여하고 있다. 첫째, 스위스 재보험(Swiss Re) 및 듀크 에너지(Duke Energy)와 같은 일부 회사는 지역, 국가 및 국제 정책 및 표준 토론에 적극적으로 참여한다. 현재 표준이나 규칙에 대해 다루고 있는 토론이 향후 규제가 될 수 있기에 조기에 적극적으로 참여하고 (바라건대) 바람직한 방향으로 조정하려고 하는 노력이 필요하다. 그렇지 않으면 속담에도 있듯이 "당신이 테이블에 있지 않으면, 당신은 메뉴에 있다." 예를 들어, 듀크 에너지는 5개 주에서 20개의 석탄 화력 발전소를 운영한다. 그것은 미국에서 세 번째로 큰 이산화탄소 발생지이며 세계에서는 무려 열두 번째이다. 그러나 CEO인 짐 로저스(Jim Rogers)는 녹색기술 생산자, 활동가 및 정치인과 적극적으로 협의하여 정책 및 입법 토론에 참여했다. 해당 업계의 다른 기업들과는 달리 그는 "기후라는 벌레에 물렸고," 온실 가스 배출량을 줄이는 데 진정으로 관심이 있는 것이다.

둘째, 사전 예방형 기업은 종종 이해관계자 그룹과 손을 잡기도 한다. 예를 들어, 많은 기업들이 NGO와 협력하고 있다. 홈디포 및 로우스는 삼림관리위원회와 협력하여 이를 수행했다. 역사적인 긴장과 불신 때문에 이러한 "적과의 동침" 동맹은 다루기 쉽지 않다. 핵심은 상대적으로 단기간에 관리가 가능한 상호 관심 분야의 프로젝트를 파악하는데 있다.

셋째, 사전 예방형 기업은 종종 규제가 요구하는 것 이상으로 자발적인 활동에 참여한다. 산업별 자율 규제의 사례가 많지만 세계적으로 관심이 집중되고 있는 규제는 환경경영 시스템(EMS)의 국제 표준화기구(ISO) 14001 인증을 받아내는 것이다. 스위스에 제네바에 본사를 두고 있는 ISO는 164개국의 국가 표준 기관으로 구성된 영향력 있는 NGO이다. 1996년에 시작된 ISO 14001 EMS는 CSR 의식이 있는 기업들을 위한 최고의 표준이 되었다. 법에 의해 요구되지는 않지만 포드(Ford), IBM과 같은 많은 다국적 기업은 전 세계 모든 시설에서 ISO 14001 표준을 채택하였다. 지멘스(Siemens) 및 토요타(Toyota)와 같은 기업들은 모든 자사의 최상위 공급 업체가 ISO 14001 인증을 받도록 요구하기도 하였다.

제도 기반 관점에서 볼 때, 이러한 적극적인 활동은 올바른 일을 하는 것의 중요성에 대해 많은 경영자들이 가지고 있는 규범적이고 인지적인 믿음을 나타낸다. 보여주기 식의 요소가 있기는 하지만, 이러한 노력은 실질적인 사회적, 환경적 이점들을 제공한다.

**전략적 선택하기(Making Strategic Choices)** (1)반응형, (2)방어형, (3)조정형, (4)사전 예방형의 전략의 유형은 다양한 기업들에 제공되는 흥미로운 선택지들이다. 현재, 사전 예방형 기업의 수는 여전히 소수이며 대부분의 기업들은 "평소와 같은 비즈니스"에 종사한다. 많은 기업들이 무언가를 하도록 강요받고 있지만 많은 CSR 활동들은 아마도 여전히 보여주기식일 것이다. 규제, 규범 및 인지적 차원을 따라 지속적인 압력만이 더 많은 기업이 더 많은 일을 하도록 밀고 당길 수 있다. 영국의 소매업체인 막스앤스팬서(Marks & Spencer, M&S)는 기업 전

**표 12.3 Marks & Spencer의 소비자와 종업원의 분포**

| 유형의 종류 | M&S의 태도 | 소비자의 비율 | 종업원의 비율 |
|---|---|---|---|
| 반응적 | "내 알 바 아니지" | 24% | 1% |
| 방어적 | "내가 굳이?" | 38% | 21% |
| 조정적 | "일단 들어는 보고" | 27% | 54% |
| 사전 행동적 | "내가 앞장서다" | 11% | 24% |

Source: Extracted from text in Marks & Spencer, 2008, Plan A: Year 1 Review (p. 16), January 15: plana. marksspencer.com. Conceptual categories are added by M. W. Peng.

체의 CSR 계획을 발표한 이후, 이러한 4가지 측면에서 소비자와 직원의 분포에 대한 흥미로운 데이터를 보고했다(표 12.3). CSR은 공백 상태에서 시작할 수 없기 때문에 기업의 특정 전략의 선택은 소비자, 직원 및 기타 이해관계자의 CSR 성향과 같이 맞춰나가야 한다. 다시 말해, 기업에 수많은 반응형 직원과 소비자가 존재하는 경우, 사전 예방형 전략을 시행하는 것은 현실적이지 않다.

# 논쟁과 확장

과장하는 것이 아니라 CSR은 논쟁에 관한 것이다. 이번 장(이해관계자 우선주의에 초점을 두는 것)과 11장(주주 우선주의에 초점을 맞추는 것) 사이에 거대한 논쟁이 있다고 해도 과언이 아니다. 또한, 이 장에서는 CSR과 경제 성과의 관계 및 행동강령에 대한 논의를 이미 마쳤다. 이 섹션에서는 이전에 다루지 않았던 최근의 네 가지 토론에 대해 논의한다.

## 논쟁 1: 소득 불평등 감소와 기여

1990년대 이후, 글로벌 소득 불평등은 감소했다. 소득 분배의 척도로 완전한 평등을 0으로, 완전한 불평등(한 사람이 모든 부를 소유하는)을 1로 나타내는 글로벌 **지니 계수(Gini coefficient)**는 1990년대 0.70에서 2010년대 0.60으로 낮아졌다. 이는 주로 중국과 인도가 이끄는 신흥 경제국 전체에 걸친 강력한 경제 성장과 소득의 상승 때문으로 이 두 나라에서 10억 명 이상의 사람들을 빈곤에서 벗어났다. 실제로 중국은 2010년 이후 세계은행에 의해 상위의 중등소득 국가로 분류되어 왔다. 그러한 신흥 경제국들의 경제적 변화에 참여해 온 많은 다국적 기업들은 그러한 글로벌 변화에 어느 정도 기여해 온 공로를 정당하게 주장할 수 있다.

**지니 계수 (Gini coefficient)** 소득 분배를 측정하는 지표. 완전한 평등을 0으로, 완전한 불평등(한 사람이 모든 부를 소유하는)을 1로 나타낸다

국가 간의 소득 불평등은 감소한 반면, 세계 대부분 지역에서 국가 내의 소득 불평등은 크게

증가했다. 미국에서는 지니계수가 1979년 0.35에서 오늘날 0.45로 상승했다. 중국에서는 1980년 0.30에서 오늘날 0.55로 상승해 미국을 추월했다. 그러한 소득 불평등이 부당한지 아니면 불공정한지에 대한 격렬한 정치적 논쟁이 한창인 가운데, 프랑스의 경제학자 토마스 피케티(Thomas Piketty)는 서구의 부와 소득 불평등에 초점을 맞춘, [21세기의 자본]이라는 영향력 있는 책을 2014년 출판했다. 그 논제는 불평등은 우연적인 것이 아니라 오히려 자본주의의 특징이라는 것이다. 장기적으로 자본수익률이 경제성장률보다 높을 때 그 결과는 부의 집중이며, 이러한 부의 불평등한 분배는 사회경제적 불안을 야기한다. 다국어로 100만 부 이상의 책이 팔렸다.

칼 마르크스(Karl Marx)의 제목(자본론, 1979)과 자본주의에 대한 그의 비판을 따른 피케티의 책은, 그 범위에 있어서 수많은 찬사를 받았다. 하지만, "자본주의의 일반 법칙"을 파헤치려는 이 책의 탐구 역시 국가별 제도와 정치를 무시한 것이라는 부드러운 비판도 받았다. 이 책을 "신사회주의적 망상"이라고 부르면서, 더 가혹한 비평가들은 이 책이 "정치적으로 중요하지만 이론적으로는 흥미롭지 않다"고 주장한다. 그것은 자본주의 대 사회주의 논쟁이 오래전에 해결되었기 때문이다. 자본주의는 (그 불완전성에도 불구하고) 승리했다. 사회주의는, (특히 마르크스주의는) 패배했다. 경제학자들이 자본주의의 구체적인 기능에 대해 다시 논의하는 동안 경영학자들은 CSR의 관점에서 관련이 있지만 피케티의 지지자들과 비평가들이 다루지 않는 다음과 같은 기업 수준의 질문을 다루고 있다. 자본주의 사회 내에서 증가하는 소득 불평등 뒤에서 기업들이 하는 구체적인 역할은 무엇인가?

신흥 경영연구는 (1)기업이 직원을 고용하기 위해 외부 또는 내부 시장 메커니즘을 사용하는 방법 (2)기업이 임원에게 보상하는 방법 (3)기업가가 성공하는 방법이 사회에서 소득 불평등에 기여할 수 있다는 것을 시사한다. 구체적으로, 기업들이 내부적인 승진-기반 메커니즘보다 외부적인 시장-기반 메커니즘을 통해 직원을 고용하는 것을 선호하는 나라는 잘 나가는 스타 직원의 소득 수준이 높아질 것이다. 예를 들어, 미국 기업들은 다른 기업들의 직원층을 광범위하게 공격하여 더 높은 직업 이동성과 더 높은 소득 불평등을 초래한다. 일본 기업들은 내부 승진에 크게 의존하고 있으며 결국 일자리 이동성이 낮아지고 소득 불평등이 감소한다. 마찬가지로, 기업이 임원에게 보상하기 위해 성과급을 사용하는 것을 선호하는 국가에서는 임원이 엄청나게 높은 보상 패키지를 가져옴으로써 소득 불평등에 기여한다. 이러한 점에서 미국은 다시 앞장서고 있다. 2018년에는 CEO 보수의 2/3는 주가와 연동되었다. 스탠더드앤드푸어즈(Standard & Poor's) 500대 기업들의 CEO의 평균 급여는 1,200만 달러로 7% 증가했다. 마지막으로, 파괴자로 불리는 경이적으로 성공한 기업가들은 경이적인 부를 포착한다.

피케티에 따르면, 소득 불평등은 국가의 개입을 통해서만 역전될 수 있으며, 그렇지 않으면 매우 민주적인 질서가 위협을 받게 될 것이다. 구체적으로, 그는 80%까지 달하는 누진 부유세를 부과하는 글로벌 시스템을 제안한다(비록 그는 이것이 "정치적으로 불가능하다"고 인정하지만).

이 논쟁에서 기업들은 중립적이지 않고, 고임금 경영진과 부유한 기업가들은 분명히 더 높은 소득세를 원망한다. 기업들이 정말로 소득 불평등을 줄이는지 아니면 기여하는지, 그리고 그러한 불평등이 부당한지 또는 불공정한지의 여부는 앞으로 가장 열띤 CSR 논쟁 중 하나가 될 것이다.

## 논쟁 2: 국내와 해외의 사회적 책임

기업의 자원은 한정되어 있음을 감안할 때, 해외 CSR에 기업의 자원을 투입하는 것은 국내 CSR에 투입할 자원이 더 적어진다는 것을 종종 의미한다. 국내의 직원과 지역사회라는 두 가지 이해관계자 그룹을 생각해 보라. 특히 신흥국을 향해 해외로 확장하는 것은 기업 이익과 주주 수익을 증가시킬 뿐만 아니라 진출한 국가에 고용을 제공하여 "피라미드의 바닥"에 있는 경제를 발전시킬 수 있으며, 이 모든 것은 고귀한 CSR의 목적과 부합하는 것처럼 보인다. 하지만, 이것은 종종 국내 직원들과 지역사회를 희생시킴으로써 이루어진다. 이러한 결정을 내리는 임원들은 종종 언론, 노조, 정치인들로부터 비판을 받는다. 예를 들어, 도널드 트럼프(Donald Trump) 대통령은 미국 기업들에게 일자리를 되찾아 올 것을 반복적으로 요구했다. 새로운 민족주의의 시대에 그러한 비판을 감당할 수 있는 임원들은 거의 없다.

하지만, 기업지배구조의 관점에서 특히 "주주 자본주의" 변형의 관점에서, 다국적 기업은 주주 수익을 극대화함으로써 아무런 잘못을 하지 않고 있다(11장 참고). 이 논쟁의 핵심은 비록 국내와 해외의 맥락의 상황에서 이루어지고 있지만, CSR 옹호론자들을 좌절시키는 근본적인 요인이 된다. 자본주의 사회에서 결국은 바로 주주들(또는 자본가로도 알려짐)이 기업에 가장 중요하기 때문이다. GE의 전 회장 겸 CEO였던 故 잭 웰치(Jack Welch)에 따르면 "노조, 정치인, 활동가 등 기업들은 수많은 서로 다른 이해들과 직면한다. 하지만 주인은 하나뿐이다. 회사는 주주를 위한 것이다. 그들이 소유하고 있다. 그들이 통제한다. 그것은 원래 그런 것이고, 또 그렇게 되어야 한다."고 주장한다.

기업들이 충분한 자원을 가지고 있을 때는, 국내의 직원들과 지역 사회를 돌본다면 좋을 것이다. 그러나 비용 절감에 대한 끊임없는 압박에 직면했을 때, 경영인은 우선순위를 정해야 한다. 이러한 전통적인 주주 우선주의 관점이 바뀔 수도 있지만, 이제 아마도 이해관계자 우선주의 관점을 지지하는 비즈니스 라운드테이블 성명의 서명자들이 주주를 희생시키면서 국내 이해관계자들에게 높은 우선순위를 부여할지는 두고 보아야 할 것이다.

## 논쟁 3: 적극적인 vs 소극적인 해외 CSR 참여

다국적 기업의 적극적인 CSR 참여에 대한 기대가 이제 점점 더 커지고 있다. 그렇게 하지 않은 다국적 기업들은 종종 NGO에 의해 비난을 받는다. 1990년대 셸(Shell)은 오고니 지역에서 나이지리아 정부가 반란군을 무자비하게 탄압했을 때, "손가락 하나 까딱하지 않음"으로써, 가혹한 비난을 받은 바 있다. 2009년 쉘은 오고니 활동가들에 의해 제기된 오랜 소송을 해결하기 위해 1,550만 달러를 지불했다. 그러나 CSR에 보다 적극적으로 참여하도록 하는 이와 같은 선의의 요구들은 현지 문제에 대한 불개입이라는 다국적 기업들은 현지국간의 관계를 지배하는 오래된 원칙과 직접적으로 상충된다.

불개입 원칙은 다국적 기업들이 현지국의 국익에 반하는 정치 활동을 할 수도 있다는 우려에서 비롯되었다. 1970년대의 칠레가 대표적인 사례이다. 민주적으로 선출된 사회주의 대통령 살바도르 알렌데(Salvador Allende)가 다국적 기업들의 자산을 몰수하겠다고 위협한 후, 미 중앙정보부(CIA)와 관련된 것으로 알려진 (미국의 다국적 기업인) ITT는 알렌데를 살해한 쿠데타를 촉진시켰다. 결과적으로, 다국적 기업이 현지국의 국내 정치에 개입해서는 안 된다는 생각은 UN과 등 국제기구가 후원하는 다수의 다국적 기업 행동강령에 다수 포함되어 있다. 그러나, 현지 법에 따라 노동력의 인종 분리를 요구했던 남아프리카 공화국의 아파르트헤이드 시대에 일부 다국적 기업의 행동들은 CSR 지지자들을 대담하게 만들었다. 많은 다국적 기업이 철수하는 동안, BP와 같은 남아있던 기업들은 그들의 직원들의 분리를 없앴고, 따라서 정부의 권력 기반을 약화시킴으로써 아파르트헤이드 정권에 도전했다. 1994년 남아공에서 아파르트헤이드 정권의 성공적인 제거에 의해 용기를 얻어, CSR 옹호론자들은 다국적 기업이 어떤 특별한 정치 활동, 특히 인권 분야에서는 종종 정치 활동을 구성하는 행동에 참여할 필요성을 강조하며 새로운 캠페인을 시작했다.

하지만, 일부 외국 다국적 기업은 거부감을 느낄 수 있는 현지의 법률과 규범이 거의 모든 국가에서 존재한다. 에스토니아에서는 러시아의 소수 민족들이 차별을 당한다. 많은 아랍 국가에서 여성은 남성과 동일한 법적 권리를 가지지 못한다. 미국에서는 특정 인종 집단에서부터 동성애자들에 이르기까지 여러 집단이 차별 대우를 받는다고 주장한다. 이 논쟁의 핵심은 (1) 외국의 다국적 기업이 이러한 차별적 관행의 일부를 제거하기 위한 노력을 주도해야 하는지, 아니면 (2)현재의 현지국의 법률 및 규범을 준수하여 정치적으로 중립을 유지해야 하는지 여부이다. 당연히 대부분의 다국적 기업들은 두 번째 옵션을 선택할 가능성이 높다.

### 논쟁 4: 바닥("오염 피난처")으로의 경주와 정상으로의 경주

이 논쟁의 한 쪽에서는 선진국들의 환경 규제가 보다 엄격하기 때문에, 다국적 기업들이 환경오염 기준이 낮은 개발도상국으로 오염 집약적인 생산지를 옮길 수도 있다고 주장한다. 투자를 유치하기 위해서, 개도국들은 환경 기준을 낮춤으로써 (또는 적어도 강화하지는 않음으로써) "바닥으로의 경주"에 참여할 수도 있으며, 일부는 "오염 피난처"이 되기도 한다.

다른 한 쪽에서는 세계화가 반드시 "오염 피난처" 가설에서 명시된 만큼 개도국의 환경에 나쁜 영향을 미치는 것만은 아니라고 주장한다. 이것은 대부분의 다국적 기업들이 진출국에서 요구하는 것보다 더 높은 환경 기준을 자발적으로 설정하고 준수하기 때문이다. 대부분의 다국적 기업들은 환경관리 분야에서 현지 기업을 능가한다. 다국적 기업의 자발적인 "녹색 실천"의 뒤에 있는 근본적인 동기는 (1)선진국 고객들의 CSR 요구, (2)ISO 14001과 같은 더 높은 CSR 표준의 전 세계적인 준수에 대한 다국적 기업 본사의 요구에 기인하는 것일 수 있다. "바닥으로의 경주"가 존재하지 않는다고 말하기는 어렵지만, 집단으로서의 다국적 기업이 개도국의 환경적 부담을 반드시 증가시키는 것은 아니다. 다우(Dow)와 같은 일부 다국적 기업들은 더 나은 환경 기술이 개도국에 확산시키는 것을 촉진했다.

## 현명한 전략가

CSR과 관련하여 전략 트라이포드는 행동에 대해 세 가지 분명한 의미를 제시한다(표 12.4). 첫째, 산업기반 관점은 특정 산업 분야의 경영자들이 더 강력한 CSR 도전에 직면할 수 있지만, 모든 산업에서 현명한 경영자들은 이러한 어려움에 직면할 준비가 되어있어야 한다고 지적한다. 좋은 기업시민이 되어야 한다는 점점 더 피할 수 없는 책임감을 고려할 때, 경영자들은 CSR을 "거짓으로" "보여주기식으로" 또는 단지 약간의 돈을 줘 버리는 것으로 진행하는 대신, 회사의 핵심 활동의 일부로 통합하는 것을 원할 수도 있다. 많은 경영자들은 전통적으로 CSR을 규제, 추가 비용, 그리고 책임과 관련된 성가신 것으로 생각한다. 이러한 태도는 CSR과 관련된 잠재

### 표12.4 실행을 위한 전략적 함의

- CSR을 핵심 활동의 일부로 통합하고 기업의 프로세스로 만든다.
- CSR 경쟁을 신중하게 선택해야 한다.—다른 기업의 맹목적 CSR 활동에 속으면 안 된다.
- 게임의 규칙을 이해하고 변경사항을 예상하며, 이러한 변경사항에 발맞춰 이동해야 한다.

### 표 12.5 기업의 사회적 책임(CSR)으로부터 공유 가치 창출(CSV)에 이르기까지.

| (비교적 독립된) 기업의 사회적 책임 | 사회적 가치 창출 (경제적 가치 창출을 통한) |
|---|---|
| 가치: 선하게 행동하기 | 가치: 비용대비 경제 및 사회적 이익 |
| 시민의식, 박애, 지속 가능성 | 협력기업 및 공동체 가치 창출 |
| 임의로, 혹은 외부압력에 대응 | 경쟁에 필수적 |
| 이익 극대화하는 별개 | 이익 극대화에 필수적 |
| 의제는 개인적 취향에 따라 결정됨 | 의제는 기업 특정적이며 내부로부터 발생 |
| 기업의 발자취와 CSR 예산에 의한 영향 | 기업 전체의 예산을 재정립 |

Source: Adapted from M. Porter & M. Kramer, 2011, Creating shared value (p. 76), Harvard Business Review January: 62–77.

적 비즈니스 기회를 과소평가할 수 있다. 표 12.5는 CSR에만 초점을 맞추는 대신 경제적 가치 창출을 통해 공유된 사회적 가치를 창출하는 방법에 대한 마이클 포터(Michael Porter)의 제안이 요약되어 있다.

둘째, 현명한 경영자들은 CSR 전투들을 신중하게 선택해야 한다. 자원 기반 관점은 중요한 교훈을 제시하는데, 이는 "지피지기"라는 시대를 초월한 손자(Sun Tzu)의 가르침에 의해 포착된다. 당신의 반대자들이 자랑할 권리를 얻기 위해 상대방이 자신의 일에 공헌하면서 세간의 이목을 끄는 CSR 활동을 펼쳐 그들의 트리플 버텀 라인에 기여하는 동안, 자기 자신(경영자, 회사나 부서로서의 당신 자신)에 대해 충분히 알지 못하면서 이러한 관행을 맹목적으로 모방만 한다면 그것은 실망스러운 실패로 이어질 수도 있다. 최신 유행을 항상 추구하는 것 대신에, 기업은 가지고 있는 역량에 적합한 CSR 방식을 선택하는 것이 좋다. 마찬가지로 현명한 경영자는 "고객"을 알아야 한다. 녹색 제품의 지속 가능성 이점을 자랑하는 것은 단지 소수의 고객만 끌어들일 가능성이 있다. 대부분의 고객들은 더 많은 것을 필요로 한다. 이상적인 제품은 환경친화적일 뿐만 아니라 성능, 건강 혜택, 절약, 상태의 개선을 제공하는 "그린 번들"을 제공할 수 있다.

셋째, 현명한 전략가는 공식 및 비공식적인 게임 규칙을 이해하고 변화를 예상하고 이러한 변화를 형성하기 위해 노력해야 한다. 2017년 트럼프 행정부가 파리 협정에서 탈퇴한다고 발표했지만, 셰브론(Chevron), 듀폰(DuPont), 엑슨모빌(ExxonMobil), 구글(Google), 마이크로소프트(Microsoft)와 같은 많은 기업들은 앞으로 더 엄격한 환경 규제를 예상하여, (탄소세라고 알려진, 탄소 배출에 대한 녹색 세금을 지불하는 것에 대해 대비하는 것처럼) 아직까지 법에 의해 의무화되지 않은 CSR 활동들에 참여하고 있다. 전 세계적으로 6조 달러 이상의 가치가 있는 230개 이상의 기업들이 지구 온난화를 2°C 미만으로 제한하는 파리 협정의 목표에 따라 탄소 배출을 줄이겠다고 약속했다.

현재의 그리고 미래의 예비 전략가들에게, 이번 장은 CSR의 관점에서 네 가지 근본적인 질문을 다시 살펴볼 수 있음을 분명히 보여주었다. 첫째, 왜 기업들이 CSR 활동을 하는 데 있어서 서로 다른가? 기업의 차이점들은 (1)산업구조, (2)자원 목록, (3)공식 및 비공식적 제도 압력에서 찾아볼 수 있다. 둘째, 기업은 CSR 분야에서 어떻게 행동하는가? 일부는 대응적이고, 방어적이고, 다른 일부는 조정적이며, 어떤 기업들은 능동적이다. 셋째, 기업의 CSR 범위를 결정짓는 것은 무엇인가? 산업구조, 자원 목록 및 공식적인 제도적 압력이 최소한의 개입을 보장할 수는 있지만, CSR에 광범위하게 참여하는 기업은 본질적으로 "올바르게 해야 한다"는 필요성을 느끼는 경영자 및 직원의 비율이 매우 높을 것이다(표 12.3 참고). 마지막으로, 전 세계 기업의 성공과 실패를 결정짓는 요인은 무엇인가? 의심할 여지없이, CSR은 점점 더 중요한 답변의 일부분이 될 것이다. 최고의 성과를 내는 기업은 ESG 문제를  해결하면서 CSR 활동을 그들의 핵심 경제 기능에 통합할 수 있는 기업일 가능성이 높다.

전 세계적으로 모호하고 상이한 CSR 기준, 규범 그리고 기대되는 요구들이 많은 경영자들을 힘들게 한다. 그러나, 아무도 경영자들에게 복잡함을 관리하는 것이 쉬운 일이라고 말한 적이 결코 없다. 민족주의, 테러, 인종차별, 소득 불평등 등 정치, 사회, 경제적 이슈들을 중심으로 긴장이 고조되는 자본주의의 위기를 고려할 때, 특수한 이해관계자 그룹으로서 경영자들은 중요하고 도전적인 책임을 지고 있다. CSR의 관점에서 볼 때, 이것은 부를 창출하고 경제를 발전시킬 뿐만 아니라 전 세계 기업의 사회적 및 환경적 역할에 관한 사회적 기대의 변화에 대응하는 보다 인간적이고 포괄적이며 공정한 기업을 구축하는 것을 의미한다.

## Closing Case　Emerging Markets Ethical Dilemma

### 에볼라 챌린지

1976년 수단과 자이르(현 콩고민주공화국)에서 처음 보고된 에볼라는 40년 이상 알려진 바이러스다. 그러나 아직 효과적인 백신이나 약은 없다. 1976년과 2013년 사이 사하라 이남 아프리카에서는 24건의 발병과 1,716건의 사례가 발생했다. 에볼라를 전 세계 미디어의 중심 무대에 올려놓은 것은 이 책 페이지에서의 2014년 발병이었다. 이 발병은 매우 치명적이었다. 보고된 사례는 15,000건, 사망자는 6,000건이었다. 기니, 라이베리아, 시에라리온에서 시작하여 DRC, 나이지리아, 세네갈과 같은 다른 서아프리카 국가로 빠르게 확산되었다. 2014년 9월까지 댈러스를 여행한 라이베리아 남성은 에볼라에 감염되었다는 진단을 받았다. 그는 10월 초에 그곳에서 사망했다. 환자를 치료한 미국인 간호사 2명이 미국에서 처음으로 에볼라 감염이 확인되면서 전국적으로 공황상태에 빠졌다. 코네티컷, 일리노이, 뉴저지, 뉴욕의 주 정부는 영향을 받은 아프리카 국가에서 여행한 사람은 누구나 21일의 격리 대상이 될 것을 요구했다. 2014년 10월 중순, 오바마 대통령은 국가 에볼라 대응 조정관을 임명했다. 영향을 받은 아프리카 국가에서 도착하는 모든 승객은 이제 검사를 받아야 했으며 미국 의료기관에 나타나는 모든 환자는 해당 국가에서 여행했는지 여부에 대한 질문에 답해야 했다.

효과적인 백신이나 의약품이 없는 상태에서 간접적인 치료가 이루어졌고, 초기 지원적 치료와 대증적 치료가 중심이었다. 이 조치에는 통증, 메스꺼움, 발열 및 불안 관리와 경구 또는 정맥 주사(IV) 경로를 통한 수분 공급이 포함되었다. 포장된 적혈구, 혈소판 또는 신선 동결 혈장과 같은 혈액 제품도 사용할 수 있다. 집중 치료는 선진국에서 자주 사용되었다. 여기에는 혈액량과 전해질(염분) 균형을 유지하고 박테리아 감염을 치료하는 것이 포함된다. 고맙게도 두 명의 미국인 간호사는 몇 주 동안 치료를 받은 후 회복되었다. 2014년 12월까지 미국에는 10건의 에볼라 감염 사례가 있었고 2건만이 사망으로 이어졌다. 두 번째 사망 사례는 에볼라 발병 국가에서 환자에게 감염된 아프리카 의사였다.

위기 전반에 걸쳐 제약산업의 초기 침묵이 두드러졌다. 세계보건기구(WHO) 사무총장인 마가렛 찬(Margaret Chan) 박사는 에볼라 바이러스가 가난한 아프리카 국가들을 위협했던 40년 동안 에볼라 백신 개발에 실패했다고 업계를 비판했다. 그녀는 "이윤을 추구하는 산업은 지불할 수 없는 시장을 위한 제품에 투자하지 않는다"고 불평했다. 처음에는 꺼려하던 일부 제약회사들이 뛰어들었다. 2014년 10월 영국 제약회사 GSK는 백신을 찾기 위해 연구개발(R&D)에 박차를 가했다고 발표했다. 2010년에 캐나다 정부는 실험용 백신인 VSV-EBOV를 개발하여 거의 알려지지 않은 작은 생명공학 회사인 NewLink Genetics(아이오와주 에임스에 있는 NewLink Genetics)에 임상 시험을 허가했다. 그러나 진행은 더디고 자금 조달은 빠듯했다. 2014년 11월, 미국 거대 기업인 머크는 백신에 대한 권리를 구매하고 R&D를 촉진하기 위해 NewLink에 5천만 달러를 지불했으며 캐나다 정부는 이에 대한 비상업적 권리를 보유했다. 또한 2014년 11월, 프랑스의 거대 제약회사인 Sanofi는 에볼라 퇴치를 위해 업계 파트너와 협력할 의사를 발표했다.

제약회사, 특히 Big Pharma가 최근까지 에볼라 치료제를 찾기 위해 자원을 투입하는 것을 꺼렸던 이유는 간단했다. 성공하더라도 대부분 아프리카 국가에 도움이 될 이러한 노력은 수익성이 없을 것이었다. 즉, "강력한 비즈니스 사례가 없었다." 질병이 미국(및 일부 유럽 국가)에 도착한 후 기업은 이전해야 했다고 느꼈다. 논쟁은 계속해서 격렬했다. 일각에서는 제약회사가 '보톡스, 대머리, 보너스'를 안내하는 등 이익을 얻을 수 있는 시장과 제품에만 집중했다고 주장했다. 말라리아 및 에볼라와 같은 열대성 질병은 자연적으로 거의(또는 전혀) 관심을 받지 못했다. 다른 쪽은 제한된 자원을 감안할 때 제약회사가 에볼라와 같은 소규모 질병을 올바르고 전략적으로 (상대적으로) 무시하는 이유는 HIV 및 AIDS와 같은 다른 질병이 더 많은 사람들에게 영향을 미치기 때문이라고 주장했다. 많은 제약회사들이 자신들의 노력으로 이익을 얻을 수 없을 것이라는 것을 알고 단순히 CSR에 대한 찬사를 받기 위해 "에볼라 유행병"에 뛰어들었다. 아니면 단순히 대중의 압력 때문에 그렇게 하도록 내몰린 것뿐이었다. 2014년 10월과 11월에 열성적으로 발표한 일련의 발표는 본질적으로 방어적인 것이었다. 효과적인 백신을 개발하기 위한 긴 시간과 에볼라(및 코로나바이러스와 같은 다른 전염성 질병) 발병에 직면했을 때 백신을 준비해야 하는 시급성을 감안할 때, 제약회사가 재무, 사회, 환경에 대한 탐구를 어떻게 관리하느냐는 그들이 직면한 주요한 전략전 도전 중 하나로 남아있다.

Sources: (1)C. Campos, C. Cole, & J. Steele, 2014, Ebola and corporate social responsibility, EMBA strategy class term project, Jindal School of Management, University of Texas at Dallas, December; (2)CBC, 2014, Canada should cancel NewLink Ebola vaccine contract, November 19: www.cbc.ca; (3)Economist, 2020, Coronavirus: Run, don't walk, February 8: 51–52; (4)Independent, 2014, Ebola outbreak: Why has "Big Pharma" failed deadly virus' victims? September 7: www.independent.co.uk; (5)National Public Radio, 2014, Merck partners with NewLink to speed up work on Ebola vaccine, November 24: www.npr.org; (6) Time, 2014, WHO pillories drug industry for failure to develop Ebola vaccine, November 4: www.time.com; (7)World Health Organiza-tion, 2014, Ebola virus disease fact sheet, November: www.who.int.

### 사례 토론 질문

1. 윤리: 최근까지 제약업계의 기업들이 에볼라 치료제를 찾는 것을 꺼렸던 이유는 무엇인가?
2. 윤리: 최근 제약회사들이 '에볼라 대열'에 뛰어들게 된 동기는 무엇인가?
3. 윤리: 제약회사가 정말로 주요 공중 보건 문제를 해결하기를 원했을지, 아니면 그저 약간의 CSR 명성을 얻고 싶었는지? (HINT: 대응적, 방어적, 적응적 및 사전 예방전략의 유형을 사용했다.)

# 참고문헌

**[Journal Acronyms]** ***AMJ****—Academy of Management Journal;* ***AMP****—Academy of Management Perspectives;* ***AMR****—Academyof Management Review;* ***APJM****—Asia Pacific Journal of Management;* ***AR****—Accounting Review;* ***BW****—BusinessWeek* (before2010) or *Bloomberg Businessweek* (since 2010)*;* ***CMR****—CaliforniaManagement Review;* ***FA****—Foreign Affairs;* ***GSJ****—GlobalStrategy Journal;* ***HBR****—Harvard Business Review;* ***JBE****—Journalof Business Ethics;* ***JEP****—Journal of Economic Perspectives;* ***JIBS****—Journal of International Business Studies;* ***JM****—Journal of Management;* ***JMS****—Journal of Management Studies;* ***JWB****—Journalof World Business;* ***NYTM****—New York Times Magazine;* ***OSc****—Organization Science;* ***PNAS****—Proceedings of the National Academyof Sciences;* ***SMJ****—Strategic Management Journal;* ***SEJ****—Strategic Entrepreneurship Journal;* ***WSJ****—Wall Street Journal*

K. Davis, 1973, The case for and against business assumption of social responsibilities, *AMJ* 16: 312–322. See alsoJ. Campbell, L. Eden, & S. Miller, 2012, Multinationalsand CSR in host countries, *JIBS* 43: 84–106; G. George, S.Schillebeeckx, & T. Liak, 2015, The management of naturalresources, *AMJ* 58: 1595–1613; H. Wang, L. Tong, R.Takeuchi, & G. George, 2016, Corporate social responsibility,*AMJ* 59: 534–544; D. Matten & J. Moon, 2008, "Implicit"and "explicit" CSR, *AMR* 33: 404–424.

H. Aguinis & A. Glavas, 2012, What we know and don'tknow about CSR, *JM* 38: 932–968; R. Aguilera, D. Rupp, C.Williams, & J. Ganapathi, 2007, Putting the S back in CSR,*AMR* 32: 836–863; T. Devinney, A. McGahan, & M. Zollo,2013, A research agenda for global stakeholder strategy,*GSJ* 3: 325–337; T. London, 2009, Making better investmentsat the base of the pyramid, *HBR* May: 106–113.

K. O'Shaughnessy, E. Gedajlovic, & P. Reinmoeller, 2007,The influence of firm, industry, and network on the corporatesocial performance of Japanese firms, *APJM* 24:283–304; A. Scherer & G. Palazzo, 2011, The new politicalrole of business in a globalized world, *JMS* 48: 899–931.

E. Freeman, 1984, *Strategic Management: A StakeholderApproach* (p. 46), Boston: Pitman. See also D. Crilly, 2011,Predicting stakeholder orientation in the MNE, *JIBS* 42:694–717; A. Kacperczyk, 2009, With greater power comesgreater responsibility? *SMJ* 30: 261–285.

J. Harrison, D. Bosse, & R. Phillips, 2010, Managing for stakeholders,stakeholder utility functions, and competitive advantage,*SMJ* 31: 58–74; S. Sarasvathy & A. Ramesh, 2019, An effectualmodel of collective action for addressing sustainabilitychallenges, *AMP* 33: 405–424; J. Schrempf-Stirling, G.Palazzo, & R. Phillips, 2016, Historic CSR, *AMR* 41: 700–719.

F. Bridoux & J. Stoelhorst, 2016, Stakeholder relationshipsand social welfare, *AMR* 41: 229–251; T. Jones, J. Harrison,& W. Felps, 2018, How applying instrumental stakeholdertheory can provide sustainable competitive advantage,*AMR* 43: 371–391; R. Mitchell, G. Weaver, B. Agle, A. Bailey,& J. Carlson, 2016, Stakeholder agency and social welfare,*AMR* 41: 252–275.

World Commission on Environment and Development,1987, *Our Common Future* (p. 8), Oxford, UK: Oxford UniversityPress.

S. Hart, 2005, *Capitalism at the Crossroads*, Philadelphia:Wharton School Publishing; A. Kim, P. Bansal, & H. Haugh,2019, No time like the present, *AMJ* 62: 607–634; R. Rajan,2010, *Fault Lines*, Princeton, NJ: Princeton University Press;N. Slawinski & P. Bansal, 2015, Short on time, *OSc* 26: 531–539.

J. Howard-Grenville, S. Buckle, B. Hoskins, & G. George,2014, Climate change and management, *AMJ* 57: 615–623;J. Pinkse & A. Kolk, 2012, Multinational enterprises andclimate change, *JIBS* 43: 332–341; G. Whiteman, B. Walker,& P. Perego, 2013, Planetary boundaries, *JMS* 50; 307–336.

J. Surroca, J. Tribo, & S. Zahra, 2013, Stakeholder pressure onMNEs and the transfer of socially irresponsible practices tosubsidiaries, *AMJ* 56: 549–572; J. York, S. Vedula, & M. Lenox,2018, It's not easy building green, *AMJ* 61: 1492–1523.

*Economist*, 2019, The climate issue (p. 28), September 21:The entire issue.

J. A. Aragon-Correa, A. Marcus, & N. Hurtado-Torres, 2016,The natural environmental strategies of international firms,*AMP* 30: 24–39; D. Crilly, N. Ni, & Y. Wang, 2016, Do-noharmversus do-good social responsibility, *SMJ* 37: 1316–1329; N.Rathert, 2016, Strategies of legitimation, *JIBS* 47: 858–879.

J. Bundy, C. Shropshire, & A. Buchholtz, 2013, Strategiccognition and issue salience, *AMR* 38: 352–376; J. Vergne,2012, Stigmatized categories and public disapproval oforganizations, *AMJ* 55: 1027–1052.

M. Clarkson, 1995, A stakeholder framework for analyzingand evaluating corporate social performance (p. 107),*AMR* 20: 92–117. See also S. Dorobantu & K. Odziemkowska,2017, Valuing stakeholder governance, *SMJ* 38: 2682–2703; G. T. Lumpkin & S. Bacq, 2019, Civic wealth creation,*AMP* 33: 383–404.

L. Christensen, A. Mackey, & D. Whetten, 2014, Taking responsibilityfor CSR, *AMP* 28: 164–178; R. Hoskisson, E.Gambeta, C. Green, & T. Li, 2018, Is my firm-specific investmentprotected? *AMR* 43: 284–306; M. Ihrig & I. MacMillan,2017, How to get ecosystem buy-in, *HBR* March: 102–107; B.King, T. Fellin, & D. Whetten, 2010, Finding the organizationin organization theory, *OSc* 21: 290–305; R. Nasan, S. Bacq,& D. Gras, 2018, A behavioral theory of social performance,*AMR* 43: 259–283; W. Su & E. Tsang, 2015, Product diversificationand financial performance, *AMJ* 58: 1128–1148.

T. Donaldson & L. Preston, 1995, The stakeholder theoryof the corporation, *AMR* 20: 65–91; J. Elkington, 1997,*Cannibals with Forks: The Triple Bottom Line of 21stCentury Business*, New York: Wiley; S. Jayachandran, K.Kalaignanam, & M. Eilert, 2013, Product and environmentalsocial performance, *SMJ* 34: 1255–1264.

I. Ioannou & G. Serafeim, 2012, What drives corporatesocial performance? (p. 835) *JIBS* 43: 834–864; X. Luo,H. Wang, S. Raithel, & Q. Zheng, 2015, Corporate socialperformance, analyst stock recommendations, and firmfuture returns, *SMJ* 36: 123–136.

R. Eccles & S. Klimenko, 2019, The investor revolution,*HBR* May: 107–116; I. Filatotchev & C. Nakajima, 2014,Corporate governance, responsible managerial behavior,and CSR, *AMP* 28: 289–306.

M. Kramer, 2018, Creating shared value (p. 4), module notefor instructors, Boston: Harvard Business School.

*Economist*, 2017, Generation SRI, November 25: 65–66.

M. Khan, G. Serafeim, & A. Yoon, 2016, Corporate sustainability(p. 1697), *AR* 91: 1697–1724.

A. Chatterji, R. Durand, D. Levine, & S. Touboul, 2016, Doratings of firms converge? *SMJ* 37: 1597–1614; M. Delmas,D. Etzion, & N. Nairn-Birth, 2013, Triangulating environmentalperformance, *AMP* 27: 255–267.

M. Friedman, 1970, The social responsibility of business isto increase its profits, *NYTM* September 13: 32–33.

D. Ahlstrom, 2010, Innovation and growth, *AMP* 24: 11–24.

A. Delios, 2010, How can organizations be competitivebut dare to care? *AMP* 24: 25–36; M. Hollerer, 2013,From taken-for-granted to explicit commitment, *JMS* 50:573–606; R. Rajan & L. Zingales, 2003, *Saving Capitalismfrom Capitalists*, New York: Crown.26. M. Porter & M. Kramer, 2011, Creating shared value(p. 76), *HBR* January: 62–77.

D. Lange & N. Washburn, 2012, Understanding attributionsof corporate social irresponsibility, *AMJ* 37: 300–326;Y. Mishina, B. Dykes, E. Block, & T. Pollock, 2010, Why"good" firms do bad things, *AMJ* 53: 701–722; C. Shea& O. Hawn, 2019, Microfoundations of corporate socialresponsibility and irresponsibility, *AMJ* 62: 1609–1642.

Business Roundtable, 2019, Business Roundtable redefinesthe purpose of a corporation to promote "an economythat serves all Americans," press release, August 19:www.businessroundtablec.org.

J. Harrison, R. Philips, & R. E. Freeman, 2020, On the2019 Business Roundtable "Statement on the Purpose of aCorporation" (pp. 5, 12), *JM* (in press). See also *Economist*,2019, What companies are for, August 24: 7; *WSJ*, 2019,Companies' broader mission, October 28: R6.

*Economist*, 2019, I'm from a company, and I'm here to help(p. 15), August 24: 14–16.

J. Duanmu, M. Bu, & R. Pittman, 2018, Does marketcompetition dampen environmental performance, *SMJ*39: 3006–3030; E. Kim, 2013, Deregulation and differentiation,*SMJ* 34: 1162–1185; O. Vila & S. Bharadwaj, 2017,Competing on social purpose, *HBR* September: 95–101.

M. W. Peng & K. Meyer, 2019, *International Business*, 3rded. (p. 293), London: Cengage EMEA.

J. Mathews & H. Tan, 2014, Manufacture renewables tobuild energy security, *Nature* 513: 166–168; C. Weigelt &E. Shittu, 2016, Competition, regulatory policy, and firms'resource investments, *AMJ* 59: 678–704.

D. Shapiro, B. Hobdari, C. Oh, & M. W. Peng, 2018, Naturalresources, multinational enterprises, and sustainabledevelopment, *JWB* 53: 1–14.

W. Su, M. W. Peng, W. Tan, & Y. Cheung, 2016, The signalingeffect of CSR in emerging economies, *JBE* 134: 479–491.

L. Berchicci, G. Dowell, & A. King, 2012, Environmentalcapabilities and corporate strategy, *SMJ* 33: 1053–1071; A.Mackey, T. Mackey, & J. Barney, 2007, CSR and firm performance,*AMR* 32: 817–835.

J. Barney, 2018, Why resource-based theory's model ofprofit appropriation must incorporate a stakeholder perspective,*SMJ* 39: 3305–3325; C. Flammer & J. Luo, 2017,CSR as an employee governance tool, *SMJ* 38: 163–183; A.Fosfuri, M. Giarratana, & E. Roca, 2015, Walking a slipperyline, *SMJ* 36: 1750–1760; R. Garcia-Castro & R. Aguilera,2015, Incremental value creation and appropriation ina world with multiple stakeholders, *SMJ* 36: 137–147;I. Kivleniece & B. Quelin, 2012, Creating and capturingvalue in public-private ties, *AMJ* 37: 272–299; V. Marano, P.Tashman, & T. Kostova, 2017, Escaping the iron cage, *JIBS*48: 386–408; C. Tantalo & R. Priem, 2016, Value creationthrough stakeholder synergy, *SMJ* 37: 314–329.

J. Ford, 2015, Perspectives on the evolving "business andpeace" debate, *AMP* 29: 451–460; J. Forrer & J. Katsos, 2015,Business and peace in the buffer condition, *AMP* 29: 438–450; A. Kolk & F. Lenfant, 2015, Partnerships for peace anddevelopment in fragile states, *AMP* 29: 422–437; M. Westermann-Behaylo, K. Rehbein, & T. Fort, 2015, Enhancingthe concept of corporate diplomacy, *AMP* 29: 387–404.

A. Hillman & G. Keim, 2001, Shareholder value, stakeholdermanagement, and social issues, *SMJ* 22: 125–139; Khanet al., 2016, Corporate sustainability, op. cit.

A. Crane & S. Glozer, 2016, Researching CSR communication,*JMS* 53: 1223–1252.

M. Porter, M. Kramer, K. Herman, & S. Mcara, 2017,Nestle's creating shared value strategy, Harvard BusinessSchool case 9-716-422.

J. Battilana, A. Pache, M. Sengul, & M. Kimsey, 2019, Thedual-purpose playbook, *HBR* March: 125–133; G. Dowell& S. Muthulingam, 2017, Will firms go green if it pays?*SMJ* 38: 1287–1304.

*HBR*, 2019, In practice: Eduardo Martinez, January: 20.

Y. Jeong & T. Kim, 2019, Between legitimacy and efficiency,*AMJ* 62: 1583–1608; P. Madsen & Z. Rodgers,2015, Looking good by doing good, *SMJ* 36: 776–794; M.Mithani, 2017, Liability of foreignness, natural disasters,and corporate philanthropy, *JIBS* 48: 941–963; A. Muller& R. Kraussl, 2011, Doing good deeds in times of need,*SMJ* 32: 911–929; C. Oh & J. Oetzel, 2011, Multinationals'response to major disasters, *SMJ* 32: 658–681.

M. Barnett & R. Salomon, 2012, Does it pay to be reallygood? *SMJ* 33: 1304–1320; R. Chan, 2010, Corporateenvironmentalism pursuit by foreign firms competing inChina, *JWB* 45: 80–92; A. Edmans, 2012, The link betweenjob satisfaction and firm value, with implications for corporatesocial responsibility, *AMP* 26: 1–19; O. Hawn & I.Ioannou, 2016, Mind the gap, *SMJ* 37: 2569–2588; B. Lev, C.Petrovits, & S. Radhakrishnan, 2010, Is doing good good foryou? *SMJ* 31: 182–200; N. Ortiz-de-Mandojana & P. Bansal,2016, The long-term benefits of organizational resiliencethrough sustainable business practices, *SMJ* 37: 1615–1631;S. Ramchander, R. Schwebach, & K. Staking, 2012, The informationalrelevance of CSR, *SMJ* 33: 303–314; S. Waddock &S. Graves, 1997, The corporate social performance-financialperformance link, *SMJ* 18: 303–319; H. Wang & C. Qian,2011, Corporate philanthropy and corporate financial performance,*AMJ* 54: 1159–1181.

S. Ambec & P. Lanoie, 2008, Does it pay to be green? *AMP*22: 45–62; R. Garcia-Castro & C. Francoeur, 2016, Whenmore is not better, *SMJ* 37: 406–424; M. Orlitzky, 2013,CSR, noise, and stock market volatility, *AMP* 27: 238–254;C. Qian, L. Yu, & Y. Yu, 2019, Financial analyst coverageand corporate social performance, *SMJ* 40: 2271–2286; T.Wang & P. Bansal, 2012, Social responsibility in new ventures,*SMJ* 33: 1135–1153; X. Zhao & A. Murrell, 2016,Revisiting the corporate social performance-financial performancelink, *SMJ* 37: 2378–2388.

S. Brammer & A. Millington, 2008, Does it pay to be different?*SMJ* 29: 1325–1343; A. McWilliams & D. Siegel,2000, CSR and financial performance, *SMJ* 21: 603–609; J.Surroca, J. Tribo, & S. Waddock, 2010, Corporate responsibilityand financial performance, *SMJ* 31: 463–490.

T. Devinney, 2009, Is the socially responsible corporationa myth? (p. 53) *AMP* 23: 44–56.

J. Choi & H. Wang, 2009, Stakeholder relations and thepersistence of corporate financial performance, *SMJ* 30:895–907; C. Hull & S. Rothenberg, 2008, Firm performance,*SMJ* 29: 781–789.

R. Henderson & F. Nellemann, 2012, Sustainable tea atUnilever,

Harvard Business School case 9-712-438.

B. Gifford, A. Kestler, & S. Anand, 2010, Building locallegitimacy into CSR, *JWB* 45: 304–311; Q. Han, J. Jennings,R. Liu, & P. D. Jennings, 2019, Going home and helpingout? *JIBS* 50: 857–872; J. Jones, J. York, S. Vedula, M.Conger, & M. Lenox, 2019, The collective constructionof green building, *AMP* 33: 425–449; J. Murillo-Luna, C.Garces-Ayerbe, & P. Rivera-Torres, 2008, Why do patternsof environmental response differ? *SMJ* 29: 1225–1240;F. Wijen, 2014, Means versus ends in opaque institutionalfields, *AMJ* 39: 302–323; S. Young & M. Makhija, 2014,Firms' CSR behavior, *JIBS* 45: 670–698.

O. Schilke, 2018, A micro-institutional inquiry intoresistance to environmental pressures, *AMJ* 61: 1431–1466; Y. Tang, C. Qian, G. Chen, & R. Shen, 2015, How CEOhubris affects corporate social (ir)responsibility, *SMJ* 36:1338–1357.

A. Hoffman, 1999, Institutional evolution and change,*AMJ* 42: 351–371.

A. Doshi, G. Dowell, & M. Toffel, 2013, How firmsrespond to mandatory information disclosure, *SMJ* 34:1209–1231.

P. Berrone, A. Fosfuri, L. Gelabert, & L. Gomez-Mejia,2013, Necessity as the mother of "green" inventions, *SMJ*34: 891–909; S. Khavul & G. Bruton, 2013, Harnessinginnovation for change, *JMS* 50: 285–306.

D. Crilly & P. Sloan, 2012, Enterprise logic, *SMJ* 33: 1174–1193; T. Hahn, L. Preuss, J. Pinkse, & F. Figge, 2014, Cognitiveframes in corporate sustainability, *AMJ* 39: 463–487; J.Rodell, J. Booth, J. Lynch, & K. Zipay, 2017, Corporate volunteeringclimate, *AMJ* 60: 1662–1681; J. York, T. Hargrave, & D.Pacheco, 2016, Converging winds, *AMJ* 59: 579–610.

P. M. Bal, D. Kooij, & S. Jong, 2013, How do developmentaland accommodative HRM enhance employee engagementand commitment? *JMS* 50: 545–572; F. Briscoe, M. Chen,& D. Hambrick, 2014, CEO ideology as an element of thecorporate opportunity for social activists, *AMJ* 57: 1786–1809; D. Jones, C. Willness, & S. Madey, 2014, Why are jobseekers attracted by corporate social performance? *AMJ* 57:383–404; A. Muller & A. Kolk, 2010, Extrinsic and intrinsicdrivers of corporate social performance, *JMS* 47: 1–26; A.Piazza & F. Perretti, 2015, Categorical stigma and firm disengagement,*OSc* 26: 724–742; A. Scherr, G. Palazzo, & D.Seidl, 2013, Managing legitimacy in complex and heterogenousenvironments, *JMS* 50: 259–284; S. Sonenshein, 2016,How corporations overcome issue illegitimacy and issueequivocality to address social welfare, *AMR* 41: 349–366.

Y. Bird, J. Short, & M. Toffel, 2019, Coupling labor codes ofconduct and supplier labor practices, *OSc* 30: 847–867; M.Jayasinghe, 2016, The operational and signaling benefitsof voluntary labor code adoption, *AMJ* 59: 658–677.

J. Janney & S. Gove, 2011, Reputation and CSR aberrations,trends, and hypocrisy, *JMS* 48: 1562–1584.

C.Marquis&C.Qian,2014,Corporatesocialresponsibilityreporting in China, *OSc* 25: 127–148; D. Siegel, 2009,Green management matters only if it yields more green,*AMP* 23: 5–16.

I. Hengst, P. Jarzabkowski, M. Hoegel, & M. Muethel, 2020,Toward a process theory of making sustainability strategieslegitimate in action, *AMJ* 63: 246–271; A. Marcus &A. Fremeth, 2009, Green management matters regardless,*AMP* 23: 17–26.

A. Raghunandan & S. Rajgopal, 2019, Is there realvirtue behind the Bus

Harrison et al., 2020, On the 2019 Roundtable, op. cit., p. 9.

Harrison et al., 2020, On the 2019 Roundtable, op. cit., p. 9.

A. Zavyalova, M. Pfarrer, R. Reger, & T. Hubbard, 2016,Reputation as a benefit and a burden? *AMJ* 59:253–276.

*WSJ*, 2019, CEOs on the hot seat, December 13: R1–R2.

N. Darnall, I. Henriques, & P. Sadorsky, 2010, Adoptingproactive environmental strategy, *JMS* 47: 1072–1094.

*Starbucks Global Responsibility Report 2010*, 2011, Messagefrom Howard Schultz, www.starbucks.com.

J. Mackey, 2011, What is it that only I can do? *HBR* January:119–123.

G. Unruh & R. Ettenson, 2010, Winning in the greenfrenzy, *HBR* November: 110–116.

S. Patnaik, 2019, A cross-country study of collective politicalstrategy, *JIBS* 50: 1130–1155.

*BW*, 2010, The smooth-talking king of coal—and climatechange, June 7: 65.

A. Kourula, 2010, Corporate engagement with NGOsin different institutional contexts, *JWB* 45: 395–404; M. Kramer & M. Pfitzer, 2016, The ecosystem of shared value, *HBR* October: 81–89; J. Nebus & C. Rufin, 2010, Extending the bargaining power model, *JIBS* 41: 996–1015.

M. Delmas & M. Montes-Sancho, 2010, Voluntary agreements to improve environmental quality, *SMJ* 31: 575–601.

B. Husted, I. Montiel, & P. Christmann, 2016, Effects of local legitimacy on certification decisions to global and national CSR standards by multinational subsidiaries and domestic firms, *JIBS* 47: 382–397.

B. Arya & G. Zhang, 2009, Institutional reforms and investor reactions to CSR announcements, *JMS* 46: 1089–1112; M. Delmas & M. Toffel, 2008, Organizational responses to environmental demands, *SMJ* 29: 1027–1055; I. Montiel, B. Husted, & P. Christmann, 2012, Using private management standard certification to reduce information asymmetries in corrupt environments, *SMJ* 33: 1103– 1113; Y. Sarason & T. Dean, 2019, Lost battles, Trojan horses, open gates, and wars won, *AMP* 33: 469–490; P. Tashman, V. Marano, & T. Kostova, 2019, Walking the walk or talking the talk? *JIBS* 50: 153–171; E. Wong, M. Ormiston, & P. Tetlock, 2011, The effects of top management team integrative complexity and decentralized decision making on corporate social performance, *AMJ* 54: 1207–1228.

C. Wright & D. Nyberg, 2017, An inconvenient truth, *AMJ* 60: 1633–1661.

A. Grinstein & P. Riefler, 2015, Citizens of the (green) world? *JIBS* 46: 694–714.

B. Milanovic, 2020, The clash of capitalisms (p. 13), *FA*, January: 10–21. The author is formerly the chief economist at the World Bank.

G. Bruton, D. Ahlstrom, & J. Chen, 2020. China has emerged as an aspirant economy, *APJM* (in press).

Y. Luo, H. Zhang, & J. Bu, 2019, Developed country MNEs investing in developing countries, *JIBS* 50: 633–667; K. Meyer & M. W. Peng, 2016, Theoretical foundations of emerging economy business research, *JIBS* 47: 3–22.

Milanovic, 2020, op cit., p. 13.

Y. Xie & X. Zhou, 2014, Income inequality in today's China, *PNAS* 111: 6928–6933. See also V. Nee & S. Opper, 2012, *Capitalism from Below* (p. 3), Cambridge, MA: Harvard University Press.

T. Piketty, 2014, *Capital in the Twenty-First Century*, Cambridge, MA: Belknap. See also T. Piketty, 2020, *Capital and Ideology*, Cambridge, MA: Harvard University Press.

D. Acemoglu & J. Robinson, 2015, The rise and decline of general laws of capitalism, *JEP* 29: 3–28; A. Banerjee & E. Duflo, 2019, *Good Economics for Hard Times*, New York: Public Affairs.

J. Muller, 2020, The neosocialist delusion (p. 44), *FA*, January: 44–49.

J. A. Cobb, 2016, How firms shape income inequality, *AMR* 41: 324–348; M. Packard & P. Bylund, 2018, On the relationship between inequality and entrepreneurship, *SEJ* 12: 3–22.

*WSJ*, 2019, CEOs on the hot seat, op. cit., p. R3.

J. Welch & S. Welch, 2006, Whose company is it anyway? *BW* October 9: 122.

*Economist*, 2009, Spilling forever, June 13: 51.

M. Bu & M. Wagner, 2016, Racing to the bottom and racing to the top, *JIBS* 47: 1032–1057; P. Christmann & G. Taylor, 2006, Firm self-regulation through international certifiable standards, *JIBS* 37: 863–878; P. Madsen, 2009, Does corporate investment drive a "race to the bottom" in environmental protection? *AMJ* 52: 1297–1318.

D. Crilly, M. Zollo, & M. Hansen, 2012, Faking it or muddling through? *AMJ* 55: 1429–1448; K. de Roeck, A. Akremi, & V. Swaen, 2016, Consistency matters! *JMS* 53: 1141–1168; C. Wickert, A. Scherer, & L. Spence, 2016, Walking and talking CSR, *JMS* 53: 1169–1196.

T. Waldron, C. Navis, & G. Fisher, 2013, Explaining differences in firms' responses to activism, *AMJ* 38: 397–417; M. Zhao, S. Park, & N. Zhou, 2014, MNC strategy and social adaptation in emerging markets, *JIBS* 45: 842–861.

M. Delmas & D. Colgan, 2018, *The Green Bundle*, Stanford, CA: Stanford Business Books.

D. Bosse & R. Phillips, 2016, Agency theory and bounded self-interest, *AMR* 41: 276–297; S. Buchanan & J. Marques, 2018, How home country industry associations influence MNE international CSR practices, *JWB* 53: 63–74; K. Jackson, 2016, Economy of mutuality, *JBE* 133: 499–517; T. Lyon et al., 2018, CSR needs CPR, *CMR* 60: 5–24; C. Marquis & Y. Bird, 2018, The paradox of responsive authoritarianism, *OSc* 29: 948–968; W. T. Selmier, A. Newenham-Kahindi, & C. Oh, 2015, Understanding the words of relationships, *JIBS* 46: 153–179.

J. Aldy & G. Gianfrate, 2019, Future-proof your climate strategy, *HBR* May: 87–97; *BW*, 2014, If it's good enough for Big Oil ... November 17: 10–11.

T. Jones, T. Donaldson, R. E. Freeman, J. Harrison, C. Leana, J. Mahoney, & J. Pearce, 2016, Management theory and social welfare, *AMR* 41: 216–228.

# PART 4

# 통합사례

# 통합사례 1

## 컨설팅 산업

*컨설팅 산업에서 다섯 가지 힘은 어떤 영향을 미칠까? 다섯 가지 힘 외에 어떤 도전과제가 있을까?*

Mike W. Peng, University of Texas at Dallas

많은 전략을 공부하는 대부분의 학생은 컨설팅, 특히 전략 컨설팅에 관심이 있다. 더 깊은 이해를 위해 우리는 컨설팅 산업에 영향을 미치는 다섯 가지 힘(five forces)에 대해 알아볼 필요가 있다. 그리고 더 이상 존재하지 않는 "순수한" 또는 "고전적인" 전략 컨설팅에 대한 개념에 벗어날 필요가 있다. Big 3의 컨설팅 기업들(McKinsey, Bain, Boston Consulting Group)의 전통적인 전략 컨설팅에 의한 매출은 2013년 전체 매출의 20%에서 2019년 10%로 감소했다. 따라서 본 사례에서 언급되는 "컨설팅"은 좁은 의미의 전통적(고전적)인 전략 컨설팅이 아니라 광범위한 경영 컨설팅을 의미한다.

### 판매자와 구매자

대학 또는 비즈니스 스쿨은 컨설팅 회사의 판매자로 볼 수 있다. 컨설팅 회사는 일반적으로 보수가 좋고 매력적인 경력을 제공하기 때문에 종종 최고의 지원자를 채용한다. 2018년 업계 선두인 McKinsey에 지원한 800,000명 중 8,000명만이 일자리를 구했다. 컨설팅 회사에 취업을 희망하는 지원자가 많은 것을 감안할 때 대학 및 비즈니스 스쿨 출신의 지원자 교섭력은 크게 우려할 만한 부분이 아니다.

반면에 구매자(이하 "고객")는 상당한 협상력을 가진다. 컨설팅 산업이 생긴 이후로 고객는 투자 대비 수익을 나타내는 투자수익률(return on investment, ROI)에 대해 늘 궁금해한다. 컨설팅 업무의 불투명성으로 그리고 컨설턴트가 고객에게 권장 사항을 제시한 후의 실행 결과측정의 어려움 때문에 ROI를 평가하기 어렵다. 컨설팅 회사가 진화하는 것처럼 고객도 진화하여 많은 고객는 전직 컨설턴트를 고용한다. Big 3 출신의 50,000명[1]의 컨설턴트들은 이전에 자신의 고객였던 회사에서 일하고 있다. 많은 컨설팅 회사 출신들은 고객였던 회사에 임원이 된 후 자사 업무를 외부 컨설턴트에 아웃소싱하기 보다는 그 업무를 사내로 가져오려고 노력한다. 외부 컨설턴트가 수행하는 업무를 어느 정도의 전문성을 갖춘 전직 컨설턴트가 사내로 가져와 그 업무를 처리한다면 기업은 그 비용을 줄일 수 있다. 또한, 기업이 외부 컨설턴트의 도움이 필요한 경우라도 이전 컨설팅 경험이 있는 기업 임원은 단지 가장 유명한 컨설팅 회사에 의존하기 보다는 자사에 가장 적합한 컨설팅 회사를 선택할 수 있는 충분한 지식을 가지고 있는 경우가 많다. 전반적으로

1 법률 회사와 미국대학의 시스템과 마찬가지로, 컨설팅 회사는 "업 또는 아웃(일정 기한 내에 승진하지 못하면 그 기업을 떠나야 함)" 고용 시스템을 사용한다. 파트너가 되지 못한 주니어 컨설턴트는 컨설팅 회사를 떠나 다른 곳에서 일자리를 찾아야 한다.

고객는 일부 업무를 사내로 가져오거나 컨설팅 계약에 대한 보다 투명한 ROI를 요구함으로써 자사의 협상력을 점점 더 높이고 있다.

## 경쟁자

고급 고객에 대한 경쟁은 주로 Big 3 사이에서 이루어진다. 그들의 주요 가치 제안( value proposition)은 (1) 고객 조언에 담긴 지식과 통찰력, (2)고객가 도전적이고 중대한 전략적 결정을 해야 하는 경우, 컨설팅 회사가 제공하는 명성과 정당성이다. Big 3 컨설팅 회사(주로 McKinsey, 1926년에 설립)는 경영이 단순한 직업이 아니라 전문직이라는 생각을 확산시켰다. Big 3의 컨설팅 회사는 단순한 상식이나 전문적인 산업 지식보다 더 많은 지적 능력으로 일을 처리해 나간다. 훌륭한 지적 능력을 갖춘 최고의 전문가는 이사회와 최고 경영진이 중요한 전략적 결정을 할 때 더욱 편안한 선택을 할 수 있도록 도와준다. 합법성의 중요함을 알고 있는 컨설팅 회사는 "적절한" 권장 사항을 제공하기 전에 이사회와 최고 경영진의 선호도와 제약 조건을 더 잘 이해하기 위해 그들과 긴밀히 협력한다.

컨설팅 회사의 잘 알려진 "비밀"은 첫 번째 고객와 계약을 체결한 다음, 이 계약의 컨설팅 업무를 수행하면서 얻게 된 학습 내용을 여러 고객의 향후 계약에서 재사용한다는 것이다. 컨설팅 회사가 돈을 버는 또 다른 "비밀"은 상대적으로 저임금 주니어 컨설턴트로 구성된 소규모 팀을 활용하는 비즈니스 모델이다. 시니어 컨설턴트보다 주니어 컨설턴트의 수가 많을수록 계약의 수익성이 높아진다. McKinsey에서 대부분의 시니어 컨설턴트는 파트너이며, 연간 150만 달러를 받는다. 따라서 수익 창출에 대한 압박이 심하다. 경험이 풍부한 전문가에게 컨설팅을 받고 있다고 믿는 고객는 작업의 대부분(때로는 모든)을 주니어 컨설턴트가 수행한다는 사실을 모를 수 있다.

정형화되지 않은 문제를 주로 취급하는 종합 컨설팅 회사(예: Big 3) 외에도 정형화된 문제를 표준 프로세스로 해결하는 전문 컨설팅 회사도 있다. 대표적으로 Big 4 회계법인(Deloitte, EY, KPMG, PwC)과 선두 정보기술 기업(Gartner, IBM, Infosys, SAP, Tata Consulting Service 등)을 들 수 있다. 또한, 더욱 특화된 전문 분야의 컨설팅 회사도 많이 있다. 예를 들면, (1)임원 검색(헤드헌팅)과 리더십 코칭 컨설턴트(예: Spencer Stuart, Heidrick & Struggles, Russel Reynolds Associates, Egon Zehnder, Korn Kerry-"SHREK" 회사로 알려짐), (2)임원 보상 컨설턴트(Frederic W. Cook, Pearl Meyer, Mercer 등), 그리고 (3)기업 지배구조 대리 자문위원(예:기관 주주 서비스(ISS)).

컨설팅 산업 내에서 서로 다른 부문을 구분하는 경계선은 명확히 존재하지 않는다. 2010년부터 Big 4 회계법인이 핵심 전략 컨설팅 시장에 진입했고, Deloitte는 1983년 하버드 대학의 전략 전문가인 Michael Porter가 공동 설립한 전략 컨설팅 회사인 Monitor Group을 1억 2천만 달러에 인수하여 2013년에 Monitor Deloitte로 전환했다. PwC는 2011년에 PRTM을, 2013년에는 Booz & Company(지금의 Strategy&)를 인수했다. 이러한 추세를 쫓아간 EY는 2014년에 Parthenon Group을, 2016년과 2017년에 OC&C의 유럽 영업권을 인수하여 EY-Parthenon으로 통합하였다.

이에 대응하여, Big 3는 이익은 작지만 장기 계약에 초점을 맞춰 기술 컨설팅을 크게 확장했다. 예를 들어, 2007년부터 McKinsey는 고객 회사에 내장되는 기술 기반 분석 소프트웨어인 McKinsey Solutions을 제공하여 지속적인 컨설팅 서비스를 제공했다. 전반적으로 "순수한" 또는 "고전적인" 전략 컨설팅은 2019년 Big 3 매출의 약 10%를 차지했다. 따라 컨설팅 회사의 "곁가지"가 되었다.

## 새로운 진입자(신규 참가자)

법률과 의학 분야와 달리 컨설팅은 규제받지 않는 분야이다. 어떤 개인이나 기업이든 누구나 컨설팅 산업에 자유롭게 참여할 수 있다. 최근에 진입한 회사로는 BTG, CEB, Eden McCallum, Gerson Lehman Group, IDEO가 있다. 이러한 회사들은 프리랜서 컨설턴트의 수가 증가함에 따라 이를 활용한 온라인 컨설팅 서비스를 제공한다.

또한 기업의 데이터 분석 능력은 날로 향상되고 있다. 정교한 데이터 기술은 이미 평균 원가와 가격 분석을 자동화했다. 이러한 기술의 발전 속도와 계량화할 수 있는 결과물은 Big 3 종합 컨설팅 회사와 Big 4 회계법인과 같은 유명한 컨설팅 회사의 중요성을 감소시킬 수 있다. 예를 들어, 기업 분석 회사인 Beyond Core는 방대한 양의 데이터를 자동으로 분석하여 통계적으로 중요한 패턴을 찾아내고, 애니메이션 브리핑을 통해 그 결과를 제시할 수 있다. 이러한 빅데이터 기반 기술은 주니어 컨설턴트의 역할을 대신할 수 있다. 2016년에 Salesforce는 Beyond Core를 1억 1천만 달러에 인수했다.

전반적으로 Big 3와 같은 (전통적인) 전략 컨설팅 회사는 다양한 컨설팅 서비스를 고가의 패키지로 묶어 판다. 비싼 컨설팅 비용과 컨설팅 서비스 가치를 평가할 수 있는 고객 능력 향상(앞에서 논의됨)이 이루어진 상태에서, 전문화된 역량을 갖춘 새로운 진입자들이 낮은 수준의 일상적인 업무 컨설팅 일부를 잠식하고 있다. 이러한 결과는 컨설팅 산업에 상당한 혼란을 야기하고 있다. "고급" 컨설팅의 기본 업무 중 일부는 일상화되고 상용화되며 심지어 자동화되어 가고 있다.

## 대체재(대체품)

주요 컨설팅 회사의 고액 컨설턴트를 대신할 수 있는 대체재는 많이 있다. 고객의 간단한 대체재는 외부 컨설턴트를 고용하지 않는 것이다. SHREK와 같은 검색 회사를 이용하여 기업 임원을 추천받게 되면, 고객 회사는 이 임원의 첫해 연봉(모든 보너스 포함)의 3분의 1을 그 대가로 SHREK에 지불해야 한다. CEO 급여가 증가함에 따라 그러한 임원 검색서비스 비용은 쉽게 백만 달러를 초과할 수 있다. 그러나 고객 회사는 자사의 CEO나 이사와 같은 높은 직책에 컨설팅 회사에 경험을 쌓은 내부 후보자를 고용함으로써 이러한 비용을 줄일 수 있다.

또 다른 대체재는 일부 대규모 다국적 기업의 사내 전략 그룹이다. 예를 들어, 삼성은 Apple, Goldman Sachs, Intel 등에 근무 경험이 있는 외국인 MBA 출신의 글로벌 전략 그룹을 육성하는 것으로 유명하다. 삼성은 글로벌 전략 그룹의 구성원을 전 세계 여러 부서의 내부 컨설팅 프로젝트에 배치한다. 따라서 이러한 구성원 대부분은 일반적으로 쌓을 수 있는 컨설팅 경력보다 높은 수준의 컨설팅 프로젝트에서 훨씬 일찍 리더 역할을 맡을 기회가 주어진다(통합 사례 22: 삼성의 글로벌 전략 그룹 참조).

세 번째 대체재는 다양한 기술과 경험을 가진 프리랜서 컨설턴트이다. 예를 들어, 2003년 영국 정부는 Michael Porter[2]가 설립한 Monitor Group과 협력하여 영국 경쟁력을 평가하는 프로젝트를 시행하였다. 그러나 Monitor Group이 파산한 후인 2013년에 영국 정부는 자국 경쟁력을 평가하는 새로운 프로젝트를 위해 본 교재의 저자[3]와 같은 적합한 프리랜서 컨설턴트를 찾아 합리적인 컨설팅 비용으로 프로젝트를 완성했다.

---

2 M. Porter & C. Ketels, 2003, UK Competitiveness: Moving to the Next Stage, London: Department of Trade and Industry

3 M. Peng & K. Meyer, 2013, Winning the Future Markets for UK Manufacturing Output, London: UK Government Office for Science. 또한, 본 교재의 저자는 다국적 기업 예: AstraZeneca, Berlitz, Ericsson, KOSTA, Nationwide, SAFRAN, Texas Instruments)과 정부 및 국제 조직(예: Canada Research Chair, National Science Foundation, The World Bank)에 컨설팅을 제공했다.

## 도전과제

요약하면, 컨설팅 산업에 영향을 미치는 다섯 가지 힘 중 판매자의 협상력은 상대적으로 약하거나 위협적이지 않다. 반면, 다른 네 가지 힘-구매자의 교섭력, 경쟁자 간의 경쟁, 새로운 진입자의 위협, 대체재의 위협-은 강력하다. 이러한 분석은 컨설팅 산업이 전략적 위협에 직면하게 된 이유를 파악하는 데 도움을 준다. 역설적으로, 컨설팅 산업은 다른 사람들이 전략적 위협을 피하는 데 오랫동안 도움을 주었다.

산업 기반 관점의 초석인 다섯 가지 힘 분석 외에, 자원 기반 관점(resource-based view)은 컨설팅 회사가 새로운 역량(예: McKinsey Solutions)을 개발해야 함을 강조한다. 지금까지 연구되지 않았지만, 컨설팅 산업에 전략적으로 중요한 것은 공식 및 비공식 제도의 영향에 초점을 맞춘 제도 기반 관점이다. 컨설팅 회사가 제공하는 가치 중 일부는 기술적 우수성, 정직성, 그리고 합법성을 기반으로 형성된 평판이다. 정직성과 판단력이 의심스러운 컨설팅 회사는 새로운 고객를 확보하는 데 어려움을 겪는다. 한 가지 예로, 2005년과 2007년 사이에 Monitor Group은 Muammar Gaddafi의 리비아 정부와 협력하여 리비아의 경제 상태를 평가하고, Gaddafi의 이름으로 출판될 책을 대필하여 악명 높은 지도자를 찬양했다. 이 책은 완성되지 않았지만, 후에 Monitor Group은 이 프로젝트가 "우리 측의 심각한 실수"였다고 밝혔다. 이 큰 실수는 2012년 Monitor Group의 파산 원인이 되었다. 또 다른 예로, 2012년에 McKinsey의 전 경영 파트너가 내부자 거래로 유죄 판결을 받았다. 그리고 2016년 McKinsey는 나라를 쿠테타로 "점령"하고 심각한 부패에 연루된 것으로 알려진 불명예스러운 정치집단과 함께 일한 후, 남아프리카 공화국에서 스캔들에 휩싸였다. 2018년에 부임한 새로운 경영 파트너는 이러한 잘못에 대해 거듭 사과했다. 비공식 기관의 관점에서 볼 때 컨설팅 회사의 정직성, 평판, 그리고 정당성을 훼손하는 스캔들은 고객를 확보하는 데 도움을 주지 못한다.

그러나 컨설팅 회사의 뚜렷한 특성은 민첩성이다. 일부 회사는 실패하여 사라졌지만, 다른 일부 기업은 성공적으로 변모해갔다. 1886년에 설립된 Arthur D. Little은 새로운 변화과 기회에 민첩히 대처함으로써 오늘날에도 28개국에서 활동 중이다. 2020년 세계가 코로나 팬데믹 위기 시점에서 봉쇄 상황을 관리하는 방법, 바이러스에 대처하는 방법, 그리고 "검은 백조(black swan)"(극히 예외적이어서 발생 가능성은 매우 낮지만 일단 발생하면 엄청난 충격과 파급 효과를 가져오는 사건) 위험을 관리하는 방법은 컨설팅 산업의 새로운 실무 영역이 되고 있다.

---

Sources: (1)Arthur D. Little, 2020, Leading businesses through the COVID-19 crisis, www.adlittle.com; (2)C. Christensen, D. Wang, & D. van Bever, 2013, Consulting on the cusp of disruption, Harvard Business Review October: 107-114; (3)Economist, 2013, The future of the firm, September 21: 72; (4)Economist, 2019, Rethinking McKinsey, November 23: 62; (5)Economist, 2020, Take me to a leader, February 8: 58-60; (6)R. McGrath, 2019, The trouble with consulting, August 21: www. ritamcgrath.com; (7)Monitor Group, 2011, Statement by Monitor Group concerning Libya, March 24.

## 토론 질문

1. 컨설팅 산업에 영향을 미치는 다섯 가지 힘 중 가장 중요한 것은 무엇인가?
2. 컨설팅 산업의 잠재적인 신규 진입자에게 가장 큰 성공 가능성을 제공하는 컨설팅 분야는 어디일까?
3. 질문 2에 근거하여, 당신은 해당 컨설팅 분야에서 성공하는 데 필요한 교육 자격과 실무 경험을 갖추기 위해 어떻게 준비할 것인가?
4. 당신은 컨설팅 산업에 종사하는 컨설턴트라고 가정하자. 컨설팅 회사가 코로나 이후에 가장 잘 대비할 수 있는 방법에 대해 조언하라.

# 통합사례 2

## 아시아 태평양 항공 산업

*아시아 태평양 항공 산업의 국제 경쟁에 다섯 가지 힘은 어떤 영향을 미치는가? 아시아 태평양 항공 산업은 코로나 바이러스의 공격에서 살아남을 수 있을까?*

Mike W. Peng, University of Texas at Dallas

인도에서 뉴질랜드, 인도네시아에서 일본에 이르기까지 아시아 태평양 지역의 항공 산업은 방대하다. 전 세계 여객 수송량의 30%, 화물 수송량의 40%를 담당하며 빠르게 성장하고 있다. 이 지역의 항공 산업은 경쟁이 치열하여 종종 할인이 필수적이며 이윤이 적다. 자국 내 경쟁이 없는 홍콩, 마카오, 싱가포르를 제외하고, 모든 국가의 항공 산업은 크게 국내 부문과 국제 부문으로 나누어진다. 이 지역에 국제 항공 경쟁은 어떻게 펼쳐지고 있는가? 이것이 본 사례가 다루고자 한 핵심이다.

### 대체재와 공급자(대체품 및 공급업체)

다섯 가지 힘의 관점에서 보면, 이 지역의 국제선 대부분이 바다 위를 비행하기 때문에 비행기를 대신할 대체재는 없기 때문에 공급자의 이익은 그렇게 많이 나지 않는다. 비행기 공급자는 Airbus 또는 Boeing이다. 대부분의 항공사는 비용을 최소화하기 위해 다른 공급자보다 이 두 공급자 중 하나를 선호한다. 대형 항공사는 더 많은 비행기 구매로 인해 더 강력한 협상력을 지니고 있다. 대형 항공사가 특정 비행기 모델을 사용하지 않으면 해당 모델은 오래 유지될 수 없다. 최근의 예는 525명의 승객을 태우는 세계에서 가장 큰 제트 여객기인 에어버스 A380이 있다. 2007년 싱가포르항공에 의해 출시된 A380은 고객 수요 부족으로 2021년 생산이 중단되었다. (반대로 A380의 최대 라이벌인 보잉 747은 1970년에 출시되어 여전히 생산 중이다.)

### 고객

고객은 엄청난 협상력을 누린다. 그들은 손끝으로 온라인 가격 비교를 통해 종종 최고 가격을 찾는다. 2014년 이후 로스앤젤레스-서울 항공편의 평균 운임은 20%, 샌프란시스코-베이징 항공편의 평균 운임은 40% 하락했다. 2018년에 United 항공은 홍콩을 경유하여 뉴욕에서 방콕까지 가는 데 715달러를 제시했다. 그러나 중국의 China Eastern 항공은 상하이를 한 번 경유하는 동일 노선에 20% 할인된 570달러로 승객들을 유혹했다.

### 기존 기업 간의 경쟁

가장 관련성이 높은 경쟁 세력은 기존 기업 간의 경쟁이다. 일반적으로 Air China, Air India, Japan Airlines, Korean Airlines, Malaysian Airlines, Qantas와 같은 대형의 전통 서비스 항공사 간에 경쟁이 벌어진다. 일반적으로 하나 또는 몇 개의 허브 도시를 본거지로 삼아 놓고 치열한 공중전을 벌이기도 한다. 때때로 최대 12개의 항공사가 홍콩-상하이와 같은 단일 인기 노선을 위해 경쟁한다. 중국은 현재 세계에서 두 번째로 큰 항공 시장(국내 + 국제)을 보유하고 있지만 중국인은 이미 세계에서 가장 큰 해외여행자 그룹이다. 2016년 중국에서 출발하는 국제노선의 수는 35% 증가하여 660개에 달했다. 중국의 Big 3 항공사인 Air China, China Eastern, China Southern은 중국인의 국제여행 수요증가의 대부분(약 60~70%)을 차지했다. 베이징, 상하이, 광저우와 같은 전통적인 관문 도시 외에도 중국 항공사들은 청두와 우한과 같은 잘 알려지지않은 도시에서 아시아 태평양 전역과 그 너머의 목적지로 향하는 국제선을 시작했다. 저렴한 운임으로 인해 중국을 오가는 승객도 늘고 있다. 예를 들어, 유럽과 오스트랄라시아 사이를 여행하는 여행자는 일반적으로 싱가포르나 두바이에 들른다. 이제 그들 중 많은 사람이 아시아 최대 항공사인 중국의 China Southern 덕분에 광저우에 방문한다.

## 새로운 진입자(신규 참가자)

기존 기업에 대한 가장 큰 위협은 신규 진입자이다. 기존 기업들의 영역에 관심을 보이는 항공사는 최소 세 개 그룹이 있다. 첫 번째는 말레이시아의 AirAsia, 인도의 IndiGo, 호주의 Virgin과 같은 저가(할인) 항공사이다. 이러한 항공사들은 단거리 국내선으로 전통 서비스(레거시) 항공사에 도전하였지만, 이제는 장거리 국제노선에 군침을 흘리며 공격적으로 해외 진출에 나섰다.

두 번째 그룹은 세 개의 중동 기반 대형 항공사인 Emirates, Etihad, Qatar이다. 이러한 신규 진입자들은 두바이(Emirates), 아부다비(Etihad), 도하(Qatar)를 중심으로, 아시아에서 아프리카로 또는 오스트랄라시아(오스트레일리아, 뉴질랜드 및 그 부근의 남태평양 지역)에서 유럽으로 오가는 승객의 유일한 기착지로 포지셔닝한 "초연결" 항공사들이다. 대부분의 승객은 이러한 항공사 본거지를 오가는 것이 아니라 그곳을 경유한다. 실제로 중국 항공사의 환승객 유치에 대한 최근 관심은 세 개의 중동 기반 초연결 항공사들의 전술에서 따온 것이다.

세 번째 그룹은 미국의 세 거대 항공사인 American, Delta, United로, 아시아 태평양 지역의 강력한 수요를 활용하려고 한다. 지난 10년 동안 American 항공은 허브인 Dallas-Fort Worth에서 매일 출발하는 베이징, 홍콩, 상하이, 시드니의 논스톱 비행 서비스를 시작했다. 최근 중국발 국제선 승객이 확대되기 전에는 미국 항공사가 미중 노선을 장악했다. 대부분의 미국인 여행자는 미국 항공사를 이용하고, 대부분의 중국인 여행자는 중국 항공사를 주로 이용한다. 이제 미국인이 중국을 방문하는 수보다 중국인이 미국을 방문하는 수가 훨씬 더 많아졌기 때문에 중국 항공사는 미중 노선을 지배하고 있다. 2021년까지 중국인은 아마도 모든 국가의 방문객 중 미국을 가장 많이 방문하는 국민이 될 것이다. 시장지배율을 공유하기 위해 미국 항공사는 중국 항공사와의 관계를 강화하려고 노력했다. 예를 들어, United 항공은 Star Alliance 네트워크에서 Air China와 제휴 관계를 맺고 있으며, Delta는 Sky Team 네트워크의 제휴 관계를 넘어 2015년에 전략적 투자자로서 China Eastern 항공에 4억 5천만 달러를 투자하여 4%의 지분을 확보했다.

## 밝은 미래

글로벌 항공 산업 협회인 국제우주항공운송협회(IATA)에 따르면, 아시아 태평양 지역은 2015년부터 2035년까지 폭발적으로 수요가 증가하여 전 세계 신규 여객 수송량의 절반 이상이 이 지역에서 올 것이라고 예상한다. 2024년까지 중국은 미국을 제치고 세계 최대의 항공 시장이 될 것이다. 미국이 2위 시장이 되고, 2025년에는 인도가 영국을 제치고 3위, 인도네시아와 일본이 각각 5위와 7위를 차지할 것으로 전망된다. 또한, 연간 추가 승객 측면에서 가장 빠르게 성장하는 5개 시장 중 4개도 아시아에서 오는 것으로 예측된다. 이 상위 5개 시장(내림차순)은 중국, 미국, 인도, 인도네시아, 베트남 순이다.

## 코로나 대처

아시아 태평양 항공 산업의 장기 전망은 밝지만, 단기 상황은 암울하다. 가장 관련성이 높은 경쟁 세력은 다섯 가지 힘이 아니라 "검은 백조(black swan)"(극히 예외적이어서 발생 가능성은 매우 낮지만 일단 발생하면 엄청난 충격과 파급 효과를 가져오는 사건)인 코로나 바이러스이다. 코로나로 인해 2020년 1월부터 중국 내 항공 교통량이 먼저 급감했다. 2월부터 전 세계 항공 교통이 사실상 정지되었다. 이 바이러스는 이미 아시아 태평양 항공 산업에 큰 피해를 주었다. 지난 2월 중국 4위 항공사인 Hainan이 파산했다. Hainan 항공은 계속 운행하기 위해 하이난 지방 정부와 중국 개발 은행의 구제금융을 받아야 했다. (다른 나라에서는 2020년 3월 Alitalia가 유사하게 이탈리아 정부에 인수되어 운행을 계속했고, 영국의 지역 항공사인 Flybe는 파산에 들어가 운행을 중단했다.)

IATA는 조만간 엄격한 여행 제한을 해제하는 시나리오를 기반으로, 2020년 아시아 태평양 지역의 승객 수요가 35~45% 감소하고 손실이 총 880억 달러에 달할 것으로 전망했다. IATA 아시아 태평양 지역 부사장인 Conrad Clifford는 생존을 위해 치열하게 싸우는 항공사들은 "이 불안한 상황에서 비즈니스를 유지하기 위해 긴급한 구제금융이 필요할 것"이라고 주장했다.

역사를 돌이켜보면, 항공 산업은 늘 위기를 겪으면서도 이를 회복해 왔다. 2003년 사스가 발생했을 때 아시아 태평양 항공사들은 60억 달러의 손실을 보았지만, 그 발생 이후 9개월 만에 여행이 정상화되었다. 코로나로 인한 황폐화 속에서 항공 산업의 한 줄기 희망은 사우디아라비아와 러시아 간의 유가 전쟁이다. 2020년 1월 원유 가격은 배럴당 70달러를 상회했지만, 3월에는 30달러까지 떨어졌다. 연료비는 항공사의 가장 큰 비용 중 하나이기 때문에 원유 가격하락은 항공사에 엄청난 도움이 될 것이다. 경쟁력이 없는 항공사들이 코로나로 인해 씻겨 나가는 동안 나머지 항공사들은 다시 제자리를 되찾을 수 있을까?

Sources: (1)Association of Asia Pacific Airlines, 2015, Competitive challenges and growth dynamics, presentation, aapaairlines.org; (2) Australian Aviation, 2017, Fleet management: Qantas looks to Asia for its A380, July: 26–29; (3)Bloomberg Businessweek, 2016, China challenges the giants with low fares, December 19: 22–23; (4)Bloomberg Businessweek, 2020, Will airlines regain altitude? March 16: 38–39; (5)Economist, 2018, Now boarding, April 7: 56–57; (6)Economist, 2018, Dragons fly, April 7: 11–12; (7)Economist, 2018, Prepare for landing, December 8: 85; (8)International Air Transport Association (IATA), 2015, Asia Pacific leads 20-year passenger demand forecast, www.iata.org; (9)IATA, 2020, More Asia-Pacific states urgently need to support their industry, April 3: www.iata.or

## 토론 질문

1. 주요 아시아 태평양 국가인 호주, 중국, 인도, 인도네시아, 일본, 한국 중 한 국가를 선택하고, 또한 선택된 국가를 대표하는 기존 항공사를 선정하여, 이러한 항공사가 새로운 진입자와 경쟁하는 방법을 찾아내라. 기존 항공사는 올바른 전략적 선택을 하고 있다고 생각하는가?
2. 위 사례에 언급된 대부분의 항공사는 비용 우위 전략을 사용하는가? 아니면 차별화 전략을 사용하는가? 왜 그런 전략이 인기가 있는가?
3. 포스트 이후 시대의 승자와 패자는 어떤 항공사일까?

# 통합사례 3

## LEGO의 비밀

*덴마크의 시골 마을에서 출발한 LEGO는 가장 인지도가 높은 장난감 브랜드 중 하나로 매출 기준으로 세계 최대의 장난감 제조업체가 되었다. 성공의 비결은 무엇일까?*

Mike W. Peng, University of Texas at Dallas

LEGO는 장난감, 게임, 서적, 잡지, 경연대회, 소매점, 테마파크, 영화 등 어느 곳에나 있다. LEGO가 지금까지 생산한 약 4,000억 개의 알록달록한 맞물린 벽돌(brick, 아이들 장난감용)을 전 세계 인구에게 나누어 준다면 한 사람당 86개의 벽돌(!)을 갖게 된다. Fortune은 "최소한 100억 개는 소파 쿠션 밑에 있고, 30억 개는 진공청소기 안에 있다."라고 반농담했다. 단 하나의 LEGO 벽돌은 그 자체로 쓸모가 없다. 하지만 사각형의 플라스틱 블록 두 개를 서로 연결하면 갑자기 쓸모가 있게 된다. 거의 무한한 가능성의 세계가 열린다. 전 세계 수백만 명의 어린이와 성인에게 상상력에 불을 붙인 작은 LEGO 벽돌은 창의력을 키우기 위한 보편적인 블록 빌딩이 되었다. LEGO에게 "20세기의 장난감"과 "역사상 가장 인기 있는 장난감"과 같은 칭찬은 늘 들어온 말이었다. 전 세계적으로 LEGO 팬클럽들이 많으며, 이들은 자체적으로 경연대회를 종종 연다. 한 전문가는 "Apple을 제외하고 LEGO 만큼 열광적인 지지를 받는 브랜드는 없을 것"이라고 말했다. LEGO의 비밀은 무엇일까?

끊임없는 혁신과 실험 정신은 LEGO의 가장 중요한 특징 중 하나이다. 덴마크 단어 leg godt("잘 놀다")에서 파생된 LEGO는 코펜하겐에서 3시간 거리에 있는 시골 마을인 Billund의 목수인 Ole Kirk Christiansen이 1932년에 설립했다. LEGO Group은 오늘날에도 여전히 Billund에 본사를 두고 있다. "아이들의 상상력과 창의력을 자극하고 우리 스스로가 아이를 양육하기 위해"라는 확고한 신념을 가진 LEGO는 7세와 16세 사이의 변덕스러운 (청)소년들의 마음을 사로잡고 그 부모의 지갑을 열기 위해 다양한 실험을 기꺼이 즐긴다. 일반 사람들은 LEGO가 장난감을 나무로 만들기 시작했다는 사실을 모른다. 1947년에 한 잡지가 당시 플라스틱이 나무 장난감을 대체하지 못할 것으로 예측했음에도 불구하고, LEGO는 플라스틱을 실험한 최초의 덴마크 장난감 제조업체였다.

현재 어디서나 볼 수 있는 LEGO 벽돌은 원래 이 회사의 발명품이 아니다. 사실, 그것은 "자동 잠금 벽돌(self-locking brick)"을 기반으로 했다. 이러한 자동 잠금 벽돌은 1939년에 영국에서 특허받았고 1947년에 누구나 허가 없이 쓸 수 있도록 풀렸다. LEGO는 벽돌을 만지작거렸지만, 초기 노력은 성공하지 못했다. 벽돌은 서로 찰싹 달라붙었지만 쉽게 분리할 수는 없었다. LEGO는 실험을 계속하여 스터드-튜브 커플링(stud-and-tube coupling) 방식을 개발하였고, 이 디자인의 특허를 1958년 덴마크에서 취득했다. 어린아이가 두 개의 벽돌을 찰칵 소리를 내면 딸깍 소리가 나면서 서로 달라붙었다. 두 개의 벽돌은 손쉬운 잡아당김으로 분리될 때까지 계속 유지된다. 이러한 벽돌은 분리되지 않기 때문에 아이들은 "클러치 파워(clutch power)" 기능을 활용하여 처음부터 조립한다. 벽돌이 장난감 산업의 가장 위대한 발명품 중 하나가 되었지만, LEGO의 실험은 기본적인 벽돌 디자인이 완성된 이후 60년 동안 수많은 성공과 실패를 거듭하며 계속되었다.

LEGO의 또 다른 특징은 우수성을 주장한다는 것이다. 창립자의 경영철학인 "가장 좋은 것만 있으면 충분하다(Only the best is good enough)"는 오늘날에도 LEGO 그룹 본사에 있는 카페 입구 명판에 새겨진 글이다. 겉으로 보기에 단순해 보이는 두 개의 벽돌이 꼭 맞고 쉽게 분리되기 때문에 극도로 정밀한 제조가 필요하다. 각 벽돌의 크기가 매우 작기 때문에 약간의 어긋남이라도 있으면 벽돌을 쌓을 때 쉽게 무너진다. 경쟁 회사는 LEGO 유사품을 생산할 수 있지만, 아이들은 종종 짧은 시간 동안 경쟁 제품을 가지고 놀고 나면 LEGO가 최고라는 것을 금방 알아차린다. 물론 LEGO의 품질이 완벽하다는 의미는 아니다. 평균적으로 생산된 벽돌 100만 개 중 18개는 LEGO의 품질 기준을 충족하지 못해 폐기된다. LEGO 벽돌은 꽉 끼고 쉽게 분리될 수 있을 뿐만 아니라 사실상 파괴되지 않는 것으로도 유명하다. 50만 명 이상의 부모들은 Facebook의 "LEGO를 밟아 고통을 겪은 사람들을 위해"란 글귀를 좋아한다.

LEGO는 단순한 제품이 아닌 시스템을 만드는 것으로 비즈니스 세계에서 유명하다. 컴퓨터 프로그램이 이전 버전과 호환되어야 한다고 생각했던 시대보다 오래전에 LEGO는 벽돌을 이전 버전과 호환되도록 만들었다. 결과적으로 어린이와 어른들은 벽돌의 이전 세트와 새 세트를 병행하여 사용하기 때문에 LEGO는 기하급수적으로 성장할 수 있었다. 또한, 보드게임, 온라인 게임, 경연대회, 서적, 잡지, 테마파크, 소매점, 영화와 같은 분야에서의 새로운 LEGO 장치와 경험은 벽돌을 중심으로 상호 보완하고 강화하는 에코시스템(또는 제품군)를 형성하게 되었다.

LEGO는 비상장 기업이기 때문에 장기적 성장을 위해 단기 이익을 희생할 수 있다. LEGO는 현재 선진국 경제의 침체를 감안하여 중국과 인도에 집중하고 있다. 2017년과 2019년 사이 중국에 90개의 LEGO 매장을 열면서 두 자릿수 성장률을 기록했다. 선진국에서는 어렸을 때부터 스스로 LEGO 놀이를 하면서 성장한 부모를 공략하기가 훨씬 쉽다. 그러나 개발도상국에서 LEGO는 종종 1세대 사용자를 유치하려고 노력한다. LEGO는 중국인의 관심을 촉진하기 위해 특별히 세 가지 장난감 세트를 개발했으며, LEGO 역사상 처음 있는 일이었다. LEGO는 중국 장난감 산업(비디오 게임 제외)에 4.5%의 시장점유율을 차지하며 중국의 1위 업체가 되었다. 2020년에는 인도에도 1호점을 열어 중국에서의 성공을 이어갈 계획이다.

물론 LEGO는 성공에 기여하는 수많은 비밀이 있다. LEGO의 성공 비밀을 조사하기 위해 다양한 방법으로 LEGO를 상세히 분석한 수십 권의 책과 수백 개의 신문 기사가 있지만, 이러한 비밀이 정확히 무엇인지 파악하기는 쉽지 않다.

Sources: (1)The author's interviews of LEGO customers and store personnel in Copenhagen and Dallas; (2)1843, 2019, Brick flicks, February: 18–22; (3) Bloomberg Businessweek, 2011, Lego is for girls, December 19: 68–73; (4) Economist, 2013, Lego in Asia, November 16: 72; (5)Economist, 2014, Unpacking Lego, March 8: 71; (6)Economist, 2019, Lego v. Barbie in China, July 27: 56; (7) D. Robertson, 2013, Brick by Brick: How LEGO Rewrote the Rules of Innovation and Conquered the Global Toy Industry, New York: Crown; (8)Wall Street Journal, 2019, LEGO sacrifices profit to supply building blocks for future growth, September 4: B5.

## 토론 질문

1. VRIO의 관점에서, LEGO 성공에 기여하는 자원과 역량은 무엇인가?
2. 산업 기반 관점에서, 장난감 산업의 다섯 가지 힘은 어떤 특징이 있는가?
3. LEGO의 약점과 잠재적인 우려 사항은 무엇인가?

# 통합사례 4

## 창립 100주년의 BMW

*BMW는 2016년에 창립 100주년을 맞이했다. 글로벌 프리미엄 브랜드이자 시장 리더인 BMW는 디지털 시대에 자동차 업계를 선도하기 위해 무엇에 우선순위를 두고 자원, 특히 연구 및 개발(R&D) 투자를 어디에 할당해야 할까?*

Klaus Meyer, Ivey Business School

BMW는 2016년에 창립 100주년을 맞이했다. 디지털 기술, 생활양식, 규제 요구 사항의 변화로 인해 자동차 산업은 미래의 사람들이 개인 소유의 자동차를 이동의 주요 수단으로 더 이상 여기지 않을 수도 있다는 문제에 직면해 있다. 글로벌 프리미엄 브랜드이자 시장 리더로서 BMW는 이러한 기술 주도 혁명의 최전선에 설 목표를 가지고 있다. BMW는 프리미엄 품질의 안전하고 지속 가능한 개인 이동성을 위한 브랜드로 성장했다. 그러나 디지털 시대에 업계를 선도하기 위해 BMW는 무엇에 우선순위를 두고 자원, 특히 연구 및 개발(R&D) 투자를 어디에 할당해야 할까? 자동차 산업의 이니셔티브를 위해 누구와 협력해야 하는가?

### 100년의 역사

BMW(Bayerische Motoren Werke)는 1916년 항공기 엔진 제조업체로 설립되었다. 1928년 Fahrzeugfabrik Eisenach를 인수하여 자동차 산업에 진출했으며, 1961년 BMW 1500으로 현대적인 자동차 산업에 본격적으로 뛰어들었고, 2000년부터는 글로벌 프리미엄 자동차 브랜드로 자리 잡았다.

2016년에 BMW의 제품 포트폴리오는 BMW, Mini, Rolls-Royce 브랜드로 구성되어 있다. Mini는 영국의 프리미엄 소형차 부문에 뿌리를 둔 브랜드이고, Rolls-Royce는 110년의 역사를 지닌 초호화 브랜드이다. BMW 브랜드는 모터스포츠 감각을 갖춘 고성능 차량용 BMW-M과 전기 구동계와 경량화 구조를 갖춘 에너지 효율 자동차용 BMW-i를 포함한 프리미엄 브랜드를 만들고 있다.

BMW 그룹은 150개 이상의 국가에서 사업을 운영 중이며, 전 세계적으로 130,000명의 직원을 고용하고 있다. BMW 그룹의 자동차 판매 네트워크는 3,310개의 BMW, 1,550개의 MINI, 140개의 Rolls-Royce 자동차 대리점으로 구성되어 있다. 연구 및 혁신 네트워크는 5개국 13개 지역에 걸쳐 있으며, 생산 네트워크는 14개국 30개 지역으로 구성되어 있다. 역사적 도시인 뮌헨에 본사가 있는 BMW는 BMW 3과 BMW 4 시리즈, 그리고 디젤 및 가솔린 엔진을 생산한다. 가장 현대적인 공장은 라이프치히(독일 Saxony), 스파르탄버그(미국 South Carolina), 선양(중국 Liaoning)에 있다. 스파르탄버그에 있는 가장 큰 공장은 글로벌 시장을 위한 스포츠 유틸리티 차량(SUV)을 생산한다. 최근 몇 년 동안 BMW는 스파르탄버그에서 생산되는 자동차의 70%를 수출하고, 매년 100억 달러의 판매 수익을 창출하는 미국 최대의 자동차 수출업체가 되었다.

BMW 그룹의 2017년 판매량은 246만 대에 이르렀으며, 경쟁사인 Mercedes Benz는 229만 대, Audi는 188만 대를 판매했다. BMW의 글로벌 매출은 2017년에 10% 성장한 120억 달러를 기록했으며, 세전이익률은 10.8%였다. 매출의 약 6.2%가 R&D에 투자되었다.

2015년 BMW는 새로운 비전 선언문을 다음과 같이 선포했다. "우리는 1위 기업입니다. 우리는 움직이는 사람들에게 영감을 줍니다. 우리는 미래의 개인용 프리미엄 이동성을 제공합니다." BMW는 사물 인터넷(IoT), 디지털화, 신에너지 차량을 만드는 기반으로 단순한 자동차 제조업체에서 이동성 서비스 제공업체로 전환하는 것을 목표로 삼았다.

### 이동성 혁신

빅데이터와 온라인 연결과 같은 정보기술의 급속한 발전은 사람과 자동차의 상호작용 방식에 변화를 초래할 새로운 기회를 창출하고 있다. 그러나 연결성과 인공 지능의 환상적인 신세계는 산업 간 융합의 가능성을 동시에 암시하고 있다. 중요한 신기술은 자동차 회사뿐만 아니라 Google, Apple, Alibaba, Baidu와 같은 기술 회사, Bosch, Continental, Denso와 같은 공급자, 그리고 Tesla, Borgvard, Neo와 같은 신생 기업에서도 개발된다. 미래 기술과 플랫폼에 대한 통제는 자동차 산업의 협상력과 이윤 잠재력에 많은 변화를 일으킬 것이다.

### 연결된 자동차

차량, 운전자, 운전 환경 간의 데이터 교환은 새로운 유형의 자동차 관련 서비스의 창출 기회를 제공한다. 예를 들어, BMW는 운전자 지원 시스템을 통합한 지능형 기술 패키지인 ConnectedDrive를 제공하여 운전자에게 안전 기능과 편안함을 제공한다. 이 시스템은 인포테인먼트(infotainment, 차에서 제공되는 정보시스템)와 휴대전화기와 연결되어 작동된다. 연결된 자동차는 운전자에게 차량 내 엔터테인먼트를 위한 더 많은 기회를 제공할 뿐만 아니라 인근 상점 및 서비스에 대한 최신 정보를 제공한다. 또한, 차량이 제조사 서버에 연결되어 실시간 진단분석이 가능해 차량의 유지보수와 성능이 향상된다. 그리고 자동차-자동차 연결은 도로 혼잡에 대한 정보를 제공하여 경로 계획을 지원한다.

BMW의 연결 기반 서비스는 운전자가 차에서 내린 후에도 필요한 정보를 제공한다. 예를 들어, 앱(app)과 웹(web) 기반 서비스인 ParkNow는 도시의 주차 공간 상황을 실시간으로 알려 운전자가 비어있는 주차 공간을 예약하면 차를 선택한 위치로 안내한다. 또한, BMW의 Connected-Drive는 각종 수송 수단을 통합한 복합 운송 경로 서비스를 제공하여 다른 대중교통을 찾거나 독일의 자전거 대여 시스템인 Call a Bike의 자전거를 예약한다. BMW는 이러한 방식으로 도시 내에서 운전자의 복합 운송 이동성을 높이는데 기여한다.

### 새로운 에너지 차량

많은 자동차 회사들은 환경 규제와 신기술로 인해 전통적인 연소 엔진이 아닌 다른 엔진을 탑재한 자동차 개발을 추진하고 있다. BMW는 2013년에 최초의 완전 전기 자동차인 BMW i3를, 2014년에는 하이브리드 BMW i8을 출시했다. 경량화 구조를 통해 에너지 효율성에 대한 새로운 표준을 제시한 이 모델들은 탄소 섬유의 신소재와 새로운 배터리 기술을 사용한다. i 시리즈를 위해 개발된 혁신은 점차 다른 자동차 시리즈로 이전되고 있다. 2017년에 여러 BMW 모델과 MINI Cooper Countryman이 전기차로 제공되었으며, 이러한 전기 자동차 판매량은 100,000대에 달했다.

그러나 독일의 전기 자동차 보급은 더디게 진행되었다. 전기 자동차 보급을 가장 어렵게 하는 장벽은 운전자가 배터리를 언제 어디서나 충전할 수 있는 인프라의 부족이었다. BMW는 360° 전기공급 서비스 패키지로 이러한 장벽을 극복하려고 한다. 이 패키지는 가정의 BMW-i Wallbox 충전소와 전 세계 38,000개의 공공 충전소를 이용하는 것을 포함한다. 전 세계적으로 신에너지 차량 개발에 대한 압력은 중국에서 특히 발생했다. 중국 정부는 모든 주요 자동차 제조업체가 상당한 양의 차량을 신에너지 차량으로 판매할 것을 요구했다.

## 자율주행

운전자 지원 시스템은 이미 프리미엄 차량에 중요한 역할을 하고 있다. 도로에서 일어나는 일을 다양한 센서로 관찰하여 운전자에게 위험을 경고하고 지원한다. BMW의 맞춤형 디지털 운전 지원 시스템은 혼잡한 도로에서 최첨단 센서 시스템을 사용하여 조기 경고, 속도 제어, 보조 운전을 제공한다. 예를 들어, Driving Assistant Plus는 원격 제어 주차도 가능한 차선 제어 보조 장치 기능과 달리는 방향을 조종하는 조향 기능도 제공한다. 측면 충돌 보호 기능이 있는 차선 제어 보조 장치는 차량이 차선을 이탈하지 않도록 할 뿐만 아니라 자동차의 핸들을 능동적으로 제어하여 측면에서 접근하는 차량으로 인한 사고를 방지한다.

2016년 BMW는 2021년까지 완전 자율주행 차량을 제공하기 위해 두 개의 주요 기술 회사와 새로운 협력 관계를 맺었다. Intel과 이스라엘 컴퓨터 회사 Mobileye와의 제휴는 차세대 차량을 위한 개방형 플랫폼을 만들기 위함이었다. 이 플랫폼의 목표는 고속도로와 도시 환경 모두를 위한 미래의 완전 자율 차량의 기반인 "iNEXT"를 개발하는 것이었다. 그러나 BMW는 운전자가 차량 제어를 원하는 경우 핸들과 페달은 그 메뉴에서 선택할 수 있도록 할 계획이다. CEO인 Harald Krüger는 두 회사와의 획기적인 계약을 발표하면서 다음과 같은 말을 했다. "우리 회사는 이러한 기술적 도약을 통해 프리미엄 이동성의 새로운 개념을 개척하고, 고객에게 완전히 새로운 수준의 순수한 운전 즐거움을 제공하고 있습니다.“

자율주행 및 다른 차량과의 연결 서비스를 위해 필요한 핵심 기술 분야는 최신의 매우 상세한 지도이다. 따라서 2015년 BMW는 Audi와 Daimler와 협력하여 거의 200개국에 150개 이상의 언어로 이루어진 지도와 위치 기반 데이터를 제공하는 지도 서비스 HERE를 Nokia로부터 인수했다. 그들은 자동차 업계의 경계를 뛰어넘는 독립적인 플랫폼으로 HERE를 개발하고자 했다. 높은 고정밀 지도와 차량 환경 데이터의 조합은 운전의 편안함, 특히 자율주행을 위해 고안된 많은 서비스에 필수적이다. 2017년에 Intel, Bosch, Continental은 HERE에 투자하여 주주가 되었다.

## 도시 이동성 시스템

BMW는 사람들이 자동차를 사용하는 방식이 특히 도시 지역에서 향후 10년 동안 근본적으로 바뀔 것으로 예상한다. 즉, BMW는 개인 자동차 소유는 더 이상 표준이 아니라 자동차를 일시적으로 사용할 수 있는 비즈니스 모델로 대체될 것으로 보고 있다. 이러한 추세를 예상한 BMW는 자동차 렌탈 회사인 Sixt와 제휴하여 DriveNow라는 브랜드의 자동차 공유 서비스를 제공하는 합작 투자 회사를 설립했다. 이 서비스는 전기 자동차를 포함한 BMW 자동차의 공유 사용을 제공했다. 2016년 9월까지 DriveNow는 전 세계적으로 총 700,000명의 고객을 확보했으며, 그 중 절반 이상이 독일 고객이었다. 2015년부터 DriveNow의 공유 차량에는 BMW i3가 포함되었다. 2018년 BMW는 이동성 서비스 합작 투자를 통해 Daimler와 차량 공유 사업을 통합한다.

BMW는 도심 이동성 연구센터도 설립했다. 이 연구센터는 도시 이동성의 해결방안을 개발하기 위해 도시와 그 지역의 관계자와 협력하는 임무를 가진다. 자동차 산업의 새로운 비즈니스 개념은 최신 디지털 기술을 이용하고, 지역 당국과 보완 서비스 제공업체와 협력하여 자동차를 더욱 효율적으로 사용하는 것이다.

## 운영의 디지털화

디지털 기술은 생산 프로세스를 혁신할 수 있는 기회도 제공한다. 특히, 새로운 기술은 더욱 유연하고 효율적으로 생산할 수 있도록 해줘 고객에게 개별적으로 대응할 수 있도록 도와준다. IT 지원 기술은 자동화된 데이터 수집과 분석, 유연한 로봇 시스템, 직원용 지능형 도구, 생산 시뮬레이션을 사용하여 복잡한 업무 절차를 향상시킬 수 있다. 생산 담당 이사인 Oliver Zipse는 다음과 같이 주장했다:

> *디지털화는 일부 프로세스에서 더 큰 효율성을 제공하며 이는 우리 직원에게 새로운 여유와 지속 가능한 이점을 제공합니다. 미래에는 생산 현장에 있는 사람들이 현재보다 훨씬 더 자신의 작업 환경을 창조하는 사람이 될 것입니다. 또한, 신체적으로 힘든 작업을 감소시키는 이점도 있습니다.*

기업은 자동화된 데이터 분석을 통해 제품 품질과 운영 효율성을 크게 개선할 수 있다. 특히 부품 공급과 부품 생산 프로세스에서 자동화된 데이터의 연결은 부품 흐름을 기록하고 각 부품의 품질에 대한 구체적인 정보를 제공함으로써 투명성과 안전성을 제공한다. 완전히 통합된 데이터 관리는 물류와 생산 프로세스를 최적화하는 데 도움이 된다. 예를 들어, 개별 나사 접합 프로세스의 데이터를 표준 프로세스 곡선과 비교하여 잠재적 결함을 식별함으로써 자동으로 평가할 수 있다. 표준과의 편차는 생산 공정에 영향을 미치기 직전에 수정할 수 있다.

## 휴먼 로봇과의 협업(공동작업)

차세대 로봇은 인간과 직접 상호 작용한다. 생산 현장의 작업자와 관련된 사고 위험은 인간의 행동을 대신하는 로봇을 사용하여 제거할 수 있다. 따라서 더 이상 안전 울타리가 필요하지 않다. 특히 새로운 로봇은 육체적으로 힘들고 인체 공학적이지 않은 작업에서 발생하는 작업자의 부담을 줄여준다. 따라서 경량화된 로봇은 인간과 달리 반복적이고 지루한 작업에서도 동일한 높은 수준의 품질을 보장한다. BMW는 2013년부터 도어 안쪽에 방음재를 일정한 고압으로 고정하거나 앞 유리에 접착제를 바르는 등의 다양한 작업에 경량화된 로봇을 사용해 왔다. 경량화된 로봇은 독일(Regensburg, Dingolfing, Leipzig)과 미국(Spartanburg)의 공장에서 정규 생산에 사용되고 있다.

지능형 도구는 또한 작업자가 복잡한 프로세스를 단순화하여 작업을 수행할 수 있도록 직접 지원한다. BMW의 뮌헨과 라이프치히 공장은 실험작업에서 특별한 요구 사항이 있는 자동차가 생산 설비에 접근할 때 작업자에게 경고음을 알리는 스마트워치를 테스트하고 있다. 디스플레이 표시등과 진동 경보는 작업자에게 다음 프로세스 단계(예를 들어, 나사를 장착하는 작업)를 알려준다. Wackersdorf 공장은 AGV(자율 운반 차량, Autonomous Guided Vehicle)를 이용하여 공급 물류 창고에서 최대 0.5톤 무게의 부품을 옮긴다. 무선 송신기와 디지털 지도가 장착된 AGV는 복잡한 창고 시스템을 통해 자체적으로 길을 찾는다. 내장된 센서는 가능한 장애물을 인식하고 필요한 경우 AGV를 정지한다.

## 적층 제조(첨가제 제조)

BMW의 Rapid Technologies Center는 1991년에 적

층 제조를 통해 최초의 프로토타입 부품을 생산했다. 3D 프린팅으로 널리 알려진 이 기술은 고도로 맞춤화되고 복잡한 부품에 특히 유용하다. 규모의 경제가 중요한 표준화된 부품을 대량으로 생산할 때는 효율성이 떨어진다. 예를 들어, 모든 Rolls-Royce Phantom 차량에는 10,000개 이상의 적층 제조 부품이 내장되어 있다. 역사적으로 유명한 자동차인 Rolls-Royce Phantom의 교체용 부품은 이 차량의 유지보수를 위해 일괄 처리의 동일한 크기로 생산된다. 3D 프린팅의 또 다른 이점은 새로운 차량 프로토타입을 훨씬 더 빠르게 생산하고, 비용 효율적으로 제작할 수 있게 한다. 생산전략 책임자인 Udo Hänle는 다음과 같이 설명한다.

> *적층 기술은 많은 잠재력을 지닌 BMW 그룹의 미래 주요 생산 방법 중 하나가 될 것입니다. 적층 제조 부품을 Rolls-Royce 시리즈 생산에 이용하는 것은 이 방법을 다른 생산 과정에 대규모로 사용하기 위한 또 다른 중요한 이정표입니다.*

## 전망

BMW는 기술 진보로 인한 기술적 혼란으로 여러 측면에서 미래 투자 방법을 정하는 데 어려움에 직면해 있다. 아무것도 하지 않는 것은 선택 사항이 아니다. Toyota, VW, General Motors와 같은 대규모 경쟁업체에 비해, 제한된 재무 상황과 인적 자원을 가진 BMW는 21세기의 개인 이동성을 위한 역량과 비즈니스 모델을 개발하기 위해 기업의 우선순위를 어떻게 정할지, 그리고 어떤 기업과 제휴할지에 대한 의사결정에 직면해 있다.

Sources: (1)Bloomberg, 2017, BMW CEO pleads for free trade after Trump border tariff threat, February 1; (2)BMW, 2017, BMW Group Investor Factbook (version September 2017); (3)BMWBLOG, 2016, BMW uses digitalization to improve processes in production; (4)BMWBLOG, 2016, BMW Group expands use of additive manufacturing processes. (5)CNN Money, 2016, BMW promises fully driverless cars, November 13; (6)Handelsblatt, 2016, BMW fährt allen davon, January 11.

## 토론 질문

1. BMW의 핵심 자원과 역량은 무엇인가?
2. BMW는 100년 이상 이러한 자원과 역량을 어떻게 유지하고 확장할 수 있었을까?
3. 2016년에 BMW의 주요 경쟁 위협은 무엇인가?
4. BMW는 이러한 경쟁 위협을 해결하기 위해 무엇을 해야 할까?

# 통합사례 5

## Tesla CEO, 대통령 위원회 사임

*2017년 Tesla의 CEO의 Elon Musk는 트럼프 대통령의 파리 협정 탈퇴에 항의하여 전략 및 정책 포럼과 제조업 일자리 협의회라는 두 개의 대통령 위원회에서 사임했다. Musk는 왜 그랬을까?*

Young H. Jung, Montclair State University

"당신이 파리를 포기했으니 나도 포기하겠다." 프랑스 파리행 비행기의 운항 중단에 대해 여행객 혹은 항공 산업 실무자 사이에 마치 나누는 대화처럼 들릴 수 있다. 그러나 이것은 도널드 트럼프 미국 대통령이 2017년 6월 1일 파리 협정에서 탈퇴하겠다고 공식 발표한 후, Tesla 최고경영자(CEO)인 Elon Musk가 전략 및 정책 포럼(Strategy and Policy Forum)과 제조업 일자리 위원회(Manufacturing Jobs Initiative)라는 두 개의 대통령 위원회에서 사임했다는 CNN 뉴스 기사의 제목이다. 파리 협정이 무엇이길래 Musk는 두 위원회를 그만두었을까? 혁신기업 CEO인 Musk가 5개월 남짓 백악관에 생활한 신임 대통령과 친분을 쌓을 수 있는 절호의 기회를 포기하고 또한 자신의 명예를 드높일 수 있는 기회를 동시에 포기한 이유는 무엇일까?

파리 협정은 기후 변화에 관한 국제 협약으로, 온실가스 감소를 특히 목표로 한다. 오바마 행정부는 2015년 12월 이 협정에 가입했다. 파리 협정은 1990년대 국제사회에 기후 변화 문제가 대두된 이후 미국이 공식적으로 서명한 첫 국제 협약 또는 의정서이다. 미국 정부는 기후 변화 문제에 미온적이었다. 그것은 미국이 세계에서 가장 큰 온실가스 배출 국가 중 하나였기 때문이다. 미국 정부가 온실가스 감축을 위한 전 세계의 움직임을 지지한다면, 화석 연료를 상당히 사용하는 미국 국내 기업들은 정부의 의사결정이 윤리적이겠지만 전체 산업에 부정적 영향을 주기 때문에 그다지 반기지 않기 때문일 것이다. 이는 파리 협정의 전신인 1997년 교토의정서에 서명한 유럽연합(EU), 일본 등 주요 국가들이 온실가스 감축을 추구하는 세계적 흐름을 미국 정부가 찬성하지 않는 이유 중 하나이다.

오바마 행정부는 미국 정부의 기존 태도에서 벗어나 파리 협정에 가입했다. 그러나 트럼프는 대선 후보 시절부터 파리 협정 탈퇴를 공약으로 내세웠다. 트럼프가 자신의 대통령 취임식 직후 취한 첫 번째 조치 중 하나는 백악관 웹사이트에서 기후 변화 문제를 삭제한 것이었다. 이것은 새 대통령이 기후 변화와 관련하여 자신의 나라를 어떻게 이끌 것인지에 대한 명확한 지표였다.

많은 미국 기업들이 온실가스 감축을 반대하는 트럼프 대통령의 태도를 지지하였지만, 뜻있는 몇몇 재계 지도자들은 새 대통령에게 파리 협정의 유지를 권유했다. Musk는 트럼프 대통령의 두 개의 자문 위원회에 임명된 재계 지도자 중 한 명이었지만, 트럼프가 파리 협정에

**표 1 Tesla 기업의 시가 총액 및 당기순이익 (단위: 백만 달러)**

| 항목 | 2010 | 2011 | 2012 | 2013 | 2014 | 2015 | 2016 | 2017 | 2018 |
|---|---|---|---|---|---|---|---|---|---|
| 시가 총액 | 2,322 | 3,517 | 4,378 | 31,168 | 26,057 | 23,638 | 40,421 | 59,468 | 52,791 |
| 당기순이익 | (154) | (254) | (396) | (74) | (294) | (889) | (675) | (1,961) | (976) |

출처: Capital IQ Database

서 탈퇴하자 두 위원회를 그만두었다. 재계 지도자들은 Musk가 트럼프에게 다시 생각해 보라고 요청할 수도 있는데도 굳이 두 위원회를 그만두고 현 행정부와의 친분 기회를 놓치는 것은 "지나친" 일이라고 여겼다.

Musk가 두 개의 대통령 자문 위원회를 그만둔 이유는 무엇일까? Musk가 윤리적인 사업가여서? 일부분은 맞을 수 있다. 그러나 Tesla 기업의 비즈니스 특성에 기인할 수 있다. Musk 자신은 우주선에서 터널에 이르기까지 다양한 비즈니스 분야에 관심이 있지만, Tesla에서는 전기 자동차(EV)에 중점을 두고 있다. 모델은 기존 전기차와 달리 고급 세단이나 스포츠카에 버금가는 강력한 출력을 자랑한다. 가솔린 차량에 비해 작고 마력이 낮아 기존 전기차에 매력을 느끼지 못한 고객들은 이런 Tesla의 매력에 반했다. 그렇다면 Tesla 기업의 실적은 어땠을까?

<표 1>은 Tesla가 2010년에 주식시장에 상장한 이후의 두 가지 실적 흐름을 보여준다. 이 표에 의하면, 시가 총액은 증가 추세이지만 순이익은 계속 적자를 내고 있다. 다시 말해 투자자들은 Tesla가 현재 돈을 벌지 못하고 있지만, 미래에는 조만간 돈을 벌 것으로 전망하고 있다. 당신이 이 회사의 CEO이라면 이러한 결과가 마음에 들지 않을 것이다. 그 이유는 가까운 시일 내에 실적이 좋아질 것이라고 약속할 수는 있어도 현재로서는 주주에게 배당금을 제공할 수 없기 때문이다.

Musk는 트럼프의 철수에 항의하여 두 개의 대통령 위원회를 사임하고 워싱턴에서의 정치적 인맥을 훼손할 위험을 무릅쓰고라도 왜 파리 협정에 그토록 필사적이었을까? 트럼프의 파리 협정 탈퇴가 없다면 미국 정부는 온실가스 배출의 환경보호 규제를 이전보다 더 강화할 것이다. 기존 휘발유 차량이 온실가스 배출의 주요 원인 중 하나라는 점을 고려할 때 이러한 규제가 강화되면 Tesla는 이전보다 더 많은 전기 자동차를 판매할 수 있다. 온실가스 배출에 대한 환경보호를 강화하면 할수록 전기차는 온실가스를 배출하지 않기 때문에 친환경 자동차의 생산과 소비가 촉진될 수 있다. 따라서 Musk의 처지에서 보면, 트럼프의 파리 협정 탈퇴는 Tesla의 전기차 판매를 증가시키고 재무 성과를 개선할 기회를 잃을 수 있음을 의미한다.

트럼프의 파리 협정 탈퇴에 대한 이러한 강력한 Musk의 행동은 Musk가 일반 사람들에게 윤리적인 사업가라는 인식을 심어주었다. 물론 Musk는 윤리적인 사람일 수 있으므로 비즈니스 포트폴리오에 전기차가 없더라도 같은 방식으로 행동했을 수 있다. 하지만 우리가 여기서 주목할 점은 Tesla의 친환경 제품처럼 기업의 비즈니스가 공익에 가까울수록 기업은 사회적 문제에 대해 윤리적으로 행동하는 경향이 있다는 점이다.

기업의 윤리적 행동에 대한 사회적 압력이 커지고 있다. 이러한 요청을 충족하기 위해 경영자는 자선적 기부나 친환경 에너지 사용을 고려할 수 있다. 그러나 경영자가 Tesla의 Musk처럼 사회적 요구에 맞춰 제품을 고객에게 제공한다면 그러한 비즈니스 모델은 기업의 지속 가능성을 더욱 높여줄 것이다. 즉 돌 하나에 새 두 마리를 죽일 수 있는 것처럼 기업의 지속적인 이윤 추구 활동이 사회적 가치도 높일 수 있다.

## 토론 질문

1. 자원 기반 관점에서 Tesla의 경쟁 우위 원천은 무엇인가?
2. 윤리적 이슈: 당신이 Musk라면 트럼프의 파리 협정 탈퇴에 항의하기 위해 대통령 위원회에 사퇴하겠는가? 그 이유는? 사퇴하지 않는다면, 그 이유는?
3. 제도 기반 관점에서 보면 트럼프 대통령의 파리 협정 탈퇴는 온실 가스에 대한 공식적인 제도의 집행력이 약해진 것으로 볼 수 있다. 온실 가스에 대한 이러한 공식적인 제도가 불분명해지거나 실패할 경우 Tasla는 온실 가스에 대한 비 공식적인 제도를 어떻게 활용할까?

# 통합사례 6

## Volkswagen 배기가스 스캔들

*2015년 Volkswagen은 디젤 엔진의 배기가스 테스트에서 "임의조작" 장치를 사용하여 속였다는 스캔들에 휩싸였다.*

Breena E. Coates, California State University, San Bernardino

### Volkswagen의 악명 높은 '임의조작' 장치

2015년 9월 18일, Volkswagen 그룹은 미국 환경보호국(EPA)으로부터 대기오염방지법 위반 통지를 받았다. 환경보호국은 VW가 실험실 배기가스 테스트 중에만 배기가스가 제어되도록 디젤 엔진의 터보차저 직분사를 의도적으로 프로그래밍했음을 발견했다. 알려진 바와 같이 이 "임의조작 장치"는 자동차의 질소산화물 출력이 테스트하는 동안 미국 기준을 충족했지만, 실제 도로 상황에서는 최대 40배 더 많은 NOx를 배출하여 대기오염방지법 기준을 위반했다. 자동차가 통제된 실험실에서 가동되었을 때, 테스트 장치는 엔진의 배기가스가 정상 출력 이하로 방출되는 것처럼 보였다. 그러나, 일단 자동차가 도로에 진입하면 이 실험실 결과와는 달리 엔진이 질소산화물 오염 물질을 방출했다. VW는 또한 일부 Porsche와 Audi 차량, 그리고 VW 모델에 장착된 3-리터 디젤 엔진의 소프트웨어를 수정한 혐의로 EPA로부터 고발을 당했다.

VW는 2009년부터 2015년까지 전 세계적으로 약 1,100만 대의 자동차(미국의 500,000대 포함)에 이 사기성 프로그램을 넣었다. 2015년 11월에 VW는 유럽에서 생산한 약 800,000대의 자동차만이 이산화탄소 배출량 측정 테스트에서 "불규칙성"을 보였다고 밝혔다. 그러나 2015년 12월 조사 결과에는 매년 생산하는 자동차 중 약 36,000대에만 영향을 미쳤다고 밝혔다.

### 속임수는 어떻게 밝혀졌는가?

2014년에 미국 규제 당국은 VW 배기가스 수준에 대해 이미 위험 신호를 보냈다. 그러나 VW는 이를 "기술적 문제"와 "예기치 않은" 실제 상황으로 일축했다. VW의 유럽과 미국 자동차 사이의 배기가스 불일치에 대한 분석은 2014년에 국제청정교통협의회(ICCT)에 의뢰되었다. 분석을 수행하는 그룹 중에는 West Virginia University의 5명의 과학자 중 한 명이 있었는데 그는 실제 도로 테스트 중에 디젤 자동차 3대 중 2대에 대한 추가 배출을 감지했다. 과학자들은 자신들이 분석한 데이터를 국제청정교통협의회에 제공했고, 국제청정교통협의회는 다른 두 곳으로부터 데이터를 구입하기도 했다. 그런 다음 국제청정교통협의회는 2014년 5월에 캘리포니아의 대기자원위원회에 모든 결과를 제공했다. 그 후 VW는 여러 국가에서 규제 조사를 받게 되었다. 이러한 조사 소식이 공개된 직후에 VW 주가는 3분의 1로 크게 하락하였다. 스캔들이 확대됨에 따라 Moody's Investors Service는 VW의 신용등급을 강등하였으며, 이로 인해 VW의 자금 차입 비용은 더 많이 들게 되었다. Moody's Investors Service는 "Volkswagen의 명성과 미래 수익의 위험이 증가하고 있다."라고 언급했다.

## 기업 여파

Volkswagen의 최고 경영진은 임의조작 장치를 차량 엔진에 부착한 것에 대해 알고 승인했음이 분명했다. 그 속임수의 결과는 VW의 고위 경영진 사임으로 이어졌다. VW 그룹의 CEO인 Martin Winterkorn은 자신의 회사가 "고객과 대중의 신뢰를 저버렸다."라며 사임했다. VW 그룹 브랜드 개발 책임자인 Heinz-Jakob Neusser, Audi 연구개발 책임자인 Ulrich Hackenberg, 그리고 Porsche 연구개발 책임자인 Wolfgang Hatz가 해고됐다. VW는 배기가스 문제를 해결하는 데 73억 달러를 지출할 계획을 발표했으며 리콜(recall)로 해당 차량들을 수리할 계획이었다. Volkswagen 배기가스 스캔들은 많은 자동차 제조업체가 제작한 모든 차량에서 배출되는 오염 수준이 규제기준에 못 미치고 있다라는 경각심을 일으켰다. 국제청정교통협의회와 Allgemeiner Deutscher Automobil-Club이 실시한 연구에 따르면, Citroën, Fiat, Hyundai, Jeep, Renault, Volvo 등이 만든 차량에서 가장 큰 편차가 나타났다. 소프트웨어로 제어되는 기계는 일반적으로 부정행위가 발생하기 쉬우므로, 이를 해결하는 한 가지 방법은 대중이 소프트웨어 소스 코드에 액세스할 수 있도록 하는 것이다. 전 Porsche 사장이자 VW의 새 CEO인 Matthias Mueller는 “가장 시급한 일은 Volkswagen 그룹의 신뢰를 되찾는 것”이라고 말했다. 또한 VW는 내부조사에도 착수했다. VW는 2016년 초부터 전 세계적으로 수백만 대의 자동차를 리콜하면서 그 비용을 충당하기 위해 73억 달러를 비용으로 책정했다. 그 결과 회사는 2015년 10월 말에 15년 만에 처음으로 27억 달러의 분기 손실을 기록했다. 재무적 영향은 당분간 VW를 계속 괴롭힐 것이다. EPA(미국 환경보호국)는 규제기준을 위반하는 각 차량에 대해 최대 37,500달러의 벌금을 부과하고, 해당 회사에 최대 약 180억 달러의 벌금을 부과할 권한이 있다.

## 디젤 자동차 산업에 미치는 영향

지난 10년 동안 각 나라의 정부들은 디젤이 환경에 더 좋다는 가정하에 디젤 자동차 생산을 장려했고 자동차 산업은 디젤 자동차 제조에 돈을 쏟아부었다. 그러나, 과학적 증거는 이것이 사실이 아님을 나타낸다. 그 결과 일부 국가서는 디젤 자동차를 줄이려는 움직임이 더 커졌다.

전 세계적으로 정치, 규제, 환경 부문의 의사 결정자들은 VW의 배출가스 테스트의 타당성을 검토하게 되었다. 미국 EPA의 조사 결과는 영국, 프랑스, 독일, 이탈리아, 한국과 같은 국가에서 우려를 불러일으켰다. VW는 유럽연합에서만 850만 대의 자동차를 리콜할 계획이다.

VW 스캔들은 광범위하게 영향을 미쳤다. 유럽의 환경 운동가들은 유럽에서 배출가스 기준이 무시되고 있다고 주장했다. 비정부기구인 Transport and Environment의 Jos Dings는 “유럽의 디젤 자동차는 미국보다 더 좋지 않은 기술로 작동됩니다. 우리의 최신 보고서에 따르면 거의 90%의 디젤 차량이 도로에서 움직일 때 배기가스 기준을 충족하지 못했습니다. 우리는 수백만 대의 차량에 대해 이야기하고 있습니다.”라고 말했다. 금융 조사 회사인 Bernstein LP의 자동차 분석가들은 유럽 표준이 미국만큼 엄격하지 않다는 데 동의했다. 그러나 그들은 느슨한 기준의 결과로 오히려 "속일 필요가 적어졌다."라고 말했다. Bernstein은 또 다른 유럽 완성차 업체의 결과가 문제가 된다면 “앞으로 법적 조치와 벌금보다는 테스트 주기의 변화가 일어날 가능성이 높다."라고 주장했다. VW 배기가스 스캔들이 터졌을 때 디젤 자동차 판매는 이미 둔화되고 있었다. 컨설팅 회사 Vendigital의 자동차 전문가인 Richard Gane은 "이 스캔들은 디젤 엔진 자동차에 대한 수요의 급격한 감소로 이어질 가능성이 높습니다."라고 말했다. 자동차 산업을 위한 영국 무역 단체인 SMMT(Society of Motor Manufacturers & Traders)는 다음과 같이 말했다. "EU는 미국과 근본적으로 다른 시스템을 운영합니다. 모든 유럽 테스트는 EU 법률에서 요구하는 엄격한 조건에서 수행되고, EU 정부가 지정한 독립 승인 기관의 입회를 받습니다." SMMT는 계속해서 "현재 자동차 업계는 새로운 테스트 기술을 바탕으로 그리고 수용하고 도로 조건을 더 잘 나타내는 새로운 배출 테스트에 대해 유럽 위원회의 동의를 구하고 있습니다."라고 말했다.

## Volkswagen을 계속해서 공격하는 "디젤게이트"

VW의 "디젤게이트(Dieselgate)" 스캔들로 인한 문제는 결코 멈추지 않는 것 같다. 2019년 3월 15일 미국 증권 거래 위원회는 Martin Winterkorn 전 CEO와 VW의 자회사 2개를 "미국 투자자들을 속여 회사채와 채권 시장을 통해 수십억 달러를 조달하고, 회사의 '클린 디젤' 차량의 환경보호에 대한 거짓 주장"을 한 혐의로 기소했다.

디젤게이트 스캔들의 여파가 속속 등장하고 있다. 2020년 1월 2일, Guardian 신문은 VW가 배기가스 조작 스캔들의 영향을 받은 독일 자동차 소유자 4만 명과 법정 밖 합의에 대해 협상 중이라고 보도했다. AP통신은 2020년 1월 14일 VW가 독일 검찰에 계속 수사받고 있다고 보도했다. 6명의 임원이 검찰에 의해 추가로 소환되어 총 11명의 기업 경영층이 소환되었다. 이들 중 3명은 직접적인 위법 행위로 기소되었고, 3명은 방조혐의로 기소되었다. 그러나 검찰은 수사가 끝난 것이 아니라 32명을 추가로 조사 중이라고 밝혔다.

VW 스캔들은 1,100만 대의 자동차가 관련되어 있기 때문에 다양한 장소에서 계속 나타나고 있다. 2020년 4월 Guardian에 보고된 바와 같이, 세계보건기구(WHO)는 VW가 "이 독성을 의도적으로 숨기기 위해" 대기 오염 테스트의 주요 결과를 속였다는 취지의 강력한 성명을 발표했다. 또한, WHO는 디젤 배기가스로 인한 환경적 위험이 전 세계적으로 계속될 수 없음을 강조했다. 그런 다음 WHO는 2030년까지 모든 디젤 및 휘발유 승용차와 봉고차 판매를 금지해야 한다고 강력하게 언급하며, 디젤 자동차 산업에 또 다른 위협적인 일격을 가했다.

Reuters 보고서에 따르면, 2019년 12월 영국의 VW 자동차 소유자들은 배출가스 테스트 부정행위에 대해 회사를 상대로 집단 소송을 제기했다. 그런 다음 2020년 4월 6일, Guardian은 영국 고등법원이 VW가 실제로 주요 대기 오염 테스트를 속였음을 확인했다고 보도했다. 이 판결은 자동차 제조업체에게 자동차의 과다한 배기가스로 인한 사람의 폐 손상 문제의 해결을 강요한 것으로 여겨졌다. Guardian은 또한 91,000명의 원고가 자동차 제조업체를 잉글랜드와 웨일즈의 법정으로 끌고 가고 있다고 보도했다. 이것은 가장 큰 집단 소송 중 하나로 알려졌다.

VW는 미국과 유럽에서 유죄 판결을 받았지만, 배출가스 테스트에서 부정행위를 했다는 사실을 계속해서 부인하고 있다. 그러나 자동차 제조업체의 주장은 일반 대중에게 계속해서 터무니없는 것으로 여겨진다. VW는 회사의 명성을 회복하기 위해서 앞으로 상당한 시간이 필요할 것이라 예상된다.

---

Sources: Reports from the Associated Press, BBC News, Guardian, Reuters, SEC News, SMMT, Transport and Environment, Venedigital, and Wall Street Journal.

## 토론 질문

1. 윤리적 이슈: VW 스캔들의 근본적인 윤리적 문제는 무엇인가?

2. 윤리적 이슈: VW는 디젤 장치가 장착된 차량을 리콜했다. 당신은 이러한 조치가 VW의 책임을 경감시킨다고 생각하는가?
3. 윤리적 이슈: VW의 이익 목표는 즉각적이고 구체적이었던 반면, 공해 피해자들은 매우 먼 거리에 있는 것처럼 보였다는 사실이 회사 경영진의 결정에 영향을 미쳤는가?
4. 윤리적 이슈: VW 엔지니어와 경영자들은 환경 조치가 참을 수 없을 정도로 가혹하다고 주장했다. 자동차 제조업체가 자동차를 테스트할 때 배기가스 테스트와 규정 기준은 어떤 방식으로 적용되는가? 이러한 요인들이 어떻게 기업의 윤리적 체제를 지키지 못하게 하는가?
5. 윤리적 이슈: 경제적 비용 외에 발생한 VW의 다른 비용은 어떠한 것이 있을까?
6. 윤리적 이슈: VW 스캔들이 디젤 자동차 산업 전체에 미친 여파는 무엇인가?

# 통합사례 7

## 비즈니스 제트기 제조사들이 중국을 주시한다

*대부분의 비즈니스 제트기 제조사들이 중국의 천진한 하늘을 향해 손을 뻗고 있다. 중국 정부는 그들의 비행을 금지할까 아니면 허용할까? 그들은 하늘 높이 날아오를 수 있는 자원과 역량을 갖추고 있는가?*

Mike W. Peng, University of Texas at Dallas

"중국 경제 둔화"는 글로벌 비즈니스 뉴스의 주요 주제 중 하나이다. 전설적인 "10억 이상의 고객들"에 관심이 있는 외국 기업들은 그 높은 기대를 다소 낮추는 것이 바람직하다. 그런데도 비즈니스 제트기 제조업체는 중국 시장에 대해 계속해서 높은 기대를 하고 있다. 여기에는 그럴만한 이유가 있다. 2003년에 중국에 도착한 이 산업은 말 그대로 "이륙" 중이다. 비즈니스 제트기(기업용 혹은 개인용)는 광대한 영토를 가진 중국에서 비행하기 최적이다. 중국은 러시아와 캐나다에 이어 세계에서 세 번째로 큰 영토를 가지고 있다. 중국은 또한 미국에 이어 세계에서 두 번째로 많은 억만장자가 존재하며, 제트기를 살 여유가 있는 새로운 억만장자를 빠르게 만들어내고 있다. 그러나 현재 중국에서 운항하는 비즈니스 제트기는 400대 미만으로 브라질과 멕시코의 수보다 적을 뿐만 아니라 미국의 한 공항인 Orange County 공항(Los Angeles 외곽에 위치)에서 볼 수 있는 것보다 적다.

### 제도

비즈니스 항공 분야에서 중국의 부상은 2008년 글로벌 금융 위기 이후 많은 항공 구매자들이 주문을 취소한 것과도 일치한다. 비즈니스 항공 분야의 경영자라면 누구나 미지의 중국 하늘에 도전하고 싶어 하는 것은 놀라운 일이 아니다. 하지만 여기에는 제도 기반의 제약이 있다. 중국의 하늘은 공식적으로 군이 통제하고 있으며, 비행 계획은 복잡한 절차를 거쳐 제출된다. 베이징 공항은 비즈니스 제트기를 한 시간에 두 번만 이륙을 허가한다. 제트기를 수입하는 구매자들은 부담스러운 관세와 세금에 타격을 받으며, 공무원들은 그 위에 새로운 사치세 부과를 이야기한다. 또한, 시진핑(習近平) 국가주석이 촉발한 반부패와 반과시소비 캠페인은 중국 비즈니스 제트기 시장의 약 15%를 차지했던 많은 대규모의 국유기업을 겁에 질리게 했다. 국유기업의 구매비중은 현재 약 5%이다.

제도 기반 장벽이 여전히 존재하지만, 중국 정부는 한 줄기 희망을 제시했다. 정부는 비즈니스 항공의 가치를 실감한 듯하다. 최신 5개년 계획에 의하면, 비즈니스 제트기를 위한 공간을 위해 군은 일부 영공을 포기하라는 지시를 중국 정부로부터 받았다. 물론 항공업계는 비즈니스 항공이 단순한 사치품이 아니라 중국기업의 성장을 새로운 차원으로 끌어올리는 생산성 촉진제라고 주장하면서 그동안 마케팅과 로비 활동을 강력하게 진행해 왔다.

## 자원과 역량

각 비즈니스 제트기 제조업체는 자사의 자원과 역량을 활용하여 다른 기업보다 더 뛰어나기 위해 노력하고 있다. 미국의 Beech Hawker, Cessna, Gulfstream, 프랑스의 Dassault Falcon, 캐나다의 Learjet(Bombardier 소유) 등이 비즈니스 제트기 제조업체의 전통적인 경쟁자이다. 각 비즈니스 제트기는 8~12명의 승객을 태울 수 있으며 사생활 보호, 고급스러움, 그리고 장거리 비행 기능을 제공한다. 성장 잠재력에 군침을 흘리는 3대 대형 제트기 제조사인 Boeing, Airbus, 브라질 Embraer도 경쟁에 뛰어들었다. Boeing은 Boeing Business Jet(최대 60명의 승객)을 제공하기 위해 737을 개조했고, Airbus는 Airbus Corporate Jet(최대 40명의 승객)을 제공하기 위해 A320을 개조했으며, 그리고 Embraer는 ERJ 190 제트기를 Lineage 1000(최대 20명의 승객)으로 전환했다. 이러한 초대형 비즈니스 제트기는 기존 비즈니스 제트기에 비해 경쟁력 있는 가격대로 더 넓은 내부, 더 나은 공기 순환(더 큰 객실로 인해), 그리고 더 긴 비행거리를 제공한다.

중국에서 현재 시장의 선두기업은 100대 이상의 제트기를 판매하고, 가장 큰 시장점유율을 보유한 미국의 Gulfstream이다. Gulfstream은 구매자의 주문을 수주하는 데 필요한 모든 조치를 취하고 있다. 예를 들어, 이 기업은 잠재적 구매자에게 뜻하지 않은 불쾌감을 준 사례가 있었는데 이 문제를 해결하기 위해 제트기의 모델명을 변경했다. Gulfstream은 2008년에 도입한 G250을 2011년에 G280으로 모델명을 바꿨다. 웹사이트는 "이러한 모델명 변경은 Gulfstream 비즈니스 제트기의 전 세계적인 수요증가로 인해서 생긴 다양한 문화의 다국적 고객들 요구를 수용하기 위해 취한 행동이다."라고 설명했다. 정확한 이유를 설명하지는 않았지만, 중국 북부 일부 지역에서 "250" 숫자가 "어리석은" 또는 "쓸모없는" 것을 의미하기 때문이었다. 한 고위 경영자는 언론에 "특정 문화권에서는 G280이 더 좋은 뜻을 지닌 숫자라고 판단했다."라고 설명했다. 이러한 시장 지향적인 노력은 열성적인 중국 고객에게 상당한 보상을 받았다. Gulfstream은 2014년 4월 상하이에서 개최된 아시아 비즈니스 항공 회의와 항공 전시회에서 중국의 주요 민간 은행의 항공 금융 자회사인 Minsheng Financial Leasing과 60대의 제트기 계약을 체결했다. 이것은 Gulfstream의 가장 큰 거래 중 하나일 뿐만 아니라 전 세계적으로 가장 큰 거래 중 하나였다.

제트기산업이 발전함에 따라 정교함이 증가하고 있다. 10년 전의 고객은 현금을 지불하는 경향이 있었고 친구들에게 깊은 인상을 주기위해 구매하였다. 오늘날의 고객은 종종 파이낸싱을 통해 구매하거나 리스를 이용한다(Gulfstream과 Minsheng의 거래에서도 이러한 방법에 의해 이루어짐). 슈퍼리치는 더 많이 날고 싶어 하고, 돈을 더 많이 벌려고 노력한다. 그들 중 일부는 주문한 후 1~2년을 기다릴 수 없어서 중고 제트기를 산다. 전문가들은 향후 20년 동안 중국의 비즈니스 제트기 수요가 세계에서 세 번째로 커져 미국 9,500대, 유럽 4,000대에 이어 1,500대로 늘어날 것으로 예측한다.

Sources: (1)Airport Journal, 2013, Business jet player plans to spreads its wings in China, June: 17–49; (2)Economist, 2014, Business aviation: Fasten seat belts, April 19; (3)South China Morning Post, 2012, Bargain hunting takes flight, July 10: A4; (4)www.abace.aero; (5)www.gulfstreamnews.com.

## 토론 질문

1. 비즈니스 제트기 제조사들은 중국 진출을 왜 열망하는가?
2. 제도 기반 관점에서, 비즈니스 제트기 제조사들은 이 산업의 전망을 향상시키기 위해 중국에서 무엇을 해야 하는가?

3. 자원 기반 관점에서, 비즈니스 제트기 제조사들은 중국에서 승리하기 위해 무엇이 필요할까?
4. 윤리적 이슈: 중국에 더 많은 제트기를 판매하길 열망하는 미국 비즈니스 제트기 제조업체의 CEO인 당신은 "중국과의 분리" 정책을 옹호하는 것으로 유명한 상원의원을 곧 만날 예정이라고 가정하자. 당신은 그 상원의원에게 무슨 말을 할 수 있을까?

# 통합사례 8

## 러시아에서 사업하는 Carlsberg

*세계에서 네 번째로 큰 맥주 제조업체인 Carlsberg는 러시아에서 확실한 선두기업이 되었다. Carlsberg가 러시아에 사업하면서 얻은 교훈은 무엇이 있을까?*

Mike W. Peng, University of Texas at Dallas

덴마크 기업들은 제정 러시아 시기인 1900년대 초에 엔진 공장, 시멘트 공장, 도축장 건설에 많은 투자를 하였다. 경쟁 우위가 있는 그들의 선진 기술은 외국인에게 직접 투자를 개방한 러시아 시장을 서서히 지배해 가고 있었다. 그러나, 1917년 러시아 혁명이 발생하면서 이 기업들이 모두 몰수되었으며 그 후 70년 동안 러시아에 외국인 직접 투자가 전혀 이루어지지 않았다.

1991년 소련이 해체되었을 때 덴마크 기업들은 러시아 시장에 다시 뛰어들었다. 러시아는 BRICS에서 중요한 역할을 하는 국가 중 하나였다. 세계에서 네 번째로 큰 맥주 제조업체인 Carlsberg는 러시아 진출에 큰 성공을 거뒀으며 38%의 시장점유율을 가진 선두기업이 되었다. Carlsberg는 이에 대한 고마움으로 러시아 하키 리그와 소치 올림픽을 후원했다. 2013년에 러시아는 Carlsberg의 글로벌 매출의 35%를 차지했다.

한편, 러시아에서의 성공으로 Carlsberg는 정치적, 경제적 변동성에 직면하였다. 1990년대 민주주의를 실험하던 시절에 러시아 경제가 무너졌다. 공식 추정치에 따르면 이 시기의 GDP는 약 40% 하락했다. 2000년대 초반에 경제성장률은 매년 7%씩 급등하고 있었지만, 여전히 매우 불안정한 상태였다. 러시아는 석유와 가스 수출에 크게 의존한 경제체제였으며, 경제성장은 이러한 에너지 상품의 세계 시장 가격에 의해 좌우되었다. 고유가로 인해 나라가 더욱 부유해지고 강해질 때 러시아 정부는 외국 기업에 대해 더 강압적인 태도를 보였다. 예를 들어, 러시아 정부는 러시아 내에서 운영하는 외국 석유 회사(BP와 같은)의 경영 통제권을 러시아 기업에 양도하도록 압력을 가했다.

양조업이 정치적으로 민감한 산업은 아니지만, 국가 제도의 변화는 Carlsberg에 큰 영향을 미쳤다. 제정 러시아의 황제인 차르부터 블라디미르 푸틴에 이르기까지 러시아 지도자들은 인민들에게 술을 덜 마시도록 정기적으로 설득해 왔다. 푸틴 대통령이 주류세를 인상해 술 소비를 줄이려는 새로운 노력을 시도하자 주류 시장이 위축됐다. 그리고 새로운 법을 만들어 TV, 라디오, 옥외 주류 광고를 금지하였다. 또한, 맥주의 장외 판매(레스토랑, 바, 호텔 이외의 소매 판매)의 26%를 차지했던 길거리 키오스크에 의한 주류 판매도 금지되었다.

이러한 제도 변경은 Carlsberg와 같은 양조업체에 세 가지 측면에서 깊은 영향을 미쳤다. 첫째, 소비자들은 새로운 법 시행을 앞두고 싼 가격으로 많이 비축하기 위해 법 시행 이전의 수요가 급증했지만, 법 시행 이후인 다음 분기에는 급감했다. 이러한 기복은 기업의 물류와 공급망 관리에 막대한 어려움을 주었다. 둘째, 매장 내 디스플레이와 온라인 마케팅에 대해서 기업의 마케팅 자원을 재할당해야 했다. 셋째, 판매채널과 광고의 금지로 소비패턴이 바뀌면서 매출이 감소하였다. 그런데다 유가 폭락으로 인한 경제 위기는 특히 프리미엄 맥주 수요를 더욱 위축시켰다. 2014년까지 Carlsberg의 러시아 양조장 가동률이 60%가 채 되지 않자 양조장 폐쇄 가능성에 대한 추측이 나돌았다.

2014년 Carlsberg는 러시아 경제의 악화, 러시아와 서방의 지정학적 관계 악화, 루블화의 붕괴로 타격을 받았다. 유럽연합(EU)과 미국이 러시아에 부과한 무역 제재는 Carlsberg가 러시아에서 판매하는 맥주 대부분이 현지에서 생산하기 때문에 직접적으로 Carlsberg에 영향을 미치지 않았다. 그러나 러시아의 경제 위기는 Carlsberg에게 상당한 영향을 주었다. 맥주 소비가 감소했으며, 러시아 화폐인 루블의 가치가 하락하면서 Carlsberg가 러시아에 투자한 가치도 하락했다. 따라서 러시아에서 나쁜 소식이 있을 때마다 Carlsberg의 주가는 타격을 입었다. 2014년 하반기에는 주가가 20% 하락했다.

러시아에서 사업한다는 것은 결코 쉬운 일이 아니다. 러시아에 진출한 외국 기업들은 위기 상황에 따라 다양한 대처법을 사용한다. 예를 들어, 덴마크의 건축 자재 대기업인 Rockwool은 러시아 정부의 자본 통제와 같은 큰 정치적 위험에 직면하자 러시아의 주요 자산을 매각했다. 수입업자들은 자사 제품의 매출은 루블화로 계산되고, 원자재 수입 비용은 기축통화인 달러로 계산됨에 따라 루블화 가치가 하락하자 막대한 손실을 보게 되었다. 이에 대처하기 위해 프랑스-일본 자동차 제조업체인 Renault Nissan은 주요 수입 부품이 포함된 자동차의 가격을 적절하게 책정할 수 없어 주문을 중단했다. 2015년 Carlsberg는 양조장 2개를 폐쇄하여 자사의 생산용량을 줄였다. 이와 같은 여러 어려움에도 불구하고, Carlsberg는 러시아의 경제 회복과 러시아와 서방 사이의 지정학적 관계가 따뜻해지기를 희망하면서 러시아에 전념했다.

정치적 위험을 무시한다면, 러시아의 강점은 상당하다. 러시아의 GDP는 중국과 브라질보다는 작지만, 인도보다는 크다. 러시아의 1인당 GDP(구매력 평가 기준 약 16,000달러)는 브라질의 3분의 1, 중국의 3배, 인도의 5배 정도 높다. 러시아는 유럽에서 두 번째로 큰 맥주 시장일 뿐만 아니라 두 번째로 큰 자동차 시장(독일이 모두 선두)이다. 러시아는 전 세계적으로 고학력 노동력을 제공하는 다른 어떤 국가보다 더 많은 대학 졸업자들(인구 대비 비율)을 보유하고 있다. 간단히 말해서, 러시아는 무시하기에는 너무 크고 부유한 나라이자 잠재력이 풍부한 시장이라 할 수 있다.

Sources (1)BBC News, 2014, Manufacturers face “bloodbath” in Russia, says Renault Nissan boss, December 19; (2)Carlsberg Annual Report, 2011–2016, various issues; (3)Carlsberg Shareholder News, 2012–2014, various issues; (4) Economist, 2011, BP in Russia: Dancing with bears, February 5; (5)M. W. Peng, 2017, The peril and promise of Russia, in Global Business, 4th ed. (pp. 35–36), Boston: Cengage

## 토론 질문

1. 러시아 투자가 왜 정치적으로 위험한가?
2. Carlsberg와 같은 다국적 기업들은 정치적 위험에도 불구하고 왜 러시아에 투자하려는가?
3. 당신이 Carlsberg CEO이고 러시아에 있는 현지 양조장을 인수하는 제안을 받는다면, 당신은 그 제안을 수용할 것인가? 혹은 거절할 것인가?

# 통합사례 9

## 버스로 북미 진출

*영국 기업인 Megabus는 단순히 시외버스로 이동하는 비매력적인 여행 방식을 젊은 사람들과 교육받은 사람들이 더욱 즐거워하는 여행 방식으로 바꾸어 놓았다. Megabus는 이를 어떻게 달성할 수 있었을까?*

Mike W. Peng, University of Texas at Dallas

미국이나 캐나다의 대학생이라면 Megabus에 대해 들어봤거나 타본 적이 있을 것이다. Megabus의 웹사이트는 "인터넷을 이용하여 1달러의 저렴한 가격으로, 도시 간 여행을 제공하는 최초의 저비용 고속버스 서비스"라고 설명하고 있다. Megabus는 현재 12개 허브 도시(애틀랜타, 시카고, 달라스, 플로리다의 포트 로더데일, 위스콘신의 제인스빌, 로스앤젤레스, 마이애미, 뉴욕, 올랜도, 필라델피아, 토론토, 워싱턴 DC)에서 수백 개의 북미 도시를 연결하는 서비스를 제공하고 있다. Bloomberg Businessweek는 "미국인, 특히 젊은이들의 여행 방식을 근본적으로 바꾸었다."며 기사화했다.

Greyhound는 한 세대 전만 해도 도시간 여행의 국가적 아이콘이었다. 그러나 미국 사람들과 캐나다 사람들이 자동차를 더 이용하게 되고 항공료가 더 싸지면서 시외버스 이용객은 꾸준히 감소했다. 게다가 버스정류장(터미널)이 있던 도심이 쇠퇴하면서 버스 여행은 최후의 방법이 되었다. 이로 인해 1990년 Greyhound는 파산법 Chapter 11로 파산 신청을 했다.

하지만 시외버스에 적합한 중거리 여행의 수요는 사라지지 않고 있다. 가장 많이 여행하는 노선(예: 시카고와 디트로이트 간, 뉴욕과 워싱턴 DC 간)의 경우 자동차를 이용하기에는 거리가 다소 멀고, 비행기를 이용하기에는 거리가 너무 가깝다. Greyhound가 쇠퇴하는 동안 차이나타운 버스로 알려진 소규모의 버스 운송업체들이 등장했다. 그들은 뉴욕의 차이나타운과 보스턴의 차이나타운을 오가는 승객들(주로 최근 중국 이민자들)을 위해 셔틀버스를 운행했다. 이러한 틈새(niche) 운송업체들은 많은 대학생의 관심을 빠르게 사로잡았다. 시외버스 승객수가 40년 동안 감소해 왔지만, Megabus가 미국 시장에 진출한 2006년에는 미국 전체 이용객 수가 급증했다. Megabus는 2008년 캐나다에도 진출했다.

Megabus는 북미 시장에 새롭게 진출한 기업이지만, 영국에서 두 번째로 큰 운송 회사인 Stagecoach Group의 모든 강점을 기반으로 하고 있다. 1980년에 설립되어 스코틀랜드 Perth에 본사를 두고 있는 Stagecoach는 18,000명의 직원이 있으며, 영국 전역에서 버스뿐만 아니라 기차, 트램, 페리도 운영하며 매일 250만 명의 사람들이 이용한다. 런던 증권 거래소에 상장되어 있으며 FTSE 250의 회원사이다. Megabus는 Stagecoach가 전액 출자한 미국 자회사인 Coach USA의 브랜드이다.

Stagecoach는 과거 홍콩, 케냐, 말라위, 뉴질랜드,

포르투갈, 스웨덴에 진출한 경험이 있기 때문에 외국에 진출하는 것이 낯설지 않다. 그러나 이러한 국가들에서의 수익 창출이 부진하여 모두 매각했다. Stagecoach가 현재 집중하고 있는 유일한 국제 시장은 북미 지역이다.

Megabus는 북미에서 후발주자이지만 장래는 분명히 밝다. 그렇다면 Megabus가 버스 이용률 감소 추세를 반전시킨 이유는 무엇일까? 적어도 네 가지 특징을 들 수 있다. 첫째, 버스 요금은 매우 저렴하게 1달러(!)부터 시작한다. Megabus는 항공사에서 일반적으로 사용하는 수익 관리 시스템(yield management system) 방식을 활용한다. 이 시스템은 일찍 예약한 승객에게는 훨씬 저렴한 가격을 제공하고 늦게 예약한 승객에게는 점차 더 비싼 가격을 제공한다. 각 버스당 한두 명의 승객만이 1달러로 표를 살 수 있지만 "더 비싼" 가격이라도 매우 저렴한 편이다. 예를 들어, Amtrak(철도)과의 동일 노선에서 Megabus는 Amtrak의 약 10분의 1 비용이다. 모든 버스표는 온라인으로 예약해야 한다. 이것은 매표소의 유지 비용을 없앨 뿐만 아니라 교육받은 사람들을 끌어들인다.

둘째, 차이나타운 버스가 운행하는 것처럼 Megabus는 일반 시내버스 정류장과 같은 도로변 정류장에서 승객이 타고 내린다. 흥미롭게도, Megabus는 전용 정류장을 이용하지 않으면서 많은 돈을 절약할 수 있다. 더불어, 승객은 일반적으로 잘 관리되지 않아 다소 지저분하고 안전하지 않은 전용 정류장을 이용하지 않음에 따라 만족도가 높다.

셋째, 모든 Megabus 버스에는 Wi-Fi와 전원 콘센트가 장착되어 있어, 승객은 탑승 시간을 더욱 즐겁고 생산적으로 보낼 수 있다. 이러한 서비스 덕분에 온라인에 정통한 젊은 층은 버스 여행을 즐거워했다. 설문에 응한 승객 중 37%는 Wi-Fi와 전원 콘센트 제공이 Megabus 버스를 이용하게 된 주된 이유라고 말했다.

마지막으로, 휘발유 가격 상승과 환경에 대한 중요성이 높아짐에 따라 버스 여행은 타의 추종을 불허하는 "친환경" 이점을 제공한다. 버스는 자동차보다 연료 효율이 4배나 높다. Megabus가 중심이 된 미국 운송업체들은 이미 연간 1,100만 갤런의 연료 소비를 줄였으며, 이는 도로에서 자동차 24,000대가 사용하는 연료량과 같다. 정치인들은 고속철도의 "밝은 미래"에 대해 이야기하고 새로운 철도 프로젝트를 위해 100억 달러의 정부예산을 책정하였지만, 이 글을 쓰는 시점에서 고속철도는 단 하나도 운행되지 않고 있다. 반면 Megabus는 인프라의 추가 투자없이 1,300만 명 이상의 승객을 태우고 있다. Bloomberg Businessweek는 새로운 고속철도 건설에 드는 비용과 정치적 골칫거리를 참작해 보면 "Megabus 방식이 매우 효과적이어서 고속철도 계획을 무산시킬 수 있다."라고 분석했다.

Sources: (1)Bloomberg Businessweek, 2011, How to keep the world moving, December 5: 80–86; (2)Bloomberg Businessweek, 2011, The Megabus effect, April 11: 62–67; (3)Megabus, 2020, Bus route guides, www.megabus.com; (4) Stagecoach Group, 2012, www.stagecoachgroup.com

## 토론 질문

1. 그 지역의 기존 운송업체와 직면한 Megabus는 외국 기업으로서의 이질감을 어떻게 극복할 수 있을까?
2. Megabus는 비매력적인 여행 방식을 젊은 사람들과 교육받은 사람들이 더욱 즐거워하는 여행 방식으로 바꿀 수 있었던 이유는?
3. 당신이 '파산 이후의 새로운 Greyhound' CEO라고 가정하자. 당신은 Megabus의 경쟁적 도전에 어떻게 대처할 것인가?

통합사례

10

## Etihad 항공의 전략적 제휴 네트워크

*주요 항공사들의 전략적 제휴 네트워크에 가입할 수 없었던 Etihad 항공은 스스로 전 세계의 전략적 제휴 네트워크를 구축했다. Etihad는 잘 알려지지 않은 다수의 항공사를 이끌 능력을 갖추고 있는가?*

Mike W. Peng, University of Texas at Dallas

2003년에 설립되어 아부다비에 기반을 둔 Etihad 항공은 Emirates 항공사로부터 영감을 얻었다. Emirates 항공은 아랍에미리트(UAE)의 토후국인 두바이에 기반을 두고 있다. 아랍어로 '연합(union)'을 의미하는 Etihad는 상업용 항공 역사상 가장 빠르게 성장하는 항공사가 되었다. 100대 이상의 항공기를 보유한 Etihad는 전 세계 약 100개의 도시로 1,100만 승객을 운송한다. 반면 세계에서 4번째로 큰 항공사인 Emirates 항공은 100개 이상의 도시로 4천만 명의 승객을 실어 나르는 220대의 항공기를 보유한 거대한 기업이다.

Etihad는 매우 성공적인 Emirates 항공을 모방한다. Etihad는 (1)현대식 장거리 비행기(예: Airbus A380과 Boeing 777)를 갖추고, (2)선망의 대상이 되는 아부다비 국제공항의 위치를 활용한다. 아부다비 국제공항은 유서 깊은 두바이의 공항에서 차로 1시간 거리이다. 작은 인구(아부다비 300만, 두바이 400만)를 감안할 때 Etihad는 Emirates 항공과 마찬가지로 "도시와 도시로 많이 연결하는" 허브 항공사가 되어야만 성장할 수 있다. 다시 말해, 승객 대부분은 아부다비만을 방문할 목적으로 오지 않는다. 중동에 위치한 아부다비는 두바이와 마찬가지로 유럽과 오스트랄라시아(오스트레일리아, 뉴질랜드 및 그 부근의 남태평양 지역) 연결과 아시아와 아프리카를 오가는 항공 교통의 이상적인 기착지이다.

Etihad가 롤 모델로 삼았던 Emirates와 다른 시도 중 하나는 제휴 네트워크에 관한 것이었다. 호주 Qantas 항공과의 단일 동맹 외에 Emirates 항공은 다른 제휴 네트워크에 관심이 없었다. 그러나 3개의 주요 멀티 파트너 네트워크(One World, Sky Team, Star Alliance)가 있는 산업계에서 항공사는 제휴가 일반적으로 익숙하다. 하지만 Etihad의 제휴 방식은 다소 독특하다. Etihad는 이 3개의 멀티 파트너 네트워크에 합류하기 위해 노력했지만, 이 네트워크 중 누구도 Etihad에 관심이 없었다. 이에 실망한 Etihad는 8개의 소규모 항공사로 구성된 자체 제휴 네트워크를 구축했으며, 여기에 지분 기반(equity-based)의 전략적 투자를 했다.

2011년 Etihad는 당시 유럽에서 6번째로 큰 항공사인 Air Berlin의 지분 29%를 인수했다. 그 이후로

Etihad는 아래에 있는 항공사 지분을 인수했다.

- 아일랜드 Dublin에 본사를 둔 Aer Lingus(지분 4%);
- 이탈리아 Rome에 기반을 둔 Alitalia(49%), 이탈리아 최대 항공사;
- 세르비아 Belgrade에 본사를 둔 Air Serbia(49%), 이전에 Jat Airways로 알려진 세르비아 최대 항공사;
- Seychelles Mahe에 기반을 둔 Air Seychelles(40%);
- 스위스 Lugano에 본사를 둔 Darwin Airline(34%), 최근 Etihad Regional로 변경;
- 인도 Mumbai에 본사를 둔 Jet Airways(24%); 그리고
- 호주 Brisbane에 본사를 둔 Virgin Australia(20%).

호주 출신의 Etihad CEO인 James Hogan은 어려움을 겪고 있는 아일랜드, 이탈리아, 세르비아, 세이셸(Seychelles)의 국적 항공사를 포함하여 수익이 없거나 현금이 부족한 항공사들을 구제한 "백기사(white knight)"로 여겨진다. Hogan은 소규모 시장에 서비스를 제공하는 항공사에 대한 수십억 달러 투자가 Etihad의 승객 수를 늘리고, Emirates 항공과 경쟁할 때 규모의 경제를 확보할 수 있다고 주장했다. 그러나 Etihad가 이러한 제휴 네트워크를 수익성이 있도록 할 수 있을까? 가장 어려움에 부닥친 제휴회원사는 Alitalia로 5년 동안에 15억 달러의 손실을 보았고, Etihad는 7억 6,000만 달러를 들여 Alitalia를 회생시켰다.

항상 불쾌한 언어를 사용하는 것으로 알려진 아일랜드 및 유럽 최대 항공사인 Ryanair의 CEO인 Michael O'Leary는 기자들에게 Etihad가 "많은 쓰레기를 샀으며, 이의 대표적인 것이 Aer Lingus의 지분을 늘린 것이다."라고 직설적으로 말했다. 실제로 세계 어느 항공사도 Etihad처럼 이 정도 규모로 추진하지 않는다. Etihad가 설령 주머니가 넉넉하더라도 과연 수많은 부실기업을 회생시킬 수 있을까?

2017년 Air Berlin의 손실이 증가하면서 Etihad는 이 항공사에 대한 재정 지원을 중단했다. 완전히 파산한 Air Berlin은 2017년 파산 절차에 들어가 모든 운영을 중단했다. 가장 큰 골칫거리는 Alitalia로, Etihad는 2017년에 이 문제에서 완전히 손을 뗐다. 2020년 코로나로 인해 항공 여행이 크게 줄었다. Alitalia가 2017년에 무너진 이후 구매자를 찾지 못한 이탈리아 정부는 2020년 3월 이 항공사를 국영 기업으로 전환했다. 스스로 고군분투하고 있는 Etihad가 다른 제휴회원사들을 계속 비행시킬 수 있을까?

Sources: (1)Bloomberg Businessweek, 2014, Will Etihad's flock of also-rans fly? April 14: 22–24; (2)CEO Middle East, 2013, Airline alliances: New world order, June: 36–42; (3)Economist, 2020, The lockdown and the long haul, March 21: 15–18; (4)Flight Global, 2020, Alitalia to be renationalised under broad emergency decree, March 17: www.flightglobal.com; (5)Reuters, 2017, Etihad says it will no longer invest in Italy's Alitalia, May 2: www.reuters.com

## 토론 질문

1. Etihad가 추진한 전략적 제휴 방식의 장단점은?
2. Etihad는 각 3대 멀티 파트너 네트워크에 가입을 신청했지만, 그 신청이 거부된 이유는 무엇인가?
3. 코로나 이후에 스스로 고군분투하고 있는 Etihad가 다른 제휴회원사들을 계속 비행시킬 수 있을까?

# 통합사례 11

## OPEC의 사우디아라비아: 카르텔의 가격 리더

*사우디아라비아는 OPEC(가격 담합과 생산량 감산을 통해 산유국의 공동 이익을 추구하는 카르텔)의 확실한 가격 리더이다. 가격 리더는 어떠한 행동을 할까? 카르텔의 질서를 유지하기 위해 사우디아라비아는 자국이 보유한 능력을 어떻게 활용할까?*

Mike W. Peng, University of Texas at Dallas

### OPEC

석유수출국기구(OPEC)는 1961년 1월 이란, 이라크, 쿠웨이트, 사우디아라비아, 베네수엘라 등 5개 국가에 의해 설립되었다. 1965년부터 오스트리아 빈에 본부를 둔 OPEC은 5개 창립국가를 포함하여 알제리, 앙골라, 적도기니, 가봉, 리비아, 나이지리아, 콩고 공화국, 아랍에미리트 등 13개 국가로 이루어져 있다. OPEC 회원국은 세계 석유 생산량의 약 44%를 차지하고 있다. 2016년에는 더 큰 그룹인 OPEC+가 설립되었다. 여기에는 아제르바이잔, 바레인, 브루나이, 카자흐스탄, 말레이시아, 멕시코, 오만, 러시아, 남수단, 수단 등 10개의 국가(OPEC의 정회원은 아님)가 참여하고 있다. 23개국으로 구성된 OPEC+은 세계 석유 생산량의 절반을 차지한다.

OPEC의 공식적인 사명은 "회원국의 석유 정책을 조정 및 통합하여 석유 시장의 안정화를 확보함으로써 소비자에게는 효율적·경제적·정기적인 석유 공급, 생산자에게는 안정적인 소득, 그리고 석유 산업에 투자하는 사람들에게는 공정한 투자 수익률을 보장하는 것이다." OPEC은 카르텔의 대표적인 예이다. 카르텔은 여러 경쟁업체가 공동 이익을 위해 생산량을 고정하고 가격을 담합하는 조직으로 정의된다. OPEC 회원국은 시장 분할을 위해 생산량과 가격을 직접 협상하고 명백한 담합에 참여한다. 피해 당사자는 고객인 석유 수입국이다. 1970년대 두 차례의 석유파동(1973-1974, 1979-1980) 동안 OPEC이 생산량을 줄이고 가격을 인상함에 따라 전 세계는 석유 부족과 경기 침체를 맞이하게 되었다. 그러나 OPEC 카르텔은 적발되면 정부에 의해 기소되는 불법적인 기업 카르텔과 다르다. OPEC은 정부 간 기구로서 주권 국가들에 의해 결성되며, 이들의 담합은 국제법상 국가면제 원칙에 의해 보호받고 있다. 다시 말해, 그러한 카르텔 행위를 처벌할 수 있는 더 높은 권위는 유엔을 포함하여 세계 아무도 없다. 카르텔 대부분은 비밀스럽게 진행되는 반면, 기능이 비교적 투명하고 세계 언론에 널리 보도되는 OPEC의 행동은 우리가 카르텔을 이해하는 데 훌륭한 사례 연구가 될 수 있다.

### 1980년대 사우디아라비아

흥미로운 점은 OPEC에 가장 큰 영향력을 행사하는 국가로서 가격 리더 역할을 하는 사우디아라비아의 행동이다. 석유 산업에서 지배적인 시장점유율을 가진 사우디아라비아는 카르텔의 담합 질서와 안정성을 위해 수용 가능한 가격과 이익을 주도적으로 설정한다. 이론적으로 사우디아라비아는 OPEC 내의 "동등한 여러 국가 중 하나"이다. 그러나 실제로 사우디아라비아는 논쟁의 여지가 없는 OPEC의 가격 리더로서 카르텔 협정의 조건을 지시하고 회원국의 이행을 요구한다. 가격 리더가 보유한 핵심 수단은 처벌 능력이다. 이는 회원국의 불이행을 저지할 수 있는 강력한 무기이다.

일반적으로 카르텔 대부분은 합의에 도달하는 것뿐만 아니라 그 합의에 대한 이행도 어렵다. '죄수의 딜레마' 현상처럼 카르텔의 구성원들은 자신의 시장점유율을 극대화하기 위해 저가로 공급하려는 동기부여를 가진다. OPEC은 회원국의 공동 이익을 위해 1940년대부터 1970년대까지 석유 산업을 지배했던 Seven Sisters[4]와 맞서기 위해 결성되었다. 정회원 13개국과 비정회원 10개국 등 다양한 회원국으로 구성된 OPEC+는 OPEC 외교를 더욱 복잡하게 만들고 합의에 도달하기 어렵게 한다. 블룸버그의 비즈니스위크에 의하면, OPEC 회원국은 자국의 정부 재정을 석유 수출로 벌어들이는 달러로 대부분 조달하고 있기 때문에 회원국 대부분은 오일 머니에만 공통적인 관심을 가진다. 따라서 각 회원국은 합의에 도달한 후에도 그 합의에 이행하지 않을 동기부여를 갖게 된다.

1980년대에 OPEC은 회원국의 석유 생산의 할당량을 정하기 시작했다. 그러나 많은 회원국은 자국의 시장 점유율을 확대하기 위해 "은밀히" 생산량을 늘리면서 그 합의를 이행하지 않았다. 그러한 합의 불이행을 막기 위해 사우디아라비아는 1982년에 OPEC의 감사 대상이 되는 국가의 생산량을 할당량으로 제한하고 가격을 인상하도록 압박했다. 다른 OPEC 회원국들은 이를 준수하지 않았지만, 사우디아라비아는 1979-1981년 기간에 하루 1,000만 배럴이었던 자체 생산량을 1985년에 처음으로 1/3로 줄였다. 그 조치가 효과가 없는 것으로 판명되자 사우디아라비아는 방향을 바꾸어 많은 석유를 시장에 공급하여 1979-1981년에 당시 배럴당 최고치인 40달러였던 가격을 10달러 아래로 떨어뜨렸다. 사우디아라비아는 손실을 보았지만, 최저 비용으로 생산하는 산유국이라 그 손실은 감당할 만했다. 그러나 고비용으로 생산하는 다른 회원국은 경제적 손실을 견딜 수 없었다. 이전에 OPEC 합의를 준수하지 않았던 "무임승차" 회원국들은 자국의 증가하는 경제적 어려움 때문에 결국 1986년에 공동으로 생산량을 줄이고 가격을 인상함으로써 사우디아라비아의 의도대로 행동했다. 전반적으로 사우디아라비아의 처벌 효과는 그 의지와 실행 능력에 달려 있다. 사우디아라비아는 작은 부정행위라도 처리하지 않으면 회원국의 불이행이 만연하고 카르텔이 붕괴될 수 있음을 깨달았기 때문에 그러한 값비싼 조치를 기꺼이 취했다.

## 2020년 사우디아라비아

2010년대 OPEC의 가장 큰 위협은 셰일 혁명이었다. 이것은 미국을 세계 1위, 사우디아라비아를 2위, 러시아를 3위 산유국으로 만들었다. 셰일 혁명에 의한 미국 에너지 생산량의 증가는 중동 석유에 대한 의존을 줄이고, 40년 동안 국제 에너지 가격을 책정해 온 OPEC의 지배력을 떨어뜨렸다. 2016년 러시아가 나머지 산유국 9개국을 OPEC+에 가입시킨 후, 사우디아라비아와 러시아가 주축이 된 OPEC+는 2017년부터 2019년 사이 더 높은 석유 가격을 위해 자발적인 감산을 추진하였다. 2018년 10월에 OPEC+는 하루 120만 배럴(회원국 생산량의 약 3%) 감산을 약속했다. 사우디아라비아와 러시아는 감산하기로 합의한 후, 사우디아라비아는 실제 하루 850,000배럴 이상을 단독으로 감산하게 되는데 이는 전체 OPEC+ 목표의 3분의 2 이상이었다. 그러나 러시아는 감산 합의를

4 "Seven Sisters"는 7개의 메이저 석유 회사에 의해 형성된 카르텔로서 미국의 Exxon(현재 ExxonMobil), Mobil(현재 ExxonMobil), Chevron, Gulf Oil (현재 Chevron), Texaco(현재 Chevron), 그리고 영국의 BP와 Shell로 구성되었다.

이행하지 않고 오히려 하루 25만 배럴을 더 생산했다.

2020년 3월 빈에서 사우디의 석유 장관과 러시아의 석유 장관이 협상을 위해 만났지만 결렬되었다. 이 협상에서, 사우디아라비아는 러시아에 2017~2019년 동안의 생산량보다 하루 150만 배럴(세계 생산량의 약 1.5%)을 추가 감산하는 OPEC+의 합의를 전적으로 수용하거나 혹은 수용하지 않는 방안 중에 양자택일할 것을 최후통첩했다. 그러나 러시아는 그 제안을 거부했으며, 그 결과 2020년 4월 1일부터 모든 OPEC+ 회원국은 석유를 마음대로 생산하였다.

OPEC+ 협상이 결렬된 후 그다음 날인 2020년 3월 8일, 유럽 산유량을 기반으로 한 글로벌 원유 벤치마크인 브렌트유(Brent) 가격은 개장 후 몇 초 만에 30% 이상 하락했다. 이는 1991년 걸프전 이후 하루 최대 낙폭이었다. 2020년 1월 브렌트유는 배럴당 약 70달러였다. 3월 30일까지 22달러로 떨어졌다. 배럴당 3달러의 세계 최저 비용으로 생산하는 사우디아라비아는 4월 1일부터 하루 생산량을 1,200만에서 1,300만으로 늘리는 엄청난 도박을 감행했다. 이러한 도박은 러시아를 곤경에 빠뜨릴 뿐만 아니라 OPEC 안정을 위협하는 회원국에 경고하고, 그리고 엑손모빌과 같은 메이저 회사부터 소규모 셰일 업체의 셰일 생산 계획을 방해하기 위한 것이었다.

사우디아라비아는 이러한 증산 조치를 얼마 동안 시행할 계획을 세웠었던 것 같다. 첫째, 사우디 왕국은 2018-2019년 동안 정부의 자금 조달 비용을 줄이기 위해 유일한 국영 기업인 Saudi Aramco의 기업공개(IPO)를 조직적으로 압박하여 공적 자금을 조달했다. 2019년 12월, Aramco는 사우디 증권 거래소에 자사주의 1.5%만을 제공하여 260억 달러를 조달했다. 현재까지 이 금액은 2014년 Alibaba IPO를 능가한 세계 최대의 IPO였다. 그 결과, Aramco는 시가 총액 1조 8,800억 달러에 이르는 세계의 가장 가치 있는 상장 기업이 되었다.

둘째, 사우디아라비아와 러시아는 손익분기점이 배럴당 48달러인 미국의 셰일 생산업체를 파산시키기 위해 석유 가격을 떨어뜨리는 데 공통적인 관심이 있었다. 이에 대한 대응으로, 이미 부채가 늘어난 미국 셰일 업체들은 생산량을 서둘러 줄여야 했다. 사우디아라비아와 러시아가 다수의 미국 셰일 업체를 폐업시키면 두 나라 간 재협상에 들어갈 가능성이 크다. 이것이 카르텔 구성원이 비회원을 몰아낸 후 일반적으로 행동하는 방식이다.

셋째, 사우디아라비아는 미래 유가를 극대화할 목적으로 정책을 대외적으로 변경했을 수 있다. 이는 친환경(비화석 연료) 에너지가 계속 증산됨에 따라 상당한 석유 자산이 급격히 감각 상각될 수 있기 때문이다. 실제로 Aramco의 2019 IPO 투자 설명서에서는 향후 20년이 석유 수요 정점에 도달할 것으로 예측했다. 따라서 현재의 낮은 비용으로 많은 석유를 퍼내는 것이 조만간 다가오는 수요 급락과 점점 인기 없는 화석 연료 자산에 매달리는 것보다 더 나아 보였다. 이것은 빠르게 이익을 창출하는 정책이다. 한편, 이러한 정책의 중요 이점은 시장에 낮은 가격으로 제공함으로써 유틸리티 회사, 일반 기업, 정부, 그리고 가계가 친환경 에너지로 전환하려는 의도를 상당히 줄일 수 있다는 것이다.

그러나 사우디아라비아의 이러한 행동은 코로나바이러스로 인한 글로벌 경기침체 시기와 맞물려 좋지 않았다. 코로나바이러스는 세계 경제를 셧다운시켰다. 사람들은 재택근무를 하게 됨에 따라 출퇴근 연료가 필요하지 않았다. 사람들이 여행을 중단하고 항공사가 항공편을 취소함에 따라 연료 수요가 확 줄어들었다. 따라서 사우디아라비아가 2020년 3월 말까지 더 많은 석유 소비를 장려하기 위해 유가를 엄청나게 낮춘 행동은 오히려 자국의 세계 시장점유율 방어에 어려움을 주는 조치로 보였다.

사우디아라비아의 행동은 그 자체로 큰 대가를 치렀다. 이러한 행동은 값싼 제품을 시장에 제공하려는 가격 리더의 전형적인 방법이었다. 여러 언론 매체는 사우디아라비아가 예산 균형을 맞추기 위해선 배럴당 50~80

달러가 필요하다고 보았다. 그러나 2020년 4월 9일까지 OPEC의 1일 바스켓 가격(모든 회원국의 13개 원유 평균 가격)은 배럴당 21달러로 떨어졌다. 이처럼 낮은 유가에서 가격 전쟁을 벌이면 국제수지 적자가 발생하게 된다. 사우디아라비아는 상당한 기간 동안 손실을 보며 저유가의 세계에서 살아가기에 심각한 경제적 고통을 겪을 것이다. 한동안 카르텔의 가격 리더인 사우디아라비아와 주도적 반대 세력인 러시아는 어떤 행동도 전혀 취하지 않았다. 모든 회원국은 마음대로 석유를 생산했다.

서로 간에 패하게 만드는 가격할인 전쟁은 오래 지속되지 않았다. 2020년 4월 12일, "적대 행위"가 시작된 지 12일 후에 사우디아라비아, 러시아, 그리고 나머지 OPEC+는 도널드 트럼프 미국 대통령이 중재한 합의에 이르렀다. OPEC+는 하루 970만 배럴을 감산하기로 합의했다. 이러한 OPEC+의 감산 외에 미국, 캐나다, 브라질은 370만 배럴을 그리고 다른 G20 국가는 130만 배럴을 추가 감산하기로 했다. 이러한 일이 있기 전에 트럼프는 기자들에게 가격 담합 때문에 "나는 OPEC이 싫다." 라고 말했었다. 그러나 미국 석유산업의 일자리(특히 셰일 생산 일자리)를 보호한다는 더 큰 맥락에서 트럼프는 카르텔에 대한 개인적 반대를 뒤집으면서 30년 만에 처음으로 유가 인상을 추진한 미국 대통령이 되었다. 합의가 이루어진 것은 4월 12일 일요일이었다. 다음날인 4월 13일 월요일에 먼저 개장된 아시아의 브렌트유 가격은 거래의 처음 몇 초 동안 8% 급등했으며, 결국 하루에 배럴당 31달러까지 치솟았다.

그러나 4월 20일, 미국의 벤치마크 가격이자 두 개의 글로벌 벤치마크 중 하나(다른 하나는 브렌트유)인 서부 텍사스산(WTI) 원유 5월물 인도 계약은 배럴당 37.63달러로 떨어졌다. 입이 떡 벌어지게 만드는 이러한 수치는 생산자가 구매자에게 기름을 판매할 때 오히려 돈을 지급한다는 것을 의미했다. 약 일주일 전에 트럼프가 중개한 거래는 감산량이 너무 적었으며 다소 늦었다. 사우디아라비아 주도의 가격 전쟁 그리고 코로나바이러스로 인한 수요 감소로 확대된 석유 업계의 만성적인 공급 과잉은 세계 각 나라에서 보유한 저장 용량을 뛰어넘었다. 브렌트유는 4월 20일 배럴당 25달러 초반의 급락세로 마감했다.

새로운 협정은 세계 최대 카르텔의 가격 리더인 사우디아라비아에 싸움을 잠시 멈추게 하였지만, 영원히 평화를 제공한 것은 아니었다. 이 협정은 5월 1일에 적용되기 때문에 모든 산유국은 석유 생산을 4월의 남은 3주 동안 자유롭게 할 수 있었다. 이것은 4월 말의 급격한 가격 붕괴를 이끌었다. 결국, 카르텔의 회원국들이 자국 이익을 위해 부정행위를 하려는 동기가 충분하다는 것을 고려할 때, 감산의 검증 방법과 불이행의 처벌 방법과 관련된 불확실성은 계속해서 많이 증가할 것이다.

---

Sources: (1)Associated Press, 2020, OPEC calls for big production cut, but will Russia agree? March 5: apnews.com; (2)Bloomberg, 2020, Oil for less than nothing? April 20: www.bloomberg.com; (3)Bloomberg Businessweek, 2020, Behind the oil war, March 23: 8-10; (4)CCN, 2020, Collapsing crude prices will bankrupt US shale oil stocks, March 9: www.ccn.com; (5)Fortune, 2020, Saudi-Russia oil price war ends with OPEC+ deal to slash output, but prices stay near lows, April 13: fortune.com; (6)Fortune, 2020, Trump's oil deal, April 14: fortune.com; (7)Moscow Times, 2019, 6 things you need to know about OPEC+, December 4: www.themoscowtimes.com; (8)OPEC, 2020, Member countries, www.opec.org; (9)OPEC, 2020, OPEC daily basket price stood at $21.19 a barrel, April 8: www.opec.org; (10) Saudi Aramco, 2020, Who we are, www.saudiaramco.com

## 토론 질문

1. 윤리적 이슈: 카르텔의 특징은 무엇인가?
2. 카르텔의 가격 리더가 갖는 이점과 단점은?
3. OPEC+ 회원국이 될 때 얻는 이점과 단점은?
4. 윤리적 이슈: 당신은 미국 셰일 생산업체의 CEO로서 대통령을 만날 수 있는 기회가 있다고 가정하자. 당신은 셰일 생산업체를 위한 정부의 구제금융을 위해 로비하는 것 외에 행정부가 사우디아라비아와 협상할 때 외교적으로 어떻게 하는 것이 바람직한지 대통령에게 무엇을 조언하겠는가?

# 통합사례 12

## Nomura의 Lehman Brothers 통합

*Nomura와 Lehman Brothers 두 기업은 전략적 적합성이 있는가? 두 기업의 조직 적합성은 어떤가? Nomura는 서로 다른 경영 스타일을 지닌 두 기업을 성공적으로 통합하는 데 필요한 것을 갖추고 있는가?*

Mike W. Peng, University of Texas at Dallas

### 일생의 기회

2008년 9월 Lehman Brothers는 파산했다. 영국의 Barclay Capital은 Lehman의 북미 사업을 37억 5천만 달러에 인수했다. Nomura는 Lehman의 아시아와 유럽 사업을 2억 달러라는 저렴한 가격에 매입했다. 1925년에 설립된 Nomura는 일본에서 가장 크고 오래된 증권 중개 및 투자 은행 회사이다. Lehman을 인수한 2008년 전까지 Nomura는 30여 개의 국가에서 사업을 운영했다. Nomura는 금융 서비스 산업의 빅 리그에 속하지만, 주로 아시아지역의 한 기업으로 알려졌다. 2008년 초 엘리트 투자은행 회사목록에는 Lehman을 포함하여 미국의 Goldman Sachs, Morgan Stanley, Bear Stearns, JP Morgan, Citigroup, 스위스의 Credit Suisse, UBS, 그리고 독일의 Deutsche Bank 등이 있었다. 이 그룹에 Nomura를 포함한 사람은 아무도 없었다. Nomura 자신 또한 아시아의 Merrill Lynch로 여겼다.

격동의 2008년에 베어 스턴스가 먼저 무너졌고, 그 다음 Lehman이 파산했으며, 위에 언급된 빅 리그의 모든 회사는 심각한 재정적 어려움에 부닥쳤다. Nomura에게 이 상황은 일생일대의 기회였다. Nomura의 CEO인 Kenichi Watanabe는 24시간 만에 아시아와 유럽에 있는 Lehman의 자산을 인수하기로 결정했다. Lehman 자산 중 일부는 매우 저렴했다. 예를 들어, Nomura는 프랑스 투자 은행을 단 1유로에 매입하였다. Nomura는 Lehman의 아시아와 유럽 사업을 선별적으로 매입하고, 일본 이외 지역의 직원 규모가 기존보다 3배가 늘어난 8,000명이 됨에 따라 하룻밤 사이에 글로벌 거물급으로 탈바꿈했다. 문제는 Nomura가 이 인수를 성공으로 이끄는 데 필요한 역량을 갖추고 있는지였다.

### 통합 과제

그 대답은 Nomura 주가가 2008년 1,900엔($17.67)의 고점에서 2012년 200엔($1.86)의 저점을 경험한 투자자 관점에서 단호히 "아니다!"였다. Nomura가 합리적인 가격으로 인수했고 과다 지급하지 않았기 때문에 가장 큰 과제는 인수 후 통합 문제였다. 이 통합은 위계적인 종신 고용으로 운영하는 일본 기업과 활발한 성과 중심으로 운영하는 뉴욕 투자 은행간의 합병이었다.

분명히 Lehman의 가장 가치 있는 자산은 직원들의 능력이었다. Nomura는 대부분의 기존 Lehman 직원들을 유지하기 위해 10억 달러(인수 가격의 5배)의 보상금을 따로 마련했다. Lehman 직원들이 계속 Nomura에서 일하기로 한다면, 2007년 급여 수준(상여금 포함)으로 3년간 고용을 보장했다. 그들 중 약 95%가 Nomura의 제안을 받아들였다. 2008~2009년 금융 위기(Lehman의 파산으로 촉발된) 속에 가까스로 살아남은 다른 기업의 직원들도 일자리를 잃고 있었다. 따라서 Lehman의 대부분 직원은 Nomura가 일자리와 급여 수준을 모두 보장한다는 사실을 고맙게 여겼다.

대신, Nomura의 오랜 전통은 Lehman 인수로 인해 상당한 압박을 받았다. 가장 큰 문제는 급여 수준의 차이였다. Lehman 고위 경영진의 대부분은 2007년에 평균 100만 달러의 급여를 받았다. 그리고 Nomura 직원은 일반적으로 Lehman 직원의 절반만큼 급여를 받았다. 따라서 Lehman 직원들에게 보장한 급여 수준은 Nomura의 일본 직원들에게 큰 파장을 일으켰다. 이에 대한 대응으로, 2009년에 Nomura는 일본의 직원들에게 고용 안정성을 낮추는 대가로 Lehman 직원들과 비슷한 급여와 보너스를 제공하기로 했다. 즉, 경제적 보상은 크지만, 실적이 저조하면 해고당할 가능성이 커진 것이다. 약 2,000명의 일본 직원들이 이 제안을 수락했으며, 급여는 회사 전체의 성과가 아닌 개인 성과 및 부서 성과와 연동되었다.

또 다른 문제는 직무순환 제도였다. 많은 일본의 주요 기업과 마찬가지로 Nomura는 관리자를 주기적으로 다른 직무로 순환시켰다. 예를 들어, Yoshihiro Fukuta는 2008년 Nomura 홍콩법인의 책임자였다가 2009년에 도쿄 본사의 내부 감사 책임자로 이동했다. 이러한 직무순환 방식은 여러 분야에 능숙한 일반 관리자를 배출하지만 엄격한 위계질서를 만들어낸다. 관리자는 자신의 성과가 아무리 뛰어나더라도 이전에 그가 모셨던 상사(항상 남성)보다 높은 직책에 올라갈 가능성이 낮았다. 이러한 Nomura의 방식은 서양의 규범과 직접적으로 부딪친다: 서양에는 일반적으로 (1)한 분야의 깊은 지식이 있는 전문가가 더 많은 작업을 수행하며, (2)뛰어난 성과를 낸 인재는 빨리 승진한다. Nomura의 해외 직원들에게는 직무순환 제도가 거의 적용되지 않았지만, 직무순환 과정을 거친 일본 임원들만 최고경영자가 되었다. Nomura는 사사의 세계화를 위해 다양한 인재, 특히 Lehman 출신 인재들을 활용해야 했다. Nomura는 직무순환 경험도 없고 이것을 원하지도 않는 Lehman 출신 직원들을 수용할 수 있을까?

## 인수 후 성과

인수 4년 후의 Nomura 성과는 실망스러웠다. 2009년에 Nomura는 투자 은행 본사를 런던으로 옮겨 일류기업으로 진입하려고 노력했다. 2011년 기준으로, Nomura는 유럽에서 주식 공모 부문에서 13위, 합병 컨설팅 부문에서 15위였다. 일본 이외의 아시아와 미국의 주식 공모 부문에서 각각 24위와 22위였다. 일본에서의 영향력은 Lehman 인수를 통해 더욱 커졌다. 해외기업 인수와 관련된 컨설팅 사업의 시장점유율은 2007년 10%에서 2011년 25%로 급증했다.

인수 후 통합 문제는 계속해서 Nomura의 가장 큰 골칫거리였다. 일본 밖의 업무는 “거꾸로” 외국인들이 Nomura를 인수한 듯 외국인에 의해 모든 일이 처리되었다. Nomura는 Lehman의 흔적을 없애기 위해 상징적인 캠페인을 벌였다. 런던의 고위 임원 회의에서 "L" 단어를 언급한(예를 들면, “이것이 우리 리[L]먼에서 했던 방식입니다” 같이 사용한 경우) 사람은 매번 5파운드(6.25달러)의 벌금을 조그만 돈 상자에 넣어야 했다.

2012년, Nomura 그룹의 부회장이자 Nomura의 투자 은행의 CEO인 Jesse Bhattal(Lehman의 전 아시아태평양 CEO였으며, Nomura에서 가장 높은 비일본인 임원)은 큰 손실을 낸 후 사임했다. Bhattal은 Nomura 그룹의 이사회가 요구하는 바를 충족시키지 못하고, 비용 절감을 충분히 하지 못한 사실에 좌절했다. 블룸버그는 그의 퇴직을 "Nomura 내 갈등의 절정"으로 보도했다.

시간이 지남에 따라 Nomura의 주가는 2012년 최저점인 200엔($1.86)을 회복하는 중이다. 2017년에 700엔($6.51)까지 올라왔지만, 여전히 2008년 최고치인 1,900엔($17.67)의 절반에는 미치지 못한다. Nomura의 최고 경영진은 Lehman 통합에 필요한 실행 비용을 그 당시에 과소평가했지만, 지금은 비용 절감이 매우 필요하다고 강조한다. 이의 실천 방안으로, 2017년에 Nomura는 유럽의 현금과 주식을 완전히 철수하고 직원 500명을 해고했다.

Sources: (1)Bloomberg, 2012, Nomura reeling from Lehman hangover, February 28; (2)BusinessWeek, 2009, Nomura is starting to flex its Lehman muscles, September 28; (3)E. Choi, H. Leung, J. Chan, S. Tse, & W. Chu, 2009, How can Nomura be a true global financial company? case study, University of Hong Kong; (4)Economist, 2009, Nomura's integration of Lehman, July 11; (5)Financial Times, 2017, Singed by Lehman purchase, Nomura tries expansion again, July 2: www.ft.com; (6)A. Huo, E. Liu, R. Gampa, & R. Liew, 2009, Nomura's bet on Lehman, case study, University of Hong Kong; (7)Reuters, 2012, Ex-Lehman's Bhattal quits Nomura amid deep losses, January 10: www.reuters.com

## 토론 질문

1. Nomura와 Lehman의 전략적 적합성은 무엇인가?
2. 조직적 적합성은 있는가? 이 두 회사의 문화적 격차를 해소하는 방법은?
3. Nomura의 통합 노력에서 얻을 수 있는 핵심 교훈은 무엇인가?

# 통합사례 13

## 상하이 디즈니랜드

*20년의 세월이 흐른 2016년에 세계 최대의 디즈니랜드가 상하이에 문을 열었다. 디즈니 회사의 회장이자 CEO인 Robert Iger는 오픈식에서 다음과 같은 개회사를 하였다. "중국 사람에게 특별하게 멋진 디즈니가 있습니다. 상하이 디즈니는 중국에서의 성공을 위해 필요한 모든 것을 갖추고 있습니다."*

Mike W. Peng, University of Texas at Dallas

2016년 6월 16일, 세계 최대의 디즈니랜드가 상하이에 문을 열었다. 이것은 마치 거대한 성 모양으로 높이가 200피트가 된다. 이에 비해 캘리포니아주 애너하임과 플로리다주 올랜도에 있는 두 개의 디즈니는 각각 77피트와 180피트이다. 상하이 디즈니의 놀이기구는 Tron Lightcycle Power Run의 롤러코스터와 같이 약 80%가 독특하다. 테마파크 곳곳에서 중국적인 것들을 발견할 수 있다. 최고급 레스토랑인 Wandering Moon Teahouse에는 중국의 여러 지역을 대표하는 음식 매장이 있다. 상하이 디즈니의 중심가는 문화 제국주의의 비판 때문에 다른 나라에 있는 디즈니 중심가들과 달리 Jungle Cruise와 Space Mountain 같은 장소들이 없다. "중국 사람에게 특별하게 멋진 디즈니"는 당시 월트 디즈니(이하 "디즈니")의 회장이자 CEO였던 Robert Iger가 만든 흥미로운 구호다. 상하이 디즈니 근처에는 3억 3천만 명 이상의 사람들이 자동차나 기차로 3시간 이내에 살고 있다. 디즈니 회사는 55억 달러 규모를 투자한 테마파크뿐만 아니라 영화, 게임, 장난감, 의류, 책, TV 프로그램, 크루즈, 리조트 분야에서 평생 고객을 만들길 원한다.

디즈니 상징인 미키의 중국 진출은 험난한 여정이었다. 중국에 대한 구애는 1990년대 후반 장쩌민이 중국 주석이고 Michael Eisner가 디즈니 회장이자 CEO였을 때 시작되어 20년간 지속되었다. 그 당시 디즈니는 중국의 주요 TV 방송국에서 일요일 저녁에 방영한 만화 시리즈로 어느 정도 성공했다. 그 후 디즈니는 외국으로 망명한 티베트의 정신적 지도자인 달라이 라마에 관한 영화인 '쿤둔(Kundun)'을 개봉하여 중국 정부의 분노를 촉발했다. Eisner는 이로 인해 "중국에서 우리의 모든 사업이 하룻밤 사이에 중단되었다."라고 회상했다. 절망 속에 빠진 디즈니는 전 국무장관이었던 Henry Kissinger를 컨설턴트로 고용했다. 그는 1970년대에 미국과 중국의 외교 관계 수립을 주도했고 중국인에게 신뢰할 수 있는 친구로 여겨진 사람이었다. Kissinger의 강력한 로비와 Eisner의 굴욕적인 사과 후에 중국 정부는 디즈니와의 협상을 재개하였다. '쿤둔' 영화는 재정적으로도 큰 손해를 보았다. 3,000만 달러가 투자되어 500만 달러의 흥행 수익을 얻었다.

Eisner는 몇 년 후에 당시 디즈니의 국제업무 사장이었던 Iger를 테마파크 협상의 책임자로 내세웠다. 그

협상의 진행은 더디고 험난했다. Iger는 Eisner의 뒤를 이어 2005년에 CEO가 되고 2012년에 회장이 되었다. 그는 협상 과정을 설명하면서 "중국의 세 명의 주석, 여러 명의 총리, 부총리, 공산당 비서, 그리고 5~6명의 상하이 시장이 있었다."라고 회상하였다.

2009년이 되자 중국 정부는 마침내 허가를 내주었지만, 디즈니는 상하이 디즈니 리조트 43%의 지분을 가진 소수의 파트너가 되어야만 했다. 상하이 디즈니 리조트에는 최고의 디즈니랜드 뿐만 아니라 2개의 추가 테마파크, 2개의 테마호텔, 쇼핑몰, 그리고 엔터테인먼트 시설이 있다. 그 규모는 홍콩 디즈니랜드의 3배 크기이다. 디즈니의 합작 투자 파트너인 Shanghai Shendi Group은 상하이 정부가 관리하는 국영 그룹으로 리조트의 지분 57%를 소유했다. 디즈니는 이 리조트를 실제 운영하던 매니지먼트 회사의 지분 30%를 포기했다. 이에 비해 홍콩 디즈니랜드의 합작 투자에서 디즈니는 48% 그리고 홍콩 정부는 52% 지분이었지만, 디즈니는 홍콩에서 경영권을 포기하지 않았다.

디즈니는 왜 그렇게 중국 진출을 원했을까? 디즈니는 케이블 TV, 영화, 일부 테마파크와 기타 분야에서 부진한 실적을 내고 있었다. 반면 중국은 시장 규모와 잠재력 면에서 매력적이었다. 2011년 4월, 상하이 디즈니랜드는 Iger와 중국 관리들이 함께 착공식을 했으며, 미키와 미니마우스가 중국 의상을 입고 장난을 치고, 어린이 합창단이 중국어로 '별에게 소원을(When You Wish Upon a Star)' 부르는 행사를 했다. 세간의 이목을 끄는 이러한 행사에도 불구하고, 상하이 디즈니가 이익을 얻을 것이라는 보장은 없었다. 예를 들어, 1992년에 개장한 디즈니랜드 파리는 지속적인 이익을 얻기 위해 여전히 고군분투하고 있다.

상하이 디즈니랜드의 경우 세부적인 사항까지 관심을 썼다. 현지 사람들의 흥미를 높이기 위해 Iger는 놀이기구의 80%를 현지화하고, 음식(도날드덕 모양의 와플 등)을 미리 맛보고, 퍼레이드에 등장할 캐릭터를 직접 결정하는 등 엄청난 노력을 했다. 2016년 3월에 처음 공개된 상하이 디즈니랜드의 웹사이트는 30분 만에 500만 조회수를 기록했다. 또한, 첫 2주간의 티켓은 몇 시간 만에 매진되었다.

그러나 상하이 디즈니랜드가 설립된 이후 처음 맞이한 중국 설날의 기념행사를 2017년 1월에 진행할 때 실망스러운 소식이 전해졌다. 오픈한 지 첫 6개월 동안인 2016년 12월 31일에 단지 560만 명의 손님이 방문했다는 소식이었다. 괜찮은 수치이지만 첫해 약 1,500만 명의 방문객을 예상했던 예상치에 훨씬 못 미쳤다. 방문객 수가 현재 속도로 진행된다면 첫해의 연간 방문객 수는 1천만 명을 넘기기 쉽지 않다. 디즈니 세계에서 첫해 1천만 명의 방문객은 그렇게 나쁘지 않은 수치이다. 홍콩 디즈니는 설립된 후 11년이 지난 2015년에 700만 명의 방문객이 다녀갔다. 이에 비해 2015년에 파리는 1,500만, 도쿄는 1,700만, 애너하임은 1,800만, 올랜도는 1,900만 명의 방문객이 다녀갔다. 이러한 자매 디즈니 회사들은 이전에 세워져 오랜 명성을 얻어왔지만 상하이 디즈니랜드는 분명히 갈 길이 멀다.

2017년 상하이 디즈니랜드의 방문객 수는 1,100만 명에 달했다. 2018년에는 그 수가 1,200만 명이었다. 그러나 2019년에는 그 수가 조금 줄어들었고, 디즈니는 방문객을 유치하기 위해 티켓 가격을 낮춰야 했다. 그러다 코로나가 닥쳤다. 이로 인해 상하이 디즈니랜드는 2020년 1월에 폐쇄하고 5월 11일에 재개장했다. 이 시기에 다시 문을 연 것은 전 세계의 디즈니 테마파크 중 처음이었다. 중국 정부는 디즈니의 하루 최대 수용 인원을 코로나19 이전의 3분의 1 미만인 24,000명으로 제한했다. 디즈니는 실제로 정부가 제시한 인원수보다 입장권 판매를 훨씬 적게 하였고, 입장하는 방문객마다 직원들이 일일

이 체온을 확인하고, 테마파크 내 사회적 거리를 유지하는 등 새로운 안전 규칙을 시행했다. 디즈니가 재개장하기 직전의 일주일 동안 판매한 한정 수량의 티켓은 몇 시간 만에 매진됐다. 코로나 백신이 없더라도, 일부 사람들은 즐거운 시간을 보내고 싶었기 때문이다. 티켓 판매 감소는 이익 감소를 의미했지만, 재개장하는 바로 앞 주의 디즈니 주가는 8% 상승했다. 투자자들은 글로벌 폐쇄의 암울한 세계에서 상하이 디즈니랜드의 재개장이 가져온 희미한 희망을 높이 평가했다.

재개장 후에도 상하이 디즈니랜드가 중국과 미국 간의 지정학적 긴장 고조에 의해 어떤 영향을 받을지 지켜봐야 한다. 중국과 미국 간의 관계는 코로나19가 발생하기 2년 전부터 불편해지고, 바이러스가 창궐하는 동안 '상대방 비난'으로 더욱 악화되었다. 한 가지 분명한 사실은 디즈니 회사가 중국에 진출하였지만, 이 비즈니스는 쉽게 미키마우스가 되지 않을 것이다.

Sources: (1)Bloomberg Businessweek, 2011, Disney gets a second chance in China, April 18: 21–22; (2)Fortune, 2016, Building Tomorrowland, June 15: 59–64; (3)Fox Business, 2019, Disney CEO: Complications from US-China trade dispute would be "short-lived," May 30: www.foxbusiness.com; (4)Guardian, 2016, Middle Kingdom v Magic Kingdom, June 15: www.theguardian.com; (5)New York Times, 2016, How China won the keys to Disney's Magic Kingdom, June 14: www.nytimes.com; (6)New York Times, 2020, Shanghai Disneyland reopens with strict safety procedures, May 11: www.nytimes.com; (7)M. W. Peng, 2017, Mickey goes to Shanghai, in Global Business, 4th ed. (pp. 339–340), Boston: Cengage; (8)Shanghaiist, 2017, Shanghai Disneyland welcomes 5.6 million visitors in first six months, is kind of a disappointment, January 17: www.shanghaiist.com; (9)Skift, 2019, Disney CEO still bullish on China despite Shanghai park slump, November 8: www.skift.com; (10) Statista, 2019, Attendance at the Shanghai Disneyland theme park in China from 2016 to 2018, www.statista.com; (11) Travel Pulse, 2019, Disney World attendance up, Disneyland visitor numbers down, November 8: www.travelpulse.com.

## 토론 질문

1. 당시 디즈니의 회장이자 CEO였던 Robert Iger가 상하이 디즈니를 위해 만든 구호인 "중국 사람에게 특별하게 멋진 디즈니"에 대해 자세히 설명하라. 통합-대응 모형(integration-responsiveness framework)를 사용하여 디즈니의 전략적 선택을 설명할 수 있는가?
2. 디즈니는 중국에서의 불리한 사항을 어떻게 극복할까? 디즈니는 중국에서 성공할 수 있을까?
3. 윤리적 이슈: 당신이 상하이 디즈니랜드의 CEO이라면, 미-중 지정학적 긴장(무역 전쟁, 외교적 다툼 등)이 계속되고 있는 상황에서 디즈니 보이콧을 촉구하는 중국 온라인 게시물에 대해 어떻게 대응할 것인가? (귀하의 국적은 미국 또는 중국일 수 있다).

# 통합사례 14

## 삼성의 글로벌 전략 그룹

*삼성은 전 세계적으로 이끌어나갈 자사의 미래 리더들의 파이프라인을 확보하기 위해 서구 최고의 경영대학원에서 외국인 인재를 공략하는 글로벌 전략 그룹을 설립했다. 이렇게 선발된 글로벌 인재들은 전 세계적으로 파견되기 전에 한국에서 4년 동안 거주하면서 다양한 삼성 부서의 내부 컨설턴트로 활동한다.*

Mike W. Peng, University of Texas at Dallas

한국의 대표 대기업인 삼성그룹은 1938년에 설립되었다. 2019년 기준으로 80개국 510개 부서에 320,000명의 직원이 있으며 연간 매출은 3,000억 달러 이상이다. 삼성그룹의 주력 회사는 2,060억 달러의 매출을 달성한 삼성전자이다. 삼성그룹의 주요 기업으로는 삼성생명(세계 13위 생명보험사), 삼성물산(세계 최대 초고층 빌딩, 태양광 및 풍력 발전소 개발사), 삼성중공업(세계 최대 규모의 조선소) 등이 있다. 한국 GDP의 약 20%를 차지하는 삼성의 기업성과는 매우 인상적이다.

한국 밖에서 이루어지는 치열한 글로벌 경쟁을 위해 삼성은 더 많은 외국인 인재를 유치하고자 시도하였으나 쉽지 않았다. 전통적인 조직의 엄격한 계층 구조와 언어 장벽으로 인해 외국인 인재를 유치하고 유지하려는 노력은 오히려 실망스러웠다. 이에 대한 대응책으로, 1997년 삼성그룹 본사는 고유한 내부 컨설팅 부서이면서 CEO에게 직접 보고하는 글로벌 전략 그룹을 설립했다. 글로벌 전략 그룹의 구성원들은 서양 최고의 경영대학원에서 MBA를 졸업한 외국인으로 Goldman Sachs, Intel, McKinsey 등의 선도적인 다국적 기업에서 근무한 경험을 가졌다.

그룹의 구성원들은 서울에서 2년을 보내며 한국어 기초를 배워야 한다. 삼성의 웹 사이트에 의하면 이 그룹의 사명은 다음과 같다. "(1)삼성의 관리자를 양성, (2)삼성의 기업성과를 향상, (3)삼성을 전 세계로 확장하는 것"이다. 이 그룹에 새로 고용된 구성원들은 공식적으로 글로벌 전략가의 직책을 가지며 다양한 산업, 기능, 위치에서 중요하고 큰 프로젝트를 수행한다. 글로벌 전략 그룹의 전반적인 목표는 삼성 본사와 계열사를 이끌어갈 미래 리더의 파이프라인을 구축하는 것이다. 2013년 기준으로 삼성의 글로벌 전략가들은 18개국에서 19개 모국어를 사용하고 평균 6년의 경력을 갖고 있으며 평균 30세였다. 글로벌 전략 그룹은 구성원들을 성공적으로 교육하여 삼성의 급속한 글로벌 성장이 이루어짐에 따라 전 세계 자회사에 다양한 관리자 역할을 할 수 있도록 했다. 오늘날 이 출신들은 삼성의 성장을 주도하고 삼성을 최고의 글로벌 조직으로 변화시키는 데 핵심적인 역할을 하고 있다.

글로벌 전략 팀들은 삼성그룹에 있는 기업들을 위해 다양한 내부 전략 컨설팅 프로젝트를 수행한다. 각 팀의 프로젝트 리더는 한 개인이 일반적으로 쌓을 수 있는 컨설팅 경력보다 높은 수준의 컨설팅 프로젝트에서 훨씬 일찍 리더 역할을 맡을 수 있다. 각 팀에는 1~2명의 글로벌 전략가가 있으며 프로젝트 코디네이터, 팀과 (내부) 고객 회사 경영진 사이의 연락 담당자 역할을 하는 고위직의 한국 관리자가 있다. 프로젝트는 평균적으로 3개월 동안 지속되며 일반적으로 약간의 해외여행이 포함된다. 1997년 20명의 글로벌 전략가들을 시작으로 지금까지 수백 개의 프로젝트가 완료되었다. 이러한 프로젝트들은 글로벌 전략가들이 비공식적 유대를 형성하고 조직 문화를 이해하는 데 도움을 준다.

글로벌 전략가들은 2년을 보낸 후 "졸업"하고, 추가 2년 동안 전략적 업무 참모로 삼성 본사에 배치되거나 혹은 라인 관리자로 삼성 자회사에 배치된다. 전반적으로 글로벌 전략가들은 4년 동안 한국에서 거주하고 일해야 한다. 이들은 4년의 기간이 지나면 다양한 국가의 삼성 자회사에 배치되기도 하지만 주로 본인의 국가에서 일한다. 또한 이들은 한국이나 다른 나라에서 일할 수 있는 기회도 있다. 삼성은 이례적인 4년 거주 요건의 이유를 글로벌 전략 그룹의 웹사이트에 다음과 같이 설명하고 있다. "글로벌 전략가에게 삼성 문화를 배우고 이해할 수 있는 시간을 충분히 제공하고, 해외 자회사로 파견되기 전에 본사에서 효과적으로 일하고 큰 성공을 거두는 방법을 배울 수 있도록 하기 위한 것이다."

이 그룹의 구성원들은 열심히 노력해도 성공하기 쉽지 않다. 문화적 차이가 전반적으로 장애 역할을 한다. 이 그룹이 설립된 이후 2011년 기준으로 합류한 외국인 MBA 208명 중 135명만이 삼성에 머물렀다. 가장 성공한 사람들은 한국 문화에 적응하기 위해 식사 때에 김치를 먹고, 회식 때에 막걸리와 소주를 마시는 등 많은 노력을 기울인 사람들이다. 한편 글로벌 전략 그룹의 설립 이전에는 삼성전자에 3년 이상 근무한 외국인 MBA는 단 한 명도 없었다. 글로벌 전략 그룹이 설립된 해인 1997년 1학기에 선발된 외국인 MBA 인재들 중 3분의 1이 3년이 경과한 2000년에도 여전히 삼성전자에 근무하고 있었다. 그 이후 10년 동안 외국인 인재의 유지율은 최대 3분의 2로 증가했다.

몇몇 전문가들은 글로벌 전략 그룹의 외국인 구성원들이 삼성의 기업 DNA를 어떻게 세계화했는지 주목했다:

> *이 그룹의 구성원들이 조직에 미치는 영향은 돌에 물을 한 방울씩 떨어뜨리는 것과 같이 천천히 그리고 지속적으로 이루어졌다. 글로벌 전략 그룹의 출신들이 삼성전자에 배치됨에 따라 한국인 동료들은 서구화된 관행을 수용하기 위해 자신의 업무 스타일과 사고방식을 바꿨으며, 새로운 해외 아이디어를 얻기 위한 우호적 환경을 천천히 그리고 꾸준히 만들었다. 오늘날 삼성전자는 글로벌 전략 그룹의 출신 직원들을 더 많이 고용하고 있다.*

Sources: (1)S. Chang, 2008, Sony vs. Samsung, Singapore: Wiley; (2)T. Khanna, J. Song, & K. Lee, 2011, The paradox of Samsung's rise, Harvard Business Review, July: 142–147; (3)Samsung Global Strategy Group, 2020, FAQ, sgsg.samsung.com

## 토론 질문

1. 삼성이 외국인 인재들을 활용하는 이유를 다국적 전략 선택을 위한 통합-대응 모형(integration-responsiveness framework)를 사용하여 설명할 수 있는가?
2. 삼성은 다른 다국적 기업과 비교하여 어떻게 세계 최고의 인재를 유치하고 유지할 수 있는가?
3. 세계 일류의 MBA를 졸업한 외국인들은 4년 동안 한 번도 가본 적이 없는 나라인 한국에서 생활하고 삼성에서 일하는 이유는 무엇일까?

# 통합사례 15

## 늑대 전쟁

*야생 늑대가 과거 한때 살던 지역인 미국 서부에 다시 출현한 이후로 늑대 전쟁이 발발했다. 야생동물 애호가, 환경 운동가, 그리고 관광객은 기뻐했지만 목장주, 농부, 사냥꾼은 미친 듯이 울부짖고 있다. 인간은 늑대를 보호해야 하는가 아니면 죽여야 하는가?*

Mike W. Peng, University of Texas at Dallas

늑대는 지구상에서 가장 널리 퍼진 육지 기반의 대형 포유류이다. 늑대는 인간과 고기를 놓고 가장 직접적으로 경쟁하는 관계였다. 그 결과, Big Bad Wolf는 많은 문화권에서 악마적인 캐릭터로 우리 정신의 중심 무대를 차지했다. 인간은 오랫동안 늑대와 싸웠다. 무자비하게 총에 맞고, 독살되고, 덫에 걸린 늑대들은 이 오래된 늑대 전쟁에서 완전히 패배했다. 옐로스톤 국립공원에서 마지막 회색 늑대(gray wolf)는 1926년에 죽었다. 미국 본토(미네소타 북부 제외)에서 회색 늑대는 1950년 무렵에 완전히 멸종되었다.

그러나 (일부) 인간은 늑대 전쟁에서 승리함으로써 죄책감을 느꼈다. 1995년과 1996년에 미국 Fish and Wildlife Service(어류와 야생동물 보호국)는 캐나다에서 포획한 66마리의 늑대를 의도적으로 옐로스톤 국립공원과 아이다호 중부의 황야에 풀어 놓아 야생으로 돌려보냈다. 2009년까지 1,600마리 이상의 늑대가 북부 로키산맥 주(주로 아이다호, 몬태나, 와이오밍)에 서식했으며, 소규모 무리는 캘리포니아, 콜로라도, 오레곤, 워싱턴(주)에 침투했다. National Geographic은 "미국 서부 지역은 시간이 지날수록 자연의 야생 상태로 돌아가고 있다."라고 선언했다. 야생동물 애호가, 환경 운동가, 관광객은 기뻐했다. 옐로스톤에서는 매년 수천 명의 관광객이 늑대를 보기 위해 찾아왔으며 지역 경제에 약 3,500만 달러의 도움을 주었다. 회색 늑대의 부활은 1973년에 제정된 Endangered Species Act(멸종 위기종 보호법)의 가장 큰 승리 중 하나로 간주되었다. 2008년에 와이오밍의 회색 늑대는 Department of the Interior(내무부)에 의해 더 이상 멸종 위기에 처하지 않은 동물로 선언되었다. 2009년에 몬태나와 아이다호의 회색 늑대도 그러한 지위를 누리기 시작했다. 마지막으로 미국 서부와 오대호 상류에 걸친 8개 주에 있는 회색 늑대가 2011년에는 멸종 위기종 목록에서 제외되었다.

인간과 늑대는 영원히 행복하게 살 수 있을까? 가능성이 없다! National Geographic은 "Packs are back," 라는 책에서 "서양인들은 기쁘고, 두렵고, 미친 듯이 울부짖는다."라고 서술했다. 기뻐하는 사람들보다는 두려워하는 사람들이 많다. 어린아이, 고양이, 개는 늑대가 서식하는 지역에서 더 이상 안전하지 않다. 숲속의 즐거운 산책은 불쾌한 만남을 초래할 수 있다. 그러나 두 그룹은 미친 듯이 울부짖고 있다. 첫째, 사냥꾼들은 너무 많은 엘크

(elk)가 늑대의 먹이가 되었다고 불평한다. 경제적 어려움에 시달리는 지역에서 늑대는 가족에게 먹일 고기를 놓고 직접적인 경쟁을 한다. 어떤 곳에서는 엘크를 더 이상 잡을 수가 없게 되었다. 일부 사람들은 자기 조상들이 그랬던 것처럼 늑대를 쏘아 이러한 문제를 해결했다. 이 지역의 인기 있는 차량 범퍼 스티커에는 "Smoke a Pack a Day"라는 표지와 함께 X 표시의 늑대가 있다.

회색 늑대의 재등장을 반대하는 두 번째 집단은 생계를 위해 소, 양 등 가축을 기르는 목장주와 농부들이다. 늑대의 가축 살상은 목장주들의 이윤을 적게 만들고, 우리가 지급해야 하는 쇠고기, 양고기, 우유, 치즈, 요구르트, 아이스크림의 가격을 올린다. 늑대 무리(보통 약 3~10마리)는 일반적으로 2~3일마다 야생 엘크나 송아지를 죽인다. 몬태나의 한 목장에서 하룻밤 사이에 3마리의 성체 늑대와 5마리의 새끼가 고기를 거의 먹지 않은 채 양 122마리를 죽였다. 성체 늑대들은 이를 통해 새끼들에게 사냥하는 방법을 가르쳤을 것으로 추측된다.

와이오밍과 몬태나 당국은 그러한 가축 손실이 늑대에 의해 죽은 것임을 증명할 수 있는 경우 목장주들에게 보상한다(예: 송아지 한 마리당 약 600달러). 문제는 목장주들이 사체를 바로 찾아 기록하지 않으면 회색곰 같은 강한 야생동물들이 모든 사체를 질질 끌어가거나 갈가리 찢어 놓을 수 있다는 점이다. 또한, 한 해 동안 늑대에게 괴롭힘을 당한 후 살아남은 소는 각각 30~50파운드의 몸무게가 줄어들 수 있다. 그리고, 늑대 추격으로 긁힌 상처가 있는 가축이거나 상처로 인한 감염이 있는 가축은 판매할 수 없기 때문에 목장주들은 그러한 손실을 감수해야 한다. 마지막으로 늑대로 인해 스트레스를 받은 가축들은 유산을 자주 한다.

일부 목장주들은 기업의 사회적 책임(CSR)을 알고 있다. 그들 중 한 사람은 다음과 같이 말했다. "우리는 일반 미국인이 늑대를 원한다는 사실을 알고 있습니다. 그 사람들은 또한 우리 쇠고기의 고객이기도 합니다. 고객에게 자신들이 무엇을 하고 있는지(즉 늑대도 보호하고 쇠고기도 동시에 원함) 도통 이해가 되지 않는다고 이야기하는 것은 좋은 생각이 아닙니다." 그러나 논쟁의 다른 쪽에서는 "목축업자들이 CSR을 중요시한다 해도 그들의 가축이 늑대의 먹이가 되는 것을 받아들여야 한다는 생각은 너무 지나치지 않습니까?"라고 주장한다.

목장주들은 늑대를 쏘아 자신들의 사유재산을 지킬 수 없어서 좌절한다. 대신 그들은 투표로 늑대 보호 정책을 지지하는 정치인들을 공직에서 떨어뜨리고, 늑대 박멸을 맹세하는 후보자들로 아이다호, 몬태나, 와이오밍의 주 의회를 채운다. 와이오밍에서 회색 늑대가 멸종 위기종 목록에서 삭제된 후, 주 정부는 즉시 그들을 해충으로 분류하였다. 이러한 결과로, 회색 늑대는 사람들에 의해 거의 무제한의 사냥이 되었으며 포획되었다. 환경 및 동물 보호 단체가 제기한 소송으로 인해 Department of the Interior(내무부)는 일시적으로 늑대를 멸종 위기종 목록에 다시 올려야 했다. 교훈을 얻은 몬태나와 아이다호는 늑대가 그들의 주에서 제외된 후 늑대를 사냥용 동물로 분류하고, 그들 역사상 최초의 합법적인 늑대 사냥 할당량(몬태나에서 75마리, 아이다호에서 220마리)을 정했다. 또한, 아이다호는 생물학자들이 엘크 떼를 해치고 있다고 말한 포식자를 사살하기 위해 헬리콥터에서 늑대를 쏘기 시작했다. 이에 분노한 환경 운동가들은 다시 법정으로 돌아와 늑대를 연방정부 보호에서 제외하는 것은 위헌이며 늑대는 다시 절멸될 것이라고 주장했다.

일부 환경 운동가들은 늑대를 죽일수록 늑대는 사람들을 더 위험에 빠뜨릴 것이라고 주장한다. Living with Wolves 그룹은 다음과 같은 말을 한다. "사람들이 늑대를 사냥하고 덫을 놓을 때 늑대의 큰 무리는 완전히 해체되어 더 작고 덜 기능적인 무리로 쪼개집니다. 무리가 작을수록 큰 먹이를 잡지 못합니다. . . 더 작은 무리는 종종 죽이기 쉬운 먹이를 찾기 위하여 그 대상을 야생동물이 아닌 가축으로 바꿀 수 있습니다."

전반적으로 늑대 전쟁은 오랜 기간 계속해서 격렬해지고 있다. 그러나 늑대 전쟁은 늑대와 인간 사이에서 벌어지는 것이 아니다. 이 전쟁은 단지 서로 반대되는 견해를 가진 인간 집단 사이에서 벌어지는 것이다(즉, 축산업에 종사하는 시골 사람들과 어떤 대가를 치르더라도 야생동물을 보호하겠다고 하는 도시 사람들). 이 전쟁이 어떻게 진행될지 계속 지켜봐야 한다.

Sources: (1)Christian Science Monitor, 2011, Wolf wars: Can man and predator coexist in the West, June 3; (2)Missoula News, 2009, Three views of the wolf wars, August 25; (3)Living with Wolves, 2020, The consequences of killing wolves, www.livingwithwolves.org; (4)National Geographic, 2010, Wolf wars, March: 34–55.

## 토론 질문

1. 윤리적 이슈: 목장주들은 자신들의 가축을 희생하더라도 늑대 보호의 CSR을 가지고 있을까? 아니면 자신들의 사유재산을 보호하기 위해 늑대 제거의 CSR을 가지고 있을까? (그렇게 함으로써 목장주들은 우리 모두를 위해 소고기, 양고기, 우유, 치즈, 요구르트, 아이스크림의 비용을 낮추는 사회적 이익을 창출한다.)
2. 윤리적 이슈: 목장주들이 생계를 꾸릴 수 없다면, 그들은 도시 개발자들에게 재산을 팔 가능성이 높다. 한번 개발된 도시 토지는 농업용이나 목장용으로 거의 되돌아가지 않는다. CSR 지지자들은 목장주들이 생계를 유지하도록 도와야 하는가? 아니면 늑대로 인한 피해를 받아들이도록 목장주들을 압박해야 하는가?
3. 윤리적 이슈: 늑대가 가축을 죽였다면, 그 주인인 목장주에게 보상하는 것은 바람직한 해결책일 수 있다. 그러나 주 예산이 축소되고 경기침체가 심화되는데도 납세자들(사냥을 하지 않고, 목축업으로 생계를 유지하지 않는 사람들 포함)이 이러한 비용을 부담해야 하는가? (확장되는 늑대 개체 수는 더 많은 식량이 있어야 하므로 더 많은 가축 손실이 발생할 것이다.)
4. 윤리적 이슈: 미국과 캐나다에서는 "늑대 전쟁"이 벌어지는 반면, 아프리카에서는 "코끼리 전쟁"(코끼리가 보호 지역을 떠나 농작물을 파괴함), 인도에서는 "호랑이 전쟁"(호랑이가 보호 지역을 떠나 가축과 어린이를 공격함)이 벌어진다. "코끼리 전쟁" 또는 "호랑이 전쟁"을 배경으로 질문 1~3을 답하라.

# INDEX

## ㅈ